U0908451

2018 2018 2018

# 中国奶業年鉴

## 2018

中华人民共和国农业农村部　主管
中国奶业年鉴编辑委员会　编

中国农业出版社
北　京

# 编辑说明

《中国奶业年鉴》是反映我国奶业发展情况的综合性年刊，也是农业农村部（原农业部）年鉴系列中的一部重要产业年鉴。2002 年经农业部批准由中国奶业协会组织编纂，已经连续出版了 16 卷，2018 卷为第 17 卷本。《中国奶业年鉴》自出版发行以来，客观记述了我国奶业的发展历程，反映了奶业生产的实际情况，为行业管理部门制定规划、政策和实施决策提供了依据，为奶业生产经营者提供了技术和数据支持，为广大消费者提供了市场和信息引导，是中国奶业发展的编年史册，也是奶业行业发展的公报。

《中国奶业年鉴》实行编辑委员会领导下的编辑负责制，编辑委员会由农业农村部等部委和各省（自治区、直辖市）农牧、农垦厅（局）等部门的负责人，中国农业科学院、中国农业大学等院校学者专家以及奶业相关企业人士组成，编辑部设在中国奶业协会。为拓宽《中国奶业年鉴》的服务功能，增强其权威性、史存性、科学性和连续性，《中国奶业年鉴》2012 卷调整了栏目的名称、结构和顺序；2013 卷修订了编纂大纲，增加了条目和附录，细化了条目内容；2014 卷增加了索引，进一步方便读者查阅。农业农村部、财政部、海关总署、工业和信息化部相关部门为本卷撰写了有关条目。行业数据主要采用国家统计局、海关总署和国家发展和改革委员会的统计数据，部分数据资料由农业农村部畜兽医局、全国畜牧总站、中国奶业协会和中国乳制品工业协会等单位提供。国内数据资料范围仅限于内地 31 个省、自治区、直辖市，不包括香港、澳门特别行政区和台湾地区。各地奶业中的数据有些省份采用畜牧行业统计数据，与本年鉴行业统计栏目中数据有差异，请注意引用。

《中国奶业年鉴》2018卷中各省、自治区、直辖市按行政区划顺序排列。

《中国奶业年鉴》2018卷所刊载资料一般截至2017年年底，部分时效性较强的资料不限于2017 年。

《中国奶业年鉴》2018卷的编辑、出版和发行工作得到了各级畜牧兽医行政主管部门、奶业行业协会、国家产业技术体系、科研院校、乳品企业等各有关单位和奶业知名专家的大力支持和帮助，在此表示诚挚的感谢。

# 中国奶业年鉴编辑委员会名单

刘　旭　农业农村部农业机械试验鉴定总站副站长
刘连贵　全国畜牧总站副站长
孙　坦　中国农业科学院农业信息研究所所长
任发政　中国农业大学食品科学学院教授
李秀波　中国农业科学院饲料研究所研究员
李胜利　国家奶牛产业技术体系首席科学家
杨利国　华中农业大学动物科技学院教授
杨富裕　中国农业大学动物科技学院教授
陈邦勋　中国农业出版社党委书记、社长
何子阳　农业农村部农垦局巡视员
张　沅　中国农业大学动物科技学院教授
张英俊　中国农业大学动物科技学院副院长、教授
张胜利　中国农业大学动物科技学院教授
黄加祥　广西奶水牛研究所所长

**地方特约编委**（按行政区划排序）

马丽英　北京市农业农村局副局长
王红军　天津市农业发展服务中心主任
刘　飙　河北省农业农村厅副厅长
茹栋梅　山西省农业农村厅副厅长
刘永志　内蒙古自治区农牧厅副厅长
李玉文　辽宁省畜牧兽医局副局长
柴　冠　吉林省畜牧业管理局副局长
孔宪臣　黑龙江省农业农村厅副厅长
朱从余　上海奶业行业协会秘书长
贡玉清　江苏省奶业协会秘书长
戴旭明　浙江省畜牧兽医局研究员
田文钊　安徽省农业农村厅畜牧处处长
梁全顺　福建省农业农村厅总畜牧兽医师
黄图强　江西省畜牧兽医局副局长
唐建俊　山东省畜牧兽医局局长
杨文明　河南省畜牧局副局长

陈国胜　农业农村部国际合作处处长

王　健　农业农村部畜牧兽医局畜牧处处长

黄庆生　农业农村部畜牧兽医局饲料饲草处处长

林典生　农业农村部畜牧兽医局防疫处处长

左玲玲　农业农村部畜牧兽医局畜禽废弃物利用处处长

蔺　东　农业农村部畜牧兽医局药政药械处处长

王林昌　农业农村部农垦局农业处处长

窦树龙　海关总署动植物检疫监管司动检处处长

卫　琳　农业农村部畜牧兽医局奶业处副处长

范运峰　农业农村部畜牧兽医局综合处副处长

张　富　农业农村部畜牧兽医局监测信息处副处长

胡翊坤　农业农村部畜牧兽医局饲料饲草处副处长

谷　红　农业农村部畜牧兽医局药政药械处副处长

颜起斌　农业农村部畜牧兽医局防疫处副处长

张军民　中国农业科学院北京畜牧兽医研究所副所长

刘海良　全国畜牧总站饲料行业指导处处长

马金星　全国畜牧总站奶业与畜产品加工处处长

刘丑生　全国畜牧总站行业统计分析处处长

王志刚　全国畜牧总站体系建设与推广处处长

张书义　全国畜牧总站奶业与畜产品加工处研究员

史怀平　西北农林科技大学教授

黄　勇　中国农垦经济发展中心副处长

张养东　中国农科院北京畜牧兽医研究所副研究员

赵连生　中国农科院北京畜牧兽医研究所副研究员

李　姣　全国畜牧总站奶业与畜产品加工处

吕中旺　农业农村部畜牧兽医局奶业处

姚　琨　国家奶牛产业技术体系首席科学家办公室

姜贝贝　国家牧草产业技术体系首席科学家办公室

任　康　北京市畜牧总站高级畜牧师

孟庆江　天津市奶业发展服务中心主任

罗　杰　天津市奶业发展服务中心

李贺峰　河北省奶业协会副秘书长

侯晋兰　山西省农业农村厅饲料奶站管理办公室调研员
杜　哲　内蒙古自治区农牧厅畜牧局副局长
张建勋　辽宁省畜牧兽医局处长
刘景诗　辽宁省畜牧兽医局副处调研员
迟桂凤　吉林省畜牧业管理局调研员
张维银　黑龙江省奶业协会常务副会长
阿晓辉　黑龙江省奶业协会
季爱华　上海奶业行业协会
侯庆永　江苏省奶业协会副秘书长
赵广生　杭州新希望双峰乳业有限公司副总经理
李赛明　安徽省畜牧技术推广总站站长
吴大新　福建省奶业协会秘书长
吴　妍　福建省奶业协会副秘书长
欧阳延生　江西省畜牧兽医局畜牧饲料处处长
王　文　山东省畜牧兽医局畜牧处调研员
柴士名　山东省畜牧总站
宋洛文　河南省畜牧局奶业管理办公室副主任
郭安国　湖北省畜牧兽医局草业管理处调研员
刘海林　湖南省奶业协会秘书长
陈三有　广东省畜牧技术推广总站站长
刘建营　广东省奶业协会副秘书长
唐善生　广西壮族自治区畜牧总站
陈圣法　海南省农业农村厅畜牧业处处长
程文科　海南省农业农村厅畜牧业处
罗　健　重庆市农业委员会畜牧处调研员
王世林　四川省农业农村厅畜牧兽医局局长
杨　嵩　四川省畜牧总站
谢劲松　贵州省农业委员会畜牧业发展处
黄艾祥　云南省奶业协会会长
边　珍　西藏自治区农业农村厅畜牧处副处长
王鹏飞　陕西省畜牧兽医局
沈启云　甘肃省畜牧技术推广总站研究员

张惠萍　青海省奶业协会副秘书长

吴彦虎　宁夏回族自治区畜牧工作站站长、研究员

王　瑜　宁夏回族自治区畜牧工作站研究员

齐新林　新疆维吾尔自治区奶业办公室主任

胡永青　新疆维吾尔自治区奶业办公室科长

刘根俊　新疆生产建设兵团农业农村局畜牧处调研员

杨　华　新疆生产建设兵团畜牧兽医总站高级畜牧师

周兴民　黑龙江省农垦总局畜牧兽医局科长

王京航　黑龙江省农垦总局畜牧兽医局

夏兆刚　中绿华夏有机食品认证中心常务副主任

刘光磊　光明牧业有限公司首席畜牧师

刘李萍　光明牧业有限公司媒体经理

# 中国奶业年鉴编辑部

2018 年 9 月 27 日，2018 中国奶业 20 强（D20）峰会在内蒙古自治区呼伦贝尔市召开。农业农村部副部长于康震作主旨演讲。

2018 中国奶业 20 强（D20）峰会在内蒙古自治区呼伦贝尔市召开，图为大会会场。

2018 中国奶业 20 强（D20）峰会上，20 强企业共同发出《中国奶业 D20 联盟呼伦贝尔宣言》。

2018 年 6 月 28 日上午，“一带一路”世界奶业新动能 · 奶业颁奖盛典——第九届中国奶业大会暨 2018 中国奶业展览会在四川省成都市盛大开幕。

2018 年 6 月 28 日下午，中国奶业协会主办的“十年生聚 十年教训 凤凰涅槃 浴火重生 中国奶业高质量发展十年颂”大型舞台节目在第九届中国奶业大会开幕式后隆重上演。

原农业部副部长、原中国奶业协会会长刘成果（前排右三）出席第九届中国奶业大会暨2018中国奶业展览会。

农业农村部国家首席兽医师张仲秋在第九届中国奶业大会暨2018中国奶业展览会开幕式上讲话。

原农业部副部长、中国奶业协会名誉会长高鸿宾在“中国奶业高质量发展十年颂”上作主旨报告。

中国工程院院士、中国奶业协会会长李德发在第九届中国奶业大会暨2018中国奶业展览会开幕式上致欢迎辞。

丝路规划研究中心副理事长蒋志刚在第九届中国奶业大会暨2018中国奶业展览会开幕式上解读国家“一带一路”倡议。他表示，未来丝路规划研究中心将和中国奶业协会共同研究奶业发展情况，确定奶业优先的国际合作方向。

四川省人民政府副省长尧斯丹在第九届中国奶业大会暨2018中国奶业展览会开幕式上致辞。

中国奶业协会战略发展委员会筹备组常务副组长毕美家在第九届中国奶业大会暨2018中国奶业展览会开幕式上致辞。

2018年6月28日，中国奶业协会副会长兼秘书长刘亚清全程主持第九届中国奶业大会暨2018中国奶业展览会开幕式和“十年生聚 十年教训 凤凰涅槃 浴火重生 中国奶业高质量发展十年颂”活动。图为刘亚清出席该活动并认真聆听原农业部副部长高鸿宾的主旨演讲。

2018年8月22日，中国奶业协会和农业农村部奶及奶制品质量监督检验测试中心（北京）在京举行发布会，中国奶业协会副会长兼秘书长刘亚清（中）向社会公开发布《中国奶业质量报告（2018）》。农业农村部奶及奶制品质量监督检验测试（北京）中心主任王加启研究员（左），国家奶牛产业技术体系首席科学家、中国农业大学教授李胜利（右）受邀出席发布会。

2018 年 4 月 11 日，中国奶业协会第七届会员代表大会暨 2018 新时代奶牛发展大会在北京召开。时任农业部畜牧业司司长马有祥出席会议，并作重要讲话。

2018 年 4 月 11 日，中国奶业协会第七届会员代表大会暨 2018 新时代奶牛发展大会在北京召开。

ARCARTON
a member of the AR Packaging Group
奥瑞乐包装

SEALIO

NUTRICIA
Bebilon
Profutura
ENP
2 mleko następne

ARCARTON
SEALIO
Protection for premium brands

LAGENA
FROM BIRTH
infant formula
complete
1

# 世界品质 天生

蒙牛远销全球各地 赢得更多用

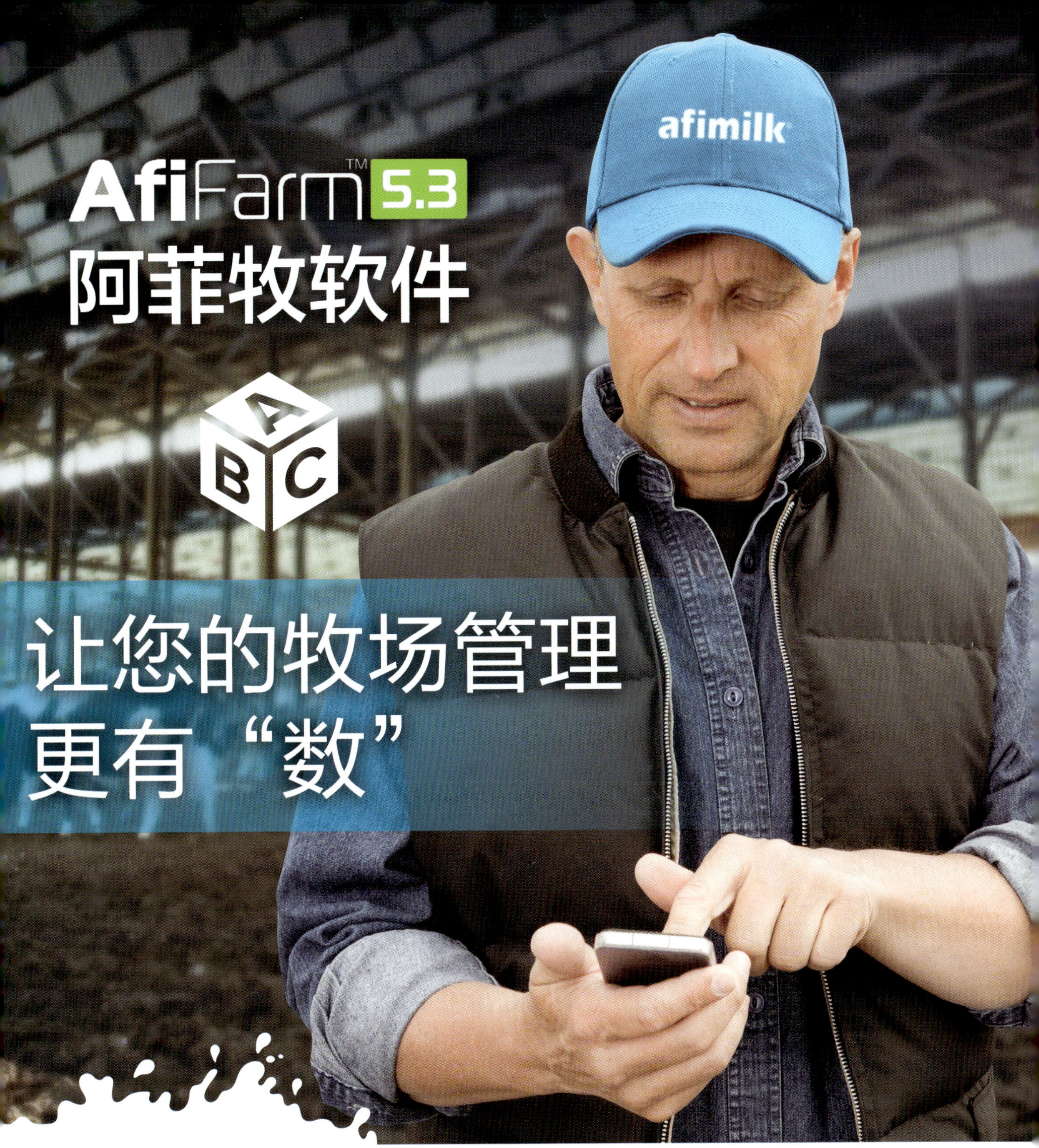

# 北京首农畜牧发展有限公司奶牛中心

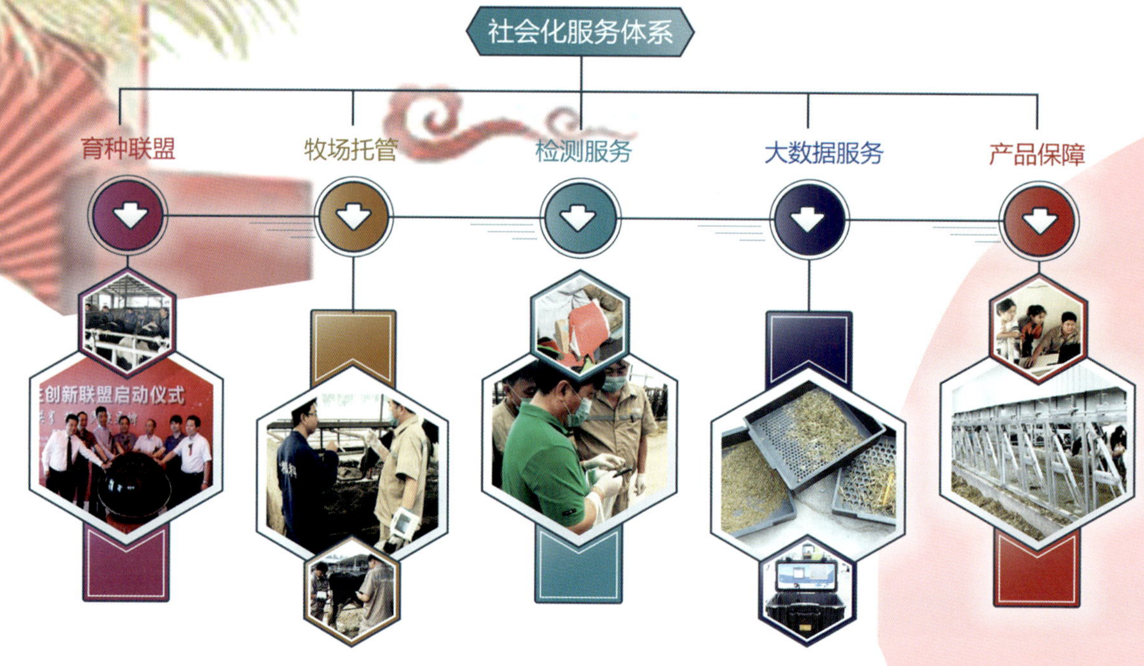


社会化服务体系

顶级荷斯坦牛育种场
世界顶级优势种质
引种联合培育
种源

美国动物育种协会登记
NATIONAL ASSOCIATION OF ANIMAL BREEDING（NAAB）
登记

国家级种公牛饲养基地
饲养、检疫与冻精生产
生产

出生30天内完成
DNA样本的采集与送检
效率

中国奶业协会（DAC）
美国荷斯坦协会
注册

农业部牛冷冻精液监督检验测试中心（北京）
全程质控
质控

中国奶业协会育种委员会
评估

美国奶牛育种专业委员会
COUNCIL OF DAIRY CATTLE BREEDING（CDCB）
评估

35万头奶牛育种自主创新联盟品质验证
验证

集成生产性能测定（DHI）、体型鉴定（CLASSIFICATION）、牧场管理软件、育种数据分析于一体

— 牧场精准群体改良网络系统 —

奶牛良种培育体系

# 目　录

## 一、特　载



## 二、发展综述



## 三、行业专述



## 四、各地奶业

## 五、政策法规

## 六、科学技术



## 七、国际奶业



## 八、奶业大事记



## 九、行业统计

## 附　录



## 索　引

# 一、特　载

TEZAI

## 李克强总理率团访问荷兰 中荷乳业合作将继续大步向前

2018 年 10 月 14~16 日，国务院总理李克强应荷兰王国首相马克·吕特（Mark Rutte）邀请对荷兰进行国事访问。这是国务院总理李克强任内首次对荷兰进行正式访问，也是中国总理时隔 14 年再度访荷。访问期间，双方领导人就中荷关系、中欧关系以及共同关心的国际和地区问题深入交换意见，希望进一步增进两国相互了解和政治互信，提升务实合作水平，为中荷关系及中欧合作注入新动力。

荷兰当地时间 10 月 16 日中午，作为此次总理访荷重要行程之一的 2018 中国—荷兰经贸论坛在荷兰海牙开幕，国务院总理李克强和荷兰首相马克·吕特（Mark Rutte）出席论坛并发表重要演讲。澳优作为中荷经贸往来的重要典范和中国在荷兰投资的最大乳品企业受邀参加，澳优乳业执行董事兼行政总裁 Bartle van der Meer、澳优乳业执行董事吴少虹和澳优乳业中国区副总裁李铁旻作为嘉宾代表出席。

国务院总理李克强在演讲中透露出中国坚定不移扩大自主开放的决心。他表示，中荷都是贸易大国，互为重要的合作伙伴。荷兰是全球最具竞争力和创新力的国家之一，中国正在全面实施创新驱动发展战略，建设创新型国家，中荷科技创新合作有巨大潜力。未来，中国在优化营商环境、扩大外资市场准入、保护知识产权等方面的力度将会更大，步伐会更快。期待未来中荷双方企业能拓展和深化各领域合作，在良性的竞争与合作中共同成长，为双方人民带来更多福祉。

### 中荷乳业合作紧密

近年来，中荷两国关系发展势头良好，自 2014 年 3 月中国国家主席习近平作为国家元首首次对荷兰进行正式国事访问以来，两国高层互访不断，两国关系达到历史最好水平。目前，中国是荷兰在欧盟外第二大贸易伙伴，荷兰是中国在欧盟的第二大贸易伙伴，两国经贸合作正以前所未有的速度向前发展，尤其在农业特别是乳业方面保持着良好的贸易往来。

据中国海关进口统计数据，荷兰已经连续两年成为中国最大的婴幼儿配方奶粉进口国。2017 年我国共进口婴幼儿配方奶粉 295 932t（税号 19011010），同比增长 33.7%，其中有 87 555t 来自荷兰，占比 29.6%。同时，在全国进口婴幼儿配方奶粉中，牛奶粉第一进口国是荷兰，牛奶粉、羊奶粉第一品牌也来自荷兰。截至目前，荷兰共有十个婴幼儿配方奶粉工厂获得了中国婴幼儿配方奶粉境外生产企业注册认证（澳优共有三个）。

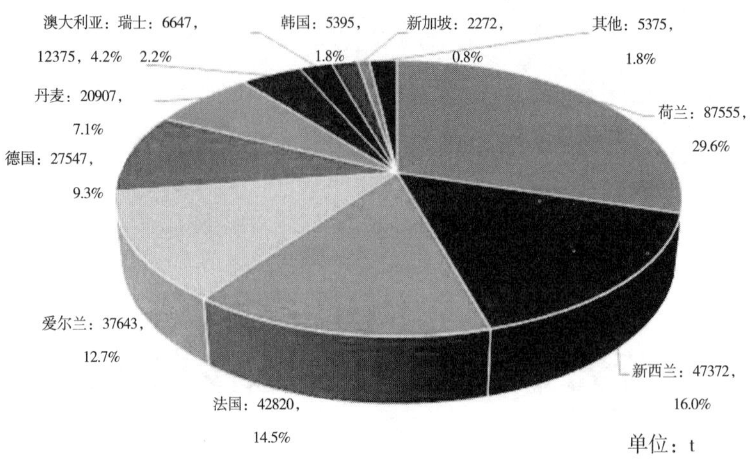


2017年中国婴幼儿配方奶粉进口来源国及比重（来源：中国产业信息）

荷兰地处全球黄金奶源带，国土面积约4万$km^2$，其中28%是牧场，是世界上最大的牛奶生产国和出口国之一，在土地耕作、饲料种植、挤奶技术等原奶生产链各环节上，世界通用的乳业技术标准都源于荷兰，其“从牧场到餐桌”奶业全产业链理念更是多国乳业学习的典范。

随着改革开放的进一步深化以及“一带一路”倡议的大力推进，中荷乳业合作的广度和深度不断扩展，逐步从单纯的贸易向生产、科研、供应链管理等多层面合作发展，包括澳优在内的一些中国乳企相继在荷兰投资设厂，将荷兰的优质乳品带给全世界的消费者。

## 中荷乳业合作发展未来可期

历年来，无论在欧美国家，还是亚洲国家，荷兰奶粉的好名声和高品质可谓家喻户晓。而随着中国二胎政策的放开，近几年，国内对婴幼儿配方奶粉市场的需求也在逐年攀升。荷兰丰富且优质的乳业资源与中国庞大的消费市场正好形成了很强的互补。

在此次总理访荷之行的利好推动下，中荷乳业合作发展或迎来更大的发展空间。除了贸易合作，未来双方乳企在产业研究、新品研发、新技术开发与应用等方面势将进行更深入的合作与交流，进一步实现中荷乳业的互利共赢和可持续发展。同时，澳优也希望能够借此契机深化与荷兰乳业的交流与合作，在借力国家政策促进企业自身发展的同时，有力促进中荷双方贸易特别是奶业的发展。

（来源：中华网 2018-10-18）

# 胡春华副总理：发展以奶农为主体的生产经营体系加快推进奶业转型升级

**新华社呼和浩特9月28日电** 全国奶业振兴工作推进会议27日在内蒙古呼伦贝尔召开，中共中央政治局委员、国务院副总理胡春华出席会议并讲话。他强调，要深入贯彻习近平总书记关于奶业振兴的系列重要指示精神，按照党中央、国务院部署，优化奶业生产布局，创新奶业发展方式，不断提高奶业发展质量效益和竞争力，为决胜全面建成小康社会提供有力支撑。

胡春华指出，推进奶业振兴是一项复杂的系统工程，必须突出重点、把握关键。要加快确立奶农规模化养殖在奶业发展中的基础性地位，积极发展奶牛家庭牧场，培育壮大奶农合作社，支持有条件的奶农和合作社发展乳制品加工流通。要鼓励乳制品加工企业做优做强，建立健全与奶农的利益联结机制，切实保障奶农利益。要加强婴幼儿配方乳粉品牌建设，提高品质、竞争力和美誉度。要强化乳品质量安全监管，健全检验检测体系，坚决守住质量安全底线。要加强政策扶持，强化科技支撑服务，发挥自身优势，打造有竞争力的民族奶业。

在内蒙古期间，胡春华还来到呼伦贝尔市的海拉尔区和兴安盟的乌兰浩特市、科右前旗，实地调研推进奶业振兴、农村人居环境整治和脱贫攻坚等工作进展，考察农业合作社甜菜生产基地，并深入贫困嘎查和农牧民家中，详细了解贫困群众生产生活情况。

（来源：新华网 2018-09-28）

# 全力推进高质量发展　做强做优中国奶业①

小康社会不能没有牛奶，十几亿中国人不能没有自己的民族奶业。党中央、国务院高度重视奶业发展。2017年年初，习总书记在河北考察时强调，“我国是乳业生产和消费大国，要下决心把乳业做强做优，生产出让人民群众满意、放心的高品质乳业产品，打造出具有国际竞争力的乳业产业，培育出具有世界知名度的乳业品牌”。今年5月，李克强总理主持召开国务院常务会议时着重指出，加快推进奶业振兴，最终检验的结果要看消费者与市场是否认可，重中之重是质量安全是否得到根本保证。6月，国务院办公厅印发《关于推进奶业振兴保障乳品质量安全的意见》，为奶业振兴发展提供了重要遵循和行动指南。

今年的峰会，与全国奶业振兴工作推进会同期召开，意义深远。峰会以“全力推进高质量发展　做强做优中国奶业”为主题，贯彻落实中央领导同志批示指示精神和奶业振兴意见，发布20强企业奶业振兴宣言，展现中国奶业人振兴民族奶业的决心、勇气和担当。

女士们、先生们、朋友们！

我国奶业现代化从21世纪初开始起步。近年来，特别是党的十八大以来，在党中央、国务院

① “全力推进高质量发展 做强做优中国奶业”一文是2018年9月27日，农业农村部副部长于康震在内蒙古自治区呼伦贝尔市召开的2018中国奶业20强峰会上的讲话。标题为年鉴编辑部所加。

的高度重视下，经过全体奶业人的不懈奋斗，我国奶业发展发生了历史性的变化，面貌焕然一新，为奶业全面振兴奠定了良好基础。

我们狠抓产品质量，着力构建奶业全产业链质量安全监管体系，努力确保每一个中国人都能喝上放心奶。牢固树立安全第一理念，全面实施生鲜乳监测计划，乳制品加工实行严格检验制度，不留死角。从检测结果看，2017 年生鲜乳抽检合格率达到 99.8%，三聚氰胺等违禁添加物抽检合格率连续 9 年保持 100%，规模牧场乳蛋白、乳脂肪等指标达到发达国家水平；乳制品抽检合格率 99.2%，婴幼儿配方乳粉抽检合格率 99.5%，在食品行业中名列前茅。

我们狠抓产业素质，着力提升奶业综合生产能力，努力帮助广大奶农从产业升级中增收获益。坚持抓基础，练内功，蕴内涵。大力发展奶牛标准化规模养殖，实施振兴奶业苜蓿发展行动，推行奶牛遗传改良计划，推动乳品加工企业改造升级和婴幼儿配方乳粉企业兼并重组，全方位打造奶业核心竞争力。2017 年，全国奶牛规模养殖比重达到 58.3%，规模养殖成为主力军；奶牛年均单产 7t，比 2012 年增加 1.4t。乳制品加工结构不断优化，精准化、智能化水平不断提高，主要加工装备基本达到世界先进水平。

我们狠抓品牌建设，塑造良好行业形象，努力提升中国奶业的国际竞争力。可靠的质量增强了铸造常青品牌的力量。通过建立奶业 20 强企业（D20）联盟，举办中国奶业 20 强峰会，开展小康牛奶行动和奶酪校园推广行动，打造休闲观光牧场和示范工厂等，打出一套漂亮的“组合拳”，不断增强国产品牌的影响力。一批国产品牌脱颖而出，君乐宝婴幼儿奶粉登陆香港澳门市场，现代牧业四连冠、飞鹤婴幼儿奶粉三连冠获得世界食品品质评鉴大会金奖，伊利、蒙牛跃居全球乳业前 10 强，中国奶业逐步走上国际大舞台。

这些成绩的取得，这些历史性变化，充分证明中国奶业翻开了新的一页，站上了新起点，进入了新时代，踏上了全面振兴的新征程。

女士们、先生们、朋友们!

历史性的成就让我们对中国奶业未来信心满满，但也要更加清醒地认识到，奶业发展仍然不平衡不充分。如产品供需结构不平衡，适销对路产品发展不充分，多元化需求还没有得到满足，人均乳制品消费仅为世界平均水平的 1/3；养殖加工发展不平衡，利益联结机制不紧密，适度规模养殖发展不充分，奶牛养殖竞争力不强；生鲜乳生产与进口乳制品增长不平衡，国产乳制品市场培育不充分，近五年进口乳制品占据了新增消费市场的 80%。

问题就是导向，压力就是动力。奶业人要以钉钉子精神落实好奶业振兴意见，按照高质量发展的要求，以扩大绿色优质安全乳制品供给为目标，以推进供给侧结构性改革为主线，推动奶业质量变革、效率变革和动力变革，着力提高奶业供给体系的质量和效率，更好适应消费需求总量和结构变化，努力推动中国奶业在新的起点上继续扬帆起航，到 2020 年奶业现代化建设取得明显进展，到 2025 年奶业实现全面振兴，基本实现现代化，整体水平进入世界先进行列。

第一，质量强奶业，让中国奶业质量更加过硬。要按照“四个最严”的要求，毫不松懈抓好乳品质量安全管控。要完善奶牛养殖和乳品生产标准体系，强化生产过程管控，落实乳品企业质量安全第一责任，不断提高“产出来”的水平。要加强全产业链质量安全监管，建立和完善全程质量安全追溯体系，依法取缔不合格生产经营主体，建立乳品企业“黑名单”制度和市场退出机制，不断增强“管出来”的能力。

第二，效率提奶业，让中国奶业竞争力更强更优。要在优化资源配置、提高生产效率上下功夫。做好“两优一增”“优化布局”，按照对标国际、示范国内的要求，突出推进奶业主产省和大县提质增量，打造中国黄金奶源带，率先实现振兴。“优化牛群”，打造高产奶牛核心群，发展优质饲草料产业，支持家庭牧场发展，促进养殖废弃物资源化利用，推动粗放经营向集约化经营转变。“增强活力”，在保障产品质量安全的前提下，放宽乳制品加工准入限制，鼓励奶牛养殖与乳制品加工、休闲观光等增值服务结合起来，延伸产业链，提升价值链，增添奶业发展新动能。

第三，品牌树奶业，让中国奶业美誉度更加响亮。发挥企业主体作用，奶业20强是实施奶业品牌战略的中坚力量，要用质量铸就品牌，用创新培育品牌，用诚信维护品牌，用宣传唱响品牌，提升国产品牌影响力。发挥协会组织作用，创新品牌宣传方式，推荐产品优质、美誉度高的乳品品牌，密切与消费者的对接，扩大国产乳制品市场占有率。发挥政府支持作用，建立和完善工作机制，强化政策支持，为品牌成长创造良好的条件，共同打造“中国奶业”这个大品牌，实现习近平总书记“希望让国产品牌在市场中起主导作用”的殷切期望。

第四，和谐兴奶业，让养殖加工联结更加紧密。理念上认同，养殖和加工关联度高，一荣俱荣、一损俱损。乳企和奶农应牢固树立利益共同体、命运共同体意识，共担风险、共享成果，和谐发展。合作上规范，构建公平合理的生鲜乳收购秩序，实行合同化、订单化、长期化产销对接，推广生鲜乳价格协商和生鲜乳质量第三方检测制度，不凭借购销关系捆绑销售兽药、饲料、养殖设备等生产资料。产业上融合，培育壮大奶农专业合作社，支持奶牛养殖场向乳品加工延伸，引导乳品企业自建、收购、参股养殖场，建立互利共赢的纽带。

第五，消费带奶业，让消费者爱喝多喝中国奶。我们有世界上最大的消费人群，让中国奶成为大家的首选是奶业人义不容辞的责任。持续开展公益宣传，加大公益广告投放力度，讲好中国奶业故事，大力推广国家学生饮用奶计划，定期发布乳品质量安全抽检监测信息，强化乳制品消费正面引导，增强消费信心，让消费者打心底爱上中国奶。引导乳品企业立足于“让每一个中国人都能喝上奶”的定位，研发生产适合不同消费群体的乳制品，避免过度包装和广告，切实让利于民。普及灭菌乳、巴氏杀菌乳、奶酪等乳制品营养知识，倡导科学饮奶，培育国民食用乳制品的习惯，扩大和升级乳制品消费。

各位企业家！

你们是中国奶业的佼佼者，是民族奶业的脊梁，更是振兴中国奶业的引领者。中国奶业20强（D20）企业联盟自成立以来，在产业升级、质量安全、品牌建设、诚信自律等方面做出了表率，积极奉献社会，在“小康牛奶助学公益捐赠活动”中，为全国贫困地区捐赠了价值超过1亿元的奶制品，惠及百万中小学生，你们付诸了实实在在的行动，受到了社会的广泛赞誉！

雄关漫道，你们的坚持，承载着奶业振兴的责任和使命、梦想与光荣。借此机会，也提几点希望。一是不忘过去，砥砺前行。质量安全是乳品企业的生命。一转眼，十年过去了，前车之覆，后车之鉴，不能好了伤疤忘了疼。要把质量安全始终摆在首位，用更加有力的举措，更好地铭记历史、走向未来。二是不忘使命，戮力同心。共同宣言是你们繁荣奶业的铿锵誓言，是你们对全社会做出的庄严承诺，是你们勠力同心的光荣使命。要共同遵守、合作落实，公平竞争谋求和谐发展，抱团取暖实现多方共赢。三是不忘责任，勇于担当。乳企和奶农合则两利、分则两害，和谐共生、风险共担、利益共享才是长久之道。无论何时，乳企都应严格履行收购合同，不限收拒收质量合格的生鲜乳，这是建立诚信企业的基本要求。

女士们、先生们、朋友们！

不忘初心，方得始终。今年是改革开放40周年，改革永不止步，奋斗永不停歇。在这个深化改革、奋斗、奋进的新时代，我们朝着同一个方向，劈波斩浪、奋勇向前，闯出一片新天地，干出一番新业绩，努力实现建设世界一流奶业的梦想。我坚信，我们有足够的决心与能力开创中国奶业全面振兴新时代！我坚信，没有任何力量能够阻挡中国奶业强势崛起的步伐！我坚信，中国奶业必将成为我们的骄傲和自豪！

（2018年9月27日 北京）

# 中国奶业协会要切实履行好协调、服务、维权、自律的职能[①]

奶业是惠及亿万人民身体健康，关系国计民生的大产业。近年来，特别是党的十八大以来，在党中央、国务院的高度重视下，有关部门、地方政府和行业，全面推进奶业整顿振兴，狠抓质量安全监管、技术进步、生产发展和品牌建设。我国奶业发生了脱胎换骨的变化，迈进全面振兴的新时期。

产品质量显著提升。奶业全产业链质量安全监管体系不断完善，生鲜乳检测计划全面实施，生鲜乳抽检覆盖全国所有的奶站和运输车。2017 年，生鲜乳的抽检合格率达到 99.8%，三聚氰氨等违禁添加物抽检合格率连续 9 年保持 100%，生鲜乳蛋白平均值 3.23%，脂肪的平均值 3.81%，主要质量指标均高于国家标准，达到奶业发达国家的水平。乳制品加工实行出厂批批检验制度，乳制品抽检合格率 99.2%，在食品中保持领先。婴幼儿配方乳粉抽检合格率 99.5%，可以说当前是乳品质量安全水平的最好时期。

产业素质显著提升。通过大力发展奶牛标准化规模养殖，实施振兴奶业苜蓿发展行动，推行奶牛遗传改良计划，推动乳品加工企业改造升级和婴幼儿配方乳粉企业兼并重组，奶业转型升级加快推进，区域布局优化。目前，9 个奶类产量超过百万 t 的奶业主产省，产量已经占到全国总量的 80% 以上。

养殖转型加快。2017 年，全国奶牛规模养殖比重达到 56%，比 2012 年提高了 19 个百分点。规模养殖成为主力军，奶牛平均单产 7t，比 2012 年增加了 1.4t，加工水平进一步提高。乳制品加工结构逐步优化，主要乳制品加工装备等硬件条件基本达到世界先进水平。行业联合进一步加强，全国奶农专业合作社达到 1.6 万个，乳品企业自建和参股奶源基地比重超过 30%，奶业企业前 20 强的市场份额超过了 55%。

品牌的影响力提升。农业农村部推动建立了奶业 20 强企业联盟，中国奶业协会抓好组织协调，奶业 20 强企业同舟共济，齐心协力，连续举办三届峰会；开展小康牛奶行动和奶酪校园推广行动，打造向社会开放的示范工厂和休闲观光牧场。通过一系列组合拳，赢得了消费者的信任，大大增强了国产品牌的影响力。

当然，我们也必须清醒地看到，我国奶业仍然大而不强，存在产品供需结构不平衡，产业竞争力不强，消费培育不足，养殖加工利益连接不紧密等问题和挑战。尤其是当前，受乳制品进口冲击和季节性消费等影响，面临奶价低，销售难，奶农收入减少等问题，我们要高度重视，坚持问题导向，努力加以解决。

小康社会不能没有牛奶，十几亿中国人不能没有自己的民族奶业。习近平总书记多次对奶业发展作出重要指示，2018 年中央 1 号文件明确提出，实施质量兴农战略，突出强调做大做强民族奶业。下一步我们将努力推动出台加快奶业振兴发展的指导意见，深入推进奶业供给侧结构性改革，实施奶业振兴行动，按照种好草、养好牛、产好奶、强监管、树品牌的工作布局，协调奶业产业链有关部门，加快推动奶业强大振兴。

---

①：“中国奶业协会要切实履行好协调、服务、维权、自律的职能”一文，为时任农业农村部畜牧业司司长马有祥于 2018 年 4 月 11 日在北京召开的中国奶业协会第七届会员代表大会上的讲话。标题为年鉴编辑部所加。

中国奶业协会是行业的娘家人。第六届协会换届以来，在刘成果名誉会长、高鸿宾会长的领导下，坚持服务行业的宗旨，把握行业发展规律，发挥在政府、企业、奶农和消费者间的桥梁纽带作用，开展了大量卓有成效的工作，为推动我国奶业持续健康发展做出重要贡献。

在为奶农服务方面，实施奶农培训计划，大力普及饲养繁殖技术，推进奶牛遗传改良计划，加强奶牛育种工作，促进单产水平的提高。

在为消费者服务方面，组织开展消费市场调查分析，大力宣传普及科学饮奶知识，加强奶业公益宣传，恢复和增强了消费信心。

在为企业服务方面，每年召开中国奶业大会和展览会，承办奶业20强峰会，搭建奶业企业与银行贷款合作平台，为企业发展营造良好的外部环境。

在联系政府方面，参加行业标准制定，协助乳制品关税调整研究，做好养殖、加工企业生产信息监测，为苜蓿产业发展建言献策，实施学生饮用奶计划，参与中新、中澳等奶业国际合作，发挥了政府的参谋助手作用。在此，我代表农业农村部畜牧业司对中国奶业协会付出的辛勤努力，表示衷心地感谢！

同志们，中国奶业协会新一届领导班子即将产生，农业农村部畜牧业司将继续支持奶业的各项工作。我相信在新一届领导班子的带领下，协会将站在新的历史起点上，继承发扬优良作风，增强服务本领，提高服务水平，切实履行协调、服务、维权、自律的职能。

一是充分发挥好会员之家的作用。及时传递政策信息和行业动态，推广普及先进适用的加工技术，办好奶业热线，倾听行业呼声，切实维护行业的合法权益。

二是充分发挥好合作平台的作用。牢固树立奶业命运共同体意识，推动企业间、养殖加工产业链之间的利益平衡，把奶业的蛋糕既做大，又分好。

三是充分发挥好展示窗口的作用。办好奶业20强峰会，实施小康牛奶行动和奶酪推广行动，发布奶业质量报告，在塑造行业形象、提振消费信心等方面加大力度，为民族奶业全面振兴做出新的更大的贡献。

（2018年4月11日 北京）

# 发挥桥梁纽带作用　坚决捍卫行业利益①

首先，感谢大家对我的信任，感谢行业主管部门对我的重托。经过大家的推选，由我担任第七届理事会的会长，我深感责任重大，使命光荣。2010年以来，在党中央国务院的关怀下，在农业农村部的正确领导和民政部的监督管理下，以高鸿宾同志为会长的第六届理事会全体同仁，戮力同心，砥砺前行，谱写了中国奶业发展的新篇章，中国奶业进入了质量稳定和持续发展的新阶段，这是历史性的突破。中国奶业协会真正成为政府、企业和消费者之间的桥梁与纽带，赢得了大家的认可和信赖，这是历史性的成就。在此，让我们以热烈的掌声向高鸿宾会长，以及第六届理事会全体理事，致以崇高的敬意和衷心的感谢！下面，我宣布一件事，一件大家非常关心的事，就是经我本人和中国奶业协会副会长、常务理事、理事、会员一致意见，邀请高鸿宾同志担任中国奶业协会的名誉会长。让我们以热烈的掌声，对高部长担任表示最热烈的祝贺，并由衷希望高部长一如既往地对中国

①：“发挥桥梁纽带作用 坚决捍卫行业利益”一文为中国奶业协会会长李德发于2018年4月11日在北京召开的中国奶业协会第七届会员代表大会上的讲话。标题为年鉴编辑部所加。

奶业协会给予指导、帮助和支持。多年来，农业农村部和民政部一直关心和指导中国奶业协会的工作，今天农业农村部和民政部有关部门都有领导出席本次会议，让我们以热烈的掌声对各位领导的关心和支持表示衷心的感谢！

党中央、国务院高度重视奶业发展，2018 年中央 1 号文件明确提出实施质量兴农战略，突出强调做大做强民族奶业。近年来，全体奶业人按照党中央国务院的决策部署，推进奶业供给侧结构性改革，狠抓生产发展、质量监管和消费引导，奶业综合生产能力稳步提升，现代奶业建设步伐加快，乳品质量安全水平大幅提高，乳品企业竞争力进一步增强，奶业全面振兴迈出了新的步伐。

2017 年，生鲜乳抽检合格率 99.8%，主要质量指标达到奶业发达国家水平。乳制品抽检合格率 99.2%，在食品中保持领先；婴幼儿配方乳粉抽检合格率 99.5%。可以说，当前是乳品质量安全水平最好时期。

全国奶牛规模养殖比重达到 56%，奶牛年均单产 7t。奶业企业前 20 强的市场份额超过 55%，排名前 10 位的婴幼儿配方奶粉生产企业的市场占有率达到 74%。伊利位居全球乳企第 8 位，蒙牛位列第 10 位，君乐宝婴幼儿奶粉成功登陆中国香港和中国澳门市场，飞鹤婴幼儿奶粉获得世界食品品质评鉴大会金奖，现代牧业常温纯牛奶连续 5 次蝉联世界食品品质评鉴大会金奖，民族奶业品牌正在脱颖而出。

我是农业的老兵，同时也是奶业工作的新兵，在今后工作中还要不断学习和掌握奶业的工作规律。中国奶业协会第六届理事会对本届理事会提出了 5 方面建议，即增强历史使命感、提升行业服务水平、强化创新驱动发展、促进奶业品牌建设、深化国际交流合作，我们将结合工作实际，认真贯彻落实。在新的历史时期，国家对协会发展提出了新的更高要求。但不管机制体制如何变化，有什么新的要求，协会的首要职责和核心任务就是服务，一切工作都要围绕如何搞好服务来开展。

一是做好会员利益的捍卫者。协会是服务型社团组织，协会的会员以企业为主，企业是协会的根，没有企业就没有协会。企业是市场经济的主体，让企业持续健康发展，既是企业家奋斗的目标，也是国家发展的需要。但做企业不容易，在发展过程中会遇到各种问题，我们要千方百计为企业排忧解难。只有这样，协会工作才能得到会员的认可，协会的发展才有生命力。

二是扮好政府参谋助手的角色。要扮演好这个角色，必须要有真知灼见。协会要抓住政府职能转变和市场转型的机遇，营造良好的奶业发展氛围。一方面，加强行业监测预警，准确研判行业形势，坚持问题导向，入山问樵，入水问渔，提出有针对性、建设性的建议良言。另一方面，要充分利用市场规则，激发市场活力。在政府和市场两者中间，协会积极发挥桥梁纽带作用，协助政府部门开展行业管理，加强行业自律。

三是对外协调，对内自律。协会既要当娘家，又要当婆家。对外，协会代表的是企业的利益。企业利益受到损害，协会要积极协调解决问题，要敢于发声，坚决捍卫行业利益。对内，协会要加强行业自律，为企业营造公平的竞争环境。奶业安全大于天，质量安全是行业发展的生命线，任何行业都有害群之马，作为行业组织，有责任、有义务通过加强自律维护行业整体形象，为行业发展营造宽松的社会环境。

同志们，朋友们！

当前，全国上下正在深入学习贯彻党的十九大精神，凝心聚力，为实现两个一百年奋斗目标而努力。让我们紧密团结在以习近平同志为核心的党中央周围，在农业农村部和民政部的正确领导下，不忘协会发展初心，坚定信心，团结一致，认真履职，努力开创协会工作新局面，为实现我国从奶业大国向奶业强国迈进再立新功！

（2018 年 4 月 11 日 北京）

# 十年奶业 凤凰涅槃

“三聚氰胺”事件是新中国成立以来发生的最严重、最恶劣的一次食品安全事件，是一次系统性、全国性的食品安全事件。事件波及全国，但始作俑者是三鹿集团。客观地说，三鹿集团也曾经有过自己的辉煌。三鹿集团创办于1956年，从生到死，从创建到破产有62年的历史。三鹿集团的前身是1956年2月成立的“幸福乳业生产合作社”。在半个多世纪的奋斗过程中，特别是在改革开放之后，三鹿在奶业行业取得多项骄人业绩。1983—1996年，在全行业实现了五个率先：率先研制婴幼儿配方奶粉（母乳化奶粉），率先创造奶牛下乡、牛奶进城模式，率先实施品牌运营及集团化战略运作，率先在中央一套播放广告，率先在行业内引用CI系统，2005年8月，被世界品牌实验室评为中国500个最具价值品牌之一。经中国品牌资产评价中心评定，三鹿品牌价值为149.07亿元。2006年《福布斯》将其评选为中国顶尖企业百强“乳品行业第一位”。同时，通过了ISO9001等各种国内国际认证，2008年还获得国家科学技术进步奖。当时的三鹿产品有9大系列245个品种，婴幼儿奶粉全国销量首屈一指。通过控股、合资、合作等方式辐射十几个省，130个县，饲养奶牛80多万头，日产鲜奶6 800t，销售额达到105亿元。当时的增长速度是每年平均增长30%以上，宏大的目标是“瞄准国际领先水平，跻身世界先进行列”。通俗地说，就是做强三鹿，走出国门，接轨国际。但谁曾想到，就是这样一个巨型乳业集团，因为“三聚氰胺”事件一夜之间轰然崩塌，150亿品牌价值灰飞烟灭，最终以破产结局，被三元集团以6.1亿元收购。

三聚氰胺是什么东西？三聚氰胺也叫密胺，是一种常用的塑料化工原料，也可灭鼠，特点是氮原子很多。在当时食品检测中，采用的是“凯氏定氮法”推算蛋白质含量，因此添加三聚氰胺，可以增加生鲜乳当中的虚假蛋白含量。因为三聚氰胺是一种低毒性化工产品，婴幼儿大量摄入会引起泌尿系统疾患，严重的会患泌尿系统结石，甚至死亡。实际上，对三鹿奶粉存在的问题，在2007年年底已有反映，但三鹿集团百般遮掩，拒不承认，封锁消息。2008年8月2日，三鹿集团合作伙伴新西兰恒天然发现后要求整改并报告，但三鹿仍然无动于衷，最终此事由恒天然报告新西兰政府，由新西兰政府直接通知了中国政府。于是9月13日，针对“三聚氰胺”事件，国务院启动了国家重大食品安全事故一级响应，并成立应急领导小组，紧急查处“三聚氰胺”事件。

为什么国务院启动一级响应，因为这不是一个孤立的事件，虽然事出河北，但全国十几个省均发现了患者，甚至中国香港也发现了5名患者。不仅三鹿有问题，全国22个大型乳企也不同程度存在问题。当时，我作为农业部的应急总指挥，去参与处理了这次重大的食品安全事故。事件给我的基本印象是哀鸿遍野、一地鸡毛、惨不忍睹。“三聚氰胺”事件引发了一系列连锁反应：一是消费者，全国婴幼儿死亡4人，2万人住院治疗，20余万人入院筛查，三鹿奶粉下架，其他发现问题的产品也陆续下架。34个国家和地区宣布严禁中国乳制品入境。二是三鹿停产，老总被捕，其他企业减产或限产，接受严格检查。三是养殖场、养牛户售奶无门，倒奶杀牛，欲哭无泪。四是自河

---

注：“十年奶业 凤凰涅槃”一文为中国奶业协会名誉会长高鸿宾在2018年6月28日，于成都召开的第九届中国奶业大会“十年生聚　十年教训　凤凰涅槃　浴火重生”中国奶业高质量发展十年颂活动上的主旨报告。标题为年鉴编辑部所加。

北省省委常委、石家庄市委书记起，连续免掉了书记、市长、副市长以及秘书长、局长等一干众人。之后，又陆续处理了国家质检总局、农业部、卫生部等相关部门的领导干部。之所以产生这样严重的后果，关键是这种丧尽天良的掺杂造假的违法行为，触犯了法律、破坏了市场秩序，突破了做企业甚至做人的道德底线，同时，也败坏了行业的形象，影响了政府的声誉，因此引发了众怒，人神共愤。中国奶业确实受到了毁灭性打击，到了最危险的时刻。当时，社会上谈奶色变，杯弓蛇影。虽然现在已过去10年，时过境迁，但我们仍然不能低估此事造成的影响。前两年的调查，仍有大批消费者对国产奶粉心存疑虑，“毒奶粉”事件造成的影响至今余波未平。

毫无疑问，这是一次极其深刻惨痛的教训。痛定思痛，我们应该提出这样的问题，为什么会出现这样的事件？看上去这是一次突发的偶然事件，实际上，偶然当中存在着事物发展过程中必然的逻辑关系。简单回顾一下中国奶业的发展历史，就会很清楚地发现这种必然联系。1997—2007年是中国奶业增长最快的10年，奶牛存栏迅速增加，生鲜乳产量大幅增长。1998年全国原料奶只有745.4万t，2001年突破1 000万t，2004年突破2 000万t，2006年突破了3 000万t，2007年已经达到3 633万t，是10年前的5倍。这10年在奶业中至关重要，中国可以称为奶业大国，就是因为这10年突飞猛进的结果。但是，在这种全行业快速扩张的过程里，不可避免地带有盲目性，无底线、无秩序的竞争以及自我膨胀、潮流奔涌、泥沙俱下。有人批评田文华恃胜而骄，利令智昏，自我膨胀，因而管理失控，其实膨胀的哪里仅仅是一个人、一个企业，又岂止是今天？历史上就反复出现过这种状况。

新中国成立前夕，人民解放军势如破竹，横扫天下，锐不可当。毛主席就“警告”不要重犯李自成胜利时骄傲的错误。这就叫规律，这就叫必然。个人如此，企业如此，行业也是如此。要不然为什么说：眼看他起高楼，眼看他宴宾客，眼看他楼塌了。实际上，轰轰烈烈之中暗存着隐患，高歌猛进之中，酝酿着危机。“三聚氰胺”事件就是奶业快速扩张10年所存隐患和危机的总爆发。物极必反，出来混早晚是要还的，这一天迟早要来。这就是历史留给我们的教训。奶业行业事关人民福祉，事关生命健康，因此，必须始终心存敬畏之心，敬畏天地，敬畏人心，敬畏法律，敬畏声誉，来不得半点苟且、敷衍。有人说从事这个行业如履薄冰，没错，无论在任何发展阶段，这都应该是常态。

“三聚氰胺”事件是一件坏事，极具破坏力，对中国奶业造成了毁灭性的打击。但是，老子说过，祸兮福所倚，福兮祸所伏。好事可以引出坏的结果，坏事也可以引出好的结果，坏事可以使人汲取教训而产生福。不经一番寒彻骨，哪有梅花扑鼻香。因此，从历史的角度看，“三聚氰胺”事件是中国奶业一个发展阶段的终结，同时又何尝不是一个新发展阶段的开始呢？10年前，也就是在“三聚氰胺”事件突发之初，我就说过虽然中国奶业惨遭重创，濒临绝境，但只要我们有壮士断腕的决心与魄力，对全行业进行彻底的整顿、改造和提升，只要全体同仁共同努力，中国奶业一定能够实现凤凰涅槃，浴火重生。

凤凰涅槃、浴火重生是一个古老的佛教故事。说凤凰是人间幸福的使者，每隔500年就会背负着人世间的情仇恩怨，投身烈火自焚，以生命的结束换取人间的幸福和祥和，在经历惨烈的痛苦和轮回中得以重生。重生之后，新的凤凰，其羽更丰，其音更清，其神更髓。这个故事的寓意就是倡导一种不畏痛苦、义无反顾、不断追求、提升自我的精神。在我看来，在过去的10年里，我们奶业同仁就体现了这种精神。10年里，我们奶业同仁没有回避矛盾，讳疾忌医，自暴自弃，而是矢志不移，砥砺前进，不懈追求，经过痛苦的洗礼，终于基本实现了奶业的结构调整和转型升级，从而进入了一个健康、持续、稳定发展的新的历史阶段。与10年前比较，这是翻天覆地的变化，是脱胎换骨的改造，是历史性的巨大进步。十年生聚，十年教训，知耻后勇，卧薪尝胆，这是一种精神，殊属不易，难能可贵。这里我向这种知耻而后勇、卧薪尝胆实践这种精神的全体奶业同仁表示崇高的敬意。

从近 10 年的情况来看，无论是在农村诸产业中，包括畜牧养殖业，还是在食品行业的各品类当中，奶业行业都是受到特别关注的产业。国务院给奶业的定位是，健康中国、强壮民族不可或缺的产业，是食品安全的代表性产业，是农业现代化的标志性产业和一二三产业协调发展的战略性产业。为了中国奶业的健康持续稳定发展，不仅总书记几次作出重要指示和亲临奶业企业视察，中央 1 号文件几次提及奶业发展，而且国务院以及各相关部委也多次发出意见、纲要、规划、通知。正是因为备受重视，备受关注，所以备受质疑。质疑什么？

第一，为什么原料奶总产量和奶牛存栏没有增加，反而略有下降？的确，2007 年全国原料奶产量 3 545 万 t，今年预计是 3 630 万 t，奶牛存栏与高峰期的 1 440 万头比较更有大幅度减少。这里我想说明的是衡量、判断一个产业，不仅要看数量，更要看质量。“三聚氰胺”事件之后的 10 年是中国奶业恢复建设、调整结构、转型升级的 10 年。今天的奶业和 10 年前的奶业完全不能同日而语。现在的奶业，无论从奶牛品种、遗传育种、饲料营养、饲养技术、疾病防控、机械装备、设施条件、质量监控，包括人员素质都已经接近或达到了世界一流水平。2007 年，我国 100 头以上的规模化养殖不到 20%，现在已经达到 56%，接近 60%。机械化挤奶率从 50% 提高到 90%，TMR 使用率从 30% 提高到了 85% 以上。今年全国奶牛单产可以达到 7.3t，比 2007 年提高了 3t，规模化养殖场的单产水平已经提高到 8.5t。乳蛋白率 3.19%，乳脂率 3.86%，细菌总数 9.2 万 CFU/mL，体细胞数 22.8 万个 /mL, 这些指标都是世界水平。你现在去调研奶牛产业不能只看农户怎么养牛，看他们养不养，养得多还是养得少，主要应该看我们的规模化养殖场，那是主体，代表着行业的水平和趋势。从现在和未来的发展看，奶牛养殖业已经不再是传统意义上的增加农民收入的产业，而是保障人民健康、民族强壮的现代新兴产业。因此，不要再去设想能养几头奶牛增加万八千的收入。现在奶牛养殖门槛越来越高，监管越来越严，难度越来越大，科技含量越来越高，因此散户退出是必然的结果。“三聚氰胺”事件之后，散户退出比例逐年增加，从 2009 年的每年 3% 上升到 2013 年的 10%，10 年间淘汰了近百万户。对此不必惋惜，这是产业发展的规律，是市场调节的结果，也是转型升级必须付出的代价。我国的这种情况与美国有些相似。近 10 年来，美国奶牛场数量不断减少，平均每个牛场的存栏量从 160 头增加到 214 头，500 头以上成母牛存栏牛场占比 6.7%，但存栏占总量的 59%，产量占 63%。10 年间，成母牛存栏从 931.4 万头增加到 939.2 万头，只增加了 8 万头，不到 1%，但产量却从 9 125 万 t 增加到了 9 773 万 t，增加了 13.4%（648 万 t），单产达到 10.41t，增长了 12.5%。这样的发展才是有质量的发展，才是核心竞争力的提高。

值得注意的是，在散户退出的同时，大型养殖企业也在淘汰低产、弱质奶牛，结构优化，单产提高，效益提升，完全具备大幅度提高产业的产能。如果不是这两年进口奶制品在迅速扩大，导致国内生鲜乳价格低迷，大型养殖企业控制产能，全国原料奶的产量绝对不是现在这个水平。非不能也，是不为也。现在多数大型养殖企业都是蓄势待发，一旦行情好转，产能将大幅度增加，全国总量自然会明显提升。专家们研究预计，2020 年奶类产量可以达到 3 870 万 t，2027 年可以达到 4 380 万 t。这是养殖企业可以预期的光明未来。

第二，对奶业质量存疑，“三聚氰胺”事件之后，社会反响激烈，有人说中国奶粉是“毒奶粉”。当时有个段子，说从中国香港向大陆带奶粉叫走私，从大陆向香港带奶粉叫贩毒。虽然事过 10 年，但社会上仍有人对中国奶制品心存顾忌。我不能批评人家杞人忧天，我只想说，实践证明：中国奶业被三聚氰胺等质量安全困扰的阶段已经结束了，目前是中国奶制品质量安全水平最好的历史时期。2017 年，我国生鲜乳检测合格率 99.8%，生鲜乳中乳蛋白、乳脂防抽检合格率 99.2%，在食品行业中位居首位。再说三聚氰胺，从2009年到现在，农业部对生鲜奶进行了持续监测，每年组织全国42家质检中心对全国奶站进行两次全覆盖监测，累计达到19万批次，连续9年的抽检合格率为100%。为什么能达到这个水平？首先是企业，包括养殖企业和加工企业，心存敬畏之心，严格自律。会议之前，了解了10家乳品加工企业的检测情况，这些企业无一例外地从原料奶入厂、辅材入厂、半成品、过程环境控制到成品出厂，都进行了全程检测和监控。检测严格，品项繁多，全程覆盖。君乐宝314项，蒙牛400多项，伊利700多项。这不仅是对消费者负责，也是对自己负责。质量安全对这些企业来说，是天大地大的第一要务。其次是政府对奶业全过程建立和实施了史上最严格、最严厉，甚至可以说是最严苛的检测制度。检测范围从饲料到养殖，从原料奶到成品全程严格监控监管。重视程度无以复加，可谓重中之重。食药局25%检测经费用于奶制品。最近实施的婴幼儿奶粉注册制度更是提高了门槛，实现了源头控制。可以说，从企业到政府，对奶业生产的全过程已经形成了一张密不透风的大网。现在的问题不是检测是否严格，是否到位，而是过于频繁，过于复杂。矫枉过正和过犹不及都是需要注意的。频繁复杂的检测让企业不堪重负，不仅对企业经营者造成不必要的巨大心理压力，而且大幅提高了企业的生产成本，增加了企业的负担。像伊利、蒙牛这样的大企业每年的检测费用（不含设备）都在3亿元左右，其他企业的检测费用要高于他们的比例，规模小但检测项目程序类似。部分企业反映检测成本占总成本的比例已经从过去1%左右上升到近10%。我国乳企的检测成本是乳业发达国家的10倍。我想这种状况并不是以为企业服务的政府的初衷。因此，很有必要根据这几年发展变化的情况，对目前的检测制度和方法进行必要的调整和改进。

调整和改进的主要原则，就是从针对“三聚氰胺”事件的突发状况形成的应急机制转为常态化、制度化的检测，突出重点，删繁就简。比如说，①对三聚氰胺的检测，现在是生鲜乳要批批检，乳制品要批批检，含乳成分的原辅料也是批批检。其实，三聚氰胺不是乳制品的应有成分，过去只是为了提高生鲜乳蛋白虚假含量非法添加。现在我们的生鲜乳蛋白含量大幅提高，已经没有必要添加。再说连续多年也未发现再有类似情况，因此是否可以改为对生鲜乳和辅料进行进厂检测，取消对成品批批检测。②对原料已检测的项目，因加工过程不发生变化，对成品不再进行检验。③对同一品种不同包装的产品可否一次检测，不再因为包装规格和形式的变化个个检测，批批检测。④对有些项目完全可以由批批检测改为风险监控，按月或按季度抽检检测。当然，虽然这样的调整和改进，政府部门会承担一定的风险，但对党和政府来说，实事求是是更高的原则。

第三，中国乳制品安全可靠，为什么还有那么多人疯抢国外奶粉。这种情况不仅存在，而且持续多年。我们的很多同志觉得很丢脸甚至很自责。实际上对这种现象应该有一个客观的分析。之所以出现这种现象，第一个原因是消费者仍然心存疑虑，这当然是“三聚氰胺”事件持续存在的负面影响。但是这种状况正在改变。国产奶粉正在用10年的实践向消费者证明国产奶粉是安全的、可靠的、有保障的，而且更适合中国宝宝。君乐宝登陆中国香港、中国澳门销售，飞鹤奶粉200%的增长就是证明。这是我们努力的结果，消费者正在恢复对国产奶粉的信心和认同。第二个原因是一部分特殊人群的特殊需求。国内有一批高收入群体，言必称欧美，用必是名牌。他们的消费倾向和追求，与广大消费者完全不同，饮洋酒、开跑车那是他们的时尚。但从奶业行业发展的角度讲，这部分人的消费行为完全可以忽略不计，他们是小众。第三个原因，我认为是最重要的原因，就是价格差距。所谓价差是两个价差，一是国产奶粉和国外奶粉的价差；二是同一品牌奶粉在国外市场和国内市场的价差。据英敏特咨询公司全球新产品数据报告：一罐800~900g婴幼儿配方奶粉全球市场价格为50~150元，但在内地市场基本都在250元以上。一边是不到100元，一边是二三百元起价，同样品牌的奶粉国内外差距悬殊。比如达能旗下的爱他美白金版一段，在英国每标准罐13英镑，大约 17 美元，在内地市场 365 元，约 55 美元。在国内买一罐奶粉的钱去伦敦可以买两三罐。为什么在新西兰和澳大利亚有那么多中国人抢购奶粉，甚至抢空超市，那是利用价差谋取利益。只要价差存在，疯抢就会存在。对这种现象不能简单地批评谴责，而要研究怎么弥合或缩小差距。

第四，中国的奶业能不能保障中国的消费，根据目前状况，结论是不能完全保障基本状况，应该是以自己生产为主、进口调剂为辅。这与我们能力强弱、爱国与否没有关系。这是由我们国家土地条件和资源禀赋决定的。新西兰和澳大利亚不用比了，就比美国，美国奶牛比我们少，只有 939.2 万头，但是苜蓿种植面积 102.6 万 $hm^2$，生产干草达到 5 897.4 万 t，是我们的 15 倍。发达国家奶牛养殖场基本都配备土地，大体上一头牛配 $0.33hm^2$ 地。我们国家只有不到 20% 的牛场配备有土地，这种先天不足制约了中国奶业的发展。“三聚氰胺”事件之后，随着国内需求的增长和国际贸易条件的改善，乳制品进口迅速增长。2008 年进口乳制品（折合生鲜奶）不到 200 万 t，到 2017 年已经达到 1 200 万 t，今年预计会达到 1 617 万 t，专家预测到 2020 年会增加到 1 700 万 t 以上。为什么外国乳制品可以长驱直入？除国内需求之外，关键因素是价格。我们生鲜乳的生产成本 2008 年是 2.6 元 /kg，2017 年增加到 3.5 元 /kg，而欧盟的成本只有 2.4~2.7 元 /kg，新西兰更低，一直维持在 1.7~2.0 元 /kg。随着中国对外开放和自贸区的建立，进口乳制品的竞争优势会更加明显。为什么身处劣势还要发展民族奶业？因为从发展的角度看，没有谁能满足中国急剧增长的需求。目前，我国牛奶消费量很低，今年可能达到 36kg/ 人，这只是世界平均水平的 1/3，发展中国家的 1/2，日本是 61kg/ 人，欧盟是 210~250kg/ 人，美国是 293kg/ 人。随着中国城镇化进程加快，居民收入的提高，二胎政策放开，奶业消费必定有一个刚性增长。今年预计奶类总消费量是 5 242 万 t，2020 年将达到 5 597 万 t。专家说到 2027 年，就是再过 10 年将达到 6 361 万 t。即使达到这个水平，全国每年人均消费量也只有 40kg。谁能满足这个需求？ 2017 年全球生鲜乳总产量 82 595.8 万 t，比 2008 年几近增长了 20%，但贸易量只有 7 160 万 t，由于生鲜乳本身的特性决定了其绝大部分在本地区销售，可供国际贸易的量大体上在年生产量的 8% 左右，没有超过 10%。可供出口的国家也就是新西兰、澳大利亚、欧盟和美国。现在我们的进口数量已经占到乳制品国际贸易总量的 19.6%，到 2020 年可能达到 23.7%。可以设想，如果我们的进口量占到世界贸易量的 1/4，而国内需求又有 1/4 靠进口，这是一种什么状况？这已经是一种紧平衡。如果我国奶业没有新的更大发展，那情况将更加恶化。因此，国务院多次强调我国的奶源自给率要保持在 70% 以上，这已经是底线。即使是个底线，也在面临着挑战。据国家奶牛产业技术体系对全国前 35 家乳品加工企业的调查结果显示，进口的乳制品原料已经占到 45%，形势相当严峻。

总而言之，经过 10 年的努力，中国奶业基本实现了由外延式总量扩张向内涵式质量提升发展模式的转变，实现了传统产业向现代产业的转变。在继往开来的 2018 年，我们既要充分肯定我们的努力和进步，也要看到不足、差距和困难。所谓不足和差距，关键是与奶业发达国家的差距。现在我们的单产是 7t，美国是 10.4t，荷兰是 8.3t。我们的机械化挤奶率已经 90%，而欧洲 20%~40% 的新建牧场已经开始使用智能化的挤奶机器人。要充分注意到我们在技术创新研发、标准化技术的普及推广上都还有不少差距。除了行业生产能力的差距外，还有一个差距就是到现在为止我们还没有具有世界知名度的品牌企业。这几年我们在国际上获了不少奖，也有企业进入了乳业的世界排名榜，但这算不算具有世界知名度的品牌企业呢？我请教了卢敏放，他说还不算。达到这个水平至少有三个标准，一是在奶制品国际市场上有没有价格和标准的话语权；二是产品有多少进入了国际市场，至少是 50%；三是研发投入有多少。世界上发达国家品牌企业能投入研发的费用超过 25 亿欧元。我再加上一条，四是产品结构如何，初级加工产品占多少，附加值高的精深加工产品占多大比例。从这个意义上讲，我们的企业不仅要做大，更要做强。几年前，我们就提出建一流奶业，创世界品牌。现在距离实现这个目标依然是征途漫漫。但是我们仍然要有这种信心，仍要有锲而不舍的精神持续努力。

提高奶业的核心竞争力，要靠企业努力，也要靠政府的支持。实事求是地说，这10年政府对奶业是相当关心和支持的。但是在目前奶价低迷、企业困难的时候，政府应该更关心、更支持奶业。习总书记讲，要出实招，办实事。提出目标、原则、发展方略是对的，怎么实现，就要从一点一滴实事入手。目前，我们年进口139.8万t苜蓿，其中130.7万t是从美国进口的，占93.5%。如果加征关税，我国每头奶牛的日粮成本要提高3%，如果加上大豆进口关税，日粮成本提高会超过6%。针对这种情况，建议政府是不是应该内外兼顾，有一个统筹的考虑，采取一些措施，缓解一下奶农的困难。

最后，我想说，在奶业振兴的过程中，协会应该发挥更大的作用。这些年奶协为了行业发展做了不少事情，但还可以做更多的事情。至少有一件事，应该做得更多、更好、更有效，就是维护会员企业的权益。这几年企业遇到困难，特别是公关危机，协会出面帮助解决了一些，但大多是靠个人。解决诸如此类的问题，单靠企业不够，单靠领导也不够，要靠组织，要靠科学，要靠法律。因此，奶协可考虑，请些科学家（专家）和律师组成团队，在企业面临困境的时候，在企业焦头烂额、求助无门的时候，客观公正地说话，出手相助，化险为夷。这样才是无愧于以服务企业为宗旨的行业协会。

（2018年6月28日 成都）

# 新时代 新征程 中国奶业迈进全面振兴新时期

新时代，我国奶业正朝着效率更高、质量更好、动力更强的发展方向前进。奶业产业链长，涉及饲草料种植、奶牛养殖、生鲜乳收购、乳品加工、乳品销售和乳品消费等多个环节，上下游统筹兼顾，种植、养殖、加工、销售、消费各环节协调发展至关重要。奶源是保障，养殖是关键，振兴中国奶业，必须不断提升奶牛养殖业水平。

凝心聚力，开拓进取，我国奶牛养殖业转型升级、脱胎换骨，毫不夸张地说，已今非昔比。

看态势，稳中求进。一是数量基础稳固。2017年，我国牛奶产量3 545万t，持续多年稳居世界第3位。二是水平持续提升。100头以上规模养殖比重达到56%，比2008年提高37个百分点，牧场荷斯坦奶牛产奶年均单产7t，比2008年增加2t多。三是质量持续提高。牧场生鲜乳中乳蛋白超过3.2%，乳脂肪超过3.8%，菌落总数低于20万/mL，达到国际一流水准。生鲜乳抽检合格率99.8%，三聚氰胺等违禁添加物抽检合格率连续9年保持100%。

看质效，高效环保。一是转型升级明显加快。通过开展振兴奶业苜蓿发展行动，推行奶牛遗传改良计划、推进奶牛粪污综合利用、加强奶牛疫病防控等举措，奶牛养殖规模化、标准化、机械化、组织化水平显著提高。二是产业模式日趋成熟。种养加全产业链、“零距离一体化”“存量整合、牧场全程托管”等几年前出现的新模式已经发展成熟，一批具有示范性的企业脱颖而出，通过技术、模式和管理创新，实现了节本、提质和增效。

注：“新时代 新征程 中国奶业迈进全面振兴新时期”一文为中国奶业协会副会长兼秘书长刘亚清于2018年4月11日，在北京召开的中国奶业协会第七届会员代表大会上的讲话。标题为年鉴编辑部所加。

看动能，创新驱动。新思路匹配新时代，新动能谋求新发展。新思路、新动能正成为奶牛养殖行业稳健前行的关键因素。互联网、大数据、云平台走进奶牛养殖，信息化、精准化、智能化水平显著提升，为中国奶牛养殖业高质量发展注入新活力。

当然，还有一些困难和问题不容回避。养殖成本偏高、环保形势严峻等诸多挑战将长期存在，加之产业一体化程度低，利益联结不紧密，奶牛养殖近半面临亏损，养殖者备受煎熬、备感困惑。但不必悲观。长远看，这些困难、这些挑战，都是发展中不可避免的，都将通过创新变革、通过高质量发展而逐步解决。同时，目前我国乳品消费水平还比较低，随着经济收入增长、消费理念改善和城镇化水平提高，未来消费水平将持续稳步增加，我国奶牛养殖行业仍然有希望、有潜力、有作为、有前景。

如何发展？谈四点具体建议：一是扎实开展养殖粪污治理和资源化利用，破解环境制约瓶颈。去年国办印发了《加快推进畜禽养殖废弃物资源化利用的意见》，将畜牧业绿色发展上升到国家战略，我们要乘势而为，用足政策，奶牛养殖要坚持“源头减量、过程控制、末端利用”的思路，因地推进种养结合农牧循环，实现生产生态协同发展。二是大力加强良种繁育及推广应用，拓展产业发展空间。坚持良种良法配套发展，提升奶牛综合生产性能，目前农业部启动了国家奶牛核心育种场遴选工作，并出台政策支持奶牛养殖场转型升级和牧场发展，推广应用奶牛场物联网技术和智能化技术设施设备，让良种良法为我们产业的腾飞插上科技的翅膀。三是加快推进产业一体化进程，构建命运共同体。作为养殖龙头企业，通过合作、托管、参股，提升组织化程度和风险抵御能力，实现抱团发展。与乳品企业构建利益共享、风险共担长效机制，促进奶业一二三产业融合发展。四是不折不扣把好质量关，筑牢产业生存根基。质量是奶业的生命，没有质量就没有一切。作为质量安全第一责任人，我们要强化养殖过程管控，构建严密的企业全产业链质量安全监管体系，提高“产出来”的水平，占领品质制高点。

感谢各位嘉宾莅临并演讲，共同研讨奶业发展之策。各位同仁，当前我国奶牛养殖业正处在转型升级的攻关期，实现高质量发展的转型期，让我们汇聚同心共筑中国梦的磅礴力量，共同推进中国奶牛养殖业的创新发展，期望以本次大会为契机，点燃希望，提振信心，凝聚力量，照亮未来！

（2018 年 4 月 11 日　北京）

# 中共中央　国务院关于实施乡村振兴战略的意见

（2018 年 1 月 2 日）

实施乡村振兴战略，是党的十九大作出的重大决策部署，是决胜全面建成小康社会、全面建设社会主义现代化国家的重大历史任务，是新时代“三农”工作的总抓手。现就实施乡村振兴战略提出如下意见。

## 一、新时代实施乡村振兴战略的重大意义

党的十八大以来，在以习近平同志为核心的党中央坚强领导下，我们坚持把解决好“三农”问题作为全党工作重中之重，持续加大强农惠农富农政策力度，扎实推进农业现代化和新农村建设，全面深化农村改革，农业农村发展取得了历史性成就，为党和国家事业全面开创新局面提供了重要

支撑。5年来，粮食生产能力跨上新台阶，农业供给侧结构性改革迈出新步伐，农民收入持续增长，农村民生全面改善，脱贫攻坚战取得决定性进展，农村生态文明建设显著加强，农民获得感显著提升，农村社会稳定和谐。农业农村发展取得的重大成就和“三农”工作积累的丰富经验，为实施乡村振兴战略奠定了良好基础。

农业农村农民问题是关系国计民生的根本性问题。没有农业农村的现代化，就没有国家的现代化。当前，我国发展不平衡不充分问题在乡村最为突出，主要表现在：农产品阶段性供过于求和供给不足并存，农业供给质量亟待提高；农民适应生产力发展和市场竞争的能力不足，高素质农民队伍建设亟需加强；农村基础设施和民生领域欠账较多，农村环境和生态问题比较突出，乡村发展整体水平亟待提升；国家支农体系相对薄弱，农村金融改革任务繁重，城乡之间要素合理流动机制亟待健全；农村基层党建存在薄弱环节，乡村治理体系和治理能力亟待强化。实施乡村振兴战略，是解决人民日益增长的美好生活需要和不平衡不充分的发展之间矛盾的必然要求，是实现“两个一百年”奋斗目标的必然要求，是实现全体人民共同富裕的必然要求。

在中国特色社会主义新时代，乡村是一个可以大有作为的广阔天地，迎来了难得的发展机遇。我们有党的领导的政治优势，有社会主义的制度优势，有亿万农民的创造精神，有强大的经济实力支撑，有历史悠久的农耕文明，有旺盛的市场需求，完全有条件有能力实施乡村振兴战略。必须立足国情农情，顺势而为，切实增强责任感使命感紧迫感，举全党全国全社会之力，以更大的决心、更明确的目标、更有力的举措，推动农业全面升级、农村全面进步、农民全面发展，谱写新时代乡村全面振兴新篇章。

## 二、实施乡村振兴战略的总体要求

**（一）指导思想。**全面贯彻党的十九大精神，以习近平新时代中国特色社会主义思想为指导，加强党对“三农”工作的领导，坚持稳中求进工作总基调，牢固树立新发展理念，落实高质量发展的要求，紧紧围绕统筹推进“五位一体”总体布局和协调推进“四个全面”战略布局，坚持把解决好“三农”问题作为全党工作重中之重，坚持农业农村优先发展，按照产业兴旺、生态宜居、乡风文明、治理有效、生活富裕的总要求，建立健全城乡融合发展体制机制和政策体系，统筹推进农村经济建设、政治建设、文化建设、社会建设、生态文明建设和党的建设，加快推进乡村治理体系和治理能力现代化，加快推进农业农村现代化，走中国特色社会主义乡村振兴道路，让农业成为有奔头的产业，让农民成为有吸引力的职业，让农村成为安居乐业的美丽家园。

**（二）目标任务。**按照党的十九大提出的决胜全面建成小康社会、分两个阶段实现第二个百年奋斗目标的战略安排，实施乡村振兴战略的目标任务是：

到2020年，乡村振兴取得重要进展，制度框架和政策体系基本形成。农业综合生产能力稳步提升，农业供给体系质量明显提高，农村一二三产业融合发展水平进一步提升；农民增收渠道进一步拓宽，城乡居民生活水平差距持续缩小；现行标准下农村贫困人口实现脱贫，贫困县全部摘帽，解决区域性整体贫困；农村基础设施建设深入推进，农村人居环境明显改善，美丽宜居乡村建设扎实推进；城乡基本公共服务均等化水平进一步提高，城乡融合发展体制机制初步建立；农村对人才吸引力逐步增强；农村生态环境明显好转，农业生态服务能力进一步提高；以党组织为核心的农村基层组织建设进一步加强，乡村治理体系进一步完善；党的农村工作领导体制机制进一步健全；各地区各部门推进乡村振兴的思路举措得以确立。

到2035年，乡村振兴取得决定性进展，农业农村现代化基本实现。农业结构得到根本性改善，农民就业质量显著提高，相对贫困进一步缓解，共同富裕迈出坚实步伐；城乡基本公共服务均等化基本实现，城乡融合发展体制机制更加完善；乡风文明达到新高度，乡村治理体系更加完善；农村生态环境根本好转，美丽宜居乡村基本实现。

到2050年，乡村全面振兴，农业强、农村美、农民富全面实现。

**（三）基本原则**

坚持党管农村工作。毫不动摇地坚持和加强党对农村工作的领导，健全党管农村工作领导体制机制和党内法规，确保党在农村工作中始终总揽全局、协调各方，为乡村振兴提供坚强有力的政治保障。

坚持农业农村优先发展。把实现乡村振兴作为全党的共同意志、共同行动，做到认识统一、步调一致，在干部配备上优先考虑，在要素配置上优先满足，在资金投入上优先保障，在公共服务上优先安排，加快补齐农业农村短板。

坚持农民主体地位。充分尊重农民意愿，切实发挥农民在乡村振兴中的主体作用，调动亿万农民的积极性、主动性、创造性，把维护农民群众根本利益、促进农民共同富裕作为出发点和落脚点，促进农民持续增收，不断提升农民的获得感、幸福感、安全感。

坚持乡村全面振兴。准确把握乡村振兴的科学内涵，挖掘乡村多种功能和价值，统筹谋划农村经济建设、政治建设、文化建设、社会建设、生态文明建设和党的建设，注重协同性、关联性，整体部署，协调推进。

坚持城乡融合发展。坚决破除体制机制弊端，使市场在资源配置中起决定性作用，更好发挥政府作用，推动城乡要素自由流动、平等交换，推动新型工业化、信息化、城镇化、农业现代化同步发展，加快形成工农互促、城乡互补、全面融合、共同繁荣的新型工农城乡关系。

坚持人与自然和谐共生。牢固树立和践行绿水青山就是金山银山的理念，落实节约优先、保护优先、自然恢复为主的方针，统筹山水林田湖草系统治理，严守生态保护红线，以绿色发展引领乡村振兴。

坚持因地制宜、循序渐进。科学把握乡村的差异性和发展走势分化特征，做好顶层设计，注重规划先行、突出重点、分类施策、典型引路。既尽力而为，又量力而行，不搞层层加码，不搞一刀切，不搞形式主义，久久为功，扎实推进。

## 三、提升农业发展质量，培育乡村发展新动能

乡村振兴，产业兴旺是重点。必须坚持质量兴农、绿色兴农，以农业供给侧结构性改革为主线，加快构建现代农业产业体系、生产体系、经营体系，提高农业创新力、竞争力和全要素生产率，加快实现由农业大国向农业强国转变。

**（一）夯实农业生产能力基础。**深入实施藏粮于地、藏粮于技战略，严守耕地红线，确保国家粮食安全，把中国人的饭碗牢牢端在自己手中。全面落实永久基本农田特殊保护制度，加快划定和建设粮食生产功能区、重要农产品生产保护区，完善支持政策。大规模推进农村土地整治和高标准农田建设，稳步提升耕地质量，强化监督考核和地方政府责任。加强农田水利建设，提高抗旱防洪除涝能力。实施国家农业节水行动，加快灌区续建配套与现代化改造，推进小型农田水利设施达标提质，建设一批重大高效节水灌溉工程。加快建设国家农业科技创新体系，加强面向全行业的科技创新基地建设。深化农业科技成果转化和推广应用改革。加快发展现代农作物、畜禽、水产、林木种业，提升自主创新能力。高标准建设国家南繁育种基地。推进我国农机装备产业转型升级，加强科研机构、设备制造企业联合攻关，进一步提高大宗农作物机械国产化水平，加快研发经济作物、养殖业、丘陵山区农林机械，发展高端农机装备制造。优化农业从业者结构，加快建设知识型、技能型、创新型农业经营者队伍。大力发展数字农业，实施智慧农业林业水利工程，推进物联网试验示范和遥感技术应用。

**（二）实施质量兴农战略。**制定和实施国家质量兴农战略规划，建立健全质量兴农评价体系、政策体系、工作体系和考核体系。深入推进农业绿色化、优质化、特色化、品牌化，调整优化农业

生产力布局，推动农业由增产导向转向提质导向。推进特色农产品优势区创建，建设现代农业产业园、农业科技园。实施产业兴村强县行动，推行标准化生产，培育农产品品牌，保护地理标志农产品，打造一村一品、一县一业发展新格局。加快发展现代高效林业，实施兴林富民行动，推进森林生态标志产品建设工程。加强植物病虫害、动物疫病防控体系建设。优化养殖业空间布局，大力发展绿色生态健康养殖，做大做强民族奶业。统筹海洋渔业资源开发，科学布局近远海养殖和远洋渔业，建设现代化海洋牧场。建立产学研融合的农业科技创新联盟，加强农业绿色生态、提质增效技术研发应用。切实发挥农垦在质量兴农中的带动引领作用。实施食品安全战略，完善农产品质量和食品安全标准体系，加强农业投入品和农产品质量安全追溯体系建设，健全农产品质量和食品安全监管体制，重点提高基层监管能力。

**（三）构建农村一二三产业融合发展体系。**大力开发农业多种功能，延长产业链、提升价值链、完善利益链，通过保底分红、股份合作、利润返还等多种形式，让农民合理分享全产业链增值收益。实施农产品加工业提升行动，鼓励企业兼并重组，淘汰落后产能，支持主产区农产品就地加工转化增值。重点解决农产品销售中的突出问题，加强农产品产后分级、包装、营销，建设现代化农产品冷链仓储物流体系，打造农产品销售公共服务平台，支持供销、邮政及各类企业把服务网点延伸到乡村，健全农产品产销稳定衔接机制，大力建设具有广泛性的促进农村电子商务发展的基础设施，鼓励支持各类市场主体创新发展基于互联网的新型农业产业模式，深入实施电子商务进农村综合示范，加快推进农村流通现代化。实施休闲农业和乡村旅游精品工程，建设一批设施完备、功能多样的休闲观光园区、森林人家、康养基地、乡村民宿、特色小镇。对利用闲置农房发展民宿、养老等项目，研究出台消防、特种行业经营等领域便利市场准入、加强事中事后监管的管理办法。发展乡村共享经济、创意农业、特色文化产业。

**（四）构建农业对外开放新格局。**优化资源配置，着力节本增效，提高我国农产品国际竞争力。实施特色优势农产品出口提升行动，扩大高附加值农产品出口。建立健全我国农业贸易政策体系。深化与"一带一路"沿线国家和地区农产品贸易关系。积极支持农业走出去，培育具有国际竞争力的大粮商和农业企业集团。积极参与全球粮食安全治理和农业贸易规则制定，促进形成更加公平合理的农业国际贸易秩序。进一步加大农产品反走私综合治理力度。

**（五）促进小农户和现代农业发展有机衔接。**统筹兼顾培育新型农业经营主体和扶持小农户，采取有针对性的措施，把小农生产引入现代农业发展轨道。培育各类专业化市场化服务组织，推进农业生产全程社会化服务，帮助小农户节本增效。发展多样化的联合与合作，提升小农户组织化程度。注重发挥新型农业经营主体带动作用，打造区域公用品牌，开展农超对接、农社对接，帮助小农户对接市场。扶持小农户发展生态农业、设施农业、体验农业、定制农业，提高产品档次和附加值，拓展增收空间。改善小农户生产设施条件，提升小农户抗风险能力。研究制定扶持小农生产的政策意见。

### 四、推进乡村绿色发展，打造人与自然和谐共生发展新格局

乡村振兴，生态宜居是关键。良好生态环境是农村最大优势和宝贵财富。必须尊重自然、顺应自然、保护自然，推动乡村自然资本加快增值，实现百姓富、生态美的统一。

**（一）统筹山水林田湖草系统治理。**把山水林田湖草作为一个生命共同体，进行统一保护、统一修复。实施重要生态系统保护和修复工程。健全耕地草原森林河流湖泊休养生息制度，分类有序退出超载的边际产能。扩大耕地轮作休耕制度试点。科学划定江河湖海限捕、禁捕区域，健全水生生态保护修复制度。实行水资源消耗总量和强度双控行动。开展河湖水系连通和农村河塘清淤整治，全面推行河长制、湖长制。加大农业水价综合改革工作力度。开展国土绿化行动，推进荒漠化、石漠化、水土流失综合治理。强化湿地保护和恢复，继续开展退耕还湿。完善天然林保护制度，把所

有天然林都纳入保护范围。扩大退耕还林还草、退牧还草，建立成果巩固长效机制。继续实施三北防护林体系建设等林业重点工程，实施森林质量精准提升工程。继续实施草原生态保护补助奖励政策。实施生物多样性保护重大工程，有效防范外来生物入侵。

**（二）加强农村突出环境问题综合治理。**加强农业面源污染防治，开展农业绿色发展行动，实现投入品减量化、生产清洁化、废弃物资源化、产业模式生态化。推进有机肥替代化肥、畜禽粪污处理、农作物秸秆综合利用、废弃农膜回收、病虫害绿色防控。加强农村水环境治理和农村饮用水水源保护，实施农村生态清洁小流域建设。扩大华北地下水超采区综合治理范围。推进重金属污染耕地防控和修复，开展土壤污染治理与修复技术应用试点，加大东北黑土地保护力度。实施流域环境和近岸海域综合治理。严禁工业和城镇污染向农业农村转移。加强农村环境监管能力建设，落实县乡两级农村环境保护主体责任。

**（三）建立市场化多元化生态补偿机制。**落实农业功能区制度，加大重点生态功能区转移支付力度，完善生态保护成效与资金分配挂钩的激励约束机制。鼓励地方在重点生态区位推行商品林赎买制度。健全地区间、流域上下游之间横向生态保护补偿机制，探索建立生态产品购买、森林碳汇等市场化补偿制度。建立长江流域重点水域禁捕补偿制度。推行生态建设和保护以工代赈做法，提供更多生态公益岗位。

**（四）增加农业生态产品和服务供给。**正确处理开发与保护的关系，运用现代科技和管理手段，将乡村生态优势转化为发展生态经济的优势，提供更多更好的绿色生态产品和服务，促进生态和经济良性循环。加快发展森林草原旅游、河湖湿地观光、冰雪海上运动、野生动物驯养观赏等产业，积极开发观光农业、游憩休闲、健康养生、生态教育等服务。创建一批特色生态旅游示范村镇和精品线路，打造绿色生态环保的乡村生态旅游产业链。

## 五、繁荣兴盛农村文化，焕发乡风文明新气象

乡村振兴，乡风文明是保障。必须坚持物质文明和精神文明一起抓，提升农民精神风貌，培育文明乡风、良好家风、淳朴民风，不断提高乡村社会文明程度。

**（一）加强农村思想道德建设。**以社会主义核心价值观为引领，坚持教育引导、实践养成、制度保障三管齐下，采取符合农村特点的有效方式，深化中国特色社会主义和中国梦宣传教育，大力弘扬民族精神和时代精神。加强爱国主义、集体主义、社会主义教育，深化民族团结进步教育，加强农村思想文化阵地建设。深入实施公民道德建设工程，挖掘农村传统道德教育资源，推进社会公德、职业道德、家庭美德、个人品德建设。推进诚信建设，强化农民的社会责任意识、规则意识、集体意识、主人翁意识。

**（二）传承发展提升农村优秀传统文化。**立足乡村文明，吸取城市文明及外来文化优秀成果，在保护传承的基础上，创造性转化、创新性发展，不断赋予时代内涵、丰富表现形式。切实保护好优秀农耕文化遗产，推动优秀农耕文化遗产合理适度利用。深入挖掘农耕文化蕴含的优秀思想观念、人文精神、道德规范，充分发挥其在凝聚人心、教化群众、淳化民风中的重要作用。划定乡村建设的历史文化保护线，保护好文物古迹、传统村落、民族村寨、传统建筑、农业遗迹、灌溉工程遗产。支持农村地区优秀戏曲曲艺、少数民族文化、民间文化等传承发展。

**（三）加强农村公共文化建设。**按照有标准、有网络、有内容、有人才的要求，健全乡村公共文化服务体系。发挥县级公共文化机构辐射作用，推进基层综合性文化服务中心建设，实现乡村两级公共文化服务全覆盖，提升服务效能。深入推进文化惠民，公共文化资源要重点向乡村倾斜，提供更多更好的农村公共文化产品和服务。支持“三农”题材文艺创作生产，鼓励文艺工作者不断推出反映农民生产生活尤其是乡村振兴实践的优秀文艺作品，充分展示新时代农村农民的精神面貌。培育挖掘乡土文化本土人才，开展文化结对帮扶，引导社会各界人士投身乡村文化建设。活跃繁荣

农村文化市场，丰富农村文化业态，加强农村文化市场监管。

**（四）开展移风易俗行动。**广泛开展文明村镇、星级文明户、文明家庭等群众性精神文明创建活动。遏制大操大办、厚葬薄养、人情攀比等陈规陋习。加强无神论宣传教育，丰富农民群众精神文化生活，抵制封建迷信活动。深化农村殡葬改革。加强农村科普工作，提高农民科学文化素养。

## 六、加强农村基层基础工作，构建乡村治理新体系

乡村振兴，治理有效是基础。必须把夯实基层基础作为固本之策，建立健全党委领导、政府负责、社会协同、公众参与、法治保障的现代乡村社会治理体制，坚持自治、法治、德治相结合，确保乡村社会充满活力、和谐有序。

**（一）加强农村基层党组织建设。**扎实推进抓党建促乡村振兴，突出政治功能，提升组织力，抓乡促村，把农村基层党组织建成坚强战斗堡垒。强化农村基层党组织领导核心地位，创新组织设置和活动方式，持续整顿软弱涣散村党组织，稳妥有序开展不合格党员处置工作，着力引导农村党员发挥先锋模范作用。建立选派第一书记工作长效机制，全面向贫困村、软弱涣散村和集体经济薄弱村党组织派出第一书记。实施农村带头人队伍整体优化提升行动，注重吸引高校毕业生、农民工、机关企事业单位优秀党员干部到村任职，选优配强村党组织书记。健全从优秀村党组织书记中选拔乡镇领导干部、考录乡镇机关公务员、招聘乡镇事业编制人员制度。加大在优秀青年农民中发展党员力度。建立农村党员定期培训制度。全面落实村级组织运转经费保障政策。推行村级小微权力清单制度，加大基层小微权力腐败惩处力度。严厉整治惠农补贴、集体资产管理、土地征收等领域侵害农民利益的不正之风和腐败问题。

**（二）深化村民自治实践。**坚持自治为基，加强农村群众性自治组织建设，健全和创新村党组织领导的充满活力的村民自治机制。推动村党组织书记通过选举担任村委会主任。发挥自治章程、村规民约的积极作用。全面建立健全村务监督委员会，推行村级事务阳光工程。依托村民会议、村民代表会议、村民议事会、村民理事会、村民监事会等，形成民事民议、民事民办、民事民管的多层次基层协商格局。积极发挥新乡贤作用。推动乡村治理重心下移，尽可能把资源、服务、管理下放到基层。继续开展以村民小组或自然村为基本单元的村民自治试点工作。加强农村社区治理创新。创新基层管理体制机制，整合优化公共服务和行政审批职责，打造“一门式办理”“一站式服务”的综合服务平台。在村庄普遍建立网上服务站点，逐步形成完善的乡村便民服务体系。大力培育服务性、公益性、互助性农村社会组织，积极发展农村社会工作和志愿服务。集中清理上级对村级组织考核评比多、创建达标多、检查督查多等突出问题。维护村民委员会、农村集体经济组织、农村合作经济组织的特别法人地位和权利。

**（三）建设法治乡村。**坚持法治为本，树立依法治理理念，强化法律在维护农民权益、规范市场运行、农业支持保护、生态环境治理、化解农村社会矛盾等方面的权威地位。增强基层干部法治观念、法治为民意识，将政府涉农各项工作纳入法治化轨道。深入推进综合行政执法改革向基层延伸，创新监管方式，推动执法队伍整合、执法力量下沉，提高执法能力和水平。建立健全乡村调解、县市仲裁、司法保障的农村土地承包经营纠纷调处机制。加大农村普法力度，提高农民法治素养，引导广大农民增强尊法学法守法用法意识。健全农村公共法律服务体系，加强对农民的法律援助和司法救助。

**（四）提升乡村德治水平。**深入挖掘乡村熟人社会蕴含的道德规范，结合时代要求进行创新，强化道德教化作用，引导农民向上向善、孝老爱亲、重义守信、勤俭持家。建立道德激励约束机制，引导农民自我管理、自我教育、自我服务、自我提高，实现家庭和睦、邻里和谐、干群融洽。广泛开展好媳妇、好儿女、好公婆等评选表彰活动，开展寻找最美乡村教师、医生、村官、家庭等活动。深入宣传道德模范、身边好人的典型事迹，弘扬真善美，传播正能量。

**（五）建设平安乡村。**健全落实社会治安综合治理领导责任制，大力推进农村社会治安防控体系建设，推动社会治安防控力量下沉。深入开展扫黑除恶专项斗争，严厉打击农村黑恶势力、宗族恶势力，严厉打击黄赌毒盗拐骗等违法犯罪。依法加大对农村非法宗教活动和境外渗透活动打击力度，依法制止利用宗教干预农村公共事务，继续整治农村乱建庙宇、滥塑宗教造像。完善县乡村三级综治中心功能和运行机制。健全农村公共安全体系，持续开展农村安全隐患治理。加强农村警务、消防、安全生产工作，坚决遏制重特大安全事故。探索以网格化管理为抓手、以现代信息技术为支撑，实现基层服务和管理精细化精准化。推进农村“雪亮工程”建设。

## 七、提高农村民生保障水平，塑造美丽乡村新风貌

乡村振兴，生活富裕是根本。要坚持人人尽责、人人享有，按照抓重点、补短板、强弱项的要求，围绕农民群众最关心最直接最现实的利益问题，一件事情接着一件事情办，一年接着一年干，把乡村建设成为幸福美丽新家园。

**（一）优先发展农村教育事业。**高度重视发展农村义务教育，推动建立以城带乡、整体推进、城乡一体、均衡发展的义务教育发展机制。全面改善薄弱学校基本办学条件，加强寄宿制学校建设。实施农村义务教育学生营养改善计划。发展农村学前教育。推进农村普及高中阶段教育，支持教育基础薄弱县普通高中建设，加强职业教育，逐步分类推进中等职业教育免除学杂费。健全学生资助制度，使绝大多数农村新增劳动力接受高中阶段教育、更多接受高等教育。把农村需要的人群纳入特殊教育体系。以市县为单位，推动优质学校辐射农村薄弱学校常态化。统筹配置城乡师资，并向乡村倾斜，建好建强乡村教师队伍。

**（二）促进农村劳动力转移就业和农民增收。**健全覆盖城乡的公共就业服务体系，大规模开展职业技能培训，促进农民工多渠道转移就业，提高就业质量。深化户籍制度改革，促进有条件、有意愿、在城镇有稳定就业和住所的农业转移人口在城镇有序落户，依法平等享受城镇公共服务。加强扶持引导服务，实施乡村就业创业促进行动，大力发展文化、科技、旅游、生态等乡村特色产业，振兴传统工艺。培育一批家庭工场、手工作坊、乡村车间，鼓励在乡村地区兴办环境友好型企业，实现乡村经济多元化，提供更多就业岗位。拓宽农民增收渠道，鼓励农民勤劳守法致富，增加农村低收入者收入，扩大农村中等收入群体，保持农村居民收入增速快于城镇居民。

**（三）推动农村基础设施提挡升级。**继续把基础设施建设重点放在农村，加快农村公路、供水、供气、环保、电网、物流、信息、广播电视等基础设施建设，推动城乡基础设施互联互通。以示范县为载体全面推进“四好农村路”建设，加快实施通村组硬化路建设。加大成品油消费税转移支付资金用于农村公路养护力度。推进节水供水重大水利工程，实施农村饮水安全巩固提升工程。加快新一轮农村电网改造升级，制定农村通动力电规划，推进农村可再生能源开发利用。实施数字乡村战略，做好整体规划设计，加快农村地区宽带网络和第四代移动通信网络覆盖步伐，开发适应“三农”特点的信息技术、产品、应用和服务，推动远程医疗、远程教育等应用普及，弥合城乡数字鸿沟。提升气象为农服务能力。加强农村防灾减灾救灾能力建设。抓紧研究提出深化农村公共基础设施管护体制改革指导意见。

**（四）加强农村社会保障体系建设。**完善统一的城乡居民基本医疗保险制度和大病保险制度，做好农民重特大疾病救助工作。巩固城乡居民医保全国异地就医联网直接结算。完善城乡居民基本养老保险制度，建立城乡居民基本养老保险待遇确定和基础养老金标准正常调整机制。统筹城乡社会救助体系，完善最低生活保障制度，做好农村社会救助兜底工作。将进城落户农业转移人口全部纳入城镇住房保障体系。构建多层次农村养老保障体系，创新多元化照料服务模式。健全农村留守儿童和妇女、老年人以及困境儿童关爱服务体系。加强和改善农村残疾人服务。

**（五）推进健康乡村建设。**强化农村公共卫生服务，加强慢性病综合防控，大力推进农村地区

精神卫生、职业病和重大传染病防治。完善基本公共卫生服务项目补助政策，加强基层医疗卫生服务体系建设，支持乡镇卫生院和村卫生室改善条件。加强乡村中医药服务。开展和规范家庭医生签约服务，加强妇幼、老人、残疾人等重点人群健康服务。倡导优生优育。深入开展乡村爱国卫生运动。

**（六）持续改善农村人居环境。**实施农村人居环境整治三年行动计划，以农村垃圾、污水治理和村容村貌提升为主攻方向，整合各种资源，强化各种举措，稳步有序推进农村人居环境突出问题治理。坚持不懈推进农村“厕所革命”，大力开展农村户用卫生厕所建设和改造，同步实施粪污治理，加快实现农村无害化卫生厕所全覆盖，努力补齐影响农民群众生活品质的短板。总结推广适用不同地区的农村污水治理模式，加强技术支撑和指导。深入推进农村环境综合整治。推进北方地区农村散煤替代，有条件的地方有序推进煤改气、煤改电和新能源利用。逐步建立农村低收入群体安全住房保障机制。强化新建农房规划管控，加强“空心村”服务管理和改造。保护保留乡村风貌，开展田园建筑示范，培养乡村传统建筑名匠。实施乡村绿化行动，全面保护古树名木。持续推进宜居宜业的美丽乡村建设。

## 八、打好精准脱贫攻坚战，增强贫困群众获得感

乡村振兴，摆脱贫困是前提。必须坚持精准扶贫、精准脱贫，把提高脱贫质量放在首位，既不降低扶贫标准，也不吊高胃口，采取更加有力的举措、更加集中的支持、更加精细的工作，坚决打好精准脱贫这场对全面建成小康社会具有决定性意义的攻坚战。

**（一）瞄准贫困人口精准帮扶。**对有劳动能力的贫困人口，强化产业和就业扶持，着力做好产销衔接、劳务对接，实现稳定脱贫。有序推进易地扶贫搬迁，让搬迁群众搬得出、稳得住、能致富。对完全或部分丧失劳动能力的特殊贫困人口，综合实施保障性扶贫政策，确保病有所医、残有所助、生活有兜底。做好农村最低生活保障工作的动态化精细化管理，把符合条件的贫困人口全部纳入保障范围。

**（二）聚焦深度贫困地区集中发力。**全面改善贫困地区生产生活条件，确保实现贫困地区基本公共服务主要指标接近全国平均水平。以解决突出制约问题为重点，以重大扶贫工程和到村到户帮扶为抓手，加大政策倾斜和扶贫资金整合力度，着力改善深度贫困地区发展条件，增强贫困农户发展能力，重点攻克深度贫困地区脱贫任务。新增脱贫攻坚资金项目主要投向深度贫困地区，增加金融投入对深度贫困地区的支持，新增建设用地指标优先保障深度贫困地区发展用地需要。

**（三）激发贫困人口内生动力。**把扶贫同扶志、扶智结合起来，把救急纾困和内生脱贫结合起来，提升贫困群众发展生产和务工经商的基本技能，实现可持续稳固脱贫。引导贫困群众克服等靠要思想，逐步消除精神贫困。要打破贫困均衡，促进形成自强自立、争先脱贫的精神风貌。改进帮扶方式方法，更多采用生产奖补、劳务补助、以工代赈等机制，推动贫困群众通过自己的辛勤劳动脱贫致富。

**（四）强化脱贫攻坚责任和监督。**坚持中央统筹省负总责市县抓落实的工作机制，强化党政一把手负总责的责任制。强化县级党委作为全县脱贫攻坚总指挥部的关键作用，脱贫攻坚期内贫困县县级党政正职要保持稳定。开展扶贫领域腐败和作风问题专项治理，切实加强扶贫资金管理，对挪用和贪污扶贫款项的行为严惩不贷。将 2018 年作为脱贫攻坚作风建设年，集中力量解决突出作风问题。科学确定脱贫摘帽时间，对弄虚作假、搞数字脱贫的严肃查处。完善扶贫督查巡查、考核评估办法，除党中央、国务院统一部署外，各部门一律不准再组织其他检查考评。严格控制各地开展增加一线扶贫干部负担的各类检查考评，切实给基层减轻工作负担。关心爱护战斗在扶贫第一线的基层干部，制定激励政策，为他们工作生活排忧解难，保护和调动他们的工作积极性。做好实施乡村振兴战略与打好精准脱贫攻坚战的有机衔接。制定坚决打好精准脱贫攻坚战三年行动指导意见。研究提出持续减贫的意见。

## 九、推进体制机制创新，强化乡村振兴制度性供给

实施乡村振兴战略，必须把制度建设贯穿其中。要以完善产权制度和要素市场化配置为重点，激活主体、激活要素、激活市场，着力增强改革的系统性、整体性、协同性。

**（一）巩固和完善农村基本经营制度。**落实农村土地承包关系稳定并长久不变政策，衔接落实好第二轮土地承包到期后再延长30年的政策，让农民吃上长效“定心丸”。全面完成土地承包经营权确权登记颁证工作，实现承包土地信息联通共享。完善农村承包地“三权分置”制度，在依法保护集体土地所有权和农户承包权前提下，平等保护土地经营权。农村承包土地经营权可以依法向金融机构融资担保、入股从事农业产业化经营。实施新型农业经营主体培育工程，培育发展家庭农场、合作社、龙头企业、社会化服务组织和农业产业化联合体，发展多种形式适度规模经营。

**（二）深化农村土地制度改革。**系统总结农村土地征收、集体经营性建设用地入市、宅基地制度改革试点经验，逐步扩大试点，加快土地管理法修改，完善农村土地利用管理政策体系。扎实推进房地一体的农村集体建设用地和宅基地使用权确权登记颁证。完善农民闲置宅基地和闲置农房政策，探索宅基地所有权、资格权、使用权“三权分置”，落实宅基地集体所有权，保障宅基地农户资格权和农民房屋财产权，适度放活宅基地和农民房屋使用权，不得违规违法买卖宅基地，严格实行土地用途管制，严格禁止下乡利用农村宅基地建设别墅大院和私人会馆。在符合土地利用总体规划前提下，允许县级政府通过村土地利用规划，调整优化村庄用地布局，有效利用农村零星分散的存量建设用地；预留部分规划建设用地指标用于单独选址的农业设施和休闲旅游设施等建设。对利用收储农村闲置建设用地发展农村新产业新业态的，给予新增建设用地指标奖励。进一步完善设施农用地政策。

**（三）深入推进农村集体产权制度改革。**全面开展农村集体资产清产核资、集体成员身份确认，加快推进集体经营性资产股份合作制改革。推动资源变资产、资金变股金、农民变股东，探索农村集体经济新的实现形式和运行机制。坚持农村集体产权制度改革正确方向，发挥村党组织对集体经济组织的领导核心作用，防止内部少数人控制和外部资本侵占集体资产。维护进城落户农民土地承包权、宅基地使用权、集体收益分配权，引导进城落户农民依法自愿有偿转让上述权益。研究制定农村集体经济组织法，充实农村集体产权权能。全面深化供销合作社综合改革，深入推进集体林权、水利设施产权等领域改革，做好农村综合改革、农村改革试验区等工作。

**（四）完善农业支持保护制度。**以提升农业质量效益和竞争力为目标，强化绿色生态导向，创新完善政策工具和手段，扩大“绿箱”政策的实施范围和规模，加快建立新型农业支持保护政策体系。深化农产品收储制度和价格形成机制改革，加快培育多元市场购销主体，改革完善中央储备粮管理体制。通过完善拍卖机制、定向销售、包干销售等，加快消化政策性粮食库存。落实和完善对农民直接补贴制度，提高补贴效能。健全粮食主产区利益补偿机制。探索开展稻谷、小麦、玉米三大粮食作物完全成本保险和收入保险试点，加快建立多层次农业保险体系。

## 十、汇聚全社会力量，强化乡村振兴人才支撑

实施乡村振兴战略，必须破解人才瓶颈制约。要把人力资本开发放在首要位置，畅通智力、技术、管理下乡通道，造就更多乡土人才，聚天下人才而用之。

**（一）大力培育高素质农民。**全面建立高素质农民制度，完善配套政策体系。实施高素质农民培育工程。支持高素质农民通过弹性学制参加中高等农业职业教育。创新培训机制，支持农民专业合作社、专业技术协会、龙头企业等主体承担培训。引导符合条件的高素质农民参加城镇职工养老、医疗等社会保障制度。鼓励各地开展高素质农民职称评定试点。

**（二）加强农村专业人才队伍建设。**建立县域专业人才统筹使用制度，提高农村专业人才服务保障能力。推动人才管理职能部门简政放权，保障和落实基层用人主体自主权。推行乡村教师“县

管校聘”。实施好边远贫困地区、边疆民族地区和革命老区人才支持计划，继续实施“三支一扶”、特岗教师计划等，组织实施高校毕业生基层成长计划。支持地方高等学校、职业院校综合利用教育培训资源，灵活设置专业（方向），创新人才培养模式，为乡村振兴培养专业化人才。扶持培养一批农业职业经理人、经纪人、乡村工匠、文化能人、非遗传承人等。

**（三）发挥科技人才支撑作用。**全面建立高等院校、科研院所等事业单位专业技术人员到乡村和企业挂职、兼职和离岗创新创业制度，保障其在职称评定、工资福利、社会保障等方面的权益。深入实施农业科研杰出人才计划和杰出青年农业科学家项目。健全种业等领域科研人员以知识产权明晰为基础、以知识价值为导向的分配政策。探索公益性和经营性农技推广融合发展机制，允许农技人员通过提供增值服务合理取酬。全面实施农技推广服务特聘计划。

**（四）鼓励社会各界投身乡村建设。**建立有效激励机制，以乡情乡愁为纽带，吸引支持企业家、党政干部、专家学者、医生教师、规划师、建筑师、律师、技能人才等，通过下乡担任志愿者、投资兴业、包村包项目、行医办学、捐资捐物、法律服务等方式服务乡村振兴事业。研究制定管理办法，允许符合要求的公职人员回乡任职。吸引更多人才投身现代农业，培养造就新农民。加快制定鼓励引导工商资本参与乡村振兴的指导意见，落实和完善融资贷款、配套设施建设补助、税费减免、用地等扶持政策，明确政策边界，保护好农民利益。发挥工会、共青团、妇联、科协、残联等群团组织的优势和力量，发挥各民主党派、工商联、无党派人士等积极作用，支持农村产业发展、生态环境保护、乡风文明建设、农村弱势群体关爱等。实施乡村振兴“巾帼行动”。加强对下乡组织和人员的管理服务，使之成为乡村振兴的建设性力量。

**（五）创新乡村人才培育引进使用机制。**建立自主培养与人才引进相结合，学历教育、技能培训、实践锻炼等多种方式并举的人力资源开发机制。建立城乡、区域、校地之间人才培养合作与交流机制。全面建立城市医生教师、科技文化人员等定期服务乡村机制。研究制定鼓励城市专业人才参与乡村振兴的政策。

## 十一、开拓投融资渠道，强化乡村振兴投入保障

实施乡村振兴战略，必须解决钱从哪里来的问题。要健全投入保障制度，创新投融资机制，加快形成财政优先保障、金融重点倾斜、社会积极参与的多元投入格局，确保投入力度不断增强、总量持续增加。

**（一）确保财政投入持续增长。**建立健全实施乡村振兴战略财政投入保障制度，公共财政更大力度向“三农”倾斜，确保财政投入与乡村振兴目标任务相适应。优化财政供给结构，推进行业内资金整合与行业间资金统筹相互衔接配合，增加地方自主统筹空间，加快建立涉农资金统筹整合长效机制。充分发挥财政资金的引导作用，撬动金融和社会资本更多投向乡村振兴。切实发挥全国农业信贷担保体系作用，通过财政担保费率补助和以奖代补等，加大对新型农业经营主体支持力度。加快设立国家融资担保基金，强化担保融资增信功能，引导更多金融资源支持乡村振兴。支持地方政府发行一般债券用于支持乡村振兴、脱贫攻坚领域的公益性项目。稳步推进地方政府专项债券管理改革，鼓励地方政府试点发行项目融资和收益自平衡的专项债券，支持符合条件、有一定收益的乡村公益性项目建设。规范地方政府举债融资行为，不得借乡村振兴之名违法违规变相举债。

**（二）拓宽资金筹集渠道。**调整完善土地出让收入使用范围，进一步提高农业农村投入比例。严格控制未利用地开垦，集中力量推进高标准农田建设。改进耕地占补平衡管理办法，建立高标准农田建设等新增耕地指标和城乡建设用地增减挂钩节余指标跨省域调剂机制，将所得收益通过支出预算全部用于巩固脱贫攻坚成果和支持实施乡村振兴战略。推广一事一议、以奖代补等方式，鼓励农民对直接受益的乡村基础设施建设投工投劳，让农民更多参与建设管护。

**（三）提高金融服务水平。**坚持农村金融改革发展的正确方向，健全适合农业农村特点的农村

金融体系，推动农村金融机构回归本源，把更多金融资源配置到农村经济社会发展的重点领域和薄弱环节，更好满足乡村振兴多样化金融需求。要强化金融服务方式创新，防止脱实向虚倾向，严格管控风险，提高金融服务乡村振兴能力和水平。抓紧出台金融服务乡村振兴的指导意见。加大中国农业银行、中国邮政储蓄银行“三农”金融事业部对乡村振兴支持力度。明确国家开发银行、中国农业发展银行在乡村振兴中的职责定位，强化金融服务方式创新，加大对乡村振兴中长期信贷支持。推动农村信用社省联社改革，保持农村信用社县域法人地位和数量总体稳定，完善村镇银行准入条件，地方法人金融机构要服务好乡村振兴。普惠金融重点要放在乡村。推动出台非存款类放贷组织条例。制定金融机构服务乡村振兴考核评估办法。支持符合条件的涉农企业发行上市、新三板挂牌和融资、并购重组，深入推进农产品期货期权市场建设，稳步扩大“保险 + 期货”试点，探索“订单农业 + 保险 + 期货（权）”试点。改进农村金融差异化监管体系，强化地方政府金融风险防范处置责任。

## 十二、坚持和完善党对“三农”工作的领导

实施乡村振兴战略是党和国家的重大决策部署，各级党委和政府要提高对实施乡村振兴战略重大意义的认识，真正把实施乡村振兴战略摆在优先位置，把党管农村工作的要求落到实处。

**（一）完善党的农村工作领导体制机制。**各级党委和政府要坚持工业农业一起抓、城市农村一起抓，把农业农村优先发展原则体现到各个方面。健全党委统一领导、政府负责、党委农村工作部门统筹协调的农村工作领导体制。建立实施乡村振兴战略领导责任制，实行中央统筹省负总责市县抓落实的工作机制。党政一把手是第一责任人，五级书记抓乡村振兴。县委书记要下大气力抓好“三农”工作，当好乡村振兴“一线总指挥”。各部门要按照职责，加强工作指导，强化资源要素支持和制度供给，做好协同配合，形成乡村振兴工作合力。切实加强各级党委农村工作部门建设，按照《中国共产党工作机关条例（试行）》有关规定，做好党的农村工作机构设置和人员配置工作，充分发挥决策参谋、统筹协调、政策指导、推动落实、督导检查等职能。各省（自治区、直辖市）党委和政府每年要向党中央、国务院报告推进实施乡村振兴战略进展情况。建立市县党政领导班子和领导干部推进乡村振兴战略的实绩考核制度，将考核结果作为选拔任用领导干部的重要依据。

**（二）研究制定中国共产党农村工作条例。**根据坚持党对一切工作的领导的要求和新时代“三农”工作新形势新任务新要求，研究制定中国共产党农村工作条例，把党领导农村工作的传统、要求、政策等以党内法规形式确定下来，明确加强对农村工作领导的指导思想、原则要求、工作范围和对象、主要任务、机构职责、队伍建设等，完善领导体制和工作机制，确保乡村振兴战略有效实施。

**（三）加强“三农”工作队伍建设。**把懂农业、爱农村、爱农民作为基本要求，加强“三农”工作干部队伍培养、配备、管理、使用。各级党委和政府主要领导干部要懂“三农”工作、会抓“三农”工作，分管领导要真正成为“三农”工作行家里手。制定并实施培训计划，全面提升“三农”干部队伍能力和水平。拓宽县级“三农”工作部门和乡镇干部来源渠道。把到农村一线工作锻炼作为培养干部的重要途径，注重提拔使用实绩优秀的干部，形成人才向农村基层一线流动的用人导向。

**（四）强化乡村振兴规划引领。**制定国家乡村振兴战略规划（2018—2022 年），分别明确至 2020 年全面建成小康社会和 2022 年召开党的二十大时的目标任务，细化实化工作重点和政策措施，部署若干重大工程、重大计划、重大行动。各地区各部门要编制乡村振兴地方规划和专项规划或方案。加强各类规划的统筹管理和系统衔接，形成城乡融合、区域一体、多规合一的规划体系。根据发展现状和需要分类有序推进乡村振兴，对具备条件的村庄，要加快推进城镇基础设施和公共服务向农村延伸；对自然历史文化资源丰富的村庄，要统筹兼顾保护与发展；对生存条件恶劣、生态环境脆弱的村庄，要加大力度实施生态移民搬迁。

**（五）强化乡村振兴法治保障。**抓紧研究制定乡村振兴法的有关工作，把行之有效的乡村振兴

政策法定化，充分发挥立法在乡村振兴中的保障和推动作用。及时修改和废止不适应的法律法规。推进粮食安全保障立法。各地可以从本地乡村发展实际需要出发，制定促进乡村振兴的地方性法规、地方政府规章。加强乡村统计工作和数据开发应用。

**（六）营造乡村振兴良好氛围。**凝聚全党全国全社会振兴乡村强大合力，宣传党的乡村振兴方针政策和各地丰富实践，振奋基层干部群众精神。建立乡村振兴专家决策咨询制度，组织智库加强理论研究。促进乡村振兴国际交流合作，讲好乡村振兴中国故事，为世界贡献中国智慧和中国方案。

让我们更加紧密地团结在以习近平同志为核心的党中央周围，高举中国特色社会主义伟大旗帜，以习近平新时代中国特色社会主义思想为指导，迎难而上、埋头苦干、开拓进取，为决胜全面建成小康社会、夺取新时代中国特色社会主义伟大胜利作出新的贡献！

（新华社北京2018年2月4日电）

# 国务院办公厅关于推进奶业振兴保障乳品质量安全的意见

国办发〔2018〕43号

各省、自治区、直辖市人民政府，国务院各部委、各直属机构：

奶业是健康中国、强壮民族不可或缺的产业，是食品安全的代表性产业，是农业现代化的标志性产业和一二三产业协调发展的战略性产业。近年来，我国奶业规模化、标准化、机械化、组织化水平大幅提升，龙头企业发展壮大，品牌建设持续推进，质量监管不断加强，产业素质日益提高，为保障乳品供给、促进奶农增收作出了积极贡献，但也存在产品供需结构不平衡、产业竞争力不强、消费培育不足等突出问题。为推进奶业振兴，保障乳品质量安全，提振广大群众对国产乳制品信心，进一步提升奶业竞争力，经国务院同意，现提出以下意见。

## 一、总体要求

**（一）指导思想。**全面贯彻党的十九大和十九届二中、三中全会精神，以习近平新时代中国特色社会主义思想为指导，认真落实党中央、国务院决策部署，统筹推进“五位一体”总体布局和协调推进“四个全面”战略布局，坚定不移贯彻新发展理念，按照高质量发展的要求，以实施乡村振兴战略为引领，以优质安全、绿色发展为目标，以推进供给侧结构性改革为主线，以降成本、优结构、提质量、创品牌、增活力为着力点，强化标准规范、科技创新、政策扶持、执法监督和消费培育，加快构建现代奶业产业体系、生产体系、经营体系和质量安全体系，不断提高奶业发展质量效益和竞争力，大力推进奶业现代化，做大做强民族奶业，为决胜全面建成小康社会提供有力支撑。

**（二）基本原则。**

创新驱动，绿色发展。强化科技创新，推动管理制度改革，推进节本增效，提高奶业综合生产能力。因地制宜，合理布局，种养结合，草畜配套，促进养殖废弃物资源化利用，推动奶业生产与生态协同发展。

利益联结，共享共赢。坚持产业一体化发展方向，延伸产业链，建立奶农和乳品企业之间稳定的利益联结机制，推进形成风险共担、利益共享的产业格局，增强奶农抵御市场风险的能力，实现一二三产业协调发展。

问题导向，重点攻关。针对当前奶业发展不平衡不充分的问题，以关键环节和重点难点为突破口，着力提高奶业供给体系的质量和效率，提升乳品质量安全水平，更好适应消费需求总量和结构变化。

市场主导，政府支持。处理好政府与市场的关系，充分发挥市场在资源配置中的决定性作用，强化乳品企业市场主体作用，优化资源配置，增强发展活力。更好发挥政府在宏观调控、政策引导、支持保护、监督管理等方面的作用，维护公平有序的市场环境。

**（三）主要目标。**到2020年，奶业供给侧结构性改革取得实质性成效，奶业现代化建设取得明显进展。奶业综合生产能力大幅提升，100头以上规模养殖比重超过65%，奶源自给率保持在70%以上。产业结构和产品结构进一步优化，婴幼儿配方乳粉的品质、竞争力和美誉度显著提升，乳制品供给和消费需求更加契合。乳品质量安全水平大幅提高，产品监督抽检合格率达到99%以上，消费信心显著增强。奶业生产与生态协同发展，养殖废弃物综合利用率达到75%以上。到2025年，奶业实现全面振兴，基本实现现代化，奶源基地、产品加工、乳品质量和产业竞争力整体水平进入世界先进行列。

## 二、加强优质奶源基地建设

**（四）优化调整奶源布局。**突出重点，巩固发展东北和内蒙古产区、华北和中原产区、西北产区，打造我国黄金奶源带。积极开辟南方产区，稳定大城市周边产区。以荷斯坦牛等优质高产奶牛生产为主，积极发展乳肉兼用牛、奶水牛、奶山羊等其他奶畜生产，进一步丰富奶源结构。

**（五）发展标准化规模养殖。**开展奶牛养殖标准化示范创建，支持奶牛养殖场改扩建、小区牧场化转型和家庭牧场发展，引导适度规模养殖。支持奶牛养殖大县整县推进种养结合，发展生态养殖。推广应用奶牛场物联网和智能化设施设备，提升奶牛养殖机械化、信息化、智能化水平。加强奶牛口蹄疫防控和布病、结核病监测净化工作，做好奶牛常见病防治。

**（六）加强良种繁育及推广。**建立全国奶牛育种大数据和遗传评估平台，完善种牛质量评价制度，构建现代奶牛遗传改良技术体系和组织管理体系。扩大奶牛生产性能测定范围，加快应用基因组选择技术。支持奶牛育种联盟发展，联合开展青年公牛后裔测定。大力引进和繁育良种奶牛，打造高产奶牛核心育种群，建设一批国家核心育种场。加大良种推广力度，提升良种化水平，提高奶牛单产量。

**（七）促进优质饲草料生产。**推进饲草料种植和奶牛养殖配套衔接，就地就近保障饲草料供应，实现农牧循环发展。建设高产优质苜蓿示范基地，提升苜蓿草产品质量，力争到2020年优质苜蓿自给率达到80%。推广粮改饲，发展青贮玉米、燕麦草等优质饲草料产业，推进饲草料品种专业化、生产规模化、销售市场化，全面提升种植收益、奶牛生产效率和养殖效益。

## 三、完善乳制品加工和流通体系

**（八）优化乳制品产品结构。**统筹发展液态乳制品和干乳制品。因地制宜发展灭菌乳、巴氏杀菌乳、发酵乳等液态乳制品，支持发展奶酪、乳清粉、黄油等干乳制品，增加功能型乳粉、风味型乳粉生产。鼓励使用生鲜乳生产灭菌乳、发酵乳和调制乳等乳制品。

**（九）提高乳品企业竞争力。**引导乳品企业与奶源基地布局匹配、生产协调。鼓励企业兼并重组，提高产业集中度，培育具有国际影响力和竞争力的乳品企业。依法淘汰技术、能耗、环保、质量、安全等不达标的产能，做强做优乳制品加工业。支持企业开展产品创新研发，优化加工工艺，完善质量安全管理体系，增强运营管理能力，降低生产成本，提升产品质量和效益。支持奶业全产业链建设，促进产业链各环节分工合作、有机衔接，有效控制风险。

**（十）建立现代乳制品流通体系。**发展智慧物流配送，鼓励建设乳制品配送信息化平台，支持整合末端配送网点，降低配送成本。促进乳品企业、流通企业和电商企业对接融合，推动线上线下互动发展，促进乳制品流通便捷化。鼓励开拓“互联网 +”、体验消费等新型乳制品营销模式，减少流通成本，提高企业效益。支持低温乳制品冷链储运设施建设，制定和实施低温乳制品储运规范，确保产品安全与品质。

**（十一）密切养殖加工利益联结。**培育壮大奶农专业合作组织，推进奶牛养殖存量整合，支持有条件的养殖场（户）建设加工厂，提高抵御市场风险能力。支持乳品企业自建、收购养殖场，提高自有奶源比例，促进养殖加工一体化发展。建立由县级及以上地方人民政府引导，乳品企业、奶农和行业协会参与的生鲜乳价格协商机制，乳品企业与奶农双方应签订长期稳定的购销合同，形成稳固的购销关系。开展生鲜乳质量第三方检测试点，建立公平合理的生鲜乳购销秩序。规范生鲜乳购销行为，依法查处和公布不履行生鲜乳购销合同以及凭借购销关系强推强卖兽药、饲料和养殖设备等行为。

## 四、强化乳品质量安全监管

**（十二）健全法规标准体系。**研究完善乳品质量安全法规，健全生鲜乳生产、收购、运输和乳制品加工、销售等管理制度。修订提高生鲜乳、灭菌乳、巴氏杀菌乳等乳品国家标准，严格安全卫生要求，建立生鲜乳质量分级体系，引导优质优价。制定液态乳加工工艺标准，规范加工行为。制定发布复原乳检测方法等食品安全国家标准。监督指导企业按标依规生产。

**（十三）加强乳品生产全程管控。**落实乳品企业质量安全第一责任，建立健全养殖、加工、流通等全过程乳品质量安全追溯体系。加强源头管理，严格奶牛养殖环节饲料、兽药等投入品使用和监管。引导奶牛养殖散户将生鲜乳交售到合法的生鲜乳收购站。任何单位和个人不得擅自加工生鲜乳对外销售。实施乳品质量安全监测计划，严厉打击非法收购生鲜乳行为以及各类违法添加行为。对生鲜乳收购站、运输车、乳品企业实行精准化、全时段管理，依法取缔不合格生产经营主体。健全乳品质量安全风险评估制度，及时发现并消除风险隐患。

**（十四）加大婴幼儿配方乳粉监管力度。**严格执行婴幼儿配方乳粉相关法律法规和标准，强化婴幼儿配方乳粉产品配方注册管理。婴幼儿配方乳粉生产企业应当实施良好生产规范、危害分析和关键控制点体系等食品安全质量管理制度，建立食品安全自查制度和问题报告制度。按照“双随机、一公开”要求，持续开展食品安全生产规范体系检查，对检查发现的问题要从严处理。严厉打击非法添加非食用物质、超范围超限量使用食品添加剂、涂改标签标识以及在标签中标注虚假、夸大的内容等违法行为。严禁进口大包装婴幼儿配方乳粉到境内分装。大力提倡和鼓励使用生鲜乳生产婴幼儿配方乳粉，支持乳品企业建设自有自控的婴幼儿配方乳粉奶源基地，进一步提高婴幼儿配方乳粉品质。

**（十五）推进行业诚信体系建设。**构建奶业诚信平台，支持乳品企业开展质量安全承诺活动和诚信文化建设，建立企业诚信档案。充分运用全国信用信息共享平台和国家企业信用信息公示系统，推动税务、工信和市场监管等部门实现乳品企业信用信息共享。建立乳品企业“黑名单”制度和市场退出机制，加强社会舆论监督，形成市场性、行业性、社会性约束和惩戒。

## 五、加大乳制品消费引导

**（十六）树立奶业良好形象。**积极宣传奶牛养殖、乳制品加工和质量安全监管等方面的成效，定期发布乳品质量安全抽检监测信息，展示国产乳制品良好品质，提升广大群众对我国奶业的认可度。推介休闲观光牧场，组织开展乳品企业公众开放日活动，让消费者切身感受牛奶安全生产的全过程，激发消费活力。

**（十七）着力加强品牌建设。**实施奶业品牌战略，激发企业积极性和创造性，培育优质品牌，引领奶业发展。通过行业协会等第三方组织，推介产品优质、美誉度高的品牌，扩大消费市场。发挥骨干乳品企业引领作用，促进企业大联合、大协作，提升中国奶业品牌影响力。

**（十八）积极引导乳制品消费。**大力推广国家学生饮用奶计划，增加产品种类，保障质量安全，扩大覆盖范围。开展公益宣传，加大公益广告投放力度，强化乳制品消费正面引导。普及灭菌乳、巴氏杀菌乳、奶酪等乳制品营养知识，倡导科学饮奶，培育国民食用乳制品的习惯。加强舆情监测，及时回应社会关切，营造良好舆论氛围。

## 六、完善保障措施

**（十九）加大政策扶持力度。**在养殖环节，重点支持良种繁育体系建设、标准化规模养殖、振兴奶业苜蓿发展行动、种养结合、奶牛场疫病净化、养殖废弃物资源化利用和生鲜乳收购运输监管体系建设；在加工环节，重点支持婴幼儿配方乳粉企业兼并重组、乳品质量安全追溯体系建设。地方人民政府要统筹规划，合理安排奶畜养殖用地。鼓励社会资本按照市场化原则设立奶业产业基金，放大资金支持效应。强化金融保险支持，鼓励金融机构开展奶畜活体抵押贷款和养殖场抵押贷款等信贷产品创新，推进奶业保险扩面、提标，合理厘定保险费率，探索开展生鲜乳目标价格保险试点。

**（二十）加强奶业市场调控**。完善奶业生产市场信息体系，开展产销动态监测，及时发布预警信息，引导生产和消费。充分发挥行业协会作用，引导各类经营主体自觉维护和规范市场竞争秩序。顺应奶业国际化趋势，实行“引进来”和“走出去”相结合，促进资本、资源和技术等优势互补，增强自我发展能力。

**（二十一）强化科技支撑和服务**。开展奶业竞争力提升科技行动，推动奶业科技创新，在奶畜养殖、乳制品加工和质量检测等方面，提高先进工艺、先进技术和智能装备应用水平。加强乳制品新产品研发，满足消费多元化需求。完善奶业社会化服务体系，加大技术推广和人才培训力度，提升从业者素质，提高生产经营管理水平。

**（二十二）切实加强组织领导**。各地区、各有关部门要根据本意见精神，按照职责分工，加大工作力度，强化协同配合，制定和完善具体政策措施，抓好贯彻落实。农业农村部要会同有关部门对本意见落实情况进行督查，并向国务院报告。

国务院办公厅

2018 年 6 月 3 日

# 二、发展综述

FAZHAN ZONGSHU

## 2017 年我国奶业发展概况

### 一、奶牛养殖

#### （一）奶类产量

2017 年，中国奶类产量 3 655.2 万 t，同比下降 1.5%，比 2012 年降低 5.68%（图 2–1）。其中，牛奶产量 3 545.3 万 t，同比降低 1.6%；羊奶等其他奶类产量 118 万 t，同比增长 2.0%。中国奶类产量位于印度和美国之后，居世界第三位，约占全球总产量的 4.5%（图 2–2）。

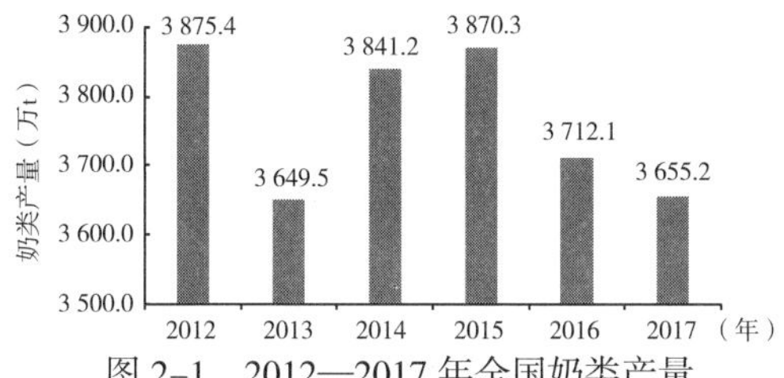


图 2–1　2012—2017 年全国奶类产量

数据来源：国家统计局

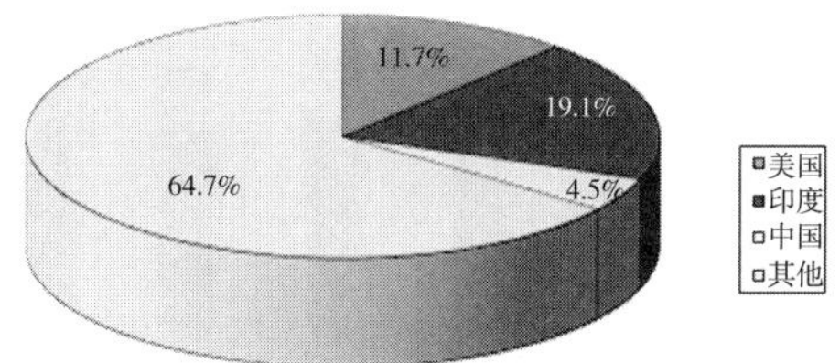


图 2–2　中国奶类产量占世界比重

数据来源：国际乳业联合会（IDF）、国家统计局

#### （二）规模养殖水平

2017 年，中国奶牛场（户）均存栏奶牛 114 头，同比增加 39 头，增幅 50.5%；规模养殖进程进一步加快，100 头以上规模养殖比例为 58.3%，同比提高 6%，比 2012 年提高 21%（图 2–3）。

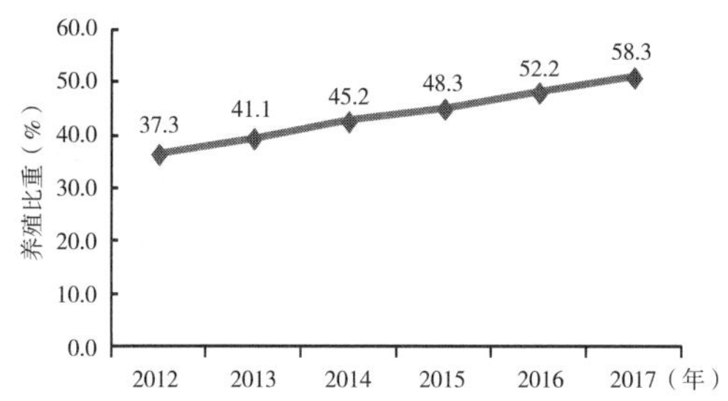


图 2–3　2012—2017 年全国奶牛规模养殖比重变化

数据来源：农业农村部

#### （三）奶牛单产水平

2017 年，全国荷斯坦牛平均单产 7.0t，同比 2016 年增长 0.6t。对 1 500 多个存栏 100 头以上的规模牧场奶牛生产性能测定显示，奶牛平均日产 29.0kg，折合年单产 8.7t（表 2–1）。

表 2–1　2012—2017 年规模牧场奶牛平均单产

| 年度 | 参测牛只（万头） | 日产奶量（kg） |
|---|---|---|
| 2012 | 52.6 | 24.5 |
| 2013 | 52.9 | 24.3 |
| 2014 | 73.8 | 25.8 |
| 2015 | 79.5 | 27.8 |
| 2016 | 100.5 | 28.1 |
| 2017 | 120.2 | 29.0 |

数据来源：中国奶业协会

#### （四）奶农组织化程度

2017 年，中国奶农专业生产合作社 16 181 个，同比增加 144 个，增幅为 0.9%，比 2012 年增加 31.1%，奶农组织化水平逐年提升（图 2–4）。

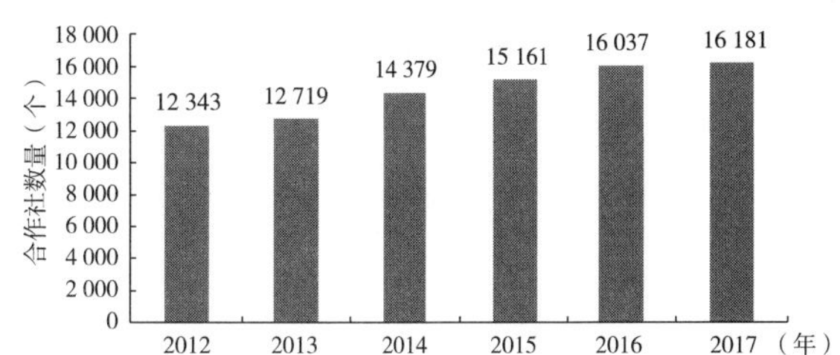


图 2–4　2012—2017 年全国奶农专业生产合作社数量

数据来源：农业农村部

#### （五）生鲜乳价格

2017 年 10 个主产省区全年生鲜乳平均收购价格为 3.48 元 /kg，比 2016 年平均价格略涨 0.3%，生鲜乳价格仍处于较低水平（图 2–5）。

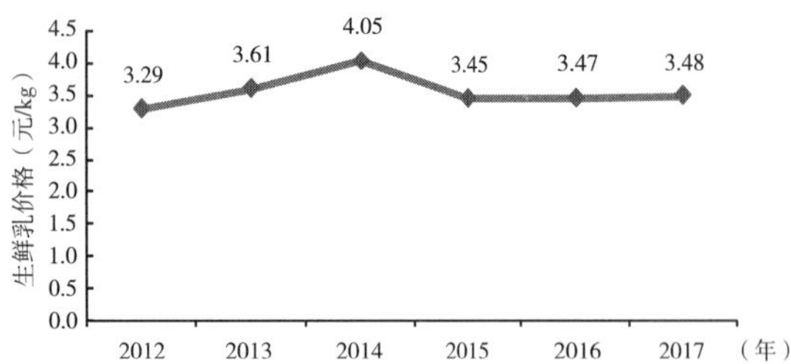


图 2-5　2012—2017 年主产省区生鲜乳平均价格趋势

数据来源：农业农村部

## 二、乳制品加工

### （一）乳制品产量

2017 年，中国乳制品产量 2 935.0 万 t，同比增长 4.2%，比 2012 年增长 15.3%。其中，液态奶产量 2 691.7 万 t，同比增长 4.5%；乳粉产量 120.7 万 t，同比下降 13.2%（图 2-6）。

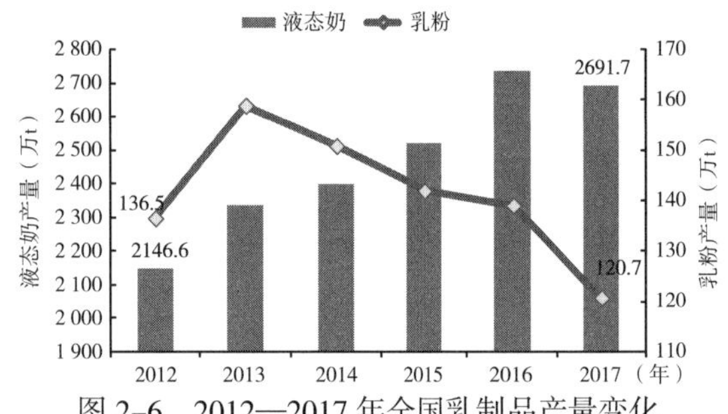


图 2-6　2012—2017 年全国乳制品产量变化

数据来源：国家统计局

### （二）乳制品加工业集中度

2017 年，中国规模以上乳制品加工企业（年主营业务收入 2 000 万元以上，下同）611 家，同比减少 16 家，比 2012 年减少 39 家。婴幼儿配方乳粉生产企业 108 家。

### （三）乳制品价格

2017 年，中国牛奶平均零售价格为 11.5 元 /kg，同比上涨 2.3%，比 2012 年上涨 26.5%；酸奶平均零售价格为 14.2 元 /kg，同比上涨 1.0%，比 2012 年上涨 17.7%；国产品牌婴幼儿配方乳粉平均零售价格为 171.8 元 /kg，同比上涨 3.3%，比 2012 年上涨 15.5%（图 2-7）。

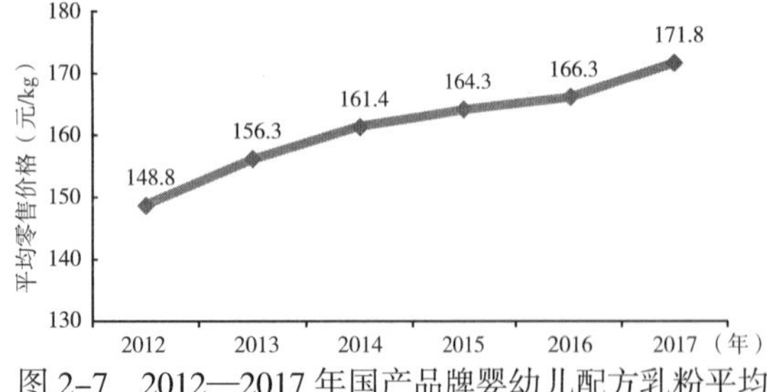


图 2-7　2012—2017 年国产品牌婴幼儿配方乳粉平均零售价格

数据来源：商务部

### （四）乳制品销售额和利润

2017 年，中国规模以上乳制品制造企业主营业务收入 3 590.4 亿元，同比增长 6.8%，比 2012 年增长 43.5%；利润总额 244.9 亿元，同比减少 3.3%，比 2012 年增长 40.7%（图 2-8）。

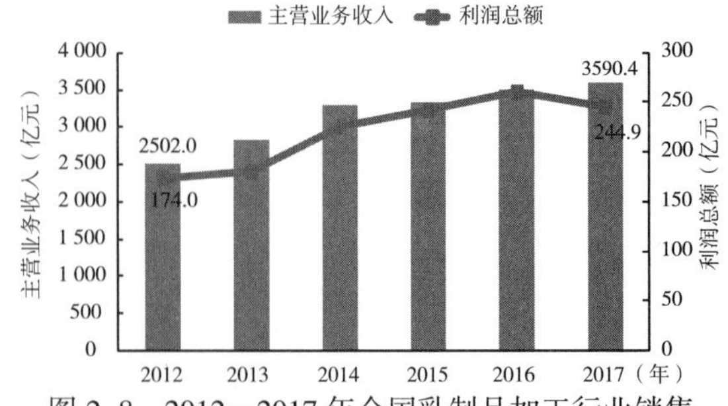


图 2-8　2012—2017 年全国乳制品加工行业销售和利润情况

数据来源：国家统计局

## 三、乳制品及相关产品进出口

### （一）乳制品进口

2017 年，全年进口乳制品 247.1 万 t，同比增长 13.5%，比 2012 年增长 101.8%（图 2-9）；进口总额 88.0 亿美元，同比增长 37.9%，比 2012 年增长 106.7%。2017 年进口乳制品折合生鲜乳 1 484.7 万 t。2017 年进口数量最高的前 4 种乳制品分别是大包乳粉、液态奶、乳清粉、婴幼儿配方乳粉，分别占 29.0%、28.4%、21.4% 和 12.0%。

从进口来源国看，排名前五位的分别是：新西兰 90.1 万 t，占 36.5%；美国 33.8 万 t，占 13.7%；德国 26.4 万 t，占 10.7%；法国 18.5 万 t，占 7.5%；澳大利亚 16.1 万 t，占 6.5%；其他国家共 62.1 万 t，占 25.1%（图 2-10）。

图 2-9　2012—2017 年中国进口乳制品数量

数据来源：海关总署

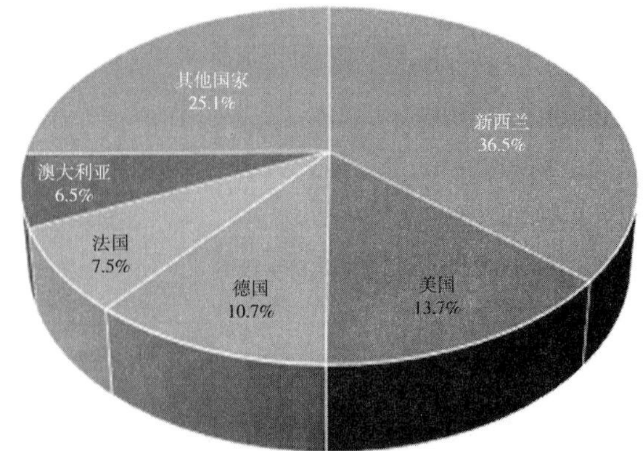


图 2-10　2017 年中国进口乳制品来源国

数据来源：海关总署

### （二）奶牛和苜蓿进口

国产奶牛自繁自育数量增加，进口种用奶牛大幅下降。2017 年，中国进口良种奶牛 5.3 万头，同比减少 39.1%，比 2012 年减少 43.0%；平均进口价格 2 027 美元 / 头，同比上涨 11.8%，比 2012 年下跌 30.6%。

图 2-11　2012—2017 年中国进口苜蓿草数量

数据来源：海关总署

国产优质苜蓿供给大幅增加，苜蓿进口增速放缓。2017 年，进口苜蓿干草 139.9 万 t，同比增长 0.9%，比 2012 年增长 216%（图 2-11）；平均进口价格 303 美元 /t，同比下跌 5.7%，比 2012 年下跌 23.0%。

### （三）乳制品出口

2017 年，乳制品出口总量 3.7 万 t，同比增长 13.6%，比 2012 年减少 17.3%；出口总额 1.2 亿美元，同比增长 59.9%，比 2012 年增长 47.5%。

## 四、乳制品消费

我国人均乳制品消费量折合生鲜乳为 36.9kg，约为世界平均水平的 1/3，主要以液态奶消费为主。美国奶酪人均消费 16.7kg，折合生鲜乳 167kg；欧盟奶酪人均消费 18.6kg，折合生鲜乳 186kg；我国奶酪人均消费 0.1kg，折合生鲜乳 1kg，相对偏低。

（中国奶业协会，农业农村部奶及奶制品质量监督检验测试中心）

# 国内外奶业发展动态及展望

## 一、国际奶业最近发展情况

世界奶类生产量在过去10年的平均增长率是2.3%，2016年全球奶产量8亿多t，增长率2.3%，接近1 700万t。

2009年、2012年和2016年，整个世界奶产量，包括中国都受到很大影响，2007年是一个高点，因为都在抢奶，当时世界的奶粉价格是一个标志性的，达到5 000/kg美元，整个奶源缺乏。2008年中国出现牛奶安全问题，导致奶价下跌，世界奶价同样下降。

2016年奶类的增长量是990万t，增长率大概是1.2%，也是1998年以来的最低点。2014年增长量达到2 500万t，增长率超过了3%，2 500万t要喷粉将近300多万t奶粉，如果奶产量增量超过3%就会造成供过于求，造成奶粉价格下跌。价格低谷是由之前过高的边际利润生产过量的牛奶导致。长期的低价格又会导致牧场长期低成本运营，产量降低使未来供给会重新低于需求增长，从而再次推高价格。

国际奶业这种生产和供需情况的变化对中国有传导性，影响很大。其中受澳大利亚和新西兰的影响最大，尤其是新西兰。中国进口的牛奶有80%来自新西兰，新西兰的奶非常有竞争力。中国进口是必然的，未来中国的金融市场、服务市场将会更加开放，所以绝对不可能禁止进口牛奶，我们必须提高我们自己的市场竞争力。

世界奶类最大的出口国是新西兰、澳大利亚。新西兰奶产量只占世界的3%，但出口量却占全球的1/3。出口的主要目的地在亚洲，特别是东南亚的中国、越南、菲律宾、马来西亚这些国家，以及中东的一些国家。所以亚洲是最大的进口国。整个奶制品供求与石油、政治和经济有非常大的关系。

IFCN数据表明，历年元月是中国进口奶粉量最大的一个月，在10万t以上，甚至到17万t，而今年已经达到19万t。2017年第四季度牛奶生产增长率3.2%，2018年第一季度增长率是2.8%，高于长期的平均增长。

新西兰2017—2018年的产奶季，比去年同期奶类生产只增长了12万t，增幅较轻。新西兰基本每年增幅超过8%，有时超过10%，新西兰已经在考虑环保、河流污染和载畜量的问题，所以新西兰现在不再依靠过大的牛群数量来提高总产奶量，而是通过改变饲养方式来提高产奶量。奶牛饲养方式不再是完全放牧，而是采用完全放牧、放牧加补饲、半放牧半补饲、依靠大量的全舍式等复合饲养方式来增加产奶量。

新西兰2017年进入新的产奶季，供过于求，价格下降。但比2015年和2016年要高一些。2015年和2016年产奶季非常早，和中国一样，奶农是哀嚎一片，整个奶价低于成本，处于亏损状态。2016—2017年、2017—2018年，整个收奶价都在盈亏平衡线之上，超过5.2新元，前景还是不错。欧盟的情况相似。

## 二、我国奶牛养殖业情况

国内奶牛养殖最好的时候是2014年，奶价和成本空间非常大。最近奶牛养殖非常困难，现在养殖企业必须降低成本。我国加工企业，为了保障未来中国的奶源供给，一定要利润共享。现在国内奶牛单产基本都在20kg以上，很多超过27kg。基本没有20kg以下，全年365天应该在7t以上，这也是中国奶业成本和奶价倒逼的结果，基于整个竞争的需要，未来成本还会降低。

国内奶牛存栏100~2 000头及以上的牧场，单产都非常高，大多数有7~8t，甚至有9t、10t的。这些年国内规模化牧场发展很快，牛奶指标也在不断提高，乳脂率逐年呈螺旋式上升，基本达到3.8%。乳蛋白率接近3.2%。另外，细菌数、体细胞数持续下降。国内很多规模牧场细菌数已经控制在10万个左右，体细胞数30万个以内。

我国牛奶价格因地区不同、规模不同会有所区别，每千克奶价平均3.47元，而成本是3.15元，甚至有些更高。所以现在奶牛养殖是非常困难的，尤其是租赁土地的牧场，在财务成本、人力成本上升的情况下，利润空间有限。正常利润应该在0.5元以上，好的话能到1元，现在这个利润很低。

此外，我国奶业还面临着未来的不确定性，就是大豆和豆粕的价格。中国的进口大豆30%左右来自美国，对其依赖性很高。而且大豆的期货最近受中美贸易战影响很大，我们未来要高度关注大豆和豆粕的期货价格走势，思考如何提高我们的竞争力，降低我们的成本。

## 三、目前国内奶业发展与未来判断

国内大型牧业集团已经停止建设新的牧场两年，牛群规模相对稳定，加工企业应该牢牢掌握这种情况，更加爱护这些养殖龙头企业。环保的压力以及300~600头的小区和牧场持续不断地退出，会带来我国奶源的紧平衡。2018年春节，牛奶销售市场好于前两年，国内大型乳企在2018年存在很大的机遇。中美贸易争端会导致蛋白质以及部分能量饲料价格上涨，总的饲养成本会上涨5%~15%。奶牛养殖业如何避险，需要大豆的替代产品、苜蓿青贮、NPN的合理利用。

（中国农业大学教授 李胜利）

# 2017 年我国乳品质量安全概况

## 一、奶牛养殖卫生安全

奶牛养殖环境和卫生条件是保障生鲜乳质量安全的基本要求。2017 年，继续规范奶牛场选址与建设，完善奶牛场装备设施，保障饲草料供应，强化生鲜乳储运及生鲜乳收购站管理，不断改善奶牛养殖环境和卫生条件。

### （一）奶牛场建设

2017 年，全国奶牛存栏 100 头以上的规模养殖场约 7 100 个。规模养殖场严格按照《中华人民共和国畜牧法》等法律法规的规定，执行《奶牛标准化规模养殖生产技术规范》，加强动物防疫和生鲜乳质量安全管理，实现了标准化、规范化建设与生产。

### （二）奶牛场设施装备

近年来，奶牛场的机械化、信息化、智能化装备和关键技术加快推广应用，质量安全保障能力进一步加强。2017 年，全国规模牧场 100% 实现机械化挤奶，比 2012 年提高了 10%；90% 配备了全混合日粮（TMR）搅拌车，同比提高了 3%。

### （三）优质饲草料供应

苜蓿和青贮玉米是奶牛的主要粗饲料。2017 年，全国优质苜蓿种植面积 28 万 $hm^2$，产量 251 万 t，比 2016 年增加 41 万 t，比 2012 年增加 202.1 万 t（图 2–12）。优质苜蓿可满足 200 万头奶牛的饲喂需求。

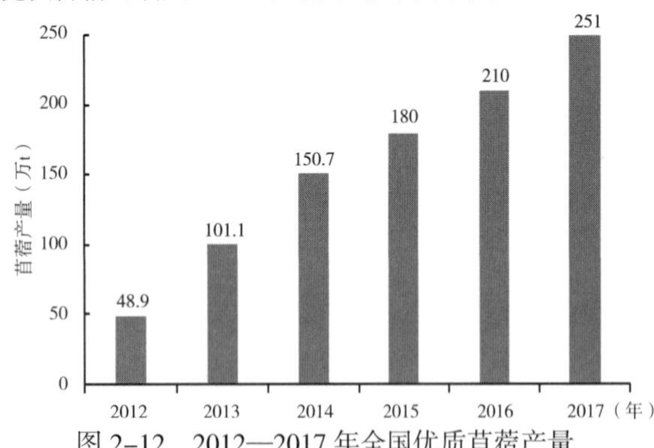


图 2–12　2012—2017 年全国优质苜蓿产量

数据来源：农业农村部

### （四）生鲜乳收购站和运输车

通过严格落实生鲜乳收购站发证六项规定，执行《生鲜乳收购站标准化管理技术规范》，生鲜乳收购站的基础设施、机械设备、质量检测、操作规范、管理制度和卫生条件显著提升。2017 年生鲜乳收购站运输车监督管理系统已对全国 5 479 个生鲜乳收购站和 5 243 辆运输车进行了信息化、精准化管理，实现监管全覆盖，保障生鲜乳质量安全。

## 二、生鲜乳质量安全

生鲜乳质量安全指标中，乳蛋白、乳脂肪是衡量生鲜乳营养价值的主要指标，杂质度、酸度、相对密度、非脂乳固体是体现生鲜乳理化性质的指标，菌落总数、黄曲霉素 $M_1$、体细胞数是反映生鲜乳卫生状况的主要指标，铅、铬是判断生鲜乳是否受到重金属污染的主要指标，三聚氰胺、革皮水解物是判断生鲜乳中是否存在人为添加违禁物的指标。

农业部从 2009 年开始实施生鲜乳质量安全监测计划，重点监测生鲜乳收购站和运输车，检测指标包括乳蛋白、乳脂肪、杂质度、酸度、相对密度、非脂乳固体、菌落总数、黄曲霉素 $M_1$、体细胞数、铅、铬、三聚氰胺、革皮水解物等多项指标，累计抽检生鲜乳样品 20 万批次（图 2–13）。

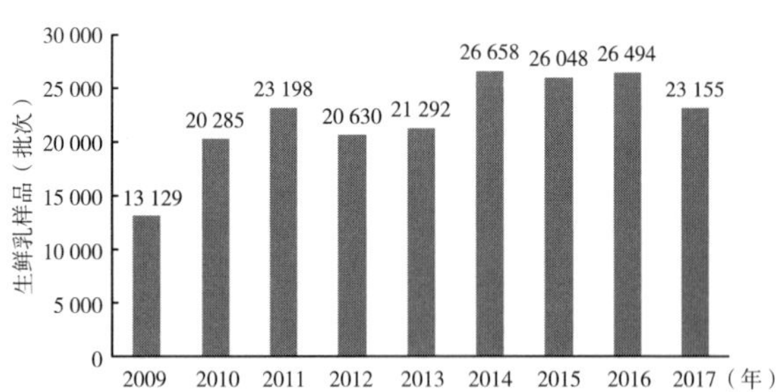


图 2–13　2009—2017 年抽检生鲜乳样品批次数

数据来源：农业农村部

### （一）乳蛋白

乳蛋白是乳的主要成分之一，是反映牛奶营养品质的指标，乳蛋白含量国家标准为≥ 2.8g/100g。

2017 年，农业部对 4 355 批次生鲜乳样品乳蛋白含量进行监测，平均值为每 100g 含量为 3.23g，同比增长 0.3%，远高于国家标准（图 2–14），规模牧场生鲜乳样品乳蛋白含量平均值为每 100g 含量为 3.35g（图 2–15）。

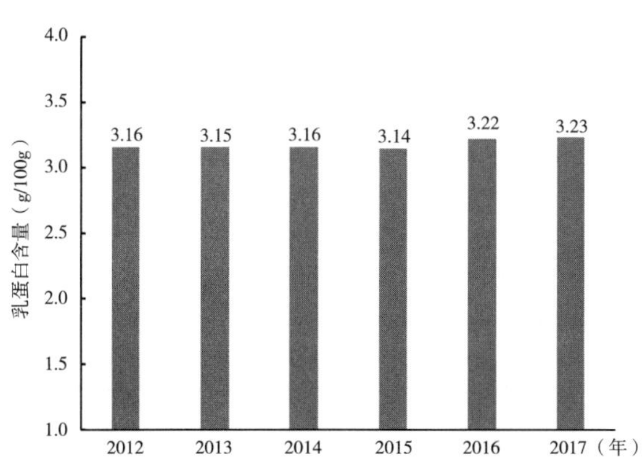


图 2-14　2012—2017 年全国每 100g 生鲜乳样品中乳蛋白含量平均值

数据来源：农业农村部

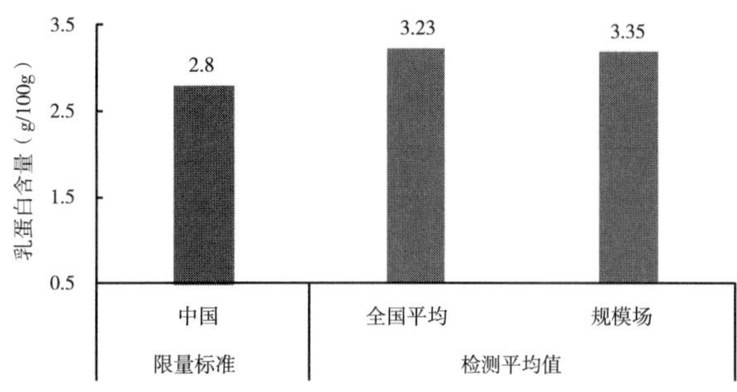


图 2-15　2017 年全国每 100g 生鲜乳样品中乳蛋白含量与国家标准的比较

数据来源：农业农村部

**（二）乳脂肪**

乳脂肪是乳的主要成分之一，是反映牛奶营养品质的指标。乳脂肪含量国家标准为≥ 3.1g/100g。

2017 年，农业部对 4 348 批次生鲜乳样品乳脂肪含量进行监测，平均值为每 100g 含量为 3.80g，同比略有降低，远高于国家标准（图 2-16），规模牧场生鲜乳样品乳脂肪含量平均值为每 100g 含量为 3.89g（图 2-17）。

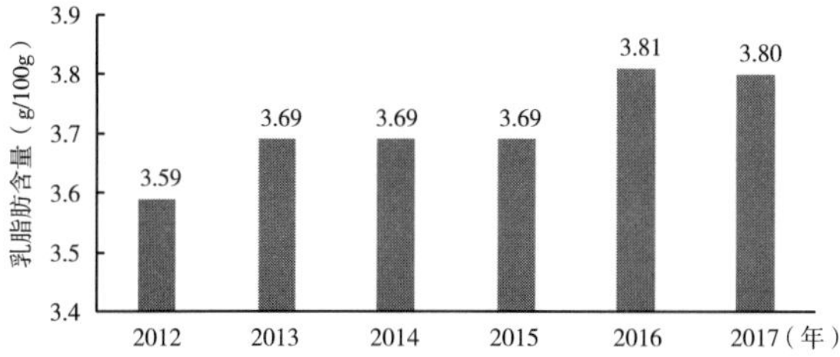


图 2-16　2012—2017 年全国每 100g 生鲜乳样品中乳脂肪含量平均值

数据来源：农业农村部

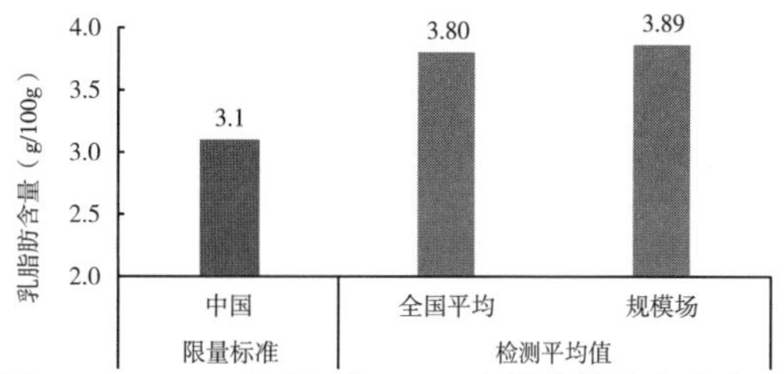


图 2-17　2017 年全国每 100g 生鲜乳样品中乳脂肪含量与国家标准的比较

数据来源：农业农村部

**（三）非脂乳固体**

非脂乳固体是生鲜乳中除脂肪和水分外的物质的总称，非脂乳固体含量国家标准为每 100g ≥ 8.1g。

2017 年，农业部对 4 355 批次生鲜乳样品非脂乳固体含量进行监测，非脂乳固体含量平均值为每 100g 含量为 8.9g，同比增长 1.1%，高于国家标准（图 2-18）。

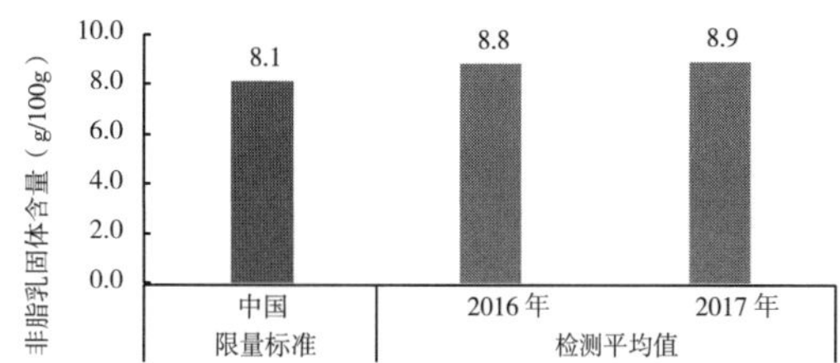


图 2-18　2017 年全国每 100g 生鲜乳样品中非脂乳固体含量与国家标准的比较

数据来源：农业农村部

**（四）杂质度**

杂质度指生鲜乳中含有杂质的量，是衡量生鲜乳洁净度的重要指标，国家标准为≤ 4.0mg/kg。

2017 年，农业部对 4 375 批次生鲜乳样品进行监测，杂质度均符合国家标准，全年抽检合格率为 100%。

**（五）酸度**

酸度是评价牛奶新鲜程度的指标。国家标准规定，牛奶酸度范围为 12°~18°T。

2017 年，农业部对 4 373 批次生鲜乳样品进行监测，牛奶酸度平均值为 13.89°T，符合国家标准。

**（六）相对密度**

相对密度是反映牛奶是否掺水的重要指标，国家标准为 20℃ /4℃≥ 1.027。

2017 年，农业部对 4 375 批次生鲜乳样品进行监测，相对密度平均值为 1.031，高于国家标准（图 2-19）。

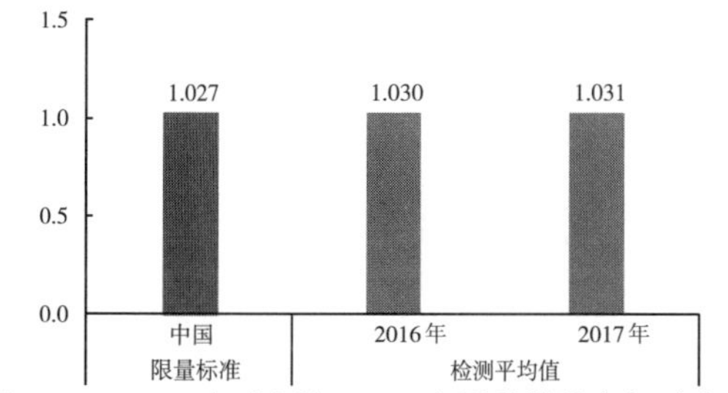


图 2-19　2017 年全国每 100g 生鲜乳样品中相对密度平均值与国家标准的比较

数据来源：农业农村部

### （七）菌落总数

菌落总数是反映奶牛场卫生环境、挤奶操作环境、牛奶保存和运输状况的一项重要指标。生鲜乳中菌落总数过高，不仅会影响牛奶的口感，还可能使乳制品中的细菌数超标，从而对人体造成伤害。世界各国都对生鲜乳中的菌落总数进行了限定。菌落总数的国家标准为≤ 200 万 CFU/mL。

2017 年，农业部对 4 374 批次生鲜乳样品进行监测，平均值为 31.3 万 CFU/mL，低于国家标准。另对 220 个规模牧场生鲜乳样品进行监测，菌落总数平均值为 9.2 万 CFU/mL，低于全国平均水平（图 2-20，图 2-21）。

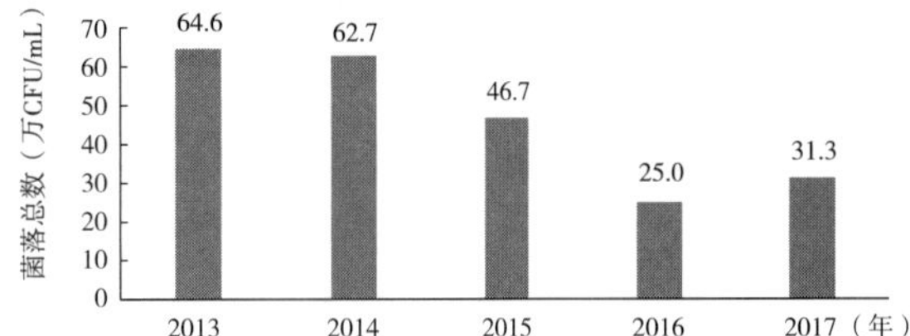


图 2-20　2013—2017 年全国生鲜乳样品中菌落总数平均值

数据来源：农业农村部

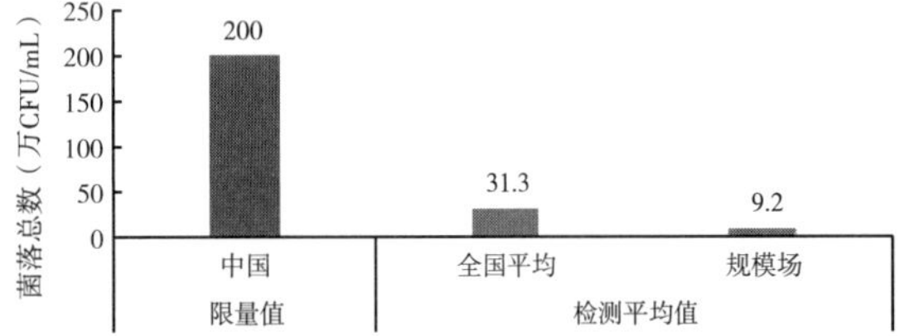


图 2-21　2017 年全国生鲜乳样品中菌落总数结果与国家标准的比较

数据来源：农业农村部

### （八）体细胞数

体细胞数是衡量奶牛乳房健康状况和生鲜乳质量的一项重要指标，当奶牛乳房受到感染或伤害时，体细胞数会明显增加。体细胞数越高，生鲜乳中致病菌和抗生素残留的污染风险越大，对人体健康的危害也越大。欧盟和新西兰规定生鲜乳中体细胞数≤ 40 万个 /mL，美国规定体细胞数≤ 75 万个 /mL（A 级、B 级奶），我国暂未规定。

2017 年，农业部对 4 308 批次生鲜乳样品进行监测，体细胞数平均值为 30.9 万个 /mL，低于欧盟、新西兰和美国标准，规模牧场生鲜乳样品的体细胞数平均值 22.8 万个 /mL，低于全国平均水平（图 2-22）。

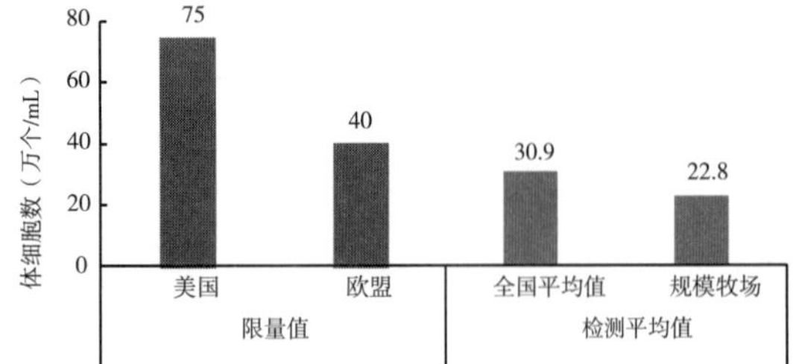


图 2-22　2017 年全国生鲜乳样品中体细胞数与美国、欧盟标准的比较

数据来源：农业农村部

### （九）黄曲霉素 $M_1$

2017 年，农业部对 17 765 批次生鲜乳样品进行监测，黄曲霉素 $M_1$ 检出样品的平均值为 0.04μg/kg，远低于国家标准 0.5μg/kg（图 2-23）。

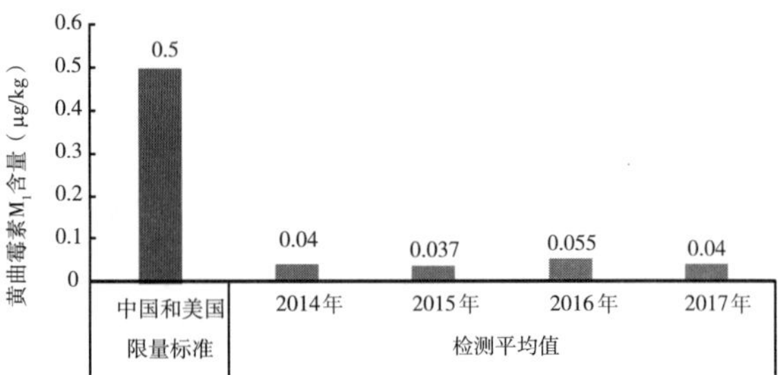


图 2-23　2014—2017 年全国生鲜乳黄曲霉素 $M_1$ 检出样品的平均值与中国和美国标准的比较

数据来源：农业农村部

### （十）铅

生鲜乳中铅的国家标准为≤ 0.05mg/kg。2017 年，农业部对 3 213 批次生鲜乳样品进行监测，铅检出样品的平均值为 0.018mg/kg，远低于国家标准（图 2-24）。

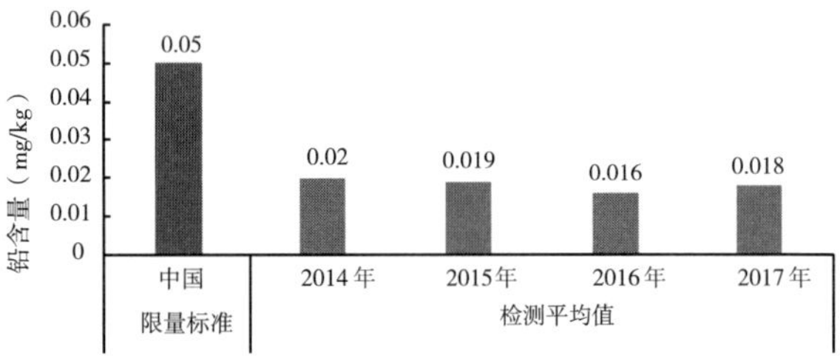


图 2-24　2014—2017 年全国生鲜乳铅检出样品的平均值与国家标准的比较

数据来源：农业农村部

### （十一）铬

生鲜乳中铬的国家标准为≤ 0.3mg/kg。2017 年，农业部对 3 214 批次生鲜乳样品进行监测，铬检出样品的平均值为 0.057mg/kg，远低于国家标准（图 2-25）。

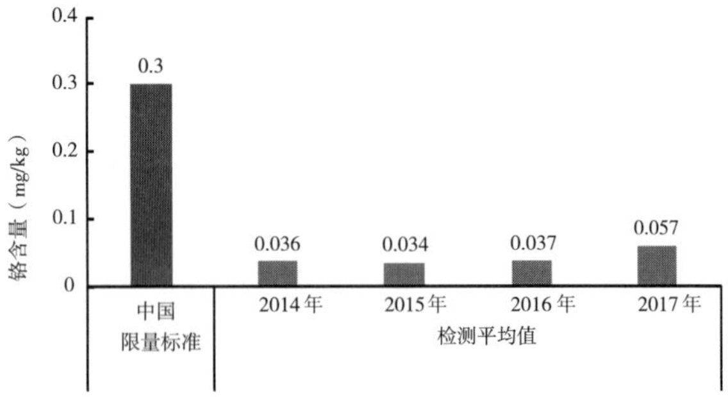


图 2-25　2014—2017 年全国生鲜乳铬检出样品的平均值与国家标准的比较

数据来源：农业农村部

### （十二）三聚氰胺

2017 年，农业部对 13 778 批次生鲜乳样品进行监测，仅 1 批次检出值为 0.02mg/kg，未超过 2.5mg/kg 的国家限量标准，抽检合格率 100%（图 2-26，图 2-27）。

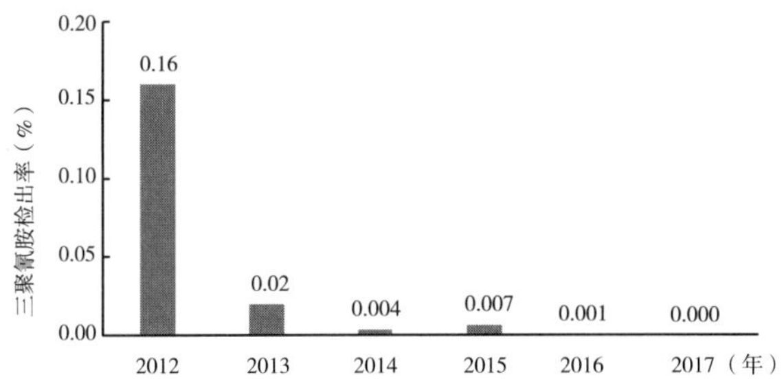


图 2-26　2012—2017 年全国生鲜乳样品中三聚氰胺检出率

数据来源：农业农村部

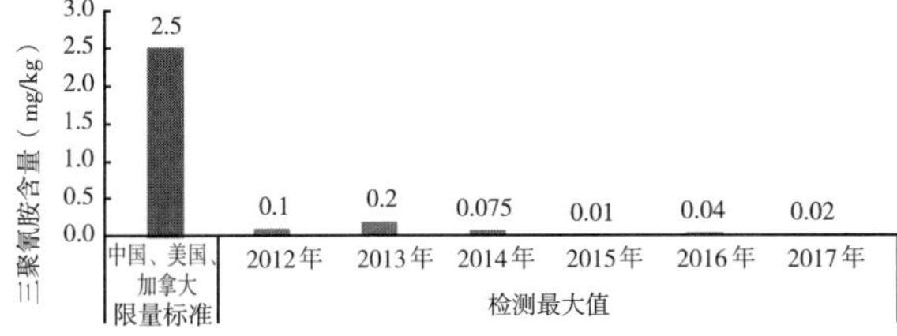


图 2-27　2012—2017 年全国生鲜乳样品中三聚氰胺检出最大值与中国、美国、加拿大限量标准的比较

数据来源：农业农村部

#### （十三）革皮水解物

2009 年 2 月，革皮水解物列入《食品中可能违法添加的非食用物质名单》中，禁止在乳及乳制品中添加，不得检出。

2017 年，农业部对 8 018 批次生鲜乳样品进行监测，均未检出革皮水解物。

## 三、乳制品质量安全

#### （一）与国内其他食品比较

2017 年，国家食品安全监督抽检食品样品 23.3 万批次，总体平均抽检合格率为 97.6%，比 2016 年和 2015 年均提高 0.8%。乳制品抽检合格率为 99.2%，其中，婴幼儿配方乳粉抽检合格率为 99.5%，比 2016 年提高 0.8%，不合格项目主要集中在标签标识方面（表 2-2）。

**表 2-2　2017 年乳制品与食品抽检合格率比较**

| 抽样 | 食品 | 乳制品 | 婴幼儿配方乳粉 |
|---|---|---|---|
| 合格比例(%) | 97.6 | 99.2 | 99.5 |

数据来源：国家市场监督管理总局

#### （二）进口乳制品未准入境情况

2017 年，各地出入境检验检疫部门从来自 23 个国家或地区的乳制品中检出未准入境产品共计 244 批，约 521.9t。主要未准入境的事实为品质不合格、微生物污染、食品添加剂超范围或超限量使用等。所有未准入境的乳制品，都已依法做退货或销毁处理。

2017 年，未准入境的婴幼儿配方乳粉共 31 批次，约 33.6t，其中，韩国 15 批次、澳大利亚 11 批次、瑞士 3 批次、法国 2 批次（表 2-3）。

**表 2-3　进口乳制品未准入境情况表**

| 项目 | 未准入境乳制品、国家和地区及不合格批次 |
|---|---|
| 类型 | 奶酪（98）、婴儿配方食品（31）、乳粉（32）、发酵乳（27）、灭菌乳（28）、乳清粉（5）、调制乳（9）、巴氏杀菌乳（3）、炼乳（2）、奶油（9） |
| 进口国家或地区 | 大洋洲：澳大利亚（47）、新西兰（5）<br>欧　洲：意大利（41）、法国（31）、西班牙（18）、德国（14）、荷兰（9）、拉脱维亚（6）、波兰（5）、白俄罗斯（6）、瑞士（3）、立陶宛（3）、比利时（3）、奥地利（3）、爱尔兰（2）、英国（1）、乌克兰（1）、芬兰（1）<br>北美洲：美国（8）<br>亚　洲：韩国（19）、日本（4）、马来西亚（1）、中国台湾（13） |

数据来源：海关总署

## 结论：

2017 年监测结果表明我国市场上乳品质量安全风险可控，整体状况良好。

第一，生鲜乳中乳蛋白和乳脂肪等营养指标达到较高水平。监测结果表明，2012—2017 年，生鲜乳的乳蛋白和乳脂肪的平均水平高于《食品安全国家标准 - 生乳》中的规定，生鲜乳的质量安全水平大幅提升。

第二，生鲜乳中各项安全指标达到标准。菌落总数、黄曲霉素 $M_1$、杂质度、酸度、铅、铬等监测平均值均符合我国限量标准，体细胞数平均值符合欧盟限量标准，表明我国奶牛养殖环境和奶牛健康状况显著改善，奶源优质安全。

第三，生鲜乳中不存在人为添加三聚氰胺、革皮水解物等违禁添加物的现象，生鲜乳收购、运输行为规范。自婴幼儿乳粉事件以来，不断强化生鲜乳质量安全监管，有效遏制了违禁添加等违法行为。

第四，继续把婴幼儿配方乳粉作为食品安全监管的重中之重，综合施策从严管理，加大婴幼儿配方乳粉进口产品的监管力度，严禁检测不合格乳制品进入我国，并依法对未准入境产品做退货或销毁处理，保护了消费者权益。

（中国奶业协会，农业农村部奶及奶制品质量监督检验测试中心（北京），《2018 中国奶业质量报告》）

# 扶持奶业发展

2017年，农业部紧紧围绕建设现代奶业总目标，扎实推进奶业供给侧结构性改革，强化奶业生产扶持政策，不断提升乳品质量安全水平，加快奶业全面振兴。

**（一）推进奶牛标准化规模养殖** 会同国家发展改革委落实奶牛标准化规模养殖资金4.88亿元，支持387个存栏300头以上的养殖（小区）场改造与提升；落实资金4.73亿元，在河北、内蒙古、辽宁、黑龙江、山东、河南、陕西、宁夏、新疆及新疆生产建设兵团等9个省（区）的32个奶牛养殖大县实施种养结合整县推进试点。

**（二）支持奶牛生产性能测定和数字奶业建设** 落实项目资金1 500万元，建设奶牛生产性能测定中心4个。落实项目资金3 400多万元，在北京、天津等20多个省份，对存栏100头以上重点规模养殖场的122万头高产奶牛实施生产性能测定。落实专项资金4 800万元，支持河北、宁夏、新疆等省区的奶牛养殖大县开展数字奶业建设试点，提高奶牛养殖自动化、信息化、精准化水平。

**（三）启动中国小康牛奶行动** 组织中国奶业20强（D20）企业向贫困地区学校捐赠牛奶，进行牛奶营养扶贫。据统计，2017年D20企业在全国27个省（市、自治区）捐赠价值

6 155.75万元的牛奶，惠及全国1 323所中小学校的63.63万名学生。

**（四）召开中国奶业D20峰会** 组织召开第三届D20峰会，峰会以“铸就品牌 振兴奶业”为主题，D20企业展示了优质产品，讲述了企业品牌故事，荣获“中国小康牛奶行动爱心企业”称号。

**（五）开展奶农培训** 组织中国奶业协会、国家奶牛产业技术体系、牧草产业技术体系专家，开展奶牛“金钥匙”、苜蓿“草堂行”、奶农专项技能岗位、生产性能测定技术等培训，提升奶牛养殖技术水平。全年累计开展培训28期，培训5 100人次。

（农业农村部畜牧兽医局奶业处）

# 拼搏进取的中国奶业 D20

## 一、中国 D20 企业联盟简介

D20 是指中国奶业 20 强企业，D 是“Dairy”的首字母。2015 年中国奶业协会根据乳品企业品质和口碑、品牌影响力、奶源基地建设、自建牧场奶牛存栏、生鲜乳收购量、销售额等指标，在全国 600 多家乳品企业中评选出综合排名前 20 位的企业。

在中国奶业协会推动下，成立了中国 D20 企业联盟，联盟秘书处设在中国奶业协会，负责中国 D20 企业联盟日常工作和 D20 峰会的组织工作。2015 年 8 月 18 日，在北京钓鱼台国宾馆召开首届峰会，汪洋副总理出席峰会并致辞；2016 年 8 月 26 日，在河北石家庄召开第二届峰会，农业部部长韩长赋出席并作主旨报告，国家食品药品监督管理总局等部委相关负责人出席并演讲；2017 年 7 月 27 日，在黑龙江齐齐哈尔召开第三届峰会，农业部副部长于康震出席并作主旨报告，国家食品药品监督管理总局、工业和信息化部等部委相关负责人出席并演讲。

## 二、D20 企业是中国奶业的领头羊

2017 年，D20 企业乳制品销售额 2 000 亿元，占全国乳制品销售总额的 55%；自建牧场荷斯坦牛存栏 150 万头，约占全国荷斯坦牛存栏的 22%；生鲜乳收购量 1 545 万 t，占全国生鲜乳收购总量的 60%。

## 三、D20 企业奶源质量优良

2017 年，农业部抽检 D20 企业的生鲜乳样品 11 134 批次，占全国总量的 48.1%。检测结果显示，D20 企业奶源质量良好，优于全国平均水平（图 2-28）。

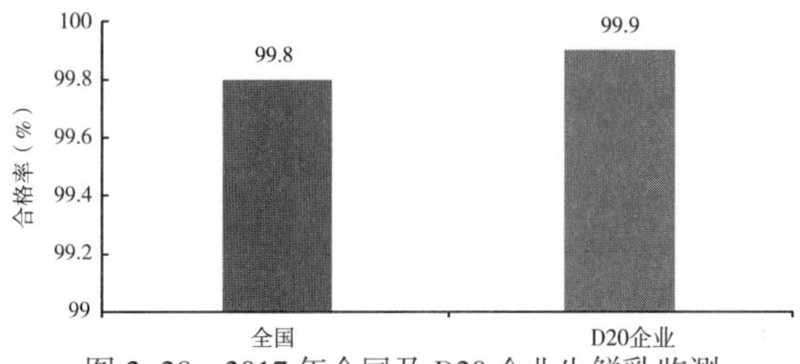


图 2-28 2017 年全国及 D20 企业生鲜乳监测合格率情况

数据来源：农业农村部

## 附：D20 企业名单（2015—2017）

内蒙古伊利实业集团股份有限公司
内蒙古蒙牛乳业（集团）股份有限公司
现代牧业（集团）有限公司
光明乳业股份有限公司
辽宁辉山乳业股份有限公司
内蒙古圣牧高科牧业有限公司
北京三元食品股份有限公司
中垦乳业股份有限公司
黑龙江省完达山乳业股份有限公司
君乐宝乳业有限公司
新希望乳业控股有限公司
黑龙江飞鹤乳业有限公司
贝因美婴童食品股份有限公司
南京卫岗乳业有限公司
天津嘉立荷牧业集团有限公司
新疆西域春乳业有限责任公司
福建长富乳品有限公司
河南花花牛乳业有限公司
济南佳宝乳业有限公司
西安银桥乳业集团

# D20 企业名单（2018—2021）

内蒙古伊利实业集团股份有限公司
内蒙古蒙牛乳业（集团）股份有限公司
光明乳业股份有限公司
现代牧业（集团）有限公司
石家庄君乐宝乳业有限公司
北京三元食品股份有限公司
西安银桥乳业（集团）有限公司
内蒙古圣牧高科牧业有限公司
黑龙江飞鹤乳业有限公司
黑龙江省完达山乳业股份有限公司
新希望乳业股份有限公司
中地乳业集团有限公司
济南佳宝乳业有限公司
中垦乳业股份有限公司
河南花花牛乳业集团股份有限公司
南京卫岗乳业有限公司
贝因美婴童食品股份有限公司
广东燕塘乳业股份有限公司
新疆天润乳业股份有限公司
福建长富乳品有限公司

**5 家观察员名单：**

辽宁辉山乳业集团有限公司
皇氏集团股份有限公司
山东得益乳业股份有限公司
新疆西域春乳业有限责任公司
天津嘉立荷牧业集团有限公司

（中国奶业协会）

# 三、行业专述

HANGYE ZHUANSHU

## 【遗传改良】

### 2017 年全国种公牛站概况

截至2017年年底，全国共有43个种公牛站获得《种畜禽生产经营许可证》。

人员构成。从业人员共 1 824 人，具有大专以上学历的专业技术人员 1 100 人，其中具有高级技术职称 208 人，具有中级技术职称 255 人。冻精产品质量检验员 124 人，执业兽医 78 人。

种公牛存栏基本情况。43 个种公牛站存栏种公牛 4 341 头，比上年减少 190 头，下降 4.2%。包含 37 个品种，与上年相比，增加了比利时蓝牛和地中海水牛 2 个品种。采精种公牛存栏 3 232 头，较上年减少 196 头。其中荷斯坦牛 967 头，乳肉兼用西门塔尔牛 273 头，褐牛 53 头，三河牛 50 头，娟姗牛 14 头，牦牛 77 头，奶水牛 140 头。后备种公牛存栏 1 109 头，较上年增加 6 头。其中荷斯坦牛 401 头，乳肉兼用西门塔尔牛 72 头，褐牛 23 头，三河牛 164 头，娟姗牛 1 头，牦牛 15 头，奶水牛 38 头。

冻精生产与推广。全年生产冻精 3 462 万支，同比下降 13.4%；头均生产冻精 1.07 万支，同比下降 8.5%。生产荷斯坦牛冻精 874 万支，占冻精生产总量的 25.2%，冻精产量同比下降 28%。生产娟姗牛冻精 20.3 万支，同比下降 12.6%。生产兼用种公牛冻精 466 万支，占冻精生产总量的 13.5%，冻精产量下降 4%；其中生产乳用兼用西门塔尔牛冻精 289.8 万支，同比下降 20.3%。全年销售冻精 2 249 万支，同比下降 19.7%。销售荷斯坦牛冻精 426.1 万支，占冻精销售总量的 18.9%，销量同比下降 51%。销售娟姗牛冻精 7.4 万支，同比下降 46.6%。销售兼用牛冻精 295.2 万支，占冻精销售总量的 13.1%，销量同比降低 4.2%；其中乳肉兼用西门塔尔牛冻精销售 166.8 万支，同比升高 3.4%；褐牛冻精销售 50.7 万支，同比升高 59%。

参加良补招标及冻精库存情况。全年参加各省畜牧良种补贴项目招标冻精 933.4 万支，同比下降 42.5%。其中荷斯坦牛占 11.7%，肉用西门塔尔牛占 57%。冻精库存 6 623.7 万支，同比下降 6.2%。荷斯坦牛、褐牛、乳肉兼用西门塔尔牛、肉用西门塔尔牛等品种冻精去库存效果明显。

（全国畜牧总站奶业与畜产品加工处，李姣、马金星）

# 2017 年中国奶牛生产性能测定概况

奶牛生产性能测定在国外又称奶牛群改良（Dairy Herd Improvement, DHI），是奶牛群科学管理和遗传改良的基础性工作。其核心是通过测定奶牛个体生产性能并收集基础数据，综合评定个体及群体的生产性能及遗传性能，挖掘不足，有针对性地提出解决办法，进而实现奶牛生产水平的不断提升。我国 DHI 测定工作起步较晚，2007 年国务院印发《关于促进奶业持续健康发展的意见》（国发〔2007〕31 号）明确提出“切实做好良种登记和奶牛生产性能测定等基础性工作”。次年，农业部发布《全国奶牛群体遗传改良计划（2008—2020 年）》，奶牛生产性能测定补贴项目正式启动。从 2008 年开始每年投入 2 000 万元用于全国范围内开展奶牛生产性能测定补贴，DHI 测定工作在全国正式展开，至 2017 年项目实施整十年。

## 一、2017 年中国奶牛生产性能测定情况

2017 年，我国奶牛生产性能测定工作稳步开展，全年新增项目验收实验室 7 家，参测奶牛场 68 家，参测牛 21.5 万头。据国家奶牛数据中心统计，奶牛生产性能测定在数量、质量、效果三方面成绩显著。

### 1. 数量稳步增加

2017 年中国奶牛数据库共收集 1 611 个场 122 万头牛的 DHI 相关数据 840 万余条，其中包括奶牛的系谱记录、繁殖记录、体型鉴定记录、遗传评估记录等。

### 2. 质量精益求精

全国畜牧总站 DHI 标准物质制备实验室按月进行标准物质制备，定时为全国 DHI 实验室发放未知样进行仪器校准，保证测定数据的稳定性。2017 年，DHI 数据综合有效率达到 89%，为数据的进一步拓展分析夯实了基础。

### 3. 效果显著提高

据统计，2017 年度参测奶牛测定日平均奶量达到了 29.0kg，305 天产奶量达到了 8.8t，平均乳脂率 3.9%，平均乳蛋白率 3.4%，平均体细胞数为 28.7 万个 /mL。各项指标显示我国奶牛场生产水平及原奶质量不断提高。

## 二、中国奶牛生产性能测定十年发展概况

2008—2017 年，十年间 DHI 测定工作快速有效推进，测定范围逐年扩大，参测牛数持续增加，数据质量稳步提高。实验室测定能力不断提升，标准物质管理日趋规范，建成国家奶牛数据中心，全国 DHI 测定体系初步建立。

### 1. 测定范围逐年扩大，参测牛数持续增加

2008—2017 年，十年间参测场由 592 增加到 1 611 个，参测牛头数由 24.5 万头增加到 122 万头，增加了 4 倍。详见图 3–1。

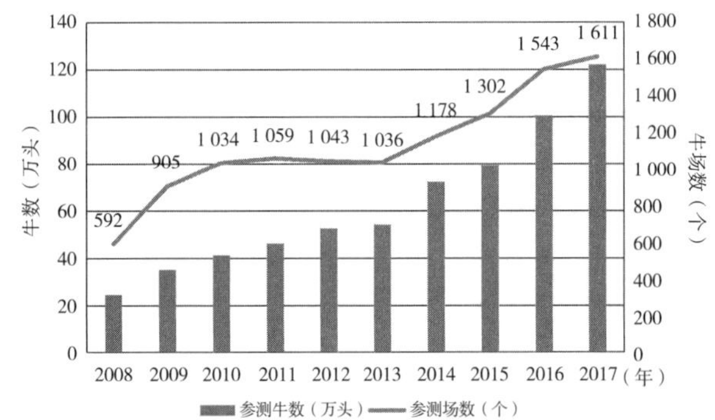


图 3–1　2008—2017 年中国奶牛生产性能参测情况

### 2. 数据量大幅增加，质量稳步提高

DHI 项目实施十年间，国家奶牛数据中心累计收集生产性能测定相关数据 4 000 万余条。在数据质量方面也逐年提高，从最低的 76% 提高到 89%，提高了 13 个百分点。为我国奶牛群体生产管理和遗传改良提供了极大的数据支撑，并取得了显著成效。详见图 3–2、图 3–3。

图 3–2　2008—2017 年中国奶牛生产性能测定记录量

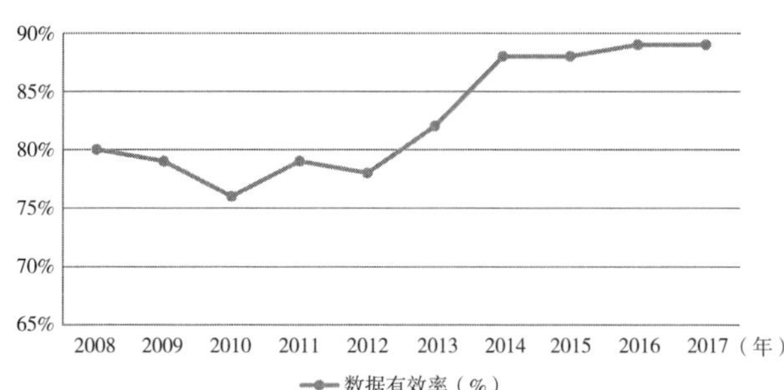


图 3-3　生产性能测定数据有效率

### 3. 实验室测定能力稳步提升

十年间，全国建立的专职用于 DHI 相关牛奶、饲料、疾病检测的专业实验室由项目实施前的 7 家增加到 32 家，覆盖范围由 7 个省份扩大到 24 个省份。全国实验室总面积达 8 832m$^2$，配备了世界先进水平的乳成分分析仪、流量计校正仪、全自动检测机器人等先进大型检测设备 66 台套，年检测能力达到 200 万头以上。各实验室质量管理体系完善，规章制度健全，对人员实行有效的培训、考核、奖惩机制，对仪器设备使用、校准、维护等实行精细管理，全部工作有计划、有记录、有审核、保证奶牛生产性能测定工作的有序开展。

### 4. 标准物质管理持续规范

为保证测定仪器的准确性和测定数据的可靠性，组织制作了奶牛生产性能测定标准物质未知样。定期发放至项目区的奶牛生产性能测定中心（实验室），对测定仪器进行校正，同时进行盲样抽检和比对检查等工作。自 2011 年 10 月起，统一使用由全国畜牧总站奶牛生产性能测定标准物质制备实验室提供的标准物质进行未知样检测和仪器校准工作。实现了按月进行抽检和比对检查，并及时公布比对结果。有效地提高了各测定中心测定数据的准确性，保证了全国不同地区不同测定数据之间的可比性。

## 三、DHI 的“良法”和“良种”体现

随着奶牛生产性能测定工作的不断开展，DHI 作为一项先进的技术管理工具被越来越多的奶牛场所认知和接受。DHI 在“良法”和“良种”方面的重要作用逐渐显现。

### 1.“良法”方面

DHI 数据报告综合指导牧场生产，我国奶牛饲养水平逐步提高，奶牛单产持续增加，原料奶质量稳步提高。2008—2017 年，DHI 参测场的测定日平均单产由 23.8kg 增加到 29kg，提高 22%，305 天产奶量由 7.4t 增加到 8.8t, 提高了 1.4t。在保持产量增加的同时，牛奶质量也稳步提升。乳脂率 2008 年为 3.64%，2017 年达到 3.89%，提高 0.25 个百分点；乳蛋白率 2008 年为 3.19%，2017 年达到 3.35%，提高 0.16 个百分点；体细胞数在十年间，每年均呈现下降趋势，体细胞数由 2008 年的 39.7 万个 /mL 降低到 2017 年的 28.7 万个 /mL，降低了 28%，达到欧盟 40 万 /mL 以下的标准。详见图 3-4~ 图 3-6。

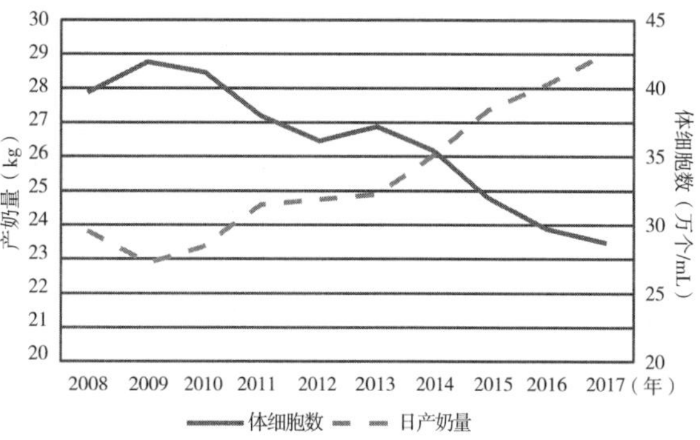


图 3-4　2008—2017 年 DHI 参测牛平均测定日奶量及体细胞变化趋势

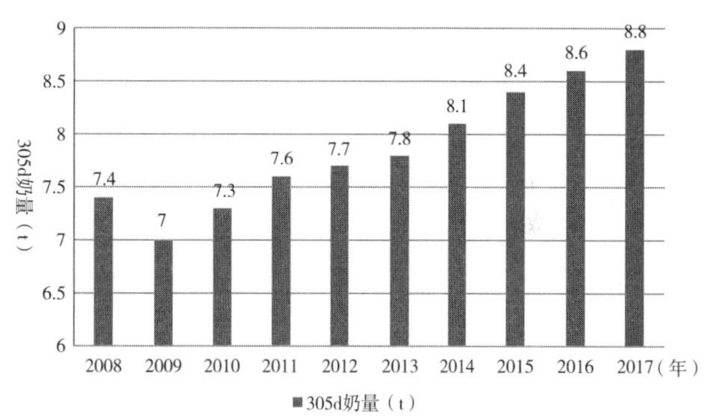


图 3-5　2008—2017 年 DHI 参测牛平均 305 天产奶量年度变化趋势

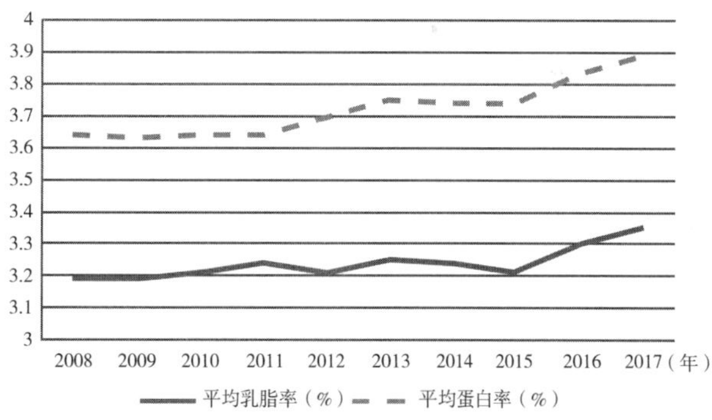


图 3-6　2008—2017 年 DHI 参测牛测定日平乳脂率和乳蛋白率年度变化趋势

随着我国奶牛标准化规模养殖的不断推进，参测牛群规模也在变化。从国家奶牛数据中心收录的数据统计来看，参测场整体数量和群体规模逐年扩大，200~500 头规模场的参测比例快速上升，3 000 头以上牛群已占有一定比例。到 2017 年，参测牛群规模 200 头以下占 17.9 %，200~500 头占 37.8%，500~1 000 头占 25.9%，1 000 头以上牧场占 18.4%。详见图 3-7。

### 2.“良种”方面

DHI 工作的全面开展，加快了我国良繁体系的建设，增强了种公牛的自主培育能力，促进了奶业持续健

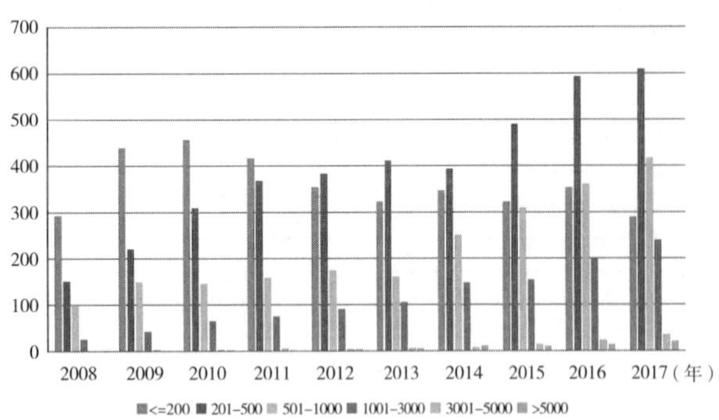


图 3-7　2008—2017 年参测场规模变化

康发展。快速发展的 DHI 工作收集了大量的基础数据，其中主要是系谱数据、母牛生产性能数据和体型鉴定数据，为种公牛遗传评定提供了有效的数据支撑，使我国获得了一批又一批自主培育验证种公牛。2008 年我国验证公牛数为 653 头， 2017 年为 2 473 头，增加 1 820 头，增幅 279%，我国种公牛自主培育能力显著提升（图 3-8）。大量数据的获得也支撑了种公牛遗传评估技术的改进，我国不仅在此基础上构建并优化了中国种公牛选择指数（CPI），而且建立了我国自主研发的全基因组选择技术，实现公母牛的早期选择。

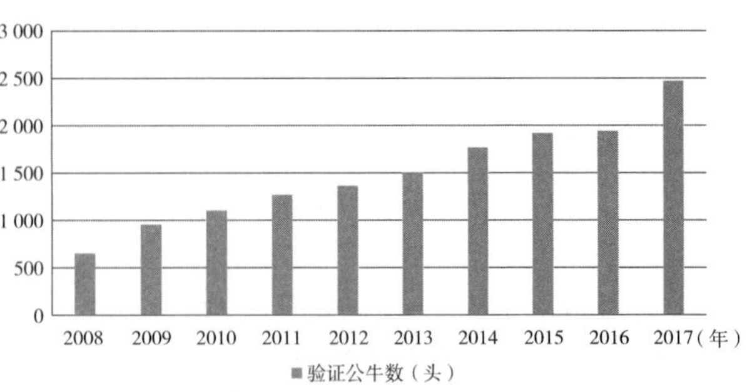


图 3-8　2008—2017 自主培育验证种公牛数量变化

奶牛生产性能测定工作是一项长期的有利于奶牛场生产管理和我国繁育体系建设的工作，是奶牛群体遗传改良一项最重要的基础性工作。中国奶业协会将以奶牛生产性能测定为基础开创中国奶业的数字化未来。

（中国奶业协会，闫青霞、陈绍祜）

# 2017 年中国荷斯坦青年公牛全基因组检测概况

从 2012 年开始，我国利用自己构建的奶牛参考群体和基因组选择技术平台，开展荷斯坦种公牛全基因组检测工作。截至 2017 年年底，全国共有 31 个公牛站的 2 646 头青年公牛参加了全基因组检测（表 3–1）。

2017 年，中国荷斯坦公牛基因组选择仍然沿用性能指数 GCPI，作为中国奶牛基因组选择性能指数（Genomic China Performance Index）。GCPI 指数包括产奶量（Milk）、乳脂率（Fatpct）、乳蛋白率（Propct）、体细胞评分（SCS）等生产性状和体型总分（Type）、泌乳系统（MS）、肢蹄（F&L）等体型性状。GCPI 计算公式如下：

$$GCPI = 20 \times \left[30 \times \frac{GEBV_{milk}}{800} + 15 \times \frac{GEBV_{Fatpct}}{0.3} + 25 \times \frac{GEBV_{Propct}}{0.12} + 5 \times \frac{GEBV_{Type}}{5} + 10 \times \frac{GEBV_{MS}}{5} + 5 \times \frac{GEBV_{F\&L}}{5} - 10 \times \frac{GEBV_{scs} - 3}{0.46}\right] + 500$$

式中：$GEBV_i$ 为第 i 性状的合并基因组估计育种值。

利用中国荷斯坦牛基因组选择参考群体数据平台，结合青年公牛基因组检测的 SNP 基因型信息，用 GBLUP 方法估计公牛的各性状基因组直接育种值，并与其系谱育种值进行标准化后加权合并，计算得到 GCPI。计算系谱指数所用公牛系谱由各公牛站提供。公牛父亲和外祖父各项育种值，采用国际公牛组织（INTERBULL）2017 年 12 月发布的数据。

根据 2017 年中国荷斯坦牛遗传评估结果，经统计

表 3–1　全国公牛站全基因组检测概况

| 公牛站号 | 公牛站名称 | 参测牛数（头） | 公牛站号 | 公牛站名称 | 参测牛数（头） |
|---|---|---|---|---|---|
| 111 | 北京首农畜牧发展有限公司奶牛中心 | 281 | 371 | 山东省种公牛站有限责任公司 | 14 |
| 121 | 天津市奶牛发展中心 | 101 | 373 | 山东奥克斯畜牧种业有限公司 | 214 |
| 131 | 河北品元畜禽育种有限公司 | 204 | 374 | 先马士畜牧（山东）有限公司 | 53 |
| 132 | 秦皇岛全农精牛繁育有限公司 | 18 | 411 | 河南省鼎元种牛育种有限公司 | 138 |
| 133 | 亚达艾格威（唐山）畜牧有限公司 | 77 | 413 | 南阳昌盛牛业有限公司 | 5 |
| 141 | 山西省畜牧遗传育种中心 | 44 | 414 | 洛阳市洛瑞牧业有限公司 | 14 |
| 151 | 内蒙古天和荷斯坦牧业有限公司 | 89 | 441 | 广州市奶牛研究所有限公司 | 4 |
| 155 | 内蒙古赛科星繁育生物技术（集团）股份有限公司 | 211 | 511 | 成都汇丰动物育种有限公司 | 14 |
| 211 | 辽宁省牧经种牛繁育中心有限公司 | 5 | 531 | 云南恒翔家畜良种科技有限公司 | 27 |
| 212 | 大连金弘基种畜有限公司 | 123 | 532 | 大理五福畜禽良种有限责任公司 | 28 |
| 222 | 吉林省德信生物工程有限公司 | 21 | 611 | 陕西秦申金牛育种有限公司 | 20 |
| 231 | 黑龙江省博瑞遗传有限公司 | 129 | 612 | 西安市奶牛育种中心 | 73 |
| 232 | 大庆市银螺乳业有限公司 | 89 | 631 | 青海正雅畜牧良种科技有限公司 | 15 |
| 311 | 上海奶牛育种中心有限公司 | 275 | 641 | 宁夏四正种牛育种有限公司 | 59 |
| 322 | 南京利农奶牛育种有限公司 | 19 | 651 | 新疆天山畜牧生物工程股份有限公司 | 278 |
| 361 | 江西省天添畜禽育种有限公司 | 4 | | | |

表 3–2　2017 年中国荷斯坦牛遗传评估结果

| 项目 | 产奶量 (kg) | 乳脂率 (%) | 乳蛋白率 (%) | 体细胞评分 | 体型总分 | 泌乳系统评分 | 肢蹄评分 |
|---|---|---|---|---|---|---|---|
| 最高值 | 3635 | 0.87 | 0.36 | 3.98 | 15.12 | 14.85 | 40.44 |
| 最低值 | −1712 | −1.09 | −0.35 | 2.36 | −17.08 | −22.31 | −19.51 |
| 整体平均值 | 794 | 0.09 | 0.02 | 3.18 | 0.93 | 0.91 | 0.36 |
| 排名前 50 均值 | 2139 | 0.51 | 0.26 | 2.41 | 11.06 | 10.17 | 16.1 |

得出，参测2 646头公牛，其中GCPI值最高为3 324，最低为 –1 407，平均值为1 067。各分项评估性状育种值的最高值、最低值、整体平均值和排名前50位牛的平均值如表3–2所示。

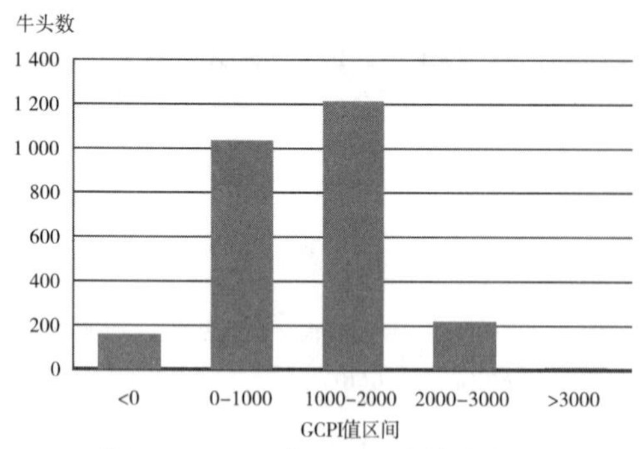

图3–9 2017年GCPI成绩分布图

通过对数据分析发现，GCPI值大于3 000的共有12头，2 000~3 000的有221头，1 000~2 000的有1 215头，0~1 000的有1 037头，小于0的有161头。如图3–9所示。

在基因组检测的2 646头公牛中，已经有996头公牛拥有了后裔测定成绩。通过基因组选择可以实现初生公牛的早期选择，进而可以节约待定青年公牛的养殖成本，提高奶牛种公牛的平均选育效益。通过直接使用基因组选择公牛的冻精，不仅缩短奶牛育种的世代间隔、增加遗传进展，同时，更直接降低了奶牛育种企业的运行成本，增加企业收益。

（中国奶业协会，曹正、张芳）

# 【进口奶牛检疫】

## 2017 年中国进口奶牛检疫情况

### 一、2017 年进口奶牛基本情况

#### 1. 进口奶牛数量

2017 年我国进口活牛共 30 批次，116 588 头，其中，进口奶牛 25 批次，105 003 头，占进口活牛总量的 90.1%。进口奶牛主要来自澳大利亚，占进口奶牛数量的 58.4%。2017 年各国对华出口奶牛数量见图 3–10。

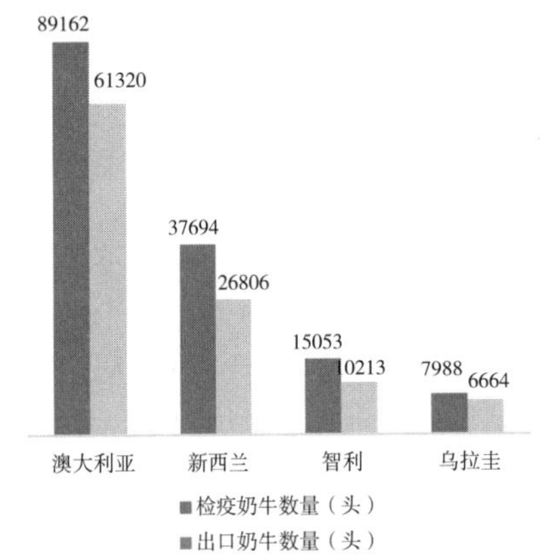


图 3–10　2017 年各国对华出口奶牛数量

#### 2. 进口奶牛检疫不合格情况

根据相关法律法规及议定书要求，海关总署在进口奶牛检疫过程中实施境外农场检疫、境外隔离检疫、境内隔离检疫等检疫监管措施，在这一过程中淘汰疫病检测阳性动物和其他临床检查不合格、体格瘦弱、跛行等不适合作为进口种用动物的奶牛。2017 年，我国共检疫进口奶牛 149 897 头，淘汰不合格奶牛 44 894 头，总体淘汰率为 29.95%。

从不同检疫环节来看，境外农场检疫淘汰奶牛 31487 头，境外隔离检疫淘汰奶牛 12 748 头，国内隔离检疫淘汰奶牛 659 头。数据直接反映了境外检疫措施的有效性，通过境外的农场及隔离场检疫，98% 以上的不合格动物被挡在国门之外，显著降低了奶牛疫病传入的风险，维护了我国进口企业及生产企业的经济利益，确保了我国畜牧业生产安全和人体健康。

#### 3. 2017 年进口奶牛疫病原因淘汰情况

2017 年，因疫病检测阳性原因淘汰不合格奶牛共计 12 831 头，疫病淘汰率为 8.56%，各国奶牛疫病淘汰数量见图 3–11。从来源国看，智利奶牛的疫病淘汰率最低，为 6.01%，新西兰、乌拉圭分别为 7.91%、7.9%，澳大利亚活牛疫病淘汰率相对较高，达到 9.3%。

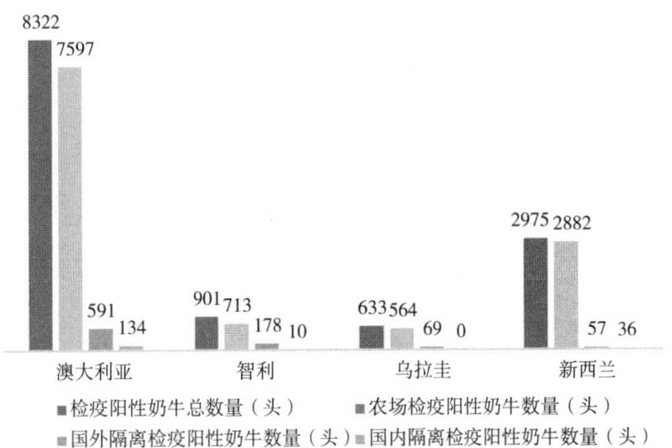


图 3–11　2017 年进境奶牛疫病淘汰情况

### 二、2017 年各国输华奶牛疫病检出情况

#### 1. 澳大利亚

根据议定书的要求，澳大利亚输华奶牛共需检疫牛传染性鼻气管炎（Infectious bovine rhinotracheitis，IBR）、牛病毒性腹泻（Bovine viral diarrhea，BVD）、副结核病（JD）、赤羽病（Akabane）、牛地方流行性白血病（Enzootic bovine leucosis，EBL）、蓝舌病（Blue tongue, BT）、鹿流行性出血病（Epizootic hemorrhagic disease of deer，EHD）共 7 种动物疫病。2017 年，澳大利亚进口奶牛因疫病检测阳性淘汰 8 322 头，其中 IBR 病例占 62.8%，其原因是澳大利亚对 IBR 不采取防控措施，牛群携带率较高。澳大利亚是蓝舌病疫区，根据议定书规定，应从中澳双方认可的蓝舌病非疫区进口奶牛，因此，澳大利亚进口奶牛蓝舌病检出率较低，仅占全部检出疫病的 0.4%，这一数据也进一步印证了通过风险分类管理和非疫区的划分，既能够确保正常的动物贸易，又能有效降低疫病传入的风险。Akabane、BVD 和 JD 占比均在 10%左右。

从疫病检出的农场分布情况看，检出 IBR 奶牛的农场主要分布在新南威尔士州、维多利亚州；相比之下，塔斯马尼亚州及西澳大利亚州的 IBR 检出率则较低。Akabane 在澳大利亚农场的分布则较为“均匀”，每个地区的奶牛农场均有一定检出。

#### 2. 新西兰

根据议定书的要求，新西兰输华奶牛共需检疫 IBR、BVD、JD、EBL 和牛结核病（Tuberculosis bovine TB）5 种动物疫病。2017 年，新西兰进口奶牛因疫病检测阳性淘汰 3 008 头，其中 IBR 是主要检出疫病，

占检出疫病总数的 81.91%，新西兰与澳大利亚一样，不对 IBR 采取防控措施，牛群 IBR 携带率很高。其次检出的疫病是 BVD，占检出疫病总数的 9.7%。新西兰也有 JD、EBL、TB 检出，但数量很少，说明新西兰对于上述疫病的控制较为完善，是个相对“干净”的国度（图 3-12）。

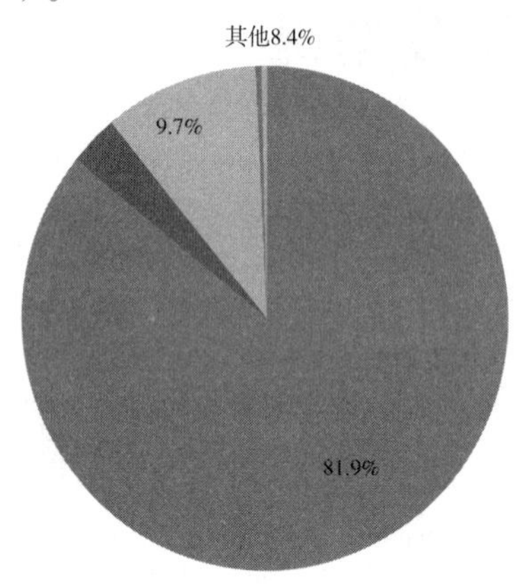


图 3-12　2017 年新西兰输华奶牛疫病检出情况

从疫病检出的农场分布情况看，疫病在新西兰农场的分布则较为“均匀”，这应与新西兰国土面积较小有关，疫病未表现出“区域化”的特征。

**3. 智利**

根据议定书的要求，智利输华奶牛共需检疫 TB、EBL、JD、BVD 和布氏杆菌病（Brucelliasis）5 种动物疫病。2017 年，智利输华奶牛因疫病阳性淘汰 903 头，主要为 BVD、JD 及 TB（图 3-13）。

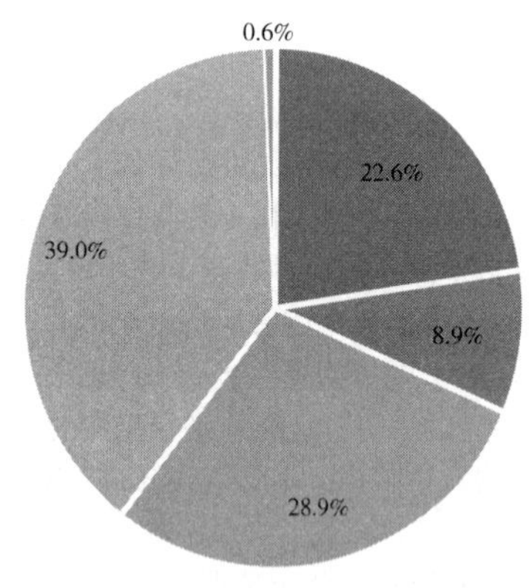


图 3-13　2017 年智利输华奶牛疫病检出情况

智利国土虽具有“狭长”的特点，但 2017 年输入中国奶牛农场数量较少，且分布较为集中，检出疫病未呈现特殊的地理分布规律。

**4. 乌拉圭**

根据议定书的要求，乌拉圭输入中国奶牛需检疫口蹄疫（FMD）、Brucelliasis、TB、EBL、JD、BVD 等动物疫病。2017 年，乌拉圭因疫病阳性淘汰奶牛 633 头，低于总淘汰数量的 50%，相较其他国家，乌拉圭奶牛疫病流行情况较为“单一”，检出疫病主要为 EBL、BVD（图 3-14）。

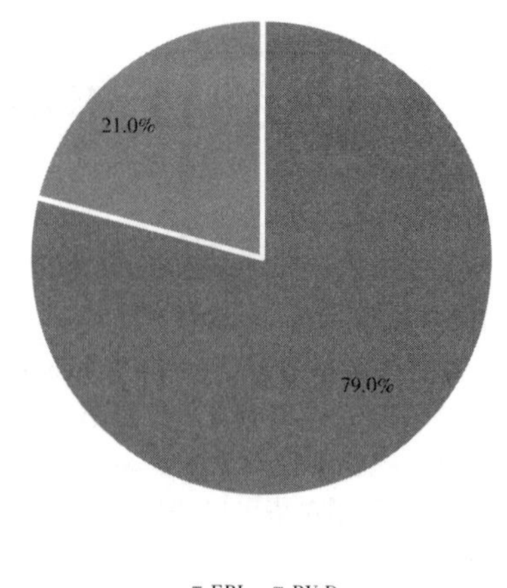


图 3-14　2017 年乌拉圭输华奶牛疫病检出情况

## 三、进口奶牛来源农场情况

根据议定书要求，澳大利亚、智利输入中国的奶牛农场应位于无蓝舌病风险地区；新西兰、乌拉圭输入中国的奶牛农场应在规定时期内无相关疫病。检疫人员在进口奶牛农场检疫阶段，充分利用地理信息系统（GIS）手段，将输出奶牛的农场地理信息与最新的疫病区化图进行比对，确保进口奶牛来自非疫区。2017 年，进口奶牛共来自 3 073 个农场，其中澳大利亚农场数量占比 71.9%，各国输华奶牛来源农场数量见图 3-15。结合每个国家输华奶牛数量分析，智利、乌拉圭的农场平均提供奶牛数量达 120 头左右，澳大利亚、新西兰农场平均提供奶牛数量则较低，仅为 30 头左右。

从地理位置上看，澳大利亚输华奶牛农场主要分布在新南威尔士州、维多利亚州、塔斯马尼亚州及西澳洲西南地区。智利输入中国奶牛农场主要集中在洛斯·拉格斯大区南纬 34° 以南地区。

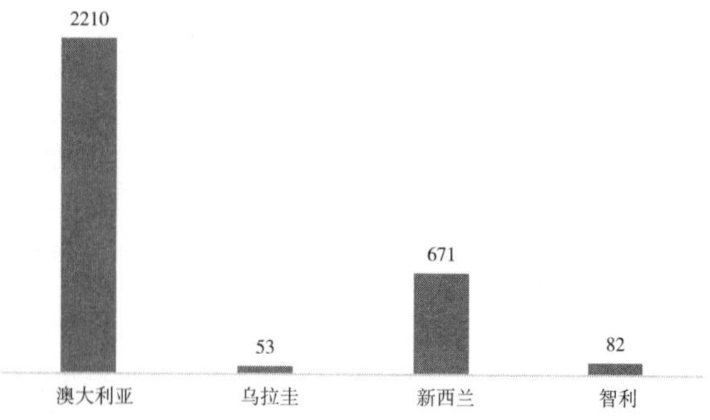


图 3-15　2017 年输华奶牛来源农场数量

## 四、进境口岸及隔离检疫场分布情况

受产业分布、口岸效能、地缘环境等多因素影响，2017 年进口奶牛地区主要集中在天津、河北、山东、江苏、辽宁及北京等地。其中，天津口岸进口奶牛数量约占全国进口总数量的 50%，连续多年是我国进口奶牛的第一大口岸，各口岸进口奶牛的批次及数量见图 3–16。

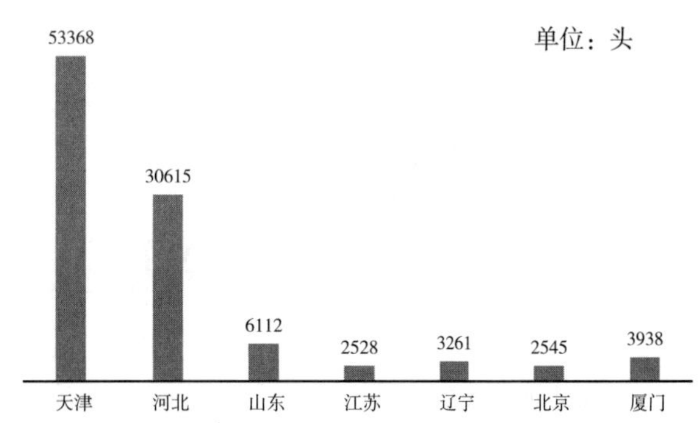


图 3–16　2017 年各地区进口奶牛数量

（海关总署，窦树龙、季新成；重庆海关，江红旗、李盟；深圳海关，纪帆）

# 【饲草饲料】

## 振兴奶业苜蓿发展行动

苜蓿是奶牛等草食动物的重要优质饲草，被誉为“牧草之王”。从2012年起，中央财政每年安排3亿元专项资金，在奶牛主产省份和苜蓿优势区建设3.33万 $hm^2$ 高产优质苜蓿示范基地。

2017年，在河北、山西、内蒙古、辽宁、黑龙江、安徽、山东、河南、陕西、甘肃、青海、宁夏、新疆以及黑龙江农垦总局开展高产优质苜蓿示范创建，全年完成3.33万 $hm^2$ 高产优质苜蓿基地建设任务。

在项目带动和市场拉动下，我国苜蓿生产能力快速提高，实现了产量和质量的“双提升”。2017年年底，全国优质苜蓿种植面积达到28万 $hm^2$，干草产量251万t。满足了200万头奶牛饲喂需求，每头奶牛饲喂苜蓿增加效益在1 000元以上。

（农业农村部畜牧兽医局饲料饲草处）

## 2017年饲料工业发展概况

2017年，饲料行业紧紧围绕推进农业供给侧结构性改革主线，充分发挥联结上下游、延长产业链的中枢和纽带功能，优化供给、提质增效，加快推进饲料行业转型升级，提升绿色发展水平，进一步巩固良好的发展形势。

### 一、饲料行业发展质量稳步提升

坚持“安全第一、优质取胜”的基本方针，创新行业管理方式，全面实施《饲料质量安全管理规范》，全国示范企业总数达246家。修订发布了《饲料添加剂安全使用规范》，全面接轨欧盟标准，特别是大幅度下调了铜、锌添加剂限量值，可实现养殖业铜、锌元素减排50%和34%。持续组织开展饲料质量安全监测，强化检打联动，着力完善事前、事中、事后有效衔接的饲料质量安全管理体系。全国商品饲料抽检合格率97.4%，连续7年稳定在95%以上。

### 二、饲料工业总产值稳定增长

全国饲料工业总产值和总营业收入分别为8 394亿元、8 195亿元，同比分别增长4.7%、5.4%。其中，商品饲料工业总产值7 436亿元，同比增长2.0%，总营业收入7 303亿元，同比增长3%；饲料添加剂总产值899亿元，同比增长37.5%，总营业收入831亿元，同比增长33.5%；饲料机械设备总产值58亿元，同比下降11.3%，总营业收入60亿元，同比下降8%。

### 三、商品饲料总产量持续增加

2017年，全国商品饲料总产量22 161万t，同比增长6%。其中，配合饲料产量19 619万t，同比增长6.7%；浓缩饲料产量1 854万t，同比增长1.2%；添加剂预混合饲料产量689万t，同比下降0.3%。从品种看，猪饲料产量9 810万t，同比增长12.4%；蛋禽饲料产量2 931万t，同比下降2.4%；肉禽饲料产量6 015万t，同比增长0.1%；水产饲料产量2 080万t，同比增长7.8%；反刍动物饲料产量923万t，同比增长4.9%；其他饲料产量403万t，同比增长10.2%。

### 四、产业集中度进一步提高

大型饲料企业规模扩张迅速，饲料企业与养殖终端“场厂对接”合作不断深化，产业链融合发展加速。2017年，广东、山东、河北、广西、湖南、河南、江苏、辽宁、四川、江西10省份饲料产量超过千万t，10省饲料总产量15 424万t，占全国总产量的69.6%。年产100万t以上饲料企业35家，比2016年度增加1家，占全国总产量62.3%；年产50万t以上企业51家，占全国总产量67.4%。

### 五、氨基酸、维生素产量继续增长

饲料添加剂产品总量1 035万t，同比增长6%。其中，直接制备饲料添加剂983万t，混合型饲料添加剂51万t。主要饲料添加剂品种中，氨基酸总产量235万t，同比增长16.4%；维生素总产量127万t，同比增长12.6%；矿物元素及其络合物总产量498万t，同比下降0.4%；酶制剂总产量11万t，同比下降8.1%。

## 六、大型饲料机械设备加工能力持续提升

饲料加工机械设备生产总量25 689台套，比2016年减少1 399台套，同比下降5.2%。其中，成套机组1 389台套，增加30台套，同比增长2.2%；单机24 300台，减少1 429台，同比下降5.6%。在成套机组中，时产10t以上设备1 041台套，增加12台套，同比增长1.2%；时产小于10t设备348台套，增加18台套，同比增长5.5%。

## 七、饲料企业从业人数略有下降

饲料企业年末职工人数为46.8万人，同比下降1.8%。大专以上学历的职工数为19.1万人，占职工总人数的40.8%。其中，博士1 871人，同比下降1.1%；硕士9 018人，同比下降1.4%；大学本科69 862人，同比增长0.8%；大学专科110 213人，同比增长2.7%；其他学历276 542人，同比下降4.1%。技术工种35 203人，同比下降3.3%。

（农业农村部畜牧兽医局饲料处）

# 牧草种植及商品草生产情况

## 一、2017年牧草种植情况

2017年，全国保留种草面积1 970.47万$hm^2$，较上年下降4.2%。其中，保留种草面积前三位的内蒙古、四川和甘肃年底保留种草面积分别为368.33万$hm^2$、287.53万$hm^2$和256万$hm^2$，占全国总面积的18.7%、14.6%和13.0%。当年新增种草面积611.6万$hm^2$，较上年下降6.3%。其中多年生牧草164.93万$hm^2$，一年生牧草446.6万$hm^2$。多年生牧草年底保留面积达到1 523.87万$hm^2$，较上年减少6.0%，种植的主要种类为紫花苜蓿、披碱草和多年生黑麦草等，年底保留种植面积分别达415万$hm^2$、333.8万$hm^2$和149.93万$hm^2$。种植的一年生牧草种类主要为青贮专用玉米、燕麦和多花黑麦草，种植面积分别230.87万$hm^2$、42万$hm^2$和38.93万$hm^2$。

## 二、2017年牧草种子生产情况

2017年，全国牧草种子田总面积9.73万$hm^2$，较上年增加15.6%。全国牧草种子生产量7.11万t，较上年增加0.1%。牧草种子生产面积较大的草种有紫花苜蓿、燕麦和披碱草，种子田面积分别为3.82万$hm^2$、9 360$hm^2$和9 340$hm^2$，种子田产量分别为1.22万t、2.10万t和0.82万t。牧草种子田面积较大的省区为甘肃、青海、内蒙古和四川，种子田面积分别为3.61万$hm^2$、1.56万$hm^2$、9 373.33$hm^2$和8 340 $hm^2$，牧草种子田产量分别为3.2万t、1.1万t、0.8万t、0.7万t。

## 三、2017年商品草生产情况

2017年，全国商品草种植面积为133.47万$hm^2$，较上年下降23.5%，总产量为1 019万t，较上年减少24.7%。商品草生产面积最大的是羊草，面积达52.67万$hm^2$，总产量74万t；其次为紫花苜蓿，面积达41.73万$hm^2$，总产量359万t。草产品生产集中在甘肃、内蒙古、湖南、黑龙江等省份，产量分别为268.3万t、115.7万t、95.7万t和78.6万t，分别占全国的26.3%、11.4%、9.4%和7.7%。生产的草产品主要是草捆、草块、草颗粒和草粉，产量为381.8万t、56.9万t、54.9万t和26.5万t，分别占生产总量的51.8%、7.7%、7.4%和3.6%。

（农业农村部畜牧兽医局饲草处）

# 2017年全国草原保护与建设情况

2017年，全国草原保护建设成效显著。全年完成种草改良714.07万$hm^2$，建设草原围栏350.07$hm^2$，累计落实草原承包2.82亿$hm^2$，草原禁牧面积9 200万$hm^2$。

## （一）实施草原生态保护补助奖励政策

2017年，国家继续在河北、山西、内蒙古、辽宁、吉林、黑龙江、四川、云南、青海、西藏、甘肃、宁夏、新疆13省份及新疆生产建设兵团和黑龙江省农垦总局实施新一轮草原补奖政策。中央财政安排草原补奖政策资金187.6亿元，落实草原禁牧面积8 066.67万$hm^2$，草畜平衡面积1.73亿$hm^2$，绩效考核奖励资金近32亿元，对工作突出、成效显著的地区给予资金奖励，由地方政府统筹用于草原管护、推进牧区生产方式转型升级、发展现代草原畜牧业、推广牧草良种等方面。按照目标、任务、责任、资金“四到省”和任务落实、补助发放、服务指导、监督管理、建档立卡“五到户”的基本原则，对牧民实行草原禁牧补助、草畜平衡奖励等政策措施。目前，草原补奖政策落实情况总体良好，各项补奖任务和资金有效落实到了草场和牧户，取得了显著的生态、经济和社会效益。

## （二）实施草原保护建设工程

2017年，退牧还草工程继续在内蒙古、四川、贵州、云南、西藏、甘肃、青海、宁夏、新疆、黑龙江、吉林、辽宁、陕西13个省（自治区）和新疆生产建设兵团实施。中央共投入20亿元资金，安排草原围栏建设任务228.3万$hm^2$、石漠化治理任务4.9万$hm^2$、退化草原改良15.5万$hm^2$、人工饲草地建设7.3万$hm^2$，5.9万户牧民牲畜舍饲棚圈建设改造，黑土滩治理1.4万$hm^2$，毒害草治理5万$hm^2$。在北京、河北、山西、内蒙古、陕西5个省（自治区、直辖市）继续实施京津风沙源工程草原治理项目，中央投入5.2亿元资金，安排人工草地2.6万$hm^2$，飞播种草0.9万$hm^2$，围栏封育18.1万$hm^2$，草种基地0.2万$hm^2$，棚圈建设205.8万$m^2$，青贮窖49.7万$m^3$，贮草棚23万$m^2$。

## （三）加强草原执法监督

2017年，全国各类草原违法案件发案13 761起，立案13 449起，结案13 083起，结案率为97.3%。发案数量比上年减少1 944起，减少了12.4%。全年草原违法案件共破坏草原7 549.5$hm^2$，比上年减少了17.6%。买卖或者非法流转草原85$hm^2$，比上年减少了87.5%。涉嫌犯罪移送司法机关的案件326起，比上年减少了46.1%。被提起行政复议或行政诉讼的案件仅有2起，比上年减少9起。对新疆、内蒙古、吉林等6省份查处的8起非法开垦草原犯罪案件进行了通报。

## （四）强化草原防灾减灾

2017年，全国共发生草原火灾58起，全部为一般草原火灾。受害草原面积0.3万$hm^2$，经济损失335万元，无人员伤亡和牲畜损失。与上年相比，重特大草原火灾发生次数减少1起；受害草原面积减少3.4万$hm^2$。

2017年，全国草原鼠害危害面积为2 844.7万$hm^2$，约占全国草原总面积的7.2%，危害面积较上年增加1.3%。草原鼠害主要发生在河北等13个省（自治区）。其中，青海、新疆、内蒙古、甘肃、西藏、四川6省（自治区）危害面积合计2 636.9万$hm^2$，占全国草原鼠害面积的92.7%。

2017年，全国草原虫害危害面积1 296.1万$hm^2$，约占全国草原总面积的3.3%，危害面积较上年增加3.6%。草原虫害主要发生在河北等13个省（自治区）。其中，西藏、内蒙古、新疆、甘肃、青海、四川6省（自治区）危害面积合计为1 122.1万$hm^2$，占全国草原虫害面积的86.6%。

## （五）草原植被持续恢复

2017年草原植被状况明显好转。全国天然草原鲜草总产量106 491.2万t，较上年增加2.5%；折合干草约32 841.9万t，载畜能力约为25 814.2万羊单位，均较上年增加2.5%。全国草原综合植被盖度达到了55.3%，较上年提高了0.7个百分点。全国23个重点省（区、市）鲜草总产量99 084.6万t，占全国总产量的93%，较上年增加2.6%；折合干草约31 010.3万t，载畜能力约为24 368.2万羊单位，均较上年增加2.6%。通过实施退牧还草、京津风沙源治理等重大生态工程，草原植被逐步恢复，草原生态环境明显改善。据监测结果表明，草原重大生态工程区草原植被盖度比非工程区平均提高15个百分点，高度平均提高48.1%，单位面积鲜草产量平均增加85%。

（农业农村部畜牧兽医局饲草处）

# 2017 年生鲜乳、玉米和豆粕价格情况

2017年是中国奶业深化供给侧结构性改革的一年。一方面，受进口冲击，国内落后产能加快出清，奶牛存栏和生鲜乳产量持续下降。另一方面，奶牛养殖规模化比重持续提高，单产增加，生鲜乳价格略有回升。全年牛奶产量 3 038.6 万 t，同比下降 0.8%；全国生鲜乳收购站覆盖奶牛存栏同比下降 8.6%。全国生鲜乳平均价格总体平稳，表现为先降后升。1~5 月，生鲜乳价格波动性下降，6~8 月涨跌互现，9~10 月快速回升后保持平稳。全年生鲜乳平均价格为每千克 3.72 元，同比下降 0.5%；河北、山西、内蒙古等 10 个主产省份生鲜乳全年平均价格为每千克 3.48 元，同比上涨 0.3%。2017 年，奶牛养殖水平和效益有所回升，年平均单产达到 6.8t，每头产奶牛年收益约 2 720 元，同比增加 625 元（图 3–17）。

2017 年，全国玉米平均价格小幅上涨。1~2 月，玉米价格为下降走势，由年初的每千克 1.9 元降至 3 月初的每千克 1.8 元。4 月初至 8 月初，玉米价格一路回升，8 月初涨至每千克 1.96 元，已超过年初水平，8 月以后基本保持平稳。全年玉米平均价为每千克 1.9 元，同比下降 5.4%。

2017 年，豆粕价格总体下降。上半年，豆粕价格一路下降，由年初的每千克 3.69 元降至 3.18 元，降幅 13.8%。7 月以后，豆粕价格逐渐企稳，11 月开始小幅回升。2017 年年底，豆粕价格为每千克 3.4 元，比年初下降 9.2%（图 3–18、表 3–3）。

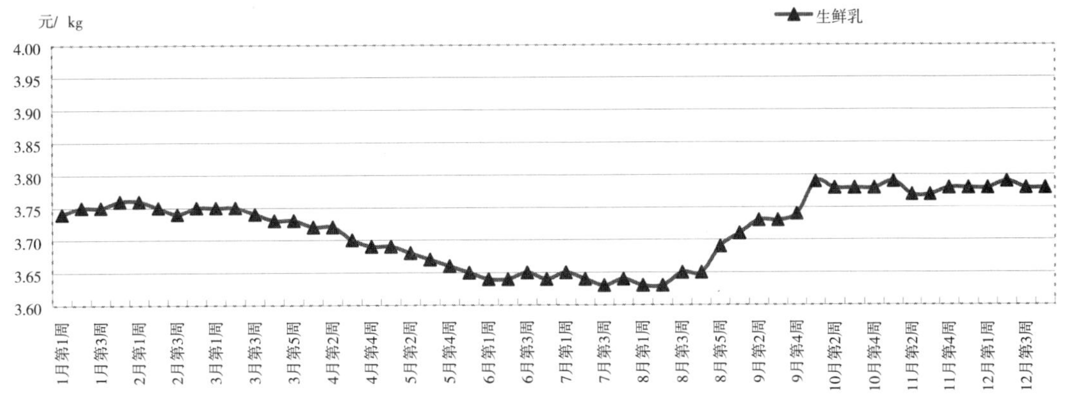


图 3–17　2017 年全国生鲜乳价格曲线

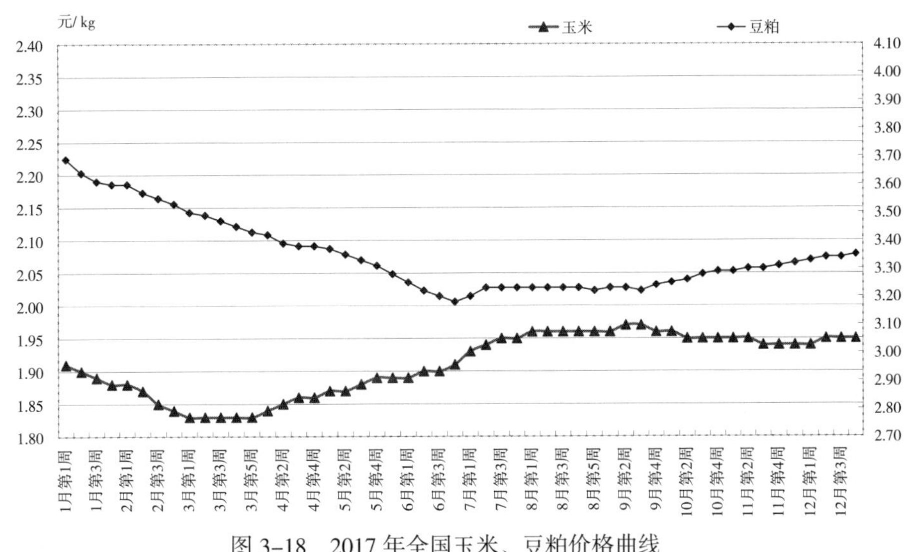


图 3–18　2017 年全国玉米、豆粕价格曲线

表 3-3 2017 年全国生鲜乳、玉米、豆粕周平均价格表

单位：元

| 周数 | 2017 年 | 生鲜乳 | 玉米 | 豆粕 |
|---|---|---|---|---|
| 1 | 1 月第 1 周 | 3.74 | 1.91 | 3.69 |
| 2 | 1 月第 2 周 | 3.75 | 1.90 | 3.64 |
| 3 | 1 月第 3 周 | 3.75 | 1.89 | 3.61 |
| 4 | 1 月第 4 周 | 3.76 | 1.88 | 3.60 |
| 5 | 2 月第 1 周 | 3.76 | 1.88 | 3.60 |
| 6 | 2 月第 2 周 | 3.75 | 1.87 | 3.57 |
| 7 | 2 月第 3 周 | 3.74 | 1.85 | 3.55 |
| 8 | 2 月第 4 周 | 3.75 | 1.84 | 3.53 |
| 9 | 3 月第 1 周 | 3.75 | 1.83 | 3.50 |
| 10 | 3 月第 2 周 | 3.75 | 1.83 | 3.49 |
| 11 | 3 月第 3 周 | 3.74 | 1.83 | 3.47 |
| 12 | 3 月第 4 周 | 3.73 | 1.83 | 3.45 |
| 13 | 3 月第 5 周 | 3.73 | 1.83 | 3.43 |
| 14 | 4 月第 1 周 | 3.72 | 1.84 | 3.42 |
| 15 | 4 月第 2 周 | 3.72 | 1.85 | 3.39 |
| 16 | 4 月第 3 周 | 3.70 | 1.86 | 3.38 |
| 17 | 4 月第 4 周 | 3.69 | 1.86 | 3.38 |
| 18 | 5 月第 1 周 | 3.69 | 1.87 | 3.37 |
| 19 | 5 月第 2 周 | 3.68 | 1.87 | 3.35 |
| 20 | 5 月第 3 周 | 3.67 | 1.88 | 3.33 |
| 21 | 5 月第 4 周 | 3.66 | 1.89 | 3.31 |
| 22 | 5 月第 5 周 | 3.65 | 1.89 | 3.28 |
| 23 | 6 月第 1 周 | 3.64 | 1.89 | 3.25 |
| 24 | 6 月第 2 周 | 3.64 | 1.90 | 3.22 |
| 25 | 6 月第 3 周 | 3.65 | 1.90 | 3.20 |
| 26 | 6 月第 4 周 | 3.64 | 1.91 | 3.18 |
| 27 | 7 月第 1 周 | 3.65 | 1.93 | 3.20 |
| 28 | 7 月第 2 周 | 3.64 | 1.94 | 3.23 |
| 29 | 7 月第 3 周 | 3.63 | 1.95 | 3.23 |
| 30 | 7 月第 4 周 | 3.64 | 1.95 | 3.23 |
| 31 | 8 月第 1 周 | 3.63 | 1.96 | 3.23 |
| 32 | 8 月第 2 周 | 3.63 | 1.96 | 3.23 |
| 33 | 8 月第 3 周 | 3.65 | 1.96 | 3.23 |
| 34 | 8 月第 4 周 | 3.65 | 1.96 | 3.23 |
| 35 | 8 月第 5 周 | 3.69 | 1.96 | 3.22 |
| 36 | 9 月第 1 周 | 3.71 | 1.96 | 3.23 |
| 37 | 9 月第 2 周 | 3.73 | 1.97 | 3.23 |
| 38 | 9 月第 3 周 | 3.73 | 1.97 | 3.22 |
| 39 | 9 月第 4 周 | 3.74 | 1.96 | 3.24 |

（续）

| 周数 | 2017 年 | 生鲜乳 | 玉米 | 豆粕 |
|---|---|---|---|---|
| 40 | 10 月第 1 周 | 3.79 | 1.96 | 3.25 |
| 41 | 10 月第 2 周 | 3.78 | 1.95 | 3.26 |
| 42 | 10 月第 3 周 | 3.78 | 1.95 | 3.28 |
| 43 | 10 月第 4 周 | 3.78 | 1.95 | 3.29 |
| 44 | 11 月第 1 周 | 3.79 | 1.95 | 3.29 |
| 45 | 11 月第 2 周 | 3.77 | 1.95 | 3.30 |
| 46 | 11 月第 3 周 | 3.77 | 1.94 | 3.30 |
| 47 | 11 月第 4 周 | 3.78 | 1.94 | 3.31 |
| 48 | 11 月第 5 周 | 3.78 | 1.94 | 3.32 |
| 49 | 12 月第 1 周 | 3.78 | 1.94 | 3.33 |
| 50 | 12 月第 2 周 | 3.79 | 1.95 | 3.34 |
| 51 | 12 月第 3 周 | 3.78 | 1.95 | 3.34 |
| 52 | 12 月第 4 周 | 3.78 | 1.95 | 3.35 |

（农业农村部畜牧兽医局监测信息处，付松川）

# 【奶源基地】

## 2017年农垦奶牛高产高效攻关情况

为了全面贯彻落实2017年中央1号文件精神和《中共中央国务院关于进一步推进农垦改革发展的意见》，进一步强化农业科技攻关，开展高产高效技术集成示范，推动绿色、高效、可持续现代畜牧业发展，2017年，农垦系统继续开展奶牛高产高效攻关活动。在全国17个垦区创建了99个奶牛高产攻关点，攻关目标主要是：北京、天津农垦成母牛年产牛奶9 500kg以上；上海、宁夏农垦成母牛年产牛奶8 500kg以上；河北、内蒙古、黑龙江、江苏、浙江、河南、广东、重庆、四川、陕西、新疆生产建设兵团、新疆畜牧、广州市等垦区成母牛年产牛奶7 000kg以上。攻关牛场在完成产奶量目标同时，按照绿色优质高效的要求，实现如下指标：一是按照《中国农垦生鲜乳生产和质量标准》，细菌数10万个/mL以下、体细胞数40万个/mL以下。二是无区域性重大疫情发生，两病检疫率达100%，口蹄疫免疫达100%，成母牛群淘汰率在30%以下，犊牛成活率达到95%以上。三是奶牛场实现资源合理利用及有效的环境控制，粪污、生活垃圾等实现资源化利用、达标排放、实现生态良性循环。四是奶牛场实现100%良种化，遗传缺陷率显著下降。牛群繁殖率达80%。五是有专业的牛群饲养管理、疾病防治、遗传繁育和奶牛场环境控制人员，每年接受一次专业培训。

农垦系统奶牛高产高效攻关活动坚持以科技创新为核心，以高产、高效、安全、绿色和可持续发展为目标，坚持突出优势，科学选点，强化管理，规范运作，整合资源，合力推进的工作原则，不断深化攻关内容，严格投入品牌管理，强化先进实用技术有效推广，推进养殖业生产方式加快转变，在稳定单产和数量基础上不断提质增效，实现生态环保和清洁生产，推进农垦现代畜牧业稳步健康发展。

制定攻关活动的主要内容：一是集成先进实用现代养殖技术。做好高产、优良种质的引进，加强畜禽良种繁育体系建设，提高畜产品质量和产量。大力促进技术服务的物化、简化和社会化，推广现代健康养殖模式，进一步提高标准化、规模化养殖水平，重点推广应用标准化规模养殖、全混合日粮营养调控、养殖场环境控制和提高奶牛生产能力等先进实用技术。二是加强重大疫病防控和畜群保健。加强重大动物疫情监测，定期进行疫情调查，及时汇总、分析动物疫情发展态势，及时发现问题，排除疫情隐患。重点做好口蹄疫等疫病的强制免疫工作，进一步完善应急预案，提高应急处置能力。强化动物福利意识，做好畜群保健，提升健康水平。三是严格畜牧业投入品管理。增强畜产品质量安全风险意识，实施畜牧业健康养殖方式，严格按规范要求使用饲料、添加剂并定期进行有效检测；加强兽药、饲料和饲料添加剂的使用管理与监测，杜绝不按规定使用药品和违禁使用药品的行为，确保畜产品质量安全。四是推动生态环保和全程机械化生产。推广有利于减轻污染、节约资源、保护环境的先进技术和机械设备，实现粪污减量化、生态化、资源化利用，达到相关排放标准。积极使用大中型、多功能、高性能、节能环保型配料、饲喂、环控、除污、防疫等工厂化智能养殖机械。

各有关农垦区按照农垦系统畜牧高产攻关活动方案的要求进行了研究部署，明确组织机构，细化了攻关方案，制定了具体的工作措施，充分发挥专家组作用，积极开展培训，组织测产验收。各攻关单位按照高产、优质、高效、绿色、安全的要求，实行良种、良法、良机、良管相结合，建立健全牛场生产全过程技术管理和岗位工作标准体系，积极推广青贮饲料生产、粪污处理新技术、奶牛全日粮（TMR）饲养技术等。同时，强化材料收集，建立活动档案，根据牛场月报表和牛群周转记录，统计年内饲养奶牛头日数和生长发育各阶段奶牛的头日数，计算奶牛存栏数量和成母牛比例。

2017年，99个高产高效攻关单位，平均每头成母牛年实际产奶为9 589kg，92个单位实现攻关目标，占92.9%。其中成母牛年产牛奶攻关目标9 500kg以上的单位，平均每头成母牛年实际产奶为1 0641.5kg；成母牛年产牛奶攻关目标8 500kg以上的单位，平均每头成母牛年实际产奶为10 003.01kg；成母牛年产牛奶攻关目标7 000kg以上的单位，平均每头成母牛年实际产奶为8 979.4kg。最高奶产量为天津市嘉立荷牧业有限公司第八奶牛场，平均每头成母牛年实际产奶12 100kg。

99个高产高效攻关单位，细菌数10万个/mL以下的单位93个，占93.9%；体细胞数40万个/mL以下的单位96个，占97%；成母牛群淘汰率在30%以下单位92个，占92.9%；犊牛成活率达到95%以上单位91个，占91.9%。

农垦奶牛高产高效攻关活动，通过集成、展示、推广先进实用技术，大力提升规模化、集约化、标准化生产水平，挖掘增产增效潜力，严格投入品管理，突出绿色优质高效，确保产品质量安全，进一步推进农垦农业现代化加快发展，并起到示范带动作用。

（中国农垦经济发展中心，黄勇）

# 2018年中国奶山羊产业发展现状

奶山羊产业是我国畜牧业重要组成部分，随着羊奶消费市场的快速升温，奶山羊产业迎来了空前利好的发展机遇。奶山羊分布地域广泛，除陕西、山东两大主产区外，我国如广东、云南、浙江、内蒙古、黑龙江、河南等省区奶山羊存栏量也逐年增加。目前，中国奶山羊的存栏量约为1 300万只，泌乳奶山羊约为790万只，山羊奶总产量约为175万t，占全国鲜奶产量约4.5%。与此同时，奶山羊产业正在从传统的奶山羊养殖模式快速转向现代化、集约化、标准化、多样化的质量效益型适度规模经营模式。奶山羊科技研发进展加快，吸引大量资金投向奶山羊全产业链的各个环节，乳品加工能力和产品研发水平持续提高，种类繁多、品质优良，呈现出良好的发展势头。

## 一、奶山羊产业技术研发

### 1. 育种与扩繁

（1）奶山羊品种选育与引种工作进展顺利。良种是影响奶山羊产业发展的根本，群体遗传改良及新品种培育已经迫在眉睫。国内开展了多种奶山羊杂交组合试验，有云南圭山羊和萨能奶山羊杂交组合、萨能奶山羊和努比亚奶山羊杂交组合、萨能奶山羊和关中奶山羊杂交组合、萨能奶山羊和崂山奶山羊杂交组合等。与此同时，一些行业同仁从国外引进优良品种，譬如2018年5月30日，陕西绿能生态牧业有限公司从澳大利亚引进种用奶山羊1 280只，这是迄今为止中国从澳大利亚第一次大规模引进种羊最多的一批。此次进口的奶山羊包括萨能奶山羊1 221只，阿尔卑斯奶山羊46只，吐根堡奶山羊13只。2018年10~12月，甘肃省庆阳伟赫乳制品有限公司与陕西红星美羚乳业股份有限公司共进口665只奶山羊，包括阿尔卑斯奶山羊、吐根堡奶山羊和萨能奶山羊3个品种。2019年1月20日，湖南龚牧集团从澳洲引进优质奶山羊300只。国外优质种羊引进后，可迅速推动我国现有奶山羊品种的改良进程，提高种羊品质，促进产业快速发展。

（2）奶山羊分子育种工作进入新阶段。随着高通量测序技术及统计分析方法的不断发展，奶山羊育种逐步从常规的杂交育种向分子标记辅助选择育种、全基因组选择育种和转基因育种跨越。目前已揭示出大量与奶山羊产奶性状、乳成分性状、生长发育、繁殖与疾病相关的候选基因与分子标记，这些将逐步应用于奶山羊育种实践。

（3）奶山羊良种繁育体系逐步形成。当前，世界各国使用的奶山羊良种繁育体系是公羊后裔测定体系，即首先通过生产性能测定、遗传评定、良种登记组建高产核心群，选出优秀种公母羊，繁殖后备公羊，通过后裔测定选育出优秀种公羊，再通过人工授精技术实现奶山羊群体改良。虽然国内系统的奶山羊良种繁育体系仍不够完善，但相关科研单位、养殖企业和乳品加工厂已经在DHI测定、遗传评定等方面开展工作，逐步完善奶山羊良种繁育体系，取得初步成效。

### 2. 健康养殖

（1）奶山羊日粮营养供应研究深入开展，成效显著。在奶山羊蛋白质饲料、饲料添加剂和粗饲料的开发与利用方面取得一定进展。基础饲料中添加蛋白桑、谷氨酸渣、烟酰胺、苜蓿干草可以提高不同生理特点的奶山羊（种公羊、泌乳母羊、围产期母羊、羔羊）的生产性能。日粮中补充大豆异黄酮、γ－氨基丁酸等添加剂能促进种公羊配种能力和泌乳母羊产奶量的提高等。尿素－碳酸氢钠复合厌氧麦秸提高了奶山羊泌乳性能。此外，初步探明高精料饲粮影响奶山羊机体糖脂代谢的分子机理，为高产奶山羊饲粮中合理的精粗比提供了理论依据。

（2）疫病防控能力显著提高。规模化羊场饲养管理水平较高，防疫到位，无重大疫病发生与流行。规模化羊场基本实行多点饲养，采用漏缝板，杜绝了羊与粪便直接接触，减少了疫病发生与流行。羊场普遍进行了小反刍兽疫、口蹄疫、三联四防等疫苗免疫，小反刍兽疫、口蹄疫免疫效果良好，无重大疫病发生与流行。近年来，除口蹄疫检测试剂盒外，山羊胸膜肺炎、小反刍兽疫、羊弓形虫等抗体试剂盒已经研发成功并临床使用。小反刍兽疫病毒抗体快速检测卡具有方便、快速、灵敏等特点，适用于现场大批量样品检测。但是疫苗研究相对滞后，需要加大研制力度。

（3）奶山羊养殖模式正在转型升级，产业新理念引领发展。全国及陕西省的奶山羊产业出现明显的转型升级，正在从传统的散养方式逐步向规模化养殖方式过渡。陕西富平县具有5种养殖模式，分别是公司养殖模式、养殖场（小区）模式、专业合作社养殖模式、家庭牧场模式和农户饲养模式，是我国各地养殖模式的缩影。虽然农户饲养模式居多，但是在国家环保高要求以及建设美丽乡村的方针下，这种传统养殖模式急需转型升级，以大公司为主体的适度规模养殖模式应运而生、快速增多，规模化发展计划在万只以上。如陕西绿能生态牧业有限公司、阜南中羊牧业有限公司、内蒙古盛健生物科技有限公司。打破了以往的养殖与乳品加工分开运营的方式，走向了养殖加工一体化，实现零距离原料奶快速加工的目标，提高羊奶制品营养价值，引领奶山羊产业发展。

**3. 产品开发**

（1）突破了液态羊奶热稳定性技术难关。羊奶热稳定性相对较差，尤其是超高温（Ultra high temperature，UHT）灭菌处理时，极易出现蛋白质沉淀现象，引起产品质量缺陷而阻碍市场销售。目前，常采用添加稳定剂、酪蛋白以及调节 pH 等方法来提高羊乳的热稳定性，这些方法可有效提高羊乳的热稳定性，但对人体健康会带来一定的安全隐患。陕西师范大学张富新教授课题组在深入系统研究羊奶化学组成的基础上，采用生物技术在不添加食品添加剂前提下成功解决了羊奶超高温灭菌处理时的稳定性，攻克了这一技术难关，开发出常温下可保存 5 个月以上的羊奶液态产品，部分乳制品企业应用后取得很好的效果，羊奶品质良好，无蛋白沉淀，为扩大羊奶乳制品市场奠定了重要基础。

（2）建立了益生菌羊乳软质奶酪技术工艺。无抗鲜羊乳经理化检验合格后，经巴氏杀菌后，冷却，添加发酵剂，32 ℃保温发酵 60 min，添加氯化钙，添加凝乳酶，静置待乳凝固，用奶酪刀切割成约长 8 mm 的立方块，缓慢搅拌以防止凝块粘连，凝块升温至 40 ℃，当 pH 降到 6.1 ~ 6.2 时，排除乳清，并于 40 ℃堆酿，pH 降至 5.4 ~ 5.5 时，揉碎凝块，添加食盐，然后装入模具压榨过夜，并于 10 ℃条件下成熟，得到的成品放入冰箱冷藏。该益生菌羊乳软质奶酪组织结构细腻，滋味浓郁，活菌数 > $1\times10^6$CFU/mL，并且经过发酵后膻味明显改善，适合大多数中国人的口味，由于添加了益生菌，其产品既有羊乳奶酪的营养又有益生菌及其代谢产物的促健康作用，提高了羊乳奶酪的营养价值和品质。

（3）优化了婴幼儿配方羊乳粉生产环节蜡样芽胞杆菌的防控技术。蜡样芽胞杆菌是一种可产生高黏附性孢子的条件致病菌，在环境中广泛存在，其在我国引起的食物中毒事件数量仅次于沙门氏菌，威胁公共食品安全，婴幼儿感染蜡样芽胞杆菌可诱发菌血症、心膜炎及脑膜炎等并发症。通过在乳品加工企业进行连续三个月的生产产品、原辅料、设备、环境、器具及人员的采样分析，包括内源污染（湿法生产线和干法生产线）和外源污染以及液样、涂抹样、粉末样、平皿沉降样四种样品状态，建立了防控蜡样芽胞杆菌污染的最佳措施，为生产更健康、优质的婴幼儿配方羊乳粉提供科学依据。

（4）羊奶制品种类繁多。我国羊乳产品主要以奶粉为主，辅以酸奶、液态奶、羊奶片、乳饼或乳扇、奶酪、乳清粉等产品。羊奶粉产品主要有大包装工业奶粉、婴幼儿配方奶粉、成人配方奶粉等，陕西省 24 家羊乳加工企业，有 19 家为婴幼儿配方羊奶粉生产企业。酸羊奶加工企业有富平县秦源乳业有限公司、陕西样样祥乳业有限公司，液态奶生产企业有山东白羚乳业有限公司、杭州葆元家庭农场有限公司、西峡县新太阳乳业有限公司和杨凌圣妃乳业有限公司，羊奶片生产企业有西安百跃羊乳集团有限公司和陕西英童乳业有限公司。

## 二、奶山羊产业技术推广

**1. 推广技术**

围绕奶山羊产业发展关键环节，在奶山羊养殖方面推广 4 项技术，分别是羔羊人工哺育、鲜精人工授精、TMR 技术、性控技术。其中前 3 个技术在生产实际中应用效果良好，取得了一定的成效。但是利用冷冻性控精液（XY 精子分离技术）进行奶山羊人工授精，母羊受胎率低，利用腹腔镜输精，母羊受胎率高，但成本高，因此，在实际生产中推广应用难度相对较大。

**2. 技术培训与指导**

奶山羊专家采取不同形式活动进行技术培训与服务，协助地方举办多次技术培训会议，培训的养殖户及相关畜牧兽医部门行政人员超过 1 000 人；同时深入到全国奶山羊养殖基地，如陕西的陇县、千阳、富平、蓝田及山东泰安、临沂等，实际指导奶山羊养殖工作，显著推动了当地奶山羊产业的发展。

**3. 国际交流**

通过加强学术交流及奶山羊产业技术合作，与国外伊利诺伊大学 – 厄巴纳香槟分校、贝勒医学院、俄勒冈州立大学等单位建立了长期良好的合作关系。2018 年 1~10 月，美国俄勒冈州立大学 Dr. Massimo Bionaz 教授、美国佛蒙特大学 Fengqi Zhao 教授、美国伊利诺伊大学 – 厄巴纳香槟分校 Juan Loor 教授、美国加利福尼亚大学欧文分校妇产科系的 Dongbao Chen 教授、美国贝勒医学院儿科系的 Darryl Lynn Hadsell 副教授，分别来访进行学术交流，提高奶山羊基础研究水平。2018 年 8~9 月，美国北卡罗来纳州立大学 Jean-Marie Luginbuhl 教授、荷兰畜牧专家 Bijman 先生来华进行奶山羊生产技术交流与培训，指导奶山羊实际养殖技术。

## 三、主要成绩

2018 年，奶山羊种质提升及健康养殖理念加强，引进国外良种羊品种及数量增多，推广的羔羊人工哺育、鲜精人工授精、TMR 技术应用效果显著。同时，在羊奶制品研发方面突破了液态羊奶加工技术。在顺应国家农业农村处发展特色奶的方针下，陕西省启动了“千亿奶山羊全产业链工程”，带动陕西乃至全国的奶山羊产业发展。在统筹规划及明晰各地区奶山羊产业发展的基础上，完成了对山东省奶山羊资源的调研工作。

**1. 奶山羊产业发展进入快车道**

2018 年，奶山羊产业迎来了大好发展机遇。首先，羊乳制品需求旺盛，乳品加工企业产能加大，需求原料奶日趋增加，企业争“奶源”现象明显，使得低迷的奶价直接飙升，收购价逼近每千克 10 元，激发了广大养殖户饲养奶山羊的信心。其次，一批大型的乳品加工企业纷纷落户，集畜牧养殖、羊乳制品研发、加工、销售为一体，倡导奶业新模式，如内蒙古盛健生物科技有限公司、阜南中羊牧业有限公司、贵州御诺乳业有限公司、湖南城步鼐牧集团，推动整个奶山羊产业疾速前行，为奶山羊迅速转型、提质增效奠定了重要基础。

**2. 陕西省启动“千亿奶山羊全产业链工程”并顺利实施**

2018 年 5 月 29 日，陕西省农业厅、陕西省财政厅正式下达《关于做好 2018 年培育千亿级奶山羊全产业链项目实施工作的通知》，明确分配 1 亿元人民币政策扶持资金，帮助推动政策落地。此举充分体现了政府对“千亿羊乳大业”项目的高度重视，对实现千亿羊乳产值目标的决心，同时该通知也标志着陕西省“千亿羊奶工程”正式启动。2018 年 6 月 28~30 日，由中国畜牧业协会支持，陕西省农业厅等单位主办的“2018 第三届中国西部畜牧业博览会”在陕西杨凌举行，展会同期举办“陕西羊乳产业专题展”，全面宣传推介陕西特色羊乳产业。2018 年 9 月 23 日，由陕西省委省政府主办，陕西省农业厅等单位共同承办的“中国农民丰收节”陕西杨凌分会场在杨凌示范区举办，会上展出了西农萨能奶山羊。

**3. 山东省奶山羊产业稳步前行**

山东省是我国奶山羊养殖的主产区，境内存在两大奶山羊品种，分别是文登奶山羊和崂山奶山羊。根据中国奶业协会部署，中国奶业协会奶山羊专业委员会组织开展了对山东奶山羊产业的调查。山东省奶山羊主要分布于 12 个市辖区，分别是济南市、青岛市、淄博市、枣庄市、烟台市、潍坊市、泰安市、威海市、日照市、莱芜市、临沂市、滨州市，养殖场总计 107 个，泌乳羊总存栏 58.5 万只，总产奶量 21 万 t。专家们调研后，总体认为山东省奶山羊产业具有一定的基础，奶山羊养殖结构及饲养管理相对较好，但是，羊奶加工企业偏少，生产能力有限，产业链比较短，是未来发展必须重视的一个关键环节。

## 四、大会记事

（1）2018 年 5 月 12 日，陕西省畜牧业协会在陕西省西安市召开了“陕西奶业协会成立大会暨规模牧场提质增效报告会”。会上成立了陕西奶业协会以及奶山羊专家委员会，西北农林科技大学罗军教授当选为陕西奶业协会副会长兼专家委员会副主任，曹斌云教授被聘为奶山羊专家委员会主任。

（2）2018 年 5 月 29 日，陕西省农业厅、陕西省财政厅正式下达《关于做好 2018 年培育千亿级奶山羊全产业链项目实施工作的通知》文件，标志着陕西省“千亿羊奶工程”正式启动。

（3）2018 年 6 月 28~30 日，在中国成都召开了“中国奶业大会”，会议期间表彰了为奶山羊产业做出突出贡献的专家，分别是西北农林科技大学罗军教授（获中国奶业协会“突出贡献人才”）和山东农业大学王建民教授（获中国奶业协会“杰出科技人才”）。与此同时，奶山羊专场“奶山羊机械化生产管理专题研讨会”顺利召开，部分畜牧企业上层领导及资深专家同台演讲。

（4）2018 年 8 月 14~15 日，“第一届泌乳生物学国际研讨会”在浙江大学顺利召开，开启了我国奶畜乳腺研究的新篇章。

（5）2018 年 8 月 19~21 日，“第二届世界奶山羊产业发展大会”在陕西富平成功举办，与会人员 600 余人。在本届会上，西北农林科技大学曹斌云教授当选世界奶羊协会主席。

（6）2018 年 10 月 17~19 日，“第四届亚澳奶山羊国际会议”在越南茶荣市召开，来自 20 余个国家的 100 多名专家学者齐聚一堂，交流奶山羊研究成果。会上西北农林科技大学罗军教授当选亚澳奶山羊协作网主席。

（西北农林科技大学，罗军、史怀平、李聪）

# 【质量安全监管】

## 中国奶业质量安全监管

2017年，国务院有关部门继续加强乳品质量安全监管工作，进一步完善乳品法规标准体系，加大执法监管力度，落实乳品企业第一责任，着力构建严密的全产业链质量监管体系和高效安全的生产体系。

### 一、继续完善乳品法规标准

中国现行的奶业标准共有200多项，涵盖奶畜养殖、生鲜乳、乳制品、生产加工、质量控制以及检测方法等各个环节和领域，国内标准与国际通行标准的一致性逐步提高，乳品标准体系日趋完善，为规范乳品生产和质量控制提供了依据。2017年，《食品安全国家标准 生乳》《食品安全国家标准—巴氏杀菌乳》《食品安全国家标准－灭菌乳》《巴氏杀菌乳和UHT灭菌乳中复原乳的鉴定》4项国家标准修订工作稳步推进。根据《中华人民共和国食品安全法》的有关规定，全面实施婴幼儿配方乳粉产品配方注册制，通过实施《婴幼儿配方乳粉产品配方注册管理办法》，解决配方过多、标签标识混乱等问题。2017年，国家市场监督管理总局（原国家食品药品监督管理总局）共批准130家企业952个配方。

### 二、严格监控乳品质量安全

一是连续9年实施生鲜乳质量安全监测计划。2017年，组织全国40多家质检机构参与，采取专项监测、飞行抽检、异地抽检、风险隐患排查等方式，抽检2.3万批次生鲜乳样品。二是开展奶站清理和整顿。严格奶站和运输车资质条件审查，坚决取缔不合格奶站和运输车。2017年年底全国共有奶站5 479个，比2016年减少831个；运输车5 243辆，比2016年减少36辆。三是推进监管制度化。持续开展生鲜乳专项整治行动，落实各地奶站、奶车专人监管制度，做到不漏站、不漏车，坚决整改、取缔不合格奶站和运输车。四是推进监管信息化。运行奶站和运输车监管监测信息系统，对全国所有生鲜乳收购站和运输车，全部纳入精准化、全时段管理。五是加强乳制品质量安全监督抽检。2017年乳制品抽检合格率为99.2%，其中婴幼儿配方乳粉抽检合格率为99.5%，比2016年提高0.8个百分点，依法监督企业下架召回不合格产品，督促企业查找不合格原因并进行整改，对违法违规行为进行严肃处罚。六是形成工作合力。在乳品质量安全监管、复原乳监督检查、奶业生产发展、乳品消费引导等方面共同采取措施，定期召开10个部门参加的奶业部际联席会议。向国务院上报《关于推进奶业振兴保障乳品质量安全的意见（代拟稿）》。

### 三、全过程严格监管婴幼儿配方乳粉

一是源头严控。继续落实“确保婴幼儿配方乳粉奶源安全六项措施”，从奶源基地建设、饲草料供应、奶站和运输车监管、奶源质量安全抽检、培训推广关键技术、政策扶持六个方面确保婴幼儿配方乳粉奶源安全。二是过程严管。严格企业生产环境、设备运行状态和设备运行过程的管理，严格建立追溯体系。组织开展婴幼儿配方乳粉生产企业食品安全生产规范体系检查。截至2017年年底，共对89家企业开展99次体系检查，责令19家企业停业整改，立案查处10家企业。各地严格督促企业对检查中发现问题整改到位，并向社会公布体系检查结果。三是产品严检。坚持“市场买样、异地抽样、月月抽检、月月公布”原则，对国内所有在产婴幼儿配方乳粉生产企业全覆盖抽样，对婴幼儿配方乳粉食品安全国家标准规定的检验项目全覆盖检测。2015—2017年共抽检婴幼儿配方乳粉8 607批次产品。四是违法严惩。对监督抽检发现的不合格产品及其企业，监管部门立即责令企业下架召回、停产整改。

### 四、着力提高奶牛养殖水平

一是继续大力推动奶牛标准化规模养殖。开展奶牛养殖标准化示范创建，支持奶牛养殖场改扩建、小区牧场化转型和家庭牧场发展。支持32个奶牛养殖大县开展整县种养结合试点，扶持387个奶牛养殖场区升级改造。二是加强奶牛良种繁育体系建设。深入实施《中国奶牛群体遗传改良计划（2008—2020年）》，开展优秀种公牛培育，2017年荷斯坦牛良种覆盖率达到100%。三是持续开展奶牛生产性能测定工作。安排资金测定奶牛120.2万头（次），指导牧场测奶科学养牛，提高牧场管理水平和奶牛生产能力。四是继续实施振兴奶业苜蓿发展行动。在甘肃等13个省份支持建设3.33万 $hm^2$ 高产优质苜蓿基地，将粮改饲试点扩大到453个县，建设全株青贮玉米基地88.93万 $hm^2$，提高奶牛优质饲草料供应能力。五是全面组织开展奶农培训。2017

年以来，继续举办奶牛“金钥匙”、奶农专项技能岗位、生产性能测定技术等系列培训班，共培训5 000多人次，有效提升了奶农养殖技术水平。

## 五、大力提升乳品企业竞争力

一是继续推动乳品企业特别是婴幼儿配方乳粉企业兼并重组。支持企业做优做强，提高产业集中度和规范化、规模化、现代化发展水平。二是实施品牌战略。增强企业技术核心竞争力和品牌影响力，支持企业增品种、提品质、创品牌，着力提高乳品有效供给能力和水平，培育一批具有国际影响力的乳品品牌。三是提升乳品企业质量安全保障能力。重点支持婴幼儿配方乳粉企业开展GMP改造、产品质量检测能力建设、质量安全追溯体系建设等配套硬件条件改善。四是推进诚信体系建设。继续实施《食品工业企业诚信管理体系》国家标准，着力完善乳品企业诚信管理体系，推动规模以上婴幼儿配方乳粉企业全部建立诚信管理体系。

## 六、强化奶业宣传

召开第三届中国奶业D20峰会，完善D20联盟机制，提升民族奶业品牌影响力。组织“中国小康牛奶行动”，奶业20强企业开展牛奶公益助学，捐赠牛奶货值6 155.7万元，惠及63.6万贫困地区学子。举办奶酪校园推广行动、全国牛奶和健康知识竞赛，在中央电视台播放牛奶公益广告，组织“世界牛奶日”等公益宣传，组织编写、发放《奶业科普百问》，普及奶业知识，扩大消费群体。推介北京归原奶庄、河北君乐宝乳业优致牧场等8个牧场为第一批全国休闲观光牧场，树立行业形象，增强消费者对国产乳制品的了解与信任，提振消费信心。

（中国奶业协会，农业农村部奶及奶制品质量监督检验测试中心）

# 生鲜乳质量安全

2017年，农业部按照《乳品质量安全监督管理条例》《生鲜乳生产收购管理办法》等规定，生产和监管并重，监测和执法并举，加强对奶牛场、奶站、运输车三个重点环节监管，实行生鲜乳收购和运输许可管理，推行政府抽检、奶站和乳品企业自检的乳品质量检验检测制度，着力构建严密的全产业链质量安全监管体系。

**1. 推进监管信息化**

在全国运行奶站和运输车监管监测信息系统，实时掌握奶站和运输车的运行和变化情况，对全国所有奶站和运输车实现精准化、全时段管理。全国8 100多个奶牛场、5 400多个生鲜乳收购站和5 200多辆运输车，全部纳入监管，持证经营。

**2. 推进监管制度化**

连续9年开展生鲜乳专项整治行动，落实各地奶站、奶车专人监管制度，做到不漏站、不漏车。落实监管频次制度，定期对奶站、奶车进行巡查监管，特别是对婴幼儿配方乳粉奶源的奶站、运输车和奶牛场全部建档立案，纳入重点监管。2017年，全国累计出动执法人员4.2万人（次），限期整改奶站343家、取缔奶站47个和吊销奶站48个，限期整改运输车153辆、吊销91辆。

**3. 推进监测常态化**

连续9年组织实施生鲜乳质量监测计划，2017年，抽检生鲜乳样品2.3万批次，加大对铅、汞、铬、砷等重金属和黄曲霉毒素等的摸底排查，确保乳品源头质量安全。开展婴幼儿配方乳粉奶源质量安全专项监测和飞行抽检，重点对婴幼儿乳粉奶源相关的奶站和运输车进行全覆盖抽检，建立婴幼儿配方乳粉奶源质量安全追溯体系。

**4. 发布《中国奶业质量报告》**

通过权威数据全面呈现我国乳品质量安全状况，宣传奶业质量安全监管的措施和成效。2016年，我国生鲜乳乳蛋白率抽检平均值3.2%，乳脂率抽检平均值3.8%，分别高出生乳国家标准0.4和0.7个百分点，达到发达国家水平。三聚氰胺等违禁添加物抽检合格率连续8年保持100%，生鲜乳抽检合格率99.8%，质量水平处于历史最好时期。

（农业农村部畜牧公司奶业处）

# 2017年奶牛兽药残留监控情况

## 一、实施牛奶兽药残留监控计划

为加强兽药残留监控，保障动物源性食品安全，科学指导养殖环节安全、科学用药，2017年继续组织实施了动物及动物产品兽药残留监控计划，重点对主要畜禽产品以及容易引发问题的产品开展检测，加大抽检的覆盖面和抽检频率，充分发挥残留监控计划发现问题、查找隐患的作用。同时，要求各地严格执行抽样、检测规定，及时、准确、如实上报检测结果，及时做好阳性样品的跟踪监测和追溯工作。各检测机构按照《2017年动物及动物产品兽药残留监控计划》要求，持续加大了奶牛养殖场（户）、生鲜乳收购站抽检力度，全年共对2 058批次牛奶样品进行了兽药残留检测，检测项目包括β－内酰胺类、阿维菌素类、氟喹诺酮类、磺胺类、甲砜霉素、林可胺类和大环内酯类、地塞米松激素药物、四环素类，共计8类，34种药物，合格率100%。

## 二、实施兽用抗菌药综合治理行动

一是组织开展兽用抗菌药专项整治行动。自2011年起，农业部每年持续开展兽用抗菌药整治行动，2016—2017年，与国务院食安办等5部门实施了畜禽水产品抗生素、兽药残留超标治理专项整治行动，严厉打击兽用抗菌药生产、经营和使用环节违法行为，严肃查处养殖环节使用原料药、人用药品和超剂量、超范围用药等违法行为。2017年，各地兽医部门共出动执法人员32万余人次，查处违法案件4 200余件，吊销兽药生产许可证8个，吊销兽药经营许可证160个，取缔无证经营单位182个，移送公安机关案件10个，罚没款2 116余万元。推动网络兽药打假，依法查处多起利用淘宝网等网络平台违法经营兽药案件，抓获犯罪嫌疑人7人，涉案金额1 176余万元。二是切实规范兽用抗菌药使用行为。加强兽医从业人员宣传培训，组织开展了“放心兽药进村，科学知识入户”兽药安全使用系列宣传活动。共组织培训2 042场次，培训养殖、兽医技术等各类人员9.3万人次，发放宣传材料86.3万余份。启动“科学使用兽用抗生素”百千万接力公益行动，充分利用传统媒体和新媒体，向养殖场户广泛宣传安全用药知识。三是稳步推进兽药产品质量安全追溯监管。近年来农业部推动实施兽药智慧监管，推动实现兽药产品“来源可查、去向可追”。全力推进兽药二维码追溯系统建设，持续完善国家兽药基础数据平台。2016年，在实现兽药生产企业、兽药产品二维码“两个全覆盖”的基础上，2017年积极推动兽药经营企业入网全覆盖，目前，经营企业入网注册率达到97.2%。升级改版国家兽药基础数据库和“国家兽药综合查询”APP，向社会公众提供及时、全面、准确的兽药监管信息，进一步提高了公共服务能力和水平。

（农业农村部兽医局药政器械处）

# 【奶业贸易】

## 2017 年奶业贸易概述

2017 年，我国上游奶牛养殖行业不景气，导致牧草进口增速减缓及改良种用牛进口数量大幅下跌，但国内乳制品消费复苏，由于国内生鲜牛乳产量小幅下跌 1.6%，供给减少，导致乳制品进口有较大幅度增长，酸奶、婴幼儿配方奶粉、原料奶粉以及炼乳等乳制品进口增长尤为强劲。

进口方面，2017 年全年进口苜蓿干草 139.9 万 t，同比增加了 11 351t，增幅 0.8%；进口燕麦草 30.8 万 t，同比增长 38.3%；全年进口改良种用牛 79 410 头，同比减少了 53 767 头，跌幅 40.4%；全年进口乳制品 247 万 t，同比增长 13.5%，其中进口液态奶 70.2 万 t，同比增长 7.1%；进口干乳制品（HS0402、HS0404、HS0405、HS0406）147.2 万 t，同比增长 13.2%；将进口乳制品（含婴幼儿配方乳粉）按比例折算，2017 年我国共进口原料奶 1 201.1 万 t，同比增长 19.3%。

乳制品出口方面，整体上看有所好转，但形势依然严峻，2017 年的乳制品（HS0401-HS0406）出口数量止住了下跌势头，累计出口了 32 569t，同比 2016 年上涨了 5.3%，但仍然没有达到 2015 年的水平。其中干乳制品出口数量为 7 246t，同比微跌 0.3%；液态奶出口数量为 25 323t，同比上涨 7.0%。婴幼儿配方奶粉出口 4 574.5t，同比增长 143.5%。出口市场仍然高度集中于中国香港，还有周边国家。按比例折算，2017 年我国出口乳制品（含婴幼儿配方乳粉）折合原料奶 98 746t，同比增长 13.9%。

2017 年，我国乳制品贸易折合原料奶净进口 1 191.2 万 t，年人均乳制品消费量（折原料奶）为 34.9kg，由于国内生鲜乳产量下跌而进口乳制品数量增长，我国乳制品自给率下跌至 75.5%。

从贸易额上看，我国乳制品贸易不平衡进一步加剧，2017 年进口金额为 88 亿美元（折合 594 亿元人民币），同比增长 37.9%；乳制品出口金额仅为 12 149 万美元，同比上涨 59.9%；乳制品贸易逆差扩大为 86.8 亿美元。

## 2017 年饲草进口情况

2017 年，我国奶牛养殖行业不景气，饲草进口也停止了连续多年的两位数高速增长，全年进口苜蓿干草 139.9 万 t，燕麦干草 30.8 万 t，天然草 11.1 万 t，合计达到 181.8 万 t，较 2016 年增加了 12 万 t，同比增长 7.1%（图 3-19）。

苜蓿方面，2017 年全年我国累计进口苜蓿干草

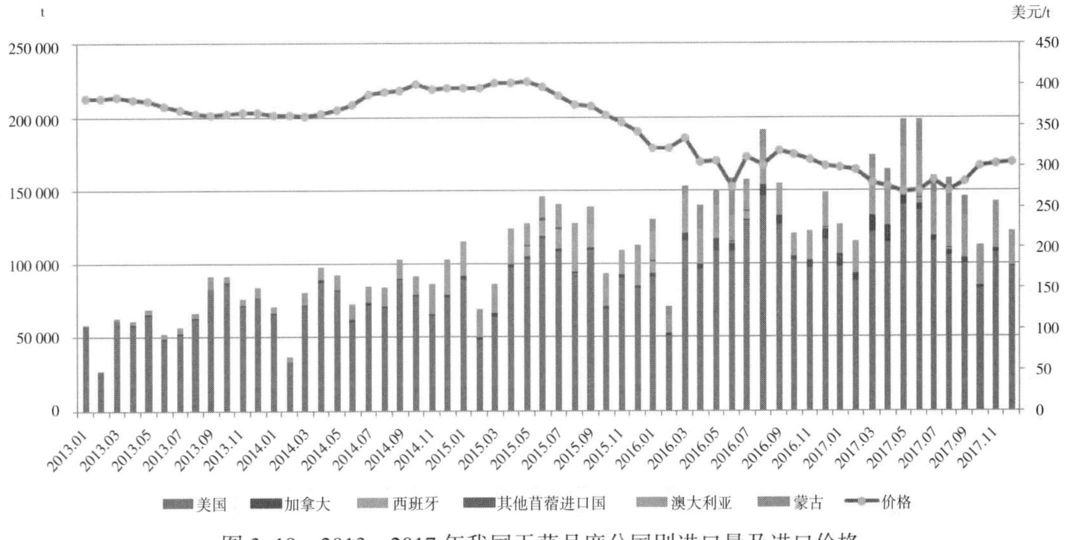

图 3-19　2013—2017 年我国干草月度分国别进口量及进口价格

139.9万t，同比增加了11 351t，增幅0.8%；平均价格为302.8美元/t，比2016年减少了18.7美元，同比下跌5.8%，按2017年年度汇率6.75计算，折合人民币2 045元/t；全年累计进口金额达到4.2亿美元，同比下跌5.0%。我国苜蓿进口来源国有美国、加拿大、西班牙、吉尔吉斯斯坦、哈萨克斯坦、保加利亚、德国、俄罗斯和阿根廷，其中绝大部分来自美国，2017年自美国共进口苜蓿130.7万t，占苜蓿进口总量的93.4%；自加拿大进口苜蓿65 460t，占苜蓿进口数量的4.7%；自西班牙进口苜蓿在2015年快速增长后，由于品质等原因，进口数量连续下降，全年进口25 053t，占比1.8%；自其他国家的进口数量较小（图3-20）。

2017年，我国奶牛养殖行业不景气，存栏出现一定比例的减少，牧场对高价格的进口苜蓿需求减弱，全年进口数量仅比2016年增长0.8%。2018年苜蓿的进口税率仍然暂定为7%，预计苜蓿的进口数量将保持平稳。

除了苜蓿之外，我国还从澳大利亚进口燕麦草、从蒙古国进口天然草。2017年，我国累计从澳大利亚进口燕麦草30.8万t，同比增长38.3%；进口额8 623万美元，同比增长18.0%；平均到岸价280美元/t，同比下跌14.7%，按汇率6.75计算，折合人民币1 892元/t。

2017年，我国累计从蒙古国进口天然草11.1万t，同比增长27.1%；进口额530.2万美元，同比增长20.6%；平均到岸价48美元/t，同比下跌5.1%，按汇率6.75计算，折合人民币321.6元/t。

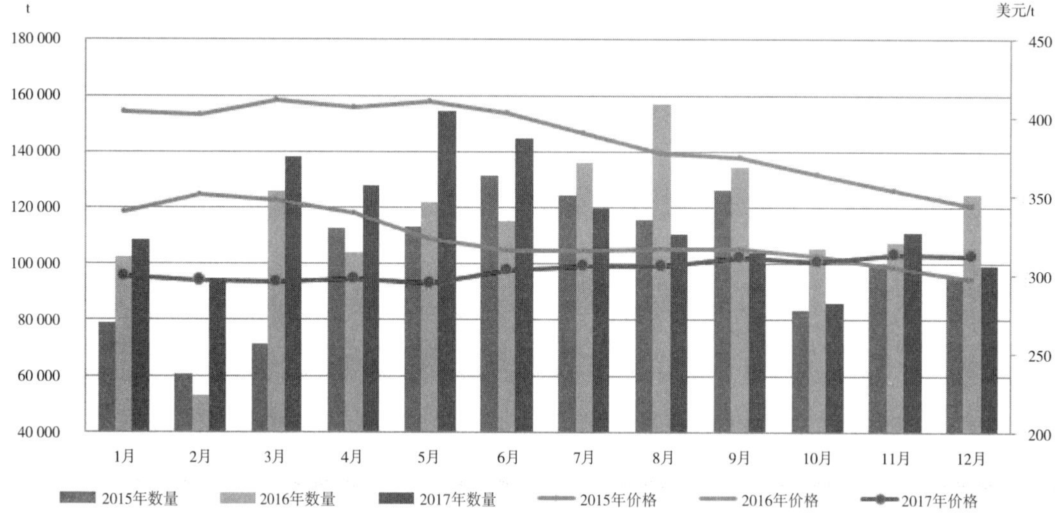


图3-20　2015—2017年中国苜蓿进口情况

# 2017 年种牛进口情况

2017 年，我国共进口改良种用牛 79 410 头，比 2016 年减少了 53 767 头，跌幅 40.4%；进口额 16 099 万美元，同比下跌 33.4%；平均到岸价为 2 027 美元 / 头，同比上涨 11.8%，按汇率 6.75 计算，折合人民币 13 694 元 / 头。

在我国 2017 年进口的种牛中，42 316 头来自澳大利亚，占全部数量的 53.3%；27 166 头来自新西兰，占全部数量的 34.2%；9 628 头来自智利，占全部数量的 12.1%；300 头来自乌拉圭，占全部数量的 0.4%。2017 年，我国没有开放新的进口来源国（图 3-21）。

2017 年，我国种牛进口数量下滑，一方面是上游养殖环节不景气，牧场扩张意愿不强；另一方面是因为国内奶牛核心群在经历数年大规模引进后也形成了一定规模，具备了一定的自繁自育能力，抵消了部分进口需求。

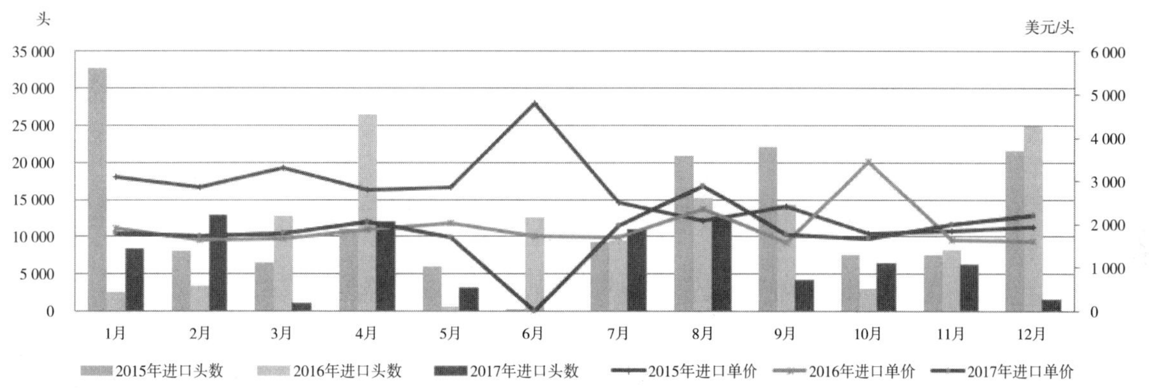


图 3-21　2015—2017 年我国改良种用牛进口数量及单价

# 2017 年乳制品进口情况

2017 年，我国乳制品消费需求增长明显，但国内生鲜乳产量下跌，供给减少，因此，乳制品进口增长幅度较大，酸奶、婴幼儿配方奶粉、原料奶粉以及炼乳等乳制品进口增长尤为强劲。2017 年，全年我国进口乳制品（含婴幼儿配方奶粉）合计 247 万 t，比 2016 年增加了 29.3 万 t，同比增幅 13.5%。

其中液态奶（包括液态奶 HS0401 和酸奶 HS0403）进口 70.2 万 t，同比增长 7.1%，进口额 94 623 万美元，同比增长 38.8%；进口干乳制品（HS0402、HS0404、HS0405、HS0406）147.2 万 t，同比增长 13.2%，进口额 38.7 亿美元，同比增长 44%。将进口乳制品按比例折算，2017 年我国进口原料奶 1 201.1 万 t，出口乳制品 9.9 万 t，我国净进口 1 191.2 万 t，由此推算，我国年人均乳制品消费量为 34.9kg，由于国内生鲜乳产量下跌而进口乳制品数量增长，我国乳制品自给率下跌至 75.5%（图 3–22）。

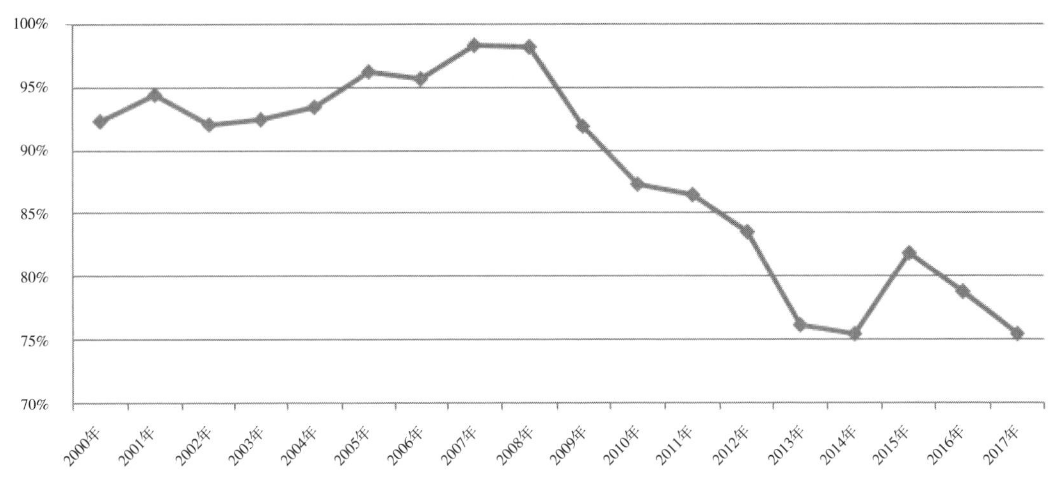


图 3–22　2000—2017 年我国乳制品自给率

数据来源：国家统计局、海关总署

## 一、液态奶进口

2017 年，我国进口液态奶（包括 HS0401 和 HS0403）70.2 万 t，同比增长 7.1%，进口额 94 623 万美元，同比增长 38.8%。其中，酸奶类产品的进口数量同比增长 62.7%，液态奶的进口数量同比增幅为 5.3%，液态奶中最主要的是 UHT 奶，2017 年欧盟原料奶供需趋于平衡，低价 UHT 奶出口数量出现较大幅度下跌，而新西兰产品的市场份额增长，同时，由于消费者偏好的转变以及渠道下沉费用的增加，进口增速下滑明显。但随着我国奶业"走出去"步伐的加快，我国乳制品企业海外代加工、甚至是自己生产的液态奶产品越来越多，且这些产品以返回国内销售为主，因此，预计进口液态奶还将保持一定的增长势头。

### 1. 液态奶产品进口

2017 年，我国进口液态奶产品（HS0401）667 557 t，同比增长 5.3%；进口额 87 935 万美元，同比增长 37.5%；进口平均价格为 1 317 美元 /t，同比上涨 30.6%，按汇率 6.75 计算，折合人民币 8 898 元 /t（图 3–33）。

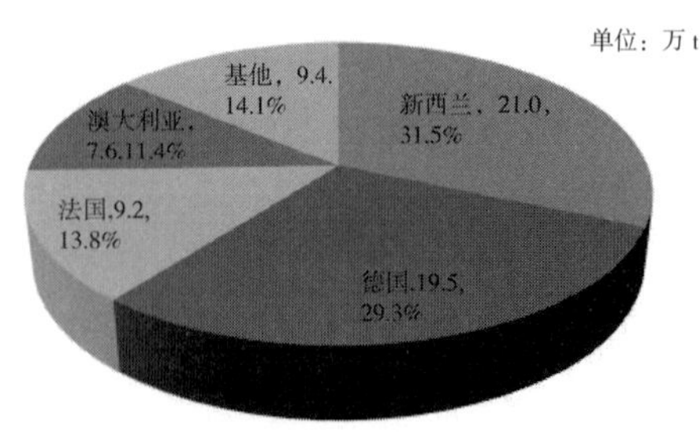


图 3–23　2017 年我国液态奶产品进口来源国

其中，自新西兰进口 21 万 t，同比增长 59.3%，占全部进口数量的 31.5%；自德国进口 19.5 万 t，同比下跌 11.7%，占全部进口数量的 29.3%；自法国进口 9.2 万 t，同比下跌 14.3%，占全部进口数量的 13.8%；自澳大利亚进口 7.6 万 t，同比增长 4.1%，占全部进口数量的

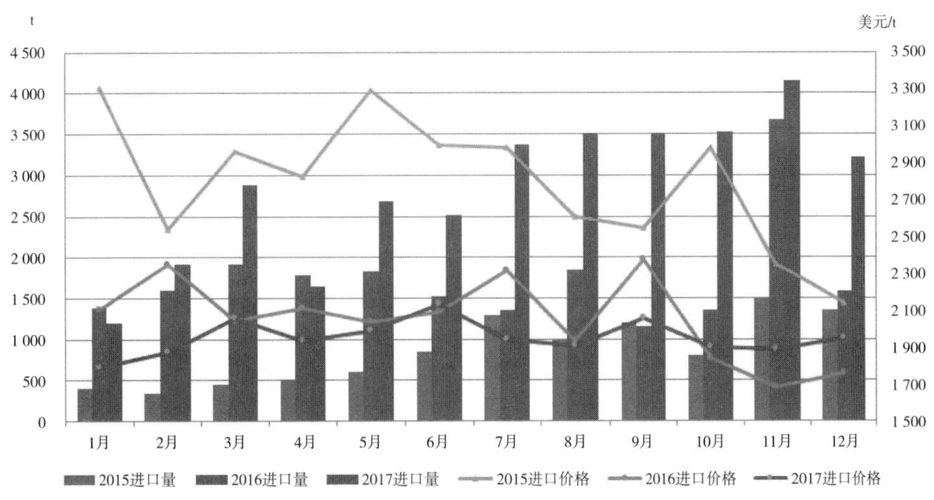


图 3-24 2015—2017 年我国酸奶月度进口数量及价格

11.4%。前四位进口来源国的进口数量合计 57.3 万 t，占全部进口数量 85.9%。

**2. 酸奶类产品进口**

2017 年，我国进口酸奶类产品（HS0403）34 156.1t，同比增长 62.7%；进口额 6 687.8 万美元，同比增长 58.6%；进口平均价格为 1 951.8 美元 /t，同比下跌 5.0%，按汇率 6.75 计算，折合人民币 13 184 元 /t（图 3-24）。

## 二、干乳制品进口

2017 年，我国干乳制品进口出现了一些新的情况和趋势。一是我国进口原料奶粉增长幅度较大，主要原因是国内乳制品需求复苏而国内生鲜乳供给下滑。二是婴幼儿配方奶粉进口继续保持较高增长速度，由于国外婴幼儿配方奶粉企业加大对华市场开发的力度，以及我国乳企海外产能的陆续释放，预计未来婴幼儿配方奶粉的进口增速仍然会保持在一个较高的水平上。三是奶酪、黄油等乳制品的进口在连续多年的快速增长后，由于基数变大等原因，增速开始减缓。四是我国干乳制品进口来源地和进口品种较为集中的现象依然突出，目前，已有 30 多个国家对华出口乳制品，但乳制品进口量的 41.4% 都来自新西兰一个国家，新西兰的全脂奶粉更是占到了我国进口总量的 92%。

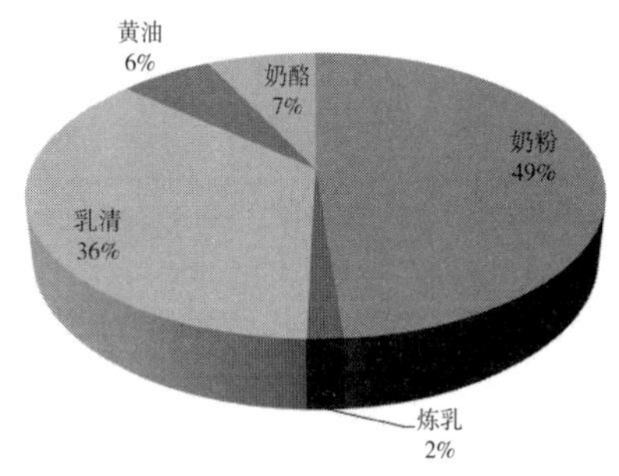


图 3-25 2017 年我国干乳制品进口比例

2017 年，我国累计进口干乳制品（HS0402、HS0404、HS0405、HS0406）147.2 万 t，同比增长 13.2%；进口额 38.7 亿美元，同比增长 44%。其中原料奶粉进口 71.7 万 t，价值 21.6 亿美元；炼乳 25 648t，价值 4 635 万美元；乳清 53.0 万 t，价值 6.7 亿美元；黄油 91 566t，价值 5.0 亿美元；奶酪 108 035t，价值 5.0 亿

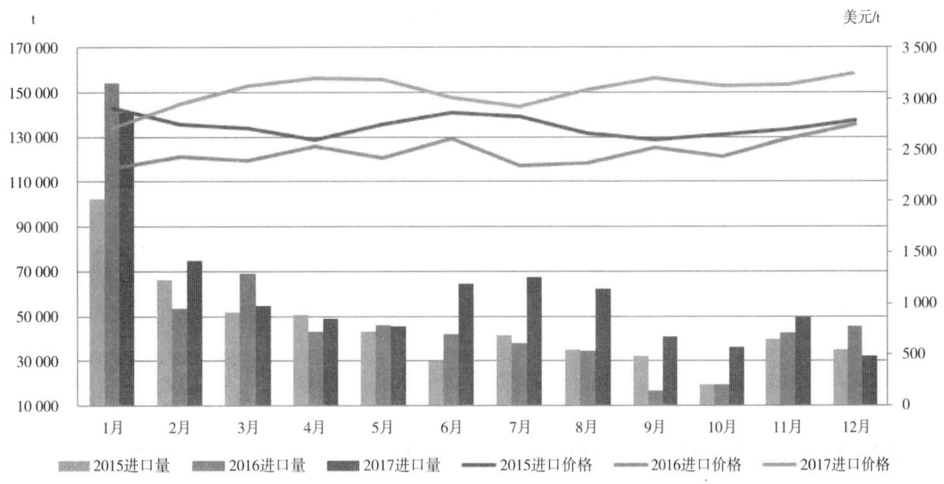


图 3-26 2015—2017 年我国原料奶粉月度进口数量及价格

美元（图 3–25）。

1. 奶粉进口

2017 年，我国乳制品消费加快增长，对进口奶粉需求加大，全年进口原料奶粉 71.8 万 t，同比增长 18.8%；进口额 21.6 亿美元，同比增长 46.2%；平均单价为 3 013 美元 /t，同比上涨 23.2%，折合人民币 20 354 元 /t。其中进口脱脂奶粉 24.7 万 t，价值 6.0 亿美元，平均单价为 2 428 美元 /t，折合人民币 16 400 元 /t；进口全脂奶粉 47.0 万 t，价值 15.4 亿美元，平均单价为 3 282 美元 /t，折合人民币 22 168 元 /t（图 3–26）。

2017 年，我国进口原料奶粉主要来源国有新西兰（549 822t，占总量的 76.6%）、澳大利亚（45 961t，占总量的 6.4%）、美国（33 801t，占总量的 4.7%）、德国（24 239t，占总量的 3.4%）和法国（22 186t，占总量的 3.1%）等。前五大进口来源国合计进口量 676 009t，占进口总量的 94.1%（图 3–27、表 3–4）。

原料奶粉的大量进口，一方面弥补了我国原料奶生产的不足，但另一方面，由于进口原料奶粉能较长期保持对国内生鲜乳的价格优势，且整体上看质量相对稳定，加上我国对原料奶粉使用的政策环境以及监管措施不够严密，使得国内生产企业在较长时间内有使用进口原料奶粉替代生鲜乳的动力，并且在产品标识上也存在一些违规现象，这对我国奶牛养殖行业造成了较大的负面影响。

在婴幼儿配方奶粉方面，2017 年我国进口婴幼儿配方奶粉 29.6 万 t，同比增长 33.7%；价值 39.8 亿美元，同比增长 32.3%；平均单价（到岸价）为 13 449 美元 /t，同比下跌 1.1%，折合人民币 90 845 元 /t。

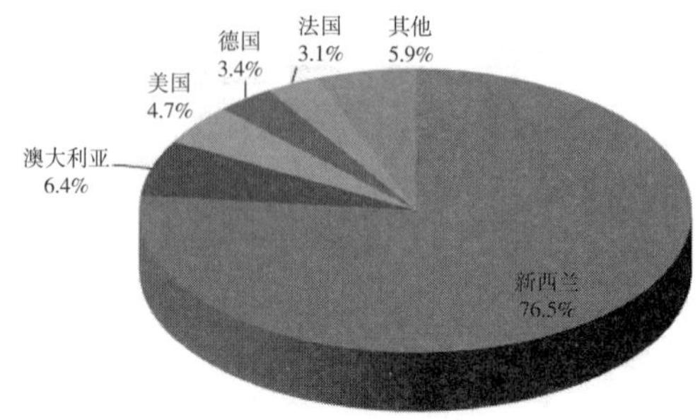


图 3–27　2017 年我国进口原料奶粉来源国

按此价格计算，原装进口婴幼儿配方奶粉的到岸价约为每千克 91 元，而根据商务部对全国国外品牌

**表 3–4　我国奶粉进口来源地及进口地区 2017**

单位：t

| 进口来源国（地区） | 进口量 | 占比 | 进口地区 | 进口量 | 占比 |
|---|---|---|---|---|---|
| 合计 | 718 102 | 100.0% | 全国合计 | 718 102 | 100.0% |
| 新西兰 | 549 822 | 76.6% | 上海 | 143 004 | 19.9% |
| 澳大利亚 | 45 961 | 6.4% | 广东 | 117 013 | 16.3% |
| 美国 | 33 801 | 4.7% | 天津 | 116 543 | 16.2% |
| 德国 | 24 239 | 3.4% | 浙江 | 101 149 | 14.1% |
| 法国 | 22 186 | 3.1% | 北京 | 50 505 | 7.0% |
| 芬兰 | 9 763 | 1.4% | 内蒙古 | 41 897 | 5.8% |
| 荷兰 | 7 670 | 1.1% | 江苏 | 34 976 | 4.9% |
| 瑞典 | 7 516 | 1.0% | 山东 | 32 006 | 4.5% |
| 爱尔兰 | 4 854 | 0.7% | 四川 | 14 535 | 2.0% |
| 丹麦 | 3 780 | 0.5% | 福建 | 14 135 | 2.0% |
| 波兰 | 3 692 | 0.5% | 黑龙江 | 12 796 | 1.8% |
| 西班牙 | 753 | 0.1% | 安徽 | 12 265 | 1.7% |
| 白俄罗斯 | 695 | 0.1% | 辽宁 | 10 295 | 1.4% |
| 新加坡 | 684 | 0.1% | 湖南 | 7 170 | 1.0% |
| 奥地利 | 667 | 0.1% | 河北 | 5 036 | 0.7% |
| 阿根廷 | 554 | 0.1% | 江西 | 1 353 | 0.2% |
| 比利时 | 550 | 0.1% | 贵州 | 1 346 | 0.2% |
| 英国 | 332 | 0.0% | 河南 | 1 177 | 0.2% |
| 乌拉圭 | 200 | 0.0% | 陕西 | 437 | 0.1% |
| 立陶宛 | 100 | 0.0% | 重庆 | 333 | 0.0% |
| 乌克兰 | 100 | 0.0% | 海南 | 133 | 0.0% |
| 意大利 | 96 | 0.0% | | | |
| 韩国 | 11 | 0.0% | | | |
| 瑞士 | 9 | 0.0% | | | |
| 中国香港 | 9 | 0.0% | | | |
| 日本 | 3 | 0.0% | | | |
| 加拿大 | 2 | 0.0% | | | |
| 泰国 | 1 | 0.0% | | | |
| 马来西亚 | 1 | 0.0% | | | |

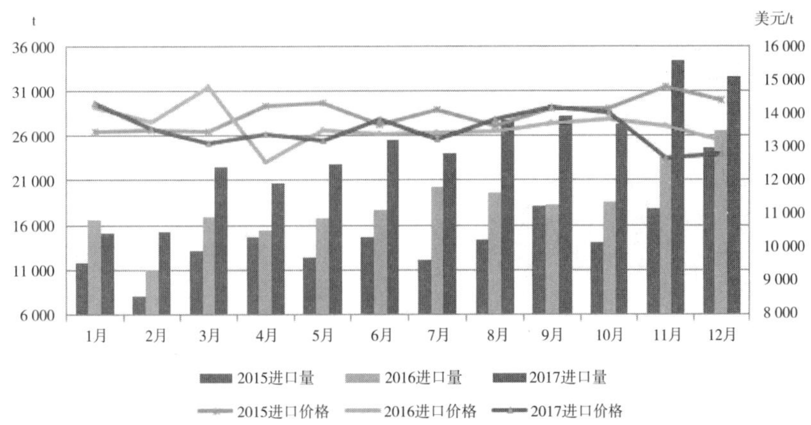


图 3-28　2015—2017 年我国婴幼儿配方奶粉月度进口数量及价格

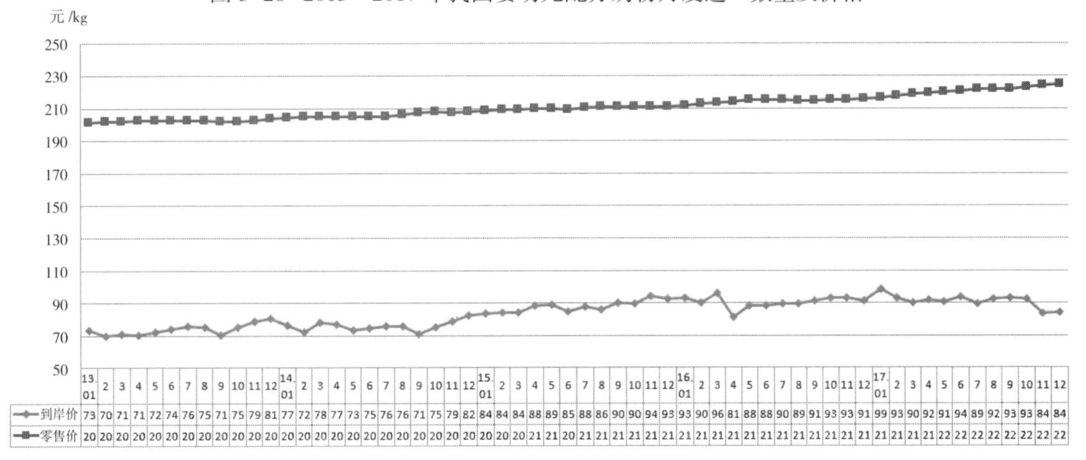


图 3-29　2012—2017 年进口婴幼儿配方奶粉到岸价与零售价

数据来源：中国海关、商务部

婴幼儿奶粉价格监测的数据显示，2017 年其价格一直保持增长势头，全年平均价格为每千克 220.6 元，同比 2016 年增长 2.9%（图 3-28、图 3-29）。

2017 年，我国婴幼儿配方奶粉主要进口来源国有荷兰 87 555t，占全部进口数量的 29.6%；新西兰 47 372t，占全部进口数量的 16.0%；法国 42 862t，占全部进口数量的 14.5%；爱尔兰 37 643t，占全部进口数量的 12.7%；德国 27 547t，占全部进口数量的 9.3%；丹麦 20 907t，占全部进口数量的 7.1%；澳大利亚 12 375 t，占全部进口数量的 4.2%。前七大进口来源国合计进口 276 261t，占进口总量的 93.4%（图 3-30）。

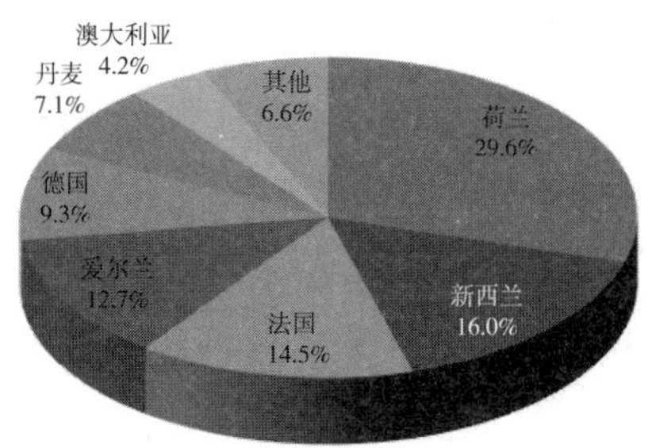


图 3-30　2017 年我国婴幼儿配方乳粉进口来源国

**2. 炼乳进口**

2017 年，我国累计进口炼乳 25 648t，同比增长 28.2%；进口额 4 635 万美元，同比增长 27.2%；进口平均价格为 1 807 美元 /t，同比下跌 0.8%，按汇率 6.75 计算，折合人民币 12 206 元 /t。主要进口来源国有荷兰（12 921t，占比 50.5%）、澳大利亚（7 820t，占比 30.6%）和德国（2 503t，占比 9.8%）等，前三大进口来源国合计进口 23 244t，占全部进口数量的 90.9%（图 3-31）。

**3. 乳清进口（HS0404）**

在我国的乳制品进口当中，乳清是除了奶粉之外进口数量最多的一个品种，乳清主要应用于婴幼儿配方奶粉、食品饮料以及饲料行业当中。

2017 年，我国累计进口乳清 53.0 万 t，同比增长 6.5%；进口额 66 635 万美元，同比增长 47.3%；进口平均价格为 1 258 美元 /t，同比上涨 38.3%，按汇率 6.75 计算，折合人民币 8 492.5 元 /t（图 3-32）。

乳清主要是生产奶酪的副产品，而我国奶酪生产能力很低，由于规模较小也难以将乳清液加工成乳清粉，因此，我国乳清的生产不足以满足市场需求，预计 2018 年我国乳清进口仍将有一定的增长空间。

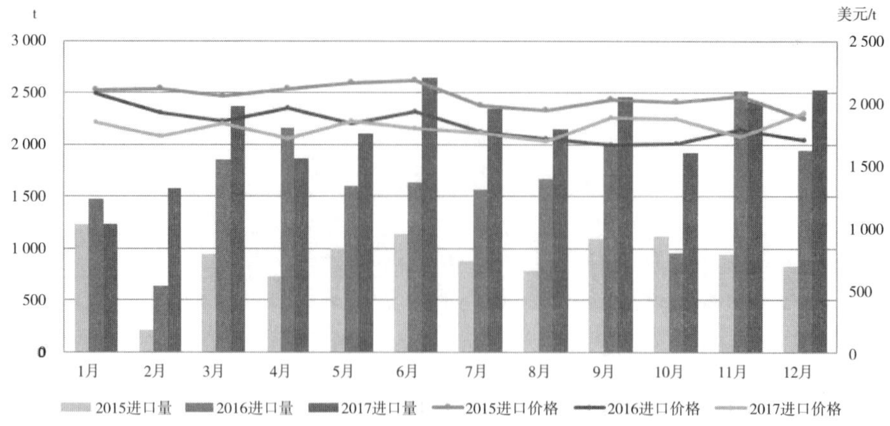

图 3-31　2015—2017 年我国炼乳月度进口数量及价格

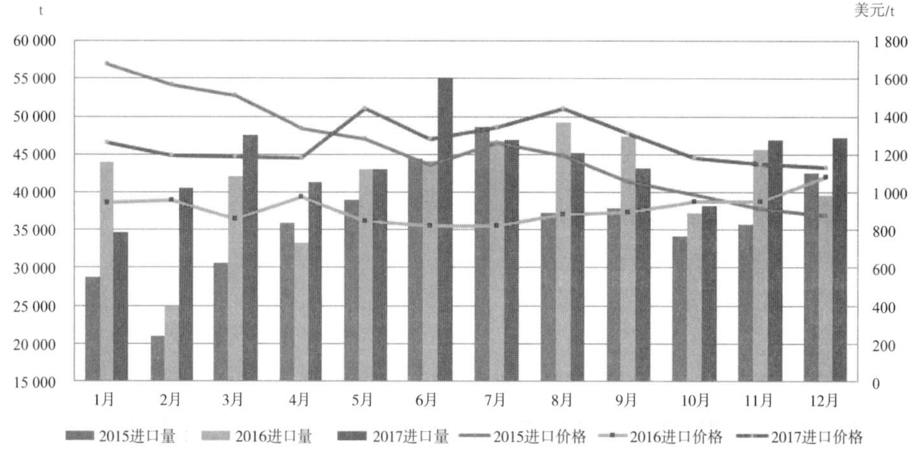

图 3-32　2015—2017 年我国月度乳清进口数量及价格

我国乳清主要进口来源国有美国（29.0 万 t，占比 54.9%）、法国（61 547 t，占比 11.6%）、荷兰（40 805t，占比 7.7%）、波兰（30 740t，占比 5.8%）、爱尔兰（18 066t，占比 3.4%）和德国（16 151t，占比 3.0%）等。前六大进口来源国合计进口数量 45.8 万 t，占进口总量的 86.4%（图 3-33、表 3-5）。

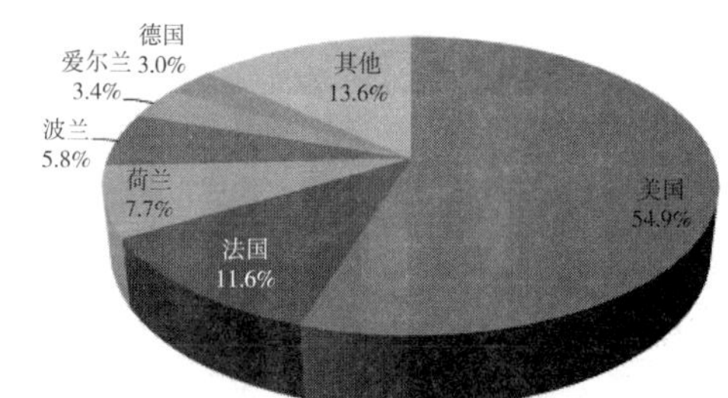

图 3-33　2017 年我国乳清进口来源国

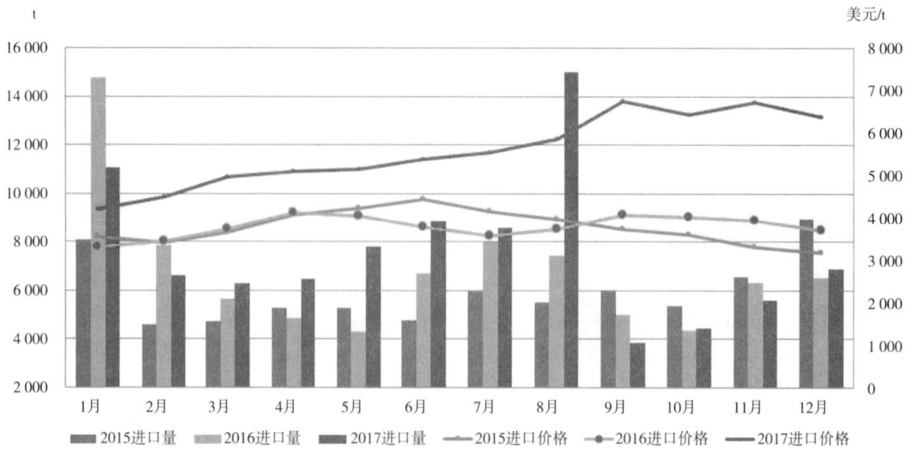

图 3-34　2015—2017 年我国黄油月度进口数量及价格

4. 黄油进口

2017 年，我国累计进口黄油 91 603t，同比增长 11.8%；进口额 50 016 万美元，同比增长 65.0%；平均进口价格为 5 462 美元 /t，同比上涨 47.5%，按 2017 年汇率 6.75 计算折合人民币 36 870 元 /t（图 3–34）。

主要进口来源国有新西兰（78 837t，占总量的 86.1%）、法国（5 625t，占总量的 6.1%）、比利时（2 305t，占总量的 2.5%）、澳大利亚（1 956t，占总量的 2.1%）和荷兰（1 323t，占总量的 1.4%）等。前五大进口来源国合计进口 90 046t，占全部进口数量的 98.3%（图 3–35）。

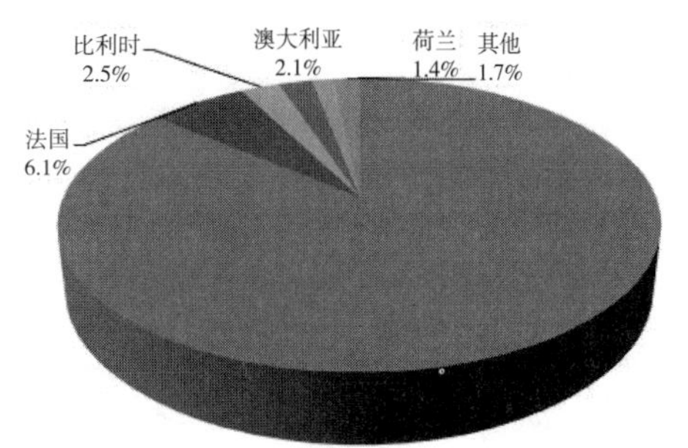


图 3–35　2017 年我国黄油进口来源国

**表 3–5　我国乳清进口来源地和进口地区 2017**

单位：t

| 进口来源国 | 进口量 | 占比 | 进口地区 | 进口量 | 占比 |
|---|---|---|---|---|---|
| 合计 | 529 622 | 100.0% | 全国合计 | 529 622 | 100.0% |
| 美国 | 290 499 | 54.9% | 北京 | 94 098 | 17.8% |
| 法国 | 61 547 | 11.6% | 上海 | 89 766 | 16.9% |
| 荷兰 | 40 805 | 7.7% | 广东 | 83 213 | 15.7% |
| 波兰 | 30 740 | 5.8% | 天津 | 72 195 | 13.6% |
| 爱尔兰 | 18 066 | 3.4% | 辽宁 | 49 565 | 9.4% |
| 德国 | 16 151 | 3.0% | 福建 | 39 528 | 7.5% |
| 阿根廷 | 15 092 | 2.8% | 山东 | 24 134 | 4.6% |
| 乌克兰 | 13 600 | 2.6% | 安徽 | 19 382 | 3.7% |
| 芬兰 | 10 934 | 2.1% | 黑龙江 | 17 726 | 3.3% |
| 澳大利亚 | 7 162 | 1.4% | 浙江 | 12 367 | 2.3% |
| 白俄罗斯 | 5 250 | 1.0% | 江苏 | 8 882 | 1.7% |
| 智利 | 3 900 | 0.7% | 湖南 | 8 531 | 1.6% |
| 乌拉圭 | 3 475 | 0.7% | 内蒙古 | 4 056 | 0.8% |
| 意大利 | 3 354 | 0.6% | 四川 | 2 953 | 0.6% |
| 新西兰 | 3 297 | 0.6% | 河北 | 2 377 | 0.4% |
| 丹麦 | 1 603 | 0.3% | 江西 | 468 | 0.1% |
| 奥地利 | 1 374 | 0.3% | 新疆 | 264 | 0.0% |
| 西班牙 | 1 132 | 0.2% | 贵州 | 113 | 0.0% |
| 加拿大 | 325 | 0.1% | 河南 | 3 | 0.0% |
| 比利时 | 275 | 0.1% | | | |
| 捷克 | 238 | 0.0% | | | |
| 英国 | 222 | 0.0% | | | |
| 立陶宛 | 218 | 0.0% | | | |
| 墨西哥 | 135 | 0.0% | | | |
| 拉脱维亚 | 67 | 0.0% | | | |
| 瑞士 | 52 | 0.0% | | | |
| 新加坡 | 14 | 0.0% | | | |
| 马来西亚 | 1 | 0.0% | | | |

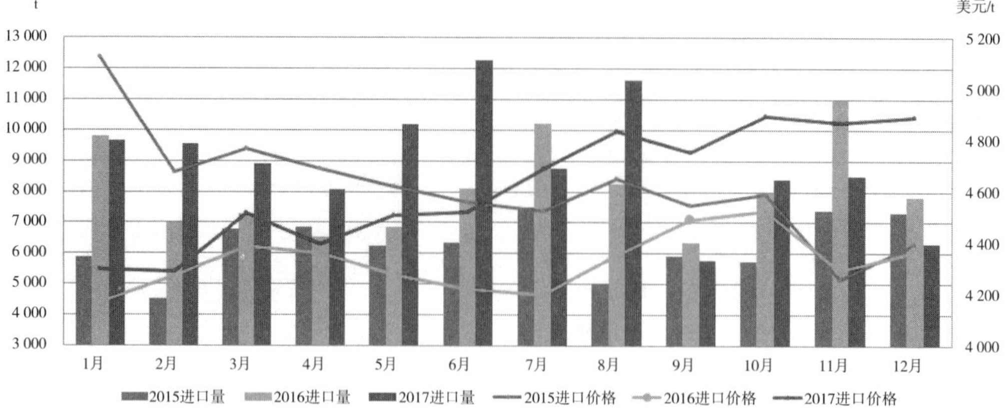

图 3-36　2015-2017 年我国奶酪月度进口数量及价格

**5. 奶酪进口**

2017 年我国进口奶酪 108 035t，同比增长 11.2%；进口额 49 772 万美元，同比增长 18.7%；进口平均价格为 4 607 美元 /t，同比上涨 6.7%，按汇率 6.75 计算，折合人民币 31 098 元 /t（图 3-36）。

主要进口来源国有新西兰（54 887 t，占总量的 50.8%）、澳大利亚（21 074 t，占总量的 19.5%）和

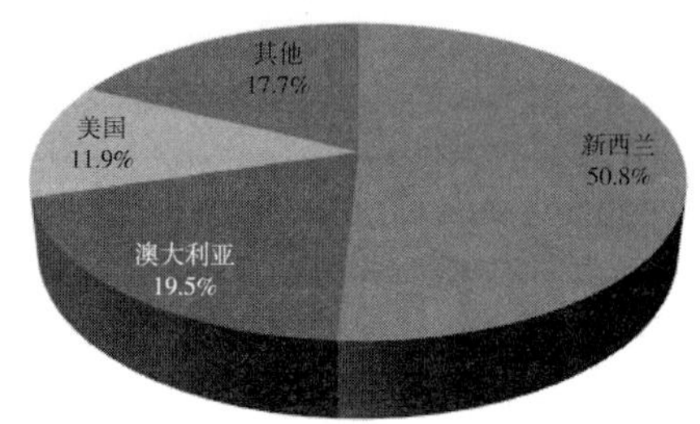

图 3-37　2017 年我国奶酪进口来源国

**表 3-6　我国奶酪进口来源地和进口地区 2017**

单位：t

| 进口来源国（地区） | 进口量 | 占比 | 进口地区 | 进口量 | 占比 |
|---|---|---|---|---|---|
| 合计 | 108 002 | 100% | 全国合计 | 108 002 | 100% |
| 新西兰 | 54 887 | 51% | 广东 | 27 534 | 25% |
| 澳大利亚 | 21 074 | 20% | 上海 | 27 197 | 25% |
| 美国 | 12 905 | 12% | 福建 | 19 605 | 18% |
| 丹麦 | 4 095 | 4% | 北京 | 17 530 | 16% |
| 意大利 | 3 281 | 3% | 天津 | 12 959 | 12% |
| 法国 | 3 150 | 3% | 辽宁 | 1 310 | 1% |
| 德国 | 2 032 | 2% | 山东 | 915 | 1% |
| 乌拉圭 | 875 | 1% | 安徽 | 282 | 0% |
| 荷兰 | 865 | 1% | 浙江 | 204 | 0% |
| 阿根廷 | 842 | 1% | 湖北 | 114 | 0% |
| 英国 | 786 | 1% | 江苏 | 103 | 0% |
| 智利 | 746 | 1% | 陕西 | 90 | 0% |
| 奥地利 | 732 | 1% | 河南 | 64 | 0% |
| 爱尔兰 | 346 | 0% | 贵州 | 59 | 0% |
| 西班牙 | 282 | 0% | 湖南 | 15 | 0% |
| 瑞士 | 279 | 0% | 四川 | 11 | 0% |
| 中国台湾 | 196 | 0% | 内蒙古 | 8 | 0% |
| 新加坡 | 176 | 0% | 黑龙江 | 1 | 0% |
| 波兰 | 153 | 0% | | | |
| 比利时 | 123 | 0% | | | |
| 韩国 | 57 | 0% | | | |
| 捷克 | 46 | 0% | | | |
| 希腊 | 27 | 0% | | | |
| 立陶宛 | 25 | 0% | | | |
| 泰国 | 11 | 0% | | | |
| 蒙古 | 8 | 0% | | | |

美国（12 905t，占总量的 11.9%）等。前三大进口来源国合计进口 88 866t，占全部进口数量的 82.3%（图 3-37、表 3-6）。

## 三、其他乳制品进口

### 1. 酪蛋白进口

2017 年，我国进口酪蛋白 18 651t，同比下跌 11.5%；进口额 14 542 万美元，同比上涨 7.4%；进口平均价格为 7 797 美元/t，同比上涨 21.4%，按汇率 6.75 计算，折合人民币 52 629 元/t（图 3-38）。

主要进口来源国有新西兰（12 092 t，占总量的 65%）、荷兰（3 804t，占总量的 20%）和法国（1 143t，占总量的 6%）等，前三大进口来源国合计进口 17 039 t，占全部进口数量的 91%。

### 2. 白蛋白进口

2017 年，我国累计进口白蛋白 23 084t，同比增长 17.9%；进口额 20 255 万美元，同比增长 57.4%；进口平均价格为 8 774 美元/t，同比上涨 33.5%，按汇率 6.75 计算，折合人民币 59 225 元/t（图 3-39）。

主要进口来源国有德国（8 304t，占总量的 36%）、美国（6 596t，占总量的 28%）和新西兰（4 090t，占总量的 18%）等，前三大进口来源国合计进口 18 990 t，占全部进口数量的 82%。

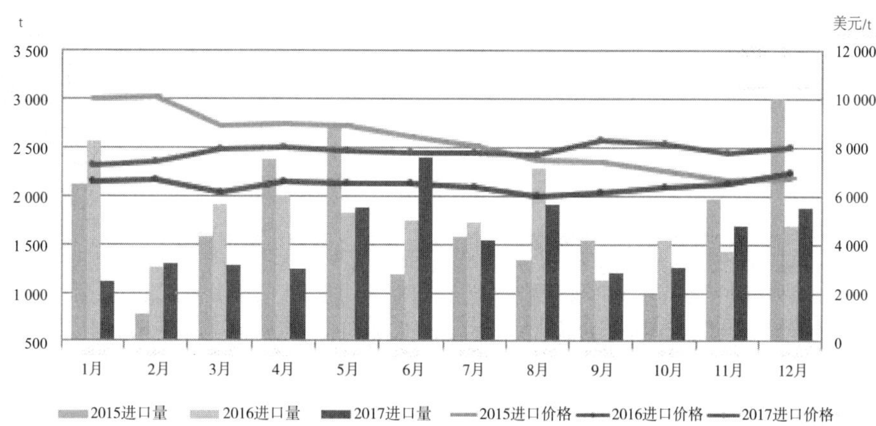


图 3-38　2015—2017 年我国酪蛋白月度进口数量及价格

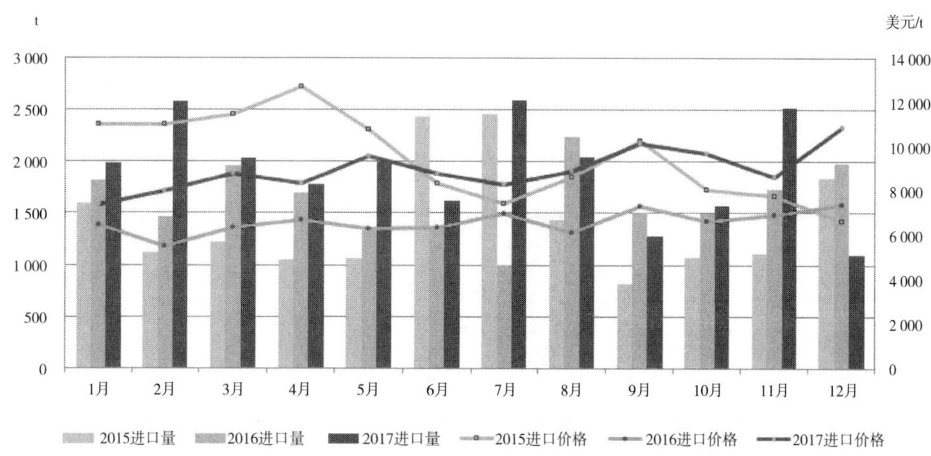


图 3-39　2015—2017 年我国白蛋白月度进口数量及价格

### 3. 乳糖进口

2017年，我国进口乳糖87 870t，同比增长0.9%；进口额9 348万美元，同比增长33.1%；进口平均价格为 1 064美元/t，同比上涨31.9%，按汇率6.75计算，折合人民币7 181元/t（图3-40）。

主要进口来源国有美国（65 219t，占总量的74%）、德国（7 942 t，占总量的9%）、荷兰（4 789t，占总量的5%）、波兰（3 177t，占总量的4%）和新西兰（2 222 t，占总量的3%）等，前五大进口来源国合计进口83 349t，占全部进口数量的95%。

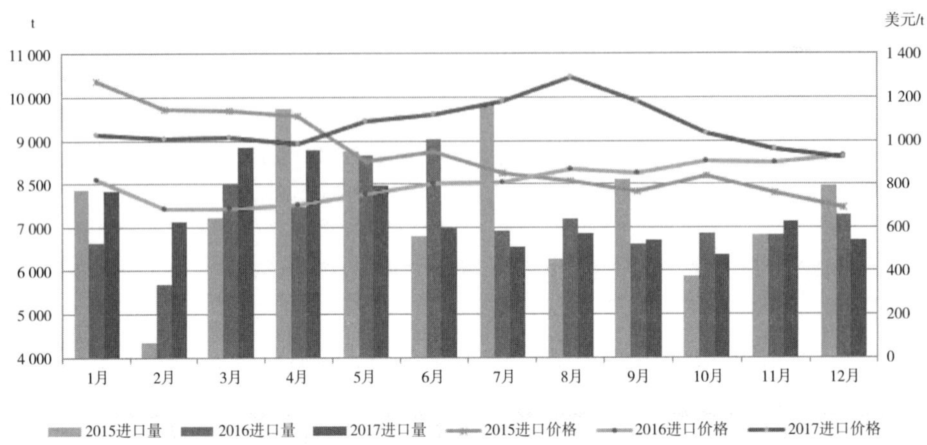


图3-40　2015—2017年我国乳糖月度进口数量及价格

# 2017 年乳制品出口情况

乳制品出口方面，整体上看有所好转，但形势依然严峻。2017 年的乳制品（HS0401–HS0406）出口数量止住下跌趋势，累计出口 32 569t，同比 2016 年增长了 5.3%，但仍然没有达到 2015 年的水平。其中干乳制品出口数量为 7 246t，同比下降 0.3%；液态奶出口数量为 25 323t，同比增长 7.0%。婴幼儿配方奶粉出口 4 574.5t，同比增长 143.5%。出口市场仍然高度集中于中国香港地区和周边国家。按比例折算，2017 年我国出口乳制品（含婴幼儿配方奶粉）折合原料奶 98 746t，同比增长 13.9%。

## 一、液态奶出口

2017 年，我国的液态奶出口数量和出口金额均出现一定幅度的上涨，尤其是酸奶出口增长幅度较高，但整体上来看，出口规模仍然很小，出口量仅为进口量的 3.6%，并且出口目的地高度集中，中国香港占了绝大部分的市场份额，另外对新加坡及中国澳门地区等有少量出口。

2017 年，我国液态奶（HS0401 和 HS0403）累计出口 25 323t，同比增长 7.0%，出口额 2 436.1 万美元，同比增长 13.0%（图 3-41）。

### 1. 液奶产品出口

2017 年，我国出口液奶产品（HS0401）23 161t，同比增长 1.5%；出口额 2 065 万美元，同比增长 2.3%；出口平均价格为 892 美元/t，同比增长 0.8%，按汇率 6.75 计算，折合人民币 6 019 元/t。

出口目的地主要是中国香港地区（22 683t），占全部出口量的 97.9%，另外对中国澳门地区及巴哈马和新加坡等国家也有少量出口（图 3-42）。

### 2. 酸奶出口

2017 年，我国出口酸奶（HS0403）2 161.2t，同比增长 156.2%；出口额 370.8 万美元，同比增长 75.2%；

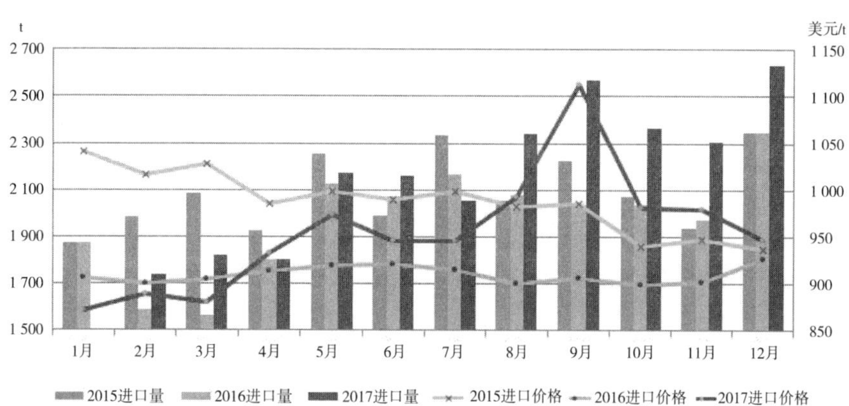


图 3-41 2015—2017 年我国液态奶月度出口数量及价格

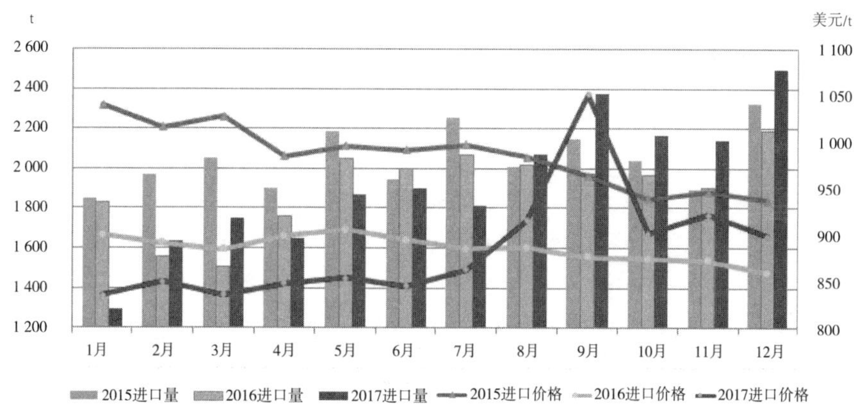


图 3-42 2015—2017 年我国液奶产品月度出口数量及价格

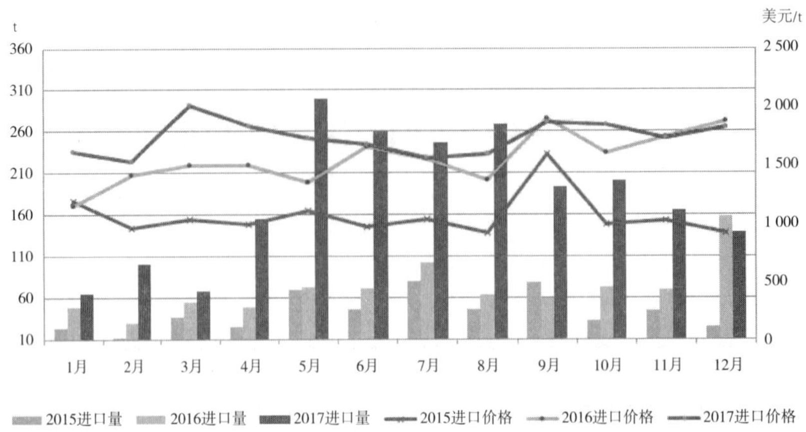


图 3-43　2015—2017 年我国酸奶月度出口数量及价格

出口平均价格为 1 715.7 美元 /t，同比增长 7.4%，按汇率 6.75 计算，折合人民币 11 581 元 /t。

出口目的地主要是中国香港地区（1 536t，占全部出口量的 71.1%）及新加坡（325t，占全部出口量的 15.0%）和台湾省（140t，占全部出口量的 6.5%），另外对中国澳门地区及柬埔寨、朝鲜和巴哈马也有少量出口，前三大出口市场合计 2 001t，占全部出口数量的 92.6%（图 3-43）。

## 二、干乳制品出口

2017 年我国干乳制品（HS0402、HS0404、HS0405、HS0406）累计出口 7 246 t，同比下降 0.3%，出口额 2 348 万美元，同比下降 9.7%，平均出口价格 3 241 美元 /t，同比下降 9.4%（图 3-44）。

**1. 奶粉出口——原料奶粉出口**

原料奶粉是我国乳制品出口的一个主要品种，但 2017 年我国原料奶粉出口数量和出口金额再次出现较大幅度下跌，全年累计出口 2 842t，同比 2016 年下降 21.4%；出口额 947.5 万美元，同比下降 41.4%；出口平均价格为 3 334 美元 /t，同比下降 25.5%，按汇率 6.75 计算，折合人民币 22 505 元 /t。同期我国进口原料奶粉的平均价格为 20 340 元 /t，原料奶粉出口价格比进口价

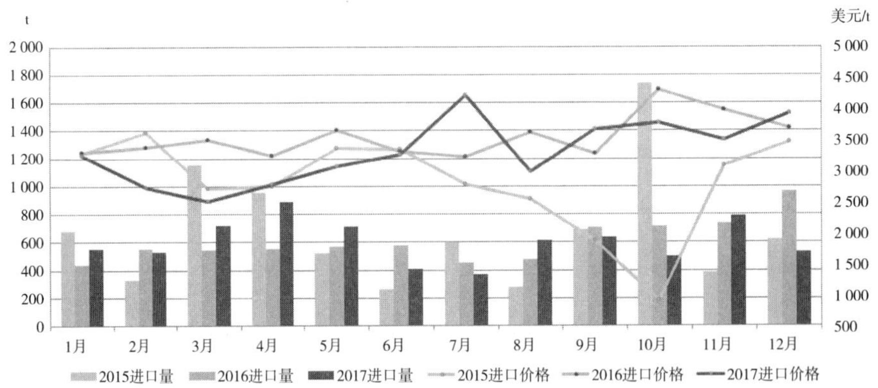


图 3-44　2015—2017 年我国干乳制品月度出口数量及价格

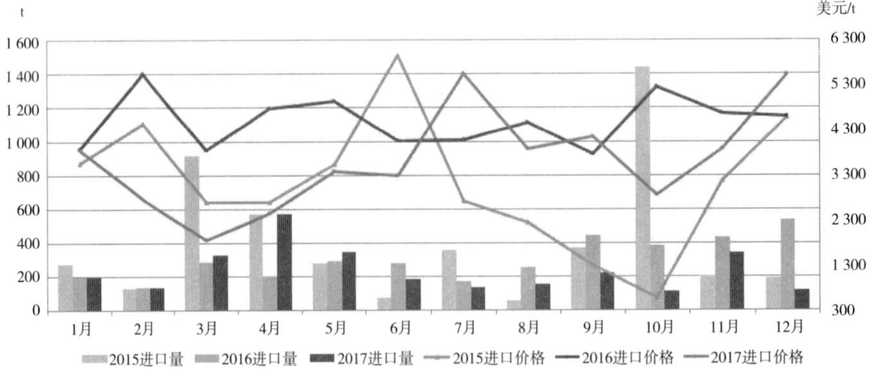


图 3-45　2015—2017 年我国原料奶粉月度出口数量及价格

格每吨贵 2 165 元。2017 年的出口数量为近几年来的较低水平，仅相当于进口原料奶粉 71.7 万 t 的 0.4%，出口市场也主要集中在中国香港地区和周边国家。

我国原料奶粉出口主要目的地为中国香港地区 (1 522t，占总量的 54%) 及朝鲜（694t，占总量的 4%）、缅甸 (370t，占总量的 13%)、阿联酋 (149t，占总量的 5%) 和泰国（65t，占总量的 2%）等。前五大出口目的地合计 2 800t，占全部出口数量的 98%（图 3-45）。

**2. 婴幼儿配方奶粉出口**

2017 年我国婴幼儿配方奶粉出口有大幅度增长，全年累计出口 4 575t，同比增长 143.5%，出口目的地主要是中国香港地区（3 852t，占总量的 84%）及巴基斯坦（328t，占总量的 7%）和朝鲜（138t，占总量的 3%）等，前三大出口目的地合计 4 318t，占全部出口数量的 94%。

（中国奶业协会，农业农村部奶及奶制品质量监督检验测试中心）

# 【学生饮用奶】

## 2017年国家“学生饮用奶计划”推广工作情况

2017年是中国奶业协会正式承接国家“学生饮用奶计划”推广管理工作的第四年。一年来，在农业部、教育部等部门的关心指导下，在各级地方政府、各省（自治区、直辖市）学生饮用奶工作机构及学生饮用奶生产企业的支持配合下，国家“学生饮用奶计划”推广工作继续稳步推进。2017年开展的重点工作有如下几个方面。

**修订出台《国家“学生饮用奶计划”推广管理办法》。** 2013年12月30日，中国奶业协会发布第1号公告，公布《国家“学生饮用奶计划”推广管理办法（试行）》。该试行办法共8章、60条和2个附录，从总体要求、推广运行、专用标志、自生产企业、注册程序、质量管理、实施学校等方面作了规定，并对学生饮用奶标志的印制、注册文号也作了要求。自发布以来，《国家“学生饮用奶计划”推广管理办法（试行）》为调整时期国家“学生饮用奶计划”推广规范秩序和全面升级提供了保障。为了适应新的形势，全面提升国家“学生饮用奶计划”推广，并且完善试行办法的不足，中国奶业协会在公开征求意见的基础上，于2017年6月1日公布了修订后的《国家“学生饮用奶计划”推广管理办法》。新《办法》共9章，76条，调整了附录，增加了“法律责任”一章以及对学生饮用奶系列标准、奶源基地备案、延续注册、变更注册等规定，补充完善部分条款。新规章的出台，为全面提升学生饮用奶计划推广、建立良好推广秩序、继续推进国家“学生饮用奶计划”的实施提供了制度依据和保障。

**制定发布学生饮用奶系列团体标准。** 为了保证学生饮用奶的安全、营养，参照奶业发达国家的标准，根据我国目前较高生产水准的规模奶牛场的水平，中国奶业协会于2017年制定颁布了团体标准——学生饮用奶系列标准，包括《学生饮用奶－奶源基地管理规范》《学生饮用奶－生牛乳》《学生饮用奶－纯牛奶》《学生饮用奶－灭菌调制乳》。同时，把学生饮用奶标志的印制使用规范调整为团体标准《学生饮用奶－中国学生饮用奶标志》。学生饮用奶系列标准均是在执行国家标准的基础上，提出更高、更多的要求。学生饮用奶原料奶——生牛乳的标准，其中，菌落总数、乳脂肪和乳蛋白质要求均高于我国《食品安全国家标准—生乳》，另外，增加了体细胞数、嗜冷菌、耐热芽孢菌的检测，其中，菌落总数、体细胞数限量与欧盟标准相同。在提高原料奶——生牛乳的标准基础上，相应提高纯牛奶、灭菌调制乳的脂肪和蛋白质标准，而且不允许使用或添加复原乳及营养强化剂。

**学生饮用奶生产企业的认定及学生饮用奶奶源基地的备案工作。** 2017年共完成3批7家新申请学生饮用奶生产企业的认定工作以及2批66家到期企业的延续注册，另有4家学生饮用奶生产企业资质到期自动终止。截至2017年年底，全国共有中国学生饮用奶生产企业98家，隶属于61家集团企业。共完成253家学生饮用奶奶源基地的备案工作，分布在除福建、海南以及西藏外的28个省、自治区、直辖市。奶源基地泌乳奶牛总存栏29万头，日均生产生牛乳8 200t，可满足当前学生饮用奶原料奶的需求。在进行认定和备案工作的同时还完善了国家“学生饮用奶计划”推广管理信息系统相关功能。

**“国家学生饮用奶计划推广示范学校”的认定试点工作。** 2017年，中国奶业协会与中国学生营养与健康促进会联合开展的“国家学生饮用奶计划推广示范学校”认定试点工作继续推进。本年度认定试点工作共接到162所学校提交的申报材料，经专家认定评估，省级学生营养与健康促进会（协会）、疾病预防控制中心或学生饮用奶工作机构综合审定，并经中国奶业协会与中国学生营养与健康促进会综合审定，最终批准命名53所学校为“国家学生饮用奶计划推广示范学校”。至此，全国累计已有3批共132所学校通过严格的校园食品安全规范审核获得这一称号，这些学校分布在17个省、自治区、直辖市。

除上述重点工作外，中国奶业协会还开展了以下工作：编写、出版、发布第二部中国奶业白皮书《新时期国家“学生饮用奶计划”推广》；联合中国农业大学开展2017年中瑞现代化奶牛场高级管理和技术人才培训；参加第19届全球儿童营养论坛并介绍我国国家学生饮用奶计划开展情况；分别在南京、三亚组织召开年度学生饮用奶计划工作会议和学生饮用奶计划推广交流会议等。

截至2017年年底，学生饮用奶全国在校日均供应量1 665万份，惠及中小学生约2 100万人，总的供应量较2016年增长9.8%。

（中国奶业协会，赵伟、姚远、付松川）

# 【有机乳】

## 2017年度中国有机乳制品发展状况

中国乳品行业在改革开放40年来取得了长足的进步和巨大的发展，尤其是2008年后，乳品行业已成为国民经济中比较重要的行业。有机产品在中国消费中持续迅猛增长，得到越来越多消费者关注。有机乳制品的生产、加工和消费也呈现从无到有、从弱到强的发展态势，已成为中国有机产业和中国乳品行业的重要组成部分。

### 一、国内有机原料乳及乳制品生产

#### （一）2017年发展概况

1. 有机原料乳

据中国食品农产品认证信息系统数据统计显示，2017年，我国国内生产、经过认证的有机原料乳（包括转换期）总产量为104.6万t，主要种类为牛乳，牛乳以104.1万t的年产量和99.5%的占比，占据绝对优势。

2. 有机乳制品

按照《有机产品认证目录》划分标准，有机乳制品可分为三大类：经处理的液体奶或奶油（包括巴氏杀菌乳、灭菌乳、黄油、乳脂、乳清液、含乳饮料），发酵乳（包括发酵乳、干酪、再制干酪）和乳粉类产品（包括乳粉、乳清粉、乳糖、乳清蛋白粉、含乳固态成型制品）。据中国食品农产品认证信息系统数据统计显示，2017年，我国国内生产、经过认证的有机乳制品总量为69.9万t，其中经处理的液态奶或奶油以61.6万t的年产量稳居首位，占比为88.1%，其次为发酵乳和乳粉类产品，年产量分别达到6.2万t和2.1万t，占比分别为8.9%和3%。

#### （二）区域分布

1. 有机乳用牛养殖区域分布情况

根据中国食品农产品认证信息系统的数据，2017年我国境内有11个省（市、自治区）进行有机乳用牛的养殖，通过认证的乳用畜的总量为525 296头，其中乳肉兼用牛356 407头（占67.85%），奶牛168 889头（占32.15%）。我国有机奶牛养殖主要集中在内蒙古自治区（110 328头）、新疆维吾尔自治区（18 056头）、黑龙江省（9 420头）和北京市（6 970头）等省份及直辖市，均超过6 000头。有机乳肉兼用牛养殖主要集中在青海省、新疆维吾尔自治区和甘肃省。

从养殖品种上来说，如青海省、四川省、甘肃省等地区利用其高原地域优势，养殖的主要是乳肉兼用的牦牛，而其他区域养殖品种以产奶量较大的传统荷斯坦奶牛为主。

2. 有机原料乳（牛乳）区域分布情况

中国食品农产品认证信息系统的统计数据显示，虽然青海省的养殖规模以绝对数量优势位列第一位，但由于该区域养殖的品种主要为乳肉兼用的牦牛，以肉用为主，产奶量较低。2017年认证原料乳产量为104.1万t，内蒙古自治区依然是我国最大的有机原料乳产区，2017年度该地区有机原料乳（牛乳）产量为81万t，占全国总产量的77.9%，其他排名前五位的省份及直辖市均超过2万t，分别为北京市（38 028t）、黑龙江省（37 593t）、宁夏回族自治区（24 972t）和甘肃省（22 716t），还有四个省份年产量也超过10 000t。

3. 有机乳制品区域分布情况

内蒙古自治区作为最大的经处理的有机液态乳和奶油产地，其有机液态乳和奶油2017年的产量为54.3万t，占全国液态乳和奶油总产量的88.2%。其次为黑龙江省、宁夏回族自治区、山东省和新疆维吾尔自治区，有机乳液体乳和奶油产量分别为2万t、1.1万t、0.9万t和0.6万t，分别占全国的3.2%、1.8%、1.1%和1%。

2017年有机发酵乳主要集中在内蒙古自治区，产量为5.1万t，占同年度全国有机发酵乳总产量的81.54%。其次为河北省、陕西省、山东省和重庆市，有机发酵乳的产量为分别为2 365t、1 800t、1 424t和1200t，分别占全国的3.8%、2.9%、2.3%和1.9%。

2017年有机乳粉类产品主要集中在内蒙古自治区、黑龙江省和北京市，产量分别为8 898t、6 331t和1 503t，占同年度全国有机乳粉类产品总产量的比例分别为43.2%、30.7%和7.3%。

#### （三）有机原料乳及乳制品发展趋势分析

我国有机原料乳和乳制品区域分布仍然以传统畜牧业优势区域为主，特别是内蒙古自治区仍占有统治地位，囊括了我国最大规模的有机奶源基地和有机乳制品加工厂。东北地区依托其饲料生产加工方面的优势，在有机乳用牛的养殖规模上有了较大的发展。而其他地区则呈现弱势，我国有机乳品区域分布仍处在不均衡的状态。

### 二、境外国标有机乳制品发展情况

2017年，境外国标有机乳制品证书数量达56张，占所有境外国标认证证书数量（326张）的17.2%，从认证产量来看，境外国标有机乳制品产量为25.8万t，占所有境外国标认证产量（607.8 万 t）的 4.2%。

## 三、有机乳制品的市场发展情况

### （一）总体情况

按照有机产品管理相关要求，在市场上以有机名义销售的产品必须对使用有机标志情况进行备案（有机码或防伪标签）。因此，备案有有机标志使用情况的产品基本可以视为是可出售的产品，其数量大致可代表市场实际销售情况。2017 年，认证产品中备案有为机标志的有机乳制品共计 36.8 万 t（销售地为国内，含进口有机乳制品），总备案数量为14亿枚，占全国备案总数( 19.8 亿枚）的 70.5%，其中高温灭菌乳（12.6 亿枚）是备案数量最大的产品，其次是发酵乳（1.2 亿枚）与乳粉类产品（0.2 亿枚）。

根据各类有机乳制品市售产品的大致价格，按不同乳制品类别进行了销售额的测算，2017 年，有机乳制品销售额约 205.4 亿元，占有机产品销售份额（606.7 亿元）的 33.9%，占国内乳制品市场（3 370.2 亿元）份额约 4.4%。有机乳制品中产品销售额分别为 111.8 亿元（其他乳制品）和 93.6 亿元（经处理的液态奶或奶油）。

### （二）不同种类产品市场分布情况

从产品种类来说，有机乳制品的市场基本与常规乳制品一致，市售有机乳制品集中在液态乳（含发酵乳）和乳粉两大类。其中液态乳以高温灭菌乳销售数量最多，有机巴氏杀菌乳在有机乳制品中所占比例较低。黄油和乳清粉这两种既可以作为食品工业原料又可以作为零售产品的乳制品目前在中国尚无零售。

### （三）与发达国家比较

作为世界最大有机市场的美国，其 2017 年有机乳制品和有机鸡蛋的销售额约在 65 亿美元，约占美国有机总销售额（约 494 亿美元）的 13.2%。德国（世界第二大有机市场，2017 年）、法国（世界第三大有机市场，2017 年）加拿大（世界第五大有机市场，2017 年），有机乳制品分别占本国有机市场份额的 2.4%、25.7% 和 23%（FiBL & IFOAM，2017）。

### （四）销售渠道

从国内销售渠道来说，超市、母婴用品专卖店仍然是最为主要的有机乳制品购买渠道，但与其他产品一样，电商渠道已越来越成为重要的销售渠道。

（中绿华夏有机食品认证中心，夏兆刚、王鹏超、唐韧、栾治华、段锦、刁品春、王华飞；中国农业大学，乔玉辉、甄华杨）

# 四、各地奶业

GEDI NAIYE

## 北京市

【奶畜养殖】北京市2017年奶牛存栏84 188头，其中，成母牛50 607头。饲养品种主要以荷斯坦牛为主，其他品种奶牛有少量存栏。北京市奶牛养殖分布在13个区，主要集中于通州区、密云区、顺义区、延庆区、房山区、大兴区和昌平区（表4-1）。

表4-1 2017年北京市奶牛存栏情况

| 地区 | 奶牛存栏量（头） | 成母牛存栏量（头） |
|---|---|---|
| 全市 | 84 188 | 50 607 |
| 通州区 | 19 804 | 13 384 |
| 密云区 | 15 176 | 8 694 |
| 顺义区 | 14 566 | 9 036 |
| 延庆区 | 11 421 | 6 644 |
| 房山区 | 8 634 | 4 763 |
| 大兴区 | 8 055 | 4 346 |
| 昌平区 | 4 564 | 2 819 |
| 怀柔区 | 1 297 | 502 |
| 海淀区 | 259 | 172 |
| 平谷区 | 238 | 158 |
| 朝阳区 | 152 | 70 |
| 丰台区 | 15 | 13 |
| 门头沟区 | 7 | 6 |

2017年全市原料奶产量374 212.93t。城市发展新区牛奶产量占总产量的69.4%，生态涵养发展区占总产量的30.1%。2017年全市原料奶产量比2016年减少18.11%。其中，城市功能拓展区减少29.21%，降幅最大；其次为生态涵养发展区，减少24.76%（表4-2）。

表4-2 2016年、2017年北京市原料奶产量对比

单位：t，%

| 区县 | 2017年 | 2016年 | 增长速度 |
|---|---|---|---|
| 全市 | 374 212.9 | 456 952.8 | -18.11 |
| 城市功能拓展区 | 1 983.9 | 2 802.4 | -29.21 |
| 朝阳区 | 285.8 | 157.5 | 81.46 |
| 丰台区 | 36.0 | 109.4 | -67.09 |
| 海淀区 | 1 662.1 | 2 535.5 | -34.45 |
| 城市发展新区 | 259 766.6 | 304 679.7 | -14.74 |
| 房山区 | 35 171.5 | 39 851.1 | -11.74 |
| 通州区 | 91 082.5 | 88 269.3 | 3.19 |
| 顺义区 | 45 386.6 | 55 183.5 | -17.75 |
| 昌平区 | 24 760.5 | 32 387.3 | -23.55 |
| 大兴区 | 63 365.5 | 88 988.5 | -28.79 |
| 生态涵养发展区 | 112 462.5 | 149 470.7 | -24.76 |
| 门头沟区 | 23.5 | 24.5 | -4.08 |
| 怀柔区 | 2 824.9 | 20 167.8 | -85.99 |
| 平谷区 | 2 035.7 | 3 460.6 | -41.17 |
| 密云区 | 66 599.4 | 78 671.2 | -15.34 |
| 延庆区 | 40 979.1 | 47 146.6 | -13.08 |

【乳品加工】北京市具有乳制品生产许可证的企业有20家，分布于朝阳、海淀、通州、丰台、门头沟、房山、

表4-3 北京市乳制品生产企业及主要产品

| 序号 | 企业名称 | 主要产品名称 | 所属区县 |
|---|---|---|---|
| 1 | 北京健生饮料有限公司 | 液体乳（发酵乳） | 朝阳 |
| 2 | 北京三元食品股份有限公司 | 液体乳（巴氏杀菌乳、调制乳、灭菌乳、发酵乳）、其他乳制品（奶油、干酪） | 海淀 |
| 3 | 北京圣祥乳制品厂 | 液体乳（发酵乳） | 丰台 |
| 4 | 北京龙泉乳品公司 | 液体乳（发酵乳）、其他乳制品（再制干酪） | 门头沟 |
| 5 | 奥德华乳品（北京）有限公司 | 液体乳（巴氏杀菌乳、发酵乳）、其他乳制品（奶油） | 房山 |
| 6 | 蒙牛乳业（北京）有限责任公司 | 液体乳（灭菌乳、调制乳、发酵乳）、蛋白饮料 | 通州 |
| 7 | 北京科尔沁乳业有限公司 | 液体乳（发酵乳、灭菌乳） | 通州 |
| 8 | 蒙牛高科乳制品（北京）有限责任公司 | 液体乳（发酵乳） | 通州 |

（续）

| 序号 | 企业名称 | 主要产品名称 | 所属区县 |
|---|---|---|---|
| 9 | 北京光明健能乳业有限公司 | 液体乳（灭菌乳、调制乳、巴氏杀菌乳、发酵乳） | 顺义 |
| 10 | 北京超凡食品有限公司 | 液体乳（发酵乳）、其他乳制品（干酪、奶油） | 顺义 |
| 11 | 北京艾莱发喜食品有限公司 | 液体乳（巴氏杀菌乳、灭菌乳）、其他乳制品（奶油） | 顺义 |
| 12 | 北京天辰乳业有限公司 | 液体乳（巴氏杀菌乳、灭菌乳、发酵乳、调制乳） | 顺义 |
| 13 | 北京三元食品股份有限公司乳品四厂 | 乳粉（调制乳粉）、其他乳制品（奶油、稀奶油、干酪、再制干酪） | 昌平 |
| 14 | 北京和润乳制品厂 | 液体乳（巴氏杀菌乳、发酵乳）、其他乳制品（奶油、干酪） | 大兴 |
| 15 | 北京乳旺食品有限公司 | 液体乳（调制乳） | 平谷 |
| 16 | 达能乳业（北京）有限公司 | 液体乳（发酵乳） | 怀柔 |
| 17 | 北京鸿达乳品有限公司 | 液体乳（发酵乳）、其他乳制品（奶油、干酪） | 怀柔 |
| 18 | 北京百思乐乳业有限公司 | 蛋白饮料［含乳饮料（乳酸菌饮料）］ | 怀柔 |
| 19 | 内蒙古伊利实业集团股份有限公司北京乳品厂 | 液体乳（发酵乳）、乳粉（全脂乳粉） | 密云 |
| 20 | 北京归原生态农业发展有限公司 | 液体乳（巴氏杀菌乳、发酵乳） | 延庆 |

顺义、昌平、大兴、平谷、怀柔、密云和延庆等区。

北京市乳品企业的产品涵盖了几乎所有的乳制品种类，但在产品形式上主要以发酵乳、灭菌乳、巴氏杀菌乳和调制乳等液态乳制品为主。2017 年全市乳制品产量 59.7 万 t，其中液体乳产量 56.8 万 t（表 4–3）。

**【奶源基地】**完善良种繁育体系，实施标准化生产，有效推进首都“菜篮子”生鲜乳保障体系建设。全市登记备案的规模奶牛养殖场 87 家。其中，设计规模 500 头及以上的奶牛养殖场 67 家，占 77%。奶牛良种覆盖率 100%（表 4–4、表 4–5）。

**表 4–4　2017 年北京市备案的规模化奶牛养殖场分布情况**

单位：t，%

| 区县 | 500 头以下 | 500~999 头 | 1 000~1 999 头 | 2 000 头以上 | 合计 |
|---|---|---|---|---|---|
| 大兴区 | 1 | 4 | 2 | 3 | 10 |
| 延庆区 | 9 | 12 | 3 | 0 | 24 |
| 密云区 | 0 | 0 | 5 | 3 | 8 |
| 怀柔区 | 1 | 0 | 0 | 0 | 1 |
| 通州区 | 1 | 3 | 6 | 5 | 15 |
| 房山区 | 0 | 3 | 1 | 2 | 6 |
| 顺义区 | 3 | 6 | 4 | 2 | 15 |
| 平谷区 | 1 | 0 | 0 | 0 | 1 |
| 昌平区 | 4 | 0 | 1 | 2 | 7 |
| 合计 | 20 | 28 | 22 | 17 | 87 |

注：数据来自 2017 年北京市畜禽养殖场（小区）登记备案统计数据。

**表 4–5　2017 年北京市设计规模 500 头及以上奶牛养殖场名录**

单位：头

| 序号 | 名称 | 设计规模 | 品种 |
|---|---|---|---|
| 1 | 北京海华云都生态农业有限公司 | 10 000 | 荷斯坦 |
| 2 | 北京市北务广峰养殖场 | 3 500 | 荷斯坦 |
| 3 | 北京市三元绿荷奶牛养殖中心金银岛牧场 | 3 500 | 荷斯坦 |
| 4 | 北京中地畜牧科技有限公司 | 3 000 | 荷斯坦 |
| 5 | 北京首农畜牧发展有限公司金星牛场 | 2 672 | 荷斯坦 |
| 6 | 北京鼎晟誉玖牧业有限责任公司 | 2 600 | 荷斯坦 |
| 7 | 北京首农畜牧发展有限公司渠头牛场 | 2 500 | 荷斯坦 |
| 8 | 北京首农畜牧发展有限公司绿荷第一牧场 | 2 500 | 荷斯坦 |
| 9 | 北京首农畜牧发展有限公司绿荷分公司半截河牛场 | 2 300 | 荷斯坦 |

（续）

| 序号 | 名称 | 设计规模 | 品种 |
|---|---|---|---|
| 10 | 北京首农畜牧发展有限公司绿荷牛业分公司（南口三牛场） | 2 000 | 荷斯坦 |
| 11 | 北京首农畜牧发展有限公司绿荷牛业分公司（南口二牛场） | 2 000 | 荷斯坦 |
| 12 | 北京鼎晟誉玖牧业有限责任公司奶牛二场 | 2 000 | 荷斯坦 |
| 13 | 北京三力源牧业发展有限公司 | 2 000 | 荷斯坦 |
| 14 | 北京圣兴达养殖有限公司 | 2 000 | 荷斯坦 |
| 15 | 北京首农畜牧发展有限公司绿荷分公司中以牛场 | 2 000 | 荷斯坦 |
| 16 | 北京首农畜牧发展有限公司绿荷分公司草厂牛场 | 2 000 | 荷斯坦 |
| 17 | 北京绿荷牛业有限责任公司（创辉牛场） | 2 000 | 荷斯坦 |
| 18 | 北京乡元奶牛养殖专业合作社 | 1 808 | 荷斯坦 |
| 19 | 北京市福乐奶牛场 | 1 600 | 荷斯坦 |
| 20 | 北京市久兴养殖场 | 1 500 | 荷斯坦 |
| 21 | 北京首农畜牧发展有限公司三堡牛场 | 1 500 | 荷斯坦 |
| 22 | 北京雄特牧业有限公司 | 1 400 | 荷斯坦 |
| 23 | 北京首农畜牧发展有限公司小务牛场 | 1 400 | 荷斯坦 |
| 24 | 北京首农畜牧发展有限公司绿荷分公司里二泗牛场 | 1 400 | 荷斯坦 |
| 25 | 北京源天顺通养殖有限公司 | 1 400 | 荷斯坦 |
| 26 | 北京绿源宇鑫奶牛养殖专业合作社 | 1 300 | 荷斯坦 |
| 27 | 北京三元绿荷奶牛养殖中心太和牛场 | 1 300 | 荷斯坦 |
| 28 | 北京三石奶牛场有限公司 | 1 200 | 荷斯坦 |
| 29 | 中鼎联合牧业股份有限公司 | 1 200 | 荷斯坦 |
| 30 | 北京康源奶牛有限责任公司 | 1 150 | 荷斯坦 |
| 31 | 北京奶牛中心良种场 | 1 150 | 荷斯坦 |
| 32 | 北京华盏养殖场 | 1 000 | 荷斯坦 |
| 33 | 北京梦渌通养殖有限公司 | 1 000 | 荷斯坦 |
| 34 | 北京昭阳牧场 | 1 000 | 荷斯坦 |
| 35 | 北京三农嘉华农牧业科技有限公司 | 1 000 | 荷斯坦 |
| 36 | 北京延照富民奶牛养殖中心 | 1 000 | 荷斯坦 |
| 37 | 北京利源永兆养殖中心 | 1 000 | 荷斯坦 |
| 38 | 北京兴旺富德养殖有限公司 | 1 000 | 荷斯坦 |
| 39 | 北京市漷县昌华养殖场 | 1 000 | 荷斯坦 |
| 40 | 北京东方古运奶牛养殖有限公司 | 900 | 荷斯坦 |
| 41 | 北京康祝养殖中心 | 815 | 荷斯坦 |
| 42 | 北京市马坡肖家坡明仁奶牛养殖场 | 800 | 荷斯坦 |
| 43 | 北京天辰乳业有限公司 | 800 | 荷斯坦 |
| 44 | 北京金鑫园奶牛中心 | 800 | 荷斯坦 |
| 45 | 北京中加永宏科技有限公司（赵营牛场） | 800 | 荷斯坦 |
| 46 | 北京双萍养殖有限公司 | 800 | 荷斯坦 |
| 47 | 北京小段奶牛合作社 | 700 | 荷斯坦 |
| 48 | 北京茂茂盛奶牛养殖场 | 700 | 荷斯坦 |
| 49 | 北京富农兴牧奶牛养殖合作社 | 700 | 荷斯坦 |
| 50 | 北京星宝奶牛场 | 700 | 荷斯坦 |
| 51 | 北京青云店福瑞奶牛养殖场 | 700 | 荷斯坦 |
| 52 | 北京市向阳奶牛场 | 600 | 荷斯坦 |
| 53 | 北京金顺博通农牧科技发展有限公司 | 600 | 荷斯坦 |
| 54 | 北京鑫运奶牛养殖场 | 600 | 荷斯坦 |

（续）

| 序号 | 名称 | 设计规模 | 品种 |
|---|---|---|---|
| 55 | 北京市建雄养殖有限公司 | 600 | 荷斯坦 |
| 56 | 北京天意双兴养殖专业合作社 | 600 | 荷斯坦 |
| 57 | 北京大地群生养殖专业合作社 | 600 | 荷斯坦 |
| 58 | 后吕庄奶牛养殖小区 | 600 | 荷斯坦 |
| 59 | 北京森茂种植有限公司 | 600 | 荷斯坦 |
| 60 | 北京宏兴成养殖有限公司 | 600 | 荷斯坦 |
| 61 | 北京兴利鹏奶牛养殖中心 | 560 | 荷斯坦 |
| 62 | 北京旺龙达奶牛养殖合作社 | 510 | 荷斯坦 |
| 63 | 北京市东町绪忠奶牛场 | 500 | 荷斯坦 |
| 64 | 延庆方旭养殖中心 | 500 | 荷斯坦 |
| 65 | 北京瑞林奶牛养殖中心 | 500 | 荷斯坦 |
| 66 | 北京市涛辉奶牛养殖场 | 500 | 荷斯坦 |
| 67 | 北京华成牧业有限公司 | 500 | 荷斯坦 |

备注：数据来自 2017 年北京市畜禽养殖场（小区）登记备案统计数据。

**【奶农组织】**技术服务体系。北京市通过市、区、乡镇、村“四级”技术服务体系、奶牛产业技术体系北京市创新团队和奶业社团组织机构，有效整合了全市的科技、人才和产业资源，创立了多种形式的技术服务模式，全方位服务于奶牛产业发展，为北京奶业的健康发展提供了政策、科技与人才的支撑。

奶业社团组织机构。2017 年北京市登记备案的奶业社团组织机构共有 21 家，分布于全市 10 个区，在协助政府进行行业管理、服务行业、维护奶农和行业的合法权益、促进北京奶业产业的健康发展等方面具有重要作用（表 4-6）。

**表 4-6　北京市奶业社团组织机构**

| 序号 | 名称 | 业务主管单位 | 登记证号 |
|---|---|---|---|
| 1 | 北京市奶业协会 | 无（已脱钩） | 0010029 |
| 2 | 北京市延庆区奶牛联合会 | 延庆区农村工作委员会 | 1810082 |
| 3 | 北京市延庆区张山营镇同心奶牛协会 | 延庆区张山营镇人民政府 | 1810111 |
| 4 | 北京市延庆区延庆镇奶牛养殖协会 | 延庆区延庆镇人民政府 | 1810104 |
| 5 | 北京市延庆区永宁镇奶牛联合会 | 延庆区永宁镇人民政府 | 1810127 |
| 6 | 北京市大兴区采育镇奶业产销协会 | 大兴区采育镇人民政府 | 1410118 |
| 7 | 北京市大兴区奶业协会 | 大兴区动物卫生监督管理局 | 1410051 |
| 8 | 北京市大兴区采育镇奶牛养殖协会 | 大兴区动物卫生监督管理局 | 1410084 |
| 9 | 北京市怀柔区怀北镇奶业协会 | 北京市怀柔区农业局 | 1610199 |
| 10 | 北京市怀柔区怀柔镇日兴奶业协会 | 北京市怀柔区农业局 | 1610185 |
| 11 | 北京市怀柔区杨宋镇奶业协会 | 北京市怀柔区农业局 | 1610068 |
| 12 | 北京市怀柔区奶业协会 | 北京市怀柔区农业局 | 1610053 |
| 13 | 平谷区刘家店镇奶牛养殖协会 | 北京市平谷区刘家店镇人民政府 | 1510090 |
| 14 | 平谷区马昌营镇奶牛协会 | 北京市平谷区马昌营镇人民政府 | 1510074 |
| 15 | 北京市顺义区奶业协会 | 北京市顺义区动物卫生监督管理局 | 1210062 |
| 16 | 北京市顺义区顺鑫农奶牛合作社 | 北京市顺义区仁和地区办事处 | 1210047 |
| 17 | 北京昌平奶业协会 | 北京市昌平区农业服务中心 | 1110038 |
| 18 | 北京市昌平区兴寿镇奶牛协会 | 北京市昌平区兴寿镇人民政府 | 1110127 |
| 19 | 北京市房山区长阳镇奶牛协会 | 房山区长阳镇政府 | 1010097 |
| 20 | 北京市密云区小母牛项目服务中心 | 密云区农村工作委员会 | 1730016 |
| 21 | 北京市门头沟区奶牛协会 | 北京市门头沟区农业局 | 910002 |

【政策法规】地方标准。截至 2017 年年底，北京市制定与奶牛产业相关的地方标准共计 10 项，对推动本地区奶牛产业规范、健康、有序发展起到积极作用。（表 4-7）

表 4-7 北京市奶牛产业地方标准

| 标准号 | 标准中文名称 | 实施日期 |
|---|---|---|
| DB11/T 1332-2016 | 奶牛机械挤奶操作规范 | 2016/8/1 |
| DB11/T 1021-2013 | 奶牛电子耳标技术规范 | 2014/2/1 |
| DB11/T 868-2012 | 生鲜乳贮运技术规范 | 2012/9/1 |
| DB11/T 708-2010 | 生鲜乳收购站建设与管理技术规范 | 2010/8/1 |
| DB11/T 631-2009 | 有机生鲜乳生产技术规范 | 2009/5/1 |
| DB11/T 150.5-2007 | 奶牛饲养管理技术规范第 5 部分：卫生防疫 | 2007/12/1 |
| DB11/T 150.1-2002 | 奶牛饲养管理技术规范第 1 部分：育种 | 2002/4/1 |
| DB11/T 150.2-2002 | 奶牛饲养管理技术规范第 2 部分：繁殖 | 2002/4/1 |
| DB11/T 150.3-2002 | 奶牛饲养管理技术规范第 3 部分：饲养与饲料 | 2002/4/1 |
| DB11/T 150.4-2002 | 奶牛饲养管理技术规范第 4 部分：卫生保健 | 2002/4/1 |

（北京市畜牧总站，任康）

# 天津市

【奶畜养殖】2017年，天津市奶牛存栏11.9万头（全部为荷斯坦牛）。成母牛存栏7.2万头，同比减少0.18%，成母牛年均单产7.9t。生鲜乳产量56.5万t，同比减少16.9%。奶业实现总产值22.7亿元，占畜牧业总产值的16.1%。天津市奶畜养殖场主要分布在天津市武清、宝坻、大港、静海、宁河、北辰、西青、东丽等区（县）。

2017年，许多奶牛养殖小区（户）在市场压力和奶牛养殖结构调整的大环境下，纷纷进行调整或弃养，成母牛存栏数小幅下降，牛奶产量也随之下降。天津市奶业已进入了调整优化、逐步升级的发展阶段。一是生鲜乳质量安全意识及管理得到明显加强，原料奶和乳制品质量明显提高。二是对奶业转型升级的必要性有了更加充分的认识，特别是养殖小区的牧场化改造、种养结合、粪污资源化利用以及优质牧草的种植与青贮利用等得到重视推广，确立种养结合与粪污资源化利用试点单位4个。三是奶牛规模化与标准化养殖进程明显加快，规模化牧场达到90%以上。四是降低养殖成本、节本增效达到共识。

【乳品加工】截至2017年年底，全市乳品加工企业共计10家，其中本市乳企5家，在津外阜企业5家。本市乳企分别是天津海河乳业有限公司、天津华明乳业有限公司、天津津河乳业有限公司、天津中芬乳业有限公司、弗里生（天津）乳制品有限公司（原子母乳业）。津外阜企业分别是天津光明梦得乳品有限公司、天津完达山乳品有限公司、天津伊利乳品有限责任公司、蒙牛乳制品（天津）有限责任公司、天津三元乳业有限公司。

2017年，乳品加工企业收购原奶量36.3万t，乳制品总产量48.3万t。乳制品种类包括巴氏杀菌乳、UHT奶、酸奶、乳饮料。天津海河乳业作为国家级农业产业化重点企业和本土乳品市场领军企业，充分发挥优质奶源优势，突出城市乳业定位，大力推广巴氏奶。2017年，生产销售巴氏奶9 426t，实现低温奶本地化。

【市场消费】2017年，生鲜乳价格先降后升。1~8月，生鲜乳行情颓势延续，比2016年价格水平再降一档。进入9月后，行情有所好转。具体情况是：1月上旬达到最高价每千克3.8元后，持续回落；8月降至3.4元/kg，比最高时下降10.6%；9月后逐步好转，缓慢回升。全年平均价格3.6元/kg，同比下降2.3%。生鲜乳生产保本微利。

受进口乳制品冲击，乳企限量收购，超出定量的采取低价收购；进口奶制品进一步挤占消费份额，进口奶粉替代生鲜乳原料奶，种种因素导致奶牛养殖整体形势不容乐观。

【奶源基地】牧场化改造。2017年，天津市奶牛养殖小区牧场化改造基本完成，牧场率达到了95%以上。存栏规模300头以下的奶牛养殖场（区）2个，存栏规模300 ~ 500头的22个，存栏规模500 ~ 1 000头的40个，存栏规模1 000头以上的奶牛养殖场（区）33个。

奶牛规模化养殖水平的提高，极大促进了机械化和标准化发展。2017年，天津市共有机械化挤奶设备113台套、TMR设备148台，奶牛养殖场（区）机械化挤奶率、TMR使用率均达100%；B超设备48台，使用率达到46%，牧场智能化管理软件使用率达到79%。

畜禽养殖标准化示范创建积极推进。2017年，天津畜牧部门统一部署，积极组织开展畜禽养殖标准化示范创建活动。按照《天津市畜禽养殖标准化示范创建活动实施方案》总体要求以及优中选优的原则，经过层层筛选，3家规模养殖场被农业部授予“畜禽养殖标准化示范场”称号。

DHI测定。2017年，天津奶牛发展中心强化了奶牛生产性能测定项目，参测牛场43个，落实国家补助资金161万元，完成2.3万头奶牛生产性能测定任务。天津市成母牛参测率30%，提供有效数据17万余条。天津市奶牛生产性能测定体系已形成，奠定了天津市奶牛育种工作发展的基石，为天津市奶牛遗传改良工作打下了坚实基础。

牧草种植。2017年，新建高产优质苜蓿示范基地600hm$^2$，建设标准化苜蓿青贮窖2.1万m$^3$，购置牧草青贮收获设备、奶牛粪污循环利用设备7台（套），种养结合示范带动作用进一步增强。全年生产苜蓿青贮4.2万t、苜蓿干草5 800t，苜蓿产量达每公顷11.1t。苜蓿裹包青贮生产取得新突破，本市苜蓿自给率达到43.5%。加快推进青贮玉米、燕麦等优质饲草料种植，开展饲草料品种区域试验，完成85个饲草料品种评价筛选工作，示范推广青贮玉米、燕麦等饲草料品种7个，示范面积2 000hm$^2$。全市青贮玉米收贮面积1.8万hm$^2$，每公顷平均39t，收贮量达到70万t。开展规模奶牛养殖场青贮饲料质量评估分析，形成89份评估分析报告。启动实施了全市草地资源清查工作。

疫病防控情况。2017年天津市开展人畜共患布鲁氏菌病强制免疫，对奶牛进行全面免疫。组织开展奶牛结核病检测，检测奶牛1.1万头，没有检出阳性，奶牛结核病继续保持净化标准。各区动物卫生监督机构继续开展奶牛养殖场动物防疫监管，逐场落实监管责任人，落实监管责任。加强规模养殖场动物卫生风险评估，根据风险等级实施分类监管。严格奶牛调运检疫和监管，严格跨省调运审批。

技术培训。2017年，为提高标准化养殖技术水平，进一步加强了规模化奶牛养殖技术培训和技术推广服务工作。以“种好草、养好牛、产好奶”为总目标，组织开展奶牛养殖技术培训；以奶牛精细化和标准化养殖为重点，进行全市范围农业技术员技能培训。全年举办专题实用技术培训7期、主题沙龙5次，组织奶牛养殖场户参加全国行业大会8次，累计受益从业人员1 100余人次。

【政策法规】2017年，继续实施奶牛良种补贴政策、奶牛标准化规模养殖场改造补贴政策和奶牛生产性能测定补贴政策等。

为加快推进天津市畜禽养殖废弃物资源化利用，促进畜牧业可持续发展，解决养殖粪污有效处理和利用中存在的突出问题，改善农村居民生活环境，2017 年 11 月 3 日，天津市人民政府办公厅出台《天津市加快推进畜禽养殖废物资源化利用工作方案》。

**【质量监管】**生鲜乳质量安全监管工作始终保持高压态势，已成为常态化、常规化工作。重点对三聚氰胺、β－内酰胺酶、硫氰酸钠、碱类物质、革皮水解物、黄曲霉毒素等违禁添加物进行监测，开展市级生鲜乳质量安全监督监测 412 站次，检测 1 724 批次，合格率 100%。完成无公害生鲜乳产地认定 9 家，开展无公害生鲜乳产地监督抽检 157 站次，检测 2 531 批次，实现生鲜乳无公害产地监督抽检全覆盖。

**【奶业大事】**7 月 21 日，天津市奶业协会第七届会员代表大会在天津鑫茂天财酒店举行。天津市各区县畜牧兽医局（中心）、奶业协会会员单位代表、兄弟省市协会嘉宾、行业媒体等 200 余人参会。会议审议通过第七届协会章程并做章程修订说明，选举产生协会第七届理事会理事、会长、副会长、秘书长、监事。新当选的奶协会长徐连海和秘书长王雅琴履新并主持工作。本届奶业协会处于由政府主导过渡到企业主导的转型期，面临奶业下行、环保压力增大和提质增效增收等关键期，主要工作是：积极开展技术培训，组织学习考察，努力为会员服务；组织开展天津市奶牛养殖情况普查；为相关企业搭建交流与合作平台；积极推进优质牧草产业化建设；加强横向交流，广泛开展合作；完善协会自身建设，提升协会品牌效应。

天津市奶牛科技帮扶工作全面升级，武清、北辰、静海和嘉立荷牧业集团四个科技帮扶团队，在首席特派员和骨干科技特派员的带领下，在奶牛饲养管理、奶牛品种繁育、奶牛疾病防控、牛奶质量提升、环境保护监控等方面全面开花，帮助奶农和牧场顶住了市场下行和环境压力，取得了较好效果。

天津市奶牛产业技术体系创新团队各项工作全面启动。随着奶牛规模化的发展，奶牛标准化养殖技术的普及和应用越来越重要。体系的工作思路也越来越清晰，一是做好科技项目组织实施、技术示范推广工作。2017 年组织实施《犊牛健康饲养关键技术集成与示范》《规模化奶牛场粪污制备生物质燃料高值利用技术示范》《高产奶牛良种繁育关键技术集成示范与推广》项目。建立犊牛小群酸化奶技术示范点 10 个；在天津市畜牧所农业科技创新示范基地开展犊牛小群代乳粉智能化饲喂技术示范研究；引进初乳质量测定仪，建立犊牛初乳质量控制技术规范；引进以色列 SCR 奶牛自动发情反刍监控系统、全数字 B 超仪、奶牛线性外貌评定 APP、冻精恒温解冻杯等设施设备；引进美、加系荷斯坦优质牛冻精科学改良母牛核心群，引进德系西门塔尔牛开展低产奶牛杂交改良工作，建立技术示范场 6 个。二是做好奶牛产业科技帮扶工作。2017 年，围绕犊牛小群健康饲养、奶牛舒适度提升及管理要点、高产奶牛良种繁育、奶牛优质饲料高效利用、奶牛热应激防控等关键技术开展技术帮扶，先后建立农业科技创新示范基地 1 个，帮扶示范点 12 个，累计服务 42 人次，解决技术难题 9 项；依托农业科技创新示范基地神驰农牧种养结合循环农业发展模式，开展技术示范、现场观摩教学 1 次，并利用神驰农牧先进农机设备优势，为周边种植、养殖场户提供技术服务，辐射带动周边种养殖场户发展。三是组织开展奶牛养殖技术培训，大幅度提升行业技术水平。

（天津市奶业发展服务中心，罗杰；天津市农学院，张学炜）

# 河北省

【奶畜养殖】2017 年，全省奶牛存栏 124.6 万头，同比增长 4%；奶类产量 465.4 万 t，同比增长 3.9%，均居全国第三位。石家庄、唐山、张家口、保定四大奶业优势区域的奶牛存栏、奶类产量均占全省总量的 70% 以上，黑龙港流域土地和饲草饲料资源丰富，奶业发展潜力较大，已经成为河北省奶业发展新的增长极。

【乳品加工】河北取得《乳制品生产许可证》的乳制品加工企业有 43 家，隶属于伊利集团 4 家、蒙牛集团 7 家、三元集团 3 家、君乐宝公司 9 家。日处理生鲜乳能力合计约 1.5 万 t，其中乳粉加工企业 15 家（取得婴幼儿乳粉生产资质 6 家），婴幼儿配方乳粉产能达到 15.5 万 t。

2017 年，河北乳制品产量 372.9 万 t，同比增长 0.6%，其中液体乳 362 万 t，同比增长 0.5%，乳制品产量和液体乳产量均连续四年居全国第一位；乳粉 5.1 万 t，同比基本持平，居全国第五位，其中婴幼儿乳粉 3.4 万 t，同比增长 28.9%。君乐宝婴幼儿乳粉获得全球首家国际食品安全标准 (BRC)A+ 认证，先后在香港、澳门上市销售，是唯一一家通行于港澳市场的国产奶粉。2017 年，君乐宝收入突破百亿大关，增至 102 亿元，成为继伊利、蒙牛、光明之后，我国第四家百亿本土乳企。

【奶源基地】河北省共有奶牛养殖场（区）1 070 个，其中规模养殖场 948 个，奶牛小区 122 个，规模养殖场占比达到 89%。万头以上奶牛场 11 个，奶牛存栏 19 万头，占全省总量的 15%；500 头以上奶牛养殖场（区）592 个，奶牛存栏占全省总量的 83%，奶牛标准化规模养殖处于全国领先水平，全省泌乳牛平均单产达到 7.3t。

【质量监管】河北省实行生鲜乳质量定期分级抽检联动制度，省级对所有生鲜乳收购站每年抽检 1 次，市级对辖区内所有生鲜乳收购站半年抽检 1 次，县级每季度抽检 1 次，省、市、县每年联合对生鲜乳收购站、运输车辆进行 1 次全覆盖现场检查。初步建立“河北省生鲜乳监管日报告平台”，乳企通过平台每日报送生鲜乳收购数量及检测结果。全省建立 6 个市级、46 个县级生鲜乳收购站网络视频监管平台，实现生鲜乳收购站、乳企和市、县农牧主管部门之间的互联互通、实时监控，网络化视频监管覆盖生鲜乳收购站比例达到 60% 以上。

建立省级价格协调机制。由河北省畜牧兽医局、河北省奶源管理办公室、河北省畜牧业监测预警服务中心、河北省奶业协会，君乐宝、蒙牛、伊利、河北三元等乳企和养殖场（区）代表组成的河北省生鲜乳价格协调委员会，召开了四次生鲜乳价格协调会，协商确定交易参考价格，公布了 2017 年第二季度、第三季度、第四季度和 2018 年第一季度生鲜乳参考价格，并及时在相关媒体进行发布，维护河北省生鲜乳收购秩序，得到了牧场、乳企和社会的广泛认同。

【奶业大事】“让祖国下一代喝上好奶粉，我一直很重视。”2017 年 1 月 24 日，习近平总书记考察君乐宝乳业集团在张家口察北管理区投资兴建的旗帜婴儿乳品股份有限公司，仔细询问奶粉生产经营情况和食品安全保障工作。从种草、奶牛养殖、营养指标、奶牛品种到生产设备先进性，一共提问了 38 个问题。强调我国是乳业生产和消费大国，要下决心把乳业做强做优，生产出让人民群众满意、放心的高品质乳业产品，打造出具有国际竞争力的乳业产业，培育出具有世界知名度的乳业品牌。

2017 年 11 月 15 日，由中国奶业协会主办、君乐宝乳业集团承办的首届婴幼儿配方奶粉创新发展论坛在河北石家庄举办，这是配方注册制实施发布以来举办的首个奶粉行业论坛。中国奶业协会会长高鸿宾、农业部畜牧业司司长马有祥、国家食药总局注册司副司长马福祥、中国农业科学院副院长李金祥、河北省农业厅厅长魏百刚、河北工业和信息化厅厅长龚晓峰、石家庄市副市长吕素维等领导、专家出席会议，国内外主要婴幼儿配方奶粉企业代表和行业专家就国产奶粉如何开启新时代展开热烈讨论。

（河北省畜牧兽医局，李保生；河北省奶业协会，李贺峰）

# 石家庄市

【奶畜养殖】2017 年，全市奶牛存栏 31.9 万头，奶产量 108.2 万 t，品种主要是中国荷斯坦牛，年均单产 7t。围绕建设奶业强市，积极推进奶业供给侧结构性调整，实施龙头带动，突出优质奶源基地建设，实现奶业的提质增效，重点巩固壮大行唐、灵寿、新乐、晋州、无极为重点的北部奶业产业带，加快行唐等养殖大县奶牛标准化规模养殖示范区建设。限制藁城、栾城、鹿泉、正定（三区一县）及主城区周边生产区，引导养殖场转产或搬迁。

奶牛群遗传改良。2017 年国家取消了畜牧良种补贴项目，为巩固多年的项目成果，石家庄市坚持定期对种牛精液进行监测，确保精液质量，2017 年共监测奶牛冻精样品 180 批次。积极推进良种精液商品化，进一步扩大改良范围，扩大市场占有率。建立健全“市、县畜牧部门、乳企、奶牛场”四级联动奶牛生产性能测定工作机制。DHI 实验室通过了省 DHI 中心的现场评审，挂牌河北省种畜禽质量监测站 DHI 中心石家庄市分中心，承担省 DHI 中心检测任务，目前共检测奶牛场 28 家，检测奶样 30 404 批次。

【奶源基地】全市有 208 个奶牛养殖场（区），相比 2016 年减少 22 家，牧场化养殖场达到 96%，奶牛规模化养殖率达到100%。奶站全部实现了管道式机械化挤奶，饲喂全株青贮玉米、使用全混合日粮（TMR）、奶牛卧床、冷风机和自动饮水等先进技术比例达到90%以上。养殖场区全部安装视频网络监控系统，实现了24小时的实时监控，100%的奶牛场建有粪污处理设施。

2017年，重点开展生产乳粉用奶牛场项目建设。共争取省乳粉业发展项目资金6 000多万元，用于生产乳粉用奶牛场建设、奶牛胚胎移植和全株玉米青贮种植。行唐、栾城、藁城、新乐、平山5个县（市、区）9个场申报了省乳粉用奶牛养殖场项目建设，经与市财政局联合组织专家评审，确认9个项目场全部达到建设要求。行唐、晋州、元氏、高邑等16个县（市）享受了全株玉米青贮补贴政策，完成全株玉米青贮1.6万$hm^2$。省生产乳粉用高产奶牛胚胎移植项目涉及无极、高邑、晋州、鹿泉、新乐、元氏、赵县7个县市，共计9 335枚。

推进大型奶牛场建设。君乐宝公司在行唐投资3.5亿元。设计存栏5 000头的石家庄君盛牧业有限公司，已基本完成基础设施建设，预计2018年上半年奶牛进场并投入使用；位于新乐市的投资5亿元的中元牧业有限公司已完成4栋泌乳牛舍、10栋青年牛舍、挤奶厅、青贮窖等基础设施建设，目前，存栏奶牛1.1万头，预计2018年初达到1.5万头。

奶站管理。全市208家奶站全部取得了生鲜乳收购许可证，全部与乳品加工企业签订了生鲜乳收购合同，安装了视频监控网络系统，实现了市县畜牧部门在生鲜乳的生产收购、储存运输各环节的全程实时监管。奶站和奶牛养殖场（区）实行一体化建设。一是每年定期组织开展两次奶站专项整治活动，重点对生鲜乳运输车持证情况、生鲜乳收购站各项制度落实情况、档案管理和检测情况进行检查，通过奶站专项整治和规范化管理，落实奶站监管的"十项制度和一项技术操作规程"，健全监管工作台账，提高奶站标准化规范化管理水平。二是强化人员培训，市级每年组织开展两次奶站法人（负责人）及养殖技术人员培训班，强化奶站质量安全责任人意识，完善各项档案记录，确保生鲜乳质量和各项制度落实。三是规范奶站视频监控网络系统运行，组织市联通公司、赛因斯公司对全市奶站视频系统联网情况进行全部现场检查和维护，对视频不能上传的奶站进行检修，确保视频监控网络系统的规范化常态运行。四是加大执法检查力度，始终保持奶站监管的高压态势，严厉打击非法收购运输"黑窝点"、无证和超范围收购、一证多用套用等违法行为，突出抓反面典型，震慑不法分子，确保生鲜乳质量安全。

**【质量安全】**2017年度共抽检奶样1 385批，其中，农业部先后抽检4次740批、省局2次抽检95批次，市局4次抽检550批次，每批检测三聚氰胺、β－内酰胺酶、碱类物质等6项指标，检测结果全部合格。全面落实生鲜乳收购数量大幅波动及质量不合格48小时调查追溯制度。2017年5月，省畜牧兽医局建立了河北省生鲜乳日报告网络平台，乳品企业每日报告检测不合格奶和交奶数量大幅波动情况，相关县畜牧部门立即派出人员到场调查处理，实现48小时内网上申报。自此项工作实施以来，乳品企业共检测不符合国标的生鲜乳15批次，主要是细菌超标，抗生素、黄曲霉毒素阳性，县级畜牧部门监督奶牛养殖场全部进行了无害化处理。

在石家庄市收购生鲜乳的大型乳品生产企业主要有6家（蒙牛、伊利、君乐宝、河北三元、山东万宝、石家庄明旺），都能按订购合同数量收购生鲜乳，超出合同的奶量低于市场价格收购。2017年，石家庄生鲜乳收购价格一直在低位运行，市场平稳。据监测，2017年1~12月，奶站每千克鲜奶的收购均价是: 3.62元、3.59元、3.36元、3.24元、3.24元、3.25元、3.30元、3.39元、3.55元、3.55元、3.56元、3.51元。年均价格3.43元，生鲜乳生产成本平均在3元左右，奶牛养殖处于微利或亏损状态。

**【乳品加工】**石家庄市有乳品加工企业12家，其中奶类加工厂6家、奶粉加工厂2家、乳饮料加工厂4家，从业人员近2万人，年销售收入100多亿元。石家庄君乐宝乳业有限公司、河北三元食品有限公司和石家庄明旺乳业有限公司是石家庄三家最大的乳品加工企业。

君乐宝乳业集团成立于1995年，经过23年发展，已经成为河北省最大的乳制品加工企业。2017年集团销售额达到102亿，在全国居第四位，增长率连续多年在全行业领先。

河北三元食品有限公司于2008年注册成立，2009年成功收购三鹿。目前，日处理鲜奶超过1 000t，成为我国北方地区最先进、处理能力最强的奶产品生产线。2017年年底，河北三元销售收入13.96亿元。

石家庄明旺乳业有限公司是台湾旺旺集团在河北省建的第一家乳品生产企业，位于石家庄市行唐县上方乡，主要产品有UHT液态奶、炼乳、果蔬饮料、植物蛋白饮料等，2017年销售额达6亿元。

**【奶农组织】**石家庄市奶业协会于2005年5月成立，主要职能是协助政府进行行业管理，维护会员和行业的合法权益。2017年5月25日，召开奶业协会第四次换届大会，由河北三元食品有限公司代表出任石家庄市奶业协会理事长，君乐宝乳业集团代表出任协会秘书长。现有会员44人，理事单位及单位代表20人。常务理事单位及单位代表16人，副理事长单位及单位代表10人。奶业协会每季度组织召开一次价格协调会，由县（市）畜牧部门、生鲜乳收购站、奶农和乳品企业代表参加。通报上一季度6家乳品企业生鲜乳参考价格执行情况，公布下季度的参考价格，同时，研判当前奶业形势，调解奶源供需矛盾，稳定市场秩序。2017年，协会积极与政府协作，在奶源基地建设、稳定市场供应、破解奶业发展新问题上做出了积极贡献。

**【政策法规】**《河北省人民政府关于加快全省乳粉业发展的意见》（冀政〔2013〕57号）和石家庄人民政府《关于加快全市乳粉业发展的实施意见》，推进生产乳粉用奶牛场建设。由市财政局、市畜牧水产局联合制发《石家庄市乳粉产业专项资金管理办法》，制订了养殖场标准化改造补贴资金和使用方案。

【奶业大事】君乐宝公司同时启动三个建设项目，一是君乐宝公司改造年产 2.2 万 t 婴幼儿配方乳粉生产线。项目占地约 4hm$^2$，总投资 2.6 亿元，投产后年产值 15 亿元。二是君乐宝日产 600t 的常温液态奶加工厂建设。设计有 6 条进口高速生产线，可生产 3 大类 5 个规格的几十个品种，项目建设用地约 9.5hm$^2$，总投资 4.8 亿元，投产后年产值可达 38 亿元。三是世界级奶业小镇，项目规划占地约 667hm$^2$，总投资 15 个亿，以君乐宝优质现代化牧场为依托，建设 15 个功能区，形成科普教育、生态种植、示范养殖、休闲观光为一体的综合小镇。目前，三个项目正在建设中。

【疫病防治】2017 年，奶牛养殖没有大的疫情发生，目前，已全部完成奶牛场自检和抽检任务，未检出阳性奶牛。所有备案奶牛场"两病"（布病、结核病）达到控制标准。继续推进乳品企业、生鲜乳收购站凭"两病"检测证明收购生鲜乳制度，倒逼奶牛场切实抓好布病防控工作。目前，奶牛场的常规疾病仍以乳房炎、消化不良、酸中毒和肢蹄病等常见病为主，对常见多发病能做到"早发现，早治疗"，有的奶牛场在收购量紧缩的情况下，直接淘汰低产牛、病牛，有效降低了养殖成本。加大对兽药饲料养殖环节投入品的管控，做到兽药使用可追溯，确保了奶牛养殖环节的用药安全。

【信贷保险】围绕着畜牧业转型升级这一中心任务，大力推进信贷支持畜牧业发展工作，破解养殖企业贷款难题，已为 47 个养殖场发放贷款 3 143 万元。利用石家庄市新型农业经营主体农业贷款风险准备金为 59 个养殖场贷款 4 895 万元。

推广畜禽无害化处理与保险联动"平山模式"。在平山县畜牧兽医部门支持下，县保险公司组建了保险联动服务队伍，建立了保险联动信息共享平台，推行五联单据管理，有效推进了病死畜禽无害化处理与保险联动工作的开展。"平山模式"得到农业部兽医局肯定，并在全国推广。

（石家庄市农业畜牧局，陈素梅、席立朋、杜凤国、李亚敏）

# 唐山市

【奶畜养殖】截至 2017 年年底，唐山市奶牛存栏 37 万头，2017 年鲜奶产量 168 万 t，成年母牛年平均单产已达 7.6t，已形成以丰润、滦南、滦县、丰南、迁安、开平、汉沽、乐亭等县区为重点的优势产业带，奶牛养殖量、鲜奶产量均占全市总量的 80% 以上，其中芦台天成奶牛场全群平均单产可达 11t 以上。同时，涌现了滦县首农新绿洲现代牧场有限公司、恒天然（玉田）牧场有限公司等一批优质高产牧场。

【乳品加工】唐山市辖区内有五家乳品加工企业，分别为位于丰润区的蒙牛乳业（唐山）有限责任公司，其拥有 9 条 TBA/22 型无菌灌装生产线，2 条 TBA/22 型无菌灌装生产线、3 条 TBA19/125S 生产线、1 条 A3-200S 生产线、1 条 TBA8/1000B 生产线、1 条 A3-250 高速利乐钻生产线，1 条 A3SPEED-125 生产线，主要生产液体奶系列，包括白奶、乳饮料和儿童奶系列；位于滦南县的蒙牛乳业（滦南）有限责任公司，其拥有瑞典利乐公司提供的生产线 26 条（其中 22 型机 2 条，TFA3 型机 6 条和百利包生产线 15 条，康美包 3 条），同时可以生产纯牛奶、花色奶、乳饮料三个不同品种的产品；位于汉沽管理区的唐山市三元食品有限公司，其主导产品为奶粉和液体奶，生产许可证核定产品范围为乳制品，包括液态乳（调制乳、灭菌乳）和乳粉（全脂乳粉）；位于迁安市的迁安三元食品有限公司，主要生产设备有瑞典利乐 - 拉伐公司生产的管式超高温灭菌机 3 套、500 利乐枕无菌包装机 2 台、百利包包装机 4 台、超高温液态奶生产线 6 条、调剂奶源余缺而建设的奶粉生产线 1 套、百利包无菌灌装生产线两条以及 A3 柔性利乐砖高速包装设备壹套及附属设施，公司主要生产的产品有超高温灭菌乳及含乳饮料；位于滦县的滦县伊利乳业有限责任公司，一期项目共有灌装生产线 19 条，生产品种包括纯牛奶、营养舒化奶、优酸乳等，二期项目采用瑞典、德国等国际先进生产技术和设备，主要生产"金典奶、营养舒化奶、QQ 星儿童奶、学生奶"等伊利高端系列产品。

【市场消费】2017 年，受国内外形势影响，鲜奶销售不畅，收购价格持续走低，奶牛存栏数量有所下降。生鲜乳收购价格规模场在 3.5 元 /kg 左右。随着奶牛养殖收益的明显下降，部分奶农选择淘汰低产奶牛来降低养殖成本，实在经营不下去的养殖小区则选择主动停产关闭。

【奶源基地】唐山市共有 243 个奶牛养殖场，所有奶牛养殖小区全部实现向牧场化转型，所有奶牛养殖场（区）实现规模化养殖、机械化挤奶、TMR 饲喂，全部采用奶牛卧床技术。

作为奶业大市，加快奶业转型升级是提高农民收入、打造高效畜牧业、建设奶业强市的必要途径。一是积极与滦南蒙牛、丰润蒙牛、滦县伊利等乳企协作，引导乳企实行生鲜乳收购优质优价原则，通过政策扶持和价格杠杆，推进奶牛养殖小区向牧场转型。截至 2017 年年底，全市所有奶牛养殖小区已全部转型升级为牧场。二是大力提高标准化养殖水平。奶牛卧床、冷风机、玉米青贮机、管道式数字化挤奶机等设施使用率有较大幅度提升，全市奶牛规模养殖场 100% 实现管道式机械化挤奶，全部采用了 TMR 饲喂技术，有 80% 以上的奶牛养殖场采用了全株青贮，60% 以上的场使用了奶牛卧床和冷风机，有 11 个场参与了 DHI 测定。三是进一步提高智能化、信息化养殖水平。通过配备奶量自动计量、奶牛发情、TMR混合自动化控制、环境监控等设施设备，实现对奶牛场的信息化管理。新绿洲、军英牧场、汉沽兴业、恒天然等10多个场采用了更为先进的奶牛数字化管理系统，智能化水平进一步提高。

**【奶农组织】**唐山市及各县区奶业协会自主地开展有益于加强行业管理的各类活动，通过树立典型，发挥示范引导作用，进而全面提高全市奶牛养殖水平。一是总结典型经验，建立示范基地。总结撰写芦台天成奶牛养殖场养殖先进经验和典型做法，被《中国畜牧业》刊发全国发行。确定中奥奶牛养殖场等3个养殖场为示范基地，开展新技术集成应用，并以点带面推广到其他养殖场。二是开展标准化示范创建活动，充分发挥示范场引领、示范和带动作用。目前，全市共有34家部级示范场，其中奶牛养殖场14家；共有87家省级示范场，其中奶牛养殖场34家。三是宣传推广种养结合典型，促进一二三产业融合。滦县兴源奶牛养殖专业合作社与河北农大合作，成立兴源家庭牧场，用牛粪发酵生产双孢菇，蘑菇采摘后的"培养料"还田，用于种植青贮玉米，形成了完整的农业循环经济。

**【质量监管】**始终把乳品质量安全放在优先地位，强化质量安全监管体系建设，推进奶业安全发展。一是建立了以市畜牧水产品质量监测中心为主体、县级农产品质检站为基础的生鲜乳监测体系，实施生鲜乳质量安全监测计划和专项整治行动，确保生鲜乳质量安全。二是通过县级、乳企生鲜乳收购站网络视频监管平台和生鲜乳运输车GPS定位系统，实时监控生鲜乳收购站及运输车的运行情况。三是充分运用省生鲜乳信息监管平台发布的预警信息，督促县区局核实导致生鲜乳不合格的原因并及时处置，坚决落实生鲜乳收购数量大幅波动和质量不合格48h追溯机制，严把奶源质量安全关。

奶站管理。2017年年底，唐山市共有奶站243个，全部发放了《生鲜乳收购许可证》和《生鲜乳准运证明》。全部奶站六项制度齐全，各项记录完备、挤奶、冷却、储藏、运输设施符合规定要求，且全部采用了封闭式管道挤奶方式，鲜奶运输执行"两证一单"制度。加强对奶站的监督管理，完善原料奶价格形成机制，定期发布收购指导价格使原料奶定价公平合理、有据可依。完善生鲜乳购销机制，乳粉企业与配套奶站签订和执行购销合同，加强企业自律，维护正常的生鲜乳收购秩序，严厉打击收购散奶、降低收奶标准、抢奶等不正当竞争行为。对不履行合同规定随意变更交奶企业的奶站和蓄意扰乱收购秩序的乳品企业，采取媒体通报、取消申请国家扶持项目资格、加强质量安全监管、列入黑名单等措施加以惩罚。乳粉企业对合同奶站进行全程监督，保证生鲜乳质量。加快建设奶站视频网络监控系统和生鲜乳运输车辆GPS定位系统，实现生鲜乳生产、运输环节的全程信息化监管。

完善利益联结机制。引导鼓励乳企与奶农建立更加稳固的利益联结关系，实现风险共担、利益共享，进一步规范生鲜乳购销行为，稳定生鲜乳收购秩序。一是加强《生鲜乳购销合同（示范文本）》签订和履行的监督检查，要求乳企与生鲜乳收购站全部签订3年以上长期购销合同。二是严格执行生鲜乳收购参考价格。督促乳企严格按照省生鲜乳价格协调会发布的全省生鲜乳交易参考价格收购生鲜乳，稳定奶牛养殖收益预期。三是发挥第三方仲裁检测重要作用。充分发挥唐山市畜牧水产品质量监测中心第三方仲裁重要作用，绝不允许乳企无故限收、拒收生鲜乳，充分构建公开、公平、公正的市场环境。

（唐山市农牧局畜牧处，杨建兴）

# 山 西 省

【奶畜养殖】据畜牧部门统计，2017年全省奶牛存栏44.2万头，同比减少0.9%。品种全部为荷斯坦牛，主要分布于山西省的北部和中部地区，包括朔州市、大同市、忻州市、晋中市、太原市，其奶牛存栏40.5万头，占全省存栏总量的91.6%。奶牛存栏3 000头以上的县（市、区）23个，包括小店区、尖草坪区、南郊区、新荣区、阳高县、天镇县、广灵县、浑源县、大同县、朔城区、平鲁区、山阴县、应县、右玉县、怀仁县、榆次区、太谷县、祁县、平遥县、忻府区、定襄县、繁峙县、翼城县，奶牛存栏39.3万头，占总存栏的89.1%。

截至2017年年底，饲养100头以上奶牛的规模养殖场（户）存栏奶牛25.7万头，规模养殖比重58%。全省不同规模奶牛养殖场（户）、奶牛存栏、牛奶产量情况分别为：存栏1~19头的有3.1万（户），存栏13.8万头，产奶40.9万t；存栏20~49头的有925个场（户），存栏2.8万头，产奶9.1万t；存栏50~99头的有277个场（户），存栏2万头，产奶5.8万t；存栏100~199头的有100个场（户），存栏1.5万头，产奶4.9万t；存栏200~499头的有224个场（户），存栏8.5万头，产奶27.1万t；存栏500~999头的有80个场（户），存栏6.2万头，产奶20.7万t；存栏1 000头以上的有34个场（户），存栏9.8万头，产奶26.9万t。

2017年，全省奶山羊存栏13.5万只，比上年同期下降18.2%，主要品种为洪洞奶山羊。奶山羊主要分布于大同市、晋中市、临汾市、运城市，存栏13.1万只，占全省存栏总数的97.1%。奶山羊存栏2 000只以上的有17个县（市、区），包括阳高县、广灵县、灵丘县、浑源县、寿阳县、祁县、平遥县、临猗县、万荣县、芮城县、河津市、尧都区、曲沃县、洪洞县、永济市，共存栏12万只，占全省存栏总数的89.4%。

2017年，山西省奶类总产量达到139.31万t，同比增长1.2%，其中牛奶产量137.4万t，同比增长1.5%；羊奶1.9万t，同比减少18.5%。朔州市牛奶产量达到57.1万t，占全省牛奶产量41.5%。

截至2017年12月，全省运营的生鲜乳收购站共计284个，其中乳品企业开办15个，奶畜养殖场开办104个，奶农合作社开办165个，除阳泉市、晋城市，其他9个市均有分布。全省共有生鲜乳运输车193辆。

【乳品加工】2017年，全省乳制品生产企业共14个，分布于6个市，分别为太原市4个、大同市2个、晋中市2个、朔州市4个、晋城市1个、长治市1个。生产乳制品种类包括巴氏杀菌奶、UHT奶、奶粉和酸奶。其中，中小型乳制品加工企业主要生产巴氏杀菌奶，部分企业还生产酸奶和乳酸饮料，省内无婴幼儿配方乳粉生产企业。

【市场消费】2017年，全省生鲜乳收购价平均为2.8元/kg，平均交售价格为3.2元/kg，分别比2016年减少0.2元/kg和0.3元/kg。

山西市场销售乳制品的品牌主要为本土品牌古城和外来品牌伊利、蒙牛、君乐宝、现代牧业等；巴氏杀菌奶主要有入户、商超和奶吧销售三种形式，市场消费量呈越来越大的趋势。

【奶源基地】省外乳品企业在山西省组建的公司没有开展奶源基地建设，本省的多数乳品企业自建有部分奶源基地，如古城乳业集团、大同市牧同乳业有限公司、太原九牛牧业、阳曲县瑞美乳业、长治市牧村乳业、长治市九牛寨乳业等，山西维尔生物乳制品公司有参股奶牛养殖基地。

冻精生产和发放。2017年，全年生产奶牛冻精39万剂；全年省内共推广奶牛冻精24万剂。

DHI测定。2017年，农业部下达山西省DHI测定项目经费91万元，测定任务1.3万头产奶牛。全年参测牛场71个，累计测定奶牛35 697头，共测定192 528头次。全年12个月全部参加测定的牛场28个，占39.4%；6次以上的牛场61个，占85.9%，均为历年来最高。71个参测牛场日头均产奶量28.4kg，平均乳脂率3.7%，平均乳蛋白率3.4%，乳糖5%，平均干物质12.7%，各项指标与上年度基本持平，均显著高于国家生鲜乳标准。省DHI测定中心全年共完成牛场服务约100场次，行程近6万km。牛场服务的内容主要包括指导牛场采样、整理档案、解读DHI报告、发放后测冻精、安装牧场管理软件、奶机检测等。

荷斯坦青年公牛后裔测定。2017年共发放冻精13 265支，配种记录4 410支，定胎记录1 122条，产犊记录837条，活母犊数353头。

【政策法规】奶牛标准化规模养殖场（小区）建设项目。2017年，中央财政在山西省的朔州市、大同市、忻州市、晋中市共投资1 880万元进行奶牛标准化规模养殖场（小区）建设。项目性质为改扩建，建设内容以养殖场（小区）水、电、路、粪污处理、防疫、挤奶、质量检测等配套设施设备及饲草料基地。共建设21个养殖场（小区），其中有17个养殖场（小区）每个补助80万元，4个养殖场（小区）每个补助130万元。

振兴奶业苜蓿发展行动。2017年山西省承担国家“振兴奶业苜蓿发展行动”高产优质苜蓿示范项目建设任务1 000 $hm^2$。根据农业部相关文件要求，山西省农业厅下达了《关于下达2017年中央农业生产发展和农业资源及生态保护资金使用计划的通知》（晋农财发〔2017〕68号），对朔州市朔城区、山阴县、怀仁县3个县区1 111.2 $hm^2$苜蓿种植及配套设施的建设共补助1 000万元。怀仁县奔康牧草开发有限公司、山西古城乳业农牧有限公司、朔州市骏宝宸农业科技有限公司、朔州市民善农牧专业合作社联合社和朔州市朔城区乳飘香养殖专业合作社5家企业作为2017年苜蓿项目的承担单位。通过该项目的实施，带动了周边农民苜蓿种植水平的提高，实现苜蓿增产提质，新型的苜蓿饲草产业体系逐步建立健全，为奶牛生产提供优质牧草，为现代畜牧业生产建设发展提供保障。

奶业提质增效。2017 年，山西省惠农政策，省财政安排资金 1 000 万元继续对全省奶业提质增效给予补助，用于采购奶牛发情自动监测项圈及配套软硬件设备免费发放给奶牛场，其中朔州市 100 万元、大同市 100 万元、忻州市 100 万元、晋中市 100 万元、太原市 100 万元。通过奶业提质增效项目的实施，实现了奶牛发情监测的自动化管理，提高了奶牛的繁殖效率和养殖效益，实现信息交互与共享，奶牛场智能化管理，从整体上提高了奶牛场管理水平，增加了农民收入。

**【质量监管】**2017 年，山西省共完成生鲜乳样品监测共 1 842 批次。其中完成农业部生鲜乳违禁添加物专项指标监测任务共 805 批次（收购站 519 批次、运输车 286 批次）；完成生鲜乳隐患排查指标监测任务，共计 163 批次（收购站 85 批、运输车 78 批）；配合重庆市兽药饲料监察所、甘肃省兽药饲料监察所，圆满完成异地抽检 200 批次（收购站 50 批、运输车 150 批）；生乳国标指标监测 119 批次（收购站 80 批次、运输车 39 批次）；例行监测 412 批次；药物残留监测 143 批次。所有样品检测项目全部合格，检测合格率 100%。样品覆盖全省所有的生鲜乳收购站和运输车。所有监测生鲜乳样品质量均符合国家相关标准规定。

监管责任有效落实。省、市、县畜牧主管部门均成立了生鲜乳质量安全专项整治领导组，明确了省市县乡各级监管目标任务及职责。省与市、市与县（市、区）畜牧兽医主管部门分别签定了《2017 年生鲜乳质量安全监管责任书》，明确生鲜乳质量安全监管责任，每个生鲜乳收购站统一加挂监管责任牌，注明省、市、县、乡四级监管责任人。监管人员和收购站运输车负责人签订《生鲜乳质量安全监管责任书》《生鲜乳质量安全责任书》和《生鲜乳质量安全承诺书》，进一步明确责任，实行了严格责任追究制度，真正做到措施到位、责任到位、监管到位、不留空白，确保生鲜乳质量安全。

专项整治扎实开展。山西省制定了《2017 年山西省生鲜乳专项整治行动实施方案》（晋农办饲奶发〔2017〕72 号）。一是所有生鲜乳收购站和运输车重新审核。对全省所有生鲜乳收购站和运输车进行了全面审核，对不合格收购站和运输车坚决取缔，对逾期未换证的生鲜乳收购站、运输车依法予以注销，将正常运行的收购站和运输车信息全部录入“生鲜乳收购站运输车监督管理系统”，进行精准化管理。二是生鲜乳收购站和运输车日常监管强化。重点检查标准化管理、生鲜乳质量检验、不合格生鲜乳处理、生产收购记录和进货查验制度落实情况等。三是生鲜乳质量安全抽检力度加大。监测抽检覆盖区域内所有奶站和运输车，监测指标覆盖国家公布的所有违禁添加物。四是违法违规行为严厉打击。监测与执法联动，行政与司法衔接，对生鲜乳生产、收购和运输过程中的违法违规行为，发现一起，查处一起，绝不手软。

据统计，全省全年累计出动执法人员 4 321 人次，检查生鲜乳收购站 1 530 站次，对 58 个生鲜乳收购站下达整改通知书，取缔 17 个生鲜乳收购站，吊销 8 个生鲜乳收购站资格；检查运输车 897 车次，依法取缔 12 辆运输车，吊销 1 辆运输车运输鲜奶资格。

宣传培训切实加强。11 月 22~23 日，举办了“山西省奶业提质增效技术培训班”，邀请山西农业大学、山西省农科院畜牧兽医研究所的专家对来自 11 个市、22 个奶牛养殖重点县的 70 个企业代表共计 81 人进行了培训，内容涉及奶牛饲养管理、疾病防控、遗传育种等奶牛养殖过程中的各个环节，受到与会代表的一致好评。

全省各级畜牧主管部门共举办了 92 期生鲜乳监管人员及收购站负责人参加的法律法规培训，积极宣讲《乳品质量安全监督管理条例》和《生鲜乳生产收购管理办法》等有关奶业法规知识。发放了生鲜乳质量安全告知书及宣传资料 1.2 万余份，为奶畜养殖场（户）现场指导 2 000 多场次，切实帮助解决饲养管理中遇到的难题，奶畜养殖场（户）在生鲜乳生产和经营各个环节的质量安全意识得到提高。

（山西省饲料奶站管理办公室，侯晋兰）

# 太 原 市

**【奶畜养殖】**2017 年，全市奶类总产量 10.6 万 t。奶牛存栏 2.1 万头，其中能繁母牛 1.3 万头。奶牛品种为荷斯坦牛，主要分布于五个县区，即阳曲县、清徐县、小店区、尖草坪区、晋源区，其存栏量占全市存栏总量的 95%。2017 年，全年生鲜乳收购均价为 3.5 元 / kg。

**【乳品加工】** 2017 年全市拥有乳品加工企业（本地）4 家，分别为蒙牛集团太原公司、山西九牛牧业有限公司、山西维尔生物乳制品有限公司、阳曲瑞美乳业有限公司。全年四家企业处理鲜奶 6.9 万 t，其中生产巴氏杀菌乳 0.4 万 t、UHT 奶 5.6 万 t，酸奶及乳饮料 0.9 万 t。乳品企业年销售总额 6.2 亿元，利润 6 873 万元。其中三家盈利，一家亏损。

**【奶源基地】**全市现有规模 100 头以上的奶牛养殖小区和养殖场 14 个，其中 1 000 头以上规模养殖场 1 个，500~999 头以上的规模养殖场 5 个，200~499 头以上的规模养殖场 5 个，奶牛养殖入园率达 95% 以上。全市拥有生鲜乳收购站 22 个，日均收奶量 127.85t，现有持证生鲜乳运输车辆 16 辆，日运奶量 120t。全市机械化挤奶率达到 100%。

2017 年全市参加奶牛生产性能测定的牧场和园区达 21 家，比去年增加了 1 家，测定奶牛头数达 5 500 头，圆满地完成全年目标任务。

2017年奶牛布鲁氏菌病检疫7 020头，无阳性；结核病检疫5 000头，4头阳性，及时宰杀后进行了无害化处理；口蹄疫免疫4.1万头次。

饲草饲料，2017年，全市人工牧草种植面积5 382hm$^2$，其中苜蓿面积687hm$^2$，专用青贮玉米面积4 695hm$^2$。

2017年全市有3家具备单独生产奶牛配合饲料能力的饲料企业，其中太原市小店区腾雄飞饲料厂生产能力26t/h，实际年产6 089t；山西太原易大饲料厂生产能力15t/h，年产3 683t；山西广联畜禽有限公司生产能力10t/h，年产9 380t。

**【质量监管】** 继续开展生鲜乳质量安全专项整治工作，一是落实生鲜乳收购站和运输车经营主体质量安全首要责任，签订生鲜乳质量安全责任状。二是严格审查生鲜乳收购站和运输车资质条件，对供应鲜奶吧的12个生鲜乳收购站和相关运输车的资质进行重新审核，建立档案。三是强化生鲜乳收购站和运输车日常监管。重点对生鲜乳收购站和运输车标准化管理、生鲜乳质量检验、不合格生鲜乳处理、安全制度落实等方面进行监督检查。全年对全市22个生鲜乳收购站和16辆运输车辆进行检查，全部符合农业部制定的标准。根据农业部和省农业厅安排，制定了《2017年全市生鲜乳质量安全监测工作计划》，认真开展生鲜乳质量安全检测工作。圆满完成了农业部下达的2017年随机抽检119个批次、异地抽检51个批次（重庆），省农业厅国际乳抽检50个批次的任务，合格率始终保持100%。完成了农业部400个样品的沙门氏菌和金黄色葡萄球菌检测任务。通过全面加强监测力度，杜绝了非法添加行为，有效保证了生鲜乳收购安全。

（太原市乳品监察管理站，陈新慧）

## 附表：山西省奶牛养殖场（小区）名录

| 序号 | 名称 | 养殖场 | 小区 | 全群存栏（头） | 成母牛存栏（头） | 奶畜品种 | 成母牛单产（t/年） | 年总产（t） | 是否参加 DHI | 是否应用 TMR |
|---|---|---|---|---|---|---|---|---|---|---|
| 1 | 大同市阳高县奇园盛畜牧有限公司 | √ | | 318 | 195 | 荷斯坦 | 10.5 | 1 440 | √ | √ |
| 2 | 大同市阳高县富达养牛专业合作社 | √ | | 450 | 350 | 荷斯坦 | 8.5 | 3 000 | | √ |
| 3 | 大同市阳高县信一奶牛场 | √ | | 320 | 150 | 荷斯坦 | 8.5 | 1 000 | √ | √ |
| 4 | 大同市阳高县杨家堡奶牛养殖专业合作社 | √ | | 350 | 160 | 荷斯坦 | 8.6 | 1 200 | | √ |
| 5 | 大同市阳高县瑞清奶牛养殖专业合作社 | √ | | 420 | 230 | 荷斯坦 | 8.5 | 1 800 | | √ |
| 6 | 大同市阳高县承厚奶牛养殖专业合作社 | √ | | 450 | 220 | 荷斯坦 | 9 | 2 200 | | √ |
| 7 | 大同市阳高县海泉奶牛养殖专业合作社 | √ | | 435 | 185 | 荷斯坦 | 8.5 | 2 200 | | √ |
| 8 | 大同市阳高县犇犇牧业有限公司 | √ | | 420 | 220 | 荷斯坦 | 10 | 2 500 | √ | √ |
| 9 | 大同市阳高县牛郎奶牛养殖专业合作社 | √ | | 60 | 42 | 荷斯坦 | 7 | 300 | | √ |
| 10 | 大同市阳高县永顺奶牛养殖专业合作社 | √ | | 80 | 50 | 荷斯坦 | 7 | 300 | | √ |
| 11 | 大同市阳高县新义奶牛养殖专业合作社 | √ | | 320 | 150 | 荷斯坦 | 8.5 | 1 200 | | √ |
| 12 | 大同市阳高县大联畜牧有限公司 | √ | | 330 | 95 | 荷斯坦 | | | | |
| 13 | 大同市大同县山西椿林牧业有限公司 | √ | | 817 | 410 | 德系西门塔尔 | 7.64 | 3 132.4 | √ | √ |
| 14 | 大同市大同县大同诚宏阳奶牛养殖场 | √ | | 420 | 220 | 荷斯坦 | 6.82 | 1 500.4 | | √ |
| 15 | 大同市大同县犇犇农牧专业合作社 | √ | | 301 | 140 | 荷斯坦 | 6.86 | 960.4 | | √ |
| 16 | 大同市大同县恒升有限责任公司 | √ | | 1 900 | 920 | 荷斯坦 | 9.78 | 8 997.6 | | √ |
| 17 | 大同市左云县大同市五路山畜产有限责任公司 | √ | | 39 | 23 | 荷斯坦 | 6 | 138 | √ | √ |
| 18 | 大同市灵丘县百昇养殖专业合作社 | √ | | 76 | 35 | 荷斯坦 | 6.2 | 220 | | |
| 19 | 大同市南郊区三鑫奶牛合作社 | | √ | 340 | 180 | 荷斯坦 | 9 | 1 460 | √ | √ |
| 20 | 大同市南郊区佳林合作社 | | √ | 350 | 200 | 荷斯坦 | 8.5 | 1 600 | | √ |
| 21 | 大同市南郊区永兴奶牛养殖场 | | √ | 260 | 130 | 荷斯坦 | 7 | 1 000 | | √ |
| 22 | 大同市南郊区鑫源奶牛养殖专业合作社 | | √ | 400 | 260 | 荷斯坦 | 8.2 | 1 460 | | √ |
| 23 | 大同市南郊区四方高科农牧有限公司 | √ | | 4 837 | 2 329 | 荷斯坦 | 11 | 34 675 | √ | √ |
| 24 | 大同市良种奶牛有限公司 | √ | | 2 350 | 1 180 | 娟姗、荷斯坦 | 11.3 | 19 500 | √ | √ |
| 25 | 大同市南郊区永成畜牧公司 | √ | | 2 600 | 1 300 | 荷斯坦 | 11 | 7 300 | √ | √ |
| 26 | 大同市天镇桃园奶牛养殖合作社 | √ | | 550 | 400 | 荷斯坦 | 3 | 2 000 | | |
| 27 | 大同市天镇中地生态牧场有限公司 | √ | | 12 591 | 6 729 | 荷斯坦 | 10.5 | 70 000 | √ | √ |
| 28 | 大同市天镇县华多万隆有限公司 | √ | | 420 | 200 | 荷斯坦 | 10.6 | 2 000 | √ | √ |
| 29 | 大同市天镇三十里铺天阳奶站专业合作社 | √ | | 230 | 200 | 荷斯坦 | 9 | 720 | √ | √ |
| 30 | 大同市天镇兴旺奶站养殖专业合作社 | √ | | 230 | 180 | 荷斯坦 | 3.5 | 630 | | |
| 31 | 大同市天镇县天富养殖专业合作社 | √ | | 160 | 80 | 荷斯坦 | 3.5 | 280 | | |
| 32 | 大同市天镇吉泰种养专业合作社 | √ | | 290 | 140 | 荷斯坦 | 4 | 560 | | √ |
| 33 | 大同市天镇县晋丰种养专业合作社 | √ | | 320 | 208 | 荷斯坦 | 3 | 700 | √ | √ |
| 34 | 大同市天镇兴发繁育有限公司 | √ | | 900 | 500 | 荷斯坦 | 3 | 4 200 | | |
| 35 | 大同市新荣区伊磊牧业科技有限责任公司 | | √ | 4 018 | 1 532 | 西门塔尔 | 11 | 14 000 | √ | √ |
| 36 | 大同市天河牧业有限责任公司 | √ | | 1 600 | 1 200 | 荷斯坦 | 10 | 7 500 | √ | √ |
| 37 | 大同市新世纪奶牛养殖有限责任公司 | √ | | 570 | 470 | 荷斯坦 | 7.9 | 3 600 | √ | √ |
| 38 | 大同市南郊区晟牛养殖专业合作社 | | √ | 306 | 150 | 荷斯坦 | 6 | 150 | | |
| 39 | 朔州市朔城区明金奶牛养殖专业合作社 | √ | | 860 | 380 | 荷斯坦 | 6.18 | 2 350 | | |
| 40 | 朔州市朔城区国雄奶牛养殖专业合作社 | √ | | 520 | 250 | 荷斯坦 | 6.2 | 1 550 | | |
| 41 | 朔州市朔城区小营向前奶牛养殖专业合作社 | √ | | 530 | 230 | 荷斯坦 | 9.48 | 2 180 | | |
| 42 | 朔州市朔城区继山奶牛养殖专业合作社 | √ | | 370 | 225 | 荷斯坦 | 7.33 | 1 650 | | |

（续）

| 序号 | 名称 | 养殖场 | 小区 | 全群存栏（头） | 成母牛存栏（头） | 奶畜品种 | 成母牛单产（t/年） | 年总产（t） | 是否参加 DHI | 是否应用 TMR |
|---|---|---|---|---|---|---|---|---|---|---|
| 43 | 朔州市朔城区乔光奶牛养殖专业合作社 | √ | | 500 | 220 | 荷斯坦 | 8.27 | 1 820 | | |
| 44 | 朔州市朔城区田苏奶牛养殖专业合作社 | √ | | 470 | 240 | 荷斯坦 | 9.25 | 2 220 | | |
| 45 | 朔州市朔城区兴牛富养殖专业合作社 | √ | | 400 | 200 | 荷斯坦 | 7.26 | 1 452 | | |
| 46 | 朔州市朔城区国前奶牛养殖专业合作社 | √ | | 380 | 140 | 荷斯坦 | 7.93 | 1 110 | | |
| 47 | 朔州市朔城区通乐奶牛养殖专业合作社 | √ | | 340 | 160 | 荷斯坦 | 9.75 | 1 560 | | |
| 48 | 朔州市旺畜源养殖有限公司 | √ | | 500 | 200 | 荷斯坦 | 7.25 | 1 450 | | |
| 49 | 朔州市朔城区福生源奶牛养殖专业合作社 | √ | | 348 | 140 | 荷斯坦 | 9.07 | 1 270 | | |
| 50 | 朔州市朔城区诚信奶牛养殖专业合作社 | √ | | 320 | 150 | 荷斯坦 | 5.83 | 875 | | |
| 51 | 朔州市朔城区牧康源奶牛养殖有限公司 | √ | | 180 | 130 | 荷斯坦 | 7.85 | 1 020 | | |
| 52 | 朔州市朔城区鸿开奶牛养殖专业合作社 | √ | | 236 | 95 | 荷斯坦 | 7.26 | 690 | | |
| 53 | 朔州市富营奶牛养殖专业合作社 | √ | | 900 | 490 | 荷斯坦 | 9.3 | 4 558 | | |
| 54 | 朔州市绿诚农牧有限公司 | √ | | 580 | 300 | 荷斯坦 | 7.28 | 2 185 | | |
| 55 | 朔州市建芳奶牛养殖有限公司 | √ | | 420 | 220 | 荷斯坦 | 9.93 | 2 185 | | |
| 56 | 朔州市来旺乳业有限公司 | √ | | 300 | 140 | 荷斯坦 | 8.06 | 1 128 | | |
| 57 | 朔州立新养殖有限公司 | √ | | 148 | 80 | 荷斯坦 | 8.62 | 690 | | |
| 58 | 朔州市恒兴农牧渔开发有限公司 | √ | | 360 | 160 | 荷斯坦 | 5 | 800 | | |
| 59 | 朔州市 乳源奶牛养殖专业合作社 | √ | | 180 | 46 | 荷斯坦 | 6.3 | 290 | | |
| 61 | 朔州市怀仁县天顺牧业有限责任公司 | √ | | 685 | 405 | 荷斯坦 | 9.4 | 3 808.8 | √ | |
| 62 | 朔州市怀仁县犇康牧场 | √ | | 663 | 403 | 荷斯坦 | 9.08 | 3 660 | √ | |
| 63 | 朔州市怀仁县鑫浩奶牛养殖场 | √ | | 368 | 210 | 荷斯坦 | 5.32 | 1 117.56 | | |
| 64 | 朔州市怀仁县富博养殖场 | √ | | 407 | 180 | 荷斯坦 | 8.4 | 1 512 | | |
| 65 | 朔州市怀仁县下湿庄奶牛养殖场 | √ | | 853 | 451 | 荷斯坦 | 10.83 | 4 888.08 | √ | |
| 66 | 朔州市怀仁县中源农牧专业合作社 | √ | | 543 | 270 | 荷斯坦 | 16.66 | 4 500 | | |
| 67 | 山西仁德牧业有限责任公司 | √ | | 2 761 | 1 077 | 荷斯坦 | 10.99 | 11 844.3 | √ | |
| 69 | 朔州市兴平农牧有限公司 | | √ | 1 020 | 650 | 荷斯坦 | 9.5 | 5 000 | √ | |
| 71 | 朔州市玉收农牧有限公司（二） | | | 2 980 | 1 200 | 荷斯坦 | 9.4 | 11 280 | | |
| 72 | 朔州市玉收农牧有限公司（一） | | | | | 荷斯坦 | | | | |
| 73 | 朔州市玉收农牧有限公司（三） | | | | | 荷斯坦 | | | | |
| 74 | 朔州市应县喜凤奶牛养殖专业合作社 | | | 280 | 90 | 荷斯坦 | 9 | 810 | | |
| 75 | 朔州市应县富川农牧专业合作社 | | | 420 | 230 | 荷斯坦 | 9 | 2 070 | | |
| 76 | 朔州市应县东方奶牛养殖专业合作社 | | | 310 | 110 | 荷斯坦 | 9.9 | 1 089 | | |
| 77 | 朔州市应县兴望奶牛养殖专业合作社 | | | 500 | 150 | 荷斯坦 | 9.8 | 1 470 | | |
| 78 | 朔州市应县日忠奶牛养殖专业合作社 | | | 500 | 200 | 荷斯坦 | 8.9 | 1 780 | | |
| 79 | 朔州市应县梦雄奶牛养殖专业合作社 | | | 290 | 80 | 荷斯坦 | 8.8 | 704 | | |
| 80 | 朔州市应县营大奶牛养殖专业合作社 | | | 500 | 200 | 荷斯坦 | 10.5 | 2 100 | | |
| 81 | 朔州市应县日福奶牛养殖专业合作社 | | | 450 | 157 | 荷斯坦 | 8.7 | 1 365.9 | | |
| 82 | 朔州市应县银宗奶牛养殖专业合作社 | | | 360 | 96 | 荷斯坦 | 8.9 | 854.4 | | |
| 83 | 朔州市应县联富奶牛养殖专业合作社 | | | 270 | 80 | 荷斯坦 | 8.9 | 712 | | |
| 84 | 朔州市应县仁河富民养殖专业合作社 | | | 380 | 155 | 荷斯坦 | 8.8 | 1 364 | | |
| 85 | 朔州市应县吉安养殖专业合作社 | | | 335 | 70 | 荷斯坦 | 9 | 630 | | |
| 86 | 朔州市应县乾丰奶牛养殖专业合作社 | | | 350 | 144 | 荷斯坦 | 9.9 | 1 425.6 | | |
| 87 | 朔州市应县辉煌养殖有限公司 | | | 900 | 300 | 荷斯坦 | 9 | 2 700 | | |
| 88 | 恒天然（应县）牧场有限公司（牛铃牧场） | | | 11 905 | 6 119 | 荷斯坦 | 13.5 | 82 606.5 | | |
| 89 | 恒天然（应县）牧场有限公司（阳光牧场） | | | 10 410 | 5 102 | 荷斯坦 | 13.5 | 68 877 | | |

（续）

| 序号 | 名称 | 养殖场 | 小区 | 全群存栏（头） | 成母牛存栏（头） | 奶畜品种 | 成母牛单产（t/年） | 年总产（t） | 是否参加DHI | 是否应用TMR |
|---|---|---|---|---|---|---|---|---|---|---|
| 90 | 恒天然（应县）牧场有限公司（水边牧场） | | | 6 655 | 3 567 | 荷斯坦 | 13.5 | 48 154.5 | | |
| 91 | 朔州市应县源泉奶牛养殖专业合作社 | | | 300 | 110 | 荷斯坦 | 8.9 | 979 | | |
| 92 | 朔州市应县思云奶牛养殖专业合作社 | | | 460 | 160 | 荷斯坦 | 9 | 1 440 | | |
| 93 | 朔州市龙首山盛源牧业有限公司 | | | 1 700 | 460 | 荷斯坦 | 9.6 | 4 416 | | |
| 94 | 朔州市应县乳泉东海养殖专业合作社 | | | 160 | 60 | 荷斯坦 | 8.9 | 534 | | |
| 96 | 朔州市三源商业集团绿缘奶牛养殖有限公司 | √ | | 646 | 309 | 荷斯坦 | 7.5 | 876 | | |
| 98 | 山西古城乳业农牧有限公司 | √ | | 1 405 | 936 | 荷斯坦 | 7.2 | 6 114 | √ | |
| 99 | 朔州市山阴县宝发奶牛专业合作社 | | √ | 367 | 175 | 荷斯坦 | 6.4 | 1 036.8 | | |
| 100 | 朔州市山阴县保和养殖专业合作社 | | √ | 346 | 214 | 荷斯坦 | 6.2 | 1 236 | | |
| 101 | 朔州市山阴县保乐养殖专业合作社 | | √ | 428 | 267 | 荷斯坦 | 6.6 | 1 036 | | |
| 102 | 朔州市山阴县犇佳养殖有限公司 | √ | | 1 067 | 565 | 荷斯坦 | 7.1 | 3 276 | | |
| 103 | 朔州市山阴县斌城养殖专业合作社 | | √ | 367 | 242 | 荷斯坦 | 6.2 | 1 452 | | |
| 104 | 朔州市山阴县秉宗养殖专业合作社 | | √ | 325 | 173 | 荷斯坦 | 6.2 | 1 024.8 | | |
| 105 | 朔州市山阴县郴晖养殖专业合作社 | | √ | 253 | 138 | 荷斯坦 | 6 | 822 | | |
| 106 | 朔州市山阴县诚信奶牛专业合作社 | | √ | 375 | 198 | 荷斯坦 | 6 | 1 152 | | |
| 107 | 朔州市山阴县春旺养殖专业合作社 | | √ | 698 | 417 | 荷斯坦 | 7.1 | 2 823.6 | | |
| 108 | 朔州市山阴县春喜奥养殖专业合作社 | | √ | 452 | 210 | 荷斯坦 | 6.6 | 1 047.6 | | |
| 109 | 朔州市山阴县存富养殖专业合作社 | | √ | 305 | 167 | 荷斯坦 | 6.6 | 985.2 | | |
| 110 | 朔州市山阴县道武养殖专业合作社 | | √ | 267 | 168 | 荷斯坦 | 6.1 | 1 024.8 | | |
| 111 | 朔州市山阴县德旺养殖专业合作社 | | √ | 416 | 233 | 荷斯坦 | 6.8 | 1 140 | | |
| 112 | 朔州市山阴县德永奶牛专业合作社 | | √ | 542 | 306 | 荷斯坦 | 6.3 | 2 082 | | |
| 113 | 朔州市山阴县佃豹奶牛专业合作社 | | √ | 342 | 180 | 荷斯坦 | 6.6 | 1 063 | | |
| 114 | 朔州市山阴县福祥养殖专业合作社 | | √ | 252 | 117 | 荷斯坦 | 6.2 | 818.4 | | |
| 115 | 朔州市山阴县岗义奶牛专业合作社 | | √ | 583 | 316 | 荷斯坦 | 6.6 | 2 598 | √ | |
| 116 | 朔州市山阴县广秀奶牛专业合作社 | | √ | 635 | 374 | 荷斯坦 | 7.1 | 1 944 | | |
| 117 | 朔州市山阴县贵山奶牛专业合作社 | | √ | 435 | 246 | 荷斯坦 | 6.5 | 1 716 | | |
| 118 | 朔州市山阴县海春奶牛专业合作社 | | √ | 483 | 265 | 荷斯坦 | 6.8 | 1 862.4 | | |
| 119 | 朔州市山阴县和昌奶牛养殖专业合作社 | | √ | 382 | 229 | 荷斯坦 | 6.5 | 1 072.8 | | |
| 120 | 朔州市山阴县和平养殖专业合作社 | | √ | 435 | 252 | 荷斯坦 | 7.2 | 1 992 | | |
| 121 | 朔州市山阴县恒康养殖专业合作社 | | √ | 573 | 286 | 荷斯坦 | 6.1 | 1 622.4 | | |
| 122 | 朔州市山阴县弘杰养殖专业合作社 | | √ | 257 | 138 | 荷斯坦 | 6.3 | 744 | | |
| 123 | 朔州市山阴县红日奶牛专业合作社 | | √ | 427 | 253 | 荷斯坦 | 7.1 | 1 485.6 | | |
| 124 | 朔州市山阴县宏利奶牛养殖专业合作社 | | √ | 492 | 286 | 荷斯坦 | 6.4 | 1 700.4 | | |
| 125 | 朔州市山阴县侯安维畜牧专业合作社 | | √ | 513 | 340 | 荷斯坦 | 6.7 | 1 644 | | |
| 126 | 朔州市山阴县厚泽养殖专业合作社 | | √ | 563 | 357 | 荷斯坦 | 6.6 | 1 944 | √ | |
| 127 | 朔州市山阴县华盛养殖专业合作社 | | √ | 513 | 291 | 荷斯坦 | 6.7 | 1 656 | | |
| 128 | 朔州市山阴县慧丰奶牛养殖专业合作社 | | √ | 352 | 185 | 荷斯坦 | 6.5 | 930 | | |
| 129 | 朔州市山阴县计金养殖专业合作社 | | √ | 524 | 318 | 荷斯坦 | 6.3 | 1 478 | | |
| 130 | 山阴县济民农牧专业合作社 | | √ | 368 | 207 | 荷斯坦 | 6.2 | 789.6 | | |
| 131 | 朔州市山阴县佳联农业发展有限责任公司奶业分公司 | √ | | 632 | 357 | 荷斯坦 | 8.2 | 2 702 | | |
| 132 | 朔州市山阴县建成养殖专业合作社 | | √ | 452 | 287 | 荷斯坦 | 6.3 | 1 146 | | |
| 133 | 朔州市山阴县建铭奶牛专业合作社 | | √ | 182 | 85 | 荷斯坦 | 6.4 | 516 | | |
| 134 | 朔州市山阴县建银农民养殖专业合作社 | | √ | 207 | 98 | 荷斯坦 | 6 | 564 | | |

（续）

| 序号 | 名称 | 养殖场 | 小区 | 全群存栏（头） | 成母牛存栏（头） | 奶畜品种 | 成母牛单产（t/年） | 年总产（t） | 是否参加 DHI | 是否应用 TMR |
|---|---|---|---|---|---|---|---|---|---|---|
| 135 | 朔州市山阴县金茂源奶牛专业合作社 | | √ | 393 | 236 | 荷斯坦 | 6.8 | 1 180.8 | | |
| 136 | 朔州市山阴县金元养殖专业合作社 | | √ | 226 | 115 | 荷斯坦 | 6.2 | 780 | | |
| 137 | 朔州市山阴县景峰奶牛专业合作社 | | √ | 264 | 142 | 荷斯坦 | 6 | 576 | | |
| 138 | 朔州市山阴县九根畜牧专业合作社 | | √ | 620 | 355 | 荷斯坦 | 6.8 | 2 184 | | |
| 139 | 朔州市山阴县军世奶牛养殖专业合作社 | | √ | 384 | 243 | 荷斯坦 | 6.2 | 1 107.6 | | |
| 140 | 朔州市山阴县开儒养殖专业合作社 | | √ | 365 | 193 | 荷斯坦 | 6.7 | 1 024.8 | | |
| 141 | 朔州市山阴县康平养殖专业合作社 | | √ | 295 | 146 | 荷斯坦 | 6.5 | 819.6 | | |
| 142 | 朔州市山阴县康泰奶牛专业合作社 | | √ | 715 | 396 | 荷斯坦 | 6.7 | 1 644 | | |
| 143 | 朔州市山阴县亢祥养殖专业合作社 | | √ | 357 | 175 | 荷斯坦 | 6.3 | 1 024.8 | | |
| 144 | 朔州市山阴县利春奶牛养殖专业合作社 | | √ | 215 | 113 | 荷斯坦 | 6.3 | 628.8 | | |
| 145 | 朔州市山阴县亮福养殖专业合作社 | | √ | 486 | 307 | 荷斯坦 | 7 | 1 915.2 | | |
| 146 | 朔州市山阴县梅海奶牛养殖专业合作社 | | √ | 386 | 209 | 荷斯坦 | 6.5 | 1 032 | | |
| 147 | 朔州市山阴县美荣奶牛专业合作社 | | √ | 653 | 375 | 荷斯坦 | 6.9 | 2 232 | | |
| 148 | 朔州市山阴县民裕奶牛专业合作社 | | √ | 286 | 124 | 荷斯坦 | 6.3 | 744 | | |
| 149 | 朔州市山阴县明大养殖专业合作社 | | √ | 374 | 233 | 荷斯坦 | 6.6 | 1 608 | | |
| 150 | 朔州市山阴县明亮奶牛专业合作社 | | √ | 486 | 286 | 荷斯坦 | 6.5 | 1 380 | √ | |
| 151 | 朔州市山阴县强盛养殖专业合作社 | | √ | 347 | 225 | 荷斯坦 | 6.5 | 1 231 | | |
| 152 | 朔州市山阴县全福奶牛专业合作社 | | √ | 217 | 105 | 荷斯坦 | 6.1 | 576 | | |
| 153 | 朔州市山阴县全兴奶牛专业合作社 | | √ | 232 | 120 | 荷斯坦 | 6.9 | 852 | | |
| 154 | 朔州市山阴县瑞和养殖专业合作社 | | √ | 175 | 106 | 荷斯坦 | 6.2 | 510 | | |
| 155 | 朔州市山阴县塞北畜牧发展有限责任公司 | √ | | 356 | 204 | 荷斯坦 | 6.5 | 1 368 | | |
| 156 | 朔州市山阴县顺风养殖专业合作社 | | √ | 382 | 245 | 荷斯坦 | 6.5 | 1 248 | | |
| 157 | 朔州市山阴县顺源奶牛专业合作社 | | √ | 416 | 278 | 荷斯坦 | 6.5 | 1 120.8 | | |
| 158 | 朔州市山阴县泰和牧业专业合作社 | | √ | 947 | 479 | 荷斯坦 | 6.4 | 1 899.6 | | |
| 159 | 朔州市山阴县桃仁养殖专业合作社 | | √ | 415 | 205 | 荷斯坦 | 6.2 | 1 776 | | |
| 160 | 朔州市山阴县天牧农牧有限责任公司 | | √ | 406 | 237 | 荷斯坦 | 7.8 | 1 928.4 | | |
| 161 | 朔州市山阴县天喜牧业有限公司 | √ | | 1 420 | 952 | 荷斯坦 | 7.8 | 9 151.2 | | |
| 162 | 朔州市山阴县万斤生态养殖专业合作社 | | √ | 369 | 228 | 荷斯坦 | 6.8 | 1 929.6 | | |
| 163 | 朔州市山阴县万雄养殖专业合作社 | | √ | 1 008 | 692 | 荷斯坦 | 7.8 | 5 562 | | |
| 164 | 朔州市山阴县为民养殖专业合作社 | | √ | 186 | 110 | 荷斯坦 | 6.4 | 375.6 | | |
| 165 | 朔州市山阴县围牧现代养殖专业合作社 | | √ | 287 | 163 | 荷斯坦 | 6.6 | 1 140 | | |
| 166 | 朔州市山阴县伟业奶牛养殖专业合作社 | | √ | 262 | 138 | 荷斯坦 | 6.4 | 992.4 | | |
| 167 | 朔州市山阴县文春养殖专业合作社 | | √ | 284 | 183 | 荷斯坦 | 6.3 | 820.8 | | |
| 168 | 朔州市山阴县文义养殖专业合作社 | | √ | 558 | 246 | 荷斯坦 | 6.1 | 1 824 | √ | |
| 169 | 朔州市山阴县新星奶牛专业合作社 | | √ | 1 196 | 572 | 荷斯坦 | 6.6 | 2 844 | | |
| 170 | 朔州市山阴县鑫海奶牛养殖专业合作社 | | √ | 480 | 235 | 荷斯坦 | 6 | 1 564.8 | | |
| 171 | 朔州市山阴县鑫龙养殖专业合作社 | | √ | 195 | 104 | 荷斯坦 | 6 | 566.4 | | |
| 172 | 朔州市山阴县鑫瑞奶牛养殖专业合作社 | | √ | 346 | 228 | 荷斯坦 | 6.6 | 1 270 | | |
| 172 | 朔州市山阴县鑫兴养殖专业合作社 | | √ | 251 | 174 | 荷斯坦 | 6 | 912 | | |
| 174 | 朔州市山阴县兴隆奶牛养殖专业合作社 | | √ | 685 | 428 | 荷斯坦 | 7 | 2 460 | | |
| 175 | 朔州市山阴县修江奶牛专业合作社 | | √ | 354 | 193 | 荷斯坦 | 6.2 | 904.8 | | |
| 176 | 朔州市山阴县雁山奶牛养殖专业合作社 | √ | | 324 | 183 | 荷斯坦 | 6.2 | 1 032 | | |
| 177 | 朔州市山阴县阳普奶牛专业合作社 | | √ | 573 | 317 | 荷斯坦 | 7.4 | 2 250 | | |
| 178 | 朔州市山阴县义仁奶牛专业合作社 | | √ | 261 | 154 | 荷斯坦 | 6 | 700.8 | | |

（续）

| 序号 | 名称 | 养殖场 | 小区 | 全群存栏（头） | 成母牛存栏（头） | 奶畜品种 | 成母牛单产（t/年） | 年总产（t） | 是否参加 DHI | 是否应用 TMR |
|---|---|---|---|---|---|---|---|---|---|---|
| 179 | 朔州市山阴县驿惠养殖专业合作社 | | √ | 313 | 180 | 荷斯坦 | 6.3 | 676.8 | | |
| 180 | 朔州市山阴县驿泽奶牛专业合作社 | | √ | 1 452 | 693 | 荷斯坦 | 8.5 | 8 556 | | |
| 181 | 朔州市山阴县益丰奶牛养殖专业合作社 | | √ | 1 065 | 553 | 荷斯坦 | 7 | 3 540 | | |
| 182 | 朔州市山阴县溢鑫奶牛专业合作社 | | √ | 578 | 325 | 荷斯坦 | 6.6 | 1 644 | | |
| 183 | 朔州市山阴县樱桃养殖专业合作社 | | √ | 515 | 324 | 荷斯坦 | 6.9 | 2 364 | | |
| 184 | 朔州市山阴县永和奶牛养殖专业合作社 | | √ | 362 | 214 | 荷斯坦 | 6.1 | 768 | | |
| 185 | 朔州市山阴县永胜养殖专业合作社 | | √ | 305 | 184 | 荷斯坦 | 6.3 | 856.8 | | |
| 186 | 朔州市山阴县永通奶牛专业合作社 | | √ | 564 | 326 | 荷斯坦 | 7.5 | 2 260.8 | | |
| 187 | 朔州市山阴县宇丰养殖专业合社 | | √ | 367 | 196 | 荷斯坦 | 6.3 | 788.4 | | |
| 188 | 朔州市山阴县宇霞奶牛专业合作社 | | √ | 183 | 107 | 荷斯坦 | 6.8 | 644.4 | | |
| 189 | 朔州市山阴县玉盛奶牛专业合作社 | | √ | 573 | 303 | 荷斯坦 | 6.9 | 2 064 | | |
| 190 | 朔州市山阴县玉英养殖专业合作社 | | √ | 473 | 276 | 荷斯坦 | 6.3 | 2 556 | | |
| 191 | 朔州市山阴县塬升农牧专业合作社 | | √ | 325 | 163 | 荷斯坦 | 6.1 | 771.6 | | |
| 192 | 朔州市山阴县源渊实业有限公司 | √ | | 205 | 112 | 荷斯坦 | 6.8 | 870 | | |
| 193 | 朔州市山阴县振东奶牛养殖合作社 | | √ | 648 | 336 | 荷斯坦 | 6.2 | 1 674 | | |
| 194 | 朔州市山阴县正和奶牛专业合作社 | | √ | 657 | 354 | 荷斯坦 | 7.8 | 2 090.4 | | |
| 195 | 朔州市山阴县志强养殖专业合作社 | | √ | 256 | 143 | 荷斯坦 | 6 | 656.4 | | |
| 196 | 朔州市山阴县志仁奶牛专业合作社 | | √ | 364 | 189 | 荷斯坦 | 6.2 | 1 280.4 | | |
| 197 | 朔州市山阴县忠梁奶牛养殖专业合作社 | | √ | 341 | 212 | 荷斯坦 | 6.3 | 978 | | |
| 198 | 朔州市山阴县子林养殖专业合作社 | | √ | 565 | 352 | 荷斯坦 | 7.2 | 3 216 | | |
| 199 | 朔州市山阴县紫鹏奶牛专业合作社 | | √ | 427 | 236 | 荷斯坦 | 6.2 | 1 142.4 | | |
| 200 | 朔州市山阴中荷奶牛原种基地有限公司 | √ | √ | 435 | 203 | 荷斯坦 | 6.8 | 1 387.2 | | |
| 201 | 朔州市建海农牧有限公司 | √ | √ | 335 | 187 | 荷斯坦 | 6.9 | 1 416 | | |
| 202 | 朔州市玉收农牧有限公司第一分公司 | √ | √ | 1 381 | 720 | 荷斯坦 | 7.1 | 5 726.4 | | |
| 203 | 晋中市榆次博瑞牧业有限公司奶站 | √ | | 955 | 454 | 荷斯坦 | 6.78 | 2 760 | √ | √ |
| 204 | 晋中市百合园奶牛养殖专业合作陈侃奶站 | | √ | 384 | 256 | 荷斯坦 | 6.66 | 609 | | √ |
| 205 | 晋中市榆次博瑞乳品有限公司北胡乔奶站 | | √ | 322 | 221 | 荷斯坦 | 5.99 | 630 | | √ |
| 206 | 晋中市东宏奶牛养殖专业合作社奶站 | | √ | 498 | 269 | 荷斯坦 | 6.15 | 1 230 | | √ |
| 207 | 晋中市百合园奶牛养殖合作社逯村奶站 | | √ | 107 | 65 | 荷斯坦 | 5.23 | 129 | | √ |
| 208 | 晋中市晋阳奶牛养殖专业合作社奶站 | | √ | 559 | 422 | 荷斯坦 | 6.94 | 1 790 | √ | √ |
| 209 | 山西聚牛农牧开发有限公司奶站 | √ | | 388 | 210 | 荷斯坦 | 6.88 | 950 | | √ |
| 210 | 晋中市榆次区锦宏奶牛养殖专业合作社奶站 | | √ | 728 | 566 | 荷斯坦 | 6.19 | 1 265 | | √ |
| 211 | 晋中市百合园奶牛养殖合作社郝庄奶站 | | √ | 265 | 189 | 荷斯坦 | 6.05 | 666 | | √ |
| 212 | 晋中市云禄奶牛养殖专业合作社奶站 | | √ | 453 | 308 | 荷斯坦 | 5.93 | 886 | | √ |
| 213 | 晋中市东兴养殖专业合作社 | | √ | 744 | 458 | 荷斯坦 | 6.29 | 1 762 | | √ |
| 214 | 晋中市义源养殖专业合作社奶站 | | √ | 395 | 320 | 荷斯坦 | 5.61 | 760 | | √ |
| 215 | 晋中市盛康养殖专业合作社奶站 | | √ | 1 344 | 709 | 荷斯坦 | 8.42 | 5 970 | √ | √ |
| 216 | 晋中市德辉乳业有限公司奶站 | √ | | 345 | 225 | 荷斯坦 | 6.83 | 750 | √ | √ |
| 217 | 晋中市昔阳县大寨绿草湾牧业有限公司 | √ | | 209 | 23 | 荷斯坦 | 5.62 | 62 | | √ |
| 218 | 晋中市太谷县昌晟农牧专业合作社 | | √ | 547 | 241 | 荷斯坦 | 6.26 | 1 040 | | √ |
| 219 | 晋中市太谷县丽荣养殖专业合作社 | √ | | 235 | 120 | 荷斯坦 | 5.16 | 430 | | √ |
| 220 | 晋中市太谷县普源泰奶牛养殖有限公司 | √ | | 1 020 | 487 | 荷斯坦 | 7.32 | 2 450 | | √ |
| 221 | 晋中市祁县犇鑫生鲜乳收购站 | √ | | 240 | 115 | 荷斯坦 | 6.53 | 630 | | √ |
| 222 | 晋中市祁县犇腾生鲜乳收购站 | √ | | 649 | 268 | 荷斯坦 | 7.01 | 1 830 | | √ |

（续）

| 序号 | 名称 | 养殖场 | 小区 | 全群存栏（头） | 成母牛存栏（头） | 奶畜品种 | 成母牛单产（t/年） | 年总产（t） | 是否参加 DHI | 是否应用 TMR |
|---|---|---|---|---|---|---|---|---|---|---|
| 223 | 晋中市祁县鸿运生鲜乳收购站 | √ | | 365 | 215 | 荷斯坦 | 5.86 | 670 | | √ |
| 224 | 晋中市祁县顺财兴生鲜乳收购站 | √ | | 378 | 206 | 荷斯坦 | 7.43 | 900 | √ | √ |
| 225 | 晋中市祁县泓祁生鲜乳收购站 | √ | | 265 | 103 | 荷斯坦 | 7.9 | 540 | | √ |
| 226 | 晋中市祁县泓润生鲜乳收购站 | √ | | 589 | 411 | 荷斯坦 | 10.5 | 3 150 | √ | √ |
| 227 | 晋中市祁县春辉生鲜乳收购站 | √ | | 420 | 230 | 荷斯坦 | 5.36 | 130 | √ | √ |
| 228 | 晋中市山西冠牲园生鲜乳收购站 | √ | | 372 | 190 | 荷斯坦 | 7.12 | 1 140 | | √ |
| 229 | 晋中市祁县九牛生鲜乳收购站 | √ | | 6 263 | 2 356 | 荷斯坦 | 9.02 | 20 770 | √ | √ |
| 230 | 临汾市曲沃县正蓝奶牛养殖专业合作社 | √ | | 313 | 139 | 荷斯坦 | 9 | 160.07 | | |
| 231 | 临汾市浮山县强民乳业有限公司 | √ | | 102 | 45 | 荷斯坦 | 4.5 | 200 | | |
| 232 | 临汾市乡宁县惠民牧业有限公司 | √ | | 260 | 209 | 荷斯坦 | 5.4 | 240 | | √ |
| 233 | 临汾市翼城县富华养殖有限公司 | √ | | 2 750 | 2 000 | 荷斯坦 | 5 | 10 000 | √ | √ |
| 234 | 临汾市翼城县长峰农工商实业有限公司 | √ | | 2 150 | 1 650 | 荷斯坦 | 5 | 8 250 | √ | √ |
| 235 | 临汾市翼城县芸翊畜牧养殖有限公司 | √ | | 680 | 450 | 荷斯坦 | 5 | 2 250 | √ | √ |
| 236 | 临汾市尧都区傲康发展有限公司 | √ | | 569 | 233 | 荷斯坦 | 6 | 984 | √ | √ |
| 237 | 临汾市尧都区玉根养殖场 | √ | | 118 | 45 | 荷斯坦 | 6 | 240 | | √ |
| 238 | 临汾市尧都区靳新民奶牛场 | √ | | 96 | 47 | 荷斯坦 | 4 | 140 | | |
| 239 | 临汾市尧都区罗青峰奶牛场 | | √ | 103 | 103 | 荷斯坦 | 6 | 390 | | |
| 240 | 临汾市奶牛养殖有限公司 | √ | | 620 | 500 | 荷斯坦 | 4 | 1 400 | | √ |
| 241 | 临汾市尧都区新永兴奶牛场 | √ | | 60 | 46 | 荷斯坦 | 4 | 100 | | |
| 242 | 临汾市孔铁生奶牛场 | | √ | 22 | 18 | 荷斯坦 | 5 | 40 | | |
| 243 | 临汾市尧都区许红生奶牛场 | | √ | 120 | 85 | 荷斯坦 | 6 | 300 | | |
| 244 | 临汾市尧都区安海耀奶牛场 | √ | | 20 | 20 | 荷斯坦 | 4 | 80 | | |
| 245 | 临汾市尧都区刘会敏养殖场 | | √ | 42 | 23 | 荷斯坦 | 5 | 60 | | |
| 246 | 临汾市尧都区石文革奶牛场 | √ | | 20 | 15 | 荷斯坦 | 4 | 60 | | |
| 247 | 临汾市尧都区赵建强奶牛场 | √ | | 20 | 8 | 荷斯坦 | 4 | 32 | | |
| 248 | 临汾市尧都区朱春喜奶牛场 | √ | | 35 | 27 | 荷斯坦 | 4 | 72 | | |
| 249 | 临汾市尧都区巩九印奶牛场 | √ | | 20 | 7 | 荷斯坦 | 4 | 20 | | |
| 250 | 临汾市尧都区李彦奎奶牛场 | √ | | 28 | 12 | 荷斯坦 | 4 | 44 | | |
| 251 | 临汾市尧都区刘志泉奶牛场 | √ | | 22 | 11 | 荷斯坦 | 4 | 40 | | |
| 252 | 临汾市洪洞县公孙恒茂祥养殖专业合作社 | √ | | 350 | 170 | 荷斯坦 | 4.2 | 714 | | √ |
| 253 | 临汾市洪洞县尧瑞奶牛养殖专业合作社 | √ | | 310 | 120 | 荷斯坦 | 4.3 | 516 | | √ |
| 254 | 吕梁市临县朝阳农牧有限公司 | √ | | 1 200 | 470 | 荷斯坦 | 7 | 4 000 | | √ |
| 255 | 山西九牛农业开发有限公司 | √ | | 8 000 | 6 000 | 荷斯坦 | 9 | 54 000 | √ | √ |
| 256 | 山西旺祥源牧业有限公司 | √ | | 980 | 605 | 荷斯坦 | 9 | 5 500 | √ | √ |
| 257 | 山西旺达农牧科技有限公司 | √ | | 720 | 490 | 荷斯坦 | 8.5 | 4 165 | √ | √ |
| 258 | 太原市小店区和诚奶牛养殖专业合作社 | √ | | 702 | 350 | 荷斯坦 | 8.8 | 3 100 | √ | √ |
| 259 | 太原市天翼聚养殖有限公司 | √ | | 960 | 600 | 荷斯坦 | 8.5 | 5 100 | √ | √ |
| 260 | 太原市小店区四季旺养殖专业合作社 | √ | | 510 | 300 | 荷斯坦 | 8 | 2 400 | √ | √ |
| 261 | 太原市兴达良种奶牛养殖基地 | √ | | 560 | 300 | 荷斯坦 | 9.5 | 2 850 | √ | √ |
| 262 | 太原市茂兴牧业有限公司 | √ | | 305 | 180 | 荷斯坦 | 8.3 | 1 500 | √ | √ |
| 263 | 太原市众和奶牛养殖场 | √ | | 400 | 280 | 荷斯坦 | 8 | 2 240 | √ | √ |
| 264 | 太原市牧冠乳业有限公司 | √ | | 435 | 320 | 荷斯坦 | 8 | 2 560 | √ | √ |
| 265 | 太原市阳曲县亿源乳业有限公司 | | √ | 320 | 190 | 荷斯坦 | 8 | 1 520 | | |
| 266 | 太原市阳曲县农康奶牛养殖专业合作社 | | √ | 150 | | 荷斯坦 | 0 | 0 | | |

（续）

| 序号 | 名称 | 养殖场 | 小区 | 全群存栏（头） | 成母牛存栏（头） | 奶畜品种 | 成母牛单产（t/年） | 年总产（t） | 是否参加 DHI | 是否应用 TMR |
|---|---|---|---|---|---|---|---|---|---|---|
| 267 | 太原市阳曲县四海原种奶牛场 | √ | | 450 | 250 | 荷斯坦 | 8.2 | 1 825 | √ | √ |
| 268 | 太原市清徐县长兴奶牛场 | √ | | 272 | 168 | 荷斯坦 | 8 | 1 350 | √ | √ |
| 269 | 山西忻州市欣业农牧有限责任公司 | √ | | 930 | 550 | 荷斯坦 | 9 | 3 285 | √ | √ |
| 270 | 忻州市繁峙县银河畜牧发展有限公司 | √ | | 1 500 | 630 | 荷斯坦 | 9.3 | 7 920 | √ | √ |
| 271 | 忻州市繁峙县辉煌实业有限责任公司 | √ | | 680 | 284 | 荷斯坦 | 5.4 | 2 880 | √ | √ |
| 272 | 忻州市定襄县犇腾乳业有些公司 | √ | | 256 | 173 | 荷斯坦 | 9.5~10 | 1 670 | √ | √ |
| 273 | 忻州市忻府区玉水奶牛养殖专业合作社 | √ | | 530 | 306 | 荷斯坦 | 8 | 2 400 | √ | √ |
| 274 | 忻州银山湖奶牛养殖有限公司 | √ | | 751 | 309 | 荷斯坦 | 9 | 2 590 | √ | √ |
| 275 | 忻州市万旺奶牛养殖有限公司 | √ | | 723 | 389 | 荷斯坦 | 8.5 | 2 360 | √ | √ |
| 276 | 忻州市忻府区南曹民强奶业专业合作社 | √ | | 505 | 289 | 荷斯坦 | 8 | 1 800 | √ | √ |
| 277 | 忻州市忻府区乳源种养殖专业合作社 | √ | | 510 | 285 | 荷斯坦 | 8 | 2 100 | √ | √ |
| 278 | 忻州市忻府区建峰养殖专业合作社 | √ | | 520 | 306 | 荷斯坦 | 8.5 | 2 380 | √ | √ |
| 279 | 忻州市忻府区百牛堂牧业专业合作社 | √ | | 510 | 297 | 荷斯坦 | 8 | 2 000 | √ | √ |
| 280 | 忻华农业责任有限公司 | √ | | 361 | 238 | 荷斯坦 | 8.5 | 1 768 | √ | √ |
| 281 | 忻州市忻府区顺玉奶牛养殖专业合作社 | | √ | 336 | 159 | 荷斯坦 | 8 | 1 180 | | √ |
| 282 | 忻州市忻府区和氏璧奶牛养殖专业合作社 | √ | | 138 | 87 | 荷斯坦 | 8 | 700 | √ | √ |
| 283 | 忻州市忻府区德和万里养殖专业合作社 | √ | | 83 | 34 | 荷斯坦 | 8 | 250 | √ | √ |
| 284 | 阳泉市平定县长青奶牛养殖场 | √ | | 320 | 180 | 荷斯坦 | 4 | 710 | | √ |
| 285 | 运城市永济市超人奶业有限责任公司 | | √ | 1 527 | 638 | 荷斯坦 | 9 | 9 040 | √ | √ |
| 286 | 运城市临猗县卓晟奶牛养殖专业合作社 | √ | | 128 | 83 | 荷斯坦 | 4.8 | 380 | | |
| 287 | 运城市老城奶牛养殖有限公司 | | √ | 400 | 140 | 荷斯坦 | 8.2 | 1 148 | | √ |
| 288 | 运城市通和顺奶牛饲养有限公司 | √ | | 575 | 278 | 荷斯坦 | | | | √ |
| 289 | 运城市安红鑫农牧有限公司 | √ | | 248 | 99 | 荷斯坦 | | | | |
| 290 | 山西省运城市泰茂园牧业有限公司 | √ | | 512 | 343 | 荷斯坦 | | | √ | √ |
| 291 | 运城市新绛县润泽养殖有限公司 | √ | | 374 | 167 | 荷斯坦 | | | √ | √ |
| 292 | 长治市潞城神农畜牧科技园有限公司 | √ | | 570 | 270 | 荷斯坦 | 7 | 2 000 | | √ |
| 293 | 长治市郊区裕昌牧业有限公司 | V | | 158 | 98 | 荷斯坦 | 3.2 | 313.6 | V | V |

# 内蒙古自治区

【奶畜养殖】2017年，内蒙古奶牛存栏235.8万头，同比下降8%；其中荷斯坦牛存栏128.1万头，同比下降13%，占奶牛存栏总量的54.3%。全年牛奶产量693万t，同比减少5.6%。荷斯坦牛存栏万头以上旗县区31个，存栏合计108.9万头，占全区荷斯坦牛存栏总量的85%（表4-8）。

表4-8　2017年内蒙古全区奶牛存栏情况

| 地区 | 奶牛存栏（头） | 荷斯坦牛存栏（头） |
|---|---|---|
| 自治区 | 2 358 437 | 1 280 907 |
| 呼和浩特市 | 316 462 | 315 509 |
| 包头市 | 119 003 | 109 281 |
| 呼伦贝尔市 | 556 127 | 269 436 |
| 兴安盟 | 114 638 | 50 281 |
| 通辽市 | 348 415 | 54 529 |
| 赤峰市 | 143 666 | 85 967 |
| 锡林郭勒盟 | 363 727 | 47 881 |
| 乌兰察布市 | 153 402 | 133 905 |
| 乌海市 | 235 | 166 |
| 鄂尔多斯市 | 64 838 | 37 791 |
| 巴彦淖尔市 | 158 246 | 157 663 |
| 阿拉善盟 | 19 678 | 18 498 |

牛奶产量10万t以上的主产旗县区23个，牛奶产量占全区总产量的72%。牛奶人均占有量291.8kg。全区生鲜乳平均价格2.4元/kg，比上年下降2.9%。

【乳品加工】2017年，内蒙古乳制品产量263.4万t，同比增长1.9%，加工产品以高温灭菌乳为主。内蒙古自治区各级政府创新乳产业发展思路，稳定发展常温液态奶，引导扩大巴氏奶等低温鲜奶生产消费，大力发展高端干乳制品，鼓励扶持民族特色奶制品生产，积极寻求与进口产品的差异化竞争。形成了呼和浩特市、呼伦贝尔市、巴彦淖尔市、乌兰察布市、赤峰市等重点加工聚集区。全区农牧业产业化销售收入500万元以上的乳品加工企业85个，销售收入1 419.3亿元，进入中国奶业20强的乳品企业3个，伊利、蒙牛、圣牧高科三家企业年实现销售收入680.6亿元、601.6亿元和27.1亿元，分列国内奶业20强乳企的第1位、第2位和第8位；伊利、蒙牛分列全球乳业第8位、第10位。

【奶源基地】形成了嫩江、西辽河、黄河三大流域和呼伦贝尔、锡林郭勒两大草原“五大奶牛优势养殖区域”。2017年，内蒙古存栏100头以上奶牛规模化养殖比例达到81%，进站奶牛机械化挤奶例达到100%。荷斯坦牛良种覆盖率达到100%，荷斯坦泌乳牛平均单产达到7t以上，部分管理水平较高的规模牧场超过9t。全混合日粮（TMR）饲养技术普及率达到100%。奶牛生产性能测定技术得到有效推广应用，覆盖5个主产盟市10多个旗县的200多个奶牛场区，年参测数量超过5万头，先后有近60头荷斯坦种公牛通过后裔测定验证。参测奶牛305d平均产奶量达到7 251.2kg，平均乳脂率3.7%，平均乳蛋白率3.4%，平均体细胞数18.4万个/mL，菌落总数1.9万cfu/mL，各项理化指标和卫生指标均高于《生乳》国标，达到美国、欧盟等国家的先进水平。

依托国家“粮改饲”、轮作、高产优质苜蓿示范片区建设等项目，内蒙古大力实施奶牛优质饲草保障能力提升工程，因地制宜推进饲草料生产，加快商品草产业发展。在中西部黄河流域，以中牧紫花苜蓿、草原杂花苜蓿、甘农系列杂花苜蓿等为主，发展优质苜蓿达到17.3万$hm^2$；在东部西辽河—嫩江流域，以草原杂花苜蓿、图牧紫花苜蓿、公农系列紫花苜蓿等为主，优质苜蓿种植面积达到28万$hm^2$；在北部牧区寒冷地区，以呼伦贝尔杂花苜蓿、草原杂花苜蓿等为主，优质苜蓿种植面积达到8万$hm^2$。支持嫩江和西辽河、黄河流域玉米主产区和奶牛优势区，实行整县推进，采取以养带种方式推动区域种植结构调整，大力发展青贮玉米种植，推进饲草料种植和奶牛养殖配套衔接，就地就近保障饲草料供应。实施了苜蓿、青贮生产机械化提升行动，在种子生产、种植、收获加工等环节，保障草产品质量。鼓励社会资本购买大型收储机械，提供租赁服务。全区高产优质苜蓿种植面积达到61.9万$hm^2$，粮饲兼用型玉米种植面积达到65.5万$hm^2$。

【质量监管】截至2017年年底，内蒙古共有生鲜乳收购站616个，全部取得生鲜乳收购许可证。其中乳制品加工企业开办90个，占14.6%；奶牛养殖企业开办271个，占44%；奶牛养殖专业合作社开办255个，占41.4%。生鲜乳运输车767辆，包括生鲜乳收购站自有92辆、乳制品加工企业自有200辆、租用475辆。所有奶站和运输车全部纳入农业部生鲜乳收购、运输监督管理系统，所有发证奶站、奶车全部纳入信息备案管理系统，实现旗县级发证，盟市、自治区、国家三级同步备案。针对奶站和生鲜乳运输车两个重点环节，在全区12个盟市组织开展了生鲜乳违禁添加物质专项监测，全年抽检生鲜乳样品2 000批次，对三聚氰胺、革皮水解蛋白等国家公布的生鲜乳中可能添加的违禁物质开展了全覆盖监测，抽检结果全部合格，没有发现牛奶中添加违禁物质的违法行为，区内生鲜乳质量安全状况保持良好。伊利、蒙牛等乳企制定了《不合格原奶无害化处理管控制度》《不合格牛奶无害化处理方案》，对不合格生鲜乳进行排地、染色处理或饲喂犊牛。企业安排专人分片包干，负责驻奶站监管，并在其相关奶站的挤奶厅等关键部位全部安装了视频监控，对生鲜乳运输车进行GPS定位追踪，并加装电子铅封，实现了生鲜乳收购运输全程可追溯。

【政策法规】根据国务院《关于加快推进畜禽养殖废弃物资源化利用的意见》（国办发〔2017〕48号），内蒙古自治区人民政府出台了《畜禽粪污资源化利用工作方案（2017—2020年）》，以绿色生态为导向，按照政府支持、企业主体、市场化运作的方针，采取源头减量、过程控制、末端利用的治理路径，充分调动政府与市场两个主体积极性，建立有效的畜禽粪污资源化利用机制、市场运营模式、政策支持体系和责任监督制度，加快推进畜禽粪污资源化利用，促进畜牧业绿色发展。在全区 103 个旗县区划定禁养区 2 055 个，禁养区面积近 6 万 $km^2$。落实中央财政资金 1.1 亿元，在 7 个奶牛养殖大县实施种养结合整县推进，加强奶牛养殖粪污处理利用、种养结合设施完善、养殖设施改造等相关项目建设。投入中央财政奶牛标准化规模养殖建设资金 3 730 万元，重点支持荷斯坦牛存栏 1 万头以上奶业主产旗县区，以中小规模养殖户和散养户向适度规模养殖转变为主攻方向，加快中小养殖户的规模化改造。结合国家政策，引导社会资本参与奶牛标准化养殖建设，推动种养结合，引导乳品加工企业把奶源基地作为企业的“第一车间”，推进奶源基地建设。

（内蒙古自治区农牧业厅畜牧处，杜哲）

# 辽宁省

【奶畜养殖】2017年，全省奶牛存栏34.7万头，牛奶产量140.1万t，牛奶产量和人均占有量分别位居全国第8位和第11位。全省奶牛养殖主要分布在法库县、沈北新区、金普新区、抚顺县、义县、凌海市、阜蒙县、彰武县、宽甸县、康平县、西丰县、建平县和铁岭县13个重点县(市、区)，存栏量达到29.4万头，占全省的84.5%。全省婴幼儿奶粉奶源基地现有15个，分布在3个市，其中沈阳市12个、锦州市2个、铁岭市1个。

【乳品加工】2017年，全省有生产许可证的乳制品加工企业24家，日处理生鲜乳能力合计约5 000t，其中加工能力较大的辉山乳业加工企业3家、伊利乳业加工企业2家、蒙牛乳业加工企业1家，日加工能力分别为2 076t、900t、400t。大连心乐乳业、铁岭大牛乳业、本溪木兰花乳业等中小规模企业，日处理生鲜乳能力分别为100t、100t、200t。全省年加工液态奶110万t、干乳制品产量为2万t。乳制品品种包括巴氏杀菌乳、UHT奶、酸奶、乳饮料和奶粉、奶酪等，品种齐全，乳企加工能力基本能够满足生产需求。

【奶源基地】规模养殖。2008年以来，全省组织实施了标准化养殖小区建设、国家奶牛标准化规模养殖场建设、标准化生态奶牛场建设、奶牛养殖大县种养结合，整县推进试点建设等项目，有效推动了奶牛生产方式转变，规模养殖水平大幅提升。截至2017年年底，全省存栏100头以下的奶畜散养户约2 000家，存栏奶畜约2.6万头，其中奶牛约1.1万头。

生产水平。辽宁省全面推广应用TMR饲喂、全株青贮玉米饲喂和机械化挤奶等实用技术，有效提高了奶牛养殖水平。据统计，全省奶牛良种冻精应用率达100%，DHI参测率达10%以上，机械化挤奶比例达100%。泌乳牛年平均单产为7.5t，位居国内前列。

奶牛良种补贴。2017年，全省持续做好2016年良种补贴任务5万头，采购补贴冻精10万剂，每剂冻精补贴15元，继续在辽宁省13个市(大连计划单列除外)实现奶牛良补项目全覆盖，补贴资金150万元。

奶牛生产性能测定。2017年，全省参加奶牛生产性能测定牧场23家，奶牛20 621头，检测样品84 755个，超额完成国家下达的测定4 000头、录报24 000条数据工作任务。从DHI检测结果看，全省参测牛只305d平均产奶量7 729.5kg，平均乳蛋白率3.3%、平均乳脂率4.1%、平均体细胞数31.5万个/mL，乳蛋白率、乳脂率和体细胞数3项指标均优于国家标准，达到欧盟标准。

苜蓿和青贮玉米种植面积。全省规模化苜蓿种植面积达到1.2万$hm^2$，法库等11个县种植青贮玉米4.3万$hm^2$，实现优质饲料种植、饲料加工、奶牛饲养、乳品生产一体化经营模式的比例达到60%以上。

粪污处理方式。全面落实粪污治理主体责任，采取政府引导、业主履责、社会监督的方式，以奶牛规模场“三防”贮粪场、污水池设施建设为突破口，以粪污还田利用为路径，大力开展规模奶牛场粪污治理和资源化利用工作，全省规模奶牛场粪污处理设施装备配套率实现100%、粪污资源利用率达到70%以上。

疫病防控和奶牛保险。2017年，全省布病检测奶牛29.6万头，扑杀布病阳性奶牛329头。加强动物疫病监测和流行病学调查，提高疫病预测预警水平。加强防疫设施和制度建设，提高生物安全水平，全面提高疫病防控能力和水平。积极推进养殖业保险相关工作，2017年度全省养殖业保险保费总额约3.3亿元，其中奶牛养殖保险投保10.8万头，保额达0.5亿元。

【政策法规】深入推进畜牧业供给侧结构性改革，认真落实省政府《辽宁省畜牧产业发展指导意见》，制定了《关于推进现代畜牧业发展的意见》《辽宁省生猪、肉鸡等11个畜禽品种产业发展指导意见》等系列文件，向省政府提交了《关于推进全省畜牧产业转型发展情况的调研报告》，从顶层设计入手，科学指导产业转型发展。制定《辽宁省县域经济畜牧业发展三年行动计划》，加快推进全省县域经济发展。制定《推进辽西北地区畜牧业发展三年行动计划(2018—2020年)》，推进辽西北三市畜牧业转型发展。大力发展标准化、规模化、环境友好型养殖，畜牧业有效产能稳步增加，畜产品量价齐增。积极争取中央资金8.6亿元，实施国家发改委肉牛、奶牛标准化规模养殖场项目37个，创建国家级畜禽标准化示范场24个，组织法库、彰武、黑山、建平4个县实施奶牛、生猪养殖大县种养结合整县推进试点项目。鼓励新型经营主体蓬勃发展，全省畜牧业专业合作社达到8 227个。

【质量监管】2017年，全省各级监督机构共出动监督执法人员2 969人次，检查生鲜乳收购站1 099家次，确保了全年全省生鲜乳监测合格率100%，无生鲜乳质量安全案件发生。面对全省生鲜乳收购站环境卫生条件较差的问题，省级监督机构制定了生鲜乳收购站卫生标准，在大力宣传卫生标准的同时，加大了生鲜乳收购站卫生环境的检查力度。在监督执法能力建设方面，开展了生鲜乳中有毒有害物质监督筛查工作，在2016年开展生鲜乳中兽药残留监督筛查的基础上，增加了霉菌毒素和违禁添加物筛查项目。全年共开展2次监督筛查工作，上半年开展了生鲜乳质量安全风险监测，侧重于覆盖面广、监测项目全。下半年针对发现的重点问题、重点地区开展重点筛查项目监督抽查，力求精准打击、查处问题，有效防控了生鲜乳质量安全事件的发生。

（辽宁省畜牧兽医局，张建勋、刘景诗；辽宁省畜牧业经济管理站，林广宇）

# 沈阳市

【奶畜养殖】2017年，全市奶牛总存栏8.9万头，其中荷斯坦牛8.4万头，娟姗牛0.5万头；成母牛存栏6.9万头，主要分布在法库县等8个区县（市）。2017年全市牛奶总产量52.4万t，成母牛年均单产7.6t。

【乳品加工】2017年，沈阳市共有3家乳品加工企业（辉山、蒙牛、伊利），整体设计加工能力36.5万t，日处理生鲜乳能力达到998t。2017年乳制品总产量29.4万t，产品主要有巴氏杀菌乳、超高温灭菌乳（UHT）、酸奶和乳饮料等。

【奶源基地】2017年，全市共有55个奶牛养殖场（养殖小区4个、独立牧场51个），存栏300头以上的奶牛养殖场（区）共45个，其中存栏规模300～500头的奶牛养殖场（区）9个，存栏规模500头以上的奶牛养殖场（区）36个。奶牛养殖场（区）机械化挤奶率达100%；36个养殖场安装使用信息化管理系统软件；配备了全混合日粮（TMR）搅拌设备，实施了TMR饲喂技术；47个养殖场配备了保温水槽。沈阳市奶牛养殖场主要是从澳大利亚、新西兰等国进口血统纯正的荷斯坦牛和娟姗牛，实行现代化自营牧场集中养殖路线。并且引进TMR喂养系统，实现全天候喂养。年产量高达8t多，原奶指标均达到欧盟标准。其中辉山乳业法库县登士堡牧场建起60位转盘榨乳厅、6栋全封闭恒温奶牛舍及饲草饲料作业区。登士堡牧场是国内第一家针对娟姗牛使用榨乳转盘设备的，这是一个60位的全功能数据控制的转盘，每小时可以给420头奶牛挤奶。

2017年，全市苜蓿草种植面积达到0.9万$hm^2$，玉米青贮及燕麦等奶牛粗饲料种植2.3万$hm^2$。全年生产苜蓿草8.6万t，燕麦21.2万t，玉米青贮102.2万t。其中0.5万$hm^2$苜蓿草经过验收评审，获“国家高产优质苜蓿示范片区建设项目”。计划苜蓿草种植土地改种燕麦，以改良土壤，满足未来年度播种新品种苜蓿草的要求，有效地提高了土地利用效率。

市、区两级畜牧兽医行政主管部门落实强制免疫计划，口蹄疫等重点疫病免疫密度保持100%。开展奶牛布病、结核病检疫和评估认证，坚持按程序做好口蹄疫O型、亚洲I型和A型三个亚型的免疫工作，加强扑杀净化。加强奶牛养殖场动物防疫监管，实施动物卫生风险评估，根据风险等级实施分类监管。

奶牛粪污处理方式主要是采用堆积发酵后还田、生物有机肥、燃料块和牛粪生产沼气等无害化处理模式。

【质量监管】全市共有生鲜乳收购站55家，其中：奶牛养殖合作社开办的奶站4家，规模养殖场51家。按照农业部和省畜牧局的要求，2017年对生鲜乳样品三聚氰胺、革皮水解物、碱类物质、β－内酰胺酶、β－内酰胺类药物残留、氟喹诺酮类药物残留等抽检检测2 010批次，合格率100%。

沈阳市根据《乳品质量安全监督管理条例》《生鲜乳收购管理办法》等相关规定，在全市范围内开展生鲜乳质量安全专项整治活动，加强生鲜乳质量安全监管。一是落实生鲜乳质量安全监管责任。各区、县（市）按照要求抓好生鲜乳安全生产管理工作，严格落实属地管理责任，进一步规范全市生鲜乳生产收购和监管工作。二是严格奶站和运输车日常监管，重点是婴幼儿配方乳粉奶源基地质量安全监管。实现对奶站和运输车辆的常态化监管，并在奶源基地设置公示牌，将生鲜乳收购站、生鲜乳运输车辆全部纳入监管范围，确保生鲜乳质量安全。三是强化生鲜乳质量安全监督和执法。采取定期抽检和随机抽检相结合的工作方法，增加对奶站和运输车的检测频次，严厉查处非法添加剂等行为，确保全市不发生生鲜乳质量安全事件。四是加强《生鲜乳收购站管理系统》《畜牧业统计监测系统》实时监管和生产监测。进一步规范操作使用，加强与省畜牧兽医局监管部门沟通，每月定时提醒各区县(市)完成相关信息录入，并实施市级初审。

（沈阳市农村经济委员会畜产品质量安全处，韩波、葛飞）

# 大连市

【奶畜养殖】2017年，大连市奶牛存栏量1.3万头，牛奶产量4.8万t。至年末，全市年存栏50头以上的奶牛规模化养殖场（小区）计16家，奶牛存栏量约1万头，占全市奶牛存栏量的78.5%。奶牛养殖区域主要集中在金普新区、旅顺口区、瓦房店市和普兰店区，存栏量占全市总存栏量的96%。

【乳品加工】全市乳品加工企业共有3个，其中，牛乳加工企业2个，羊乳加工企业1个。牛乳加工企业原料全部来自本市取得生鲜乳收购许可证的奶牛养殖场，羊乳加工企业原料来自陕西省羊乳收购站。奶山羊养殖规模小，产量低，资源有限，羊奶制品稀缺，市场前景广阔。全市乳企的主要乳制品为巴氏杀菌乳、酸奶和乳饮料，不生产奶粉、奶油和奶酪。牛乳企业销售区域为大连市，羊乳销售区域为全省。

【市场消费】大连市乳制品市场主要销售的国内品牌有三寰、心乐、辉山、蒙牛、伊利等。巴氏杀菌乳主要销售品牌是三寰、心乐、辉山。从本市乳制品消费市场发展趋势看，国外进口鲜奶对国内品牌形成一定的冲击，尤其给本市乳品加工企业带来很大压力。另外，来自黑龙江和河北的纯牛乳和风味酸奶也进入大连市场，销售渠道以各社区、居民区的便利店和小超市为主。

【奶源基地】玉米秸秆青黄贮。2017年，大连市青贮玉米种植面积0.4万$hm^2$，青贮窖体积17.2万$m^3$，青黄贮制作量7.2万t，其中瓦房店市1.7万t，金普新区4.1万t，普兰店区1.4万t。

【质量监管】大连市认真贯彻《乳品质量安全监督管理条例》和《生鲜乳生产收购管理办法》，严格规范生鲜乳生产、收购、运输行为，加强生鲜乳收购站规范管理，对于不符合条件的奶站和运输车，坚决撤销许可予以关停，保障生鲜乳质量安全。2017 年，大连市关停 2 个生鲜乳收购站。截至年底，共有生鲜乳收购站 13 个，10 个为奶畜养殖场或奶农专业生产合作社开设，3 个为乳制品生产企业开设。全市共有生鲜乳运输车 8 辆。为强化市内三区生鲜乳收购运输安全监管，严格按照属地化审批、监管要求，2017 年，大连市将市内城区的生鲜乳运输行政审批工作移交给市内三区，填补了市内三区监管空白。年初，印发了《2017 年生鲜乳质量安全例行监测方案》和《2017 年畜产品快速检测方案》，对生鲜乳收购站、运输车辆及奶畜养殖户组织开展生鲜乳专项整治，并进行监督抽检。全年共监测生鲜乳样品 434 批次，其中例行监测 80 批次，监督检测 18 批次，快速检测 336 批次。分别检测了三聚氰胺、碱类物质、革皮水解物、β－内酰胺酶四种非法添加物和氟喹诺酮类、β－内酰胺类、阿维菌素类药物残留，合格率为 100%，未发生生鲜乳质量安全事件。

另外，根据上级要求，对辖区内奶畜养殖散户开展了摸底调查工作，为下一步开展散户监管打下基础。

（大连市农村经济委员会畜产品质量安全处，刘一帆）

## 阜新市

【奶畜养殖】2017 年，阜新市奶牛存栏 6.3 万头，其中能繁母牛 3 万头，牛奶产量 19.5 万 t，运营奶站 47 家。阜新市奶牛主要养殖区域分布在阜新蒙古族自治县和彰武县，分别占全市奶牛存栏量的 12.3% 和 85.2%。全市奶牛饲养量和人均鲜奶占有量均居全省前列。目前，阜新市奶牛养殖主要有三种模式：一是乳品企业自建基地。利用企业资金、技术等优势，建设高标准的现代化奶牛规模养殖场。彰武辉山乳业投资 50 亿元建设全产业链乳品产业集群项目，计划建设 3 000 头规模的奶牛养殖场 28 个，总饲养规模达到 8 万头，作为企业稳定、优质、安全的原料基地。二是个人独资建设规模化牧场。牧场的基础设施建设、奶牛引进等由投资人独自投入，建成的牧场生产区、管理区、生活区、粪污处理区分开，且布局合理，建立场长负责制，实行企业化管理。全市年存栏量 100 头以上奶牛规模化养殖场 39 家，通过先进的管理水平，使奶牛平均单产达到 7t。三是成立奶牛养殖专业合作社。全市已成立奶牛养殖专业合作社 35 个。

【乳品加工】阜新伊利乳业有限责任公司，企业总资产 1.4 亿元，4 条生产线全部引进国际一流水平的超高温无菌奶生产设备。主要生产纯牛奶、高端奶、乳饮料等系列产品。公司于 2017 年 12 月又新增 4 条利乐冠生产线，2017 年实际加工鲜奶 7.6 万 t，产值实现 5.5 亿元。

【奶源基地】阜新市奶牛品种以荷斯坦牛为主，2017 年阜新市落实国家发改委奶牛标准化养殖场（小区）建设项目 5 个，共完成贮制玉米、牧草等青贮饲料 58.5 万 $m^3$、48 万 t。2017 年，全市开展了布鲁氏菌病监测净化工作，普检奶牛 5.2 万头次，对检出的 50 头阳性奶牛进行扑杀与无害化处理。生鲜乳全年平均价格为 3.5 元 /kg。

【奶农组织】阜新市将中、小规模奶牛养殖户集中起来成立奶牛养殖专业合作社，实行统一饲养管理、统一防检疫、统一饲料配制、统一用药、统一销售的“五统一”管理模式。建立“公司＋合作社＋养殖户”的经营体制，使奶牛养殖户、奶站经营者和加工企业形成一个利益共享、风险共担的整体。

【政策法规】阜新市委、市政府高度重视奶业的发展，确立了优先发展奶业发展思路，对发展奶业采取各种形式的优惠政策，包括建青贮窖、买切割机、小区配套设施建设补贴和贷款贴息等。为促进奶业发展，阜新市坚持以市场为导向，以龙头企业为依托，以优质安全为基础，充分发挥资源、区位和政策优势，大力实施加工龙头带动、奶源基地建设、奶牛良种和饲草饲料开发三大工程，着力完善疫病防治、质量监控和新技术推广示范三大体系，全面推进奶业产业化经营，促进企业、农民、财政三增收。

一是加大资金投入，扶持标准化规模化生产。扶持资金主要用于奶牛标准化养殖小区水电路等基础设施、防疫设施、粪污处理和无害化处理设施的标准化升级改造。2016 年开始，争取到彰武县奶牛大县种养结合整县推进试点县项目，争取中央投资 5 189 万元，为近 10 年来单体项目资金额度最大的畜牧业项目。

二是培育乳品加工企业。彰武辉山乳业在彰武县投资 50 亿元的乳品综合加工项目进展顺利，建设内容包括：奶牛养殖场 28 个、奶粉厂 1 个、40 万 t 饲料加工厂 1 个，屠宰厂 1 个。截至 2017 年年底已完成饲料加工厂、19 座奶牛场、屠宰厂一期的建设。奶粉厂完成鲜奶化验车间主体、综合楼主体、主车间动力组基础、主动力车间塔楼一层及污水处理系统部分工程；屠宰厂一期主要完成深加工车间、宿舍楼、洗车房；污水处理站完成 50%。

三是大力推广奶牛饲养综合配套技术。全市奶牛 100% 实施机械化挤奶；推广玉米秸秆青贮饲料生产和使用，加速奶牛基地青贮壕（窖）建设；推广奶牛精料补充料配制和全混合日粮技术；实行统一良种、统一防疫、统一操作规范，降低养殖成本，提高生产水平。

【质量监管】在质量监管上，阜新市多措并举，强化监督执法，保障乳品质量。畜牧兽医部门向全市 36 家生鲜乳收购站派驻质量监督员，加强生鲜乳购销过程的监管，驻站质量监督员与各奶站签订《生鲜乳收购站保证生鲜乳质量安全责任书》。开展生鲜乳质量安全监测工作，制定了《阜新市生鲜乳质量安全监测计划》，并按其要求认真组织实施。

（阜新市畜牧兽医局，王波）

附表 1　辽宁省奶牛主要养殖场（小区）名录

| 序号 | 名称 | 养殖场 | 小区 | 全群存栏（头） | 成母牛存栏（头） | 奶畜品种 | 成母牛单产（t/年） | 年总产（t） | 是否参加DHI | 是否应用TMR |
|---|---|---|---|---|---|---|---|---|---|---|
| 1 | 于洪宏力牧场奶站 | √ | | 126 | 72 | 荷斯坦 | 6.5 | 468 | | √ |
| 2 | 辽中区彤昊奶牛场 | √ | | 283 | 187 | 荷斯坦 | 6 | 1 122 | | √ |
| 3 | 辽中区银和奶牛场 | √ | | 201 | 105 | 荷斯坦 | 6.2 | 651 | | √ |
| 4 | 沈阳市富山奶牛繁殖场 | √ | | 308 | 262 | 荷斯坦 | 6.9 | 1 808 | | √ |
| 5 | 沈阳淑珍进口种牛养殖专业合作社 | | √ | 259 | 223 | 荷斯坦 | 6.5 | 1 450 | | √ |
| 6 | 康平县梁家小区奶牛合作社 | | √ | 440 | 280 | 荷斯坦 | 8 | 2 240 | | √ |
| 7 | 康平县唐僧庙现代化奶牛养殖场 | √ | | 3 045 | 2 066 | 荷斯坦 | 9 | 18 594 | √ | √ |
| 8 | 康平县石头现代化奶牛养殖场 | √ | | 2 645 | 1 740 | 荷斯坦 | 9 | 15 660 | √ | √ |
| 9 | 康平县两家子现代化奶牛养殖场 | √ | | 2 220 | 920 | 荷斯坦 | 9 | 8 280 | | √ |
| 10 | 沈北新区马刚现代化奶牛养殖场 | √ | | 1 151 | 768 | 荷斯坦 | 7.7 | 5 914 | | √ |
| 11 | 沈北新区隆顺奶牛场 | √ | | 328 | 238 | 荷斯坦 | 6.6 | 1 571 | | √ |
| 12 | 沈北新区武顺牧业有限公司 | √ | | 350 | 165 | 荷斯坦 | 7.1 | 1 172 | | √ |
| 13 | 沈北新区立新奶牛养殖场 | √ | | 2 145 | 1 946 | 娟姗 | 6.8 | 13 232 | | √ |
| 14 | 沈北新区朱家堡奶牛养殖场 | √ | | 1 760 | 1 710 | 荷斯坦 | 6.6 | 11 286 | | √ |
| 15 | 沈北新区曙光奶牛养殖场 | √ | | 2 479 | 2 049 | 荷斯坦 | 7.8 | 15 777 | | √ |
| 16 | 新民市贵赫奶牛养殖场 | √ | | 280 | 150 | 荷斯坦 | 7 | 1 050 | | √ |
| 17 | 新民市亿鑫源奶牛养殖场 | √ | | 80 | 58 | 荷斯坦 | 7 | 406 | | √ |
| 18 | 沈阳市金秋实牧业有限公司 | √ | | 682 | 354 | 荷斯坦 | 8 | 2 832 | | √ |
| 19 | 新民市民富养殖专业合作社 | | √ | 200 | 110 | 荷斯坦 | 7 | 770 | | √ |
| 20 | 新民市新权奶牛场 | √ | | 105 | 75 | 荷斯坦 | 6.2 | 81 | | √ |
| 21 | 新民市繁苒奶牛场奶站 | √ | | 375 | 210 | 荷斯坦 | 7.2 | 1 512 | √ | √ |
| 22 | 新民市顺腾奶牛养殖基地 | √ | | 300 | 177 | 荷斯坦 | 7 | 1 239 | | √ |
| 23 | 新民市吕隆奶牛合作社 | | √ | 350 | 130 | 荷斯坦 | 8.0 | 1 040 | | √ |
| 24 | 新民市毓然奶牛养殖场 | √ | | 350 | 310 | 荷斯坦 | 7.0 | 2 170 | | √ |
| 25 | 新民市姚堡乡和盛发养殖场 | √ | | 172 | 148 | 荷斯坦 | 6.8 | 1 006 | | √ |
| 26 | 新民辉山太平牧业有限公司新民一牛场 | √ | | 2 038 | 1 100 | 荷斯坦 | 7.6 | 8 360 | √ | √ |
| 27 | 新民辉山太平牧业有限公司新民二牛场 | √ | | 2 154 | 1 325 | 荷斯坦 | 7.2 | 9 540 | √ | √ |
| 28 | 法库县晟楠奶牛养殖场 | √ | | 350 | 210 | 荷斯坦 | 7.8 | 1 638 | | √ |
| 29 | 登士堡现代化奶牛养殖场 | √ | | 2 826 | 2 238 | 荷斯坦 | 8 | 17 904 | √ | √ |
| | | √ | | 3 209 | 2 914 | 娟姗 | 8.6 | 25 060 | √ | √ |

（续）

| 序号 | 名称 | 养殖场 | 小区 | 全群存栏（头） | 成母牛存栏（头） | 奶畜品种 | 成母牛单产（t/年） | 年总产（t） | 是否参加DHI | 是否应用TMR |
|---|---|---|---|---|---|---|---|---|---|---|
| 30 | 秀水现代化奶牛养殖场 | √ | | 2 350 | 1 930 | 荷斯坦 | 7.2 | 13 896 | √ | √ |
| 31 | 王树行子现代化奶牛养殖场 | √ | | 2 330 | 1 950 | 荷斯坦 | 7.3 | 14 235 | √ | √ |
| 32 | 石桩子现代化奶牛养殖场 | √ | | 2 250 | 1 970 | 荷斯坦 | 7.5 | 14 775 | √ | √ |
| 33 | 孙家屯现代化奶牛养殖场 | √ | | 2 300 | 1 910 | 荷斯坦 | 7 | 13 370 | √ | √ |
| 34 | 彭家堡现代化奶牛养殖场 | √ | | 2 300 | 1 960 | 荷斯坦 | 7.4 | 14 504 | √ | √ |
| 35 | 榆树坨现代化奶牛养殖场 | √ | | 2 280 | 1 950 | 荷斯坦 | 7.6 | 14 820 | √ | √ |
| 36 | 大三家子现代化奶牛养殖场 | √ | | 2 380 | 1 980 | 荷斯坦 | 7.2 | 14 256 | √ | √ |
| 37 | 双台子现代化奶牛养殖场 | √ | | 2 270 | 1 950 | 荷斯坦 | 7.7 | 15 015 | √ | √ |
| 38 | 太平山现代化奶牛养殖场 | √ | | 2 390 | 1 910 | 荷斯坦 | 7.8 | 14 898 | √ | √ |
| 39 | 哈户硕现代化奶牛养殖场 | √ | | 2 480 | 2 000 | 荷斯坦 | 8 | 16 000 | √ | √ |
| 40 | 八家子现代化奶牛养殖场 | √ | | 2 300 | 1 970 | 荷斯坦 | 7.3 | 14 381 | √ | √ |
| 41 | 杨家堡现代化奶牛养殖场 | √ | | 2 320 | 1 950 | 荷斯坦 | 7.6 | 14 820 | √ | √ |
| 42 | 四架山现代化奶牛养殖场 | √ | | 2 460 | 1 970 | 荷斯坦 | 7.4 | 14 578 | √ | √ |
| 43 | 靠边屯现代化奶牛养殖场 | √ | | 2 420 | 1 910 | 荷斯坦 | 7.8 | 14 898 | √ | √ |
| 44 | 吕家堡现代化奶牛养殖场 | √ | | 2 490 | 1 950 | 荷斯坦 | 7.3 | 14 235 | √ | √ |
| 45 | 腰达房现代化奶牛养殖场 | √ | | 2 260 | 1 980 | 荷斯坦 | 7.4 | 14 625 | √ | √ |
| 46 | 拉马章现代化奶牛养殖场 | √ | | 2 330 | 2 000 | 荷斯坦 | 7.9 | 15 800 | √ | √ |
| 47 | 七家子现代化奶牛养殖场 | √ | | 2 370 | 1 930 | 荷斯坦 | 7.8 | 15 054 | √ | √ |
| 48 | 庙台山现代化奶牛养殖场 | √ | | 1 900 | 1 630 | 荷斯坦 | 8 | 13 040 | √ | √ |
| 49 | 麻子泡现代化奶牛养殖场 | √ | | 2 420 | 1 980 | 荷斯坦 | 7.5 | 14 850 | √ | √ |
| 50 | 大康现代化奶牛养殖场 | √ | | 2 780 | 2 220 | 荷斯坦 | 7.2 | 15 984 | √ | √ |
| 51 | 敖牛堡奶牛养殖场 | √ | | 2 550 | 2 000 | 荷斯坦 | 7.4 | 14 800 | √ | √ |
| 52 | 团山子现代化奶牛养殖场 | √ | | 2 930 | 2 210 | 荷斯坦 | 7.6 | 16 796 | √ | √ |
| 53 | 李家堡现代化奶牛养殖场 | √ | | 2 010 | 850 | 荷斯坦 | 7.7 | 6 545 | √ | √ |
| 54 | 苏家屯区盛达园奶牛养殖场 | √ | | 119 | 83 | 荷斯坦 | 6.3 | 523 | | √ |
| 55 | 苏家屯区本溪木兰花奶牛养殖场 | √ | | 866 | 446 | 荷斯坦 | 7 | 3 122 | | √ |
| 56 | 大连三寰奶牛良种繁育基地 | √ | | 2 102 | 1 123 | 荷斯坦 | 8.2 | 9 264 | √ | √ |
| 57 | 心乐牟家奶站 | √ | | 664 | 346 | 荷斯坦 | 8 | 2 784 | √ | √ |
| 58 | 心乐北乐奶牛繁育中心 | √ | | 1 200 | 700 | 荷斯坦 | 8.2 | 5 760 | √ | √ |
| 59 | 金弘基从家奶站 | √ | | 994 | 576 | 荷斯坦 | 6.8 | 3 936 | √ | √ |

（续）

| 序号 | 名称 | 养殖场 | 小区 | 全群存栏（头） | 成母牛存栏（头） | 奶畜品种 | 成母牛单产（t/年） | 年总产（t） | 是否参加DHI | 是否应用TMR |
|---|---|---|---|---|---|---|---|---|---|---|
| 60 | 金弘基阿尔滨奶站 | √ | | 1 231 | 851 | 荷斯坦 | 7.8 | 6 636 | √ | √ |
| 61 | 大连盛丰牧业公司 | √ | | 1 045 | 503 | 荷斯坦 | 9.3 | 4 680 | √ | √ |
| 62 | 大连和大奶牛公司 | √ | | 528 | 290 | 荷斯坦 | 5.5 | 1 584 | √ | √ |
| 63 | 金州区林永盛牧场 | √ | | 214 | 147 | 荷斯坦 | 4 | 600 | | |
| 64 | 大连盛大牧业有限公司 | √ | | 682 | 430 | 荷斯坦 | 5.8 | 2 508 | √ | √ |
| 65 | 大连裕源牧业有限公司 | √ | | 510 | 345 | 荷斯坦 | 5.6 | 1 920 | | √ |
| 66 | 鞍山市顺鑫畜牧业发展有限责任公司 | √ | | 310 | 124 | 荷斯坦 | 6.8 | 8 43.2 | | √ |
| 67 | 鞍钢实业集团乳业有限公司养殖场 | √ | | 1 001 | 528 | 荷斯坦 | 7.2 | 3 801.6 | | √ |
| 68 | 鞍山市恒利奶牛场 | √ | | 631 | 218 | 荷斯坦 | 7 | 1 526 | | √ |
| 69 | 海城市佳鑫牧业发展有限公司养殖场 | √ | | 281 | 123 | 荷斯坦 | 6.5 | 799.5 | | √ |
| 70 | 佳禾牧业 | √ | | 1 058 | 380 | 荷斯坦 | 7.3 | 2 774 | | √ |
| 71 | 鞍山市安达奶牛养殖有限公司 | √ | | 437 | 224 | 荷斯坦 | 7 | 1 568 | | √ |
| 72 | 卧龙畜牧养殖场 | √ | | 74 | 40 | 荷斯坦 | 6 | 240 | | √ |
| 73 | 辉山乳业马和奶牛场 | √ | | 2 240 | 2 240 | 荷斯坦 | 9 | 13 578 | | √ |
| 74 | 辉山乳业百花奶牛场 | √ | | 2 794 | 0 | 荷斯坦 | | | | √ |
| 75 | 辉山乳业小林奶牛场 | √ | | 2 657 | 0 | 荷斯坦 | | | | √ |
| 76 | 辉山乳业峡河奶牛场 | √ | | 3 081 | 0 | 荷斯坦 | | | | √ |
| 77 | 抚顺市经济开发区松岗奶牛场 | √ | | 1 857 | 1 585 | 荷斯坦 | 7.2 | 11 412 | | |
| 78 | 本溪爱民牛仁牧业有限公司 | √ | | 200 | 110 | 荷斯坦 | 8 | 400 | √ | √ |
| 79 | 本溪醇源牧业农民专业合作社 | √ | | 160 | 120 | 荷斯坦 | 8 | 440 | √ | |
| 80 | 东港市升泰奶牛场 | √ | | 700 | 400 | 荷斯坦 | 9.1 | 3 000 | | √ |
| 81 | 凤城市升泰奶牛场 | √ | | 945 | 475 | 荷斯坦 | 10 | 4 826 | √ | √ |
| 82 | 丹东市派波乳业有限公司 | √ | | 550 | 330 | 荷斯坦 | 6.5 | 2 145 | √ | √ |
| 83 | 宽甸中地生态牧场有限公司 | √ | | 3 398 | 1 727 | 荷斯坦 | 9.7 | 18 000 | √ | |
| 84 | 车坊现代化奶牛养殖场 | √ | | 1 981 | 1 759 | 荷斯坦 | 8.0 | 14 343 | | √ |
| 85 | 东六台现代化奶牛养殖场 | √ | | 2 487 | 2 225 | 娟姗 | 4.9 | 11 874 | √ | √ |
| 86 | 高家屯现代化奶牛养殖场 | √ | | 2 011 | 1 894 | 荷斯坦 | 8.7 | 17 817 | | √ |
| 87 | 徐三家现代化奶牛养殖场 | √ | | 2 052 | 1 890 | 荷斯坦 | 7.6 | 14 704 | | √ |
| 88 | 河夹心现代化奶牛养殖场 | √ | | 2 086 | 1 893 | 荷斯坦 | 8.9 | 17 806 | | √ |
| 89 | 头道河现代化奶牛养殖场 | √ | | 1 704 | 1 601 | 荷斯坦 | 7.5 | 15 081 | | √ |

（续）

| 序号 | 名称 | 养殖场 | 小区 | 全群存栏（头） | 成母牛存栏（头） | 奶畜品种 | 成母牛单产（t/年） | 年总产（t） | 是否参加DHI | 是否应用TMR |
|---|---|---|---|---|---|---|---|---|---|---|
| 90 | 新庄子现代化奶牛养殖场 | √ | | 2 232 | 2 017 | 荷斯坦 | 8.8 | 15 527 | | √ |
| 91 | 常家屯现代化奶牛养殖场 | √ | | 2 176 | 2 002 | 荷斯坦 | 9.5 | 19 734 | √ | √ |
| 92 | 四台子现代化奶牛养殖场 | √ | | 2 586 | 2 260 | 娟姗 | 5.7 | 13 222 | | √ |
| 93 | 小荒地现代化奶牛养殖场 | √ | | 2 107 | 1 970 | 荷斯坦 | 8.7 | 16 996 | | √ |
| 94 | 义县前杨奶农专业合作社 | | √ | 285 | 190 | 荷斯坦 | 8 | 1 400 | √ | √ |
| 95 | 义县日红升奶牛养殖专业合作社 | | √ | 334 | 260 | 荷斯坦 | 7 | 1 300 | | √ |
| 96 | 义县众鑫奶牛专业合作社 | | √ | 308 | 200 | 荷斯坦 | 7 | 1 150 | | √ |
| 97 | 黑山县芳山镇得润养殖场 | √ | | 200 | 150 | 荷斯坦 | 7 | 800 | | √ |
| 98 | 黑山县宏驰奶牛专业合作社 | | √ | 300 | 260 | 荷斯坦 | 7 | 1 000 | | √ |
| 99 | 国营锦州北山农工商总公司牧业分公司 | √ | | 270 | 160 | 荷斯坦 | 4.5 | 500 | | √ |
| 100 | 北镇市益农奶牛养殖专业合作社 | | √ | 165 | 90 | 荷斯坦 | 8.5 | 400 | √ | √ |
| 101 | 北镇市吴希友奶牛养殖场 | √ | | 168 | 97 | 荷斯坦 | 5 | 367 | √ | √ |
| 102 | 北镇市荣强奶牛养殖专业合作社 | | √ | 301 | 175 | 荷斯坦 | 9.8 | 1 270 | √ | √ |
| 103 | 凌海市嘉隆畜禽养殖专业合作社 | | √ | 252 | 201 | 荷斯坦 | 5 | 600 | | |
| 104 | 凌海市恒盛奶牛养殖专业合作社 | √ | | 400 | 380 | 荷斯坦 | 6 | 1 500 | | |
| 105 | 锦州市松山新区建华奶牛专业合作社 | | √ | 265 | 160 | 荷斯坦 | 8 | 1 280 | √ | √ |
| 106 | 益多乐乳业有限公司 | | √ | 310 | 230 | 荷斯坦 | 5 | 1 100 | | |
| 107 | 锦州市太和区大薛乡众兴奶牛场 | | √ | 120 | 80 | 荷斯坦 | 5 | 300 | | |
| 108 | 顺达奶牛养殖场 | √ | | 415 | 271 | 荷斯坦 | 7.1 | 1 930 | √ | √ |
| 109 | 阜蒙县大固本镇宏升奶牛养殖厂 | √ | | 512 | 322 | 荷斯坦 | 7.8 | 2 521 | √ | √ |
| 110 | 阜蒙县利晟源牧业养殖厂 | √ | | 499 | 303 | 荷斯坦 | 8.2 | 2 469 | √ | √ |
| 111 | 东岗生态奶牛养殖场 | √ | | 490 | 299 | 荷斯坦 | 8.2 | 2 458 | √ | √ |
| 112 | 亚美奶牛养殖合作社 | √ | | 260 | 155 | 荷斯坦 | 6.9 | 1 068 | √ | √ |
| 113 | 同富奶牛养殖场 | √ | | 802 | 389 | 荷斯坦 | 7.7 | 2 980 | | √ |
| 114 | 富春奶牛养殖场 | √ | | 231 | 102 | 荷斯坦 | 7.4 | 758 | | √ |
| 115 | 碱锅奶牛专业合作社 | √ | | 526 | 289 | 荷斯坦 | 7.5 | 21 797 | √ | √ |
| 116 | 腾达奶牛专业合作社 | √ | | 228 | 110 | 荷斯坦 | 7.7 | 843 | √ | √ |
| 117 | 国强肉牛养殖场 | √ | | 273 | 154 | 荷斯坦 | 7.6 | 11 647 | √ | √ |
| 118 | 宇华奶牛养殖合作社 | | √ | 244 | 125 | 荷斯坦 | 7.9 | 985 | √ | √ |

（续）

| 序号 | 名称 | 养殖场 | 小区 | 全群存栏（头） | 成母牛存栏（头） | 奶畜品种 | 成母牛单产（t/年） | 年总产（t） | 是否参加DHI | 是否应用TMR |
|---|---|---|---|---|---|---|---|---|---|---|
| 119 | 海纹奶牛专业合作社 | | √ | 265 | 143 | 荷斯坦 | 7.3 | 1 047 | | √ |
| 120 | 阜蒙县亚玲养牛专业合作社 | | √ | 375 | 310 | 荷斯坦 | 7.7 | 2 387 | √ | √ |
| 121 | 哈朋村王兆兴 | | √ | 511 | 315 | 荷斯坦 | 7.5 | 2 363 | √ | √ |
| 122 | 泓源奶牛养殖场 | √ | | 210 | 138 | 荷斯坦 | 6.8 | 938 | √ | √ |
| 123 | 森林奶农专业合作社 | √ | | 265 | 170 | 荷斯坦 | 6.5 | 1 310 | | √ |
| 124 | 后新秋镇自强奶农专业合作社 | √ | | 262 | 153 | 荷斯坦 | 6.8 | 1 240 | | √ |
| 125 | 兴隆牧场 | √ | | 1 070 | 446 | 荷斯坦 | 9 | 5 000 | √ | √ |
| 126 | 彰武县明罡奶农专业合作社 | √ | | 305 | 150 | 荷斯坦 | 6 | 1 270 | | √ |
| 127 | 彰武县东六镇占元牧场 | √ | | 530 | 380 | 荷斯坦 | 8 | 3 100 | | √ |
| 128 | 满堂红乡万合奶农专业合作社 | √ | | 316 | 260 | 荷斯坦 | 7.5 | 2 120 | | √ |
| 129 | 彰武县龙腾奶牛专业合作社 | √ | | 796 | 480 | 荷斯坦 | 8.1 | 4 745 | √ | √ |
| 130 | 彰武县梓馨奶牛养殖场 | √ | | 320 | 210 | 荷斯坦 | 6 | 1 260 | | √ |
| 131 | 彰武县金鑫奶农专业合作社 | √ | | 290 | 190 | 荷斯坦 | 6.5 | 1 230 | | √ |
| 132 | 辉山乳业彰武一场 | √ | | 2 259 | 1 121 | 荷斯坦 | 8.2 | 11 100 | | √ |
| 133 | 辉山乳业彰武二场 | √ | | 2 370 | 1 240 | 荷斯坦 | 8.3 | 11 250 | | √ |
| 134 | 辉山乳业彰武三场 | √ | | 2 235 | 1 320 | 荷斯坦 | 8.2 | 11 100 | | √ |
| 135 | 辉山乳业彰武四场 | √ | | 2 045 | 1 050 | 荷斯坦 | 8 | 10 580 | | √ |
| 136 | 辉山乳业三官牛场 | √ | | 4 119 | 0 | 荷斯坦 | 0 | 0 | | √ |
| 137 | 辉山乳业后新秋牛场 | √ | | 2 165 | 0 | 荷斯坦 | 0 | 0 | | √ |
| 138 | 辉山乳业刘家牛场 | √ | | 3 305 | 0 | 荷斯坦 | 0 | 0 | | √ |
| 139 | 辉山乳业红星牛场 | √ | | 4 002 | 0 | 荷斯坦 | 0 | 0 | | √ |
| 140 | 辉山乳业三道沟牛场 | √ | | 3 758 | 0 | 荷斯坦 | 0 | 0 | | √ |
| 141 | 辉山乳业二土牛场 | √ | | 2 227 | 950 | 荷斯坦 | 8.2 | 10 000 | | √ |
| 142 | 辉山乳业大五牛场 | √ | | 2 336 | 1 000 | 荷斯坦 | 8 | 10 010 | | √ |
| 143 | 辉山乳业新屯二牛场 | √ | | 2 970 | 1 900 | 荷斯坦 | 8 | 16 500 | | √ |
| 144 | 辉山乳业哈大冷牛场 | √ | | 2 075 | 880 | 荷斯坦 | 8 | 9 100 | | √ |
| 145 | 辉山乳业石岭子牛场 | √ | | 2 143 | 1 100 | 荷斯坦 | 8 | 12 000 | | √ |
| 146 | 辉山乳业二道河子场 | √ | | 2 020 | 950 | 荷斯坦 | 8 | 9 800 | | √ |
| 147 | 灯塔市博旺良种奶牛养殖专业合作社 | √ | | 465 | 300 | 荷斯坦 | 11.7 | 3 500 | √ | √ |
| 148 | 辽阳环野养殖有限公司 | √ | | 1 160 | 400 | 荷斯坦 | 10.5 | 4 200 | √ | √ |

（续）

| 序号 | 名称 | 养殖场 | 小区 | 全群存栏（头） | 成母牛存栏（头） | 奶畜品种 | 成母牛单产（t/年） | 年总产（t） | 是否参加DHI | 是否应用TMR |
|---|---|---|---|---|---|---|---|---|---|---|
| 149 | 大洼县曦然畜牧养殖专业合作社 | √ | | 130 | 42 | 荷斯坦 | 6 | 252 | | |
| 150 | 盘锦金昌畜牧有限公司 | √ | | 1 220 | 758 | 荷斯坦 | 6.5 | 4 927 | | |
| 151 | 大洼区明氏奶牛养殖专业合作社 | | √ | 216 | 97 | 荷斯坦 | 6 | 582 | | |
| 152 | 盘锦市兴隆台区郑月奶牛养殖场 | √ | | 65 | 37 | 中国荷斯坦 | 7.5 | 278 | | |
| 153 | 盘锦乔凯生态养殖场 | √ | | 242 | 164 | 荷斯坦 | 6.6 | 1 082 | | |
| 154 | 盘锦源泉奶业专业合作社 | √ | | 225 | 132 | 荷斯坦 | 6.6 | 871 | | |
| 155 | 盘锦乳泉奶牛养殖有限公司 | √ | | 415 | 0 | 荷斯坦 | 0 | 0 | | |
| 156 | 铁岭宏牛生态牧业有限公司 | √ | | 1 500 | 650 | 中国荷斯坦 | 9 | 6 000 | √ | √ |
| 157 | 辽宁顶好牧业有限公司 | √ | | 320 | 180 | 荷斯坦 | 8 | 840 | | √ |
| 158 | 昌图县溢康奶牛养殖专业合作社 | | √ | 900 | 500 | 荷斯坦 | 6 | 3 000 | √ | √ |
| 159 | 铁岭县百思特牧业养殖基地 | √ | | 500 | 270 | 荷斯坦 | 8.5 | 2 160 | | √ |
| 160 | 铁岭县平顶堡镇万兴养殖场 | √ | | 200 | 140 | 荷斯坦 | 5 | 600 | | |
| 161 | 清河区南台奶牛养殖小区 | | √ | 390 | 360 | 荷斯坦 | 5 | 1 800 | | |
| 162 | 清河区前马奶牛养殖小区 | | √ | 580 | 540 | 荷斯坦 | 5 | 2 700 | | |
| 163 | 辽宁辉山乳业集团金星木业有限公司（丰乐现代化奶牛养殖场） | √ | | 4 000 | 0 | 荷斯坦 | | | | √ |
| 164 | 辽宁辉山乳业集团金星木业有限公司（德兴现代化奶牛养殖场） | √ | | 2 500 | 2 200 | 荷斯坦 | 9.1 | 20 000 | √ | √ |
| 165 | 辽宁辉山乳业集团金星木业有限公司（神树现代化奶牛养殖场） | √ | | 2 500 | 2 200 | 荷斯坦 | 9.1 | 20 000 | √ | √ |
| 166 | 辽宁辉山乳业集团金星木业有限公司（寿山现代化奶牛养殖场） | √ | | 4 000 | 0 | 荷斯坦 | | | | √ |
| 167 | 辽宁辉山乳业集团金星木业有限公司（青山现代化奶牛养殖场） | √ | | 4 000 | 0 | 荷斯坦 | | | | √ |
| 168 | 辽宁辉山乳业集团金星木业有限公司（富民现代化奶牛养殖场） | √ | | 2 000 | 0 | 荷斯坦 | | | | √ |
| 169 | 辽宁辉山乳业集团金星木业有限公司（雅泽现代化奶牛养殖场） | √ | | 2 500 | 2 200 | 荷斯坦 | 9.1 | 20 000 | √ | √ |
| 170 | 朝阳金妍养殖有限公司 | | √ | 304 | 190 | 中国荷斯坦 | 5.8 | 1 102 | | |
| 171 | 朝阳玉华奶牛专业合作社 | √ | | 121 | 80 | 中国荷斯坦 | 5.5 | 440 | | |
| 172 | 张守军奶牛养殖小区 | | √ | 105 | 70 | 荷斯坦 | 5.5 | 385 | | |
| 173 | 建平县沙海安兴牧业有限公司 | √ | | 1 450 | 710 | 荷斯坦 | 10 | 7 100 | √ | √ |
| 174 | 建平县八家农场源润奶牛合作社 | √ | | 590 | 310 | 荷斯坦 | 7 | 2 170 | √ | √ |
| 175 | 北票市宏海牧业有限公司 | | √ | 310 | 190 | 荷斯坦 | 6.6 | 1 254 | | √ |
| 176 | 北票市五间房利民奶牛养殖专业合作社 | | √ | 309 | 190 | 荷斯坦 | 5.5 | 1 045 | | √ |
| 177 | 北票市天华奶牛养殖牧场 | √ | | 368 | 215 | 中国荷斯坦 | 6.1 | 1 312 | | √ |
| 178 | 北票市永恒奶牛养殖专业合作社 | | √ | 98 | 59 | 中国荷斯坦 | 6.3 | 372 | | √ |
| 179 | 祥合奶站 | √ | | 92 | 61 | 中国荷斯坦 | 5.9 | 360 | | √ |

附表 2　辽宁省乳品企业生产情况调查表

| 序号 | 名称 | 许可证号 | 年收购原奶量（t） | 平均支付价格（元/kg） | 其中：自有奶源量（t） | 年乳制品产量（t） | 其中：巴氏杀菌奶（t） | UHT 奶（t） | 酸奶（t） | 奶粉（t） | 奶油（t） | 奶酪（t） | 乳饮料（t） | 整体设计加工能力（t/年） | 产品销售区域 | 年销售收入（万元） | 利润（万元） |
|---|---|---|---|---|---|---|---|---|---|---|---|---|---|---|---|---|---|
| 1 | 蒙牛乳业（沈阳有限公司） | SC10521011300951 | 55 544 | 3.75 | 0 | 119 000 | 0 | 56 243 | 44 094 | 0 | 0 | 0 | 4 233 | 120 000 | 东三省 | 114 000 | 4 810 |
| 2 | 辽宁伊利有限公司 | SC10521011300068 | 200 750 | 3.8 | 6 205 | 175 000 | 0 | 0 | 25 550 | 0 | 0 | 0 | 0 | 244 550 | 辽宁 | – | – |
| 3 | 辽宁辉山乳业集团有限公司 | SC10521011300105<br>SC10521042100034<br>SC10521072700291 | 350 275.45 | 4,28 | 350 275.45 | 288 684.77 | 51 195.21 | 138 704.33 | 81 356.46 | 13 509.10 | 1 229.90 | 0 | 2 689.77 | 668 000 | 全国 | 245 604.43 | – |
| 4 | 菲仕兰辉山乳业有限公司 | SC20121012400019 | 2 394.44 | 4.38 | 0 | 729 | 0 | 0 | 0 | 729 | 0 | 0 | 0 | 20 000 | 部分省份 | 7 176 | 4 143 |
| 5 | 大连心乐乳业有限公司 | SC10521021302324 | 14 699.22 | 3.83 | 6 672.45 | 18 955.41 | 12 512.78 | 0 | 5 597.13 | 0 | 0 | 0 | 845.5 | 3 万 | 大连辖区 | 12 186.85 | 212.96 |
| 6 | 大连九羊乳业股份有限公司 | SC10521028200803 | 1 377 | 7.00 | 438 | 1 296 | 0 | 1 158 | 138 | 0 | 0 | 0 | 261 | 3 600 | 省内 | 1 565 | 179 |
| 7 | 大连三寰乳业有限公司 | SC10521020400094 | 22 322 | 3.5 | 9 316 | 21 159 | 12 833 | 5 203 | 3 123 | 0 | 0 | 0 | 0 | 3.5 万 | 省内 | 14 359 | 2 684 |
| 8 | 鞍钢实业集团乳业有限公司 | SC10521030600015 | 8 000 | 3.8 | 4 000 | 9 000 | 3 600 | 0 | 3 600 | 0 | 0 | 0 | 1 800 | 1.6 万 | 鞍山 | 10 000 | 800 |
| 9 | 完达山鞍山乳业 | SC10521030300061 | 8 000 | 3.7 | 8 000 | 12 000 | 500 | 6 300 | 3 200 | 0 | 0 | 0 | 2 000 | 10 | 辽宁、黑龙江、河北 | 95 000 | 450 |
| 10 | 本溪木兰花乳业有限责任公司 | SC10521050400142 | 11 627.71 | 4.10 | 3 079.26 | 12 507.95 | 2 965.55 | 1 293.74 | 7 244.07 | 0 | 0 | 0 | 1 004.59 | 50 000 | 辽宁省及周边 | 9 895 | 358 |
| 11 | 丹东升泰乳业有限公司 | SC10521068100459 | 7 800 | 4.8 | 7 800 | 8 500 | 1 300 | 2 000 | 3 600 | 0 | 0 | 0 | 1 600 | 20 000 | 丹东 | 4 977 | 1 |
| 12 | 丹东派波乳业有限公司 | SC10521060215047 | 1 600 | 4 | 1 600 | 1 500 | 1 000 | 0 | 450 | 0 | 0 | 0 | 50 | 12 000 | 丹东 | 1 250 | – |
| 13 | 锦州益多乐乳业有限公司 | SC10521071100293 | 3 600 | 3.8 | 1 800 | 3 600 | 2 160 | 0 | 1 080 | 0 | 0 | 0 | 360 | 18 250 | 锦州 | 3 000 | 180 |
| 14 | 锦州市双八乳业有限公司 | SC10521078300021 | 5 400 | 3.4 | 2 350 | 5 600 | 143 | 0 | 5 457 | 0 | 0 | 0 | 0 | 30 000 | 辽西五市 | 4 048 | 558 |
| 15 | 阜新伊利乳品有限责任公司 | 辽 XK16-204-00465 | 122 526.01 | 3.51 | 0 | 1 000 336.68 | 76 388.75 | 0 | 0 | 0 | 0 | 0 | 23 947.93 | 578 926 | 全国各地 | 5521242 | 4 519.64 |

（续）

| 序号 | 名称 | 许可证号 | 年收购原奶量（t） | 平均支付价格（元/kg） | 其中：自有奶源量（t） | 年乳制品产量（t） | 其中：巴氏杀菌奶（t） | UHT 奶（t） | 酸奶（t） | 奶粉（t） | 奶油（t） | 奶酪（t） | 乳饮料（t） | 整体设计加工能力（t/年） | 产品销售区域 | 年销售收入（万元） | 利润（万元） |
|---|---|---|---|---|---|---|---|---|---|---|---|---|---|---|---|---|---|
| 16 | 阜新绿山羊奶乳业 | SC10521090100045 | 177 | 3.85 | 177 | 249 | 162 | 0 | 87 | 0 | 0 | 0 | 0 | 14 000 | 阜新市及省内周边城市 | 324 | 19 |
| 17 | 辽阳市奔月食品有限公司 | SC10521100400016 | 1 423.7 | 3.44 | 1 423.7 | 1 312.4 | 335.9 | 0 | 976.5 | 0 | 0 | 0 | 0 | 2 600 | 辽阳、鞍山 | 1 507.07 | 2.04 |
| 18 | 铁岭市大牛乳品有限公司 | SC10621120000050 | 8 300 | 3.53 | 5 000 | 8 000 | 1 500 | 2 000 | 3 000 | 150 | 0 | 0 | 1 350 | 100 000 | 全国各地 | 6 000 | 20 |
| 19 | 辽宁澳珍乳业有限公司 | Sc10621130300691 | 6 000 | 3.2 | 0 | 6 000 | 6 000 | 0 | 0 | 0 | 0 | 0 | 0 | 108 000 | 辽宁省 | 6 781 | 682 |
| 20 | 朝阳市双塔区振海乳制品厂 | SC10521130200625 | 1 980 | 3.2 | 0 | 2178 | 0 | 0 | 0 | 0 | 0 | 0 | 0 | 43 200 | 朝阳沈阳盘锦锦州阜新赤峰锡盟 | 1585 | 156 |

# 吉林省

【奶畜养殖】吉林省奶牛存栏14万头，主要品种为中国荷斯坦和乳肉兼用西门塔尔，牛奶产量30.1万t。中国荷斯坦牛主要分布在吉林省中西部地区，即长春、吉林、四平、白城、松原5个地市，乳肉兼用西门塔尔牛主要分布在松原市。以上地区奶牛存栏数量占全省奶牛存栏总量的96.9%。

【乳品加工】吉林省正常生产规模以上的乳制品生产企业有6个，生产婴幼儿配方乳粉的企业有3个。2017年收购生鲜乳总量8.1万t，同比增长11.9%。其中自有奶源量2.7万t，占收购总量的33.8%。乳制品总产量11.1万t。其中：巴氏杀菌奶1.3万t，同比降低6.1%；超高温灭菌（UHT）奶2.7万t，同比增长7.1%；酸奶4.3万t，同比增长108.2%；乳饮料2.1万t，同比增长37.6%；奶粉5 860.6t，同比降低14.1%；奶酪208.4t，同比增长471.7%。巴氏杀菌乳、奶粉产量下降，奶酪、酸奶、乳饮料产量大幅增长。2017年乳制品生产企业销售收入14.87亿元，同比增长89.4%，利润5 217万元，同比降低28.7%。

【市场消费】吉林省人均牛奶占有量11.1kg。在市场上销售的乳制品，主要有伊利、蒙牛、广泽、飞鹤、龙丹、雀巢、完达山、君乐宝、辉山等乳企生产的产品。销售的主要产品有UHT奶、奶粉、酸奶、巴氏杀菌奶、含乳饮料等。部分商家有进口的乳制品入驻销售，进口乳制品以UHT奶和奶粉为主。入户销售的乳制品主要有巴氏杀菌奶和酸奶，以本地乳制品企业生产的产品为主。销售量较大的为UHT奶。

【奶源基地】吉林省存栏规模1 000头以上的奶牛养殖场（小区）7个，奶牛存栏2.9万头。规模养殖场中有78%使用全混合日粮（TMR）饲喂技术，少数参加生产性能测定（DHI）。吉林省各级动物防疫机构比较健全，在全省对奶牛开展口蹄疫强制免疫，每年至少进行两次检查考核，确保应免奶牛免疫密度达到100%。开展奶牛布病、结核病检疫监测，加强扑杀净化。奶牛粪污处理方式主要是堆积发酵后还田，少数养殖场（小区）采用了生物有机肥、燃料块和沼气等无害化处理模式。

2017年，生鲜乳收购站收购生鲜乳价格平均为2.85元/kg，销售价格平均为3.4元/kg。吉林省乳品加工企业收购生鲜乳平均价格为3.7元/kg。饲养一头年产6t泌乳牛，产奶纯收入近2 000元。

【质量监管】2017年，吉林省深入贯彻《乳品质量安全监督管理条例》，全面强化执法监督，确保生鲜乳质量安全。一是开展生鲜乳质量安全监测工作。完成抽检生鲜乳专项和婴幼儿配方乳粉奶源基地质量安全样品268批次，检测结果均合格。二是开展生鲜乳专项整治行动。通过开展生鲜乳专项整治行动，推进生鲜乳质量安全监管责任落实，强化生鲜乳生产、收购、运输经营主体第一责任，实现生鲜乳质量安全监管责任明、监管对象清、区域全覆盖、安全有保障。三是加强奶畜散户养殖监管。按照农业部要求，2017年8月，下发了《吉林省畜牧业管理局关于加强奶畜散户养殖监管的通知》，组织全省开展加强奶畜散户养殖监管检查工作，全面加强奶畜养殖投入品监管，加强生鲜乳收购和运输环节监管，加强对奶畜养殖场（户）培训、加大宣传引导，强化奶畜养殖场（户）生鲜乳质量安全首负责任意识，督促其自觉遵守法律法规，严格执行标准规范。针对存在问题，提出加强监管措施，于2017年10月下发了《吉林省畜牧业管理局关于进一步加强奶畜散户养殖监管的通知》，细化监管措施，排查生鲜乳质量安全隐患，保障生鲜乳质量安全。

【奶业大事】白城市畜牧总站建设成立了奶牛DHI测定中心。

（吉林省畜牧业管理局，迟桂凤）

# 长春市

【奶畜养殖】2017年全市奶牛存栏4.1万头，品种主要是中国荷斯坦牛。奶类总产量7.3万t，奶牛养殖产值2.2亿元，占畜牧养殖业总产值309.4亿元的0.7%。长春市奶牛养殖主要集中在榆树市、九台区等县（市）区，奶业生产呈现以下特点：

1. 奶牛存栏有下降趋势。2017年全市奶牛存栏4.05万头，同比降低了3.6%。

2. 规模化养殖水平逐年提高。2017年，全市50头以上规模奶牛场（区）12个，进场（百头以上的养殖场）入区奶牛9 822头，占全市奶牛存栏的24.3%。全市有生鲜乳收购站10家，规模场（区）奶牛机械化挤奶率达到100%。

【乳品加工】长春市目前只有吉林省乳业集团广泽有限公司1家乳制品加工企业，现在正常生产。该公司年整体设计加工能力20万t。产品类别主要有UHT奶、酸奶、巴氏杀菌奶、奶酪及乳饮料五大类100余个品种。从目前的发展形势看，广泽有限公司在市场的占有率正在逐步提高，份额越来越大，生产形势较好，发展前景非常乐观。

【市场消费】2017年本市生鲜乳收购价格为3.2~3.5元/kg，较去年同期变化不大，比较稳定。长春市乳制品销售市场品牌及种类繁多，蒙牛、伊利、辉山、雀巢、光明、完达山等国内知名品牌以及本地广泽有限公司的产品在超市、市场均有销售，产品类型主要为UHT奶、酸奶、各种乳饮料，价格约为12元/kg，国内外各大品牌的多种成人及婴幼儿配方奶粉也均有销售。广泽有限公司还在市区内入户配送新鲜的巴氏杀菌乳，价格约为

18 元 / kg。

从长春市奶类市场上巴氏杀菌乳、UHT 奶、酸奶、奶粉等产品的消费情况看，UHT 奶消费量位居首位，奶粉销量是第二位，酸奶销量是第三位，最后一位是巴氏杀菌乳。UHT 奶消费比重占牛奶销量的一半左右，就目前看，今后可能仍然会保持目前的消费态势。

**【奶源基地】**全市 50 头以上规模奶牛场（区）12 个，其中，存栏 5 000 头以上场（区）1 个，存栏奶牛 5 092 头，占规模奶牛场奶牛存栏的 51.8%；存栏 1 000 头以上场（区）1 个，存栏奶牛 1 430 头，占规模奶牛场奶牛存栏的 14.6%；500~999 头场（区）1 个，存栏奶牛 900 头，占规模奶牛场奶牛存栏的 9.2%；200~499 头场（区）5 个，存栏奶牛 1 927 头，占规模奶牛场奶牛存栏的 19.6%；100~199 头场（区）2 个，存栏奶牛 322 头，占规模奶牛场奶牛存栏的 3.3%，50~99 头场（区）2 个，存栏奶牛 151 头，占规模奶牛场奶牛存栏的 1.5%。

目前，全市共有奶站 10 家，相比去年同期的 12 家减少了 2 家。现在 10 家奶站的分布情况：榆树 5 家、九台 3 家、朝阳 1 家、农安 1 家。奶畜养殖场开办的奶站有 5 家，奶农专业生产合作社开办的奶站有 3 家，乳制品加工企业开办的奶站有 2 家。全市目前共有生鲜乳运输车辆 4 辆，生鲜乳准运证齐全。每月收购生鲜乳 3 774t，与 2016 年同期 12 家奶站月收购 3 114 t 相比，增加 660 t。

在长春市收购生鲜乳的乳制品企业共 8 家：广泽月收购量近 2 700 t，辽宁沈阳蒙牛和黑龙江尚志蒙牛月收购量近 200 t，吉林市春光和吉林市娃哈哈月收购量近 100 t，黑龙江双城市雀巢月收购量 200t 以上，黑龙江完达山月收购量近 300 t，黑龙江肇东市伊利月收购量近 200 t。通过多方调查，目前普遍对生鲜乳质量要求更加严格，主要是对乳脂率和乳蛋白要求指标提高，专业化程度不断提升。

奶牛疫病防控方面，主要是由各县（市）、区动物疫病预防控制中心和各乡镇畜牧兽医站共同完成；乡镇畜牧兽医站主要负责奶牛免疫，主要采用统一下发的口蹄疫 O- 亚 -A 型三价灭活疫苗进行口蹄疫的防治。动物疫病预防控制中心负责布病、结核病疫病检测等健康检查，发现阳性病畜及时上报并扑杀，到目前为止尚未发现阳性奶牛。

奶牛养殖场粪便处理方式：堆积发酵的占 90%，压块的占 10%，用于地炉燃烧取暖。

**【奶农组织】**全市共成立 5 个奶农专业合作社，其中榆树市成立了 4 个奶农合作社；农安县成立了 1 个奶农合作社，会员总数为 70 人。合作社每年组织培训班两次，培训人数达 140 人次。主要对荷斯坦牛良种繁育、品种改良技术、饲养管理、原料奶生产和质量控制、全混合日粮（TMR）配制、青黄贮饲料调制、疫病防控、养殖环境保护等多个方面进行培训，引导奶农向标准化规模养殖方向发展，实现现代化科学养殖。

**【政策法规】**长春市为了促进奶牛养殖业发展，制定了《长春市省级乳品产业园区建设规划》，出台了相关的扶持政策，一是出台了《青黄贮饲料补贴政策》，主要是给予青贮窖、打包生物饲料补贴；二是在用地审批手续方面给予了大力倾斜，在营城万头荷斯坦牛场征地方面零地价提供；是农发项目和省牧业小区扩建项目。

**【质量监管】**长春市畜牧业管理局对生鲜乳质量安全监管工作非常重视，紧紧围绕生鲜乳质量安全为中心，强化领导，加强对生鲜乳收购站的监管工作，采取日常监管和专项整治相结合的措施。一是坚持属地管理的原则，明确落实具体单位及责任人，奶站监管具体由各县（市、区）畜牧局负责，日常监管由各乡镇畜牧站负责，并指定质量监督员专门负责奶站管理，对榨乳过程进行全程监管，采取留样和定期抽样制度，每年对奶站至少抽样两次。同时对奶牛的饲养环节进行监管，包括奶牛使用的饲料和兽药。二是强化责任追究。建立责任追究制度，在执行工作时明确责任分工，具体工作落实到人。三是强化督导检查。在对奶站等食品安全领域进行日常监管的同时，加强督导检查的力度，定期不定期地进行巡回检查，发现隐患及时进行整改。加强违法的追究和处理力度，形成高压打击态势。四是加强食品卫生知识宣传。加强《畜牧法》和《农产品质量安全法》等法律法规的宣传，一方面强化企业者守法经营的自觉性和法律意识，另一方面让老百姓懂得食品安全知识，自觉抵制不安全食品行为，建立起依法维权的自觉行为。五是对生鲜乳收购站及运输车信息情况实行月报表制度。各乡镇畜牧站监管人员每月至少一次进行现场检查监管，并填写好监管记录。监管人员要 24h 开机，实行 24h 监控。

（注：数据来源为 2017 年统计局公布的数据，规模以上奶牛养殖场企业数据来源为 2017 年奶畜及经济动物普查数据。）

（长春市畜牧业管理局，师文）

# 白城市

**【奶畜养殖】**白城市奶牛品种以中国荷斯坦牛为主，奶牛养殖主要分布在五个县（市、区），即洮北区、镇赉县、通榆县、洮南市、大安市。由于近些年来牛奶价格持续偏低，乳企对奶畜养殖场（小区）实行限量收购政策的同时，不断要求养殖企业提高饲养标准，奶业发展始终处于较为困难时期。2017 年，全市奶牛存栏 9.2 万头，其中成母牛 1.9 万头，牛奶总产量 14.8 万 t，平均每头产奶牛单产达到 6.7t，奶业产值达 7 亿元。

**【乳品加工】**白城市有乳品加工企业 3 个，年设计加工能力 17.4 万 t，实际乳制品总产量 4 070t，销售收入达 71 043 万元，利润达 2 201.2 万元。龙丹乳业主要生产婴幼儿配方奶粉、成人配方奶粉两大类别，6 大系列 50 余个品种。飞鹤乳业主要产品有启程、启智、启越系列、超级启越、超级启智系列婴幼儿配方奶粉，是吉林省内首家获得婴幼儿奶粉生产许可证的企业。阿宝乳业主要生产巴氏杀菌奶和酸奶。

**【市场消费】**在消费选择上，白城市居民选购国产知名大品牌的产品居多，主要有蒙牛、伊利、完达山、君乐宝、辉山等。市场消费特点和发展趋势是以纯牛奶为主，其次为酸奶、乳制品饮料。本地区枕式包装 200mL 的巴氏杀菌奶，零售价在 2.5 元左右。婴幼儿奶粉国产主要品牌有飞鹤、雀巢、贝因美，进口品牌有惠氏、雅培、安婴宝等。

**【奶源基地】**经过几年来的产业转型升级和标准化规模养殖场建设的推进，2017 年白城市运营奶站 47 个。规模养殖比例提高，存栏 300~499 头的规模养殖场（小区）达到 10 个，存栏量为 4 152 头，占全市奶牛存栏的 12%；存栏 500~999 头规模养殖场（小区）达到 9 个，存栏量为 5 778 头，占全市奶牛存栏的 16.7%；存栏 1 000 头以上规模养殖场（小区）达到 5 个，存栏量为 2.2 万头，占全市奶牛存栏的 64.5%。目前，全市奶牛规模化养殖场（小区）全部采用 TMR 饲喂技术，规模较大的养殖场应用了 DHI 技术，由白城市畜牧总站畜产品安全检测中心进行免费 DHI 测定，以奶牛生产性能测定指标为依据，对奶牛养殖提出合理化意见，以提高奶牛产量。

由于受国外乳品的冲击，国内乳产品滞销，利润下滑，导致乳企对交售生鲜乳的奶站在生鲜乳指标、卫生消毒、饲喂方式、设备设施等方面要求不断提高，不达标的停止交售；生鲜乳收购价格几次下调，限量收购，导致奶农利润空间缩小，散户、小规模养殖户压力较大。加上饲料原料价格不断上涨，中小规模奶农饲养成本随之加大。受生产成本居高不下，良种提供、防疫、销售等多方面原因的影响，大多数小型奶站停止运营，奶牛养殖数量锐减。

牧场生鲜乳平均收购价格为 3.7 元 /kg，小区生鲜乳平均收购价格为 3.2 元 / kg（含奶站管理费）。

**【政策法规】**以市委、市政府提出的“六畜兴旺”战略为指导，以发展现代畜牧业为主要方向，以转变养殖方式为主线，以增加农民收入为核心，白城市紧密围绕“优势产业”做好畜牧产业发展这篇“大文章”，将奶牛产业作为重点谋划布局，抓好发展，进一步完善龙头企业建设，强化标准化规模养殖场（小区）建设，建立健全畜牧服务体系，从而提升市场竞争力。

**【质量监管】**加强对生鲜乳生产收购、运输环节监督检查，强化奶站管理者及奶户对违禁物质添加危害性的认识，提高生鲜乳收购站、运输车标准化管理水平，有效地保障了生鲜乳质量安全。协同农业部食品质量监督检验测试中心、省兽药饲料监察所、甘肃省兽药饲料监察所进行抽样。全年合计开展抽样工作 5 次，合计抽样 206 批次，经检验全部合格。

**【奶业大事】**白城市是奶牛养殖大市，有较多的规模化养殖场和奶牛养殖户，但 2017 年以前大多数都没有开展奶牛生产性能测定（DHI），影响了奶牛养殖场饲养管理水平的改进与提高。为了提高奶牛生产水平，带动吉林省及周边农村农业经济发展，白城市于 2017 年建成奶牛 DHI 测定中心。中心配备乳成分分析仪与体细胞计数仪，专门对白城市规模化养殖场的牛奶样品进行测定，测定中心处于试运行状态，覆盖白城市 7 家奶牛养殖场，每小时可测定 300 个样品。通过 DHI 测定将提高奶牛的遗传品质及良种覆盖率，饲养管理水平，促进畜牧业从低效耗能型向高效节能型转变。

（注明：奶牛存栏量、牛奶总产量数据来源白城市统计局，其他为行业数据。）

（白城市畜牧总站，何思洋）

附表 1　吉林省奶牛养殖场（小区）名录（存栏规模 1 000 头以上）

| 序号 | 名称 | 养殖场 | 小区 | 全群存栏（头） | 成母牛存栏（头） | 奶畜品种 | 成母牛单产（t/年） | 年总产（t） | 是否参加DHI | 是否应用TMR |
|---|---|---|---|---|---|---|---|---|---|---|
| 1 | 镇赉瑞信达原生态牧业有限公司 | √ | | 15 660 | 6 370 | 中国荷斯坦 | 10 | 57 330 | | √ |
| 2 | 吉林省牧硕养殖有限公司一场 | √ | | 5 092 | 2 462 | 中国荷斯坦 | 9.1 | 30 444 | √ | √ |
| 3 | 北京首农畜牧发展有限公司白城分公司 | √ | | 3 103 | 1 586 | 中国荷斯坦 | 9 | 11 000 | √ | √ |
| 4 | 白城市恒利源乳业有限公司 | √ | | 1 630 | 950 | 中国荷斯坦 | 8 | 4 600 | √ | √ |
| 5 | 榆树市财源牧业 | √ | | 1 430 | 450 | 中国荷斯坦 | 5.0 | 1 940 | | √ |
| 6 | 大安市吉尧奶畜养殖场 | √ | | 1 322 | 601 | 中国荷斯坦 | 8.9 | 2 542 | √ | √ |
| 7 | 洮南市香儒奶牛有限公司 | √ | | 1 030 | 538 | 中国荷斯坦 | 5.85 | 1 987.31 | | √ |

附表 2　吉林省乳制品生产企业名录

| 序号 | 名称 | 许可证号码 | 年收购原奶量（t） | 平均支付价格（元/kg） | 其中：自有奶源量（t） | 年乳制品产量（t） | 其中：巴氏杀菌奶（t） | UHT 奶（t） | 酸奶（t） | 奶粉（t） | 奶油（t） | 奶酪（t） | 乳饮料（t） | 整体设计加工能力（万t/年） | 销售区域 | 年销售收入（万元） | 利润（万元） |
|---|---|---|---|---|---|---|---|---|---|---|---|---|---|---|---|---|---|
| 1 | 广泽乳业有限公司 | SC10522010819127 | 43 312.59 | 3.41 | 13 527.8 | 63 028.7 | 2 963.3 | 27 448.3 | 19 216.6 | 306.6 | | 208.4 | 12 885.5 | 20 | 东三省 | 43 629.04 | 5 694.35 |
| 2 | 吉林市春光乳业有限责任公司 | SC10522020431800 | 6 150 | 3.6 | 4 800 | 10 000 | 10 000 | | | | | | | 7.3 | 吉林省 | 10 000.9 | 529 |
| 3 | 四平君乐宝乳业有限公司 | SC10522030324640 | 18 789.94 | 3.76 | | 32 193.57 | | | 24 052.88 | | | | 8 140.69 | 12.88 | 石家庄总部调配 | 17 725.19 | −3 210.52 |
| 4 | 白城龙丹乳业科技有限公司 | SC10522080028448 | 2 000 | 3.78 | | 600 | | | | 600 | | | | 7.3 | 全国 | 2 700 | 210 |
| 5 | 飞鹤镇赉乳品有限公司 | SC10522082103179 | 8 131 | 4 | 8 131 | 3 190 | | | | 3 190 | | | | 10 | 全国 | 68 163 | 1 961.2 |
| 6 | 吉林贝因美乳业有限公司 | SC12922240302651 | 2 239.12 | 3.5 | 757.31 | 1 764 | | | | 1 764（干法 1 500 t、湿法 264 t） | | | | 1 | 浙江省 | 6 500 | 33 |
| | 合计 | | 80 622.65 | 3.68 | 27 216.1 | 110 776.24 | 12 963.32 | 27 448.3 | 43 269.46 | 5 860.58 | | 208.4 | 21 026.15 | 58.48 | | 148 718.13 | 5 217.03 |

# 黑龙江省

【奶畜养殖】截至2017年年底，根据国家统计局黑龙江省调查总队数据显示，黑龙江省奶牛存栏136万头，同比下降23.2%（2016年年底存栏177万头）；生鲜乳产量539万t，同比下降1.1%（2016年生鲜乳产量546万t）。全省存栏100头以上奶牛规模养殖场742个，奶牛存栏54.5万头。全省奶牛单产水平由2015年的5.7t提高到6.8t，平均提高1.1t，核心群提高了1.5t。

奶牛饲料原料价格全年总体平稳。2017年，黑龙江省主要奶牛饲料原料的价格总体趋稳，根据畜牧兽医局定点监测，全省玉米平均价格为1 500元/t，豆粕3 470元/t，麦麸1 800元/t，苜蓿2 988元/t，羊草1 030元/t，价格全年波动不大，未对奶牛成本产生大的影响。

奶牛养殖处于微利阶段。2017年，黑龙江奶业协会跟踪调查了12个奶业主产市县的742个规模化奶牛场，抽测500头以上奶牛场全年平均奶价为3.5元/kg。同时按月度跟踪了50家信息奶牛场的平均奶价，2017年奶价走势见图4-1，千克奶成本平均为3.4元，6~9月份平均奶价均低于3.4元，全年奶牛场总体略有盈余，但仍处于养殖的微利阶段（图4-1）。

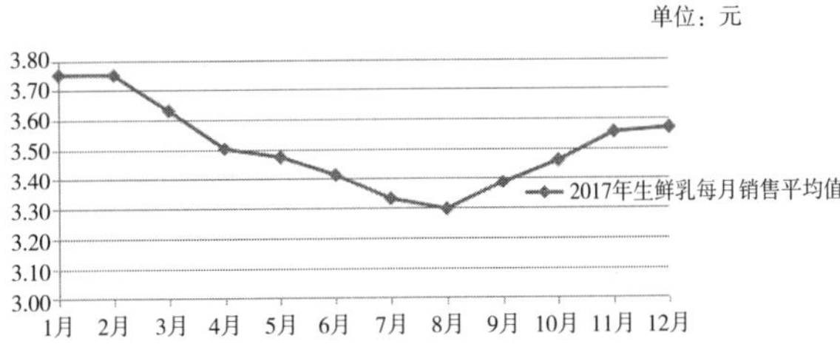


图4-1 2017年黑龙江省奶业协会50家信息奶牛场奶价均值

生乳指标进入历史最高水平。在时间较长的乳业低迷时期，乳企为控制收奶量采取了依据生乳品质掐尖收奶的方法，生乳品质较好的奶牛场获得了一定的生存的空间，生乳品质较差的奶牛场为适应乳企收奶指标，或是采用先进的管理方法提高生乳品质，或是退出养殖并流转奶牛。据黑龙江省奶业协会对全省298个奶牛场的乳脂肪、乳蛋白、菌落总数和体细胞数进行调查，85%以上的奶牛场生乳指标超过美国标准，60%的奶牛场生乳指标接近欧盟标准，个别优质牧场的生乳品质已超过欧盟标准。经过3年半的奶业低谷，奶牛养殖业被动地经历了一场优胜劣汰，单产和生产水平大幅提高。但是高水平没有迎来高效益，奶牛场收益持续在低点徘徊。

【乳品加工】黑龙江省乳品产业主要分布在哈尔滨、齐齐哈尔、大庆、绥化、牡丹江、黑河等地，集聚在双城、呼兰、肇东、安达、杜蒙、富裕、北安等县（市）以及东部的农垦管区。全省日处理鲜奶能力2.1万t，略高于内蒙古，居全国第一位。目前本黑龙江省产生鲜乳的转化率接近100%。全省乳制品工业获得绿色食品认证的产品已达470多个，占全国的17%，居第一位。飞鹤、完达山、红星、龙丹等10个产品被评为中国名牌产品。2017年，全省乳制品工业规模以上企业实现主营业务收入355.2亿元，约占全国的10%，仅次于内蒙古，居全国第二位；实现利润25.3亿元，占全国的10%；实现税金20亿元左右。

2017年，全省乳制品产量158.6万t，约占全国的5.4%。其中，液体乳产量114.1万t，约占全国的4.2%；乳粉产量44.5万t，约占全国的30%。全省婴幼儿配方乳粉产量15.6万t，约占国产婴幼儿配方乳粉产量的26%、国内消费量的20%，黑龙江省是国内最大的奶粉和婴幼儿配方乳粉产业基地。

2017年，实施《婴幼儿奶粉配方注册管理办法》，规定每个工厂只能保留3个系列、9个配方。黑龙江省乳企积极申报注册，有24个乳制品加工厂的67个系列和200个配方通过了注册。通过注册制的推行抑制了婴幼儿奶粉市场上原有的品牌杂、概念营销多等乱象，消除了代加工现象。奶粉市场格局发生了从重数量到重质量、从重品种到重品牌的变化，也进一步规范了黑龙江省乳品生产企业。

【市场消费】黑龙江省乳制品消费水平低于全国平均水平，主要是因为寒冷地区习惯消费肉类和酒精饮料，相应乳制品消费量就较少。黑龙江省人均消费乳制品仅29kg，人均乳制品消费支出为251.6元。根据黑龙江省奶业协会调查，当前消费者倾向于选择灭菌乳、发酵乳和乳饮料，低温奶消费量呈上升趋势。高附加值和低附加值“高低两头”受到消费者的青睐。同时大型超市的进口液态奶呈增长趋势，分别来自新西兰、澳大利亚、俄罗斯和德国等，越南和韩国乳制品也有销售。进口乳制品的消费群体不断扩大，挤压国产奶的市场空间。

2017年，黑龙江省学生饮用奶供应企业有伊利、完达山、飞鹤、龙丹4家乳品企业，全年完成学生奶配送超4亿份，对学生饮用奶计划的推广发挥着重要作用。

【奶源基地】生鲜乳交易参考价格。黑龙江省生鲜乳价格协调委员会通过成本测算，并综合征求奶牛养殖户（场）、乳品加工企业意见，确定并发布生鲜乳交易参考价格，2017年第一、二、三季度发布的中准价格为3.3元/kg，第四季度发布的中准价格为3.4元/kg。

疫病防控。黑龙江省是人流和物流的始末端，具有奶牛疫病防控的天然屏障，同时黑龙江省启动实施《全省中长期动物疫病防治规划》，保证“内疫不发生、外疫不传入”，实现了布鲁氏杆菌病和口蹄疫的零发生零通报。

粪污处理。黑龙江省的奶牛养殖场主要采用自然堆肥发酵处理、牛粪压块处理、牛粪生产沼气等方式进行粪污资源化利用。目前常用的方式是固液分离后进入氧化池进行三级氧化，但仍有关键技术点未攻克，第三级氧化结束后多数无法完全达到国家排放标准。

【政策法规】近年来，从奶业发展大战略上来说，黑龙江省政府提出了“粮头食尾”、“农头工尾”的发展模式，将奶业作为重点产业进行推进，先后通过“现代示范奶牛场建设项目”和“两牛一猪”标准化规模养殖基地建设项目，加大对奶牛场的资金补贴力度，其资金直接用于牛场建设上，一定程度上降低了奶牛养殖生产成本。同时省政府的政策也释放积极的信号，让奶牛场在持续3年半的奶业低谷期中坚定了奶业发展的信心。推进落实《黑龙江活体畜禽抵押贷款》，全省活体抵押贷款余额3.8亿元。创新开展奶牛规模养殖主体金融扶持培育专项工作，全省42家规模养殖主体落实贷款额度5.1亿元。加快建立现代畜牧产业投资基金，黑龙江省政府与黑龙江鸿鹤股权投资基金管理有限公司签署规模74亿元的基金框架协议。

**【质量监管】**2017年，黑龙江省完成国家级生鲜乳质量安全监测任务3 350批次，其中生鲜乳专项监测1 650批次、《生乳》国标安全指标监测600批次、婴幼儿配方乳粉奶源质量安全监测1 100批次、婴幼儿配方乳粉奶源基地质量安全监测1 520批次。3 350批次监测任务中，《生乳》国标安全指标监测菌落总数和部分理化指标监测两项不做判定。生鲜乳专项监测1 650批次和婴幼儿配方乳粉奶源基地质量安全监测1 100批次合格率均为100%。

2017年，完成省级生鲜乳质量安全风险监测任务1 260批次，其中，630批次检测指标为三聚氰胺、碱类物质、氯霉素、黄曲霉毒素$M_1$、铅、铬六项，630批次检测指标为亚硝酸盐、β－内酰胺酶、磺胺类（14种）、汞、砷五项。省级1 260批次生鲜乳质量安全风险监测结果合格率为100%。从监测结果看，黑龙江省生鲜乳质量安全状况良好。

（黑龙江省奶业协会，张维银、阿晓辉）

**附表 1　黑龙江省奶牛养殖场（小区）名录**

| 序号 | 名称 | 养殖场 | 小区 | 全群存栏（头） | 成母牛存栏（头） | 奶畜品种 | 成母牛单产（t/年） | 年总产（t） | 是否参加 DHI | 是否应用 TMR |
|---|---|---|---|---|---|---|---|---|---|---|
| 1 | 原生态牧业公司 | √ | | 63 000 | 29 000 | 荷斯坦 | 10.8 | 280 000 | √ | √ |
| 2 | 黑龙江省绿野牧业公司 | √ | | 9 500 | 4 100 | 荷斯坦 | 9.7 | 39 800 | √ | √ |
| 3 | 牡丹江农垦振东奶牛养殖专业合作社 | √ | | 6 000 | 3 000 | 荷斯坦 | 10.5 | 31 500 | √ | √ |
| 4 | 8511 农场完达山良种奶牛场 | √ | | 1 384 | 700 | 荷斯坦 | 10.4 | 7 000 | √ | √ |
| 5 | 哈尔滨完达山奶牛养殖有限公司 | √ | | 4 100 | 2 324 | 荷斯坦 | 9.3 | 23 000 | √ | √ |
| 6 | 绥化市裕达牧业 | √ | | 1 384 | 725 | 荷斯坦 | 9.8 | 7 135 | √ | √ |
| 7 | 林甸优然牧业有限责任公司四合牧场 | √ | | 2 771 | 1 597 | 荷斯坦 | 11 | 19 300 | √ | √ |
| 8 | 青冈县山东屯荷斯坦奶牛繁育场 | √ | | 750 | 268 | 荷斯坦 | 10 | 2 680 | √ | √ |
| 9 | 富裕光明生态示范养殖有限公司 | √ | | 3 700 | 2 200 | 荷斯坦 | 10.5 | 23 100 | √ | √ |
| 10 | 安达澳森牧业有限公司 | √ | | 3 886 | 2 024 | 荷斯坦 | 10.3 | 20 805 | √ | √ |
| 11 | 黑龙江省龙佳生态牧业有限公司 | √ | | 4 986 | 2 300 | 荷斯坦 | 10.3 | 22 000 | √ | √ |

备注：请在养殖场或小区列中选择打勾；如参加 DHI 或应用 TMR，请在相应表格中打勾。

**附表 2　黑龙江省乳制品生产企业名录**

| 序号 | 名称 | 许可证号码 | 年收购原奶量（t） | 平均支付价格（元/kg） | 其中：自有奶源量(t) | 年乳制品产量（t） | 其中：巴氏杀菌奶（t） | UHT 奶（t） | 酸奶 (t) | 奶粉 (t) | 奶油 (t) | 奶酪 (t) | 乳饮料 (t) | 整体设计加工能力（t/年） | 产品销售区域 | 年销售收入（万元） | 利润（万元） |
|---|---|---|---|---|---|---|---|---|---|---|---|---|---|---|---|---|---|
| 1 | 黑龙江省飞鹤乳业有限公司 | | 157 928 | | | 62 800 | | | | 62 800 | | | | 912 500 | | 611 031 | 223 237 |
| 2 | 黑龙江省完达山乳业股份有限公司 | | 388 000 | | | 294 902 | 2 338 | 56 370 | 50 651 | 9 824 | | | | 1460 000 | | 455 972 | 26 194 |
| 3 | 黑龙江省贝因美乳业有限公司 | | 47 223 | | | 3 944 | | | | 3 949 | | | | 365 000 | | 61 881 | 997 |
| 4 | 黑龙江惠丰乳品有限公司大庆分公司 | | 65 700 | | | 65 700 | | | 65 700 | | | | | 182 500 | 黑龙江、辽宁、吉林 | 17 000 | −1 700 |
| 5 | 哈尔滨龙丹利民乳业有限公司 | | 7 996 | | | 10 467 | | 9 574 | 630 | | | | 262 | 109 500 | 哈尔滨市 / 外阜 | 5 866 | −1 020 |
| 6 | 青冈亚华乳多宝乳业有限责任公司 | | 5 000 | | | 1 231 | | | | 1 231 | | | | 6 000 | 河南、河北、山东、山西、陕西、福建、重庆、四川等 | 6 000 | 300 |
| 7 | 黑龙江农垦全乳元乳业有限责任公司 | | 940 | | | 870 | | | | 870 | | | | 4 000 | 山东、河北、安徽 | 3 500 | 67 |
| 8 | 依安县摇篮乳业有限责任公司 | | 851 | | | 894 | | | | 894 | | | | 12 000 | 安徽、山东 | 4 200 | 194 |
| 9 | 肇州县摇篮乳业有限责任公司 | | 2 838 | | | 2 288 | | | | 2 288 | | | | 8 760 | 河北、河南、山东 | 9 901 | 229 |
| 10 | 哈尔滨太子乐乳业有限公司 | | | | | 5 116 | | | | 5 116 | | | | 50 000 | 浙江、河南、安徽、广东、四川、海南 | 36 362 | 3 508 |

备注：请在养殖场或小区列中选择打勾；如参加 DHI 或应用 TMR，请在相应表格中打勾。

# 上海市

【奶畜养殖】上海奶牛养殖的历史比较长，可追溯到1840年中英鸦片战争以前。就大群奶牛规模化养殖也有60多年的历史，在长期的饲养过程中积累了丰富的技术和管理经验，具有明显的优势。上海是我国近代奶业的发源地，是中国奶业经济最为发达的地区之一，是农业部确定的全国奶牛发展优势区域之一。

上海奶牛饲养头数和生鲜乳总产量虽占全国的份额很低，但通过60多年老中青三代养牛人的努力，上海奶牛养殖实现了百分之百适度规模化、标准化；百分之百实施生产性能测定和良种登记；百分之百机械化挤奶和全程冷链质量控制、按质论价；百分之百实行特定疫病强制免疫和检疫。上海生鲜乳质量高于国家标准，达到和优于欧美标准。上海奶牛业在规模化养殖、成乳牛平均单产、生鲜乳质量、良种培育、规范管理、新技术研究与推广等方面均处于全国领先水平。

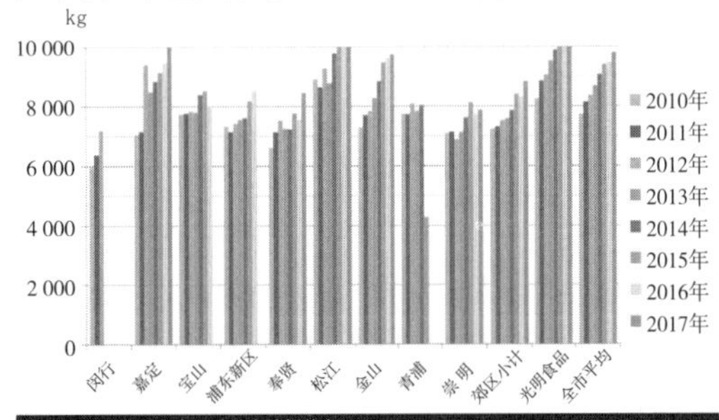

图 4-2　2010~2017 年上海郊区和光明食品集团奶牛单产情况

2010—2017年上海郊区和光明食品集团奶牛单产平均每年增长297kg，其中光明食品集团、松江区、金山区和嘉定区平均单产较高，每年的增幅也较快（表4-9和图4-2）。

【奶源基地】奶牛生产情况。2017年上海奶牛生产情况分两部分来统计分析。第一部分是根据上海市农业委员会畜牧办统计的数据来分析（归属为上海市的奶牛场）；第二部分是根据上海奶业行业协会收集统计的数据来分析（包括光明牧业在外地的奶牛场和原上海郊区近几年搬迁到上海周边地区异地养殖的奶牛场，这些奶牛场的生鲜乳绝大部分交给光明乳业）。

归属为上海市奶牛场的生产情况。从2016年浦东新区迪士尼周边区域的开发，黑臭河道、畜禽养殖场专项整治和生态环境治理工作的推进，浦东新区2016年关闭了25个奶牛场，奶牛饲养数比2015年减少7 252头，奶牛养殖实施区域和结构调整，上海市奶牛饲养总量开始呈现负增长。

2017年上半年浦东新区进一步全面退养，宝山、奉贤区也全面退养，光明牧业所在的青浦香花、奉贤胡桥、东海和嘉定朱桥奶牛场也全面退养，奶牛饲养总量继续呈现负增长。2017年年底，上海市饲养荷斯坦牛6.5万头，比2016年的7.7万头减少了1.3万头，减少16.3%，其中上海市本地存栏3.7万头，同比减少26.2%（主要为浦东新区、宝山区、奉贤区），上海市域外存栏2.7万头，同比略有增长（主要为江苏海丰和安徽练江奶牛场）。2017年年底，饲养成乳牛3.4万头，比2016年同期4.1万头减少6 194头，减少15.3%；2017年生鲜乳总产量36.2万t，比2016年36.4万t减少0.5%；2017年成乳牛年平均单产9.8t，比2016年9.5t

表 4-9　2010—2017 年上海郊区和光明食品集团奶牛单产情况

单位：kg

| 地区 | 2010 年 | 2011 年 | 2012 年 | 2013 年 | 2014 年 | 2015 年 | 2016 年 | 2017 年 |
|---|---|---|---|---|---|---|---|---|
| 闵行区 | 5 959 | 6 368 | 7 197 | — | — | — | — | — |
| 嘉定区 | 7 059 | 7 157 | 9 410 | 8 493 | 8 851 | 9 144.96 | 9 458.29 | 10 276.03 |
| 宝山区 | 7 734 | 7 774 | 7 831 | 7 808 | 8 401 | 8 529.50 | 8 020.92 | 3 235.96** |
| 浦东新区 | 7 323 | 7 155 | 7 444 | 7 563 | 7 622 | 8 184.28 | 8 534.68 | 1 543.54*** |
| 奉贤区 | 6 614 | 7 137 | 7 525 | 7 262 | 7 245 | 7 769.91 | 7 552.27 | 8 458.89 |
| 松江区 | 8 909 | 8 636 | 9 291 | 8 789 | 9 789 | 10 393.56 | 10 890.31 | 10 249.83 |
| 金山区 | 7 286 | 7 709 | 7 846 | 8 286 | 8 847 | 9 483.09 | 9 619.34 | 9 755.27 |
| 青浦区 | 7 745 | 7 734 | 8 098 | 7 848 | 8 049 | 4 280.87* | — | — |
| 崇明区 | 7 093 | 7 148 | 6 899 | 7 133 | 7 627 | 8 128.97 | 7 728.20 | 7 890.51 |
| 郊区小计 | 7 241 | 7 319 | 7 531 | 7 585 | 7 873 | 8 406.85 | 8 317.95 | 8 844.54 |
| 光明食品 | 8 256 | 8 853 | 9 058 | 9 529 | 9 897 | 10 023.20 | 10 098.34 | 10 057.50 |
| 全市平均 | 7 731 | 8 148 | 8 376 | 8 702 | 9 078 | 9 356.98 | 9 486.46 | 9 807.12 |

资料来源：上海市农业委员会畜牧办

*：为青浦区2015年1~5月的平均产量（4 281kg），6月退养，奶牛场全部关闭。

**：为宝山区2017年1~4月的平均产量（3 236kg），5月退养，奶牛场全部关闭。

***：为浦东新区2017年1~2月的平均产量（1 454kg），3月退养，奶牛场全部关闭。

表 4-10　2017 年 12 月上海市奶牛生产概况

| 项　目 | 总头数 | 其中 | | | | 规模场 | | 生鲜奶总产量（万 kg） | 成乳牛平均单产（kg） | 上市生鲜奶总量（万 kg） |
|---|---|---|---|---|---|---|---|---|---|---|
| | | 成乳牛 | 育成牛 | 发育牛 | 犊牛 | 牧场数 | 头数 | | | |
| 2017 年 | 64708 | 34 284 | 5 389 | 14 365 | 10 670 | 38 | 64 708 | 36 189.7 | 9 807.1 | 34 349.7 |
| 2016 年 | 77 273 | 40 478 | 8 337 | 14 429 | 14 029 | 65 | 77 273 | 36 367.2 | 9 486.5 | 34 358.6 |
| 同比 (%) | −16.3 | −15.3 | −35.4 | −0.4 | −23.9 | −41.5 | −16.3 | −0.5 | 3.4 | −0.03 |
| 郊区小计 | 12 949 | 6 685 | 1 684 | 2 569 | 2 011 | 18 | 12 949 | 6 737.1 | 8 844.5 | 6 522.6 |
| 嘉定区 | 807 | 434 | 104 | 151 | 118 | 1 | 807 | 430.8 | 10 276.0 | 408.1 |
| 宝山区 | — | — | — | — | — | — | — | 368.7 | 3 236.0 | 362.5 |
| 浦东新区 | — | — | — | — | — | — | — | 91.5 | 1 543.5 | 89 |
| 奉贤区 | 917 | 420 | 262 | 175 | 60 | 1 | 917 | 714.9 | 8 458.9 | 697.5 |
| 松江区 | 667 | 360 | 48 | 137 | 122 | 1 | 667 | 364.6 | 10 249.8 | 353.9 |
| 金山区 | 4 316 | 2 282 | 293 | 955 | 786 | 8 | 4 316 | 2 122.4 | 9 755.3 | 2 052.3 |
| 崇明县 | 6 242 | 3 189 | 977 | 1 151 | 925 | 7 | 6 242 | 2 644.1 | 7 890.5 | 2 559.3 |
| 光明食品集团 | 51 759 | 27 599 | 3 705 | 11 796 | 8 659 | 20 | 51 759 | 29 452.6 | 10 057.5 | 27 827.1 |

资料来源：上海市农业委员会畜牧办

注：闵行区从 2013 年起、青浦区从 2016 年起、浦东新区从 2017 年 3 月起、宝山区从 2017 年 5 月起已经没有奶牛养殖场。

增长 3.4%；2017 年年底奶牛场 38 个，全部为规模化奶牛场，比 2016 年年底 65 个减少 41.5%（表 4-10）。

2017 年上海市奶牛生产的总特点可概括为奶牛养殖场和奶牛总头数、成乳牛头数持续减少，但成乳牛单产有所增长，生鲜乳总产量与上年基本持平。

养殖规模。上海市奶牛养殖规模从小而散到适度规模，经过了 20 多年的时间。20 世纪 80 年代为了解决当时上海市民吃奶难的问题，在联合国和世界银行援助下，上海市加快了郊县的奶牛发展，出现了一大批养奶牛户，1988 年养奶牛户达 4 239 户，平均每户养奶牛为 10 头，由于养奶牛户的增加，收奶站也随之大量兴建，到 1994 年上海市牛奶公司共投资建了 34 个收奶站。随后每户的饲养头数有所增加，户数有所减少，到 1998 年养殖户为 1 124 户，平均每户养奶牛近 30 头。以后经过自然淘汰，户数进一步减少，每户养殖头数逐步增加，收奶站开始关闭，到 2000 年上海郊区收奶站还剩 15 个。2000 年上海提出奶牛业的升级计划，有计划有步骤地关闭收奶站。从 1967 年建立第一个收奶站到 2006 年关闭最后一个收奶站，上海收奶站共走过了近 40 年的风雨兴衰历程。奶站的关闭标志着小而散饲养模式结束，一个规模化、标准化养奶牛时代的开始。2004 年后上海奶牛养殖规模进一步扩大，呈现"牧场减少、规模扩大、单产提高、总产平稳"的态势。奶牛场数逐年减少，由 2004 年 161 个减少到 2017 年的 38 个。奶牛场数降幅一年比一年快，2017 年与比 2004 年比，减少了 123 个。

2017 年上海市奶牛养殖规模情况见图 4-3、图 4-4。

养殖 500 头以上规模牧场与中小型牧场比较，优势十分明显，牛奶产量和质量等各项指标明显高于中小型

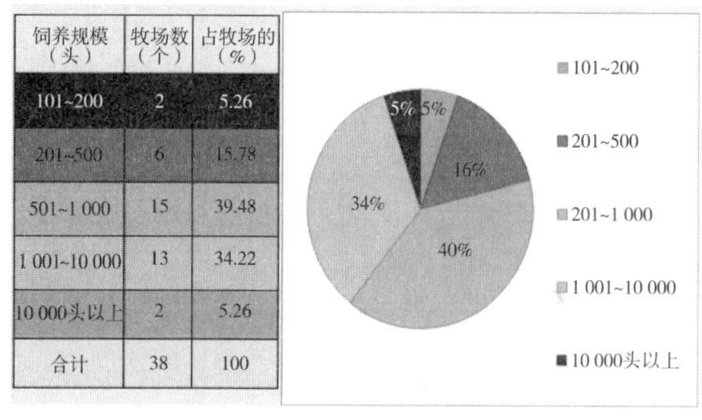

| 饲养规模（头） | 牧场数（个） | 占牧场的（%） |
|---|---|---|
| 101~200 | 2 | 5.26 |
| 201~500 | 6 | 15.78 |
| 501~1 000 | 15 | 39.48 |
| 1 001~10 000 | 13 | 34.22 |
| 10 000头以上 | 2 | 5.26 |
| 合计 | 38 | 100 |



图 4-3　2017 年上海市奶牛养殖规模情况（按奶牛场统计）

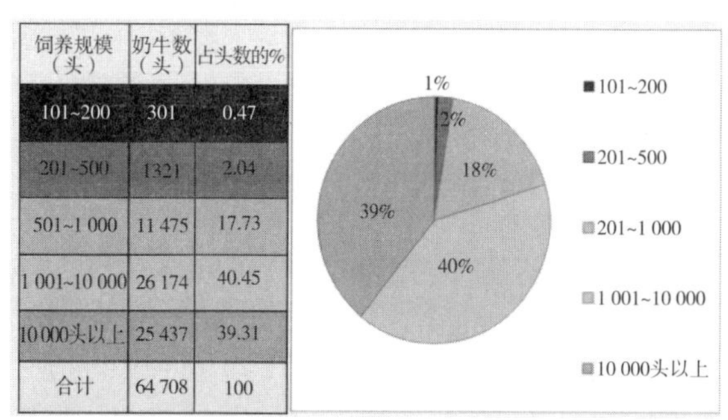

| 饲养规模（头） | 奶牛数（头） | 占头数的% |
|---|---|---|
| 101~200 | 301 | 0.47 |
| 201~500 | 1321 | 2.04 |
| 501~1 000 | 11 475 | 17.73 |
| 1 001~10 000 | 26 174 | 40.45 |
| 10 000头以上 | 25 437 | 39.31 |
| 合计 | 64 708 | 100 |



图 4-4　2017 年上海市奶牛养殖规模情况（按奶牛场统计）

牧场，特别是规模牧场具备人才和管理优势，对科学养牛，确保奶牛健康、舒适、高产、出效益发挥了应有的作用，在全市奶牛生产中起到了领头作用，带动了全市生产水平整体的提高。

奶牛养殖归属情况。2017 年上海市奶牛养殖归属情况见图 4-5。

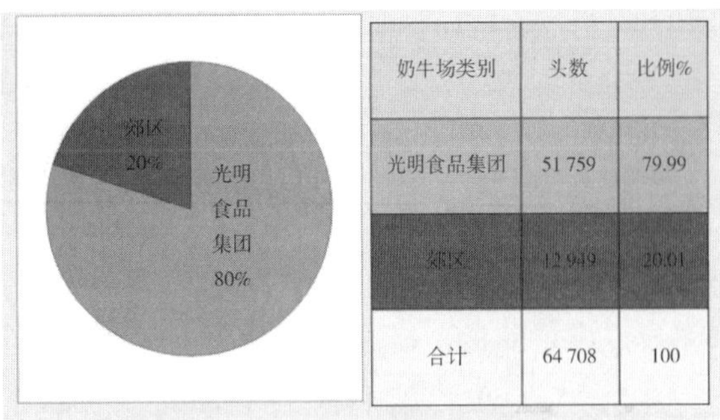


| 奶牛场类别 | 头数 | 比例% |
|---|---|---|
| 光明食品集团 | 51 759 | 79.99 |
| 郊区 | 12 949 | 20.01 |
| 合计 | 64 708 | 100 |

图 4-5　2017 年上海市奶牛养殖归属情况

2016 年原上海牛奶集团经营奶牛场整体并入光明乳业下属光明牧业有限公司。2017 年光明食品集团奶牛饲养头数达到 5.2 万头，占全市的 80%，占有率比 2016 年增加了约 8.4 个百分点，光明乳业自有牧场奶牛头数所占比例比去年增加，奶业产业一体化进程有所提高。而 2017 年上海郊区奶牛饲养头数随着浦东新区、宝山区、奉贤区的全面退养降至 1.3 万头，占全市的 20%，占有率比 2016 年降低了 8.4 个百分点。

2017 年上海奶牛养殖区域分布见图 4-6。

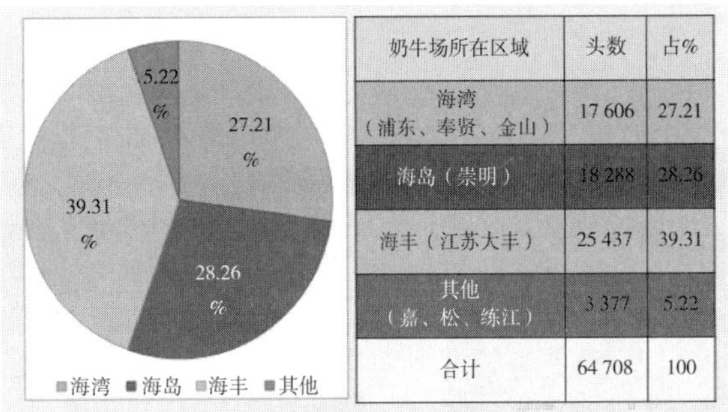


| 奶牛场所在区域 | 头数 | 占% |
|---|---|---|
| 海湾（浦东、奉贤、金山） | 17 606 | 27.21 |
| 海岛（崇明） | 18 288 | 28.26 |
| 海丰（江苏大丰） | 25 437 | 39.31 |
| 其他（嘉、松、练江） | 3 377 | 5.22 |
| 合计 | 64 708 | 100 |

图 4-6　2017 年上海市奶牛养殖区域分布

上海奶牛养殖区域主要分布在“三海”，即海湾、海岛和海丰（江苏大丰）。2017 年和 2016 年相比，由于浦东新区、宝山区、奉贤区奶牛的全面退养和 2016 年，江苏海丰二期申丰万头奶牛场的投产，原来区域布局有所变化。海湾（浦东新区、奉贤、金山）2017 年饲养奶牛 1.8 万头，占 27.2%，比 2016 年减少 7.15 个百分点；海岛（崇明）2017 年饲养奶牛 1.8 万头，占 28.3%，比 2016 年增加 4.13 个百分点；海丰（江苏大丰）2017 年饲养奶牛 2.5 万头，占 39.3%，比 2016 年增加 7.1 个百分点；其他地区（嘉定、松江、安徽练江）2017 年饲养奶牛 3 377 头，占 5.2%，比 2016 年减少 4.1 个百分点。

牛群结构分布。2017 年上海奶牛群结构分布合理，成乳牛 3.4 万头，占 53%，比 2016 年的 52.4% 增加 0.6 个百分点；育成牛 5 389 头，占 8.3 %，比 2016 年的 10.8% 减少 2.5 个百分点；发育牛 1.4 万头，占 22.2%，比 2016 年的 18.7% 增加 3.5 个百分点；犊牛 1.1 万头，占 16.5%，比 2016 年的 18.2% 减少 1.7 个百分点。

2017 年上海市奶牛群结构分布（图 4-7）

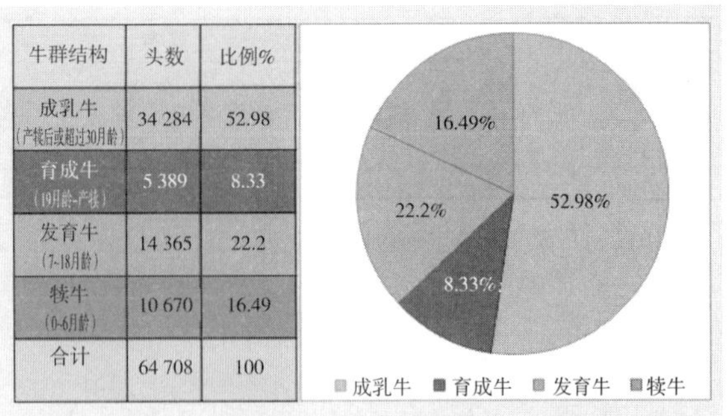

| 牛群结构 | 头数 | 比例% |
|---|---|---|
| 成乳牛（产犊后或超过30月龄） | 34 284 | 52.98 |
| 育成牛（19月龄-产犊） | 5 389 | 8.33 |
| 发育牛（7-18月龄） | 14 365 | 22.2 |
| 犊牛（0-6月龄） | 10 670 | 16.49 |
| 合计 | 64 708 | 100 |



图 4-7　2017 年上海市奶牛群结构分布

奶牛平均单产分布情况。2017 年上海市 38 个奶牛场中，成乳牛单产 5~5.99t 的有 2 个（其中 1 个为饲养娟姗杂交牛的练江有机牧场）；单产 7~7.99t 的 5 个；单产 8~9.99t 的 3 个；单产 9~9.99t 的 17 个；单产 10~10.99t 的 9 个; 单产超过 11t 的 1 个; 后备牛场 1 个。

2017 年，上海市奶牛平均单产分布情况，分别按奶牛场数和牛头数进行统计分析（图 4-8、图 4-9）。

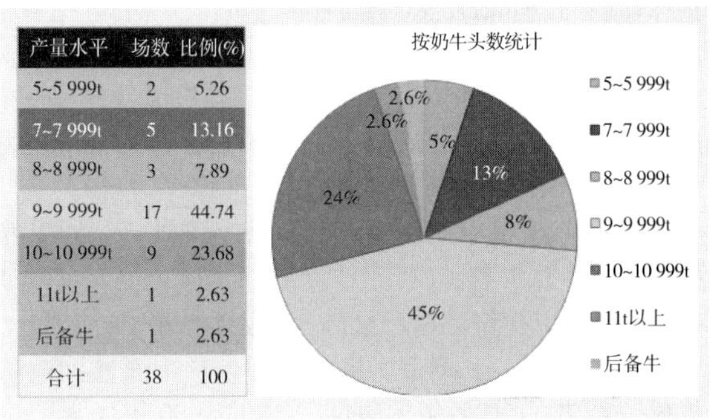

| 产量水平 | 场数 | 比例(%) |
|---|---|---|
| 5~5 999t | 2 | 5.26 |
| 7~7 999t | 5 | 13.16 |
| 8~8 999t | 3 | 7.89 |
| 9~9 999t | 17 | 44.74 |
| 10~10 999t | 9 | 23.68 |
| 11t以上 | 1 | 2.63 |
| 后备牛 | 1 | 2.63 |
| 合计 | 38 | 100 |



图 4-8　2017 年上海市奶牛平均单位分布情况（按奶牛场数统计）

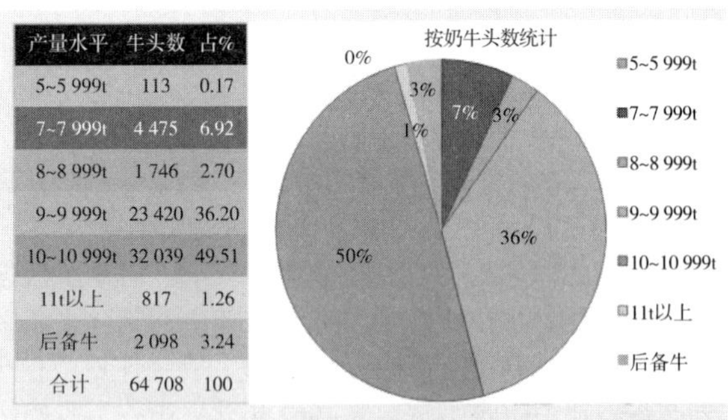

| 产量水平 | 牛头数 | 占% |
|---|---|---|
| 5~5 999t | 113 | 0.17 |
| 7~7 999t | 4 475 | 6.92 |
| 8~8 999t | 1 746 | 2.70 |
| 9~9 999t | 23 420 | 36.20 |
| 10~10 999t | 32 039 | 49.51 |
| 11t以上 | 817 | 1.26 |
| 后备牛 | 2 098 | 3.24 |
| 合计 | 64 708 | 100 |



图 4-9　2017 年上海市奶牛平均单位分布情况（按奶牛场数统计）

2017 年单产超过 10t 奶牛场情况（表 4-11、表 4-12）。

从奶牛场数统计结果来看，2017 年成乳牛单产超过 8t 的有 30 个奶牛场，占 79%。因为这些奶牛场的规模均比较大，所以按奶牛头数统计结果看，成乳牛单产超过 8t 的奶牛场共饲养 58 022 头荷斯坦牛，占 89.7%。

上海市奶牛异地养殖概况（资料来源：上海奶业行业协会）。2017 年，上海市在江苏（太仓、昆山、海

表 4-11 上海市 2017 年成乳牛单产 10~10.99t 奶牛场

| 单产排名 | 牧 场 | 归属 | 总头数（头） | 成乳牛（头） | 平均单产（kg） | 比去年同期增减（kg） |
|---|---|---|---|---|---|---|
| 1 | 上海市金山区金山卫畜牧水产场 | 金山区 | 360 | 190 | 10 420 | |
| 2 | 江苏申牛牧业有限公司（申丰奶牛场） | 光明牧业 | 13 340 | 7 081 | 10 404 | -289.59 |
| 3 | 上海牛奶练江鲜奶有限公司 | 牛奶集团 | 1 790 | 960 | 10 280 | 690.01 |
| 4 | 上海嘉定区超华奶牛场 | 嘉定区 | 807 | 434 | 10 276 | |
| 5 | 松江区秋红奶牛场 | 松江区 | 667 | 360 | 10 250 | |
| 6 | 上海牛奶集团鸿星鲜奶有限公司 | 光明牧业 | 680 | 488 | 10 242 | 239.25 |
| 7 | 江苏申牛牧业有限公司（海丰奶牛场） | 光明牧业 | 12 097 | 6 443 | 10 221 | -40.49 |
| 8 | 上海希迪乳业有限公司 | 光明食品 | 1 373 | 726 | 10 055 | -115 |
| 9 | 上海佳辰牧业有限公司 | 光明牧业 | 925 | 704 | 10 003 | -2.65 |

表 4-12 上海市 2017 年成乳牛单产超 11t 奶牛场

| 单产排名 | 牧 场 | 归属 | 总头数（头） | 成乳牛（头） | 平均单产（kg） | 比去年同期增减（kg） |
|---|---|---|---|---|---|---|
| 1 | 上海振华奶牛有限公司 | 金山区 | 817 | 424 | 11 054 | -327 |

门、张家港、江阴、徐州等）、浙江、山东、天津、湖北、河南和黑龙江等地联营和异地养殖的奶牛场有 28 个，共饲养 55 470 头奶牛，其中成乳牛 27 780 头（包括：①光明牧业在外地的 12 个奶牛场，共饲养 37 473 头奶牛，其中成乳牛 18 167 头；②原上海郊区近几年搬迁到上海周边地区异地养殖的 16 个奶牛场，共饲养 17 997 头奶牛，其中成乳牛 9 613 头）2017 年，上海在异地养殖的 28 个奶牛场技术、管理和生产水平不断提高。成乳牛单产 7~7.99t 的 2 个；单产 8~8.99t 的 3 个；单产 9~9.99t 的 13 个；单产 10~10.99t 的 8 个；单产超过 11t 的 2 个。成乳牛单产超过 10t 的奶牛场情况见表 4-13、表 4-14。

2017 年，上海市奶牛生产的几个特点如下：

**1. 持续热应激对奶牛生产性能产生严重影响。**

根据上海市徐家汇气象站观测资料，2017 年 7 月 1 日至 9 月 30 日，上海市高温日共计 35d（日最高气温 ≥ 35.0℃），其中 7 月 23d、8 月 11d、9 月 1d。气温最高的 7 月，持续 35℃以上高温日有 18d（7 月 11~28

表 4-13 上海市异地养殖 2017 年成乳牛单产超 10~10.99t 的奶牛场

| 单产排名 | 牧 场 | 归属 | 总头数（头） | 成乳牛（头） | 平均单产（kg） | 比去年同期增减（kg） |
|---|---|---|---|---|---|---|
| 1 | 常熟市申福奶牛一场 | 上海荷斯坦 | 1 498 | 869 | 10 794 | 258 |
| 2 | 昆山向阳马陆奶牛场 | 上海荷斯坦 | 2 375 | 1 261 | 10 459 | -573 |
| 3 | 富裕光明生态示范场 | 光明牧业 | 4 509 | 2 300 | 10 377 | -98.32 |
| 4 | 徐州永浩奶牛养殖有限公司 | 原上海郊区 | 2 468 | 1 320 | 10 200 | -300 |
| 5 | 武汉光明生态示范奶牛场有限公司 | 光明牧业 | 3 156 | 1 637 | 10 166 | 72.03 |
| 6 | 河南滑县生态牧场 | 光明牧业 | 9 688 | 3 882 | 10 118 | -356.05 |
| 7 | 太仓市源泉奶牛场 | 原上海宝山 | 650 | 300 | 10 000 | |
| 8 | 太仓市新月奶牛场 | 原上海宝山 | 525 | 350 | 10 000 | 300 |

表 4-14 上海市异地养殖 2017 年成乳牛单产超 11t 奶牛场

| 单产排名 | 牧 场 | 归属 | 总头数（头） | 成乳牛（头） | 平均单产（kg） | 比去年同期增减（kg） |
|---|---|---|---|---|---|---|
| 1 | 常熟市申福奶牛二场 | 上海荷斯坦 | 2 040 | 1 226 | 11 225 | 717 |
| 2 | 浙江荷斯坦牧业有限公司 | 光明牧业 | 1 926 | 865 | 11 009 | -843.34 |

日），其中连续11d为酷暑日（日最高气温≥37.0℃，7月18~28日），7月21日极端最高40.9℃（下午14时左右），是第15个高温日、第9个酷暑日，是上海自1873年有气象记录以来最热的一天，打破了2013年40.8℃纪录，成为徐家汇站145年的气温最高值。

表4-15　2017年7月和2016年7月高温日对比

| 年月 | 高温日(d) | 其中酷暑日(d) | 极端最高 |
|---|---|---|---|
| 2017年7月 | 23 | 16 | 7月21日40.9℃ |
| 2016年7月 | 14 | 9 | 7月27日40.3℃ |
| 同比 | +9 | +7 | +0.6℃ |

从表4-15可以看到气温最高的7月，2017年比2016年高温日增加9d，其中酷暑日增加7d，极端最高气温增加0.6℃。与2016年相比，2017年持续夏季热浪对奶牛的热应激更为严重，对奶牛生产性能影响更大，这也是2017年成乳牛单产超过10t的奶牛场低于2016年的原因。

**2. 随着城市发展和生态环境治理的推进，上海当地奶牛饲养数持续减少，异地养殖增加。**

2017年，上海浦东新区、宝山区、奉贤区的奶牛场和光明牧业所属的青浦香花、奉贤胡桥、东海和嘉定朱桥奶牛场全面退养，2017年奶牛饲养总量比2016年减少了1.3万头，减少16.3%，其中上海市本地奶牛饲养减少26.2%，减少幅度为近年最大。

由于上海奶牛场大幅度退养，2017年奶牛场搬迁也是近年最多的，有个别奶牛场为近几年的第二次搬迁，从养殖区域看进一步北移，2017年有十多个奶牛场近万头奶牛被搬迁。搬迁对奶牛产生应激、影响产奶量，有不少奶牛场成乳牛单产本应超10t的，由于搬迁没能达到10t，如江苏锡诚奶牛养殖有限公司（原上海香花奶牛场）、江苏宝源生态牧业有限公司（原上海宝山奶牛场＋天天源奶牛场）和泰兴市蒙源奶业发展有限公司（原在常熟）等均因搬迁影响产奶量。

**【乳品加工】**乳品加工企业情况。2017年，上海奶业行业协会乳品加工委员会成员如下：光明乳业股份有限公司华东中心工厂、上海乳品四厂有限公司、光明乳业股份有限公司奉贤分厂(永安)、上海乳品一厂分厂、上海晨冠乳业有限公司、上海花冠营养乳品有限公司、多美滋婴幼儿食品有限公司、上海纽贝滋营养乳品有限公司、上海必诺食品检测技术服务公司、上海德诺产品检测有限公司、上海恩波露食品有限公司、明治乳业（苏州）有限公司上海分公司、通用磨坊（中国）投资有限公司、恒天然商贸（上海）有限公司、上海农产品质量安全检测中心、杭州味全食品有限公司。上海市2017年奶制品有巴氏杀菌乳、UHT奶、奶粉、酸奶、奶酪。

**【市场消费】**居民消费。本地区2017年城镇居民人均奶制品（折合成原料奶）消费量为40kg。各种乳制品消费量：鲜奶29kg，奶粉0.8kg，酸奶9.5kg，奶酪0.7kg。

2017年，光明学生奶公司全年销售2.5亿元，与2016年同期销售收入相比略有下降，覆盖23个省、市、自治区，日均供应学生奶近100万盒。

**【政策法规】**生鲜乳价格形成机制和2017年上海地区生鲜乳价格。

上海市实行奶价协商机制历史悠久，从20世纪80年代开始就已经出现。当时的按质论价还只是单纯的以脂肪论价，计价检测机构隶属于牛奶公司，当时上海还没有第三方检测机构。2000年2月15日，经市政府批准，由上海市农委会同市技监局、物价局、卫生局联合发布了“上海市生鲜牛乳质量管理暂行办法”，正式在上海市实施生鲜牛乳第三方按质论价检测。21世纪初，上海生鲜乳交售过程中开始实施质量第三方检测。

按质论价指标体系经历了很长一段过程，从20世纪80年代到现在，一共经过六个阶段。

第一阶段（1996年6月至2000年3月）：以生鲜乳中的脂肪和蛋白作为计价依据。第二阶段（2000年3月至2002年12月）：增加了抗生素残留和细菌数计价与考核。第三阶段（2002年12月至2004年5月）：增加了黄曲霉毒素$M_1$≤0.5μg/kg的指标。第四阶段（2004年5月至2006年6月）：增加了牛奶冰点测试的合格范围和亚硝酸盐指标的考核。第五阶段（2006年6月至2015年）：将体细胞纳入计价体系。第六阶段（2016年至今）：全面推行优质奶工程。

2008年9月在上海奶业行业协会的呼吁和协调下，由市发改委、市农委会组织乳品企业和奶农代表协商出台了“上海市生鲜乳价格形成机制”。

2015年上海市发改委向市委、市政府提出，生鲜乳价格退出政府定价目录，推进奶价的市场化改革，由市场决定收购价格。

2015年是市政府推进上海生鲜乳价格市场化改革的一年，由上海奶业行业协会组织上海地区奶牛场生鲜乳生产成本调查，在生鲜乳生产成本调查的基础上，组织召开由光明乳业、奶农和奶协代表参加的生鲜乳价格协商会。确定2017年上半年上海地区生鲜乳收购基础价格为3.78元/kg，结算时间为1~6月；下半年上海生鲜乳收购基础价为3.75元/kg，结算时间为7~12月。同时执行规模和优质优价奖励。2017年开始实施“生鲜乳收购季节差价”和为奶牛场“两病”净化制定的《上海地区奶牛场等级评定及奖惩办法》。即：生鲜乳实际结算价＝基础价＋按质论价（脂肪、蛋白、体细胞、微生物、冰点）＋分级奖励＋季节差价＋两病净化奖惩。

2017年上海地区生鲜乳平均收购价格（光明乳业结算给奶农的价格）为4.36元/kg。此结算价的平均质量指标为：乳脂肪3.7%、乳蛋白质3.19%、细菌数2.9万/mL、体细胞数25.7万个cfu/mL（数据来源：光明乳业华东奶源部）。其结果和上海地区生鲜乳按质论价第三方检测机构：上海市农产品质量安全检测中心测试的2017年上海地区生鲜乳按质论价测试结果（乳脂肪3.7%、乳蛋白质3.2%、细菌数2.7万cfu/mL、体细胞

表 4-16　2017 年上海市原料奶按质论价体系（1~12 月）

| 基准价价格计算 | | | | |
|---|---|---|---|---|
| 经双方协商，2017 年 1 月 1 日至 6 月 30 日收购价 3.78 元 /kg。光明乳业推出牧场分级奖励措施。 | | | | |
| 计算方法：脂肪含量 × 脂肪单价 + 蛋白含量 × 蛋白单价 = 每千克生奶价格 | | | | |
| 1% 脂肪单价（元） | 1% 蛋白单价（元） | 标准价（元） | 脂肪比例 | 蛋白比例 |
| 0.523 | 0.70 | 3.78 | 45% | 55% |
| 经双方协商，2017 年 7 月 1 日起至 12 月 31 日收购价 3.75 元 /kg。脂肪大于 3.7%、蛋白大于 3.3% 的部分不再加价。 | | | | |
| 计算方法：脂肪含量 × 脂肪单价 + 蛋白含量 × 蛋白单价 = 每千克生奶价格 | | | | |
| 1% 脂肪单价（元） | 1% 蛋白单价（元） | 标准价（元） | 脂肪比例 | 蛋白比例 |
| 0.519 | 0.698 | 3.75 | 45% | 55% |
| 冰点 | | | | |
| −0.500 ~ −0.504 | | 扣 0.04 | | |
| −0.505 ~ −0.507 | | 扣 0.02 | | |
| −0.508 ~ −0.549 | | 不奖不扣 | | |
| >−0.549 | | 可以拒收 | | |
| ≤ −0.500 | | 可以拒收 | | |

其他指标：
①牛奶抗生素残留量检测为阴性的判为“合格奶”；若为阳性，判为“不合格奶”。
②牛奶黄曲霉毒素 $M_1$ 残留量≥ 0.5mg/kg 的，判为“不合格奶”。
③牛奶亚硝酸盐含量 >0.2mg/kg 的，判为“不合格奶”。
④重金属，农药残留超标，拒收。

表 4-17　光明乳业 2017 年牧场分组奖励规则

| 等级 | 成乳牛规模或年生鲜乳交售量 | 分组奖励（元 /kg） |
|---|---|---|
| A | 501 头以上或 4 000t 以上 | 0.12 |
| B | 301~500 头或 2 400~4 000t | 0.09 |
| C | 101~300 头或 800~2 400t | 0.06 |
| D | 100 头以下或 800t 以下 | 0.03 |

备注：结算价 = 基础价 + 按质论价（脂肪、蛋白、体细胞、微生物、冰点）+ 分级奖励。

数 24.9 万个 /mL）基本一致（表 4-16、表 4-17）。

**【质量监管】**以国际标准生产优质牛奶，生鲜乳质量明显提高。

上海以国际标准生产优质牛奶——实施优化奶源行动计划。1995 年以来，在提高奶源质量上狠下功夫。上海地区生鲜乳质量在全国处于领先水平。现行生鲜乳收购检测为乳脂率、乳蛋白率、细菌数、抗生素残留、黄曲霉毒素 $M_1$、冰点、亚硝酸盐、体细胞数共八大指标，用经济杠杆手段，以严格的标准，引导奶牛场生产优质生鲜乳，来获取更高的经济效益。自 2008 年 5 月起，上海建立生鲜乳价格协商机制以来，奶牛生产保持良性发展。加上第三方监测、优质优价机制不断完善。近年来上海标准化、现代化、规模化奶牛场建设工作逐年推进，全部为规模化奶牛场。100% 采取机械挤奶，挤出的奶直接进入直冷式冷缸，减少了空气接触污染、并可立即制冷，使奶温降至要求的 4℃以下。乳品厂直接到奶牛场收购生鲜乳，减少中间环节，保证生鲜乳质量。上海收购的生鲜乳质量明显提高，乳脂率、乳蛋白率逐年提高，细菌数、体细胞数逐年下降。

稳步推进优质乳工程，全面提升生鲜乳质量。

2017 年 4 月，国家奶业科技创新联盟专家专程到光明乳业讨论推进实施优质乳工程工作部署，召开了奶协、奶农、乳企和检测单位等四方代表会，为在上海地区推进优质乳工程，确定由上海市农产品质量检测中心为第三方对生鲜乳进厂采样进行全过程监督。5 月，光明乳业在华东中心工厂召开了“上海地区推进优质乳工程”启动大会。6 月，召开了奶协、奶农和光明乳业三方协商会议，讨论通过了从 8 月 1 日起对上海地区生鲜乳微生物及体细胞项目提高标准，确保上海地区生鲜乳收购的质量。光明乳业全面实施优质乳工程，组建专业项目团队，制定了严格的巴氏杀菌乳内控标准，并在国家奶业科技创新联盟专家指导下开展实施了 46 项优化措施，最终全部按期完成。12 月，以优异成绩通过项目验收，并举办“食品安全白皮书 2017 版发布暨优质乳工程授牌仪式”新闻发布会，光明乳业被国家奶业科技创新联盟授予副理事单位及优质乳工程示范基地。

光明乳业连续三年发布《食品安全白皮书》，从牧场到终端、全产业链严把质量关。发布白皮书是光明乳业每年的一项重要工作，始于 2015 年，光明乳业是行业内首家，也是唯一一家连续三年发布《食品安全白皮书》的企业。这是光明乳业在食品安全管理的创新之举，白皮书统一了光明乳业的“质量语言”，推动了质量文化的传承与发扬，成为光明乳业的无形资产。

2017 版《白皮书》与前两版相比较，创新之处在于扩展了食品安全的外延，从关注食品安全，关注全产业链的质量升级，到进一步关注营养与健康，关注绿色环保。在内容上，用“PAI 质量体系”“一滴奶的世界级之旅”科技“优+倍”守护“绿水青山”等深入浅出地串联起光明乳业食品安全工作。

为保障食品安全，光明建立了大质量系统，核心是光明 PAI（预防 / 评估 / 改善）体系，覆盖从奶源、生产、物流到分销全产业链。同时以合法合规保障食品安全底线、以监测系统进行效果评估，以数据平台实施精准追溯，以基础研究提供技术支持，全方位多维度构建食品安全管理框架，保障安全和质量目标的全面达成。“一滴奶的世界级旅程”从光明乳业奶牛育种开始，到饲养、生鲜乳管理、产品生产、冷链运输，直至将优质产品送到消费者手中。全产业链每个环节都体现了匠人匠心，精益求精，力求达到“营养、健康、美味”的卓越品质。光明乳业以消费者健康为核心，同时满足用户的不同消费需求，公司创新推出 CHANGE U 饮用型风味发酵乳等产品。光明乳业研究院每年不断推出新品，其中 2017 年共推出 43 个全新产品。光明乳业践行“绿色理念、绿色设计、绿色制造”，从牧场、工厂设计之初即实行最严格的生态环境保护制度，形成绿色发展方式，为生态安全做出了贡献。

2017 年上海地区生鲜乳按质论价第三方检测机构测试结果。经公开招标，2016 年下半年起上海地区生鲜乳按质论价测试第三方检测机构由“上海德诺产品检测有限公司”调整为“上海市农产品质量安全检测中心”。

**表 4–18　2017 年上海地区生鲜乳按质论价测试结果（平均值）**

| 月份 | 脂肪（g/100g） | 蛋白质（g/100g） | 冰点(℃) | 亚硝酸盐（检出限：0.2mg/kg） | 黄曲霉毒素 $M_1$（检出限：0.5μg/kg） | 抗生素 | 体细胞（万个 /mL） | 菌落总数（万 cfu/mL） |
|---|---|---|---|---|---|---|---|---|
| 1 月 | 3.69 | 3.15 | –0.534 | 未检出 | 未检出 | 阴性 | 28.7 | 1.75 |
| 2 月 | 3.68 | 3.18 | –0.534 | 未检出 | 未检出 | 阴性 | 25.0 | 2.20 |
| 3 月 | 3.65 | 3.16 | –0.535 | 未检出 | 未检出 | 阴性 | 24.7 | 1.92 |
| 4 月 | 3.62 | 3.17 | –0.535 | 未检出 | 未检出 | 阴性 | 24.7 | 3.08 |
| 5 月 | 3.61 | 3.18 | –0.535 | 未检出 | 未检出 | 阴性 | 24.7 | 4.31 |
| 6 月 | 3.62 | 3.19 | –0.535 | 未检出 | 未检出 | 阴性 | 24.1 | 3.67 |
| 7 月 | 3.72 | 3.15 | –0.535 | 未检出 | 未检出 | 阴性 | 24.6 | 3.45 |
| 8 月 | 3.71 | 3.25 | –0.536 | 未检出 | 未检出 | 阴性 | 27.4 | 3.44 |
| 9 月 | 3.79 | 3.34 | –0.538 | 未检出 | 未检出 | 阴性 | 26.7 | 3.81 |
| 10 月 | 3.86 | 3.32 | –0.538 | 未检出 | 未检出 | 阴性 | 24.3 | 1.30 |
| 11 月 | 3.85 | 3.28 | –0.539 | 未检出 | 未检出 | 阴性 | 22.4 | 1.67 |
| 12 月 | 3.82 | 3.27 | –0.538 | 未检出 | 未检出 | 阴性 | 21.1 | 2.01 |
| 平均 | 3.72 | 3.22 | –0.536 | 未检出 | 未检出 | 阴性 | 24.9 | 2.72 |

资料来源：上海市农产品质量安全检测中心

2017 年上海地区生鲜乳按质论价第三方检测机构上海市农产品质量安全检测中心的测试结果见表 4–18。

**【奶业大事】**1 月 20 日，上海市奶农、光明乳业和奶协代表参加的生鲜乳收购价格协商会议，在充分酝酿和协商基础上，最终达成一致意见：2017 年上半年上海生鲜乳收购基础价为 3.78 元 /kg。

3 月 7~8 日，上海奶协和上海光明荷斯坦牧业有限公司成功承办《中国奶业竞争力提升行动——奶牛金钥匙基数示范暨 D20 奶牛公益助学走进光明乳业》的培训。

5 月 16 日，上海奶协召开乳品加工委员会会议，布置了食品安全宣传周——乳品专场活动；布置 7 月份的实验室能力测试活动。

5 月 25 日，经市社团局审核，上海奶协顺利通过 2017 年年检，办理了年检通过手续。

6 月 16~18 日，由朱从余秘书长带队，曹明是副秘书长、办公室冯庆凤主任、高小兰副主任、《长三角奶业》杂志编辑部副主任季爱华参加了中国奶业协会在江苏南京召开的第八届奶业大会暨 2017 年中国奶业展览会。

7 月 6 日，在上海奶协的主持下，经奶农代表与乳品企业协商确认，2017 年下半年的生鲜乳收购基础价 3.75 元 /kg。

8 月 10 日，按照“规范财产关系”，《与行政机关脱钩试点实施方案》，由第三方会计师事务所来奶协完成了 2015 年至 2017 年 6 月的财务审计工作。

9 月 28~29 日，《第十届长三角奶业大会暨奶业展览会》在上海市西郊国际农产品交易中心召开。会议由上海、江苏、浙江、安徽和福建“四省一市”奶协共同主办。中国奶业协会副会长兼秘书长刘亚清、上海市奶业行业协会会长张崇建、上海市农业委员会邵启良秘书长出席会议并致辞，上海奶协朱从余秘书长主持了开幕式。来自江苏、浙江、安徽、福建四省的奶协秘书长分别主持会议。本届大会邀请到国内外知名奶业专家、学者与大型牧场管理成功人士就奶牛养殖和“优质乳工程”等方面进行授课。经“四省一市”奶业协会推荐，《第十届长三角奶业大会》组委会专家评审，授予上海希迪乳业有限公司等企业为“十佳奶牛场”、授予上海忆南奶牛养殖有限公司夏连忠等同志为“十佳牛人”、授予上海晨冠乳业有限公司等企业为“十佳乳品企业”、授予光明牧业有限公司等企业为“十佳合作伙伴”。出席会议代表、展商 300 余人。

11 月 3 日，上海奶协应天津市畜牧局、天津市奶协邀请，参加了在天津市畜牧局召开的天津、河北、上海奶协关于奶价协调机制交流会，会上朱从余秘书长、王光文副秘书长介绍了上海生鲜乳价格形成机制做法。

12 月 4 日，上海奶协召开育种繁殖专业委员会工作会议，挪威基诺（上海）公司介绍“挪威红奶牛”在中国推广的近况。上海各牧场近 40 名专业人士参加了学习交流。

12 月 12 日，在光明乳业总部 1 楼多功能会议室召开第七届上海奶协乳品加工委员会会议，会议内容包括交流工作、传达相关会议精神、沟通情况、提供信息、布置工作，朱从余秘书长参加会议并讲话。

12 月 26 日，《上海市生鲜乳成本调查专家组会议》在上海奶业行业协会召开。经“上海市生鲜乳成本调查专家小组”认真审核、分析、研究后确认：上海地区奶牛场 2017 年度生鲜乳生产成本为 3.9 元 /kg, 并在上海奶业信息网和微信公众号上公示。

12 月 28 日，光明乳业在浦江之畔举办“食品安全白皮书 2017 版发布暨优质乳工程授牌仪式”，光明乳业被国家奶业科技创新联盟授予副理事单位及优质乳工程示范基地。

（上海市奶业行业协会，朱从余、季爱华）

# 江苏省

【奶畜养殖】据统计局数据，2017 年年底，全省奶牛存栏 13.9 万头，生鲜乳年产量 59.9 万 t。奶牛存栏总量超过 2 万头的有宿迁市、徐州市、盐城市 3 市；存栏 5 000 头以上的奶牛养殖大县有 8 个，分别是徐州市铜山区、丰县、睢宁县，连云港市辖区、淮安市淮阴区、盐城市大丰区、句容市、宿迁市宿城区。在徐宿淮、江南、沿海、扬泰四个奶业经济带中，徐宿淮和沿海 2 个奶业经济带养殖总量保持领先优势（表 4–19、表 4–20）。

表 4–19　2017 年江苏省各市奶牛存栏和牛奶产量

| 市 别 | 奶牛存栏（万头） | 牛奶产量 (t) |
|---|---|---|
| 南京市 | 0.31 | 47 022 |
| 无锡市 | 0.36 | 19 227 |
| 徐州市 | 3.82 | 158 174 |
| 常州市 | 0.08 | 11 246 |
| 苏州市 | 1.54 | 78 898 |
| 南通市 | 0.72 | 20 320 |
| 连云港市 | 0.79 | 49 750 |
| 淮安市 | 0.91 | 41 608 |
| 盐城市 | 3.04 | 148 769 |
| 扬州市 | 0.31 | 11 530 |
| 镇江市 | 0.73 | 20 264 |
| 泰州市 | 1.29 | 43 060 |
| 宿迁市 | 2.40 | 31 734 |

数据来源：畜牧行业统计

表 4–20　奶牛养殖大县（存栏 5 000 头以上）分布情况

| 市 别 | 县（区）别 | 奶牛存栏（万头） | 牛奶产量（t） |
|---|---|---|---|
| 徐州市 | 铜山区 | 1.28 | 45 100 |
| | 丰 县 | 0.71 | 28 930 |
| | 睢宁县 | 0.98 | 38 992 |
| 连云港市 | 市辖区 | 0.51 | 30 980 |
| 淮安市 | 淮阴区 | 0.65 | 29 383 |
| 盐城市 | 大丰区 | 2.37 | 109 349 |
| 镇江市 | 句容市 | 0.51 | 10 360 |
| 宿迁市 | 宿城区 | 0.81 | 7 547 |
| | 泗洪县 | 0.91 | 8 459 |

数据来源：畜牧行业统计

【乳品加工】全省共有 43 家乳制品加工企业，其中液体乳加工企业 38 家。2017 年，规模以上乳品企业（年主营收入 2 000 万元以上）乳制品总产量达 161.2 万 t，其中液体乳产量 145.4 万 t。全省有 6 家企业注册使用中国学生饮用奶标志，22 家企业注册使用江苏学生饮用奶标志。全省乳品行业有国家级农业产业化龙头企业 3 家，省级龙头企业 11 家。

【市场消费】江苏省内奶源供应和乳品加工量相比差距较大，全省生鲜乳产量 59.9 万 t，生鲜乳人均占有量 7.5kg；乳制品消费量约 120 万 t，人均消费 15.8kg。乳品加工企业以鲜奶（巴氏杀菌奶、酸奶）等冷链产品为主，以送奶入户和奶点为主要销售渠道，呈现出鲜明的城市型乳业特征。

【奶源基地】据畜牧业务部门统计，2017 年年底，全省奶牛养殖场户 421 个，其中存栏奶牛 50 头以上的规模场 206 个，规模养殖比重为 97.8%；存栏 100 头以上的大中型规模养殖比重为 96.5%。

近几年，全省组织实施奶牛良种补贴项目，组织开展 DHI 测定，推广 TMR 饲喂技术，奶源基地奶牛单产水平不断提升。大中型规模养殖场奶牛年单产均达到 7t 以上，部分奶牛场年单产突破 10t 以上。2017 年，常熟申福、昆山向阳、卫岗汤泉、盐城海丰、徐州永浩、南京金磁 6 家牧场入选荷斯坦长三角 10t 俱乐部（表 4–21）。

表 4–21　2017 年江苏省奶牛规模养殖情况

| 存栏规模 | 场户数 | 存栏数（头） | 规模比重（%） |
|---|---|---|---|
| 1~49 头 | 215 | 3 506 | 2.20 |
| 50~99 头 | 30 | 2 103 | 1.32 |
| 100~199 头 | 34 | 5 132 | 3.22 |
| 200~499 头 | 67 | 21 771 | 13.66 |
| 500~999 头 | 41 | 29 381 | 18.44 |
| 1 000~1 999 头 | 19 | 27 403 | 17.20 |
| 2 000~4 999 头 | 11 | 31 569 | 19.81 |
| 5 000 头以上 | 4 | 38 480 | 24.15 |

数据来源：畜牧行业统计

【奶农组织】江苏省奶业协会于 1983 年 7 月 15 日成立，原名江苏省奶牛协会。长期以来，协会协助政府进行行业管理，在行业中发挥“服务、维权、协调、自律”作用，维护会员和行业的合法权益，促进了江苏奶业的健康发展。2017 年 6 月 16 ~ 18 日，江苏省奶业协会作为协办单位，协助中国奶业协会召开第八届中国奶业大会暨 2017 中国奶业展览会。9 月 28 ~ 29 日，上海市奶业协会、江苏省奶业协会等在上海西郊国际农产品交易中心召开“第十届长三角奶业大会”，江苏梁丰食品集团有限公司机械化奶牛场、盐城市泰来神奶业有限公司奶牛场被评为“十佳奶牛场”，徐州市润旺养殖科技有限公司宋淑华、爱德卫岗现代牧业（泗洪）有限公司马高民被评为“十佳牛人”，南京卫岗乳业有限公司、徐州绿健乳品饮料有限公司被评为“十佳乳品企业”。

【质量监管】江苏省共有各类生鲜乳收购站 65 个，生鲜乳运输车 106 辆。持续组织开展生鲜乳专项整治行动，重点围绕生鲜乳生产、收购和运输三个关键环节，严格奶畜养殖场、收购站和运输车监管，强化生鲜乳质量安全监测和执法。全省共出动执法人员 1 699 人次，检查奶站 291 站次，检查运输车 360 车次，生鲜乳质量安全监管情况总体良好。开展各类生鲜乳质量监测任务700批次，协助农业部对江苏省开展生鲜乳异地抽检100批次，主要检测项目为三聚氰胺、革皮水解物、β-内酰胺酶等，合格率达100%。

**【奶业大事】**2017年6月16日，第八届中国奶业大会暨2017中国奶业展览会在江苏南京开幕。农业部副部长于康震作重要讲话，江苏省委常委、副省长杨岳出席大会并致辞，中国奶业协会会长高鸿宾作主旨报告。杨岳在致辞中指出：江苏省经济社会发展情况总体良好，江苏奶业产业素质不断提升，转型升级步伐逐步加快，乳品质量安全水平显著提升。江苏现代奶业发展，立足省情，着眼未来，将继续按照中央和省委省政府推进农业供给侧结构性改革作为工作主线，践行新的发展理念，注重绿色发展，以市场需求为导向，以优质安全为核心，以提升奶业竞争力为目标，不断加强标准规范，完善科技创新政策扶持，强化执法监管和消费引导，着力降成本、优结构、提质量、创品牌、增活力，努力打造以优质奶源基地、鲜奶消费和区域供奶为特征的江苏"精致奶业"，实现奶业跨越式发展。

江苏学生饮用奶生产企业延续注册。根据《江苏省学生饮用奶计划实施办法（试行）》（江苏省奶业协会2014年第1号公告）的规定，经企业申请和协会审核，准予常州红梅乳业有限公司等19家江苏学生饮用奶生产企业延续注册，继续使用江苏学生饮用奶标志，有效期为2017年11月1日至2020年10月31日。

（江苏省奶业协会，侯庆永）

# 浙江省

【奶类生产】随着浙江省经济地位和地域影响力的不断增强，受政府相关土地政策的影响，加之养殖行业的持续低迷，2017年，浙江省奶牛存栏4.3万头，比2016年同期减少6.1%；生鲜乳产量17.9万t，比去年同期增长9.2%。面对低价进口奶粉和液态奶、养殖环境成本对浙江奶业的持续冲击，养殖户为提高效益，不断引进高产奶牛，淘汰低产奶牛，奶牛生产水平明显提升。全省奶牛养殖区域化明显，据业务统计，79.2%的奶牛集中在金华、杭州、温州、宁波四大城市，其中金华市奶牛饲养量仍居全省第一位，存栏占全省总量的34.8%。

【奶源基地】据业务统计，2017年全省共有养殖户273户，同比下降38.1%；奶牛存栏100头以上规模养殖比例为91.3%，比上年增加13.3%。存栏49头以下的有190个场（户），存栏奶牛2 196头，年产奶7 356.8t;存栏50 ~ 99头的有23个场（户），存栏奶牛1 542头，年产奶4 441.5t;存栏100 ~ 499头的有34个场（户），存栏奶牛8 835头，年产奶34 629.6t;存栏500 ~ 999头的有13个场（户），存栏奶牛8 961头，年产奶37 914.6t;存栏1 000头以上的有13个场，存栏奶牛21 267头，年产奶95 569.4t。

全省泌乳牛的平均单产为7.4t，宁波市、杭州市奶牛养殖水平较高，泌乳牛头均单产分别达8.8t和8.4t。台州、温州等地以小规模养殖户为主，基础设施比较简陋，往往为降低成本而使用低价低质冻精配种，奶牛生产水平相对较低。

浙江全省生鲜乳收购价在4元/kg左右，其中杭州两家乳品加工企业生鲜乳年均收购价最高达4.4元，宁波市生鲜乳收购中心价和金华市年均收购奶价为3.8元/kg。由于进口奶粉存在巨大利差，乳品加工企业纷纷增加进口奶粉使用量，压缩本地生鲜乳收购量，并压低生鲜乳收购价格，合同外的生鲜乳收购价仅3.4元/kg左右。

【乳品加工】浙江省获得乳制品及婴幼儿配方乳粉生产许可证的生产企业共21家，其中婴幼儿配方乳粉生产企业3家，液态羊奶生产企业2家。21家企业中，龙游伊利乳业有限公司、蒙牛乳业（金华）有限公司和浙江明旺乳业有限公司具体生产数据没有上报。全省主要乳品加工企业（不含以上三家）的日处理鲜奶能力在2 100t左右，2017年生产乳制品52万t，销售额72亿元。

【市场消费】省内超市销售的主要是光明、新希望双峰、味全、伊利、蒙牛等品牌。以1kg普通巴氏杀菌乳为例，光明15 ~ 16元、新希望双峰14 ~ 15元、蒙牛14 ~ 16元、一鸣13 ~ 14元。一鸣乳业主要以奶吧形式销售，深受年轻消费者青睐；“美丽健”及“一景”以家庭订奶销售渠道为主，以生产地市为主要销售区域；光明、新希望双峰乳业超市、配送兼顾。

【政策法规】2017年，浙江省继续落实后备母牛补贴和奶牛良种补贴政策。根据《浙江省后备母牛补贴资金管理办法》，按每头后备母牛500元标准给予补贴。全省25 952头后备奶牛享受补贴1 297.6万元，其中省财政资金775.4万元，地方财政配套522.2万元。

奶牛良种补贴政策按照2013年补贴标准不变，中央财政安排120万元，省财政安排90万元，通过政府采购公开招标程序，全年采购奶牛冷冻精液8万支。

【质量监管】为落实生鲜乳质量安全监管措施和责任，浙江省按照农业部专项整治方案要求，健全监管机制，组织开展了奶站专项检查，要求各地严格审查奶站及运输车辆资质条件，加大生鲜乳质量监测力度，严厉打击奶源环节违法违规行为。截至2017年年底，全省有生鲜乳收购站37家，运输车52辆，完成杭州市、温州市等7个地区生鲜乳质量安全专项监测，共抽取42批次生鲜乳样品，其中抽检生鲜乳收购站18家，生鲜乳运输车24辆。

【奶农组织】为进一步提升全省奶牛生产水平，提高奶农养殖效益，浙江省奶业协会加强与省畜牧技术创新与推广服务团队的协作，借助团队专家力量在宁波和温州等地围绕奶牛瘤胃代谢与调控的研究进展、奶牛舒适度评估、热应激对瘤胃健康与牛奶品质的影响、奶牛亚临床瘤胃酸中毒的危害与防治、我国奶业现状与发展趋势、奶牛繁殖管理技术、奶牛养殖机械化等内容开展技术培训与技术入户指导，深受会员单位欢迎。

【奶业大事】2017年4月12 ~ 14日，协助中国奶业协会组织在宁波市召开中国奶业协会秘书长委员会工作会议，中国奶业协会领导和各省奶协秘书长共40余人参加会议。会上，中国奶业协会总结了2016年工作并介绍2017年计划，与会人员交流各省奶业形势，讨论第七届协会理事、常务理事候选人推荐名单。

2017年6月16日，组织浙江省较大型乳业企业杭州新希望双峰乳业有限公司、浙江李子园牛奶食品股份有限公司、浙江一鸣食品股份有限公司等10余家企业参加第八届中国奶业大会暨2017中国奶业展览会。

2017年9月，浙江省奶牛业协会与上海奶业行业协会、江苏省奶业协会、安徽省奶业协会、福建省奶业协会共同主办第十届长三角奶业大会，组织全省奶牛养殖户、饲料生产及乳品加工企业30余人参加第十届长三角奶业展览会。

（浙江省奶业协会，赵广生）

# 宁波市

【奶畜养殖】2017年年底，宁波市奶牛存栏数6 715头，其中成乳牛3 686头，同比分别下降5.9%和

1.3%。主要分布在慈溪市、余姚市、鄞州区、镇海区和江北区等，奶牛存栏减少与宁波市推进的"五水共治"活动及饲料成本上涨而奶价持续低迷等有关。2017年全市奶类总产量3.2万t(统计局3万t)，比上年同期增加1.1%。宁波市奶牛养殖总体情况稳定，仅个别养殖企业由于自身养殖水平低下，再加上奶价处于低位而处于亏损状态。全市2017年奶业产值达到2.3亿元，占全市畜牧业产值的6.1%。

**【乳品加工】**全市乳品加工企业1家，是宁波牛奶集团有限公司。年生产能力10万t，2017年收购原料奶2.6万t，年生产乳制品2.8万t。其中：年产巴氏奶1.4万t；灭菌奶1 184t；常温调味乳3 060t；酸奶7 137t；乳饮料2 541t。企业年销售额达到48 980.4万元，利润6 327.8万元。

**【市场消费】**宁波市乳制品当地市场销售的品牌主要是涌优和光明，随着海淘等网购消费的普及，澳大利亚等国外液态奶逐渐涌入宁波市场。

**【奶源基地】**规模养殖情况。2017年，宁波市存栏100头以下的小散户已全部淘汰。年内奶牛养殖户共10家，其中存栏100~499头的有6个场（户），存栏1 283头，年产奶5 716t；500~999头的有2个场（户），存栏1 764头，年产奶7 520t；1 000头以上的有2个场（户），存栏4 967头，年产奶19 204t。全市奶牛单产平均8.8t，总产3.2万t。其中最高单产达到9.5 t。按照宁波市平均单产8.8t/头，每头每天养殖成本80元计算，奶牛养殖的年净收入为500~1 500（元/头）。

生鲜乳收购情况。宁波市奶牛养殖场（户）所产生鲜乳主要由宁波牛奶集团、蒙牛乳业、光明乳业和温州一鸣四家企业收购。十八牧场和涌优奶牛养殖场专业合作社所产的生鲜乳全部销往宁波牛奶集团，生鲜乳收购基准价3.93元/kg，按质论价后均价4.23元/kg。联盛牧场所产生鲜乳销往光明乳业，收购价约为4.4元/kg。

奶业机械情况。所有奶牛场均采用机械化挤奶，全市4/5存栏的奶牛采用挤奶厅或管道式挤奶，应用固定式和移动式全混合日粮（TMR）技术，由于采购目录和政府采购价格等因素，农户对机械购置补贴积极性不高。苜蓿种植面积133.3 $hm^2$，青贮玉米种植333.3 $hm^2$。近两年部分养殖场利用冬闲田种植大小麦青贮来替代青贮玉米，且干物质含量高、青贮品质相当。奶牛单产的提高主要是养殖场转变养殖观念，在提高群体选育的基础上，提高青饲料品质，应用全株玉米青贮、进口苜蓿和TMR技术的同时，从2016年起，宁波宁兴涌饲料有限公司建立的裹包TMR饲料已投入生产，利用当地水稻秸秆和玉米秸秆，及食品副产品秸子渣等生产裹包TMR奶牛饲料，开发出了适合奶牛、肉牛、羊使用的三大系列8个品种，2017年，产品已在浙江省内15个重点牧场中推广使用，全年完成销售收入3 106万元，生产产值4 100万元。同时，公司与当地农户签订单式种植合同，建立原料种植基地200$hm^2$，合计联系带动农户数1 500多户。

粪污处理情况。为解决奶牛养殖粪污处理问题，发酵牛床养殖模式在全市得以推广应用。利用发酵牛床养殖可减少正常排粪量的2/3以上，从而大大减少了养殖场的后继粪污处理难度，但由于制作牛床垫料的价格高昂和牛床维护成本较高等因素，一定程度上制约了其推广力度。其他的牛场粪污处理方式继续以建造沼气池、氧化塘、有机肥加工生产等方式来解决。

DHI测定工作。自2011年5月以来，宁波市启动了奶牛场品种登记和DHI测定工作。目前，宁波奶牛集团十八牧场等四家规模奶牛场一直在开展DHI测定工作，具体由山东奥克斯畜牧种业有限公司负责测定。

奶农组织。宁波市尚未组建奶农合作社和协会。奶农的技术服务工作主要由宁波市奶牛良补供精单位山东奥克斯畜牧种业有限公司负责提供良种选配、疾病防控和饲养管理等服务，该公司六年来已为宁波市10余个奶农7 000余头奶牛建立了良种选配档案等。

**【政策法规】**后备母牛补贴。2017年，全市继续实行后备母牛补贴政策，按照农财两局制定下发了《关于印发宁波市后备奶牛补贴资金管理办法的通知》（甬农发〔2015〕52号、甬财政农〔2012〕142号），规定后备母牛按每头500元的标准进行补助。2017年，全市对3 333头后备母牛共补助财政资金139.5万元，其中市级92.7万元，区县（市）46.8万元。但由于种种原因部分区县（市）的配套补助资金一直未到位；宁海县高胜奶牛专业合作社因拆迁原因多年来也未得到政策性资金的补助。

奶牛良种补贴：根据《宁波市奶牛良补项目实施方案》（甬农〔2012〕91号）文件精神，2017年共安排良补资金108.417万元，用于补助全市9户奶农存栏的7 261头奶牛冻精，并继续将性控冻精按每剂补助100元的标准纳入市级补助范畴。

**【质量监管】**根据《浙江省生鲜乳收购站行政许可现场审验评分标准》和省畜牧兽医局制订的《生鲜乳收购站日常监管评分规则》，开展了生鲜乳收购站的换证和清理整顿，2017年，全市生鲜乳收购站总数有4家，全市有生鲜乳运输车8辆，全部实现持证运输，并对许可证到期3家生鲜乳收购站和8辆运输车进行重新申请、审验换证。

（宁波市畜牧兽医局，王亚琴）

# 安徽省

【奶畜养殖】安徽省是畜牧业大省，2017 年肉蛋奶总产 598.2 万 t，全国排位第 10 位。但安徽省是奶牛养殖小省。全省奶业发展的主要特点，一是奶业总量小。据省统计局数据，2017 年年底，全省奶牛存栏 12.88 万头，占全国存栏的 1.2%；奶产量 29.8 万 t，占全国总产量的 1%，全国排名第 21 位。二是规模化程度高。不同于我国北方奶业主产区以奶农为主、放牧居多的情况，安徽省存栏 100 头以上的规模化奶牛企业 49 家，规模化养殖比重达 86%，高于全国平均水平 28 个百分点。三是养殖集中度高。奶牛养殖主要集中在蚌埠、合肥、淮南、马鞍山 4 市，区域集中度 80% 以上。千头以上的 18 家规模奶牛场存栏 9.7 万头，占全省存栏总数 75% 以上。

【乳品加工】省食药监局发放生产许可的乳制品加工企业全省有 17 家，设计乳制品加工能力 100 多万 t。2017 年，全省生产乳制品的龙头加工企业实际消耗生鲜乳 85 万 t，乳制品加工企业省内奶源自给率 40%，奶源对外依存度高。

【奶源基地】2017 年度稳步推进奶牛生产性能测定工作，新增伊利优然牧业长丰宋岗牧场，全年对合肥、六安、淮北等地 7 家奶牛场进行测定，全年测定量 3.7 万头次，收集有效测定数据共计 6.8 万条，完成奶牛生产性能测定分析报告 67 份。分析结果显示：安徽省参测奶牛场根据报告解读应用，提高了奶牛饲养管理水平，降低了生产成本。2014—2017 年，参测场产奶牛乳脂率、乳蛋白率、乳糖率、产奶量等指标均有提高和改善，奶牛年单产能力提高 425kg，乳脂率从 3.1% 提高至 3.5%，乳蛋白率从 2.9% 提高至 3.2%，体细胞数由 73.36 万 /mL 降低至 45.97 万 /mL，乳品质量显著提高。奶牛场的生产管理水平有不同程度的改善和提高，为选种选配提供了科学参考。DHI 技术正逐渐成为全省参测奶牛场生产管理中不可或缺的现代管理工具。

据省畜牧部门监测，2017 年全省生鲜乳年均收购价格 3.85 元 /kg，较去年同期上涨 4.6%。全年当中生鲜乳最高价 3.94 元 /kg，最低价 3.7 元 /kg。

【质量监管】按照安徽省农业委员会印发的《2017 年全省农产品质量安全专项整治工作方案的通知》组织开展生鲜乳专项整治行动。2017 年全年共完成生鲜乳质量安全监测 91 批次。其中，生鲜乳中违禁添加物监测任务共 30 批，分 2 批次完成，实际完成 30 批次，经检验均未检出阳性样品或残留超标样品，合格率均为 100.%；生鲜乳国家标准监测任务 60 批次，每批次 10 个指标，全年分 4 次完成，实际完成 60 批次，经检验所有项目均未超过国家规定的限量范围，合格率 100%；婴幼儿配方奶粉奶源基地质量安全检测 1 批，监测违禁药物等 10 个指标，经检验均未检出或超标，合格率 100%。

【政策法规】安徽省农业委员会、安徽省发展和改革委员会、安徽省工业和信息化委员会、安徽省商务厅、安徽省食品药品监督管理局联合印发了《安徽省贯彻落实〈全国奶业发展规划（2016—2020 年）〉的实施意见》的通知。主要任务为：一是优化区域布局，推进种养加一体，草畜配套，粪污资源化利用新模式，稳步推进奶牛产业健康发展。鼓励和支持加工企业发展奶源基地。二是发展奶牛标准化规模养殖，以“畜禽良种化、养殖设施化、生产规范化、防疫制度化、粪污无害化和监管常态化”为主要内容，开展奶牛养殖标准化示范场创建。三是提升婴幼儿配方乳粉竞争力，安徽省有 1 家乳品企业获得婴幼儿配方乳粉生产许可证。要求严格行业准入，加大婴幼儿配方乳粉质量安全监管力度，提升竞争力。四是推动乳制品加工业发展，利用区位优势，吸引东部地区优质企业落户安徽，继续鼓励龙头企业辐射带动区域奶业共同发展。大力引进和培育乳品加工龙头企业，扶持企业改善生产和技术条件，提高产品精深加工水平，增加产品附加值。五是加强乳品质量安全监管，重点加强生鲜乳收购站准入许可管理。六是加快推进产业一体化，按照打造奶牛业一二三产业融合，全产业链一体化发展方向，支持乳业加工龙头企业自建规模化奶牛饲养小区，支持奶牛养殖大户、家庭牧场、养殖企业自愿成立合作经济组织，鼓励奶业龙头企业与合作经济组织组建奶牛产业化联合体，实行种养加销融合发展的一体化经营。七是加强良种繁育及推广，实施奶牛群体遗传改良计划，不断提高奶牛单产水平，改善生鲜乳质量。八是促进种植优质饲草生产，因地制宜发展青贮玉米、苜蓿、黑麦草等优质饲料作物与牧草种植，推行粮—经—饲三元种植结构。九是推进奶牛粪污综合利用，积极推广奶牛养殖粪污处理与综合利用技术模式，以县为单位建设一批规模化畜禽养殖场废弃物处理与资源化利用示范点、养殖密集区奶牛粪污处理和有机肥生产设施。十是加强奶牛疫病防控，强化定期监测和重大动物疫病强制免疫，建立奶牛免疫档案。指导奶牛养殖户实施科学防疫措施，建立完善的消毒防疫制度。

（安徽省畜牧兽医局，席海龙、单昌盛；安徽省畜禽遗传资源保护中心，唐俊）

# 合肥市

【奶畜养殖】2017 年年底，全市奶牛存栏 2.9 万头，同比下降 7.2%，奶产量 6.78 万 t，同比下降 34.3 %。奶牛养殖主要分布在长丰县、肥东县，鲜奶收购价格 3.6 ~ 3.7 元 /kg。大的奶牛养殖企业主要有现代牧业、伊利畜牧有限公司、安松奶牛养殖家庭农场、长丰县宏立奶牛养殖场、合肥玉高牧业有限公司、桂和公司等。

【乳品加工】2017 年全市共有乳品加工企业 3 个，年奶制品加工能力达到 45 万 t。产品主要为纯牛奶、酸奶、乳饮料、冰淇淋、奶粉等。

【奶源基地】2017 年全市存栏奶牛 2.85 万头中，500 头以下的奶牛场 19 个，存栏 500 ~ 1 000 头的奶牛场 3 个，存栏 1 000 头以上的奶牛场 3 个，存栏 10 000 头以上 1 个。奶牛养殖规模化程度达到 100%。奶牛品种主要为中国荷斯坦牛，现代牧业集团和伊利畜牧有限公司从澳大利亚、新西兰引进了澳洲荷斯坦和新西兰荷斯坦牛。

技术推广。邀请专家对全市规模养殖企业进行专门培训，重点培训奶牛良种引进与繁育、生产过程管控、疫病综合防控、饲舍设计建造、设施购置使用、养殖污染防控、养殖企业申报环评等知识，帮助企业全面了解掌握标准化养殖内容和要求，提高企业主动实行标准化养殖的意识，促进全市标准化养殖的普及推广。

疫病防治。在按照国家规定对奶牛实行口蹄疫强制免疫外，合肥市按照《布鲁氏菌病防治技术规范》和《牛结核病防治技术规范》要求，加大对奶牛结核、布鲁氏菌病的监测力度，每年对全市存栏奶牛逐头检测。对净化过程中扑杀的奶牛，按照国家标准给予补贴。全年无重大疫情和疾病发生。

【质量监管】开展生鲜乳专项整治工作。组织对全市存栏 50 头以上的奶牛场进行专项检查，重点对种畜禽场和奶牛养殖场 2017 年来跨省引进的畜禽审批进行查验，同时，以开展动物防疫条件专项检查为契机，加强对奶牛养殖场养殖档案和用药，淘汰牛只的数量、去向和处置的方法，以及病死牛无害化处理情况等进行逐场、逐户检查，进一步规范跨省引进种用乳用动物和淘汰牛只、病死牛的处置工作。抽取伊利、白帝乳业、养殖场等生鲜乳样品 43 份送检，监测结果全部合格。

（合肥市农委，俞倩洁）

## 蚌埠市

【奶畜养殖】2017 年全市荷斯坦牛存栏 4.32 万头，同比下降 1%；牛奶产量 20.9 万 t，同比增长 12%，泌乳牛数量和单产提高；产值约 9.2 亿元，占畜牧业总产值的 8.5%。

【乳品加工】全市现有乳品加工企业 3 家，分别为现代牧业，日加工能力 600t; 和平乳业日加工能力 400t; 福淋乳业，日加工能力 200t。产品主要为纯牛奶、酸奶、乳饮料、奶粉等。

【奶源基地】奶牛养殖基地主要分布：五河县现代牧业存栏 38 000 头，占全市总量的 87.9%；龙子湖区和平乳业奶牛育种中心存栏 3 200 头，占全市总量的 7.4%; 固镇县汉邦牧业存栏 600 头，怀远县龙腾奶牛场存栏 400 头，怀远县金河奶牛养殖有限公司存栏 500 头，高新区荒白山养殖场存栏 400 头，4 个牧场存栏总数占全市总量的 4.4%；蚌山区养殖小区存栏 100 头。奶牛规模养殖比重达到 100%，除蚌山区养殖小区外，其他牧场均采用全混合日粮（TMR）技术饲养。

农牧结合。蚌埠市紧紧围绕“保供给、保安全、保生态”的总体要求，积极推进低碳循环模式攻关，着力实施种养结合发展，加快全市畜牧业向“绿色、生态、效益”型转变。现代牧业（蚌埠）牧场项目在五河县建成占地 233.3 hm²、存栏 4 万头全国最大的奶牛单体牧场，同步引进秋实草业公司，流转 6 666.7hm² 土地，建立优质苜蓿种植基地，形成“畜—沼—草—畜”的生态农业系统，既为奶牛养殖提供了优质饲草，又充分消纳了牧场沼液。鼓励规模养殖主体自建基地，通过资金、项目扶持，支持汉邦牧业、和平乳业、金河公司等奶牛规模化养殖主体自建或与种植大户合作，发展全株青贮玉米种植基地 1 333.3 hm²。

疫病防控。蚌埠市加强对奶牛疫病的检测和防控，强制免疫口蹄疫疫病，全覆盖开展奶牛布病和结核病普查和检测，净化牛群。

【政策法规】一是落实安徽省奶业财政补贴政策，蚌埠市先后引进奶牛 2.4 万头，其中进口 2 万头，新奶牛场和扩建奶牛场 17 处，累计投入财政补贴资金 4 952 万元。二是实施良种补贴，累计发放奶牛良种冻精 7.6 万支。三是实施发改部门标准化奶牛养殖场项目 3 个，项目总投资 240 万元。四是落实奶牛政策性保险，参保奶牛 3.7 万头。

【质量监管】全市审批生鲜乳收购站 6 个，其中生产企业建站 2 个、牧场自建 4 个，均使用机械挤奶；审批生鲜乳运输车 7 辆。全市奶牛养殖企业、奶站和生鲜乳运输车纳入系统管理，健全饲料、兽药投入品使用和生鲜乳收购销售、运输等台账管理制度，每年对生鲜乳收购、运输环节开展抽样检测，检测结果均符合国家卫生标准。2017 年农业部、省农委及地方质检部门对奶站和运输车奶样抽检实现全覆盖，未发现生鲜乳质量问题。

（蚌埠市畜牧兽医局，苏锡胜）

## 马鞍山市

【奶畜养殖】全市奶畜养殖品种主要是荷斯坦牛。2017 年年底，存栏奶牛 8 300 头，同比下降 2.4%；奶类总产 4.9 万 t，同比增加 3.4%。全市共有 2 个奶牛养殖企业，含山县和博望区各 1 个，分别是现代牧业（集团）马鞍山牧场和马鞍山市森源家庭农场，其中博望区丹阳镇是全市奶牛养殖核心地区，养殖量约占全市总量的 99%。

**【乳品加工】**全市现有乳品加工企业 2 家，即蒙牛乳业（马鞍山）有限公司和蒙牛高科乳制品（马鞍山）有限公司，乳制品总产量近 30 万 t，其中巴氏杀菌乳 1.5 万 t，UHT 奶 2 万 t，酸奶 12 万 t，奶酪 50t，乳饮料 10 万 t，年销售收入 50 多亿元，利润近 2 亿元。

**【奶源基地】**现代牧业（集团）马鞍山牧场是全市奶源核心基地，2017 年存栏 8 000 多头，泌乳牛 4 300 头，日产原奶 156t，生鲜乳年均收购价格为 4.3 元 /kg。该牧场采用了先进的散栏式工业化养牛方式，采用机械挤奶和全混合日粮（TMR）技术，使用进口冻精进行奶牛品种改良。该牧场粪污处理设施比较先进，配套建设了前处理系统，厌氧发酵系统，沼气净化系统，沼气发电系统和余热回收系统，沼液贮存、运输、利用装置以及其他附属设施，沼渣作为垫料回用，沼气作为能源发电、供热，沼液作为有机肥还田，奶牛养殖过程中产生的废弃物基本上实现了资源化利用。

技术推广。2017 年重点推广 4 项奶牛养殖技术，即奶牛生产性能测定与日粮调控技术、优质后备奶牛培育综合配套技术、奶牛养殖信息化平台应用技术、奶牛性控冻精应用技术。

疫病防治。一是按照国家规定对奶牛实行 A 型口蹄疫强制免疫。二是按照《布鲁氏菌病防治技术规范》和《牛结核病防治技术规范》要求，每年对存栏奶牛全部进行“两病”检测。三是指导现代牧业（集团）马鞍山牧场做好布鲁氏菌病净化创建申报准备工作。

**【质量监管】**2017 年组织实施了生鲜乳专项整治行动。一是严格审查运输车资质条件。重点对 29 辆运输车的资质进行重新审核，建档立案，对运输车标准化管理、安全制度落实等方面进行监督检查。二是加大生鲜乳质量安全抽检力度。组织实施 2017 年生鲜乳质量安全监测计划，加大监督抽查力度，监测覆盖所有奶牛养殖场，检测指标为三聚氰胺、黄曲霉毒素 $M_1$，全年完成 30 个样检测任务，合格率均为 100%。三是严厉打击违法违规行为。实行监测与执法联动，行政与司法衔接，对生鲜乳生产、收购和运输过程中的违法违规行为，发现一起，查处一起，绝不手软。四是强化主体责任。运输车经营主体落实质量安全首负责任，2 个奶牛养殖企业落实质量安全首负责任，并签订“生鲜乳质量安全责任状”。

（马鞍山市农委，谢长明）

# 福建省

【奶畜养殖】2017年福建省奶牛存栏3.9万头，能繁母牛1.9万头，奶类产量13.5万t，鲜牛奶产量13.1万t。

福建省奶业主产区位于闽北南平市的延平区、建阳区，建瓯市，邵武市，以及顺昌、浦城、政和等县区，福州市、莆田市、泉州市、漳州市、厦门市、宁德市等24个县（市、区）也饲养少量荷斯坦牛，其中南平市奶牛存栏量约占全省奶牛存栏量2/3。2017年南平市奶类总产量1.1万t，鲜奶产量1.2万t；奶牛存栏2.39万头，成乳牛存栏1.3万头，平均单产约8t，单体产量超过16t。其中，延平区成乳牛存栏1.4万头，鲜奶产量6.8万t；建瓯市奶牛存栏3 400头，鲜奶产量1.2万t；建阳区奶牛存栏5 200头，鲜奶产量2.5万t；顺昌县奶牛存栏2 000头，鲜奶产量1.2万t。

奶水牛主要分布在漳州市等5个县（市、区），水牛存栏7 830头，水牛奶产量5 245t，能繁母牛7 800头，年单产670kg。其中芗城区奶水牛存栏790头，水牛奶产量610t；长泰县奶水牛存栏2 454头，水牛奶产量1 755t；平和县奶水牛存栏965头，水牛奶产量655t；龙海市奶水牛存栏1 758头，水牛奶产量1 300t；漳浦县奶水牛存栏1 300头，水牛奶产量845t。

奶山羊存栏主要分布在南安市、屏南县、新罗区、涵江区、永定县、长汀县、上杭县、永安县、尤溪县、同安区等12个县（市、区），萨能奶山羊存栏8 163头，羊奶产量3 800t。

【乳品加工】2017年，福建省共有乳品企业14家，乳制品总产量19.9万t，液态奶产量15.9万t，干乳制品4万t。福建省乳品企业以长富乳品、澳牛、闽牛、台农、大乘等加工低温巴氏杀菌奶为主，其他酸奶、乳饮料、奶粉为辅，其中鲜牛奶产量15.5万t。

福建鲜奶量2/3由本省企业加工，接近1/3销售到广东等周边省份乳品企业。虽然福建省多年来主推巴氏鲜奶，但是液态奶的生产加工还是保持10万t左右，还有3万t左右鲜奶要依靠周边的省份乳企加工，福建液态奶还缺乏能统领福建品牌的企业。目前福建液态奶市场还是伊利、蒙牛、光明等常温奶、酸奶占主导，在福建年销售总额达到200多亿元。

10家液态奶企业：长富、澳牛、宏宝露、闽牛、碧海、台农、大乘、键氏、秋田、骏牧；4家奶粉企业：明一、贝登、晨冠、恒信。其中，福建长富公司是福建省唯一进入中国奶业D20联盟的企业，主要生产巴氏鲜奶产品，日加工鲜奶超过200t，年销售额12亿元；明一国际集团营养品有限公司是福建省奶粉生产企业，也是福建省唯一入选中国奶业协会副会长单位企业，年销售额23亿元。

目前，福建奶业的主要问题为冬季鲜奶太多，乳品企业要喷粉，夏天鲜奶又不够。因鲜奶收购价问题乳品企业与奶牛养殖企业的矛盾凸显，还需进一步协调。虽然福建省的奶业总产量较小，但奶源的质量较好，本土乳品企业以加工低温巴氏鲜奶和酸奶为主，奶酪将成为福建省部分奶企的高端乳制品。今后应在品种、花色上多做文章，以面对全球奶业市场的严峻形势。

【市场消费】福建省人均牛奶占有量4.5kg。奶粉企业因受国际奶粉市场价格影响销售滑坡严重。2017年，乳品销售总量大约100多万t，60%靠外来乳制品供应全省市场。2017年全省（不含厦门市）鲜奶平均支付价3.6~5.8元/kg，水牛奶平均支付价20元/kg，羊奶平均支付价8.5~10.5元/kg。

巴氏杀菌奶、超高温灭菌奶、酸奶、奶粉等乳制品，在福建大小超市都有销售。飞鹤、明一、君乐宝、伊利、完达山等国产品牌奶粉呈现多方竞争的态势，伊利和蒙牛在超高温灭菌奶占据优势地位，而巴氏鲜奶则以本土的长富、澳牛、宏宝露、闽牛、大乘、台农、秋田等为主。其中，低温巴氏鲜奶和酸奶销售渠道，有商场销售和液态奶加工企业配送到户，冷链销售网络分布全省各县市、区、镇，包括社区连锁便利店。巴氏鲜奶还销售到广东省、江西省、浙江省等周边省份。

【奶源基地】2017年全省有奶牛养殖规模场26家，其中18家企业养殖规模超过千头，5家为国家级标准化示范场。

福建长富乳品有限公司作为省级龙头企业，与13个牧场建立长期供奶关系。牧场奶牛存栏总数1.8万头，年可供奶总量9万t，平均成乳牛年单产8.5t。长富公司日销售巴氏鲜奶175t。

牧场采用先进的散栏式饲养和TMR饲喂工艺。有10个牧场先后引进意大利尤尼法斯特、斯达特公司的TMR全自动喂料车或固定式搅拌站。采用现代化、标准化的管理模式，通过企业内部追溯系统，实现原奶供应生产记录可存储、流向可跟踪，储运信息可查询。在防疫管理上依托当地畜牧主管部门每年春秋两次进行全群牛结核病和布氏菌病检测，检测情况良好；完成每年两次口蹄疫疫苗全群预防注射。

在环境治理上牧场建有环保处理设施，基本采取零排放工艺，污粪先进行固液分离，沼液用于灌溉牧草种植基地，固体晒干制成有机肥销售。采取达标排放工艺，固液分离后，沼液处理增加固形物去除及好氧处理装置，做到达标排放。

为了保障生鲜牛奶卫生质量，牧场全部采用管道化机器挤奶，5个牧场先后引进德国韦斯伐利亚的48位转盘挤奶台挤奶。挤奶设备都配备有清洗和冷却贮存设备。原料奶各项指标均优于国家标准，其卫生指标已经达到欧、美等乳业发达国家水平，每毫升生鲜奶的微生物菌落数低于5万个。

福建奶业主要通过牧场改造、整合资源、加大科技投入，来协调养殖牧场与加工企业之间的利益矛盾，稳定提高产品质量，提升乳品加工企业与奶牛养殖企业的效率和效益，促进福建奶业朝着现代化目标持续健康发展。

**【奶农组织】**福建省奶业协会是福建唯一的奶业行业组织，2012年6月成立以来，分别在推进福建巴氏鲜奶发展、落实奶牛良种冻精补贴和品种改良政策、深入开展行业调研活动、加强奶业行业宣传、开展奶牛养殖技术培训、支持福建奶源基地建设、引导乳品企业发展壮大以及加强福建奶业对外交流等方面做出了贡献，特别在“放心奶”“学生奶”两方面积极工作，取得了一定的成绩。福建省奶业协会积极推进国家优质乳工程项目在福建长富公司实施，推进福建巴氏鲜奶生产销售量，以此促进福建各相关乳品企业狠抓产品质量，增加产品花色品种，繁荣牛奶市场，让老百姓喝上放心奶。

2017年协会为大型牧场举办了三场业务培训，也为当地奶牛养殖场举办多期牧场种植技术培训，深受奶牛养殖场管理人员和技术人员的欢迎。

2013年11月28日，南平市延平区西芹镇成立南平市福牛奶牛专业合作社，这也是福建省第一个奶牛专业合作社，由7个大型牧场以股份制形式入股，在自愿、平等、民主、互利原则基础上组建。2017年，福牛合作社总存栏奶牛9 911头，其中泌乳牛5 635头，2017年鲜奶总产量达5.5万t，平均单产8.5t。

**【政策法规】**2017年，福建省政府推出了一系列政策来推动奶业的健康发展，具体如下：

4月17日，根据国家食药监总局《关于开展婴幼儿配方乳粉生产企业清洁消毒情况检查的通知》（食药监办食监一〔2017〕52号），福建省食品药品监督管理局下发了关于开展婴幼儿配方乳粉生产企业清洁消毒情况检查的通知。

4月18日，福建省农业厅办公室下发关于开展2017年生鲜乳专项整治行动的通知（闽农厅办〔2017〕32号）。

5月7日，福建省食品药品监督管理局转发国家食品药品总局办公厅关于落实婴幼儿辅助食品生产许可审查细则严格生产许可工作的通知（食药监办食监一〔2017〕47号）。

**【质量监管】**2017年，福建各级政府都加强了生鲜乳产品质量安全监管。具体措施为：一是开展了生鲜乳质量安全专项整治。于4~8月份在全省开展整治行动。全省共出动监督执法人员602人次，重点检查奶牛养殖场、生鲜乳收购站、运奶车，严厉打击生鲜乳生产、收购和运输过程中各类违法添加行为。二是开展生鲜乳质量安全执法抽检，下发了《关于开展2017年生鲜乳质量安全监督执法抽检的通知》，在全省开展生鲜乳质量安全抽检，按计划完成抽检生鲜乳42批次。经检测，抽检三聚氰胺项目全部合格。同时，根据《福建省农业厅关于印发福建省农业系统随机抽查工作细则的通知》，按双随机方式开展了2次生鲜乳产品质量安全监督省级抽查，抽查了南平和泉州等设区市2个生鲜乳收购站和1辆生鲜乳运输车，共抽检了3批次生鲜乳样品。对全省29个生鲜乳收购站、15辆生鲜乳运输车，全部核发生鲜乳收购许可证或运输许可证，奶站及运奶车100%纳入监管。

**【奶业大事】**

1月14日，福建省奶业协会在福州市召开一届五次福建奶协会员代表大会暨迎春会，加强了奶企交流合作，给会员企业打造优质奶源交流、合作平台。

2月16日，为推动巴氏鲜奶发展，福建长富乳品公司申报的优质乳工程项目通过验收，并在福州市召开新闻发布会。

5月3日，福建奶协派人员参加了由福建长富乳品公司在南平市延平区西芹中心小学开展的“学生奶公益助学行动”。

5月24日，福建奶协支持蒙牛公司在福建柘荣县四中开展“学生奶公益助学行动”。

8月22日，在福建省奶业协会积极支持下，福建省长富乳品公司在福州市承办首届中国优质乳工程项目发展论坛，参加论坛的专家，部分省、市自治区奶业协会领导，各乳品企业领导，就发展优质乳工程的必要性、科学性和紧迫性，推动优质乳工程优质乳标识、原料奶质量分级、加工工艺等关键环节的政策化、法律化，构建“优质乳工程”的制度架构，共同推进中国奶业的转型、升级和发展进行了充分交流。会上，还举行了新希望乳业、长富乳业等发起的“加入中国优质乳朋友圈仪式”。

10月，福建省奶业协会、江苏省奶业协会、上海奶业行业协会、浙江省奶业协会、安徽省奶业协会联合在上海市举办“第十届长三角奶业大会暨奶业展览会”，来自奶业企业、产业链相关企业400余人参加此次大会。福建省奶业企业南山生态园牧场和嘉远生态农业科技牧场被评为“十佳牧场”；林友龙和石神炳被评为“十佳牛人”；福建省长富乳品有限公司被评为“十佳乳品企业”；福建闽牛乳业公司被评为“十佳合作伙伴”。

12月17日，第二届福建省奶业协会会员代表大会在福州市召开。大会进行了换届选举，选举了协会新的领导班子。协会就章程修改、新一届会长、秘书长、副会长、理事、监事会、会员费等进行了投票选举，为福建奶业协会持续健康发展稳定了组织基础。

（福建省奶业协会，吴大新、吴妍）

附表 1　福建省奶牛（羊）养殖场（小区）名录

| 序号 | 名称 | 养殖场 | 小区 | 全群存栏（头） | 成母牛存栏（头） | 奶畜品种 | 成母牛单产（t/年） | 年总产（t） | 是否参加 DHI | 是否应用 TMR |
|---|---|---|---|---|---|---|---|---|---|---|
| 1 | 福建宏宝露乳业股份有限公司福清东阁牛场 | √ | | 1 180 | 650 | 荷斯坦 | 8.7 | 5 000 | √ | √ |
| 2 | 福建宏宝露乳业股份有限公司福清江镜牛场 | √ | | 500 | 300 | 荷斯坦 | 7.5 | 2 000 | √ | √ |
| 3 | 福清市盛泽农牧有限公司 | √ | | 1 100 | 235 | 荷斯坦 | 8.5 | 1 600 | √ | √ |
| 4 | 周宁县和谐牧业有限公司 | √ | | 240 | 170 | 荷斯坦 | 6.8 | 1 153 | | √ |
| 5 | 福建省闽牛乳业有限公司奶牛场 | √ | | 779 | 695 | 荷斯坦 | 6.1 | 4 235 | √ | |
| 6 | 三明市碧海乳业有限公司 | √ | | 753 | 683 | 荷斯坦 | 6.5 | 4 432 | √ | |
| 7 | 浦城县坑沿牧场 | √ | | 540 | 390 | 荷斯坦 | 6 | 2 300 | √ | √ |
| 8 | 浦城县澳牛牧场 | √ | | 810 | 463 | 荷斯坦 | 6 | 2 770 | √ | √ |
| 9 | 政和县兴和乳业有限公司奶牛场 | √ | | 800 | 500 | 荷斯坦 | 8 | 4 000 | √ | √ |
| 10 | 南平市长源牧业有限公司 | √ | | 1 512 | 868 | 荷斯坦 | 9.1 | 7 362 | √ | √ |
| 11 | 南平市丰旺畜牧养殖有限公司 | √ | | 848 | 457 | 荷斯坦 | 8.1 | 3 567 | √ | √ |
| 12 | 建瓯市富雅饲草饲料有限公司 | √ | | 1 207 | 690 | 荷斯坦 | 7.3 | 4 328 | √ | √ |
| 13 | 南平市绿盛牧业有限公司 | √ | | 1 077 | 597 | 荷斯坦 | 7.4 | 4 593 | √ | √ |
| 14 | 建瓯市小雅牧业有限公司 | √ | | 1 195 | 640 | 荷斯坦 | 7 | 4 082 | √ | √ |
| 15 | 顺昌县富泉农业发展有限公司 | √ | | 1 925 | 1 132 | 荷斯坦 | 9.9 | 10 411 | √ | √ |
| 16 | 南平市富洋牧业有限公司 | √ | | 1 182 | 661 | 荷斯坦 | 8.1 | 5 632 | √ | √ |
| 17 | 福建南平市禾原牧业有限公司 | √ | | 1 680 | 1 017 | 荷斯坦 | 10.3 | 10 262 | √ | √ |
| 18 | 福建省南平市南山生态园有限公司 | √ | | 1 191 | 706 | 荷斯坦 | 10.1 | 6 862 | √ | √ |
| 19 | 福建省南平市荣发牧业有限公司 | | | 1 187 | 671 | 荷斯坦 | 7.8 | 4 269 | √ | √ |
| 20 | 建瓯市东源生态牧业有限公司 | √ | | 725 | 315 | 荷斯坦 | 7.5 | 2 300 | | √ |
| 21 | 南平市建阳区嘉远生态农业科技有限公司 | √ | | 1 657 | 873 | 荷斯坦 | 8.9 | 7 605 | √ | √ |
| 22 | 南平市建阳区吉翔牧业有限公司 | √ | | 2 099 | 1 010 | 荷斯坦 | 10.1 | 9 652 | √ | √ |
| 23 | 南平市延平区大横生态牧业有限公司 | √ | | 660 | 370 | 荷斯坦 | 8.8 | 3 200 | | √ |
| 24 | 南平市延平区常坑生态牧业有限公司 | √ | | 770 | 385 | 荷斯坦 | 7.5 | 2 580 | √ | √ |
| 25 | 建阳市锦山牧业有限公司 | √ | | 1 100 | 780 | 荷斯坦 | 8 | 5 600 | | √ |
| 26 | 南平市三田牧业有限公司 | √ | | 1 160 | 700 | 荷斯坦 | 9 | 6 300 | | √ |
| 27 | 南平市富益牧业有限公司 | √ | | 1 100 | 235 | 荷斯坦 | 8.3 | 1 900 | √ | √ |
| 28 | 福建新曙光农业发展有限公司 | √ | | 1 038 | 630 | 荷斯坦 | 8.7 | 5 200 | | √ |
| 29 | 南平市福延牧业有限公司 | √ | | 1 250 | 700 | 荷斯坦 | 8.3 | 4 500 | | √ |

（续）

| 序号 | 名称 | 养殖场 | 小区 | 全群存栏（头） | 成母牛存栏（头） | 奶畜品种 | 成母牛单产（t/年） | 年总产（t） | 是否参加 DHI | 是否应用 TMR |
|---|---|---|---|---|---|---|---|---|---|---|
| 30 | 邵武市长盛奶牛养殖有限公司 | V | | 1 150 | 630 | 荷斯坦 | 7 | 4 230 | V | V |
| | | | | 32 415 | 18 153 | | 8.043 | 141 925 | | |
| 31 | 厦门久牧乳业有限公司 | V | | 986 | 473 | 萨能奶山羊 | 0.76 | 170 | | V |
| 32 | 福建南安市裕农牧业有限公司 | V | | 2 150 | 1 585 | 萨能奶山羊 | 0.85 | 480 | | V |
| 33 | 秋田农牧（福建）乳业有限公司 | V | | 5 000 | 3 500 | 萨能奶山羊 | 0.5 | 1 700 | | V |
| | 合　计 | | | 8 136 | 5 558 | | 0.703 | 2 350 | | |

备注：请在养殖场或小区列中选择打勾；如参加 DHI 或应用 TMR，请在相应表格中打勾。

附表 2　福建省乳制品生产企业名录

| 序号 | 名称 | 许可证号码 | 年收购原奶量（t） | 平均支付价格（元/kg） | 其中：自有奶源量（t） | 年乳制品产量（t） | 其中：巴氏杀菌奶(t) | UHT奶(t) | 酸奶（t） | 奶粉（t） | 奶油（t） | 奶酪（t） | 乳饮料（t） | 整体设计加工能力（t/年） | 产品销售区域 | 年销售收入（万元） | 利润（万元） |
|---|---|---|---|---|---|---|---|---|---|---|---|---|---|---|---|---|---|
| 1 | 福建长富乳品有限公司 | SC10635070200033 | 77 301 | 4.69 | 77 301 | 83 091.55 | 45 627 | 10 713 | 11 146 | 2.55 | / | / | 15 603 | 215 000 | 省内及周边省份 | 71 360.4 | 7 355.1 |
| 2 | 明一国际营养品集团有限公司 | SC20135018200349 | 95 915 | 4.2 | 95 915 | 38 366 | / | / | / | 38 366 | / | / | / | 50 000 | 全国 | 214 118 | 16 724 |
| 3 | 福建省闽牛乳业有限公司 | SC10535040200152 | 6 580 | 4.5 | 4 235 | 9 153 | 4 754 | | 2 419 | | | | 1 980 | 39 600 | 福建省内 | 7 583 | 136 |
| 4 | 三明市碧海乳业有限公司 | SC10535040200793 | 5 922 | 4.5 | 5 922 | 8 237 | 4 279 | | 2 177 | | | | 1 781 | 42 100 | 福建省内 | 6 821 | 127 |
| 5 | 福建澳牛乳业有限公司 | SC10535072200214 | 10 000 | 5 | 10 000 | 12 600 | / | 10 000 | / | / | / | / | 2 600 | 17 000 | 福建省 | 17 000 | 900 |
| 6 | 福建宏宝露乳业股份有限公司 | SC10635018100465 | 18 000 | 5 | 18 000 | 30 000 | 6 500 | 8 000 | 3 500 | / | / | / | 12 000 | 32 000 | 福建省 | 20 000 | 1 800 |
| 7 | 大乘乳品有限公司 | SC10635070200068 | 4 855 | 5.2 | 4 855 | 3 960 | 1 600 | 900 | 600 | 60 | | | 800 | 6 000 | 福建 | 4 000 | 200 |
| 8 | 晨冠生物科技有限公司 | CS10535098200011 | | | | 1 731 | | | | 1 731 | | | | 20 000 | 上海 | 27 427 | 415 |
| 9 | 台农（厦门）农牧有限公司 | SC10535021201939 | 1 800 | 5 | 480 | 1 850 | 1 800 | / | 50 | / | / | / | / | 36 500 | 闽、沪、粤 | 3 000 | 150 |
| 10 | 秋田农牧（福建）乳业有限公司 | | 1 750 | 8.5 | 1 750 | 8 000 | 1 500 | | 500 | | | | 6 000 | 76 650 | 福建 | 8 000 | 800 |
| 11 | 贝登（福建）婴幼儿营养品有限公司 | QS350005011773 | | | | 1 485 | | | | 婴 1345<br>特 140 | | | | 19 000 | 全国 | 13 150 | 650 |
| 12 | 厦门久牧乳业有限公司（羊奶） | QS350005011769 | 170 | 8 | 170 | 189 | 160 | | | | | | 29 | 26 000 | 福州、厦门、泉州 | 350 | 50 |
| 13 | 福建骏牧乳业股份有限公司 | SC19535052500146 | | | | 282.7 | | | 93 | 9.7 | | | 180 | 7 300 | 福建省 | 255 | 45 |
| | 合　计 | | 222 293 | 5.459 | 218 628 | 198 865.25 | 66 220 | 29 613 | 20 485 | 40 169.3 | | | 40 973 | 587 150 | | 393 064.4 | 29 352.1 |

# 江西省

【奶畜养殖】2017年，随着美丽乡村建设和城市化的推进，江西省奶牛养殖数量呈现下降趋势，存栏数量下降较快。年末全省奶牛存栏3.2万头，同比下降5.5%；牛奶产量9.5万t，同比下降5%。区域化养殖更加明显，南昌县、于都县等9个县（区）奶牛存栏占全省总量94.7%。奶牛规模化比重不断上升，达91.3%；奶牛平均单产不断提高，达6.3t，管理水平好的现代化牧场平均单产达8.4t（表4-22）。

全省存栏奶牛50～199头的规模养殖场66个，200～499头的规模养殖场（小区）5个，存栏500～999头的规模养殖场（小区）3个。全省奶站和生鲜乳运输车辆也保持基本稳定，现有6个奶站分布在牛奶重点产区，拥有10辆生鲜乳运输车（表4-23、表4-24）。

表4-22　2017年末奶牛各主要养殖地区存栏及产量情况

| 市（地区） | 场（户）数 | 年末奶牛存栏（头） | 牛奶产量（t） |
|---|---|---|---|
| 南昌市 | 103 | 8 802 | 35 906 |
| 赣州市 | 824 | 9 608 | 42 229 |
| 抚州市 | 155 | 3 673 | 13 016 |
| 吉安市 | 2 | 1 125 | 3 925 |
| 萍乡市 | 1 | 585 | 3 356 |
| 宜春市 | 15 | 1 120 | 4 601 |

表4-23　2017年主要养殖县（区、县级市）奶牛养殖情况

| 县（区）名称 | 奶牛存栏（头） | 年奶产量（t） | 说明 |
|---|---|---|---|
| 南昌县 | 5 134 | 19 500 | |
| 进贤县 | 2 095 | 15 080 | |
| 东乡县 | 2 930 | 12 928 | |
| 经开区 | 531 | 1 020 | |
| 奉新县 | 935 | 3 262 | |
| 芦溪县 | 585 | 3 356 | |
| 吉州区 | 960 | 3 365 | 含西门塔尔挤奶牛463头 |
| 临川区 | 354 | 1 374 | |
| 于都县 | 9 244 | 39 556 | |

【奶源基地】奶牛养殖基地区域化、集中化发展态势明显。全省奶牛生产基地主要集中在南昌县、进贤县、新建县、东乡县、奉新县、吉州区、于都县、芦溪县、经开区9个县（区），奶牛存栏占全省94.7%以上。通过实施奶牛标准化规模养殖场建设项目和奶牛良种补贴政策的落实，全省奶牛养殖业进一步向规模化、标准化发展。阳光、牛牛等企业和规模化牧场大多采用了全混合日粮（TMR）技术。

表4-24　2017年奶牛饲养情况

| 规模（头） | 场（户）数 | 年末存栏数（头） | 牛奶产量（t） |
|---|---|---|---|
| 1～4 | 259 | 856 | 3 774 |
| 5～9 | 237 | 1 752 | 7 858 |
| 10～19 | 342 | 4 205 | 18 607 |
| 20～49 | 526 | 16 536 | 74 024 |
| 50～99 | 50 | 2 799 | 12 479 |
| 100～199 | 16 | 1 669 | 7 621 |
| 200～499 | 5 | 1 836 | 8 263 |
| 500～999 | 3 | 2 245 | 13 088 |

随着散户的逐步退出，奶牛养殖向标准化、规模化、现代化转变，集中机械化挤奶常态化。2017年奶牛规模养殖场机械化挤奶比重达85%，全省奶牛养殖户机械化挤率达76%。挤奶机主要有利拉伐、广东乐宝等。分散且养殖规模小的养殖户仍主要采取手工挤奶。养殖小区或规模场周围的小户多以不锈钢奶桶送奶到奶站。阳光、牛牛等企业和规模化牧场大多采用了挤奶厅集中机械化挤奶，有效地提高了生产效率，降低了劳动力成本。

【乳品加工】江西省2017年鲜奶加工能力达30万t。现有乳制品生产经营许可的乳品企业7家，分别是江西美庐乳业有限公司、江西于都屏山牧场奶业有限公司、萍乡大富乳业有限公司、江西阳光乳业有限公司、江西牛牛乳业有限公司、江西金薄金生态科技有限公司和江西雄鹰乳业有限公司。其中，有3家取得婴幼儿配方奶粉生产经营许可，分别是江西美庐乳业有限公司、江西金薄金生态科技有限公司和江西雄鹰乳业有限公司。江西牛牛乳业有限公司取得学生奶生产经营许可（表4-25）。

表4-25　7家乳品加工企业生产情况

| 名称 | 企业性质 | 主要产品 |
|---|---|---|
| 江西美庐乳业有限公司 | 民营企业 | 奶粉、婴幼儿奶粉 |
| 江西于都屏山牧场奶业有限公司 | 民营企业 | 液态奶 |
| 萍乡大富乳业有限公司 | 股份制企业 | 液态奶 |
| 江西阳光乳业有限公司 | 股份制企业 | 液态奶、奶粉 |
| 江西牛牛乳业有限公司 | 民营企业 | 液态奶、学生奶 |
| 江西金薄金生态科技有限公司 | 股份制企业 | 液态奶、奶粉、婴幼儿奶粉 |
| 江西雄鹰乳业有限公司 | 股份制企业 | 奶粉、婴幼儿奶粉 |

全省2017年运行使用的奶站有5家，分别是阳光乳业中心站、南湖农场奶站、于都高山青草奶业公司黄沙收奶站、江西牛牛乳业有限公司兴桥奶牛基地奶站和阳光东乡红星乳业有限公司。

【奶农组织】根据省委办公厅、省政府办公厅印发的《江西省行业协会商会与行政机关脱钩实施方案的通知》（赣办字〔2016〕94号）要求，以及《中共江

西省农业厅委员会办公室关于开展领导干部和公务员在行业协会商会兼任职务清理工作的通知》（赣农党办字〔2017〕2号）的文件精神，江西省奶业协会于2017年4月21日已注销。

**【质量监管】**2017年1月24日，为进一步规范全省婴幼儿配方乳粉标签标识，加强对婴幼儿配方乳粉和相关食品生产经营者的监督管理，根据《食品药品监管总局办公厅关于开展婴幼儿配方乳粉标签标识规范和监督检查工作的通知》（食药监办食监一〔2016〕168号）要求，江西省食品药品监督管理局制定了《江西省婴幼儿配方乳粉标签标识规范和监督检查工作方案》。强调了婴幼儿配方乳粉标签标识规范和监督检查，加大日常的检查力度，确保了奶制品安全。

（江西省畜牧技术推广站，宁财）

# 山东省

山东是农区奶业大省，2017 年全省奶业发展稳中有进，奶牛存栏量、牛奶产量位居全国前列，同时也是液态奶生产加工和乳品消费大省。山东奶业结构调整深化、整体素质提升、质量水平稳定向好，处于产业转型升级加速期。据行业统计，2017 年全省奶牛存栏 93.1 万头，同比增长 6%；奶类总产 290.3 万 t，其中牛奶产量 266.25 万 t，同比下降 0.8%。

【奶畜养殖】山东省奶牛养殖呈现以下四个方面特点：一是养殖规模、设施化水平进一步提高。为适应奶业生产形势，散户和一部分现代化生产意识落后的养殖场逐渐被市场淘汰，造成全省养殖场（户）减少，但奶牛养殖总量增多，规模化水平提升。全省奶牛养殖场(户）总数 1.1 万户，同比下降 45%；其中存栏 50 头以下的养殖场（户）0.9 万户，同比下降 48%；存栏 50 头以上规模场（区）存栏占比 88%，同比增长 4 个百分点。规模养殖比重达到 78%，高于全国 20 多个百分点。机械化挤奶、电子计量、温控系统、管理信息化和自动饲喂等设施化得到普及应用。

二是管理规范、生产水平稳步提升。通过牛群结构调整，实现犊牛、青年牛、泌乳牛、干奶牛的分群管理，分阶段饲养，全株玉米青贮、苜蓿等优质粗饲料广泛应用，采取 TMR 饲喂，积极参加 DHI 测定等增产技术的推广应用，全省奶牛平均单产 7t 以上，同比增长 4.5%。全省万头牧场单产达到 10t 以上。生鲜乳的乳蛋白达到 3.4%、乳脂肪含量 3.9%、体细胞数 30.3 万个 /mL，细菌数不足 10 万 /mL，远远低于 200 万 /mL 的国标。

三是科技创新不断增强。山东省奶牛养殖行业科技贡献率达到 80% 以上，依托科研院所和技术推广单位，奶牛投入品测试分析、科学的饲养管理、疫病防控能力、奶牛信息化养殖技术能力得到保障。在山东省的国家现代奶业产业技术体系岗位的科学家数量达 4 人，建立了省级现代牛产业技术体系，形成奶牛产业人才技术队伍。全省建设了 DHI 测定实验室 3 个，年测定能力达到 20 多万头，DHI 测定的规范化程度、数据质量、服务效果明显提高。建设种公牛站 3 个，建立了种子母牛群，实现了种公牛优秀种质的自主培育。2017 年山东省进口各类合格改良种用牛 6 696 头。

四是生态高效、环境友好方向转变。山东省以习近平新时代中国特色社会主义思想为指导，牢固树立、努力践行绿水青山就是金山银山的理念，坚持质量第一、绿色发展、效益优先，积极培育畜禽养殖粪污资源化利用新动能，根据环境承载能力，合理确定奶牛养殖规模，配套建设饲草料种植基地，不断加大粪污处理设施标准化改造，配套建设储粪场和储污池，实现雨污分离、固液分离，促进粪污还田利用。加快形成植物生产、动物转化、微生物还原的生态循环系统，构建绿色导向、农牧结合、生态循环的现代畜牧业可持续发展新机制。

2017 年以来，受科技、政策等作用，山东省奶业素质不断提升、结构不断优化，产业整体向好态势明显，奶业发展取得了长足进步，奶业振兴已具有坚实的基础。总体来看，山东省奶业总体呈现出高位调整，效益向好；产能恢复，品质向优的良好态势，经济发展新动能逐渐积聚。山东省生鲜乳价格自 2017 年元旦后持续上涨，在 3.50 元 /kg 的平衡线上下震荡，1 月底达到阶段高位，为 3.52 元 /kg；2 月受春节节后代偿作用影响，奶价回落，2 月底达到阶段低位，为 3.48 元 /kg；3 月奶价回升，3 月底达到阶段高位，为 3.52 元 /kg；进入 4 月后，因产奶高峰和消费低谷相重合，奶价出现持续 3 个月的回落，至 6 月底达到年内最低点，为 3.37 元 /kg；随后奶价出现缓慢上行，在震荡中逐步探高，截至 12 月底，达到年内最高点，为 3.61 元 /kg。生鲜乳价格居高企稳，走势呈现温和抬升态势（图 4–10）。

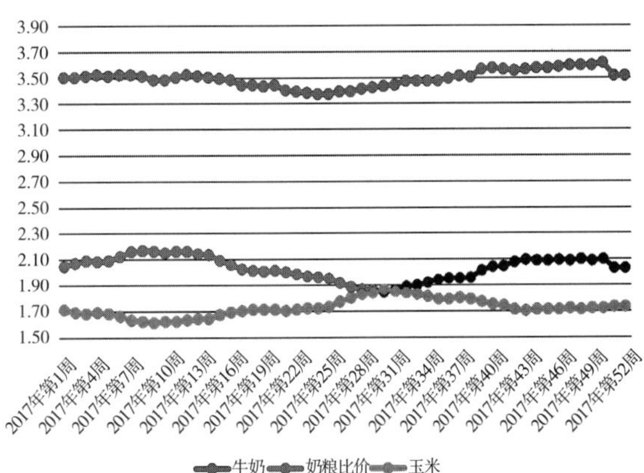


图 4–10　2017 年山东省生鲜乳收购价格和奶牛效益监测变化走势图

【乳品加工】2017 年年底统计全国有乳制品加工企业 611 家，山东省 59 家，排名全国第一位，佳宝乳业、得益乳业、亚奥特乳业等本土企业发展迅速，影响力不断扩大。2017 年全省乳制品产量 251.1 万 t，同比增长 19.9%，其中液态奶产量 243.3 万 t，占 96.9%，奶粉 5.6 万 t，占 2.2%。乳制品进口 108 029t，液态奶 37 771t，占 35%；干乳制品 70 257t，占 65%。

全省乳品业生产发展趋势：一是乳品企业现代化程度大大提高，逐渐同国际接轨。山东省全国性乳企和地方乳企生产加工逐渐朝向设施设备现代化、质量品控现代化、品牌知名度提高、营销物流现代化的方向发展，促使山东省乳业品牌走出国门，实现国际化发展。二是全国性乳企和区域性乳企将长期共存、协调发展。根据山东省乳制品行业的发展现状和行业发展趋势，以常温奶为主导产品的全国性乳企和以低温奶为主导产品的区域性乳企将长期共存、协调发展。如伊利、蒙牛等主打常温奶品牌，通过十余年的快速发展，竞争优势较为突出。而区域性得益、大地等乳企则深耕优势区域市场，以低温奶产品为主，通过产品差异化创新，建立相对独立和封闭的销售网络，确定了区域性市场的龙头地位。三是乳制品产品种类比较齐全，巴氏杀菌乳将成为未来液态乳市场的发展趋势。目前，市场上巴氏杀菌乳、超高温灭菌乳、酸乳、乳粉、干酪、奶油、炼乳等产品种类齐全，消费者选择空间大。近些年，国内消费者对乳制品特别是巴氏杀菌乳的相关认识不断提高，乳企对巴氏杀菌乳全程低温冷链运输、保存能力提升，供应链及生产管理提出了较高要求，巴氏杀菌乳占液态奶市场份额逐渐加大，“好牛奶就在你身边”将逐步实现。

**【市场消费】**山东省市场消费有3个特点。一是乳制品消费数量逐渐增加。随着居民收入的增加，膳食结构调整，乳制品消费逐渐增加。2017年，液态奶消费者比例进一步提升，达到78%。2017年全省人均奶类占有量30.3kg，城镇居民人均乳制品消费量约34.5kg，比2000年增长一倍；农村居民人均乳制品消费量约为11.5kg，比2000年增长10倍多。

二是消费者对乳制品营养、品牌意识增强。目前，山东省80%以上居民对乳制品及常温奶消费还是选择大品牌，从营养角度考虑消费鲜奶的还是偏重当地知名度高的乳企，酸奶消费比例也在提高。据调查，全省商场、超市出售的巴氏杀菌乳平均价格14元/kg左右，超高温灭菌乳平均价12元/kg左右，酸奶平均价15元/kg左右。

三是做好宣传引导工作，增强国产奶消费信心。据新闻报道山东省二胎新生儿出生比例创全国新高，为倡导居民积极饮用国产奶，宣传国产奶，山东省通过网络、电视、广播等媒体进行讲座和举办“亲子游”“好牛奶就在你身边”等活动，普及国产乳品营养和安全知识，积极开展旅游观光牧场推介10个，展示现代化奶牛养殖模式、增强牛奶制作流程认知，让居民摒弃传统养殖的“脏、乱、差”思想意识，正确认识现代牧业生产方式，不断提振国产奶消费信心。

**【奶源基地】**一是基地规模逐步提高。2017年全省存栏奶牛200~499头的牧场有303个，奶牛存栏10.6万头，占总存栏11.4%；500~999头的牧场有216个，奶牛存栏15.1万头，占总存栏的16.2%；存栏1 000头以上规模场95个，存栏32.5万头，占总存栏的4.9%。

二是基地生鲜乳质量得到有效控制。全省的奶源基地机械化挤奶率达到100%，严格按照操作规程生产，挤奶机挤奶前后整机管道、奶杯等清洗冲刷，前三下奶弃掉，前药浴、后药浴操作逐渐规范，生鲜乳直接进入制冷罐降温到4℃，原奶细菌数降低；开展DHI测定牧场200多个，测定泌乳牛超过10.8万头，为生鲜乳质量安全把好“第一关”。TMR使用率达到80%以上，奶源基地产业分工进一步细化，职业经理人、专业化技术服务进一步发展，出现了外包式技术服务、专业化青贮收割加工、专门化粪污处理等新业态，人工授精技术服务向选种、选配延伸，各环节做到精准管理、精准饲喂、精准生产，责任落实到位，质量安全得到保障。

三是饲草料补贴降低粗饲料成本。2017年，山东省落实省以上财政资金2.8亿元，扶持39个试点县整县制推进，以及56个县确定重点规模养殖企业开展粮改饲试点，已累计完成项目收贮量384.6万t，完成粮改饲试点面积9.39万$hm^2$；引导带动全省发展粮改饲试点面积17.33万$hm^2$以上，占全省玉米种植面积约5.4%以上，通过补贴带动奶源基地生产优质的全株青贮玉米的生产，投入品更加优质，每亩均增收约300元，带动全省奶牛养殖户、种殖户增收近10亿元。

**【奶农组织】**一是分散经营，奶农处于弱势地位。山东省奶业发展过程中分散经营仍是主要经营模式，奶农在产业化中处于弱势地位，奶农和企业之间的交易存在着严重的地位不平等。在奶价的制定上，乳企根据市场需求调整收购价格，2017年正常平均收购价3.5元/kg，超过供应量的按照1.5元/kg处理。生鲜乳是特殊的初级农产品，存放需要低温，保鲜时间短，奶农只能按照企业定价销售，没有话语权。

二是建立机制，引导合作生产。山东省为做好奶农合作组织规范发展，按照合作社生产经营规范，建立制度和章程，在提高奶农组织化程度，提高奶业的产业化经营水平、优化和调整农业产业结构，增强奶业竞争力，促进奶农增收等方面发挥了重要作用。目前全省发展规范的奶农合作组织20多个。

三是通过技术培训，增强合作能力。通过联合，使奶业技术指导服务与养殖生产结合更加紧密，还可以通过合作经济组织获得各种市场信息，提高生产经营市场化意识，2017年省畜牧协会、省奶业协会组织各类奶业相关的技术培训班10多期，累计培训技术员3 000余人次。同时科研单位、大专院校和奶牛产业技术服务团队，在省内举办奶业专题讲座20多场次，促进了单位间和奶农间的交流合作。山东农科院奶牛中心同澳亚集团建立了技术共享的育种合作联盟。

**【政策法规】**一是做好畜禽粪污处理利用。省政府制定加快推进畜禽粪污资源化利用实施方案，进一步明确总体要求、工作目标、重点任务等。积极争取粪污资源化项目，商河、齐河等10县获得国家资金支持；推广畜禽粪污资源化利用10种典型模式、61个典型企业。2017年年底，全省畜禽粪便、污水处理利用率分别达到87.3%、67.9%，设施配建率达91.5%。

二是稳步扩大粮改饲试点。组织召开全省粮改饲现场观摩培训会，培训人员140余人。积极推进整县制粮改饲试点，全省累计完成项目青贮面积140.8万亩、收贮量384.6万t，超额完成中央下达的任务，带动全省青贮17.3万$hm^2$、750万t，占全省玉米种植面积约5.4%。积极开展高产优质苜蓿示范项目建设，全省苜蓿种植已发展到4 333$hm^2$。

三是积极开展示范创建。国家级畜禽养殖标准化示范场已发展到443个、省级示范场1 949个；国家级畜牧业绿色发展示范县4个、省级16个；畜牧旅游示范区146个。

**【质量监管】**一是做好生鲜乳价格宏观调控。按季度组织乳品企业、奶牛养殖场代表，大专院校专家对奶牛养殖千克奶饲料成本进行核算，会同省物价、工商等部门进行发布生鲜乳交易参考价格，强化市场运行宏观引导。

二是加强生鲜乳收购站、运输车监管。2017 年实施生鲜乳质量安全监督抽检，开展部级和省级抽检 2 120 批次，覆盖全省 17 地市，生鲜乳质量安全水平稳步提高；规范生鲜乳收购运输管理，目前全省 523 个生鲜乳收购站和 496 辆生鲜乳运输车全部实现在线发证，实现生鲜乳收购运输监管监测信息一体化管理。生鲜乳质量合格率在 99.8% 以上，乳品质量合格率在 99.5% 以上，乳品质量抽检合格率处于历史最高水平。

三是加强生鲜乳质量安全专项整治行动。在全省范围对奶畜养殖、生鲜乳收购站、运输车三个重点环节监管，重点是生鲜乳生产收购记录和进货查验及各地畜牧部门日常监督检查所留的“痕迹”；严厉打击非法收购运输和非法添加等违法行为。2017 年全省共出动执法人员 5 000 人次。

**【奶业大事】**4 月 8~10 日，山东省畜牧总站在阳信县成功举办了山东省种养结合循环发展新型农民培训班，唐建俊局长出席了开幕式并发表重要讲话，中国肉牛协会许尚忠会长等业内知名专家授课，170 多名肉牛养殖场户的技术人员参加培训。

4 月 12 日，全国畜牧总站 DHI 标准物制备中心李丽丽博士和白文娟女士莅临山东省奶牛 DHI 中心检查指导标准物质使用和仪器稳定性校验工作。山东省畜牧总站刘展生副站长和柴士名主任陪同。

4 月 18~19 日，在山东省德州市召开“第三届山东省粗饲料大会”，山东省奶业协会会长张志民、山东省畜牧总站副站长翟桂玉、德州市畜牧兽医局副局长李挺、科奈尔中国副总经理张虹分别致辞，与会代表 200 多人次。

5 月 7~11 日，山东省奶业协会组织人员在以色列进行了为期五天的奶业考察。期间，先后参观考察了家庭牧场，合作社牧场、饲料配送中心和阿菲金公司，听取了有关专家的情况介绍，并进行了深入广泛的交流。

5 月 13~14 日，2017 新型农民培训项目——全省奶牛饲养关键技术培训班在泰安市成功召开。畜牧科技处李流航处长、省畜牧总站曲绪仙站长、山东农业大学王中华老师、泰安市畜牧兽医局鹿道新局长出席，来自全省各地 170 多名学员参加了培训。

5 月 18 日，农业部副部长于康震在青岛市调研畜牧业绿色发展和现代畜牧业建设工作。山东省委农村工作领导小组副组长王军民、山东省委办公厅副主任陈保亚、山东省农业厅厅长王金宝、山东省畜牧兽医局局长唐建俊及青岛市有关领导陪同调研。

7 月 13~15 日，由中国农业科学院北京畜牧兽医研究所主办，山东省畜牧总站、山东省畜牧协会奶业分会协办的 2017 年国际奶牛新技术大会暨粮改饲项目、奶牛提质增效技术集成模式研究与示范项目大会在泰安召开，全国畜牧技术推广单位、奶牛养殖企业和饲料企业的技术骨干 500 余人到会。

10 月 12~13 日，“山东省第二届（2017）现代奶业大会”在德州市隆重召开。本次大会由山东省畜牧协会主办，山东省畜牧总站、山东省农业科学院奶牛研究中心、山东省德州市畜牧兽医局协办，大会以“科技创新、产业融合、绿色高效”为主题。中国奶业协会副秘书长刘琳、山东省畜牧兽医局副局长戴文超、山东省畜牧协会奶业分会会长王中华等领导嘉宾出席开幕式并讲话；来自全省各地畜牧（奶业）行政主管部门、科研院所的专家及奶牛养殖、乳品加工、牧场机械、环保设备等企业、媒体代表 400 余人参加大会。

11 月 8 日，由山东、天津、辽宁、河北、河南五家奶业协会主办，山东省奶业协会承办，山东畜牧兽医职业学院、山东合力牧业协办的首届中国奶吧发展论坛在潍坊开幕。山东畜牧兽医职业学院党委副书记、院长李学太出席并致辞，他指出鲜奶吧是随着社会消费水平提高应运而生的新生事物，对满足人民群众美好生活的需求，改善膳食结构，发挥了积极作用。

（山东省畜牧总站，柴士名；山东省畜牧兽医局，钟妍妍）

### 附表 1 山东省规模奶畜养殖场（小区）调查表

| 序号 | 养殖场（区）名称 | 养殖场 | 小区 | 全群存栏（头） | 成母畜存栏（头） | 奶畜品种 | 成母畜单产（t/年） | 年总产（t） | 是否参加 DHI | 是否应用 TMR |
|---|---|---|---|---|---|---|---|---|---|---|
| 1 | 惠民县黄河四星奶牛饲养专业合作社 | √ | | 361 | 183 | 荷斯坦 | 6.7 | 1 230 | | √ |
| 2 | 惠民鹏启农牧有限公司 | √ | | 260 | 160 | 荷斯坦 | 6.9 | 1 100 | | |
| 3 | 沾化贵富乳品有限公司 | √ | | 807 | 460 | 荷斯坦 | 9.57 | 3 500 | √ | √ |
| 4 | 邹平县金科养殖有限公司 | √ | √ | 240 | 105 | 荷斯坦 | 8 | 900 | | √ |
| 5 | 邹平县九户镇夏天牧场 | √ | √ | 160 | 70 | 荷斯坦 | 8.5 | 600 | | √ |
| 6 | 振华奶牛养殖合作社 | | | 300 | 200 | 荷斯坦 | 8 | 1 600 | | √ |
| 7 | 永盛奶牛养殖场 | | | 120 | 90 | 荷斯坦 | 8 | 720 | | √ |
| 8 | 建东奶牛养殖场 | √ | | 103 | 65 | 荷斯坦 | 9 | | | √ |
| 9 | 山东长丰农牧实业有限公司 | √ | | 120 | 80 | 荷斯坦 | 6 | 18 | | √ |
| 10 | 九户镇大郑牧场 | √ | | 115 | 60 | 荷斯坦 | 6 | 500 | | |
| 11 | 邹平县孙镇旭日奶牛养殖厂 | √ | | 422 | 333 | 荷斯坦 | 6.5 | 1 500 | √ | √ |
| 12 | 锦程牧业有限公司 | √ | | 420 | 320 | 荷斯坦 | 9 | 2 700 | √ | √ |
| 13 | 轩杰奶牛场 | √ | | 123 | 60 | 荷斯坦 | 7 | 300 | | √ |
| 14 | 无棣国风奶业有限公司 | √ | | 515 | 500 | 荷斯坦 | 9 | 5 110 | | √ |
| 15 | 滨州市滨城区光景奶牛专业合作社 | √ | | 866 | 507 | 荷斯坦 | 11 | 4 500 | √ | √ |
| 16 | 豪泰养殖有限公司 | √ | | 100 | 60 | 德系西门塔尔 | 10 | 300 | √ | √ |
| 17 | 滨州市滨城区绿源奶牛养殖场 | √ | | 110 | 50 | 荷斯坦 | 7 | 400 | | √ |
| 18 | 秦升 | √ | | 134 | 65 | 荷斯坦 | 4.5 | 70 | | |
| 19 | 滨城区广丰牧业有限公司 | √ | | 750 | 400 | 荷斯坦 | 9 | 2 100 | √ | √ |
| 20 | 滨城区恒源奶牛场 | √ | | 500 | 150 | 荷斯坦 | 9 | 1 095 | √ | √ |
| 21 | 滨城区顺驰奶牛养殖专业合作社 | √ | | 850 | 500 | 荷斯坦 | 9 | 2 600 | √ | √ |
| 22 | 顺驰二场 | √ | | 420 | 270 | 荷斯坦 | 10 | 2 700 | √ | √ |
| 23 | 泰兴奶牛养殖场 | √ | | 120 | 70 | 荷斯坦和德系西门塔尔 | 7 | 470 | | √ |
| 24 | 滨州市滨城区薛家奶牛专业合作社 | √ | | 1 102 | 664 | 荷斯坦 | 8.4 | 4 300 | √ | √ |
| 25 | 旺达奶牛专业合作社 | | √ | 600 | 300 | 荷斯坦和德系西门塔尔 | 8 | 2 400 | √ | √ |
| 26 | 晟茂奶牛养殖专业合作社 | | √ | 400 | 360 | 荷斯坦 | 8 | 1 800 | | √ |
| 27 | 鲁冠牧业 | √ | | 550 | 204 | 荷斯坦 | 10.16 | 3 231.58 | √ | √ |
| 28 | 醇源牧场有限公司 | √ | | 14 825 | 6 861 | 荷斯坦 | 9 | 60 050 | | √ |
| 29 | 齐河县旺源奶牛养殖专业合作社 | | √ | 480 | 240 | 荷斯坦 | 9 | 2 160 | | √ |
| 30 | 众鑫源奶牛养殖专业合作社 | | √ | 310 | 100 | 荷斯坦 | 9.6 | 960 | | √ |
| 31 | 明军奶牛牧场 | √ | | 460 | 200 | 荷斯坦和德系西门塔尔 | 8 | 1 800 | √ | √ |
| 32 | 齐河县祥林奶牛养殖场 | √ | | 392 | 225 | 德系西门塔尔、荷斯坦 | 7.5 | 830 | | √ |
| 33 | 德州市维多利亚农牧有限公司 | √ | | 15 000 | 7 800 | 荷斯坦 | 10 | 55 000 | √ | √ |
| 34 | 禹城市梁家镇和顺祥养殖专业合作社 | √ | | 492 | 360 | 荷斯坦 | 9 | 4 000 | | √ |
| 35 | 禹城市瑞丰养殖家庭农场 | √ | | 220 | 170 | 荷斯坦 | 6 | 800 | | √ |
| 36 | 禹城市裕森奶牛养殖专业合作社 | √ | | 300 | 200 | 荷斯坦 | 5 | 1 080 | | √ |
| 37 | 禹城市房寺镇顺发奶牛养殖专业合作社 | √ | | 320 | 200 | 荷斯坦 | 5 | 1 080 | | √ |
| 38 | 禹城市亿陆发奶牛养殖专业合作社 | | √ | 460 | 300 | 荷斯坦 | 8 | 2 200 | | √ |
| 39 | 禹城市息森奶牛养殖专业合作社 | √ | | 475 | 310 | 荷斯坦 | 9 | 3 000 | | √ |
| 40 | 平原县盛源奶牛养殖专业合作社 | √ | | 560 | 390 | 荷斯坦 | 5.8 | 2 260 | √ | √ |
| 41 | 平原县鑫隆源奶牛养殖牧场 | √ | | 430 | 280 | 荷斯坦 | 5.9 | 1 650 | √ | √ |
| 42 | 平原县旺祥奶牛养殖专业合作社 | √ | | 1 150 | 720 | 荷斯坦 | 6.2 | 4 460 | √ | √ |
| 43 | 临邑县李杰奶牛场 | √ | | 168 | 108 | 荷斯坦 | 6.6 | 150 | | √ |

（续）

| 序号 | 养殖场（区）名称 | 养殖场 | 小区 | 全群存栏（头） | 成母畜存栏（头） | 奶畜品种 | 成母畜单产（t/年） | 年总产（t） | 是否参加DHI | 是否应用TMR |
|---|---|---|---|---|---|---|---|---|---|---|
| 44 | 临邑县临盘小马家奶牛场 | √ | | 320 | 160 | 荷斯坦 | 8.4 | 1 200 | √ | √ |
| 45 | 临邑县新澳奶牛养殖专业合作社 | √ | | 138 | 66 | 荷斯坦 | 6.5 | 430 | √ | |
| 46 | 临邑县德牧奶牛场 | √ | | 450 | 300 | 荷斯坦 | 8.5 | 1 275 | | √ |
| 47 | 临邑金元奶业有限公司 | √ | | 400 | 260 | 荷斯坦 | 8.5 | 1 300 | | √ |
| 48 | 临邑县临盘少丽奶牛场 | √ | | 310 | 150 | 荷斯坦 | 7.5 | 956 | √ | √ |
| 49 | 临邑孟寺镇小解奶牛场 | √ | | 420 | 301 | 荷斯坦 | 6.5 | 1 472 | | √ |
| 50 | 临邑县绿康奶牛养殖场 | √ | | 550 | 352 | 荷斯坦 | 9 | 2 560 | | √ |
| 51 | 德州光明生态示范奶牛养殖有限公司 | √ | | 2 805 | 1 490 | 荷斯坦 | 11 | 15 500 | √ | √ |
| 52 | 陵县康深牧业有限公司 | √ | | 859 | 490 | 荷斯坦 | 11.5 | 4 600 | √ | √ |
| 53 | 德州市陵城区犇牛养殖场 | √ | | 690 | 400 | 荷斯坦 | 6 | 2 520 | | √ |
| 54 | 陵县众鑫养殖场 | √ | | 450 | 300 | 荷斯坦 | 6.5 | 2 100 | | √ |
| 55 | 德州市陵城区康益养殖场 | √ | | 198 | 130 | 荷斯坦 | 6 | 360 | | √ |
| 56 | 德牛奶牛合作社 | | √ | 420 | 310 | 荷斯坦和德系西门塔尔 | 7 | 720 | | |
| 57 | 武城县锦兰奶牛养殖专业合作社 | √ | | 760 | 680 | 荷斯坦 | 7 | 5 000 | √ | √ |
| 58 | 武城县鹏宇家庭农场 | √ | | 115 | 50 | 荷斯坦 | 6.5 | 300 | | √ |
| 59 | 武城县洪源奶牛养殖专业合作社 | √ | | 360 | 240 | 荷斯坦 | 9 | 2 500 | | √ |
| 60 | 宁津县佳宁奶牛养殖专业合作社 | √ | | 608 | 298 | 荷斯坦 | 9 | 2 500 | | √ |
| 61 | 龙祥奶牛养殖专业合作社 | √ | | 1 500 | 1 500 | 荷斯坦 | 9.5 | 7 000 | √ | √ |
| 62 | 乐陵市阳光奶牛养殖专业合作社 | √ | | 1 000 | 600 | 荷斯坦 | 7 | 1 500 | | √ |
| 63 | 嘉立荷（山东）牧业有限公司 | √ | | 10 152 | 4 711 | 荷斯坦 | 5.8 | 25 611.42 | √ | √ |
| 64 | 乐农奶牛场 | √ | | 718 | 328 | 荷斯坦 | 7.2 | 1 800 | √ | √ |
| 65 | 乐陵市金亿奶牛养殖专业合作社 | √ | | 2 000 | 1 500 | 荷斯坦 | 8.5 | 10 000 | √ | √ |
| 66 | 乐陵市旺源奶牛场 | √ | | 390 | 170 | 荷斯坦 | 7 | 910 | | √ |
| 67 | 东营市阳光庄园牧业有限责任公司 | √ | | 1 140 | 420 | 荷斯坦 | 10 | 3 600 | √ | √ |
| 68 | 东营区龙居牧然奶牛养殖场 | √ | | 210 | 120 | 荷斯坦 | 8.3 | 800 | | √ |
| 69 | 山东宏润农业科技发展有限公司 | √ | | 460 | 416 | 荷斯坦 | 8 | 1 200 | | √ |
| 70 | 东营区天源奶牛养殖场 | √ | | 430 | 190 | 荷斯坦 | 7.5 | 1 425 | | √ |
| 71 | 东营仙河澳亚现代牧场有限公司 | √ | | 12 871 | 6 296 | 荷斯坦 | 12.877 | 79 072.14 | √ | √ |
| 72 | 东营神州澳亚现代牧场有限公司 | √ | | 13 461 | 6 266 | 荷斯坦 | 12.884 | 81 251.75 | √ | √ |
| 73 | 东营神州澳亚现代牧场有限公司新户分公司 | √ | | 11 675 | 6 540 | 荷斯坦 | 12.815 | 82 593.16 | √ | √ |
| 74 | 东营福庆永牧业有限公司 | √ | | 360 | 160 | 荷斯坦 | 10.95 | 1 800 | √ | √ |
| 75 | 东营市河口区建智牧业有限公司 | √ | | 232 | 131 | 荷斯坦 | 9.39 | 1 095 | | √ |
| 76 | 东营市金海岸农业开发有限公司 | √ | | 450 | 210 | 荷斯坦 | 8.2 | 1 722 | √ | √ |
| 77 | 东营市丰和农牧有限公司 | √ | | 600 | 220 | 荷斯坦 | 8.5 | 1 870 | √ | √ |
| 78 | 垦利区东旭牧业有限公司 | √ | | 450 | 120 | 荷斯坦 | 8.2 | 984 | | √ |
| 79 | 垦利区兴发奶牛养殖场 | √ | | 500 | 260 | 荷斯坦 | 8.1 | 2 106 | | √ |
| 80 | 垦利区牛圈奶牛养殖场 | √ | | 560 | 150 | 荷斯坦 | 8.1 | 1 215 | | √ |
| 81 | 垦利区东九奶牛养殖场 | √ | | 420 | 130 | 荷斯坦 | 8 | 1 040 | | √ |
| 82 | 垦利区新营奶牛养殖场 | √ | | 380 | 120 | 荷斯坦 | 8 | 960 | | √ |
| 83 | 垦利区金浩家庭农场 | √ | | 203 | 80 | 荷斯坦 | 8 | 640 | | √ |
| 84 | 广饶县大王镇恒信奶牛场 | √ | | 450 | 260 | 荷斯坦 | 8 | 2 000 | | √ |
| 85 | 广饶县大王镇张淡牧场 | √ | | 460 | 250 | 荷斯坦 | 6.5 | 1 600 | | √ |
| 86 | 广饶县大王镇盛泽奶牛场 | √ | | 300 | 120 | 荷斯坦 | 7 | 840 | | √ |
| 87 | 东营市柏拉蒙奶牛繁育有限公司 | √ | | 1 450 | 860 | 荷斯坦 | 9 | 6 570 | √ | √ |

（续）

| 序号 | 养殖场（区）名称 | 养殖场 | 小区 | 全群存栏（头） | 成母畜存栏（头） | 奶畜品种 | 成母畜单产（t/年） | 年总产（t） | 是否参加DHI | 是否应用TMR |
|---|---|---|---|---|---|---|---|---|---|---|
| 88 | 广饶县大王镇阳光奶牛场 | √ | | 480 | 360 | 荷斯坦 | 8 | 3 000 | √ | √ |
| 89 | 东营安和牧业有限公司 | √ | | 295 | 300 | 荷斯坦 | 8.6 | 3 000 | | √ |
| 90 | 东营澳亚现代牧场有限公司 | | | 7 948 | 5 933 | 荷斯坦 | 11 | 62 546 | √ | √ |
| 91 | 山东大地乳业有限公司 | √ | | 9 721 | 5 918 | 荷斯坦 / 娟姗 | 12 | 57 500 | √ | √ |
| 92 | 东营民和牧业有限公司 | √ | | 420 | 260 | 荷斯坦 | 11 | 2 860 | √ | √ |
| 93 | 菏泽市华英奶牛养殖专业合作社 | | √ | 320 | 200 | 荷斯坦 | 6 | 1 200 | √ | √ |
| 94 | 菏泽市永远牧业有限公司 | √ | | 270 | 170 | 荷斯坦 | 7 | 900 | | √ |
| 95 | 山东银香伟业集团有限公司第二牧场 | √ | | 9 987 | 3 890 | 荷斯坦 | 9.8 | 38 100 | √ | √ |
| 96 | 山东银香伟业集团有限公司第三牧场 | √ | | 10 822 | 4 240 | 荷斯坦 | 9.5 | 36 000 | √ | √ |
| 97 | 山东银香伟业集团有限公司赵楼牧场 | √ | | 3 516 | 1 800 | 荷斯坦 / 娟姗 | 9.2 | 15 000 | √ | √ |
| 98 | 曹县金牛养殖专业合作社 | √ | | 1 283 | 815 | 荷斯坦 | 8.4 | 4 700 | | √ |
| 99 | 曹县同庆奶牛养殖厂 | √ | | 918 | 580 | 荷斯坦 | 9 | 3 300 | √ | √ |
| 100 | 山东恒宇牧业发展有限公司 | √ | | 539 | 312 | 荷斯坦 | 9 | 3 000 | √ | √ |
| 101 | 曹县德岷牧业有限公司 | √ | | 900 | 500 | 荷斯坦 | 9 | 3 000 | √ | √ |
| 102 | 曹县旺旺养殖专业合作社 | √ | | 886 | 526 | 荷斯坦 | 7 | 2 600 | √ | √ |
| 103 | 曹县郑庄街道办事处佳和奶牛牧场 | | √ | 670 | 420 | 荷斯坦 | 7 | 1 600 | | √ |
| 104 | 山东莱河乳业有限公司奶牛养殖场 | | √ | 1 100 | 980 | 荷斯坦 | 5 | 2 250 | √ | √ |
| 105 | 郓城县晨新养殖专业合作社 | √ | | 520 | 280 | 荷斯坦 | 6.6 | 1 600 | | √ |
| 106 | 郓城县新鑫奶牛专业合作社 | √ | | 420 | 270 | 荷斯坦 | 6.1 | 1 640 | | √ |
| 107 | 郓城县润丰奶牛养殖场 | √ | | 320 | 150 | 荷斯坦 | 6.4 | 810 | | √ |
| 108 | 鄄城广春牧业有限公司 | √ | | 318 | 200 | 荷斯坦 | 7.5 | 1 500 | | √ |
| 109 | 山东广春牧业股份有限公司 | √ | | 1 218 | 860 | 荷斯坦 | 8.5 | 4 500 | | √ |
| 110 | 济南佳宝乳业有限公司第一牧场 | √ | | 2 195 | 1 100 | 荷斯坦 | 8 | 8 800 | √ | √ |
| 111 | 佳宝畜牧有限公司 | √ | | 2 109 | 1 076 | 荷斯坦 | 9 | 9 684 | √ | √ |
| 112 | 济南市长清区旺盛奶牛厂 | √ | | 350 | 200 | 荷斯坦 | 8 | 1 550 | √ | √ |
| 113 | 济南市长清区鲁源奶牛养殖专业合作社 | √ | | 630 | 450 | 荷斯坦 | 8 | 3 240 | √ | √ |
| 114 | 济南志诚奶牛养殖有限公司 | √ | | 465 | 220 | 荷斯坦 | 8 | 1 620 | | √ |
| 115 | 济南市长清区鲁伟奶牛场 | √ | | 275 | 126 | 荷斯坦 | 7.5 | 750 | √ | √ |
| 116 | 济南宏源畜牧养殖有限公司 | √ | | 266 | 131 | 荷斯坦 | 7.2 | 760 | | √ |
| 117 | 济南永义牧业有限公司（奶牛场） | √ | | 226 | 183 | 荷斯坦 | 8.5 | 700 | | √ |
| 118 | 济南市历城区达利源养殖场 | √ | | 339 | 281 | 荷斯坦 | 7.5 | 1 000 | | √ |
| 119 | 济南兴兴牧业有限公司（奶牛场） | | √ | 856 | 385 | 荷斯坦 | 9 | 1 620 | | |
| 120 | 济南市历城区润达奶牛养殖场 | √ | | 291 | 114 | 荷斯坦 | 9 | 1 000 | | √ |
| 121 | 商河县永胜奶牛专业合作社 | | √ | 470 | 320 | 荷斯坦 | 6 | 1 920 | | √ |
| 122 | 现代牧业（商河）有限公司 | √ | | 23 000 | 15 000 | 荷斯坦 | 11 | 130 000 | √ | √ |
| 123 | 济南三亩地生态农业有限公司 | √ | | 180 | 105 | 荷斯坦 | 8 | 480 | | √ |
| 124 | 章丘市永旺奶牛养殖基地 | √ | | 212 | 70 | 荷斯坦 | 6 | 400 | | √ |
| 125 | 高官寨浩岳奶牛场 | √ | | 135 | 46 | 西门塔尔<br>荷斯坦 | 0 | 0 | | √ |
| 126 | 章丘市中海牛场 | √ | | 350 | 450 | 荷斯坦 | 0 | 0 | | √ |
| 127 | 高官寨泉发奶牛场 | √ | | 233 | 170 | 荷斯坦 | 6 | 680 | | √ |
| 128 | 佰顺奶牛养殖基地 | √ | | 190 | 70 | 荷斯坦 | 8 | 500 | | √ |
| 129 | 济南黉塘岭丰顺农产品开发有限公司 | √ | | 230 | 130 | 荷斯坦 | 6.8 | 884 | | √ |
| 130 | 山东佳源农牧科技发展有限公司 | √ | | 485 | 283 | 荷斯坦 | 9 | 2 600 | √ | √ |
| 131 | 济南增益奶牛养殖有限公司 | √ | | 320 | 138 | 荷斯坦，蒙贝利亚 | 10.08 | 1 260 | √ | √ |

（续）

| 序号 | 养殖场（区）名称 | 养殖场 | 小区 | 全群存栏（头） | 成母畜存栏（头） | 奶畜品种 | 成母畜单产（t/年） | 年总产（t） | 是否参加 DHI | 是否应用 TMR |
|---|---|---|---|---|---|---|---|---|---|---|
| 132 | 平阴县顺兴奶牛饲养有限公司 | √ |  | 187 | 91 | 荷斯坦 | 7.5 | 682.5 |  | √ |
| 133 | 济南长明牧业有限公司 | √ |  | 500 | 177 | 荷斯坦 | 9.5 | 1 280 | √ | √ |
| 134 | 山东祁氏牧业有限公司 | √ |  | 300 | 200 | 荷斯坦 | 1.5 | 368 | √ | √ |
| 135 | 济阳县建华奶牛养殖专业合作社 | √ |  | 170 | 50 | 荷斯坦 | 7 | 35 | √ | √ |
| 136 | 济阳县回河益农养殖合作社 |  | √ | 420 | 336 | 荷斯坦 | 7 | 2 350 |  | √ |
| 137 | 济南鑫阳畜牧有限公司 | √ |  | 120 | 60 | 荷斯坦 | 0 | 0 |  |  |
| 138 | 济阳县顺天奶牛养殖专业合作社 |  | √ | 415 | 330 | 荷斯坦 | 7 | 2 300 |  | √ |
| 139 | 济南嘉诚畜牧养殖有限公司 | √ |  | 435 | 340 | 荷斯坦 | 8 | 2 700 | √ | √ |
| 140 | 遥墙农牧业（租赁润发奶牛养殖专业合作社） | √ |  | 820 | 400 | 荷斯坦 | 9.5 | 4 000 |  |  |
| 141 | 济阳县鸿祥奶牛养殖专业合作社 | √ |  | 278 | 140 | 荷斯坦 | 6.5 | 1 090 |  | √ |
| 142 | 济阳县西张奶牛小区 |  | √ | 180 | 110 | 荷斯坦 | 6 | 600 |  |  |
| 143 | 济阳县兴瑞奶牛养殖专业合作社 | √ |  | 300 | 265 | 荷斯坦 | 6.5 | 1 722 |  | √ |
| 144 | 济阳县蓝天奶牛养殖专业合作社 | √ |  | 465 | 251 | 荷斯坦 | 5.8 | 600 | √ | √ |
| 145 | 济阳县富元奶牛养殖专业合作社 | √ |  | 630 | 245 | 荷斯坦 | 8.5 | 1 800 | √ | √ |
| 146 | 济南望勤奶牛养殖专业合作社 | √ |  | 150 | 100 | 荷斯坦 | 3 | 300 |  | √ |
| 147 | 济阳县三利奶牛养殖专业合作社 | √ |  | 320 | 130 | 荷斯坦 | 7.3 | 950 |  | √ |
| 148 | 山东高速生物工程有限公司 | √ |  | 1 500 | 800 | 荷斯坦 | 10 | 8 400 | √ | √ |
| 149 | 济阳县天成奶牛养殖专业合作社 | √ |  | 175 | 114 | 荷斯坦 | 12.5 | 1 250 |  | √ |
| 150 | 济阳县云春奶牛养殖专业合作社 | √ |  | 186 | 105 | 荷斯坦 | 6.5 | 660 |  | √ |
| 151 | 济南春雨富田畜牧养殖有限公司 | √ |  | 254 | 114 | 荷斯坦 | 10 | 1 100 | √ | √ |
| 152 | 济阳县天援奶牛专业合作社 | √ |  | 154 | 70 | 荷斯坦 | 0 | / |  |  |
| 153 | 邹城市牧兴奶牛饲养专业合作社 | √ |  | 530 | 530 | 荷斯坦 | 8 | 1 500 | √ |  |
| 154 | 邹城市犇奔养殖有限责任公司 | √ |  | 180 | 90 | 荷斯坦 | 8.5 | 765 |  |  |
| 155 | 金乡县康华乳业有限公司 | √ |  | 650 | 420 | 荷斯坦 | 1.12 | 470 |  |  |
| 156 | 金乡县金鹰牧业有限公司 | √ |  | 430 | 270 | 荷斯坦 | 1.04 | 280.8 |  |  |
| 157 | 红山奶牛有限公司 | √ |  | 500 | 150 | 荷斯坦 | 7.5 | 1 125 |  | √ |
| 158 | 山东万祥牧业有限公司 | √ |  | 860 | 480 | 荷斯坦 | 4.2 | 1 260 |  | √ |
| 159 | 嘉祥县乳益鲜奶牛养殖专业合作社 | √ |  | 180 | 108 | 荷斯坦 | 3.9 | 273 |  | √ |
| 160 | 济宁幸福牧业有限公司 |  | √ | 420 | 300 | 荷斯坦 | 7.5 | 1 300 | √ | √ |
| 161 | 任城区吉洲奶牛场 | √ |  | 310 | 170 | 荷斯坦 | 7.5 | 800 |  | √ |
| 162 | 任城汇源养殖场 | √ |  | 680 | 530 | 荷斯坦 | 7.5 | 2 000 | √ | √ |
| 163 | 曲阜市大成奶牛场 | √ |  | 200 | 150 | 荷斯坦 | 8 | 300 |  | √ |
| 164 | 现代牧业（汶上）有限公司 | √ |  | 8 100 | 4 500 | 荷斯坦 | 9 | 3 390 | √ | √ |
| 165 | 汶上县汇鑫牧业有限公司 | √ |  | 700 | 500 |  | 8 | 350 | √ |  |
| 166 | 富民奶牛养殖有限公司 | √ |  | 607 | 305 | 中国荷斯坦 | 9.455 | 2 883.775 | √ | √ |
| 167 | 山东中汇奶牛养殖有限公司 | √ |  | 3 215 | 1 200 | 荷斯坦 | 9 | 9 900 | √ | √ |
| 168 | 山东省梁山县泉奶牛科技养殖有限公司 | √ |  | 478 | 202 | 奶牛 | 6.1 | 405 | √ |  |
| 169 | 山东绿健奶牛养殖有限公司 | √ |  | 326 | 280 | 荷斯坦 | 4.6 |  | √ | √ |
| 170 | 山东安山牧业有限公司 | √ |  | 1 000 | 500 | 荷斯坦 | 8.85 | 4 425 | √ | √ |
| 171 | 阳谷良种奶牛繁育有限公司 | √ |  | 460 | 235 | 荷斯坦 | 9 | 2 200 | √ | √ |
| 172 | 阳谷良种奶牛繁育有限公司 | √ |  | 670 | 388 | 荷斯坦 | 9 | 3 500 | √ | √ |
| 173 | 阳谷县博济桥办事处龙虎寨村胜利奶牛养殖场 | √ |  | 140 | 60 | 荷斯坦 | 6 | 360 |  | √ |
| 174 | 阳谷县勇新奶牛养殖厂 | √ |  | 257 | 100 | 荷斯坦<br>娟姗<br>德系西门塔尔 | 8.9 | 890 |  | √ |

（续）

| 序号 | 养殖场（区）名称 | 养殖场 | 小区 | 全群存栏（头） | 成母畜存栏（头） | 奶畜品种 | 成母畜单产（t/年） | 年总产（t） | 是否参加DHI | 是否应用TMR |
|---|---|---|---|---|---|---|---|---|---|---|
| 175 | 阳谷县兴隆奶牛养殖专业合作社 | √ | | 432 | 220 | 荷斯坦 | 8.4 | 1 645 | | √ |
| 176 | 鲁鑫养殖场 | √ | | 380 | 180 | 荷斯坦 | 6.6 | 1 188 | | √ |
| 177 | 宏祥奶牛场 | √ | | 320 | 200 | 荷斯坦 | 6 | 1 020 | | √ |
| 178 | 临清乳泰牧业有限公司 | √ | | 2 900 | 1 200 | 荷斯坦 | 11 | 13 200 | √ | √ |
| 179 | 聊城市东林牧业有限公司 | √ | | 1 597 | 861 | 荷斯坦 | 10 | 8 300 | √ | √ |
| 180 | 临清市天逸养殖有限公司 | √ | | 1 800 | 660 | 荷斯坦 | 9 | 6 000 | √ | √ |
| 181 | 聊城市高新区许营利亚奶牛养殖场 | √ | | 200 | 120 | 荷斯坦 | 7 | 600 | √ | |
| 182 | 冠县润强奶牛养殖专业合作社 | √ | | 550 | 240 | 荷斯坦 | 9 | 2 000 | √ | √ |
| 183 | 冠县鹏展奶牛养殖专业合作社 | √ | | 575 | 575 | 荷斯坦 | 9.5 | 1 620 | | √ |
| 184 | 冠县举德丰有限公司 | √ | | 800 | 600 | 荷斯坦 | 8 | 3 000 | √ | √ |
| 185 | 冠县兴润佳源奶牛养殖专业合作社 | √ | | 450 | 230 | 荷斯坦 | 10 | 2 300 | √ | √ |
| 186 | 冠县天源绿荷奶牛场 | √ | | 120 | 68 | 荷斯坦 | 6.8 | 504 | √ | √ |
| 187 | 冠县范寨康源奶牛养殖专业合作社 | √ | | 1 250 | 730 | 荷斯坦 | 8.3 | 4 550 | | √ |
| 188 | 冠县建利奶牛养殖专业合作社 | √ | | 220 | 156 | 荷斯坦 | 6 | 720 | | √ |
| 189 | 二运奶牛养殖有限公司 | √ | | 180 | 0 | 荷斯坦 | 7 | 1 000 | | √ |
| 190 | 冠县东方奶牛养殖合作社 | √ | | 450 | 250 | 荷斯坦 | 7 | 1 460 | | |
| 191 | 莒南县阜康奶牛场 | √ | | 520 | 360 | 荷斯坦 | 7.5 | 2 000 | √ | √ |
| 192 | 费县恒发奶牛场 | √ | | 720 | 361 | 荷斯坦 | 8.8 | 2 500 | √ | √ |
| 193 | 费县盛旺奶牛场 | | √ | 610 | 290 | 荷斯坦 | 8.8 | 2 500 | √ | √ |
| 194 | 临沂亿牛达奶业发展有限公司 | √ | | 470 | 270 | 荷斯坦<br>娟姗 | 6.5 | 1 600 | | √ |
| 195 | 临沂农丰畜牧发展有限公司 | √ | | 1 300 | 700 | 荷斯坦 | 8 | 3 726 | √ | √ |
| 196 | 临沂高新区富康奶牛养殖专业合作社 | | √ | 820 | 320 | 荷斯坦 | 8 | 2 500 | | √ |
| 197 | 河东区富源奶牛养殖场 | √ | | 859 | 568 | 荷斯坦 | 6.6 | 1 700 | √ | √ |
| 198 | 兰山区澳蒙奶牛养殖农民专业合作社 | | √ | 486 | 302 | 荷斯坦 | 7.2 | 2 220 | √ | √ |
| 199 | 临沂市兰山区彦春奶牛养殖农民专业合作社 | | √ | 2 670 | 1 200 | 荷斯坦 | 9 | 7 300 | | √ |
| 200 | 临沂尚氏牧业有限公司 | √ | | 350 | 162 | 荷斯坦 | 9 | 1 642 | √ | √ |
| 201 | 沂南县双泉奶牛养殖有限公司 | √ | | 530 | 450 | 荷斯坦 | 6.4 | 2 430 | | √ |
| 202 | 沂南县双泉奶牛养殖专业合作社 | | √ | 560 | 470 | 荷斯坦 | 6.4 | 2 540 | | √ |
| 203 | 沂南县蒙山奶牛养殖有限公司 | √ | | 520 | 400 | 荷斯坦 | 9 | 3 600 | | √ |
| 204 | 沂南县彩蒙奶牛养殖有限公司 | √ | | 745 | 455 | 荷斯坦 | 6.5 | 2 550 | √ | √ |
| 205 | 沂南县宜泉奶牛养殖有限公司 | √ | | 670 | 360 | 荷斯坦 | 7.3 | 2 660 | √ | √ |
| 206 | 沂南县鑫兴奶牛养殖专业合作社 | | √ | 710 | 360 | 荷斯坦 | 6.3 | 2 880 | | |
| 207 | 沂南县瑞沣奶牛养殖专业合作社 | √ | | 501 | 386 | 荷斯坦 | 6.75 | 1 260 | | √ |
| 208 | 沂南县天合奶牛养殖专业合作社 | | √ | 722 | 486 | 荷斯坦 | 6.76 | 2 117 | | |
| 209 | 沂水县鹏犇养殖场 | | √ | 580 | 300 | 荷斯坦 | 6.5 | 1 950 | | √ |
| 210 | 沂水县国亮奶牛养殖专业合作社 | | √ | 380 | 200 | 荷斯坦 | 6 | 1 200 | | √ |
| 211 | 新源奶牛场 | √ | | 396 | 285 | 荷斯坦 | 6 | 1 300 | √ | √ |
| 212 | 马站盛伊奶牛养殖场 | √ | | 380 | 278 | 荷斯坦 | 6.8 | 840 | | √ |
| 213 | 沂水县东盛奶牛专业合作社 | √ | | 305 | 305 | 荷斯坦 | 6 | 600 | | √ |
| 214 | 兴禹奶牛养殖专业合作社 | | √ | 480 | 360 | 荷斯坦 | 6.75 | 1 620 | | |
| 215 | 瑞禾奶牛场 | | √ | 361 | 120 | 荷斯坦 | 6.5 | 300 | | √ |
| 216 | 盛晏奶牛养殖专业合作社 | √ | | 425 | 300 | 荷斯坦 | 7 | 1 200 | | |
| 217 | 沂水县京援奶牛专业合作社 | √ | | 611 | 410 | 荷斯坦 | 6 | 1 400 | √ | √ |
| 218 | 临沭县恒大牧业服务有限公司 | √ | | 695 | 450 | 荷斯坦 | 8 | 3 600 | √ | √ |

（续）

| 序号 | 养殖场（区）名称 | 养殖场 | 小区 | 全群存栏（头） | 成母畜存栏（头） | 奶畜品种 | 成母畜单产（t/年） | 年总产（t） | 是否参加DHI | 是否应用TMR |
|---|---|---|---|---|---|---|---|---|---|---|
| 219 | 临沭县齐力奶牛养殖场 | | √ | 1 054 | 550 | 荷斯坦 | 6 | 3 300 | √ | √ |
| 220 | 临沭县利源奶牛场 | | √ | 516 | 360 | 荷斯坦 | 6 | 2 160 | √ | √ |
| 221 | 临沭县前庄奶牛养殖专业合作社石门镇前门街 | | √ | 560 | 360 | 荷斯坦 | 6.7 | 1 100 | √ | √ |
| 222 | 临沭县翔源奶牛场 | √ | | 920 | 600 | 荷斯坦 | 8 | 4 800 | √ | √ |
| 223 | 罗庄区茂源养殖专业合作社 | √ | | 680 | 380 | 荷斯坦 | 8 | 2 560 | | √ |
| 224 | 罗庄区玉龙奶牛养殖专业合作社 | √ | | 240 | 190 | 荷斯坦 | 6.8 | 940 | | |
| 225 | 临沂市高都奶牛养殖基地 | √ | | 750 | 410 | 荷斯坦 | 8.5 | 2 000 | √ | √ |
| 226 | 益善房养殖有限公司 | | √ | 700 | 500 | 荷斯坦 | 6.3 | 60 | | √ |
| 227 | 罗庄区兆营养殖合作社 | √ | | 750 | 320 | 荷斯坦 | 6.6 | 2 112 | | √ |
| 228 | 罗庄区亿牛养殖专业合作社 | √ | | 1 000 | 400 | 荷斯坦 | 8 | 3 200 | | √ |
| 229 | 新星牧业 | √ | | 240 | 180 | 荷斯坦 | 7.5 | 1 000 | √ | √ |
| 230 | 兰陵县锦帅奶牛养殖场 | √ | | 800 | 580 | 荷斯坦 | 7 | 1 700 | | √ |
| 231 | 兰陵县汶河奶牛养殖专业合作社 | | √ | 1 032 | 683 | 西门塔尔 | 8.5 | 2 372 | √ | √ |
| 232 | 临沂诸干牧业有限责任公司 | √ | | 4 919 | 2 672 | 荷斯坦 | 10.94 | 29 231.68 | √ | √ |
| 233 | 泰安市泰山区松松家庭农场 | √ | | 320 | 180 | 荷斯坦 | 7.5 | 570 | | √ |
| 234 | 山东省亚奥特乳业有限公司奥特良种奶牛场 | √ | | 400 | 232 | 荷斯坦 | 9 | 990 | | √ |
| 235 | 山东亚奥特乳业有限公司良种奶牛场 | √ | | 325 | 210 | 荷斯坦 | 7.5 | 1 500 | | √ |
| 236 | 泰安市祥顺牧业有限公司 | √ | | 520 | 324 | 荷斯坦 | 7.4 | 1 260 | | √ |
| 237 | 泰安市玉香奶业有限公司 | √ | | 386 | 245 | 荷斯坦 | 7 | 546 | √ | √ |
| 238 | 泰安市福运泉奶牛养殖专业合作社 | √ | | 180 | 100 | 荷斯坦 | 7.3 | 900 | | √ |
| 239 | 泰安市岱岳区同和奶牛养殖专业合作社 | √ | | 280 | 120 | 荷斯坦 | 8 | 960 | √ | √ |
| 240 | 泰安金兰奶牛养殖有限公司 | √ | | 2300 | 1 100 | 荷斯坦 | 9 | 9 900 | √ | √ |
| 241 | 泰安市岱岳区满庄镇国晟奶牛养殖场 | √ | | 700 | 400 | 荷斯坦 | 8 | 3 200 | | √ |
| 242 | 泰安市居田奶牛专业合作社 | √ | | 364 | 90 | 荷斯坦 | 6 | 540 | | √ |
| 243 | 泰安市岱岳区金源奶牛养殖专业合作社 | √ | | 480 | 260 | 荷斯坦 | 7 | 1 820 | | √ |
| 244 | 泰安市汇丰奶牛养殖专业合作社 | √ | | 970 | 400 | 荷斯坦 | 9 | 3 600 | √ | √ |
| 245 | 泰安市风丽生态农业有限公司 | √ | | 460 | 180 | 荷斯坦 | 9 | 1 620 | | √ |
| 246 | 泰安市众鑫日月奶牛养殖专业合作社 | √ | | 700 | 220 | 荷斯坦 | 9 | 1 980 | | √ |
| 247 | 泰安市绿源奶牛养殖合作社 | √ | | 771 | 220 | 荷斯坦 | 9 | 1 800 | | √ |
| 248 | 山东乔氏生态农牧发展有限公司 | √ | | 969 | 326 | 荷斯坦 | 10 | 3 260 | | √ |
| 249 | 泰安市三喜奶山羊养殖场 | √ | | 500 | 300 | 萨能、崂山奶山羊 | 0.8 | 220 | | √ |
| 250 | 玉廷奶牛养殖专业合作社 | √ | | 460 | 200 | 荷斯坦 | 9 | 1 000 | √ | √ |
| 251 | 泰安市宗华奶牛养殖有限公司 | √ | | 810 | 320 | 荷斯坦 | 6 | 1 920 | | |
| 252 | 泰安市盛誉奶牛养殖专业合作社 | √ | | 500 | 160 | 荷斯坦 | 6 | 960 | | |
| 253 | 泰安市方顺牧业有限公司 | √ | | 969 | 280 | 荷斯坦 | 6 | 1 680 | | √ |
| 254 | 宝泉奶牛养殖专业合作社 | √ | | 102 | 35 | 荷斯坦 | 6 | 210 | | √ |
| 255 | 真诚奶牛养殖专业合作社 | √ | | 102 | 32 | 荷斯坦 | 6 | 192 | | √ |
| 256 | 范镇鑫兴奶牛养殖合作社 | | √ | 130 | 45 | 荷斯坦 | 6 | 270 | | √ |
| 257 | 肥城市牧和养殖有限公司 | √ | | 2 160 | 800 | 荷斯坦 | 7 | 3 500 | √ | √ |
| 258 | 肥城市龙头泉牧业有限公司 | √ | | 860 | 460 | 荷斯坦 | 9.5 | 3 300 | √ | √ |
| 259 | 泰安澳亚现代牧场有限公司 | √ | | 10 022 | 5 985 | 荷斯坦 | 11.9 | 69 350 | √ | √ |
| 260 | 肥城市新百利奶牛养殖专业合作社 | √ | | 1 239 | 800 | 荷斯坦 | 10.5 | 6 200 | √ | √ |
| 261 | 肥城市忠利奶牛养殖专业合作社 | √ | | 465 | 268 | 荷斯坦 | 9 | 1 095 | √ | √ |
| 262 | 肥城市百润奶牛养殖有限公司 | √ | | 386 | 260 | 荷斯坦 | 8.5 | 1 000 | √ | √ |

（续）

| 序号 | 养殖场（区）名称 | 养殖场 | 小区 | 全群存栏（头） | 成母畜存栏（头） | 奶畜品种 | 成母畜单产（t/年） | 年总产（t） | 是否参加DHI | 是否应用TMR |
|---|---|---|---|---|---|---|---|---|---|---|
| 263 | 肥城市聚和源奶牛养殖有限公司 | √ | | 490 | 310 | 荷斯坦 | 7.5 | 1 300 | √ | √ |
| 264 | 肥城市牧源奶牛养殖有限公司 | √ | | 480 | 290 | 荷斯坦 | 7.5 | 1 200 | √ | √ |
| 265 | 宁阳县古城奶牛场 | √ | | 281 | 170 | 荷斯坦 | 8.5 | 735 | | √ |
| 266 | 宁阳丰庆牧场有限公司 | √ | | 1 015 | 512 | 荷斯坦 | 9 | 4 608 | √ | √ |
| 267 | 宁阳县永森奶牛养殖场 | √ | | 1 260 | 630 | 荷斯坦 | 10.2 | 5 400 | √ | √ |
| 268 | 宁阳县芝峰奶牛养殖合作社 | √ | | 1 100 | 700 | 荷斯坦 | 7.5 | 2 600 | √ | √ |
| 269 | 宁阳县恒源奶牛养殖场 | √ | | 720 | 460 | 荷斯坦 | 10 | 3 000 | √ | √ |
| 270 | 金阳山奶牛场 | √ | | 260 | 150 | 荷斯坦 | 7 | 1 100 | √ | √ |
| 271 | 宁阳县溢源奶牛养殖专业合作社 | √ | | 1 200 | 562 | 荷斯坦 | 10.5 | 4 800 | √ | √ |
| 272 | 宁阳县鑫阳奶牛养殖专业合作社 | √ | | 650 | 308 | 荷斯坦 | 9.8 | 2 700 | √ | √ |
| 273 | 宁阳县小胡奶牛养殖专业合作社 | √ | | 760 | 350 | 荷斯坦 | 8 | 2 880 | | √ |
| 274 | 宁阳磁窑镇大磨庄恒新奶牛场 | √ | | 820 | 512 | 荷斯坦 | 10 | 4 380 | √ | √ |
| 275 | 宁阳县奥力牧业有限公司 | √ | | 400 | 300 | 荷斯坦 | 7.2 | 1 200 | √ | √ |
| 276 | 宁阳县华丰华鑫奶牛养殖场 | √ | | 762 | 546 | 荷斯坦 | 8.5 | 2 700 | √ | √ |
| 277 | 泰安市顺顺牧业有限公司 | √ | | 660 | 311 | 荷斯坦 | 10.4 | 2 700 | √ | √ |
| 278 | 宁阳县华丰华元奶牛养殖场 | √ | | 680 | 450 | 荷斯坦 | 8.4 | 2 184 | √ | √ |
| 279 | 东平润泽牧业有限公司 | √ | | 490 | 200 | 荷斯坦 | 8 | 1 600 | | √ |
| 280 | 东平县宣博奶牛养殖专业合作社 | | √ | 210 | 190 | 荷斯坦 | 4.5 | 400 | | √ |
| 281 | 东平县戴庙乡兴达奶牛养殖专业合作社 | | √ | 472 | 280 | 荷斯坦 | 8.5 | 2 100 | | √ |
| 282 | 东平县聚源奶牛养殖专业合作社 | | √ | 320 | 160 | 荷斯坦 | 9 | 1 500 | | √ |
| 283 | 东平县溢隆奶牛养殖专业合作社 | | √ | 430 | 180 | 荷斯坦 | 8.7 | 750 | | √ |
| 284 | 东平县商老庄富明养牛场 | √ | | 100 | 3 | 荷斯坦 | 4 | 12 | | |
| 285 | 东平县立超奶牛养殖场 | √ | | 168 | 65 | 荷斯坦 | 7.5 | 150 | | |
| 286 | 东平县蓝天奶牛养殖场 | √ | | 150 | 80 | 荷斯坦 | 6 | 180 | | √ |
| 287 | 泰安市岱岳区通达奶牛养殖专业合作社 | √ | | 500 | 220 | 荷斯坦 | 5.5 | 1 200 | √ | √ |
| 288 | 爱心阳光奶牛场 | √ | | 680 | 300 | 荷斯坦 | 6.9 | 2 070 | | |
| 289 | 山东泰山安康生态乳业有限公司 | √ | | 720 | 480 | 荷斯坦 | 5.5 | 2 450 | √ | √ |
| 290 | 泰安市奶之源奶牛养殖专业合作社 | √ | | 420 | 360 | 荷斯坦 | 5 | 1 800 | | √ |
| 291 | 都来汇牧业有限公司 | √ | | 180 | 100 | 荷斯坦 | 5 | 560 | | √ |
| 292 | 泰安市金龙腾飞畜业有限公司 | √ | | 490 | 376 | 荷斯坦 | 6.9 | 2 600 | √ | √ |
| 293 | 泰安市瑞宝牧业有限公司 | √ | | 260 | 150 | 荷斯坦 | 6 | 900 | | |
| 294 | 荣成市宇琛养殖场 | √ | | 340 | 256 | 荷斯坦 | 9 | 1 350 | | √ |
| 295 | 荣成每日农牧有限公司 | V | | 330 | 225 | 荷斯坦 | 11 | 1 700 | √ | √ |
| 296 | 荣成市红君养殖有限公司 | √ | | 320 | 200 | 荷斯坦 | 9 | 1 350 | | √ |
| 297 | 荣成市乾源牧业有限公司 | √ | | 310 | 185 | 荷斯坦、德系西门塔尔 | 8.2 | 980 | √ | √ |
| 298 | 荣成市天泽畜牧养殖有限公司 | √ | | 520 | 304 | 荷斯坦、德系西门塔尔 | 7.6 | 1 700 | √ | √ |
| 299 | 山东恒大化工集团有限公司大疃奶牛养殖场 | √ | | 2 150 | 1 300 | 荷斯坦 | 8.7 | 11 000 | √ | √ |
| 300 | 山东恒大化工集团有限公司崖头奶牛养殖场 | √ | | 800 | | | | | | |
| 301 | 威海联德食品有限公司 | | | 350 | 170 | 荷斯坦 | 8 | 1 400 | | √ |
| 302 | 德水牧业 | | | 400 | 130 | 荷斯坦 | 10 | 1 300 | | |
| 303 | 威海弘昌牧业有限公司 | √ | | 386 | 293 | 荷斯坦 | 10.9 | 1 387 | √ | √ |
| 304 | 文登聚盛源牧场 | √ | | 210 | 142 | 荷斯坦 | 10.3 | 942 | √ | √ |
| 305 | 山东德正乳业股份有限公司大德奶牛场 | √ | | 420 | 260 | 荷斯坦 | 5.5 | 1 300 | | √ |

（续）

| 序号 | 养殖场（区）名称 | 养殖场 | 小区 | 全群存栏（头） | 成母畜存栏（头） | 奶畜品种 | 成母畜单产（t/年） | 年总产（t） | 是否参加DHI | 是否应用TMR |
|---|---|---|---|---|---|---|---|---|---|---|
| 306 | 威海鼎牛牧业有限公司 | √ | | 170 | 120 | 文登奶山羊 | | | | √ |
| 307 | 临朐县永浩奶牛养殖专业合作社 | √ | | 382 | 229 | 荷斯坦 | 8.8 | 1 019.94 | √ | √ |
| 308 | 临朐县宝成奶牛养殖场 | √ | | 286 | 172 | 荷斯坦 | 8.5 | 763.62 | | √ |
| 309 | 临朐益兴奶牛养殖专业合作社 | √ | | 451 | 270 | 荷斯坦 | 8.4 | 1 204.17 | √ | √ |
| 310 | 临朐曙光牧业有限公司 | √ | | 480 | 288 | 荷斯坦 | 8.9 | 1 281.6 | √ | √ |
| 311 | 临朐县洋河奶牛专业合作社 | √ | | 420 | 252 | 荷斯坦 | 8.8 | 1 121.4 | √ | √ |
| 312 | 临朐县雨田牧场 | √ | | 440 | 264 | 荷斯坦 | 9.2 | 1 174.8 | √ | √ |
| 313 | 临朐县东玉奶牛养殖场 | √ | | 480 | 288 | 荷斯坦 | 8.6 | 1 281.6 | | √ |
| 314 | 临朐县洪达养殖场 | √ | | 480 | 288 | 荷斯坦 | 8.4 | 1 281.6 | | √ |
| 315 | 梅峰奶牛养殖合作社 | √ | | 510 | 306 | 荷斯坦 | 8.8 | 1 361.7 | | √ |
| 316 | 临朐县宇弘养殖场 | √ | | 363 | 220 | 荷斯坦 | 8.8 | 969.21 | | √ |
| 317 | 临朐县汇宝奶牛养殖专业合作社 | √ | | 520 | 320 | 荷斯坦 | 9.1 | 1 388.4 | √ | √ |
| 318 | 临朐县康泰奶牛场 | √ | | 490 | 300 | 荷斯坦 | 9.3 | 1 308.3 | √ | √ |
| 319 | 临朐县茂源奶牛场 | √ | | 216 | 130 | 荷斯坦 | 8.4 | 576.72 | √ | √ |
| 320 | 临朐县玉强奶牛场 | √ | | 358 | 220 | 荷斯坦 | 9 | 955.86 | | √ |
| 321 | 临朐县洪圣奶牛场 | √ | | 200 | 120 | 荷斯坦 | 8.9 | 534 | | √ |
| 322 | 临朐新荷奶牛有限公司 | √ | | 1 860 | 1 116 | 荷斯坦 | 9.2 | 4 966.2 | √ | √ |
| 323 | 临朐县宝山奶牛场 | √ | | 320 | 192 | 荷斯坦 | 9.2 | 854.4 | √ | √ |
| 324 | 临朐县华冠奶牛场 | √ | | 420 | 126 | 荷斯坦 | 8.4 | 1 121.4 | | √ |
| 325 | 潍坊市德牛牧业有限公司 | √ | | 380 | 228 | 荷斯坦 | 9.2 | 1 014.6 | √ | √ |
| 326 | 临朐县梅溪奶牛养殖专业合作社 | √ | | 440 | 264 | 荷斯坦 | 8.8 | 1 174.8 | √ | √ |
| 327 | 临朐县惠亮奶牛养殖场 | √ | | 450 | 270 | 荷斯坦 | 8.7 | 1 201.5 | √ | √ |
| 328 | 临朐康润达奶牛养殖专业合作社 | √ | | 350 | 210 | 荷斯坦 | 8.5 | 934.5 | | √ |
| 329 | 临朐瑞鸿牧业有限公司 | √ | | 380 | 228 | 荷斯坦 | 8.5 | 1 014.6 | | √ |
| 330 | 临朐宏川奶牛养殖专业合作社 | √ | | 402 | 242 | 荷斯坦 | 8.4 | 1 073.34 | | √ |
| 331 | 临朐县泰沂牧业有限公司 | √ | | 420 | 250 | 荷斯坦 | 8.6 | 1 121.4 | √ | √ |
| 332 | 临朐县继东奶牛养殖专业合作社 | √ | | 386 | 233 | 荷斯坦 | 8.9 | 1 030.62 | | √ |
| 333 | 临朐县北石庙奶牛养殖专业合作社 | √ | | 420 | 250 | 荷斯坦 | 9 | 1 121.4 | √ | √ |
| 334 | 临朐兴备奶牛养殖专业合作社 | √ | | 480 | 288 | 荷斯坦 | 9 | 1 281.6 | √ | √ |
| 335 | 临朐县欣源奶牛养殖专业合作社 | √ | | 430 | 258 | 荷斯坦 | 9.2 | 1 148.1 | √ | √ |
| 336 | 临朐县佳福奶牛养殖专业合作社 | √ | | 387 | 240 | 荷斯坦 | 8.5 | 1 033.29 | √ | √ |
| 337 | 潍坊宝利牧业发展有限公司 | √ | | 890 | 420 | 荷斯坦 | 7.8 | 2 750 | √ | √ |
| 338 | 昌乐永新奶牛养殖专业合作社 | √ | | 260 | 110 | 荷斯坦 | 7.8 | 880 | √ | √ |
| 339 | 昌乐本吉奶牛养殖专业合作社 | | √ | 500 | 300 | 荷斯坦 | 7.5 | 2 150 | √ | √ |
| 340 | 昌乐茂园奶牛专业合作社 | | √ | 400 | 260 | 荷斯坦 | 7.5 | 1 800 | √ | √ |
| 341 | 潍坊杏源牧业有限公司 | √ | | 300 | 200 | 荷斯坦 | 7.5 | 1 200 | √ | √ |
| 342 | 潍坊田园牧业有限公司 | √ | | 240 | 140 | 荷斯坦 | 7.6 | 1 100 | √ | √ |
| 343 | 昌乐华源奶牛养殖专业合作社 | | √ | 460 | 300 | 荷斯坦 | 7.5 | 2 100 | √ | √ |
| 344 | 昌邑市烟潍奶牛养殖专业合作社 | √ | | 550 | 400 | 荷斯坦 | 8 | 2 400 | | √ |
| 345 | 昌邑市长江奶牛养殖专业合作社 | √ | | 350 | 240 | 荷斯坦 | 8 | 1 200 | | √ |
| 346 | 寿光市金昊奶牛养殖有限公司 | | √ | 469 | 198 | 荷斯坦 | 9.8 | 1 940.4 | √ | √ |
| 347 | 北京首农畜牧山东分公司 | √ | | 4 694 | 2 448 | 荷斯坦 | 10 | 24 606 | √ | √ |
| 348 | 益寿奶牛养殖场 | √ | | 240 | 120 | 荷斯坦 | 8 | 900 | | √ |
| 349 | 青州市伟宸奶牛场 | √ | | 238 | 106 | 荷斯坦 | 7.7 | 816.2 | | √ |
| 350 | 青州市春源牧场 | √ | | 195 | 103 | 荷斯坦 | 7.5 | 772.5 | | √ |
| 351 | 世本农业科技有限公司 | √ | | 481 | 412 | 德系西门塔尔杂交 | 8.4 | 1 310 | | √ |

（续）

| 序号 | 养殖场（区）名称 | 养殖场 | 小区 | 全群存栏（头） | 成母畜存栏（头） | 奶畜品种 | 成母畜单产（t/年） | 年总产（t） | 是否参加DHI | 是否应用TMR |
|---|---|---|---|---|---|---|---|---|---|---|
| 352 | 高密市红岩奶牛养殖专业合作社 | √ | | 400 | 300 | 荷斯坦 | 5.5 | 1 750 | | √ |
| 353 | 浩翔家庭农场 | √ | | 420 | 220 | 荷斯坦 | 10 | 2 200 | | √ |
| 354 | 高密市朝阳奶牛养殖专业合作社 | √ | | 300 | 120 | 荷斯坦 | 8 | 960 | √ | √ |
| 355 | 山东合力牧业有限公司 | √ | | 851 | 450 | 荷斯坦 | 10.65 | 4 113 | | √ |
| 356 | 山东阳春天润牧业有限公司 | √ | | 3 600 | 2 200 | 萨能奶山羊 | 0.55 | 1 200 | | |
| 357 | 诸城市辛兴镇申泰奶牛一牧场 | √ | | 217 | 217 | 荷斯坦 | 12.6 | 2 734.2 | | √ |
| 358 | 诸城市海秀养殖场 | √ | | 200 | 100 | 关中奶山羊 | 0.45 | 45 | | |
| 359 | 潍坊市寒亭区盈祥奶牛养殖专业合作社 | √ | | 220 | 110 | 荷斯坦 | 7.6 | 836 | | |
| 360 | 潍坊市福润奶牛养殖专业合作社 | √ | | 380 | 190 | 荷斯坦 | 7.5 | 1 425 | | √ |
| 361 | 潍坊市寒亭区康源奶牛养殖专业合作社 | √ | | 742 | 376 | 荷斯坦 | 7.5 | 2 820 | | √ |
| 362 | 潍坊市寒亭区团结奶牛养殖专业合作社 | √ | | 450 | 225 | 荷斯坦 | 7.6 | 1 710 | | |
| 363 | 潍坊兴茂奶牛养殖厂 | √ | | 652 | 326 | 荷斯坦 | 7.5 | 2 445 | | |
| 364 | 潍坊市寒亭区茂盛奶牛养殖专业合作社 | √ | | 362 | 181 | 荷斯坦 | 7.5 | 1 448 | | √ |
| 365 | 潍坊腾龙牧业有限公司 | √ | | 350 | 150 | 荷斯坦 | 7.7 | 1 155 | | |
| 366 | 潍坊市恒祥养殖有限公司 | √ | | 857 | 428 | 荷斯坦 | 7.5 | 3 210 | √ | √ |
| 367 | 潍坊市寒亭区嘉盛奶牛养殖专业合作社 | √ | | 682 | 341 | 荷斯坦 | 7.5 | 2 557.5 | √ | √ |
| 368 | 潍坊纳福奶牛养殖场 | √ | | 385 | 192 | 荷斯坦 | 8 | 1 536 | | √ |
| 369 | 潍坊市寒亭区盛隆奶牛养殖专业合作社 | √ | | 682 | 341 | 荷斯坦 | 7.5 | 2 557.5 | | √ |
| 370 | 寒亭区盈欣奶牛养殖场 | √ | | 220 | 110 | 荷斯坦 | 7.8 | 858 | | |
| 371 | 潍坊市寒亭区新源奶牛养殖合作社 | √ | | 240 | 120 | 荷斯坦 | 7.5 | 900 | √ | √ |
| 372 | 潍坊照亮奶牛养殖场 | √ | | 320 | 160 | 荷斯坦 | 7.7 | 1 232 | | |
| 373 | 潍坊市寒亭区卫东奶牛养殖专业合作社 | √ | | 460 | 230 | 荷斯坦 | 8 | 1 840 | | √ |
| 374 | 潍坊市寒亭区同心奶牛养殖专业合作社 | √ | | 600 | 300 | 荷斯坦 | 7.5 | 2 250 | | √ |
| 375 | 潍坊市涟军养殖场 | √ | | 456 | 278 | 荷斯坦 | 8 | 2 224 | | √ |
| 376 | 潍坊高升牧业有限公司 | √ | | 1 247 | 623 | 荷斯坦 | 7.5 | 4 672.5 | | √ |
| 377 | 华峰奶牛养殖场 | √ | | 150 | 100 | 荷斯坦 | 4.5 | 240 | | √ |
| 378 | 洪忠奶牛养殖场 | √ | | 200 | 120 | 荷斯坦 | 5.5 | 260 | | √ |
| 379 | 东厅义村董明涛养殖场 | √ | | 300 | 200 | 荷斯坦 | 8 | 1 600 | √ | √ |
| 380 | 海程牧场 | √ | | 160 | 100 | 荷斯坦 | 8.05 | 804 | √ | √ |
| 381 | 海阳市盛景奶牛养殖专业合作社 | √ | | 766 | 370 | 荷斯坦 | 8.555 | 2 654 | √ | √ |
| 382 | 海阳市由常岩奶牛场 | √ | | 120 | 50 | 荷斯坦 | 8.555 | 427.75 | √ | √ |
| 383 | 蓬莱市丰源养牛专业合作社 | √ | | 200 | 140 | 荷斯坦、德系西门塔尔 | 6 | 500 | | |
| 384 | 山东荷斯坦奶牛繁育中心 | √ | | 2 530 | 1 354 | 荷斯坦 | 9 | 12 000 | √ | √ |
| 385 | 牟平区长生奶牛场 | √ | | 454 | 216 | 荷斯坦 | 8 | 1 700 | √ | √ |
| 386 | 烟台托玛斯畜牧养殖公司 | √ | | 550 | 362 | 荷斯坦 | 8 | 2 900 | √ | √ |
| 387 | 栖霞市富益养殖专业合作社奶牛场 | √ | | 186 | 140 | 荷斯坦 | 10 | 1 400 | √ | √ |
| 388 | 莱阳市柏林庄正旺奶牛养殖场 | √ | | 320 | 176 | 荷斯坦 | 7 | 1 232 | | √ |
| 389 | 莱阳市柏林庄王光先奶牛场 | √ | | 180 | 99 | 荷斯坦 | 7 | 693 | | √ |
| 390 | 莱阳市冯格庄乳源奶牛养殖场 | √ | | 520 | 286 | 荷斯坦 | 8 | 2 288 | √ | √ |
| 391 | 莱阳市冯格庄旭东奶牛场 | √ | | 200 | 110 | 荷斯坦 | 7 | 770 | | √ |
| 392 | 莱阳市冯格庄永浩奶牛场 | √ | | 200 | 110 | 荷斯坦 | 7 | 770 | | √ |
| 393 | 王国林奶牛场 | √ | | 100 | 55 | 荷斯坦 | 7 | 385 | | √ |
| 394 | 莱阳市谭格庄镇惠农奶牛养殖小区 | √ | | 962 | 550 | 荷斯坦 | 8 | 4 400 | | √ |
| 395 | 莱阳市谭格庄镇新利奶牛养殖专业合作社 | √ | | 610 | 320 | 荷斯坦 | 8 | 2 560 | | √ |
| 396 | 莱阳市谭格庄镇永河奶牛养殖场 | √ | | 248 | 125 | 荷斯坦 | 7 | 875 | | √ |

（续）

| 序号 | 养殖场（区）名称 | 养殖场 | 小区 | 全群存栏（头） | 成母畜存栏（头） | 奶畜品种 | 成母畜单产（t/年） | 年总产（t） | 是否参加DHI | 是否应用TMR |
|---|---|---|---|---|---|---|---|---|---|---|
| 397 | 莱阳市谭格庄其航奶牛养殖场 | √ | | 318 | 160 | 荷斯坦 | 7.5 | 1 200 | | √ |
| 398 | 莱阳市雪睿奶牛养殖场 | √ | | 262 | 130 | 荷斯坦 | 7 | 910 | | √ |
| 399 | 莱阳市谭格庄正方奶牛养殖场 | √ | | 246 | 120 | 荷斯坦 | 7 | 840 | | √ |
| 400 | 莱阳市进庆奶牛养殖场 | √ | | 206 | 120 | 荷斯坦 | 7 | 840 | | √ |
| 401 | 莱阳市臧洪胜奶牛场 | √ | | 190 | 115 | 荷斯坦 | 7 | 805 | | √ |
| 402 | 莱阳市谭格庄李春晓奶牛场 | √ | | 150 | 95 | 荷斯坦 | 7 | 665 | | √ |
| 403 | 莱阳市谭格庄赵永强奶牛场 | √ | | 130 | 80 | 荷斯坦 | 7 | 560 | | √ |
| 404 | 莱阳市谭格庄镇姜国欣奶牛场 | √ | | 153 | 96 | 荷斯坦 | 7 | 672 | | √ |
| 405 | 莱阳市谭格庄镇犇鑫奶牛养殖场 | √ | | 318 | 180 | 荷斯坦 | 8 | 1 440 | | √ |
| 406 | 莱阳市谭格庄位正兴奶牛场 | √ | | 131 | 65 | 荷斯坦 | 7 | 455 | | √ |
| 407 | 小飞养殖场 | √ | | 321 | 180 | 荷斯坦 | 8 | 1 440 | | √ |
| 408 | 昌文奶牛场 | √ | | 108 | 56 | 荷斯坦 | 7.5 | 420 | | √ |
| 409 | 秀祥奶牛场 | √ | | 115 | 60 | 荷斯坦 | 7 | 420 | | √ |
| 410 | 莱阳市祥牛奶牛养殖合作社奶牛场 | √ | | 270 | 120 | 荷斯坦 | 8 | 960 | | √ |
| 411 | 山东朝日绿源农业高新技术有限公司 | √ | | 1 700 | 930 | 荷斯坦 | 8 | 7 440 | √ | √ |
| 412 | 莱阳市淋浴店张磊奶牛场 | √ | | 200 | 105 | 荷斯坦 | 7 | 735 | | √ |
| 413 | 曲波牛场 | √ | | 100 | 56 | 荷斯坦 | 7 | 392 | | √ |
| 414 | 莱阳市万第镇王德群奶牛场 | √ | | 303 | 160 | 荷斯坦 | 7 | 1 120 | | √ |
| 415 | 烟台荷牧园牧业有限责任公司 | √ | | 510 | 260 | 荷斯坦 | 8 | 2 080 | √ | √ |
| 416 | 莱阳市团旺镇宏德奶牛养殖场 | √ | | 560 | 310 | 荷斯坦 | 8 | 2 480 | √ | √ |
| 417 | 莱阳市团旺汇泉奶牛养殖场 | √ | | 400 | 220 | 荷斯坦 | 8 | 1 760 | √ | √ |
| 418 | 莱阳市团旺尹飞奶牛场 | √ | | 180 | 108 | 荷斯坦 | 8 | 864 | | √ |
| 419 | 莱阳市团旺江玉斐奶牛场 | √ | | 250 | 140 | 荷斯坦 | 7.5 | 1 050 | | √ |
| 420 | 莱阳市团旺吕禄松奶牛场 | √ | | 110 | 60 | 荷斯坦 | 8 | 480 | | √ |
| 421 | 王元光奶牛场 | √ | | 200 | 108 | 荷斯坦 | 7 | 756 | | √ |
| 422 | 邢德勇奶牛场 | √ | | 220 | 120 | 荷斯坦 | 7 | 840 | | √ |
| 423 | 王风才牛场 | √ | | 200 | 106 | 荷斯坦 | 7.5 | 795 | | √ |
| 424 | 莱阳市欣创牧业有限公司 | √ | | 460 | 280 | 荷斯坦 | 8 | 2 240 | √ | √ |
| 425 | 莱阳市穴坊李爱英奶牛场 | √ | | 150 | 79 | 荷斯坦 | 6 | 474 | | √ |
| 426 | 莱阳市龙旺庄新兴奶牛养殖场 | √ | | 180 | 96 | 荷斯坦 | 7 | 672 | | √ |
| 427 | 莱阳市河洛昌盛养牛场 | √ | | 300 | 160 | 荷斯坦 | 7 | 1 120 | | √ |
| 428 | 莱阳市河洛国余奶牛场 | √ | | 200 | 106 | 荷斯坦 | 7 | 742 | | √ |
| 429 | 莱阳市河洛镇孙天忠奶牛场 | √ | | 140 | 75 | 荷斯坦 | 7 | 525 | | √ |
| 430 | 莱阳市河洛王福杰奶牛场 | √ | | 160 | 89 | 荷斯坦 | 8 | 712 | | √ |
| 431 | 莱阳市城厢刘原瑚奶牛场 | √ | | 141 | 79 | 荷斯坦 | 7 | 553 | | √ |
| 432 | 林通养殖专业合作社 | √ | | 190 | 100 | 荷斯坦 | 8 | 800 | | |
| 433 | 招远少庆牧场 | √ | | 105 | 67 | 荷斯坦 | 7.5 | 500 | | |
| 434 | 永平奶牛场 | √ | | 107 | 82 | 荷斯坦 | 9 | 400 | | √ |
| 435 | 莱州市金仓街道杨兆文奶牛场 | √ | | 130 | 90 | 荷斯坦 | 7.5 | 675 | | |
| 436 | 莱州市德泰奶牛养殖专业合作社 | √ | | 170 | 100 | 荷斯坦、德系西门塔尔 | 8 | 480 | | |
| 437 | 龙口市健民养殖合作社 | √ | | 300 | 150 | 荷斯坦 | 6 | 900 | | |
| 438 | 格润富德农牧科技股份有限公司 | √ | | 278 | 278 | 西门塔尔 | 4 | 150 | | |
| 439 | 龙口市果园养殖专业合作社—殷国生奶牛场 | √ | | 337 | 170 | 荷斯坦、西门达尔 | 5.5 | 935 | | |
| 440 | 恒海奶牛场 | √ | | 108 | 54 | 西门塔尔 | 5.4 | 292 | | |

（续）

| 序号 | 养殖场（区）名称 | 养殖场 | 小区 | 全群存栏（头） | 成母畜存栏（头） | 奶畜品种 | 成母畜单产（t/年） | 年总产（t） | 是否参加 DHI | 是否应用 TMR |
|---|---|---|---|---|---|---|---|---|---|---|
| 441 | 滕州市宝海奶牛养殖场 | √ | | 164 | 70 | 荷斯坦、德系西门塔尔、娟姗 | 4.5 | 315 | | |
| 442 | 枣庄市市中区今日奶牛养殖场 | √ | | 315 | 155 | 荷斯坦 | 7.5 | 1 162.5 | | √ |
| 443 | 山东祥和乳业有限责任公司奶牛养殖场 | √ | | 3 600 | 2 200 | 荷斯坦 | 8 | 17 000 | √ | √ |
| 444 | 台儿庄区马兰屯镇褚堡村作永养牛场 | √ | | 110 | 75 | 荷斯坦 | 6.5 | 487 | | |
| 445 | 台儿庄区山兴奶牛养殖专业合作社 | √ | | 120 | 91 | 荷斯坦 | 6.5 | 591 | | |
| 446 | 台儿庄区张山子镇泉源村修东奶牛养殖场 | √ | | 135 | 95 | 荷斯坦 | 6.5 | 620 | | |
| 447 | 丙申奶牛养殖专业合作社河张村奶牛养殖场 | √ | | 1 371 | 586 | 荷斯坦 | 8.4 | 4 048 | √ | √ |
| 448 | 德忠奶牛养殖专业合作社第三牧场 | √ | | 758 | 340 | 荷斯坦 | 8.1 | 2 346 | | √ |
| 449 | 山东九头牛牧业有限公司 | √ | | 560 | 256 | 荷斯坦 | 6.3 | 1 886 | | √ |
| 450 | 高青县昌禾牧业有限公司 | √ | | 761 | 372 | 荷斯坦 | 10 | 2 645 | √ | √ |
| 451 | 山东得益乳业股份有限公司高青分公司 | √ | | 5 240 | 2 085 | 荷斯坦 | 10 | 14 734 | √ | √ |
| 452 | 淄博市润客农业发展有限公司 | √ | | 607 | 292 | 荷斯坦 | 8.7 | 2 116 | √ | √ |
| 453 | 高青县犇腾奶牛养殖专业合作社 | √ | | 576 | 280 | 荷斯坦 | 8.4 | 1 874.5 | | √ |
| 454 | 淄博同创牧业有限公司 | √ | | 660 | 298 | 荷斯坦 | 8.4 | 2 219.5 | | √ |
| 455 | 高青县老苏奶牛养殖专业合作社 | √ | | 667 | 310 | 荷斯坦 | 7.5 | 2 208 | | √ |
| 456 | 高青县顺腾奶牛养殖专业合作社奶站 | | √ | 693 | 297 | 荷斯坦 | 7.2 | 2 001 | | √ |
| 457 | 高青县凤德奶牛养殖场 | | √ | 810 | 370 | 荷斯坦 | 7.5 | 2 691 | | √ |
| 458 | 高青县家禄奶牛养殖专业合作社 | √ | | 887 | 364 | 荷斯坦 | 8.5 | 1 825 | √ | √ |
| 459 | 高青县永胜奶牛养殖场 | | √ | 589 | 257 | 荷斯坦 | 1 736.5 | 803 | | √ |
| 460 | 创业奶牛养殖专业合作社 | √ | | 553 | 232 | 荷斯坦 | 7.5 | 1 587 | √ | √ |
| 461 | 高青森澳奶牛养殖专业合作社 | | √ | 395 | 198 | 荷斯坦 | 7.2 | 1 518 | | √ |
| 462 | 高青县和谐牧场 | √ | | 461 | 195 | 荷斯坦 | 7.5 | 1 334 | | √ |
| 463 | 高青花沟镇鑫泰牧场 | √ | | 811 | 390 | 荷斯坦 娟姗 | 8.7 | 2 817.5 | √ | √ |
| 464 | 神龙滩牧业有限公司 | √ | | 565 | 218 | 荷斯坦 | 8.4 | 1 276.5 | √ | √ |
| 465 | 山东得益乳业股份有限公司高青第二牧场 | √ | | 3 650 | 1 900 | 荷斯坦 | 10 | 21 900 | √ | √ |
| 466 | 高青聚益牧业有限公司 | | √ | 764 | 362 | 荷斯坦 | 7.2 | 2 196.5 | | √ |
| 467 | 高青县青城镇国胜牧场 | | √ | 750 | 365 | 荷斯坦 | 6 | 2 300 | | √ |
| 468 | 山东得益乳业股份有限公司高青第三牧场 | √ | | 250 | 0 | 荷斯坦 | 9.3 | | √ | √ |
| 469 | 桓台县马桥镇汇源养牛场 | √ | | 270 | 162 | 荷斯坦 | 7 | 1 800 | | √ |
| 470 | 桓台县巨惠养殖农民专业合作社 | | √ | 137 | 82 | 荷斯坦 | 6 | 3 | | √ |
| 471 | 桓台县城东益民奶牛养殖农民专业合作社 | | √ | 260 | 40 | 荷斯坦 | 7 | 560 | | √ |
| 472 | 桓台县新城镇地林奶牛养殖场 | √ | | 285 | 180 | 荷斯坦 | 7.5 | 1 428 | | √ |
| 473 | 桓台县荆家镇蓝泉牧场 | √ | | 189 | 80 | 荷斯坦 | 7.6 | 720 | | √ |
| 474 | 临淄区金岭康源奶牛养殖场 | √ | | 320 | 200 | 荷斯坦 | 6.5 | 1 300 | √ | √ |
| 475 | 淄博临淄钟山奶牛合作社 | √ | | 261 | 178 | 荷斯坦 | 4 | 712 | | √ |
| 476 | 淄博临淄庚源晨奶牛专业合作社 | √ | | 520 | 260 | 荷斯坦 | 6.5 | 1 550 | | √ |
| 477 | 淄博临淄清水泉奶牛养殖专业合作社 | √ | | 390 | 200 | 荷斯坦 | 6.5 | 1 300 | | √ |
| 478 | 淄博临淄王青屯养殖专业合作社 | √ | | 300 | 180 | 荷斯坦、德系西门塔尔 | 10 | 1 800 | √ | √ |
| 479 | 山东群沃农牧有限公司 | √ | | 125 | 86 | 荷斯坦 | 6.5 | 600 | | √ |
| 480 | 淄博市临淄宏夏农牧业开发有限公司 | √ | | 130 | 80 | 荷斯坦 | 6.7 | 536 | | √ |
| 481 | 淄博康润奶牛养殖专业合作社 | √ | | 180 | 110 | 荷斯坦 | 6.5 | 715 | | √ |

备注：请在养殖场或小区到中打勾；如参加 DHI 或应用 TMR，请在相应表格中打勾。

## 附表 2　山东省乳制品生产企业情况调查表

| 企业名称 | 许可证号码 | 年收购原奶量(t) | 平均支付价格（元/kg） | 其中：自有奶源量(t) | 年乳制品产量(t) | 其中：巴氏杀菌奶(t) | UHT 奶(t) | 酸奶(t) | 奶粉(t) | 奶油(t) | 奶酪(t) | 乳饮料(t) | 整体设计加工能力(t/年) | 产品销售区域 | 年销售收入（万元） | 利润（万元） | 利润（万元） |
|---|---|---|---|---|---|---|---|---|---|---|---|---|---|---|---|---|---|
| 山东伊怡乳业有限公司 | SC10537162600073 | 1 720 | 3.3 | 1 680 | 1 450 | 200 | 1 050 | 200 | 0 | 0 | 0 | 1 020 | 30 000 | 山东 | 2 100 | 525 | 1 033 |
| 光明乳业（德州）有限公司 | SC10637140100137 | 99 776 | 3.6846 |  | 106 268 |  | 30 102 | 76 166 |  |  |  |  | 180 000 | 全国 | 92 108 | 6 884 | 1 300 |
| 东君乳业（禹城）有限公司 | SC10637148200546 | 1 500 | 4.2 | 65 000 | 6 500 | 2 500 | 1 500 | 4 000 |  | 33 | 59 | 63 000 | 200 000 | 全国 | 39 376 | 3 635 | 9 000 |
| 富友联合澳亚乳业有限公司 | SC10537050300189 |  |  |  |  |  |  |  |  |  |  |  |  |  |  |  | 2 000 |
| 山东恩泽乳品有限公司 |  | 11 449.05 | 3 721.6 | 1 563.1 | 2 422.16 | 93.03 |  | 357.24 | 402.22 |  |  |  |  |  | 5 034.81 | −1174.73 | 3 114.45 |
| 山东华英食品有限公司 | QS371705010175 | 3 570 | 3.5 | 3 570 | 5 224 | 1 806 |  | 135 | / | / | / | 3 283 | 7 665 | 冀鲁豫皖苏京津黑 | 2 027.5 | 182.5 | 96 |
| 山东银香大地乳业有限公司 | sc10137172100079 | 35 000 | 4 | 35 000 | 50 000 | 10 000 |  | 5 000 | / | / | / | 35 000 | 100 000 | 苏鲁豫皖 | 2 5348 | 3 090 | 300 |
| 山东莱河乳业有限公司 | SC10637172200419 | 3 600 | 3.5 | 2 250 | 7 160 | 2 160 | 600 | 2 600 | 0 | 0 | 0 | 1 800 | 76 000 | 当地及周边 | 2 200 | 200 | 525.6 |
| 济南佳宝乳业有限公司 | SC10537011300356 | 75 156 | 3.6 | 25 550 | 88 720 | 14 704 | 20 873 | 44 552 | 547 |  |  | 8 044 | 474 500 | 山东 | 76 587 | 19 909 | −796 |
| 山东兴牛乳业有限公司 | SC10537011200763 | 6 500 | 3.5 |  | 6 300 | 3 600 |  | 2 700 |  |  | 0.5 |  | 60 000 |  | 5 000 | 400 | 2 |
| 章丘爱心奶业有限公司 | JY23701810057256 | 6 000 | 3 | 6 000 | 100 | 40 | 20 | 40 | 0 | 0 | 0 | 0 | 3 600 | 济南、章丘 | 60 | 10 |  |
| 旺旺食品有限公司 | 91370100735773274D | 45 000 | 4 | 45 000 | 45 000 |  |  |  |  |  |  |  | 146 000 |  |  |  | −322 |
| 济南伊利乳业有限责任公司 | SC10537012400189 | 204 217 | — | 0 | 350 400 | 0 | 345 400 | 0 | 0 | 0 | 0 | 5 000 | 700 000 | 全国 | 227 600 |  | 228.5 |
| 山东高速生物工程有限公司 | 913701257988724241R | 5 400 | 4 | 5 400 | 5 400 | 3 285 | 0 | 2 190 | 0 | 0 | 0 | 0 | 10 000 | 济南市 | 8 000 | 800 | 3 560 |
| 红山奶牛养殖有限公司 | 370831（2016）001 | 0 |  | 1 125 |  |  |  |  |  |  |  |  |  | 三强乳业 | 337.5 | 43.9 | 165 |
| 济宁三强乳业有限公司 | sc10537081109576 | 5 500 | 3.6 |  | 6 200 | 3 150 | 50 | 2 950 |  |  |  | 50 | 45 000 | 济宁地区 | 4 000 | 350 | 180 |
| 临清乳泰奶业有限公司 | SC10637158100456 | 1 000 | 3 600 | 1 000 | 1 000 | 600 |  | 300 |  |  |  | 100 | 7 000 | 当地 |  |  | 25 |
| 聊城市团团乳业有限公司 | 鲁 371502（2016）001 | 600 | 3.6 |  | 600 | 200 | 0 | 350 | 0 | 0 | 0 | 50 | 6 000 | 聊城市 | 750 | 100 | −178 |
| 临沂格瑞食品有限公司 | SC10537139800328 | 8 000 | 3.6 | 20 000 | 20 000 | 1 600 | 2 400 | 10 600 | 0 | 0 | 0 | 5 400 | 50 000 | 山东地区 | 12 556.6 | 40.37 | 4.5 |
| 山东白羚乳业有限公司 | 91371323312925416G | 360 | 6 | 65 | 360 | 0 | 0 | 375 | 0 | 0 | 0 | 0 | 3 650 | 一二线城市 | 980 | 12 | −65 |
| 沂水县御膳香乳业有限公司 | SC10637132300202 | 1 550 | 6 | 1 300 | 1 490 | 0 | 1 370 | 0 | 0 | 0 | 0 | 180 | 10 000 | 国内 | 1 980 | 108 | 2 734 |
| 山东百慧乳业股份有限公司 | SC10937112201137 | 20 000 | 3.4 | 2 000 | 32 000 |  | 10 000 |  |  |  |  | 22 000 | 100 000 | 山东、江苏、湖南、四川、安徽、河南等地 | 15 000 | 1 300 | 1 000 |
| 山东亚奥特乳业有限公司 | QS370905010068<br>QS370906011310 | 32 000 | 3.4 | 20 000 | 39 500 | 8 800 | 3 000 | 23 000 |  |  |  | 4 700 | 50 000 | 山东省内 | 32 626 | 2 813.00 | −275 |
| 山东泰山安康生态乳业有限公司 | SC10637091112048 | 0 | 0 | 2 450 | 1 400 | 1 200 |  | 200 |  |  |  |  | 7 300 | 泰安市 | 1 500 | 100 |  |

（续）

| 企业名称 | 许可证号码 | 年收购原奶量（t） | 平均支付价格（元/kg） | 其中：自有奶源量（t） | 年乳制品产量（t） | 其中：巴氏杀菌奶（t） | UHT 奶（t） | 酸奶（t） | 奶粉（t） | 奶油（t） | 奶酪（t） | 乳饮料（t） | 整体设计加工能力（t/年） | 产品销售区域 | 年销售收入（万元） | 利润（万元） | 利润（万元） |
|---|---|---|---|---|---|---|---|---|---|---|---|---|---|---|---|---|---|
| 蒙牛乳业泰安有限责任公司 | SC11037090100044，SC10637090100051 | 317 970 | 3.3 | 0 | 340 000 |  | 99 065.2 | 80 295.5 | 0 | 0 | 0 | 107 290.445 | 821 250 | 山东、江苏、安徽、北京、川藏、福建、广东、河南、黑吉、湖北、湖南、江苏、江西、上海、浙江等 | 245 938.2 | 7 729 |  |
| 威海嘉盛乳业有限公司 | QS3710 0501 0073 | 12 081 | 3.9 | 12 081 | 11 445 | 3 746 | 3 832 | 2 432 | 273 |  |  | 1 162 | 70 000 | 烟威地区 | 8 846 | 352 |  |
| 山东鹏程食品股份有限公司 | 9137100007062332016 | 1 300 | 3.5 | 1 300 | 1 350 | 825 | 75 | 275 |  |  |  | 175 | 5 000 | 烟威地区 | 1 200 |  |  |
| 山东德正乳业股份有限公司 | SC10237108100056 | 8 000 | 2.8 | 2 000 | 1 000 | / | / | / | 1 000 | / | / | / | 4 000 | 山东、江苏、辽宁、吉林、浙江等省份 | 2 500 | 13 |  |
| 潍坊伊利乳业有限责任公司 | SC10537072408178 | 350 635.7 | 3.9 | 0 | 423 286.64 | 0 | 121 097.3 | 136 725.7 | 0 | 0 | 0 | 165 463.6 | 912 500 | 全国 | 323 531.2 | 22 690.4 |  |
| 临朐乾福乳业有限公司 | 乳制品 SC105370724007 | 为潍坊伊利加工乳粉，加工费 3 900 元/t |  |  |  |  |  |  |  |  |  |  | 29 000 |  |  | 200 |  |
| 山东万宝乳业有限公司 | 乳制品 QS370705011498 | 71 636.3 | 3 256 | 0 | 5 241.975 | 0 | 0 | 0 | 5 241.975 | 0 | 0 | 0 | 18 250 | 全国范围 | 22 070.1 | 793.5 |  |
| 烟台益生源乳业有限公司 | SC10537061100297 | 4 320 | 4.5 | 4 320 | 4 050 | 3 470 | 0 | 580 | 30 | 0 | 0 | 0 | 28 000 | 烟台五区 | 3 700 | 243 |  |
| 烟台完达山工业园投资开发有限责任公司 | 370612228010728 | 4 755.9 | 3.5 |  | 4 713.7 | 268.4 | 2 577.9 | 1 834.4 | 0 | 0 | 0 | 32.6 | 45 873 | 全国 | 3 221 | -1508 |  |
| 烟台长生乳品有限公司 | SC10637060200742 | 344.5 | 3 | 344.5 | 210 | 173 | 30 | 0 | 0 | 0 | 0 | 36 | 7 200 | 芝罘区 | 320 | -25 |  |
| 山东朝日绿源乳业有限公司 | QS370605011781 | 511 2.9 | 5.8 | 5 112.9 | 488.2 | 4 988.2 | 0 | 0 | 0 | 0 |  | 0 | 6 900 | 烟台、青岛、威海 | 7 007 | 577.9 |  |
| 山东祥和乳业有限责任公司 | SC10637040500101 | 3 500 | 4 | 3 500 | 4 500 | 1 500 | 2 000 | 500 | 0 | 0 | 0 | 500 | 60 000 | 山东省及周边身份 | 4 200 | 228 |  |
| 山东得益乳业股份有限公司 | SC10637039913023 | 183 567 | 3.5 | 72 608 | 193 789 | 41 037 | 13 071 | 134 764 | 607.8 | —— | —— | 4 309 | 273 750 | 山东省 | 100 720 | 3 129 |  |

# 济南市

【奶畜养殖】济南市2017年奶牛存栏11.4万头，其中能繁母牛6.8万头，主要分布在章丘区、长清区、平阴县、济阳县、商河县，其奶牛存栏数占总存栏数的92%。本地区2017年奶类总产量36.4万t，奶牛养殖群体规模加大，管理水平逐步提升，单产水平不断提高。本地区2017年全年的平均奶价为3.4元/kg，同比上升6.3%。

【乳品加工】2017年济南市共有乳品加工企业6个，日处理鲜奶的能力总计达到2 100t，其中合资企业1个、地方自建企业3个。

【市场消费】2017年人均奶类占有量47.6kg，农村住户牛羊奶人均消费量为28.5kg，城市居民奶及奶制品年人均支出金额为320元，占消费支出比重的1.2%。对当地乳制品消费市场调查发现，超市乳制品品牌主要有伊利、蒙牛、光明、佳宝、君乐宝、完达山等，低温奶市场占有率不断提升，接近50%。超高温灭菌乳在农村市场还占据主导地位，其中包括外国品牌的液态奶，巴氏杀菌乳主要为当地乳品企业生产，价格在10～17元/kg。

【奶源基地】2017年，济南市奶牛存栏50～99头的有46个场（户）、100～199头的有12个场（户）、200～499头的有23个场（户）、500～999头的有7个场（户）、1 000头以上4个场（户）；奶牛养殖小区21个，奶牛存栏1.3万头。标准化规模养殖场46个，奶牛存栏8.7万头。2017年年底共有奶站43个，其中乳品加工企业自建的10个，奶农专业合作社建设21个，奶畜养殖场12个。奶站平均日收奶680t。本地区2017年机械化挤奶率达到100%。疫病防治情况为常规防疫、检疫和强制免疫相结合，免疫率达100%，无重大疫病发生。

为提高奶业现代化水平，加快优质奶牛种群扩繁速度，提升奶牛群的生产性能和经济效益，济南市在全市范围内大力推广奶牛优质性控冻精的使用。

【奶农组织】基层奶农经济合作组织情况为：奶农协会共1个，包含农户800户，存栏奶牛6.5万头；奶农合作社共21个，包含农户180户，存栏奶牛1.8万头。

【质量监管】在生鲜乳质量安全监管工作中要求各县区做到坚持“三到位”“四检查”制度。“三到位”包括：一是制度建设到位。十项制度一规程和奶牛小区（场）四项制度全部上墙。二是记录到位。生鲜乳收购、销售和检测记录等档案材料齐备，有清洗消毒记录、不合格奶处理，有留样记录，使生鲜乳质量可寻根、可追溯。三是监督管理到位。实行市级监管人员每季度抽查、县区监管人员每月巡查、监管责任人日常检查的层层监管督导制度，把好源头、管好出口。“四检查”制度为：一查牛奶质量状况，督促生鲜乳收购站加强常规检测；二查器具环境消毒状况，指导和监督生鲜乳收购站落实卫生防疫消毒措施；三查冷链设施运转状况，指导生鲜乳收购站加强设施设备维护，确保生鲜奶不变质；四查销售运输状况，对销售运输过程进行监督，杜绝各种人为添加违禁物或有害物的现象发生。

通过多种形式和渠道，加强生鲜乳质量安全知识宣传和技术培训，提高从业者质量意识和安全生产能力；并结合奶牛良种补贴、生鲜乳收购站机械设备购置补贴、奶牛标准化规模养殖补贴和奶牛生产性能测定（DHI）等项目，积极引导奶牛标准化规模养殖，夯实生鲜乳质量安全基础。

2017年共完成省级以上抽检任务280批次，市级以下120批次，经检测单位反馈均无不合格样品。

（济南市畜牧兽医局，吕洪义）

# 青岛市

【奶畜养殖】2017年年底，青岛市奶牛存栏9万头，较2016年存栏减少4.7%，其中莱西、即墨两市存栏量占全市总存栏量的85%，奶牛规模化养殖比例逐年上升。

【乳品加工】全市从事液态奶加工和婴幼儿配方乳粉生产的乳制品生产企业共6家，其中从事液态奶加工的乳制品生产企业3家，本土企业青岛新希望琴牌乳业有限公司和青岛迎春乐乳业（集团）有限公司生产的发酵乳品种增多，市场占有率提升很快。获婴幼儿配方乳粉生产许可的企业共3家，分别为迈高乳业（青岛）有限公司、圣元营养食品有限公司和青岛索康食品有限公司。

【市场消费】对当地乳制品消费市场调查发现，超市乳制品品牌主要有伊利、蒙牛、光明、君乐宝、新希望、迎春乐、得益等品牌。超高温灭菌乳市场占有率最大，国外品牌的液态奶也越来越多，发酵乳、巴氏杀菌乳和奶酪、奶油等深加工产品市场份额上升较快，其中巴氏杀菌乳主要为当地乳品企业（新希望、迎春乐）生产，价格在6～12.2元/500g。

【奶源基地】青岛市继续实施奶牛良种补贴政策、粮改饲、现代畜牧业培训、畜禽粪污整县推进（平度）等政策和项目，奶牛养殖向集约化、标准化和规模化方向发展，规模化养殖比例逐年上升，特别是存栏100头以上规模养殖的比例发展较快。规模奶牛场采用机械挤奶、全混合日粮（TMR）饲喂，信息化、物联网等技术在生产管理中得到广泛应用。2017年举办奶牛养殖技术培训班5期，培训相关从业人员600余人次。

每年组织春、秋两季奶牛重大疫病防控，强化疫病监测，防控情况总体良好。规模奶牛场粪污处理方式主要有粪便堆肥发酵－氧化塘沉积还田、地上发酵床降解

表 4-26 青岛市获乳制品、婴幼儿配方乳粉生产许可企业名单

| 序号 | 企业名称 | 产品名称 | 许可生产产品 |
|---|---|---|---|
| 1 | 青岛雀巢有限公司 | 乳制品 | 液体乳（调制乳）、其他乳制品（炼乳、奶油） |
| 2 | 青岛新希望琴牌乳业有限公司 | 乳制品 | 液体乳(巴氏杀菌乳、灭菌乳、调制乳、发酵乳) |
| 3 | 青岛迎春乐乳业（集团）有限公司 | 乳制品 | 液体乳（巴氏杀菌乳、灭菌乳、调制乳、发酵乳） |
| 4 | 迈高乳业（青岛）有限公司 | 乳制品 | 乳粉（调制乳粉） |
| | | 婴幼儿配方乳粉 | 婴幼儿配方乳粉（干法工艺） |
| 5 | 圣元营养食品有限公司 | 乳制品 | 乳粉（调制乳粉） |
| | | 婴幼儿配方乳粉 | 婴幼儿配方乳粉（干法工艺） |
| 6 | 青岛索康食品有限公司 | 乳制品 | 乳粉（调制乳粉） |
| | | 婴幼儿配方乳粉 | 婴幼儿配方乳粉(干湿法复合工艺) |

处理等模式。2017 年 8 月，在莱西、即墨、平度实施《规模化奶牛场粪便处理与还田技术示范推广》项目，争取中央财政资金 200 万元，示范和推广生物有机肥堆制加工、污水 UASB 厌氧发酵等技术，实现奶牛粪便的无害化处理和资源化利用。

2017 年全年生鲜乳收购价格平均为 3.2 ~ 3.5 元 /kg，个别管理经营好的牧场每头奶牛年净收入 1 000 ~ 2 000 元，大多数牧场处于保本和亏损状况。

**【奶农组织】**青岛市奶业协会成立于 1992 年，由青岛市民间组织管理局批准注册，是非营利性的行业组织社会团体法人。青岛市现有奶农合作社 80 家，其中莱西市现有奶农合作社 50 家。

**【政策法规】**2017 年 3 月，青岛市畜牧兽医局发布了《关于进一步加强生鲜乳质量安全监管工作的通知》，通知对生鲜乳质量安全和运输环节监管做出了明确的规定。

2017 年 9 月，青岛市畜牧兽医局和市财政局发布了《2017 年奶牛性控冻精补贴项目实施方案的通知》(青牧字〔2017〕51 号)，全市补贴奶牛性控冻精 2 万支。通过项目实施，加快奶牛良种化进程。

**【质量监管】**2017 年，青岛市认真贯彻落实《乳品质量安全监督管理条例》《生鲜乳收购站标准化管理技术规范》等法规规定，以专项整治为抓手、以监督检测为支撑、以从严执法为保障，落实“四个最严”，建立“八项制度”。通过青岛市畜牧业安全监管平台，实现了从生产环节、收购环节、运输环节和批次追溯全覆盖的生鲜乳质量安全线上线下一体化监管。2017 年青岛市食品药品监督管理局对青岛市乳品生产企业的生鲜乳、原料乳粉和成品乳制品的三聚氰胺和黄曲霉毒素 $M_1$ 项目进行了周周抽检，抽检的原料乳、成品乳制品所有批次全部合格。

**【奶业大事】**2017 年 5 月，全国“优质乳工程”认证企业颁奖大会在青岛召开，青岛新希望琴牌乳业成为山东首家、全国第八家通过认证的企业。

2017 年 9 月，胶州市实施农村义务教育学生免费饮用学生奶项目，通过市政府财政补贴 + 企业让利方式，使 3 万名农村在校学生免费喝上学生奶。

（青岛市畜牧工作站，孙友德、李培培）

# 淄博市

**【奶畜养殖】**淄博市奶畜养殖主要以奶牛为主，截至 2017 年底全市奶牛存栏 3.9 万头，较 2016 年同比下降 4.3%；牛奶产量 14.2 万 t，同比上升 18%。淄博市奶牛养殖在各区县均有分布，主要集中在高青县、桓台县和临淄区，其中高青县是淄博市传统奶牛养殖大县。2017 年年底，高青县奶牛存栏 3.3 万头，年产生鲜乳 11.6 万 t，奶业年产值占全县畜牧业产值的 40% 左右，各项生产数据稳居淄博市第一位。高青县内奶牛已全部实现集中饲养，存栏 100 头以上的奶牛规模化饲养场（区）共 22 处。其中国家级奶牛标准化示范场 2 处，省级奶牛标准化示范场 2 处，通过无公害生鲜牛乳产地认证 11 处。淄博市立足奶牛业发展基础，以集约型、规模化奶牛养殖为重点，突出沿黄优势发展区域，通过加大投入、整合资源、创新机制、强化监管，调动广大奶农积极性，强力推进奶牛养殖方式转变，配套建设奶牛产业技术支撑服务和组织运营体系，逐步形成了现代化奶牛生产模式和产业体系，逐步发展了以高青县黑里寨镇、木李镇为中心的奶牛核心产业区，奶牛业产出水平、产品质量和综合效益显著提高，形成了以奶牛产业带动畜牧产业、畜牧产业拉动现代农业、现代农业促动社会主义新农村建设的良好局面。

**【乳品加工】**淄博市现有一家乳品加工企业，为山东得益乳业股份有限公司。得益乳业是一家集牧草种植、饲料加工、奶牛养殖、生产加工、乳品研发、物流配送于一体的农业产业化国家重点龙头企业，中国乳制品工业协会副理事长单位，山东首家通过乳制品行业 GMP 认证的企业，是山东省最大的低温奶制造商，也是国内低温奶领域第四大乳品企业。得益乳业在山东省率先启动了“黄河三角洲生态牧场基地”建设，采用“公司 + 养殖小区”的集约化养殖，实行统一饲料、统一兽药、统一防疫、统一技术服务、统一清洗、统一管理的“六统一”模式，在山东省各地建立合作化牧场 102 个，带动 12 000 多户农民养殖奶牛 4 万头，年转化玉米秸秆 16 万亩，年带动农民收入 3.1 亿元。公司目前生产鲜奶、

酸奶、纯奶、乳酸菌饮料4大系列70多个产品，得益商标被认定为“中国驰名商标”。2017年荣获全国液态奶消费者满意度第一名，这是得益乳业第七次获此殊荣。

【市场消费】淄博市人均奶类占有量约35kg，乳制品消费量约18kg，市场销售乳制品品牌以伊利、蒙牛、得益、佳宝、光明为主，价格不一，其中山东得益作为淄博市当地乳品企业，在市场销售中占有主要地位。高青县作为奶源大县，鲜奶吧发展迅速，现已有鲜奶吧数十家，消费者对巴氏杀菌乳认知度较高，鲜奶吧市场潜力巨大。

【奶源基地】淄博市奶畜养殖以集约化、规模化、标准化、生态化的现代养殖模式为发展方向，规模化、标准化养殖场（区）逐渐取代散养模式，把发展适度规模、标准化养殖作为发展现代奶业的重要措施，其中高青县已全部实现规模化养殖，桓台县、临淄区规模养殖比重占85%~95%。科学调整奶业发展布局，对现有奶畜养殖场（区）分类施策，指导整合规模较小、管理落后的奶畜养殖场（区），鼓励发展标准化奶畜养殖场（区），积极帮助改建、新建、扩建的标准化奶畜养殖场争取相关优惠政策和扶持补贴。合理引导建设生鲜乳收购站，全部采用机械挤奶，逐步推进TMR技术、DHI测定体系的应用，养殖场内青贮设施配套齐全，粗饲料普遍使用全株玉米青贮，精饲料多数用浓缩料或预混料。完善各级疫病防控体系，强化重大动物疫病防控能力，淄博市每年组织春、秋两季重大动物疫病防控，强化疫情监测，科学研判疫情，免疫牛、羊80万头（只），免疫合格率85%以上。督促养殖场（区）严格开展奶畜排泄物、污染物无害化处理，大型养殖场粪污处理配有相对应的粪污处理发酵棚、沉淀池、沼气池等粪污设施。目前，临淄区有大型沼气工程一处——淄博临淄庚源晨奶牛专业合作社大型沼气工程，建设了1 000m³ CSTR厌氧反应器、400m³ 干式柔性膜贮气柜和200户集中供气、沼气锅炉热水系统及配套土建工程等，目前该项目已建成投入使用。日处理牛粪21t、养殖废水21m³；日产沼气1 000m³；年产沼气36.5万m³；年产沼渣有机肥1 380t；年产沼液有机肥13 500m³。据统计，目前全市奶牛平均年单产7.5t，高于全国奶牛平均产奶量，高青县昌禾牧业有限公司等多家牧场奶牛平均单产超过10t。淄博市生鲜乳年均收购价格在3.3元/kg左右，养殖户扣除饲料费、人工费、防疫及诊疗等费用后，盈利不容乐观，尤其是近几年场区改造、粪污利用设施配建费用高昂。目前，全市奶站共43家，分布在高青县、临淄区、桓台县、周村区，其中高青县30家，临淄区7家，桓台县4家，周村区2家。

【质量监管】淄博市认真贯彻落实《乳品质量安全监督管理条例》《生鲜乳生产收购管理办法》，以提升生鲜乳质量安全为目的，以严格审批准入为前提，以宣传指导、日常监督巡查、随机检查、集中整治等措施为手段，以探索乳企抓管理、政府抓监督，推进乳企、奶站、养殖场一体化经营等新模式为创新，以严格的监督执法为保障，全力构建生鲜乳质量安全长效监管机制，着力打造绿色安全奶源基地。

（淄博市畜牧兽医局，董炳敏）

# 东营市

【奶畜养殖】据畜牧行业统计，2017年年底，东营市存栏奶牛68 606头，其中能繁母牛4.4万头，全年生鲜乳产量为37.4万t，产值13.6亿元，占畜牧业总产值的19%。东营市奶牛养殖区域主要分布在河口区和广饶县，存栏奶牛6.1万头，占全市奶牛存栏的比重达89.6%。随着高产良种奶牛繁育技术的不断提升，东营市持续引进国外高产良种奶牛，推广应用良种奶牛细管冻精及性控冻精，力度不断加大，全市奶牛良种覆盖率目前已达到98%，产奶牛平均年单产达9t以上。现建成乳制品加工企业2处，设计日加工生鲜乳能力达1 540t。

【乳品加工】目前全市乳品加工企业有2家，其中，山东恩泽乳品有限公司成立于2011年8月，现建有日处理生鲜乳300t奶粉和日处理生鲜乳500t液态奶项目各1个，主要生产“奈高”牌巴氏奶、酸奶、配方奶、乳饮料，及“广北”牌全脂奶粉、甜奶粉、脱脂粉。2017年销售收入达5 000万元以上。

俄罗斯FOODUNION公司与新加坡澳亚集团联合投资1.2亿美元建设日加工生鲜乳能力740t的富友联合澳亚乳业有限公司乳制品加工项目，目前项目已建成，处于试运营阶段。

【市场消费】2017年，东营市人均奶类占有量约为193.7kg，人均乳制品消费为27kg，人均乳制品消费支出341元。巴氏杀菌乳主要品牌为蒙牛，价格22元/kg；超高温灭菌奶主要品牌为蒙牛，价格为14元/kg；酸奶主要品牌为伊利，价格为24元/kg；婴幼儿奶粉主要品牌为君乐宝，价格为146元/kg；其他奶粉主要品牌为雀巢，价格为80元/kg；入户巴氏杀菌奶为21元/kg，超高温灭菌奶为13元/kg。目前，东营市已有柏拉蒙、阳光、胜大、东方、绿源等鲜奶吧，鲜奶日销量可达40t以上。

【奶源基地】东营市现有存栏100头以上规模奶牛场26家，存栏奶牛65 926头，规模养殖比重达96.1%，全市规模奶牛场全部实现机械化挤奶，使用了全混合日粮（TMR）技术，12家规模奶牛场开展了生产性能测定（DHI）。2017年，实施国家级和省级“粮改饲”示范县项目4个，补贴资金1688.4万元，截至2017年年底全市收购青贮饲料54万t，受东营市盐碱地影响，全市亩产平均为2.5t，带动青贮玉米种植面积为1.5万hm²。种植苜蓿800hm²，亩产干苜蓿0.8t，年总产量达9.6万t。生鲜乳收购年均价格3 500元/t左右；

养殖场年每头牛净收入 1 000~2 500 元。

疫病防控方面，东营市畜牧兽医部门密切监控布病和结核病等威胁奶牛产业的重大疾病，坚持做到应免尽免，确保做到全覆盖，确保了全年无重大动物疫情发生。同时建立了全市统一格式的养殖档案，实现了奶业规范化养殖。奶牛养殖粪污处理方式主要以堆积发酵还田利用为主，兼顾沼气池处理和生产有机肥。

【奶农组织】全市有奶牛合作社 9 家，2017 年举办奶农培训班 2 期，培训农民 100 余人次。

【政策法规】“粮改饲”示范项目。2017 年，实施奶业相关国家级“粮改饲”示范项目 2 个，分别是广饶县和河口区，补贴资金 1 536.4 万元；实施省级示范县项目 2 个，分别是东营区和垦利区，补贴资金 152 万元。项目主要用于支持奶牛场开展全株玉米青贮和生产条件改善方面补贴。

东营市 2017 年度民生实事项目。实施了 2017 年推进畜禽养殖废弃物无害化资源化处理项目，该项目列入东营市政府 2017 年度民生实事项目，作为市政府年度四张单子之一，整体推进。培育生态循环养殖示范场 7 个，项目总投资 760 余万元，其中市、县（区）财政分别补贴资金 210 万元。

【质量监管】一是严格落实责任。制定印发了《2017 年全市畜产品质量安全专项整治方案》《2017 年全市畜产品质量安全监测方案》，市、县、乡三级层层签订《畜产品质量安全责任书》，畜牧生产、经营企业做出了安全承诺，明确了自身的监管责任和企业的主体责任。二是狠抓生鲜乳违禁物质专项整治和兽用抗生素专项整治。强化对全市 30 家奶站、50 辆生鲜乳运输车的监管，严格投入品管理，大力宣传相关法律法规，严厉打击假冒伪劣兽药饲料及各类使用违禁投入品的违法行为。三是强化监督检测。每年分季度对全市所有奶站奶样进行抽检，抽检奶样 171 批次，检测结果全部合格。四是加强无公害示范创建。抓好“三品认证”业务指导，本着“成熟一个、推荐一个”的原则，对申报无公害企业进行现场初核和转报，2017 年全市新通过无公害认证奶牛养殖场 3 家。

【奶业大事】2017 年 5 月 11 日上午，澳大利亚南澳洲基础产业部代表团到河口区参观考察神州澳亚牧场牧草检测中心。并在牧草检测、检测设备引进、数据共享等方面进行了深度洽谈，达成了与澳亚牧草检测技术交流合作意向。

2017 年 5 月 14 日，河口区举办了“奶牛优秀种质创新平台”研讨会暨揭牌仪式。山东奥克斯畜牧种业有限公司与东营神州澳亚现代牧场有限公司达成合作意项，在东营神州澳亚现代牧场有限公司建设奶牛体外胚胎生产实验室，重点在种子母牛群组建、全基因组检测、种子母牛评价等方面开展合作。

（东营市畜牧局，仲崇岳、刘学森）

# 烟 台 市

【奶畜养殖】烟台市奶牛存栏 6.1 万头，奶山羊存栏 39.2 万只。奶类总产量 35.61 万 t，其中牛奶产量 27.9 万 t。奶业产值占畜牧业产值的比重为 10%。奶牛养殖主要集中在莱阳、牟平两个县市区，奶牛存栏量占全市奶牛存栏量的 78%。全市始终坚持以规模化促标准化、以标准化提升规模化的总体思路，加快奶牛养殖方式转变，加大科技创新力度，大力发展奶牛标准化规模养殖，促进了全市奶牛业持续健康发展。奶牛养殖主要呈现以下特点：

一是精细化管理水平不断提升。全面强化精细化饲养管理技术应用，提高奶牛生产性能和生鲜乳安全。2017 年，在全市大力推广应用奶牛分群饲养、TMR 饲喂、机械挤奶、铺设牛床等精细化饲养管理技术，奶牛单产水平显著提高。全市规模奶牛场全部采用分群饲养、机械挤奶、TMR 搅拌车饲喂和铺设牛床。

二是优质饲草使用率不断提高。全面强化优质粗饲料饲喂技术，提升奶牛单产水平和生鲜乳质量。2017 年，全市规模奶牛场中，有 93% 以上的奶牛场泌乳牛饲喂优质苜蓿、羊草和青贮玉米等粗饲料，其中使用进口优质苜蓿的奶牛场占 70% 左右，少数经济实力稍弱的规模奶牛场选择国内优质羊草和青贮等粗饲料饲喂奶牛。继续推动规模奶牛场“玉米秸秆发酵生产高蛋白饲草技术”试点项目开展，推广使用发酵玉米秸秆饲喂奶牛。

三是品种改良步伐不断加快。全面强化奶牛品种改良技术，提高奶牛良种化程度和单产水平。2017 年，规模奶牛场在引进高产奶牛、使用优质冻精等方面投入进一步加大，有力推进了奶牛品种改良步伐。全市规模奶牛场全部饲养荷斯坦牛，平均单产 7t，比 2007 年提高了 1t。山东荷斯坦牛繁育中心是全市奶牛存栏规模最大、奶牛单产水平最高的奶牛场，存栏奶牛 2 500 多头，成母牛年均单产达到 9t，全部引自美国、澳大利亚和新西兰等国家。

四是粪污无害化处理水平显著提高。全面强化奶牛场粪污处理，提高奶牛粪便的无害化处理和综合利用水平。2017 年，全市有 90% 以上的规模奶牛场建起沼气工程，实现了粪污无害化处理，并对所产沼气进行了充分利用；约有 6% 的规模奶牛场配套建设了有机肥厂，利用奶牛粪便加工有机肥，实现了奶牛废弃物的肥田、丰产、富民，社会效益、生态效益十分显著。

【乳品加工】全市共有烟台益生源乳业有限公司、烟台完达山投资开发有限公司、烟台长生乳品有限公司、山东朝日绿源农业高新技术有限公司 4 个乳品加工企业，年设计单班生产能力 9 万 t，2017 年实际加工乳品接近 1 万 t，实现销售收入 14 000 多万元。乳品加工主要以液态奶加工为主，面向社会市民订购，采取送奶入户、入单位（宾馆）、入奶吧、入超市等方式销售。

【市场消费】2017年，全市人均奶类占有量为55kg，乳及乳制品人均消费量为58kg。从商场和超市调查来看，全市主要销售乳制品类别、品牌和价格为：巴氏杀菌奶：伊利纯牛奶2.5元/180mL，光明优倍6元/200mL，得益优麦5元/220g，得益鲜境10元/450mL，益生源牛奶3元/243mL。超高温灭菌奶：蒙牛特仑苏5.5元/250mL，伊利舒化奶6元/250mL，金典有机奶6.5元/250mL，伊利纯牛奶5.5元/250mL，蒙牛纯牛奶2.3元/181mL。酸奶：蒙牛纯甄5.5元/200g，伊利安慕希5.9元/200g，光明莫斯利安7元/200mL，光明畅优5元/200mL。婴幼儿奶粉：合生元182元/500g，美赞臣221元/500g，伊利金领冠242元/500g，贝因美110元/500g，飞鹤138元/500g。其他奶粉：伊利中老年奶粉54元/500g，雀巢全家营养35元/500g，雀巢怡养中老年奶粉68元/500g，蒙牛金装多维高钙44元/500个。入户奶：巴氏杀菌奶：益生源3元/243mL，得益酸奶4元/200mL。

【奶源基地】2017年，全市存栏100头以上的奶牛养殖场（户）达到62家，其中存栏100~199头的26家，存栏200~499头的27家，存栏500~999头的7个，存栏1 000头以上的2个。全市建起奶牛良种繁育场3个，存养良种奶牛3 000多头；建起奶牛冷配改良站（点）130处，年冷配改良奶牛4万多头；目前全市奶牛良种覆盖率达到100%。规模奶牛场坚持开展布病和结核病的监测与净化，并认真做好口蹄疫疫病防控工作。全市规模奶牛场利用粪污生产沼气或有机肥比例达到96%以上。2017年全年生鲜乳收购价格平均为3.6元/kg，养殖场户保本经营。

【奶农组织】全市共有奶业合作社65个，每年面向奶农采取多种方式开展奶业技术培训和指导。一方面，整合科研院所和畜牧部门的技术骨干，组建了畜牧兽医技术专家顾问团，积极为奶农开展各类技能培训，2017年专门举办奶牛标准化养殖及疫病防治技术培训班22次，培训农民2 000多人次；召开现场观摩会6次，现场培训农民210多人。另一方面，认真搞好技术咨询服务工作，各专业合作社均设立了咨询服务公开电话，2017年共回复各类咨询2 000多个，涉及奶牛供应、兽药饲料使用、生鲜乳及饲料市场价格、牧草种子供应及种植技术、奶牛饲养场建设和饲养管理技术等问题，及时帮助会员解决疑难问题。

【质量监管】全市共有生鲜乳收购站20个，其中奶农专业合作社开办7个，奶牛养殖场开办11个，乳品加工企业开办2个。在生鲜乳质量安全监管方面，重点采取以下措施：一是全面落实监管责任。市、县两级主管部门均成立了奶业管理办公室，安排专人负责生鲜乳收购站建设与管理工作；设立了生鲜乳质量安全举报电话和邮箱并向社会公开；组织各县市区畜牧主管部门与辖区内的生鲜乳收购站和监管人员签订了《生鲜乳收购站质量责任书》《生鲜乳收购站监管人员责任书》《监管人员责任书》，切实将监管责任落实到人。二是切实强化日常监管。全面实行生鲜乳收购站派驻监管员制度，强化日常监管，从生鲜乳收购、运输、出售等环节进行全程监管，确保不出现问题；全面落实生鲜乳准运制度，以生鲜乳运输准运证明和交接单为重点，加强对生鲜乳运输车辆的监督检查，确保运输环节的生鲜乳质量；规范完善生鲜乳收购站内部管理制度，统一了生鲜乳收购、销售、监测、交接单等有关记录格式和内容。三是切实强化产品质量监测。充分利用部、省、市三级质检机构，有计划地加大对生鲜乳的统一抽检力度。2017年，烟台市的生鲜乳生产和收购环节均没有检测出三聚氰胺或其他违禁添加物质，生鲜乳产品质量合格率达到100%。四是坚持开展监督执法。积极开展生鲜乳专项整治行动，抽调力量组成生鲜乳专项整治小组，深入基层进行生鲜乳收购和运输环节执法检查。2017年，全市共出动执法人员110余人次，对生鲜乳和运输车开展了2次拉网式检查，严厉打击了非法收购生鲜乳、倒买倒卖不合格生鲜乳、中转站转运等违法违规行为，有力维护了生鲜乳生产经营秩序。

（烟台市畜牧兽医局，刘玉华）

## 泰安市

【奶畜养殖】2017年年底，泰安市奶牛存栏12.4万头，奶产量32.5万t，同比分别下降38.8%、29.1%。全市有3个县市区奶牛存栏超过万头；奶牛年均单产提高到7t，标准化奶站发展到83家，规模饲养比重达95%；乳品加工企业达到5家，日加工鲜奶能力达到1 300多t，奶业从业者近万人，年创产值30多亿元，占农业产值比重达到15%，奶业富民的作用日益凸现。奶牛饲养的专业化、区域化特征明显，优势产业带开始形成，现代奶业体系初步建立，成为名副其实的“山东奶业第一市”。

【乳品加工】全市有影响力的牛奶加工生产龙头企业主要是蒙牛乳业泰安公司、亚奥特乳业、伊特乳业、安康乳业、伊金兰乳业5家，他们立足企业自身特点，做好市场定位与产品开发，取得了新的发展。蒙牛乳业泰安公司调整产品结构，增加高毛利产品比例，2017年销售收入达到24.6亿元，利税7 529万元。亚奥特乳业公司坚持新鲜战略，立足区域市场，重点发力低温奶市场，2017年利税过3 000万元。

【市场消费】2017年人均奶类占有量达到57.5kg，乳制品消费量逐年上升，消费支出也水涨船高。乳制品人均消费量在40kg左右，人均支出在600元左右。泰安市销售主要乳制品品牌有蒙牛、伊利、亚奥特、得益、佳宝、君乐宝等。如亚奥特200g普通酸奶售价2.3元，佳宝160g售价1.6元，得益230g售价2.8元。亚奥特入户巴氏杀菌奶价格 230g 袋装 2.3 元，奶吧巴氏杀菌乳 5 元 /500g。近年来，乳品市场变化较快，传统 UHT 奶份额逐步下降，巴氏杀菌乳随着奶吧的兴起，进一步挤占 UHT 奶份额。青少年则是巴氏杀菌乳和酸奶的主力消费者。随着对乳品营养认识的深化，巴氏杀菌乳、酸奶将会被更多消费者认可，奶酪的消费量也有所上升。本地乳品企业重点发展低温奶，蒙牛、伊利则侧重常温奶市场。金兰奶牛养殖有限公司积极向消费环节拓展，日产鲜奶 14t，自己加工 4t 供应奶吧，产品以巴氏乳和酸奶为主，经济效益显著。

**【奶源基地】**全市奶业规模化、标准化水平不断提高。2017 年年底，规模饲养比重达到 95% 以上，存栏 50~99 头、100~199 头、200~499 头、500~999 头和 1 000 头以上的牧场分别占总存栏的 6.3%、1.8%、10%、20% 和 51.3%，规模化水平进一步提升。国家级奶牛标准化示范场 9 家，省级标准化示范场 18 家。规模场全部做到了机械化挤奶，95% 推广应用 TMR 技术，36 家规模场开展了 DHI 测定。牛粪多采用堆肥的处理方式，大型奶牛场大多建设了沼气发电、沼气池等粪污处理设施。依托大型奶牛场建设有机肥厂 6 处，产能达到 15 万 t，实现了资源利用化。全年收购价格在 3.1~3.8 元 /kg。

**【奶农组织】**鼓励企业通过订单收购、建立风险基金、返还利润、参股入股等多种形式，与奶农结成稳定的产销关系，形成紧密的利益联结机制，形成以龙头带产业，产业促龙头的良好发展局面。

**【政策法规】** 主要特点有：一是领导高度重视，创新发展思路。2003 年，市政府研究制定了《关于实施奶业富民工程，促进奶业快速发展的意见》，成立了由市长任组长，分管市长任副组长，财政、土地、金融、发改、畜牧等 22 部门共同组成的奶业发展领导小组，同时成立了贷款、调牛、技术服务和物资保障四个指挥部，制定了贷款、土地、考核、奖励等一系列政策和措施，明确了各部门职责，形成发展合力。泰安市奶业发展也得到了上级领导的高度重视，给予了政策上的大力支持。近年来，泰山区、岱岳区、新泰市、肥城市、宁阳县 5 个县市区被国家新一轮奶业发展规划列为优势产业发展县；岱岳区、宁阳县等县市区争取了粮改饲、种养结合整县推进等项目，获得大量的扶持资金，这些扶持资金为奶业发展输入外血，助推了奶业腾飞。二是实施奶牛数字化养殖，推进现代奶业发展。通过引进和推广先进的管理模式和成套的适用技术，加快提高奶牛养殖的科技水平，推进奶业现代化发展进程。泰山区台资企业鲁宝乳业引进的乳成分在线分析仪，能够在奶牛挤奶的同时，在线检测原料奶成分，实现了行业生产及技术的数字化管理，建立以奶牛精准养殖、现代联合育种、奶源可追溯管理、优质巴氏奶生产为主要特征的现代奶业生产组织与技术体系，全市奶牛养殖水平有了跨越式提升。三是调整产业结构，发展观光牧场。近年来，泰安市认真贯彻落实省委、省政府以及省畜牧兽医局、省旅游局相继出台的关于发展高效、生态、特色畜牧业及观光旅游畜牧业的一系列意见，充分依托旅游资源和畜牧资源优势，把奶业与旅游业有机融合，将第一产业向第三产业逐步延伸，规划建设了金兰乳业等一批生态观光牧场，为畜牧业转方式、调结构开辟了新路子，得到了省局领导的充分肯定。四是加强粪污治理，加快推进绿色奶业发展。岱岳区、宁阳县实施粮改饲项目，推动种养一体化进程。各县市区依托大型奶牛场兴建了锦利源、元溢生物、金兰等一批有机肥加工企业，加快粪污无害化处理、资源化利用进程。五是加大信贷、保险等支撑服务体系建设，补齐奶业保障短板。泰安市认真贯彻落实国家强农、惠农、富农政策，积极推动奶业保险开展，为奶业防灾减灾、灾后恢复生产、生产行情稳定发挥了积极作用。全市畜牧业保险承保机构发展到 5 家，开展奶牛政策性保险，2017 年全市奶牛投保 1.8 万头，保费收入 366.6 万元，赔付养殖户 680 万元，有效应对动物疫病带来的养殖风险。市畜牧兽医局会同人保财险泰安分公司研发并签订了全国首单特色险种——牛奶价格指数险，实现了从自然风险保障向市场风险保障的延伸，完善了畜牧业发展支撑保障体系，有效化解了畜牧养殖风险和市场风险，为现代畜牧业发展提供了“双保险”。2017 年生鲜乳价格指数险 3.3 万 t，为稳定奶业生产做出了突出贡献。

**【质量监管】**进一步规范生鲜乳生产、收购和运输行为。落实奶畜养殖与生鲜乳生产收购环节监督抽检、异地抽检、进货查验、从重处罚、收购站“黑名单”5 项制度，强化和完善体制建设。全市生鲜乳收购站共计 76 家，奶畜养殖场开办 46 家，奶农生产专业合作社开办 30 家，生鲜乳运输车 41 辆，全年共对 47 个奶站、33 辆运输车进行了复验换证。组织实施 2017 年生鲜乳质量安全监测计划，开展生鲜乳中违禁添加物专项监测，开展生鲜乳质量安全异地抽检，自主开展 2017 年全市生鲜乳抽检，其中违禁物质、抗生素残留等指标检测，经检测全部合格。

（泰安市畜牧兽医局，信磊）

# 河南省

【奶畜养殖】河南奶业以落实省政府关于支持肉牛奶牛产业发展意见为重点，以促进奶业供给侧结构性改革为抓手，以推动奶业转型升级为目标，持续实施奶牛单产提升行动，积极推进奶业新兴业态发展，依法维护生鲜乳购销秩序，全力抓好生鲜乳质量安全监管，全省奶业保持了平稳健康发展态势。

一是新建一批奶业重大项目投产。滑县光明万头牧场、正阳君乐宝万头生态观光牧场，河南瑞亚中牟、平舆、鲁山、新蔡4个存栏5 000头牧场等一大批奶业大项目顺利建成投产。鼎盛牧业兰考县万头牧场、首农集团兰考县万头牧场、瑞亚新蔡县二牧场及睢县5 000头规模牧场等一批新的奶业重大项目正在有序推进，河南已成为全国奶业发展速度最快、发展活力最强，产业聚集度最高的区域之一。

二是大力实施奶牛单产提升行动，奶牛饲养管理水平逐年提升。持续实施奶牛单产提升行动，扩大DHI测定覆盖面，强化测定数据应用，配备仪器，开展测料养牛，实施现场诊断，强化精准服务，推广精细化饲喂，规模场全株青贮玉米、TMR、优质苜蓿使用率、DHI参测率分别达到94%、80%、79%、60%以上，规模场参测奶牛单产达到8t以上，奶业生产水平得到较大幅度的提升。测料养牛项目成效显著，共采集100多个重点奶牛场的苜蓿、花生秧、全株青贮、黄贮和全混合日粮5类粗饲料样品1 815份，制备样品并经近红外光谱扫描1 700余份，实验室分析1 665份。基本完成数据库和近红外预测模型的完善和校准工作，初步实现了粗饲料营养成分快速检测，指导养殖场完善配方、精准饲喂。

三是积极发展奶业新业态新模式，激发新动能。为加快推进新业态发展，省畜牧局出台了《2017—2020年休闲观光牧场创建工作方案》，计划到2020年创建高标准休闲观光牧场10个以上。2017年举办了全省休闲观光牧场培训观摩会，召开了奶业发展模式创新大会，在全省掀起了发展新业态热潮。郑州昌明、洛阳生生两个牧场入围农业部推介的第一批休闲观光牧场，使河南成为全国唯一有两家入选的省份。郑州昌明累计接待游客近10万人次，洛阳生生、南阳三色鸽等接待游客超万人。河南牛硕牧业公司立足区域优势，挖掘市场潜力，走出了一条现制现售鲜奶吧进学校、进社区，种养加销一体化发展模式，已进入9个学校餐厅、21个居民社区、172个幼儿园，日销售鲜奶产品7t多，每千克奶效益达到3元左右。西峡县立足资源优势，积极发展奶山羊产业，被省畜牧局确定为全省奶山羊产业示范县；全县存栏奶山羊已达1.1万只，新太阳乳业成功转型羊奶制品生产，健羊牧业羊奶加工厂顺利通过省工信委行业准入并开始试生产。商丘科迪、洛阳阿新、漯河三剑客等企业充分利用电商平台，成功开启APP订购、定单生产、“网红牛奶”等新型消费模式，助力品牌做大做强。

四是完善奶牛良种繁育体系。不断扩大DHI测定覆盖面，全省规模场DHI参测率达到60%以上，参测牛11万多头，参测牛场305d产量8 079.8kg，平均乳脂率4.2%，平均乳蛋白率3.32%，体细胞数28.5万个/mL，奶牛单产和生鲜乳品质持续提升。持续开展奶牛品种登记，已累计登记89 736头。加强种公牛自主培育能力建设，河南鼎元公司与中地牧业集团、河南花花牛公司共同成立中原奶牛联合育种战略联盟，计划组建国际一流的种子母牛群500头以上，培育种公牛80%以上来源于自主培育。种公牛培育逐步与国际接轨，2017年6月河南鼎元公司顺利加入美国动物育种者协会（NAAB），获得国际公牛站编号“311”，公司培育种公牛在国际公牛组织同步公布育种值成绩。

【乳品加工】做大做强乳品加工龙头企业，河南花花牛马寨20万t乳品加工、河南科迪虞城20万t乳品加工、正阳君乐宝18万t乳品加工等新建扩建项目顺利建成投产。焦作蒙牛百亿元产业园区等一批奶业大项目正在有序建设。

【公益行动】加大奶业公益宣传，引导科学饮奶，促进奶类消费。充分利用世界牛奶日、食品安全宣传周等节点广泛开展奶业宣传活动，发放饮奶知识宣传资料，普及饮奶常识，引导乳品消费。组织一系列奶业公益宣传活动，开展“健康中原－牛奶伴您行”奶业公益行动，组织“三元杯”牛奶与健康知识竞赛。开展了走近奶业观摩体验活动，组织学生、家长等各类消费者参观休闲观光牧场和乳品加工企业。通过广泛公益宣传，科学消费理念正在形成，巴氏杀菌乳、酸奶等低温奶消费呈现快速增长态势，促进了乳品加工行业的健康发展。

“健康中原－牛奶伴您行”奶业公益行动启动仪式暨牛奶助学捐赠活动成效显著。2017年4月18日，河南省畜牧局积极为行业发展服务，联合省工业和信息化委员会、省食品药品监督管理局、省教育厅、省扶贫办、省奶业协会等相关单位积极履行职责，开展牛奶助学、营养扶贫活动，11家乳品企业捐赠牛奶12.3万提，惠及33个贫困县、3.2万名中小学生。4月19日，中国奶业协会副会长单位河南花花牛公司首场“中国小康牛奶行动”助学公益活动捐赠仪式在新蔡县思源学校举行，捐赠2万提纯牛奶。

开展世界牛奶日宣传活动。6月1日前后，河南省畜牧局举办系列宣传活动，在河南日报、大河报、中原网等媒体大力宣传奶业发展和饮奶知识；开展走近奶业观摩体验活动；组织有关奶业新闻报道20余篇，带动全省10万人次参与。

【奶源基地】落实惠农政策，不断提高奶牛规模化、标准化养殖水平。利用省级财政资金7 200万元，支持新建13个存栏500头以上的奶牛标准化规模养殖场建设，新增畜位38 300个，进口奶牛9 000头。充分发挥财政资金的牵引作用，引导奶牛养殖小区完成牧场化转型 100 多个，全省牧场化比例达到 70% 以上。

2017 年，奶牛养殖整体效益下降，但玉米、豆粕等原料降价使生鲜乳生产成本也同步下降。全年生鲜乳收购平均价格为 3.51 元 /kg，原料奶生产成本为 3.2 ~ 3.6 元 /kg，因限量、拒收、拖欠奶款等情况时有发生，加之奶牛养殖企业融资成本较高，大部分奶牛养殖企业处于保本状态。

**【奶农组织】**加强学生饮用奶管理，推荐优质奶源基地。省奶协先后组织专家完成了 7 家中国学生饮用奶生产企业的 21 个奶源基地评估认定工作，并配合中国奶业协会完成了对郑州花花牛等 6 家乳品加工企业的审核认定，核准为“中国学生饮用奶生产企业”。加快推进“学生饮用奶计划”，焦作市鼓励学校订购该市具备“中国学生饮用奶定点生产企业”资质的乳品企业生产的学生饮用奶，在征订、配送、储存、领取、分发、饮用、回收等过程中设定了独有的系统管理流程及规范标准，确保全市学生在校喝得安全、喝得营养、喝得健康，计划到 2019 年学生奶推广覆盖率达到 90% 以上，并以此作为扩大奶业消费，促进奶业发展的平台和契机。

**【项目实施】**按照支持肉牛奶牛产业扶持政策，支持新建畜位 500 头以上的奶牛标准化规模养殖场项目建设，对每个畜位省财政按不超过 2 000 元进行奖补。

河南省承担农业部振兴奶业苜蓿发展行动项目。共安排项目 3 个，补贴面积 733.3hm$^2$，补贴资金 660 万元。项目资金主要扶持推行苜蓿良种化、实行标准化生产、改善生产条件、提升质量水平四个环节。

积极实施国家奶牛场区标准化改造项目。2017 年实施 8 个奶牛场区标准化改造项目，下达中央财政资金 920 万元。下达中央财政资金 1 500 万元支持平顶山宝丰县奶牛养殖大县种养结合整县推进项目，重点对标准化牛舍建设、集中式机械挤奶机、TMR 搅拌机、投料机、全株玉米收割机、干湿分离机等设施设备购置予以扶持。

中央财政下达资金 776 万元用于河南省奶牛生产性能测定中心扩建项目。积极实施国家粮改饲试点项目，全省 43 个试点县完成粮改饲面积 5.9 万 hm$^2$，完成农业农村部下达目标任务 5.3 万 hm$^2$ 的 110%，示范带动全省饲料作物种植面积 14.3 万 hm$^2$。

**【政策法规】**2017 年 3 月 15 日，农业部办公厅《关于推荐休闲观光牧场的通知》（农办牧〔2017〕15 号）文件下发后，河南省按照文件要求，推荐郑州昌明奶牛科普乐园、洛阳生生乳业公司生生牧场，入围农业部推介的第一批休闲观光牧场。

10 月 20 日，河南省畜牧局印发《2017 年河南省支持肉牛奶牛产业发展资金项目实施方案》，支持实施肉牛奶牛标准化规模场建设、奶类消费新业态试点、进口优质奶牛和肉牛奶牛胚胎补贴等项目。

11 月 29 日，河南省人民政府办公厅《关于印发河南省高效种养业和绿色食品业转型升级行动方案的通知》（豫政办〔2017〕144 号）和《河南省高效种养业转型升级行动方案 (2017—2020 年 )》提出，到 2020 年，高效种养业转型升级取得明显进展，产业融合发展程度明显增强，产业竞争力和综合效益明显提高，种养结合明显加快，畜牧业产值占农业总产值的比重达到 40% 以上，把河南省打造成全国最大的优质草畜生产基地。

《河南省绿色食品业转型升级行动方案 (2017—2020 年 )》提出，到 2020 年，肉、面、油、乳、果蔬等食品安全保障水平稳步提升，绿色食品业转型升级取得突破性进展，带动农民增收作用更加突出，满足城乡居民绿色食品消费需求的能力进一步增强。新增优质生鲜乳 100 万 t，新增乳品加工能力 100 万 t，乳制品产值超 300 亿元。

**【质量监管】**贯彻落实《乳品质量安全监督管理条例》和国家有关要求，依法履行监管职责，提高监管能力，提升全省生鲜乳质量安全监管水平。举办了河南省生鲜乳质量安全法律法规培训班，对全省 18 个省辖市、10 个省管县的所有行政管理、行政执法、规模奶牛养殖场、生鲜乳收购站、生鲜乳运输车辆和乳品加工企业奶源部负责人进行奶业法律法规知识培训，不断提高生鲜乳质量安全水平。

对全省包括奶畜养殖场、奶站、奶车在内的 952 个监管对象重新进行了调整分类，并将监管分类及责任分工情况，在河南畜牧业信息港网站予以公布，接受社会监督。为了更好地规范生鲜乳生产收购秩序，持续开展了专项整治活动，突出了整治重点，效果明显。继续开展收购许可案卷评查，集中调阅许可案卷 108 份，通过互查互评，不断规范行政许可。继续在郑州、焦作、南阳三市开展第三方检测试点，通过组织专题调研和现场观摩，指导第三方检测试点工作。深入推进生鲜乳质量安全信息化追溯体系建设，省财政已投入 1 500 多万元对生鲜乳生产、运输和乳品企业收奶全过程进行监控，2017 年有 200 辆生鲜乳运输车、18 家乳制品生产重点企业和 186 家生鲜乳收购站纳入全省追溯体系平台管理，对生鲜乳生产、运输和乳品企业收奶全过程进行监控，实时监管、精准监管、全程监管的能力逐步提升。启动了生鲜乳电子交接系统试点建设项目。进一步加大生鲜乳监测力度，完成生鲜乳抽检检测 2 358 批次，检测合格率 99.9%，奶站抽检覆盖率超过 90%，生鲜乳质量处于历史最好水平。

**【奶业大事】**2017 年 7 月 24 日，为加快实施奶牛群体遗传改良计划，省奶业协会联合省畜牧总站、省种牛遗传性能测定中心，召开了河南省荷斯坦牛精准育种技术研讨会，举行了奶牛联合育种战略合作签约仪式。依据全省奶牛品种登记情况，省奶业协会授予洛阳爱荷牧业有限公司等 30 家企业“优秀牧场”荣誉称号，授予北京首农畜牧发展有限公司河南分公司等 30 家企业“先进单位”荣誉称号。

8 月 29 日，在上蔡县召开河南省奶业发展模式创新现场会，深入探讨新常态下奶业如何持续健康发展，奶牛养殖场、乳品加工企业、奶业协会代表及业内专家等 200 多人参会。

9月18日，河南省“三元杯”牛奶与健康知识竞赛开奖仪式在信阳市举行。

（河南省畜牧局奶业管理办公室，宋洛文）

# 郑州市

【奶畜生产】2017年全市奶牛存栏3.3万头，其中成母牛2.2万头；奶类总产量23.3万t,其中牛奶产量22.7万t,畜牧业总产值61.9亿元。存栏100头以上规模奶牛场(区)34个,分布在中牟县、荥阳市等县(市)区。

规模化养殖程度进一步提高。应对奶业形势严重下滑的局面，2015年起开展奶牛场（小区）转型升级行动，通过淘汰低产奶牛、小区牧场化转型、规模场技术托管等措施，2017年年底牧场化率达到73%，比2015年提升近10%。

机械化生产水平明显增强。规模场和养殖小区机械化挤奶率100%,90%以上牧场配备了全混合日粮(TMR)搅拌车，大型青贮收割机、自动清粪、自动饮水等设施设备和技术相继应用于奶畜生产，奶业规模化、标准化、机械化水平均居河南省前列。

奶牛单产水平明显提升。连续三年开展了奶牛单产提升行动，机械化、智能化、信息化和关键生产技术的加快推广应用，奶牛科学分群和精细化管理，取得明显效果，多数规模奶牛场单产水平达到7t以上，高产奶牛的比例逐渐增加，牛群结构更趋合理，生产力水平逐年提升。

生鲜乳品质和质量安全水平达历史高点。据2017年抽检数据分析，生鲜乳中乳蛋白和乳脂肪率分别达到3.1%和3.6%以上，生鲜乳品质明显提高，远超国家标准；生鲜乳质量安全水平明显提升，全年共抽检生鲜乳247批次，合格率均达到100%。

奶牛存栏量和生鲜乳产量在下降。围绕郑州市建设现代化大都市的总体规划，区域布局进一步调整，随着禁养区内奶牛养殖场（区）拆迁逐步落实到位，加之奶业发展形势持续低迷，奶牛存栏同比减少1.7万头，减少33.8%；生鲜乳产量同比减少8.7万t，减少26.8%。

休闲观光奶业取得新突破。位于荥阳市的郑州昌明牧业有限公司发挥自身优势，对奶牛场进行改造，探索发展观光奶业，在奶牛场开辟了科普园和现场制作体验馆，吸引幼儿园、小学的孩子们近距离认识奶牛、接触体验奶牛生产生活,了解奶牛及牛奶科普知识，从儿童做起加强宣传和引导，培育饮奶群体。2017年参观人数达10万余人次，省畜牧局和农业部多次派调研组调研，被农业部确定为亲子互动家庭牧场休闲观光模式向全国推广。

【乳品加工】全市有河南花花牛乳业集团股份有限公司、郑州光明乳业有限公司等5家乳品加工企业，年设计加工能力57.8万t，实际年加工量16.7万t，其中代加工奶粉0.06万t, 巴氏杀菌乳0.2万t,UHT奶1.3万t,酸奶12.8万t, 乳饮料2.4万t, 年销售收入16亿元。其产品主要有常温酸牛奶、低温酸牛奶、巴氏杀菌乳、常温纯牛奶及牛奶饮料等。

【市场消费】2017年全市人均占有牛奶量达到23kg。市场上销售的纯牛奶和酸牛奶主要来自河南花花牛乳业集团股份有限公司、蒙牛乳业有限公司、伊利乳业公司等。婴幼儿奶粉类销售的产品主要有：飞鹤、伊利、三元品牌。

【奶源基地】据统计，2017年全市存栏100头以上规模奶牛场(区)34个,其中存栏1 000头以上场(区)7个，占规模奶牛场总数的21%；500 ~ 999头场(区)9个，占规模奶牛场总数的26%；300 ~ 499头场(区)12个，占规模奶牛场总数的35%；200 ~ 299头场(区)2个，占规模奶牛场总数的6%；100 ~ 199头场(区)4个，占规模奶牛场总数的12%。

人工牧草种植面积达666.7hm², 其中苜蓿种植面积533.3hm²。青贮技术得到广泛应用，青贮玉米种植面积5 547hm²，年青贮量达到60万t，其中全株玉米青贮25万t。在规模奶牛场推广TMR饲喂技术，全市有TMR搅拌加工设备26台。18个奶牛场参加河南省奶牛生产性能测定，参测奶牛头数达到8 319头。

奶牛场粪污处理方面，大部分规模奶牛场采用雨水、粪污水分离，粪污水采用三级沉淀池分离，定期抽取沉淀液；牛舍采用人工干清粪或刮粪板清粪，并集中到贮粪场发酵处理。

2017年利用省肉牛奶牛产业发展专项资金项目，完成支持奶业新业态发展项目9项，其中开办现制现售生鲜乳饮品店8个，支持创建休闲观光牧场1个。每个现制现售生鲜乳饮品店补助5万元，休闲观光牧场补助170万元，合计补助资金210万元，有力地推动了奶业消费新业态的发展。

对生鲜乳收购站交售给乳品加工企业奶价进行统计，全年生鲜乳平均交售价3.59元/kg, 其中交售给蒙牛乳业（焦作）公司平均价3.68元/kg, 交售给济源伊利乳业公司平均价3.7元/kg, 交售给河南花花乳业公司平均价3.4元/kg。

【奶农组织】2016年11月，召开郑州市奶业协会第四届会员代表大会，选举新一届协会领导成员，实现了市奶业协会在人员、办公方面完全与市畜牧局脱钩，协会现有会员单位70个，会员90人。郑州市奶业协会现由河南省奶牛生产性能测定中心接管，协会秘书处设在河南省奶牛生产性能测定中心。

【质量监管】全市有生鲜乳收购站34个，其中奶牛养殖场开办的生鲜乳收购站24个，奶牛养殖合作社开办的生鲜乳收购站8个，生鲜乳运输车辆26辆。加强生鲜乳质量安全监管主要有以下几项措施。

（1）进一步完善和提升了生鲜乳收购站、运输车辆的视频监控系统。在生鲜乳生产全程视频监控的基础上，同时给生鲜乳运输车辆安装视频监控系统，并在河南花花牛乳业集团有限公司郑州分公司、河南花花牛股份有限公司和郑州妙可乳业有限公司同步安装视频监控，实现了生鲜乳运输过程全程GPS定位和在线视频监控，实现了生鲜乳全程可追溯。

（2）扎扎实实开展生鲜乳专项整治活动。开展1次生鲜乳收购站及运输车辆集中检查和1次“双随机一公开”生鲜乳收购站检查，共检查收购站36个（次）、运输车辆41辆（次），现场检查全部全格；抽取奶样77个批次，碱类物质、三聚氰胺、革皮水解物和β-内酰胺酶等检测项目全部合格。

下半年开展生鲜乳专项整治行动，重点对17个三类监管对象进行摸底排查，共出动执法人员834人次，检查奶站245站次，检查运输车辆108车次，查出问题6起，责令整改6起；对9家已无生鲜乳生产、收购、销售行为的生鲜乳收购站和2辆停运的运输车注销证照。

（3）实施风险分类监管，加强日常巡查，强化责任落实。一是对生鲜乳收购站和运输车辆明确两级监管责任人，监管要求和联系方式公示在显著位置，接受广泛的监督和督促。二是认真落实日常巡查。对奶牛养殖场和生鲜乳收购站实行定期巡查和不定期检查制度，现场检查并填写巡查记录，发现问题及时整改。三是加强抽检检测。全市安排监测资金7.2万元，其中市级资金6万元，县级1.2万元，制定生鲜乳监测计划，市畜产品质量安全检测中心共抽检生鲜乳样品36批次，生鲜乳中三聚氰胺、革皮水解物检测指标全部合格。

（4）探索开展生鲜乳第三方检测试点工作。按照省畜牧局统一部署，郑州市制定了试点方案，通过政府采购招标了河南广电计量检测有限公司，该公司派驻2名检测人员入驻河南花花牛生物科技有限公司，实行现场快速检测与实验室检测相结合的方式，开展第三方检测的探索，帮助奶农解决争议。2017年日常检测奶样4 341批次，药物及非法添加物检测844批次。试点以来未有奶农对加工企业的检测结果提出异议，对生鲜乳质量安全监管起到了风险预警作用。

（郑州市畜牧局，陈兴龙）

## 洛阳市

**【奶畜生产】**2017年全市奶牛存栏7.1万头，其中成母牛4.2万头；奶类总产量28.6万t,其中牛奶产量25.9t。奶业产值10.2亿元，占畜牧业总产值117亿元的8.7%。奶业是全市发展速度较快、产业化程度较高的畜牧产业，奶牛养殖主要集中在偃师市、孟津县、嵩县等县（市）。2017年，全市成母牛平均单产达到6.2t。奶牛单产7t以上的奶牛场（区）达到6家。

**【乳品加工】**全市有乳品加工企业3家，分别是洛阳巨尔乳业有限公司、洛阳生生乳业有限公司和洛阳阿新奶业有限公司。年设计加工能力18.4万t，实际年加工鲜奶3.1万t，其产品主要有巴氏杀菌乳、酸牛奶、学生饮用奶等乳饮料和乳制品，年销售收入2.2亿元。

**【市场消费】**2017年全市年人均牛奶占有量达到36.7kg。市场上销售的纯牛奶和酸牛奶主要来自蒙牛公司、伊利公司、夏进公司、光明公司、洛阳巨尔乳业有限公司和洛阳生生乳业有限公司。

婴幼儿奶粉类销售的产品主要有雀巢、多美滋、飞鹤、伊利等品牌。

**【奶源基地】**积极落实奶牛良种补贴政策，按计划向偃师、孟津等地发放高产奶牛冻精；加大性控冻精的推广力度，引进优质性控冻精1万剂，加速品种改良；推广优质牧草和全株玉米种植青贮技术。300头以上规模场全部饲喂全株玉米青贮，配备TMR机；开展奶牛DHI测定，为奶牛精细化管理奠定了良好基础；加强技术培训，推广了性控繁殖、微生态添加剂、精细化管理、分阶段饲养、DHI测定5项先进实用技术，提高奶牛养殖生产管理水平。

2017年利用省肉牛奶牛产业发展专项资金项目新建奶牛场2个。其中洛阳爱荷牧业公司新建牛舍2栋，新建畜位503个，卧床416位。孟津沐润牧业公司新建牛舍8栋，新建畜位1 249个。现有奶站41个，交售河南花花牛公司8个，济源伊利乳业有限公司6个，科迪巨尔乳业洛阳有限公司15个，蒙牛集团焦作分公司3个，洛阳阿新奶业有限公司5个，洛阳生生乳业有限公司1个，灵宝阿姆斯饮品有限公司1个，郑州光明山盟乳业有限公司1个，卖零奶1个。生鲜乳收购价格3元/kg左右。生乳指标较高、产奶量大的规模养殖场生产稳定，生鲜乳收购价可达3.5元/kg左右。由于生鲜乳收购价格较低，奶牛养殖场区基本处于保本或亏损的状态。

**【奶农组织】**洛阳市、偃师市和孟津县都成立了奶业协会，2017年三个协会共举办8期培训班，培训人员达320人次。开通了荷斯坦牛卫星大讲堂，免费为奶农提供学习交流场地。

**【政策法规】**洛阳市政府出台了《农作物秸秆综合利用实施意见》，对奶牛场开展玉米秸秆青贮给予5元/t补贴，对购买青贮机械，除享受国家农机补贴外，市县财政再给予10%补贴，对连片种植青贮玉米、优质牧草33.3hm² 以上的，每公顷奖励1 500元。此外，市财政每年还拿出60万元专项资金，用于优秀奶公牛引进更新，拿出50万元资金用于奶牛性控技术推广。

**【质量监管】**全市有生鲜乳收购站41个，其中奶牛养殖场开办的奶站28个，奶牛养殖合作社开办的奶站9个，乳品加工企业开办的奶站4个。生鲜乳运输车辆22辆。实现了生鲜乳收购许可证和车辆准运证持证率100%，牛奶100%来自持证的奶牛养殖场（区）和100%机械化挤奶，确保了生鲜的质量安全。

强化生鲜乳质量安全监管：一是依法规范生鲜乳收购运输许可。按照《河南省畜牧局关于规范生鲜乳收购运输许可的通知》（豫牧畜〔2014〕26号）规定的条件，要求全市各地严格验收标准，做好资料归档，做好许可工作。同时做好生鲜乳收购站运输车监督管理系统的日常管理工作，全市13个县（市、区）和市畜牧局都确定了生鲜乳收购站运输车系统管理人员，对到期的许可证除系统自动提醒外，也通过其他方式及时督促许可人按时换证，确保许可工作落实到位。加强对系统行政许可的监管，每月保证查阅系统2次以上，及时督促对系统提醒许可即将到期或到期的生鲜乳收购站、生鲜乳运输车所在的县市区处理，一年来督促换证20余起，督促注销收购站9个、运输车辆2辆，有效地维护了许可的严肃性。

二是做好生鲜乳质量安全信息化追溯体系建设管理工作。印发了《关于转发河南省生鲜乳质量安全追溯体系三期生鲜乳收购站监控系统建设标准和技术要求的通知》洛牧畜〔2017〕2号和《洛阳市畜牧局生鲜乳质量安全信息化可追溯体系建设实施方案》（洛牧畜〔2017〕4号）。生鲜乳质量安全科追溯体系奶站监控补助资金已拨付各有关县市区。

三是加强对生鲜乳运输车和乳企监控管理。一年来，生鲜乳质量安全信息化追溯体系、生鲜乳运输车辆监控体系及生鲜乳收购站运输车监督管理系统运行良好。由于加强了对运输车监控固定资产的管理，生鲜乳运输车辆监控全部正常运转。

四是做好生鲜乳质量安全专项整治工作。认真开展生鲜乳专项整治。按照省畜牧局统一安排和《洛阳市畜牧局关于开展全市畜产品质量安全风险隐患集中排查月活动的通知》（洛牧质〔2017〕12号）要求，开展畜产品质量安全风险隐患排查月活动，对全市生鲜乳收购站和奶牛养殖户进行风险隐患排查，有效地规范了生鲜乳收购贩运环节的生产经营活动。

五是加强分类监管，确保生鲜乳质量安全。根据《河南省畜牧局关于对全省生鲜乳生产收购环节实行分类监管的通知》（豫牧〔2014〕78号）要求，完成了对全市奶牛养殖场、生鲜乳收购站及生鲜乳运输车辆共117个监管对象的分类并公示，按风险等级由低到高分别确定为一类、二类、三类监管对象，其中，全市奶畜养殖场一类有4家，二类、三类各24家；生鲜乳收购站一类5家，二类24家，三类14家；生鲜乳运输车一类21辆，二类1辆。

六是开展拉网式检查。两次对奶牛养殖场、生鲜乳收购站、运输车开展专项检查。查看畜产品质量安全责任《告知书》《承诺书》，涉牧企业主体责任一年一告知，履行主体责任承诺书一年一签订执行情况。重点检查生鲜乳收购许可证和奶站生产经营条件。现场查验奶站进货台账档案、生鲜乳交接单以及收购、销售、检测、不合格生鲜乳处理记录等。经核查，所有奶站收购和运输的生鲜乳来源清楚，流向清晰。通过检查促进了奶站、运输车辆管理的进一步规范。省、市畜产品质量检测中心全年共抽查生鲜乳样品139个，检测化验结果全部合格。

（洛阳市畜牧局，刘根涛）

## 附表 1　河南省奶牛养殖场（小区）名录

| 序号 | 名称 | 养殖场 | 小区 | 全群存栏（头） | 成母牛存栏（头） | 奶畜品种 | 成母牛单产（t/年） | 年总产（t） | 是否参加DHI | 是否应用TMR |
|---|---|---|---|---|---|---|---|---|---|---|
| 1 | 河南牛硕牧业有限公司 | √ |  | 2 000 | 835 | 荷斯坦、娟姗 | 7 | 5 600 | √ | √ |
| 2 | 平舆瑞亚牧业有限公司 | √ |  | 2 108 | 1 144 | 荷斯坦 | 10.2 | 3 540 | √ | √ |
| 3 | 乐源牧业正阳有限公司 | √ |  | 5 000 | 5 000 | 荷斯坦 | 0 | 0 |  | √ |
| 4 | 濮阳市天然林牧业科技开发有限公司 | √ |  | 2 700 | 1 090 | 荷斯坦 | 6 | 6 006 | √ | √ |
| 5 | 河南科迪生物工程股份有限公司 | √ |  | 3 167 | 1 895 | 荷斯坦 | 6.3 | 11 970 | √ | √ |
| 6 | 河南科迪现代牧场有限公司 | √ |  | 1 535 | 280 | 荷斯坦 | 3.2 | 900 | √ | √ |
| 7 | 洛阳生生牧业有限公司 | √ |  | 1 800 | 1 100 | 荷斯坦、德系西门塔尔 | 9 | 6 800 | √ | √ |
| 8 | 洛阳巨尔牧业有限公司 | √ |  | 1 000 | 550 | 荷斯坦 | 7 | 3 900 | √ |  |
| 9 | 周口裕达养殖服务发展有限公司 | √ |  | 9 889 | 6 656 | 荷斯坦 | 6.6 | 43 925 |  |  |
| 10 | 河南荣华牧业有限公司 | √ |  | 1 260 | 850 | 荷斯坦 | 9.2 | 6 000 | √ | √ |
| 11 | 河南人和春天奶业科技有限公司 | √ |  | 1 371 | 663 | 荷斯坦 | 7.83 | 5 192 | √ | √ |
| 12 | 武陟县天牧农业发展有限公司 | √ |  | 2 435 | 1 240 | 荷斯坦 | 7.3 | 5 601 | √ | √ |
| 13 | 新蔡瑞亚牧业有限公司 | √ |  | 4 165 | 2 133 | 荷斯坦 | 8.4 | 18 000 | √ | √ |
| 14 | 郑州绿麒麟奶牛养殖有限公司 | √ |  | 1 280 | 680 | 荷斯坦 | 9.8 | 5 000 | √ | √ |
| 15 | 郑州天润农牧有限责任公司 | √ |  | 1 071 | 430 | 荷斯坦 | 8.9 | 4 380 | √ | √ |
| 16 | 中牟县绿源奶牛养殖有限公司（辛寨） |  | √ | 1 000 | 550 | 荷斯坦 | 7.8 | 3 240 |  | √ |
| 17 | 中牟县绿源奶牛养殖有限公司（太平庄） |  | √ | 1 000 | 400 | 荷斯坦 | 7.5 | 2 700 |  |  |
| 18 | 中牟县惠达牧业发展有限公司 |  | √ | 1 200 | 500 | 荷斯坦 | 7.7 | 4 200 |  | √ |
| 19 | 河南瑞亚牧业有限公司 | √ |  | 3 000 | 1 800 | 荷斯坦 | 9.3 | 14 800 | √ | √ |
| 20 | 中牟县富源牧业有限公司 | √ |  | 1 000 | 400 | 荷斯坦 | 9 | 3 230 | √ | √ |
| 21 | 河南合源乳业有限公司 | √ |  | 1 300 | 880 | 荷斯坦 | 8.3 | 5 490 | √ | √ |
| 22 | 郏县发展牧业有限公司 | √ |  | 1 200 | 720 | 荷斯坦 | 8.5 | 4 423 | √ | √ |
| 23 | 鲁山县瑞亚牧业有限公司 | √ |  | 2 100 | 1 523 | 荷斯坦 | 9.5 | 9 303 | √ | √ |
| 24 | 北京首农畜牧发展有限公司河南分公司 | √ |  | 4 702 | 2 497 | 荷斯坦 | 9.4 | 22 091 | √ | √ |
| 25 | 原阳县河南花花牛畜牧公司 | √ |  | 1 060 | 780 | 荷斯坦 | 8.7 | 3 500 | √ | √ |
| 26 | 原阳县福源奶牛有限公司 | √ |  | 2 133 | 889 | 荷斯坦 | 9 | 6 698 | √ | √ |
| 27 | 济源市赛科星牧业有限公司 | √ |  | 4 323 | 2 209 | 荷斯坦 | 8.5 | 15 000 | √ | √ |
| 28 | 济源市惠龙牧业有限公司 | √ |  | 1 691 | 890 | 荷斯坦 | 9 | 7 100 | √ | √ |
| 29 | 新乡市奥天牧业有限公司 | √ |  | 1 000 | 400 | 荷斯坦 | 8.1 | 3 300 | √ | √ |

（续）

| 序号 | 名称 | 养殖场 | 小区 | 全群存栏（头） | 成母牛存栏（头） | 奶畜品种 | 成母牛单产（t/年） | 年总产（t） | 是否参加DHI | 是否应用TMR |
|---|---|---|---|---|---|---|---|---|---|---|
| 30 | 河南省中源农牧责任有限公司 | √ | | 1 000 | 400 | 荷斯坦 | 8.5 | 3 400 | √ | √ |
| 31 | 新乡市聚宝养殖农民专业合作社 | √ | | 1 000 | 450 | 荷斯坦 | 8.3 | 3 700 | √ | √ |
| 32 | 滑县光明生态示范奶牛养殖公司 | √ | | 10 900 | 4 900 | 荷斯坦 | 10 | 47 500 | √ | √ |
| 33 | 河南多尔克司食品股份有限公司 | √ | | 2 300 | 1 000 | 荷斯坦 | 9 | 9 000 | √ | √ |
| 34 | 三门峡程宇奶牛养殖有限公司 | √ | | 1 200 | 550 | 荷斯坦 | 9.5 | 5 200 | √ | √ |
| 35 | 洛阳生生乳业有限公司生生牧场 | √ | | 1 300 | 600 | 荷斯坦 | 10.1 | 6 000 | √ | √ |
| 36 | 鹤壁市大运牧业有限公司 | √ | | 1 800 | 860 | 荷斯坦 | 10.2 | 8 700 | √ | √ |
| 37 | 汝州市瑞亚牧业有限公司 | √ | | 1 200 | 560 | 荷斯坦 | 10 | 5 600 | √ | √ |
| 38 | 兰考启航牧业有限公司 | √ | | 1 100 | 570 | 荷斯坦 | 8.7 | 4 800 | √ | √ |
| 39 | 兰考花花牛农牧集团有限公司 | √ | | 1 200 | 610 | 荷斯坦 | 10.6 | 6 300 | √ | √ |

附表 2　河南省乳制品生产企业名录

| 序号 | 名称 | 许可证号码 | 年收购原奶量（t） | 平均支付价格（元/kg） | 其中：自有奶源量（t） | 年乳制品产量（t） | 其中：巴氏杀菌奶(t) | UHT 奶（t） | 酸奶（t） | 奶粉（t） | 奶油（t） | 奶酪（t） | 乳饮料（t） | 整体设计加工能力（t/年） | 产品销售区域 | 年销售收入（万元） | 利润（万元） |
|---|---|---|---|---|---|---|---|---|---|---|---|---|---|---|---|---|---|
| 1 | 蒙牛乳业（焦作）有限公司 | 91410800755178552Y | 252 430 | 3.7 | | 340 850 | | 156 120 | 136 900 | | | | 33 965 | 356 308 | 全国 | 256 750 | 9 650 |
| 2 | 济源伊利乳业有限公司 | SC10541900100129 | 158 406 | 3.67 | | 317 363 | | 16 435 | 84 118.94 | | | | 216 808.79 | 390 000 | 全国 | 193 916 | 18 577 |
| 3 | 河南花花牛集团如乳业股份公司 | "SC10541018400354 SC10541010300077" | 105 000 | 3.56 | 31 000 | 135 100 | 2 100 | 13 000 | 97 000 | | | | 23 000 | 365 000 | 河南及周边 | 130 000 | 10 000 |
| 4 | 正阳君乐宝乳品有限公司 | SC10541172400014 | 63 000 | 3.66 | 10 000 | 70 000 | | | 60 000 | | | | 10 000 | 190 000 | 河南及周边省份 | 40 000 | |
| 5 | 郑州光明乳业有限公司 | SC10541018400032 | 30 000 | 3.65 | 30 000 | 30 882 | | | 30 090.17 | | | | 792 | 200 000 | 全国 | 29 368 | 4 637 |
| 6 | 河南科迪生物工程有限公司 | SC10541142500030 | 94 000 | 3.5 | 20 000 | 186 600 | 1 600 | 90 000 | 55 400 | | | | 3.53 | 300 000 | 豫、鲁、苏、皖 | 130 300 | 12 700 |
| 7 | 新乡市三元食品有限公司 | SC10541072500442 | 26 117 | 3.61 | | 31 848 | | 20 049 | 5 047 | | 61 | | 6 752 | 119 000 | 豫、鲁、皖 | 18 376 | |
| 8 | 河南三剑客奶业有限责任公司 | SC10541110200015 | 18 000 | 4.3 | 10 000 | 35 400 | 2 200 | 18 200 | 15 000 | | | | 27 100 | 200 000 | 全国 | 45 600 | 1 200 |

（续）

| 序号 | 名称 | 许可证号码 | 年收购原奶量（t） | 平均支付价格（元/kg） | 其中：自有奶源量（t） | 年乳制品产量（t） | 其中：巴氏杀菌奶(t) | UHT 奶（t） | 酸奶（t） | 奶粉（t） | 奶油（t） | 奶酪（t） | 乳饮料（t） | 整体设计加工能力(t/年） | 产品销售区域 | 年销售收入(万元） | 利润（万元） |
|---|---|---|---|---|---|---|---|---|---|---|---|---|---|---|---|---|---|
| 9 | 河南三色鸽乳业有限公司 | SC10541130200300 | 14 134 | 3.5 | 11 203 | 20 174 | 3 854 | 7 895 | 4 549 | | | | 6 070 | 140 000 | 河南省 | 13 156 | 493 |
| 10 | 河南伊利乳业有限公司 | SC10541042100013 | 6 975 | 3.8 | | 48 082 | 6 975 | | 48 082 | | | | | 61 000 | 豫、鲁 | 31 240 | |
| 11 | 洛阳巨尔乳业有限公司 | SC10541039100131 | 12 724 | 2.98 | 2 246 | 14 628 | 1 005 | 5 345 | 5 226 | | | | 3 052 | 100 000 | 河南及周边 | 9 820 | |
| 12 | 洛阳生生乳业有限公司 | SC10641032200017 | 4 860 | 3.8 | 4 860 | 5 440 | 1 440 | 530 | 3 050 | | | | 420 | 60 000 | 洛阳及周边 | 5 260 | 115 |
| 13 | 西峡县新太阳乳业有限责任公司 | SC10641132300307 | 1 000 | 4.5 | 1 000 | 1 800 | 400 | | 400 | | | | 1 000 | 6 000 | 南阳市 | 1 800 | 100 |
| 14 | 南阳农校绿白乳制品厂 | SC6931552740073 | 680 | 3.5 | | 770 | 350 | | 420 | | | | | 900 | 南阳市 | 770 | 80 |
| 15 | 洛阳阿新奶业有限公司 | SC10541032200212 | 4 500 | 3 | 1 260 | 6 908 | 1 008 | | 5 600 | | | | 300 | 15 000 | 本地及周边 | 6 400 | 128 |
| 16 | 焦作市博农乳业有限责任公司 | SC10541082200164 | 14 516 | 3.6 | 3 508 | 14 810 | 4 157 | 258 | 9 815 | | | | 580 | 100 000 | 豫、晋 | 10 233 | 1 303 |
| 17 | 开封市禹王乳业有限公司 | sc10541020500151 | 770 | 3.6 | 770 | 910 | 500 | | 200 | | | | 210 | 51 000 | 开封市及周边 | 585 | 2.9 |
| 18 | 河南中荷乳业有限公司(获嘉县) | SC10541072400031 | 1 900 | 3.8 | 1 578 | 2 700 | 55 | 236 | 2 371 | | | | 37 | 10 万吨 | 河南省为主 | 856 | |
| 19 | 河南宝乐奶业有限公司 | 91411621724103128G | 8 000 | 3.6 | 7 500 | 36 000 | 400 | 5 000 | 600 | | | | 8 000 | 36 000 | 豫、苏、沪、粤、陇 | 6 000 | 1 580 |
| 20 | 郑州妙可奶业有限公司 | QS410105010627 | | | | 600 | | | | 600 | | | | 12 000 | | 288 | 80 |

# 湖北省

**【奶类生产】**2017年全省奶牛6.04万头，牛奶总产量达到16.03万t。全省奶牛养殖主要分布在黄冈、武汉、宜昌、咸宁、十堰等9个市27个县（市、区）。全省有50个县（市、区）开展牛品种改良工作，罐点数量达到400个，品改技术人员420余名。2017年，全省牛品种改良工作任务指标为18万头，全省累计冻配改良牛21.40万头，其中黄牛15.92万头，水牛5.48万头，完成任务指标的118.89%。近年来，湖北省采取有效措施加大奶水牛品种改良，奶水牛养殖得到一定发展。湖北省奶水牛养殖主要分布在襄阳、荆门、随州、孝感等地，全省具有代表性的奶水牛养殖企业是湖北劲牛牧业有限公司，存栏奶水牛420头，奶牛品种以地中海奶水牛为主。

**【乳品加工】**随着湖北省奶业标准化、规模化水平不断提升，乳品生产总量稳步增长，乳品加工企业发展迅速。全省奶制品加工企业共计21家，设计总加工能力186.38万t。其中伊利集团在黄冈市加工厂设计加工能力达到70万t，蒙牛集团在武汉市东西湖区加工厂设计加工能力达到22万t，光明乳业公司在武汉市东西湖区加工厂设计加工能力达到12万t。

**【市场消费】**市场主要销售品牌有光明、蒙牛、伊利、友芝友、武汉九州乳业等，主要乳制品有纯牛奶和酸奶。湖北省中小型养殖场也开始探索“牛场+奶吧”的经营模式。如宜昌市的俏牛儿牧业公司在宜昌市布设“鲜奶吧”60余家，鲜奶平均销售价格在30元/kg；黄石市的湖北金贝公司在黄石市布设“鲜奶吧”44家、在武汉市布设“鲜奶吧”6家；湖北劲牛牧业公司在武汉布设“鲜奶吧”2家，“鲜奶吧”水牛奶平均销售价格达到30元/kg。

**【奶源基地】**全省奶牛养殖以规模化养殖为主，全省存栏100头以上的规模场总存栏量占全省总存栏量常年稳定在95%左右。据部门统计，2017年存栏100头以上的规模场（户）26个，其中1 000头以上的9个，全部实现了机械挤奶。

DHI测定。2017年湖北省参加DHI测定的奶牛场有23个（含1个奶水牛场），其中5 000头规模奶牛场4个，参测奶牛数量达到1.5万头；参测6次以上的牛只达到1.1万头，完成了农业部下达年度生产任务（测定荷斯坦牛1.1万头）；全年共计检测奶样达到8.3万头份，有效数据达到80%以上。2017年，全省参测奶牛日均产奶量达到27.7kg，平均乳脂率3.9%，平均乳蛋白率3.3%。其中，参测奶牛日均产奶量已较2010年的17.9kg提升了9.8kg。

粪污处理方式。主要采取有机肥加工厂和沼气、农田利用等方式，部分地区开始探索使用奶牛“场床一体化”养殖模式。

饲草饲料。2017年湖北省种草保留面积20万$hm^2$，其中改良草地6.4万$hm^2$，人工种草13.5万$hm^2$；利用农闲田地种草7.9万$hm^2$，其中冬闲田种草4.5万$hm^2$。近年来，全省积极开展优质牧草种植试点试验和推广工作，扩大青贮玉米、皇竹草、高丹草、紫花苜蓿等高产青饲料作物种植面积。2017年全省全株青贮的油菜、小麦和玉米种植面积达到7.1万$hm^2$，紫花苜蓿试点示范种植面积达到68.7$hm^2$。

**【奶农组织】**湖北省原奶业协会已经省民政厅登报注销。2017年4月湖北省开始申报筹备成立湖北省奶牛行业协会。10月，经省民政厅正式审批成立。协会主要以奶农养殖场业主、乳品加工龙头企业等单位为会员，目前有54个会员单位。2017年，协会多次举办各种类型的培训班，对奶牛养殖、环境保护、疫病防控、牛奶加工等各个环节进行专业培训和指导，培训省内科研院所技术人员、奶业企业技术骨干和管理人员1 200多人次。

**【政策法规】**继续开展生鲜乳违禁物质问题专项整治。采取县级自查、市（州）普查和省级督查相结合的方式，加大生鲜乳违禁物质问题专项整治力度。一是查生鲜乳质量安全监管责任和经营主体责任落实情况；二是查标准化管理、生鲜乳质量检验、不合格生鲜乳处理、安全制度落实情况；三是查奶牛养殖过程中兽药使用情况；四是查生鲜乳违禁物质监测情况。

**【质量监管】**湖北省建立了完善的生鲜乳监测体系，常年开展生鲜乳质量安全监测工作，有力保障了生鲜乳质量安全。2017年全省生鲜乳违禁物专项监测覆盖了全省25个生鲜乳收购站、24辆运输车共101批次，检测了三聚氰胺、碱类物质、硫氰酸钠、革皮水解物和β-内酰胺酶5项指标，合格率为100%；2017年生鲜乳国家标准指标监测，完成135批次，检测了冰点、黄曲霉毒素$M_1$、铅、铬、汞、砷6项指标，检测结果均合格；2017年生鲜乳质量安全异地抽检，完成60批次，检测了三聚氰胺、碱类物质、硫氰酸钠、黄曲霉毒素$M_1$、革皮水解物和β-内酰胺酶6项指标，检测结果均合格。

奶站管理：全省生鲜乳收购站（点）25个，生鲜乳运输车24辆。为了加强生鲜乳质量安全监管，确保不发生生鲜乳质量安全事件，省各级畜牧（奶业）部门一是认真开展收购站和运输车现场检查，加强奶站和运输车日常监管，严格审查奶站和运输车资质条件，坚决取缔不合格的奶站和运输车。狠抓“生鲜乳生产收购记录和进货查验”“奶畜养殖和生鲜乳收购运输环节从重处罚”“生鲜乳收购站质量安全‘黑名单’”等制度的贯彻执行。二是要求各地将所有收购站和运输车纳入“全国生鲜乳收购站管理系统”，加快推进收购站和运输车信息化管理。三是将严惩重处生鲜乳环节违法违规行为常态化，切实维护奶源市场秩序，严防不合格生鲜乳流入市场。

（湖北省畜牧畜医局，梅波）

# 湖南省

【奶畜养殖】湖南省奶畜种类以荷斯坦牛为主，奶山羊的养殖数量呈现逐年增长势头。2017年，全省奶牛存栏2.8万头，生鲜奶总产量9.6万t，成年母牛头均单产5.8t，规模化牧场平均单产7t；2017年度较2016年度全省奶牛存栏量基本持平，奶类产量提高1.92万t，奶牛年均单产提高934kg，涨幅分别为25%和19.2%；全省奶山羊存栏7 800只，羊奶总产量1 320t，涨幅分别为112.5%和100.9%。全省奶畜养殖业产值达3.9亿元。奶牛养殖业的发展趋势是养殖方式继续调整、规模化程度继续提高，乳品加工企业自有牧场或形成利益联结机制的牧场占比增加；全省未出现牛奶滞销的现象，但奶牛养殖业利润仍然微薄。

全省奶牛养殖从产业分布上，形成了4个产业优势区。一是草山资源区。以南山牧场为代表，已成为邵阳市城步县域经济发展的支柱产业、当地扶贫攻坚的重要产业，有南山牧业、羴牧科技2家奶业龙头企业；全县已建成奶牛小区17个，其中12个已运营，其余5个已竣工；发展奶牛养殖基地乡镇场4个，基地村19个。奶牛、奶山羊存栏数分别为1.3万头和0.6万只，占全省奶牛、奶山羊存栏数的比例分别为47.3%和79.5%。二是以常德为代表的洞庭湖平原饲草供应优势区。以优质、平坦的土地资源进行青贮饲料机械化规模种植和加工，发展适度规模的奶牛养殖，代表企业有金健乳业、德人牧业。全市奶牛存栏6 000头，占全省奶牛存栏21.8%。三是以长沙市为代表的城市消费型奶业区。瞄准乳品消费市场，发展城郊型奶业，新希望乳业、皇氏集团等中大型乳企相继进驻，优卓牧业建成投产，均计划新建规模化奶牛养殖场。四是承接沿海地区产业转移奶业发展区。以永州为代表，发展中大型规模牧场，面向粤、港等地提供优质奶源，江华温氏乳业一期5 000头规模牧场建成投产，存栏3 800头，占全省奶牛存栏13.8%。

从养殖规模看，全省奶牛养殖场（小区）平均存栏数200头以上的规模场（小区）存栏比例占全省奶牛养殖量的90%以上，新建牧场均为千头以上存栏规模，散户养殖基本退出，规模化程度较2012年提高50%。

从奶畜品种看，由传统的纯饲养荷斯坦牛到以荷斯坦牛为主，少量饲养娟姗牛、奶山羊等多品种养殖格局初现。

从奶源品质看，近3年生鲜乳抽检合格率100%，体细胞数平均在30万个/mL以内、细菌总数在25万/mL以内，乳脂率、乳蛋白率平均达3.5%和3.2%以上，各项指标优于国标。

【乳品加工】2017年，湖南省共有乳制品以及涉乳生产企业18家，其中总产值过亿元的企业8家；乳制品总产量29万t，其中液态乳23万t。全省奶品生产加工有三种类型，一是奶粉生产，以进口或国产优质奶粉为原料，生产加工灌装、袋装奶粉，年产值20亿元以上，主要有澳优、合生元等知名品牌企业。二是液态奶生产，以生鲜乳为原料，生产低温奶（巴氏奶和酸奶）和高温灭菌乳，全省有液态奶生产企业8家，2017年总产值约10亿元。三是复原乳和乳饮料生产，以外购奶粉为原料，生产瓶装听装常温乳饮料，省内企业年产值约15亿元。全省乳制品加工业的奶源依靠外调，本土奶源供应严重不足。干乳制品和乳饮料生产企业的主要原料全部需外调，液态奶生产企业奶源以本地奶源为主、部分企业需要完全依靠省外调运奶源。本年度液态奶产品生产特点为巴氏奶、酸奶等低温奶产品持续稳定增长。

全省共有生鲜奶收购站12个（其中长沙4个、邵阳4个、常德3个，永州1个），生鲜乳运输车14辆（其中长沙2辆、邵阳6辆、常德3辆、永州3辆），2017年度收购鲜奶3.9万t。

【市场消费】湖南省有近7 000万人口，其中城镇人口超过3 700万，从奶制品市场消费看，湖南市场潜力巨大。据调查，2016年城镇居民人均乳制品（折合成原料奶）消费量18.4kg，农村居民人均奶制品（折合成原料奶）消费量7.1kg；城镇和农村人均奶类消费支出分别为396.3元/年和142.5元/年。近年来，乳制品消费总量基本稳定，消费结构有所变化。城镇居民消费酸奶、巴氏杀菌奶等低温奶产品比例上升，低温液态奶消费增长速度较常温奶明显加快；奶粉消费以婴幼儿奶粉为主，消费总量快速增长；农村居民消费以常温奶、乳饮料等产品为主。

湖南省乳制品消费市场中，省外品牌和产品仍占主导地位；本省液态奶品牌有"金健""新希望南山""南山草原""皇氏优氏""优卓""湘密""德人牧香"等，在湖南境内生产销售的全国性液态奶品牌有"光明""旺仔"；在湖南省内生产奶粉品牌有"澳优""南山""倍慧""合生元"。湖南省内消费的本地产乳制品规格和价格见表4-27。

**表4-27 湖南省生产销售的主要乳制品品牌、规格及价格**

| | 巴氏杀菌奶 | 超高温灭菌奶 | 酸 奶 | 奶粉 |
|---|---|---|---|---|
| 品牌 | 新希望南山、南山草原、金健、皇氏优氏、优卓、德人牧香 | 新希望南山、金健、皇氏优氏、湘密、南山草原 | 光明、新希望南山、派派、金健、皇氏优氏、南山草原 | 澳优、倍慧、南山、合生元 |
| 规格 | 150～200mL | 200～250mL | 120～250mL | 900g |
| 价格 | 3.2～8.0元 | 2.8～4.8元 | 2.5～8.0元 | 148～428元 |

【奶源基地】2017年，全省新建1 000头以上的规模化奶牛养殖场3个，分别为湖南优卓牧业科技有限公司生态牧场、湖南南山牧业有限公司清溪奶牛场和江华温氏奶牛养殖场，新增存栏奶牛3 500头。全年奶牛存

栏量在 100 ~ 499 头的场（小区）11 个，存栏总数为 3 654 头，占全省比重为 13.3%；奶牛存栏在 500 ~ 999 头的场 4 个，存栏总数为 2 387 头，所占比重为 8.8%；奶牛存栏规模在 1 000~3 000 头的养殖场 4 个，存栏总数为 4 682 头，占全省的比重为 17.0%；存栏规模在 3 000 头以上的养殖场 1 个，存栏 3 500 头，占全省奶牛数的 12.7%。全省奶牛养殖小区 11 个，集中在湖南省城步苗族自治县南山牧场，奶牛小区实施统一挤奶、统一饲料供应、统一养殖方式、统一防疫。

全省奶牛养殖机械化挤奶实现了全覆盖，80% 以上牧场采用 TMR 饲喂，畜舍环境人工控制、自动清粪系统、青贮玉米机械化收割、污水自动处理系统等现代奶业装备不断完善，现代化程度不断提高。奶牛生产性能（DHI）测定在省内 12 个规模化牧场或小区开展，参测母牛头数达 5 200 头。

省内奶牛养殖的草料以干草、青贮玉米或新鲜牧草为主。据统计，2017 年全省规模化奶牛场青干草中 95.4% 为苜蓿、羊草、燕麦草，外调比例占 97.5%；三种青干草到场价格分别为每吨 2 766 元、1 585 元、2 342 元，粗饲料综合成本较东北、西北牧草主产区高 25.3%。粗饲料本地化供应方面，主要为全株青贮玉米和禾本科青草，其中青贮玉米全年种植面积约 1 333.3 $hm^2$，平均每公顷为 58.5t，总产量 7.8 万 t。

疫病防控方面，全省各级动物疫病防检部门全力抓好奶牛疫病防控工作，奶牛养殖场（户）奶牛“两病”检测工作覆盖率为 100%；按要求定期接种疫苗；全年无重大疫病发生。在粪污处理上，散养户主要采用粪污直接还田（地），规模化养殖场采用粪便生产有机肥或发酵处理后种植牧草的方式处理。

2017 年全省规模化奶牛场平均原料奶直接饲料成本 2.42 元 /kg，平均原料奶的综合成本 3.99 元 /kg，比全国平均原料奶的综合成本约高 1 元 /kg；全省原料奶收购价格年均 4.07 元 /kg，利润空间为 0.08 元 /kg。

**【奶农组织】**全省成立了 1 个省级奶业行业协会、1 个县级行业协会和 5 个奶牛养殖合作社，参与协会和合作社的会员和成员共 176 人。2017 年全省共组织相关的培训班、异地考察学习共 8 次，培训奶牛养殖户和相关技术人员 400 人次。为加强协会会员单位的信息传送与业务交流，促进专家与对接企业之间联系的紧密度，2017 年建立了湖南省奶业协会微信平台和网站，解答会员提出的相关技术咨询 1 000 多次。

**【政策法规】**为促进奶业行业健康、持续发展，2017 年全省共出台相关的政策、法规等文件 4 项，分别是湖南省农业委员会制定的《2017 年农产品质量安全专项整治工作方案》和湖南省畜牧水产局制定的《2017 年湖南省生鲜乳质量安全监测计划》《湖南省 2017 年生鲜乳违禁物质专项整治行动》《湖南省畜牧水产局办公室关于加强奶畜散户养殖监管的通知》（湘牧渔办函〔2017〕61 号）。各市州畜牧（兽医）部门按照湖南省畜牧水产局的统一安排，对相关的政策组织实施。挤奶机械、全混合日粮设备以及饲草料收购设备纳入了农业机械购置补贴范畴。

**【质量监管】**2017 年严格按照《农业部关于开展 2017 年生鲜乳质量安全监测工作的通知》（农牧发〔2017〕3 号）的精神，湖南省制定下发了《2017 年湖南省生鲜乳质量安全监测计划》。各市州畜牧（兽医）水产部门按照省局统一安排，组织实施 2017 年湖南省生鲜乳质量安全监测计划，加大监督抽检力度，确保监测覆盖所有生鲜乳收购站和运输车。配合做好省部级生鲜乳抽检工作，全省全年共抽检生鲜乳样品 60 批次，其中农业部监测计划 35 批次（辽宁省兽药饲料畜产品质量安全监测中心异地抽检 15 批次，湖南省兽药饲料监察所抽检 20 批次），本省监测计划 25 批次（含 2017 年生鲜乳质量安全隐患排查 4 批次），对每个生鲜乳收购站、运输车抽检 3 次以上。重点监测三聚氰胺、革皮水解物、β－内酰胺酶、碱类物质和硫氰酸钠 5 种违禁添加物，以及黄曲霉毒素 $M_1$、大观霉素、铅等物质，及时发现和排除质量安全风险隐患，严厉打击违法违规行为，10 月底完成生鲜乳安全监测工作，抽检合格率 100%。

按照《国务院办公厅关于加强农产品质量安全监管工作的通知》（国办发〔2013〕106 号）《农业部关于印发《2017 年农产品质量安全专项整治方案》（农质发〔2017〕6 号）《农业部办公厅关于开展 2017 年生鲜乳专项整治行动的通知》（农办牧〔2017〕17 号）和《湖南省 2017 年生鲜乳违禁物质专项整治行动》的要求，为进一步加强湖南省生鲜乳违禁物质安全监管，2017 年 6 月份湖南省农业厅制定了《2017 年农产品质量安全专项整治工作方案》其中有生鲜乳违禁物质专项整治方案，重点在长沙、常德和邵阳三市的奶牛养殖县和奶牛养殖重点区域全面开展生鲜乳违禁物质专项整治行动，督促各地特别是奶牛重点饲养市、县制定生鲜乳违禁物质专项整治方案，明确整治工作任务和工作责任，层层签订生鲜乳质量安全监管责任状，每个生鲜乳收购站和运输车都要明确监管责任人，使其在有效监管之下运营。1 ~ 10 月对全省生鲜乳收购站和生鲜乳运输车的质量安全生产情况进行二次全覆盖专项检查，检查奶站 49 站次，检查运输车 46 车次，出动执法人员 586 人次，抽检总批次 46 次，举办监管人员和生鲜乳养殖收购运输车从业人员培训 17 期，专业执法培训 420 人次。生鲜乳质量安全监管体系完善，各项日常监管措施到位，在此次专项整治行动中没有发现生鲜乳添加违禁物的行为。根据《农业部办公厅关于加强奶畜散户养殖监管的通知》（农办牧〔2017〕38 号）的精神，湖南省进一步加强奶畜散户养殖监管，下发了《湖南省畜牧水产局办公室关于加强奶畜散户养殖监管的通知》（湘牧渔办函〔2017〕61 号）。通过联合市县区现场检查，发现长沙、湘潭和永州各有一家散户奶畜养殖场，省市县三级畜牧局分别下达了 8 份整改通知书，勒令限期整改，已经整改到位。

【奶业大事】为有效推动和规范学生饮用奶工作的开展，促进学生饮用奶事业健康发展，湖南奶业协会积极呼吁并争取相关职能部门为低温奶产品进校供应提供通道；通过拍摄电视新闻宣传片大力推介本土乳企和低温奶产品；组织相关人员认真贯彻落实“湖南省学生饮用奶计划推广管理办法（试行）”的执行情况，每月统计各个学生奶推广企业的销售情况并进行不定期市场抽查暗访。2017 年对省内 4 家奶业生产企业进行授牌试点推广低温奶产品，全省已经有 6 家奶业生产企业具备学生奶推广资格。全省全年学生奶产量 4.4 万 t，推广“中国学生饮用奶”和“湖南省学生专用奶”标志产品，惠及在校学生 125.6 万人以上，分别比 2016 年增长 23.4% 和 12.4%。

西安御宝羊乳集团、湖南爱恩食品有限公司与亚华乳业控股有限公司共同出资成立的城步彝牧牧业有限公司计划分三期总投资 5.2 亿建立智能生态牧场，3 年内初步在城步完成“北羊南养”工程，示范并带动建成“百头级”“千头级”“万头级”奶山羊养殖场 25 个，标准化挤奶站 25 个，种植牧草 6 666.7hm$^2$，完善配套设施的建设养殖奶山羊规模达 30 万只，羊鲜奶年产达 6 万 t，将城步县建设成中国南方奶山羊基地标杆县和中国南方奶山羊繁殖育种中心。拥有的五桂牧场与太坪牧场、江头司牧场三个牧场已经纳入全县重点项目之一，一个万吨级乳品加工厂已全部竣工并成功取得成人类乳粉生产许可，第一批产品也已经顺利下线，并已递交婴幼儿配方乳粉注册资料和申请。

（湖南省奶业协会，刘海林、樊志坚）

# 广东省

【奶畜养殖】截至2017年底，广东省存栏荷斯坦牛5.1万头，成母牛2.9万头，牛奶总产量16.96万t，成母牛平均单产6 332kg/头。荷斯坦牛主要分布在珠江三角洲地区。存栏前五位分别是：广州市1.1万头，清远市1.3万头，肇庆市0.6万头，惠州市0.8万头，深圳市0.2万头，约占广东省存栏总量的76.5%；奶水牛存栏4 564头，主要分布在佛山市、揭阳市、广州市、肇庆市、湛江等地。全省奶类总产量17.4万t，其中：牛奶总产量17万t，水牛奶总产量3 894t。

【乳品加工】目前，广东有液态奶乳品加工企业28家，据对其中13个主导企业统计，液态奶产量76.13万t，产品销售收入74.85亿元，利润总额5.19亿元。市场需求量增加，产品结构变化，乳制品产量增加。全省共建立生鲜乳收购站39个，全部实行持证经营。

【市场消费】广东省人均奶类占有量1.6kg，居民家庭人均奶类消费8.33kg，其中城镇消费11.0kg，农村消费2.7kg。广东市场乳制品销售的主要品牌是燕塘、风行、香满楼、光明、蒙牛、伊利等。绝大部分广东消费者倾向于购买本地乳企生产的液态奶产品。

【奶源基地】广东奶牛规模化养殖水平较高，其中奶牛存栏在1 000头以上的养殖比重达74.6%，500 ~ 999头的占14.4%，200 ~ 499头的占4.9%，100 ~ 199头的占0.9%，1 ~ 99头的占3.3%。存栏100头以上的奶牛养殖比重占92.3%。

奶牛规模化养殖水平高，极大地促进了机械化和标准化发展，广东省的牧场100%实现机械挤奶，生鲜奶的质量和卫生指标均好于国家标准的要求。根据广东省2008年以来参测DHI项目奶牛场统计数字显示，蛋白质含量平均为3.3%，乳脂含量平均为3.8%，体细胞数平均为35万个/mL。

2017年广东省继续贯彻落实《国务院关于促进奶业持续健康发展的意见》（国发〔2007〕31号）和《广东省2015—2017年农机补贴实施方案》（粤农〔2015〕35号）文件要求，将乳品加工厂常用的挤奶机、贮奶罐和冷藏罐等设备纳入农机购置补贴的设备进行补贴。通过农机购置补贴项目的实施，持续不断地提升乳品加工厂和生鲜乳收购站机械设备的现代化水平，进而达到提升生鲜乳质量的目的。

广东省生鲜奶的购销全部实行订单生产。一般是每年11~12月，广东省奶业协会主持召开几次生鲜奶购销沟通协调会（包括奶农之间、乳品企业之间、奶农与乳品企业之间），并于12月底前在行业内发布生鲜乳购销参考价，同时组织奶农与乳品加工企业共同签订下一年度的生鲜乳购销合同，明确规定生鲜乳供应的时间、数量、质量、价格、检测方法与奖罚条款等。

生鲜乳收购实行优质优价，2017年生鲜乳价格从5 400元 ~ 5 600元/t，平均价约5 500多元。生鲜乳除每天供港50多t外，全部用于生产液态奶（包括巴氏奶、纯牛奶和酸奶等），没有用于奶粉加工。

随着环保压力不断增加，广东省牧场通过争取相关项目资金支持或自筹资金，增建或改建了环保设施。如广东燕塘乳业股份有限公司红五月良种奶牛场分公司采用刮板将牛粪尿收集到搅拌池，然后使用固液分离机将牛粪和污水分离，固体用作有机肥，液体经厌氧发酵后灌溉农田和果木，产生的沼气用于发电和生活使用；广州风行牛奶有限公司仙泉湖牧场成为广东省唯一一家安装污染源在线监督系统的现代化奶源基地，环保部门即时监控该场排放水质，防止不达标水对外排放。

【政策法规】2017年广东省扶持奶牛养殖业发展的主要措施有：

**1. 优质后备母牛饲养补贴项目。**对享受奶牛良种补贴改良后的优质后备母牛给予饲养补贴，每头一次性补贴500元。2017年共实施优质后备母牛饲养补贴7 625头，补贴资金381.1万元。广东省级财政对东西两翼和粤北地区以及江门开平市的优质后备母牛饲养补贴给予补助（其中江门开平市补助70%），省与各级地方财政分别负担补贴资金的60%和40%；珠三角地区所需资金全部由各级地方财政自行解决。

**2. 奶牛生产性能测定项目。**2017年广东省继续委托广州市奶牛研究所有限公司承担实施奶牛生产性能测定项目，共测定奶牛5 000头，每头补助测定经费70元，共补助资金35万元，所需资金全部由中央财政负责。经精心组织和实验室测定，参测牛群牛奶平均蛋白含量为3.3%，乳脂含量为3.84%，尿素氮为15mg/mL，体细胞数为35万个/mL。

**3. 畜禽养殖标准化示范场。**佛山澳纯乳业有限公司和湛江澳新乳业有限公司挂牌成为2017年农业部畜禽养殖标准化示范场。

**4. 开展休闲观光牧场申报活动。**根据《农业部办公厅关于推荐第二批休闲观光牧场的通知》（农办牧〔2018〕3号）要求，组织专家对广东省申报的牧场进行实地考察和审核评选，并将推荐材料进行了上报。

**5. 广东省奶牛生产性能测定实验室通过农业部评审。**7月18~20日，农业部奶牛生产性能测定实验室现场评审专家组一行来到广东省种畜禽质量检测中心，依据《奶牛生产性能测定实验室现场评审程序》（试行）等文件，对广东省种畜禽质量检测中心奶牛生产性能测定（DHI）实验室进行了现场评审验收，该实验室也成为广东省唯一一家通过农业部评审的奶牛生产性能测定实验室。

**6. 学生饮用奶奶源基地评估。**根据广东燕塘乳业股份有限公司的申请，对韶关市武江区兴农畜牧有限公司、广州从化市鳌头燕龙奶牛场、开平市粤顺牧业有限公司进行了现场评估认定，并将评估结果向中国奶业协会提交备案，经中国奶业协会审核合格并给予了奶源基地备案编号。

【奶农组织】

**1. 加强自身建设，做好宣传与信息服务。**一是进一步完善各项内部管理制度。在省民政厅的领导下，按照《广东省行业协会管理条例》和《广东省奶业协会章程》，定期组织召开理事会议，按时上交年检报告等。二是积极发展新会员，不断壮大会员队伍。目前，广东省奶业协会已有团体会员 108 家，协会在行业的影响力得到显著的提升。三是为加强南方地区奶业行业的交流与合作，出版四期《南方奶业》，加强南方奶业网站建设。

**2. 竭尽全力，服务广大会员。**一是开展形式多样范围广泛的技术培训。2017 年 4 月举办广东省奶牛疫病防控技术研讨会；5 月举办勃林格奶牛疾病防控技术论坛；6 月举行南方养牛新技术论坛；9 月举办“现代化牧场奶厅管理技术研讨会”。二是积极开展行业论坛。2017 年 12 月 28 日，广东省奶业协会主办了广东奶业发展论坛，来自全国全省奶业界的近 300 位行业知名专家、学者、各地奶协协会、乳企负责人、奶牛养殖者，以及媒体代表齐聚一堂，为广东奶业发展建言献策。三是积极开展对外交流。2017 年 3 月 1 日，广东省奶业协会组织乳品加工企业负责人参观第二十四届中国国际包装工业展览会。四是认真开展技术咨询服务，积极为会员单位提供奶牛饲养管理、牧场饲料等方面的市场信息咨询。五是积极开展奶业公益宣传活动。2017 年世界牛奶日期间，广东省奶业协会联合广州市少先队队刊《都市人杂志》、广州市红领巾小记者团、广州市少年宫成长亲子俱乐部、蒙特利华南小记者通讯社和广东燕塘乳业股份有限公司、广州风行乳业股份有限公司等单位，开展以“牛奶与家庭”为主题的世界牛奶日公益宣传活动。

**3. 充分发挥桥梁纽带作用，认真做好沟通协调工作。**积极开展生鲜乳购销协调工作。在认真做好生鲜乳生产成本调查的基础，每年底前组织奶畜养殖和乳品加工企业，开展生鲜乳购销价格协调，发布生鲜乳购销参考价，有力地促进了广东省生鲜乳市场的协调稳定。

**【质量监管】**截至 2017 年年底，广东省共建立生鲜奶收购站 39 个，其中广州市 10 个，惠州市 8 个，清远市 6 个，珠海 4 个，湛江市、肇庆市、江门市各 2 个，佛山市、汕头市、深圳市、梅州市、揭阳市各 1 个，所有奶站全部实行持证经营。

组织对生鲜乳收购站和运输车进行了检查及监督抽样，全省共出动执法人员 1 112 人次，检查生鲜乳收购站 39 个、奶牛场 187 个，检测生鲜乳样品 340 批次，监测覆盖全部生鲜乳收购站、运输车和规模奶牛场，受检生鲜乳中三聚氰胺等违禁添加物、抗生素等多项指标检测结果均 100% 合格。

（广东省奶业协会，陈三有、刘建营）

# 广西壮族自治区

【奶畜养殖】生产情况。据畜牧部门统计，2017年广西奶牛存栏7.1万头，能繁母牛4.3万头；奶类产量8万t。其中：荷斯坦牛存栏1.7万头，能繁母牛1.1万头；奶水牛存栏5.4万头，能繁母水牛3.2万头。荷斯坦牛奶产量5.4万t，水牛奶产量2.7万t。

养殖分布。广西奶业发展形成了两大优势区域。荷斯坦牛养殖以南宁、贺州、柳州、来宾、贵港、防城港六个市为中心产区，2017年荷斯坦牛存栏1.6万头，占广西荷斯坦牛总数的93%；奶水牛已向规模场或小区养殖方向发展，以钦州、北海、玉林、南宁四个市为主要产区，2017年奶水牛存栏5.3万头，占广西奶水牛存栏总数的99.3%。

2017年广西奶类产值为5.4亿元(其中水牛奶2.4亿元)，占广西畜牧业产值1 136.2亿元的0.5%。

生鲜乳价格。2017年荷斯坦牛奶收购价格5.60元/kg，水牛奶收购价格9.2元/kg。饲养年产1.6t的奶水牛年可获利3 000~4 000元。

奶业发展趋势。广西奶业的特色是水牛奶业，优势是发展奶水牛产业。广西水牛奶业作为广西特色农业优势产业，加大了发展力度，取得了较好成效，已经发展成为振兴广西农村经济、增加农民收入的一个重要产业，奶农每养殖一头奶水牛平均每年可获利3 000~4 000元，随着广西各级政府对这一产业加大发展力度，今后广西奶水牛业发展会稳步推进，实现生产稳步增长。

【乳品加工】2017年广西获得食品生产许可证的乳制品企业有15家，其中婴幼儿配方乳粉企业1家。2017年全广西乳制品产量为46万t，其中液态乳45.5万t，占99.1%；乳粉产量(含婴幼儿配方乳粉)2 563t，占0.6%。

广西加工水牛乳制品的企业有广西皇氏甲天下乳业股份有限公司、广西壮牛乳业有限公司、广西百强水牛奶业股份有限公司、广西桂牛水牛乳业股份有限公司、广西百色壮牛牧业有限公司和崇左市天添乳品厂，2017年实际加工水牛奶产品4.3万t。主要有巴氏杀菌乳、酸奶、UHT奶、乳饮料等系列50多个品种，包装有瓶装、杯装、袋装、听装和利乐包装等，部分产品和奶酪远销香港、北京、上海等地。

【市场消费】2017年广西总人口5 600万人，奶产量8万t，人均奶类占有量为1.4kg。

【奶源基地】2017年底，广西存栏奶牛100头规模以上的奶牛养殖小区(场)共39个，存栏奶牛2.4万头，占全广西奶牛存栏7.1万头的33.1%，奶牛品种主要有荷斯坦牛、奶水牛和娟姗牛。其中南宁市17个、钦州市5个、玉林市4个、柳州市4个、北海市3个、来宾市2个、贵港市2个、防城港市1个、贺州市1个。存栏规模100 ~ 300头的小区（场）17个，301 ~ 500头规模9个，501 ~ 1 000头规模8个，1 000头规模以上5个；属于奶企自建的奶牛养殖小区（场）共11个，国有单位办的3个，私营公司办的14个，合作社或个体的11个。

2017年广西在粗饲料开发与利用方面，重点抓好高产优质牧草（桂牧1号等）和优质农副产品（玉米秆、甘蔗叶、菠萝渣等）种植开发利用以及“粮改饲”项目实施工作，较好解决了奶牛业的粗饲料问题。全年推广种植单一高产牧草（桂牧1号等象草）4.8万$hm^2$，实施果园隙地种草4 913.3$hm^2$，冬闲田种草9 706.7$hm^2$，“粮改饲”项目种植高产优质牧草1 993.3$hm^2$；科学利用农作物秸秆饲料化利用830万t。

2017年广西继续抓好奶牛疫病防控工作。主要是落实责任，完善各级动物防控体系建设；加强规模养殖场管理，强化动物疫病（主要是口蹄疫、结核病、布鲁氏菌病）的免疫、监测和净化；加大省际间公路动物防疫监督检查，提高防控质量；大力推广应用奶牛生态健康养殖技术。由于措施到位，2017年广西奶牛养殖业无重大疫情发生。

【奶农组织】广西奶农合作社和协会的建设属于起步阶段，没有新的进展。2017年，广西各级畜牧部门加强奶农技术培训，组织开展有关法规、生态养殖技术、疫病防治等培训班50期，培训学员3 500多人次，发放宣传资料2 000多份。

【政策法规】2017年广西修订了广西水牛奶产业发展“十三五”规划。该规划的发展目标是到2020年，生产结构和区域布局进一步优化，综合生产能力显著增强，规模化、标准化、产业化程度进一步提高，继续向资源节约型、技术密集型和环境友好型转变，为水牛奶业长期发展打好基础。基本建成全国水牛奶产业的“三基地、一中心”，即全国良种水牛种源基地、水牛奶产业开发示范基地、人才培训基地和奶水牛科技创新中心。分三个分目标努力完成。

一是种源发展目标。建设1个良种繁育场；扩建自治区畜禽品种改良站种公牛站，新增种公牛15头，总规模达到120头，年产冻精90万支；新建1个地中海水牛种公牛站，新增地中海种公牛100头。

二是奶源发展目标。规模养殖比重提高15个百分点，奶水牛存栏量达到10万头，其中，产奶杂交母水牛达到6万头；奶水牛年平均产奶量达到1.2 ~ 1.5t，水牛奶总产量力争达到8万t。

三是加工发展目标。加工奶酪等固态奶制品产量5 000t。培育有一定市场影响力的水牛奶品牌10个，认证商标5个，鲜奶产值达到15亿元，水牛奶加工产值达到60亿元。

【质量监管】2017年，广西持有生鲜乳收购许可证的生鲜乳收购站共29个，其中乳制品企业奶站21个，养殖场奶站2个，合作社奶站6个；分布情况是南宁市14个、钦州市5个、来宾市1个、柳州市3个、北海市1个、防城港市1个、玉林市1个、贵港市1个、贺州市1个、崇左市1个。已核发生鲜乳运输许可证的运输车辆共28辆，归属于乳制品企业自有24辆，其他4辆。

2017年广西在生鲜乳质量监管方面主要把好三关。

一是落实生鲜乳质量安全监管责任。2017年，广西各级政府管理部门高度重视生鲜乳质量安全监管工作，列为年度重点工作之一，以文件形式下达监管任务，狠抓各级监管责任的落实。主要是明确各级畜牧部门生鲜乳质量安全监管责任，细化监管措施及具体规定；造册登记奶畜养殖者、生鲜乳收购站开办者和运输车经营者，落实生产、收购、运输、销售等环节的具体责任人，明确生鲜乳质量安全各环节监管责任主体。严格审核生鲜乳收购站经营主体和运输车辆的资质条件，严格《生鲜乳收购许可证》和《生鲜乳准运许可证》发放。对到期换证的生鲜乳收购站和运输车辆及时审核发证，对已经取缔、停办、停运的生鲜乳收购站和运输车辆及时清理，并在系统中予以注销。

二是强化监督检查，严格检查标准。严格按照国务院《乳品质量安全监督管理条例》、农业部《生鲜乳生产收购管理办法》等有关规定要求，根据农业部和广西下达的年度生鲜乳质量安全监测工作任务，进行2次以上全覆盖监督检查和抽样检测，100%完成年度监督检查和抽样检测任务。

监督检查覆盖生鲜乳生产、收购、运输、销售全过程。重点检查奶牛养殖用药用料、疫病防控、挤奶厅卫生，收购站和运输车标准化建设与管理、生鲜乳质量检验、不合格乳处理、安全制度落实等情况；2017年生鲜乳质量安全监测计划实施情况，包括监测抽检覆盖范围、监测指标设定情况，组织排查风险隐患情况，信息化监测手段运用情况；违法违规添加行为、破坏生鲜乳收购秩序行为监管及查处情况。

2017年共完成全国生鲜乳专项监测任务黄曲霉毒素$M_1$项目50批次，三聚氰胺项目32批次，β-内酰胺酶、革皮水解物、碱类物质、硫氰酸钠4个项目25批次，结果均符合规定，合格率为100%。

三是做好监管工作培训，完善奶业生产统计。为了进一步抓好广西生鲜乳质量安全监督管理和奶业生产统计工作，更好地为广西奶业生产服务，2017年广西根据生鲜乳质量安全监管工作需要，举办一期广西生鲜乳质量安全监管和奶业生产统计培训班，参训人员为各有关市、县（区）生鲜乳质量安全部门负责人、抽样检测工作人员和直联直报平台填报人员、统计人员以及生鲜乳收购站负责人、重点乳品生产企业质量监管负责人，共计150人。通过培训班的学习和培训，统一思想认识和强化责任意识，规范生鲜乳质量安全监管工作程序，提高监督执法水平，完善农业农村部直联直报平台月填报和奶业生产统计季报制度。

**【奶业大事】**2017年7月广西修订了广西水牛奶产业发展“十三五”规划。

*（广西壮族自治区畜牧总站，唐善生；广西壮族自治区农业农村厅，蒋婕）*

# 海南省

【奶畜养殖】2017年年底海南省奶牛存栏900头，其中海口100头、三亚400头、澄迈400头。全年牛奶产量2 600t，同比增加15.5%。奶牛养殖主要集中在海口、三亚、澄迈等地。昌江县有1家在建奶牛场，另有1家内地企业计划在东方市建设奶牛场。海南奶牛养殖全部以规模养殖场为主，集约化、标准化程度较高。奶业产值占畜牧业产值比重较低。近年来随着鲜奶需求增加，奶牛养殖成逐渐上升状态。

【乳品加工】本地养殖企业都建有乳制品加工厂，配备挤奶设备、检测实验室和运输车等，但产能都较小。市场产品主要为巴氏杀菌乳、酸奶和乳酸菌饮料，其中巴氏杀菌乳仅占一小部分。因受限于市场需求和养殖成本，复原乳生产的酸奶在本地市场占有率较大；少量鲜牛奶以个人定制、高档酒店供应为主。

【市场消费】海南消费市场上，全国知名大型乳品企业产品均有进入，产品主要是从广东工厂生产运送过来，2017年出现了“卡士”“风行”等品牌。本地品牌以“艾森”为主，主要生产巴氏杀菌乳、复原乳酸奶和乳酸菌饮料等，规格为150g/mL杯装，市场售价在3～5元。

【奶源基地】奶牛养殖基地4个，规模化率100%，机械挤奶比例100%，全部应用全混合日粮（TMR）技术。主要以甜玉米秸秆、象草等为青绿饲料，苜蓿等优质牧草依靠岛外输入。

【质量监管】2017年对海南艾森牧业有限公司、海南新海乳业有限公司进行检查、抽样，共抽取35份生鲜乳样品，严格按照相关检测标准对黄曲霉毒素$M_1$、三聚氰胺、革皮水解物、碱类物质4项指标进行检测，检测样品均为合格。

（海南省农业厅，程文科）

# 重庆市

【奶类生产】生产现状：据重庆市统计局公布的数据，2017年底重庆奶牛存栏1.69万头，同比增长1.8%；牛奶产量5.26万t。奶牛养殖主要分布在巴南、渝北、垫江、黔江、合川、长寿、荣昌、开州、云阳、巫溪10个区县。2017年奶牛养殖规模化程度和养殖水平提高，奶牛单产增加，牛奶质量明显好转，奶业整体水平提升。

发展特点：1. 奶牛养殖完成转型升级。重庆市各奶牛场和奶牛养殖小区在2016年下半年开始进行淘汰低产能的结构性改革，到2017年全部完成升级改造，奶牛生产技术、牛场管理水平提升，全市奶牛养殖整体水平得到大幅度提高，上了一个新台阶。2. 生产水平提高，单产实现历史性突破。通过使用牛场管理软件等管理措施，奶牛养殖水平大大提升，奶牛单产提高，私营牛场成母牛单产达到8t，乳品企业直营牛场达到9t，实现历史性突破。3、养殖模式和经营模式发生根本改变。按照配置容量一个养殖小区配备一台（套）挤奶机械和一台TMR设备，过去集中饲养一家一户饲喂和独立挤奶的方式进行了兼并重组，一个小区成为一个完整的场，养殖小区原有的经营模式发生了根本改变。

【乳品加工】加工能力。全市有乳制品加工企业2家，年加工能力66万t。2017年生产各类乳制品25万t，其中巴氏杀菌乳2.2万t、灭菌乳12.8万t、酸牛乳8.6万t、乳饮料1.3万t、奶粉392t。加工能力保持不变，乳制品总产量较2016年减少3.7%。

加工特点。1. 创新机制，产业素质提高。在销售模式上实施创新，新增了电商模式，搭建了生活微商城、微信公众号，建立了乳品冷链物流公共平台。综合能力和产业素质进一步提高，乳品加工业稳定向好。2. 种养加结合企业自有奶源不断增加。乳品加工企业要满足加工原料需求的增加，通过自建自营牛场满足原料需求，乳品加工企业自有奶源不断增加。3. 步入优质乳新时代，乳品品质提高质量更加安全放心。从2017年1月1日起，乳品加工企业实施新的原料奶计价办法，提高了奶源计价标准，提高了质量指标要求和优质奶奖励标准；提高了体细胞和细菌总数的上限要求和奖励标准；增加了17项管理考核和17项考核检查扣分项。新计价体系的核心是大幅度提高原料奶质量考核标准，严格控制生鲜乳质量，倒逼原料奶生产水平和质量的提高。加工质量管控方面，建立全员、全过程、全方位的质量安全管理体系，全面加强标准、认证认可和检验检测等质量技术标准的提升，重庆乳业已正式步入优质乳新时代，乳品品质提高、质量更加安全放心。

【市场消费】消费情况。来自重庆市国家调查总队定点调查的数据，2017年重庆城镇居民人均消费各类乳制品（奶粉折合成鲜奶）27.8kg，较2016年减少7.3%；平均消费金额为377.1元，较2016年多支出54元。其中鲜奶消费14.3kg，较2016年增长了9.3%；酸奶消费基本持平，奶粉和其他乳制品消费明显减少。农村居民人均消费乳制品9.5kg，较2016年增长11.5%，增幅明显。

消费特点。一是信任危机基本消除，乳制品消费形势向好。二是鲜奶消费明显增加，农村乳制品消费快速增长。经过近几年的消费引导，巴氏杀菌乳得到广大消费者的接受和认可，消费明显增加，乳制品的消费在农村逐步普及，农村居民乳制品消费量逐年增加。

【奶源基地】规模养殖。本市乳制品加工企业共建有14个奶源基地，其中市内10个，市外4个，全年生产原料奶13.2万t。全市有奶牛规模场和规模养殖小区21个，其中50～99头的规模牛场（小区）6个，存栏量占总量的4.3%；100～199头的规模牛场（小区）7个，存栏量占8.1%；200～499头的规模牛场（小区）3个，存栏量占8.2%；500～999头的规模牛场（小区）5个，存栏量占37.6%；1 000头以上的规模场1个，存栏量占13.9%；散养和小规模养殖户占总量的19.7%。

机械化挤奶。奶牛场和养殖小区全部采用管道式或厅式挤奶方式挤奶，机械化挤奶达100%。小规模散养户采用手推车方式挤奶。

全混合日粮应用。奶牛规模场和养殖小区奶牛饲喂方式全部实行TMR饲喂，小规模和散养户没有实行TMR喂养方式。全混合日粮应用率占80.3%。

生产性能测定。全市有2个生产性能测试站，分别设在重庆光大乳业集团有限公司和重庆天友乳业有限公

表4-28　重庆市2017年超市乳制品市场价格

| 品种 | 规格 | 250mL | 鲜牛奶1 000mL | 高档鲜牛奶1 000mL | 有机鲜牛奶1 000mL |
|---|---|---|---|---|---|
| 超市价格（元） | 巴氏杀菌奶 | 4.0 | 17.8 | 20.0 | 29.0 |
| | 超高温灭菌奶 | 4.6 | 12.6 | | 26.0 |
| | 原味酸牛奶 | 5.2 | 19.3 | 30.0 | 36.0 |
| | 有机酸牛奶 | 9.0 | | | |
| | 果粒酸牛奶 | 5.2 | | | |
| | 乳酸菌饮料 | 5.0 | | | |
| 订户价（元） | 巴氏杀菌奶 | 6.0 | | 17.9 | 42.0 |
| | 瓶装酸牛奶 | 6.0 | | 30.0 | 40.0 |

司。两大乳业公司自营牛场和市外自营牛场成母牛全部进行生产性能测定。本市参与测定的母牛占全市成母牛的32%。

疫病防控。1. 口蹄疫防控。全力推行“政府牵头、部门实施、各方配合”的免疫组织方式，散养户主动申报免疫、规模场自主按程序免疫；对散养户代行免疫、对中小规模场指导免疫、对大型养殖场监督免疫的分类免疫机制，组织全市开展了以落实“免疫、消毒、法规宣传、疫情普查”等综合防控措施为主的春、秋防行动和常年免疫结合。市农委与市财政局联合下发了《重庆市关于调整完善动物疫病防控支持政策的通知》（渝农发〔2016〕287号），从2017年1月1日开始，口蹄疫免疫实行强制免疫接种，“先打后补”政策在全市范围内正式实施，全年未有疫情发生。2. 结核病防控。印发了《重庆市牛羊布病结核病防控工作实施方案》（渝农办发〔2016〕7号），在全市范围开展结核病监测净化工作。2017年，共对19 473头次奶牛进行结核病监测，检出阳性牛80头。所有监测结果均通过网络直报平台按时上报至中国动物疫病预防控制中心，对所有检出的阳性动物均按规定进行了无害化处理。3. 布病防控。2017年继续在全市实施奶牛布病净化项目。坚持“分区域、分阶段、四结合”的防控策略，全面落实“疫情普查、监测监管、应急处置、宣传培训”等综合防控措施，完成了布病基线调查和防控区域划分。对布病进行初筛并确诊，监测个体阳性奶牛0.93%。按照《国家布鲁氏菌病防治计划》（农医发〔2016〕38号）规定的标准和农业部有关规定，下发了《关于开展布鲁氏菌病基线调查的通知》（渝动疫控发〔2017〕31号）文件，对奶牛养殖区县开展了基线调查，对基线调查结果和日常监测结果进行了分析评估。市农委向国家兽医局（渝动防便函〔2017〕29号）、市动物疫控中心向国家动卫中心（渝动疫控文〔2017〕60号）上报了布鲁氏菌病基线调查结果。

生鲜乳价收购价及养殖收入：生鲜乳收购标准执行企业2017年制定的新收购标准，其营养指标和卫生指标均高于国标GB19301《生乳》标准。实行以质论价、优质优价，基础价4.5元/kg，优质优价后全市平均奶价4.9元/kg，较2016年提高0.3元/kg。生鲜乳收购考核标准严格，每月对牛场进行检查考核，考核指标多达17项，考核不合格降价收购和整改；对牧场的管理要求严格，扣分项也多达17项。严格的执行标准和要求，确保了生鲜乳的质量，产奶水平也明显提高，大部分私营牛场小区成母牛单产水平达到8t以上，养殖利润在5 000元以上。

**【质量监管】**一是严格生鲜乳收购站和运输车监管。加强了收购站和运输车许可管理，严格资质条件审查，坚决取缔不合格收购站和运输车。注销、关停僵尸收购站和运输车的证号，将全市正常运行的11个收购站和50辆运输车信息全部录入“生鲜乳收购站运输车监督管理系统”，进行精准化管理。二是加强生鲜乳质量安全监测执法。印发了《重庆市农业委员会关于开展2017年生鲜乳质量安全监测工作的通知》（渝农发〔2017〕70号），制定了《重庆市2017年生鲜乳质量安全监测计划》，开展生鲜乳质量安全监测。监测抽检覆盖所有奶站和运输车，监测指标覆盖国家公布的所有违禁添加物。严格按照《农业部生鲜乳质量安全监测工作规范》要求，迅速落实了抽检数量、项目和时间要求，在黔江、渝北、合川、巴南、长寿、荣昌、巫溪、开州、云阳、垫江10个设立生鲜乳收购站的区县共计抽检了120批次（含农业部50个批次）的生鲜乳样品，均未检出三聚氰胺、黄曲霉毒素$M_1$和革皮水解物，β-内酰胺酶均为阴性；碱类物质、硫氰酸钠和黄曲霉毒素$M_1$均未检出，所检项目合格率100%，所检样品合格率100%。三是开展定期巡查和节假日突击检查。重点检查收购站和运输车标准化管理、生鲜乳质量检验、不合格生鲜乳处理、安全制度落实等情况，提出整改措施，做好巡查记录。在各相关区县检查的基础上，市农业行政执法总队采取了突击检查方式，通过检查没有发现违法违规经营和违禁添加行为。四是维护生鲜乳收购秩序。加强了生鲜乳收购秩序检查，未发现违反生鲜乳购销合同、趁机压级压价、销售和收购不合格生鲜乳、扰乱市场秩序等行为。加强与地方政府、食药监、质检、公安等部门的衔接，形成监管合力，齐抓共管。强化生鲜乳质量安全舆情监测，做到早发现、早控制、不发酵。畅通投诉渠道，及时处理和反馈公众举报投诉，充分发挥社会监督作用。

**【奶业大事】**天友乳业通过了中国优质乳工程验收。2017年，重庆天友乳业有限公司以打造“中国优质乳工程”为契机，积极推进国家“奶业十三五规划”的实施，推动农业供给侧改革实践，大力推进有机、绿色乳制品的生产与供给，通过了中国优质乳工程验收，原奶质量高于国内标准，优于欧盟标准。

天友乳业荣获全国乳制品行业质量领军企业和全国质量诚信标杆典型企业称号。重庆天友乳业有限公司持续坚守致力于大力提升质量、助力企业质量诚信建设，率先垂范，在2017年全国“质量月”活动中，荣获“2017全国乳制品行业质量领军企业”和“2017全国质量诚信标杆典型企业”荣誉。

光大乳业获评2016重庆民营经济“创新创业”50强。2017年1月，由重庆市民营（私营）经济协会主办的重庆民营经济“创新创业”五十强活动获奖名单出炉，光大乳业凭借先进的企业管理理念和优质创新的产品获“2016年度重庆经济贡献企业”十强。光大乳业董事长吴一奕女士获2016年度“重庆民营经济十大风云人物”。

光大乳业荣获“首届创新驱动示范单位”称号。为大力弘扬企业锐意改革，勇于创新的精神，充分发挥优秀企业在“科学发展、富民兴渝”中的模范带头作用，2017年4月，根据市委、市政府的决定，由重庆市企业家协会负责组织召开评选、表彰，光大乳业同力帆实业、宗申等二十家重庆知名企业同获“首届创新驱动示范单位”称号。

光大时代乳业荣获“2016度江北区食品安全管理先进单位”。2017年4月26日，重庆光大时代乳业有限公司在江北区2017年度食品行业安全工作暨创建国家食品安全示范城市推进会上被授予“江北区2016年度食品安全管理先进单位”的称号。同时，光大乳业总经理别应堂获得“江北区2016年度食品安全管理先进个人”。

泰基公司被授予畜禽养殖废弃物资源化利用种养结合示范基地。2017年10月，重庆光大乳业集团旗下重庆泰基科技有限公司奶牛场，被全国畜牧总站授予畜禽养殖废弃物资源化利用种养结合示范基地。

光大乳业荣获第二届重庆农产品加工企业100强。2017年7月，重庆市农产品加工协会与重庆日报联合主办的第二届重庆农产品加工业100强企业名单出炉，重庆光大乳业集团公司榜上有名，荣获第二届重庆农产品加工企业100强，这也是光大乳业连续两届获得此称号。

光大乳业认定为重庆市企业技术中心。根据国家发展改革委、科技部、财政部、海关总署、国家税务总局联合下发的《国家企业技术中心认定管理办法》（2016年第34号令）的要求和《重庆市企业技术中心认定管理办法》的有关规定，2017年10月，重庆光大乳业等88家企业成为2017年度重庆市认定企业技术中心。

光大乳业助力第二届重庆国际半程马拉松大赛。由中国田径协会、重庆市体育局和重庆市巴南区人民政府共同主办的第二届重庆国际半程马拉松大赛于11月19日在重庆举办，来自19个国家和地区的15 000多名跑者参赛。光大乳业作为大赛唯一指定乳制品，不仅为选手们提供赛后补给包，更积极响应比赛精神，大力倡导健康品质生活。

光大乳业助力自然笔记大赛。2017年12月13日，由重庆市委宣传部、市文明办、市教委等单位主办的“第四届梦想课堂·自然笔记大赛”在江北区召开专家评审会。重庆光大乳业集团公司以建设和谐社会为己任，从2014年起，连续四年向重庆市青少年自然笔记大赛提供产品支持，让更多孩子在德智体美方面得到健康发展，让梦想的翅膀飞得更高。

天友乳业荣获2017重庆制造业企业100强称号。2018年2月，根据中国企业联合会制定的标准并按照国际惯例，重庆企业联合会、重庆企业家协会，以2016年企业营收为排序条件，评选出了2017重庆制造业企业100强，重庆天友乳业股份有限公司榜上有名。

（重庆市农委，罗健；重庆市畜牧技术推广总站，凌虹）

附表 1 重庆市奶牛养殖场（小区）名录

| 序号 | 名称 | 养殖场 | 小区 | 全群存栏（头） | 成母牛存栏（头） | 奶畜品种 | 成母牛单产（t/年） | 年总产（t） | 是否参加DHI | 是否应用TMR |
|---|---|---|---|---|---|---|---|---|---|---|
| 1 | 泰基奶牛标准化规模养殖场 | √ | | 2 465 | 1 259 | 荷斯坦、娟姗 | 8.2 | 9 852 | √ | √ |
| 2 | 重庆市天翼牧业发展有限公司 | √ | | 943 | 664 | 荷斯坦 | 9.5 | 5 066 | √ | √ |
| 3 | 重庆市渝西奶牛合作社 | | √ | 230 | 185 | 荷斯坦 | 8 | 1 190 | | √ |
| 4 | 重庆一牛农业发展有限公司 | √ | | 326 | 180 | 荷斯坦 | 7.8 | 1 123 | | √ |
| 5 | 重庆蒙揽农业开发有限责任公司 | √ | | 346 | 210 | 荷斯坦 | 7.9 | 1 330 | | √ |
| 6 | 重庆天友两江奶牛养殖场 | √ | | 510 | 321 | 荷斯坦、娟姗 | 9.3 | 2 348 | √ | √ |
| 7 | 重庆市文顺奶牛养殖场 | | √ | 250 | 180 | 荷斯坦 | 7.9 | 1 138 | | √ |
| 8 | 垫江县永大牧业有限责任公司 | | √ | 225 | 164 | 荷斯坦 | 7.8 | 1 026 | | √ |
| 9 | 重庆市新曲奶牛养殖专业合作社 | √ | | 217 | 172 | 荷斯坦 | 8.2 | 1 128 | | √ |
| 10 | 垫江县勤有奶牛养殖专业合作社 | √ | | 185 | 148 | 荷斯坦 | 7.68 | 730 | | √ |
| 11 | 垫江县农福生态奶牛养殖专业合作社 | √ | | 265 | 180 | 荷斯坦 | 8.3 | 1 196 | | √ |
| 12 | 重庆英华牧业有限公司 | √ | | 109 | 95 | 荷斯坦 | 7.6 | 577 | | √ |
| 13 | 巫溪县文鑫农牧有限责任公司 | √ | | 438 | 390 | 荷斯坦 | 7.68 | 2 396 | | |
| 14 | 重庆天禾农业发展有限公司 | √ | | 705 | 432 | 荷斯坦 | 7.8 | 3 174 | √ | √ |
| 15 | 云阳县林久牧场 | √ | | 171 | 123 | 荷斯坦 | 7.5 | 750 | | √ |

备注：请在养殖场或小区列中选择打勾；如参加 DHI 或应用 TMR，请在相应表格中打勾。

附表 2 重庆市乳制品生产企业名录

| 序号 | 名称 | 许可证号码 | 年收购原奶量(t) | 平均支付价格（元/kg） | 其中：自有奶源量(t) | 年乳制品产量(t) | 其中：巴氏杀菌奶(t) | UHT 奶(t) | 酸奶(t) | 奶粉(t) | 奶油(t) | 奶酪(t) | 乳饮料(t) | 整体设计加工能力(t/年) | 产品销售区域 | 年销售收入(万元) | 利润(万元) |
|---|---|---|---|---|---|---|---|---|---|---|---|---|---|---|---|---|---|
| 1 | 重庆天友乳业股份有限公司 | 渝 500114（2017）001（天翼白石牧场）<br>渝 500117（2017）001（重庆天合牧业）<br>渝 500112（2018）001（重庆天友纵横牧业两江牧场） | 116 800 | 5.13 | 85 264 | 227 136 | 18 911 | 118 055 | 76 368 | 392 | | | 13 410 | 500 000 | 渝云贵川 | 250 000 | 18 600 |
| 2 | 重庆光大集团乳业有限公司 | 渝 500105（2018）001 | 14 696 | 4.5 | 10 280 | 22 680 | 3 186 | 9 594 | 9 480 | | | | 420 | 160 000 | 川渝 | 28 995 | 2 158 |

备注：自有奶源指来自自建和参建（控股、参股）牧场（小区）的原奶。

# 四川省

【奶类生产】2018年年底，四川省牛存栏853万头（含牦牛），其中奶牛存栏17.6万头，全年生鲜乳产量64万t。阿坝州、眉山市、甘孜州、成都市和凉山州是全省生鲜乳产量排名前五的市（州），产量分别为12.32万t、13.01万t、9.85万t、8.64万t和4.30万t。其中阿坝州和甘孜州主要是高原牦牛产奶，牧民自行加工食用为主。

2018年四川省生鲜乳收购站收购生鲜乳平均价格为3.95元/kg，交售平均价格4元/kg。

【乳品加工】2017年四川省乳制品产量146.2万t，其中液态奶产量128万t，干乳制品产量18.21万t。全省共31家企业具备奶制品生产条件，生产设备先进。主要有新希望、菊乐、雪宝、邛崃伊利、眉山蒙牛、杨森、新希望三牧、南充天太、阿坝红原、若尔盖高原之宝、成都光明乳业等企业，位于阿坝州的高原之宝牦牛乳业股份有限公司是全省唯一一家婴幼儿奶粉生产企业。

2017年四川省进口液态奶282t，进口额32.9万美元；进口奶粉14 535t，进口额4 219万美元；进口乳清2 953t，进口额253.9万美元；进口黄油310t，进口额183.8万美元；进口奶酪11t，进口额5万美元。

【市场消费】四川省人口8 302万人，人口基数大，成都、重庆两特大城市构成的超级城市群涵盖人口1亿人以上，是中国奶制品消费潜力巨大的市场。四川省乳品市场需求连年持续增长，年消费含乳制品达到360亿元以上，城镇居民年人均乳制品消费314元。但当地奶类产量人均年占有量仅7.6kg。2/3以上依赖于省外或进口来满足市场需要。

四川省对学生饮用奶工作十分重视，全省经审定有学生饮用奶供应企业17家，其中6家为本地企业，日供应量为218.4万份。

【奶源基地】2017年末四川省100头以上奶牛规模养殖场100个，规模比重为41%，其中国家级和省级标准化示范场25个，7个规模场通过GAP评定，14个规模化奶牛场成为学生饮用奶奶源基地示范牧场。

2017年，四川省拥有省畜牧总站和四川新希望生态牧业有限公司建设的DHI测定中心两个，目前已有7个奶牛场参加奶牛生产性能测定，年测定奶牛5 483头。测定的奶牛场中奶牛日平均产奶量为29kg，日平均脂肪率4.03%，日平均蛋白率3.3%，日平均体细胞数20.0万个/mL。

四川省拥有种公牛站1个：成都汇丰动物育种有限公司。存栏采精种公牛46头，品种：娟姗牛、荷斯坦牛、西门塔尔牛和蜀宣花牛。

2017年四川省饲料产量为1 582.4万t，其中配合饲料875.9万t，混合饲料346.5万t。四川草原总面积30 619万$hm^2$，其中可利用面积25 961万$hm^2$。牧区草原面积14 702万$hm^2$，半牧区草原面积8 483万$hm^2$。年末保留种草面积4 313万$hm^2$，当年新增种草面积915.9万$hm^2$，牧草种植田面积12.5万$hm^2$。牧草种子产量7 157t。秸秆产量989.3万t，其中饲用量260.9万t，加工饲用量103.39万t。2017年四川省种植多年生牧草3 653.4万$hm^2$，总产量1 586.6万t，制作青贮9.7万t。其中紫花苜蓿种植73.4万$hm^2$，产量82.6万t，制作青贮0.89万t。种植一年生牧草659.6万$hm^2$，总产量855.6万t，制作青贮54.5万t。其中种植青贮专用玉米64.8万$hm^2$，产量87.3万t，制作青贮43.4万t。

【政策法规】奶牛疫病防治全部纳入各地畜牧兽医部门归口管理。奶牛场对"口蹄疫、结核、布病"严格按规定检疫防控，全年无重大疫情。对挤奶机、冷藏罐和贮奶罐的购置按政策实行补贴。奶牛政策性保险中各级财政补贴保费的80%，养殖户承担剩余的20%。保费为300元/头·年，保额为6 000元/头。继续开展2017年奶牛标准化规模养殖场（小区）建设项目，中央资金3 000万元，支持30个规模养殖场开展建设。

【质量监管】2018年年底，全省共发证许可生鲜乳收购站32家（乳品企业开办18家、奶农合作社开办8家、奶畜养殖场开办6家），生鲜乳运输车106辆。

2018年，省级现场检查生鲜乳运输车56辆，生鲜乳收购站24批次，均符合规定要求；抽检的生鲜乳收购站和生鲜乳运输车213批次样品，监测指标1 441项次，所需判定指标检测结果均符合要求，213批次生乳全部合格。全省未发现无证收购运输生鲜乳、生鲜乳中非法添加违禁添加物、趁机压级压价扰乱生鲜乳收购市场秩序、倒买倒卖不合格生鲜乳以及不按规定对不合格生鲜乳进行销毁、无害化处理等违法行为，也未发生生鲜乳质量安全事件。

【奶业大事】2018年2月，新希望与深圳启明星电子商务有限公司在北京签署战略合作协议，推动转型升级。双方在商品供应链整合、技术平台及销售体系搭建、线上与线下商品营销等领域展开多维度合作，通过线上APP和线下多功能社区奶亭形式为社区消费者提供线下体验-线上购买-送货到家的一站式消费体验。新希望推出的"新希望·鲜生活"多功能社区O2O服务站以奶亭作为切入点，完成方圆500m范围内社区精准配送，依托新希望乳业的优质乳品，以小商铺带动大平台，衍生更多优质的进口产品与便民服务。

2018年3月，新希望华西乳业正式通过中国优质乳工程验收，成为全省首家通过中国优质乳工程验收的乳业，通过验收后的新希望华西乳产品的糠氨酸含量在3～6mg/100g蛋白质，其产品质量不仅100%达到优质乳标准，且远超中国优质乳工程发布的糠氨酸含量≤12mg的标准，比肩国际优质奶的标准。全年新希望乳业旗下六家企业通过了优质乳工程验收。

新希望乳业完成上市前准备，拟于深交所上市，首次公开发行股份数量为8 537万股，占公司发行后股份总数的10%，募集资金主要用于安徽新希望白帝乳业搬迁扩建、营销网络建设及品牌推广、研发中心建设及企业信息化建设项目等。新希望乳业控股股东为Universal Dairy Limited，持股数量占本次发行前总股本的72.9%，新希望集团董事长刘永好和新希望六和董事长刘畅为公司的共同实际控制人。公司目前控股乳制品生产型子公司13家，包括四川地区的四川乳业、西昌三牧，云南地区的昆明雪兰、云南蝶泉、昆明海子、七彩云，华东地区的杭州双峰、安徽白帝、苏州双喜，华北地区的河北天香、青岛琴牌、朝日乳业以及湖南南山牧业。从现阶段发展情况看，公司在四川、云南、河北及浙江等省份销售收入规模较大，具有一定的区域竞争优势。

2018年7月，在甘肃省张掖市甘州区石岗墩循环畜牧产业园区，由甘肃前进牧业科技有限责任公司与成都菊乐企业（集团）股份有限公司合作组建的甘肃德瑞牧业有限公司暨1万头奶牛养殖基地建成投产，探索了一条乳企与奶源基地携手发展的新模式。

新希望乳业在宁夏吴忠市和甘肃白银市分别租用当地牧场合作建设奶源基地，目前存栏奶牛3 000多头。开启异地牧场合作新模式。

四川绿初原牧业集团（原四川普洲奶牛有限公司）通过农业部“两病净化创建场”申报。集团获四川省优秀民营企业称号。

青神县涛哥哥农牧有限公司。第二牧场设计存栏规模1 300头，目前已完成500头牛栏建设。

（四川省畜牧总站，杨嵩；四川省奶业协会，李自成）

# 贵州省

【奶类生产】2017年贵州全省奶类总产量6.6万t，与去年同比增加2.7%，奶牛存栏1.8万头，与去年同比下降3.2%。奶牛品种主要为荷斯坦牛，有少量娟姗牛，全省奶牛分布在贵阳市、遵义市、黔南州、黔东南州的清镇、开阳、息峰、修文、红花岗、都匀、独山、凯里等县（市、区）。其中，贵阳市奶牛存栏占全省92.98%以上。全省生鲜牛乳平均交售价格为3.8~4.7元/kg，山羊奶平均8元/kg。

【乳品加工】全省主要乳品加工企业有7个，年处理生鲜乳能力51.6万t，2017年乳品企业销售总额10.7亿元，利润0.5亿元。乳制品产量9.8万t，其中巴氏杀菌乳3.1万t，UHT奶（超高温灭菌乳）3.6万t，酸奶2.5万t，乳饮料0.6万t。与去年同期比较，巴氏杀菌乳、UHT奶、酸奶产量下降，乳饮料增加。本地乳企未生产配方奶粉。

【市场消费】2017年，全省城镇居民人均消费鲜奶8.5kg。目前贵州主要品牌有山花、好一多、贵草、圣恒、皇氏、伊利、蒙牛、新希望、欧亚、现代牧业、遵义、光明、来思儿等，同类产品价格相差不大。据市场消费调查，收入水平、消费习惯、购买的便利性、营养知识、保健意识、质量和价格等因素是影响液态奶消费行为的主要因素。由于对乳制品不同的消费理念以及价格等因素，UHT奶在贵州占有较大市场消费比例。城镇居民人均液态奶消费量稳定，市场正处于成熟阶段，农村居民人均液态奶消费量随着生活水平的不断提高，市场处于成长阶段。消费者在超大仓储和超市购买液态奶的比例在不断上升。

【奶源基地】据行业统计数据，2017年全省奶牛养殖场（户）共121个。其中1 ~ 49头规模108个，存栏奶牛757头，占4.21%；50 ~ 99头规模1个，存栏奶牛70头，占0.4%；100 ~ 199头规模4个，存栏奶牛664头，占3.7%；200 ~ 499头规模2个，存栏奶牛604头，占3.4%；500 ~ 999头规模0个；1 000头以上规模6个，存栏奶牛15 876头，占88.3%。

全省奶牛养殖以规模养殖场（户）为主，200头以上的规模养殖场（户）存栏奶牛占91.7%，500头以上的养殖场（户）存栏奶牛占88.3%。规模养殖场（户）全部采用机械化挤奶，大多采用TMR（全混合日粮）饲喂技术，贵州牧草种籽繁殖场、贵阳三联乳业有限公司参加DHI测定。

【奶农组织】全省有奶农合作社7个，皇氏集团遵义乳业有限公司创办了“奶牛学校”，采用“公司+奶农合作社+奶农”的方式举办各类专业技术培训。贵阳市为组织周边农户种草和解决养殖废弃物资源化利用等问题，组建了合作社；独山县建立了奶牛合作社，开展奶牛养殖技术、牧草种植、疾病防治等培训。

【政策法规】在原料奶生产源头，通过标准化奶牛养殖小区的建设，实行原料奶标准化生产，相关部门定期进行监督，有效防止在生鲜乳中掺杂使假，并加强对奶牛饲养投入品的监管，杜绝使用违禁药品，保障了奶源安全；在生鲜乳收购方面，通过建立防疫管理、卫生制度、消毒制度等制度，配备相应的检测设备，收购环节运转费用在乳品企业公司成本中列支，杜绝非法谋利；在乳品加工上，有力监督加工企业的质量控制和销售体系，确保市场销售乳品的质量安全。

【质量监管】全省共有7个奶站，全部由乳制品生产企业开办，均已取得生鲜乳收购许可证，生鲜乳收购没有中间环节。质量安全监管方面，贵州省贯彻落实中央有关精神，按照农业农村部相关工作要求，制定全省2017年生鲜乳质量安全监测工作计划，明确了生鲜乳及运输车辆监管组织工作、抽检数量及送样时间、监测对象和要求、监测方式、工作进度等内容，检测项目包括：三聚氰胺、碱类物质和革皮水解物、β－内酰胺酶等，检测合格率100%。

【奶业大事】2017年7月，遵义市乳制品有限公司与皇氏集团股份有限公司共同出资成立了皇氏集团遵义乳业有限公司奶牛场，由皇氏集团股份有限公司控股。

（贵州省农委，谢劲松、王燕、龚正发、张游宇）

附表 1　贵州省奶牛养殖场（小区）名录

| 序号 | 名称 | 养殖场 | 小区 | 全群存栏（头） | 成母牛存栏（头） | 奶畜品种 | 成母牛单产（t/年） | 年总产（t） | 是否参加 DHI | 是否应用 TMR |
|---|---|---|---|---|---|---|---|---|---|---|
| 1 | 贵州省黔东南州永丰牛奶场 | √ | | 206 | 128 | 荷斯坦 | 4.5 | 576 | | |
| 2 | 贵州牧草种籽繁殖场 | √ | | 281 | 278 | 娟姗 | 1.88 | 523 | √ | √ |
| 3 | 独山县上司镇打羊奶牛养殖小区 | | √ | 369 | 224 | 荷斯坦 | 4 | 896 | | |
| 4 | 贵州高原乳业有限公司 | √ | | 300 | 200 | 荷斯坦 | 4.6 | 900 | | |
| 5 | 贵阳三联乳业有限公司 | √ | | 2 304 | 1 326 | 荷斯坦 | 8 | 5 010 | √ | √ |
| 6 | 贵阳三联乳业有限公司 | √ | | 901 | 373 | 荷斯坦、娟姗 | 5 | 3 024 | × | √ |
| 7 | 贵阳三联乳业有限公司 | √ | | 4 940 | 2 618 | 荷斯坦 | 11 | 18 237 | √ | √ |
| 8 | 贵阳三联乳业有限公司 | √ | | 1 577 | 930 | 荷斯坦 | 11 | 9 283 | √ | √ |
| 9 | 贵州好一多乳业股份有限公司 | √ | | 7 100 | 3 300 | 荷斯坦 | 9 | 25 000 | | √ |
| 10 | 贵州圣恒奶山羊养殖有限公司 | √ | | 2 800 | 2 200 | 萨能奶山羊 | 0.6 | 450 | | √ |
| 11 | 皇氏集团遵义乳制品有限公司奶牛场 | | √ | 114 | 85 | 中国荷斯坦 | 5.2 | 441 | | √ |
| | 合计 | | | 20 892 | 11 662 | | 64.7 813 | 64 340.22 | | |

备注：请在养殖场或小区列中选择打勾；如参加 DHI 或应用 TMR，请在相应表格中打勾。

附表 2　贵州省乳制品生产企业名录

| 序号 | 名称 | 许可证号码 | 年收购原奶量（t） | 平均支付价格（元/kg） | 其中：自有奶源量（t） | 年乳制品产量（t） | 其中：巴氏杀菌奶（t） | UHT 奶（t） | 酸奶（t） | 奶粉（t） | 奶油（t） | 奶酪（t） | 乳饮料(t) | 整体设计加工能力（t/年） | 产品销售区域 | 年销售收入（万元） | 利润（万元） |
|---|---|---|---|---|---|---|---|---|---|---|---|---|---|---|---|---|---|
| 1 | 贵州省黔东南州永丰牛奶场 | SC10552260111082 | 576 | 4 | 576 | 546 | 415 | 无 | 131 | 无 | 无 | 无 | 无 | 1 800 | 凯里市主城区及周边县城 | 432 | -40 |
| 2 | 贵阳三联乳业有限公司 | SC10552018110131 | 61 400 | 5 | 39 535 | 71 396 | 12 981 | 35 439 | 17 504 | | | | 5 472 | 365 000 | 贵州、湖南、广西 | 79 782 | 2 609 |
| 3 | 贵州好一多乳业股份有限公司 | 91520000722104987X | 20 500 | 6 | 20 500 | 20 500 | 14 100 | 380 | 6 000 | / | / | / | 20 | 72 000 | 贵州 | 20 935.6 | 2 462.1 |
| 4 | 贵州圣恒食品开发有限公司 | SC10552011210080 | 450 | 8 | 450 | 510 | 225 | | 225 | | | | | 18 000 | 贵州 | 1 300 | -370 |
| 5 | 贵州牧草种籽繁殖场 | 黔 522726（2017）001 | 1 348 | 3.8 | 1 348 | 1 450 | 1 305 | | 87 | | | | 58 | 18 000 | 贵州省 | 1 494.6 | 348.5 |
| 6 | 贵州高原乳业有限公司 | 黔 522701（2018）001 | 900 | 5 | 900 | 900 | 720 | | 180 | | | | | 1 500 | 都匀市 | 810 | 360 |
| 7 | 皇氏集团遵义乳制品有限公司奶牛场 | 黔 520309（2016）001 | 2 425 | 4.5 | 441 | 2 352 | 1 482 | 296 | 331 | | | | 243 | 40 000 | 遵义 | 2 100 | -350 |
| | 合计 | | 87 599 | | 63 750 | 97 654 | 31 228 | 36 115 | 24 458 | | | | 5 793 | 516 300 | | 106 854.2 | 5 019.6 |

# 云南省

【奶类生产】2017 年，云南省荷斯坦牛存栏 13.9 万头，其中能繁母牛 8.9 万头，奶产量 47.3 万 t。云南省奶牛主要分布在昆明市（宜良、晋宁、嵩明、石林、阳宗海、寻甸、五华、安宁，奶牛存栏 4.09 万头）、大理州（洱源县、大理市、弥渡县、祥云县、剑川县、宾川县、巍山县，奶牛存栏 8.3 万头）和红河州（个旧市、弥勒县、泸西县、建水县，奶牛存栏 1.15 万头）。昆明市牛奶产量 10.7 万 t，奶类产值 6.1 亿元，占畜牧业比重的 4.5%；大理州奶产量 27.2 万 t，奶业产值 7.7 亿元，占畜牧业产值的 5.2%；红河州奶产量 6.14 万 t，奶业产值 2.2 亿元，占畜牧业产值的 1.2%。全省奶水牛存栏 2.6 万头，其中成母牛 0.9 万头，主要分布在德宏州（芒市、盈江县、陇川县）、保山市（腾冲市）、大理州（大理市、巍山县、鹤庆县）、文山州（广南县），水牛奶产量 0.9 万 t，产值约 0.7 亿元。奶山羊存栏 45 万只，主要分布在昆明市（石林县）、曲靖市（陆良县）、红河州（开远市、弥勒县、建水县），羊奶产量 8.6 万 t，产值约 5 亿元。牦牛存栏 11.2 万头，能繁母牛 5.7 万头，奶产量 1.1 万 t，产值约 1 亿元，主要分布在云南迪庆藏族自治州。

云南省奶类总产量 59.1 万 t，奶业总产值 65 亿元，其中奶牛养殖产值约 23 亿元，乳品加工产值 42 亿元。荷斯坦牛养殖规模化程度逐年提高，除了标准化奶牛养殖场外，主要采用奶牛小区及合作社集中饲养、统一挤奶的模式，使奶业成为当地农民的主要收入来源之一。

云南奶业特色明显，具有荷斯坦牛、奶水牛、奶肉兼用型西门塔尔牛、牦牛和奶山羊多元化发展的较为完善的奶业生产、加工和销售体系。2017 年云南省奶业生产的总体趋势表现为“稳中有降”，特别是大理州洱海环保限养政策的实施，导致奶牛养殖数量持续下滑

【乳品加工】2017 年云南省有乳品加工企业 18 个，其中昆明市 6 个、大理州 5 个、红河州 4 个、德宏州 1 个（水牛奶加工）、腾冲市 1 个（水牛奶加工）、楚雄州 1 个，乳品加工能力约为 108 万 t/ 年。乳制品总产量 56.2 万 t，其中巴氏杀菌奶 6 万 t，UHT 奶 22.6 万 t，酸奶 12.3 万 t，含乳饮料 15.3 万 t，奶粉 0.2 万 t。全省乳品加工产值达 42 亿元。

云南乳品加工业较上一年度稳中有升，呈现多样化态势，鲜奶（巴氏杀菌乳）、酸奶发展势头良好，升幅较大，而常温奶、乳饮料市场有所下滑。

【市场消费】云南省 2017 年人均奶类占有量约为 18kg，人均奶制品（折合成生奶）消费量 16kg。云南省内市场主要的乳制品品牌有省外的蒙牛、伊利、光明等，省内的雪兰、欧亚、蝶泉、来思尔、海子、七彩云、乍甸、祥祥、艾爱、华农等。根据品牌、包装和产品质量，主要产品销售价格为：巴氏杀菌奶（鲜奶），1.58~2 元 /100g；低温酸奶，0.85~3.9 元 /100g；常温酸奶，1.38~2.4 元 /100g；常温调制乳，1.44~1.91 元 /100g；常温乳饮料，0.91 ~1.25 元 /100g；常温纯奶，0.9~1.83 元 /100g；婴幼儿奶粉（1 阶段），223~485 元 /900g；中老年奶粉，86~131.2 元 /900g。

从乳制品消费看，云南省消费者偏爱酸奶，其次是巴氏杀菌乳，奶粉消费群体主要为婴幼儿和中老年人。巴氏杀菌乳（鲜奶）和酸奶发展势头良好，市场消费量逐年增加。

【奶源基地】（1）奶牛场。全省 100 头以上奶牛规模养殖场 76 个，其中荷斯坦牛场 64 个，奶水牛场 12 个；规模养殖场奶牛存栏 5.8 万头，其中荷斯坦牛 5.5 万头、奶水牛 0.3 万头；奶产量 18.3 万 t，其中荷斯坦牛奶产量 18.2 万 t，水牛奶产量 0.1 万 t。荷斯坦牛规模养殖比例达 39.5%，比上年提高 3.4 个百分点。存栏 1 001 头以上规模养殖场 20 个，501~1 000 头 14 个，101~500 头 50 个。（2）云南省录入生鲜乳监督管理系统的奶站有 233 个，其中荷斯坦牛奶站 216 个，占 92.7%，奶水牛奶站 8 个，占 3.4%，奶山羊奶站 9 个，占 3.9%。（3）机械挤奶。机械化挤奶站有 178 个，机械化挤奶率达 76.4%，其中乳品企业开办 164 个，占 70.4%，奶畜养殖场开办 28 个，占 12%，奶农专业合作社开办 41 个，占 17.6%。（4）生鲜乳准运。取得生鲜乳运输车准运证 122 辆，随车携带生鲜乳交接单。（5）TMR 应用。云南省有 26 家标准化荷斯坦牛场应用 TMR，其中昆明市 37 个规模化奶牛场（合作社）有 7 个牧场应用 TMR，占 18.9%。（6）奶牛生产性能测定（DHI）。2017 年，全省参测奶牛场（含奶水牛场）32 个，其中昆明市 22 个，州市 10 个，每月测定样品数在 9 500 个以上，共采集样品 121 156 个，检测样品 121 043 个，上报中国奶协数据处理中心 120 553 条数据，出具 DHI 管理报告 130 份。（7）种草。苜蓿种植面积近 1.1 万 $hm^2$，平均干草产量 30t/$hm^2$，总产 31.6 万 t（鲜草单产 120t/ $hm^2$，总产 126.4 万 t）；云南省 31 个县（市、区）实施粮改饲面积 3.25 万 $hm^2$，收储青贮玉米 150 万 t 以上。（8）疫病防控。由省市县各级动物疫病预防控制中心、动物卫生监督所监督管理。坚持以防为主、防治结合，将强制免疫和疫情监测工作作为重点，每年进行两次三联疫苗注射，确保 100% 的免疫密度；每年至少进行一次奶牛“两病”检疫及扑杀净化工作，并实施动物标识管理，跨境奶牛引种检疫审批、产地检疫、运输检疫监督等。（9）粪污处理方式。沼气工程模式：在相关政府部门的引导和支持下，规模奶牛场普遍采用沼气工程技术。有机肥或还田模式：奶牛粪便生产有机肥，用于种花或种植有机蔬菜，云南省实施效果明显。奶牛粪便污水还田用作肥料为传统而经济有效的处置方法，个体散户养牛粪便污水处理均采用该法；自然处理模式：主要采用氧化塘、土地处理系统或人工湿地等自然处理系统对养殖场粪便污水进行处理。（10）生鲜乳收购价。2017 年度荷斯坦牛奶收购价为：昆明片区平均奶价 4 元 /kg，大理片区平均奶价

4元/kg，红河州平均奶价3.5元/kg，全省平均收购价约3.8元/kg，奶价较上年度小幅上升；生鲜水牛奶收购价为8元/kg，山羊奶收购价为6元/kg，与上年度基本持平。（11）养牛效益。中国荷斯坦牛养殖户养殖年净收入2 500元/头，奶水牛年净收入约3 500元/头。

**【奶农组织】**云南省共有以下几家行业协会：云南省奶业协会、昆明市奶业协会、大理州奶业协会以及昆明市宜良县奶业协会、晋宁市奶业协会、大理市奶业协会等。2017年云南省农业厅、云南省奶业协会、云南省现代农业奶牛产业技术体系共组织了3次全省范围的奶牛现代养殖技术班。昆明市组织全市奶业从业人员参加省内外会议和技术培训8期100余人次。

**【政策法规】**2017年云南省继续实施能繁奶牛保险政策、畜牧良种补贴政策、粮改饲试点项目补助政策、奶牛标准化规模养殖小区（场）建设扶持政策、昆明市创建国家级标准化示范奶牛场补助政策、优质冻精改良补助政策等一系列奶业扶持政策。

**【质量监管】**根据《农业部办公厅关于开展2017年生鲜乳违禁物质专项整治的通知》（农办牧〔2017〕17号）和《云南省农业厅办公室关于开展2017年生鲜乳专项整治行动通知》（云农办便函〔2017〕4号）要求，云南省开展了生鲜乳违禁物质专项整治行动，重点开展生鲜乳质量安全监管责任落实，奶畜养殖场、生鲜乳收购站、运输车监管情况检查，生鲜乳质量安全监测与执法情况检查，以及开展服务、培训及宣传。

2017年，昆明市动物卫生监督所和昆明市奶业协会开展每月一次对全市奶牛养殖场（合作社）奶样抽检，项目为$AFM_1$、三聚氰胺、氯霉素、黄曲霉毒素，全年共抽检样品1 526批次，未检出不合格样品，昆明市生鲜乳质量安全状况良好。协助农业部生鲜乳检测中心、云南省饲料检测所对昆明市生鲜乳进行抽检，抽检覆盖全市的所有生鲜乳收购站和运输车辆，共抽检生鲜乳200余批次。全年共组织了2期生鲜乳质量安全监管技术培训班，培训150余人次，培训对象包括奶牛场技术负责人、技术人员，动物卫生监督所负责人和技术骨干，培训内容为奶牛养殖新技术和生鲜乳质量安全监管技术等。

**【奶业大事】**由云南皇氏来思尔乳业有限公司牵头，联合中国农业大学、云南农业大学、大理农林职业技术学院组建了“云南省乳制品发酵工程技术研究中心”。该中心是云南省乳品行业首次承担的省级工程技术研究中心。由云南省奶业协会毛华明会长牵头，云南8家主要奶业企业参加的云南省生物重大科技专项《奶业现代化关键技术集成与产业化》实施成效显著，项目实施三年来有力地推动了云南奶业发展。

（云南省奶业协会，黄艾祥）

附表 1　云南省奶牛养殖场（小区）名录

荷斯坦牛、澳荷 / 娟姗奶牛

| 州市 | 序号 | 名称 | 养殖场 | 小区 | 全群存栏（头） | 成母牛存栏（头） | 奶畜品种 | 成母牛单产（t/年） | 年总产（t） | 是否参加DHI | 是否应用TMR |
|---|---|---|---|---|---|---|---|---|---|---|---|
| 昆明市 | 1 | 晋宁县，晋城兴隆奶牛农专业合作社 | | √ | 2 600 | 1 517 | 荷斯坦 | 5.04 | 7 646.00 | √ | |
| | 2 | 晋宁县，县孙家坝奶牛合作社 | | √ | 921 | 775 | 荷斯坦 | 3.96 | 3 070.00 | | |
| | 3 | 晋宁县，晋城联盟奶牛养殖场 | | √ | 590 | 330 | 荷斯坦 | 4.70 | 1 554.00 | | |
| | 4 | 晋宁县，晋城十里奶牛农民专业合作社 | | √ | 1 300 | 631 | 荷斯坦 | 5.04 | 3 182.00 | √ | |
| | 5 | 晋宁县，昆明绿源养殖有限公司 | | √ | 860 | 512 | 荷斯坦 | 5.04 | 2 579.00 | | |
| | 6 | 晋宁县，尼摩合奶牛专业合作社 | √ | | 1 165 | 487 | 荷斯坦 | 9.00 | 4 383.00 | √ | √ |
| | 7 | 晋宁县，晋城宏尚奶牛农民专业合作社 | | √ | 1 080 | 640 | 荷斯坦 | 5.04 | 3 228.00 | √ | |
| | 8 | 晋宁县，牛恋现代奶牛养殖场 | | √ | 738 | 353 | 荷斯坦 | 4.70 | 1 657.00 | | |
| | 9 | 晋宁县，昆明绿源养殖有限公司 | | √ | 980 | 667 | 荷斯坦 | 4.00 | 2 665.30 | | |
| | 10 | 晋宁县，晋城月表奶牛专业合作社 | | √ | 1 060 | 700 | 荷斯坦 | 4.32 | 2 893.00 | √ | |
| | 11 | 宜良县，顺兴裕奶牛养殖专业合作社 | | √ | 216 | 100 | 荷斯坦 | 5.10 | 510.00 | | |
| | 12 | 宜良县，县瓦窑奶牛养殖场 | | √ | 512 | 196 | 荷斯坦 | 5.60 | 1 095.00 | √ | |
| | 13 | 宜良县，奶初源奶牛养殖合作社 | | √ | 780 | 397 | 荷斯坦 | 4.60 | 1 825.00 | | |
| | 14 | 宜良县，兴达奶牛养殖场 | | √ | 680 | 391 | 荷斯坦 | 4.60 | 1 800.00 | | |
| | 15 | 宜良县，华达奶牛养殖合作社 | | √ | 292 | 275 | 荷斯坦 | 5.30 | 1 460.00 | | |
| | 16 | 宜良县，胜利奶牛养殖合作社 | | √ | 480 | 365 | 荷斯坦 | 5.80 | 2 117.00 | √ | |
| | 17 | 宜良县，古城新村奶牛养殖专业合作社 | | √ | 845 | 300 | 荷斯坦 | 4.40 | 1 320.00 | | |
| | 18 | 宜良县，鑫磊奶牛养殖场 | | √ | 280 | 82 | 荷斯坦 | 5.80 | 474.50 | √ | |
| | 19 | 宜良县，锦秀奶牛养殖专业合作社 | | √ | 312 | 198 | 荷斯坦 | 5.90 | 1 168.00 | √ | |
| | 20 | 宜良县，森琦奶牛养殖合作社 | | √ | 316 | 240 | 荷斯坦 | 5.90 | 1 416.00 | | |
| | 21 | 宜良县，木希奶牛合作社 | | √ | 266 | 126 | 荷斯坦 | 5.00 | 630.93 | | |
| | 22 | 宜良县，九乡阿格里乳牧业有限公司 | | √ | 332 | 133 | 荷斯坦 | 5.50 | 730.00 | | |
| | 23 | 嵩明县，会新奶牛养殖合作社 | | √ | 2 481 | 643 | 荷斯坦 | 3.60 | 2 314.00 | √ | |
| | 24 | 嵩明县，兴瑞合奶牛养殖公司 | | √ | 1 489 | 473 | 荷斯坦 | 4.90 | 2 317.20 | √ | |
| | 25 | 嵩明县，明新奶牛养殖公司 | | √ | 1 905 | 611 | 荷斯坦 | 4.80 | 2 932.00 | √ | |
| | 26 | 嵩明县，龙鱼多奶牛养殖专业合作社 | | √ | 300 | 66 | 荷斯坦 | 4.00 | 262.80 | √ | |
| | 27 | 嵩明县，牧兴养殖专业合作社 | | √ | 2 297 | 665 | 荷斯坦 | 4.40 | 2 926.00 | √ | |
| | 28 | 嵩明县，金国养殖场 | | √ | 805 | 219 | 荷斯坦 | 3.90 | 854.00 | √ | |
| | 29 | 嵩明县，犇腾养殖有限公司 | | √ | 264 | 96 | 荷斯坦 | 5.60 | 540.00 | √ | |

（续）

| 州市 | 序号 | 名称 | 养殖场 | 小区 | 全群存栏（头） | 成母牛存栏（头） | 奶畜品种 | 成母牛单产（t/年） | 年总产（t） | 是否参加DHI | 是否应用TMR |
|---|---|---|---|---|---|---|---|---|---|---|---|
| | 30 | 嵩明县，东达种养殖合作社 | | √ | 353 | 100 | 荷斯坦 | 3.60 | 360.00 | √ | |
| | 31 | 嵩明县，富达奶牛养殖基地 | √ | | 214 | 113 | 荷斯坦 | 6.50 | 734.50 | | √ |
| | 32 | 嵩明县，大家利奶牛养殖场 | | √ | 362 | 129 | 荷斯坦 | 4.20 | 540.00 | | |
| | 33 | 石林县，春草原农产品专业合作社 | | √ | 324 | 90 | 荷斯坦 | 4.90 | 441.00 | √ | |
| | 34 | 石林县，石林新希望雪兰牧业有限公司（石林牧场） | √ | | 2 200 | 1 173 | 荷斯坦 | 10.58 | 12 410.34 | √ | √ |
| | 35 | 石林县，映山畜牧有限公司 | √ | | 200 | 66 | 荷斯坦 | 7.98 | 1 022.00 | √ | |
| | 36 | 寻甸县，寻甸赛优牧业有限公司 | √ | | 314 | 178 | 荷斯坦 | 6.15 | 1 095.00 | √ | √ |
| | 37 | 寻甸县，稼竜奶牛养殖场 | √ | | 522 | 309 | 荷斯坦 | 8.50 | 2 626.50 | | √ |
| | 38 | 寻甸县，唐牛山顶牧场 | √ | | 314 | 178 | 荷斯坦 | 7.10 | 1 095.00 | √ | √ |
| | 39 | 经开区，云南绿盛美地农牧发展有限公司 | √ | | 238 | 100 | 荷斯坦 | 4.74 | 474.00 | √ | √ |
| | 40 | 五华区，众维奶牛养殖专业合作社 | √ | | 220 | 78 | 荷斯坦 | 6.48 | 506.00 | √ | √ |
| | 41 | 现代奶牛养殖场 | | √ | 620 | 343 | 荷斯坦 | 5.50 | 1095 | √ | |
| 昆明市合计 | | | | | 31 407 | 14 702 | 荷斯坦 | 216.27 | 80 854.07 | | |
| 大理白族自治州 | 1 | 洱源县，云南新希望蝶泉牧业有限公司 | √ | | 2 050 | 908 | 荷斯坦 | 9.00 | 768.00 | √ | √ |
| | 2 | 巍山县，巍山千头奶牛养殖示范牧场 | √ | | 1 000 | 500 | 荷斯坦 | 10.50 | 4 500.00 | √ | √ |
| | 3 | 剑川县，剑湖奶牛养殖示范牧场 | √ | | 500 | 300 | 荷斯坦 | 9.00 | 2 200.00 | | √ |
| | 4 | 大理市，七里桥感通牧场 | √ | | 120 | 70 | 荷斯坦 | 8.00 | 560.00 | | √ |
| | 5 | 大理市，凤仪颖颖奶牛养殖合作社 | √ | | 150 | 80 | 荷斯坦 | 8.00 | 640.00 | | |
| | 6 | 吉峰养殖场 | √ | | 100 | 30 | 荷斯坦 | 7.00 | 210.00 | | |
| | 7 | 大理市，喜洲利波奶牛养殖专业合作社 | √ | | 80 | 35 | 荷斯坦 | 8.00 | 280.00 | | |
| | 8 | 祥云县，欧亚刘厂牧场 | √ | | 480 | 480 | 荷斯坦 | 9.50 | 4 560.00 | √ | √ |
| | 9 | 祥云县，欧亚禾甸牧场 | √ | | 450 | 420 | 荷斯坦 | 9.50 | 3 990.00 | √ | √ |
| | 10 | 弥渡县，金润牧场 | √ | | 350 | 335 | 荷斯坦 | 9.20 | 3 082.00 | √ | |
| | 11 | 弥渡县，神野牧场 | √ | | 340 | 330 | 荷斯坦 | 8.50 | 2 805.00 | √ | |
| | 12 | 大理市，天娇牧场 | √ | | 180 | 165 | 荷斯坦 | 8.50 | 1 402.50 | | |
| | 13 | 大理市，灿明牧场 | √ | | 160 | 145 | 荷斯坦 | 8.60 | 1 247.00 | | |
| | 14 | 大理市，益新牧场 | √ | | 280 | 270 | 荷斯坦 | 8.80 | 2 376.00 | | |
| | 15 | 大理市，德源山 | | √ | 370 | 356 | 荷斯坦 | 8.50 | 3 026.00 | | √ |

（续）

| 州市 | 序号 | 名称 | 养殖场 | 小区 | 全群存栏（头） | 成母牛存栏（头） | 奶畜品种 | 成母牛单产（t/年） | 年总产（t） | 是否参加DHI | 是否应用TMR |
|---|---|---|---|---|---|---|---|---|---|---|---|
| | 16 | 大理市，蝶泉乳业示范牧场机械化挤奶站 | √ | | 1 397 | 939 | 荷斯坦 | 9.00 | 6 783.50 | √ | √ |
| | 17 | 洱源县，右所高家营养殖小区 | | √ | 136 | 116 | 荷斯坦 | | 891.43 | | |
| | 18 | 大理市，惠农奶牛标准化养殖小区机挤站 | | √ | 185 | 150 | 荷斯坦 | | 555.88 | | √ |
| | 19 | 洱源县，鑫农养殖专业合作社 | | √ | 86 | 42 | 荷斯坦 | | 109.86 | | √ |
| | 20 | 鹤庆县，鹤庆牧场 | √ | | 820 | 400 | 荷斯坦 | 6.00 | 2 400.00 | | √ |
| 大理州合计 | | | | | 9 234 | 6 071 | 荷斯坦 | 145.6 | 42 387.171 | | |
| 红河州 | 1 | 弥勒市，东风奶牛养殖小区 | | √ | 756 | 586 | 荷斯坦 | 4.88 | 3 933.00 | | |
| | 2 | 建水县，章旺奶牛养殖场 | | √ | 200 | 12 | 荷斯坦 | 4.58 | 218.40 | | |
| | 3 | 弥勒市，九牛牧业有限责任公司 | √ | | 510 | 190 | 荷斯坦 | 5.80 | 750.00 | | √ |
| | 4 | 个旧市，云南乍甸乳业有限责任公司 | √ | √ | 6 580 | 5 850 | 荷斯坦 | 5.59 | 32 720.00 | √ | √ |
| | 5 | 泸西市，云南牛牛牧业股份有限公司牧场 | √ | √ | 3 750 | 1 950 | 荷斯坦 | 10.68 | 19 500.00 | √ | √ |
| | 6 | 个旧市，乍甸乳业沙坝奶牛养殖场 | √ | | 305 | 201 | 荷斯坦 | 5.80 | 1 165.80 | | |
| | 7 | 个旧市，鸡街镇隆盛奶牛养殖小区 | | √ | 1 420 | 1 008 | 荷斯坦 | 5.80 | 5 846.40 | √ | |
| | 8 | 个旧市，乍甸乳业有限责任公司 | √ | | 312 | 210 | 荷斯坦 | 6.5 | 1 365 | √ | √ |
| 红河州合计 | | | | | 11 796 | 8 588 | | 31.53 | 57 121.4 | | |
| 曲靖市 | 1 | 陆良县，云南新希望雪兰牧业科技有限公司（陆良牧场） | √ | | 3 500 | 1 272 | 荷斯坦 | 10.00 | 1 520 | √ | √ |
| | 2 | 陆良县，新希望雪兰奶牛养殖有限公司（戚家山牧场） | √ | | 3 200 | 1 820 | 荷斯坦 | 9.8 | 18 250 | √ | √ |
| 曲靖市合计 | | | | | 6 700 | 3 092 | 荷斯坦 | 19.8 | 19 770 | | |
| 玉溪市通海县 | | 通海县云江奶牛养殖场 | | √ | 1 420 | 545 | 荷斯坦 | 4.75 | 2 245 | | |
| 玉溪市合计 | | | | | 1 420 | 545 | 荷斯坦 | 4.745 | 2 245 | | |
| 文山州 | | 文山伊兴奶牛养殖合作社 | √ | | 1 920 | 1 600 | 荷斯坦 | 8.70 | 7 500 | | √ |
| 文山州合计 | | | | | 1 920 | 1 600 | 荷斯坦 | 8.7 | 7 500 | | |
| 楚雄州 | | 楚雄安友农庄奶牛养殖基地 | √ | | 170 | 125 | 荷斯坦 | 3.6 | 450 | | |

（续）

| 州市 | 序号 | 名称 | 养殖场 | 小区 | 全群存栏（头） | 成母牛存栏（头） | 奶畜品种 | 成母牛单产（t/年） | 年总产（t） | 是否参加DHI | 是否应用TMR |
|---|---|---|---|---|---|---|---|---|---|---|---|
| 楚雄州合计 | | | | | 170 | 125 | 荷斯坦 | 3.6 | 450 | | |
| 丽江市 | | 白沙奶牛养殖小区 | | √ | 337 | 300 | 荷斯坦 | | 1735 | | |
| 丽江市合计 | | | | | 337 | 273 | 荷斯坦 | | 1735 | | |
| 德宏州 | 1 | 苏正芳奶牛养殖户 | √ | | 12 | 5 | 荷斯坦 | 3.8 | 21 | | |
| | 2 | 施芹辉奶牛养殖户 | √ | | 14 | 7 | 荷斯坦 | 4.5 | 30 | | |
| | 3 | 朱绍常奶牛养殖户 | √ | | 6 | 3 | 荷斯坦 | 3.9 | 12 | | |
| | 4 | 双福柄奶牛养殖户 | √ | | 4 | 2 | 荷斯坦 | 3.5 | 7 | | |
| | 5 | 宴发进奶牛养殖户 | √ | | 12 | 7 | 荷斯坦 | 4.6 | 33 | | |
| | 6 | 付国昆奶牛养殖户 | √ | | 26 | 14 | 荷斯坦 | 3.9 | 55 | | |
| | 7 | 芒市勐戛镇勐旺国正奶牛养殖专业合作社 | √ | | 51 | 17 | 荷斯坦 | 4.2 | 110 | | |
| | 8 | 盈江县牧丰养殖场 | √ | | 52 | 34 | 荷斯坦 | 2.5 | 60 | | |
| | 9 | 盈江县盈盛养殖场 | √ | | 28 | 17 | 荷斯坦 | 2.5 | 29.4 | | |
| 德宏州合计 | | | | | 205 | 106 | | 33.4 | 357.4 | | |
| 总计 | | | | | 63 189 | 35 102 | | 463.64 | 212 420.041 | | |

附表 2 奶 水 牛

| 州市 | 序号 | 名称 | 养殖场 | 小区 | 全群存栏（头） | 成母牛存栏（头） | 奶畜品种 | 成母牛单产（t/年） | 年总产（t） | 是否参加DHI | 是否应用TMR |
|---|---|---|---|---|---|---|---|---|---|---|---|
| 保山市 | 1 | 马站养殖小区 | | √ | 203 | 160 | 奶水牛 | 1.8 | 81 | | |
| 腾冲市 | | | | | | | | | | | |
| | 2 | 腾冲县巴福乐槟榔江水牛良种繁育有限公司 | √ | | 720 | 520 | 槟榔江 | 1.8 | 300 | √ | √ |
| | 3 | 腾冲市中和约园奶水牛养殖专业合作社 | | √ | 236 | 120 | 槟榔江 | 0.833 | 100 | | |
| | 4 | 腾冲县腾和养殖有限责任公司 | √ | | 100 | 50 | 槟榔江 | 0.6 | 30 | | |
| | 5 | 明光畜牧发展有限责任公司 | √ | | 362 | 240 | 槟榔江 | 1.8 | 110 | | |
| | 6 | 景胜山河农牧有限责任公司 | √ | | 380 | 56 | 槟榔江 | 0.482 | 27 | | |
| | 7 | 固东鸿福奶水牛养殖专业合作社 | √ | | 386 | 259 | 摩本杂槟本杂 | 1.8 | 124 | | |
| | 8 | 伟业奶水牛养殖专业合作社 | √ | | 100 | 67 | 摩本杂槟本杂 | 0.447 | 30 | | |
| | 9 | 曲石箐桥聂家湾奶水牛养殖小区 | | √ | 252 | 190 | 槟榔江 | 1.8 | 100 | | |

（续）

| 州市 | 序号 | 名称 | 养殖场 | 小区 | 全群存栏（头） | 成母牛存栏（头） | 奶畜品种 | 成母牛单产（t/年） | 年总产（t） | 是否参加DHI | 是否应用TMR |
|---|---|---|---|---|---|---|---|---|---|---|---|
| | 10 | 云南腾冲龙川江农业发展有限公司 | √ | | 384 | 170 | 槟榔江 | 0.882 | 150 | √ | |
| | 11 | 吉成家庭农场 | √ | | 100 | 50 | 摩本杂槟本杂 | 0.9 | 45 | √ | |
| | 12 | 界头孙正堂奶水牛养殖场 | √ | | 380 | 236 | 摩本杂槟本杂 | 1.8 | 106 | | |
| | 13 | 腾冲市牛哥奶水牛养殖基地 | √ | | 100 | 40 | 摩本杂槟本杂 | 0.75 | 30 | √ | |
| | 14 | 腾冲腾超农业发展有限公司 | √ | | 420 | 316 | 摩本杂槟本杂 | 1.8 | 132 | | |
| | 15 | 滇滩鑫杰奶水牛养殖场 | √ | | 100 | 42 | 摩本杂槟本杂 | 0.619 | 26 | | |
| | 16 | 滇滩王建堂奶水牛养殖场 | | | 60 | 24 | 摩本杂槟本杂 | 0.46 | 11 | | |
| 保山市合计 | | | | | 4 283 | 2 540 | | | 1 402 | | |
| 德宏州 | 1 | 芒市，勐戛镇赵苍达奶水牛养殖场 | √ | | 37 | 22 | 奶水牛 | 2.5 | 31.5 | √ | √ |
| | 2 | 芒市，勐戛镇芒丙奶水牛养殖专业合作社 | | √ | 153 | 77 | 奶水牛 | 1.6 | 75 | √ | |
| | 3 | 芒市，风平镇法帕朝阳奶水牛养殖小区 | | √ | 68 | 47 | 奶水牛 | 1.5 | 32.6 | √ | |
| | 4 | 芒市，风平镇法帕竹林奶水牛养殖小区 | | √ | 51 | 30 | 奶水牛 | 1.3 | 25.7 | √ | |
| | 5 | 芒市，张建国董兴荣郑安辉养殖场 | | | 40 | 20 | 奶水牛 | 1.8 | 23.5 | √ | |
| | 6 | 芒市，朱贵周养殖场 | √ | | 16 | 11 | 奶水牛 | 1.3 | 7.5 | √ | |
| | 7 | 芒市，赵前达养殖场 | √ | | 21 | 9 | 奶水牛 | 2.1 | 15 | √ | |
| | | 芒市合计 | | | 386 | 216 | | 12.1 | 210.8 | | |
| | 1 | 盈江县，弄璋文明奶水牛养殖小区 | | √ | 83 | 41 | 奶水牛 | 1.4 | 36.5 | √ | |
| | 2 | 盈江县，旧城宏发奶水牛养殖小区 | | √ | 169 | 111 | 奶水牛 | 1.3 | 15 | | |
| | | 盈江县小计 | | | 252 | 152 | | 2.7 | 51.5 | | |
| | 1 | 陇川县，张老大奶水牛养殖场 | √ | | 21 | 14 | 奶水牛 | 2 | 18.8 | √ | |
| | 2 | 陇川县，许有增奶水牛养殖场 | √ | | 26 | 21 | 奶水牛 | 2.1 | 26.5 | √ | |
| | 3 | 陇川县，张定建奶水牛养殖场 | √ | | 18 | 13 | 奶水牛 | 2.2 | 15.8 | √ | |
| | 4 | 陇川县，叶超留奶水牛养殖场 | √ | | 19 | 12 | 奶水牛 | 2.4 | 16.8 | √ | |
| | 5 | 陇川县，聂大行奶水牛养殖场 | √ | | 22 | 14 | 奶水牛 | 2.4 | 19.2 | √ | |
| | 6 | 陇川县，李文发奶水牛养殖场 | √ | | 21 | 16 | 奶水牛 | 2.3 | 25.1 | √ | |
| | 7 | 陇川县，董有强奶水牛养殖场 | √ | | 17 | 12 | 奶水牛 | 1.7 | 10.2 | √ | |
| | 8 | 陇川县，韩永传奶水牛养殖场 | √ | | 25 | 13 | 奶水牛 | 2.3 | 17.9 | √ | |
| | 9 | 陇川县，陈昌寿奶水牛养殖场 | √ | | 18 | 13 | 奶水牛 | 1.9 | 13.3 | √ | |
| | 10 | 陇川县，陈德金奶水牛养殖场 | √ | | 12 | 9 | 奶水牛 | 2 | 14 | √ | |

（续）

| 州市 | 序号 | 名称 | 养殖场 | 小区 | 全群存栏（头） | 成母牛存栏（头） | 奶畜品种 | 成母牛单产（t/年） | 年总产（t） | 是否参加DHI | 是否应用TMR |
|---|---|---|---|---|---|---|---|---|---|---|---|
| | | 陇川县合计 | | | 199 | 137 | | 21.3 | 177.6 | | |
| 德宏州合计 | | | | | 837 | 505 | | 36.1 | 439.9 | | |
| 大理州 | 1 | 大理市，云南省乳用奶水牛原种场 | | | 65 | 45 | 奶水牛 | | 35 | √ | |
| | 2 | 巍山县，大仓镇幸福奶水牛标准化规模养殖小区 | | √ | 305 | 280 | 奶水牛 | | 291 | √ | |
| | 3 | 巍山县，大仓镇小河奶水牛标准化规模养殖小区 | | √ | 211 | 120 | 奶水牛 | | 250 | √ | |
| | 4 | 巍山县，大仓镇小河西片奶水牛标准化规模养殖小区 | | | 305 | 175 | 奶水牛 | | 240 | √ | |
| | | 鹤庆县，松桂奶水牛示范村 | | | 2 000 | 200 | 奶水牛 | 2 | 400 | | |
| 大理州合计 | | | | | 2 886 | 820 | | | 1216 | | |
| 文山州广南县 | 1 | 谷多水牛乳业有限公司 | | | 300 | 200 | 奶水牛 | | 194.05 | √ | |
| 文山州合计 | | | | | 300 | 200 | | | 194.05 | | |
| 总计 | | | | | 8 306 | 4065 | | 36.1 | 1 841.9 | | |

附表 3 云南省乳制品生产企业名录

| 序号 | 名称 | 许可证号码 | 年收购原奶量(t) | 平均支付价格(元/kg) | 其中：自有奶源量(t) | 年乳制品产量(t) | 其中：巴氏杀菌奶(t) | UHT 奶(t) | 酸奶(t) | 奶粉(t) | 奶油(t) | 奶酪(t) | 乳饮料(t) | 整体设计加工能力(t/年) | 产品销售区域 | 年销售收入(万元) | 利润(万元) |
|---|---|---|---|---|---|---|---|---|---|---|---|---|---|---|---|---|---|
| 1 | 昆明雪兰牛奶有限责任公司 | QS530005010292 | 96 000 | 4.25 | 52 100 | 67 350.83 | 31 992.67 | 20 626.38 | 9 470.14 |  | 46.80 |  | 5 214.84 | 100 000 | 云南省，贵州省，广西省 | 99 201.54 | 7 348.66 |
| 2 | 昆明市海子乳业有限公司 | QS530005010417 |  |  |  | 19 985 |  |  | 19 985 |  |  |  |  | 36 500 | 云南省，贵州省，广西省 | 18 644.00 | 68 |
| 3 | 昆明七彩云乳业股份有限公司 | QS530105011228 |  |  |  | 22 198.65787 | 5 101.11 |  | 15 578.81 |  |  |  | 1 518.74 | 30 000 | 云南省，贵州省，广西省 | 16 652.97 | 2.7 |
| 4 | 云南欧亚乳业有限公司 | SC10553290113000 | 88 330.00 | 3.50 | 1 080.00 | 148 407.80 | 2 182.98 | 48 067.81 | 36 367.87 | 0.00 | 0.00 | 0.00 | 61 789.14 | 233 600 | 销售区域覆盖了云南、四川、贵州、广西、福建、北京、上海等全国 20 多个省份 | 95 564.00 | 8 759 |
| 5 | 云南新希望邓川蝶泉乳业有限公司 | 91532930218860337E | 39 026.66 | 3.95 | 21 634.31 | 46 148.44 | 0.00 | 37 580.06 | 6 903.44 | 1 576.34 | 88.60 | 0.00 | 20 075 | 100 000 | 云南省内各地州、省外川渝、华东、华北、华南、华中 | 51 595.00 | 2 856 |
| 6 | 云南皇氏来思尔乳业有限公司 | SC10553290101054 | 45 618.00 | 3.45 | 1 706.00 | 75 104.00 | 2 310.00 | 29 036.00 | 28 996.00 |  |  |  | 11 479 | 150 000 | 云南、四川、贵州 | 51 000.00 | 5 545 |
| 7 | 云南乍甸乳业有限责任公司 | 滇 532501（2016）001 | 32 720.00 | 3.60 | 32 720.00 | 32 720.00 | 17 350.00 | 9 816.00 | 5 235.00 | 无 | 无 | 无 | 319 | 100 000 | 全省 | 30 378.00 | 2 938 |
| 8 | 昆明龙腾生物乳业有限公司 | SC10553012207005 | 3 000.00 | （羊奶）6.5 | 0 | 1 200.00 | 300.00 | 300.00 | 300.00 | 300.00 | 0.00 | 0.00 | 0.00 | 10 000.00 | 全国 | 3 200.00 | 8.00 |
| 9 | 腾冲市艾爱摩拉牛乳业有限责任公司 | 530505010001 | 2 325.00 | 8（水牛奶） |  | 2 242.50 | 207.00 | 1 675.00 |  |  |  | 94.00 | 312.00 | 3 000.00 | 腾冲、北京、上海 | 4 124.00 | 245 |
| 10 | 德宏祥祥乳业有限公司 | SC10653310325621 | 241.00 | 7（水牛奶） | 0.00 | 222.30 | 61.00 | 63.80 | 32.50 | 0.00 | 0.00 | 0.00 | 65.00 | 6 600.00 | 德宏州 | 250.00 | -40 |

（续）

| 序号 | 名称 | 许可证号码 | 年收购原奶量（t） | 平均支付价格（元/kg） | 其中：自有奶源量（t） | 年乳制品产量（t） | 其中：巴氏杀菌奶（t） | UHT 奶（t） | 酸奶（t） | 奶粉(t) | 奶油（t） | 奶酪（t） | 乳饮料（t） | 整体设计加工能力（t/年） | 产品销售区域 | 年销售收入（万元） | 利润（万元） |
|---|---|---|---|---|---|---|---|---|---|---|---|---|---|---|---|---|---|
| 11 | 云南伊利乳业有限责任公司 | "QS530106010651 QS530105011769" | 22 803.82 | 4.68 | 19 531.46 | 75 125.95 | 0 | 75 125.95 | 0 | 0 | 0 | 0 | 47 567.79 | 200 000.00 | 云贵广川 | 32 780.81 | 4 400.14 |
| 12 | 云南华农乳业有限公司 | QS532306010397 | | | 2 200 | 10 000 | | 4 000.00 | 200.00 | | | | 5 000.00 | 28 800.00 | 云南省 | | |
| 13 | 大理金花乳业有限责任公司 | QS532905011246（停产） | | | | | | | | | | | | 5 000.00 | | | |
| 14 | 大理银河乳业有限责任公司 | QS532905011100（停产） | | | | | | | | | | | | 73 000.00 | | | |
| 15 | 云南多喝乳业有限责任公司 | QS532505010886（停产） | | | | | | | | | | | | 36 500.00 | | | |
| 16 | 红河云牛乳业有限责任公司 | QS532505011735（停产） | | | | | | | | | | | | 175 200.00 | | | |
| 17 | 弥勒县羊妈妈乳制品厂 | QS5300 2801 0013（羊奶） | | | | | | | | | | | | 600.00 | | | |
| 18 | 石林雨欧畜牧产品开发有限公司 | QS（羊奶产品） | | | | | | | | | | | | 600.00 | | | |
| | 总计 | | 330 064.48 | | 130 971.77 | 500 705.75 | 59 504.76 | 226 291.00 | 123 069.04 | 1 876.34 | 135.40 | 94.00 | 153 340.09 | 1 076 500.00 | | 403390.32 | 27730.36 |

# 昆明市

【奶类生产】奶牛养殖。

2017年，昆明市荷斯坦牛存栏总数4.1万头，比2016年的4.1万头减少了1.2%；全市生鲜乳产量10.7万t，较2016年的10.8万t减少了0.9%。奶牛集中分布在宜良、晋宁、嵩明、石林、阳宗海、寻甸、五华、安宁8个县（市）区、管委会。全市现有规模化奶牛场8个（石林生态牧场、绿盛美地、尼摩合、映山、众维、唐牛、稼竜、富达），存栏奶牛0.5万头，占总存栏量的12%，平均单产达9 044kg；奶牛养殖小区（合作社）30个，存栏奶牛2.5万头，占总存栏量的61.4%，平均单产达4 941kg；散养户存栏奶牛1.1万头，占总存栏量的26.7%（表4–29、表4–30）。

表4–29　2017年主要养殖县（区）奶牛养殖情况

| 县(区)名称 | 奶牛存栏（头） | 成乳牛存栏（头） | 牛奶产量（t） | 奶牛单产[kg/(头·年)] |
|---|---|---|---|---|
| 五华区 | 215 | 91 | 351 | 3 857 |
| 阳宗海 | 1 238 | 681 | 2 165 | 3 179 |
| 东川区 | 20 | 15 | 0 | 0 |
| 寻甸县 | 882 | 354 | 1 357 | 3 833 |
| 晋宁区 | 10 755 | 5 915 | 30 800 | 5 207 |
| 宜良县 | 14 762 | 7 657 | 43 031 | 5 620 |
| 石林县 | 3 567 | 1 962 | 10 987 | 5 600 |
| 嵩明县 | 9 264 | 4 812 | 17 516 | 3 640 |
| 安宁市 | 186 | 102 | 450 | 4 412 |
| 富民县 | 4 | 4 | 23 | 5 750 |
| 合计 | 40 893 | 21 593 | 106 680 | 4 941 |

昆明市2017年奶类产量及其生产水平。2017年昆明市奶类生产总量为12.2万t，其中荷斯坦牛产奶量10.7万t，山羊奶产量1.6万t。荷斯坦牛年单产达到4 941kg，奶山羊年单产459kg，（表4–31）。

表4–30　2017年度昆明市标准化奶牛场奶牛存栏情况

| 序号 | 牧场名称 | 奶牛存栏 | | | 年产奶量（t） | 泌乳牛 | 青年牛 | 备注 |
|---|---|---|---|---|---|---|---|---|
| | | 荷斯坦 | 西门塔尔 | 娟姗 | | | | |
| 1 | 石林生态牧场 | 2 200 | | | 12 410 | 1 173 | 1 037 | |
| 2 | 石林映山 | 0 | | | 0 | 0 | 0 | 改造 |
| 3 | 宜良绿盛美地 | 238 | 14 | | 474 | 100 | 138 | |
| 4 | 晋宁尼摩合 | 1 143 | 15 | 7 | 4 383 | 487 | 678 | |
| 5 | 嵩明富达 | 214 | | | 735 | 133 | 81 | |
| 6 | 五华众维 | 220 | | | 506 | 78 | 142 | |
| 7 | 寻甸赛优 | 314 | | | 1 095 | 178 | 136 | |
| 8 | 寻甸稼竜 | 522 | | | 2 626 | 309 | 530 | |
| | 合计 | 4 851 | 29 | 7 | 22 229 | 2 458 | 2 742 | |

奶类产值以及占畜牧业的比重。2017年全市畜牧业产值134.14亿元，比2016年的128.55亿元增加了4.35%。奶类产值6.06亿元，比2016年的5.88亿元增加3.06%，奶类产值占畜牧业产值的比重为4.49%。

奶业对当地农民收入的贡献。由于昆明市奶牛养殖规模化程度高，奶牛养殖主要采取集中饲养、统一挤奶的模式，所以奶业是产区农民的主要收入来源，占其总收入的90%。

表4–31　2017年昆明市奶畜养殖情况

| 奶类产量（万t） | 荷斯坦牛 | | | | 奶山羊 | | |
|---|---|---|---|---|---|---|---|
| | 牛奶产量（万t） | 奶牛存栏（头） | 成乳牛存栏（头） | 单产[kg/（头·年）] | 山羊奶产量（万t） | 山羊存栏（只） | 单产[kg/（只·年）] |
| 12.24 | 10.67 | 40 893 | 21 593 | 4 941 | 1.57 | 34 344 | 459 |

昆明市2017年生鲜乳收购平均价格。2017年昆明市全年牛奶收购实行按质论价，收购价格为3.10~4.80元/kg，平均收购价4.19元/kg(2017年雪兰自有牧场奶量占比达到55%，综合奶价随之升高)。昆明市山羊奶收购价为8元/kg。

【乳品加工】2017年昆明市共有乳品加工企业6个，鲜奶吧企业3家。全市生鲜乳日加工能力1 405t，实际加工量368t/d。全年乳品加工实际产量12.5万t，销售收入13.7亿元，利润9 356.7万元。

昆明雪兰牛奶有限责任公司（含海子和七彩云）生产乳制品109 535t，其中巴氏杀菌奶37 094t、UHT奶20 626t、酸奶45 034t、含乳饮料类6 734t；另外，昆明市3个奶吧企业日加工销售巴氏奶2.5t，2017年共生产巴氏奶912t。

2017年昆明市寻甸县稼竜奶牛有限公司奶牛场牧场建设已完成，现在已引进奶牛522头，已完成项目验收。

【市场消费】2017年昆明市人均奶类占有量20.3kg，人均支出243元/年。巴氏杀菌奶、酸奶销售增长明显，UHT奶、奶粉等产品的消费有所下降（表表4–32、表4–33）。

表 4-32　2017 年昆明市乳制品生产情况

| 主要产品种类 | 巴氏杀菌奶 | UHT 奶(含乳饮料) | 酸奶 | 奶粉 | 消费趋势 |
| --- | --- | --- | --- | --- | --- |
| 产量（t） | 39 474 | 27 655 | 39 991 | 300 | 消费升级，巴氏奶和酸奶消费需求增长明显 |

表 4-33　2017 年产品价格变化表（元）

| 产品名称 | 1~2 月 | 3~11 月 | 12 月 |
| --- | --- | --- | --- |
| 500mL 利乐枕 | 3.93 | 3.93 | 3.93 |
| 136g 原味塑杯 | 1.48 | 1.48 | 1.48 |
| 950mL 大盒 | 17.9 | 17.9 | 17.9 |
| 250mL 脱脂奶 | 3.12 | 3.12 | 3.12 |
| 250mL 甜牛奶 | 3 | 2 | 2 |
| 250mL 红枣奶 | 2.75 | 2.75 | 2.75 |
| 巴氏奶（元 /kg） | 18.8 | 18.8 | 18.8 |

**【奶源基地】**昆明市 2017 年规模养殖场区数量及其生产情况（表 4-34）。

表 4-34　2017 年不同规模养殖场区规模及数量

| 养殖场规模(头) | 数量（个） | 生产情况 [kg/(头・年)] |
| --- | --- | --- |
| 100 头以下 | 0 | 3 100~9 100 |
| 101~500 头 | 17 | |
| 501~1 000 头 | 10 | |
| 1 001 头以上 | 10 | |

2017 年昆明市规模奶牛场存栏奶牛 29 913 头，平均单产 5 516kg，散养奶牛 11 000 头，平均单产 4 149 kg。散养户主要集中在晋宁县和宜良县。

生鲜乳收购站及运输车辆准运证。昆明市目前共有生鲜乳收购站 42 个，均持有《生鲜乳收购许可证》且在有效期内，其中乳企开办的奶站有 3 个，奶牛养殖场开办的奶站有 7 个，合作社开办的奶站有 32 个；全部实行机械化挤奶，机械化挤奶率达 100%。生鲜羊奶收购站 4 个，1 个为合作社开办，其余 3 个均为乳制品生产企业开办，全部为手工挤奶。

共有生鲜乳运输专用车 42 辆，其中，生鲜乳收购站自有 40 辆，乳制品企业自有 2 辆。42 辆生鲜乳运输专用车均为冷藏专用车，有冷藏设备，均持有生鲜乳准运证，随车携带生鲜乳交接单，生鲜乳贮奶罐及运输车辆均定期进行清洁消毒。

全市 37 个规模化奶牛场（合作社）有 7 个牧场应用 TMR，占 18.9%。

饲草饲料、品种改良、疫病防控等情况。饲养奶牛的精料，绝大多数养牛户主要以玉米面为主，适当添加预混料或浓缩料精、盐、钙和酸碱平衡剂。对于青绿饲料、粗饲料，各合作社使用情况不尽相同。粗饲料主要是干稻草；青贮饲料主要是玉米秸秆青贮。在标准化养殖场，按照奶牛饲养管理规范科学合理地搭配饲草料。疫病防控以预防为主、防治结合，将强制免疫和疫情监测作为重点，每年至少进行一次结核病、布鲁氏菌病检疫及扑杀净化工作。每年进行两次三价口蹄疫疫苗注射，确保 100% 的免疫密度，并实施动物标识管理，跨省、跨地州引种检疫、产地检疫等。

**【奶业组织】**

昆明市奶业协会于 2015 年 4 月 11 日进行了换届；有两个县级奶业协会，分别为宜良县奶业协会、晋宁县奶业协会，两个协会都于 2017 年上半年进行了换届。

组织全市奶业从业人员参加省内外的会议和技术培训 8 期，共计 100 余人次。例如组织昆明市奶业协会 8 名会员参加在南京举办的第八届中国奶业大会。

**【政策法规】**

昆明市创建国家级标准化示范奶牛场项目，对改扩建的养殖规模达 1 000 头以上的标准化奶牛场一次性补助 300 万元，补助项目是牛颈夹、TMR 饲料混合机、挤奶机及奶牛购买补助等。2017 年昆明市动物卫生监督所购买挪威红牛进口冻精 210 枚，使用对象是管理条件较好、系谱档案全的牛场或者合作社。

**【质量监管】**

每月一次对全市奶牛养殖场（合作社）奶样进行抽检，项目为 $AFM_1$、三聚氰胺、氯霉素、黄曲霉毒素，全年共抽检生鲜乳 1 526 批次，未检出不合格样品。协助农业部生鲜检测中心、云南省饲料检测所对昆明市生鲜乳抽检，抽检覆盖全市的所有生鲜乳收购站和运输车辆，共抽检生鲜乳 200 余批次。

（昆明市动物卫生监督所，周亚平）

附表 1 昆明市奶牛养殖场（小区）名录

| 序号 | 名称 | 养殖场 | 小区 | 全群存栏（头） | 成母牛存栏（头） | 奶畜品种 | 成母牛单产（t/年） | 年总产（t） | 是否参加DHI | 是否应用TMR |
|---|---|---|---|---|---|---|---|---|---|---|
| 1 | 晋宁晋城宏尚奶牛农民专业合作社 | | √ | 1 080 | 640 | 荷斯坦 | 5.04 | 3 228.00 | √ | |
| 2 | 晋宁晋城联盟奶牛养殖场 | | √ | 590 | 330 | 荷斯坦 | 4.70 | 1 554.00 | | |
| 3 | 晋宁晋城十里奶牛农民专业合作社 | | √ | 1 300 | 631 | 荷斯坦 | 5.04 | 3 182.00 | √ | |
| 4 | 晋宁晋城兴隆奶牛农专业合作社 | | √ | 2 600 | 1 517 | 荷斯坦 | 5.04 | 7 646.00 | √ | |
| 5 | 晋宁晋城月表奶牛专业合作社 | | √ | 1 060 | 700 | 荷斯坦 | 4.32 | 2 893.00 | √ | |
| 6 | 晋宁尼摩合奶牛专业合作社 | √ | | 1 165 | 487 | 荷斯坦 | 9.00 | 4 383.00 | √ | √ |
| 7 | 晋宁牛恋现代奶牛养殖场 | | √ | 738 | 353 | 荷斯坦 | 4.70 | 1 657.00 | | |
| 8 | 晋宁县孙家坝奶牛合作社 | | √ | 921 | 775 | 荷斯坦 | 3.96 | 3 070.00 | | |
| 9 | 昆明绿源养殖有限公司 | | √ | 860 | 512 | 荷斯坦 | 5.04 | 2 579.00 | | |
| 10 | 昆明五华区众维奶牛养殖专业合作社 | √ | | 220 | 78 | 荷斯坦 | 6.48 | 506.00 | √ | √ |
| 11 | 龙鱼多奶牛养殖专业合作社 | | √ | 300 | 66 | 荷斯坦 | 4.00 | 262.80 | √ | |
| 12 | 木希奶牛合作社 | | √ | 266 | 126 | 荷斯坦 | 5.00 | 630.93 | | |
| 13 | 石林春草原农产品专业合作社 | | √ | 324 | 90 | 荷斯坦 | 4.90 | 441.00 | √ | |
| 14 | 石林新希望雪兰牧业有限公司 | √ | | 2 200 | 1 173 | 荷斯坦 | 10.58 | 12 410.34 | √ | √ |
| 15 | 嵩明犇腾养殖有限公司 | | √ | 264 | 96 | 荷斯坦 | 5.60 | 540.00 | √ | |
| 16 | 嵩明大家利奶牛养殖场 | | √ | 362 | 129 | 荷斯坦 | 4.20 | 540.00 | | |
| 17 | 嵩明东达种养殖合作社 | | √ | 353 | 100 | 荷斯坦 | 3.60 | 360.00 | √ | |
| 18 | 嵩明会新奶牛养殖合作社 | | √ | 2 481 | 643 | 荷斯坦 | 3.60 | 2 314.00 | √ | |
| 19 | 嵩明金国养殖场 | | √ | 805 | 219 | 荷斯坦 | 3.90 | 854.00 | √ | |
| 20 | 嵩明明新奶牛养殖公司 | | √ | 1 905 | 611 | 荷斯坦 | 4.80 | 2 932.00 | √ | |
| 21 | 嵩明牧兴养殖专业合作社 | | √ | 2 297 | 665 | 荷斯坦 | 4.40 | 2 926.00 | √ | |
| 22 | 嵩明县富达奶牛养殖基地 | √ | | 214 | 113 | 荷斯坦 | 6.50 | 734.50 | | √ |
| 23 | 嵩明兴瑞合奶牛养殖公司 | | √ | 1 489 | 473 | 荷斯坦 | 4.90 | 2 317.20 | √ | |
| 24 | 寻甸县稼竜奶牛养殖场 | √ | | 522 | 309 | 荷斯坦 | 8.50 | 2 626.50 | | √ |
| 25 | 寻甸赛优牧业有限公司 | √ | | 314 | 178 | 荷斯坦 | 6.15 | 1 095.00 | √ | √ |
| 26 | 宜良古城新村奶牛养殖专业合作社 | | √ | 845 | 300 | 荷斯坦 | 4.40 | 1 320.00 | | |
| 27 | 宜良九乡阿格里乳牧业有限公司 | | √ | 332 | 133 | 荷斯坦 | 5.50 | 730.00 | | |
| 28 | 宜良奶初源奶牛养殖合作社 | | √ | 780 | 397 | 荷斯坦 | 4.60 | 1 825.00 | | |
| 29 | 宜良胜利奶牛养殖合作社 | | √ | 480 | 365 | 荷斯坦 | 5.80 | 2 117.00 | √ | |

（续）

| 序号 | 名称 | 养殖场 | 小区 | 全群存栏（头） | 成母牛存栏（头） | 奶畜品种 | 成母牛单产（t/年） | 年总产（t） | 是否参加DHI | 是否应用TMR |
|---|---|---|---|---|---|---|---|---|---|---|
| 30 | 宜良顺兴裕奶牛养殖专业合作社 | | √ | 216 | 100 | 荷斯坦 | 5.10 | 510.00 | | |
| 31 | 宜良县华达奶牛养殖合作社 | | √ | 292 | 275 | 荷斯坦 | 5.30 | 1 460.00 | | |
| 32 | 宜良县锦秀奶牛养殖专业合作社 | | √ | 312 | 198 | 荷斯坦 | 5.90 | 1 168.00 | √ | |
| 33 | 宜良县森琦奶牛养殖合作社 | | √ | 316 | 240 | 荷斯坦 | 5.90 | 1 416.00 | | |
| 34 | 宜良县瓦窑奶牛养殖场 | | √ | 512 | 196 | 荷斯坦 | 5.60 | 1 095.00 | √ | |
| 35 | 宜良鑫磊奶牛养殖场 | | √ | 280 | 82 | 荷斯坦 | 5.80 | 474.50 | √ | |
| 36 | 宜良兴达奶牛养殖场 | | √ | 680 | 391 | 荷斯坦 | 4.60 | 1 800.00 | | |
| 37 | 云南绿盛美地农牧发展有限公司 | √ | | 238 | 100 | 荷斯坦 | 4.74 | 474.00 | √ | √ |
| | 合计/平均 | | | 29 913 | 13 791 | | 5.33 | 76 071.77 | | |

**附表 2　昆明市乳制品生产企业名录**

| 序号 | 名称 | 许可证号码 | 年收购原奶量（t） | 平均支付价格（元/kg） | 其中：自有奶源量（t） | 年乳制品产量（t） | 其中：巴氏杀菌奶（t） | UHT 奶（t） | 酸奶（t） | 奶粉（t） | 奶油（t） | 奶酪（t） | 乳饮料（t） | 整体设计加工能力（t/年） | 产品销售区域 | 年销售收入（万元） | 利润（万元） |
|---|---|---|---|---|---|---|---|---|---|---|---|---|---|---|---|---|---|
| 1 | 昆明雪兰牛奶有限责任公司 | SC10553011110668 | 96 000 | 4.25 | 52 100 | 109 535 | 37 094 | 20 626 | 45 034 | 0 | 47 | 0 | 6 734 | 20 万 t | 云南省，贵州省，广西省 | 103 501.00 | 7 348.66 |
| 2 | 昆明龙腾生物乳业有限公司 | SC10553012207005 | 3 000.00 | （羊奶）6.5 | 0 | 1 200.00 | 300.00 | 300.00 | 300.00 | 300.00 | 0.00 | 0.00 | 0.00 | 1 万 t | 全国 | 3 200.00 | 8.00 |
| 3 | 云南伊利乳业有限责任公司 | 91530127587393009E | 25 550 | 4.9 | 0 | 29 867 | 0 | | 0 | 0 | 0 | 0 | 29 867 | 10 万 t | 云南、贵州、广西 | 30 000 | 2000 |
| | 合计 | | 124 550 | | 52 100 | 140 602 | 37 394 | 20 926 | 45 334 | 300 | 47 | 0 | 36 601 | 31 | | 136 701 | 9 356.66 |

备注：自有奶源指来自自建和参建（控股、参股）牧场（小区）的原奶。

# 西藏自治区

【奶类生产】2017年，全区奶业按照《西藏自治区（万头）奶牛养殖示范基地建设规划（2017—2020）》，狠抓奶牛品种改良、奶源基地建设、完善设施设备、扩大饲草料基地建设、强化科研攻关，以拉萨市“万户百场十中心”工程为代表的奶业基地初具规模，全区奶牛良种化水平不断提高，规模化养殖场数量持续增加；养殖设施化、生产规范化、防疫制度化、粪污无害态势正在形成，奶产品质量安全得到提升，奶业发展已成为助推农牧业经济，促进农牧民增收的重要举措。2017年，全区奶牛存栏90万头，其中优质奶牛10万头。奶类产量44万t，同比增长10%。

【奶源基地】工作重点。一是按照《西藏农区黄牛改良项目实施方案（2013—2020年）》要求，继续在城郊、农区加大黄牛改良力度，按计划完成2017年85 530头的黄牛改良任务，自治区已从草补结转资金安排1 672.8万元，确保实现2017年鲜奶产量达到44万t的目标任务。二是按照《国家发改委、农业部下达的种养业循环一体化项目2017年中央预算内投资计划的通知》〔2017〕801号，实施奶牛标准化规模养殖场（小区）建设，对18个小区和1个养殖场进行改造升级。三是加强技术培训和先进实用技术推广，自治区、地市、有条件的县分别开展3次黄改技术培训，提高黄改技术水平和农牧民群众奶牛饲养水平。

饲草料生产方面。截至2017年年底，共完成高标准人工饲草建设面积3.3万$hm^2$。各地市充分利用低产田、弃耕地、荒滩荒地开展人工种草，促进粮经饲三元种植结构调整。同时，通过种草养畜、种草养地，形成粮草兼顾、农牧结合、循环发展的新型种养结构。

【乳品加工】截至2017年年底，全区有一定规模的奶制品加工企业仍为8家，分别是高原之宝牦牛乳业、西藏年河乳业发展有限公司、拉萨圣吉雪乳业、西藏康园食品、林芝地区贡布乳业、西藏藏地吉农乳业、山南雅砻惠民乳业、山南乃东结莎利群。主要产品品种为高原特色牦牛乳、有机乳、风味酸乳，共有30余个品种，规模以上企业产值达到8亿元。

【政策支持】实施牲畜良种补贴政策，按照《西藏农区黄牛改良项目实施方案（2013—2020年）》品种改良和布局要求，2017年完成黄牛改良11万头，落实良种补贴资金1 650万元。

（西藏自治区农业农村厅畜牧水产处，边珍）

# 陕西省

【奶畜养殖】2017年，陕西省奶牛存栏27.9万头，较2016年下降1.9%，奶类产量184.5万t，较2016年下降2.5%，其中牛奶产量134.8万t，较2016年下降3.8%。

陕西省奶牛主要分布在关中地区5市1区（即西安市、宝鸡市、咸阳市、铜川市、渭南市和杨凌示范区），奶牛存栏和牛奶产量分别占陕西省的95.4%和95.1%。

陕西省奶山羊主要分布在关中地区，奶山羊存栏和羊奶产量分别占陕西省的97.8%和98.4%。

奶山羊作为陕西特色畜牧产业，近两年地方财政已加大对奶山羊产业的扶持力度，今后陕西奶畜产业发展围绕稳定奶牛产业，大力发展奶山羊产业方向，做大做强地方优势特色产业。2017年年底，时任省长胡和平提出培育千亿级奶山羊全产业链，大力发展奶山羊产业。

【乳品加工】2017年，全省乳制品总产量143.4万t，同比下降0.4%。产值约160亿元，奶粉产量居全国第2位，液态奶产量居全国第7位。

【市场消费】2017年，全省人均奶类占有量48.1kg。全省居民人均购买鲜奶9.2kg，较2016年增加0.7kg；购买酸奶2.7kg，较2016年增加0.4kg；购买奶粉0.7kg，与2016年持平。全省居民人均奶类消费242.1元，较2016年增加15.5元。（陕西统计年鉴）。

【奶源基地】行业统计数字显示，陕西省存栏奶牛100头以上养殖场383个，较2016年减少17个。

DHI测定。2017年陕西省参加奶牛生产性能测定的规模牛场（小区）共52个，其中新参测牛场6家，长期测定的牛场已达42家，测定样品187 531头份，上报数据量为200 828条，测定奶牛28 370头，制作DHI测定报告572批份。2017年测定奶牛场305天平均产奶量为30.1kg，较2016年增长13%。52个牛场中305天产奶量在7 000~8 000kg的12家，占23%；8 000~9 000kg的18家，占35%；9 000~10 000kg的以上的6家，占12%；10 000kg以上的3家，占6%。其中8 000~9 000kg的牛场较2016年增加了7家；10 000kg以上的牛场增加了2家。参测奶牛的平均乳脂率4%，乳蛋白3.4%，乳糖率为5%，干物质13%，尿素氮14.8mg/dl，平均脂蛋比1.2，各项指标都处于合理区间；平均体细胞数由2016年29.7万个/mL下降到22.6万个/mL，其中体细胞数小于50万/mL的牛场已达51家，占总测定场的98%。

饲草种植。2017年国家高产优质苜蓿示范建设项目投资162万元，在陕西省新种植1 800hm² 高产优质苜蓿。中央投资8 296万元，在临潼、阎良、陇县、千阳、眉县、岐山、泾阳、乾县、三原、武功、合阳、蒲城、子长、神木14个县区以及铜川市和省农垦集团实施粮改饲试点项目，种植青贮玉米2.8万hm²，全株青贮125万t。

养殖效益。全省牛奶平均价格约为3.19元/kg，较2016年上涨9.6%。上半年牛奶价格持续小幅下降，从年初的3.36元/kg下降至3.08元/kg，之后保持小幅震荡回升。按成母牛计算，奶牛养殖户亏损约为500元/头，规模场亏损约为200元/头。

【质量监管】2017年计划抽检1 060批次，实际全年完成生鲜乳监测任务共计2 280批次，全覆盖了434个奶站283运输车，完成计划的215%。其中陕西省开展的生鲜乳质量安全监测2 100批次，协助外省来陕抽检180批次。主要对奶站和生鲜乳运输环节的三聚氰胺、革皮水解物、β－内酰胺酶等违禁添加物进行抽检，监测结果合格率100%；对婴幼儿配方乳粉奶源基地卫生指标黄曲霉毒素 $M_1$ 和国家明令禁止的违禁添加物三聚氰胺等，监测结果合格率99.8%。

（陕西省畜牧兽医局，王鹏飞）

# 甘肃省

【奶畜养殖】畜牧业统计与监测数据显示，甘肃省2017年奶牛（含杂种牛）存栏25.7万头，其中：成年母牛14.8万头，荷斯坦牛存栏21.7万头，高代改良牛（含偏雌牛）4万头，主要分布在张掖、武威、临夏、定西、兰州、白银、酒泉、金昌等市（州）的甘州、临泽、民乐、凉州、临夏、安定、临洮、榆中、红古、七里河、永登、景泰、靖远、平川、肃州、金川等20多个县（区）的规模化奶牛场，其奶牛存栏数占约总存栏数的70%以上。与上年相比，奶牛存栏减少1.7万头，减少了6.3%；成年母牛减少1.7万头，减少了10.5%。但荷斯坦牛存栏增加7 446头，增长了3.6%。

2017年牦牛存栏131.1万头，比上年减少9.8万头，减少了6.9%，牦牛主要分布在甘南藏族自治州、武威市、张掖市的夏河、合作、玛曲、碌曲、舟曲、天祝、肃南等县（市）的少数民族集聚的高寒牧区，主要是藏系牦牛和杂种犏雌牛，地方优良牦牛品种主要是天祝白牦牛，存栏9万头左右，主要分布在甘肃省武威市天祝藏族自治县境内海拔3 000以上高寒草原上。奶山羊存栏23.1万只，比上年减少7 930只，减少了3.3%，奶山羊主要分布在天水、张掖、平凉、庆阳、陇南等市的半农半牧区（表4-35）。

**表4-35 2017年甘肃省奶畜存栏**

单位：万头、万只、%

| 畜种 | 年末存栏数 | | 2017年比2016年 | |
|---|---|---|---|---|
| | 2016年 | 2017年 | 增长数 | 增长率 |
| 奶牛及高代杂种牛 | 27.4 | 26.5 | -0.9 | -3.1 |
| 其中：成年母牛 | 16.5 | 15.3 | -1.2 | -7.5 |
| 荷斯坦牛存栏 | 21 | 21.7 | 0.7 | 3.4 |
| 其中：成年荷斯坦牛 | 13 | 12.3 | -0.7 | -5.3 |
| 牦牛存栏 | 140.9 | 131.1 | -9.8 | -6.9 |
| 其中：能繁母牦牛 | 74.2 | 67.9 | -6.3 | -8.5 |
| 奶山羊存栏 | 23.9 | 23.1 | -0.8 | -3.3 |

【奶类产量】2017年甘肃奶类总产量65.8万t，比上年减少0.7万t，减少了1%。其中：牛奶总产65万t，比上年减少0.6万t，减少了0.9%。牛奶中含牦牛奶9.2万t，牦牛奶比上年增加1.4万t，增长了17.3%。山羊奶总产7 290t，其他奶类（驼奶、马奶等）产量835t。奶类产量减少的主要原因是奶畜存栏减少和生鲜乳收购价格过低，尤其是乳企限收拒收，导致部分养牛场时段性限饲限挤而减产（表4-36）。

**表4-36 2017年甘肃省奶类产量**

单位：万t、%

| 项目 | 年末数 | | 2017年比2016年 | |
|---|---|---|---|---|
| | 2016年 | 2017年 | 增长数 | 增长率 |
| 奶类产量 | 66.5 | 65.8 | -0.7 | -1 |
| 牛奶产量 | 65.6 | 65 | -0.6 | -0.9 |
| 牦牛奶产量 | 7.9 | 9.2 | 1.4 | 17.3 |
| 羊奶产量 | 0.8 | 0.7 | -0.08 | -10.4 |
| 其他奶产量 | 0.1 | 0.08 | -0.02 | -20.9 |

2017年生鲜乳价格总体平稳，经历了一个“高-低-高”的曲线变化过程。据甘肃奶业协会生鲜乳交售价格监测数据，2017年1～12月，生鲜乳平均交售价格（不含运输成本）分别为3.66元/kg、3.50元/kg、3.41元/kg、3.30元/kg、3.25元/kg、3.20元/kg、3.18元/kg、3.15元/kg、3.2元/kg、3.35元/kg、3.42元/kg、3.51元/kg。标准化规模奶牛场的交售价在3.5～3.8元/kg，但时而也因“质量不达标”而被拒收，被拒收时只能以1.6～2.0元/kg的价格贱卖。甘肃省奶业协会监测记录的近四年来的奶农生鲜乳交售价格如表3。

【奶源基地】据畜牧业统计与监测数据显示，2017年百头以上规模化牛场129家，饲养奶牛126 811头，年牛奶产量290 319t，比上年的186家、137 924头、326 347t分别减少了57家、11 113头、36 028t，农户减少了30.65%，奶牛饲养量减少了8.06%，牛奶产量减少了11.04%。万头以上规模奶牛场从无到有，已经发展到了3家，如甘肃前进牧业科技有限公司的石岗墩万头奶牛场，武威荣华新型农业股份有限公司的奶牛一场和二场目前总存栏26 000头。总体上看，饲养户数在逐年趋减，户均养殖规模在趋增。奶业生产方式、组织形式和产品结构发生着新的变化，综合生产能力进一步加强。据畜牧业统计与监测数据显示，2017年和2016年奶牛规模化养殖情况详如表4-38。

据甘肃省奶业协会统计，2017年甘肃省规模化奶牛场（户）有百余家，存栏奶牛15.22万头。成年母牛7.55万头。规模化牛场亏损企业超过了60%。部分新建奶牛养殖企业由于资金成本很高，有的负债率高达80%～90%，加上找不到收购原奶的乳品企业，迫于资金成本过高的压力难以为继而步入崩溃的边缘。有例证显示，已有一些规模化奶牛养殖企业崩溃倒闭。仅某市2017年已经有不少于6家养殖企业倒闭关门。

从奶牛规模养殖情况看，饲养户数在逐年趋减，户均养殖规模在逐年趋增。百头以上规模农户虽比上年减少了14%，只有160个，约占奶农总数的0.6%，饲养奶牛137 446头，约占奶牛存栏总数的50.2%，年牛奶总产324 880t，是全省牛奶产量的58.1%。奶业生产方式、组织形式和产品结构发生了新的变化，综合生产能力进一步加强。

【奶站监管】2017年12月，甘肃省共有生鲜乳收购站88家，全部取得生鲜乳收购许可证，实现机械化

表 4-37　2011—2017 年甘肃省生鲜乳价格监测情况

单位：元 /kg

| 年份 | 1 月 | 2 月 | 3 月 | 4 月 | 5 月 | 6 月 | 7 月 | 8 月 | 9 月 | 10 月 | 11 月 | 12 月 | 年度比较 | | |
|---|---|---|---|---|---|---|---|---|---|---|---|---|---|---|---|
| | | | | | | | | | | | | | 均价 | 比上年 | 比 2013 年 |
| 2011 年 | 3.53 | 3.54 | 3.57 | 3.57 | 3.57 | 3.57 | 3.56 | 3.54 | 3.56 | 3.57 | 3.59 | 3.61 | 3.57 | | –16% |
| 2012 年 | 3.62 | 3.63 | 3.64 | 3.64 | 3.66 | 3.66 | 3.67 | 3.68 | 3.69 | 3.73 | 3.78 | 3.82 | 3.69 | 3.4% | –13.1% |
| 2013 年 | 3.80 | 3.82 | 3.84 | 3.84 | 3.96 | 4.07 | 4.15 | 4.28 | 4.62 | 4.73 | 4.84 | 4.95 | 4.24 | 15.1% | – |
| 2014 年 | 4.85 | 4.75 | 4.62 | 4.11 | 4.00 | 3.90 | 3.85 | 3.48 | 3.31 | 3.22 | 3.33 | 3.33 | 3.90 | –8.2% | –8.2% |
| 2015 年 | 3.31 | 3.28 | 3.33 | 3.35 | 3.37 | 3.39 | 3.40 | 3.40 | 3.41 | 3.46 | 3.50 | 3.55 | 3.40 | –12.8% | –19.9% |
| 2016 年 | 3.52 | 3.53 | 3.5 | 3.46 | 3.4 | 3.4 | 3.4 | 3.39 | 3.4 | 3.45 | 3.5 | 3.65 | 3.47 | 2.1% | –18.3% |
| 2017 年 | 3.66 | 3.50 | 3.41 | 3.3 | 3.25 | 3.2 | 3.18 | 3.15 | 3.2 | 3.35 | 3.42 | 3.51 | 3.34 | –3.5% | –21.2% |

表 4-38　2017 年甘肃省奶牛规模化情况

单位：户、头、t

| 养殖规模 | 项目 | 2016 年 | 2017 年 | 2017 年比 2016 年 | |
|---|---|---|---|---|---|
| | | | | 增长数 | 增长率 |
| 合计 | 场（户）数 | 26 133 | 21 016 | –5 117 | –19.6% |
| | 存栏奶牛 | 273 035 | 241 785 | –31 250 | –11.5% |
| | 牛奶产量 | 558 317 | 508 122 | –50 194 | –9% |
| ≤ 99 头 | 场（户）数 | 25 947 | 20 887 | –5 060 | –19.5% |
| | 存栏奶牛 | 135 111 | 114 974 | –20 137 | –14.9% |
| | 牛奶产量 | 231 970 | 217 803.5 | –14 166.5 | –6.1% |
| ≥ 100 头 | 场（户）数 | 186 | 129 | –57 | –30.7% |
| | 存栏奶牛 | 137 924 | 126 811 | –11 113 | –8.1% |
| | 牛奶产量 | 326 347 | 290 319 | –36 028 | –11% |
| ≤ 999 头 | 场（户）数 | 26 098 | 20 984 | –5 114 | –19.6% |
| | 存栏奶牛 | 175 211 | 139 725 | –35 486 | –20.3% |
| | 牛奶产量 | 334 492 | 293 392 | –41 100 | –12.3% |
| ≥ 1000 头 | 场（户）数 | 35 | 32 | –3 | –8.6% |
| | 存栏奶牛 | 97 824 | 102 060 | 4 236 | 4.3% |
| | 牛奶产量 | 223 825 | 214 730 | –9 095 | –4.1% |
| 1~49 头 | 场（户）数 | 25 677 | 20 714 | –4 963 | –19.3% |
| | 存栏奶牛 | 122 562 | 103 172 | –19 390 | –15.8% |
| | 牛奶产量 | 203 621 | 188 406 | –15 215 | –7.5% |
| 50~99 头 | 场（户）数 | 270 | 173 | –97 | –35.9% |
| | 存栏奶牛 | 12 549 | 11 802 | –747 | –5.9% |
| | 牛奶产量 | 28 349 | 29 398 | 1 049 | 3.7% |
| 100~199 头 | 场（户）数 | 84 | 50 | –34 | –40.5% |
| | 存栏奶牛 | 10 412 | 6 948 | –3 464 | –33.3% |
| | 牛奶产量 | 28 612 | 21 151 | –7 461.4 | –26.1% |
| 200~499 头 | 场（户）数 | 45 | 36 | –9 | –20% |
| | 存栏奶牛 | 13 951 | 11 127 | –2824 | –20.2% |
| | 牛奶产量 | 36 913 | 31 690 | –5 222.9 | –14.2% |
| 500~999 头 | 场（户）数 | 22 | 11 | –11 | –50% |
| | 存栏奶牛 | 15 737 | 6 676 | –9 061 | –57.6% |
| | 牛奶产量 | 369 970 | 227 480 | –142 490 | –38.5% |
| 1000~1999 头 | 场（户）数 | | 13 | | |
| | 存栏奶牛 | | 17 302 | | |
| | 牛奶产量 | | 433 590 | | |
| 2000~4999 头 | 场（户）数 | | 16 | | |
| | 存栏奶牛 | | 48 841 | | |
| | 牛奶产量 | | 124 180 | | |
| ≥ 5000 头 | 场（户）数 | | 3 | | |
| | 存栏奶牛 | | 35 917 | | |
| | 牛奶产量 | | 47 191 | | |

数据来源：全国畜牧业统计与监测网站。

挤奶，所有生鲜乳收购站基本达到了“五有一符合”的设站条件。88 家生鲜乳收购站覆盖奶农 610 家，存栏奶牛 122 691 头，其中成年母牛 57 002 头。按奶站申办主体划分：乳制品加工企业开办 19 个，占 55.7%；奶牛养殖企业开办 49 个，占 21.59%；奶牛养殖专业合作社开办 20 个，占 22.7%。88 家生鲜乳收购站年挤鲜奶量 426 645t，其中：奶畜养殖场收购站年鲜奶量 317 018t，乳品生产企业年鲜奶流量 35 998t，奶农专业合作社年鲜奶流量 73 630t。2017 年生鲜乳收购站基本情况详如表 4–39。

**表 4–39　甘肃省 2017 年生鲜乳收购站监测与统计**

| 奶站性质 | 奶站数量（个） | 养殖场户数量（个） | 奶牛总数（头） | 其中成母牛（头） | 年挤奶量（t） |
|---|---|---|---|---|---|
| 奶畜养殖场 | 52 | 59 | 107 961 | 51 319 | 408 325 |
| 乳品生产企业 | 10 | 359 | 15 685 | 8 008 | 57 394 |
| 奶农专业合作社 | 16 | 95 | 15 181 | 7 696 | 71 620 |
| 合计 | 78 | 513 | 138 827 | 67 023 | 537 339 |

**【奶农组织】**依据全国畜牧业统计与监测系统显示，甘肃省目前奶农合作社有 20 个，包含农户 121 户，存栏奶牛 16 894 头。实际上具规模的奶业合作社是张掖市甘州区的前进奶业合作社和下寨乡奶业合作社，这两个合作社是以融资入股方式成立的。合作社立足新农村小康建设，高起点规划、高标准建设，高技术生产，目前存栏优良品种荷斯坦牛 2 300 多头。为了加快农民专业合作社规范健康发展，切实做好农民专业合作社示范社工作，省农牧厅举办全省农民专业合作社、示范社、理事长专题培训班。并按照农业部等 11 部门《关于开展农民专业合作社示范社建设行动的意见》，确定的示范社建设目标和主要内容，结合各地示范社建设经验，制定了《农民专业合作社示范社创建标准（试行）》。但总的来看，奶农合作社组织建设在起步阶段，缺乏政府部门的支持，运行缓慢。

**【乳品加工】**2017 年乳品企业日处理鲜奶能力总计达到 2800t 以上，年总销售额在 20 亿元以上，产品主要是本地巴氏杀菌乳、UHT 奶、奶粉、酸奶和干酪素。上规模的企业主要有兰州伊利乳业有限责任公司、兰州庄园乳业有限责任公司、甘南州燎原乳业有限责任公司、兰州雪顿生物乳业有限公司、酒泉市乐为尔乳业有限责任公司等 10 余家。据初步统计，2017 年收购原奶量 328 150t，平均支付价格 3.26 元 /kg，其中：自有奶源量 120 525t。年乳制品产量 304 843t，其中：巴氏杀菌乳 19 087t，UHT 奶 130 595t，酸奶 41 294t，奶粉 4 452t，乳饮料 112 848t。整体设计加工能力 1 140 143t/ 年。

**【品种改良】**奶牛品种改良主要是采用细管冻精及人工授精技术，共完成黄牛冻配改良 102 万头，政府招标采购奶牛冻精 26 000 支，肉牛冻精 1 160 000 支。奶牛良种改良主要靠引进国内外良种高产奶牛和冻精，国家奶牛良种补贴统一采购的冻精，主要通过市县畜牧兽医技术推广体系在散户牛群中应用较多，大部分规模化牛场担心统一采购的冻精质量难以保证，一般通过社会化牛种服务企业，自主采购可信赖的种源冻精配种，效果也好。

**【草料生产】**近年来，甘肃省实施了草地农业、粮改饲、草牧业、退耕还草等重大示范工程，形成了三大草产业生产加工基地。①河西灌区高端苜蓿、燕麦草捆产业基地，是国内最主要的奶业高端苜蓿和燕麦生产储备供应基地；②定西 – 白银 – 兰州为主的中东部黄土高原旱作草产业基地，是目前国内最大的商品青贮草生产基地，创出了旱作农业区粮改饲、调结构、促增收的产业经营模式；③甘南和祁连山高原区生态屏障维系带，是甘肃省重要的草原牧业割草场基地和国家重要生态屏障。目前，人工种草面积达 160.1 万 $hm^2$，居全国第二。其中紫花苜蓿留床面积达 67.33 万 $hm^2$，占全国种植面积的 1/3，居全国第一；燕麦种植面积 8 万 $hm^2$，草产品加工企业发展到 110 家，草产品加工量达 760 万 t。据测定，苜蓿平均单产干草 5 700kg/$hm^2$，粗蛋白含量 ≥ 15%，相对饲喂价值 128。以河西走廊灌区为例，收获苜蓿中的 60% ~ 70% 达到平均株高 95cm，平均产量 6 225kg/$hm^2$，粗蛋白 ≥ 18%，相对饲喂价值 ≥ 140。其中西部草王（大业）公司，草产品生产能力达 47 万 t，已成为全国奶业优质饲草的重要供给补给区，形成了满足全省、面向全国、兼顾生态保障的区域化草产业基地。创立了国内第一个草产品品牌“草王”；甘肃农垦组建的田园牧歌草业集团，在内蒙古、宁夏、天津等全国主要奶业基地布局产业基地，年产苜蓿草产品 25 万 t，成为全国最大的优质苜蓿草捆企业；三宝公司短短几年在山丹马场建立高端燕麦基地 1 万 $hm^2$，上市新三板；安定区培育的甘肃民祥公司，2017 年带动全区加工玉米秸秆等青贮饲草达百万吨。一批草业企业实力强劲，带动合作组织 32 家，产品远销宁夏、内蒙古、黑龙江等国内奶业优势区域，年外销优质商品草 200 万 t，占全国外销商品草的 60% 以上。

草产业的稳定发展为奶业提供了优质的饲草料保障。规模化牧场的粗饲料绝大多数使用的是青贮和苜蓿青干草，并且应用 TMR 机械饲喂，奶牛福利待遇比较好，牛奶质量和安全有保障。少部分牧场和散户使用玉米秸秆和其他农作物秸秆为主，苜蓿干草和全株青贮玉米很少，饲养管理仍然很粗放，牛奶质量和安全难保证。

**【疫病防控】**2017 年，甘肃省没有重大的动物疫情发生。在当地畜牧兽医部门指导下，奶牛养殖场（区）每年由驻场兽医进行常规的程序免疫和消毒，春秋两季开展口蹄疫免疫检测，奶牛结核病和布病的防检疫和净化工作，通过多年的检测净化，全省规模化奶牛养殖场（小区）达到了稳定控制标准（无疫情发生，且连续 2 年阳性检出率 <0.01%）。目前，奶牛场的常规疾病仍以乳房炎、消化不良、酸中毒和肢蹄病等常见病为主。由于大力推进标准化奶牛养殖场建设，奶牛饲养管理水平和养殖理念明显提高，绝大多数奶牛养殖场区都能做

到“以防为主、防重于治”，对常见多发病能做到“早发现，早治疗”。

**【学生饮用奶】**在中国奶业协会的指导下，甘肃省奶业协会加强了学生饮用奶推广计划的管理工作。一是按照《国家“学生饮用奶计划”推广管理办法（试行）》，在组织专家严格考核的基础上，向中国奶业协会推荐了兰州庄园牧场股份有限公司和兰州雪顿生物乳业有限公司两个学生奶生产企业，并配合中国奶业协会专家组对推荐的两个企业进行了严格的考核。二是按照中国奶业协会学生饮用奶推广计划办公室中奶协发（2016）21号《关于开展学生饮用奶奶源基地认定工作的通知》的安排和《学生饮用奶奶源基地建设与管理规范》，在制定详细实施方案的基础上，对兰州庄园牧场有限公司和兰州雪顿乳业生物有限公司申请的属地在甘肃境内的为两家企业供应学生饮用奶加工奶源的7家企业（临夏县瑞安牧场有限公司、临夏县瑞园牧场有限公司、榆中瑞丰牧场有限公司、兰州瑞兴牧业有限公司、武威瑞达牧场有限公司、甘肃农垦天牧乳业有限公司、会宁县亿源养殖有限公司）进行了现场评估认定。

**【DHI测定】**甘肃省奶牛养殖企业目前还没有开展生产性能测定工作，这对推动奶牛养殖技术走数字化、度量化的道路，奶牛养殖散养到家庭牧场到大型规模化养殖的发展方向影响很大。特别是学生饮用奶推广计划明确要求奶源基地必须开展DHI测定工作。已经考评通过了学生饮用奶奶源基地的企业虽然承诺在3个月内开展这一工作，但因甘肃还没有一家奶牛DHI测定服务机构而苦苦发愁。因此，建议相关部门引起重视，争取早日建设甘肃省奶牛DHI测定实验室，为推动甘肃奶牛养殖业的发展做出实质性贡献。

**【奶业大事】**

3月18日在北京举行的2017中国食品行业诚信建设峰会暨中国食品口碑榜发布仪式上，甘肃燎原乳业集团与伊利、君乐宝、蒙牛、金河、三元、旗帜、完达山、银桥、雀巢九个品牌荣登“最受消费者信赖的十大乳制品品牌”榜单。

7月13日，甘南州合作市隆重举办2017中国牦牛乳产业发展论坛。此次论坛举办旨在主动融入“一带一路”发展战略，深度挖掘和分享牦牛乳这一世界独有珍贵资源，有效提升甘南州“中国牦牛乳都”和牦牛乳品的品牌知名度。

7月14日在北京国家会议中心举办的2017中国（北京）国际妇女儿童产业博览会上来自“中国牦牛乳都”的甘肃燎原乳业集团获得了中国孕婴童产业“服务十年奖”“卓越二十年奖”“服务社会奖”等多项荣誉。

7月23日，在甘州区石岗墩循环畜牧产业园区，由甘肃前进牧业科技有限责任公司与成都菊乐企业（集团）股份有限公司共同筹建的甘肃德瑞牧业有限公司暨1万头奶牛养殖基地建成投产庆典仪式举行。该项目总投资2.9亿元，养殖规模1万头，占地面积66.67$hm^2$，于2016年9月22日开工奠基。

8月22日下午，新希望乳业董事长席刚，新疆西域春乳业总经理赵斌，贵州好一多乳业董事长张琴，北京嘉瑞富德食品科技有限公司总经理付强，唯绿包装大区总监王松、李佳总经理等一行11人到甘肃雪顿乳业夏河生产基地参观指导。

8月15日，第七届（2017）中国苜蓿发展大会在甘肃酒泉召开，本次大会围绕“科技创新、现代种业、产业发展”的主题，从推动草产业可持续发展、中国苜蓿草产业发展与技术成果、草畜一体化创新之路、草人与牛人在实际生产中的需求、打造草产业的科技创新平台、草产业的互联网+、现代草种的繁育与推广、以及苜蓿品种审定、苜蓿种子高产与加工等方面展开学术研讨与广泛交流。

10月31日兰州庄园牧场股份有限公司人民币普通股股票在深圳证券交易所上市。

11月13日，天庆集团积极响应甘肃省工商联、省扶贫办、省光彩会“千企帮千村”精准扶贫号召，与合作市卡加曼乡香拉村签署结对帮扶协议，出资150万援建“天庆香拉奶牛养殖场”竣工，天庆出资购置的第一批奶牛运抵养殖场，天庆集团“造血式”精准扶贫项目正式落地。

12月1日，甘肃省奶业协会脱钩换届会员代表大会和第三届一次理事会议召开。省民政厅民间组织管理局、省畜牧业局领导出席了大会。大会审议通过了《甘肃省奶业协会第二届理事会工作报告》《甘肃省奶业协会第二届理事会财务报告》《甘肃省奶业协会章程》《章程修改说明》《甘肃省奶业协会会费收取标准及管理办法》等协会制度。按照国家有关行业协会商会与行政机关脱钩工作的要求，本次大会既是甘肃省奶业协会的换届大会，同时也是协会与政府部门脱钩的大会。大会选举甘肃前进牧业有限责任公司总经理李盛新同志任会长，兰州庄园牧场股份有限公司副总经理陈玉海同志任秘书长，甘肃养牛人畜牧科技有限公司总经理刘德强同志和甘肃前进牧业有限责任公司总监范学强同志任副秘书长。

（甘肃省畜牧业产业管理局，沈启云）

附表1 甘肃省2017年奶牛规模化养殖场户情况表

单位：头

| 序号 | 县区 | 牛场 | 地址 | 奶牛存栏 | 成母牛 |
|---|---|---|---|---|---|
| 1 | 凉州区 | 武威荣华新型农业股份有限公司 | 凉州区邓马营湖 | 33 000 | 15 000 |
| 2 | 甘州区 | 甘肃前进牧业科技有限责任公司 | 甘州区长安镇前进村六社 | 10 520 | 4 200 |
| 3 | 金川区 | 甘肃农垦天牧乳业有限公司 | 金昌市金川区龙口村 | 8 117 | 3 943 |
| 4 | 嘉峪关 | 甘肃祁牧乳业有限责任公司 | 嘉峪关市机场路创新大道东侧 | 6 014 | 3 054 |
| 5 | 红古区 | 甘肃荷斯坦奶牛繁育示范中心 | 红古区花庄镇工农路17-24号 | 4 651 | 2 373 |
| 6 | 民乐县 | 甘肃华瑞农业股份有限公司 | 民乐县生态工业科技示范园区 | 4 036 | 1 695 |
| 7 | 甘州区 | 甘肃德瑞牧业有限公司 | 甘州区长安镇前进村六社 | 4 000 | 1 263 |
| 8 | 临洮县 | 甘肃安贝源乳业有限公司 | 红旗乡何家湾村 | 3 420 | 1 693 |
| 9 | 临泽县 | 甘肃瑞谐良种奶牛繁育有限责任公司 | 沙河镇扎尔墩滩 | 3 135 | 1 518 |
| 10 | 临泽县 | 张掖市蓼泉奶牛养殖农民专业合作社 | 临泽县蓼泉镇湾子村 | 2 845 | 1 829 |
| 11 | 甘州区 | 甘州区下寨奶牛养殖农民专业合作社 | 张掖市甘州区党寨镇下寨村 | 2 670 | 1 250 |
| 12 | 临泽县 | 张掖市五泉奶牛养殖农民专业合作社 | 临泽县五泉林场 | 2 572 | 1 890 |
| 13 | 临夏县 | 甘肃临夏丰源奶牛养殖有限责任公司 | 临夏县北塬乡娄高祁村 | 2 500 | 1 170 |
| 14 | 甘州区 | 甘州区绿洲奶牛繁育农民专业合作社 | | 2 350 | 850 |
| 15 | 麦积区 | 天水嘉信畜牧有限公司 | 中滩镇农业示范园区 | 2 291 | 1 554 |
| 16 | 榆中县 | 兰州庄园牧场股份有限公司 | 榆中县三角城乡 | 2 250 | 1 100 |
| 17 | 高台县 | 张掖市东联草畜科技有限责任公司 | 巷道镇东联村 | 2 230 | 1 200 |
| 18 | 临泽县 | 张掖市新华草畜科技有限责任公司 | | 2 218 | 1 308 |
| 19 | 白银区 | 白银鑫昊工贸有限公司车路沟奶牛场 | 白银区四龙镇永丰村车路沟 | 2 100 | 885 |
| 20 | 靖远县 | 靖远县新希望牧业奶源收购站 | 靖远县东升乡唐庄村 | 2 020 | 1 400 |
| 21 | 山丹县 | 山丹县红寺湖养殖专业合作社 | 山丹县红寺湖地圈台村 | 2 000 | 1 000 |
| 22 | 环县 | 环县甘牧源奶牛养殖专业合作社 | 环县木钵镇高寨村 | 1 986 | 894 |
| 23 | 合水县 | 合水县那拉陇原乳业有限责任公司 | | 1 882 | 896 |
| 24 | 临夏县 | 临夏县盛源公司 | | 1 825 | 773 |
| 25 | 安定区 | 育强牧业有限公司 | 安定区西川园区 | 1 800 | 860 |
| 26 | 临泽县 | 新华草畜科技有限公司 | 新华国营农场 | 1 500 | 950 |
| 27 | 永登县 | 兰州瑞兴牧业有限公司 | 树屏镇刘家湾村 | 1 500 | 880 |
| 28 | 清水县 | 宇新牧业 | 清水县红堡镇蔡湾村 | 1 488 | 945 |
| 29 | 皋兰县 | 甘肃华清农牧科技有限公司 | 皋兰县黑石镇和平村 | 1 463 | 706 |
| 30 | 金川区 | 金昌市居佳乳业有限公司 | 金昌市金川区延安路59号 | 1 443 | 750 |
| 31 | 榆中县 | 榆中瑞丰牧场有限公司奶站 | 榆中县三角城乡 | 1 412 | 580 |
| 32 | 临洮县 | 临洮兴达乳业有限公司 | 临洮县洮阳镇车刘家村 | 1 196 | 650 |
| 33 | 景泰县 | 甘肃丝路林牧生态科技股份有限公司 | | 1 131 | 520 |
| 34 | 会宁县 | 会宁县亿源养殖有限公司 | 郭城镇红堡子村 | 1 126 | 646 |
| 35 | 临夏县 | 临夏县瑞园牧场有限公司 | 临夏县北塬乡朱潘村 | 1 060 | 400 |
| 36 | 会宁县 | 会宁县金玲养殖有限公司中川分公司 | 会宁县中川镇高庙村 | 1 050 | 653 |
| 37 | 肃州区 | 酒泉市乐为尔乳业有限责任公司 | | 1 048 | 468 |
| 38 | 通渭县 | 甘肃春寅乳业有限责任公司 | 通渭县石滩畜草循环经济产业园 | 971 | 408 |
| 39 | 白银区 | 白银天博养殖有限公司 | 白银市白银区武川乡红岘村 | 940 | 426 |
| 40 | 甘州区 | 甘州区安里闸养殖农民专业合作社 | 甘州区上秦镇安里闸村八社 | 760 | 680 |
| 41 | 安定区 | 甘肃省天辰牧业有限公司 | 内官营镇先锋村 | 752 | 400 |
| 42 | 靖远县 | 甘肃陇蓄园农业发展有限责任公司 | 靖远县北滩乡刘梁村 | 700 | 350 |
| 43 | 临泽县 | 甘肃美加农畜牧科技有限公司 | 临泽县新华镇明泉村 | 700 | 0 |
| 44 | 临夏县 | 瑞安牧场 | 临夏县安家坡乡史楼村+ | 690 | 408 |
| 45 | 天祝县 | 天祝藏族自治县新星养殖场 | 天祝县松山镇达隆村 | 620 | 360 |
| 46 | 肃州区 | 酒泉市好牛乳业食品有限公司 | | 600 | 350 |

（续）

| 序号 | 县区 | 牛场 | 地址 | 奶牛存栏 | 成母牛 |
|---|---|---|---|---|---|
| 47 | 景泰县 | 景泰县恒丰牧业有限公司 | 景泰县兰炼农场 | 561 | 305 |
| 48 | 敦煌市 | 敦煌市青海油田生活服务公司奶牛场 | | 547 | 395 |
| 49 | 临洮县 | 甘肃省临洮县农副产品综合开发公司 | | 530 | 370 |
| 50 | 靖远县 | 甘肃一正农业科技有限公司 | 靖远县北滩乡中滩村 | 500 | 240 |
| 51 | 平川区 | 甘肃鑫河实业集团有限公司 | 共和镇中和村 | 495 | 300 |
| 52 | 高台县 | 刘雷养殖场 | 巷道镇八一养殖小区 | 490 | 380 |
| 53 | 凉州区 | 凉州区金谷丰畜牧发展农民专业合作社 | 凉州区武南镇张林村六组 | 480 | 260 |
| 54 | 临潭县 | 甘南华新畜牧业发展有限责任公司 | 临潭县新城镇东大街 | 480 | 80 |
| 55 | 兰州新区 | 甘肃九叶奶牛繁育有限公司 | 兰州新区秦川镇胜利村 | 478 | 265 |
| 56 | 西固区 | 兰州源生奶牛养殖专业合作社 | 西固区河口乡河口村132号 | 459 | 308 |
| 57 | 天祝县 | 天祝藏族自治县殿梅养殖场 | 天祝县松山镇红山根移民点 | 450 | 360 |
| 58 | 玉门市 | 玉门市油田农牧公司华油奶牛场 | 玉门市赤金镇戈壁庄农场 | 450 | 246 |
| 59 | 平川区 | 甘肃三鼎乳业有限公司 | 黄峤乡马饮水村郎山社 | 448 | 239 |
| 60 | 西固区 | 兰州源生奶牛养殖专业合作社 | | 430 | 260 |
| 61 | 金川区 | 金昌市裕和祥奶牛养殖农民专业合作社 | 金川区宁远堡镇 | 425 | 230 |
| 62 | 会宁县 | 会宁县千胜乳业有限公司 | 会宁县河畔镇冯堡村 | 410 | 240 |
| 63 | 靖远县 | 甘肃中盛农业科技有限公司 | 靖远县北滩乡中滩村 | 400 | 220 |
| 64 | 山丹县 | 山丹县顺泰农牧专业合作社 | 山丹县清泉镇地圈台村 | 400 | 250 |
| 65 | 平川区 | 甘肃润沣牧业有限公司 | 王家山镇大营水村大树沟社 | 385 | 182 |
| 66 | 武都区 | 陇南白龙乳业有限公司 | 两水镇段河坝村 | 372 | 263 |
| 67 | 宁县 | 庆阳运通草业公司 | 宁县米桥乡宋家村 | 368 | 250 |
| 68 | 临洮县 | 临洮县华加牧业科技有限公司 | 八里铺下街村 | 330 | 162 |
| 69 | 兰州新区 | 兰州五丰乳业有限公司 | 兰州新区五道岘村 | 305 | 275 |
| 70 | 凉州区 | 凉州区永新长盛养殖农民专业合作社 | 凉州区清源镇新地村五组 | 300 | 200 |
| 71 | 平川区 | 白银钰强养殖有限公司 | 共和镇兄弟村 | 285 | 0 |
| 72 | 白银区 | 白银今日阳光生态农牧有限责任公司 | 白银市四龙镇双合村胡九财沟 | 280 | 190 |
| 73 | 陇西县 | 陇西县菜子镇深沟罗记乳业 | 菜子镇元各村段家岘社 | 280 | 220 |
| 74 | 七里河区 | 兰州金和奶牛养殖农民专业合作社 | 西果园镇西果园村 | 276 | 158 |
| 75 | 七里河区 | 兰州志存养殖有限公司 | 榆中县城关镇下汉村 | 270 | 110 |
| 76 | 临泽县 | 鸭暖奶牛养殖小区 | 临泽县鸭暖镇昭武南板滩 | 269 | 124 |
| 77 | 白银区 | 白银有色产业集团有限公司奶牛场 | 白银区王岘镇红星村高台社 | 260 | 220 |
| 78 | 通渭县 | 通渭县亨丰乳业有限责任公司 | 通渭县陇阳乡陇阳村 | 250 | 180 |
| 79 | 红古区 | 史飞龙养殖农民专业合作社 | 红古区花庄镇北山村 | 232 | 111 |
| 80 | 通渭县 | 亨丰收奶站 | | 231 | 139 |
| 81 | 肃州区 | 酒泉鑫华荣奶牛养殖专业合作社 | 果园乡佘家坝一组 | 230 | 230 |
| 82 | 榆中县 | 榆中金崖奶牛场 | 榆中县金崖镇张家湾村 | 230 | 112 |
| 83 | 安定区 | 兴牧养殖责任有限公司 | 安定区西川园区 | 228 | 200 |
| 84 | 甘谷县 | 甘谷县三合奶牛场 | 新兴镇三合村 | 210 | 115 |
| 85 | 庄浪县 | 庄浪县鑫盛源牛业有限责任公司 | 庄浪县良邑乡良邑村 | 200 | 0 |
| 86 | 临潭县 | 临潭县锦隆原生态养殖专业合作社 | 临潭县羊永乡白土村三社 | 180 | 40 |
| 87 | 平川区 | 白银华盛天润农业有限公司 | 宝积乡贺家川村 | 180 | 0 |
| 88 | 永登县 | 永登县永顺牧场 | 树屏镇哈家嘴村 | 180 | 120 |
| 89 | 甘州区 | 张掖市青苑奶牛繁育有限责任公司 | 甘州区沙井镇五个墩村路口 | 175 | 153 |
| 90 | 榆中县 | 榆中周前奶牛养殖场 | 榆中县三角城乡周前村 | 170 | 70 |
| 91 | 红古区 | 兰州博壮良种奶牛养殖专业合作社 | 红古区平安镇平安台 | 162 | 83 |
| 92 | 安定区 | 陇原乳业有限公司 | 安定区西川园区 | 160 | 140 |

（续）

| 序号 | 县区 | 牛场 | 地址 | 奶牛存栏 | 成母牛 |
|---|---|---|---|---|---|
| 93 | 永登县 | 永登县鑫牧农业专业合作社 | 永登县河桥镇团结村 | 160 | 126 |
| 94 | 庄浪县 | 庄浪县康源奶牛养殖有限公司 | 庄浪县韩店镇试雨村 | 160 | 0 |
| 95 | 临洮县 | 临洮县和谐奶牛养殖专业合作社 | 八里铺下街 | 155 | 65 |
| 96 | 榆中县 | 榆中冯湾红霞养殖场奶站 | 榆中县三角城乡 | 151 | 72 |
| 97 | 临潭县 | 临潭县金洮良种牛繁育有限责任公司 | 临潭县城关镇上川开发区 | 150 | 70 |
| 98 | 临夏县 | 临夏金牛乳业公司奶牛养殖小区 | 临夏县北塬乡朱潘村 | 150 | 40 |
| 99 | 山丹县 | 山丹县西屯奶牛养殖专业合作社 | 山丹县东乐镇西屯村 | 150 | 150 |
| 100 | 永昌县 | 城关镇小坝奶牛养殖小区 | 永昌县城关镇小坝村四社 | 137 | 106 |
| 101 | 崆峒区 | 平凉市凯歌奶牛养殖有限责任公司 | 平凉市崆峒区崆峒镇太统村 | 132 | 126 |
| 102 | 永登县 | 永登县比力养殖场 | 树屏镇哈家嘴村 | 130 | 98 |
| 103 | 红古区 | 兰州新名汇良种奶牛养殖合作社 | 红古区平安镇平安台 | 125 | 71 |
| 104 | 安定区 | 安定区睿福奶牛养殖场 | 巉口镇巉口村 | 122 | 110 |
| 105 | 敦煌市 | 敦煌市双元乳业有限公司 |  | 109 | 76 |
| 106 | 永登县 | 永登县良林奶牛养殖场 | 永登县河桥镇团结村四社 | 108 | 80 |
| 107 | 镇原县 | 镇原县宇辉奶牛养殖专业合作社 | 镇原县孟坝镇大寨行政村 | 102 | 78 |
| 108 | 西峰区 | 西峰区德宇良种奶牛场 | 西峰区旱地农业示范园 | 100 | 95 |

## 兰州市

**【奶畜养殖】**2017 年奶牛存栏 1.92 万头，其中荷斯坦牛主要分布在红古区，其奶牛存栏占总存栏数的 26.5%。牦牛存栏 0.12 万头，存栏最多的是榆中县，其牦牛存栏占总存栏数的 78.3%。荷斯坦牛存栏量比去年减少了 1.71%，牦牛存栏量比去年减少了 34%。

2017 年，本地区奶牛存栏 1 ~ 5 头的有 84 个场（户）、6 ~ 20 头的有 195 个场（户）、21 ~ 100 头的有 119 个场（户）、101 ~ 200 头的有 9 个场（户）、501 ~ 1 000 头的有 8 个场（户）、1 000 头以上 3 个场（户）；奶牛养殖小区 3 个，奶牛存栏 3 663 头。

**【奶类产量】**2017 年奶类总产量 6.14 万 t，比上年同期减少 0.63%，其中牛奶 6.10 万 t，羊奶 0.04 万 t，分别比上年增长 –3.2%、0.2%。牛奶占奶类总产量的 99.4%，但牛奶奶价下降，养殖场奶牛数量减少，故奶类总产量比同期降低。

**【奶站管理】**2017 年年底，兰州市共有奶站 19 个，其中养殖场建设的 11 个，乳品企业自建的 3 个，合作社建设 5 个。奶站平均日收奶 176.1t。2017 年本地区机械化挤奶率达到 99%，主要以集中挤奶和手推车式挤奶为主。

大中型养殖场奶价 3.35 元 /kg 左右，同比下降 10%。小规模养殖户和养殖小区奶价 2.8 ~ 3 元 /kg，同比下降 15%。

**【政策法规】**甘肃省委、省政府启动了“双联”惠农贷款和设施农业项目，对奶牛养殖给予贴息补助；兰州市也建立了相应的畜牧业风险基金，财政拨一部分，企业交一部分，从农户交售的生乳款项中提一部分，用于支持畜牧业的发展和抵御可能发生的风险。兰州市在加强良种繁育、全混合日粮、疫病防治、全贮和苜蓿生产加工应用等关键技术方面做相应的技术培训工作。

（兰州市畜牧中心，张成虎）

## 张掖市

**【奶畜养殖】**2017 年，全市奶牛（含杂种牛）存栏 37 224 头，同比增长 12.2%，成年奶牛存栏 20 917 头，同比增长 13.5%，其中：荷斯坦牛存栏 36 356 头，成母牛存栏 20 379 头，平均单产达到 8 300kg/ 年。全市牦牛存栏 53 110 头，同比增长 12.6%，成年母牦牛 34 250 头，年均单产 200kg。全市奶类总产量 17.2 万 t，同比增长 19.4%，其中：牛奶产量 16.7 万 t，牦牛奶产量 0.46 万 t，羊奶产量 0.0053 万 t。

2017 年，张掖市奶牛养殖场（户）共 410 个，同比下降 3.7%，存栏奶牛 37 224 头，同比增长 12.2%。其中：百头以下奶牛场（户）396 个（5 头以下占 70%），存栏奶牛 1 800 头，占全市奶牛存栏的 4.8%；百头以上奶牛场 14 个，存栏奶牛 35 424 头，占全市奶牛存栏的 95.2%；百头以上奶牛场中千头以上 10 个，存栏奶牛 33 088 头，占全市奶牛存栏 88.8%。百头以上奶牛规模养殖场共 14 个，其中：甘州区 8 个、临泽县 4 个、高台县和民乐县各 1 个，奶牛存栏占到全市存栏的95.2%。从目前全市奶牛养殖情况来看，散户养殖所占比例很小，奶牛养殖基本实现规模化标准化。

【奶业生产】全市现有机械化奶站（厅）16个，机械化挤奶厅972位，日产生鲜乳约400t。日处理10t规模以上的乳品加工企业1个（临泽雪莲乳品有限责任公司）。全市90%以上生鲜乳主要以原料奶供应伊利、成都菊乐、兰州仁和大草原、贵阳三联等省内外乳品加工企业，市场定价权在乳品加工企业手中，2017年全市畜牧总产值达到41亿元。生鲜乳按照4 600元/t计，全市奶牛养殖业产值为7.9亿元，奶牛养殖业占牧业总产值的19.3%。全市农民人均纯收入11 200元，农民人均从奶业获得收入1 160元，农民人均奶业收入占农民纯收入10.3%。

【奶源基地】奶牛场注重口蹄疫、布病、多杀性巴氏杆菌病等疾病免疫，部分奶牛场还对大肠杆菌、牛病毒性腹泻BVDV、传染性鼻气管炎IBR进行了免疫。

大部分规模养殖场采用自动加湿帘、充气窗、换热器、换气扇等现代设施控制圈舍环境，使用自动饲喂车、自动饮水槽、粪污自动清洗设备、转盘式挤奶机及奶牛发情、疾病等自动检测仪器设备，建立了先进的数字化管理监控系统，实现了奶牛饲养、疾病控制、发情监测、牛奶生产、粪污处理等生产全程机械化、数字化和自动化。

【质量监管】定期不定期组织监管人员对所有生鲜乳收购站、运输车辆及奶牛养殖场户进行检查，重点检查“两证一单”、质量保障体系、挤奶与贮奶设备、运输车辆等。通过专项监测、抽检、隐患排查等手段，切实加强奶站监管和生鲜乳监测力度，保障生鲜乳质量安全。

【奶业大事】2017年张掖市引进甘肃三元乳业有限公司投资建设日处理500t生鲜乳加工项目，一期已于12月29日试生产，这将填补张掖市生产高端品牌乳制品的空白，对完善奶业全产业链，支撑张掖市奶牛养殖业健康发展起到积极作用。

（张掖市畜牧管理站，张永东）

## 武威市

【奶业生产】从近三年的情况来看，武威市奶牛产业发展稳定，鲜奶产量稳中有升，养殖规模逐步扩大，生产水平不断提高，生产规模化、集约化势头强劲，奶业优势区域布局基本形成。主要特点是：①奶牛存栏量稳定，如产量增加。截至2017年年底，奶牛存栏（含杂种牛）达到4.82万头（其中：成年奶牛2.8万头），同比增长3.99%；奶类产量达29 154t，同比增长2.67%。奶牛品种以荷斯坦为主，存栏3.68万头，同时牦牛存栏数达到10.5万头。②养殖规模逐步扩大。奶牛养殖重点分布在城郊乡镇，规模化、集约化趋势明显。其中：存栏1～5头的场（户）1 136个，存栏4 480头；6～20头548个，存栏9 897头；21～50头38个，存栏1 547头；51～100头4个，存栏295头；101～200头3个，存栏524头；201～500头1个，存栏480头；501～1 000头1个，存栏1 000头；5 001头以上1个，存栏20 558头。③奶产业社会贡献能力增强。2017年奶类产量达3.96万t，奶牛养殖业产值达6 662万元，农民人均从奶业获得收入60.27元。④奶业生产优势区域基本形成。通过采取政府引导、统一规划、统一服务，武威市已基本形成了以武威荣华新型农业股份有限公司、武威市凉州区金谷丰畜牧发展专业合作社、武威瑞达牧场、康胜牧业发展有限公司等标准化程度高的奶牛养殖场为主，散养户为辅的奶牛生产模式。

【质量监管】武威市深入贯彻落实《乳品质量安全监督管理条例》和《奶业整顿和振兴规划纲要》，围绕生鲜乳生产、收购、贮藏、运输关键环节，完善制度建设，加强监督监测，强化生鲜乳收购站日常监管工作，确保生鲜乳质量安全，按照农业部制定的《生鲜乳生产收购管理办法》，严格生鲜乳收购站区场准入。县（区）畜牧兽医行政主管部门定期对生鲜乳收购许可证核发工作进行检查督导，查看生产记录、销售记录、准运条件和交接单，全部奶站纳入监管范围。

【奶源基地】将奶牛良种补贴等项目重点集中在奶牛养殖小区实施，提高奶牛良种率和鲜奶产出率。加大对养殖基地、饲草料基地、疫病防治、品种改良等奶业基础设施和科技推广方面的投入力度。动物疫病预防控制机构定期开展“两病检测”，确保奶畜接受强制免疫。经检测不符合健康标准的，进行隔离、治疗或者做无害化处理。采用细管冻精和奶牛性控冻精等先进实用技术，加速高产奶牛群体的发展规模，普及标准化养殖技术。

【主要困难和问题】当前武威市奶业生产总体运行稳定，发展环境进一步优化。但是，武威市奶业生产也存在一些制约因素与亟待解决的问题。①饲养成本上涨，养殖比较效益降低。尽管玉米、麸皮等原料价格的基本稳定，但是人工及其他成本则逐年提高，饲养成本加大，而原奶收购价格近3年来一直维持在2.1～4元/kg，目前每公斤奶的价格维持3.6元。而每公斤奶的总成本在3.2～3.6元。比较效益下滑，养殖积极性下降，个别牛场生产出现波动，生产规模缩减，农民来自养奶牛的收入增长缓慢甚至亏损，处境较为困难。近期，奶牛全价饲料价格在2 750元/t左右，根据武威市奶牛养殖水平和当前饲草料价格情况核算，一头奶牛年产鲜奶平均按5.5t测算，一年的饲草料、医药费、配种费、水电费、人员工资、牛舍折旧等费用总计支出1.76万元，每公斤鲜奶收购价应在3.2元时才能保本。目前鲜奶收购价格平均为3.6元/kg，饲养一头奶牛每年可获得的经济效益2 200元，与其他行业相比效益相对较低。②奶价形成机制不健全，利益共享、风险共担的分配机制尚未建立。武威市乳品产业的主要组织模式以散户为主，目前还缺乏公司与农民利益联接机制。另外，具有权威性的第三方乳品质量监测仲裁机构尚未建立。企业与奶农之间纠纷较多，一般情况下，奶农处于相对弱者地位，缺乏相应的发言权。由于奶农组织的发展还停留在初级水平，其合法权益得不到有效保护，从而挫伤其积极性，限制了奶牛产业的发展。表现为：一是乳品加工企业拖欠奶款情况严重，奶农周转资金不足。二是奶价形成机制不健全，验质定级不公开。鲜奶收购价格主要由企业根据区场情况定价，农户基本没有话语权，鲜奶的验质定级由企业监测，没有第三方介入，采用标准较高，等级确定信息不公开，引起奶农疑议。三是，在全市范围内没有乳品加工企业，象荣华这样的大型养殖企业，奶价也不能从根本上得到保证。③检测设备与检测力量薄弱，监管难度加大。根据国务院《生鲜奶质量管理条例》的规定，生鲜奶质量监管由各级畜牧兽医行政主管部门负责，但目前畜牧兽医部门既没有检测的仪器设备，又缺乏检测力量，更没有检测经费。生鲜乳生产、收购、运输执法监管工作，目前存在人员、经费、车辆缺乏，特别是检测设备基本没有，所以造成可操作性和科学性不强的问题，亟待政府及有关部门加以解决。由于养殖小区饲料、兽药来源广泛、复杂，养殖户自配料比例较高，生鲜奶质量安全监管面临严重的隐患。

【建议与对策】①加快奶牛养殖场和奶站建设，提高奶牛的标准化养殖水平。以建设优质奶源基地为目标，科学规划，合理布点，积极动员龙头企业、社会团体、私营企业投资建设奶站，大力建设规范化养殖场。推行标准化饲养管理技术。②做好生鲜乳安全生产技术培训与推广工作。以《奶牛场卫生规范》《生鲜乳生产技术规程（试行）》为重点，结合实施奶牛良种补贴项目和奶牛生产性能测定（DHI）等技术工作，加强奶牛养殖技术指导与服务，制定切实可行的生鲜乳生产技术规范培训计划，积极开展生鲜乳技术培训工作，普及科学饲养管理知识和安全生产技术，推动奶牛养殖向规模化、标准化方向发展，提高奶牛单产，改善生鲜乳质量。坚持“预防为主”的方针，加强养殖场、户管理，严格消毒措施，强化疫情监测，实施计划免疫和程序免疫，严格实行动物防疫责任制、责任追究制和防疫督查制度，夯实工作责任，杜绝重大动物疫情的发生，确保奶业健康持续发展。③处理好龙头企业与奶农间利益关系。随着农村改革的不断深化，农业生产的集约化、规模化水平不断提高，农民参与农业的产业化意识增强，对龙头企业的信赖度增加，而乳品企业一定要把奶源基地建设、保护奶农利益放到企业发展的战略高度来对待，充分发挥龙头企业的主导作用。结成利益共同体建立稳定的利益连接机制，是奶业产业化经营的核心。要积极推行“龙头企业＋奶牛养殖场”的经营模式，实行产供销机制，明确龙头企业与农户的权益和责任，规范各自的行为。龙头企业为农户提供系列化服务，规范乳制品加工企业的区场行为，营造公平竞争的区场氛围，使龙头企业与奶农之间真正成为区场共存、利益共享、风险共担的经济共同体。④发展壮大奶牛合作社或奶牛养殖协会。建立奶牛合作社、奶业生产者协会及股份合作制联合体，不断完善产加销一体化利益机制，提高奶农组织化程度和奶业产业化经营水平。奶牛合作社和奶牛养殖协会发挥典型带动效应，组织会员统一选种选配、统一饲料供应、统一防疫消毒、统一鲜奶收购，进行标准化生产，积极推广良种、良舍、良料、良法、防疫和环境控制六大高产综合配套技术，普及苜蓿干草、玉米青贮等优质粗饲料实用生产技术，生产优质奶，品牌奶，从而提高奶农合作化程度和管理水平。⑤提高奶农卫生质量意识和收奶环节硬件建设水平。通过培训，引导群众重视奶源生产的卫生质量，在挤奶、贮藏和运输等环节按质量卫生标准要求操作。加大宣传、培训，坚持依法监管和技术服务相结合，大力推行标准化养殖，提高养殖水平，强化畜牧执法监督，健全畜牧执法监管长效机制，配备必要的检测设备、专项经费、专用车辆、专门执法人员，做到有罚有促，将监管任务落到实处。⑤建立生鲜乳清理整顿日常监督管理长效机制。要充分利用信息化手段，大力推进产地编码、养殖档案等制度建设，加快建立生鲜乳质量可追溯体系。要加强省、区、县三级生鲜乳产品质量安全检验检测体系建设，尽快健全检测和执法队伍。加快相关标准的推广使用和监督实施，将生产技术标准和规程纳入畜牧兽医技术推广业务考核范围。建立和完善生鲜乳风险预警和快速反应机制，妥善处理产品质量安全突发事件，努力把影响控制在最小范围，把损失降低到最低程度。

（武威市畜牧兽医局）

# 白银市

【发展现状】2017 年年底，白银市奶牛存栏 1.7674 万头，其中荷斯坦牛 1.733 万头，主要分布在会宁县、靖远县、景泰县、白银区和平川区，其奶牛存栏数占总存栏数的 94.1%。奶山羊存栏 0.41 万只，主要品种是关中奶山羊，主要分布在靖远县、景泰县、会宁县和平川区。牦牛存栏数 0.02 万头，主要分布在白银市平川区，其牦牛存栏数占总存栏数的 1.13%。奶畜存栏的变化情况及其原因是：2017 年白银市奶牛存栏与上一年相比有一定程度的下降，其主要原因一是主要是受国外洋乳品冲击、市场供求关系、饲料价格影响，市售奶价持续下降，鲜奶销售困难，奶牛养殖企业贷款难，艰难维持运营，奶产业可持续发展受到了严重影响。二是个别奶牛养殖场经营管理不善，养殖企业无法维持运营，关停了两家养殖场。

【奶类产量】白银市 2017 年奶类总产量 3.92 万 t，比去年同期减少 19.78%，其中商品奶类（企业收购）3.91 万 t，同比减少 19.81%。奶类总产量中牛奶 3.91 万 t，羊奶 0.0069 万 t，分别比上年减少 19.81%、2.74%。存栏奶牛减少，鲜奶产量随之减少，主要是个别奶牛养殖场经营管理不善，养殖企业无法维持运营，关停了两家养殖场。

**【生鲜乳价格】**原料奶收购价格 2017 年至今一直在 3 ~ 3.79 元 /kg 的低价位运行，原料奶成本价格为 3.2 ~ 4.2 元 /kg。不同企业的原料奶收购价格略有差别，兰州伊利公司原料奶收购价格为 3.2 ~ 3.4 元 /kg，蒙牛公司宝鸡事业部为 3.05 ~ 3.52 元 /kg，兰州雪顿公司 3.4 ~ 3.58 元 /kg，新希望乳业为 4.5 元 /kg。

**【乳品加工】**2017 年白银市共有乳品加工企业 1 个，主要通过鲜奶吧销售巴氏消毒奶、鲜奶、酸奶，日处理鲜奶的能力总计达到 8t，其中地方自建企业 1 个。

**【市场与消费】**据白银市城调队资料，本地区 2017 年城镇居民人均奶制品（折合成原料奶）消费量 38.5kg/ 人，各种乳制品消费量：鲜奶 30kg/ 人，奶粉 0.8kg/ 人，酸奶 2.5kg/ 人。据农调队资料，本地区 2017 年农村居民人均奶制品（折合成原料奶）消费 28kg/ 人，各种乳制消费量：鲜奶 25kg/ 人，奶粉 0.5kg/ 人，酸奶 1kg/ 人。市场与消费的变化情况及其变化的主要原因是：白银市规模化奶牛养殖场生产的鲜奶主要集中交售给兰州伊利公司、蒙牛公司宝鸡事业部、兰州雪顿公司、兰州庄园和新希望乳业等鲜奶加工企业；白银今日阳光生态农牧有限公司设立以奶吧销售鲜奶、巴氏奶、酸奶的形式，将本场所产牛奶全部销售，已在兰州设立 30 个、白银 3 个奶吧，目前市场反映良好。居民对牛奶的消费以鲜奶为主，奶粉、酸奶次之，近年来有增长趋势。

**【质量监测】**配合省动物卫生监督所完成牛奶三聚氰胺检测抽样工作 2 次，共抽取检样 60 份，经检验，全部合格。配合农业部开展 2 次生鲜乳异地抽检，共抽取 54 个样品，经检验，全部合格。并每月按时完成生鲜乳监测月报工作。

**【奶源基地】**2017 年奶牛存栏 1 ~ 5 头的有 31 个场（户）、6 ~ 20 头的有 57 个场（户）、21 ~ 100 头的有 5 个场（户）、101 ~ 200 头的有 0 个场（户）、201 ~ 500 头的有 8 个场（户）、501 ~ 1 000 头的有 3 个场（户）、1 000 头以上 6 个场（户）。标准化规模养殖场 20 个，奶牛存栏 16 631 头；其中新建 1 个（新希望），奶牛存栏 1 287 头。

**【奶站管理】**2017 年末共有奶站 17 个，其中养殖场建设的 17 个，奶站平均日收奶 150t。本地区 2017 年本地区机械化挤奶达到 100%。2017 年开展奶站标准化达标检查活动 2 次，共检查奶站 17 个，经检查基本符合农业部的奶站要求，运行基本规范，对个别记录不全等不符合要求的奶站下发整改意见，责令进行整改。

**【品种改良】**2017 年共改良各种牛群 8 566 头，使用冷冻精液 17 418 剂；冷冻精液主要是赛科星和美国环球公司产品。

**【疫病防治】**按照国家动物疫病强制免疫的要求，一是于每年春秋两季开展奶牛口蹄疫免疫注射。二是开展奶牛两病监测，尤其针对近年来布病呈暴发态势的严重形势，对所有的奶牛进行布病检查。三是落实奶牛养殖场防疫消毒门卫等八项制度，对饲养管理起到了规范作用。

**【饲草料建设】**2017 年白银市人工牧草种植面积达到 18.7 万 $hm^2$，其中，紫花苜蓿留床面积 14.9 万 $hm^2$。紫花苜蓿集中连片种草面积明显增加，全市 66.7$hm^2$ 以上整流域优质牧草示范基地面积达到 6 666.7$hm^2$。大力推广农作物秸秆打捆、裹包、制粒等机械设备，全年加工草颗粒、草块、草粉、黄贮、青贮等草产品 128.61 万 t，占秸秆总量的 44.6%；秸秆饲料化利用率达到 64.3%。草产业的快速发展为白银市草食畜牧业持续发展奠定了坚实的物质基础，为脱贫攻坚、生态改善、促农增收发挥了产业支撑作用。

**【质量管理】**白银市的生鲜乳在原料奶的管理方面，主要是生鲜乳生产企业定期、或不定期抽取检样进行的酸度检查、气滋味检查、乳脂率和蛋白质含量检查。在生鲜乳质量监督管理中发现大部分的生鲜乳生产企业不同程度地开展了此项工作，通过检查以上项目，对发现的抗生素奶、气滋味变化和酸度变化的生鲜乳一律做弃奶处理。通过以上措施，确保了生鲜质量安全。

根据农业部深入开展农产品质量安全整治工作的安排部署，按照省农牧厅关于加强生鲜乳监管工作的具体要求，结合全市生鲜乳管理现状，制定了《2017 年白银市生鲜乳质量安全监管工作方案》《2017 年白银市生鲜乳质量安全检测工作方案》和《2017 年白银市生鲜乳专项整治行动实施方案》，建立了生鲜乳质量安全日常管理与专项整治行动相结合的管理机制。

1 月、3 月、8 月按照农业部《生鲜乳收购站标准化管理现场检查内容和判定标准》，市上组织人员从查验生鲜乳收购许可证、生鲜乳运输车辆准运证明、生鲜乳交接单、收购站生鲜乳收购、销售、检测和不合格生鲜乳处理记录、挤奶、储存设备清洗记录、从业人员卫生健康证明和现场检查收购站功能区布局划分、防疫设施完备情况、有毒有害化学品管理、化验室检测等方面进行检查，共检查了白银鑫昊工贸有限公司奶牛场奶站等生鲜乳收购站 38 家（次），运输车辆 36 辆（次）。对检查中发现的记录不规范、消毒设施不完备、无生鲜乳交接单等问题现场进行了纠正，并提出了整改意见责令整改。配合省动物卫生监督所完成牛奶抽样工作，共抽取检样 60 份。每月按时完成生鲜乳监测月报工作。

3 月 21 ~ 23 日，由农业部、陕西省兽药饲料监察所兽药饲料监察所工作人员组成的农业部 2017 年第一次生鲜乳异地抽检组在省农牧厅领导的陪同下来白银市开展省际间督查工作，检查组对白银市白银区鑫昊工贸有限公司、甘肃陇蓄园农业发展有限责任公司等 16 家生鲜乳收购站和 14 辆生鲜乳运输车辆进行了实地详细检查，并抽取了生鲜乳样品 30 份。

6 月 14 ~ 16 日，由农业部乳制品质量监督检验测试中心（天津）工作人员组成的农业部 2017 年第二次生鲜乳异地抽检组在省农牧厅领导的陪同下来白银市开展省际间督查工作，检查组对白银市白银区今日阳光生态农牧有限责任公司、甘肃一正农业有限公司等17家生鲜乳收购站和18辆生鲜乳运输车辆进行了实地详细检查，并抽取了生鲜乳样品24份。

**【存在问题】**一是产业链条短。全产业链建设明显滞后，大量优质奶主要以初级产品供应市场，没有竞争力，附加值低，严重制约着产业做大做强做优，难以适应新型市场发展需求。二是养殖成本高。虽然奶牛单产高于全省水平，平均达到6t/头以上，但远低于国外发达国家9～10t的单产水平；规模化奶牛场每千克生鲜乳生产成本平均在3.35元以上，高出澳大利亚、新西兰、欧盟1～2元。同时，国内玉米价格是美国的2倍多，加上苜蓿等优质高蛋白饲料缺乏、牧场养殖管理比较粗放、中小规模养殖品种改良不够、防疫费用高涨等一系列因素，造成系统性成本居高不下。三是鲜奶销售难。乳品加工企业特别是大的乳品加工企业采取调整收购标准、压级压价、限量收购、增加检测项目等手段，导致奶牛场大量喷粉，同时，强制奶牛场采购指定的饲料原料和药品，加大了养殖成本。四是防疫难度大。部分奶牛场布局不合理，防疫设施简陋，疫病隐患不容忽视。口蹄疫等重大动物疫病防控任务艰巨，布病、结核等人畜共患病周边地区已有发生。五是贷款困难多。畜禽养殖市场行情好时，金融机构争抢放贷，行情不好时，资金周转困难需要扶持时，金融机构想方设法限制贷款，给养殖业持续发展带来诸多不利。

**【今后对策】**（1）加大政策扶持。为帮助奶牛场渡过难关，增强发展信心，一是继续发挥1 500万元专项担保资金作用，积极向各银行争取贷款，解决资金周转困难的局面。二是全面实施《白银市农业设施产权确权登记颁证工作方案》，尽快完成奶牛场设施农业确权登记颁证工作，从根本上解决规模奶牛场等设施农业贷款担保抵押问题。（2）延伸产业链条。针对白银市奶产业发展现状，2017年下半年启动了乳品加工厂建设项目，已注册成立了白银鑫昊生物科技股份有限公司，项目设计产能日加工鲜奶500t，投资概算2.5亿元。目前，已经完成了基础设施建设，预计2018年可投产。（3）强化技术服务。强化技术支撑，主要解决奶牛养殖场技术人员缺乏的现状。（4）完善防控体系。业务部门要全程跟踪服务，确保新建奶牛场布局合理，杜绝疫病防控隐患。（5）健全监管体系。在全面提升乳品质量安全监管水平的基础上，重点突出奶站管理这个中心环节，对已经运营纳入国家监管的17个奶站，按照国家标准开展达标活动，对验收达标的奶站，给予适当补助奖励，对不符合标准的奶站要升级改造，直至符合国家标准。对18辆运输车进行跟踪管理，进一步完善健全健全乳品监管体系，提升乳产品质量。

（白银市畜牧工作站，路世璠）

## 嘉峪关市

**【奶畜存栏】**本市辖区内饲养的奶畜主要是奶牛，品种为荷斯坦，没有奶山羊、牦牛等其他奶畜饲养。截止2017年末，全市奶牛存栏6 278头，成年母牛3 105头，其中：甘肃省祁牧乳业公司存栏6 219头，占全市总存栏量99.1%，成年母牛3 074头，泌乳牛存栏2 322头，淘汰成年母牛750头；存栏较上年末增加971头，增长18.5%。农村养殖户存栏奶牛59头，能繁母牛31头，与上年持平。

**【产量及价格】**本地区2017年牛奶总产量22 340t，与去年同期持平。本地市场销售的祁牧乳业公司生产的袋装鲜奶平均零售价8元/kg，与上年同比相同。祁牧乳业外销散装鲜牛奶平均3.1元/kg，同比下降6%。农村养殖户销售的散装奶6元/kg，与上年持平。

**【乳品加工】**2017年本地只有祁牧乳业公司下属的乳品加工场进行牛奶加工，日产能20t，平均日处理鲜奶16t。主要产品是巴氏消毒奶和各种酸奶，年产量分别为3 560t和2 280t。

**【质量监管】**2017年，嘉峪关市农产品质量安全检测中心每两月对全市牛奶生产基地（祁牧乳业）和农村散养户生鲜乳抽检一次，主要是采集牛奶样品进行“三聚氰胺”专项检测。全年，共抽检7批次样品，开展定性检测样品96个，定量检测样品12个，合格率均为100%。

**【规模养殖】**地区奶牛存栏6～20头的有5个场（户），5 000头以上1个，没有奶牛养殖小区和专业合作社，养殖企业及散养户牛奶全部自产自销，没有奶站收购点。祁牧乳业公司是嘉峪关市唯一一家奶牛规模养殖企业，也是部级标准化规模养殖场，奶牛存栏6 219头，机械化挤奶达到100%。公司拥有奶牛养殖场和乳品加工厂两大生产基地。养殖场占地66.7hm$^2$，自由饲料地1333.3hm$^2$。公司饲草料充分利用周边资源丰富的优势，全部采用有机原料；采用现代化TMR饲养方式；挤奶全部使用法国进口利拉伐坑道式自动脱杯挤奶王和上海麦喀斯全机械化车间标准作业；繁育选用进口优秀种公牛冻精选配；诊疗科学用药、杜绝使用违禁药品。

**【品种改良】**祁牧乳业公司是嘉峪关市奶牛养殖龙头企业，奶牛存栏占全市总存栏量的99.1%，饲养的奶牛全部为从新西兰调进的荷斯坦奶牛及其杂交代，多年来一直采用国外进口的高价冻精和性控冻精进行授配改良。2017年自筹资金132万元购进常规奶牛冻精6 000支和性控冻精吸管3 000支，全年参加配种的奶牛4 750头。散养户使用良种补贴冻精授配奶牛31头。全年参加配种的奶牛共计4 781头，能繁母牛授配率达到100%。

**【疾病防治】**2017年牛场没有发生过重大疫病，

牛场在3、6、9、12月定期用口蹄疫三价苗对牛全群进行免疫，并送样到市疫控中心进行抗体检测，当年11月份还对布病和结核进行了检测。牛场发生的主要疾病以乳房炎、繁殖类疾病、消化道疾病和呼吸道疾病为主，全年累计临床型乳房炎发病1 424头次，占成年母牛的46.3%。全年用隐性乳房炎检测试剂液对隐性乳房炎进行筛查。繁殖类疾病共监测产犊母牛1365头，出现产后胎衣不下的292头，子宫炎的178头；全年参配母牛4 750头，屡配不孕头数100头，常用药物为促排A3。消化道疾病全年发病458头，占19.72%。其中，瘤胃迟缓发病9头，占比1.97%；瘤胃积食发病4头，占比0.87%；皱胃变位方生3头，占比0.66%；其他442头，占比96.51%。全年产犊2 665头，犊牛腹泻797头，占比29.9%。常用抗生素单独治疗或抗生素加中药混合治疗，治愈率99%。犊牛呼吸道疾病全年发病119头，占全年产犊数的4.5%，主要以单独使用抗生素（头孢噻呋钠）治疗为主。

**【草料生产】**祁牧乳业公司目前具有自由饲草料基地1333.33hm$^2$（酒钢花海农场），种植苜蓿草130hm$^2$，专用青贮玉米200hm$^2$，可满足企业需求的三分之一，其余部分从周边地区购买。牛场有青贮窖9个，共7.5万m$^3$。年消耗苜蓿7 000t，燕麦草1 700t，青贮玉米3.5万t，小麦秸秆1 500t，自行加工奶牛配合饲料1万t，所有饲料在本单位化验室定期检测。

**【存在问题】**（1）嘉峪关市农村奶牛养殖户少，奶牛存栏量为59头，占总存栏量的0.9%，比较分散，没有奶牛养殖小区和合作社，无法进行集中饲养，也没有奶站，牛奶在农村及市区周边社区零散销售，存在食品安全隐患。（2）祁牧乳业公司是嘉峪关市规模奶牛养殖龙头企业，多年来一直采用国外进口冻精，不采用国家畜牧良种补贴项目配套的奶牛冻精，造成奶牛冻精长期积压，还增加了保存费用。（3）嘉峪关市属工业旅游城市，城市大，农村小，农业人口少，耕地面积小，企业自有饲料基地距离牛场较远，周边土地租金又逐年提高，增加了饲料成本。（4）祁牧乳业公司属于国有企业，不能享受牧业机械和挤奶机械购置补贴等其他扶持政策。（5）祁牧乳业是本地唯一奶牛养殖企业，品牌宣传力度不足，生产链短，产品单一，主要在本地市场销售，周边市场开发不足，大量过剩鲜奶销售到伊利、蒙牛、天露、庄园、前进等乳业公司，市场受大环境影响，波动很大。

**【几点建议】**一是由省级部门协调，尽快把积压的冻精调剂到有需求的县区使用。二是根据奶牛养殖场户养殖效益下滑的情况，建议调整或出台多种方式的扶持政策，确保奶产品的正常供应。三是加大各层级调控力度，推动奶业生产供给侧改革，解决原奶供过于求的问题。四是企业应更加主动的适应市场，转变观念，节本增效，提升产能，不断优化产品结构，满足消费者多元化的产品需求，以实现产业节本增效。

（嘉峪关市畜牧技术推广站）

## 定西市

**【奶畜存栏】**2017年年底，定西市奶牛存栏1.52万头，其中荷斯坦牛1.51万头，奶类总产量5.89万t；主要分布在临洮县、安定区、通渭县、陇西县，其奶牛存栏数占总存栏数的96%以上。全市存栏1～5头奶牛的养殖场户209户，总存栏数827头，6～20头奶牛的养殖场户160户，总存栏数2 047头，21～50头奶牛的养殖场户38户，总存栏数1 366头，51～100头的养殖场户4户，总存栏数393头，101～200头奶牛的养殖场户11户，总存栏数1 983头，201～500头奶牛的养殖场户4户，总存栏数1 098头，501～1 000头奶牛的养殖场户2户，总存栏数1 456头，1 001～2 000头奶牛的养殖场户2户，总存栏数2 816头，3001～5 000头奶牛的养殖场户1户，总存栏数3 206头，机械化奶站（厅）7个。畜牧业总产值112亿元，其中奶牛养殖总产值12.6亿元。农民人均从奶业获得的收入达184元，占人均牧业纯收入的2%。2017年定西市奶牛存栏与上一年相比有一定程度的增加，主要原因有四点：一是基础母畜存栏量较大，自繁幼较多；二是消费者对牛肉、羊肉、牛奶的需求不断增加，拓展了草食畜牧业的发展空间；三是民间资金的大量投入，增加了奶产业发展的后劲。其中临洮县安贝源乳业有限公司牧场投资建设的奶牛场全面投产后，目前通过引进及自繁自育，良种奶牛存栏已达3 206头。

**【奶类产量】**定西市2017年奶类总产量5.89万t，同比增加10.67%，奶类总产量中牛奶5.82万t，占总产量98.93%，牦牛奶产量50t，羊奶638t。奶类生产呈现较2016年呈现上升趋势，是因为奶价在2017年有所回暖，奶牛养殖户及部分养殖场逐渐增加了存栏。牛奶主要产自规模化奶牛养殖场，散养户饲养的奶牛所产牛奶主要以分散零售形式供给城乡居民。

**【生鲜乳价格】**全年的平均奶价为3.4元/kg左右，同比上升15%，春夏秋冬季奶价分别是3.9、3.5、3.4、3.5元/kg。去年至今，其中奶源集中临洮县价格，与去年相比奶价都在上升。

**【乳品加工】**2017年本地共有乳品加工企业2个，日处理鲜奶的能力25t，属于奶牛场自建企业。年加工销售收入4 320万元，利润2 000万元左右。乳制品主要是供兰州及本地乳品企业、定西市城镇居民消费，种类主要有酸奶、UHT奶及含乳饮料等，产量基本与2016年持平。

**【质量管理】**在生鲜乳管理方面，主要是生鲜乳生产企业定期、或不定期抽取检样进行的酸度检查、气滋味检查、乳脂率和蛋白质含量检查。在生鲜乳质量监督管理中发现大部分的生鲜乳生产企业不同程度地开展了此项工作，通过检查以上项目，对发现的抗生素奶、气滋味变化和酸度变化的生鲜乳一律做弃奶处理。通过以上措施，确保了生鲜质量安全。

**【存在问题】**一是奶牛总量少，单产水平低。定西市奶牛存栏是 15 192 头，母牛单产为 5 831kg，低于全国平均水平，农村养殖户比较分散，并且生产方式落后，技术和管理水平较低。二是奶企利益得不到保障。三是奶业投入较少，发展后劲不足。由于对奶牛发展的专项投入少，全市奶牛业发展的投入长期不足，不能满足奶牛业发展高投入、高产出的要求，使全市奶牛养殖业在市场上缺乏整体竞争优势，大力发展奶牛养殖的后劲不足。（四）养殖成本不断加大，养殖效益低下。一是饲草料价上涨过快，奶牛养殖成本增加。二是由于鲜奶过剩而又互相压价，收购企业收购价格不稳定，波动幅度较大，鲜奶交售给企业的价格不到生产成本的二分之一，造成整体经济效益下滑。三是由于市内外地奶制品占领了区内市场的绝对份额，对定西市鲜奶的销售造成了挤压的态势，使每头奶牛年纯收入均有下降，在一定程度上挫伤了奶牛养殖户的积极性。（五）奶牛产业链条短。一方面农村奶牛饲养户居住分散，另一方面境内专业乳制品加工企业少，产业链条没有形成，使"卖奶难"、"交奶难"问题较为突出，同时牛奶加工企业空缺，乳制品开发工作的滞后，不能有效牵动奶牛业发展。

（定西市畜牧中心，王维忠）

## 酒泉市

**【发展现状】**酒泉市发展奶牛产业的资源条件得天独厚，秸秆产量大，国家级粮改饲试点项目建设又在本市五个农业县（市、区）实施。但近年来，酒泉市出现了奶牛数量减少、牛奶销售困难、奶农效益下降、加工企业效益下滑的现象，严重挫伤了奶农的生产积极性，对奶牛业的稳定发展造成了较大影响。其主要特点如下。

（1）奶牛饲养总量减少。截至 2017 年年底，全市奶牛存栏量 10 060 头，比 2016 年的 11 944 头减少 15.77%，和 2005 年的 4.84 万头相比减少了近 3.81 倍，其中产奶牛 6 276 头，年产奶量 2.42 万 t，比 2005 年的 5.4 万 t 相比减少了近 1.23 倍。

（2）规模养殖快速减少。全市奶牛饲养户仅有 1736 户，奶牛养殖专业户 133 户，其中，5 头以上的养殖户 133 户，20 头以上的大户达到 34 户，100 头以上的现有 3 户。在奶源基地建设中，2003 年酒泉市将肃州区泉湖、果园等 9 个乡镇确定为奶牛产业发展的重点乡镇，先后建成了一大批奶牛养殖场和养殖小区，基本形成了区域化布局、专业化生产的格局。肃州区奶牛饲养户达到了 8 242 户，奶牛养殖专业户达到 2 625 户，其中 :5 头以上的养殖户 2 186 户，10 头以上的大户达到 394 户，20 头以上的达到 45 户，建成了 38 个百头奶牛小区，千头以上奶牛乡镇达到 9 个，泉湖、果园、西峰、银达城郊四乡镇奶牛存栏达到 2 万头以上，占到全区奶牛存栏的 50%，逐步形成了环城奶牛产业经济带。而目前肃州区奶源基地、奶牛产业经济带都已不存在。

（3）牛奶加工能力下降。在乳品加工龙头企业建设上，目前，有玉门和青海油田两大乳品加工企业和好牛、乐为尔 4 家乳品加工企业，年设计生产能力达到 32.6 万 t，实际年生产加工 0.12 万 t，比 2000 年降低 7.5 倍；日加工能力由最初的 40t 下降到目前的 2t，乳制品已从奶粉、消毒奶、酸奶、花色奶等 6 大类 15 个品种下降到目前 6 个品种。

（4）奶牛生产水平略有提高。近 10 年来，酒泉市从北京、上海引进优质奶牛冻精经过改良，目前，全市泌乳牛个体平均产奶量达到达到了 3.85t，比 2005 年提高了 1.5 倍。规模奶牛场、养殖户全部都采用高产奶牛良种冻精配种，对提高后代奶牛生产水平发挥了重要作用。与此同时，大力推广饲料青贮、优质牧草种植等实用技术，使良种、良法、良料配套，提高了奶牛整体生产水平，加快了奶业由数量型增长向质量效益型增长的转变。

从总体上讲，当前酒泉市奶业已进入调整优化、逐步升级的发展阶段，具备了实现由传统奶业向现代奶业转型发展的基础条件。从发展潜力看，当前酒泉市奶业仍具有较大的发展空间。虽然近年来酒泉市牛奶产量呈下降的态势、成年母牛年单产平均达到 5.3t，但远远低于世界平均水平。从加工能力来看，当前酒泉市奶制品设计加工能力已达到 12.6 万 t，原料奶供应能力仅有 2 万 t，远远满足不了企业需求。这一方面说明酒泉市奶牛存养量严重不足，单产水平有待提高，同时也揭示出酒泉市奶业发展蕴藏着巨大的潜力。同时，酒泉市周边工矿企业较多，随着人民生活水平的提高，膳食结构的改善和消费观念的转变，对奶产品消费需求不断增加，为奶业发展提供更加广阔的市场。

**【存在问题】**目前奶业发展存在以下问题。

（1）奶牛养殖效益明显下滑，农民养牛积极性下降。但从 2006 年底以来，奶牛价持续下跌，奶牛价格由 2005 年初的每头 14 000~20 000 元，下跌到现在 8 000~12 000 元。与此同时，农副产品、饲草料价格和人力水电不断攀升，奶牛饲养成本普遍提高，每头奶牛日饲养成本由过去（2005 年 6 月成本核算）的约 15.9 元提高到现在 39.6 元以上。而同期原料奶价格基本维持在 2.8 ~ 3.5 元。导致养殖比较效益下滑，养殖者积极性下降，生产出现波动，生产规模缩减，农民来自养奶牛的收入增长缓慢甚至亏损，处境较为困难。据调查，目前奶牛饲养户 20% 盈利、40% 保本、40% 的亏损。因此，一些奶牛养殖户入不敷出，只能将一些单产水平较低的奶牛当肉牛卖掉，来维持其他奶牛的生产。2011 年以来，奶价呈上升趋势，但对前两年靠贷款高价买牛的农户来讲，经营利润仍然很低，严重影响了奶农的积极性。

（2）乳品企业产品积压严重，企业经营陷入困境。据对肃州区好牛和好为尔2家规模以上乳品企业调查问卷显示：2016年以来，2家乳品加工企业均出现销售困难问题，由于产品积压，资金周转不灵，这2家企业拖欠奶农奶款最少的2个月，最多的达4个月。每吨鲜奶按2 800元收购价格核算，每吨鲜奶的生产成本为3 100多元，而鲜奶与酸奶市场基本被蒙牛和伊利占领，本地品牌奶销售空间非常小，市场占有率低，产品销不出去，企业生产经营举步维艰，2家企业共有鲜奶生产线12条，目前开工的只有3条，开工率为20.7%。但现在每天仅收购5t左右，面对严峻的市场形式，企业连连亏本，若企业一旦停止收购和加工鲜奶，将会造成近百户奶农鲜奶无处销售。由于目前乳品加工企业一方面有大量的产品压库，另一方面又被动收奶，政府补贴资金难以持续，整个产业运行举步维艰，奶企成了奶产业发展的“堰塞湖”。

（3）奶牛饲养方式落后，单产水平不高。由于酒泉市奶牛来源混杂，品质参差不齐，低产牛多，加之饲养管理经验不足，喂养不科学等因素，导致奶牛生产水平低。据调查，全市奶牛饲养多以农户小规模分散养殖为主，适于奶畜需要的饲料玉米和优质牧草种植面积小，大部分奶牛处于不科学的饲喂状态，成年奶牛平均单产3 850kg，不到发达国家奶牛单产水平的一半。从对全市奶牛群体结构统计情况看，目前全区中低产奶牛比例较高，高产奶牛比例低。单产6 000kg以上的高产奶牛只占产奶牛的20%，单产3 000~6 000kg的中产个体占60%，3 500kg以下的低产奶牛占20%。由于中、低产奶牛存栏比例较大，导致不少养殖户在饲料价格上涨后出现保本经营甚至亏损。

（4）饲草价格上涨，饲养成本增加，养殖效益下滑。由于近年来酒泉市牛、羊等草食畜存栏大量增加，饲草料用量加大，饲草料价格持续上涨，饲养成本不断加大，奶牛养殖效益下滑。而目前，玉米、小麦、制种、洋葱等农产品价格大幅度增长，劳动力价格也增长到150元/d，奶牛养殖的比较效益下降，导致农户对养奶牛的投入成本降低，积极性下降。

（5）组织化程度低，利益联结机制不健全。生产、加工、销售一体化经营已成为当今世界乳品产业经济发展的主流。但目前酒泉市乳品产业的主要组织模式仍然是“公司+农户”，整个产业链中，奶农专业合作组织发展滞后，奶农与加工企业间利益风险连接不紧密，企业、农户没有形成比较牢固的利益联结机制和诚信机制，企业和农户都本能地把自己的利益放在第一位，市场稍有变化，有的企业就变相压价或借故拒收，有的奶农贪图眼前利益，掺杂使假，企业和奶农都面临着多重压力和风险，给奶业的发展带来一些不利影响。

（酒泉市农牧局，陈孝爱）

# 临夏回族自治州

**【发展现状】**2017年底临夏回族自治州奶牛存栏15 801头，同比增长11.8%；牛奶产量达到37 649.5t，同比下降6.71%。主要饲养品种为荷斯坦牛，产奶牛泌乳期（305天）平均产奶量4 351kg。养殖形式主要为养殖园区、奶牛场和农户散养三种。全州有奶牛养殖场（户）2 485个，其中饲养规模在千头以上奶牛养殖场2个，百头奶牛养殖场4个，产奶牛头均年纯收入3 500元左右。养殖主要集中于临夏县和临夏市，临夏县饲养量0.97万头，临夏市0.27万头，占全州总数的79%，其余各县占全州总数的21%。自国家实施奶牛良种补贴和州上实施奶肉牛良种工程以来，奶牛品种质量有了明显提高，产奶牛平均产奶量由2016年4 285kg提高到2017年的4 351kg，平均提高66kg。全州奶牛养殖业产值17 639.62万元，同比下降6.63%，奶牛养殖业产值占畜牧业生产总值（统计局预计）166 858.92万元的11%，同比下降10.52%；农民从奶牛养殖业中获得的人均收入为33元，占当年农民人均可支配收入（统计局预计数据）6 678元的1%，同比减少2元。

**【奶站及乳企】**全州现有鲜奶收购站8家，全部取得生鲜乳收购许可证，日收购鲜奶75t，其中4个奶站为乳品企业奶牛养殖场自建奶站，送乳品收购企业价格为4元/kg，不对外收购鲜奶；奶农合作社自建3个，日收购鲜奶3t，收购价为3元/kg，主要向兰州等大城市的市民零售；乳品加工企业自建1个，由于企业停产，暂停收购。全州建有机械化挤奶厅4个，牛位数550头，由4个大型奶牛养殖场自己建设使用，其他养殖场户均采用小型手推式挤奶器挤奶，自己挤奶后主要向周边村民和临夏市民零售，零售价为5元/kg。全州目前正常运行的乳品加工企业只有燎原公司1个，主要生产配方奶粉，鲜奶日处理能力300t，实际日加工鲜奶100t，年产各类乳制品2.7万t。

根据调查数据分析，全州奶牛养殖中，100头规模以下的养殖户及奶牛存栏快速下降，100头以上的大型奶牛养殖企业存栏逐年增加，究其原因，一是受国际奶粉市场冲击，消费市场疲软，政策扶植乏力，养殖成本上升等多重因素影响下，国内鲜奶价格持续低迷不振，农户奶牛养殖经济收入不高，中小养殖户面临的生存环境越来越恶劣，经历2年多的持续低迷，导致小规模养殖户退出；二是随着国家对鲜奶质量的管控越来越严格，小型养殖场户饲养管理粗放，并普遍利用小型挤奶器挤奶，导致其生产的鲜奶质量不稳定，卫生不达标，加上大部分乳品加工企业拒收而缺乏稳定的鲜奶销售渠道，从而无奈退出奶牛养殖行业；三是乳品加工企业为了确保质量过关、数量稳定的鲜奶保障，纷纷投资建设大型牧场，逐年增加养殖数量。针对以上情况，在大部分奶牛养殖农户退出奶牛养殖行业以外，剩余的养殖大户和小型养殖场在生产鲜奶后直接拿到市区向市民零售，确保鲜奶销售渠道和良好的鲜奶销售价格维持奶牛养殖。但由于缺乏相关的法规和部门监管，鲜奶质量安全留下巨大隐患。

（临夏州畜牧技术推广站，万卫东）

## 金昌市

【奶牛存栏】近几年来，随着天牧乳业的生产规模不断扩大，金昌市奶牛存栏数迅速增加，2017 年全市奶牛存栏 9 634 头，较 2016 年（7357 头）提高了 30.95%，主要分布于金川区，存栏 9 240 头，占全市总存栏数的 95.9%；永昌县存栏 394 头，占全市总存栏数的 4.1%。牦牛全部分布于永昌县，但金昌市牦牛主要作肉用，不用于生产商品牛奶。2017 年牛奶总产量 3.47 万 t，比 2016 年（2.78 万 t）增长 25.1%。

【乳品加工】永昌县的生鲜乳生产以中小型奶牛养殖场户为主，销售方式是以自主零散经营为主，没有生鲜乳收购站，价格受市场波动影响不大，2017 年度牛奶零售价格一直稳定在 5 元 /kg 左右；金川区的生鲜乳生产以中大型奶牛养殖场占主导，金昌市居佳乳业有限公司自建乳品加工场 1 个，日处理鲜奶的能力总计达到 50t，实际生产 10t。其他企业销售则以销往大型乳品加工企业为主，少量零售；原料奶价格受市场波动影响较大，但零售商品奶价格相对稳定，保持在 6 ~ 7 元 /kg。

【生鲜乳价格】金昌市 2017 年全年的平均奶价为 3.2 元 /kg，与上年同期持平，四个季度的奶价分别是 3.3 元 /kg、3.1 元 /kg、3.2 元 /kg、3.3 元 /kg。

【奶源基地】2017 年奶牛存栏 1 ~ 5 头奶牛养殖场户 10 户、6 ~ 20 头的奶牛养殖户 33 户、201 ~ 500 头的奶牛养殖场（合作社）1 个、1 001 ~ 2 000 头的奶牛养殖场 1 个、5 001 头以上的场 1 个。

【奶站与监管】2017 年年底共有生鲜乳收购站 3 个，其中养殖场建设的 1 个，乳品企业自建的 1 个，合作社建设 1 个。按照乳品质量安全要求，县区农牧局组织人员每月对生鲜乳收购站开展日常检查，市农牧局每季度组织相关单位执法人员对全市奶站开展专项检查，在 2017 年对 3 家奶站开展的违禁兽药饲料等添加剂的专项整治中，未发现销售、使用“三聚氰胺”等违禁添加物和滥用抗生素等现象。对生鲜乳监测设备管理不规范不齐全、生产销售记录不完整、生鲜乳装车温度不达标等问题进行了及时整改。通过对奶站清理整顿，强化了生鲜乳生产、运输及收购三个重要环节的监管。

【草料生产】2017 年全市共完成人工种草 1.73 万 $hm^2$，其中苜蓿等多年生牧草种植 1.37 万 $hm^2$，一年生牧草种植 3 647 万 $hm^2$。积极推广秸秆打捆、青贮、牛羊饲喂等技术，全市秸秆饲料化利用率达到 64%，共 48 万 t，其中，青贮饲草 13.8 万 t。

【存在问题】一是奶业市场不平衡。金昌市几家大中型牛奶生产企业管理水平较高，牛奶质量较好。其中：天牧乳业是伊利集团 A+ 企业，所产牛奶乳脂率、乳蛋白率分别达到 4.1% 和 3.5%，远高于国家标准，但是其原料奶向乳品加工企业销售价格仅为 3.34 元 /kg。明显低于国内东部较发达省份。二是国内市场保护缺失。人们对国内乳制品产生了信任危机，加之政府未给予进口乳制品足够监管，未对消费者进行合理引导，导致消费者盲目信任进口乳制品，大量进口奶粉及其还原奶充斥市场，造成大量鲜奶积压难卖，国内奶牛养殖企业效益急剧下降。三是企业利润受盘剥。现在国内乳品市场几乎被伊利、蒙牛等几家大型乳品企业控制，形成寡头垄断。绝大多数生鲜乳生产企业只能把原料奶销售给这些企业以求生存，而这些企业设置多重进入门槛，生鲜乳生产企业为达到收购要求，必须使用对方指定的饲料、兽药、设备等等，但是这些指定消耗品通常会高于市场正常价格，这就导致生鲜乳生产企业的成本上升，利润进一步降低。四是监管缺乏抓手。一方面，农业主管部门对生鲜乳收购站的监管仅限于定期查看生产、收购和销售记录和设备运行情况等内容，不能做到对其生产过程的全方位监管。另一方面，对于生产的生鲜乳不进入收购站的养殖散户，农业部门也存在监管困难的问题。养殖散户生产的自由性、随意性更大，对监管工作造成很大困难。

（金昌市畜牧兽医中心，张爱平）

## 天水市

【发展现状】近年来，天水市把奶牛养殖产业发展作为牧业增效、农民增收、促进农业经济结构不断优化的重要产业，不断加大投入，强化基础设施建设，狠抓科技推广和普及，着力发展奶牛产业化经营，有力地促进了全市奶牛养殖业健康、持续、快速发展。经过多年的积累和近几年的快速发展，规模化、标准化、产业化水平显著提升，规模化养殖场和奶农对奶牛养殖业未来发展前景持乐观态度，对未来充满信心。

生产情况。截至 2017 年年底，全市奶牛存栏 7 108 头(其中成年母牛 4 894 头)，其中荷斯坦牛存栏 6 338 头，荷斯坦成年母牛存栏 4 519 头，奶类产量 3 万 t，全市成年奶牛平均单产为 5 146kg/ 头・年。全市现有奶牛场养殖场(户)374 个，其中百头以上大型奶牛养殖场 3 个，存栏奶牛 3 988 头。规模较大的乳品加工企业 1 个，目前日处理鲜奶 20t。现有乳品收购站 2 个。

奶源基地建设情况。天水市自 2 000 年开始实施乳品基地建设战略，经过 10 多年的建设现已初步形成城郊奶牛经济带。奶牛主要分布在各县(区)城郊周围28乡镇139村,以农户小规模养殖为主。

奶站建设情况。全市有嘉信畜牧业有限公司和清水宇新牧业有限公司生鲜乳收购站2个,生鲜乳质量安全状况良好。

加工情况。全市现有麦积区嘉乐乳业和甘谷县力源乳业两家地方自建的乳品加工企业,日处理鲜奶能力达到20t以上,年产值分别在300万元以上,产品有灭菌奶、酸奶、奶饮料等。

规模养殖情况。全市现有奶牛规模养殖场(户)374个,存栏奶牛7 108头。其中1 ~ 5头的242户,存栏1018头;6 ~ 20头的规模户108户,存栏1 339头;21 ~ 50头的规模户19户,存栏598头;51 ~ 100头的规模户2户,存栏165头;101 ~ 200头的1户,存栏奶牛138头,1 001 ~ 2 000头的规模户1户,存栏1 500头;2 001 ~ 3 000头以上的1户,存栏奶牛2 350头。规模小的奶牛场所产鲜牛奶以送货上门或自取的方式销售给当地居民,千头以上的嘉信畜牧业有限公司和清水宇新牧业有限公司生产的牛奶交售蒙牛和伊利乳业。2017年完成奶牛冻配0.63万头,使用冷冻精液1.26万剂;其中种植多年生牧草7 600hm$^2$,一年生牧草14 740hm$^2$,在多年生牧草中完成紫花苜蓿6 333.33hm$^2$;新建青贮窖池5.55万m$^3$,累计已达62.58万m$^3$,秸秆饲料化利用82.11万t,其中全株15.32万t,青贮19.75万t。

【发展特点】

(1)养殖户扩大饲养规模的积极性不断提高。2017年,本市奶牛发展势头强劲,养殖规模不断扩大,全市奶牛存栏7108头。随着牛奶收购价格的不断回升和国家奶牛补贴及保险政策的刺激,养殖户扩大饲养规模的积极性不断高涨。

(2)养殖方式得到重大转变。奶牛养殖规模持续扩大,群众发展规模养殖的积极性得到提高,养殖方式发生了重大转变。

(3)生产管理水平得到明显提高。奶牛规模养殖场(小区)、规模养殖户基本上应用了青贮饲料和全价配合饲料饲喂奶牛,秸秆青贮饲料使用率达到90%以上,牛均种植人工牧草2分地,规模场(小区)牛产奶水平达到5 800kg以上。

(4)龙头企业建设取得新突破。龙头企业改扩建项目相继开展,近几年相继建成天水嘉信牧业有限公司、清水宇新牧业等大型奶牛养殖场。嘉信畜牧业有限公司是天水市奶牛业龙头企业,也是甘肃省目前规模较大的奶牛饲养企业,现存栏奶牛2 350头,日生产鲜奶20t,年产鲜奶近万t。公司在周边县(区)发展三个重点“养殖小区”,为养殖农户提供良种奶牛,同时在高产奶牛标准化管理、无公害奶牛饲养、兽医防疫、饲草料配置等方面给予“养殖小区”积极培训和指导,从而促进“三农”产业工程的顺利实施和农民可持续发展目标的实现,使周边地区的畜牧业稳步健康的发展。

(天水市畜牧技术推广站,王永珍)

# 庆阳市

【生产现状】全市奶牛养殖主要以荷斯坦养殖为主,共有规模养殖场户166家,较2016年的154家增长7.8%,共饲养荷斯坦牛3 567头,较2016年3 148头增长13.3%。其中1~5头养殖户138户,共存栏奶牛443头,分别占全市奶牛养殖户的83%、占全市奶牛存栏量的12.4%,养殖6~20头的养殖户有19家,占全市奶牛养殖户的11.5%,占全市奶牛存栏量的5.7%,21~50头规模的养殖户4户,共养牛161头,分别占比为2.4%和4.5%,51~100头的有1户,养奶牛65头,101~200头的养殖户有1户,养奶牛106头,201~500头规模的有2户,其养奶牛721头,1 001~2 000头规模的有1户,养奶牛1 869头。全市奶牛养殖按照地域分布来看,华池、环县以两个规模养殖为主,全县再无中小规模的奶牛养殖场户,西峰、合水、宁县、镇原以规模养殖场为依托,依靠城市牛奶消费群体相对较大的优势,奶牛规模养殖和农户零散养殖相结合,奶牛养殖相对较普及,庆城、正宁两县区这几年奶牛养殖相对较少。2017年,庆阳市牛奶产量为5 479t,较2016年的5 317t增长了3%,全市奶业生产主要以牛奶为主,全市有部分群众从事羊奶生产,其中西峰区有专业羊奶生产企业1家,奶山羊存栏量达到230余只,其余先去有少数群众零散饲养奶山羊,羊奶用于其他繁殖率较高的母羊代乳用。

【规模牛场】庆阳市目前有奶牛规模养殖场4家,分别为环县昊乐养殖有限公司,共存栏奶牛1 869头,成年母牛存栏量826头,泌乳牛732头,日均产奶20t;华池县新堡养殖场,奶牛存栏量为241头,成年母牛存栏量141头,目前还未进入产乳期;庆阳市嘉氏乳业(镇原县),奶牛存栏106头,成年母牛存栏78头,泌乳牛70头,日均产奶1.2t;庆阳运通草业有限责任公司(宁县),奶牛存栏580头,成年母牛存栏450头,泌乳牛存栏300头,日均产奶5.3t。

【消费情况】目前,庆阳市奶牛规模养殖主要以宁县、环县、华池和镇原县的4个规模养牛场为主,以上4个奶牛场的奶牛存栏量达到全市奶牛存栏量的78.4%,这4个规模奶牛养殖场的牛奶销路是庆阳运通草业有限责任公司牛奶主要供应宁县、西峰区、华池县的学生营养包,庆阳嘉氏乳业公司的牛奶主要用于生产嘉氏豆奶粉,环县昊乐养殖有限公司的牛奶为伊利乳液供应初级奶产品。全市其他中小规模奶牛养殖户和奶牛零散养殖户的牛奶主要销往市县城镇居民零散消费。其中西峰区德宇奶牛场主要供应西峰城区居民生鲜乳消费,宁县运通草业有限公司带动的个体奶牛养殖户将牛奶销往宁县、正宁和西峰城区。合水县历来有奶牛养殖的历史,全县居民也有良好的牛奶消费习惯,目前合水县各中小奶牛养殖场和奶牛养殖户的牛奶均销往合水县及周边乡镇。

【疾病防治】从对庆阳市的4个奶牛规模养殖场的生产监测来看，庆阳市规模奶牛养殖场多发病主要是奶牛乳房炎和消化代谢疾病，这两类疾病的发生对奶牛产奶量和乳制品安全有较大影响。全市其他中小养殖场和奶牛零散养殖户中，主要存在的疾病为奶牛繁殖障碍疾病为主，小规模的养殖不容易发生奶牛乳房炎和消化代谢方面的疾病。

（庆阳市畜牧兽医局）

## 平凉市

【奶畜存栏】2017年奶牛存栏3 482头，其中荷斯坦牛3 265头，占总数的93.8%。分布情况为崆峒区、庄浪县、静宁县三县（区）分别存栏1 286头、994头和707头，占总存栏数的85.8%，其他县共存栏465头，占13.4%。奶牛存栏量比上年共增加295头，成年奶牛增加254头。崆峒区、庄浪县、静宁县三个养殖大县的奶牛存栏量有较大变化，其余县区和2016年增加了37头。其中，静宁增加58头，同比增长8.9%，庄浪增加225头，同比增长29.3%，201～500头规模场增加一个，增加130头，同比增长43.3%，101～200头养殖场增加1个，增加85头，同比增长73.9%；崆峒区存栏减少牛25头，同比减少1.9%。奶牛养殖主要以1～20散养户为主，101～500头的规模奶牛场仅有3家，销售方式以生鲜乳零售为主，销售对象为周边城镇居民。

【奶类产量】2017年奶类总产量11 835.5t，比去年同期增长13.5%，奶类总产量中牛奶11 231.7t，羊奶603.8t，比上年增长13.8%、7.2%。整体而言，生鲜乳产量增幅不大，同比增长13.5%，全部本地消纳。牛奶产量增加1 363.9t，同比增加13.8%。成年奶牛平均单产4 267kg，同比增加2.8%。整体养殖水平较差，散户居多，技术手段落后，销路单一。

【奶源基地】平凉市奶牛规模化程度较低，共有标准化规模养殖场3个，存栏740头，其余均为散养户。

【品种改良】2017年全市共改良冻配奶牛2 261头，使用细管冷冻精液4 779支。改良品种主要是荷斯坦，冻配所需冻精是由养殖户自行购买。

【疫病防治】奶牛疫病防控，由畜牧兽医部门包片责任到人，实行全覆盖免疫，开展检疫监测。各地常年督促奶牛养殖场户开展消毒灭源工作，要求其按免疫规程开展奶牛O型、A型口蹄疫等疫病免疫注射工作，并在春秋集中防疫结束后统一开展免疫抗体效价检测，对抗体效价达不到标准的要求加强免疫。同时统一开展了奶牛布鲁氏菌病、结核病检测净化工作，发现阳性畜能及时扑杀并进行无害化处理。

【奶源质量】强化生鲜乳质量安全监管工作，对分布于平凉市6县1（区）54个乡镇的奶牛养殖户进行了全面检查和登记造册，检查内容包括饲养场地环境卫生、饲草料种类及品质、常见病的发病频率、使用药品及使用剂量、用药过程中有无随意加大剂量及延长用药期的现象、有无违规添加各类添加剂的现象。积极组织实施生鲜乳质量安全年监测计划，每季度配合省上开展生鲜乳质量安全例行检测，2017年每季度抽检生鲜乳样品2个，经检测，三聚氰胺、革皮水解物、碱类物质、β－内酰胺酶和硫氰酸钠5项违禁添加物检出率为0。加大对兽药经营门店是否经营禁用药品查处力度，进一步规范了奶牛养殖、鲜奶生产、运输行为，确保生鲜乳产销质量安全。

（平凉市畜牧渔业管理站）

## 陇南市

【奶畜存栏】截至2017年年底，陇南市共有奶牛养殖场（户）9个，奶牛（含杂种牛）存栏481头，成年奶牛（含杂种牛）存栏366头，其中荷斯坦牛存栏475头，荷斯坦成年母牛存栏366头。牦牛存栏15 960头，成年母牦牛9 380头，主要分布在礼县和宕昌县。

【奶类产量】2017年奶类总产量2 569.1t，和2016年同期相比增长3.98%，其中牛奶769.1t，牦牛奶1 680t，羊奶120t。成年奶牛年均单产2 101kg。

【奶源基地】2017年奶牛存栏1～5头的有3个场（户），6～20头的有3个场（户），51～100头的2个场（户），201～500头的有1个场（户）。

【奶站及乳企】截至目前还没有建立机械化奶站和机械化挤奶厅；鲜奶主要供于城区居民散户消费，送奶户每日早晚把鲜奶定期送到消费者手中。

【疫病防治】养殖场户每年都对奶牛注射口蹄疫疫苗；定期对奶牛布病、结核“两病”检疫净化；开展常规性的消毒灭源工作。

【经济地位】2017年畜牧业总产值为233 700万元，其中奶牛养殖业产值为479.8万元，占畜牧业总产值的0.21%；农民人均纯收入6 328元/人，农民人均从奶业获得的收入10元/人，占农民纯收入的0.2%。

（陇南市畜牧兽医局）

## 甘南藏族自治州

【奶类生产】2017年底甘南藏族自治州共存栏奶牛114.85万头（其中：牦牛114.37万头），存栏成年奶牛 4 216 头，主要分布在临潭、卓尼、夏河、合作等四县市，奶牛存栏数占牛存栏总数的 0.37%。主要品种是甘南牦牛，主要分布在碌曲、玛曲、夏河、合作、卓尼、迭部，牦牛存栏数占牛存栏总数的 83.31%。奶类总产量 89 177t，比去年同期增长 0.42%，其中商品奶类（企业收购）5 524t，同比增长 0.80%。奶类总产量中，牛奶 89 177t，牦牛奶 86 183t，分别比上年增长 0.42%、0.74%。奶类生产的变化情况及其原因：一是大力发展乳产业建立犏牛繁育带、犏雌牛（奶牛）养殖带，重点发展生产犏牛、鲜奶等畜产品加工业，延长产业链条，大力发展以畜产品为原料的生化产品加工业，开辟农牧民增收新渠道，在奶类生产方面投入的资金和政策扶持较多。二是当地生鲜乳乳脂率、蛋白含量高等特点深受广大农牧民群众的欢迎，鲜奶销售比较顺畅，导致鲜奶生产不断提高。

**【生鲜乳价格】**本地区生鲜乳价格主要是指牦牛奶收购价，全年的平均奶价为 12 元 /kg，同比增加 11%，春夏秋冬季奶价分别是 14、10、10、14 元 /kg。其中奶源集中的几个典型地区的价格，以及与去年相比的升降情况：一是企业收购量增加，二是冬季出售的鲜奶为奶农冷冻储备奶，增加了成本。

**【乳品加工】**本地共有乳品加工企业 1 个，日处理鲜奶的能力总计达到 70t，其中地方自建企业 1 个。乳品企业总销售额为 36 914 万元，主要企业的销售额利税 599.6 万元。甘南燎原乳业责任有限公司拥有一批训练有素的专业技术人员，有完善的产品质量和食品安全管理体系，产品质量稳定，经省、国家技术监督部门通检和抽检，年度抽检合格率达 100%，充分利用专业生产婴幼儿配方粉优势和特点，明确发展方向、目标，积极推进科学管理，提高员工素质，处处严把质量关“以质量求生存、以信誉求发展”，齐心协作、共同努力，先后获得了“中华老字号”“甘肃名牌产品”“甘肃著名商标”“陇货精品”“全国少数民族特需商品定点生产企业”“甘肃省农业产业化重点龙头企业”“甘南州农业产业化重点龙头企业”“省卫生 A 级单位”等多项荣誉称号。

**【市场与消费】**据城调队资料，本地区 2017 年城镇居民人均奶制品（折合成原料奶）消费量 45.5kg，各种乳制品消费量：鲜奶 25.5kg，奶粉 10kg，酸奶 10kg；据农调队资料，本地区 2017 年农村居民人均奶制品（折合成原料奶）消费 60kg，各种乳制消费量：鲜奶 30kg，奶粉 5kg，酸奶 30kg。

**【疫病防治】**一是建立健全各级特别是基层兽医防疫机构，以保证兽医防疫措施的贯彻落实；二是建立健全并严格执行兽医法规；三是贯彻“预防为主”的方针；四是全面加强动物疫病防控、防疫监督管理和畜产品质量安全监管工作，积极开展以强制免疫、检疫监督、环境消毒、疫病监测、防范外疫等措施为重点的动物疫病防控工作，确保畜产品质量安全。

（甘南藏族自治州农牧局）

# 青海省

【奶畜养殖】2017 年青海省牛存栏 543.7 万头。其中荷斯坦牛存栏 24.9 万头，比上年下降了 2.6%，其中能繁母牛 14.5 万头，比上年增加 0.35%。主要分布在西宁市、海东市，荷斯坦牛存栏分别为 13.60 万头、6.9 万头。牦牛存栏 481 万头，比上年下降 1.5%，其中能繁母牛 240.3 万头，比上年增加 0.2%。主要分布在海北州、黄南州、海南州、果洛州、玉树州、海西州，牦牛存栏分别为 45.8 万头、56.1 万头、64.2 万头、92.4 万头、185.1 万头、12.8 万头。

2017 年青海省奶类总产量为 46.7 万 t，比上年增长了 4.9%。其中，荷斯坦牛奶产量 28.8 万 t，比上年增长了 6.4%；牦牛奶产量 17.9 万 t，比上年增加了 3.4%。

通过规模养殖场建设、良种奶牛引进、良种补贴等一系列项目的实施，奶牛散养户和低产牛逐步退出养殖环节，牛群结构进一步得到优化，种养加一体化运营加快推进。2017 年存栏 100 头以上的场（户）数达到 50 个。

【乳品加工】2017 年，青海省较大规模的乳品加工企业有青海天露乳业有限责任公司、青海雪峰牦牛乳业有限责任公司、青海青海湖乳业有限责任公司等 9 家，主要产品有巴氏杀菌乳、UHT 奶、酸奶及乳饮料。年销售收入达 96 152.8 万元、乳制品总产量达 122 469.1t。其中：巴氏杀菌奶 5 410t、UHT 奶 72 924.1t、酸奶 40 425.2t、奶粉 1 080t、乳饮料 2 629.8t。

【市场消费】2017 年全省人均奶类占有量 64.3kg，超市主要销售的乳制品品牌为圣湖、小西牛、天露、青藏牧场、伊利、蒙牛、光明、庄园等，巴氏杀菌乳规格为 180mL 和 200mL，价格在 1.5~1.8 元，UHT 奶规格为 180mL 和 250mL，价格在 2~6.5 元，原味酸奶规格为 150g 和 200g，价格在 2.2~4 元，风味酸奶规格为 140g 和 200g，价格在 3.6~4 元。

【奶源基地】2017 年不同规模养殖场（户）数量及其生产情况见表 4-40。

表 4-40　2017 年不同规模养殖场（户）数量及其生产情况

| 存栏规模 | 场（户）数（个） | 年存栏数（头） | 产奶量（t） |
|---|---|---|---|
| 1~49 头 | 76 664 | 208 356 | 192 365.5 |
| 50~99 头 | 61 | 4 422 | 7 795.2 |
| 100~199 头 | 32 | 4 330 | 11 490.2 |
| 200~499 头 | 11 | 3 812 | 15 507 |
| 500~999 头 | 4 | 3 072 | 13 826 |
| 1 000~1 999 头 | 1 | 1 380 | 9 324 |
| 2 000~4 999 头 | 2 | 4 204 | 15 328 |
| 1 000 头以上 | 3 | 5 481 | 18 669 |

标准化规模养殖：2017 年青海省标准化规模养殖场（小区）建设项目资金 3 380 万元。其中中央财政资金 2 680 万元、省级支农资金 700 万元。主要用于奶牛标准化奶站新建及改（扩）建、标准化奶牛规模养殖场（小区）改（扩）建、标准化牛改站（点）建设等。

2017 年省级财政下达奶牛规模养殖场农机补贴资金 6 540 万元，主要用于大型收割机、饲喂设备等。

2017 年生鲜乳收购年均价为 3.31 元 /kg；全省机械化挤奶率达到 71%；粪污处理采用“干清粪、粪污防雨防渗集中堆积加工有机肥”技术。受奶牛养殖成本上涨，牛奶价格下滑等因素影响，青海省奶牛养殖效益有所下滑，产业发展压力较大，奶牛养殖处于持续亏损状态，奶牛养殖依赖政府扶持现象明显。

学生饮用奶奶源基地：2017 年根据《关于开展学生饮用奶奶源基地认定工作的通知》（中奶协发 [2016]21 号），青海圣亚高原牧场有限公司、青海圣源牧场有限公司通过了国家学生饮用奶奶源基地认定。

畜禽良种繁育及推广。2017 年青海省从国外引进荷斯坦牛 2 000 头，投资 1 720 万元。其中，西宁市 1 800 头，每头补贴 9 000 元，计 1 620 万元；海东市 200 头，每头补贴 5 000 元，计 100 万元。2017 年发放良补冻精 16.2 万剂，其中荷斯坦牛 3 万剂、乳用西门塔尔牛 13.21 万剂。

2017 年，青海省海东市投资资金 14 万元，引进德系西门塔尔良种冻精 1 500 支，荷斯坦牛冻精 500 支，每支 70 元。

饲草饲料。2017 年粮改饲项目资金 8 333 万元。其中中央财政资金 5 433 万元、省级财政资金 2 900 万元。全省种植玉米、苜蓿等饲草料共计 9.6 万 $hm^2$，其中玉米种植面积达 4.1 万 $hm^2$、苜蓿种植面积为 1.1 万 $hm^2$、燕麦 4.5 万 $hm^2$。年产青贮玉米 89.4 万 t，青干草 37.3 万 t。饲料加工企业年生产各类饲料产品达到 64.2 万 t。

疫病防治。2017 年，全省各级兽医机构认真贯彻全国重大动物疫病防控工作会议精神，全省未发生区域性重大动物疫情和重大畜产品质量安全事件，保障了畜禽生产安全、畜产品质量安全、公共卫生安全和生态环境安全。

【质量监管】

根据《青海省农牧厅关于 2017 年生鲜乳质量安全监测工作的通知》要求，配合农业部、省农牧厅畜牧业处及饲料监察所完成了西宁市、海东市和海南州 6 个县（市）21 家生鲜乳收购站及运输车的生鲜乳抽样检测工作，全年共抽检生鲜乳样品 239 批，检测三聚氰胺、碱类物质、革皮水解蛋白、β－内酰胺酶等非法添加物，生鲜乳样品合格率 100%。在抽样监测的同时，对省内生鲜乳收购站和生鲜乳运输车，按照生鲜乳收购站、生鲜乳运输车辆标准化管理检查内容和判定标准的要求进行了检查，合格率达 100%。

严格审核生鲜乳收购站和运输车资质条件，严把准入门槛，青海省按照修订的《生鲜乳收购经营许可行政审批办事指南》和《生鲜乳准运证明行政审批办事指南》，严格审核生鲜乳收购站和运输车资质条件，严把准入门槛，确保发证收购站和运输车达到规定要求，规范发证程序，切实做到“谁发证、谁负责、谁监管”原则，规范了生鲜乳收购秩序。进一步健全和规范档案管理，完善生鲜乳管理系统和生鲜乳收购站监测月报制度。

经过清理和整顿，2017 年取缔了 1 家不合格生鲜乳收购站和 1 辆运输车辆，全省现有 21 个生鲜乳收购站的许可证和 14 辆运输车的准运证全部进行了换发，并逐一建档备案。主要分布在西宁市、海东市、海南州的 6 个市（县），其中乳品加工企业开办的 5 家、奶牛养殖场（户）开办的 13 家、奶农合作社开办的 3 家，集中机械挤奶站 15 个，机械化挤奶比例为 71%。

（青海省畜牧总站，张惠萍）

## 西宁市

**【奶类生产】**2017 年，西宁市存栏牛 37 万头，其中荷斯坦牛 13.6 万头，同比增长 1.8%，能繁母牛 7.2 万头，占全省奶牛存栏的 49.7%。

2017 年奶类总产量达到 16.5 万 t，同比增长 2.74%，占全省奶类总产量的 35.3%；全市奶源自给率达到 71.73%，主要分布在湟中县、湟源县及大通县。

**【乳品加工】**全市乳品加工企业（厂点、小作坊）有 20 余家，主要有青海天露乳业有限责任公司、青海小西牛生物科技股份有限公司、青海青海湖乳业有限责任公司、青海好朋友乳业有限责任公司等。共生产酸奶系列、液态奶系列、奶粉系列等近 30 个品种，拥有“天露”“圣湖”“青海老酸奶”“小西牛”等乳品品牌达 10 余个。

**【市场消费】**2017 年西宁市乳制品销售市场上的省内主要品牌为圣湖、小西牛、天露、青海湖等，省外品牌以伊利、蒙牛、光明、庄园为主。其中成品液态奶规格多为 250mL 百利包包装或纸盒包装，价格在 3.5~6 元；酸奶产品因品牌和风味不同，价格差异较大，原味酸奶规格多为 200g 包装，价格为 2.5~4 元，风味酸奶 200g 包装价格 4~4.5 元；巴氏杀菌奶规格为 200mL，价格在 1.5~1.8 元。

**【奶源基地】**奶源基地中存栏 100 头以上的有 12 个，年可产鲜奶 3 万 t。西宁市现有天然草场 38.4 万 $hm^2$，2017 年全市种植优质牧草 4 万 $hm^2$，粪污处理方式多采用堆积发酵和有机肥加工处理。

近年来随着国家和省市各级政府对奶源基地建设的重视，规模养殖场改扩建的补助资金也明显增加，西宁市从 2015 年开始连续三年从澳大利亚、智利等国外引进荷斯坦牛、西门塔尔牛 4 100 头。制定了《西宁市奶牛规模化养殖场（小区）扶持方案》，对国外引进良种奶牛、新（扩）建奶牛规模养殖场（小区）的基础设施建设等进行补助，2015—2017 年市财政投入补助资金 1 592.5 万元。

各养殖场高度重视疫病防控，县、乡两级动物防疫机构实行技术承包和指导，疫苗采购列入计划，制定相应的免疫程序，并积极配合省市动物防疫部门开展“布病”“结核病”监测等。

养殖上存在的主要问题：一是奶牛散养户占比大，西宁市奶牛现存栏 13.6 万头，其中：散养户奶牛存栏三分之一，大多数散养户仍采用传统的饲养方式，对标准化饲养管理、牛群选种选配不够重视，饲养水平低，单产低。二是品种良莠不齐，西宁市虽然从国外引进优质荷斯坦牛，但数量较少，主要集中在几个大型奶牛场。大多数小型规模养殖场和奶牛散养户的奶牛品质较差，影响了奶牛养殖业整体质量和经济效益的提高。三是奶牛养殖户与乳品加工企业没有签订长期的购销合同，形成企业得不到奶源保障、奶牛养殖户得不到利益保障的局面。

**【奶业发展举措】**通过走规模化推进的路子，实现奶业总量的迅速扩充。一是培育和扩大种植适合西宁市草场生长的优良牧草品种，饲草种植面积每年稳定在 4 万 $hm^2$ 左右。二是加强饲草的收获、运输、青贮、配送等集成技术要素，通过“公司 + 基地 + 农户”的经营方式，提高饲草产业的商品转化率，提高企业效益，增加农民收入，促进奶业健康持续发展。三是继续开展奶牛良种引进工作。

西宁市现有的青海天露乳业有限责任公司、青海小西牛生物乳业股份有限公司、青海青海湖乳业有限责任公司、青海好朋友乳业有限公司等龙头企业，具有国内先进设备和技术力量，目前奶源不足问题，是制约企业扩大生产、提高效率、增加收入的主要因素。应大力发展生态牧场为主的标准化养殖业，稳定奶源、扩大生产。同时，提高企业深加工度，加强对乳品的综合利用和深度加工，提高加工的综合效益。

充分发挥加工企业、养殖基地、养殖农户之间市场对接机制，带领农村专业合作组织、养殖大户和广大农户扩大奶牛养殖规模，提高农民组织化程度和产业化水平。坚持多种经济成分并存，鼓励各类专业协会、生产合作组织、经纪人、技术服务组织参与乳品流通，保证生鲜乳及乳品“绿色通道”畅通。进一步加强乳品交易市场体系建设，坚持季节性交易与常年交易市场同步发展的原则，进一步培育生鲜乳及乳品专业市场。

推动标准化养殖模式。一是提高优质牧草青贮制作工艺和质量，提升优质饲料营养水平，优化日粮结构，有效降低奶牛日粮成本，提高饲料效率。二是提高奶牛质量安全控制，以混合草粮配制、饲料原料安全管控入手，确保饲料质量安全，提高饲料转化率和生鲜乳质量和品质。三是强化奶牛繁殖技术管理，提高生产效率，减少繁殖疾病发病率，延长奶牛产奶年限。四是开展奶牛粪污资源化利用，推进种养一体化养殖模式，生态、经济循环发展。五是推广互联网 + 现代奶业技术，提高精准饲喂和智能化管理，加强奶牛养殖精细化管理。

**【质量监管】**2017 年西宁市生鲜乳收购站共 16 个，其中乳品企业开办 5 个、合作社开办 1 个、养殖场开办 10 个。全年对 16 家生鲜乳收购站及运输车共抽检生鲜乳样品 228 批，均未检出三聚氰胺、碱类物质和革皮水解物、β－内酰胺酶，合格率 100%。

按照属地化管理的原则，技术人员对管辖的生鲜乳收购站加强监管、落实工作责任，严把生鲜乳质量安全。市县（区）两级密切配合，积极落实监管责任。

（西宁市农牧和扶贫开发局，陈仲瑾）

# 海东市

**【奶畜养殖】**2017 年年底，海东市牛存栏 31 万头，较上年增长 0.9%，占草食畜存栏的 14.7%，其中奶牛存栏 6.9 万头，黄牛存栏 12.7 万头、牦牛存栏 11.5 万头，分别占牛存栏数的 22.1%、40.8%、37.1%。能繁母牛存栏 16.1 万头，较上年增长 2.2%，其中奶牛能繁母牛存栏 4.8 万头，黄牛能繁母牛存栏 6.4 万头、牦牛能繁母牛存栏 1.9 万头。

2017 年，海东市奶类即牛奶总产量 6.8 万 t，较上年增长 0.3%。其中牦牛奶产量 0.3 万 t，与上年持平。海东市奶业总产值 5 亿元，占畜牧业产值的 17.6%。其中饲养环节产值 4.7 亿元，乳制品产值 3 023 万元。

海东市奶牛养殖规模化标准化比重提高，养殖规模扩大，散养户退出，奶牛养殖机械化、自动化水平提高，但是由于乳品加工企业少，缺乏低温奶冷链配送体系，城乡居民奶制品消费中直接来自养殖场（户）生产的鲜奶仍占很大比重。

**【乳品加工】**2017 年市内仅有 2 家乳制品加工企业，年收购生鲜乳 11 550t，年生产乳制品 5 030t。其中酸奶 4 250t，奶粉 780t，销售收入 5 150 万元，利润 353 万元，产品销往青海、甘肃、西藏、浙江等省区。生鲜乳年均收购价格为 3~3.5 元 /kg，养殖户和奶牛养殖场处于亏损状态。

**【市场消费】**2017 年海东市城镇居民奶制品消费支出人均 232.24 元，其中：鲜奶 60.2 元 / 人，鲜奶消费量 7.9kg/ 人；奶粉 49.5 元，奶粉消费量 0.2kg/ 人，约折合鲜奶 1.2kg/ 人；酸奶 56.2 元 / 人，酸奶消费量 5.4kg/ 人，约折合鲜奶 5.4kg/ 人；其他奶制品 66.3 元 / 人，折合鲜奶 9kg/ 人。由此计算海东市年人均牛奶消费量 23.5kg(全市 2017 年城乡居民人口 170 万），按本市 2017 年牛奶产量 6.8 万 t 计算，本市自产牛奶除去满足本市城乡居民消费以外尚剩余 2.8 万 t 销往外地。

海东市乳制品加工企业有湟乳乳制品有限公司和青海雲牧牦牛生物乳业有限公司，均为自产自销的生产方式。乳制品品牌主要为湟乳乳制品，酸奶均价为 18.00 元 /kg，900g 灌装奶粉为 90 元 / 桶，300g 袋装奶粉为 17 元 / 袋。雲牧乳制品主要是酸乳，150g*12 杯两个系列，超市销售价格为 20~50 元，目前海东市场和超市销售的都是常温奶。

**【奶源基地】**奶牛饲养量及良种化程度。2017 年全市存栏荷斯坦牛、西门塔尔牛及杂种奶牛 6.9 万头，其中能繁母畜 4.5 万头。规模化养殖比重为 41.26%，机械化挤奶比例达 80% 以上。

2017 年，实施了奶牛良种补贴，即每头奶牛每年补助良种细管冻精 2 支（每支 15 元，共 30 元），共发放良补冻精 2 万支，计 30 万元；从澳大利亚引进乳用西门塔尔牛 200 头，每头补贴资金 5 000 元，共 100 万元。

奶牛疫病防控情况。严格执行国家相关法律法规规定，按属地管理原则由动物卫生监督部门责任人和各养殖场签订了防疫工作承包责任书，专门监督承包养殖场的疾病防控工作，对养殖场防疫合格证书发放进行严格审批，各养殖场严格按照相关粪污处理的规章制度对产生的粪污进行发酵无害化处理，在保障防疫工作的同时实现了废弃物循环利用的双重目标。

奶牛场粪污处理采用干清粪的方式，做到雨污分流，尿液污水进行三级沉淀。牛粪首先进行堆积发酵还田或制造有机肥处理，做到牛场粪污零排放，零污染，全面实现奶牛场粪污资源化利用。

近年来随着政府扶持力度的增大，虽然奶牛规模化养殖兴起，但海东市奶牛饲养仍以小规模生产分散的农户饲养为主，户均饲养规模在 3~5 头，5~10 头、20 头以上的规模经营比重很小。2017 年全市奶牛规模养殖场（小区）共有 1 477 户，存栏量为 1.2 万头。

饲草饲料。制定了《海东市饲草产业发展规划》，海东市 70.1 万 $hm^2$ 可利用天然草场，可提供优质牧草 60 万 t 以上（青干草）。农田人工种植饲草掀高潮，全市种植面积在 6.7$hm^2$ 以上规模化饲草种植的专业合作社（企业）、养殖场达到了 556 家，种植面积 2.97 万 $hm^2$，占种植总面积的 38.7%。其中 200 $hm^2$ 以上的种植专业合作社（企业）10 家，种植面积 3 273.3 $hm^2$，133.3~200 $hm^2$ 的 25 家，种植面积 5 140$hm^2$，66.7 ~133.3 $hm^2$ 的 60 家，种植面积 7 573.3 $hm^2$，33.3~66.7 $hm^2$ 的 119 家，种植面积 6 173.3 $hm^2$，6.7~33.3 $hm^2$ 的 342 家，种植面积 7 500 $hm^2$。2017 年农田人工种植饲草 7.5 万 $hm^2$，其中种植玉米 3.3 万 $hm^2$、燕麦等一年生饲草 4.2 万 $hm^2$；加工饲草 158.8 万 t，加工利用率 33.9%，其中：青贮 88.4 万 t（燕麦青贮 11.6 万 t，玉米青贮 76.7 万 t，其他青贮 0.1 万 t）、青干草 23.5 万 t。青贮饲草特别是燕麦青贮技术的普及应用，拓宽了高原地区粮改饲的路子，也为推广应用牛羊全混合日粮技术奠定了基础，使牛羊饲草料结构日趋合理，也为农区畜牧业发展提供了巨大潜力。

饲料工业情况。海东市有乐都润田饲料厂、乐都恒源饲料有限公司、青海太丰农牧科技有限公司、乐都区双惠饲料厂、青海鲁青饲料科技有限公司5家饲料加工企业，2017年生产配合饲料4.7万t，浓缩饲料0.02万t。民和、互助、乐都现有饲草加工企业、合作社、养殖场57家，加工配送饲草18.5万t。

**【奶农组织】**各级奶业合作组织积极开展工作，发挥桥梁和纽带作用，帮助奶农和规模养殖场搞好日常饲养管理、繁殖育种、疫病防控等工作，积极开展技术交流与饲养管理技术培训工作，促进了全市奶业的发展。目前奶牛养殖面临的主要问题就是经费不足，利益联结机制还不完善，协会组织还不够规范等。

**【质量监管】**海东市共有3个奶站，即民和县马场垣乡金星村马清生鲜乳收购站、民和县核桃庄乡安家村冶玉成生鲜乳收购站和乐都区雨润镇荒滩村天露奶牛养殖场生鲜乳收购站，机械化挤奶率达100%。各级政府和乳品企业都加大了对原料奶质量的控制，各部门加强对奶牛养殖小区和乳品加工企业的检查检测力度，生鲜乳质量安全监测抽检11批次，无不合格现象发生。市县(区)两级密切配合，积极落实监管责任。加强奶牛养殖场、生鲜乳收购站和运输车的监管等专项整治工作，对各生鲜乳收购站和运输车辆采取了现场检查，重点对机械挤奶生鲜乳收购站的消毒区、待挤区、挤奶厅、贮奶间、化验室、设备间、更衣间、办公室等功能设施的运行情况，场所环境卫生、挤奶与贮奶设备、人员情况、生产与质量控制记录、购销合同等进行了督查整治。海东市牛奶市场分割为三部分，即企业和农户建立鲜奶零售市场；通过挤奶站收购的具有中间环节的市场；奶牛养殖场到乳品加工企业的无中间环节市场。

各级质监、食品监督局、工商局等部门定期、不定期对乳制品生产企业进行检查，从生鲜乳生产、收购、加工、奶牛兽药残留监控，饲料质量等环节进行督促检查，对检查中发现问题的奶站从生鲜乳生产、收购、销售记录及档案、检测等方面存在问题要求整改，对于整改后仍然检验不合格的进行处罚，并限期整改，如果整改还不合格则责令其停产。

（海东市畜牧兽医站，李智花）

附表 1 青海省奶牛养殖场（小区）名录

| 序号 | 奶牛养殖场（小区）名称 | 养殖场 | 小区 | 全群存栏（头） | 成母牛存栏（头） | 奶畜品种 | 成母牛单产（t/年） | 年总产（t） | 是否参加 DHI | 是否应用 TMR |
|---|---|---|---|---|---|---|---|---|---|---|
| 1 | 贵德天露良种奶牛繁育有限公司 | √ | | 2 100 | 1 149 | 荷斯坦 | 7.5 | 8 617 | | √ |
| 2 | 民和县忠杰奶牛养殖场 | √ | | 452 | 270 | 荷斯坦 | 3 | 785 | | √ |
| 3 | 马聚垣奶牛养殖小区 | | √ | 305 | 250 | 荷斯坦 | 5.2 | 1 287 | | √ |
| 4 | 民和宝绿养殖专业合作社 | √ | | 147 | 89 | 荷斯坦 | 3.7 | 325 | | √ |
| 5 | 民和三荣养殖专业合作社 | √ | | 369 | 345 | 荷斯坦 | 4.6 | 1 572 | | √ |
| 6 | 民和成军养殖专业合作社 | √ | | 143 | 105 | 荷斯坦 | 2.4 | 250 | | √ |
| 7 | 互助县盛兴奶牛养殖专业合作社 | √ | | 131 | 69 | 荷斯坦 | 5.94 | 410 | | |
| 8 | 互助县发云养殖农民专业合作社 | √ | | 38 | 9 | 荷斯坦 | 6.11 | 55 | | |
| 9 | 互助县恒德茂养殖农民专业合作社 | √ | | 120 | 45 | 荷斯坦 | 6 | 270 | | √ |
| 10 | 青海天露乳业有限责任公司乐都奶牛分公司 | √ | | 2 900 | 1 780 | 荷斯坦 | 7.5 | 13 350 | √ | √ |
| 11 | 循化县胖子农牧开发有限公司 | √ | | 80 | 60 | 荷斯坦 | 5 | 300 | | |
| 12 | 循化县三江牦生态养殖有限公司 | √ | | 105 | 60 | 荷斯坦 | 4.2 | 250 | | |
| 13 | 循化县德林农牧开发有限公司 | √ | | 23 | 20 | 荷斯坦 | 2.75 | 55 | | |
| 14 | 海南州沙珠玉村大连海村养殖场 | | √ | 320 | 110 | 荷斯坦 | 7.2 | 792 | | |
| 15 | 青海圣亚高原牧场有限公司 | √ | | 2 044 | 846 | 荷斯坦 | 9.67 | 9 000 | | √ |
| 16 | 青海春源畜牧有限公司 | √ | | 150 | 70 | 荷斯坦 | 6.0 | 450 | | √ |
| 17 | 青海互邦农业开发有限公司 | √ | | 510 | 270 | 荷斯坦 | 6 | 1 400 | | √ |
| 18 | 青海藏地堂生物科技开发有限公司 | √ | | 363 | 291 | 荷斯坦 | 6 | 1 500 | | √ |
| 19 | 青海西堡羊圈奶牛养殖园 | √ | | 200 | 132 | 荷斯坦 | 5.5 | 620 | | |
| 20 | 湟源全林农民养殖专业合作社 | √ | | 78 | 78 | 荷斯坦 | 6.7 | 256 | | |
| 21 | 湟源玉盛奶牛养殖场 | √ | | 260 | 180 | 荷斯坦 | 2.5 | 446 | | |
| 22 | 湟源拓鑫奶牛养殖场 | √ | | 130 | 110 | 荷斯坦 | 6.8 | 751 | | |
| 23 | 湟源泉兴奶牛养殖专业合作社 | √ | | 43 | 43 | 荷斯坦 | 2.5 | 96 | | |
| 24 | 湟源旺泉奶牛养殖专业合作社 | √ | | 145 | 95 | 荷斯坦 | 1.7 | 161 | | |
| 25 | 湟源源波奶牛养殖场 | √ | | 160 | 100 | 荷斯坦 | 2.2 | 220 | | |
| 26 | 湟源云祥奶牛养殖场 | √ | | 46 | 30 | 荷斯坦 | 6.5 | 196 | | |
| 27 | 青海圣源牧场有限公司 | √ | | 750 | 460 | 荷斯坦 | 8.5 | 4 500 | | √ |
| 28 | 青海大美奶牛养殖有限公司 | √ | | 210 | 102 | 荷斯坦 | 3.0 | 260 | | |
| 29 | 湟源玉梅奶牛养殖专业合作社 | √ | | 59 | 59 | 荷斯坦 | 4.8 | 174 | | |
| 30 | 大通县锦绣生态发展有限公司 | √ | | 294 | 262 | 荷斯坦 | 6.3 | 1 120 | | √ |

附表 2　青海省乳品加工企业名录

| 序号 | 名称 | 许可证号码 | 年收购原奶量 (t) | 平均支付价格（元/kg） | 其中：自有奶源量 (t) | 年乳制品产量 (t) | 其中： | | | | | | | 整体设计加工能力 (t/年) | 产品销售区域 | 年销售收入（万元） | 利润（万元） |
|---|---|---|---|---|---|---|---|---|---|---|---|---|---|---|---|---|---|
| | | | | | | | 巴氏杀菌奶 (t) | UHT 奶 (t) | 酸奶 (t) | 奶粉 (t) | 奶油 (t) | 奶酪 (t) | 乳饮料 (t) | | | | |
| 1 | 青海天露乳业有限责任公司 | SC10563010502579 | 33 843.63 | 3.85 | 21 658.63 | 33 843.63 | 3 510 | 29 967 | 110 | | | | | 100 000 | 全国 | 19 260 | 165 |
| 2 | 青海雪峰牦牛乳业有限责任公司 | SC10563252101104 | 8 840.61 | 3.6 | 792 | 12 065 | 1 000 | 4 306 | 6 459 | 300 | | | | 38 000 | 全国 | 8 194 | 172 |
| 3 | 青海好朋友乳业有限公司 | SC10563010302557 | 12 028.04 | 4.0 | | 12 775.83 | | 3 285.68 | 9 109.34 | | | | 307.78 | 12 030 | 全国 | 10 824.89 | 1 246.75 |
| 4 | 青海青海湖乳业有限责任公司 | SC10563010201430 | 15 400 | 4.3 | 15 400 | 17 672.3 | | 11 365.45 | 6 306.84 | | | | 412 | 70 000 | 全国 | 16 703.9 | 607.17 |
| 5 | 青海小西牛生物乳业股份有限公司 | SC10563010502538 | 32 000 | 3.2 | 15 000 | 37 500 | | 24 000 | 11 590 | | | | 1 910 | 100 000 | 全国 | 32 000 | 2 050 |
| 6 | 湟源县天源乳制品有限公司 | SC10563012302635 | 2 100 | 4.0 | | 2 100 | | | 2 100 | | | | | 2 000 | 青海省 | 2 520 | 504 |
| 7 | 民和湟乳乳制品公司 | SC10563212201598 | 9 550 | 3.0 | | 3 030 | | | 2 250 | 780 | | | | 36 000 | 全国 | 3 150 | 153 |
| 8 | 青海互邦农业开发公司 | SC10563012202769 | 1 400 | 4.0 | 1 400 | 1 400 | 900 | | 500 | | | | | 2 000 | 青海省 | 1 500 | 350 |
| 9 | 青海雲牧牦牛生物乳业有限公司 | SC10563212601358 | 2 000 | 3.5 | | 2 000 | | | 2 000 | | | | | 5 000 | 青海省、甘肃省 | 2 000 | 200 |

# 宁夏回族自治区

【奶类生产】2017年年底，宁夏回族自治区（以下简称宁夏）存栏荷斯坦牛60万头，居全国第9位；年内生鲜乳总产量218.7万t。奶牛存栏、生鲜乳总产同比分别增长1.7%和8.3%。成母牛年均单产7 600kg，居全国第4位。以银川、吴忠为核心区，中卫、石嘴山为发展区的奶牛优势产区，奶牛存栏和奶产量分别占到全区的92.9%和99.7%。

【乳品加工】2017年，宁夏有乳品加工企业20家，年加工能力195万t，其中，日加工处理鲜奶能力200t以上的企业8家。全年加工生鲜乳总量154万t，日均4 281t。各类乳制品总产量122.9万t，其中，液态奶80万t、乳饮料30万t、酸奶8.9万t、奶粉2万t、其他产品2万t。总销售额73.2亿元，伊利、蒙牛和夏进三家大型企业占85%以上。

【市场消费】2017年，宁夏居民人均奶类占有量为321kg，居全国第2位。市场上主要乳制品品牌及产品为：蒙牛（纯牛奶、酸奶、冰淇淋）、伊利（纯牛奶、酸奶、冰淇淋）、夏进（纯牛奶、酸奶、乳酸菌饮料）、金河（纯牛奶、酸奶、蛋白粉）、北方（纯牛奶、酸奶、乳饮料）等。夏进生产的枸杞奶畅销区内外；金河乳业生产的奶酪、蛋白粉等精深加工产品赢得消费者喜爱。宁夏已成为伊利和蒙牛重要的优质奶源生产基地。

【奶源基地】2017年，宁夏共有奶牛养殖场（户）383个，奶牛存栏100头以下的场（户）96个，存栏奶牛0.8万头；100～199头的场（户）30个，存栏0.8万头；200～499头的场（户）43个，存栏2.4万头；500～999头的场（户）83个，存栏9.4万头；1 000头以上的场（户）131个，存栏46.5万头。存栏200头以上标准化规模奶牛场达到257个。其中，国家级标准化示范场24个，规模化养殖比例达到98%以上。建成银川月牙湖、吴忠五里坡、孙家滩和宁夏农垦贺兰山奶业集团4个万头奶牛养殖基地。贺兰中地牧业、中宁天宁牧业等大型牧场基础设施、机械设备、生产水平和管理能力均跻身国内一流水平。

2002年以来，宁夏全面开展奶牛选育工作，建立了较为完善的区、县、乡、村四级冷配改良体系，选育工作实现了“六统一”，奶牛良种覆盖率达到100%。奶牛生产性能测定（DHI）技术在45个规模奶牛场推广应用，全年测定泌乳牛6.1万头。自2013年开始实施的“优质高产奶牛选育”项目，建立了完善的奶牛品种登记、DHI测定、体型线性鉴定和种公牛育种数据库，建立了奶牛群体遗传评估、全基因组选择、分子辅助育种等技术为主的优质高产奶牛选育技术体系，创建种子母牛快速扩繁和性控胚胎移植模式，建设了优质高产奶牛选育核心群选育群示范场31个，示范牛群7.2万头。研究开发奶牛场信息化及物联网技术，建成宁夏奶牛信息管理平台和“育、繁、推”一体化的试验示范基地。

规模化奶牛养殖场的全混合日粮（TMR）饲喂、全株玉米青贮加工利用，机械化挤奶与冷链储运推广应用率100%。全年青贮玉米种植面积达到6.5万$hm^2$，制作全株玉米青贮278万t。种植优质牧草10.8万$hm^2$，新建高产优质苜蓿示范基地3 867$hm^2$，优质高产苜蓿饲草基地达到2.6万$hm^2$，优质牧草种植面积达到53.3万$hm^2$，其中，苜蓿留床面积40万$hm^2$，年加工优质苜蓿青贮10万t、青干草20万t，黑麦草青贮1.7万t、青干草2.3万t。

宁夏规模化奶牛养殖场生鲜乳收购价3.15～3.59元/kg，每头泌乳牛年净收入2 000元左右。实施养殖大县种养结合整县推进试点和畜禽资源化利用等项目，重点配套完善奶牛粪污收集、存储、处理、利用等设施设备，奶牛场主要采取粪污厌氧发酵（沼气工程）、污水清洁回用及粪便垫料利用、粪污全量还田种养结合等粪污处理模式。

【奶农组织】宁夏现有奶农专业合作社107家。通过政策扶持，规范了生产、经营、服务行为。奶农专业合作社在协调奶企双方利益方面，在做好奶农生产、技术、资金、信息、销售等服务方面发挥了积极作用，进一步促进了奶农合作组织的发展。“龙头企业＋合作社＋奶农”产、加、销一体化的紧密利益共同体逐步建立。

【政策法规】自治区对奶业的支持和补贴政策主要有：一是支持乳品加工企业扩大生鲜乳收购。收购生鲜乳10万t以上的乳品加工企业，与奶牛养殖场（户）建立企农利益联结机制的，日新增收购鲜奶200t以上，每t补贴100元；鼓励新投产的乳品加工企业扩大生鲜乳收购，日收购鲜奶200t以上，每t补贴100元。二是拓展婴幼儿配方奶粉市场。自治区内具备婴幼儿配方奶粉生产资质的乳品加工企业拓展婴幼儿配方奶粉市场，每生产销售1t婴幼儿配方奶粉补贴1 000元。三是支持奶牛养殖企业粪污资源化利用。2017年畜禽粪污资源化利用项目安排贺兰县、沙坡头区、青铜峡市、兴庆区和青铜峡市资金共1 300万元，重点用于建设畜禽粪污集中处理和资源化利用设施，改进养殖工艺和和设备等。支持存栏成年母牛1 000头以上的奶牛养殖企业，每头一次性补贴500元，补贴资金主要用于奶牛养殖企业新建或改造粪污处理设施设备。四是实施畜牧业物联网项目，在奶业优势区域选择规模达到1 000头以上的牛场，通过引进、示范视频监控、发情监测、全混合日粮饲喂监控、牧场信息化管理系统，实现牛场信息化管理，对完成项目建设任务并通过验收合格的牛场，一次性给予以奖代补资金25万元。五是粮改饲试点工作采取整市推进和大县推进相结合，其中，在贺兰县、中宁县、利通、沙坡头区、青铜峡市5个县区安排资金4 806万元开展粮改饲试点，扩大青贮玉米种植面积。六是自2015年开始连续开展节本增效科技示范工作，印发了节本增效科技示范方案，组织专家团队针对生产中存在的问题，开展了一系列的专题培训和现场指导，指导全区规模奶牛养殖场实施精准化饲养管理，提高生产水平。

**【质量监管】**按照“落实制度、严格发证、强化监管、确保质量”的原则，以奶站监管和生鲜乳检测为抓手，层层落实生鲜乳质量安全监管责任，扎实开展生鲜乳违禁物质专项整治行动，所有生鲜乳收购站和运输车全部实现系统备案管理，现有生鲜乳收购站 239 家（含婴幼儿配方乳粉奶源 3 家），其中乳企开办 18 家，奶畜养殖场 114 家，奶农合作社 107 家。三聚氰胺、β－内酰胺酶、碱类物质等抽检合格率连续 5 年达到 100%。生鲜乳违禁添加物抽检合格率连续 9 年保持 100%。结合宁夏奶产业发展特点，总结分析大批量生鲜乳监测实验数据，制定《生鲜牛乳质量分级》《生鲜牛乳抗生素残留控制技术规程》宁夏地方标准 2 项，并推广应用。开展饲料生产和饲喂环节质量安全监测，依法加强对生鲜乳生产、收购和运输等重点环节的监管，确保生鲜乳质量安全。严厉打击非法添加、超范围、超剂量添加兽药等违法行为，违法案件查处率达到 100%。

**【奶业大事】**3 月，由宁夏奶业协会组织，美国杜邦公司主办了玉米青贮研讨会。有关专家对玉米青贮的种子选择、种植管理、收贮加工、品质检测及饲喂技术等进行了详细的讲解。

4 月，由宁夏草业协会和奶业协会共同举办了宁夏第四届草业大会。邀请国内著名草业教授、专家对牧草的种植与收获进行讲解。

4 月 19 日，宁夏畜牧工作站联合宁夏博瑞奶牛技术（吴忠）服务站，在银川举办“奶牛精准营养暨节本增效技术培训班”。分别从奶牛高效精准营养调控、牧场智能管理、牛群营养管理等方面进行了交流。

8 月 3 ~ 4 日，宁夏畜牧工作站《优质高产奶牛选育》项目组主办“优质高产奶牛选育”培训班。分别从奶牛群体遗传改良、基因组选择、选种选配、繁殖管理与繁殖障碍防控、信息化管理与物联网技术应用等方面介绍了国际相关领域的前沿知识和科技成果，并结合全区奶业实际问题进行了深入探讨和广泛交流。

9 月 27 ~ 28 日，中国奶业协会、宁夏奶业协会和宁夏畜牧工作站联合主办了“2017 年全国奶牛生产性能测定（DHI）及现代化牧场管理宁夏培训班”，培训内容涉及奶牛乳房炎和口蹄疫的防治、奶牛营养与高效日粮配置、优质粗饲料评价、加强维护措施提高设备效能以及 DHI 报告解读及数据应用，并就牧场实际中存在的生产及管理问题进行了详细交流。

10 月 16 ~ 17 日，中国农业科学院和自治区农牧厅在银川联合举办“奶牛绿色提质增效技术集成创新项目暨宁夏奶牛养殖节本增效科技示范项目现场观摩会”，现场观摩了贺兰中地生态牧场，总结交流了奶牛绿色提质（节本）增效技术集成创新和示范成果。

11 月 16 日，宁夏奶业协会和北京亚太兴牧有限公司联合举办“奶牛高效健康养殖”培训班。

12 月 18 日，完成《奶牛同期排卵—定时输精技术规程》《奶牛性控胚胎移植技术规程》《奶牛选种选配技术规范》《牛奶体细胞控制技术规程》四项地方标准，并报宁夏质量技术监督局报批。

2017 年完成吴忠市奶牛社会化综合服务示范站建设项目。宁夏博瑞饲料有限公司通过竞争性磋商中标《吴忠市奶牛社会化综合服务示范站建设项目》。示范站成立了利通区奶产业专家服务团队，对 19 家奶牛养殖场进行对标管理，养殖效益明显提高，辖区内养殖场奶牛成母牛单产达到 8.5 ~ 9.0t。依托金银滩优质奶牛核心区专家大院，成立了利通区奶产业社会化综合服务中心，服务于以吴忠市为核心的 28 个奶牛场，辐射带动牧场 22 个，覆盖奶牛 7.5 万头。

（宁夏回族自治区畜牧工作站，王瑜）

附表 1　宁夏回族自治区奶牛养殖场（小区）名录

| 序号 | 县（市） | 名称 | 养殖场 | 小区 | 全群存栏（头） | 成母牛存栏（头） | 奶畜品种 | 成母牛单产（t/年） | 年总产（t） | 是否参加DHI | 是否应用TMR |
|---|---|---|---|---|---|---|---|---|---|---|---|
| 1 | 贺兰县 | 贺兰中地生态牧场有限公司 | √ | | 23 154 | 11 693 | 荷斯坦 | 11.4 | 112 824 | 是 | 是 |
| 2 | 吴忠市 | 吴忠市小西牛养殖有限公司 | √ | | 2 681 | 1475 | 荷斯坦 | 8.16 | 13 445 | 是 | 是 |
| 3 | 银川市 | 宁夏塞上阳光牧场养殖有限公司 | √ | | 1 310 | 786 | 荷斯坦 | 9.7 | 7 660 | 是 | 是 |
| 4 | 银川市 | 宁夏翔达牧业科技有限公司 | √ | | 4 952 | 2 478 | 荷斯坦 | 8.9 | 22 500 | 是 | 是 |
| 5 | 宁夏农垦 | 宁夏连湖奶业发展有限责任公司 | √ | | 1 055 | 563 | 荷斯坦 | 11.0 | 5 760 | 是 | 是 |
| 6 | 贺兰县 | 宁夏汇丰源牧业股份有限公司 | √ | | 4 186 | 2 500 | 荷斯坦 | 9.3 | 23 015 | 是 | 是 |
| 7 | 贺兰县 | 贺兰县金牧养殖有限公司 | √ | | 805 | 500 | 荷斯坦 | 10.1 | 4 667 | 是 | 是 |
| 8 | 利通区 | 宁夏夏进奶牛繁育科技有限公司 | √ | | 1 047 | 507 | 荷斯坦 | 9.4 | 4 797 | 是 | 是 |
| 9 | 利通区 | 吴忠新希望牧业有限公司 | √ | | 1 270 | 828 | 荷斯坦 | 8.7 | 7 258 | 是 | 是 |
| 10 | 吴忠市 | 吴忠优牧源奶牛养殖专业合作社 | √ | | 1 050 | 657 | 荷斯坦 | 9.5 | 6 250 | 是 | 是 |
| 11 | 青铜峡市 | 青铜峡市康盛牧业有限责任公司 | √ | | 970 | 617 | 荷斯坦 | 9.5 | 5 888 | 是 | 是 |
| 12 | 惠农县 | 石嘴山市卉丰农林牧场 | √ | | 714 | 402 | 荷斯坦 | 9.6 | 3 894 | 是 | 是 |
| 13 | 惠农县 | 惠农区益农金禾奶牛养殖有限公司 | √ | | 970 | 614 | 荷斯坦 | 9.2 | 5 704 | 是 | 是 |
| 14 | 银川市 | 贺兰欣荣奶牛养殖专业合作社 | √ | | 741 | 467 | 荷斯坦 | 7.8 | 3 683 | 是 | 是 |
| 15 | 吴忠市 | 吴忠优然牧业有限责任公司 | √ | | 1 523 | 1 207 | 荷斯坦 | 11.0 | 13 246 | 是 | 是 |
| 16 | 宁夏农垦 | 宁夏农垦贺兰山奶业有限公司平吉堡奶牛一场 | √ | | 760 | 517 | 荷斯坦 | 8.9 | 4 614 | 是 | 是 |
| 17 | 宁夏农垦 | 宁夏农垦贺兰山奶业有限公司平吉堡奶牛三场 | √ | | 700 | 514 | 荷斯坦 | 11.8 | 6 083 | 是 | 是 |
| 18 | 宁夏农垦 | 宁夏贺兰山奶牛原种繁育有限公司（平四） | √ | | 1 010 | 549 | 荷斯坦 | 9.7 | 5 355 | 是 | 是 |
| 19 | 宁夏农垦 | 宁夏荷利源奶牛原种繁育有限公司（平五） | √ | | 990 | 700 | 荷斯坦 | 9.6 | 6 762 | 是 | 是 |
| 20 | 宁夏农垦 | 宁夏农垦贺兰山奶业有限公司奶牛六分场 | √ | | 2 447 | 1 758 | 荷斯坦 | 9.1 | 15 995 | 是 | 是 |

附表 2　宁夏回族自治区乳制品生产企业名录

| 序号 | 名称 | 许可证号码 | 年收购原奶量(t) | 平均支付价格（元/kg） | 其中：可控奶源占比（%） | 年乳制品产量(t) | 其中：巴氏杀菌奶(t) | UHT 奶 (t) | 酸奶 (t) | 奶粉(t) | 奶油(t) | 奶酪(t) | 乳饮料(t) | 整体设计加工能力（t/年） | 产品销售区域 | 年销售收入（万元） | 利润（万元） |
|---|---|---|---|---|---|---|---|---|---|---|---|---|---|---|---|---|---|
| 1 | 宁夏伊利乳业有限责任公司 | SC10564030200130 | 733 457 | 3.56 | 14 600 | 458 460 | – | 444 179 | 37 788 | 7 239 | 7 043 | – | – | 684 072 | 全国 | 390 867 | 27 300 |
| 2 | 蒙牛乳业（银川）有限公司 | SC10564010500185 | 461 520 | 3.5 | 0 | 197 198 | 0 | 155 728 | 22 338 | 0 | 0 | 0 | 19 132 | 358 430 | 全国 | 253 218 | 10 457 |
| 3 | 宁夏夏进乳业集团股份有限公司 | SC10564030200017 | 179 557 | 3.28 | 20% | 210 090 | 637 | 114 076 | 13 992 | 1 085 | – | – | 80 300 | 300 000 | 陕甘宁、河南、山东、东三省、北京、四川等 | 130 536 | 10 899 |
| 4 | 宁夏金河科技股份有限公司 | SC10564012200013 | 14 032 | 3.72 | 100% | 26 679 | 77 | 2 765 | 9 954 | | | | 13 883 | 45 000 | 陕甘宁、青海、北京、四川等 | 18 314 | 1 551 |
| 5 | 宁夏塞尚乳业有限公司 | SC10564012200675 | 34 450 | 3.62 | 60% | 16 632 | | | | 12 706 | 3 926 | | | 18 000 | | 17 500 | |
| 6 | 中宁县黄河乳业有限公司 | SC12964052100985 | 36 156 | 3.51 | 100% | 5 280 | | | | 5 280 | | | | 6 000 | 产品外销比率99% | 10 959 | (586) |
| 7 | 宁夏亿美生物科技有限公司 | SC10264022100300 | 60 000 | 2.6 | 0 | 6 100 | | | | 1 100 | 3 000 | 2 000 | | 80 000 | 华东、华南等地 | 22 000 | 2 400 |
| 8 | 宁夏北方乳业有限责任公司 | SC10564012100692 | 9 100 | 3.5 | 100% | 13 200 | 1 500 | 7 300 | 1 100 | 0 | 0 | 0 | 3 300 | 70 000 | 宁夏全省、甘肃、内蒙古、陕西、山西、青海、北京、吉林 | 9 675.72 | 1 690.15 |
| 9 | 银川东君乳业有限公司 | SC10664012200522 | / | / | / | 26 000 | | | | | | | 26 000 | 30 000 | 西北五省 | 12 000 | 1 217 |
| 10 | 宁夏银川平吉堡乳品厂 | SC10564010500048 | 400 | 3.20 | 100% | 400 | | | 400 | | | | | 1 800 | | 800 | 30 |
| 11 | 上陵春天然 | SC10564010500030 | 1 800 | 3.3 | 100% | 1 800 | 1 800 | – | – | – | – | – | – | 18 000 | 银川市 | 772.95 | −403.18 |
| 12 | 宁夏雪泉乳业有限公司 | SC10564030200734 | 17 000 | 3.60 | 68% | 2 161 | | 3 000 | 2 500 | 2 000 | | | | 29 000 | | 2 218 | 155 |
| 13 | 青铜峡市众乐乳业有限公司 | 换证，办理中 | 16 000 | 2.80 | 60% | 2 000 | | | | 2 000 | | | | 3 000 | | 4 250 | 40 |
| 14 | 吴忠恒枫乳业有限公司 | SC10564030200269 | 30 383 | 2.58 | / | 3 780 | | | | 3 780 | | | | 8 000 | | 10 169 | 1 460 |

备注：自有奶源指来自自建和参建（控股、参股）牧场（小区）的原奶。

# 银川市

【奶畜养殖】银川市2017年奶牛存栏15.1万头，其中，成母牛7.8万头，牛奶总产量62.7万t。奶业产值129.9亿元，占畜牧业总产值48.6%。全市奶牛规模化养殖比例达到99%以上。随着奶牛精准化饲养技术的推广、普及，一系列现代先进技术和现代化设施设备得到广泛应用，促使全市奶牛单产及生鲜乳质量明显提高，牛群结构更加合理。

【乳品加工】全市现有乳品加工企业9家，日加工能力约4 000t。月收购生鲜乳47 500t，生鲜乳平均收购价为3.2元/kg。主要产品有奶粉、巴氏杀菌乳、UHT奶、酸奶、乳饮料、奶油、奶酪等，由于市场销售拓展缓慢，一些乳品加工企业实际生产量远达不到设计生产能力，效益不佳甚至亏损。

【市场消费】2017年银川市人均奶类占有量为270kg，城镇居民年乳制品消费支出280元，农村居民年乳制品消费支出100元。

【奶源基地】2017年银川市存栏200头以上的规模养殖场81个，存栏奶牛17.8万头；1 000头以上规模养殖场34个，存栏奶牛12.6万头；5 000头以上规模养殖场4个，存栏奶牛5.4万头。机械化挤奶比例100%，全混合日粮（TMR）技术应用100%，有27个牛场奶牛参加生产性能测定（DHI），奶牛良种补贴全覆盖。苜蓿和青贮玉米种植面积分别为5 800hm$^2$和1.3万hm$^2$。粪污处理以干湿分离垫料利用+肥水利用为主；生鲜乳收购年均价格3.2元/kg；养殖场奶牛养殖年净收入1 400元/头。

【奶农组织】全市奶牛养殖以规模牧场为主，奶农合作社形式的生鲜乳收购站有18户。

【政策法规】一是每年政府列支100万元用于饲草料基地建设，开展饲草料订单式生产，保障牧草产量和质量。二是标准化规模养殖场建设，每年投入200万元，扶持5～8家养殖场配套应用奶牛综合保健技术、奶牛生产性能测定（DHI）技术、奶牛繁育性控技术和发情监测技术等，全方位提升奶产业生产效率和生鲜乳品的质量安全。三是开展了生鲜牛奶价格保险试点。对符合生鲜乳收购条件，能够保证生鲜乳质量的规模化奶牛场作为投保对象，在保险期内，当保险牛奶的实际平均收购价格低于目标价格时，保险公司按照保险合同的约定负责赔偿。四是支持购置更新TMR搅拌车，饲草种植、收割、打捆、包装等机械，年投入资金100万元。

【质量监管】重点加强对生鲜乳收购、冷藏、装运质量管控，定期、不定期对生鲜乳奶样进行抽查。全年共抽检生鲜乳奶样210份，经检测全部合格，未检出违禁物质。全市共出动执法人员350人次，执法车辆110辆次，举办生鲜乳质量安全培训班3期，培训奶站管理人员260人次。

【奶业大事】2017年蒙牛集团银川工厂百亿级产业战略基地项目实施。

（银川市畜牧兽医技术推广服务中心，蔡建伟）

# 吴忠市

【奶畜养殖】2017年末，全市奶牛存栏29.5万头，泌乳牛8.62万头，牛奶产量74万t。集中力量建设了孙家滩、五里坡、青铜峡沿山等奶牛养殖核心区。2017年奶业产值29.7亿元，占农业总产值的25.1%、占畜牧业产值的61.9%；乳制品销售收入达到65亿元。实现了一二三产业融合发展，有力促进了农业增效、农民增收。

【乳品加工】2017年吴忠市有乳制品加工企业10家，其中国家级龙头企业1家、自治区级龙头企业3家。全市生鲜乳年总产量达到74万t，日加工处理能力3 300t。牧场与企业订单率达到100%，日收购生鲜乳3 300t，其中收购吴忠市2 000t。液态奶生产企业有3家，分别为伊利、夏进和雪泉。伊利公司日收购生鲜乳2 400t，较上年增收410t，每天液态奶加工1 800t；夏进公司日收购生鲜乳360t，每天液态奶加工360t；娃哈哈日收购生鲜乳80t；雪泉日收购生鲜乳20t；恒枫收购生鲜乳140t。

【市场消费】2017年全市居民人均奶类（折合成原料奶）占有量为504kg，主要乳制品品牌及产品：夏进（纯牛奶、奶粉、酸奶、乳酸菌饮料）、伊利（纯牛奶、酸奶、冰淇淋）等。实施农业品牌提升行动，引导支持企业争创中国驰名商标、宁夏著名商标和宁夏名牌产品。夏进牧场奶源被认证为有机奶，“夏进”获中国驰名商标，产品发展到五大系列，销售至全国200多个主要城市，实现年销售收入12亿元；借助“伊利”品牌优势，宁夏伊利30条液态奶生产线所产安慕希、金典、舒化、QQ星系列等高端产品畅销国内外，实现年销售收入50亿元。

【奶源基地】截至2017年底，全市奶牛存栏29.5万头，奶牛规模化养殖比例达98%，比全国平均水平高出42个百分点，机械化挤奶率达100%。2017年吴忠共有奶牛养殖场（户）106个，30~200头的场（户）12个，存栏0.8万头；201~1 000头的场（户）50个，存栏8.9万头；1 001~3 000头的场（户）34个，存栏12.1万头；3 000头以上的场（户）10个，存栏7.6万头。一头奶牛平均养殖效益为3 660元。

全市实施了奶牛良种工程、科技提升工程，健全了奶牛防疫体系、良种繁育体系和饲料配送体系，推广了奶牛生产性能测定（DHI）、性控胚胎、精准饲喂、健康养殖等技术，奶牛良种率达到100%。建成国家级标准化示范养殖场1家，自治区级标准化示范养殖场14家。奶牛良种覆盖率达到100%，机械化挤奶、全混合日粮（TMR）饲喂、全株玉米青贮饲喂技术推广应用率达到100%，奶牛生产性能测定（DHI）技术在9个规模奶牛场推广应用。

吴忠市推广种养结合、深度处理、卧床养殖和集中处理等粪污资源化利用处理模式，督导牧场配套建设相应的奶牛粪便厌氧发酵消化和堆沤，污水与雨水贮存、分流等综合利用和无害化处理设施，加强兽医社会化服务体系、牧场疫病自防体系、疫病监测预警信息体系、疫病防控可追溯体系的建设，确保了奶产业的健康发展。

吴忠市现有耕地32.1万 $hm^2$，天然草原106.7万 $hm^2$。玉米种植面积7.6万 $hm^2$，苜蓿面积2.3万 $hm^2$。每年制作青贮饲料155.6万t，籽实玉米秸秆、苜蓿及糜谷等优质青干草50万t，精饲料23.5万t。

**【奶农组织】**吴忠现有奶农专业合作社14家。通过政策扶持，规范了生产、经营、服务行为。奶农专业合作社在协调奶企双方利益，做好奶农生产、技术、资金、信息、销售等服务方面发挥了积极作用。同时，"龙头企业+合作社+奶农"产、加、销一体化的紧密利益共同体逐步建立。

**【政策法规】**2017年吴忠市制定下发了《关于支持加快农业特色优势产业发展的政策措施实施细则》（吴农牧发〔2017〕179号），支持奶业节本增效和种养一体化，对15家规模养殖场补贴资金100万元。

实施2017年国家农业综合开发项目。其中，产业化经营补助项目给4个奶牛合作社共补助280万元；贷款贴息项目给2个市级龙头企业、1个合作社共补贴195万元。

实施自治区发改委、农牧厅关于种养循环一体化项目，2017年第一批中央预算内投资对吴忠11个养殖企业补贴资金1 630万元。

实施2017年高产优质苜蓿示范建设项目。按照集中连片200$hm^2$为一个单元、9 000元/$hm^2$元标准，每个单元补贴资金180万元，吴忠共补贴2个单元（其中一个单元为266.66$hm^2$）。

实施农业部数字农业建设试点项目，补贴吴忠国家农业科技园区的金宇浩兴、优然牧业合计1 000万元。

2017年筹资7 000万元创建了奶产业风险基金，在贷款担保、贴息等方面加大对奶产业加工龙头企业和养殖企业的扶持。

**【质量监管】**严格生鲜乳收购站许可管理，严厉打击非法收购运输"黑窝点"和各种违禁添加行为；对全市奶站、运输车辆抽检做到全覆盖；加强生鲜乳抽样检测，三聚氰胺、β－内酰胺酶、碱类物质等抽检合格率达到100%；生鲜乳违禁添加物抽检合格率100%；开展饲料生产和饲喂环节质量安全监测，严厉打击非法添加、超范围、超剂量添加兽药等违法行为，违法案件查处率达到100%。

**【奶业大事】**

1月，吴忠DHI测定分中心正式开始运行。

2月，吴忠市与伊利奶科院开展全方位技术合作，主要开展牧场SOP导入工作。紧抓繁殖育种、营养调控、饲料原料评估、新产牛护理、设备维护管理、信息化建设等12项标准，指导牧场标准化生产。

7月，与中国农业大学孙英教授合作，推进奶牛养殖废弃物无害化资源化关键技术研究，促进吴忠市现代畜牧业的可持续发展。

8月，委托中国农业科学院农业资源与农业区划研究所、北京都会规划设计院撰写《吴忠市奶业发展规划（2018—2022年）》。

9月，与伊利集团成功对接伊利四期液态奶建设项目。12月，宁夏伊康元生物科技有限公司（伊利）正式投产。

（吴忠市畜牧水产技术推广服务中心，袁国军）

# 新疆维吾尔自治区

【奶类生产】2017年年底，全区奶牛存栏210.6万头，居全国第一位；牛奶产量191.9万t，列内蒙古、黑龙江、河北、山东和河南之后，居全国第六位。总体上奶牛存栏量大，奶产量相对较低。

新疆维吾尔自治区奶牛主要品种有荷斯坦牛、西门塔尔牛和新疆褐牛。2017年末荷斯坦牛存栏55.7万头，主要分布在天山北坡、伊犁河谷、塔额盆地及巴州、阿克苏地区；西门塔尔牛存栏61.5万头，在南、北疆均有分布；新疆褐牛存栏54万头，主要分布在伊犁、塔城及阿勒泰地区，全区奶牛良种率达81.3%。其他杂种牛39.4万头，占18.7%。全区奶牛平均单产3.6t(表4-41)。

表4-41　2017年新疆奶牛品种结构及单产

| 品种 | 全群存栏（万头） | 泌乳牛存栏（万头） | 单产（t） | 牛奶产量（万t） |
|---|---|---|---|---|
| 全区合计 | 210.6 | 53.1 | | 191.9 |
| 荷斯坦 | 55.7 | 22.28 | 5.5 | 122.54 |
| 西门塔尔 | 61.5 | 12.3 | 2.8 | 34.44 |
| 新疆褐牛 | 54 | 10.8 | 2.8 | 30.24 |
| 其他 | 39.4 | 7.8 | 0.6 | 4.68 |

生鲜乳收购价格。全区2017年生鲜乳平均收购价格为3.5元/kg。

【乳品加工】乳制品产量。2017年年底，全区注册备案乳品加工企业48家，年设计加工能力总量230万t，其中20家规模以上乳品加工企业年设计加工能力达175万t，占总设计加工能力的76%。年设计加工能力5万～10万t企业9家，10万t以上企业4家。全区乳制品产量61.8万t，其中液态奶59.7万t，干乳制品2.1万t。较2016年增加6.8万t，增长12.4%。

乳制品结构。2017年，全区乳制品有天润、西域春、花园、麦趣尔、新农、瑞源、金绿成、南达、盖瑞等10余个主要品牌，产品有UHT奶、酸奶、巴氏杀菌乳、奶粉、干酪、婴幼儿奶粉及乳饮料等近10个系列200余个品种。2017年全区液奶生产大幅提升，特别是酸奶、奶啤产量增长较快。

此外，新疆马、驴、骆驼资源丰富，存栏数均居全国首位。2017年末存栏分别为94.8万匹、46.8万头和4.8万峰，已开发有驴乳粉、含驴乳饮料、驼奶粉、驼酸奶等产品。

【市场消费】乳制品消费情况。2017年，全区居民人均全年乳制品消费量20.99kg，其中，城镇居民人均全年乳制品消费量30.36kg，农村居民人均全年乳制品消费量13.2kg。全区居民人均全年乳制品消费支出183元，占食品烟酒消费支出的4.2%。其中，城镇居民人均乳制品消费支出328元，占食品烟酒消费支出的5.2%；农村居民人均乳制品消费支出63元，占食品烟酒消费支出的2.4%。乳品消费呈逐年递增趋势，但农村居民消费增长速度缓慢。

乳制品销售情况。2017年末全区乳制品销售总量61万t，销售总额达60亿元。其中，年销售额达10亿元以上企业1家，年销售额3亿元以上4家；年销售额1亿元以上6家。乳制品疆内销售总量约51万t，占比83.6%；疆外销售总量约10万t，占比16.4%。外销产品主要以酸奶、高温灭菌奶、奶啤及奶粉为主，另有少量干酪、奶茶粉等产品外销（表4-42）。

【奶源基地】规模养殖。2017年年底，全区存栏100头以上规模奶牛养殖场（区）290个，存栏32.5万头（荷斯坦牛30万头）。其中，存栏100～499头养殖场（区）235个，存栏500～999头养殖场（区）30个，1 000头以上规模养殖场25个。全区规模养殖场（区）养殖品种主要以荷斯坦牛为主，是全区商品奶的主要来源。

奶牛良种繁育体系。2017年年底，全区畜禽改良推广机构共945个，国家级和自治区级奶牛核心育种场4个，开设人工配种站（点）2 000余座，配种员（防疫员）3 800人；年生产种公牛1 000头、优质冻精220万剂。全区实施DHI测定的规模化牛场达到46个，测定奶牛头数28 000头。通过落实奶牛优质冻精补贴政策，健全良种推广体系，奶牛单产和整体效益得到提高。

饲草料情况。新疆有耕地面积440万$hm^2$，人均占有耕地0.2$hm^2$，另外有可利用牧草地面积4 800万$hm^2$。2017年年底，全区苜蓿种植面积24.8万$hm^2$，干草产量205万t；青贮玉米种植面积4.9万$hm^2$，青贮产量280万t。其中，昌吉州、伊犁州(含塔城、阿勒泰两地区)、乌鲁木齐市、哈密、巴州、阿克苏、喀什等奶业重点地州苜蓿种植面积达到16.2万$hm^2$，占种植总面积的65%；干草产量145.8万t，占71.1%；青贮玉米种植面积占70%以上。

疫病防治情况。奶牛疫病防控以预防为主，一是每年春秋两季注射牛口蹄疫苗；二是对布病、结核病等人畜共患病以全群检疫净化为主，对规模养殖场（小区）每年开展2次检疫净化，对阳性畜进行无害化处理；散养户做到一年一次两病检疫。三是积极采取重大动物疫病防疫与动态免疫抗体监测。

粪污处理情况。2017年全区粪污处理投资总额达5 000万元，规模养殖场粪污处理设施配套率60%，养殖废弃物资源化利用率约75%。

【奶农组织】2017年，全区有奶业协会11家，奶农专业合作组织177个。协会与合作组织在搭建学术交流、开展科技服务、加强行业培训、信息交流与咨询服务等方面发挥了很大作用。奶业协会组织全疆100多名奶业工作者参加了第八届中国奶业大会，同时，参加了全国奶牛生产性能测定数据年会和中国学生饮用奶计划推广交流会，为奶业从业者提供了学习交流机会。配合农业部奶业管理办公室、国家奶牛产业技术体系组织筹备召开了“奶牛金钥匙”技术培训会，并在其中设立了分会场“新疆地区DHI测定培训班”，参加培训人员近200人。

**【政策法规】**2017年农业部以“大专项+任务清单”形式下达新疆维吾尔自治区高产优质苜蓿示范建设项目任务0.2万$hm^2$，项目补助资金1 620万元，项目在5个地州实施，共完成9个单元0.2万$hm^2$ 建设任务。

**【质量监管】**奶站情况。全区共有生鲜乳收购站107个，其中机械化挤奶站96个，占总数的89.7 %；生鲜乳运输车87辆，收购站覆盖奶牛存栏21万头，同比减少6万头，下降22%； 日平均收奶量571t，同比基本持平。所有站、车均在网上进行了公示，“两证一单”发放率达到100%。

监管情况。一是加强质量安全保障。年初畜牧厅召开了生鲜乳质量安全监管工作会议，下发了《关于开展2017年全区生鲜乳质量安全监管检测工作的通知》《关于印发新疆维吾尔自治区2017年畜产品质量安全监管工作要点的通知》《关于开展2017年全区生鲜乳质量安全监督检查的通知》等文件，对2017年生鲜乳质量安全培训宣传、监管、监测等工作进行了周密细致的安排部署，明确责任，细化分工。各地制定了年度生鲜乳监测计划及实施方案，加大了抽检频次，重点监测违禁添加物等违法行为。

二是强化质量安全监管。全区各级奶业监管机构对辖区内的奶牛养殖场（小区）、生鲜乳收购站、运输车辆进行定期和不定期监督检查。对生鲜乳收购站的行政许可、区域划分、硬件设施、软件资料等进行督查，重点检查生鲜乳收购站设施设备及卫生情况、生鲜乳运输车持证情况等。对环境卫生较差、记录不全、留样制度落实不彻底的生鲜乳收购站下发书面整改通知书，限期整改11站次。

三是严格执行标准，落实三项制度。严格要求奶站在奶厅显著位置，对“三项制度”和“一项规定”进行扩印、张贴，加强对自治区发放的生鲜乳收购站“七项记录”及“交接单”使用情况的督查力度，对违法违规的行为依法处理。实行质量安全告知、承诺制度，各地州市监管部门督促指导各生鲜乳收购站张贴质量安全告知书并签订质量安全承诺书，进一步规范经营者守法意识和行为。

四是加强生鲜乳生产、收购、运输环节的监督执法工作。2017年，全区共出动执法人员874人次，现场检查生鲜乳收购站210站次，其中各地（州、市）自查150站次，自治区督导检查组抽查60站次（其中，学生饮用奶奶源基地17个）；现场检查运输车158辆次，其中各地（州、市）自查101辆次，自治区督导检查组抽查57辆次；现场检查收购站与车辆达标率96%；取缔生鲜乳收购站2个，整改2个。

五是配合农业部完成生鲜乳质量安全异地抽样检查。新疆维吾尔自治区奶业办公室和自治区兽药饲料监察所分别于3月和6月配合农业部异地抽样检查组完成了2次异地抽检工作。分别赴乌鲁木齐市、伊犁、昌吉州、塔城地区等4地州市现场检查生鲜乳收购站55个，运输车65辆，合计抽取生鲜乳样品120批次。现场检查生鲜乳收购站及运输车辆达标率96%，生鲜乳样品检测合格率100%。根据检查中发现的一些问题，给相关地州市下发了《关于对2017年上半年监督检查中发现的问题处理结果进行上报的通知》和《关于2017年上半年生鲜乳质量安全监督检查情况的通报》，各相关地州对存在的问题进行了调查整改，对相关责任人进行了处理。

六是加强质量安全监测。按照国家和自治区生鲜乳质量安全整治的工作重点，自治区畜牧厅制定了《自治区生鲜乳质量安全监测工作规范》和《2017年自治区生鲜乳质量安全监测工作计划》，各地（州、市）根据实际情况，制定了本辖区的监测计划和工作方案，继续加强生鲜乳收购站和运输车的监督抽检力度。2017年，全区完成抽检生鲜乳2 171批次，其中各地自检2 051批次，自治区抽检生鲜乳120批次。抗生素残留检测阳性1批次，检测合格率99.8%。

（新疆维吾尔自治区奶业办公室，齐新林、胡永青）

表 4-42　2017 年新疆主要乳品加工企业生产销售情况

| 序号 | 乳品企业名称 | 年收购原奶量（t） | 年乳制品产量（t） | 其中：巴氏奶（t） | UHT奶(t) | 酸奶（t） | 奶粉（t） | 奶酪（t） | 乳饮料（t） | 设计加工能力（万t/年） | 产品外销量（万t/年） |
|---|---|---|---|---|---|---|---|---|---|---|---|
| 1 | 天润乳业 | 116 972 | 118 858 | 3 298 | 33 562 | 72 268 | 280 | 21 | 9 428 | 30 | 4.5 |
| 2 | 西域春乳业 | 76 725 | 67 673 | 4 637 | 30 266 | 31 532 | 1 238 | 0 | 0 | 24.5 | 0.8 |
| 3 | 新农乳业 | 52 593 | 36 738 | 26 409 | 0 | 6 343 | 2 577 | 0 | 0 | 13.8 | 0.2 |
| 4 | 花园乳业 | 43 800 | 44 003 | 271 | 24 719 | 15 314 | 1 170 | 0 | 2 527 | 14.6 | 0.2 |
| 5 | 西牧乳业 | 29 739 | 10 692 | 0 | 5 497 | 2 699 | 2 497 | 0 | 0 | 9 | 1.3 |
| 6 | 新疆蒙牛乳业 | 29 261 | 37 975 | 0 | 16 519 | 10 750 |  | 0 | 10 706 | 9.3 |  |
| 7 | 麦趣尔 | 22 839 | 26 890 | 0 | 23 321 | 82 | 0 | 0 | 3 486 | 7.2 | 0.1 |
| 8 | 乌鲁木齐伊利食品 | 16 419 | 21 429 | 0 | 13 116 | 0 | 0 | 0 | 8 312 | 7.2 |  |
| 9 | 克拉玛依绿成乳业 | 13 713 | 12 580 | 2 981 | 5 623 | 3 976 | 0 | 0 | 0 | 6 | 0.4 |
| 10 | 瑞源乳业 | 12 363 | 13 299 | 0 | 5 789 | 7 255 | 0 | 69 | 195 | 3 | 0.1 |
| 11 | 南达新农业 | 11 704 | 11 850 | 10 | 7 693 | 4 024 | 123 | 0 | 820 | 9 | 0.15 |
| 12 | 澳利亚乳业 | 11 596 | 9 603 | 28 | 0 | 8 988 | 587 | 0 | 0 | 3 |  |
|  | 合计 | 437 724 | 411 590 | 37 634 | 166 105 | 163 231 | 8 472 | 90 | 35 473 | 136.6 | 7.75 |

# 新疆生产建设兵团

【奶畜养殖】截至2017年年底，新疆兵团奶牛存栏24.97万头，比上年增加1.7万头，同比增长7.1%。其中荷斯坦牛存栏18.5万头，比上年增加0.4万头，主要分布在第一师、七师、八师、十二师四个师，第八师存栏8.6万头，居兵团荷斯坦牛存栏数和生鲜乳产量之首。新疆褐牛存栏3.9万头，主要分布在第四师、九师和十师；西门塔尔牛2.57万头，各师均有分布。规模化、标准化养殖水平逐年提高。100头以上规模牛场总存栏量达到14.9万头，奶牛规模化养殖总体水平达到60%，奶牛养殖业逐步由粗放的数量增长型向质量效益型转变。

2017年牛奶总产68.1万t，比上年增加5.2万t，同比增长8.3%。兵团原料奶实现产值25.1亿元，占畜牧业产值的12.5%。受进口奶粉冲击、品牌建设滞后、产品研发及市场开拓不足等影响，牛奶价格维持较低水平，第一、第六、第七、第八、第十二师主产区原料奶交售价格全年维持3～3.6元/kg。原料奶生产成本3.2～3.5元/kg，大部分规模奶牛场经营困难，奶牛养殖处于微利或亏损状态。

【乳品加工】截至2017年年底，兵团辖区内有石河子花园乳业、新疆天润乳业、新农乳业、石河子娃哈哈启力乳业、石河子乳旺乳业、石河子西牧乳业等18家乳企，日加工处理鲜奶能力总计2 704t，年加工能力达到90万t以上。产品主要包括大包装工业奶粉、巴氏杀菌乳、UHT奶、酸奶、奶酪等，大包装工业奶粉销往内地，液态奶主要在疆内销售。2017年实际加工鲜奶51.5万t，生产奶粉1.8万t、液态奶30.3万t、固体和半固体乳等1.7万t。石河子花园乳业、新疆天润乳业和新农乳业为兵团控股上市乳品企业，石河子花园乳业和石河子西牧乳业是新疆区域内仅有的两家婴幼儿配方奶粉生产许可企业。分析兵团近几年乳品加工业经济运行形势可以看出，年总产值增幅逐年降低，增长缓慢，利润增幅下降。

【市场消费】2017年兵团人均奶类占有量235kg，人均乳制品(折合成原料奶)消费44.8kg，其中：纯牛奶27kg、酸奶9.8kg、奶粉1 kg。人均用于奶类消费支出约为517元。

全疆商场、超市中乳制品销售品牌及种类繁多。蒙牛、伊利、光明等国内知名品牌以及本地的花园、新农、西域春、天润、南达的产品均有销售，产品类型主要有UHT奶、酸奶、各种乳饮料、奶粉、巴氏杀菌乳。从全疆奶类市场消费看，UHT奶消费量居首位，约占乳制品消费总量的60%，酸奶排第二位，奶粉排第三位，各种乳饮料排第四位。

【奶源基地】2017年兵团奶牛养殖场（户）共7 916个。其中存栏1～29头的有7 466户，约占总养殖场（户）数的92.8%，比上年上升1.5%；30～99头为324户，约占总养殖场（户）的4.1%，比2016年下降1.3%；存栏100头以上荷斯坦牛场（区）126个。1 000～1 999头规模场29个，2 000～2 999头规模场16个，3 000～3 999头规模场4个，4 000头以上的3个。

兵团规模牛场共配备TMR饲喂机械150台套，青贮玉米收割机89台，苜蓿收获机械161台。拥有机械化挤奶设备150余套，机械化集中挤奶比例达到80%以上。具备粪污处理设施（干粪）的规模场有141个，其中采取堆肥腐熟还田处理的牛场120个，沼气工艺处理2个，有机肥加工4个，委托处理模式2个，牛床垫料4个，其他处理方式9个。具备粪污处理设施（干粪）的规模场占比为99%。拥有清粪机械119台，具备污水处理利用的规模场为115个。

疫病防控。通过落实重大动物疫病防控责任，一年3次集中免疫和月月补免，2017年口蹄疫累计免疫牛119.44万头。兵团各级兽医实验室累计开展血清学监测63.1万样次、病原学38.7万样次。布病检测38.9万份，其中牛16.9万份，阳性率0.4%。开展牛结核检疫，发现阳性畜进行无害化扑杀处理，净化了奶牛养殖环境。奶牛乳房炎、子宫内膜炎等发病率逐年下降。

饲草料基地建设。2017年各师积极扩大青贮玉米、饲料玉米和苜蓿等优质饲草料的种植面积，支持畜牧养殖企业采取租赁承包、反租倒包方式获得土地使用经营权，推进饲草料专业化生产，兼顾种养双方及团场利益，推进种养一体化经营。2017年落实饲草料作物种植面积17.7万$hm^2$，其中青贮玉米4.3万$hm^2$，苜蓿保留面积5.8万$hm^2$，籽实玉米7.3万$hm^2$，其他饲草0.3万$hm^2$。

农作物秸秆饲料化利用工作实施范围涵盖13个师的109个团场，各师主要以增加农作物种植面积、提高秸秆机械收获率和推广“三贮一化”技术提高秸秆饲料化利用率来增加农作物秸秆饲料化利用量，全兵团共增加利用量5.2万t。

品种改良。主要通过人工授精技术进行奶牛品种改良，2017年实际使用奶牛冻精35.5万剂，奶牛肉牛性控冻精配种0.8万头，参配母牛16.8万头。奶牛冻精冷配技术覆盖面达到93%以上，奶牛良种率达到60%以上。全兵团规模牛场成母牛平均单产由2006年的5t提高到2017年的7.3t以上，平均单产提高了2t多。

【质量监管】2017年，兵团全年新建2个奶站，因奶源不足等因素关停20个规模较小的奶站。2017年年底，共有生鲜乳收购站124家，其中，开办主体为加工企业的43个，奶畜养殖场的69个，奶农合作社的10个，奶牛养殖小区的2个。生鲜乳收购站布局合理，均为发证奶站，全部采取机械挤奶，硬件设施基本完善，可保障兵团范围内生鲜乳的正常收购及其质量安全。现有生鲜乳运输车70辆，全部核发生鲜乳准运证。

根据农业部2017年生鲜乳质量安全计划，兵团各级严格从生产、收购和运输三个关键环节进行监督检查，全年开展现场检查156次，其中检查收购站106个，检查运输车50辆，对现场抽检的生鲜乳进行检验，未检出三聚氰胺、革皮水解物等违禁添加物，抽检合格率100%。

表4–43　2017年新疆生产建设兵团主要规模养殖场情况

| 养殖场名称 | 品种 | 总存栏（头） | 成乳牛存栏（头） | 后备母牛存栏（头） | 养殖场名称 | 品种 | 总存栏（头） | 成乳牛存栏（头） | 后备母牛存栏（头） |
|---|---|---|---|---|---|---|---|---|---|
| 四团奶牛养殖二场 | 荷斯坦 | 1 500 | 700 | 305 | 三盈公司 | 荷斯坦 | 1 722 | 1 126 | 684 |
| 四团奶牛养殖三场 | 荷斯坦 | 2 000 | 725 | 365 | 双鹤牛场 | 荷斯坦 | 1 466 | 911 | 555 |
| 五团奶牛养殖一场 | 荷斯坦 | 3 126 | 1 620 | 1 506 | 142团31连军垦天汇 | 荷斯坦 | 1 577 | 829 | 748 |
| 五团奶牛养殖二场 | 荷斯坦 | 2 669 | 1 679 | 990 | 天锦牧业 | 荷斯坦 | 2 023 | 1 956 | 67 |
| 五团奶牛养殖三场 | 荷斯坦 | 2 164 | 1320 | 884 | 天骏牧业 | 荷斯坦 | 2 350 | 2 350 | 0 |
| 十团奶牛场 | 荷斯坦 | 1 600 | 930 | 670 | 泉旺牧业牛场 | 荷斯坦 | 1 800 | 1 310 | 490 |
| 新农奶牛养殖一场 | 荷斯坦 | 1 170 | 705 | 465 | 五牛场 | 荷斯坦 | 1 370 | 1 030 | 340 |
| 新农奶牛养殖二场 | 荷斯坦 | 1 169 | 699 | 470 | 利群牛场 | 荷斯坦 | 1 789 | 1 372 | 417 |
| 新农奶牛养殖三场 | 荷斯坦 | 1 169 | 701 | 468 | 西锦牧业 | 荷斯坦 | 2 312 | 1 455 | 420 |
| 30团良种奶牛繁中心 | 荷斯坦 | 1 670 | 1 500 | 170 | 娃哈哈 | 荷斯坦 | 1 119 | 790 | 302 |
| 巴口香创锦牧业有限公司 | 荷斯坦 | 4 500 | 2 460 | 952 | 娃哈哈一牛场 | 荷斯坦 | 1 526 | 986 | 540 |
| 西部准噶尔牧业股份有限公司 | 荷斯坦 | 3 834 | 2 933 | 901 | 娃哈哈二牛场 | 荷斯坦 | 1 389 | 865 | 524 |
| 奇台双牛牧业 | 荷斯坦 | 1 124 | 1 032 | 92 | 阜瑞牛场 | 荷斯坦 | 2 265 | 1 709 | 556 |
| 123团一牧场 | 荷斯坦 | 1 350 | 750 | 350 | 二牛场 | 荷斯坦 | 1 180 | 885 | 436 |
| 祥盛通牧业 | 荷斯坦 | 1 402 | 761 | 283 | 梦园牧业 | 荷斯坦 | 1 547 | 997 | 550 |
| 兵团乳业 | 荷斯坦 | 14 500 | 11 900 | 3 600 | 中心牛场 | 荷斯坦 | 3 050 | 2 448 | 1 400 |
| 天澳四牧场 | 荷斯坦 | 1 791 | 935 | 856 | 133牛场 | 荷斯坦 | 3 252 | 2 390 | 1 456 |
| 天澳六牧场 | 荷斯坦 | 1 360 | 850 | 520 | 134牛场 | 荷斯坦 | 2 376 | 2 160 | 200 |
| 天澳九牧场 | 荷斯坦 | 2 400 | 1 267 | 1 133 | 141牛场 | 荷斯坦 | 2 292 | 1 652 | 533 |
| 润达牧业 | 荷斯坦 | 2 287 | 1 237 | 402 | 147牛场 | 荷斯坦 | 2 491 | 1 505 | 409 |
| 东润牧业 | 荷斯坦 | 1 918 | 1 640 | 278 | 玛纳斯牛场 | 荷斯坦 | 2 732 | 0 | 2 732 |
| 天澳五牧场 | 荷斯坦 | 1 748 | 1 055 | 680 | 呼图壁牛场 | 荷斯坦 | 1 693 | 1 199 | 303 |
| 133团天盈牧业 | 荷斯坦 | 2 000 | 1 420 | 580 | 准噶尔牛场 | 荷斯坦 | 2 937 | 2 246 | 992 |
| 142团7连军垦天汇 | 荷斯坦 | 2 769 | 1 725 | 1 044 | 五一农场奶牛养殖标准化二场 | 荷斯坦 | 1 032 | 527 | 267 |
| 曙瑞牧业 | 荷斯坦 | 2 215 | 1 805 | 195 | 三坪农场一连奶牛养殖小区 | 荷斯坦 | 1 309 | 786 | 523 |
| 克拉玛依祥瑞牧业 | 荷斯坦 | 1 200 | 1 000 | 200 | 天润公司沙湾牛场 | 荷斯坦 | 1 750 | 1 020 | 730 |
| 西牧一场 | 荷斯坦 | 1 982 | 986 | | | | | | |

（新疆生产建设兵团畜牧兽医工作总站，杨华、刘根俊）

# 黑龙江农垦

【奶畜养殖】2017年年底，黑龙江农垦奶牛存栏13.6万头，其中成母牛存栏6.7万头，牛奶总产量41.8万t，主产区为牡丹江管理局、九三管理局、北安管理局。奶业产值占畜牧业产值的19.8%。垦区存栏300头以上规模养殖场60个，存栏7.7万头、成母牛3.7万头，规模养殖场平均单产7.7t。

【乳品加工】2017年垦区共有乳品加工企业3个，其中完达山为最主要的品牌。2017年全年收购原料奶39.6万t，其中用于生产液态奶18.2万t，用于生产奶粉19.5万t。

完达山乳业股份有限公司下辖24家分、子公司，年加工鲜奶能力80万t，生产奶粉、液态奶、豆制品等11大系列近150个品种，销售至全国，产品销至东南亚和非洲。全年生产巴氏杀菌乳9 965t、UHT奶14.38万t、酸奶6.6万t、奶粉3.6万t、奶油499t、乳饮料2.6万t。

【奶源基地】2017年黑龙江垦区规模养殖比例超过85%，机械化挤奶比例100%，全混合日粮（TMR）技术应用60%以上，参加生产性能测定（DHI）奶牛2.5万头以上。

一是生鲜乳“卖难价跌”，奶牛生产经营困难，存栏下降。受乳制品低价进口冲击和国内消费迟滞及其他乳企降价的影响，自2017年3月开始，完达山开始执行新的生鲜乳计价标准，牧场基础价3.3元/kg（不含运费），比年初降低0.2元/kg，小区2.5元或2.7元/kg；5月开始，规模牧场70%的生鲜乳仍执行原价，30%的奶量执行2.4元/kg，牧场两项均价为3.1元/kg左右；小区奶价全部降为2元/kg；9月1日后牧场30%的奶量恢复正常奶价，但10月21日开始日产奶1t以下的小区奶价降为1.5元/kg。受此影响，养殖场经营困难，奶牛养殖亏损面50%，全垦区生鲜乳收购站由年初的216个下降到年末的145个，导致产奶牛和临产牛大量外卖，奶牛存栏不断下降。

主要原因是乳企大包粉库存积压多，资金周转困难，便采取压低收购价格或生鲜乳收购站奶量少被拒收的方式，迫使散养户主动退出市场，导致2017年垦区奶牛存栏同比下降了10.6%。但随着垦区2013年以来在23个农牧场新建的53个单元现代示范奶牛场全面达产，垦区规模化养殖程度和生鲜乳产量迅速提升，质量大大提高，产业转型升级加快。

二是继续在垦区60个300头以上的规模奶牛场落实《垦区规模奶牛场高产攻关活动实施方案》（9t奶工程）。通过降成本补短板，提高奶牛单产水平，节本增效，提升垦区奶业发展质量，发挥示范带动作用。2017年的9t奶工程再创佳绩，据垦区奶牛生产性能测定（DHI）数据显示，2017年垦区有10个牧场奶牛单产达到9t以上，另外有2个牧场达到10t以上，涌现出了九三农垦鑫海奶牛养殖合作社单产10.8t最高记录。2017年31个参加生产性能的规模牧场平均单产达到8.7t。参测牧场生鲜乳平均体细胞数23.4万/mL、平均乳脂率4.3%、乳蛋白率3.4%，生鲜乳质量大大提高。

三是抓好哈拉海农场鑫源奶牛养殖专业合作社3 000头奶牛场建设。配合发改委组织实施奶牛标准化规模养殖场建设项目，2017年国投3 600万元支持符合条件28个奶牛场区实施改扩建，开展标准化改造，加快垦区奶业转型升级。

四是以奶牛养殖为重点，组织垦区21个奶牛规模场参加全国农垦系统畜牧高产攻关活动，通过集成、展示、推广先进实用技术，加快提升规模化、集约化、标准化饲养水平，加快畜牧业发展方式转变。继续组织开展农业部畜禽养殖标准化示范创建活动，2017年又有4个奶牛养殖合作社被命名为部级标准化示范场，垦区已累计创建了54个部级畜禽养殖标准化示范场。

五是根据市场需求，按照垦区乳肉兼用牛培育方案，扎实推进兼用牛基地建设和育种进程，抓好农垦科学院北大荒乳肉兼用牛育种核心场改扩建项目。同时，加强兼用牛种质资源引进，总局本级安排940万元用于进口德系西门塔尔乳肉兼用牛冻精，2017年总局共招标采购19.9万支冻精，做到垦区肉牛和奶牛低产牛群全覆盖，通过西门塔尔牛杂交改良，提质增效。

六是以粮改饲为抓手调优种养结构，实现了种养双赢。围绕种植业结构调整，加大粮改饲试点力度，按照“以养定种、种养结合”的要求，积极发展青贮玉米，加快发展苜蓿等优质牧草种植，促进粮经饲三元结构协调发展，探索建立优质饲草料规模化、商品化利用模式。组织落实国家振兴奶业苜蓿发展行动，增强奶牛优质饲草料供给能力。通过养殖者自种自养和订单种植等形式，促进青贮饲料过腹还田，就地转化，全面提升种植收益和养殖效益。2017年垦区实际完成粮改饲试点面积2.1万$hm^2$，超额完成农业部下达的1.3万$hm^2$任务量，其中全株青贮玉米、苜蓿和饲用燕麦种植面积分别达1.6万$hm^2$、2 866.7$hm^2$和2 066.7$hm^2$。收贮优质饲草料89.1万t，其中全株玉米青贮81.8万t、苜蓿半干青贮4.1万t、饲用燕麦半干青贮3.2万t。共补贴奶牛规模养殖场（合作社、小区）162个、专业青贮饲草料收贮企业（合作社）2个。9月农业部到九三局进行了现场督导，项目的实施促进了玉米种植结构的调减，垦区2017年共减少籽粒玉米17.1万$hm^2$，粮改饲面积占垦区玉米调减面积的12.2%。

七是强化监管和监测，确保产业安全。突出抓好重大动物疫病防控。全国春季重大动物疫病防控工作启动会议后，总局召开了各管理局畜牧兽医局长会议，迅速贯彻落实全国春防视频会议精神，并对垦区春季重大动物疫病防控工作进行全面安排部署，于3月初完成了强制免疫疫苗采购招标工作。在全垦区组织开展了春、秋季重大动物疫病强制免疫会战，2017 年完成牲畜口蹄疫免疫 196.6 万头，做到了应免尽免。为确保免疫效果，全年总局派出 3 个督导检查组赴 9 个管理局的 54 个农牧场对春秋防工作进行了督导检查。

**【奶农组织】**2017 年通过举办奶牛提质增效座谈会、高产攻关培训班和国家奶牛产业体系专家组现场指导评估等方式，推进高产攻关活动持续开展，同时农垦科学院畜牧所采取技术专家包场、国内外专家巡访等方式走进牧场指导解决技术难题。全年国内外专家下牧场指导 150 人次，巡回指导牧场 10 次。

**【政策法规】**根据农业部关于印发《粮改饲工作实施方案》的通知（农牧发〔2017〕8 号）要求，总局制定了《黑龙江垦区 2017 年粮改饲工作实施方案》和《粮改饲工作绩效评价办法》。利用中央财政农业生产发展项目资金，2017 年对新建存栏泌乳牛 2 400 头以上的奶牛场，补助资金 1 300 万元，支持建设粪污收集、贮存、处理设施。积极探索引进国外先进的粪污还田机械，提高规模养殖场粪污处理设施装备配套率。2017 年对红兴隆、牡丹江、九三管理局三个大县参加 9t 奶工程的 500 头以上的 11 个规模奶牛场，实施种养结合粪污资源化利用试点项目。对缸体容积为 20m$^3$ 的进口新型高效大型牵引式粪污播撒机给予 60% 补贴，补助资金总额 1 011 万元。

**【质量监管】**强化对养殖环节监管，确保畜产品质量安全。坚持“产出来”和“管出来”两手抓、两手硬，严格投入品监管，确保垦区畜产品质量安全和产业安全。制发了《2017 年垦区畜产品质量安全监管工作方案》，组织 2 次重点工作督查，实地督查了九个管理局的 66 个农牧场。2017 年垦区完成了 683 个批次的生鲜乳质量安全抽检任务，三聚氰胺、碱类物质、硫氰酸钠检测合格率均为 100%。

抓好畜禽粪污处理和资源化利用，实现畜牧生产绿色发展。禁养区内畜禽养殖场全部关闭或搬迁。根据国务院水十条和省政府关于印发水污染防治工作方案的通知要求，坚持科学布局，严格准入，合理规划“三区”划定，实现畜禽养殖与环境容量相匹配。2017 年垦区按要求划定关闭和搬迁养殖场（户）30 家。总局配合垦区环保局多次下达有关文件催办，并于 12 月 13 ~ 15 日组成督查组对 6 个未关闭或未搬迁养殖场户进行了现场督查。各相关局场积极配合，耐心细致地做养殖户的思想工作，截至 2017 年 12 月 18 日已全部完成禁养区内养殖场（户）依法关闭和搬迁工作。积极推进畜禽养殖废弃物资源化利用，构建种养循环发展机制。为贯彻落实国办发 48 号文和农业部畜禽粪污资源化利用行动方案，结合垦区实际，因地制宜推广低成本无害化粪肥还田模式，通过饲料地使养殖者既有稳定的精粗饲料来源，又有消纳粪污的出口，使种植者既能提高收入，又能获得稳定的有机肥，通过就地消纳、能量循环、综合利用，推进粮经饲统筹、种养循环发展，实现畜禽粪污资源化利用目标，促进农业“三减”目标的实现，保障垦区生态安全。按照省局要求，组织垦区列入全国养殖大县的 4 个管理局，积极参加全省畜禽养殖大县粪污资源化利用现场会、培训班、座谈会和对接会，摸清垦区规模化畜禽养殖场粪污处理设施现状。2017 年垦区有规模养殖场和小区 445 个，其中有环评批复和通过环评验收的养殖场 229 个，占 51.5%。有 328 个规模养殖场（区）配套了粪污处理设施（有防雨、防渗、防溢流的粪污存贮设施），粪污处理设施配套率 73.7%。垦区共有有机肥厂 13 个，设计处理粪污能力 108 万 t；大型沼气工程 1 个，即共青农场的中节能绿碳（宝泉岭农垦）环保有限公司，处理粪污能力 3 万 t，实际处理了 3 560t；社会化专业服务机构 1 个，即处理鸡粪的宝泉岭齐耀新能源生物质电厂，年处理粪污能力 15 万 t，2017 年实际处理粪污 5 万 t。2017 年 11 月底，农业部畜禽粪污资源化利用工作督导组对完达山奶牛场进行了现场督查。

（黑龙江省农垦总局畜牧兽医局，周兴民、王京航）

附表1 黑龙江农垦奶牛养殖场（小区）名录

| 序号 | 名称 | 养殖场 | 小区 | 全群存栏（头） | 成母牛存栏（头） | 奶畜品种 | 成母牛单产（t/年） | 年总产（t） | 是否参加 DHI | 是否应用 TMR |
|---|---|---|---|---|---|---|---|---|---|---|
| 1 | 黑龙江农垦北大荒奶牛养殖有限公司 | √ | | 3 761 | 2 130 | 荷斯坦 | 8.0 | 17 119 | √ | √ |
| 2 | 鸿铭奶牛场 | √ | | 312 | 147 | 荷斯坦 | | | | √ |
| 3 | 川南牧业良种奶牛场 | √ | | 1 359 | 680 | 荷斯坦 | | | √ | √ |
| 4 | 完达山牧业军川分公司 | √ | | 1 448 | 753 | 荷斯坦 | | | √ | √ |
| 5 | 犇犇牧业 | √ | | 1 571 | 877 | 荷斯坦 | 7.4 | 6 450 | √ | √ |
| 6 | 牧原现代化牧场 | √ | | 813 | 210 | 荷斯坦 | 7.0 | 4 665 | | √ |
| 7 | 黑龙江省牡丹江农垦互利养牛专业合作社 | √ | | 922 | 430 | 荷斯坦 | 5.3 | 2 286 | | √ |
| 8 | 金沙奶牛饲养专业合作社 | √ | | 877 | 452 | 荷斯坦 | 6.7 | 3 047 | √ | √ |
| 9 | 金澳奶牛饲养专业合作社 | √ | | 3 277 | 2 103 | 荷斯坦 | 8.0 | 16 897 | √ | √ |
| 10 | 八五七农场朝卫奶牛养殖合作社 | √ | | 865 | 456 | 荷斯坦 | 9.1 | 4 146 | √ | √ |
| 11 | 安兴奶牛养殖专业合作社 | √ | | 1 602 | 786 | 荷斯坦 | 7.4 | 5 804 | √ | √ |
| 12 | 黑龙江省牡丹江农垦牧丰奶牛养殖专业合作社 | √ | | 4 649 | 1 797 | 荷斯坦 | 9.0 | 15 965 | √ | √ |
| 13 | 黑龙江省牡丹江农垦源泉奶牛养殖合专业作社 | √ | | 1 471 | 302 | 荷斯坦 | 7.8 | 2 364 | | √ |
| 14 | 黑龙江省牡丹江农垦振东奶牛养殖专业合作社 | √ | | 653 | 300 | 荷斯坦 | 8.1 | 2 429 | √ | √ |
| 15 | 黑龙江省牡丹江农垦兴旺奶牛养殖专业合作社 | √ | | 462 | 198 | 荷斯坦 | 5.9 | 1 162 | | √ |
| 16 | 黑龙江省牡丹江农垦兴鑫奶牛养殖专业合作社 | √ | | 897 | 423 | 荷斯坦 | 7.8 | 3 284 | √ | √ |
| 17 | 黑龙江省湛军奶牛养殖场 | √ | | 367 | 190 | 荷斯坦 | 7.6 | 1 438 | √ | √ |
| 18 | 黑龙江省牡丹江管农垦千牧奶牛养殖厂 | √ | | 1 488 | 682 | 荷斯坦 | 9.0 | 6 078 | | √ |
| 19 | 黑龙江省牡丹江农垦宝峰奶牛养殖专业合作社 | √ | | 446 | 199 | 荷斯坦 | 5.9 | 1 177 | | √ |
| 20 | 黑龙江省牡丹江农垦将军奶牛养殖专业合作社 | √ | | 4 956 | 2 049 | 荷斯坦 | 8.5 | 17 490 | √ | √ |
| 21 | 黑龙江省牡丹江农垦隆盛奶牛养殖专业合作社 | √ | | 4 520 | 2 169 | 荷斯坦 | 7.9 | 17 200 | √ | √ |
| 22 | 云都奶牛养殖专业合作社 | √ | | 1 383 | 512 | 荷斯坦 | 9.3 | 4 745 | | √ |
| 23 | 黑龙江省牡丹江农垦双峰奶牛养殖专业合作社 | √ | | 2 700 | 1 240 | 荷斯坦 | 7.2 | 8 900 | √ | √ |
| 24 | 高健德奶牛养殖场 | √ | | 325 | 158 | 荷斯坦 | 7.0 | 1 106 | | √ |
| 25 | 山市尚兴奶牛养殖场 | √ | | 385 | 216 | 荷斯坦 | 7.0 | 1 512 | | √ |
| 26 | 黑龙江省犇鑫奶牛养殖专业合作社 | √ | | 1 104 | 535 | 荷斯坦 | 9.2 | 4 915 | | √ |
| 27 | 北安农垦鑫旺牧场专业合作社 | √ | | 1 452 | 834 | 荷斯坦 | 8.4 | 7 006 | | √ |
| 28 | 军弘奶牛养殖合作社 | √ | | 647 | 350 | 荷斯坦 | 8.0 | 2 800 | | √ |
| 29 | 龙嘉牧场奶牛养殖合作社 | √ | | 1 478 | 762 | 荷斯坦 | 9.0 | 6 800 | √ | √ |
| 30 | 北安农垦晟达牧场专业合作社 | √ | | 1 411 | 756 | 荷斯坦 | 8.8 | 6 650 | √ | √ |

（续）

| 序号 | 名称 | 养殖场 | 小区 | 全群存栏（头） | 成母牛存栏（头） | 奶畜品种 | 成母牛单产（t/年） | 年总产（t） | 是否参加 DHI | 是否应用 TMR |
|---|---|---|---|---|---|---|---|---|---|---|
| 31 | 北安农垦众旺奶牛专业养殖合作社 | √ | | 690 | 451 | 荷斯坦 | 6.2 | 2 800 | √ | √ |
| 32 | 黑龙江省北安农垦红牧奶牛养殖专业合作社 | √ | | 303 | 193 | 荷斯坦 | 2.6 | 503 | | √ |
| 33 | 农垦北安长鑫牧场专业合作社 | √ | | 1 578 | 822 | 荷斯坦 | 7.6 | 6 283 | √ | √ |
| 34 | 奶牛养殖中心 | √ | | 931 | 428 | 荷斯坦 | 9.7 | 4 165 | | √ |
| 35 | 北安农垦金澳牧场专业合作社 | √ | | 1 645 | 783 | 荷斯坦 | 9.1 | 7 134 | √ | √ |
| 36 | 科菲特牧业（富裕）科技有限公司九三分公司 | √ | | 2 576 | 1 440 | 荷斯坦 | 8.1 | 11 609 | √ | √ |
| 37 | 黑龙江省九三农垦溢生沣牧业有限公司 | √ | | 1 671 | 908 | 荷斯坦 | 7.5 | 6 789 | √ | √ |
| 38 | 洪兴奶牛养殖专业合作社 | √ | | 617 | 394 | 荷斯坦 | 3.0 | 1 176 | | √ |
| 39 | 绿野奶牛养殖专业合作社 | √ | | 1 258 | 692 | 荷斯坦 | 8.3 | 5 773 | √ | √ |
| 40 | 黑龙江宝惠农牧有限公司 | √ | | 1 994 | 830 | 荷斯坦 | 9.5 | 7 874 | √ | √ |
| 41 | 荣军农场荣康奶牛牧场 | √ | | 1 583 | 714 | 荷斯坦 | 7.7 | 5 483 | √ | √ |
| 42 | 荣军农场荣升奶牛牧场 | √ | | 318 | 146 | 荷斯坦 | 6.2 | 898 | | √ |
| 43 | 黑龙江省九三农垦红阳专业养殖合作社 | √ | | 1 594 | 921 | 荷斯坦 | 8.9 | 8 227 | √ | √ |
| 44 | 黑龙江省九三农垦星澳奶牛养殖合作社 | √ | | 1 205 | 775 | 荷斯坦 | 8.4 | 6 508 | √ | √ |
| 45 | 九三农垦七星泡农场鑫顺奶牛养殖场 | √ | | 392 | 201 | 荷斯坦 | 3.8 | 767 | | √ |
| 46 | 九三农垦鑫澳奶牛养殖专业合作社 | √ | | 1 483 | 797 | 荷斯坦 | 7.5 | 5 983 | √ | √ |
| 47 | 黑龙江省嫩江县嫩江良种奶牛繁育基地 | √ | | 306 | 119 | 荷斯坦 | 4.2 | 502 | | √ |
| 48 | 黑龙江省九三农垦德胜奶牛养殖专业合作社 | √ | | 1 466 | 791 | 荷斯坦 | 6.8 | 5 401 | √ | √ |
| 49 | 黑龙江省九三农垦融福奶牛养殖专业合作社 | √ | | 1 381 | 746 | 荷斯坦 | 9.3 | 6 902 | √ | √ |
| 50 | 黑龙江省九三农垦连新奶牛养殖专业合作社 | √ | | 457 | 235 | 荷斯坦 | 6.8 | 1 606 | | √ |
| 51 | 黑龙江省广源奶牛养殖专业合作社 | √ | | 508 | 158 | 荷斯坦 | 8.1 | 1 273 | | √ |
| 52 | 黑龙江省九三农垦鑫海奶牛养殖专业合作社 | √ | | 716 | 446 | 荷斯坦 | 12.3 | 5 464 | √ | √ |
| 53 | 黑龙江省九三农垦鑫源奶牛养殖专业合作社 | √ | | 850 | 0 | 荷斯坦 | | 0 | | √ |
| 54 | 黑龙江省巨浪牧场梦想养殖场 | √ | | 481 | 351 | 荷斯坦 | | 78 | | √ |
| 55 | 安达畜牧场金茂奶牛养殖场 | √ | | 287 | 172 | 荷斯坦 | 7.0 | 1 204 | | √ |
| 56 | 黑龙江省安达畜牧场长春奶牛场 | √ | | 301 | 181 | 荷斯坦 | 7.0 | 1 267 | | √ |
| 57 | 黑龙江省安达畜牧场兴臣一牧场 | √ | | 293 | 176 | 荷斯坦 | 7.0 | 1 232 | | √ |
| 58 | 黑龙江省安达畜牧场兴臣二牧场 | √ | | 278 | 167 | 荷斯坦 | 7.0 | 1 169 | | √ |
| 59 | 鼎源牧场 | √ | | 309 | 138 | 荷斯坦 | 4.8 | 660 | | √ |
| 60 | 哈尔滨农垦熙源牧业有限公司 | √ | | 1 464 | 403 | 荷斯坦 | 8.7 | 3 497 | | √ |

附表 2　黑龙江农垦乳制品生产企业名录

| 序号 | 名称 | 许可证号码 | 年收购原奶量（t） | 平均支付价格（元/kg） | 其中：自有奶源量（t） | 年乳制品产量（t） | 其中：巴氏杀菌奶（t） | UHT 奶（t） | 酸奶（t） | 奶粉（t） | 奶油（t） | 奶酪（t） | 乳饮料（t） | 整体设计加工能力（t/年） | 产品销售区域 | 年销售收入（万元） | 利润（万元） |
|---|---|---|---|---|---|---|---|---|---|---|---|---|---|---|---|---|---|
| 1 | 黑龙江省完达山乳业股份有限公司 | 91233000245487275D | 387 940 | 3.58 | 23 975 | 285 430 | 9 965 | 143 783 | 65 989 | 35 471 | 499 |  | 26 153 | 663 786 | 全国 | 540 000 | 30 647 |
| 2 | 黑龙江省农垦龙王食品有限责任公司 | 91233009725335406K | 8 400 | 4.4 | 8 400 | 2 100 |  |  |  | 1 800 |  |  |  | 36 000 | 河南、湖南、黑龙江 | 9 000 | 850 |
| 3 | 黑龙江托普康儿思麦尔乳业有限公司 | 91233007766009658R |  |  |  | 350 |  |  |  | 350 |  |  |  | 3 000 | 湖南 |  |  |

备注：自有奶源指来自自建和参建（控股、参股）牧场（小区）的原奶。

# 五、政策法规

ZHENGCE FAGUI

## 【农业农村部发布】

## 中华人民共和国农业部令

2017 年 第 2 号

《无规定动物疫病区评估管理办法》已经农业部 2017 年第 4 次常务会议审议通过，现予公布，自 2017 年 7 月 1 日起施行。

部长

2017 年 5 月 27 日

## 无规定动物疫病区评估管理办法

### 第一章　总则

**第一条**　为实施动物疫病区域化管理，规范无规定动物疫病区评估活动，有效控制和消灭动物疫病，提高动物卫生及动物产品安全水平，促进动物及动物产品贸易，根据《中华人民共和国动物防疫法》，制定本办法。

**第二条**　本办法适用于中华人民共和国境内无规定动物疫病区的评估管理。

**第三条**　本办法所称无规定动物疫病区，是指具有天然屏障或者采用人工措施，在一定期限内没有发生规定的一种或者几种动物疫病，并经评估验收合格的区域。

无规定动物疫病区的范围，可以是以下区域：

（一）省、自治区、直辖市的部分或全部地理区域；

（二）毗邻省份连片的地理区域。

无规定动物疫病区分为免疫无规定动物疫病区和非免疫无规定动物疫病区。

**第四条**　本办法所称无规定动物疫病区评估，是指按照《无规定动物疫病区管理技术规范》，对某一特定区域动物疫病状况及防控能力进行的综合评价。

**第五条**　农业部负责无规定动物疫病区评估管理工作，制定发布《无规定动物疫病区管理技术规范》和无规定动物疫病区评审细则。

农业部设立的全国动物卫生风险评估专家委员会，承担无规定动物疫病区评估工作。

**第六条**　无规定动物疫病区建设、评估应当符合有关国际组织确定的区域控制及风险评估的原则要求。

### 第二章　申请

**第七条**　无规定动物疫病区建成并符合《无规定动物疫病区管理技术规范》要求的，由省级人民政府兽医主管部门向农业部申请评估。跨省的无规定动物疫病区，由区域涉及的省级人民政府兽医主管部门共同申请。

**第八条**　申请无规定动物疫病区评估应当提交申请书和自我评估报告。

申请书包括以下主要内容：

（一）无规定动物疫病区概况；

（二）兽医体系建设情况；

（三）动物疫情报告体系情况；

（四）动物疫病流行情况；

（五）控制、消灭策略和措施情况；

（六）免疫措施情况；

（七）规定动物疫病的监测情况；

（八）实验室建设情况；

（九）屏障及边界控制措施情况；

（十）应急体系建设及应急反应情况；

（十一）其他需要说明的事项。

自我评估报告包括以下主要内容：

（一）评估计划和评估专家组成情况；

（二）评估程序及主要内容，评估的组织和实施情况；

（三）评估结论。

**第九条**　农业部自收到申请之日起 10 个工作日内作出是否受理的决定，并书面通知申请单位和全国动物卫生风险评估专家委员会。

## 第三章　评估

**第十条**　全国动物卫生风险评估专家委员会收到农业部通知后，应当在5个工作日内成立评估专家组并指定组长。评估专家组由5人以上单数组成，实行组长负责制。

**第十一条**　评估专家组按照《无规定动物疫病区管理技术规范》和评审细则等要求，开展评估工作。

无规定动物疫病区评估应当遵循科学、公平、公正的原则，采取书面评审和现场评审相结合的方式进行。

**第十二条**　评估专家组应当在10个工作日内完成书面评审。书面评审包括以下内容：

（一）申请书和自我评估报告格式是否符合规定，有无缺项、漏项；

（二）申报材料内容是否符合《无规定动物疫病区管理技术规范》的相关要求。

**第十三条**　书面评审不合格的，由全国动物卫生风险评估专家委员会报请农业部书面通知申请单位在规定期限内补充有关材料。逾期未报送的，按撤回申请处理。

**第十四条**　书面评审合格的，评估专家组应当制定现场评审方案，并在15个工作日内完成现场评审。

**第十五条**　现场评审应当包括下列内容：

（一）评估专家组组长主持召开会议，宣布现场评审方案和评估纪律等；

（二）听取申请单位关于无规定动物疫病区建设及管理情况的介绍；

（三）实地核查有关资料、档案和建设情况。

**第十六条**　评估专家组组长可以根据评审需要，召集临时会议，对评审中发现的问题进行讨论。必要时可以要求申请单位陈述有关情况。

申请单位应当如实提供评估专家组所要求的有关资料，并配合专家组开展评估。

**第十七条**　评估专家组应当根据评审细则确定的评审指标逐项核查，对核查结果进行综合评价，形成现场评审结果。

现场评审结果分为“建议通过”“建议整改后通过”“建议不予通过”。

现场评审结果为“建议通过”的，应当符合下列条件：

（一）现场评审指标中的关键项全部为“符合”，重点项没有“不符合”项；

（二）“符合”项占总项数80%以上（含）。其中：重点项中“基本符合”项数不超过重点项总项数的15%；普通项中“不符合”项总项数不超过普通项总项数的10%。

现场评审结果为“建议整改后通过”的，应当符合下列条件：

（一）关键项中没有“不符合”项；

（二）“符合”项总项数达到60%以上（含）但不足80%；

（三）通过限期整改可以达到“建议通过”条件。

有下列情形之一的，现场评审结果为“建议不予通过”：

（一）关键项中有“不符合”项；

（二）“符合”项总项数不足60%；

（三）申请单位隐瞒有关情况或者有其他欺骗行为。

**第十八条**　需要整改的，由全国动物卫生风险评估专家委员会办公室根据评估专家组建议，书面通知申请单位在规定期限内进行整改。

**第十九条**　申请单位在规定期限内完成整改后，将整改报告及相关证明材料报评估专家组审核，必要时进行现场核查，形成评审结果。

申请单位未在规定期限内提交整改报告及相关证明材料的，按撤回申请处理。

**第二十条**　评估专家组应当在现场评审或整改审核结束后20个工作日内向全国动物卫生风险评估专家委员会提交评估报告，全国动物卫生风险评估专家委员会组织召开全体委员会议或专题会议审核后报农业部。

**第二十一条**　评估专家组在评审过程中，应当遵守有关法律法规和工作制度，坚持原则，认真负责，廉洁自律，客观公正，对被评估单位提供的信息资料保密。评估专家组成员不得有下列行为：

（一）接受被评估单位或与被评估单位有关的中介机构或人员的馈赠；

（二）私下与上述单位或人员进行不当接触；

（三）评估结果未公布前，泄露评估结果及相关信息；

（四）其他可能影响公正评估的行为。

## 第四章　公布

**第二十二条**　农业部自收到评估报告后20个工作日内完成审核，并作出无规定动物疫病区是否合格的决定。

**第二十三条**　农业部将审核合格的无规定动物疫病区列入国家无规定动物疫病区名录，并对外公布。不合格的，书面通知申请单位并说明理由。

**第二十四条**　农业部根据需要向有关国际组织、国家和地区通报评估情况，并根据无规定动物疫病区所在地省级人民政府兽医主管部门的意见，申请国际评估认可。

## 第五章　监督管理

**第二十五条**　农业部对已公布无规定动物疫病区的建设维持情况开展监督检查，发现问题的，通知所在地省级人民政府兽医主管部门限期整改。

**第二十六条**　有下列情形之一的，农业部暂停无规定动物疫病区资格：

（一）在无规定动物疫病区内发生有限疫情，按照

《无规定动物疫病区管理技术规范》在规定时间内可以建立感染控制区的；

（二）区域区划发生变化，且屏障体系不能满足区域管理要求的；

（三）兽医机构体系及财政保障能力发生重大变化，不能支持无规定动物疫病区管理、维持和运行的；

（四）监测证据不能证明规定动物疫病无疫状况的；

（五）其他不符合《无规定动物疫病区管理技术规范》要求，需要暂停的情形。

**第二十七条** 出现第二十六条第一项规定情形的，省级人民政府兽医主管部门应当在规定动物疫病发生后24小时内开始建设感染控制区。

有限疫情控制后，感染控制区在规定动物疫病的2个潜伏期内未再发生规定动物疫病，且符合《无规定动物疫病区管理技术规范》要求的，全国动物卫生风险评估专家委员会根据省级人民政府兽医主管部门的申请，按照《无规定动物疫病区管理技术规范》对感染控制区建设情况组织开展评估。评估合格的，农业部对外宣布建成感染控制区，并恢复感染控制区外的无规定动物疫病区资格。

感染控制区建成后，在规定时间内未发生规定动物疫病的，全国动物卫生风险评估专家委员会根据省级人民政府兽医主管部门的申请，按照《无规定动物疫病区管理技术规范》进行评估。评估合格的，农业部恢复其无规定动物疫病区资格。

**第二十八条** 出现第二十六条第二项至第五项规定情形的，省级人民政府兽医主管部门应当根据农业部要求限期整改，经全国动物卫生风险评估专家委员会对整改情况评估合格的，农业部恢复其无规定动物疫病区资格。

**第二十九条** 有下列情形之一的，农业部撤销无规定动物疫病区资格：

（一）发生规定动物疫病，且未在规定时间内建成感染控制区的；

（二）出现第二十六条第二项至第五项规定情形，且未能在规定时间内完成整改的；

（三）伪造、隐藏、毁灭有关证据或者提供虚假证明材料，妨碍无规定动物疫病区检查评估的；

（四）其他不符合《无规定动物疫病区管理技术规范》要求，需要撤销的情形。

**第三十条** 被撤销资格的无规定动物疫病区，重新达到《无规定动物疫病区管理技术规范》要求的，由所在地省级人民政府兽医主管部门提出申请，申请材料应包括与资格撤销原因有关的整改说明、规定动物疫病状况、疫病防控措施等。经全国动物卫生风险评估专家委员会评估通过的，农业部重新认定其无规定动物疫病区资格。

## 第六章　附则

**第三十一条** 境外无规定动物疫病区的无疫等效评估，参照本办法执行。

**第三十二条** 无规定动物疫病小区（无规定动物疫病生物安全隔离区）是指处于同一生物安全管理体系下的养殖场区，在一定期限内没有发生一种或几种规定动物疫病的若干动物养殖和其他辅助生产单元所构成的特定小型区域。无规定动物疫病小区的评估原则、程序及要求由农业部另行制定发布。

**第三十三条** 本办法自2017年7月1日起施行。农业部2007年1月23日发布的《无规定动物疫病区评估管理办法》（农业部令第1号）同时废止。

# 中华人民共和国农业部公告

## 2017 年第 2602 号

根据《兽药管理条例》规定，我部组织制定了“口蹄疫O型灭活疫苗(OS株)”等3种兽药产品试行规程、质量标准、说明书和标签，现予发布，自发布之日起执行。

特此公告

附件：1. 兽药标准目录

2. 试行规程（略）

3. 质量标准（略）

4. 说明书和标签（略）

农业部

2017 年 11 月 3 日

下载文件：http://www.moa.gov.cn/gk/zcfg/nybgz/201711/P020171116488988130362.ceb

http://www.moa.gov.cn/gk/zcfg/nybgz/201711/P020171116488988139141.doc

### 附件

兽药标准目录

| 序号 | 产品名称 | 标准制定单位 |
|---|---|---|
| 1 | 口蹄疫O型灭活疫苗（OS株） | 中国农业科学院兰州兽医研究所、金宇保灵生物药品有限公司、中农威特生物科技股份有限公司 |
| 2 | 口蹄疫O型灭活疫苗（OJMS株） | 金宇保灵生物药品有限公司 |
| 3 | 口蹄疫O型、A型二价灭活疫苗（O/MYA98/BY/2010株+Re-A/WH/09株） | 中国农业科学院兰州兽医研究所、金宇保灵生物药品有限公司、中农威特生物科技股份有限公司 |

# 中华人民共和国农业部公告

## 2017 年第 2625 号

为切实加强饲料添加剂管理，保障饲料和饲料添加剂产品质量安全，促进饲料工业和养殖业持续健康发展，根据《饲料和饲料添加剂管理条例》有关规定，我部对《饲料添加剂安全使用规范》（以下简称《规范》）进行了修订。现将有关事项公告如下。

一、各省、自治区、直辖市人民政府饲料管理部门实施饲料添加剂（混合型饲料添加剂除外）生产许可应遵守本《规范》规定，不得核发含量规格低于本《规范》或者生产工艺与本《规范》不一致的饲料添加剂生产许可证明文件。

二、饲料企业和养殖者使用饲料添加剂产品时，应严格遵守“在配合饲料或全混合日粮中的最高限量”规定，不得超量使用饲料添加剂；在实现满足动物营养需要、改善饲料品质等预期目标的前提下，应采取积极措施减少饲料添加剂的用量。

三、饲料企业和养殖者使用《饲料添加剂品种目录》中铁、铜、锌、锰、碘、钴、硒、铬等微量元素饲料添加剂时，含同种元素的饲料添加剂使用总量应遵守本《规范》中相应元素“在配合饲料或全混合日粮中的最高限量”规定。

四、仔猪（≤ 25 kg）配合饲料中锌元素的最高限量为 110 mg/kg，但在仔猪断奶后前两周特定阶段，允许在此基础上使用氧化锌或碱式氯化锌至 1600 mg/kg（以锌元素计）。饲料企业生产仔猪断奶后前两周特定阶段配合饲料产品时，如在含锌 110 mg/kg 基础上使用氧化锌或碱式氯化锌，应在标签显著位置标明“本品仅限仔猪断奶后前两周使用”，未标明但实际含量超过 110 mg/kg 或者已标明但实际含量超过 1600 mg/kg 的，按照超量使用饲料添加剂处理。

五、饲料企业和养殖者使用非蛋白氮类饲料添加剂，除应遵守本《规范》对单一品种的最高限量规定外，全混合日粮中所有非蛋白氮总量折算成粗蛋白当量不得超过日粮粗蛋白总量的30%。

六、如无特殊说明，本《规范》“在配合饲料或全混合日粮中的推荐添加量”“在配合饲料或全混合日粮中的最高限量”均以干物质含量88%为基础计算，最高限量均包含饲料原料本底值。

七、如无特殊说明，添加剂预混合饲料、浓缩饲料、精料补充料产品中的“推荐添加量”“最高限量”按其在配合饲料或全混合日粮中的使用比例折算。

八、本公告自2018年7月1日起施行。2009年6月18日发布的《饲料添加剂安全使用规范》（农业部公告第1224号）同时废止。

特此公告

农业部

2017年12月15日

下载文件：http://www.moa.gov.cn/gk/zcfg/nybgz/201712/P020171227583919775504.ceb

# 中华人民共和国农业部公告

## 2017年第2635号

2011年6月以来，全国未检出亚洲I型口蹄疫病原学阳性样品。经全国动物防疫专家委员会评估，我国亚洲I型口蹄疫已达到全国免疫无疫标准。农业部研究决定，从2018年起调整亚洲I型口蹄疫防控策略，实施以监测扑杀为主的综合防控措施。现将亚洲I型口蹄疫免疫退出有关事项公告如下。

一、自2018年7月1日起，在全国范围内停止亚洲I型口蹄疫免疫，停止生产销售含有亚洲I型口蹄疫病毒组分的疫苗。

二、除承担亚洲I型口蹄疫疫苗或抗原储备任务的企业外，疫苗生产企业、大专院校、科研单位应于2018年5月1日前将有保藏价值的亚洲I型口蹄疫疫苗生产和检验用毒交由中国兽医药品监察所（国家动物病原微生物菌毒种保藏中心）保存，其他有保藏价值的流行毒分离株或阳性血清交由中国农业科学院兰州兽医研究所（国家口蹄疫参考实验室）保存；无保藏价值的活病毒及其相关材料应按有关规定销毁，不得自行保藏。

三、各地兽医主管部门要加强易感动物监测，对出现O型、A型口蹄疫免疫失败情形的，要进行亚洲I型口蹄疫检测，发现问题果断采取处置措施；养殖场（户）要认真履行动物疫情报告义务，发现动物染疫或者疑似染疫的，应立即向当地兽医部门报告，配合兽医主管部门采取隔离扑杀等控制措施，防止动物疫情扩散。

四、各级兽医主管部门要加强对疫苗生产、销售和使用，以及病毒保藏和相关实验活动的监督管理，对非法制售、使用疫苗，以及违法保藏病毒、违法开展实验活动的，依法从重处罚。

特此公告。

农业部

2017年12月29日

下载文件：http://www.moa.gov.cn/gk/zcfg/nybgz/201801/P020180102600003097860.ceb

# 农业部办公厅关于印发《畜禽规模养殖场粪污资源化利用设施建设规范（试行）》的通知

农办牧〔2018〕2号

各省、自治区、直辖市畜牧（农业、农牧）局（厅、委、办），新疆生产建设兵团畜牧兽医局：

为落实《国务院办公厅关于加快推进畜禽养殖废弃物资源化利用的意见》要求，指导畜禽规模养殖场科学建设畜禽粪污资源化利用设施，我部制定了《畜禽规模养殖场粪污资源化利用设施建设规范（试行）》。现印发给你们，请参照执行。

农业部办公厅

2018年1月5日

## 畜禽规模养殖场粪污资源化利用设施建设规范（试行）

**第一条** 本规范适用于畜禽规模养殖场粪污资源化利用设施建设的指导和评估。

**第二条** 畜禽粪污资源化利用是指在畜禽粪污处理过程中，通过生产沼气、堆肥、沤肥、沼肥、肥水、商品有机肥、垫料、基质等方式进行合理利用。

**第三条** 畜禽规模养殖场粪污资源化利用应坚持农牧结合、种养平衡，按照资源化、减量化、无害化的原则，对源头减量、过程控制和末端利用各环节进行全程管理，提高粪污综合利用率和设施装备配套率。

**第四条** 畜禽规模养殖场应根据养殖污染防治要求，建设与养殖规模相配套的粪污资源化利用设施设备，并确保正常运行。

**第五条** 畜禽规模养殖场宜采用干清粪工艺。采用水泡粪工艺的，要控制用水量，减少粪污产生总量。鼓励水冲粪工艺改造为干清粪或水泡粪。不同畜种不同清粪工艺最高允许排水量按照GB 18596执行。

**第六条** 畜禽规模养殖场应及时对粪污进行收集、贮存，粪污暂存池（场）应满足防渗、防雨、防溢流等要求。

固体粪便暂存池（场）的设计按照GB/T 27622执行。污水暂存池的设计按照GB/T 26624执行。

**第七条** 畜禽规模养殖场应建设雨污分离设施，污水宜采用暗沟或管道输送。

**第八条** 规模养殖场干清粪或固液分离后的固体粪便可采用堆肥、沤肥、生产垫料等方式进行处理利用。固体粪便堆肥（生产垫料）宜采用条垛式、槽式、发酵仓、强制通风静态垛等好氧工艺，或其他适用技术，同时配套必要的混合、输送、搅拌、供氧等设施设备。猪场堆肥设施发酵容积不小于0.002$m^3$×发酵周期（天）×设计存栏量（头），其它畜禽按GB18596折算成猪的存栏量计算。

**第九条** 液体或全量粪污通过氧化塘、沉淀池等进行无害化处理的，氧化塘、贮存池容积不小于单位畜禽日粪污产生量（m3）×贮存周期（天）×设计存栏量（头）。单位畜禽粪污日产生量推荐值为：生猪0.01$m^3$，奶牛0.045$m^3$，肉牛0.017$m^3$，家禽0.0002$m^3$，具体可根据养殖场实际情况核定。

**第十条** 液体或全量粪污采用异位发酵床工艺处理的，每头存栏生猪粪污暂存池容积不小于0.2$m^3$，发酵床建设面积不小于0.2$m^2$，并有防渗防雨功能，配套搅拌设施。

**第十一条** 液体或全量粪污采用完全混合式厌氧反应器（CSTR）、上流式厌氧污泥床反应器（UASB）等处理的，配套调节池、厌氧发酵罐、固液分离机、贮气设施、沼渣沼液储存池等设施设备，相关建设要求依据NY/T 1220执行。沼液贮存池容积依据第九条确定。

利用沼气发电或提纯生物天然气的，根据需要配套沼气发电和沼气提纯等设施设备。

**第十二条** 堆肥、沤肥、沼肥、肥水等还田利用的，依据畜禽养殖粪污土地承载力测算技术指南合理确定配套农田面积，并按GB/T 25246、NY/T 2065执行。

**第十三条** 委托第三方处理机构对畜禽粪污代为综合利用和无害化处理的，应依照第六条规定建设粪污暂存设施，可不自行建设综合利用和无害化处理设施。

**第十四条** 固体粪便、污水和沼液贮存设施建设要求按照GB/T 26622、GB/T 26624和NY/T 2374执行。

**第十五条** 第三方处理机构粪污收集、处理和利用相关设施设备要求，参照相关工程技术规范执行。

**第十六条** 各省（区、市）可参照制定符合本地实际的畜禽规模养殖场粪污资源化利用设施建设规范。

下载文件：http://www.moa.gov.cn/gk/tzgg_1/tfw/201801/P020180111537253759809.ceb

# 农业部办公厅关于
# 取消畜禽养殖标准化不合格示范场资格的通知

农办牧〔2018〕5号

各有关省、自治区、直辖市及计划单列市畜牧（农牧、农业）局（厅、委、办），黑龙江省农垦总局：

按照《农业部办公厅关于印发〈2017年畜禽养殖标准化示范创建活动工作方案〉的通知》（农办牧〔2017〕4号）要求，各省（区、市）按照示范场管理办法的有关规定，组织开展了畜禽养殖标准化示范场复检工作，并按照程序报送了复检结果。根据各地复检情况，共有170个示范场不符合《农业部畜禽养殖标准化示范场管理办法（试行）》有关规定，复检不合格，现将名单予以公布。请各地按照要求对复检合格示范场换发标牌，同时继续强化对畜禽养殖标准化示范场的监管与指导，切实发挥示范带动效应，加快推进畜牧业现代化。

附件：农业部畜禽养殖标准化不合格示范场名单

农业部办公厅

2018年1月11日

**附件**

## 农业部畜禽养殖标准化不合格示范场名单（奶牛14家）

一、北京

1、奶牛　北京安定棚沨养殖场

2、奶牛　北京海华云都生态农业股份有限公司一分场

二、天津

无

三、河北

奶牛 滦县宝全牧场

四、山西

无

五、内蒙古

奶牛　特尼河农场和谐奶牛养殖小区

六、辽宁

无

七、大连

无

八、吉林

奶牛　吉林新源牧业有限公司奶牛养殖二场

九、黑龙江

奶牛　富裕县鸿顺奶牛养殖基地

十、上海

无

十一、江苏

1、奶牛　常州市苏农奶牛专业合作社联社

2、奶牛　常熟市沙家浜镇惠龙奶牛场

十二、浙江

奶牛　杭州双峰牧业有限公司

十三、福建

无

十四、江西

无

十五、山东

无

十六、青岛

无

十七、河南

奶牛　河南恒天然农牧业有限公司

十八、湖北

无

十九、湖南

无

二十、广东

无

二十一、广西

无

二十二、海南

无
二十三、重庆
无
二十四、四川
奶牛　达州市宣汉县天成牧业有限公司奶牛场
二十五、贵州
无
二十六、云南
奶牛　云南楚雄汇东实业有限责任公司奶牛养殖场
二十七、陕西
奶牛　千阳绿源奶业公司奶牛场
二十八、甘肃
奶牛　定西育强牧业有限公司
二十九、青海
无
三十、新疆
无
三十一、黑龙江农垦
无

附件下载：http://www.moa.gov.cn/gk/tzgg_1/tfw/201801/P020180122644344295134.ceb

# 农业部办公厅关于开展国家奶牛核心育种场遴选工作的通知

农办牧〔2018〕15号

各省、自治区、直辖市畜牧（农牧、农业）厅（局、委、办），新疆生产建设兵团畜牧兽医局：

为贯彻落实《中国奶牛群体遗传改良计划（2008—2020年）》，加快建立奶牛核心母牛群，提高奶牛优质种源自给能力，我部拟启动2018年国家奶牛核心育种场遴选工作。现将有关事项通知如下。

## 一、申报条件

国家奶牛核心育种场遴选工作采取企业自愿申报的方式，申报单位须符合《国家奶牛核心育种场遴选标准》（附件1），填报材料的格式和有关评审要求按照《国家奶牛核心育种场申请表》《国家奶牛核心育种场现场评审表》执行（附件2、3）。

## 二、有关要求

（一）各省级畜牧兽医（奶业）行政主管部门要严格按照申报条件，认真组织国家奶牛核心育种场的申报、审查和推荐等有关工作。

（二）请于2018年4月15日前，以省为单位将申报材料纸质版和电子版同时报送全国畜牧总站奶业与畜产品加工处。纸质材料要求A4纸双面打印，一式6份；电子材料发送至邮箱nyc-nahs@agri.gov.cn。

（三）我部将对各省推荐的奶牛育种场及提交的申报材料进行审核，并组织专家对通过审核的奶牛场开展现场评审。

## 三、联系方式（略）

附件：1. 国家奶牛核心育种场遴选标准
2. 国家奶牛核心育种场申请表
3. 国家奶牛核心育种场现场评审表

农业部办公厅
2018年3月8日

附件下载：http://www.moa.gov.cn/gk/tzgg_1/tfw/2018 03/P020180320537540867266.ceb

# 中华人民共和国农业农村部公告

2018 年第 22 号

为丰富饲料原料来源，促进饲料行业发展，根据《饲料和饲料添加剂管理条例》，我部决定增补大麦苗粉等32种（类）饲料原料进入《饲料原料目录》，修订“1.2.4大米”的原料名称和特征描述，修订“5.其它籽实、果实类产品及其加工产品”的类别名称，修订“9.6.5明胶”的原料名称和强制性标识要求并将其转至“13.其他饲料原料”类别（见附件）。自本公告发布之日起，饲料生产企业可以根据生产需要，按照相关法律法规的要求采购、使用本公告中的饲料原料。

附件：《饲料原料目录》修订列表

农业农村部

2018 年 4 月 27 日

附件下载：http://www.moa.gov.cn/gk/zcfg/nybgz/201805/P020180504632997628356.ceb

# 农业农村部办公厅关于遴选生鲜乳质量安全监测任务承检机构的公告

农办牧〔2018〕67 号

为进一步提高生鲜乳监管效率，按照国务院、财政部、农业农村部有关做好政府购买服务工作的要求，我部拟采取竞争方式遴选一批生鲜乳质量安全监测任务承检机构。现将有关事项通知如下：

## 一、申报条件

（一）申请单位或其所在组织应依法成立，有明确的法律地位，能够对其出具的检测数据、结果负责，并承担相应的法律责任。

（二）申请单位应具有省级以上主管部门颁发的资质认定证书（CMA）。具有农产品质量安全检测机构考核合格证书（CATL）或国家合格评定实验室认可证书（CNAS）的机构优先考虑。

（三）申请单位近三年在相关检测业务中未发生重大失误和违法违规行为。有承担国家标准、行业标准制修订工作经历或有承担奶及奶制品行政许可检测、监督抽查、质量安全评价工作经历的机构优先考虑。

（四）具备与检验检测任务相适应的实验室检验设备、检验人员和技术能力，具有符合冷藏冷冻生鲜乳的设备设施。能满足食品检验任务的技术要求，检测能力能够基本覆盖《食品卫生标准》相关指标。

（五）能够按照规定的时限完成检验检测任务，并汇总样品抽样和检验结果信息。

（六）接受委托方组织的能力验证、质控考核、现场检查和比对实验等工作安排。

## 二、有关要求

（一）申请单位应在规定时间填写《生鲜乳质量安全监测任务承检机构申请书》（见附件）并提供相关资质证明复印件及其他证明材料。

（二）检验机构总体情况介绍（经营范围、技术力量、人员配备、设备配置、经营业绩等）。

（三）实验室大型（或特殊）检验检测设备清单；检验检测机构独立实验室技术人员名单，相应人员的证书等其他证明文件复印件。

（四）请将纸质申报材料（一式两份）于2018年12月15日前报送农业农村部畜牧兽医局奶业处，并附申报材料PDF格式电子版。

我部将组织专家对申报材料进行审查，根据审查情况进行现场核查，综合审查、核查情况择优确定承检机构。

联 系 人：略

附件：生鲜乳质量安全监测任务承检机构申请书

农业农村部办公厅

2018 年 11 月 13 日

附件下载：http://www.moa.gov.cn/gk/tzgg_1/tfw/201811/P020181119389021920302.ceb

# 【海关总署发布】

## 中华人民共和国海关总署<br>关于2017年进口原产于新西兰的<br>乳酪实施特殊保障措施的公告

2017年第1号

根据《中华人民共和国政府和新西兰政府自由贸易协定》（以下简称《协定》），中国对原产于新西兰的12个税号农产品实施特殊保障措施。截至2017年1月4日，实施特殊保障措施管理的乳酪（税则号列：04061000、04063000、04069000）进口申报数量已达到5 669t，超过2016年5 585t的特殊保障措施触发标准。因此，自2017年1月5日起，对《协定》项下进口的原产于新西兰的乳酪恢复按最惠国税率征收进口关税。对于在途农产品的税率适用和其他有关事宜，按照海关总署2008年第91号公告的规定执行。

特此公告。

海关总署

2017年1月4日

## 中华人民共和国海关总署<br>关于2017年进口原产于新西兰的<br>部分未浓缩乳及奶油实施特殊保障措施的公告

2017年第2号

根据《中华人民共和国政府和新西兰政府自由贸易协定》（以下简称《协定》），中国对原产于新西兰的12个税号农产品实施特殊保障措施。截至2017年1月4日，实施特殊保障措施管理的部分未浓缩乳及奶油（税则号列：04012000、04014000、04015000）进口申报数量已达到2 062t，超过2017年2 017t的特殊保障措施触发标准。因此，自2017年1月5日起，对《协定》项下进口的原产于新西兰的部分未浓缩乳及奶油恢复按最惠国税率征收进口关税。对于在途农产品的税率适用和其他有关事宜，按照海关总署2008年第91号公告的规定执行。

特此公告。

海关总署

2017年1月4日

# 中华人民共和国海关总署关于2016年度自澳大利亚进口两大类农产品数量和2017年度进口触发水平数量的公告

2017年第3号

根据《中华人民共和国政府和澳大利亚政府自由贸易协定》和海关总署公告2015年第66号，我国对自澳大利亚进口的两大类8个税号农产品（以下简称两大类农产品）实施特殊保障管理措施。现将2016年度两大类农产品适用协定税率进口数量和2017年度进口触发水平数量予以公布（详见附件）。

两大类农产品进口时仍按照海关总署公告2015年第66号的规定办理相关手续。

特此公告。

附件：2016年度两大类农产品适用协定税率进口数量和2017年度进口触发水平数量情况表.xls

海关总署

2017年1月6日

## 附件

2016年度两大类农产品适用协定税率进口数量和2017年度进口触发水平数量情况表

单位：t

| 分类 | 税号 | 产品描述 | 2016年度适用协定税率进口数量 | | | 2017年度适用协定税率可进口数量 | |
|---|---|---|---|---|---|---|---|
| | | | 本年度触发水平数量 | 累计进口数量 | 以在途方式进口数量 | 本年度触发水平数量 | 本年度实际可进口的触发水平数量 |
| 牛肉 | 02011000 | 整头及半头鲜、冷牛肉 | 170 000 | 104 246.96 | 0.000 | 170 000 | 170 000 |
| | 02012000 | 鲜、冷的带骨牛肉 | | | | | |
| | 02013000 | 鲜、冷的去骨牛肉 | | | | | |
| | 02021000 | 冻的整头及半头牛肉 | | | | | |
| | 02022000 | 冻的带骨牛肉 | | | | | |
| | 02023000 | 冻的去骨牛肉 | | | | | |
| 奶粉 | 04022100 | 脂肪量 >1.5% 未加糖或其他甜物质固状乳及奶油 | 18 375 | 4 767.75 | 0.000 | 19 294 | 19 294 |
| | 04022900 | 脂肪量 >1.5% 的加糖或其他甜物质固状乳及奶油 | | | | | |

说明：1. 协定指《中华人民共和国政府和澳大利亚政府自由贸易协定》；

2.2017年度实际可进口的触发水平数量=2017年度协定所规定年度触发水平数量－2016年度以在途方式进口数量。

# 中华人民共和国海关总署关于2017年进口原产于新西兰的黄油和其他脂和油实施特殊保障措施的公告

2017年第4号

根据《中华人民共和国政府和新西兰政府自由贸易协定》（以下简称《协定》），中国对原产于新西兰的12个税号农产品实施特殊保障措施。截至2017年1月10日，实施特殊保障措施管理的黄油和其他脂和油（税则号列：04051000、04059000）进口申报数量已达到15 387t，超过2017年14 582t的特殊保障措施触发标准。因此，自2017年1月11日起，对《协定》项下进口的原产于新西兰的黄油和其他脂和油恢复按最惠国税率征收进口关税。对于在途农产品的税率适用和其他有关事宜，按照海关总署2008年第91号公告的规定执行。

特此公告。

海关总署

2017年1月10日

# 中华人民共和国海关总署关于2017年进口原产于新西兰的固状和浓缩非固状乳及奶油实施特殊保障措施的公告

2017年第5号

根据《中华人民共和国政府和新西兰政府自由贸易协定》（以下简称《协定》），中国对原产于新西兰的12个税号农产品实施特殊保障措施。至2017年1月11日，实施特殊保障措施管理的固状和浓缩非固状乳及奶油（税则号列：04021000、04022100、04022900、04029100）进口申报数量已达到149 026t，超过2017年147 376t的特殊保障措施触发标准。因此，自2017年1月12日起，对《协定》项下进口的原产于新西兰的固状和浓缩非固状乳及奶油恢复按最惠国税率征收进口关税。对于在途农产品的税率适用和其他有关事宜，按照海关总署2008年第91号公告的规定执行。

特此公告。

海关总署

2017年1月11日

# 中华人民共和国海关总署关于2017年度自新西兰进口有关农产品数量和2018年度进口触发水平数量

2017年第70号

根据《中华人民共和国政府和新西兰政府自由贸易协定》和海关总署公告2008年第91号，我国对自新西兰进口的四大类12个税号农产品（以下简称四大类农产品）实施特殊保障管理措施。现将2017年度四大类农产品适用协定税率进口数量和2018年度进口触发水平数量予以公布（见附件）。其中2017年我国进口的原产于新西兰的第一类农产品（税则号列04012000、04014000、04015000）数量为9 278.786t，以在途方式进口数量为7 261.786t，已超2018年度进口触发水平数量2 118t，因此2018年度进口新西兰第一类农产品不能适用协定税率。

四大类农产品进口时仍按照海关总署公告2008年第91号的规定办理相关手续。

特此公告。

附件.2017年度有关农产品适用协定税率进口数量和2018年度进口触发水平数量情况表.xls

海关总署

2017年12月28日

## 附件

2017年度有关农产品适用协定税率进口数量和2018年度进口触发水平数量情况表

单位：t

| 分类 | 税号 | 产品描述 | 2017年度适用协定税率进口数量 | | | 2018年度适用协定税率可进口数量 | |
|---|---|---|---|---|---|---|---|
| | | | 本年度触发水平数量 | 累计进口数量 | 以在途方式进口数量 | 本年度触发水平数量 | 本年度实际可进口的触发水平数量 |
| 一 | 04012000 | 脂肪含量＞1%但≤6%未浓缩及未加糖的乳及奶油 | 2 017 | 9 278.786 | 7 261.786 | 2 118 | 0 |
| | 04014000 | 6%＜脂肪含量≤10%未浓缩及未加糖的乳及奶油 | | | | | |
| | 04015000 | 脂肪含量＞10%未浓缩及未加糖的乳及奶油 | | | | | |
| 二 | 04021000 | 脂肪含量≤1.5%固状乳及奶油 | 147 376 | 233 180.225 | 85 804.225 | 154 745 | 68 940.775 |
| | 04022100 | 脂肪含量＞1.5%未加糖固状乳及奶油 | | | | | |
| | 04022900 | 脂肪含量＞1.5%加糖固状乳及奶油 | | | | | |
| | 04029100 | 浓缩但未加糖的非固状乳及奶油 | | | | | |
| 三 | 04051000 | 黄油 | 14 582 | 23 682.817 | 9 100.817 | 15 312 | 6 211.183 |
| | 04059000 | 其他从乳中提取的脂和油 | | | | | |
| 四 | 04061000 | 鲜乳酪（未熟化或未固化的） | 5 585 | 9 945.087 | 4 360.087 | 5 864 | 1 503.913 |
| | 04063000 | 经加工的乳酪，但磨碎或粉化的除外 | | | | | |
| | 04069000 | 其他乳酪 | | | | | |

说明：1. 协定指《中华人民共和国政府和新西兰政府自由贸易协定》；

2.2017年度适用协定税率累计进口数量=2017年度适用协定税率实际进口数量+2016年度以在途方式进口数量；

3.2017年度以在途方式进口数量=2017年度适用协定税率累计进口数量－2017年度触发水平数量；

4.2018年度实际可进口的触发水平数量=2018年度协定所规定年度触发水平数量－2017年度以在途方式进口数量。

# 中华人民共和国海关总署
# 关于2018年进口原产于新西兰的乳酪实施特殊保障措施

2018年第1号

根据《中华人民共和国政府和新西兰政府自由贸易协定》（以下简称《协定》），中国对原产于新西兰的12个税号农产品实施特殊保障措施。截至2018年1月2日，实施特殊保障措施管理的乳酪（税则号列：04061000、04063000、04069000）的进口申报数量已达到6 283t，超过2018年5 864t的特殊保障措施触发标准。因此，自2018年1月4日起，对《协定》项下进口的、原产于新西兰的乳酪恢复按最惠国税率征收进口关税。对于在途农产品的税率适用事宜，由企业按照海关总署2008年第91号公告规定，在申报进口前向进口地直属海关提出适用协定税率的申请并提交相关单证。

特此公告。

海关总署

2018年1月3日

# 中华人民共和国海关总署
# 关于2018年进口原产于新西兰的黄油和其他脂和油实施特殊保障措施

2018年第2号

根据《中华人民共和国政府和新西兰政府自由贸易协定》（以下简称《协定》），中国对原产于新西兰的12个税号农产品实施特殊保障措施。截至2018年1月4日，实施特殊保障措施管理的黄油和其他脂和油（税则号列：04051000、04059000）进口申报数量已达到15362吨，超过2018年15312吨的特殊保障措施触发标准。因此，自2018年1月5日起，对《协定》项下进口的、原产于新西兰的黄油和其他脂和油恢复按最惠国税率征收进口关税。对于在途农产品的税率适用事宜，由企业按照海关总署2008年第91号公告规定，在申报进口前向进口地直属海关提出适用协定税率的申请并提交相关单证。

特此公告。

海关总署

2018年1月4日

# 中华人民共和国海关总署<br>关于2018年进口原产于新西兰的<br>固状和浓缩非固状乳及奶油实施特殊保障措施

2018年第3号

根据《中华人民共和国政府和新西兰政府自由贸易协定》（以下简称《协定》），中国对原产于新西兰的12个税号农产品实施特殊保障措施。至2018年1月5日，实施特殊保障措施管理的固状和浓缩非固状乳及奶油（税则号列：04021000、04022100、04022900、04029100）进口申报数量已达到155929吨，超过2018年154745吨的特殊保障措施触发标准。因此，自2018年1月6日起，对《协定》项下进口的、原产于新西兰的固状和浓缩非固状乳及奶油，恢复按最惠国税率征收进口关税。对于在途农产品的税率适用事宜，由企业按照海关总署2008年第91号公告规定，在申报进口前向进口地直属海关提出适用协定税率的申请并提交相关单证。

特此公告。

海关总署
2018年1月5日

# 中华人民共和国海关总署<br>关于2017年度自澳大利亚进口两大类<br>农产品数量和2018年度进口触发水平数量的公告

2018年第5号

根据《中华人民共和国政府和澳大利亚政府自由贸易协定》和海关总署公告2015年第66号，我国对自澳大利亚进口的两大类8个税号农产品（以下简称两大类农产品）实施特殊保障管理措施。现将2017年度两大类农产品适用协定税率进口数量和2018年度进口触发水平数量予以公布（详见附件）。

两大类农产品进口时仍按照海关总署公告2015年第66号的规定办理相关手续。

特此公告。

附件：2017年度两大类农产品适用协定税率进口数量和2018年度进口触发水平数量情况表.xls

海关总署
2018年1月10日

## 附件

### 2017 年度两大类农产品适用协定税率进口数量和 2018 年度进口触发水平数量情况表

单位：t

<table>
<tr><th rowspan="2">分类</th><th rowspan="2">税号</th><th rowspan="2">产品描述</th><th colspan="3">2017 年度适用协定税率进口数量</th><th colspan="2">2018 年度适用协定税率可进口数量</th></tr>
<tr><th>本年度触发水平数量</th><th>累计进口数量</th><th>以在途方式进口数量</th><th>本年度触发水平数量</th><th>本年度实际可进口的触发水平数量</th></tr>
<tr><td rowspan="6">牛肉</td><td>02011000</td><td>整头及半头鲜、冷牛肉</td><td rowspan="6">170 000</td><td rowspan="6">114 159</td><td rowspan="6">0</td><td rowspan="6">170 000</td><td rowspan="6">170 000</td></tr>
<tr><td>02012000</td><td>鲜、冷的带骨牛肉</td></tr>
<tr><td>02013000</td><td>鲜、冷的去骨牛肉</td></tr>
<tr><td>02021000</td><td>冻的整头及半头牛肉</td></tr>
<tr><td>02022000</td><td>冻的带骨牛肉</td></tr>
<tr><td>02023000</td><td>冻的去骨牛肉</td></tr>
<tr><td rowspan="2">奶粉</td><td>04022100</td><td>脂肪量 >1.5% 未加糖或其他甜物质固状乳及奶油</td><td rowspan="2">19 294</td><td rowspan="2">6 553</td><td rowspan="2">0</td><td rowspan="2">20 258</td><td rowspan="2">20 258</td></tr>
<tr><td>04022900</td><td>脂肪量 >1.5% 的加糖或其他甜物质固状乳及奶油</td></tr>
</table>

说明：1. 协定指《中华人民共和国政府和澳大利亚政府自由贸易协定》；

2.2018 年度实际可进口的触发水平数量 =2018 年度协定所规定年度触发水平数量 – 2017 年度以在途方式进口数量。

# 【食品药品监管总局发布】

## 国家食品药品监督管理总局办公厅关于公布婴幼儿配方乳粉生产许可核查人员名单的通知

食药监办食监一〔2017〕50号

为加强婴幼儿配方乳粉质量安全监管，严格婴幼儿配方乳粉生产许可审查，确保各地婴幼儿配方乳粉生产许可证有效期届满延续工作顺利进行，总局委托国家食品药品监督管理总局保健食品审评中心组织开展婴幼儿配方乳粉生产许可核查人员培训考核工作。经过培训考核，共207人符合要求，可以从事婴幼儿配方乳粉生产许可核查工作，现将人员名单予以公布（见附件），自公布之日起，有效期为三年。各省级食品药品监督管理部门要按照有关规定和总局要求，从名单中选取核查人员开展婴幼儿配方乳粉生产许可现场核查工作。

各省级食品药品监督管理部门要加强对核查人员的管理，督促核查人员严守工作纪律，规范现场核查行为，按照《婴幼儿配方乳粉生产许可审查细则（2013版）》要求，认真开展审查工作，切实履行婴幼儿配方乳粉生产许可审查责任。对利用审查工作谋取不正当利益、泄露企业信息资料及商业秘密、从事食品生产许可有偿咨询服务等行为的，要依法依规从严处理，切实保证婴幼儿配方乳粉生产许可审查工作质量，保障婴幼儿配方乳粉质量安全。

附件：婴幼儿配方乳粉生产许可核查人员名单

食品药品监管总局办公厅

2017年4月10日

文件下载：http://samr.cfda.gov.cn/WS01/CL1605/171632.html

## 国家食品药品监督管理总局关于发布《婴幼儿配方乳粉产品配方注册申请材料项目与要求（试行）（2017修订版）》的公告

2017年第65号

为进一步推进婴幼儿配方乳粉产品配方注册工作，在征求社会各界意见基础上，国家食品药品监督管理总局修订了《婴幼儿配方乳粉产品配方注册申请材料项目与要求（试行）》，现予发布，自发布之日起施行。

特此公告。

附件：婴幼儿配方乳粉产品配方注册申请材料项目与要求（试行）（2017修订版）

食品药品监管总局

2017年5月23日

附件下载地址：http://samr.cfda.gov.cn/directory/web/WS01/images/MjAxN8Tqtdo2NbrFuau45ri9vP4uZG9j.doc

# 国家食品药品监督管理总局关于发布《婴幼儿配方乳粉产品配方注册标签规范指导原则（试行）》的公告

2017 年第 66 号

为进一步加强婴幼儿配方乳粉产品配方注册工作，规范婴幼儿配方乳粉产品配方注册标签管理，依据《婴幼儿配方乳粉产品配方注册管理办法》（国家食品药品监督管理总局令第 26 号）及相关食品安全国家标准等规定，国家食品药品监督管理总局制定了《婴幼儿配方乳粉产品配方注册标签规范技术指导原则（试行）》。现予发布，自发布之日起施行。

特此公告。

附件：婴幼儿配方乳粉产品配方注册标签规范技术指导原则（试行）

食品药品监管总局

2017 年 5 月 24 日

附件下载地址：http://samr.cfda.gov.cn/directory/web/WS01/images/MjAxN8Tqtdo2NrrFuau45ri9vP4uZG9jeA==.docx

# 国家食品药品监督管理总局关于发布《乳及乳制品中硫氰酸根的测定》食品补充检验方法的公告

2017 年第 114 号

按照《食品补充检验方法工作规定》，《乳及乳制品中硫氰酸根的测定》食品补充检验方法已经国家食品药品监督管理总局批准，现予发布。

特此公告。

附件：乳及乳制品中硫氰酸根的测定（BJS 201709）

食品药品监管总局

2017 年 9 月 18 日

2017 年第 114 号公告附件 .docx

附件下载地址：http://samr.cfda.gov.cn/directory/web/WS01/images/MjAxN8TqtdoxMTS6xbmruOa4vbz+LmRvY3g=.docx

# 国家食品药品监督管理总局关于婴幼儿配方乳粉产品配方注册标签变更有关事项的公告

2017年第150号

依据《婴幼儿配方乳粉产品配方注册管理办法》(国家食品药品监督管理总局令第26号，以下简称《办法》)规定，标签和说明书涉及婴幼儿配方乳粉产品配方的，应当与获得注册的产品配方内容一致。为做好标签变更工作，现就有关事项公告如下：

## 一、需要申请标签变更的情形

婴幼儿配方乳粉产品配方注册证书有效期内，需要变更标签中下列内容的，应当按照法定程序向国家食品药品监督管理总局提出变更申请：

（一）产品名称变化的；

（二）企业名称、生产地址名称变化的；

（三）配料表、营养成分表变化的；

（四）食品安全国家标准允许的含量声称变化的；

（五）注册商标、图形、产品标准代号、认证项目发生变化的；

（六）其他涉及产品配方注册一致性的内容变化的。

## 二、不需申请标签变更的情形

婴幼儿配方乳粉产品配方注册证书有效期内，标签中的下列事项发生变化，可自行修改，不需提交变更申请：

（一）生产日期、保质期、使用方法、食用量、贮存条件、注意事项，以及产品追溯、提醒或警示、产品售后服务的信息变化的；

（二）生乳、原料乳粉等原料来源地、来源国的声称变化的；

（三）主要展示版面除商标和产品名称外内容的位置，以及非主要展示版面内容的位置变化的；

（四）商标持有人、代理商、生产许可证编号（境外生产企业注册编号）、联系方式（二维码、电话等）变化的；

（五）认证标志、标签色彩变化的；

（六）产品规格（净含量）变化的；

（七）其他不涉及产品配方注册一致性的内容变化的。

**三、**申请标签变更的具体程序按照《办法》第二十六条相关规定办理。

**四、**申请变更和自行修改的标签均应当符合法律、法规、规章和食品安全国家标准等规定的内容和形式要求。

**五、**产品配方注册时提交的说明书样稿内容需要变更的，可自行修改，不需提交变更申请，但应当符合法律、法规、规章和食品安全国家标准等规定的内容和形式要求。

特此公告。

食品药品监管总局

2017年11月30日

# 国家食品药品监督管理总局关于规范同一集团公司内全资子公司已注册婴幼儿配方乳粉产品配方使用事宜的公告

2017 年第 154 号

根据《婴幼儿配方乳粉产品配方注册管理办法》，现进一步明确同一集团内全资子公司已注册婴幼儿配方乳粉产品配方（以下简称配方）使用要求：

## 一、使用条件

（一）配方的提供公司与使用公司必须为同一集团下属的全资子公司；

（二）配方使用公司应已有配方获准注册且获得生产许可；

（三）配方使用公司应具备生产该配方所需的工艺、主要设备设施等条件；

（四）申请集团应对所提交材料的真实性负责，生产行为应符合法律法规的要求，产品标签应如实标注实际生产者的名称和地址。

## 二、使用报告程序

（一）集团公司应在组织生产前，将配方使用情况填写《同一集团公司内全资子公司已注册婴幼儿配方乳粉产品配方使用报告表》（见附件），报至国家食品药品监督管理总局特殊食品注册管理司；

（二）国家食品药品监督管理总局接到报告后，将配方使用情况在总局网站注册证书备注栏及标签样稿公示页面予以注明，同时将集团提交的报告表向社会公示，接受社会监督。

附件：同一集团公司内全资子公司已注册婴幼儿配方乳粉产品配方使用报告表

食品药品监督管理总局

2017 年 12 月 8 日

附件下载地址：

http://samr.cfda.gov.cn/directory/web/WS01/images/MjAxN8TqtdoxNTS6xbmruOa4vbz+LmRvYw==.doc

# 国家食品药品监督管理总局关于婴幼儿配方乳粉标签标识监督检查和整改规范的通告

2017年第202号

为规范婴幼儿配方乳粉标签标识，落实《婴幼儿配方乳粉产品配方注册管理办法》（国家食品药品监督管理总局令第26号）有关规定，2016年12月，食品药品监管总局部署开展了为期一年的婴幼儿配方乳粉标签标识规范和监督检查工作。现将有关情况通告如下：

一、在婴幼儿配方乳粉生产企业自查自纠的基础上，各级食品药品监管部门共检查生产企业126家次、经营单位21.1万家次。检查发现的问题主要有：一是部分产品名称含有“金装”“金牌”等字样；二是部分标签标注的原辅料来源使用了“全进口奶源”“源自天然牧场”“生态牧场”等模糊信息；三是部分企业用“零添加”“不添加香精香料”等字样强调含量声称；四是个别企业明示或者暗示具有益智、增加抵抗力或者免疫力、保护肠道等功能。

二、针对上述问题，各级食品药品监管部门立案查处253起，下达责令整改通知书5604余份，并要求在2018年1月1日前完成标签标识整改任务。食品药品监管总局按照配方注册有关规定，对提交的婴幼儿配方乳粉产品配方注册申请标签样稿进行了严格审核。

三、婴幼儿配方乳粉配方注册管理过渡期将于2017年12月31日结束，婴幼儿配方乳粉生产企业要按照配方注册审核通过的标签样稿，抓紧完成标签标识整改工作。过渡期结束后，不得生产标签标识不符合配方注册要求的婴幼儿配方乳粉。

四、各级食品药品监管部门将继续加大对婴幼儿配方乳粉标签标识的监督检查，发现2018年1月1日之日起生产的婴幼儿配方乳粉标签标识不符合配方注册要求的，要依法严肃处理，并及时向社会公开。

特此通告。

食品药品监管总局

2017年12月8日

# 【市场监督管理总局发布】

## 国家市场监督管理总局关于公开征求《婴幼儿配方乳粉产品配方变更注册技术指导原则（征求意见稿）》意见的公告

为进一步规范婴幼儿配方乳粉产品配方变更注册，简化优化程序，依据《婴幼儿配方乳粉产品配方注册管理办法》（原国家食品药品监督管理总局令第26号）及相关规定，国家市场监督管理总局组织起草了《婴幼儿配方乳粉产品配方变更注册技术指导原则（征求意见稿）》。现公开征求意见，有关单位或个人可在2018年8月15日前，通过以下方式提出修改意见：

一、通过信函将意见寄至：北京市西城区宣武门西大街26号院2号楼国家市场监督管理总局原特殊食品注册管理司（邮编100053），并在信封上注明“婴幼儿配方乳粉产品配方变更注册技术指导原则征求意见”字样。

二、通过电子邮件将意见发送至：tsszcec@cfda.gov.cn。

附件：婴幼儿配方乳粉产品配方变更注册技术指导原则（征求意见稿）

国家市场监督管理总局

2018年7月24日

附件下载地址：

http://samr.saic.gov.cn/gg/201807/P020180726574777889773.docx

# 【多部委联合发布】

## 质检总局　农业部<br>关于解除瑞典、荷兰、比利时牛精液施马伦贝格病禁令的公告

2017 年第 49 号

根据风险评估结果，自本公告发布之日起，允许从瑞典、荷兰和比利时施马伦贝格病疫区进口符合中国检验检疫要求的牛精液。

国家质量监督检验检疫总局和农业部 2012 年联合公告第 67 号对上述 3 国有关牛精液的禁令同时终止。

质检总局　农业部

2017 年 6 月 2 日

## 质检总局　农业部<br>关于解除俄罗斯部分地区口蹄疫禁令的公告

2017 年第 69 号

根据风险分析结果，自本公告发布之日起，认可俄罗斯阿尔汉格尔克州等 49 个地区（州、边疆区、共和国）非免疫无口蹄疫区地位（名单附后），允许符合中国法律法规要求的偶蹄动物及其相关产品入境。原国家出入境检验检疫局公告（2000 年第 14 号）的相关规定同时废止。

特此公告。

附件：解除禁令的俄罗斯非免疫无口蹄疫地区（州、边疆区、共和国）名单

质检总局　农业部

2017 年 8 月 28 日

**附件**

# 解除禁令的俄罗斯非免疫无口蹄疫地区（州、边疆区、共和国）名单

1. 阿尔汉格尔斯克州 Arkhangelsk Oblast
2. 别尔哥罗德州 Belgorod Oblast
3. 布良斯克州 Bryansk Oblast
4. 沃洛格达州 Vologda Oblast
5. 沃罗涅日州 Voronezh Oblast
6. 伊万诺沃州 Ivanovo Oblast
7. 伊尔库茨克州 Irkutsk Oblast
8. 加里宁格勒州 Kaliningrad Oblast
9. 卡卢加州 Kaluga Oblast
10. 堪察加边疆区 Kamchatka Krai
11. 克麦罗沃州 Kemerovo Oblast
12. 基洛夫州 Kirov Oblast
13. 科斯特罗马州 Kostroma Oblast
14. 克拉斯诺亚尔斯克边疆区 Krasnoyarsk Krai
15. 库尔斯克州 Kursk Oblast
16. 列宁格勒州 Leningrad Oblast
17. 利佩茨克州 Lipetsk Oblast
18. 马加丹州 Magadan Oblast
19. 莫斯科州 Moscow Oblast
20. 摩尔曼斯克州 Murmansk Oblast
21. 涅涅茨自治区 Nenets Autonomous Okrug
22. 下诺夫哥罗德州 Nizhny Novgorod Oblast
23. 诺夫哥罗德州 Novgorod Oblast
24. 奥廖尔州 Oryol Oblast
25. 奔萨州 Penza Oblast
26. 彼尔姆边疆区 Perm Krai
27. 普斯科夫州 Pskov Oblast
28. 巴什科尔托斯坦共和国 Republic of Bashkortostan
29. 卡累利阿共和国 Republic of Karelia
30. 科米共和国 Republic of Komi
31. 马里埃尔共和国 Republic of Mari El
32. 莫尔多瓦共和国 Republic of Mordovia
33. 萨哈共和国（雅库特）Republic of Sakha (Yakutia)
34. 鞑靼斯坦共和国 Republic of Tatarstan
35. 乌德穆尔特共和国 Republic of Udmurtia
36. 哈卡斯共和国 Republic of Khakassia
37. 楚瓦什共和国 Republic of Chuvash
38. 梁赞州 Ryazan Oblast
39. 斯维尔德洛夫斯克州 Sverdlovsk Oblast
40. 斯摩棱斯克州 Smolensk Oblast
41. 坦波夫州 Tambov Oblast
42. 特维尔州 Tver Oblast
43. 托木斯克州 Tomsk Oblast
44. 图拉州 Tula Oblast
45. 乌里扬诺夫斯克州 Ulyanovsk Oblast
46. 汉特曼西自治区 Khanty–Mansijsk Autonomous Okrug
47. 楚科奇自治区 Chukotka Autonomous Okrug
48. 亚马尔–涅涅茨自治区 Yamalo–Nenets Autonomous Okrug
49. 雅罗斯拉夫尔州 Yaroslavl Oblast

# 质检总局 食品药品监管总局
# 关于进口婴幼儿配方乳粉产品配方注册执行日期的公告

2017 年第 101 号

为落实《中华人民共和国食品安全法》相关规定，根据婴幼儿配方乳粉产品配方注册过渡期工作安排，现就有关事宜公告如下：

一、以一般贸易方式进口的婴幼儿配方乳粉，其境外生产企业应当依法获得质检总局注册。

二、境外生产企业 2018 年 1 月 1 日（含）后生产的输华婴幼儿配方乳粉应当依法取得食品药品监管总局产品配方注册，并在产品销售包装的标签上注明注册号。

三、境外生产企业 2018 年 1 月 1 日前生产的婴幼儿配方乳粉，可进口并销售至保质期结束。

质检总局 食品药品监管总局

2017 年 11 月 10 日

# 海关总署 农业农村部
# 关于解除哈萨克斯坦共和国部分地区口蹄疫疫情禁令的公告

2018 年第 36 号

根据风险分析结果，自本公告发布之日起，认可哈萨克斯坦共和国阿拉木图州（Almaty）、东哈萨克斯坦州（East Kazakhstan）、南哈萨克斯坦州（South Kazakhstan）、江布尔州（Zhambyl）和克孜勒奥尔达州（Kyzylorda）5 个州为免疫无口蹄疫地区。

原国家出入境检验检疫局 1999 年第 22 号公告对哈萨克斯坦上述 5 个地区的口蹄疫疫情禁令同时终止。

特此公告。

海关总署 农业农村部

2018 年 5 月 7 日

# 海关总署　农业农村部
# 关于解除哥伦比亚部分地区口蹄疫疫情禁令的公告

## 2018 年第 47 号

根据风险分析结果，自本公告发布之日起，认可哥伦比亚圣菲波哥大首都区（Bogotá，Distrito Especial）、亚马孙省（Amazonas）、安蒂奥基亚省（Antioquia）、大西洋省（Atlántico）、玻利瓦尔省（Bolívar）、卡尔达斯省（Caldas）、卡克塔省（Caquetá）、卡萨纳雷省（Casanare，除 La Salina 市和 Sácama 市）、考卡省（Cauca）、塞萨尔省（Cesar）、乔科省（Chocó）、科尔多瓦省（Córdoba）、瓜伊尼亚省（Guainia）、瓜维亚雷省（Guaviare）、乌伊拉省（Huila）、瓜希拉省（La Guajira）、马格达莱纳省（Magdalena）、梅塔省（Meta）、纳里尼奥省（Nariñmo）、普图马约省（Putumayo）、金迪奥省（Quindio）、里萨拉尔达省（Risaralda）、桑坦德省（Santander）、苏克雷省（Sucre）、托利马省（Tolima）、山谷省（Valle）、沃佩斯省（Vaupes）和比查达省（Vichada）（监测带除外）等 28 个地区为免疫无口蹄疫地区（见附件），全防总办字〔90〕第 5 号对哥伦比亚上述地区口蹄疫疫情禁令同时终止。

特此公告。

中华人民共和国海关总署
中华人民共和国农业农村部
2018 年 5 月 21 日

# 海关总署　农业农村部
# 关于防止保加利亚小反刍兽疫传入我国的公告

## 2018 年第 99 号

近日，保加利亚农业和食品部向世界动物卫生组织（OIE）紧急通报，扬博尔州（Jambol）发生 1 起小反刍兽疫疫情，涉及 160 只山羊和 380 只绵羊，诊断性质为实验室检测，此次疫情为保加利亚首次发生。为保护我国畜牧业安全，防止疫情传入，根据《中华人民共和国进出境动植物检疫法》等有关法律法规的规定，现公告如下：

一、禁止直接或间接从保加利亚输入牛、羊及其相关产品，停止签发相关《进境动植物检疫许可证》，撤销已经签发的《进境动植物检疫许可证》。

二、自本公告发布之日起启运的来自保加利亚的牛、羊及其相关产品，一律做退回或销毁处理。

三、禁止寄递或旅客携带来自保加利亚的牛、羊及其相关产品入境，一经发现，一律做退回或销毁处理。

四、在途经我国或在我国停留的进境船舶、航空器和铁路列车等运输工具上，如发现有来自保加利亚的牛、羊及其相关产品，一律做封存处理。其废弃物、泔水等，一律在海关的监督下做无害化处理，不得擅自抛弃。

五、对边防等部门截获的非法入境的来自保加利亚的牛、羊及其相关产品，一律在海关的监督下做销毁处理。

六、凡违反上述规定者，由海关依照《中华人民共和国海关法》、《中华人民共和国进出境动植物检疫法》及其实施条例有关规定处理。

七、各地海关、各级动物疫病预防控制机构及动物卫生监督机构要分别按照《中华人民共和国进出境动植物检疫法》和《中华人民共和国动物防疫法》的有关规定，密切配合，做好检疫、防疫和监督工作。

本公告内容自发布之日起执行。

特此公告。

海关总署　农业农村部
2018 年 7 月 26 日

# 海关总署　农业农村部<br>关于解除玻利维亚口蹄疫禁令的公告

2018 年第 139 号

根据风险分析结果，自本公告发布之日起，认可玻利维亚拉巴斯省（LaPaz）、奥鲁罗省（Oruro）和波托西省（Potosi）等三省部分地区为非免疫无口蹄疫区，承认玻利维亚潘多省（Pando）、贝尼省（Beni）、圣克鲁兹省（SantaCruz）、科恰班巴省（Cochabamba）、丘基萨卡省(Chuquisaca)、塔里哈省(Tarija)等六省全境以及拉巴斯省（LaPaz）、奥鲁罗省（Oruro）和波托西省（Potosi）等三省部分地区为免疫无口蹄疫区（区划图见附件）。原农业部全防总办字〔90〕第 5 号对玻利维亚口蹄疫禁令同时终止。

特此公告。

附件：玻利维亚口蹄疫区划图 .tif（略）

海关总署 农业农村部

2018 年 10 月 22 日

# 海关总署　农业农村部<br>关于防止哥伦比亚口蹄疫传入我国的公告

2018 年第 158 号

2018 年 10 月 11 日，哥伦比亚官方向世界动物卫生组织（OIE）紧急通报，该国塞萨尔省（Cesar）发生 1 起 O 型口蹄疫疫情，疫点位于此前我国认可的口蹄疫免疫无疫区内。为保护我国畜牧业安全，防止疫情传入，根据《中华人民共和国海关法》《中华人民共和国进出境动植物检疫法》等有关法律法规的规定，现公告如下：

一、禁止直接或间接从哥伦比亚输入偶蹄动物及其相关产品，停止签发从哥伦比亚输入偶蹄动物及其相关产品的《进境动植物检疫许可证》。

二、自本公告发布之日起启运的来自哥伦比亚的偶蹄动物及其相关产品，一律作退回或销毁处理。本公告发布之日前启运的来自哥伦比亚的偶蹄动物及其相关产品要加强检疫，经检疫合格后方可放行。

三、禁止寄递或旅客携带来自哥伦比亚的偶蹄动物及其相关产品入境，一经发现，一律作退回或销毁处理。

四、途经我国或在我国停留的进境船舶、航空器和铁路列车等运输工具上，如发现有来自哥伦比亚的偶蹄动物及其相关产品，一律作封存处理，且在我国境内停留或者运行期间，未经海关许可，不得启封动用。其废弃物、泔水等，一律在海关的监督下做无害化处理，不得擅自抛弃。

五、对边防等部门截获的非法入境的来自哥伦比亚的偶蹄动物及其相关产品，一律在海关的监督下作销毁处理。

六、凡违反上述规定者，由海关依照《中华人民共和国海关法》《中华人民共和国进出境动植物检疫法》及其实施条例有关规定处理。

七、各级海关、动物疫病预防控制机构及动物卫生监督机构要分别按照《中华人民共和国进出境动植物检疫法》和《中华人民共和国动物防疫法》等有关规定，密切配合，做好检疫、防疫和监督工作。

本公告内容自发布之日起实施。

特此公告。

海关总署 农业农村部

2018 年 10 月 30 日

# 农业农村部 发展改革委 科技部 工业和信息化部 财政部 商务部 卫生健康委 市场监管总局 银保监会 关于进一步促进奶业振兴的若干意见

农牧发〔2018〕18号

各省、自治区、直辖市人民政府，国务院各部门、直属机构：

为贯彻落实《国务院办公厅关于推进奶业振兴保障乳品质量安全的意见》（以下简称《意见》）和全国奶业振兴工作推进会议精神，进一步明确目标任务，突出工作重点，加大政策支持力度，促进奶业振兴发展，经国务院同意，现提出如下意见。

## 一、目标任务

按照《意见》要求，以实现奶业全面振兴为目标，优化奶业生产布局，创新奶业发展方式，建立完善以奶农规模化养殖为基础的生产经营体系，密切产业链各环节利益联结，提振乳制品消费信心，力争到2025年全国奶类产量达到4500万吨，切实提升我国奶业发展质量、效益和竞争力。

## 二、加快确立奶农规模化养殖的基础性地位

**（一）支持农户适度规模养殖发展。**研究完善促进农户规模奶牛养殖发展的政策措施，积极发展奶牛家庭牧场，培育壮大奶农合作组织，加强奶农培训和奶业社会化服务体系建设，构建“奶农＋合作社＋公司”的奶业发展模式，先行在内蒙古、黑龙江、河北等奶业主产省（区）试点，培育适度规模奶牛养殖主体。（农业农村部牵头）

**（二）支持奶农发展乳制品加工。**推进一二三产业融合发展，出台金融信贷支持、用地用电保障等相关配套政策，支持具备条件的奶牛养殖场、合作社生产带有地方特色的乳制品。（发展改革委、工业和信息化部、财政部、自然资源部、农业农村部、人民银行、市场监管总局、银保监会等部门分工负责）加快修订乳制品工业产业政策，放宽对乳制品加工布局的半径和日处理能力等限制。鼓励奶农、合作社将奶牛养殖与乳制品加工、增值服务等结合起来，在严格执行生产许可、食品安全标准等法律法规标准，确保乳品质量安全的前提下，推行生产加工销售一体化，发展居民小区和周边酒店、饭店、商店乳制品供应，重点生产巴氏杀菌乳、发酵乳、奶酪等乳制品，通过直营、电商等服务当地和周边群众，积极培育鲜奶消费市场，满足高品质、差异化、个性化需求。（工业和信息化部、农业农村部、市场监管总局等部门分工负责）

**（三）强化养殖保险和贷款支持。**完善奶牛养殖保险政策，提高保障水平，减少养殖风险。鼓励地方结合实际探索开展生鲜乳目标价格保险试点，稳定养殖收益预期。将符合条件的中小牧场贷款纳入全国农业信贷担保体系予以支持。（财政部、农业农村部、人民银行、银保监会等部门分工负责）

## 三、降低奶牛饲养成本

**（四）大力发展优质饲草业。**推进农区种养结合，探索牧区半放牧、半舍饲模式，研究推进农牧交错带种草养牛，将粮改饲政策实施范围扩大到所有奶牛养殖大县，大力推广全株玉米青贮。（农业农村部牵头）研究完善振兴奶业苜蓿发展行动方案，支持内蒙古、甘肃、宁夏等优势产区大规模种植苜蓿，鼓励科研创新，提高国产苜蓿产量和质量。（农业农村部、财政部分工负责）总结一批降低饲草料成本、就地保障供应的典型案例予以推广。（农业农村部负责）

**（五）提升饲草料生产加工和养殖装备水平。**对牧场购置符合条件的全混合日粮（TMR）配制以及其他养殖、饲草料加工机械纳入农机购置补贴范围。（农业农村部、财政部分工负责）加强对苜蓿等饲草料收获加工机械的研发和推广支持。（工业和信息化部、农业农村部等部门分工负责）

## 四、提高奶牛生产效率

**（六）增加奶牛良种供应。**支持国家奶牛（奶山羊）核心育种场和种公牛站建设，完善良种繁育体系，培育国产精品奶牛良种，提高良种繁育和推广能力。（农业农村部、发展改革委等部门分工负责）

**（七）扩大奶牛精准饲喂规模。**提高奶牛生产性能测定中心服务能力，扩大测定奶牛范围，逐步覆盖所有规模牧场，通过测定牛奶成分调整饲草料配方，实现奶牛精准饲喂管理。（农业农村部、发展改革委、财政部分工负责）

**（八）支持养殖和粪污处理利用设施建设。**引导地方政府加强中小牧场标准化改造提升，重点支持圈舍改造、养殖设施设备和挤奶机械更新。把符合条件的奶牛养殖粪污处理利用纳入畜禽粪污资源化利用项目支持范围，分步实施，改造达标。（农业农村部、发展改革委、

财政部等部门分工负责）

**（九）加强奶业社会化服务体系建设。**支持奶牛养殖社会化服务体系建设，创新奶牛养殖技术服务模式，加大牧场主和业务骨干培训力度。积极开展良种奶牛繁育、饲养管理、疫病防控、养牛机械维护、生产资料采购和产品加工销售等服务，促进奶业节本提质增效。推进全国数字奶业信息服务云平台建设。（农业农村部牵头，科技部等部门分工负责）

## 五、做强做优乳制品加工业

**（十）优化乳制品结构。**发展适销对路的低温乳制品，支持和引导奶酪、黄油等干乳制品生产，开发羊奶、水牛奶、牦牛奶等特色乳制品。鼓励使用生鲜乳生产灭菌乳、发酵乳、调制乳和婴幼儿配方乳粉等乳制品。（工业和信息化部、农业农村部、市场监管总局等部门分工负责）

**（十一）提升乳制品竞争力。**鼓励乳品企业加强冷链储运设施建设。力争3年内在规模以上企业建立乳品质量安全追溯体系与危害分析和关键控制点体系。支持开展乳制品创新研发，优化加工工艺和产品结构，完善冷链运输体系和质量安全体系，增强运营管理能力，降低生产流通成本和销售价格，提高产品质量和效益。（工业和信息化部、商务部、市场监管总局等部门分工负责）

**（十二）增强国产婴幼儿配方乳粉竞争力。**完善良好生产规范体系，继续执行最严格的监管制度，力争3年内显著提升国产婴幼儿配方乳粉的品质、竞争力和美誉度，提高市场占有率。依托现有机构，加强婴幼儿配方乳粉核心营养成分等研发，增强为企业服务能力。（发展改革委、科技部、工业和信息化部、财政部、农业农村部、市场监管总局等部门分工负责）

## 六、促进养殖加工融合发展

**（十三）支持加工企业反哺奶农。**采取加工企业与奶农相互持股等形式，建立互利共赢的纽带。采用养殖圈舍和奶牛入股、补贴资金入股等方式，鼓励加工企业通过二次分红、溢价收购、利润保障等支持奶农，切实保障奶农合理收益，引导养殖向专精发展。（工业和信息化部、财政部、农业农村部等部门分工负责）

**（十四）整顿生鲜乳收购秩序。**奶业主产省（区）省级人民政府要采取有力举措，抓紧建立生鲜乳价格协商机制，保障养殖、加工环节的合理收益。监督签订和履行规范的生鲜乳收购合同，排除霸王条款，严肃查处违反合同约定和“潜规则”行为。依法查处和公布不履行生鲜乳购销合同以及凭借购销关系强推强卖兽药、饲料和养殖设备等行为。（农业农村部牵头，工业和信息化部、市场监管总局等部门分工负责）

## 七、提升乳品质量安全水平

**（十五）积极推行第三方检测。**鼓励有条件的奶业主产省（区）采取补贴、购销双方付费的方式，探索建立地市级的生鲜乳收购第三方质量检测中心，明确检测权威，减少生鲜乳购销质量争议。加强检测技术研发和资源共享，为奶农检测提供便利，做到节约成本，公平公正。支持奶业大县、企业和有条件的奶农自建乳品检验检测体系。（农业农村部牵头，工业和信息化部、财政部、市场监管总局等部门分工负责）

**（十六）加强乳品质量安全监管。**建立健全乳品质量标准体系，修订食品安全国家标准规定，制定复原乳检测方法食品安全国家标准和液态乳加工工艺标准。（工业和信息化部、农业农村部、卫生健康委、市场监管总局等部门分工负责）加强乳品质量安全监管能力建设，着力提升基层监管水平。加强乳品生产加工、储存运输、经营销售等环节的质量安全监管和抽检监测，针对不同生产类型和规模，创新监管方式，加大监管密度，确保乳品质量安全。加大乳品质量安全监管信息发布力度，提高监管工作的透明度和公信力。（农业农村部、市场监管总局等部门分工负责）严格落实复原乳标识制度，依法查处使用复原乳但不标识的企业。（市场监管总局牵头，工业和信息化部、农业农村部等部门分工负责）

## 八、推动主产省（区）率先实现奶业振兴

**（十七）加大工作推进力度。**奶业主产省（区）要落实奶业振兴责任，立足环境、资源承载力和市场需求，按照对标国际、示范国内的要求，制定本省（区）奶业振兴方案，提出推进奶业振兴的目标、任务和政策措施，并报农业农村部、工业和信息化部等有关部门备案；强化组织协调和督促指导，率先实现奶业全面振兴。国务院有关部门要在政策和技术等方面，加大对主产省（区）奶业振兴的支持力度。（发展改革委、工业和信息化部、财政部、农业农村部、市场监管总局等部门分工负责）

## 九、大力引导和促进乳制品消费

**（十八）加强宣传引导。**加大奶业公益宣传，支持在主流媒体和新媒体上大力宣传奶业成效，树立中国奶业的良好形象，提升广大群众的认知度和信任度。倡导科学饮奶，普及巴氏杀菌乳、灭菌乳、奶酪等乳制品营养知识，培育国民食用乳制品特别是干乳制品的习惯。发挥行业协会自律作用，引导乳品企业立足于“让每一个中国人都能喝上好奶”的定位，研发生产适合不同消费群体的乳制品，避免过度包装和广告，切实让利于民。（中央宣传部、中央网信办、工业和信息化部、农业农村部、商务部、卫生健康委、市场监管总局等部门分工负责）

各地区、各有关部门要强化责任落实，按照本意见要求，结合自身实际，明确目标任务和责任分工，确保推进奶业振兴各项工作落到实处。

农业农村部<br>
发展改革委<br>
科技部<br>
工业和信息化部<br>
财政部<br>
商务部<br>
卫生健康委<br>
市场监管总局<br>
银保监会<br>
2018年12月24日

# 六、科学技术

KEXUE JISHU

## 标准，奶业发展的领航者

按照工作部署，农业部奶及奶制品质量监督检验测试中心（北京）、农业部奶产品质量安全风险评估实验室（北京）和奶业创新团队等单位2016年承担了生乳、巴氏杀菌乳、灭菌乳和复原乳鉴定这4个国家食品安全标准的制定、修订任务。在10余年科研积累的基础上，2017年开展了指标验证、夏季极值测定和部分检测方法制定等一系列研究工作，共分析了110余万条数据，召开18次座谈会或研讨会，形成第一次讨论稿。

### 一、为什么要进一步完善奶业标准

一是强壮民族、健康中国的需要。牛奶是大自然赐予人类最接近完美的食物，一杯牛奶强壮一个民族已经为世界所公认，强壮中华民族、建设健康中国也不能没有牛奶。美国人均奶类消费量约290kg/年，美国公共卫生署评价认为“没有任何单一食物能够胜过牛奶，它已成为保持美国人健康的营养素来源，尤其是对儿童和老人。”

我国人均奶类消费量仅约30kg，不足世界平均水平的1/3，奶业发展关系到每个家庭，对小康社会和健康中国的贡献潜力巨大，科学的标准则是奶业发展的领航者。

生乳、巴氏杀菌乳、灭菌乳的国家标准2010年发布，当时的情况是优质奶源不足，全社会对进口原料和成品更加青睐。时隔8年，我国奶业已经发生脱胎换骨的变化，我们拥有了优质奶源，拥有世界一流的加工设备，人民群众对奶制品日益增长的需求更加强烈。进一步完善奶业标准，既是对消费者负责，也对健康中国具有重要而深远的意义。

二是国内市场全球化的需要。目前，国内奶产品新增市场的80%为进口奶占有。农业部奶产品质量安全风险评估实验室（北京）的评估研究发现，从2008年到2016年，我国进口液态奶年均增长速度超过70%，而且这些进口产品质量千差万别，有的用巴氏杀菌乳包装，但是实际不是巴氏杀菌乳，有的用UHT灭菌乳包装，但实际不是UHT灭菌乳。

我国是全球潜力最大的奶产品消费市场，奶产品进口是世界各国分享我国发展成果的重要体现。但是，面对这些良莠不齐的情况，如何既能保护消费者？又能推动全球化？奶业标准应该发挥关键作用。用相同的标准来规范中国这个全球潜力最大的奶产品消费市场，已经是当务之急。这就要求标准详实客观，切实起到用规矩定方圆的作用，让国产奶与进口奶在相同的标准下有序发展，共同为我国的消费者提供营养健康的优质乳。

三是奶业上中下游协调发展的需要。为什么要把生乳、巴氏杀菌乳、灭菌乳、复原乳鉴定这4个国家食品安全标准放在一起制定、修订？因为奶业是一个上中下游紧密相连、缺一不可的产业链。这就要求上中下游的标准之间有机衔接，相互融合，才能够引领奶业健康发展。所以说把生乳、巴氏杀菌乳、灭菌乳、复原乳判定这4个国家食品安全标准一起制定、修订，无论从管理上、科研上、还是协调组织上，都是历史性进步。比如什么等级的生乳用于加工巴氏杀菌乳？什么等级的生乳用于加工UHT灭菌乳？养殖业提供的优质奶源是不是在产品包装上得到标注？是不是在奶价上得到回馈？所以，奶业标准的重要作用之一，就是把养殖、加工、消费这上中下游联系在一起，利益分配合理，实现共同发展。

四是提升消费信心的需要。近5年我国奶类产量和消费量一直徘徊不前，究其原因，依然是消费信心不足。不提升消费信心，市场就难以开拓，养殖业生存艰难，加工业发展困难，奶业就难以振兴，就不能够为健康中国发挥应有的作用。提振消费信心，关键是消费者要对“优质奶产自本土奶”这一科学理念树立信心，有关方面要把标准制定好、执行好，要敢于把产品的原料等级、产品的加工工艺、产品的品质高低都标识出来，让消费者明明白白消费。要敢于挑战自我，敢于引领世界，明确告诉消费者，中国的标准是科学的、是领先的，在中国市场上消费者能够享受到世界先进水平的优质乳。

### 二、新时代标准的主要挑战

一是生乳分级。我国地域广阔，奶牛养殖业发展历史较短，养殖方式千差万别，生乳的水平差异很大，既

表 6–1 不同奶产品中糠氨酸和乳果糖含量的区别

| 类型 | 生乳 | 巴氏杀菌乳 | UHT 灭菌乳 | 保持灭菌乳 | 复原乳 |
|---|---|---|---|---|---|
| 糠氨酸和乳果糖（mg/100g 蛋白质） | ≤ 6 | ≤ 12 | < 250 | ≥ 250 | 乳果糖与糠氨酸比值 |
| （mg/L） | 未检出 | ≤ 50 | < 600 | ≥ 600 | 判定 |

有达到世界顶级水平的优质生奶，也有处于合格水平的生乳。如果把标准定得很低，整个产业就会失去发展方向，出现劣币驱逐良币；如果把标准定得很高，势必淘汰一大批养殖业，产业发展出现动荡，欲速则不达。

在这种情况下，实施生乳分级标准，应该是个合理方案，其优点是引导加工企业把优质奶源与一般奶源在加工产品时区分开来，避免混合使用造成浪费，使优质奶源可以物尽其用。不同的奶产品或者不同的加工企业可以根据自身情况选择不同等级的奶源，加工并为消费者提供基于奶源等级的价格上有差异的奶产品，依靠市场的力量，最终引导整个奶业向优质发展。美国在1924年制定优质乳条例时，把生乳划分成A、B、C、D四级，并在奶产品的包装上明确标识奶源等级，通过消费选择的正向引导作用，到1965年美国的食用生乳基本都达到A级（优级）水平，奶产品已经成为美国人离不开的营养健康食品，深受消费者信赖。

二是加工工艺规范明确。乳品加工工艺参数缺失是降低我国奶业核心竞争力的关键制约因素。生乳属于鲜活食品原料，在确保安全的前提下，加工越简单，品质越高。进口奶普遍存在运输距离远、保质期长、受热强度高的现象。所以，与进口奶相比，“简加工”正是国产奶天然的巨大竞争优势。

我国乳品的加工设备是世界一流的，奶源质量也已经大幅度提升，但是加工工艺仍然延续30年前的工艺，存在反复加热或多次加热的问题，造成高能耗高排放，自我抹杀了与进口奶相比的天然优势，来之不易的优质奶源被浪费，也没有尽到为消费者提供优质乳的责任。所以，在标准中把加工工艺参数明确下来，既能降低企业加工成本，又能提高奶产品的品质，与进口奶相比在市场上更具有竞争力。实现真正的“标准提升品质、品质铸就品牌、品牌赢得信心”的奶业发展模式。

在新标准中规定乳品加工工艺参数，目的就是加工企业向消费者明确承诺，这个包装盒里是不是巴氏杀菌乳、是不是UHT灭菌乳、是不是复原乳，是不是货真价实，能不能做到童叟无欺。为此，新标准在巴氏杀菌乳、灭菌乳、复原乳鉴定这3个国家食品安全标准中引入了糠氨酸和乳果糖这2个新参数。农业部奶及奶制品质量监督检验测试中心（北京）2005年制定了农业行业标准《巴氏杀菌乳和UHT灭菌乳中复原乳鉴定》，至今已经有12年的科研积累，建立了奶产品质量监测数据库，同时结合国际研究进展综合分析发现，糠氨酸和乳果糖在生乳中含量极微，是牛奶热加工的副产物，能够科学区分生乳、巴氏杀菌乳、灭菌乳和复原乳，是规范奶产品市场的科学指标。从表6–1可以看出来，糠氨酸和乳果糖这两个指标，在4个标准之间实现了参数共享，避免相互矛盾，提高效率。

三是奶产品包装标识。拥有优质的奶源和一流加工设备，只是具备了物质基础，但是最终能不能为消费者提供优质的奶产品，还需要明确标识出来，让消费者放心消费，让加工企业铸就品牌，让养殖业平稳发展。所以新标准规定巴氏杀菌乳、灭菌乳的产品包装上可以明确标识所用生乳的等级、加工工艺参数和品质参数。

标识虽小，但是代表了企业的决心和信心，也代表了中国奶业的决心和信心，是提升消费信心和振兴奶业的关键举措；标识是向消费者传递情感的纽带，是一诺千金的情感，是珍惜呵护的情感；标识是自律的宣言，是提升管理水平、认真求实的体现，是一种追求优质绿色发展的精神。

## 三、讨论与交流

标准，始终是特定阶段的标准，始终要在实践应用中不断完善，没有最完美的标准，只有更完善的标准。尽管制定过程千辛万苦，但是仍然有待继续完善提高。

对于承担单位而言，生乳、巴氏杀菌乳、灭菌乳、复原乳鉴定4个国家食品安全标准的制定、修订，是义不容辞的责任和使命，“学以致用，奉献奶业，健康中国”始终是团队的宗旨。

胸怀若谷，海纳百川。秉承科学、公平、公正的原则，构建开放、透明、交流的工作方法，让标准制订、修订过程本身就成为吸取意见、凝聚共识、传播科学和培育市场的过程，是每一位热爱奶业同仁的期盼。

（奶业创新团队，张养东）

# 国家奶业科技创新联盟2017年度工作进展

## 一、构建了引领行业发展的联盟平台，具有强大凝聚力

农业部奶产品风险评估实验室对进口与国产液态奶进行系统评估，结果表明，安全指标都符合国家标准，但是在乳铁蛋白、β-乳球蛋白等活性营养因子方面，国产奶优于进口奶。因此，联盟提出“优质奶产自本土奶”的科学理念，研发出“优质乳工程技术体系”，依靠核心技术引领发展，把相关单位牢牢吸引在联盟平台之上，形成了强大凝聚力。

## 二、开发出品质优异、营养健康的奶产品，大幅度提升了企业核心竞争力

实施优质乳工程的25家示范企业，共享优质乳技术成果，优质生鲜奶收购价每千克上涨0.15元，加工用水、电、汽和清洁剂消耗降低15%以上，生产的巴氏杀菌乳铁蛋白平均含量是进口产品的8倍，核心竞争力显著提升，面对进口冲击时充满信心，从容应对。新希望华西乳业优质巴氏奶销量同比增幅18%；长富乳业在福建省巴氏奶的市场占有率达到90%以上。

## 三、引导大众消费国产优质乳，形成较大市场影响力

2017年，20个省25家优质乳工程示范企业举办宣讲会77次，发放科普资料7.3万册，参加现场科普的消费者28.7万人次，线上访问交流人数达7 724万人次，显著提升了消费者对国产奶的信心。海关数据显示，2017年度，我国进口巴氏杀菌乳和UHT奶66.8万t，同比仅增长5.4%，结束了2008年到2016年进口量年均增长70%以上的高速势头；从消费终端看，2017年1～6月尼尔森数据显示，国内液态奶销售量增长6%，扭转了2015年同期下降0.1%、2016年同期下降1.6%连续下滑的态势，国产液态奶产量和消费量都出现明显增加。原来点状的、分散的量变成果在联盟平台上聚集放大，与国家一系列奶业振兴政策共同发力，在推动奶业供给侧结构性改革方面取得初步成效。

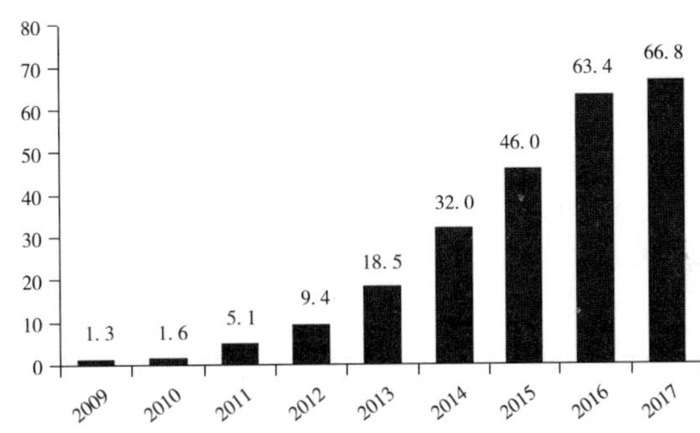


图6-1 巴氏奶和UHT奶进口量（万t）（2009—2017）

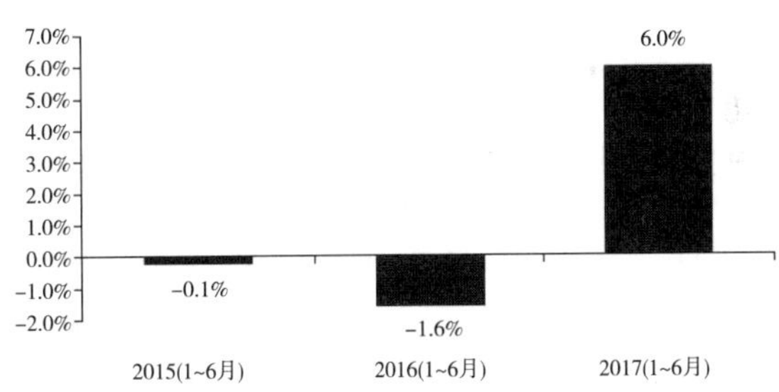


图6-2 国内液态奶销售增长速度（%）（2015—2017）

（国家奶业科技创新联盟，张养东）

# 国家奶牛产业技术体系工作情况

2017年，是“十五”任务实施第一年，根据农业农村部部署安排，国家奶牛产业技术体系（以下简称奶牛体系）紧紧围绕奶牛高产高效生态养殖技术研究与集成示范、奶牛重要疾病防控关键技术研究与示范推广等主要体系任务，以及扶贫任务、奶业竞争力提升等全面落实推进各项工作。

## 一、2017年度工作总体完成情况

2017年，奶牛体系在科学研究、服务产业、推动农业供给侧改革、农业绿色发展等全面推进，引领奶业科技创新,推动产业提质增效,技术支撑政府决策。其中，取得新技术4项，新产品14项，新设备7项，1项国家标准（报批），2项行业标准（报批），8项地方标准（获批），计算机软件9项，专利41项，论文265篇，其中SCI 65篇，著作5部，8人入选省部级人才，获得省部级奖励5项，举办培训班206场，培训15 000多人次，推广主推品种8项，主推技术22项，进行各种技术咨询157次。

## 二、针对农业生产技术需求开展的科研工作成效

**1. 建立种公牛自主培育和遗传评估体系。**与中国奶协、首农集团、北京奶牛中心及丹麦Aarhus大学等机构合作，建立最权威的北京地区系谱数据库（47.6万条）、获得中国荷斯坦牛青年牛与成母牛共19个繁殖性状的群体遗传参数，建立了反映平衡理念的奶牛选择指数；与丹麦参考群联合，挖掘到经多种验证的繁殖性能相关的IL6R、SLC39A12、CACNB2、ZEB1、ZMIZ1及FAM213A 6个基因。经过2016—2017年的努力，将评估性状的信息扩展至既包括繁殖性状、产犊性状，也包括泌乳性能（7个）、体型（23个）、生长（2个）、健康状况（5个）及长寿性（2个）在内的全性状数据库及评估平台。为奶牛中心定期发布育种值、首农指数提供了技术支持,为荷斯坦种公牛自主培育奠定了基础。

**2. 建立基于质谱技术与蛋白分析技术的A2奶及遗传病筛选平台。**以A2奶及奶牛遗传病筛查和诊断为核心内容，建立基于质谱技术的遗传分析技术，逐步实现标准化，并申请专利两项。该法主要是用于确定奶牛是否具有β-酪蛋白A2蛋白基因及奶牛遗传病基因的检测方法，即利用PCR技术、单碱基延伸技术和质谱技术，对奶牛的β-酪蛋白基因进行检测，确定该奶牛是否具有β-酪蛋白A2蛋白基因及奶牛遗传病基因，以及它们产生相关蛋白的能力。

**3. 引领国内种公牛站步入奶牛种质培育国际化、冻精推广国产化时代。**在不断深化奶牛全基因组选择技术过程中，不仅实现了后备公牛早期优选，也将自主培育的种公牛注册到美国荷斯坦协会和美国动物育种者协会，使注册的种公牛遗传信息可以在国际行业内公认网站上随时查阅，显著提高了我国种公牛站的国际影响力。目前，在网（www.dairybulls.com）上可以查到国内几家育种公司等200余头种公牛的遗传信息，其中不泛GTPI指数达到2 700以上的优秀个体。优良种质实现与国际化接轨，提高了国内市场对自有品牌的认可度及可信度，同时国内冻精也开始走出国门。

**4. 建立奶牛饲料和营养大数据平台。**不断补充完善饲料营养价值数据库，补充可发酵有机物FOM、淀粉等指标，开发“牛人配方”在线配方软件系统，2017年开始在线免费试推广。收集了12 242条成母牛数据分析了北方规模化牧场奶牛体重、体况和产奶量变化规律，收集了1 329头围产期荷斯坦奶牛的相关数据，分析了体况评分及过渡天数对产犊、泌乳、繁殖和健康影响的关系。

继续完善后备牛相关营养调控、营养需要研究，通过整理76万条后备牛数据，发布了《中国后备奶牛培育现状研究报告2.0》，为后备牛培育提供支撑。

**5. 非常规饲料资源开发、提质和营养评价。**完成了籽粒苋、高丹草、马铃薯渣、青贮稻草的营养价值评定及加工调制技术研究，同时完成了甜叶菊颗粒料、籽粒苋、玉米胚芽粕和米糠、活性干酵母、糖蜜的开发利用研究；发现籽粒苋、玉米胚芽粕和米糠、甜叶菊颗粒料均可用作奶牛粗饲料，活性干酵母和糖蜜对奶牛生产性能具有提升作用。在奶牛日粮中添加籽粒苋每头牛每天多盈利2.31~2.7元。

**6. 后备牛标准化养殖技术研究。**确定蒙贝利亚与荷斯坦杂交后备牛所需粗蛋白水平在12%左右。研究发现随着日粮NFC/NDF水平的降低，犊牛ADG显著降低；不同营养水平日粮对7~10月龄育成牛肝脏中多个基因的相对表达量有显著影响，日粮能量5.94 MJ/kg、蛋白14%时能够保持其最佳生长速度；在低粗料限饲模式下，40%玉米青贮水平对后备牛最合适。犊牛研究方面发现不同液体日粮对犊牛前21 d的日增重影响极显著；此外微量抗生素对犊牛瘤胃VFA浓度和瘤胃上

皮形态都有显著影响。

**7. 通过改善粗饲料品质、精准饲养等技术提高奶牛饲料转化效率。**将不同粗饲料组合对奶牛饲料转化效率的影响进行了研究，结果发现，苜蓿青贮组的乳脂率和乳蛋白率低于苜蓿干草组；小麦青贮组的乳成分显著优于苜蓿青贮组；饲喂玉米青贮经济效益更好；通过青贮、黄贮和秸秆揉丝等饲料加工与贮藏技术改善粗饲料的适口性和品质，进而提高饲料的转化效率。

**8. 节能减排的营养调控技术研发与集成。**研究发现，芽孢杆菌制剂具有降低氮排放的潜力；日粮中精料水平的适宜提高，使得断奶犊牛日增重显著增加且可减少甲烷排放；泌乳期低蛋白日粮中补充过瘤胃赖氨酸和过瘤胃蛋氨酸可降低 18.2% 氮排放量。

**9. 建立奶牛重要疫病诊断技术和病原检测方法。**优化乳头状瘤病毒诊断方法 1 种，缩减检测时间为原来的 1/2 以上；建立基于组织、乳样等样品的牛结核病快速 PCR 诊断方法；建立奶牛衣原体、Q 热现场快速检测方法；成功研制了牛支原体等温扩增试剂盒，并已申报国家新兽药证书，实现对牛支原体病的早期诊断。

**10. 联合开发了产业化应用前景良好的新型布病疫苗。**与中国兽医药品监察所等单位合作研发布鲁氏菌新型疫苗 Ra343。该疫苗为 S2 疫苗株传代缺失菌株，测序结果显示该菌株缺失了引起虎红凝集的抗原蛋白编码基因，而其他主要抗原蛋白未缺失。故该疫苗既保留 S2 疫苗良好免疫原性，且不产生虎红凝集抗体，可通过常规方法与野生毒株区分。目前该疫苗已获得临床批件，应用前景良好。疫苗的临床应用对于我国两病净化具有重要意义。

**11. 建立牛奶兽药及其他有害物残留检测技术。**与产业化基地北京维德维康生物技术有限公司合作，成功开发上市了地塞米松残留快速检测的 ELISA 试剂盒，该产品已在全国 20 余个省市的食品安全监测机构及食品生产大型企业如伊利、三元等推广使用，产生了良好的社会效益和经济效益。成功开发出用于牛奶中抗生素等有害物残留检测的荧光定量快速检测系统，该系统可用于牛奶中林可霉素、红霉素、黄曲霉毒素 $M_1$、四环素等危害因子的快速定量检测，具有灵敏度高、检测时间短、操作简便、便于携带、可实现远程监管等特点。

**12. 开发奶牛专用音乐和温室气体吸附装置改善奶牛福利。**探索音乐要素通过激素和神经递质影响奶牛的泌乳行为机制，开发安抚奶牛情绪和提高奶产量的专用音乐，在新疆和内蒙古地区进行推广应用，改善了奶牛福利，提高了奶牛产奶量。总结出中产奶牛温室气体的排放规律，配合开发的温室气体吸附剂和吸附装置，推广后降低了温室气体排放量。

**13. 新型节能减排膜覆盖好氧堆肥反应器研发成功。**针对现有实验室规模好氧堆肥反应器系统存在的智能控制水平低、堆肥过程臭气及温室气体排放量大导致环境污染等问题，选用智能反馈系统和覆盖选择渗透膜对实验室规模好氧堆肥反应器系统进行升级改造。设计一种新型节能减排膜覆盖好氧堆肥反应器试验系统。堆肥过程二氧化碳、甲烷、氧化亚氮的排放量相比膜内减少了 70% 以上。为规模化奶牛养殖场粪污好氧堆肥减排和清洁生产提供理论和基础支撑。

**14. 建立国内最大乳酸菌库，开发新型乳制品。**进一步扩建乳酸菌菌种资源库使菌种保藏数量达 7 060 株；筛选出具有产业化应用前景乳酸菌菌株 3 株；完成了自然发酵乳中 140 株瑞士乳杆菌的基因组重测序；完成益生菌 *L.plantarum* P-8 在人和动物体内的微进化研究；完成初生婴儿肠道菌群与母体各部位菌群相关性研究；完成 10 株优良益生乳酸菌高密度发酵工艺的优化和 3 株乳酸菌的冷冻干燥保护技术研究，使冻干过程中活菌存活率提高至 90%；研发了益生菌酸奶、益生菌儿童发酵乳和抗真菌污染发酵乳等产品加工技术。将氨肽酶水解活性菌株应用于干酪加工，显著降低干酪苦味，提升干酪品质；开展了干酪加工关键技术研究，开发了干酪新产品。

**15. 开发干酪新产品。**开展干酪品质改良技术研究，重点去除干酪苦味。利用具有氨肽酶水解功能的益生菌株开展干酪品质改良技术研究，降低了干酪成熟过程中的苦味，改善了干酪品质，丰富了干酪风味。利用不同成熟时间的切达奶酪及辅料开发再制干酪新产品 3 种。从干酪中筛选出具有优良发酵特性的乳酸乳球菌 R2-7 和 R2-8，并以这两株乳酸乳球菌为主发酵剂生产切达干酪，检测自主开发的主发酵剂的性能。

**16. 奶产品中关键风险因子和重要活性因子评估。**对黑龙江等 5 个省份的生鲜乳中黄曲霉毒素 $M_1$ 和赭曲霉毒素 A 进行评估，形成《2017 年我国五省市生鲜乳中霉菌毒素评估报告》1 份；研究生鲜乳黄曲霉毒素污染关键控制点，形成农业行业标准报批稿《生乳中黄曲霉毒素控制技术规范》1 份；研究黄曲霉毒素 $M_1$ 与赭曲霉毒素两种霉菌毒素共存后对肠道上皮细胞 TEER 值、通透性、紧密连接蛋白的影响，发现两种毒素存在协同效应破坏肠道的屏障。

## 三、在农业生产中的培训服务情况

2017 年，奶牛体系全面贯彻落实体系任务书以及提升奶业竞争力要求，继续深入推进农业科技快速进村、入养殖场，采取现场指导、技术示范、座谈走访、小型培训以及大型培训班等多形式、多样化的培训方式，开展了奶牛场高级人才研修班、金钥匙现场示范会、牛精英计划（学生培养项目）以及基层骨干农技人员和养殖场（大户）培训活动。奶牛体系 31 位岗位科学家和 21 个综合试验站 2017 年共计培训 206 场，培训岗位人员 1.5 万余人次。

**1. 金钥匙培训成为国内奶业科技示范和培训的知名品牌。**“金钥匙”培训由奶牛体系与农业主管部门通力打造，重在“宣传政策、传授技术、答疑解惑、现场诊断、操作示范”。“金钥匙”培训作为一个完全的公益性培训，自 2009 年开办以来，已连续运行 8 年，成为国内奶业科技示范和培训的知名品牌。2017年奶牛体系联合各方面资源，不断创新培训模式，引入战略合作伙伴实现强强联合，提升培训的针对性和执行力，应用科学精准的现场诊断工具（近红外检测仪、粪便分析筛、宾州筛、干草取样器、体细胞检测仪、酮病检测仪、尿素氮检测仪、热成像检测仪等），以数据说话，邀请社会责任专家和社会媒体现场观摩，加强宣传，培训效果显著，社会反响强烈。2017年在国家奶牛产业技术体系21个试验站的200多家辐射牛场进行了技术示范；在奶业主产省区如内蒙古、黑龙江、河北、山东、新疆、天津、辽宁等省区市，开展了14期奶牛“金钥匙”技术示范培训。培训累计指导了40家牛场，开展技术报告100个，培训人数2 200余人次。

其中，金钥匙与蒙牛合作的专场活动两年以来，行程超过50万km，覆盖1 045家牧场，单产平均提升2kg以上，公斤奶成本平均降低0.19元/kg，提升牧场效益数亿元。高产高效典型配方技术提高合作牧场奶牛养殖单产水平1~2kg/d，饲料转化效率提高0.1左右。

**2. 奶牛场高级人才研修班逐步创建中国奶业的“黄埔军校”。**2017年共举办三期研修班，累计培训195人次。研修班立足奶牛产业发展对高级管理人才的需要，沿着奶业产业链，从奶牛繁育、饲料生产、营养调控、疾病防控、挤奶操作、生产管理、牛舍设计、粪污处理8个方面开展奶业关键技术示范、培训与推广。培训设计四个模块：第一模块为专业知识梳理；第二模块为派驻现场实训；第三模块返校案例教学；第四模块为专业能力考试和答辩考核。研修班的举办引起社会各界的高度关注，为培训企业和我国规模化奶牛场的可持续发展培养合格的场长和后备场长。

**3. 继续开展牛精英计划，培养学生实践动手能力。**牛精英联盟致力于培养未来中国牛产业的高级人才。在“践行总书记实践育人教育思想，培养与祖国同行的畜牧业精英”战略目标的带领下，牛精英开创性地探索出以“双螺旋四阶递进”人才培养模式和三级升华的“情怀驱动机制”。2017年，牛精英联盟国际影响力大幅提升，吸引世界奶业87位行业专家担任联盟校外指导教师，外籍指导教师18位，与企业在国内21个省（市、自治区）共建157个实践实习基地，海外实习基地11个，累计签订7项国际合作协议，牛精英的脚步已经迈向了美国、爱尔兰、荷兰、德国这些更远的地方。

**4. 岗位科学家和试验站加强实用技术推广。**体系岗位科学家和站长与示范基地建立固定对接关系，定期走访、小型座谈、大型培训、现场指导，加强与示范基地的紧密联系，推进岗位科学家和试验站新技术的示范应用和推广。岗位科学家杨宏军团队基于依托单位已建立的奶牛疾病“120”检测平台，坚持服务奶牛生产一线，帮助贫困地区的奶牛养殖户开展免费的疾病检测服务。2017年总计为农户免费检测样本1 028份。2017年体系功能研究室、岗位科学家和站长组织和参加的培训会和现场指导200多次，培训人数超过1万余人次。

## 四、农业生产应急服务和决策咨询情况

**1. 及时应对强降雨对奶牛饲料种植带来的影响，开展现场指导提出救灾措施。**2017年9~10月，河南省出现持续降雨，涝灾对河南省花生收获与花生秧粗饲料及奶牛生产造成严重影响，河南岗位科学家积极调研受灾情况并形成报告，对当地花生秧收贮技术和饲养奶牛技术进行现场指导，减少灾后损失。

**2. 积极参加奶业行业会议，提供行业发展与技术咨询。**2017年积极参与农业农村部举行的各种行业分析会议，配合农业农村部完成各种调研活动，向行业主管部门提供国内饲料资源利用情况、奶牛养殖情况、奶业发展现状和趋势以及国际贸易情况，为主管领导了解国内和国际奶业动态、把握全国局势提供了第一手资料和数据，深受领导好评。同时，奶牛体系办公室每月都整理分析奶业发展动态，增加了领导及公众对当前我国奶业形势的了解，加大了奶牛体系的宣传力度。

作为农业农村部奶办和奶协的技术支持，积极配合完成各项行业咨询，2017年完成《中澳两国开展奶业合作的建议》《国内外乳粉检测现状》等7项报告，上报行业主管部门。

## 五、行业宣传和对外交流

**1. 定期发行奶业知识和形势分析，加强宣传。**奶业经济研究室定期编辑和发行《中国奶业经济月刊》《中国奶业贸易月刊》《国际奶业市场动态周报（双周）》《中国奶业经济调查研究》，主要收集国内外奶业生产、加工及行业发展动态、奶业国际贸易、政策和趋势等相关信息，目前已成为农业农村部、各奶业优势省区主管领导、企业家和学者了解我国奶业和国际奶业发展、贸易情况的案头参考资料，受到政府、协会、企业界的广泛赞誉，电子版发行量逐期增加。

体系的另一个宣传途径是工作简报，内容以国家奶业政策、国内和国际奶业发展动态、体系工作动态、岗位科学家和站长的科研成果为主，这也是体系向产业展示其科研进展与工作动态的一条有效途径。2017年奶牛体系完成简报3期，电子版的定向发行量约800人次。

**2. 通过网络、微信、纸媒、电视节目进行宣传。**2017年一方面利用电视纸媒等传统媒体进行体系培训等报道，另一方面继续利用“国家奶牛产业技术体系”和“奶牛金钥匙”等新媒体公众号平台以及各岗位和试验站的地方宣传平台等开展工作和技术宣传及对外交流信息。

首席科学家李胜利2017年3月接受中国科学报专访《白银期，中国乳业挑战不可能》；中央台科技频道（10套）专题节目《活着进入肠道的益生菌》邀请张和平教授进行了带我们一起走进益生菌的世界的专题。刘长全2017年6月22日接受《经济日报》专访，《国外乳企全面进入，我国奶业咋办？》

**3. 积极加强与国内外奶业的交流与合作。**2017年，体系积极加强同国内养殖企业、乳品加工企业以及高校

和其他地方体系的交流合作，共同探讨全球奶业低迷情况下，研究中国奶业产业竞争力提升技术，找寻奶业振兴的有效措施。

2017 年，团队成员先后考察了荷兰、美国、新西兰等国家奶业，并和这些国家奶业方面的政府官员和专家进行了交流和座谈，商讨了在奶业领域开展具体合作的内容和方案，加深了相互了解，增强了与这些国家的交流与合作。

2017 年 6 月在中国奶业大会分会场举办了中国新西兰奶业论坛、中荷奶业论坛，来自国内大型企业、奶牛体系和新西兰的专家做了奶业发展和问题的专业报告，加强了两国的交流。2017 年 11 月，举办了“国际奶业战略和技术中心成立及产业发展论坛”，邀请了 IFCN 主席、多个驻华大使馆代表，国内奶业产业代表等参加了会议和研讨。牛精英联盟（ECPA）组织中国、美国、爱尔兰学生互访交流活动，为产业培养高素质、具有国际视野的人才。

## 六、扶贫工作情况

根据农业部 2016 年的部署，奶牛体系参加的特困区扶贫任务包含地区有西藏及四省藏区、新疆南疆四地州、六盘山区、大兴安岭南麓山区、燕山－太行山区、大别山区。其中，燕山－太行山区特困区总协调人之一为奶牛体系首席科学家。2017 年主要负责燕山－太行山地区，乌蒙山片区，大兴安岭地区，大别山连片特困区，黑龙江省贫困区，承德、张家口、石家庄、保定特困区，西藏，拉萨等地区奶业扶贫工作。

**1. 建立典型扶贫模式。**在贫困区主要应用行业知识进行科技帮扶，主要内容涉及奶牛养殖的繁殖育种、疾病防控、环境控制、营养饲料、牧草种植、饲料调制、经营管理等。岗位科学家针对不同的贫困地区形成了几种典型的扶贫模式：综合试验站的联农带农模式（土地种植带动模式、奶牛养殖托管带动、解决农村剩余劳动力方式）、课堂集中培训模式（课堂短期培训、轮岗培训模式）、现场技术培训、实物捐赠模式、与其他模式相结合方式（与山东“第一书记”帮扶相结合、与新疆“访汇聚”项目结合）等，取得了非常好的效果。

**2. 精准扶贫。**主要通过精准对接扶贫地区当地企业，带动周边农牧民就业和增收。首席科学家李胜利教授从 2016 年响应农业农村部部号召，开始对西藏城关区奶业开展全方位的技术支持工作。2017 年依托于成立的拉萨试验站，继续支持当地奶牛养殖基地和加工产业链的发展。首席科学家李胜利教授对口技术支持指导张家口怀安城牛场，指导其向规范化、标准化牧场的方向发展。牛场通过不断整合当地小规模养殖场户，奶牛存栏由 700 头迅速扩群到 1 200 头，泌乳牛日产奶量由 26kg 提升到 30kg，带动当地青贮种植面积达到 100hm$^2$，青贮到场价格达到 450~500 元 /t，促进了当地农民的增收。

## 七、提升奶业产业竞争力

针对奶牛生产成本高、竞争力不强、优质牧草不足、资源约束趋紧、产业组织化程度不高、利益联结不紧密、养殖加工“两张皮”、饲养方式相对落后、单产较低、国内乳制品消费信心不足等制约奶业发展的产业和技术问题，根据 2016 年全国农业工作会议“实施农业竞争力提升科技行动”工作部署和我国奶业面临的主要产业及技术问题，国家奶牛产业技术体系联合部分 D20 联盟企业开展了“提升奶牛养殖竞争力科技行动”。

结合奶牛体系重点任务，2017 年奶牛体系主要在北京市大兴区、天津市北辰区、河北省定州市、河北张家口市塞北管理区、辽宁省海城市、内蒙古自治区土默特左旗、新疆维吾尔自治区呼图壁县、上海市崇明区、宁夏回族自治区贺兰县和四川省洪雅县围绕提高奶牛饲料转化效率研究与应用、后备牛标准化养殖技术研究与应用、节能减排的营养调控技术研发、我国生鲜乳低成本高效检测方法研发、奶牛常见疾病诊断技术和检测方法研究方面开展了相关工作，节本增效效果显著。

2017 年奶牛体系不断集成和整合奶业提质增效多项技术，以点带面，通过在体系试验站和 200 家辐射场开展推广应用，借助奶牛“金钥匙”等技术推广平台，培训产业优秀人才，实现奶牛养殖效益大幅提升。使示范牛场的生产水平逐年提高，成母牛年单产由 2016 年的 8.2t 提高到 8.6t，提高了 5% 以上，饲料转化效率提高 1% 左右；生鲜乳乳脂率、乳蛋白率提高 0.5% 和 0.9%，细菌数降低 29% 和 11.3%，生鲜乳质量大幅提高；每千克奶成本略有降低，产业竞争力得到一定程度的提高。

奶牛体系建设依托单位是中国农业大学，李胜利教授为首席科学家。奶牛体系岗位的设置综合考虑了成员研究领域、知识层次、年龄结构以及奶牛场示范辐射效应，基本保证了我国奶业研究的主要大学和科研单位都有岗位科学家，优势产区设有试验站的布局，为构建国家奶牛科研与推广的产业技术体系打下了坚实基础。其主要机构及组成情况如下。

1. 奶牛产业技术研发中心由 6 个功能研究室组成。每个功能研究室设研究室主任 1 名和岗位成员若干：遗传改良研究室（7 名）、营养与饲料研究室（9 名）、疾病防控研究室（6 名）、生产与环境控制研究室（4 名）、加工研究室（4 名）、产业经济研究室（1 名），共计 31 位岗位科学家和 112 名团队成员（表 6–2）。

2. 奶牛产业技术研发中心下设 21 个综合试验站，每个综合试验站设站长 1 名（84 名团队成员）。综合试验站涵盖 115 个示范县、210 个示范辐射牛场、345 名技术推广骨干。

3. 体系还设立了由体系首席科学家、岗位科学家和试验站站长代表共 13 人组成的执行专家组，以及由知名专家组成的咨询专家组（4 人）和首席科学家办公室（6 人）（表 6–3）。

表 6-2　2017 年度国家奶牛产业技术体系人员名单

首席科学家：李胜利

国家奶牛产业技术研发中心人员：曹志军、杨敦启、王雅晶、姚琨、夏建民、都文

岗位科学家

| 研究室名称 | 岗位专家 | 岗位名称 | 所在单位 |
|---|---|---|---|
| 营养与饲料研究室 | 刘建新（主任） | 泌乳生理与调控 | 浙江大学 |
| | 李胜利 | 泌乳牛饲养管理 | 中国农业大学 |
| | 李建国 | 营养需求与饲养标准 | 河北农业大学 |
| | 高　民 | 粗饲料资源开发与利用 | 内蒙古自治区农牧业科学院 |
| | 张永根 | 饲料营养价值评定 | 东北农业大学 |
| | 王中华 | 饲料安全监测 | 山东农业大学 |
| | 高腾云 | 奶牛环境营养 | 河南农业大学 |
| | 蒋永清 | 后备牛饲养管理 | 浙江省农业科学院 |
| | 赵国琦 | 饲料配制与工艺 | 扬州大学 |
| 疾病防控研究室 | 李建喜（主任） | 传统中兽医兽药防治 | 中国农业科学院兰州畜牧与兽药研究所 |
| | 高明春 | 病毒性传染病防控 | 东北农业大学 |
| | 范伟兴 | 细菌性传染病防控 | 中国动物卫生与流行病学中心 |
| | 吴文学 | 奶牛场生物安全与综合防控 | 中国农业大学 |
| | 杨宏军 | 繁殖病防控 | 山东省农业科学院奶牛研究中心 |
| | 沈建忠 | 兽药残留检测 | 中国农业大学 |
| 生产与环境控制研究室 | 王加启（主任） | 生鲜乳质量控制与安全检测 | 中国农业科学院北京畜牧兽医研究所 |
| | 施正香 | 牛舍设计与养殖装备 | 中国农业大学 |
| | 余　雄 | 环境控制与奶牛福利 | 新疆农业大学 |
| | 韩鲁佳 | 粪污处理与利用（肥料化） | 中国农业大学 |
| 遗传改良研究室 | 张胜利（主任） | 后裔测定与遗传评估 | 中国农业大学 |
| | 王雅春 | 育种规划与核心群建立 | 中国农业大学 |
| | 孟庆勇 | 育种技术与方法 | 中国农业大学 |
| | 史远刚 | 奶牛品种资源评价 | 宁夏大学 |
| | 杨利国 | 繁殖技术 | 华中农业大学 |
| | 朱化彬 | 胚胎工程 | 中国农科院畜牧所 |
| | 仲跻峰 | 良种扩繁与生产技术 | 山东农科院 |
| 加工研究室 | 张和平（主任） | 乳酸菌及发酵乳加工 | 内蒙古农业大学 |
| | 张列兵 | 乳粉及液态奶加工 | 中国农业大学 |
| | 李盛钰 | 干酪加工 | 吉林省农业科学院农产品加工研究所 |
| | 郑楠 | 质量安全与营养品质评价 | 中国农业科学院北京畜牧兽医研究所 |
| 产业经济研究室 | 刘长全（主任） | 产业经济 | 中国社会科学院农村发展研究所 |

表 6-3　岗位科学家

| 试验站名称 | 站长 | 所在省份 | 所在单位 |
| --- | --- | --- | --- |
| 哈尔滨综合试验站 | 张维银 | 黑龙江 | 黑龙江省奶业协会 |
| 齐齐哈尔综合试验站 | 王永信 | 黑龙江 | 黑龙江克东瑞信达原生态牧业股份有限公司 |
| 鞍山综合试验站 | 谢振全 | 辽宁 | 鞍山市恒利奶牛场 |
| 保定综合试验站 | 孙凤莉 | 河北 | 河北省畜牧兽医研究所 |
| 石家庄综合试验站 | 张新同 | 河北 | 河北省农林科学院 |
| 济南综合试验站 | 赵　鲲 | 山东 | 济南佳宝乳业有限公司 |
| 大同综合试验站 | 马腾 | 山西 | 山西省大同市良种奶牛有限责任公司 |
| 呼图壁综合试验站 | 葛建军 | 新疆 | 新疆呼图壁种牛场有限公司 |
| 克拉玛依综合试验站 | 邹阿玲 | 新疆 | 克拉玛依绿成农业开发有限责任公司 |
| 西安综合试验站 | 党东河 | 陕西 | 西安现代农业综合开发总公司 |
| 银川综合试验站 | 赵国丽 | 宁夏 | 宁夏正鑫牧业科技发展有限公司 |
| 三元综合试验站 | 李锡智 | 北京 | 北京首农畜牧发展有限公司 |
| 延庆综合试验站 | 任师喜 | 北京 | 北京市归原农业生态有限公司 |
| 北辰综合试验站 | 于　静 | 天津 | 天津市梦得牧业发展有限公司 |
| 武清综合试验站 | 贾春涛 | 天津 | 天津市武清区海林养殖场 |
| 上海综合试验站 | 袁耀明 | 上海 | 光明牧业有限公司 |
| 伊利综合试验站 | 韩吉雨 | 内蒙古 | 内蒙古伊利实业集团股份有限公司 |
| 奶联社综合试验站 | 李兆林 | 内蒙古 | 内蒙古自治区奶联科技有限公司 |
| 哈尔滨农垦综合试验站 | 甘文平 | 黑龙江 | 黑龙江省农垦科学院畜牧兽医研究所 |
| 大理综合试验站 | 张克强 | 云南 | 农业部环境保护科研监测所 |
| 拉萨综合试验站 | 尼玛穷达 | 西藏 | 西藏自治区拉萨市城关区净土农业发展有限公司 |

（中国奶业协会，陈兵、刘泽禹）

# 2017年度国家牧草产业技术体系建设情况

## 一、总体情况

### (一)引领农业科技创新方面

**1. 积极完成科研创新，推动草牧业提质增效。**我国农业生产资源有限，科技创新成为我国农业发展的唯一出路。在2017年出台的中央1号文件，紧紧围绕深入推进农业供给侧结构性改革，对农业科技创新和农业现代化发展作出了战略部署。我体系深入领会中央一号文件精神，准确把握农业科技创新面临的新形势、新需求和新任务，加快构建符合国情的现代农业科技创新体系，切实把现代农业发展的动力转换到科研创新上来。在2017年度成功选育出10个国审饲草品种和2个省审饲草品种，引进、收集牧草种质资源338份，发掘新育种材料62个，形成新型饲草管理、栽培技术32套，研制新型收获、装载设备4套，开发草产品相关软件21项。通过新产品的研发共申请发明专利38条，实用新型专利92条，并且体系成果“青藏高原特色牧草种质资源挖掘与育种应用”荣获国家科技进步二等奖，“中国牧草种质资源收集、保存、评价和创新利用”荣获2016—2017年度农业部神农中华农业科技奖二等奖，为我国牧草产业发展、推动供给结构性改革提供了重要的科技支撑。

**2. 加强产业体系多层次交流与合作，探索全产业链科技创新。**本年度牧草产业技术体系通过举办各种交流会，加强产业体系多层次交流与合作，取得理想效果。

为探讨产业进步难点、促进产业技术升级、实现产业发展创新，并搭建产－学－研合作供需平台，加强专家学者、各级草业企业交流合作，2017年7月29~30日，国家牧草产业技术体系与内蒙古呼和浩特市人民政府等单位携手，在呼和浩特成功举办“2017(呼和浩特)全国草产业创新大会－全国牧草生产技术交流研讨会暨产品展示会”，包括牧草领域专家、学者、企业在内的近500人参加了本次会议，会议包括主题论坛、论辩答疑、展览展示等，展位不收取任何费用，鼓励各企事业单位参会参展增进交流，旨在打造我国首次公益性草产业展览盛会。

为开拓创新工作方式，加强不同体系间交流，2017年10月14日国家牧草产业技术体系在北京召开首届全国“粮改饲”与草牧业发展战略研讨会，农业部畜牧业司副司长李维薇、国家奶牛产业技术体系首席科学家李胜利教授、农业部畜牧业司饲料处处长李大鹏等专家领导应邀参加本次研讨会，是我体系草畜结合的一个重要里程碑。

为提高草原生产力，推动草原改良工作，2017年10月24日国家牧草产业技术体系邀请草原改良相关领域十几名专家在中国农业大学动物科学技术学院组织召开首次“国家牧草产业技术体系草原改良工作研讨会”，并于2017年12月9日在吉林省长春市组织30多名专家召开国家牧草产业技术体系“提升草原生产力关键技术研讨会”，以期进一步推动我国草原改良工作。

为贯彻落实我体系产学研合作工作，推进以企业为主体、市场为导向、产学研相结合技术创新体系的建设，有效地配臵科技资源，激发体系的创新活力和企业的创新能力，2017年12月3日，国家牧草产业技术体系于北京市湖北大厦组织召开与八家企业的“科研合作协议书”签订会，并在会议期间达成共识：国家牧草产业技术体系从各个企业的需求出发，与企业一同开展技术攻关，解决企业所在区域牧草提质增效、节本增效、丰产增效等方面存在的重大技术难题。

为促进体系科技成果转化、加速科技成果产业化，本年度体系各技术岗位和综合试验站以依托示范基地为主要场地，通过理论授课、专题讲座、座谈讨论会、现场答疑、观摩考察、实践操作、发放技术手册等多种形式，累计开展各种类型的科技服务工作场358(次)，培训基层农业技术研究与推广人员、企业技术人员、农牧民共41 991人(次)，并在黑龙江省哈尔滨、内蒙古呼和浩特、河北省沧州以及张家口先后召开4次草堂行——“饲草机械化生产技术专题培训会”及“苜蓿半干裹包青贮技术培训会”等，安排了不同研究领域的专家几十人，依据各地的苜蓿生产关键技术需求及草畜结合需求进行了集中授课，仅河北沧州就举办饲草生产、草畜结合、林草畜生产等相关内容是技术培训会共4场次，培训人数1 000余人次，发放《苜蓿产业化生产技术手册》和《饲料加工工艺与设备》等相关技术指导材料1500余份；培训活动受到与会人员的肯定和好评。

### (二)推动农业提质增效方面

2016年由于受到到国内牧草种植土地租金、和劳动成本大幅提高，而牧草售价却基本持平的双向挤压，使得牧草产出效益有所降低。本年度为提高我国牧草产出效益，体系各岗位及试验站联合攻关，研究集成了我国南北方的牧草新品种的开发和高效利用技术、虫害防治技术等，并在示范基地进行推广与应用。如分别在宁夏、吉林等地推广示范苜蓿新品种：中苜3号、甘农3号、公农1号示范区产量比种植本地苜蓿平均提高30%~40%；在呼伦贝尔进行苜蓿免耕补播试验，黄花苜蓿的生物量和RFV分别增加了34%和8.73%；在宁夏推广苜蓿繁种技术，比2017年增产80%；黄土丘陵区苜蓿机械化生产技术，提高苜蓿粗蛋白2~3个百分点，产量增加30%以上；在云南进行青贮玉米适宜品种筛选的关键技术研究与示范，产量提高42.8%~50%；此外在云南进行的人工草地建植与利用多项集成技术的推广与示范，牧草干物质产量较天然草地提高2~6倍；在宁夏开展苜蓿夜蛾的防治技术示范，防治效果达到85%以上；苜蓿蓟马的防治技术示范，防治效果达到90%以上；苜蓿蚜虫的防治技术示范，效果达到90%以上；甜高粱、玉米棉铃虫的防治技术示范，防治效果达到85%以上；在山东开展的杂草绿色防除技术研究，提高苜蓿干草产量65.2%。通过以上提质增效的技术实施，大大降低了我国牧草种植成本，并提高我国牧草产品市场竞争力。

（三）推动农业绿色发展方面

党的十八大以来，党中央国务院高度重视绿色发展。习近平总书记多次强调："绿水青山就是金山银山"。我体系岗位专家参加农业部"关于农业结构调整和绿色产业发展"的调研及报告撰写时也建议呼伦贝尔市人民政府要紧紧围绕呼伦贝尔是我国北方重要的生态安全屏障这一主题，遵循"在保护中发展、在发展中保护"的理念，妥善处理好生态保护与经济发展的关系，实现经济与生态协调发展。为了响应党中央号召，我体系从草地生态恢复、除草剂污染防治、畜禽粪污污染防治三个方面开展工作来推动我国草牧业的绿色发展。

针对我国北方干旱半干旱草原、西部盐碱退化草地、北方草甸与草甸草原、青藏高原高寒草地、西藏天然草地等不同地区的生态问题，体系各岗位及试验站将草地生态恢复与草地生产力的提高紧密结合，做了大量草原改良工作。如针对我国青藏高原高寒草地沙化状况日趋严重的现象，我体系青藏高原牧草育种岗位采用优异燕麦品种构建生物活体沙障，通过地上活体植株、地下根系及微生物环境等协同作用，形成"植被－土壤－微生物"的沙地生态恢复治理技术体系。同时结合中药材、治沙灌木等集成创新"草－药－灌"的生态经济治理模式，在四川红原、青海海晏等地建成沙化治理示范基地1 000余亩，植被恢复速度快，平均盖度达到77.5%，在沙化地植被恢复、生态经济效益方面取得显著成效，为川西北地区沙产业及高寒藏区生态文明建设等奠定了重要的基础。

为避免牧草田施用除草剂带来的环境污染，实现牧草田间杂草的生态防控，我体系也开展了一系列杂草绿色防除技术研究，其中，膜侧种植防除苜蓿田杂草的技术，使苜蓿在种植当年最高可以使杂草的盖度降低46%，另外菱形种植技术可以使苜蓿田杂草盖度降低11~35%，并且这项技术已经申报了国家发明专利，2018年将会进一步验证和纯化此项技术，期待此项技术能够引领苜蓿种植当年的毒杂草生态防控工作，减少苜蓿产业中喷洒除草剂带来的环境污染和经济损失。

此外针对我国养殖企业粪污造成的环境污染问题，我体系多位岗位专家与试验站站长纷纷与养殖企业合作，走出了一条以草补料、以粪作肥、种养结合、生态养殖的路子。如体系成型草产品加工利用岗位与当地公司充分利用三门峡地区丰富的天然草山草坡资源，依托国家飞播种草项目，2017年实施飞播种草2万亩，累计建设了40万亩的生态养殖基地，实现了经济、社会和生态效益的高度统一。

（四）促进农民增产增收方面

2017年，我体系各岗位及试验站大力推进农业科技成果转化及推广应用，集中力量在核心技术方面力争实现重大突破，尤其是经过一年"粮改饲"任务的实施，我体系各试验站示范基地已初具规模，并逐步形成以牧草为主导产业特色的高效现代农业发展格局，有效促进农民种草的积极性和促进农民增产增收。

一年来体系开展的种子密度调控、施肥、灌溉等关键技术研究，苜蓿切叶蜂授粉增产技术研究取得了初步进展，增加了种子单位面积的产量，为农户降低了生产成本，增加了收入。

此外，本年度体系共示范牧草生产技术107项，主推品种90个，示范面积58.56万亩，为全国各地农民带来直接、间接效益上亿元。其中，草地改良岗位在红原瓦切龙日牦牛酸奶合作社应用示范"川西北高寒草地生态恢复综合技术示范"科技成果，增加牧草总量450t，增加合作社收入90余万元；虫害防控岗位进一步推广了草原蝗虫生物防治技术、苜蓿蚜虫综合防治技术、苜蓿蓟马高效防控技术，示范推广面积40万亩，减少化学农药用量12t，直接经济效益360万元；沧州综合试验站全年在当地10余个国家级贫困县累计示范面积12万余亩、家畜13 000余头（只），实现纯增收9 300余万元；赤峰综合试验站利用"节水灌溉混播人工草牧场划区轮牧模式"，使混播人工草地全年产青干草400~700kg/亩，高出天然草地20倍以上，通过指导示范户对肉牛进行划区轮牧，肉牛平均增重109kg，示范户养殖实际收益增加24.2万元，成功脱贫；白城综合试验站与当地公司合作扩大"粮改饲"示范效应，同时带动农民增产脱贫，户均增收达到5 800元，有效促进农民种草的积极性和促进农民增产增收。

（五）支撑政府决策方面

**1. 协助农业部等领导部门完成工作。**2017年度我体系加强了对农业部及其直属部门建言献策工作，凸显了牧草产业技术体系对促进农业发展方面的作用。其中，种质资源收集预评价岗位专家积极参与全国畜牧总站"草业良种工程十三五规划研讨会"和农业部科教司"第二批全国重点植物保护名录讨论会"等会议，并在会议上提出建议与意见；人工草地生态评价岗位专家参加农业部“关于农业结构调整和绿色产业发展”的调研及报告撰写，并提出有计划地开展退耕还草和“粮改饲”，强化草原监督管理，促进草牧业发展，实现经济与生态协调发展的建议。这些政策建议的提出对于国家政策的改革和制定以及草牧业的大力发展起到了关键作用。

另外，积极协助农业部及其直属部门完成其他相关工作。如：配合全国畜牧总站参与《草业生产技术》专著的修订和《2017 年中国草牧业发展报告》的编写，为全国畜牧总站书籍及报告的编写提供一定的参考价值，对我国草牧业发展也起到了推进作用。

**2. 协助地方政府部门完成工作。**为了促进地方牧草产业的发展，体系专家积极向主管部门建言献策，并提供技术支撑。其中，羊草品种改良岗位建议吉林省粮改饲政策将收贮机械列入政策补助范围，并且可与农资补贴进行叠加补助，已补助收贮机械 50 余台套。通过项目补贴，激发了企业购置收贮机械的热情，提高了作业水平，专业化生产服务组织初步形成；毒杂草防控岗位积极积极为山东省的粮改饲区域布局献策，并积极参与山东省地方创新团队筹建并成立的山东省畜牧兽医协会草业科技专业委员会和黄河三角洲科技创新联盟工作；产业经济岗位持续开展牧草产业发展情况、模式、成本收益等情况进行跟踪研究，为当地草业发展提供政策咨询，累计完成 10 个县的牧草产业发展政策建议指导；呼伦贝尔综合试验站参加呼伦贝尔市农牧局草牧业实施方案制定进展材料的撰写、实地调研与科技攻关，并在草牧业试点、品种推广和基地建设可行性等方面提出相关的意见与建议；赤峰综合试验站积极参与内蒙古自治区草牧业实施方案（2017—2020）和阿鲁科尔沁旗草牧业试点实施方案（2017—2020）的撰写、向赤峰市委市政府提出赤峰市草原破坏的刑事处罚案件专家意见和赤峰市“禁牧休牧和草畜平衡管理条例”专家意见，为赤峰市牧草产业发展做出重要贡献。

## 二、项目实施情况

### （一）体系重点任务实施情况

**1. CARS-34-01A：“粮改饲”轮作模式关键技术研究与示范。**

任务实施情况：

（1）初步完成了东北、华北、西北、南方各区域种植业结构与生态条件，气候、土壤等基础数据收集与整理工作。完成气象与草地管理数据库 60 条，获得黄淮海区“粮改饲”种植模式下苜蓿生产过程中毒杂草害管理技术 1 套，向山东省畜牧准管部门提交山东省“粮改饲”生态布局与产业规划建议 1 份。采用 GIS 空间建模和叠加分析等方法，“粮改饲”区划布局为 6 个一级区、23 个二级区。

（2）建立“粮改饲”配套草种资源信息库（包括 1987-2017 年登记品种），具体牧草涉及青贮玉米、苜蓿、燕麦、高粱属牧草、黑麦草等 230 余牧草品种。进一步完善和细化了玉米种植分布区划，丰富了“粮改饲”配套的适宜草种资源信息，完成了“粮改饲”区域布局及报告 1 套，建立了配套的草种资源信息库 1 套。收集优质牧草种质资源 220 个，其中重点收集评价了青贮玉米品种 89 个，燕麦品种 78 个，苜蓿品种 6 个，黑麦草品种 35 个，箭筈豌豆品种 3 个，饲用大豆品种 5 个。

（3）完成了各大区域“粮改饲”轮作模式方案的完善与修改。在海南中西部甘蔗主产区进行“蔗改饲”研究与试验示范；在内蒙古鄂托克旗、甘肃酒泉对紫花苜蓿种子产量的影响的研究；在酒泉基地继续开展苜蓿授粉蜂试验；在河套灌区开展了春性燕麦和秋性燕麦品种的筛选以及春闲田和秋闲田燕麦三种生产模式的研究；在河西走廊荒漠灌区、黄土高原旱作区粮改饲试验设计与试验布置、生长期测产、土壤取样工作，完成本年度土壤碳、氮、磷含量和植物地上部分整株营养价值及碳、氮、磷，分析实验数据；在朔城开展退化苜蓿地轮作种植燕麦模式试验；在包头、赤峰、乌兰察布、朔州等农牧交错区及高寒地区地开展了粮改饲燕麦、高丹草等一年生牧草、旱作苜蓿燕麦饲草生产轮作试验及干草收获及加工技术研究；开展了不同青贮玉米品种的筛选试验研究和不同种植密度对青贮玉米产量和质量的影响研究；进行了盐碱地青贮玉米生产性能评价试验、开展了饲用燕麦氮磷配施试验、饲用小黑麦氮磷配施试验；新疆昌吉继续开展小麦—苜蓿草田轮作跟踪试验。

（4）综合筛选出较适宜华北地区种植的青贮玉米、饲用谷子、饲用燕麦、饲用黑麦 / 小黑麦、苜蓿优良品种 15 个；筛选出适宜东北寒冷地区的一年生饲用高粱品种高丹草 3901、甜高粱 3701 品种 2 个；筛选出适宜黑龙江省不同积温带种植的青贮玉米龙牧 6 号、中原单 32、阳光 1 号、龙巡 32 品种 4 个；筛选出适宜西北荒漠灌区种植的燕麦品种 3 个、高粱品种 1 个和甜高粱 2 个；初步筛选出适宜黄淮海“粮改饲”的苜蓿品种 3 个，燕麦品种 2 个，黑麦品种 1 个，箭筈豌豆品种 1 个；筛选出适宜贵州生态区的青贮玉米 6 个，鸭茅 2 个，紫花苜蓿 3 个。

（5）在双城、兰西和肇东示范县建立“粮改饲”轮作模式示范区分别面积为 3000 亩，5000 亩和 5000 亩；在山西朔州建立“粮改饲”示范推广基地 5000 亩；河北省宁晋县、安徽蚌埠市建立示范区 2 个，示范面积 3000 亩；在达拉特旗、土默特左旗、固阳县等地共进行苜蓿、青贮玉米、燕麦、甜菜等“粮改饲”示范推广 5000 亩；在滨州无棣县、济宁汶上县建立青贮玉米新品种示范面积 1000 亩；建立黄土高原旱区“粮改饲”种植模式试验区 150 亩；在潜江捷龙农场和黄冈梅家墩奶业分别建立了 200 亩和 100 亩的雅玉 8 号青贮玉米栽培和青贮加工示范基地；在关岭、威宁、晴隆等地示范推广“粮改饲”面积 1.2 万亩。

**2. CARS-34-02A：草产品规模化高效生产关键技术研究与示范。**

任务实施情况：

（1）明确适合华北及黄淮海主产区的优质高产苜蓿品种 8 个，青贮玉米品种 3 个，饲用谷子品种 3 个；适宜东北冷凉区调制干草或青贮的主要牧草品种 6 个，青贮玉米 1 个（中北 410），紫花苜蓿 3 个（公农 1 号、公农 2 号、龙牧 801），羊草 1 个（吉生 1 号），燕麦 1 个（白燕 8 号）；明确西南区域适宜青贮的 6 种牧草，杂交狼尾草、黑麦草、燕麦、玉草 1 号、杂交狼尾草和“大力士”甜高粱；适宜西北区域适宜调制干草或青贮的主要牧草 6 个：甘农 1 号、阿迪娜、太阳神和中苜 3 号、玉米、苜蓿、燕麦；适宜青藏高原高寒地区沙化地区品种 3 个：梭罗草、沙生冰草、青海以礼草。

制定青藏高原披碱草属牧草高效生产技术规程 1 套：阿坝垂穗披碱草牧草丰产栽培技术（四川省 2017 年农业主推技术）。

制定华北苜蓿混合青贮技术规程 1 套：高水分苜蓿饲用枣粉混合青贮（窖贮）技术。

确定青贮安全贮藏和品质控制管理技术规程各 1 套：集成示范干草和青贮饲料安全贮藏管理技术规程 2 套和品质控制管理技术规程 1 套。

制定了亚麻籽－苜蓿膨化复合料的生产工艺及标准化制作工艺流程 1 套及育肥肉羊颗粒饲料配方 1 套。

研制免耕补播机 1 台：申请国家发明或实用新型专利 1 项，专利名称：滚筒式免耕播种倒 T 型开沟器。

其他：研发出天然草场土壤改良机，苜蓿轻简化捡拾打捆机、中小型高密度压捆机。

（2）建立苜蓿、羊草、披碱草、狼尾草规模化生产示范区面积共计 3 万亩。

（3）发表 SCI 论文 25 篇，申请专利 13 项。

**（二）研究室重点任务实施情况**

**1. CARS-34-03B：牧草与饲料作物种质资源创新及新品种选育。**

任务实施情况：

（1）收集青贮玉米、苜蓿、燕麦、羊草、鸭茅、黑麦草、箭筈豌豆、披碱草属及狼尾草等种质资源 1900 余份；完成 772 份苜蓿、柱花草、垂穗披碱草、燕麦、中华羊茅、红豆草、白三叶等种质材料的耐盐、抗旱、产量、品质等性状的评价鉴定；发掘创制优异、高产、抗逆种质材料 121 份。

（2）初步筛选出适于我国不同生态区域种植的优质、高产、高抗的牧草、饲草作物品种 97 个。

（3）育成劳发羊茅黑麦草等牧草新品种 7 个，其中 6 个为国审品种，分别为劳发羊茅黑麦草、康北垂穗披碱草、川西狗牙根、滇西须弥葛、滇西翅果菊和滇中鸭茅。中苜 4 号紫花苜蓿获农业部植物新品种保护权。育成适于我国不同区域种植的优良牧草与饲草作物新品系 19 个。其中苜蓿 2 个、羊草 1 个、多花黑麦草 1 个、青贮玉米 3 个、燕麦 1 个、高丹草 2 个、草木樨 1 个、中华羊茅 1 个、饲用小黑麦 2 个、饲用小黑草 5 个。

（4）发表研究论文 65 篇，其中 SCI 收录 26 篇。获得专利授权 10 项，申请专利 9 项，制定地方标准 3 项。编制完成 1 项行业标准。获得地方行业部门表彰奖励 2 次。获得农业部二等奖 1 项，内蒙古科技进步二等奖 1 项。

**2.CARS-34-04B：优良牧草种子生产与质量控制关键技术研究**

任务实施情况：

（1）完成苜蓿基础种子生产田间不同行距、播种量、地下滴灌技术、蜂授粉增产技术、建膜与灌溉量、苜蓿不育系制种技术、与春小麦套种技术等苜蓿种子生产田间试验，涉及品种包括中苜 4 号、公农 5 号、阿尔冈金、WL343HQ、乐寒等；完成羊草、无芒雀麦、老芒麦、垂穗披碱草、鸭茅、朝鲜碱茅等种子田不同行距、施肥等禾草种子生产田间试验；完成柱花草种子田种植密度、施肥技术田间试验；完成盘江白刺花种子生产田间施肥种类、施肥方式及收获期对种子产量的影响研究；收集国内狼尾草属种质资源 5 份、收集重庆地区野生狼尾草种质资源 3 份，完成相关性能测定，并集成杂交狼尾草种苗快速繁育技术体系 1 套。

（2）建成苜蓿核心种子试验田 651 亩；建成老芒麦、羊草、无芒雀麦、康北垂穗披碱草、朝鲜碱茅、多花黑麦草、“滇北”鸭茅等禾草种子试验田 318 亩；建成盘江白刺花种子试验田 20 亩；楚雄南苜蓿种子田 300 亩，种子产量 36.4kg/ 亩；中苜 4 号苜蓿种子示范田面积 800 亩，盘江白刺花种子示范田 100 亩。2017 年与酒泉大业种业有限责任公司签订有偿转让公农 1 号苜蓿品种权协议，繁育公农 1 号种子 60 吨。在宁夏农垦茂盛草业公司和固原荟峰农副产品公司示范推广苜蓿繁种技术共 2000 亩，种子平均产量达 27kg/ 亩，比上年增产 80%，增加种子产量 24 吨，增加产值 144 万元。

（3）在云南昆明市、内蒙古赤峰市、甘肃张掖市、会宁县等苜蓿田调查根腐病的发病率，分离病原，测定致病性，研究生防技术。研究出引致苜蓿根腐病的病原主要为刺盘孢 (Colletotrichum destructivum)、异茎点霉 (Paraphoma spp.)、苜蓿茎点霉 (Phoma medicaginis)、镰刀菌 (Fusarium spp.)，其中毁灭刺盘孢导致 85% 的苗死亡。并获得解淀粉芽孢杆菌和 (Bacillus amyloliquefaciens) 卡那霉素链霉菌 (Streptomyces kanamyceticus) 等 3 个具有生防利用价值的拮抗菌，对以上根部病菌和地上共 9 种病菌的抑制作用 21%–71%。明确了羊草种子田主要蝗虫白边雏蝗、北方雏蝗及其种群动态。筛选了绿僵菌与氯虫苯甲酰胺防治草原蝗虫（防治 30 天后，调查田间防治效果为 90%），在内蒙古锡林郭勒盟太仆寺旗建立示范区 1 个，示范面积 500 亩。

（4）确定苜蓿种子采集机方案，开展关键部件的结构设计研制，对关键部件试验设计进行优化和改进。

（5）收集牧草种子月度贸易数据，通过微信平台及时发布牧草及草食畜产品贸易情况（截止目前已发布 5 期），完成《我国牧草种子贸易格局及变动趋势分析报告》。

**3.CARS-34-05B：主要牧草抗逆栽培生物学基础与关键技术研究。**

任务实施情况：

（1）完成盐碱旱地紫花苜蓿栽培管理技术1套，紫花苜蓿水肥耦合管理技术1套，大麦牧草新品种建植技术与大麦/箭筈豌豆混播技术各1套，苜蓿越冬技术规程2套。

（2）确定适宜盐碱地的青贮玉米品种4个，耐盐苜蓿品种4个，抗旱草种6个，适宜沙化土壤草种3个，适宜贵州低热河谷草种8个。

（3）发表SCI论文2篇，申请专利5项。

**4.CARS-34-06B：放牧草地系统高效生产与持续利用关键技术年度。**

任务实施情况：

（1）本年度共分别在西南区、东北区、华北区、青藏高原区、南方热区等5个不同区域，按照预先规定的混播组合设计，初步开展了放牧型混播人工草地建植与管理、利用技术的研究与集成，提出了不同区域放牧型混播人工草地建植与管理技术方案：西南区黑麦草+鸭茅+三叶草型混播草地刈牧利用；东北区羊草+无芒雀麦+苜蓿型草地刈牧利用；华北区高羊茅+鸭茅+苜蓿型混播草地刈牧利用；青藏高原区披碱草属/藟草+紫羊茅+早熟禾型高寒草地刈牧利用；南方热区非洲狗尾草/东非狼尾草+白三叶型混播草地刈牧利用。

（2）在开展放牧型混播人工草地建植与管理的同时，在重庆、赤峰、呼伦贝尔、廊坊等地开展了肉牛、肉羊等育肥试验以及不同放牧强度的比较试验，初步形成饲草资源优化配置方案。

**5.CARS-34-07B：草地有害生物防控技术研究与示范。**

任务实施情况：

（1）西北地区苜蓿根腐病的病原有苜蓿茎点霉(Phoma medicaginis)、丝核菌(Rhizoctonia solani)、异茎点霉(Paraphoma spp.)、葱刺盘孢(Colletotrichum circinans)、苜蓿轮枝孢(Verticillium alfalfae)、毁灭刺盘孢(Colletotrichum destructivum)、尖镰孢(Fusarium oxysporum)、层出镰孢(Fusarium proliferatum)、腐皮镰孢(Fusarium solani)、三线镰孢(Fusarium tricinctum)等，其中旱地苜蓿上主要为苜蓿茎点霉，水浇地主要为镰刀菌和刺盘孢。防治技术一套已完成。

（2）筛选的苜蓿蚜虫高抗品种为中苜1号，感虫品种SOCA，筛选了苜蓿胰蛋白酶抑制剂2个，作为增效剂开发了绿僵菌、白僵菌粉剂各1种。完成防治技术一套。

（3）完成各产区杂草种类名录各一份。苜蓿产业带的38个点的调研发现，全国各地苜蓿田秋季杂草发生情况差异较大，在发生杂草的苜蓿田中，杂草的种类从8种至38种不同，盖度从15%~95%不同。滴灌模式下的苜蓿田杂草的种类（8种）显著低于喷灌模式下（19种），且杂草盖度（15%）也显著低于喷灌模式下（50%）。

**6. CARS-34-08B：牧草产业要素变化、技术经济效益与政策评价。**

任务实施情况：

（1）完成牧草产业生产要素和市场变化趋势研究报告7份。

①产业经济岗位完成3份研究报告，分别为《我国牧草种植成本收益比较与变化趋势分析》、《我国西南地区黑麦草种植技术效率及科技进步贡献分析——以四川省为例》、《基于温室气体排放约束下的我国草食畜牧业全要素生产率分析》。②黑麦草三叶草品种改良岗位完成1份研究报告，为《黑麦草产业生产要素和市场变化趋势调研报告》。③鄂尔多斯综合试验站通过调研，完成苜蓿及青贮玉米生产成本收益调研报告1份。④乌兰察布综合试验站针对企业、农户牧草及竞争农作物进行调研，得出调研结果并完成调研报告。⑤青藏高原牧草栽培岗位通过实地调研，总结燕麦和箭筈豌豆单播及混播成本收益情况，挖掘牧草产业存在的主要问题，并形成研究报告。

（2）完成牧草产业发展政策及绩效评价报告6份。

①产业经济岗位完成3份研究报告，分别为《我国草牧业推进现状、问题与政策建议——基于山西、青海草牧业试点典型区域的调研》《草原生态保护补奖政策下牧户牧业生产决策行为影响分析——以山西和新疆为例》《草原生态保护补奖政策对牧业生产的效应研究——基于山西的调研》。②成型草产品加工利用岗位完成1份研究报告，即《不同水平苜蓿草粉对后备母猪妊娠与繁殖性能的后续效应的影响》，同时完成苜蓿草粉在母猪中饲喂效果的经济效益评价。③养分管理岗位针对全国牧草主产区水肥管理及经济效益现状进行实地调研和摸底问卷调查，完成《我国牧草施肥技术现状及经济效果综合评价》调研报告1份，并进行政策评价相关研究。④种子扩繁与生产技术岗位开展草种企业生产情况调研，为产业经济岗位提供相关数据，并配合完成种子生产技术经济效益与政策评价任务。

（3）为管理部门提供政策建议5份。

①产业经济岗位提供2份政策建议，分别为《关于“粮改饲”种植结构调整的建议》《中国草产品贸易新格局及对策建议》。②沧州综合试验站为管理部门提供政策建议2份，分别为《新时代推进草原现代化建设的思考》《河北省农区草业产业化现状及对策》。③成型草产品加工利用岗位在完成《不同水平苜蓿草粉对后备母猪妊娠与繁殖性能的后续效应的影响》报告及苜蓿草粉在母猪中饲喂效果经济效益评价的基础上，为河南省开展“草畜（猪）结合、种养一体化”及利用优质牧草发展优质节粮畜牧业提供政策建议。

（4）继续充实牧草生产成本收益数据库及主要草产品贸易数据库。

①牧草生产成本收益基础数据库。收集河北、山西、内蒙古、吉林、黑龙江、四川、山东、湖北、青海、云南、陕西、宁夏、新疆等牧草产业发展固定监测点2017年牧草种植的成本收益基本数据。数据收集情况主要如下：

昌吉综合试验站42份、阿坝综合试验站74份、沧州综合试验站1套（数据库）、朔州综合试验站54份、呼伦贝尔综合试验站50份、齐齐哈尔综合试验站65份、草田轮作岗位9个（数据库）、恩施综合试验站20份、盐池综合试验站50份、海北综合试验站50份、赤峰综合试验站50份、张家口综合试验站50份、绥化综合试验站50份、衡水综合试验站46份等。同时，栽培生理与高产栽培岗位完成不同种植条件下燕麦种植成本数据库，通过对数据整理完成甘肃、内蒙、四川、云南、青海等11个地区燕麦种植效益比较。东营综合试验站在东营、无棣、汶上建立固定观测点3处，定期收集牧草种植投入产出等经济指标；鄂尔多斯综合试验站对土默特左旗农牧民种植苜蓿及青贮玉米生产成本收益进行1次深入实地调研；榆林综合试验站跟踪监测陕西榆林不同地区、不同牧草品种的生产要素变化和成本收益变动趋势；石河子综合试验站亦对当地农牧户及企业进行数据跟踪；相关资料及数据均已提交。

②草产品进出口贸易基础数据库。收集UNcomtrade数据库各国家（或地区）草产品进出口量和进出口额数据；收集2017年1~11月我国草产品及草种子进出口贸易量和贸易额，以及贸易国和贸易省份等月度基础数据。

③牧草产业生产资料数据库。收集河北、山西、内蒙古、吉林、黑龙江、四川、山东、湖北、青海、云南、陕西、宁夏、新疆等牧草种植户（企业）的牧草产业生产资料基本数据（包括牧草种植及田间管理相关指标统计）。

④构建网络数据库平台。结合实际需要，产业经济研究室开发了农户企业牧草生产成本收益问卷的网上上报系统，目前处于研发调试阶段；构建了畜牧业研究网络数据库平台，涵盖了历年《中国草业统计》《中国畜牧业统计》的所有数据指标，便于后续研究。

（5）完成关键技术经济参数收集及相关测算。

①栽培生理与高产栽培岗位提供盐碱地苜蓿技术经济参数20~25条。②羊草品种改良岗位提供了羊草技术经济参数。③白城综合试验站针对白城地区目前青贮玉米种植情况，持续跟踪生产要素变化并提交关键技术经济参数。④虫害防控岗位针对苜蓿蓟马为害后造成的损失及防治挽回的经济损失进行研究，并制定不同苜蓿生长时期防治指标。⑤干草调制贮藏岗位对1茬燕麦、2茬燕麦、旱作苜蓿和天然混合干草调制贮藏过程中的投入产出经济参数及24个品种青贮玉米的调制贮藏经济参数进行测算。⑥毒杂草防控岗位通过2个岗位和盐池、赤峰、衡水、绥化、齐齐哈尔、白城、昌吉、石河子、太原、榆林、沧州、东营12个试验站的38个示范点的杂草调研，初步明确苜蓿田秋季杂草危害的情况和损失，同时在毒杂草防控岗位试验基地开展挽回杂草带来经济损失的科学实验，并取得初步进展。⑦养分管理岗位积极开展新型有机肥+菌肥施肥技术的经济成本和效益评价研究，完成牧草产业要素变化、技术经济效益相关研究。

（6）围绕研究任务积极开展培训等相关工作。

①完成技术集成示范与培训。阿坝综合试验站开展牧草生产技术集成示范，建立2个示范户，示范面积65亩，培训技术人员45人次、农牧民60人次。②完成作物轮作制度总结。草田轮作岗位对不同生态区优势牧草草田轮作制度相关研究成果与成功经验进行收集，重点总结我国西北地区黄土高原旱作区和西北荒漠灌区部分作物与饲草作物间的轮作制度。

**（三）数据库建设工作实施情况**

2017年度，牧草体系在原有基础上进一步充实完善各数据库的建设工作，并按照相关要求进行了数据搜集和录入。

**1. 产业技术研发中心。**主要负责统筹安排全国牧草产业基础数据的收集录入工作。经汇总整理，本年度新录入牧草产业技术国内外研究进展数据651条；牧草产业全国省以上立项的科技项目数据21条；牧草产业全国从事研发的人员数据129条；牧草产业主要仪器设备数据84条；其他主产国牧草产业技术研发机构数据4条；草原法律法规数据11条。

**2. 遗传改良研究室。**重点开展牧草种质资源和种子生产信息的收集整理工作，本年度共获取牧草种质资源数据308条；牧草品种或品系数据32条；牧草基因数据27条；牧草种子生产及生产企业数据241条；已对应录入相关数据库。

**3. 栽培与土肥研究室。**基于以往研究基础之上，本年度收集了四川、山东、内蒙古、宁夏等地的土样进行测定、并完善土壤肥力库和肥料库与肥料企业库，共增加数据173条；继续完善牧草主产区气候数据库及物候期技术档案数据库，2017年收集整理了全国多个气象站点降雨量、气温、地温、日照时数、最高温度、最低温度、0℃积温、10℃积温及蒸发量等数据29169条；草地生产力与资源数据库、牧草栽培模式数据库以及饲用植物营养价值数据库新增条数分别为52、44和260条。

**4. 病虫草害防控研究室。**在原有基础上进一步完善了草地病虫害发生与防控数据库，包括不同种类牧草的病害名称、病原、病害图片、发病规律防控措施及药剂生产企业，草地害虫名称及其拉丁学名、形态特征、照片、主要危害牧草等数据，共增加41条数据量；另外，杂草种类与防除数据库新增数据量29条。

**5. 机械化研究室。**在原数据库基础上，进一步更新完善了牧草栽培、收获与加工机械数据库。通过多条途径，广泛搜集不同类型的播种机、储运机械、干草收获机械、耕整机械、青贮设备与机械、饲草加工机械、田间管理机械和种子机械的适用地形、动力类型、外形尺寸、生产企业及其地址等信息，并增加293条数据量；另外，牧草机械化作业典型案视频数据库今年新增29条数据。

**6. 加工利用研究室。**在已有数据的基础上，完善各地区草产品与加工企业数据库的建设，包括草产品的茬次、营养成分、干草分级及加工企业等，为草产品与加工企业数据库增加数据44条；通过对多个地区奶牛、肉牛、养、蛋鸡、肉鸡、猪和兔广泛、深入的调查取样，获取了品种，代谢能、粗蛋白、钙、磷等畜禽需求量，日粮配方，采食量，消化率等数据，为加工利用研究室建立的食草畜禽营养参数技术档案数据库奠定基础，并增加数据95条。

**7. 产业经济研究室**。本年度获得四川、陕西、宁夏、山西、新疆、山东、内蒙古、河北、黑龙江、云南、江苏和湖北等省份牧草产业发展固定监测点牧草种植的成本收益基本数据12 000条；收集了2017年各月份我国燕麦草、苜蓿干草等草产品及紫花苜蓿种子、羊茅种子、黑麦草种子等草种子进出口贸易量和贸易额，为草产品价格与进出口贸易基础数据库新增数据900条；牧草产业生产资料数据库录入各地区种植者牧草生产资料，包括种植牧草品种、面积产量、牧草利用方式、种子用量、底肥追肥用量及成本、灌溉浇水用量及成本等信息，今年新增9 800条数据。

## 三、体系建设过程中存在的问题及改进计划

### （一）体系建设过程中存在的问题

1. 2017年度经费到位较晚，对体系任务工作的正常开展有一定的影响，从而多项工作较往年滞后。

2. 2017年6月本体系“十三五”人员名单正式确定，较“十二五”新增岗位科学家6名，试验站站长4名，部分岗位科学家的岗位研究方向有较大变化，相关工作需要重新开展，作为转型的第一年，相关领域的成果还处于基础研发阶段；新人员对体系的运转、人员及研究情况不够了解，造成与专家联络少、配合少，对工作的顺利开展有一定影响。

3. 岗站间、体系间、体系外的联合协作，有待进一步加强对接，分工协作，共同完成科研任务。

4. 试验站示范区域广、示范内容多、任务量大、人员配备不足，示范内容的区域特点不够突出；研究示范成本高，研究经费不足，在示范过程中尤其是缺乏现代化农业机械，所以部分示范效果不够理想。

5. 体系成果推广和转化方面存在不足，体系成果推广和转化效率有待提高。

6. 百姓对现代牧草产业认识不足，粗犷式的利用方式依然占很大部分，从而导致饲草产业化、规模化程度低，且引领作用的龙头企业较少，从而阻碍牧草产业发展。

### （二）体系建设2018年改进计划

1. 任务方面。继续开展相关合同任务的研究工作，解决任务执行过程中遇到的困难点，如现代化农业机械的研发，并对任务内容进行拓展和深入，在完成研究任务的同时，各项工作从点到面均能有较大程度的提升。

2. 进一步开展体系内、体系间、体系外的联合协作，进行资源整合，加快技术集成示范和成果转化应用速度。体系内加强人员间交流合作，加强岗站对接力度，扩大合作范围；体系间加强与其他畜禽体系的合作，通过饲草与养殖结合，提升优质饲草供给能力和双方产业综合竞争力从而加快草牧业一体化进程，促进草牧全面发展和转型升级；体系外加强企业及地方政府合作，促进体系成果快速转化，提升牧草产业竞争力。

3. 扶贫方面。进一步深化科技扶贫工作，将体系任务与精准扶贫工作实现有效对接。加强体系对地方的技术支撑作用，以科技服务助推精准扶贫。遵循“授之于鱼不如授之于渔”原则，以增强贫困户的自身造血功能，让他们以自立自强，生产自救为目标，脱贫致富。

4. 宣传方面。继续完善体系网站、微信公众号的运营，将优质、实用的生产技术推广给公众；进一步加强对体系工作的宣传力度，拓展宣传渠道，丰富宣传方式，扩大体系的影响力，从而提升百姓对现代牧草产业的认识。

5. 经费方面。继续严格按照国家项目经费管理办法执行，合理有效地使用科研经费。

6. 其他方面。加强知识产权产出与人才培养，提升团队科技创新水平；强化科技服务能力，加强技术培训和技术指导，加强基层与种养企业技术人员培训，提升草产业生产水平与市场竞争力；积极配合上一级分配的各项工作，做好应急性工作。

（国家牧草产业技术体系首席科学家，张英俊）

# 2017年度牧草体系人员名单

| 序号 | 岗位名称 | 姓名 |
|---|---|---|
| 1 | 种质资源收集与评价 | 王赞 |
| 2 | 苜蓿品种改良 | 杨青川 |
| 3 | 羊草品种改良 | 徐安凯 |
| 4 | 披碱草无芒雀麦品种改良 | 张博 |
| 5 | 黑麦草三叶草品种改良 | 张新全 |
| 6 | 狼尾草柱花草品种改良 | 刘国道 |
| 7 | 青藏高原牧草育种 | 周青平 |
| 8 | 种子扩繁与生产技术 | 毛培胜 |
| 9 | 栽培生理与高产栽培 | 孙启忠 |
| 10 | 草地改良 | 刘刚 |
| 11 | 土壤改良与产地环境治理 | 肖燕 |
| 12 | 养分管理 | 李向林 |
| 13 | 草田轮作 | 师尚礼 |
| 14 | 放牧草地管理与草畜平衡 | 张英俊 |
| 15 | 人工草地生态评价 | 辛晓平 |
| 16 | 牧区混播栽培 | 宝音陶格涛 |
| 17 | 青藏高原牧草栽培 | 沈禹颖 |
| 18 | 病害防控 | 南志标 |
| 19 | 虫害防控 | 张泽华 |
| 20 | 毒杂草防控 | 孙娟 |
| 21 | 播种机械化 | 刘贵林 |
| 22 | 青贮机械化 | 王德成 |
| 23 | 干草生产机械化 | 布库 |
| 24 | 青贮技术 | 玉柱 |
| 25 | 干草调制贮藏 | 格根图 |
| 26 | 成型草产品加工利用 | 史莹华 |
| 27 | 质量安全与营养品质评价 | 张福金 |
| 28 | 产业经济 | 王明利 |

（续）

| 序号 | 岗位名称 | 姓名 |
|---|---|---|
| 1 | 沧州综合试验站 | 刘忠宽 |
| 2 | 衡水综合试验站 | 刘贵波 |
| 3 | 张家口综合试验站 | 刘贵河 |
| 4 | 朔州综合试验站 | 石永红 |
| 5 | 呼伦贝尔综合试验站 | 徐丽君 |
| 6 | 乌兰察布综合试验站 | 殷国梅 |
| 7 | 鄂尔多斯综合试验站 | 王育青 |
| 8 | 赤峰综合试验站 | 梁庆伟 |
| 9 | 白城综合试验站 | 赖宪明 |
| 10 | 绥化综合试验站 | 陈积山 |
| 11 | 齐齐哈尔综合试验站 | 刘学峰 |
| 12 | 东营综合试验站 | 王国良 |
| 13 | 恩施综合试验站 | 刘洋 |
| 14 | 云阳综合试验站 | 张健 |
| 15 | 阿坝综合试验站 | 白史且 |
| 16 | 资阳综合试验站 | 林超文 |
| 17 | 黔南综合试验站 | 莫本田 |
| 18 | 德宏综合试验站 | 薛世明 |
| 19 | 拉萨综合试验站 | 多吉顿珠 |
| 20 | 榆林综合试验站 | 杨培志 |
| 21 | 海北综合试验站 | 刘文辉 |
| 22 | 盐池综合试验站 | 张蓉 |
| 23 | 昌吉综合试验站 | 李学森 |
| 24 | 石河子综合试验站 | 马春晖 |

# 七、国际奶业

GUOJI NAIYE

## 【国际概况】

## 2017 年全球奶业形势

农业生产更多地依赖于自然环境，2017—2018 年全球乳制品市场也受此影响，不利的气候条件阻碍了全球牛奶生产。新西兰 2017 年年底的产奶高峰季产量也因湿冷气候而受到影响。2018 年西欧国家的一场寒潮迫使牧草直到 4 月才返青，而北半球的夏季干旱也阻碍了牧草和青贮的收获。在撰写这份报告的同时，澳大利亚的牛奶产量也受到了干旱气候的影响。由于牛奶供应增长乏力，乳制品价格在 2018 年的大部分时期保持稳定。

### 一、奶类生产

在 2017 年大部分时期，奶价是盈利的，因此 2017 年的奶产量增长率高于平均水平。在经历了 2015 和 2016 年的财政困难后，各国奶农都渴望改善他们的负债状况，弥补前几年的一些损失。在全球牛奶产量增长 2.2%（所有奶类增长 2.5%）的背后，主要生产地区的情形却各有不同。印度、巴基斯坦、土耳其、澳大利亚、波兰和英国的产量增幅较大，而许多传统出口地区却表现平平。法国、荷兰、德国和新西兰在 2017 年的供应表现都令人失望。法国和德国的奶农对提高利润反应并不积极，荷兰奶农因受磷酸盐排放限制不确定性的影响，其信心遭受打击。中国的奶产量甚至出现倒退，导致 2017 年进口需求非常强劲。这些重要奶业国家的奶类生产表现乏力，更突出了全球牛奶产量 2.2% 的增

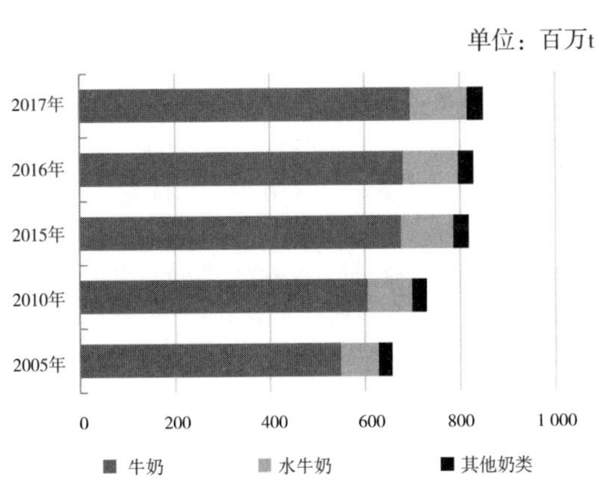


图7-1　全球各品种奶类产量

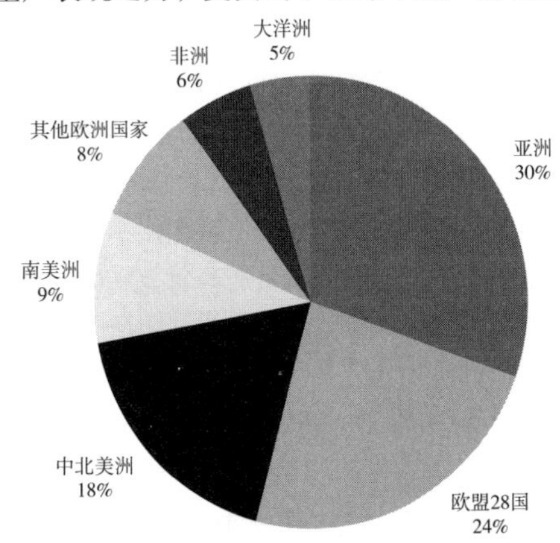


图7-2　全球各地区牛奶产量及份额

2017年全球牛奶总产量6.96亿t

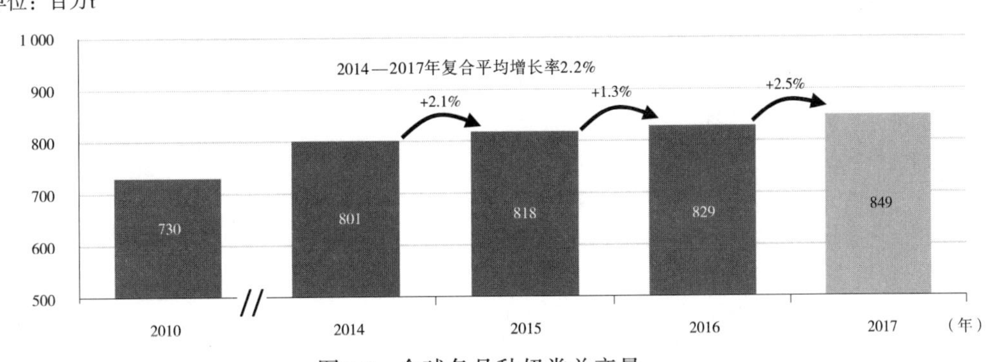


图7-3　全球各品种奶类总产量

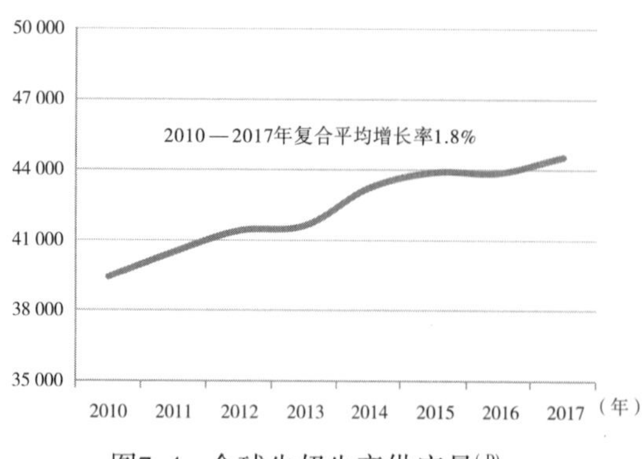


图7-4 全球牛奶生产供应量[D]

长来之不易（图 7-1~ 图 7-4）。

2018 年人们关注的是，全球牛奶产量增长率是否能连续两年超过 2% 的长期平均水平。盈利能力不是问题，因为牛奶价格在 2018 年前 9 个月一直高于盈亏平衡线。前面提到的欧盟和澳大利亚的气候状况以及牛支原体病对新西兰牛奶产量的影响都将使 2018 年充满挑战。另外，中国 2018 年的牛奶生产更为尽如人意。2018 年，新兴的乳制品市场再次为牛奶生产增加了驱动力（表 7-1）。

## 二、乳品加工

2017 年，全球市场乳品加工受到了脂肪和蛋白质价格差异异常的严重影响。在欧盟和美国，脱脂奶粉较高的库存阻碍了其产量的增长 ( 仅增长 0.4%)，但由于黄油、AMF 和奶油的价格非常高，将牛奶优先加工成脱脂奶粉 / 黄油系列产品一直很有吸引力。

全脂奶粉生产可能最受乳脂高价波动的影响。在非洲和亚洲，许多对价格敏感的市场都转向了脱脂奶粉，如果与全脂奶粉的价格差一直这样大，这些市场预计就会坚持这一选择。然而，在经过 2016 年的大幅下滑 ( 下降 7%) 后，全脂奶粉的产量在 2017 年有所回升 ( 增长 3.3%)。中国对全脂奶粉的进口需求非常强劲，这导致其主要供应地区——新西兰 ( 增长 4.5%) 和欧盟 ( 增长 3.1%) 将更多的牛奶加工成全脂奶粉。美国也开始成为全脂奶粉的重要生产国 ( 增长 24.7%)。

奶酪产量在 2017 年增长 2.6%，使得奶酪再次成为乳制品需求增长的主要引擎。尽管欧盟的奶酪产量仅小幅增长（0.7%），但奶酪却是市场需求的所有主要乳制品中持续增长的唯一品类。法国、荷兰、德国和爱尔兰等一些主要奶酪生产国的奶酪产量出现下降。不过，总体而言，大洋洲、美国和欧盟等主要出口地区的奶酪产量在未来几年将出现增长，因为它们必须追赶亚洲地区

表7-1 主要生产国家和地区

单位：百万t

| 国家（地区） | 2017 | 2016—2017年增幅 |
|---|---|---|
| 欧盟28国 | 165.5 | +1.2% |
| 德国 | 32.7 | -0.0% |
| 法国 | 25.0 | -0.5% |
| 英国 | 15.4 | +4.0% |
| 荷兰 | 14.5 | -0.2% |
| 波兰 | 13.7 | +3.6% |
| 美国 | 97.7 | +1.4% |
| 印度[B] | 83.5 | +6.8% |
| 巴西 | 35.7 | +3.0% |
| 中国 | 35.5 | -1.6% |
| 俄罗斯 | 30.9 | +1.4% |
| 新西兰 | 21.5 | +1.3% |
| 土耳其 | 18.8 | +11.8% |
| 巴基斯坦[C] | 16.7 | +3.8% |
| 墨西哥 | 12.2 | +1.7% |
| 阿根廷 | 10.4 | -1.9% |

快速增长的进口需求。从大洋洲和欧盟多个国家马苏里拉奶酪的产能扩张来看，越来越多的牛奶可能会流向这些地区的奶酪生产厂（图 7-5~ 图 7-9）。

## 三、消费

在西方国家，2017 年标志着黄油和奶酪消费繁荣时期的结束。 美国黄油消费量仍小幅上涨 0.5%，但欧盟消费量下降 1.7%。 美国奶酪消费量仍增长 2.3%，低于 3 年来的平均水平（3.4% ），但欧盟消费量下降 0.1%。 亚洲开始成为奶酪消费增长的新引擎，其中中国和韩国最具代表性（图 7-10、图 7-11）。

2017 年液态奶消费量保持平稳。即使在中国，液态奶需求也几乎没有增长，因此，其余新兴市场（如印度、土耳其、巴西和墨西哥）的需求增长不足以弥补欧

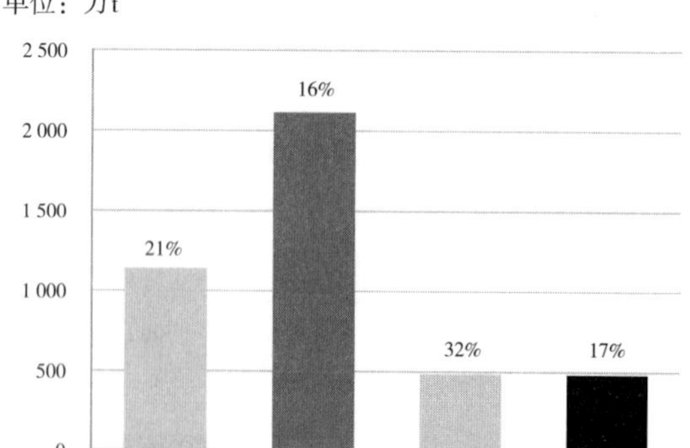


图7-5 2017年全球乳制品产量增幅（相比于2010年）[E]

（A）不包括年产量低于 100 万 t 的国家。（B）奶业年度以翌年 3 月结束。
（C）奶业年度以翌年 6 月结束；指用于人口消费的奶产量。（D）基于 55 个调查国家。
（E）列入调查的国家数：黄油 57，奶酪 56，脱脂奶粉 55，全脂奶粉 51。

单位：万t

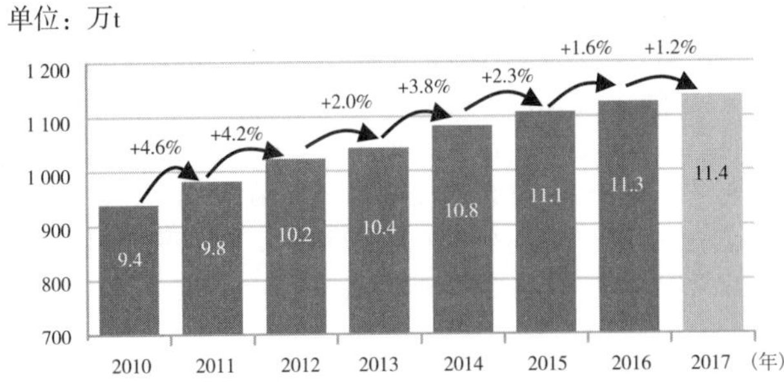


图7-6 全球黄油和奶油生产情况(A)

单位：万t

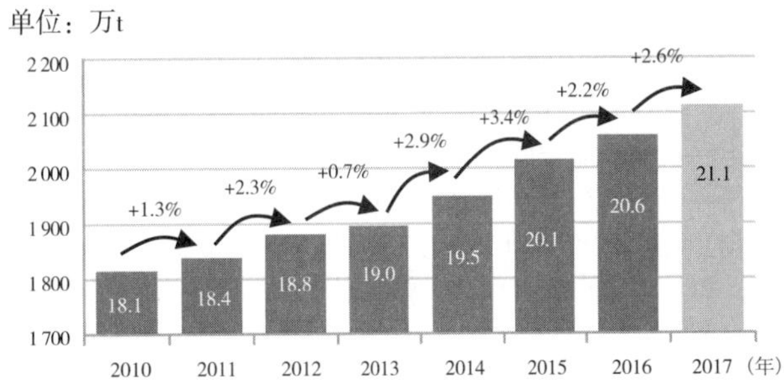


图7-7 全球奶酪生产情况(B)

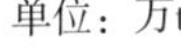


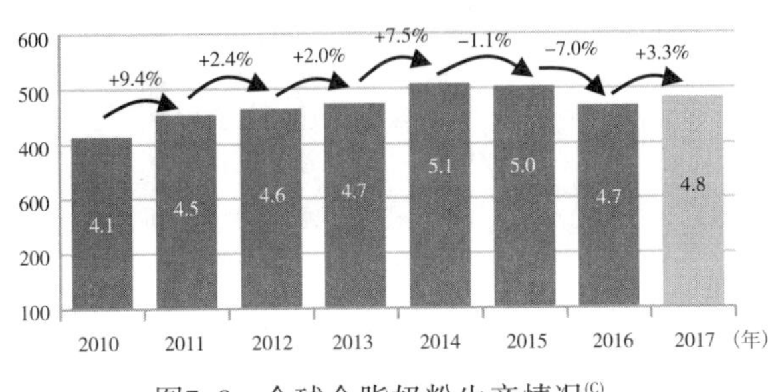


图7-8 全球全脂奶粉生产情况(C)

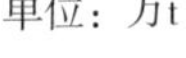


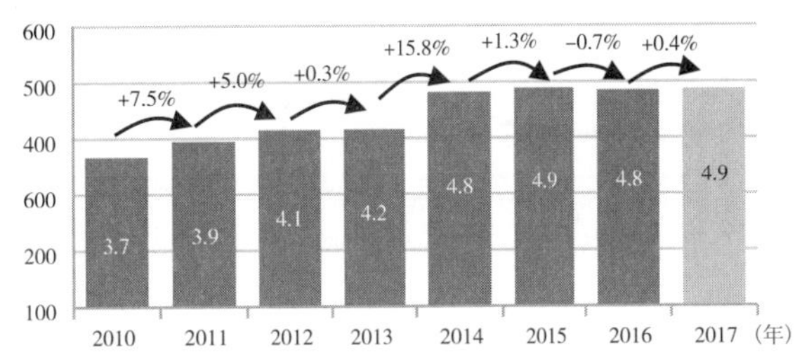


图7-9 全球脱脂奶粉生产情况(D)

（A）基于57国家数据。（B）基于56国数据。（C）基于51国数据。（D）基于55国数据。

资料来源：CNIEL,ZuivelNL,FAO,USDA,IDF国家委员会，各国统计局。

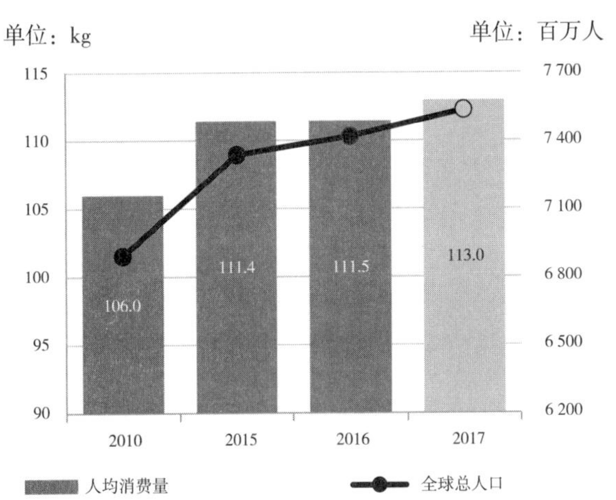


图7-10 全球奶类人均消费量和总人口

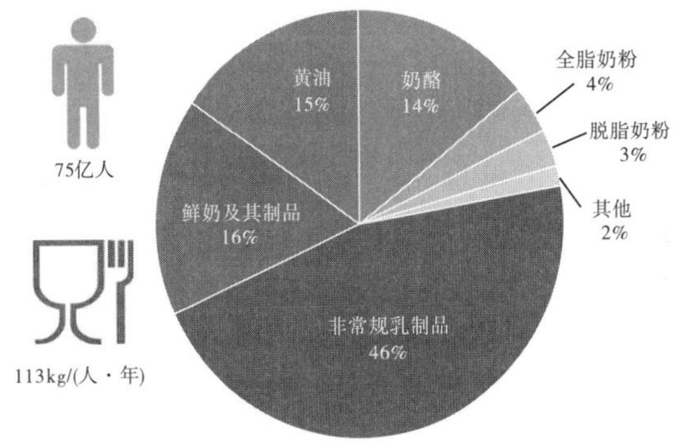


图7-11 乳制品消费分类

资料来源：根据各国统计局数据计算。

盟和美国这些饱和市场的下滑，而在这些市场植物性饮料的竞争格局正在形成。消费者对液体乳制品的偏好越来越转向发酵饮料。酸奶、酸奶饮料以及其他发酵饮料在所有主要市场仍然保持稳定的需求增长，2017年增长了2.5%（表7-2）。

## 四、乳制品贸易

我们前几年的报告重点关注俄罗斯和中国等主要进口地区的重大事件。2017年，这两个地区的发展形势与预期一致。在2016年本地生产与库存态势正常化

表7-2 全球各地区奶类自给率

| 地区 | 2010年 | 2017年 |
|---|---|---|
| 亚洲 | 93% | 90% |
| 欧洲 | 105% | 110% |
| 欧盟 | 107% | 113% |
| 欧盟外欧洲国家 | 100% | 102% |
| 北美洲 | 102% | 109% |
| 南美洲 | 102% | 100% |
| 非洲 | 88% | 84% |
| 中美洲 | 82% | 79% |
| 大洋洲 | 311% | 289% |

后，中国重新成为全球第一大乳制品进口国，而俄罗斯依然维持对大多数地区的进口禁令（拉丁美洲除外）。

除了这几个重大事件，全球贸易总体繁荣。然而，不同乳制品品类的发展形势差别巨大。2017 年，脱脂乳粉和奶酪的贸易增长量超过长期的平均水平，分别增长 10.3% 和 4.1%（但全脂及半脱脂奶粉、黄油及奶油的贸易表现并不尽如人意，分别下降 3.4% 和 13.9%）。

前面提到的在乳品加工中牛奶的优先分配也影响到世界主要出口地区的乳制品出口品类。由于中国的进口品类变得更加多元化，不太重视全脂牛奶、马苏里拉奶酪和奶油奶酪，其主要供应国——新西兰也相应地改变了出口重点。类似地，欧盟在取消配额制后，从大规模关注奶粉产能基本上转向了奶酪生产，特别是马苏里拉奶酪（图 7-12~ 图 7-15）。

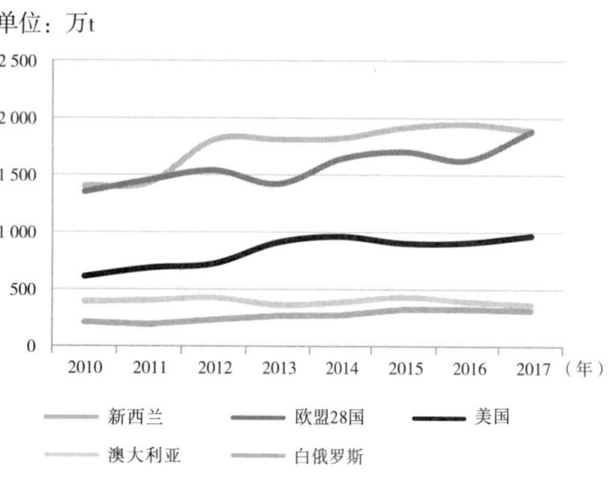


图7-12　全球贸易：前五大出口国和地区 (A)

（A）奶类当量

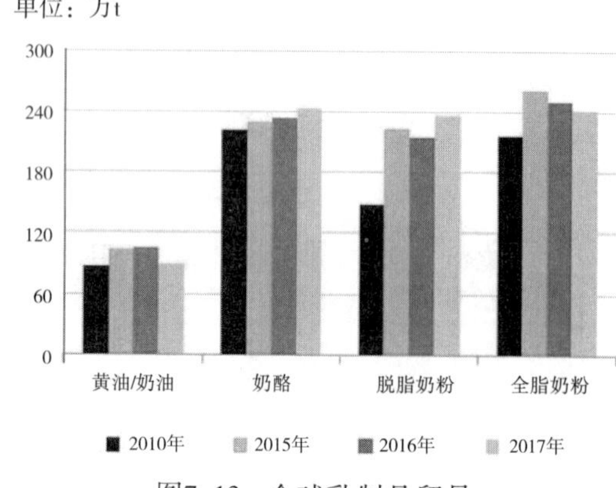


图7-13　全球乳制品贸易

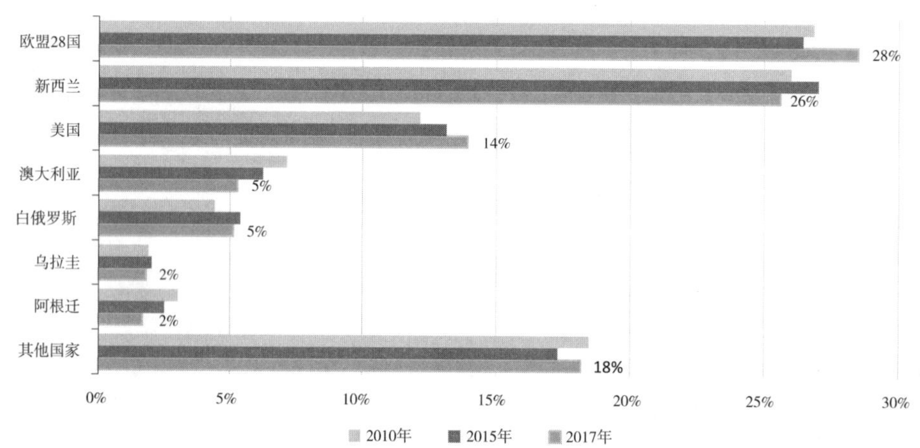


图7-14　2010—2017年全球乳业市场主要出口国及其市场份额 (A)(折合原料奶当量)

资料来源：ZuivelNL,Comtrade

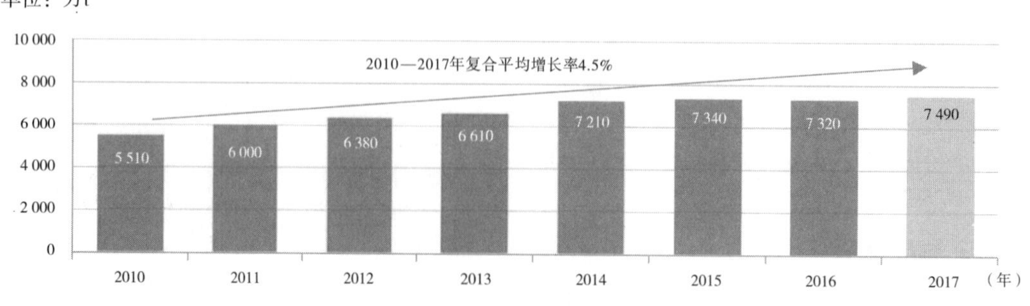


图7-15　2010—2017年全球贸易量

资料来源：ZuivelNL, Contrade

展望未来，在美国与其部分贸易伙伴间的关税战后，2018年的贸易格局可能出现一些明显的变化。2018年，对于个别出口，之前的一些贸易机会将消失，可能会出现一些新的机会，但规模不会太大。然而，贸易高关税的回归是长期以来贸易自由化的阻碍。

2018年由于油价上涨，石油出口国的乳制品进口量可能将有所改善，贸易高关税的回归是长期以来贸易自由化的阻碍。

## 五、牛奶和乳制品价格

在2017年8月乳品价格达到高峰后，市场形势开始急剧扭转，2017年年底价格相比8月的峰值下跌了20%~25%。然而在2018年年初，价格突然停止下跌势头。许多习惯于乳制品三年价格周期的业内人士预测，到2018年底，价格将进一步下跌至新低。但生产气候和疾病相关问题阻碍了新一轮的下跌。在2006—2016年连续3个三年价格周期之后，2018年的乳制品价格突然失去明确的方向。这对奶农来说是个好消息，因为自2018年年初以来，牛奶价格基本维持在合理水平。尽管这对奶农来说是有利的，但一些国家的需求会受到牛奶和奶制品高价的负面影响。在埃及、南非和阿根廷等国家，随着乳制品价格显著上涨，消费受到了极大影响（图7-16）。

2018年最明显的趋势是不同乳制品品类价格变动不一致。黄油、无水黄油和奶油的价格空前上涨，这对买卖双方都带来挑战，同时也影响了其他品类乳制品的价格，由此影响到乳企对牛奶加工的优先分配（表7-3、图7-17、图7-18）。

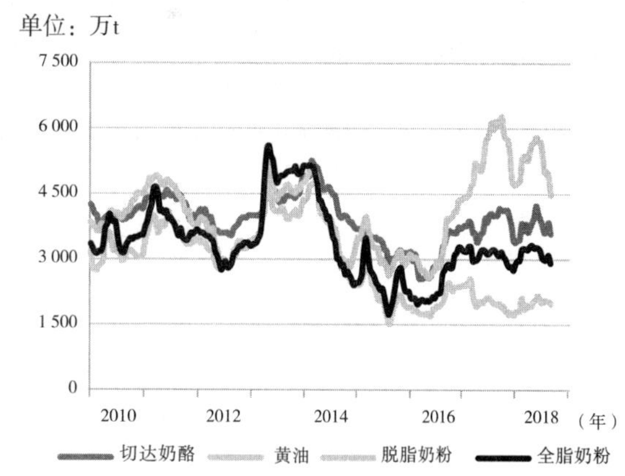


图7-16 全球乳制品价格

**表7-3 全球原料奶价格**

| 国家（地区） | 2017 (USD/100kg) | 2016/17 增长率 |
|---|---|---|
| 阿根廷 | 32.3 | +25.9% |
| 巴西 | 33.8 | +28.5% |
| 中国 | 56.2 | -3% |
| 欧盟28国 | 39.4 | +25.1% |
| 法国 | 36.6 | +16% |
| 德国 | 40.9 | +38.2% |
| 荷兰 | 45.1 | +28% |
| 波兰 | 35.7 | +31% |
| 印度[A] | 44.2 | +9.5% |
| 新西兰 | 40.8 | +56.6% |
| 俄罗斯 | 42 | +0.1% |
| 美国 | 38.8 | +8% |

（A）按占全球贸易总量的百分比计算，不同年度的参考值为：2010年5 510万t，2015年7 340万t，2017年7 490万t。

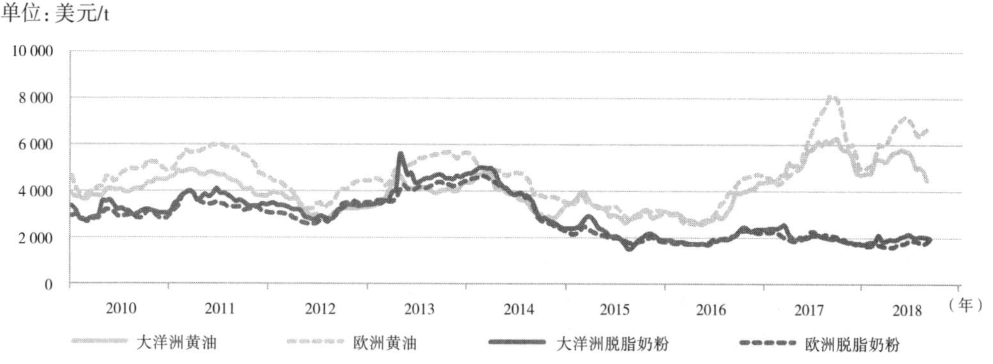


图7-17 2010年以来的乳制品价格走势（FOB）

资料来源：USDA

总而言之，可以得出以下结论，大部分乳企根据市场需求将继续大量生产奶酪和全脂奶粉，并将剩余牛奶加工成黄油和脱脂奶粉，而并非有业内人士预测的脱脂乳粉降价和前景不明。黄油和脱脂乳粉价格再次逐渐趋同，但只要市场仍然有大量需求来消化脱脂乳粉，并且消费者仍然像过去三年一样需求乳脂，那么价格差距将比 2017 年之前更大。

（2018 世界奶业形势，IDF）

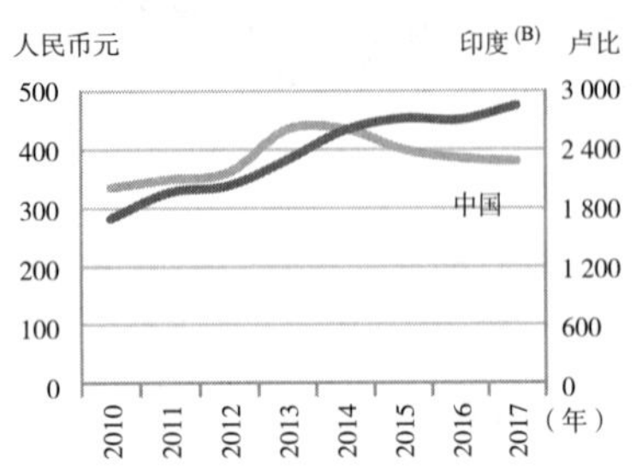


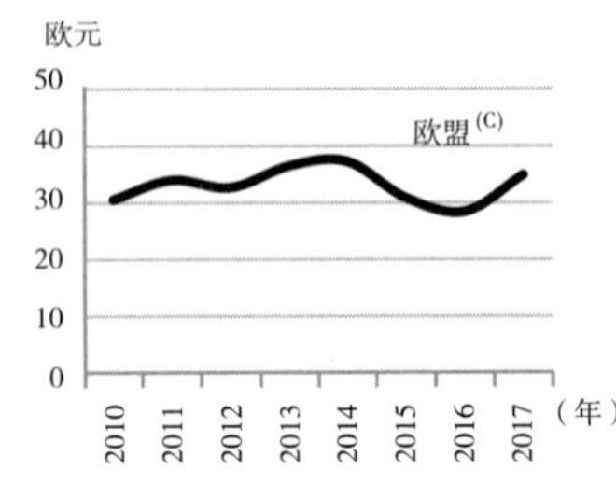


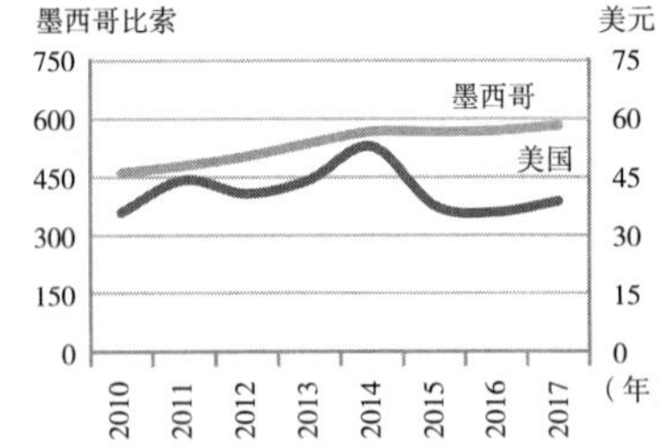


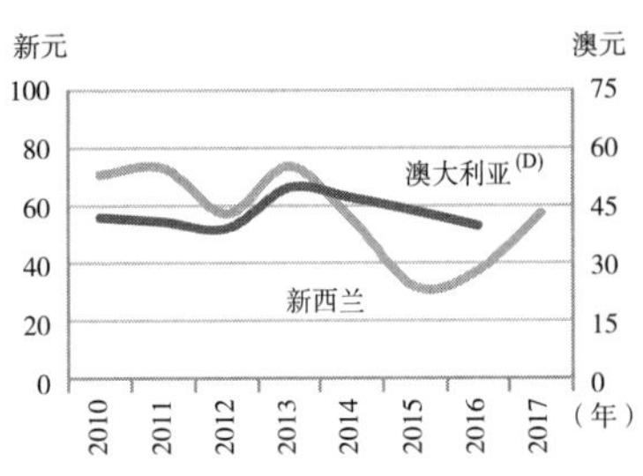


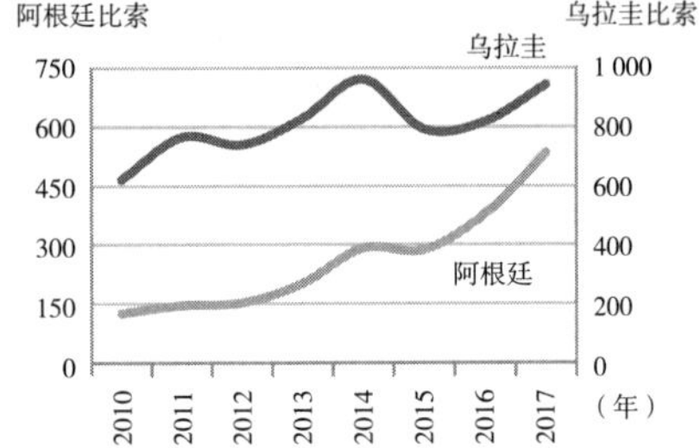


图7-18　主要国家和地区的牛奶收购价

（A）混合奶（牛奶和水牛奶）；仅为合作牧场数据。

（B）奶业年度以翌年 3 月结束，混合奶类（牛奶和水牛奶），仅为合作牧场数据。

（C）加权平均值。（D）奶业年度以翌年 6 月结束。

资料来源：CNIEL,ZuivelNL,IDF 国家委员会，各国统计局，欧洲委员会

# 【主产国概况】

## 2017 年新西兰奶业发展概况

### 一、原料奶生产

近几年来，由于国际乳制品市场需求的拉动，尤其是 2008 年中新自贸协定签署以后，新西兰的乳制品出口大幅增长，拉动了新西兰的原料奶持续增产，产量从 2008 年的 1 558 万 t 上涨到 2014 年的 2 184.2 万 t，六年间增加了 626.2 万 t，增长 40.2%，年复合增长率达到 5.8%。2015 年和 2016 年由于中国进口需要减少、国际乳制品市场持续低迷，新西兰原料奶产量出现小幅回落，2017 年由于中国乳制品消费复苏等原因，新西兰原料奶产量小幅回升至 2 146 万 t，同比增加了 28.6 万 t，涨幅 1.4%。预计 2018 年随着中国消费复苏的拉动，国际乳制品市场需求会有所增强，在天气正常的前提下，2018 年新西兰的原料奶产量会有小幅增长。

### 二、原料奶收购价格

2017 年新西兰的原料奶收购价格平均值为 52.19 新元 /100kg，折合人民币 2.51 元 /kg，比 2016 年的 40.28 新元上涨了 11.91 新元，涨幅为 29.6%。2017 年价格整体保持在高位，从各月的走势来看，1~5 月的价格相对平稳，6~8 月持续上涨，9~10 月稳定，11~12 月有所回落。

预计在 2018 年，包括中国在内的国际需求有望增强，而整体上全球市场由供过于求向供需平衡转变，由此预计新西兰 2018 年的原料奶收购价格有望出现一定幅度的上涨（图 7–19~ 图 7–21）。

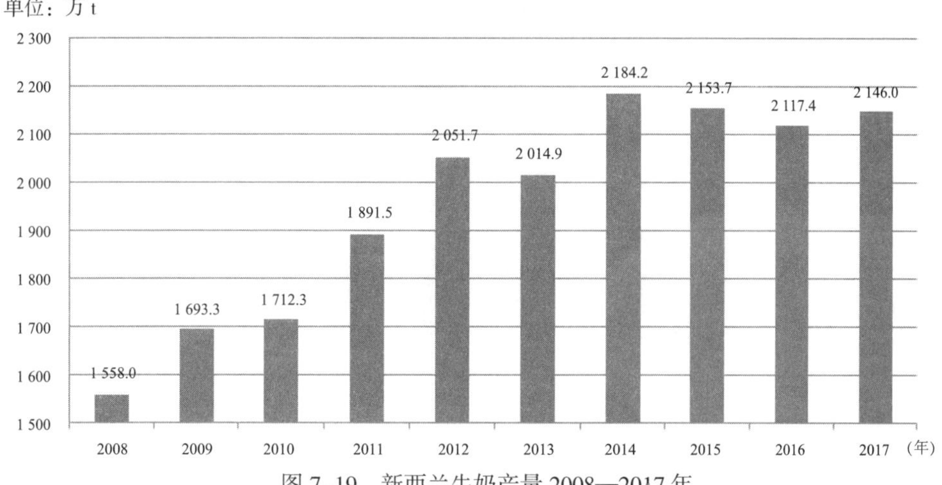


图 7–19　新西兰牛奶产量 2008—2017 年

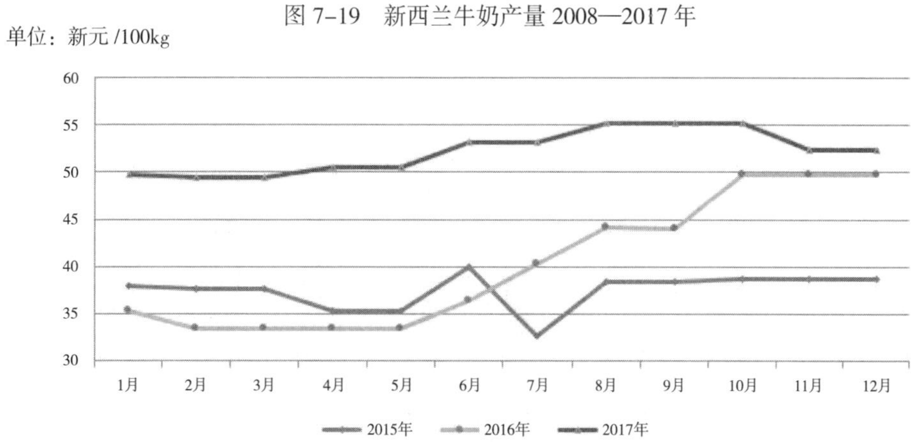

单位：新元 /100kg

图 7–20　新西兰月度原料奶收购价 2015—2017 年

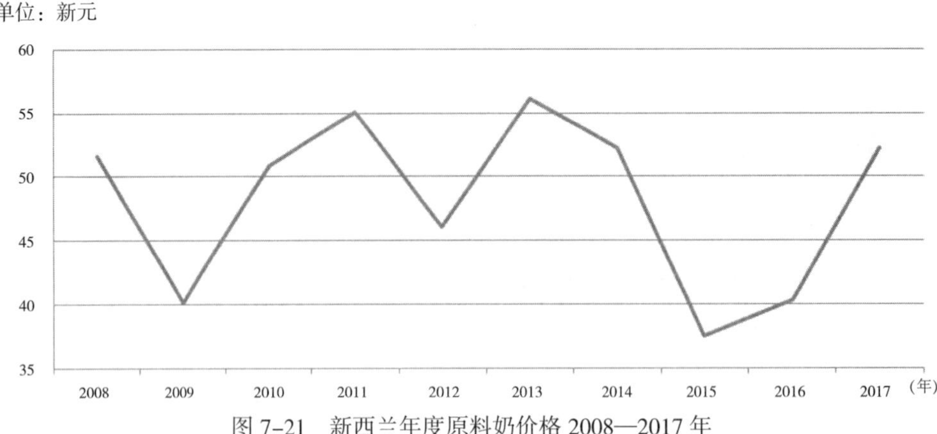


图 7-21　新西兰年度原料奶价格 2008—2017 年

## 三、乳制品出口

新西兰人口稀少，国内市场空间有限，绝大部分的原料奶都被制成各种乳制品用于出口，新西兰的乳制品出口量约占全球出口量的 1/3。由于地理及保质期等因素，新西兰的出口以干乳制品为主。

随着国际乳制品市场需求的不断增长，新西兰乳制品的出口数量也不断攀升。2017 年新西兰乳制品的出口数量相对稳定，虽然同比 2016 年有所下跌，但仍高于 2015 年的水平，属于 2010 年以来较好的年份。同时，由于国际乳制品价格大幅增长，新西兰乳制品的出口金额增幅较大。

2017 年，新西兰乳制品（HS0401-0406）共出口 293.2 万 t，比 2016 年减少了 13.6 万 t，跌幅 4.4%；出口金额为 140.6 亿新西兰元，比 2016 年增加了 30.1 亿新元，涨幅 2 7.3%，占新西兰全部商品出口金额的 26.3%，比 2016 年上涨了 3.8 个百分点，稳居各类商品出口的首位（图 7-22、图 7-23）。

单位：亿新元

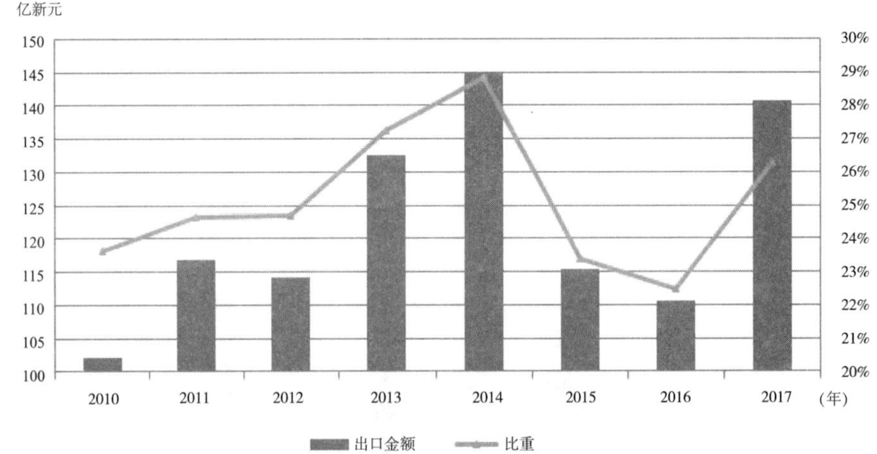


图 7-22　新西兰乳制品出口数量 2010—2017 年

注：数量进行了季节性调整并排除短期不规则变动

单位：万 t

图 7-23　新西兰乳制品出口金额及占全部商品出口比例 2010—2017 年

（中国奶业协会，陈兵、刘泽禹）

# 2017 年澳大利亚奶业发展概况

## 一、原料奶产量

2017 年澳大利亚原料奶产量小幅上涨，全年产量为 944.7 万 t，比 2016 年增长了 9.3 万 t，涨幅 1%。从月度产量来看，前 5 个月仍然延续上一年的跌势，6 月以后企稳，第四季度同比增幅较大。2018 年澳大利亚原料奶生产在国际和国内消费复苏的拉动下，预计会有一定幅度的增产（图 7-24）。

## 二、干乳制品生产

澳大利亚 2017 年原料奶产量小幅上涨，但由于干乳制品生产的结构出现变化，奶酪、全脂奶粉等好奶量高的产品比重有所上升，干乳制品总产量出现一定幅度下跌。2017 年全年澳大利亚共生产干乳制品 71.5 万 t，比 2016 年减少了 4.6 万 t，跌幅为 6.1%。奶酪、脱脂奶粉和全脂奶粉仍然是最主要的品种，产量分别为 33.1 万 t、

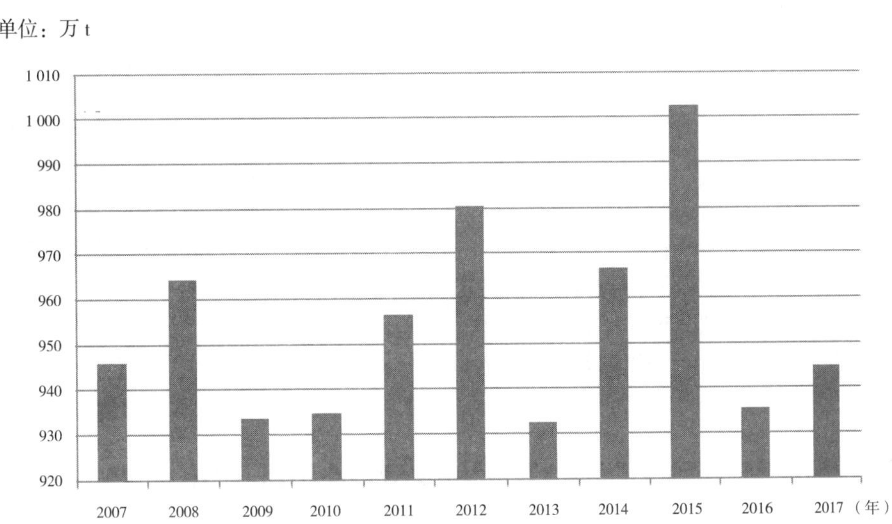


图 7-24 澳大利亚原料奶产量 2007—2017 年

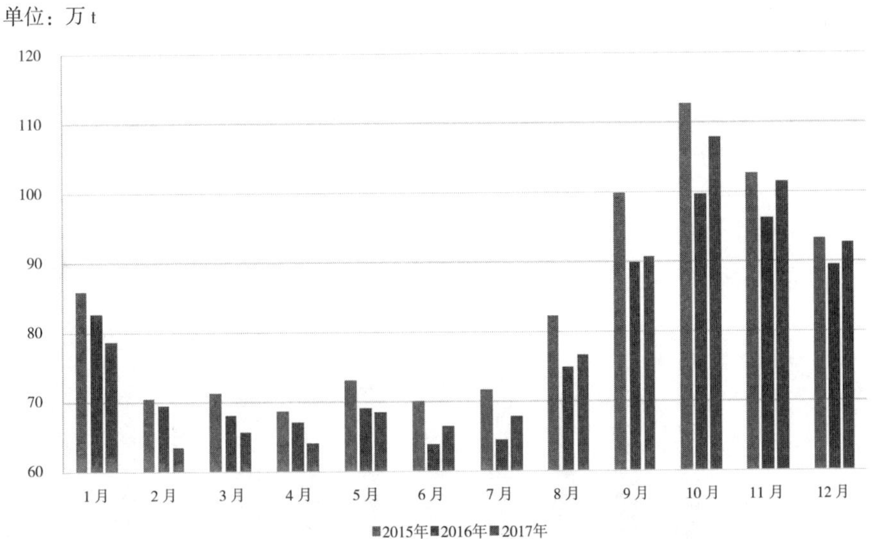


图 7-25 澳大利亚月度原料奶产量 2015—2017 年

注：澳大利亚奶业年度为 7 月 1 日至次年 6 月 30 日

18.7万t和7.2万t，所占比重也分别达到了46%、26%和10%，其他干乳制品品种，比如无水奶油、黄油、中脂奶粉和乳清粉的产量和比重相对较小（图7–26）。

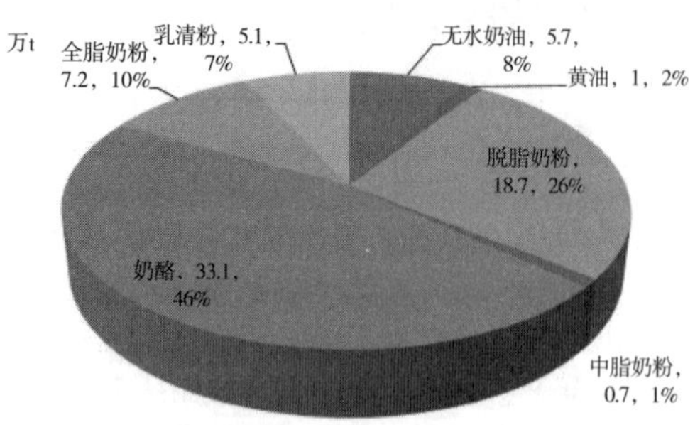


图7–26　澳大利亚2017年干乳制品比重

## 三、乳制品出口

澳大利亚是乳制品出口大国，2017年澳大利亚共出口各类乳制品826 347t，同比2016年减少了3 605t，跌幅为0.4%；但由于国际乳制品需求复苏、价格大幅上涨，出口金额增长至32.9亿澳元，同比2016年增加了26 894万澳元，涨幅为8.9%。

出口量方面，与2016年相比，一半的品种出现同比增长，另一半同比下跌，其中增长幅度较大的有其他乳制品（增长14%）和牛奶（增长13%），切达奶酪、其他奶酪和混合物各增长了3%；出现同比下跌的有无水奶油（跌幅51%）、黄油（跌幅45%）、乳清制品（跌幅25%）、全脂奶粉（跌幅9%）和脱脂奶粉（跌幅3%）（图7–27）。

出口金额方面，大部分品种出现同比增长，其他乳制品（增长17%）、切达奶酪（增长14%）、其他奶酪（增长13%）同比增幅较大，牛奶、全脂奶粉和混合物各增长了10%，脱脂奶粉和乳清制品也增长了7%；仅无水奶油和黄油同比下跌了27%（图7–28）。

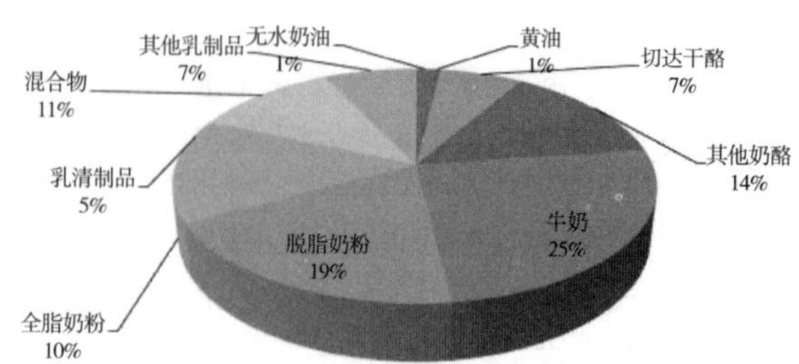


图7–27　澳大利亚2017年乳制品出口数量比重

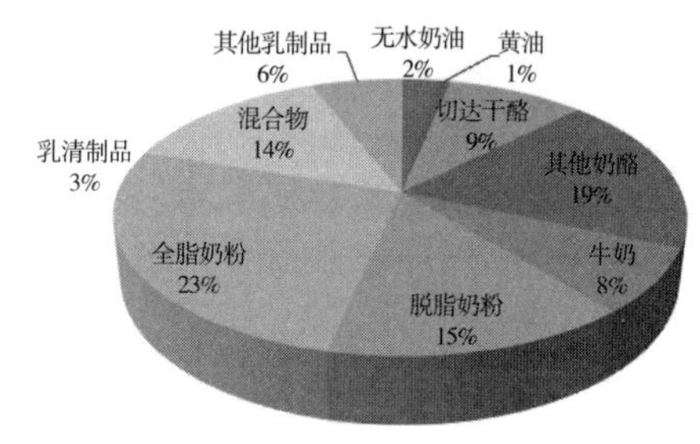


图7–28　澳大利亚2017年乳制品出口金额比重

（中国奶业协会，陈兵、刘泽禹）

# 2017年美国奶业发展概况

## 一、原料奶生产

2017年美国原料奶产量连续第8年保持增长，全年产量达到了9 773.4万t，同比2016年增加了138.8万t，增幅1.4%。纵观2017年，由于美国国内经济复苏、需求强劲，以及饲料价格持续保持在低位，刺激了原料奶的增产，成为全球主要奶业出口国家（地区）中增速较快的国家。2018年，美国原料奶生产预计会受到收购价格下跌和饲料价格上涨的不利影响，但在国内需求强劲以及出口增长的推动下，美国原料奶产量有望保持温和增长势头（图7–29）。

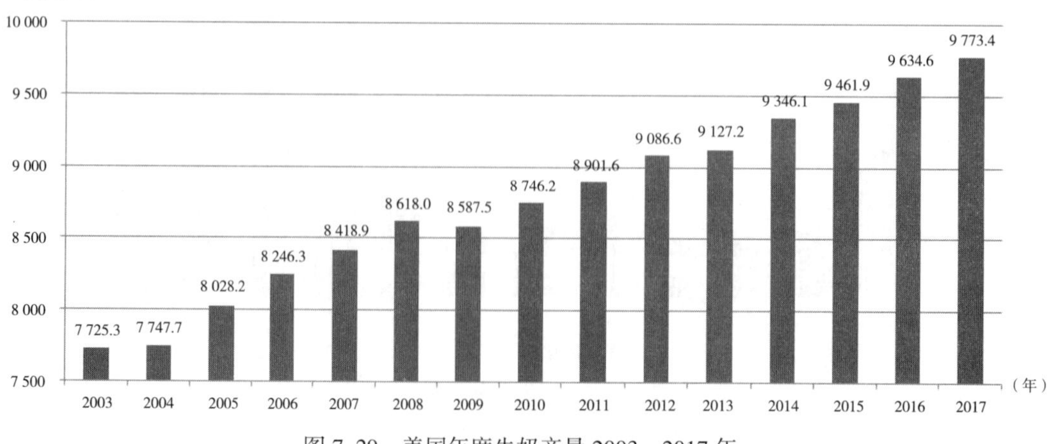


图7–29　美国年度牛奶产量2003—2017年

美国的原料奶产量从 2003 年的 7 725.3 万 t 上升到 2017 年的 9 773.4 万 t，14 年间增加了 2 048.1 万 t，增幅达到了 26.5%，年复合增长率为 1.6%。

## 二、原料奶收购价格

根据美国农业部（USDA）发布的数据，2017 年美国原料奶平均收购价格为 17.63 美元 / 美担，折合人民币 2.62 元 /kg，比 2016 年的 16.24 美元上涨了 1.38 美元，涨幅为 8.5%。从月度价格上来看，2017 年绝大部分月份（1~11 月）的价格超过 2015 年和 2016 年的水平，仅在 12 月低于 2016 年同期价格（图 7–30）。

单位：美元 / 美担

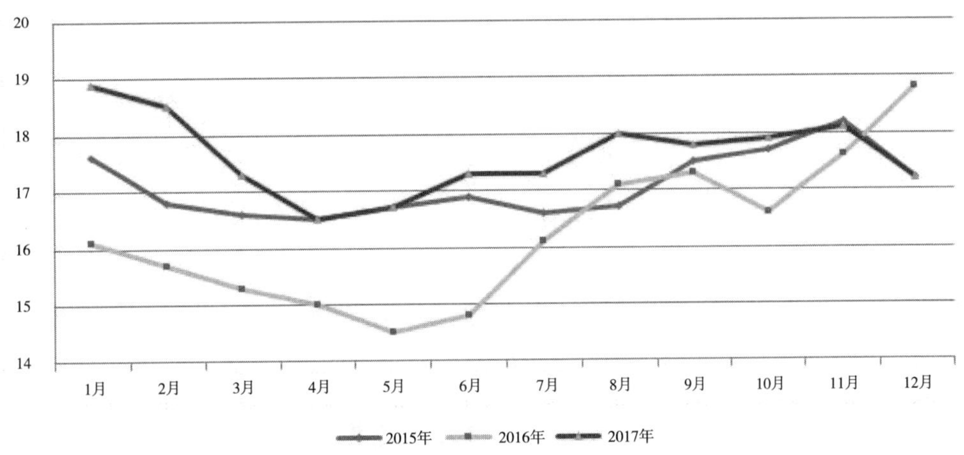


图 7–30 美国原料奶月度收购价格 2015—2017 年

## 三、玉米价格

2017 年美国的玉米平均价格为 3.36 美元 / 蒲式耳，折合人民币 0.89 元 /kg，比 2016 年的平均值 3.48 美元 / 蒲式耳下跌了 0.12 美元，跌幅为 3.5%，为连续第 5 年下跌，目前已经处于 2010 年以来的最低水平。从全年走势来看，2017 年 1~7 月美国的玉米价格处于相对高位，基本维持在 3.4 美元 / 蒲式耳之上，但 8 月出现较大幅度下跌，随后在稳定了 3 个月之后，11 月再次下跌至全年最低点 3.15 美元 / 蒲式耳，12 月出现了小幅反弹。全年绝大部分月份的价格低于 2016 年同期水平。玉米价格的下跌有利于降低饲养成本、增加奶农收益，促进原料奶的增产（图 7–31）。

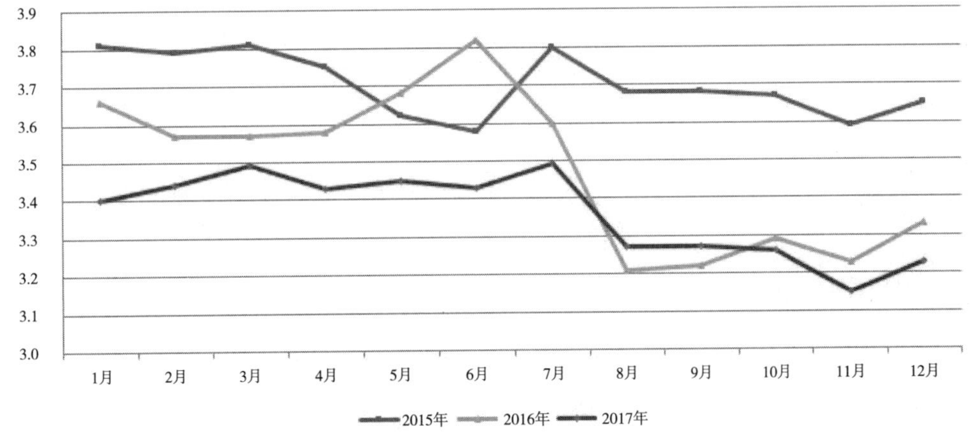


图 7–31 美国月度玉米价格 2015—2017 年

## 四、奶料比

由于美国 2017 年原料奶价格上涨而玉米等饲料价格下跌并持续保持在低位，美国 2017 年的奶料比出现较大幅度的上升，全年平均为 2.42 点，比 2016 年上升 0.17 点，涨幅 7.3%。从全年走势来看，上半年明显好于 2016 年同期水平，下半年的数值与 2016 年同期数据接近，但 12 月出现较大幅度下跌。

预计 2018 年美国原料奶价格面临回调价格，尽管玉米等饲料价格维持在低价的可能性较大，但奶料比预

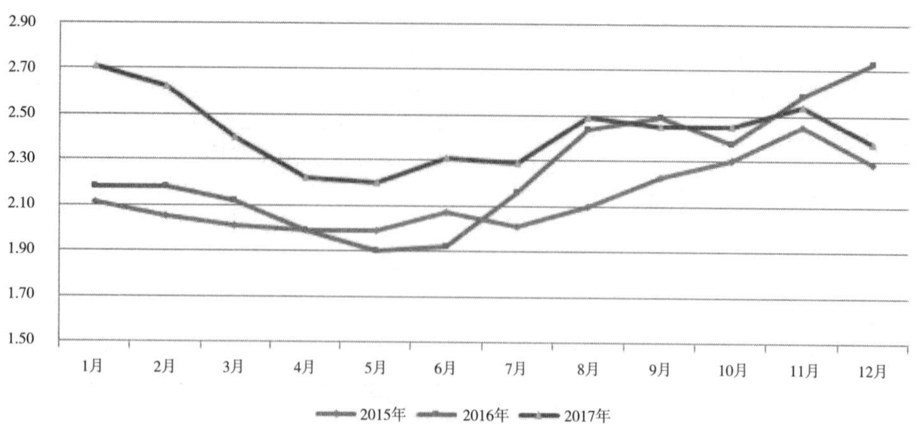


图 7-32　美国奶料比 2015—2017 年

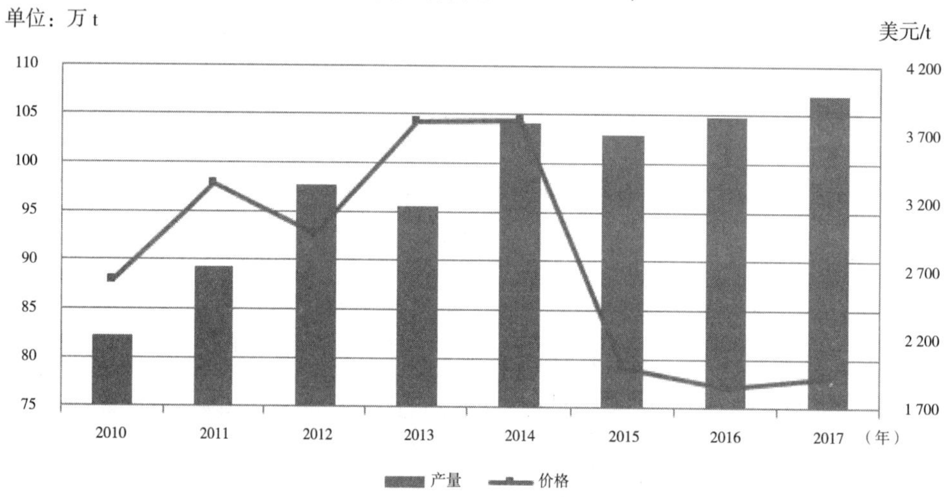


图 7-33　美国脱脂奶粉产量及价格 2010—2017 年

注：美国 NDM 和 SMP 产品很类似，但 SMP 对蛋白含量要求最低 34%，而 NDM 没有这方面的要求；文中价格采用美国西部 FOB 价格，包含特级和 A 级两个品种。

资源来源：USDA

计会出现一定幅度的下跌，美国奶农的利润空间会被挤压（图 7-32）。

## 五、脱脂奶粉

脱脂奶粉（包括 Nonfat Dry Milk 和 Skimmed Milk Powder）是美国乳制品生产中最主要的产品之一，也是最重要的出口产品之一，2017 年其出口量达到 60.8 万 t，相当于其国内产量的 56.8%。美国也是我国脱脂奶粉进口的主要来源国之一。

2017 年美国脱脂奶粉产量为 107 万 t，比 2016 年的 104.8 万 t 增加了 2.2 万 t，涨幅为 2.1%，为近几年来的较高水平。全年平均价格上涨至 1 926 美元 /t，较 2016 年上涨了 75 美元，涨幅 4%，为 2010 年以来的次低值（图 7-33）。

## 六、苜蓿草出口

随着我国奶牛标准化规模养殖的快速推进和对苜蓿重要性认识的提高，我国奶牛养殖行业对苜蓿的需求快速增长，而国内的供应目前仍无法满足行业的需求，虽然我国也实施了“振兴奶业苜蓿发展行动”，且 6 年时间取得了巨大的成绩，但毕竟时间较短，现代化的苜蓿产业还没有成型，自然条件的限制、配套机械和设施不完善、交通不便以及经验不足，都制约了产业的发展速度。因此我国仍需要从国外进口大量的苜蓿以弥补国内供给不足。在进口来源国中，美国的苜蓿产品占据了绝大部分市场份额，而且进口数量持续增长，2009 年全年进口数量仅有 7.5 万 t，而 8 年后的 2017 年就达到了 116.7 万 t，增长了 14.6 倍，年复合增长率高达 40.9%，对中国出口的数量占美国全部苜蓿出口数量的比重也从 2009 年的 4.8% 上升到 2017 年的 43.8%。

我国开放的苜蓿进口来源国已经增加到了 9 个，除美国外还有加拿大、西班牙、吉尔吉斯斯坦、哈萨克斯坦、保加利亚、德国、俄罗斯和阿根廷，其中，除世界第二大出口国——西班牙的出口潜力较大以外，其余各国对中国的出口能力有限，因此，美国苜蓿在中国市场的主导地位在短时间内不会有大的改变，预计2018年美国苜蓿的进口仍将保持在一个比较高的水平上。（图7-34）

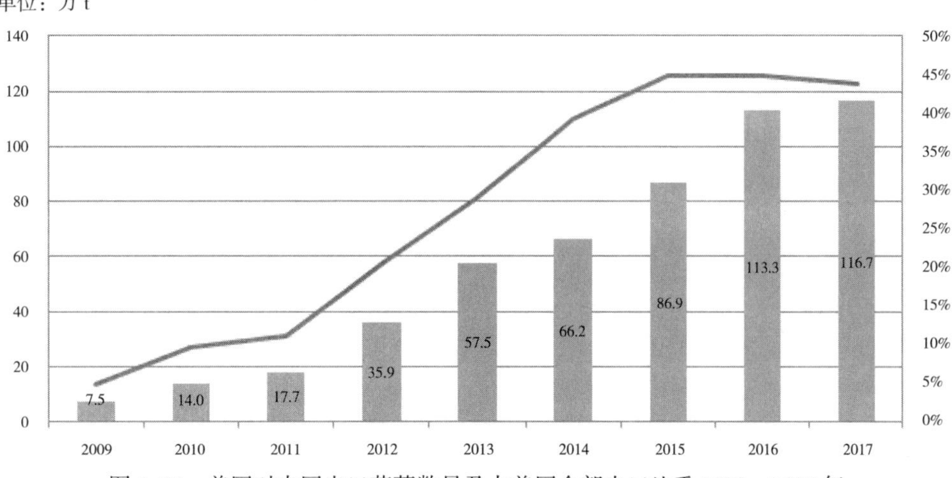


图7-34　美国对中国出口苜蓿数量及占美国全部出口比重2009—2017年

（中国奶业协会，陈兵、刘泽禹）

# 2017年欧盟奶业发展概况

## 一、原料奶收购价格

由于国际乳制品市场复苏，加上欧盟出口商努力开拓新的市场，2017年欧盟28国的出口恢复增长，带动原料奶收购价格上涨，全年加权平均100kg收购价格上涨至34.9欧元，按年度汇率7.62计算折合人民币2.65元/kg，相比2016年的28.5欧元上涨了6.4欧元，涨幅为22.5%。

从月度原料奶加权平均收购价格来看，2017年上半年的价格保持平稳，从7月开始上涨趋势明显，到11月达到全年最高点每100kg 37.83欧元，年底有小幅回落。

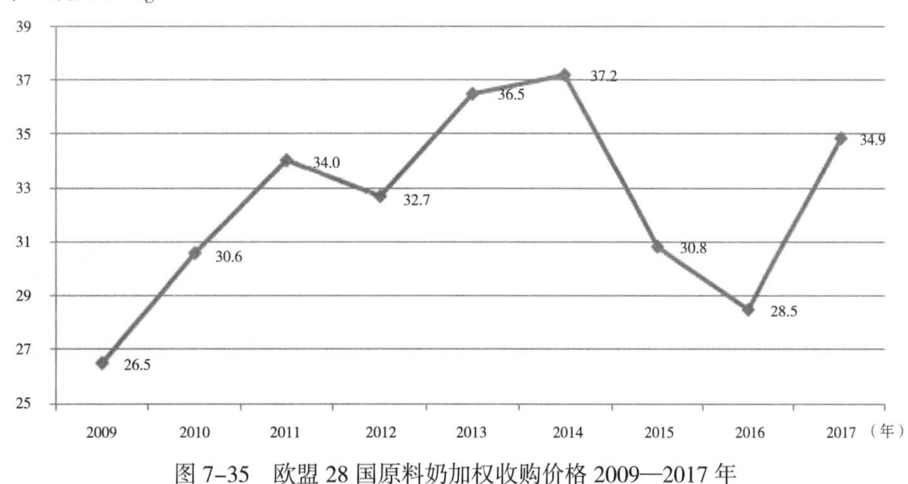


图7-35　欧盟28国原料奶加权收购价格2009—2017年

## 二、原料奶生产

2009年全球性奶业危机过后，欧盟28国的原料奶产量逐年增长，尤其是2015年4月欧盟牛奶生产配额制度终止以后，原料奶产量在基数已经很大的情况下继续保持增长势头，2017年全球乳制品市场复苏，欧盟28国的原料奶生产得以持续增长，全年原料奶产量达到历史新高15,59万t，同比2016年增加了253万t，增幅1.6%。

2018年全球乳制品市场复苏预计得以持续，而目前欧盟28国的原料奶价格对于奶农来说仍然有较大的利润空间，因此预计欧盟的原料奶生产有望保持增长。

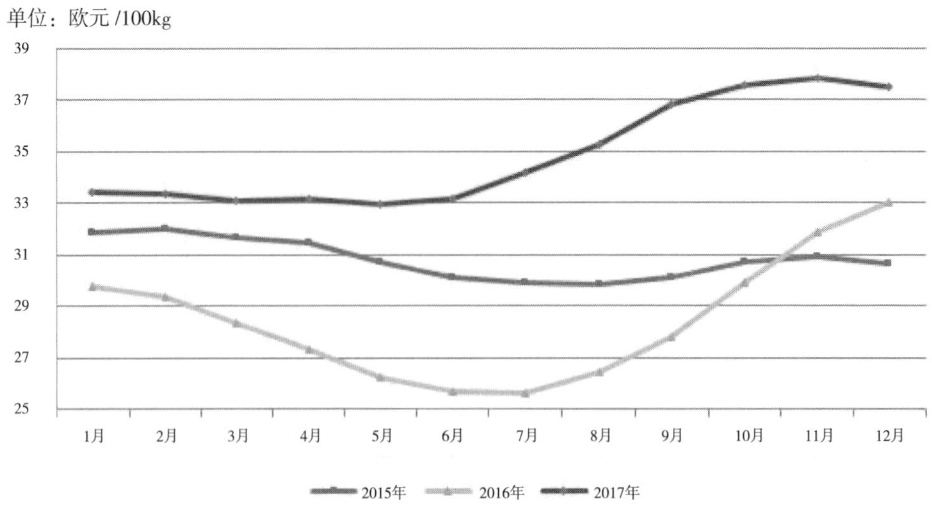


图 7-36　欧盟 28 国原料奶加权收购价格 2015—2017 年

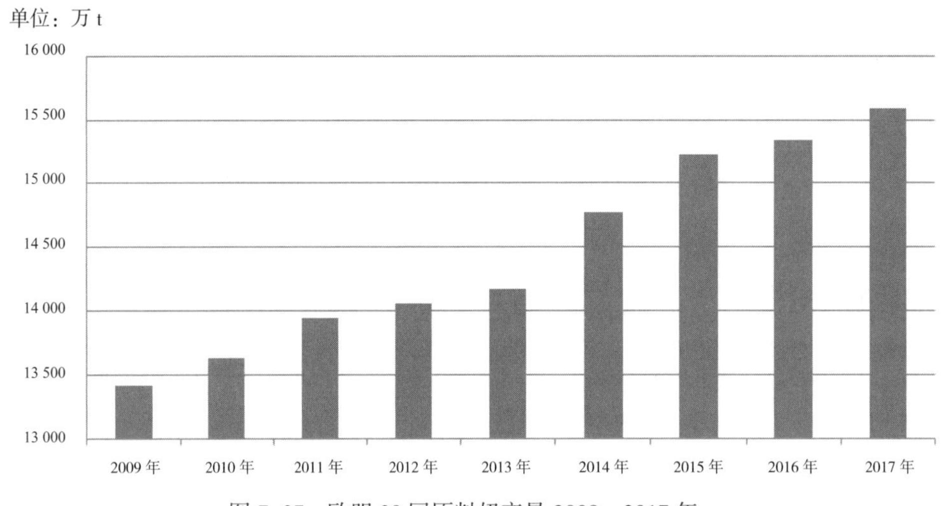


图 7-37　欧盟 28 国原料奶产量 2009—2017 年

## 三、干乳制品出口

2017 年欧盟 28 国在国际乳制品市场，尤其是中国进口需求复苏的影响下，加上欧盟出口商开拓了新的国际市场，克服了俄罗斯乳制品禁令延期等不利因素的影响，干乳制品出口取得较好成绩，全年出口量达到 305.4 万 t，同比增长 9.4%。

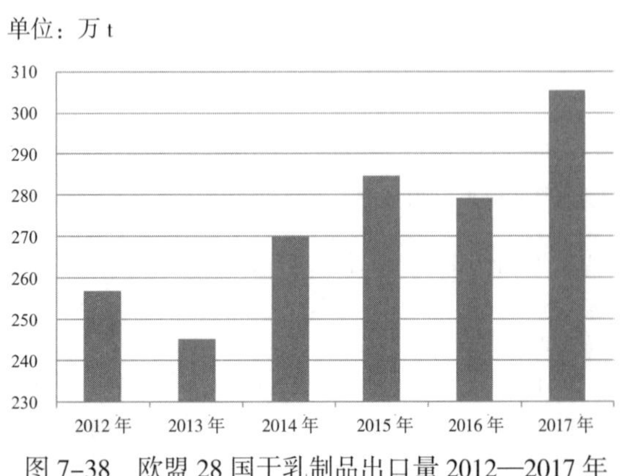


图 7-38　欧盟 28 国干乳制品出口量 2012—2017 年

在全部干乳制品出口中，全脂奶粉出口量为 39.3 万 t，占全部乳制品出口比重的 13%；脱脂奶粉 77.9 万 t，占 26%；炼乳 32 万 t，占 10%；黄油 16.7 万 t，占 5%；奶酪 82.9 万 t，占 27%；乳清 56.5 万 t，占 19%。

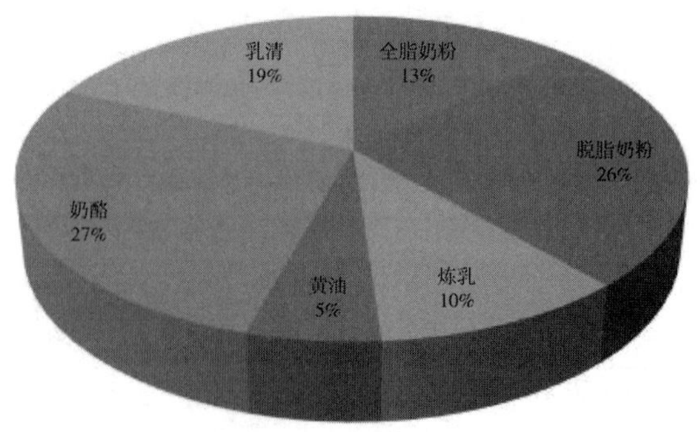


图 7-39　欧盟 28 国乳制品出口比重 2017 年

（中国奶业协会，陈兵、刘泽禹）

# 八、奶业大事记

NAIYE DASHIJI

## 2017 年奶业大事记

### 1 月

9 日 国家农业部、发改委、工信部、商务部、食品药品监督管理总局五部委联合发布了《全国奶业发展规划（2016—2020 年）》。此规划是继农业部、发改委、工信部、商务部四部委联合制定的《全国奶业发展规划（2009—2013 年）》之后，历经多年酝酿出台的又一新规划。

10 日 中国关心下一代工作委员会宣布，将联合伊利集团、北京协和医院等国内 10 家大医院，共同推动标准化、规范化的中国母乳库的建立。全国人大常务委员会原副委员长、关工委主任顾秀莲、全国政协原副主席张梅颖、伊利集团执行总裁张剑秋、以及合作医院代表和 23 位专家参会。作为中国母乳库的参与者之一，伊利从 2003 年就开始进行母乳研究，至今已整整 15 年。2007 年，伊利建成中国首个母乳研究数据库，这次与关工委携手“中国母乳库”项目，将为推动婴幼儿配方奶粉领域和整个婴幼儿事业的发展，做出乳业龙头企业应有的贡献。

13 日 从天津出入境检验检疫局官网获悉，天津检验检疫局邮检办事处从国际快件中连续查获了 12 箱，共计 68.2L 婴儿液体牛奶，创天津空港口岸快件禁止进境物单日截获重量之最。

16 日 农业部部长韩长赋在《农民日报》发表署名文章《加快振兴中国奶业》。

24 日 习近平总书记在张家口旗帜婴儿乳品股份有限公司考察。在详细了解企业生产经营特色和食品安全保障工作后，习近平总书记强调，党中央采取了很多举措支持国产奶业发展，希望国产品牌在市场中起主导作用！品牌的影响力需要积累。创品牌的过程中，既要有高的标准，更要每一步脚踏实地、扎扎实实，一丝不苟地抓好饲料、养殖、加工、销售各个环节，最后让市场说话，让群众说话。

### 2 月

8 日 农业部畜牧业司组织部分省级农牧部门、奶业 20 强企业及其他奶业企业代表、奶业协会和专家，召开专题座谈会，学习贯彻 1 月 24 日习近平总书记考察河北旗帜乳业时的重要指示精神，共商奶业发展大计，研究部署振兴奶业“五大行动”，加快推进现代奶业建设。

13 日 全国首个乳品行业的科技创新联盟宣告成立。联盟以乳品企业为龙头，聚集产业链上下游优势创新资源，共同探索乳品产业科技发展新组织模式的管理与运行机制，突破我国乳品产业，特别是婴幼儿配方乳粉产业的技术瓶颈，提升国产乳制品的市场竞争力。通过联盟成员推选，联盟以“三元食品”为牵头乳品企业开展工作，选举三元食品总经理陈历俊为理事会理事长，首农集团科技管理部部长王玉贵为秘书长。

20 日 中共中央政治局委员、国务院副总理汪洋在黑龙江省副省长吕维峰、哈尔滨市市长宋希斌的陪同下到现代牧业双城牧场实地考察调研，现代牧业常务副总裁韩春林向汪洋一行介绍了企业的相关情况。

21 日 农业部联合中国奶业协会在北京启动“中国小康牛奶行动”。农业部副部长于康震出席启动仪式并致辞；农业部畜牧业司司长马有祥通报“中国小康牛奶行动”方案；中国奶业协会名誉会长刘成果出席了此次启动仪式。在启动仪式上，伊利、蒙牛、君乐宝等奶业 20 强企业积极参与为贫困地区学校捐赠牛奶，初步统计捐赠液态奶达到 106 万提、奶粉 5 584 箱，价值 5 560 万元，将惠及 11 万名学子。

### 3 月

5 日 十二届全国人大五次会议在北京开幕。农业部部长韩长赋在两会“部长通道”回答记者提问时表示“我对中国奶业振兴充满信心，相信有一天外国游客会买中国奶粉。”韩长赋说，这些年来，中国民族奶业知耻后勇、浴火重生，发生了一系列脱胎换骨的变化。

6 日 正值“两会”召开期间，三元食品股份有限公司总经理陈历俊做客“健康中国人”圆桌系列论坛，与多位行业专家、知名企业家共同探讨“如何做强做优中国乳业”。中国乳制品工业协会秘书长刘美菊主持论坛。

8 日 首农集团副总经理、北京三元食品股份有限公司党委书记、董事长常毅做客新华网“全国两会特别访谈”直播间，与网友畅谈中国奶业发展。

9 日 蒙牛乳业总裁卢敏放接受新华网采访，就如何推动实体经济改革，打造具有国际水准的中国乳业品牌表示，创新是非常重要的环节，通过创新才能真正驱动整个产业的发展，而工匠精神同样不可或缺。

10 日 2017 江西省奶业协会常委理事会在阳光乳业长山牧场召开，江西奶业协会负责人、江西省各个乳企负责人等参会。会议围绕创新、绿色、共享新发展主题，探讨江西省奶业的发展大计。这次会议，通过选举，一致同意阳光乳业董事长胡霄云为江西省第七届奶业协会理事长。

同日 天津出入境检验检疫局消息，天津检验检疫局北疆办事处工作人员监督销毁了一批不合格进口牛奶。据了解，该批货物来自爱尔兰，共计 9 072 箱，重量近 44t，货值约 4.7 万欧元。该局动植物与食品检测中心实验室检测，该批货物霉菌超出限量标准。

11 日 人民日报报道，全国政协委员、中国奶业协会会长高鸿宾接受采访时表示，一杯奶可以强壮一个民族，小康社会不能没有奶业，十几亿中国人不能没有自己的民族奶业，同时奶业也是农业供给侧结构性改革的一个重点。高鸿宾说："奶品安全依然是全社会关注的热点，今后还是要撸起袖子加油干，扭住奶品安全不放松。"他表示，乳品安全事关重大，要拿出让中国消费者信任、放心的高质量奶粉，创造具有广泛影响力和知名度的著名民族品牌，改变中国奶粉品牌的形象，重振国人对中国奶粉的信心。

12 日 由中国统计信息服务中心、工信部工业文化发展中心、中华商标协会、中国搜索共同主办的中国食品品牌口碑发布会暨第四届中国品牌口碑年会启动仪式在京召开。会议发布了"2016 中国饮料、白酒、啤酒、方便面、植物油、液态奶等品类食品品牌口碑报告"。本次食品品牌口碑指数的前 10 名液态奶品牌分别为：伊利、蒙牛、光明、三元、君乐宝、现代牧业、新希望、雀巢、辉山、皇氏乳业。

15 日 在人民网·人民健康网与中国乳制品工业协会联合主办的"中国乳业的发展及机遇"专场论坛上，内蒙古伊利实业集团股份有限公司执行总裁张剑秋认为，中国乳业在做深做透国内市场的基础之上，在满足国内消费者对乳制品需求的基础之上，走出国门，这是大势所趋。

16 日 中国医药报道，全国政协委员、全国工商联副主席、伊利集团董事长潘刚介绍，伊利目前已经掌控新疆天山、内蒙古呼伦贝尔和锡林郭勒三大黄金奶源基地，拥有中国规模最大的优质奶源基地以及众多的优质牧场，为原料奶长期稳定的质量和产量提供了强有力的保障。

18 日 辉山乳业优质乳工程验收暨国家奶业科技创新联盟副理事长单位授牌仪式在沈阳举行。国家奶业科技创新联盟理事长、奶业创新团队负责人王加启表示，辉山乳业以优质的奶源、先进的生产工艺、严格的质量检测为消费者提供更安全、高品质的优质乳产品，成为目前通过"优质乳工程"验收的最大规模全产业链乳业企业。辉山集团董事长杨凯表示，近几年来，消费者对于鲜奶活性营养的认知越发理性，中国乳业市场格局表现出与国际市场的趋同和一致性，这与科研进步、与包括辉山在内的乳品企业对消费普及教育和市场坚守是分不开的。发布会上，辉山还启动了 2017 年度"鲜教育、鲜体验"大型健康饮奶普及活动。

20 日 伊利集团"双喜临门"，一天之内同时在"Brand Finance 全球乳业品牌 100 强"和"2017 年度 BrandZ™ 中国最具价值品牌 100 强榜单"获得了第一位，成为全球乳业品牌"双冠王"。

24 日 伊利集团董事长潘刚出席在澳大利亚悉尼举行的中澳企业 CEO 圆桌会议。并在座谈中建议，中澳两国中澳两国企业联手搭建技术对话、研发合作、人才交流三大平台，更好地实现合作共赢。潘刚的建议得到与会代表的高度评价。该座谈会有中澳两国各 12 名领军企业家参与。

25 日 "伊利大洋洲生产基地（二期）揭牌暨金领冠睿护奶粉面世仪式"在新西兰的奥克兰市举行。二期项目建设位于新西兰南岛南坎特伯雷洲怀马特市伊利一期项目预留地，主要用于年产 16.2t 功能性乳蛋白牛乳深加工项目、年产 8 万 tUHT 奶项目、年产 5.6 万 t 全脂奶粉生产项目、年产 3 万 t 婴儿奶粉包装项目四个单元的建设。同时作为大洋洲乳业生产基地的重要成果，伊利推出的新一代高科技奶粉"睿护"，也在当日的仪式上对外发布。中国驻新西兰大使馆参赞张帆和新西兰怀马特市市长 Craig Rowley 分别代表两国政府出席揭牌仪式并讲话。

同日 清华大学互联网产业研究院举办食品安全研究中心国际论坛暨正大集团·安洁康·陶氏化学战略合作签约仪式。清华大学互联网产业研究院院长朱岩、副院长王海涛、中国洗涤工业协会理事长郑舞虹、清华大学工程系教授、生物化工研究所所长邢新会、中国食品工业（集团）公司总经理蔡永峰、中国贸促会中国华阳国际产业投资集团董事长郎晓雷、北京金盘龙餐饮投资管理公司董事长王政钧、中国人民公安大学食品药品与环境犯罪研究中心主任李春雷、中国奶业协会副秘书长杨秀文出席仪式并就食品安全问题进行了研讨。

26 日 被誉为"中国奶业首个牧场主大学"的"富牧奶业继续教育中心"在内蒙古呼和浩特揭牌。内蒙古富牧技术有限公司总经理周鑫宇谈及这个继续教育中心，直言要做"中国奶业的'蓝翔'"。中国奶业协会副秘书长张智山表示，"富牧奶业继续教育中心"的设立，将推动奶业培训方式向产、学、研相结合的培训方式转变，将国内外奶业的先进技术和实践成果提供给养殖企业，不断提高中国奶牛的养殖水平。

30 ~ 31 日 中国奶业协会会长高鸿宾，代理秘书长刘亚清等一行人赴新希望乳业成都青白江牧场、郫县新工厂调研，对牧业生产、奶价、牛奶销售、粪污无害化处理，对如何破解养奶成本高、收益低、卖奶难、奶源供需不平衡、如何拉动牛奶消费增长等问题进行研讨。调研组听取了新希望乳业发展历程及战略定位，参观了牧场和新工厂。高会长对新希望乳业的企业发展理念和取得的成绩表示充分认可，并对新希望乳业提出期许，要在中国奶业供给侧改革进程中做好排头兵，持续推动产品创新，抓住消费升级的历史机遇，增强企业活力，快速发展，为消费者提供优质可信赖的乳制品。新希望乳业朱川总裁、林永裕副总裁陪同调研。

## 4 月

17 日 旗帜婴幼儿配方奶粉荣获 2017 年世界食品品质评鉴大会特别金奖。

18 日 河南省“健康中原 – 牛奶伴您行”奶业公益行动启动仪式暨牛奶助学捐赠活动在郑州举行。启动仪式上，蒙牛乳业、光明乳业、伊利集团、三元食品、河南花花牛、君乐宝乳业、河南三剑客、科迪乳业、河南三色鸽、焦作市博农乳业、河南中荷乳业 11 家乳品企业捐赠牛奶 12.3 万提，价值 625.5 万元，将惠及河南省 30 多个贫困县区的 3.2 万多名孩子。中国奶业协会张智山副秘书长指出，河南是继“中国小康牛奶行动”启动之后，全国第一家举办省级奶业公益行动的省，第一家动员 D20 之外企业参与牛奶助学捐赠活动的省，第一个联合省工信、食药监、教育、扶贫等相关部门共同开展奶业公益行动和牛奶助学捐赠活动的省，必将在全国起到示范作用。

17 日 农业部办公厅印发《关于推介休闲观光牧场的通知》（农办牧〔2017〕21 号），推介北京归原奶庄、河北君乐宝乳业优致牧场、内蒙古子昂牧业奶牛主题公园、黑龙江飞鹤乳业观光牧场、郑州昌明奶牛科普乐园、洛阳生生乳业农牧庄园、四川德阳原野有机牧场、陕西农垦牧业华山牧场 8 个牧场为第一批全国休闲观光牧场。

26 日 全球领先的品牌咨询公司 Interbrand 在上海举办 2017 年度最佳中国品牌价值排行榜暨“加速成长”交流会。乳制品品牌伊利和蒙牛再次入选 Interbrand 最佳中国品牌榜。

## 5 月

6 ~ 7 日 由中国农业科学院北京畜牧兽医研究所、美国奶业科学学会和中国奶业协会共同主办的第五届“奶牛营养与牛奶质量”国际研讨会在京举办。中国奶业协会代理秘书长刘亚清、中国农业科学院副院长李金祥、美国奶业科学学会前主席 SusanDuncan、中国农业科学院北京畜牧兽医研究所所长秦玉昌出席开幕式并讲话。本届会议以“优质乳科技创新与合作”为主题，设有“研究生论坛”“奶牛营养基础研究与新技术”“牛奶质量与安全”三个专场。闭幕式上，由全球邀请来的专家共同为此次大会各个专场做了综述，并对参加“研究生论坛”论文比赛的选手做了评比，同时对获奖者和此次大会的志愿者们颁发了证书。

10 日 第五届中国好鲜奶·新鲜盛典在昆明举行。中国奶业协会会长高鸿宾、副秘书长张智山，云南省农业厅副厅长寸强，国家奶业科技创新联盟理副理事长顾佳升，新希望乳业董事长席刚以及 40 多家乳企负责人及各领域创新专家学者齐聚一堂，围绕“归初心·话新鲜·造优质·享尊严”的主题，聚焦中国优质乳工程，践行奶业“十三五”规划，在品质标准共建、科研成果共享、民族乳业振兴及巴氏鲜奶崛起等方面，各抒己见，共话未来。

同日 央视财经频道在京举行“CCTV 中国品牌榜”启动仪式，公布了首批“CCTV 中国品牌榜”入围名单。国家发改委副秘书长范恒山、国家工商总局副局长唐军、国家质检总局副局长陈刚等部委领导出席活动。从名单中看到，入围的乳品品牌有 9 家，分别是（按首字母排序）贝因美、飞鹤、光明、合生元、君乐宝、蒙牛、三元、圣牧、伊利。

29 日 在马耳他首都瓦莱塔举行的“世界食品品质评鉴大会”2017 年度颁奖典礼上，飞鹤乳业旗下高端婴幼儿奶粉“星飞帆”第三次蝉联大会金奖。

## 6 月

2 日 京津冀奶业协同发展北京论坛在北京北辰洲际酒店召开。论坛由北京市奶业协会发起，北京市奶业协会、天津市奶业协会、河北省奶业协会共同主办。开幕式上，中国奶业协会代理秘书长刘亚清、北京市奶业协会秘书长廖晨星、天津市奶业协会秘书长孟庆江、河北省奶业协会秘书长袁运生发表致辞；农业部畜牧业司奶业处副处长邓兴照，国家环保部水环境管理司孔源处长讲话；首农集团副总经理、北京市奶业协会会长常毅作主旨报告。国家奶牛产业技术体系首席科学家、中国农业大学教授李胜利，中国奶业协会乳制品工业委员会副主任、中国农业科学院奶业创新团队专家顾佳升，北京首农畜牧发展有限公司副总裁、北京奶牛中心主任麻柱围绕京津冀三地协同发展的科技创新、乳制品发展方向及产品定位、社会化服务体系等分别作了报告。李胜利教授还与北京三元食品股份有限公司常务副总经理欧阳凯，中地乳业集团有限公司总裁张开展，天津嘉立荷牧业集团董事长刘连超，河北君乐宝乳业有限公司副总裁朱宏，中鼎联合牧业股份有限公司总裁孙国强以及北京首农畜牧发展有限公司总裁曾浩等进行了互动交流。

16 日 第八届中国奶业大会暨 2017 中国奶业展览会在南京开幕。农业部副部长于康震作重要讲话，江苏省人民政府省委常委、副省长杨岳出席并致辞，中国奶业协会会长高鸿宾作主旨报告。中国奶业协会名誉会长刘成果出席大会并巡展，农业部有关司局和直属单位领导，江苏省农委，南京市人民政府等领导出席大会。南京卫岗乳业白元龙董事长参会并代表协办方致辞。中国奶业协会代理秘书长刘亚清主持大会。大会共设专题论坛 17 个，专题报告 85 个，与会人数 2000 多名。展览面积 5.4 万 $m^2$，参展企业 508 家，参展观众 6 万多人次。特设了中国奶业 20 强（D20）展区和国际展区。《中国奶牛群体遗传改良数据报告》首次以中国奶业白皮书形式由中国奶业协会发布，中国奶业协会同时发布了《新时期国家学生饮用奶计划推广》白皮书。

29日 黑龙江省奶业协会第四届会员代表大会于在哈尔滨召开。黑龙江省民间组织管理局局长杨晓光出席会议并讲话；黑龙江省奶业协会第三届理事会常务副会长、秘书长张维银作“十年岁月、初心不改、服务奶业彰显价值”工作报告；大会选举黑龙江省完达山乳业股份有限公司董事长王景海为黑龙江省奶业协会第四届理事会轮值会长；张维银为黑龙江省奶业协会第四届理事会常务副会长；冷友斌、李蔚、刘术明、宋辉、张振东、徐振鑫、韩超东、汤华京为黑龙江省奶业协会第四届理事会副会长；杜海涛当选为黑龙江省奶业协会第四届理事会秘书长。

## 7月

5日 从新疆维吾尔自治区奶业协会获悉，自治区《食品安全地方标准生驼乳》等10项食品安全地方标准公告发布。其他9项食品安全地方标准分别是：巴氏杀菌驼乳、灭菌驼乳、发酵驼乳、驼乳粉、生马乳、马乳粉、生驴乳 、巴氏杀菌驴乳及驴乳粉。

自治区奶业协会名誉理事长、乌鲁木齐市奶业协会理事长陆东林说，以骆驼乳、驴乳和马乳等为主的新疆特种乳食品安全地方标准的发布，意味着新疆特种乳生产加工企业的生产今后将有据可依，消费者今后也将饮用到更加放心的特色乳制品。

6日 工业和信息化部消费品工业司在京召开部分婴幼儿配方乳粉企业兼并重组工作座谈会，王小青副巡视员出席会议并讲话。河北、黑龙江、内蒙古、陕西等4省区工业和信息化主管部门在会上交流了一年来推动企业兼并重组工作情况；伊利、雅士利、完达山、贝因美等17家企业交流了兼并重组具体做法及取得的成效。发展改革委、财政部、农业部、卫生计生委、食品药品监管总局等部门相关司局及河北、内蒙古、黑龙江、上海、福建、山东、湖南、广东、陕西9省区市工业和信息化主管部门相关负责人；部分婴幼儿配方乳粉生产企业负责人；有关协会、研究院负责同志共50余人参加了会议。

9日 飞鹤乳业55周年盛典在黑龙江鹤城齐齐哈尔市举行。中国奶业协会会长高鸿宾、齐齐哈尔市市委书记孙珅、中国乳制品工业协会副理事长刘美菊、加拿大乳业委员会总裁杰克·拉法基先生等出席活动并发表致辞，飞鹤乳业董事长冷友斌、飞鹤乳业总裁蔡方良也向行业领导、媒体代表和消费者，表达了共建良好乳业生态，坚定不移推动国产乳业发展中国梦的决心。

10日 全球乳业论坛组织（GDP）第四届亚太乳业峰会在内蒙古自治区呼和浩特市举行。来自中国工业和信息化部、内蒙古自治区、呼和浩特市的领导和中国乳制品工业协会、中国疾控中心营养与健康所等行业相关组织代表，以及全球多家知名乳企代表，围绕“聚焦乳业共享大健康”的会议主题展开了深入对话和交流。内蒙古自治区副主席艾丽华、工信部消费品工业司司长高延敏出席会议并讲话。蒙牛集团CEO卢敏放代表中国乳企，在峰会上以“共建共享共赢——构筑中国乳业可持续发展新格局”为主题，分享了蒙牛近20年的创新变革以及在可持续发展方面的不断努力与成绩。

12日 2017年国际奶牛新技术大会首场论坛“聚焦犊牛营养与健康”在山东宝来利来生物工程股份有限公司率先举办，来自各大牧场、服务企业、各大高校、科研院所的场长、技术人员，奶业管理者、学者100余人参加了此次专场。山东宝来利来生物工程股份有限公司生物研究院院长谷巍博士，科立博牧业科技有限公司总裁、技术总监李树聪博士，美国Dairytech公司总裁、兽医学博士Rick Dumm、中国农科院饲料研究院研究员屠焰在论坛作主题演讲。此次论坛由中国奶业协会信息中心主任周振峰博士全程主持。

13日 2017年国际奶牛新技术大会暨粮改饲项目与奶牛提质增效技术集成模式研究与示范项目大会开幕式在山东泰安举行。农业部畜牧业司孔亮副司长，山东省畜牧兽医局戴文超副局长，中国奶业协会张智山副秘书长，中国农业科学院北京畜牧兽医研究所秦玉昌所长，国家奶业科技创新联盟理事长、农业部奶及奶制品质量监督检验测试中心主任王加启研究员、山东省泰安市陈湘安副市长，美国奶业科学学会主任委员会委员、美国奶业科学杂志主编、密苏里大学教授Matthew Lucy，山东宝来利来生物工程股份有限公司单宝龙董事长出席大会并讲话。农业部、全国畜牧总站、中国农业科学院、泰安市畜牧兽医局、北京畜牧总站、宁夏畜牧工作站、黑龙江省农垦科学院的相关领导应邀参会。大会特邀20余位国内外奶牛生产一线的知名技术专家和管理专家，报告交流内容涵盖粗饲料（全株玉米青贮）质量与管理、奶牛营养与健康及牧场高效管理三个方面。来自全国畜牧技术推广单位、奶牛养殖企业和饲料企业的技术骨干500余人出席了此次大会。大会开幕式由中国农业科学院北京畜牧兽医研究所研究员卜登攀和山东省畜牧总站站长曲绪仙共同主持。

同日 依托2017年国际奶牛新技术大会平台，首届中国玉米青贮饲料质量评价大赛也在山东泰安召开。此次评鉴大会由中国农业科学院北京畜牧兽医研究所、全国畜牧总站、中国奶业协会组织，采样单位有中国农业科学院北京畜牧兽医研究所、河北农业大学动物科技学院、宁夏畜牧工作站、黑龙江八一农垦大学。所有样品由美国Dairyland牧草检测公司负责检测。优然牧业、富源牧业、现代牧业、赛科星集团、中地乳业、圣牧高科、原生态牧业、首农畜牧、嘉立荷牧业、澳亚现代牧场、光明荷斯坦、君乐宝乳业、恒天然牧场、完达山牧场、宁夏天宁牧业、保定宏达牧业、中都牧业、保定锦泷牧业、小西牛养殖场、中宇中科生物牧场、利牛育犊牧场等42个牧场参赛。优然牧业、富源牧业、圣牧高科、现代牧业、吴忠市利牛科技、东营澳亚等牧场获奖。

19日 中国奶业协会和农业部奶及奶制品质量监督检验测试中心（北京）发布《中国奶业质量报告（2017）》。

报告显示，我国乳品质量安全水平大幅提高，乳品企业竞争力稳步提升，奶业全面振兴迈出了新的步伐。

21日 天津市奶业协会第七届会员代表大会召开。天津市畜牧兽医局副局长樊航奇到会讲话，中国奶业协会副秘书长杨秀文致辞，六届理事会长王志华作《天津市奶业协会第六届理事会工作报告》。大会选举天津神驰农牧发展有限公司总经理徐练海为天津市第七届奶业协会理事长，王雅琴为天津市第七届奶业协会秘书长。河北省奶业协会秘书长袁运生代表兄弟奶业协会发表贺词。六届理事、秘书长孟庆江主持大会。河北、黑龙江、辽宁、山东、北京、福建等省市奶业协会负责人，天津市各区县奶业主管领导，以及上届和新一届会员代表200余人出席大会。

25日 科技日报报道，由乳业产业技术创新战略联盟组织实施的“十二五”国家科技支撑计划“乳制品综合加工技术与质量安全控制体系”项目，在北京通过了科技部组织的专家验收。该项目形成新技术、新工艺86项，开发新产品93项，获得授权发明专利85项。该项目筛选出具有自主知识产权优良乳酸菌11种，完成了4株乳酸菌的基因测序，开发了乳酸菌高密度培养、高活力冻干保护等发酵剂制备应用关键技术。自主开发高速无菌灌装机设备高速稳定，价格仅为国际同类产品的三分之一，此举打破国际垄断，降低了行业生产成本。

27日 中国奶业20强（D20）峰会在黑龙江省齐齐哈尔市召开。农业部副部长于康震作主旨演讲，中国奶业协会会长高鸿宾宣布中国小康牛奶行动D20牛奶公益助学行动荣誉榜，黑龙江省人民政府副省长吕维峰、国家食品药品监管总局食品安全监管总监孙梅君、工业和信息化部消费品工业司副巡视员王小青以及乳品企业代表在峰会上发言。国家发展改革委、教育部、财政部、商务部、国家卫生计生委、海关总署、质检总局等部门相关司局负责人出席会议，中国乳制品工业协会、D20企业所在省农牧部门负责人、D20企业、各省奶业协会以及地区性骨干奶业企业代表参加会议。

## 8月

1日 从天津检验检疫部门获悉，因被检出含有未经批准的转基因成分，一批美国苜蓿草被天津检验检疫局工作人员实施了监督退运处理。该批苜蓿草在申报时显示为非转基因，货物共计500捆，重349.2t，货值为10.1万美元。检验检疫人员在完成现场查验后，抽取样品进行检测时，发现其中含有未经我国批准的转基因成分，遂判定货物不合格，并进行监督退运处理。

11日 在8月8日21时19分，四川九寨沟发生7.0级地震；8月9日7时27分，新疆博尔塔州精河县发生6.6级地震。抗震救灾，奶业行动。据中国奶业协会不完全统计，截至8月11日12时，卫岗、红星、三元、雅士利、伊利、蒙牛、光明、新希望、西域春、雀巢、佳贝艾特等乳品企业调拨奶粉、纯牛奶、酸奶、调制乳、肉制品、面包、帐篷等救灾物质，紧急驰援灾区，价值300多万元。

15～18日 第七届（2017）中国苜蓿发展大会在甘肃酒泉召开。甘肃省酒泉市市委书记康军、农业部全国畜牧总站党委书记何新天和中国奶业协会副秘书长刘琳分别致辞。农业部畜牧业司副司长李维薇代表农业部副部长于康震讲话。大会分为开幕式、专家与行业领导特邀报告、草人与牛人论坛、草产业创新论坛、现代种业论坛、现场观摩与考察6个部分，共设2个特邀报告、4个论坛、5个对话、24个报告及80余篇论文进行探讨与交流。甘肃省农牧厅副厅长阎奋民作《甘肃省草牧业发展现状与展望》报告；中国畜牧业协会草业分会会长、国家草产业科技创新联盟理事长卢欣石先生作《大力推进苜蓿草产业的持续发展》报告。中国动物卫生与流行病学中心党组书记王宗礼、农业部全国畜牧总站副站长贠旭江、农业部草原监理中心副主任宋中山、中国农业科学院草原研究所所长侯向阳、中国畜牧业协会草业分会会长、中国畜牧业协会常务副秘书长殷成文等参加了本次大会。本届大会参会人员达800余人。

16日 由“今日头条”与中国食品安全报社联合主办、中国乳制品工业协会为顾问指导的“金品质·今日头条乳业数据发布会”在京召开，首次公开披露了“今日头条”用户关于乳制品行业的真实认知数据，同时提供了一个传统行业与大数据进行深度对话的平台。今日头条发布了中国乳业用户数据以及奶粉用户数据，三元成为北京用户最关注的乳品品牌之一。三元食品总经理陈历俊出席本次会议，并与各大乳企代表一同签署了“金品质承诺书”。

21日 “中德青年农业实用人才能力建设”项目第三期开班仪式在京举行。农业部国际合作司赵维宁副司长、欧洲处刘江副处长出席并对学员进行赴德行前培训。农业部国际交流服务中心（CICOS）余扬处长主持了开班仪式。20名中国青年农业人才分别来自北京、上海、重庆、山东、山西、江苏、浙江、湖北、重庆、广东、甘肃、新疆等全国12个省市，工作涉及农机、畜牧、果蔬、种子、沼气、农业教研以及农产品国际贸易等诸多领域。在中德两国经过集中培训后，他们将分赴德国企业、农场和农业培训学校进行为期3个月的实习。

22日 2017第一届中国优质乳工程发展论坛在福州召开。本次论坛发布了《福州宣言》，首次将国家优质乳核心标准明确为天然活性营养。会议指出，牛奶中的天然活性营养只存在于巴氏杀菌乳中，未来国内将全面普及巴氏杀菌乳，这预示着我国奶业将加速进入巴氏杀菌乳时代。

24日 2017中国民营企业500强发布暨民营经济发展峰会在济南举行，会议现场发布了《2017中国民营企业500强》榜单。民企500强中，有四家涉及到乳制品生产的企业入选，分别是内蒙古伊利实业集团股份有限公司、广东温氏食品集团有限公司、杭州娃哈哈集团有限公司和维维集团股份有限公司。其中，伊利以606.1亿的年营收蝉联食品行业首位，全国位列第65名。

25～27日 2017国际奶牛乳房炎大会暨美国乳房

炎协会中国区域大会在京召开。中国奶业协会会长高鸿宾、中国农科院党组书记陈萌山、中国农业大学副校长李召虎、美国乳房炎委员会主席马里奥·洛佩兹（Mario Lopez）出席开幕式并致辞。开幕式由中国农科院副院长李金祥主持。农业部兽医局局长冯忠武、中国工程院院士沈建忠受邀作大会主题报告，相关专家做了专题技术报告。会议针对乳房炎基因快速检测、安全用药、牛场生物安全管理进行了专题技术培训。与会代表参观了奶牛养殖厂和乳品加工厂。农业部畜牧业司副司长王俊勋、中国奶业协会副秘书长张智山出席开幕式。来自中国、美国等国家的900多位行业专家、学者、企业代表参加了会议。

25日 中国GTPI最高牛投产发布会在河北省唐山市亚达－艾格威（唐山）种公牛站举行。来自国内知名大型牧场如现代牧业、山东澳亚、恒天然、中地等集团高管共同见证了这一时刻。GTPI超过2700青年公牛的投产，开启了我国国产冻精的新纪元。中国奶业协会副秘书长杨秀文、唐山市畜牧工作站站长王桂柱、加拿大驻华大使馆商务部原萍女士应邀参与本次发布会。

29日 新西兰乳品公司协会会长马尔科姆·贝利（Malcolm Bailey）一行到访中国奶业协会，会见中国奶业协会会长高鸿宾，代理秘书长刘亚清陪同会见。会见后，双方一致认为，中新合作机会多、空间大、区域广，双方协会要为合作搭好平台、做好服务。新西兰乳品公司协会执行主任金伯利·克鲁瑟（Kimberly Crewther）女士、奶山羊合作社（新西兰）有限公司战略和商务总经理大卫·希马拉(David Hemara)、恒天然合作集团全球对外事务总监菲利普·腾斐励(Philip Turner)等陪同访问，中国奶业协会副秘书长张智山、邓荣臻，协会各部门主任及相关人员会见时在场。

同日 君乐宝婴幼儿奶粉又通过各方的严苛审核，启动澳门市场，定价为每罐208澳门元，成为唯一一家通行于港澳市场的国产奶粉。据介绍，澳门对于婴幼儿奶粉的检测标准与香港有所不同，增加了微生物、禁用物、放射性元素等15项检测项目。君乐宝奶粉以优异的品质通过了严苛的检测，达到较高的国际水平。

## 9月

3日 圣牧高科“沙漠治理与现代循环农业发展高层研讨会”在乌海召开。就“沙漠治理与有机循环农业发展模式探索”，专家提出了前瞻性、指导性和建设性的建议，为圣牧高科未来奶业发展指明了方向。农业部原副部长、中国奶业协会会长高鸿宾，国家粮食局原局长高铁生，国务院参事、经济学家任玉岭，圣牧高科董事长邵根伙在开幕式分别致辞。中国奶业协会刘亚清代理秘书长分享了“六点感受”和“四点希望”。农业部原副部长宋树有，中央党校组织部原部长张虎林，沈阳农业大学、中国工程院院士陈温福，新疆农垦科学院、中国工程院院士陈学庚，华中农业大学、中国工程院院士陈焕春，南京农业大学校长周光宏，中国科学院兰州治沙研究所研究员屈建军，中国林科院荒漠化研究所研究员杨文斌，九三学社中央办公厅原主任徐国权，中国科技产业化研究会秘书长谭华，中国畜牧业协会会长李希荣等参加研讨。

6日 国家检总局公布了7月底予准入的食品化妆品名单，本次检出质量安全项目不合格的食品233批，其中两批次进口乳制品发现存在超过保质期的问题，均被及时拦在国门之外。包括一批次来自澳大利亚、由绿地众选（上海）国际贸易有限公司进口的“诺可全脂巴氏杀菌乳”，以及一批次来自新西兰，由上海帅将国际贸易有限公司进口的“维必滋巧克力味调制乳”，它们均检出超过保质期的问题。另外，当月也有来自澳大利亚、荷兰、意大利、法国的9个批次的稀奶油、奶酪（粉）因霉菌超标、大肠菌群超标、超过保质期、超范围使用食品添加剂硝酸钠等原因被销毁。

7日 第七届中国－新西兰奶业对话会在新西兰惠灵顿召开，农业部副部长于康震出席开幕式并致辞。新西兰初级产业部常务副部长马丁·邓恩出席开幕式并致辞，中国驻新西兰大使王鲁彤出席开幕式。两国奶业相关协会、科研单位和企业家代表参加了对话会。开幕式后，中新双方进行了双边会谈。在新西兰期间，于康震还考察了恒天然等企业。

同日 CCTV13新闻频道《新闻直播间》专题报道婴幼儿奶粉配方注册制，君乐宝乳业集团总裁魏立华作为行业代表发声。8月3日国家食药总局公布首批通过奶粉配方注册审批的配方和品牌，君乐宝榜上有名。自2014年上市销售以来君乐宝奶粉在短短3年内创下了一系列行业纪录，如全球同行业首家通过食品安全全球标准BRC A+顶级认证，唯一登陆香港、澳门市场销售的国产品牌，首个入选“CCTV国家品牌计划”的婴幼儿奶粉品牌。2017年上半年，君乐宝奶粉销售额同比增长123%，明星产品增长3倍多，连续三年增长率全行业遥遥领先，每天有超过110万名消费者饮用君乐宝婴幼儿奶粉。

同日 央视财经栏目报道，记者历时半年，随机在市场上购买了德国爱他美、荷兰牛栏、美国的美赞臣和雅培、日本的明治和固力果6款国外奶粉和飞鹤、爱力优、安力聪3款国产奶粉。通过对以上9款奶粉的52项检测，3款国产奶粉所有指标都符合我国标准。其他6款海淘奶粉竟有4款不符合中国标准，不合格率高达66%。具体情况是美国奶粉雅培的生物素、铁和左旋肉碱三项指标不符合中国标准；美国奶粉美赞臣的铁和左旋肉碱两项指标不符合中国标准；日本奶粉明治的维生素$K_1$、生物素和碘三项指标不符合中国标准；日本奶粉固力果的维生素$K_1$和锰两项指标不符合中国标准。

8日 2017中瑞现代化牛场高级管理和技术人才海外培训正式结业，海外培训为期1周。25名学员是在结束为期两个月的国内三个阶段学习任务后，应邀前往瑞典利乐拉伐总部开启第四阶段学习的。

14日 在第二十届中国农产品加工业投资贸易洽谈

会（简称农洽会）期间，农业部部长韩长赋到君乐宝乳业集团在河南正阳投资兴建的高档酸牛奶、乳饮料生产工厂考察调研，对企业积极开拓创新和乐于担当社会责任，给予了高度评价。君乐宝乳业集团总裁魏立华详细汇报了企业愿景规划及工厂、牧场的发展、建设情况。

17 ~ 21 日　第十九届全球儿童营养论坛在加拿大蒙特利尔市举行。中国奶业协会刘琳副秘书长受论坛组委会邀请参会并作了题为“全链条确保学生饮奶安全”的大会演讲，介绍了中国的国家“学生饮用奶计划”推广情况。中国为改善在校儿童营养所做出的贡献受到全球儿童营养基金会主席、95 岁高龄仍在工作的 GeneWhite 女士的高度赞扬以及与会者的普遍肯定。本届论坛有 69 个国家以及相关国际组织的 400 多位代表参加。中国学生饮用奶生产企业内蒙古伊利实业集团股份有限公司、内蒙古蒙牛乳业(集团)股份有限公司、光明乳业股份有限公司、新希望乳业股份有限公司、黑龙江省完达山乳业股份有限公司、西安银桥乳业集团、维维食品饮料股份有限公司和中国奶业协会国家“学生饮用奶计划”推广部门受大会组委会邀请也派代表参加了本届论坛。

24 日　在浙江省乳业发展高峰论坛上，浙江省食品药品监督管理局首次对外发布《有关促进乳制品行业健康发展的若干意见》。同时，包括娃哈哈、伊利、蒙牛等 19 家企业共同发布品质引领乳业升级的“浙江倡议”组团再出发，共同促进乳制品企业再发展。

25 日　由工信部和中国工程院主导的首届中国服务型制造大会在广州召开。本届大会以“服务型制造与经济新动能”为主题，针对提供个性化定制、智能信息服务等高附加值服务的优秀制造企业及项目进行评选。伊利集团的“供应链管理系统应用项目”获评 2017 年服务型制造示范企业项目，其标准化、集约化、绿色化和智能化的特色获得与会专家的一致点赞。

26 ~ 28 日　由中国奶业协会指导，河北、天津、北京、黑龙江、内蒙古、山东、辽宁、河南、山西 9 省区市奶业协会主办，廊坊市奶业协会、廊坊国际展览集团承办的 2017“饮奶与健康”大型公益宣传活动在河北廊坊国际会展中心举行。中国奶业协会副秘书长杨秀文、会展部主任邵明君、信息宣传部主任周振峰，河北省农业厅畜牧业处副处长李保生，河北省奶业协会秘书长袁运生，天津市奶业协会会长徐练海、秘书长王雅琴、副秘书长何茹，山东省奶业协会会长张志民，山西省牛业协会会长白元生，北京市奶业协会秘书长廖辰星，黑龙江省奶业协会秘书长杜海涛，辽宁省奶业协会秘书长佟艳，河南省奶业协会秘书长茹宝瑞、副秘书长陈华民，廊坊市奶业协会秘书长孔繁茂，廊坊国际展览集团王建东董事长，《乳业时报》赵敏总编，君乐宝乳业集团总裁助理杨光华等出席“饮奶与健康”大型公益宣传活动开幕式。伊利乳业、君乐宝乳业、现代牧业和山东硒王乳业向廊坊贫困家庭捐赠了爱心牛奶。优秀乳品企业展示了质量可靠、品种繁多的乳制品；营养专家就牛奶的营养价值和如何正确选购婴幼儿奶粉等方面进行了讲解。现场制作特色乳制品、喝奶大赛、牛奶知识有奖问答、新西兰奶酪品尝、舞台展演、儿童游戏、VR 体验、扫码有礼、免费抽奖在活动期间逐一上演。

## 10 月

17 日　“国奶扶贫工程”启动暨健康扶贫整体帮扶签约仪式在承德市召开。北京健康扶贫基金会向承德市贫困家庭 0 ~ 3 岁婴幼儿无偿捐赠三年国产婴幼儿配方奶粉，价值 1.5 亿元。北京健康扶贫基金会同时与承德市签订了健康扶贫三年战略合作框架协议。

19 ~ 20 日　2017 年（第二届）国际畜牧业创新论坛暨规模化牧场奶牛营养、繁殖、健康管理峰会在杭州召开。来自美国康奈尔大学、美国佛罗里达大学、美国田纳西大学、美国科学学会、美国牛业兽医协会的学者针对奶牛繁育、奶牛营养与饲喂、奶牛福利及围产期等方面，分享了最新研究成果和进展，80% 的课题为首次在国内讲演。200 多位来自现代牧业、泰安澳亚、优然牧业、原生态牧业、赛科星牧业、乐源牧业、首农畜牧、西部牧业、宁夏农垦、宁夏骏华、重庆天友、贵州三联、广东温氏、广东燕塘、徐州绿健、南京卫岗、华夏畜牧等牧业集团、牧场的代表参会。

20 日　新西兰首批全程可追溯鲜牛奶经由上海空港口岸进口。上海机场检验检疫人员现场对该批鲜牛奶检验，随着手持设备扫描货物外包装粘附的二维码标签，可查看到该批鲜牛奶的奶源牧场、境外生产企业及其认证资质、冷链物流、实验室检测报告等图表数据信息，货箱内置的温度监测器也全程记录了该批鲜牛奶的温度变化情况。

27 日　青海省奶业协会第四届会员代表大会在西宁举行。会议选举产生了青海省奶业协会第四届理事会理事，选举产生新一届会长、副会长、秘书长。青海省天露乳业有限责任公司总经理韩强当选新一届奶业协会会长，青海青海湖乳业有限责任公司总经理马添粮、大通县斜沟乡小业坝村锦农奶牛繁育有限责任公司总经理张明芳当选副会长，青海省奶业协会马建路担任新一届秘书长。

## 11 月

2 日　第十八届光明牧业论坛在天津举行。光明牧业董事长王赞，上海市农委畜牧兽医办主任李建颖，天津市畜牧兽医局局长王红军，中国奶业协会代理秘书长刘亚清，光明乳业股份有限公司党委书记、董事长、上海奶协会长张崇建分别致辞。中国农业大学李胜利教授作“中国奶业转型升级与世界奶业——博弈与融合”主旨演讲；美国田纳西大学动物科学系奶牛研究与推广专员 Peter Krawczel 博士作“奶牛围产期舒适度管理”报告。其他专家、企业高管分别从奶牛的选种、选配，奶牛养殖新技术、新产品，优质服务等不同方面进行交流。论坛由光明牧业技术服务部经理张晓峰主持。来自全国各地的1000多位行业代表参会。

8日 中央电视台2018年“国家品牌计划”签约仪式在北京举行，伊利、双汇、汇源、加多宝、君乐宝、飞鹤、鲁花、金龙鱼8家食品饮料企业成功入选，其中乳企占据三席。

8～10日 利拉伐“汇·赢未来”高峰论坛在杭州举办，利拉伐全球大客户项目支持副总裁刘亚龙作“从牧场设计看奶业发展趋势”报告。利拉伐亚太区传统挤奶机方案经理余锦涛介绍了中国挤奶技术的现状与发展展望。利拉伐亚太区服务、原装配件、奶管及奶衬方案经理代龙、维记集团牧业总监陈昌建、利拉伐中国整机方案团队经理付海涵先后发言。论坛还特邀美国塔尔顿州立大学西南地区奶牛中心主任芭芭拉·琼斯介绍了精准化技术在美国牧场的应用。中国奶业协会副秘书长杨秀文出席论坛。行业近三百人参与讨论与交流。

13日 国家食品药品监管总局在呼和浩特市召开婴幼儿配方乳粉生产企业食品安全生产规范体系检查动员会，正式启动对内蒙古金海伊利乳业有限责任公司、内蒙古欧世蒙牛乳制品有限责任公司婴幼儿配方乳粉生产规范体系检查工作。国家食品药品监督管理总局副局长孙梅君作动员讲话，并前往两家企业召开启动会。

14～18日 由赛科星集团牵头组织，特别邀请法国爱沃国际育种公司技术专家、中国奶山羊产业发展联盟、内蒙古乐科生物技术有限公司、《乳业时报》组成奶山羊产业考察团，共同走进国内一线奶山羊养殖加工企业，就目前国内奶山羊养殖、繁育、管理等技术问题进行参观访问和交流。奶山羊产业考察团远赴湖南、云南、陕西、内蒙古巴彦淖尔等地，参访了彝牧集团、鸿辉牧业、红星美羚乳业、草原宏宝、特羊牧业5家中国领先的奶山羊养殖加工企业。

15日 首届婴幼儿配方奶粉创新发展论坛在石家庄举办，论坛由中国奶业协会主办，由河北省农业厅、君乐宝乳业集团共同承办。农业部原副部长、中国奶业协会会长高鸿宾，中国奶业协会代理秘书长刘亚清，中国农业科学院副院长李金祥，农业部畜牧业司司长马有祥，国家食品药品监督管理总局特殊食品注册管理司副司长马福祥，河北省农业厅厅长魏百刚，河北工信厅厅长龚晓峰，石家庄市副市长吕素维等领导致辞讲话。全国畜牧总站站长杨振海、中国农业科学院牧医所所长秦玉昌、农业部农业机械试验鉴定总站总工程师仪坤秀、农业部畜牧业司奶业处处长马莹、农业部畜牧业司监测分析处处长辛国昌、国家食品药品监督管理总局特殊食品注册管理司二处刘晓毅、全国畜牧总站副处长马金星等莅临论坛，30多位行业专家，20多个省（市、区）地方奶（乳）业协会会长、秘书长以及100多家婴幼儿奶粉企业和上下游产业链企业的代表，80多家新闻媒体记者，共计350多人与会。论坛从监管制度、产业链条、营养标准、行业发展等多维度、多层次，进行了热烈而深刻地研讨，为“让祖国的下一代喝上好奶粉”而建言献策、出谋划策和构建蓝图。君乐宝、伊利、蒙牛、光明、三元、飞鹤等20家国产奶粉品牌联合做出坚持“优质、透明、诚信、发展”的“石家庄承诺”。

18～19日 2017（第五届）中国粮食与食品安全战略峰会在京举行。蒙牛集团CEO卢敏放发表了以“深化乳业供给侧改革，迈向全球价值链中高端”为主题的演讲。

19日 由中国农业大学、中国奶业协会主办，国家奶牛产业技术体系承办的“国际奶业战略和技术研究中心”成立大会暨国际奶业创新融合研讨会在北京举行。中国奶业主管部门领导，美国、荷兰、新西兰、澳大利亚等驻华机构官员，奶业主产省份奶业主管部门负责人，各省市奶业协会负责人，国家奶牛产业技术体系岗位科学家和实验站负责人，乳品企业、牧业企业和奶业供应链企业的主要负责人及行业相关媒体600多人参加盛会。农业部原副部长、中国奶业协会会长高鸿宾，中国农业大学校长孙其信，中国农业科学院副院长李金祥，中国工程院院士、中国农业大学教授李德发，中国农业部畜牧业司副司长孔亮，保定市副市长王锋，美国驻华大使馆农业处公使衔农业参赞金博龙（BruceZanin），新西兰驻华大使馆新西兰农业参赞史皓文（HowardStaveley）分别致辞和讲话。就中心成立，农业部畜牧业司司长马有祥、中国奶业协会代理秘书长刘亚清女士分别视频祝福和寄语，全国畜牧总站站长杨振海等领导出席。国家奶牛产业技术体系首席科学家、中国农业大学教授李胜利，国际牧场联盟主任TorstenHemme博士分别就《中国奶业发展以及未来发展趋势》《世界奶业发展现状以及2018年预测》作报告。

22日 国务院关税税则委员会下发通知，调整部分消费品进口关税。通知表示，自2017年12月1日起，以暂定税率方式降低部分消费品进口关税。根据通知内容，奶酪进口税率将由12%或15%，统一调降至8%；特殊婴幼儿奶粉进口税率将由20%调降至0。

27日 飞鹤乳业董事长冷友斌、君乐宝乳业总裁魏立华双双当选中国民间商会副会长、全国工商联十二届常务委员。

28～29日 2017年全国“双安双创”现场会参会代表到三元食品参观观摩。在北京首都农业集团总经理薛刚的陪同下，农业部党组成员宋建朝，国家食品药品监督管理总局副局长孙梅君、尚勇，北京市副市长卢彦等领导，与来自全国各省、直辖市、自治区人民政府主管负责人及“双安双创”主要城市和县市的负责人共300人分批参观了三元瀛海工业园。

29～30日 2017年全国奶牛生产性能测定项目工作会在北京召开。农业部奶业管理办公室副主任马莹、全国畜牧总站总畜牧师石有龙以及来自相关单位的专家、中国奶业协会代表及DHI主要负责人，约60余人参加了会议。会议由全国畜牧总站奶业与畜产品加工处副处长马金星主持。

## 12 月

1 日 “甘肃省奶业协会脱钩换届会员代表大会”和“第三届一次理事会”在甘肃省畜牧业产业管理局会议室举行。甘肃省畜牧业产业管理局党委书记兼副局长任锦帅同志、省民间组织管理局徐慧同志分别致辞。第二届理事会秘书长兼法人何明渊同志、副秘书长沈启云同志出席了会议。大会选举甘肃前进牧业有限责任公司总经理李盛新为甘肃省第三届理事会会长；甘肃农垦天牧乳业有限公司董事长李沧、白银鑫昊工贸有限公司董事长苏风积、甘肃燎原乳业有限公司董事长马鹏举、兰州雪顿乳业有限责任公司董事长达尔文、武威荣华新型农业股份有限公司总经理范昌彦、甘肃安贝源乳业有限公司副总经理宋华为副会长；兰州庄园牧场股份有限公司副总经理陈玉海为秘书长、甘肃养牛人畜牧技术服务有限公司总经理刘德强为副秘书长。

7 日 中荷奶业发展中心 2017 科技年会在北京国际会议中心举行。荷兰王国驻华大使高文博（EdKronenburg）、荷兰瓦赫宁根大学及研究中心校董 MartinScholten、荷兰皇家菲仕兰首席执行官鲁乐夫（RoelofJoosten）、荷兰皇家菲仕兰中国业务集团董事长高瑞宏（RahulColaco）等出席活动。中国农业大学副校长龚元石、中国奶业协会副秘书长张智山分别致辞。中荷奶业发展中心主任、中国农业大学李胜利教授就中心 4 年来的工作情况进行了交流。来自中荷两国科研机构、企事业单位的专家学者们展示科研成果，纷纷献言建策，畅谈中国奶业未来的可持续发展。

11 日 国家奶业科技创新联盟 2017 年度工作总结会议在北京召开。农业部科技教育司政策体系处窦鹏辉处长，中国农业科学院科技管理局熊明民副局长出席并讲话。中国农业科学院成果转化局冯艳秋副局长、科技管理局庄严处长、广西壮族自治区水牛研究所黄加祥所长，西北农林科技大学罗军副校长以及全国 12 家科研高校、27 家乳制品企业、7 家质检中心共 90 余人参加了此次会议。联盟理事长王加启围绕如何构建联盟凝聚力、提升企业竞争力和推动行业协同力三个方面进行了 2017 年度的工作总结。2017 年度，联盟以生乳用途分级技术、加工工艺优化技术和奶产品品质评价技术 3 项技术为核心，建立优质乳工程技术规范 6 套，组装集成为“优质乳工程技术体系”，在光明乳业、现代牧业、新希望等 18 个省 23 家企业进行了示范应用。

13 日 在农业部倡导下，由中国奶业协会、北京市校园足球协会主办，北京三元食品股份有限公司承办、北京人民广播电台协办的奶酪校园推广行动暨“梦想杯”北京校园足球公开赛在京启动。农业部于康震副部长、食品药品监管总局毕玉安稽查专员、工业和信息化部消费品工业司王小青副巡视员、中国奶业协会刘亚清代理秘书长、教育部督导局陈政先生、北京市校园足球协会王定东会长、北京人民广播电台赵卫东台长、北京三元食品股份有限公司董事长常毅先生共同启动“奶酪校园推广行动”。仪式现场还邀请了三组学生和家长代表及三位领导嘉宾分别组成三队，为大家演示制作奶酪食品。三组分别制作了三明治（早餐）、蔬菜沙拉（午餐）及奶酪奶昔（下午茶）。

同日 国际第三大乳企法国兰特黎斯的喜丽雅、妈咪爱、赐多利三品牌正在全球大规模召回疑受沙门氏菌污染的婴儿奶粉，三个品牌在中国市场有销售，部分批次亦在召回范围内。有关负责人回应外界质疑：赐多利方面表示，该品牌奶粉由兰特黎斯工厂代工，其中在召回范围内的 6 批次，约 2.5 万箱产品已流向中国市场。“公司已向经销商和消费者启动召回这些产品，消费者可通过客服热线和到门店进行退货。”妈咪爱方面则宣称，纳入召回范围的奶粉为妈咪爱“护”系列，共 12 批次，“这些进口产品还处于清关状态，尚未流向中国市场。”兰特黎斯中国公司方面表示，该公司自有品牌喜丽雅正在积极向消费者召回产品，涉及量约 3 208 箱，而库存中涉事的产品也不会再出售。同日，国家质检总局在官网发布《关于法国兰特黎斯集团 CRAON 工厂生产的婴幼儿配方食品的消费提示》，提醒消费者如购买了兰特黎斯集团自有品牌喜丽雅，以及其代工的妈咪爱、赐多利品牌的召回批次产品，请勿食用。

15 日 据国家食品药品监督管理总局官网消息，2017 年 12 月以来，食品药品监管总局部署开展了为期一年的婴幼儿配方乳粉标签标识规范和监督检查工作。各级食品药品监管部门立案查处 253 起，下达责令整改通知书 5 604 余份，并要求在 2018 年 1 月 1 日前完成标签标识整改任务。发现 2018 年 1 月 1 日之日起生产的婴幼儿配方乳粉标签标识不符合配方注册要求的，要依法严肃处理，并及时向社会公开。

16 日 2018 君乐宝在新年盛会暨员工表彰大会上透露，君乐宝 2017 年收入突破 100 亿元大关。这是继伊利、蒙牛和光明之后，中国第四家百亿本土乳企。君乐宝副总裁、奶粉事业部总经理刘森淼表示，2017 年，君乐宝收入之所以能够迈过 100 亿大关，一是归功于奶粉业务，二是归功于以纯享为核心的低温酸奶业务。

21 日 中国奶业协会会长高鸿宾率队赴兰考中科华构考察构树产业发展。中国奶业协会代理秘书长刘亚清，河南省畜牧局局长王承启、奶业管理办公室主任赵玲、奶业协会秘书长茹宝瑞，中国农业大学教授、国家奶牛产业技术体系首席科学家李胜利，中地乳业董事长张建设，光明牧业董事长王赞、助理陈绵昌，君乐宝乐源牧业总经理侯新峰等陪同，兰考县县委书记蔡松涛、副县长闫玮、副县长孔东海、畜牧局局长张玉虎，中鼎牧业总裁、中科华构董事长孙国强，中科华构总经理马广亮、财务总监杨霞等接待考察组一行并介绍情况。

26 日 “2017 奶业形势研讨会”在北京召开，会议主题为“新时代奶业高质量发展：供给侧与需求侧”。此次研讨会由中国奶业协会联合蒙牛乳业集团共同主办。研讨会邀请了农业部畜牧业司奶业处（奶业管理办公室）邓兴照副处长、中国食品土畜进出口商会于露副会长、国家奶牛产业技术体系首席科学家李胜利教授、教育部功能乳品重点实验室主任任发政教授、招商证券执行董事董广阳、云水泉投资有限公司总裁李丽等相关部门领导和知名专家到会，并做了专题报告。蒙牛集团奶源事业部规划调度总监程晓飞和进口采购部总监汪虹先后发言。中国奶业协会会长高鸿宾、代理秘书长刘亚清，蒙牛集团总裁卢敏放、副总裁温永平、助理副总裁李东明，集团事务副总裁黄忻、尹艳霞出席研讨会。研讨会由中国奶业协会副秘书长刘琳主持。

同日 “行动者联盟 2017 公益盛典”在北京举行。护航 2.3 亿儿童安全的“伊利方舟”项目，获得组委会认可。伊利集团凭借这项独特的责任实践，被评为本次盛典的“特别贡献奖”。

28 日 光明乳业在其总部所在地上海举办光明乳业食品安全白皮书 2017 版发布暨优质乳工程授牌仪式。这是光明乳业连续三年发布食品安全白皮书。2017 版《白皮书》的创新之处在于扩展了食品安全的外延，“从关注食品安全，关注全产业链的质量升级，到进一步关注营养与健康，关注绿色环保”。中国奶业协会代理秘书长刘亚清应邀出席仪式并致辞。她在致辞中强调，光明乳业是中国奶业发展的中流砥柱，在市场竞争日益激烈的今天，光明乳业在市场上获得了生存能力，取得了消费者的信任。在内部管理上，实现了行之有效的管理创新、机制创新、技术创新、文化创新，为中国奶业的发展做出了卓越的贡献。中国乳制品工业协会、中国农业科学院、国家奶业科技创新联盟、中国农垦乳业联盟、上海市食品药品监督管理局、上海市食品安全工作联合会、上海市质量协会、上海市奶业行业协会等相关领导悉数出席。光明食品集团监事会副主席张大鸣、光明乳业股份有限公司董事长张崇建先后致辞，光明乳业股份有限公司总裁朱航明参加发布仪式。

同日 2017 奶粉新政圆桌对话在北京举行。来自国家多个部委有关领导、专家学者、知名企业代表出席对话。国家食药监总局特殊食品注册管理司副司长马福祥表示，奶粉注册制推行的主要目的是落实监管职责，尽力解决两个问题，一是产品配方问题，当前市场上婴幼儿奶粉配方过多，配方制定比较随意，更换频繁，企业更换配方，推出各种概念，给消费者选择带来困难；二是标签、广告比较乱问题，比如一些比较模糊的说法，例如金装、金牌、全进口奶源、生态牧场等，这些模糊信息对消费者造成一种误导。

同日 上海出入境检验检疫局与长宁区政府共同签署了《关于推动质量共治开展便利化试点合作行动计划》，5 家试点企业的特定产品可享较为“宽松”的信用监管，水准高、信用好的企业通关也将越来越快。根据协议，出入境检验检疫局将对 5 家注册在长宁的试点企业进口的特定产品，首次实施“审单放行”“进口直通”等差异化分类管理新模式，检验检疫部门变“不合格假定”为合格假定，原本通关需要 20 余天，现在 3 天之内就可以完成，企业进口牛奶通关实现“零等待”。

# 2018年奶业大事记

## 1月

1日 雅士利国际发布公告，该公司全资附属公司欧世蒙牛及全资附属公司雅士利（山西）均与蒙牛乳业的附属公司内蒙古蒙牛订立加工协议，欧世蒙牛及雅士利（山西）同意在加工协议的期限内不时向内蒙古蒙牛提供全脂奶粉、脱脂奶粉及其他产品的加工服务，为期3年，年度上限均为8 000万元。

4日 伊利股份有限公司发布关于参与澳大利亚迈高公司战略发展方案事项的进展公告。公告内容显示：“截至目前，公司未得到MG公司关于此事项的其他进展情况通报，公司亦不再参与MG公司此次战略发展方案事项，该结果不会影响公司的业务及日常经营。”

8日 蒙牛集团收到新商丘、安徽新发现、兵哥兵姐、河南观点、黄冈视界5家微信公众号信函，就此前未经核实刊登《牛奶又出事了！》谣言视频向蒙牛提出正式道歉。同时，道歉信的电子版也已在上述公众号内置顶刊发。

同日 蒙牛“黄曲霉菌”谣言炮制者获刑10个月。2016年10月底，一则宣称“蒙牛纯牛奶刚刚被查出黄曲霉菌超标”的谣言视频在微信平台上疯狂传播，给蒙牛公司造成巨大损失。该谣言视频炮制者许某某被判处10个月有期徒刑，并处罚金及没收作案工具。

10日 中国奶业协会就网络谣言抹黑中国奶业发表声明。

11日 澳励娃方面向媒体确认了退出中国市场消息。澳励娃是澳大利亚ViPlus Dairy Pty Ltd（维爱佳）旗下品牌，2015年通过广东澳益佳乳业有限公司推向中国市场。澳励娃方面解释称，澳励娃奶粉没有质量问题，国家品牌政策的改变是澳励娃退出中国市场的原因之一。

16日 在中国奶业协会和中国乳制品工业协会的见证下，京东超市与贝因美、君乐宝、完达山、圣元、伊利、飞鹤、合生元、雅士利、惠氏、美素佳儿、达能、美赞臣、雅培、雀巢、a2全球15家婴幼儿配方奶粉品牌签订了战略采购协议，未来3年，京东超市从这15家品牌采购婴幼儿配方奶粉的金额将超过1 000亿元。中国奶业协会代理秘书长刘亚清表示，我国婴幼儿奶粉产业捷报频传，君乐宝荣获欧盟双认证，并成功登陆香港、澳门销售；在世界食品品质评鉴大会上，旗帜品牌奶粉荣获特别金奖，飞鹤品牌奶粉三次蝉联金奖。这充分展现国产婴幼儿奶粉的发展成果。“互联网＋婴幼儿奶粉”，优化了资源配置，创新了营销模式，提升了全要素生产率。希望充分发挥互联网优势，为婴幼儿提供更优质奶粉。

18日 中国乳制品工业协会在京召开首届中国乳业质量年会暨中乳协第六届理事会二次会议。来自全国乳制品生产企业和主流媒体的代表近200人出席会议。国际乳联中国国家委员会主席、协会原理事长宋昆冈作《乳制品工业2017年发展形势及2018年展望》工作报告，中国乳制品工业协会副理事长兼秘书长刘美菊作《中国乳业十年巨变》报告。国家食药监总局监管一司司长张靖、工信部消费品司司长高延敏、国家卫计委食品安全标准与监测评估司副司长张志强等出席会议并讲话。会议还对2017年度婴幼儿配方乳粉主流品牌质量大赛中获得优异成绩的26家企业进行了表彰。

19日 中国奶业协会“效率变革、质量变革、动力变革”新时代中国奶业发展论坛在广州举行。农业部原副部长、中国奶业协会会长高鸿宾，中国工程院院士沈建忠，农业部畜牧业司副司长王俊勋，工业和信息化部消费品司副司长王小青，中国动物疫病预防控制中心主任陈伟生出席会议并讲话。

22日 艾格农业发布《中国乳业发展与投资研究报告（2017—2018）》认为，中国乳业正逐步走出转型升级阵痛期，有望进入新一轮较快增长阶段。报告指出，2016年下半年以来，国际市场原料奶及乳品原料价格开始回升，但中国原料奶价格直到2017年三季度末一直维持低迷状态，奶牛养殖业经历了更长的调整期。报告认为，刚刚过去的2017年，乳制品市场增长更为稳健，除价格、销售额保持增长，乳制品销售量也走出增长低谷期，呈现良好增长态势。全国及区域乳业龙头企业在品牌、创新、渠道方面的强大实力支撑下，收入快速增长，市场份额进一步提高；弱势企业经营状况恶化，行业整合加快。

23日 国家食品药品监督管理总局召开新闻发布会，通报2017年食品安全监督抽检情况，介绍2018年食品安全监督抽检计划。国家食品药品监督管理总局副局长孙梅君出席新闻发布会并回答记者提问。在谈到乳制品抽检情况时她说，2017年食品总体抽检合格率为97.6%，其中乳制品合格率为99.2%。2017年婴幼儿配方乳粉抽检合格率为99.5%，比2016年提高0.7个百分点。婴幼儿配方食品合格率又有提高，不合格项目主要集中在标签标识方面。

26日 四川省奶业协会在成都市召开第五届会员大

会，全省120名会员出席大会。中国奶业协会张智山副秘书长发表热情洋溢的讲话；四川省农业厅及畜牧业处领导到会祝贺。第四届副秘书长李自成和新当选的杨盛兴常务副会长兼秘书长分别主持大会。四川省奶业协会第四届会长、省农业厅原副厅长傅志康首先致辞；第四届法人代表秘书长吴荣书作第四届协会有关工作报告；新当选的李自成会长对协会的工作作了安排部署；四川杨森乳业董事长杨林代表奶业协会会员发言；最后四川省农业厅畜牧业处林胜华副处长代表行业管理部门作了总结讲话。

28日　奶牛育种自主创新联盟工作会暨联盟指数平台发布会在北京召开。农业部科教司政策体系处处长窦鹏辉，农业部畜牧业司奶业处副处长邓兴照，全国畜牧总站饲料行业指导处副处长刘海良，全国畜牧总站奶业与畜产品加工处副处长马金星，中国社科院农村发展研究所产业经济研究室主任刘长全，中国奶业协会副秘书长陈绍祜，北京市农业局畜牧处处长张毅良，北京市科委农村处处长马金旺，北京市畜牧总站党委书记、北京奶业技术体系首席科学家路永强，宁夏畜牧工作站副站长、宁夏奶业技术体系首席科学家温万，首农集团农牧部部长刘巧香，北京三元种业股份有限公司董事长张振新，国科农研院院长田冰川，联盟专家委员会专家，联盟成员单位北京奶牛中心、北京首农畜牧发展有限公司、中地牧业科技集团、内蒙古优然牧业有限责任公司、宁夏农垦贺兰山奶业有限公司、中鼎牧业有限公司、上海荷斯坦奶牛科技有限公司领导和技术岗位负责人60余人参会。奶牛育种自主创新联盟理事长麻柱汇报了联盟发展与理念，奶牛育种自主创新联盟秘书长刘林汇报了联盟育种工作及计划，联盟专家委员会专家、中国农业大学王雅春详细介绍了联盟新综合育种指数平台及指数构成体系。

## 2月

1日　由农业部畜牧业司和全国畜牧总站组织编写的《2018中国乳用种公牛遗传评估概要》出版发行。

6日　农业部畜牧业司司长马有祥在《农民日报》发表推进高质量发展 加快奶业全面振兴文章。

24日　蒙牛集团宣布，阿根廷球星里奥·梅西（Lionel Messi）成为其品牌代言人。这是继去年底成为2018 FIFA世界杯全球官方赞助商后，蒙牛世界杯营销战役的又一重大举措。

28日　由FoodBev Media组织评选的“2018年世界食品创新大奖”入围名单正式公布。作为连续位居全球乳业8强、蝉联亚洲乳业第一的龙头企业，伊利凭借在创新领域的卓越表现，强势入围6项大奖：最佳品牌延伸、最佳技术创新、最佳零食、最便携包装、最佳包装设计和最佳消费者营销活动，成为本次唯一入围六大奖项的中国食品企业。

同日　深圳海关缉私局联合地方有关部门查获10万多件海淘商品，涉及澳洲、新西兰、法国等多个国家，包括非常出名的德运、a2、爱他美、贝拉米等诸多海淘品牌，案值人民币1 000多万元，这是近10年来经综合治理查获涉案物品最多的海淘走私事件。

## 3月

5日　上海市奶牛研究所取得了2018年美国NFTA湿化学法认证A级资格，具备出具国际认可的粗饲料检测报告的能力。这是继2013年以来，奶研所连续第五年取得该认证资格，也是目前国内具备该资格的3家单位之一，并且是唯一一家整体评级为A的单位。

7日　全国人大代表、黑龙江省齐齐哈尔市富裕县塔哈镇周三村吉犇牧场创办人刘海玲，建议将生鲜乳纳入惠民政策中，给予中小规模奶牛饲养牧场更多政策扶持、资金支持。

8日　全国人大代表魏立华建议，政府相关部门应加大对奶业发展政策的扶持，对大型标准化、规模化养殖企业及乳品企业自建牧场，要加大对牧草种植、奶牛养殖等环节的扶持力度，对乳企进行技术改造、产品升级、兼并重组等也应加大扶持力度。

22～23日，由中国种子协会、中国奶业协会主办，中国种子协会青贮玉米分会、陶氏杜邦农业事业部承办的2018中国青贮饲料大会在京成功举办。农业农村部种子管理局局长张延秋、全国畜牧总站副站长刘连贵、中国种子协会秘书长蒋协新、中国奶业协会副秘书长张智山、美国驻华使馆项目副团长Johnathan Fritz、陶氏杜邦农业公司大中国区总裁黄田强等嘉宾共同启动大会开幕式。

23日　国家质检总局网站发布公告称，欧盟食品饲料快速预警系统通报，荷兰一婴幼儿配方乳粉生产企业在自检中发现使用了一批疑似受到阪崎肠杆菌污染的乳清粉，导致三个品牌、五个批次的婴儿配方乳粉存在阪崎肠杆菌污染风险，相关产品已出口到中国、越南、沙特阿拉伯等国家。企业已对相关批次产品实施召回或自愿销毁。质检总局查明，欧盟通报所涉及产品中，对华出口的为Lypack（注册号NL Z0238 EC）生产的润贝婴儿配方乳粉（Rearing Baby），生产批号为0000011087和0000011079。该货物在口岸监管仓库，尚未进入流通领域。

26～28日　中国奶业协会奶牛生产性能测定（DHI）数据网络化应用交流活动在石家庄举办。

26～28日　2018年第十二届内蒙古乳业博览会暨高峰论坛在呼和浩特市内蒙古国际会展中心召开，会议由内蒙古奶业协会、内蒙古伊利集团、内蒙古蒙牛集团共同主办。中国奶业协会、内蒙古自治区农牧业厅领导就我国奶业形式发表讲话。

28日　由农业部奶及奶制品质量监督检验测试中心（北京）等单位承担的《食品安全国家标准 生乳》等四项国家标准制修订企业研讨会在京召开。农业农村部畜牧业司奶业处副处长邓兴照出席并讲话，中国奶业协会战略发展委员会常务副秘书长刘琳、中国奶业协会副秘书长李栋，以及21家乳制品企业和规模化牧场代表出席会议。会议由中国奶业协会副秘书长张智山主持。标准起草单位农业部奶及奶制品质量监督检验测试中心（北京）王加启研究员对4项国家标准第一次讨论稿的制修订工作进行了解读。

28日 农业农村部畜牧业司和全国畜牧总站组织编写的《2018中国乳用种公牛遗传评估概要》由中国农业出版社出版发行。

## 4月

2日 首届中国进口博览会参会参展签约仪式在上海国际中心举行。当天共有22家来自法国、美国、丹麦、乌克兰等国家和地区的行业龙头和优秀企业签约。作为进口乳业代表，Arla Foods与雅士利分别进行了参会、参展、现场签约。

3日 陕西乳品安全生产协会暨西安市乳业协会奶源管理工作会议在陕西富平召开。会议经过讨论形成共识，出台了2018年生鲜羊奶收购指导价，每千克7元，上下浮动不超过10%。据悉，2018年春节后，陕西省奶山羊养殖大县的生鲜羊奶收购价出现异常波动，从2017年停止收奶时期的5.4元/kg上涨到高峰时的9.5元/kg。

7日 伊利集团就个别媒体发布针对伊利集团及潘刚董事长的谣言文章，在网络上被大量转载，对企业正常的生产经营、企业形象和潘刚董事长的个人声誉造成较大负面影响发布声明。

8日 “2017年度最受投资者尊重的上市公司评选”颁奖典礼在京隆重举行。会上揭晓了荣获“2017年度最受投资者尊重的上市公司”百强榜单，其中包括伊利股份、中国平安、贵州茅台等知名上市企业。

11日 中国奶业协会第七届会员代表大会暨2018新时代奶牛发展大会在北京召开。农业农村部领导、有关司局负责同志、专家学者及协会会员单位代表共计600余人出席大会。大会选举中国工程院李德发院士为第七届中国奶业协会会长，原北京市农业局副局长刘亚清为第七届中国奶业协会秘书长；新选举产生副会长30位、常务理事127位、理事383位。经新一届中国奶业协会会长、副会长、常务理事、理事、会员一致同意，邀请第六届理事会会长高鸿宾担任中国奶业协会名誉会长。

12日 农业农村部在各地推荐的基础上，经组织专家审核，确定山西泓祁奶牛主题乐园等12个牧场为第二批休闲观光牧场。同时，组织有关省对2017年已推介的北京归原奶庄等8个休闲观光牧场进行了重新审查，均符合推介标准，一并予以公布。

14日 河南省奶业协会第三届会员代表大会暨河南奶业发展研讨会在郑州举行。代表大会选举产生了以郑春雷为会长，高腾云、唐洪峰、赖登明等为副会长，茹宝瑞为秘书长的河南省奶业协会第三届理事会，第三届理事会聘请杨文明同志继续担任名誉会长。研讨会特邀请国家奶牛产业技术体系首席科学家李胜利教授、农业农村部奶业处邓兴照副处长、河南省畜牧局畜牧处常杰副处长、广州市原奶业协会王丁棉会长、花花牛乳业杨永副总裁等进行专题研讨交流。中国奶业协会副秘书长李栋、河南省畜牧局奶办主任赵玲、山东奶协张志民会长、河北奶协袁运生等应邀出席会议。

同日 针对4月9日郑俊怀先生委托律师在媒体上发表的声明，伊利集团执行总裁张剑秋通过媒体发表关于对郑俊怀声明的回应和郑俊怀涉嫌犯罪的揭露。

20日 2018中国农业展望大会在北京开幕。大会发布的“2018—2027年中国奶制品市场形势展望”，基于大量基础性研究，从生产、消费、价格、贸易等方面对未来10年作了预测。

20日 中国奶业协会发布关于实施《中国奶牛体型鉴定员管理办法（试行）》的通知。

22日 华南地区首次“优质乳工程”企业通过验收新闻发布会在广州召开。广东燕塘乳业股份有限公司和广州风行乳业股份有限公司同时通过优质乳工程验收。

23日 国务院总理李克强主持召开国务院常务会议，采取措施加快推进奶业振兴、保障乳品质量安全。会议认为，奶业是健康中国、强壮民族不可或缺的产业。必须加快推进奶业振兴，提升乳品质量安全水平。一要大力引进和繁育良种奶牛，建设国家核心育种场。加强优质饲草料生产。发展标准化规模养殖，建设优质奶源基地。二要强化质量安全监管，修订提高生鲜乳、灭菌乳等国家标准，建立全过程质量追溯体系。力争3年内显著提升国产婴幼儿配方乳粉的品质、竞争力和美誉度。三要强化金融保险、奶畜养殖用地等支持，为奶业振兴创造条件。

24日 新华社马德里电（记者冯俊伟）西班牙国家警察总局日前在其网站发布消息说，西班牙警方在与欧洲刑警组织的联合行动中，捣毁了一个包装假奶粉的地下工厂，并逮捕了4名波兰籍犯罪嫌疑人，警方还缴获8 t假奶粉，分装在1.3万多个箱子里准备销售。被缴获的假奶粉据信主要将销往中国。

25日 国务院新闻办公室举行国务院政策例行吹风会，农业农村部副部长于康震介绍了加快推进奶业振兴发展的意见有关情况，并答记者问。

## 5月

16日 中国奶业协会名誉会长高鸿宾、副会长兼秘书长刘亚清，参观考察了山东碧海包装材料有限公司。

16～20日 第二届世界智能大会在天津举行，作为智能制造的典范企业，伊利受邀参加本次大会。在会上，伊利集团副总裁张铁鹏就“智能制造”的相关话题同与会嘉宾进行了交流，并分享了伊利“智慧乳业”建设的经验。

19日 在第十六届（2018）中国畜牧业博览会暨2018中国国际畜牧业博览会上，农业农村部副部长于康震宣布全国兽用抗菌药使用减量化行动正式启动实施。农业农村部自2018年起重点推进兽用抗菌药使用减量化行动，以蛋鸡、肉鸡、生猪、奶牛、肉牛、肉羊等主要畜禽品种为重点，2018年4月20日发布了减量化行动试点工作方案。农业农村部兽医局局长冯忠武介绍了“兽用抗菌药使用减量行动”，中国奶业协会副秘书长张智山出席了启动仪式。

26日 2018中国国际大数据产业博览会在贵阳开幕。作为本次大会唯一的乳业代表，蒙牛集团集中展现近年来公司在数字化建设方面的领先经验，引起广泛关注。开幕式前，中共中央政治局委员、全国人大常委会副委员长王晨，贵州省委书记孙志刚、贵州省省长谌怡琴等领导视察了中国国际数据产业博览会上的蒙牛展台，并听取了蒙牛集团CEO卢敏放关于蒙牛通过数字化转型、智能制造等多方面提升品质的工作汇报。王晨副委员长对蒙牛全产业链数字化成果表示认可，并希望蒙牛用好大数据这个工具，不断提升产品品质。

29日 国家市场监督管理总局公布首个奶粉配方注册“不批准”名单，已受理的卡翁喜丽雅乳品厂申报的赐多利、ofmom爱、喜丽雅三个系列婴幼儿配方奶粉的配方注册，给予“不批准”的公开批复。原因与2017年该集团部分产品疑似感染沙门氏菌，生产条件未满足要求有关。

## 6月

3日 旨在助力青少年足球发展、带领中国足球少年走向俄罗斯世界杯的蒙牛《踢球吧！少年强》活动在上海东方体育中心举行盛大出征仪式。

5日 国务院副总理、国务院扶贫开发领导小组组长胡春华莅临现代牧业塞北牧场进行实地调研和督导工作，中粮集团董事长赵双连、现代牧业董事会主席卢敏放、现代牧业总裁高丽娜等人员陪同。胡春华副总理来到现代牧业实地了解奶牛标准化养殖、优质奶源基地建设和乳制品生产全过程质量控制等情况。

5～6日 奶牛金钥匙技术示范蒙牛示范专场活动在河北廊坊举行。农业农村部畜牧业司司长马有祥，中国奶业协会名誉会长高鸿宾，农业农村部科教司巡视员刘艳，国家奶牛产业技术体系首席科学家、中国奶业协会副会长李胜利教授等相关机构领导、行业专家，以及廊坊市政府、河北省农业厅、天津市畜牧局的相关领导莅临现场。

6日 上合组织工商论坛开幕，蒙牛乳业集团作为上合组织工商论坛的官方合作伙伴，以特仑苏、纯甄小蛮腰、蒂兰圣雪、冠益乳等明星产品服务于中外嘉宾。执行总裁石东伟围绕《促进投资贸易便利化，助力中小企业创新发展》主题做了精彩发言。

12日 记者就贯彻落实《国务院办公厅关于推进奶业振兴保障乳品质量安全的意见》相关问题采访了农业农村部畜牧业司司长马有祥、工业和信息化部消费品工业司司长高延敏、国家市场监督管理总局食品监管一司司长张靖。

28～30日 一带一路世界奶业新动能·奶业颁奖盛典——第九届中国奶业大会暨2018中国奶业展览会在成都市隆重举办。28日上午开幕式，农业农村部国家首席兽医师张仲秋作重要讲话，中国奶业协会会长李德发致欢迎辞，丝路规划研究中心副理事长蒋志刚解读了国家“一带一路”倡议。四川省人民政府副省长尧斯丹、联合国世界粮食计划署中国代表屈四喜、联合国粮农组织（FAO）亚太办事处高级政策官员维诺德·阿胡贾、新希望乳业董事长席刚分别致辞。同时，隆重举行“一带一路”奶业联盟启动仪式和奶业“颁奖盛典”。100家企业被授予“2018年优秀乳品加工企业”荣誉称号；198位同志被授予“2018年优秀奶业工作者”荣誉称号。原农业部副部长、中国奶业协会原会长刘成果，原农业农村部党组成员、人事司司长、中国奶业协会战略发展委员会筹备组常务副组长毕美家出席开幕式。开幕式全程由中国奶业协会副会长兼秘书长刘亚清主持。

28日下午，由中国奶业协会主办的“十年生聚，十年教训，凤凰涅槃，浴火重生，中国奶业高质量发展十年颂”大型活动隆重上演。十年颂活动由凤凰之殇、凤凰之颂、凤凰之鼎组成“凤凰三部曲”，通过视频播放和现场诵读等宏大场面，展现了“三聚氰胺”事件对民族奶业造成的灾难性创伤，叙说了中国奶业人知耻后勇，奋发图强，十年来整个行业发生脱胎换骨的变化和翻天覆地的进步，进而展示中国奶业十年来的成就。原农业部副部长、中国奶业协会名誉会长高鸿宾作主旨报告，农业农村部畜牧业司副司长王锋和四川省农业厅厅长、省农工委常务副主任杨秀彬分别致辞。原农业部副部长、中国奶业协会原会长刘成果，原农业农村部党组成员、人事司司长毕美家，中国奶业协会会长、中国工程院院士李德发，中国农业科学院副院长李金祥，中国动物疫病预防控制中心主任陈伟生莅临指导。全国奶业界精英、外国友人、媒体朋友共1 000余人参加了此次活动。中国奶业协会副会长兼秘书长刘亚清主持了本场活动。29～30日，本届大会的14个专题高层论坛依次展开。代表们饶有兴趣地参观了与第九届中国奶业大会同期举办的2018中国奶业展览会的精彩展览。本届奶业展览面积6万$m^2$，展商500余家，观众达6.5万余人次。特设“一带一路”中国乳品展区、中国奶业20强展区和5个国家展区，展览涵盖奶业产业链各个环节。

国务院有关部委及相关部门负责人，丝路规划研究中心负责人，部分驻华使馆及国际组织官员，各省（自治区、直辖市）及各地畜牧（奶业）行政主管部门、事业单位、科研院校等相关人员，国内外专家学者，各省（自治区、直辖市）及地方奶（乳）业协会负责人，中国奶业协会会员，展商，中央、地方媒体等2 000余人参会。大会首次与人民日报客户端合作，现场录制“问道｜中国奶业振兴”系列访谈。中央电视台、中央人民广播电台、新华网、人民日报等权威媒体全程报道。

## 7月

5日 中国－新西兰商务理事会首次会议在新西兰奥克兰举行，会议由中国贸促会、中国国际商会、新西兰－中国贸易协会和中国－新西兰商务理事会联合举办。作为中国－新西兰商务理事会主席，蒙牛CEO卢敏放发表致辞。中国贸促会、中国国际商会尹宗华副会长以及新西兰－中国贸易协会、新西兰初级产业部的官员和工商界代表100余人出席了本次会议。蒙牛CEO卢敏放接受了《新西兰先驱报》和新华社新西兰分社采访。

7日 光明乳业召开优质乳工程验收会，标志着光明乳业旗下巴氏杀菌乳生产工厂全部通过验收，优倍鲜奶全面开启75℃鲜活时代。国家农业科技创新联盟办公室处长庄严，国家奶业科技创新联盟理事长王加启、副理事长顾佳升以及上海市奶业行业协会领导出席验收会。

10日 农业农村部副部长于康震主持召开落实《国务院办公厅关于推进奶业振兴保障乳品质量安全的意见》部门分工会议，国家发展改革委、工业和信息化部、市场监管总局等18个部门有关负责同志参加了会议。

18～20日 中共中央政治局委员、国务院副总理胡春华在黑龙江调研农业农村工作。胡春华指出，推进奶业振兴，必须抓住关键环节，着力提高供给体系的质量和效率。要加强优质奶源基地建设，就地就近保障高产优质饲草料供应，加强良种奶牛繁育推广，深入开展养殖标准化示范创建，促进养殖节本增效。要健全以奶农为核心的生产经营体系，积极发展家庭牧场，培育壮大奶农合作社，扶持合作社和养殖场建设加工厂。要加大对奶农政策扶持力度，培育引进专业人才，增强奶农市场竞争和抵御风险能力。要做强做优乳制品加工业，支持企业创新研发。要建立全过程乳品质量安全监管和追溯体系，严厉打击违法行为，保障乳品质量安全。

22日 人民日报发表署名文章"奶瓶子，要稳稳地拿在手中"。文章说，一杯奶可以兴一个产业，一杯奶可以强一个民族。中国奶业协会名誉会长高鸿宾表示，奶瓶子关乎民生，要稳稳地拿在中国人的手中。

23日 工信部消费品工业司在京召开部分婴幼儿配方乳粉企业工作座谈会。会上，消费品工业司副巡视员汪敏燕结合落实《国务院办公厅关于推进奶业振兴保障乳品质量安全的意见》提出质量安全、产业转型升级、企业兼并重组、诚信建设四点要求。

30日 全球乳业论坛组织（GDP）第五届亚太乳业峰会在银川举行。此次会议由GDP主办，蒙牛承办。中国奶业协会刘亚清秘书长出席峰会并致辞，蒙牛集团CEO卢敏放作主题发言，并当选该组织董事，成为董事会中首位来自中国企业的成员。出席本次峰会的还有GDP执行总监Donald Moore、宁夏回族自治区农牧厅厅长王文宇、中国乳制品工业协会秘书长刘美菊等。

## 8月

8日 由国际奥委会、萨马兰奇体育发展基金会共同主办，北京2022年冬奥会组委会、中国奥委会支持的2018北京奥博会开幕式正式举行。伊利作为唯一受邀的中国企业参与了本次奥博会，并成为萨基会理事单位。萨马兰奇体育发展基金会主席小萨马兰奇和国际奥委会副主席于再清共同为伊利授牌。

14日 国家技术标准创新基地（乳业）启动会在北京召开。蒙牛为乳业唯一的国家技术标准创新基地的筹建承担单位。国家标准委、国资委、工信部、国家卫生健康委员会、农业农村部、国家市场监督管理总局，以及中国营养保健品协会、乳协、奶协有关部门的领导以及行业专家，中粮集团、雅士利、光明、君乐宝、三元、飞鹤、圣元、新希望等共计70多家单位260人见证并参与了当天的启动仪式。

15日 由国家畜牧科技创新联盟、中国农业科学院北京畜牧兽医研究所、全国畜牧总站、中国奶业协会、吴忠市人民政府、宁夏回族自治区畜牧工作站联合主办的2018年国际奶牛新技术大会暨粮改饲与奶牛绿色提质增效技术集成模式研究与示范项目大会在宁夏召开。大会特邀了国内外奶牛生产一线的著名技术专家和管理专家25位，其中来自美国、荷兰、爱尔兰等国际专家16位，围绕"粗饲料质量与管理、奶牛营养与健康及牧场高效管理"三方面的热点问题、前沿技术、管理模式和思路，举办了25场精彩的专题报告。大会还举行了优质青贮行动GEAF计划启动仪式、中国青贮饲料质量评鉴大赛颁奖仪式、中爱奶业科学技术中心西北分中心揭牌仪式、国家畜牧科技创新联盟动态营养专委会揭牌仪式等系列主题活动。

22日 中国奶业协会和农业农村部奶及奶制品质量监督检验测试中心（北京）在京举行发布会，向社会公开发布《中国奶业质量报告（2018）》。中国奶业协会副会长兼秘书长刘亚清主持发布，农业农村部奶及奶制品质量监督检验测试（北京）中心主任、中国农业科学院研究员王加启，国家奶牛产业技术体系首席科学家、中国农业大学教授李胜利出席并回答记者提问。人民日报、新华社等50余家新闻媒体受邀参会。

27日 32位中国奶牛体型鉴定员通过中国奶业协会育种专业委员会考核，成为我国首批持证上岗的奶牛体型鉴定员。

31日 国家卫生健康委员会官网发布了《关于征求婴儿配方食品等9项食品安全国家标准及1项标准修改单（征求意见稿）意见的函》。新国标意见稿中最大的变化是将现有的两个标准，按年龄段（婴幼儿配方奶粉的1、2、3段）进行细化拆分成三个对应标准，并在营养成分上，对二段、三段奶粉中的蛋白质含量进行适当调整，同时增加了乳糖的比例要求。

## 9月

7日　由蒙牛集团技术援建的净土乳业在拉萨市正式投产运营。净土乳业的投产仪式在位于拉萨市城关区智昭产业园区的厂区举行，西藏自治区、国务院国资委、拉萨市领导以及蒙牛集团CEO卢敏放等200余人出席净土乳业项目投产仪式。据悉，项目一期占地4.2hm²，全面投产后预计日处理原奶150t，液态奶年产量5万t，年产值可达5.5亿元。

同日　由农业农村部奶业管理办公室、农业农村部国际合作司、中国奶业协会、国家奶牛产业技术体系、利乐（中国）、利拉伐中国联合举办的2018中瑞奶业现代化奶牛场高级管理和技术人才培训，来自农垦系统及其他规模化奶牛场的18名管理和技术骨干通过为期一周在利拉伐瑞典总部Hamra牧场的学习和考察，拿到了瑞典培训结业证书。

17～23日　河南省奶业协会及郑州、开封、驻马店、邓州等奶业主产市县奶业负责人和企业代表赴台进行优质乳工程及休闲观光牧场考察。

19日　中国社会科学院食品药品产业发展与监管研究中心在京发布《中国羊奶粉产业发展研究》。

同日　在荷兰皇家菲仕兰、中国乳制品工业协会、中国医疗保健国际交流促进会联合主办的“营养护航健康中国”公众营养与健康促进论坛上，三方共同发布《2018年中国人奶商指数报告》。

20日　从“2018中国农业农村科技发展高峰论坛”上获悉，奶业创新团队的“优质乳标准化技术”被遴选为“2017中国农业农村十大新技术之一”。奶业创新团队针对优质乳标准化技术缺失这一关键难题，研发了优质乳标准化技术。该技术突破了生鲜乳分级、低碳加工工艺、优质乳评价三大关键技术难点。其中优级生鲜乳实现菌落总数低于10万cuf/mL，体细胞数低于40万个/mL；绿色低碳加工工艺使得巴氏杀菌乳加工温度从95℃下降到75℃；构建了以活性酶类、活性蛋白和糠氨酸为核心的优质乳品质三维评价方法。集成创建的优质乳标准化技术，可使乳铁蛋白等活性物质含量提高50%以上，加工成本降低15%以上，显著减少水汽清洗剂用量。该技术从根本上提升了国产奶的核心竞争力，是抵御进口冲击的战略途径，成为奶业供给侧结构性改革的突破口。

26日　由勃林格殷格翰主办的最新牛病毒性腹泻病毒中国流行病学调研数据新闻发布会在上海举办。

27日　全国奶业振兴工作推进会议在内蒙古呼伦贝尔召开，中共中央政治局委员、国务院副总理胡春华出席会议并讲话。强调发展以奶农为主体的生产经营体系，加快推进奶业转型升级。

同日　2018中国奶业20强（D20）峰会在内蒙古自治区呼伦贝尔市召开。农业农村部副部长于康震在峰会上作主旨演讲。内蒙古自治区人民政府副主席李秉荣出席峰会并讲话，中国奶业协会会长李德发、工业和信息化部消费品工业司司长高延敏、市场监管总局食品生产司司长马纯良、乳品企业代表轮值承办单位蒙牛集团副总裁温永平在峰会上发言，河北、山西、辽宁、山东、河南、陕西、新疆等奶业主产省（区）政府分管负责同志，商务部、海关总署等部门相关司局负责人出席会议，中国奶业协会及各省奶协，各省农牧部门负责人、D20企业及观察员、行业专家和地区性骨干奶业企业代表参加会议。（农业农村部、中国奶业协会与D20企业共同启动了全国数字奶业云平台建设。峰会期间，中国奶业协会副秘书长张智山接受了《每日经济新闻》记者的专访。）

## 10月

10日　澳优乳业股份有限公司发布公告称，公司召开股东特别大会，通过了就建议向中信农业产业基金管理有限公司增发2.5亿股公司股份的议案，总认购价约为12.9亿港元。同时，现澳优主要股东晟德大药厂股份有限公司拟向中信农业基金有条件转让1.3亿股公司股份。交易完成后，中信农业基金将取代晟德大药厂及其附属子公司成为澳优单一最大股东，占有公司股份数相当于公司本次增发新股之后的24%。

同日　华为和阿牧在上海世博会中心联合发布了《IoT+AI智慧乳业解决方案白皮书（2018版）》。全面分析中国奶业存在的痛点及IoT+AI的解决方案。华为和阿牧网云联合君乐宝乳业集团、河北省国富农业投资集团、河北省畜牧良种工作站五家共同发布《IoT+AI智慧乳业解决方案白皮书（2018版）》。该白皮书是跨产业、跨企业的全奶业产业链+科技企业的一次合作创新；是集先进IOT+AI+奶牛养殖+乳品加工场景的以解决产业痛点的科研跨界创新。

12日　由省市共建的陕西省首家乳品检验检测技术研究与应用平台在咸阳市食品药品检验检测中心设立。陕西省食安办主任、省食药监局局长张小宁，咸阳市政府市长卫华为平台授牌并讲话，陕西省食药监管局副局长曾锦川与咸阳市政府副市长王靖共同签署了《省市共建乳品检验检测省级重点实验室合作协议》。

13～14日　四川省奶业协会在简阳市召开四川省奶业协会奶农委员会成立大会。大会选举产生了以祝志祥为主任，张明国、刘建华、王福荣为副主任及七名委员组成的四川省奶业协会奶农委员会。中国奶业协会总编辑杨秀文到会致辞祝贺。四川省奶业协会副会长赖松家教授、四川省畜牧总站高级兽医师陈树志分别作了《奶牛养殖的误区及科学养殖》《奶牛场疾病防控技术》讲座。全省奶牛养殖企业（场、户）负责人和技术人员等70多人参加会议和培训。

14～16日　国务院总理李克强应荷兰王国首相马克·吕特（Mark Rutte）邀请对荷兰进行国事访问。16日中午，2018中国—荷兰经贸论坛在荷兰海牙开幕，国务院总理李克强和荷兰首相马克·吕特（Mark Rutte）出席论坛并发表重要演讲。伊利集团执行总裁张剑秋代表中国乳企参加了中荷经贸论坛。澳优作为中荷经贸往来的重要典范和中国在荷兰投资的最大乳品企业也受邀参加，澳优乳业执行董事兼行政总裁 Bartle van der Meer、澳优乳业执行董事吴少虹和澳优乳业中国区副总裁李轶旻作为嘉宾代表出席。

15 日 以"新一代乳业"为主题的 2018 年 IDF 世界乳业峰会在韩国大田举行。蒙牛集团 CEO 卢敏放作为中国企业家代表，在当天的全球乳业峰会领袖论坛上发表题为《亚洲乳业发展洞察：从亚洲走向世界》的演讲。联合国前秘书长潘基文以及来自全球多家乳品企业的 CEO 和高管出席了本次会议。

同日 内蒙古航空产业发展座谈会暨伊利冠名内蒙古天骄航空首架飞机签约仪式在北京举行。据了解，伊利冠名的天骄航空 ARJ21-700 飞机——"伊利号"计划将于 2019 年初首航。

19 日 由证券日报社主办的"新消费下的产业升级——2018 中国乳业资本论坛"在京举行。经济日报社副总编辑郑波及中国奶业协会副秘书长周振峰先后致辞，来自伊利、三元、恒天然、新希望、飞鹤、澳优、H&H 等国内乳制品厂商，以及众多金融机构、行业专家参加论坛。

22 日 中国奶业协会副会长兼秘书长刘亚清、副秘书长周振峰赴福建长富乳品有限公司、福建明一国际营养品集团有限公司考察调研。福建省奶业协会会长林纪智、副会长兼秘书长吴大新、福建长富乳品有限公司副总经理何水双陪同调研。

23 日 伊利集团在印度尼西亚首都雅加达隆重举行 Joyday 冰淇淋的全球首发。内蒙古自治区呼和浩特市市长冯玉臻，印尼国家食药监管局加工食品注册总监阿妮西亚、印尼穆斯林协会食药监管机构总监卢曼努、印尼食品饮料企业家协会主席阿迪，伊利集团执行总裁张剑秋出席了发布会。

24 日 呼和浩特市回民区人民法院在第一法庭公开宣判邹光祥、刘成昆涉嫌制造"伊利股份董事长潘刚被带走协助调查"虚假消息构成寻衅滋事罪一案。认定被告人邹光祥犯寻衅滋事罪，判处有期徒刑 1 年，缓刑一年 6 个月；认定被告人刘成昆犯寻衅滋事罪，判处有期徒刑 8 个月。

30 日 2018 奶牛生产性能测定高峰论坛在济南举行。原农业部副部长、中国奶业协会原会长刘成果，中国奶业协会副会长兼秘书长刘亚清出席会议并讲话。农业农村部畜牧兽医局副调研员卫琳致辞，代表奶业处对 DHI 十年的工作成绩给予了高度肯定。全国畜牧总站奶业与畜产品加工处副处长马金星和中国农业大学教授张胜利分别介绍了我国 DHI 项目历程及中国荷斯坦牛十年遗传进展情况。中国农业大学教授张沅、山东省畜牧兽医局副局长戴文超、山东省畜牧总站站长曲绪仙出席会议。技术讲座主要围绕大数据应用展开。大会还公布了中国奶业协会评选出的 10 家"一级奶牛生产性能测定中心"、50 家"奶牛生产性能测定高产奶牛场"、50 家"奶牛生产性能测定优质奶源场"和 50 家"奶牛生产性能测定规范奶牛场"。大会由山东奥克斯畜牧种业有限公司董事长高运东、中国农业大学教授张胜利和中国奶业协会副秘书长陈绍祜分阶段主持。

## 11 月

1 日 在北京召开的 2018 中国特殊食品合作发展会议上，国家中药品种保护审评委员会婴幼儿配方乳粉产品配方处龙继红处长专门对婴幼儿配方乳粉变更注册问题作了权威解读。

5 日 在首届中国国际进口博览会上，由中国食品土畜进出口商会主办，雅士利国际承办的"国际乳业合作论坛"举行。雅士利新西兰乳业有限公司与雅士利国际签订了超亿美元的采购合同。

6 日 蒙牛集团 CEO 卢敏放出席首届进博会国际乳业合作论坛，并作题为《携手同行，共享全球乳业未来》的主旨演讲。本次论坛由中国食品土畜进出口商会与蒙牛雅士利联合举办，中粮集团副总裁、蒙牛集团董事长马建平、新西兰驻华大使傅恩莱、中国食品土畜进出口商会副会长于露、新西兰怀卡托市长 Allen、雅士利国际集团总裁张平及商务部、海关总署相关领导等共 150 人出席。

7 日 在中国国际进口博览会上，由呼和浩特市人民政府、内蒙古自治区商务厅、内蒙古自治区农牧业厅、中国乳制品工业协会、中国奶业协会共同主办，伊利集团承办的"共筑世界品质——乳业全球合作伙伴论坛"举行。来自工业和信息化部、内蒙古自治区及呼和浩特市的相关领导、部分国家驻华使领馆、行业协会、国内外研究机构的专家学者、媒体代表等约 400 人参加了这一乳品行业论坛。本次首届中国国际进口博览会上伊利集团旗下全资子公司大洋洲乳业有限公司携 5 款产品亮相。

9 日 国家市场监管总局发布"关于公开征求《特殊医学用途配方食品生产许可审查细则（征求意见稿）》"，据了解，特医配方已通过 18 个系列，圣元 2 款、贝因美 1 款、恒瑞健康 2 款、雀巢 1 款、美赞臣 3 款、达能 2 款、雅培 5 款。

11 日 天猫"双十一"开战，惠氏领跑婴幼儿奶粉 78min 破亿元。随着"双十一"零点钟声响起，惠氏天猫旗舰店开卖 1min 就突破了 1 000 万元；78min 突破亿元大关，超越了去年"双十一"全天的销量，位列母婴奶粉品类"双十一"销售额第一名。从君乐宝乳业集团获悉，今年"双十一"网购活动中，君乐宝天猫旗舰店君乐宝奶粉以预售人数第一、总支付人数第一的成绩领跑奶粉类目。

13 日 由中国奶业协会组织的奶牛生产性能测定实验室技术培训班在北京举办。中国奶业协会陈绍祜副秘书长出席开班仪式并致辞，来自全国 36 个奶牛生产性能测定实验室的技术人员约 50 人参加了此次培训。

14 ~ 15 日 农业农村部畜牧兽医局在云南省昆明

市召开全国奶业振兴工作座谈会。会议强调，当前和今后一个时期，要重点支持农户适度规模养殖发展，大力发展优质饲草业，不断提高奶牛生产效率，提升生鲜乳质量安全水平，促进养殖加工融合发展，保障奶农合理收益，切实增强奶业竞争力。各省、自治区、直辖市以及新疆生产建设兵团农业农村部门的代表和中国奶业协会的负责同志共 40 余人参加了会议。

15 日　飞鹤乳业董事长冷友斌在与分众传媒的战略合作发布会上透露，飞鹤乳业已提前完成 2018 年百亿营收目标，成为历史上首个突破百亿的中国婴幼儿奶粉企业，同时，也是首个在北京市场突破 2 亿销售额的国产婴幼儿奶粉品牌。

26 日　美国乳制品加工和价值链交流团到访中国奶业协会，到访团成员包括来自美国威斯康星州农业厅、威斯康星大学、威斯康星州奶农协会以及美国乳制品企业等相关人员。中国奶业协会奶业战略发展委员会常务副秘书长刘琳，国际部主任陈兵以及国际部刘泽禹出席座谈会。

27 日　澳优宣布旗下羊奶粉品牌佳贝艾特 2018 年销售回款额超过 20 亿。这意味着，佳贝艾特成为第一个突破 20 亿规模的羊奶粉品牌。

27 ~ 28 日　全国人大常委会副委员长、中华全国总工会主席王东明在天津调研，深入天堰科技、伊利乳业等企业生产车间、劳模工作室等，考察职工生产生活和工会工作情况，亲切看望慰问劳动模范、困难职工和工会干部，召开座谈会。

29 日　伊利集团发布公告称收购泰国本土最大冰淇淋企业 Chomthana，并于当天在泰国曼谷隆重举行了签约仪式。这是继 Joyday 系列产品在印尼上市之后，伊利乘“一带一路”的东风与东南亚市场的再次携手。

同日　坐落于印度尼西亚西爪哇省芝卡郎（Cikarang）的蒙牛 YəyiC 工厂正式开业，这是中国乳品企业在东南亚建设的第一家工厂。蒙牛印尼工厂占地面积 1.5 万 $m^2$，总投资额 5 000 万美元，设计日产能 260t、年产值 1.6 亿美元。

## 12 月

1 日　王加启、郑楠、张养东、孟璐等编译的《美国优质乳条例》，由中国农业科学技术出版社出版。该书荣获 2017 年度引进版优秀图书奖。

6 日　伊利集团在海南三亚举办的为期两周的“伊利全球合作伙伴大会”开幕。伊利在全球 34 个国家和地区与覆盖原辅材料、产品包装、智能设备等多个行业的 700 多家供应商建立了合作关系。

11 日　中国商业改革开放 40 周年纪念大会暨第六届中国商业创新大会在北京举行。三元食品以对乳品行业创新变革发展做出卓越贡献，荣获“中国商业改革开放 40 周年卓越企业”称号。

12 日　中荷奶业发展中心五周年庆典在北京友谊宾馆贵宾楼举行。荷兰王国驻华大使高文博（Ed Kronenburg）、中华人民共和国农业农村部畜牧兽医局副局长王俊勋、中国奶业协会秘书长刘亚清、中国农业大学副校长龚元石、荷兰瓦赫宁根大学及研究中心校董马丁・思高腾（Martin Scholten）、荷兰皇家菲仕兰中国业务集团董事长高瑞宏（Rahul Colaco）等出席并致辞，庆典由中荷奶业发展中心秘书长苏昊主持。马丁・思高腾先生、高瑞宏董事长及中国农业大学李胜利教授对未来五年作联合报告。中心 12 家合作伙伴代表集体上台，手持心愿卡读出了对未来 5 年的愿景。

14 日　中爱中心发展研讨会在北京召开，双方就进一步推动中爱奶业可持续发展进行了研讨。爱尔兰驻华大使馆农业参赞柯龙（Colm Cribin）、中国农业科学院国合局局长贡锡锋、中国农业科学院北京畜牧兽医研究所党委书记兼副所长马莹出席研讨会并讲话。中爱中心主任卜登攀研究员、农业农村部国际合作司副处长吴晓霞先后汇报工作和致辞。中国农业科学院研究生院副院长罗长富、爱尔兰都柏林大学农业与食品学院院长尹历山（Alex Even）、中国牧工商集团有限公司经理王启东、北京三元食品股份有限公司经理刘继超、中爱中心寒区分中心主任黑龙江省农业科学院畜牧研究所所长王根林、西北分中心主任宁夏回族自治区畜牧工作站站长吴彦虎等参加了研讨会。

同日　伊利股份发布公告称，公司拟在吉林省安图县长白山天然矿泉水产业园区新建伊利长白山天然矿泉水饮品项目，投资金额为 7.4 亿元。

同日　完达山联手江苏卫视幸福剧场，献礼改革开放 40 周年电视剧《江河水》于当日晚黄金档正式跟观众见面。

同日　河北省奶业协会第六届六次理事会暨奶业发展研讨会在石家庄成功召开。河北省奶业协会理事长、君乐宝乳业集团总裁魏立华，原河北省农业厅正厅级巡视员张钰，原河北省卫生厅正厅级巡视员赵瑜出席会议并讲话，安排部署 2019 年第二届河北国际奶业博览会暨首届青贮文化节组织工作及其他事项。会议由河北省奶业协会秘书长袁运生主持。河北省奶业协会成立河北奶业振兴顾问委员会，河北省奶业协会理事长、君乐宝乳业集团总裁魏立华当选河北奶业振兴顾问委员会主任。

15 日　云南省奶业协会第三届会员大会在昆明召开，原农业农村部常务副部长刘成果，中国奶业协会副会长、国家奶牛产业技术体系首席科学家李胜利教授，中国奶业协会副秘书长张智山，云南省农业农村厅副厅长寸强、草山饲料处处长徐祖林，昆明市动监所孟兴祥书记等到会指导。协会 64 名会员参加了会议，选举产生了新一届领导班子，云岭产业技术领军人才、云南农业大学黄艾祥教授当选新一届会长。

同日　“伊利未来公园——用科技连接世界儿童”项目 2018 年度分享会在北京新闻大厦举行。中国儿童少年基金会秘书长朱锡生、伊利集团副总裁张轶鹏、中外科学院院士、多国驻华大使代表及 200 余名参与科技创新微视频征集活动的优秀学生选手参加分享会。2017年，伊利集团联合中国儿童少年基金会共同推出该项目。截至2018年年底，项目已覆盖河南、陕西、甘肃、贵州等22个省区，深入中小学300余所，城市社区近100个，惠及师生10万余人。

同日 呼和浩特市委副书记、市长冯玉臻调研了伊利集团健康食品产业园项目。该产业园拟投资400亿元，规划用地约500hm²，建成投产后的产业园将开创全球第一个乳业商圈城市综合体，也将成为呼和浩特市西部城区和土左旗城镇化建设的新名片。

同日 雅士利国际、蒙牛乳业联合公布，于2018年12月14日，雅士利全资附属雅士利（香港）与达能SA全资附属Danone Asia Pacific Holdings Pte.Ltd.作为买方订立股份购买协议。雅士利（香港）拟向买方出售新西兰乳业的49%已发行股本，代价3.2亿新西兰元，分两笔支付。

16日 宜昌贝因美婴童产业园项目一期工程投产仪式在湖北宜昌高新区生物产业园区举行，年产3万t婴幼儿配方乳粉生产线正式投产。宜昌贝因美婴童产业园项目总占地面积22.1hm²，总规划投资10亿元。其中，一期项目占地9.8hm²，投资3.5亿元，主要建设内容为年产3万t婴幼儿配方乳粉生产线以及配套的办公、检测、生活设施等，并兼顾特殊医学配方食品、固体饮料和保健食品的孵化。

同日 陕西奶业协会一届二次理事（扩大）会暨新时期奶业发展形势报告会在西安召开，来自全省奶畜养殖、乳品加工、行政部门、行业协会、专家教授等100余人参加了会议。会议由陕西奶业协会南龙江会长主持，郭庆宏秘书长报告了奶业协会2018年工作和2019年工作要点。并介绍了省奶业协会推出的“生鲜乳价格协商机制”“生鲜乳购销合同管理”“投入品采购”三项制度和“在陕乳品企业承诺”“养殖企业承诺”两项承诺。陕西省畜牧业协会常青山会长、陕西省畜牧兽医局畜牧处副处长谭可强出席会议。会议举办了“新时期奶业发展形势报告会”，特邀中国奶业协会战略发展委员会常务副秘书长刘琳作报告。

17日 由人民网主办的2018人民企业社会责任高峰论坛暨第十三届人民企业社会责任奖颁奖典礼在人民日报社新媒体大厦举行。内蒙古蒙牛乳业（集团）股份有限公司、石家庄君乐宝乳业有限公司、黑龙江飞鹤乳业有限公司荣获第十三届“人民企业社会责任奖年度扶贫奖”。内蒙古伊利实业集团股份有限公司“伊利营养2020”荣获第十三届“人民企业社会责任奖年度案例奖”。

同日 光明乳业公告，公司以1.4亿元收购公司控股股东光明食品集团全资子公司益民集团所持有的上海益民食品一厂有限公司100%股权。

同日 澳优乳业股份有限公司发布公告，声称公司以现金及发行新股的方式有条件同意收购澳优营养（Ausnutrition Care Pty Ltd）余下30%的股份，收购金额折合港币约为7 859万元；同时，以发行新股的方式有条件同意收购Nutrition Care余下25%的股份，收购金额折合港币约为4 519万元。通过本次收购，澳优营养及Nutrition Care将由澳优100%控股，正式成为公司间接全资附属公司。

18日 中国奶业协会和内蒙古蒙牛乳业（集团）有限公司共同举办的2018奶业研讨会在北京举行。会议以“奶业冷链促进消费升级和品质提升”“保障婴幼儿配方奶粉产业安全，发展我国原制奶酪和乳清粉生产”为主题。国务院发展研究中心、中国社会科学院、农业农村部食物与营养发展研究所、商务部·全国农产品冷链流通监测平台项目组、中信建投证券、北京农学院的专家学者，中国奶业协会和蒙牛集团有关负责人出席研讨会。

同日 由中国奶业协会举办的奶牛生产性能测定数据年度交流活动在杭州举办，来自全国35个DHI测定中心的主任及主要技术人员80余人到会交流。2016年以来，全国奶牛生产性能数据质量从之前的75%提高到现在的89.7%。

19日 河南省改革开放40周年暨产业集聚区建设10周年高峰论坛在郑州市举办。河南花花牛乳业集团股份有限公司董事长关晓彦被评为“改革开放40年－河南卓越贡献企业家”。

20日 2018国家“学生饮用奶计划”推广交流会在福建福州召开。中国奶业协会副会长兼秘书长刘亚清作国家“学生饮用奶计划”推广交流主旨报告，教育部体卫艺司原巡视员廖文科、福建省奶业协会副会长兼秘书长吴大新、中国学生营养与健康促进会副秘书长孟文瑞分别致辞。北京大学医学部公共卫生学院教授马冠生、农业农村部食物与营养发展研究所副所长孙君茂、中国疾病预防控制中心营养与健康所学生营养室副主任张倩、福建省学生营养改善计划领导小组办公室副研究员郑永红分别就学生餐现状问题与对策、乳制品营养教育与消费引导、国际开展学生饮用奶计划情况以及福建省的营养改善计划实施情况等作专题报告。伊利、蒙牛、新希望、利乐中国等企业介绍经验。中国奶业协会相关领导，各省、自治区、直辖市学生饮用奶计划工作机构负责人，学生饮用奶生产企业学生奶项目负责人等180余人参加会议，会议开幕式由中国奶业协会副秘书长李栋主持。

23日 中国圣牧与蒙牛签署投资协议，拟3亿元向蒙牛出售内蒙古圣牧高科奶业有限公司的51%股权，其余49%仍由中国圣牧持有。

25日 农业农村部、发展改革委、科技部、工业和信息化部、财政部、商务部、卫生健康委、市场监管总局、银保监会九部委联合印发《关于进一步促进奶业振兴的若干意见》。

26日 陕西省人民政府新闻办公室在西安召开新闻发布会，介绍陕西培育千亿级奶山羊全产业链，大力推进特色现代化畜牧业发展的有关情况。陕西省畜牧兽医局局长杨黎旭在会上介绍，2017年陕西羊乳制品总产量8.2万t，其中奶粉6.9万t，液态奶1.3万t。婴幼儿乳粉产量2.7万t。羊乳制品产量占全国80%以上，位居全国第一位。

28日 伊利集团“守望初心问巅峰·Running To The Top”2018年会在呼和浩特市召开。伊利集团董事长潘刚携集团经营班子出席，来自全国各地的伊利员工及家属、经销商与位于新西兰、荷兰、美国、印尼、泰国等海外基地的10万余人通过现场和网络等形式同步收听收看。伊利集团拿出1亿元奖金，重奖了优秀的企业员工、团队和经销商合作伙伴。

# 九、行业统计

HANGYE TONGJI

## 【奶业发展趋势走势图】

单位：万头

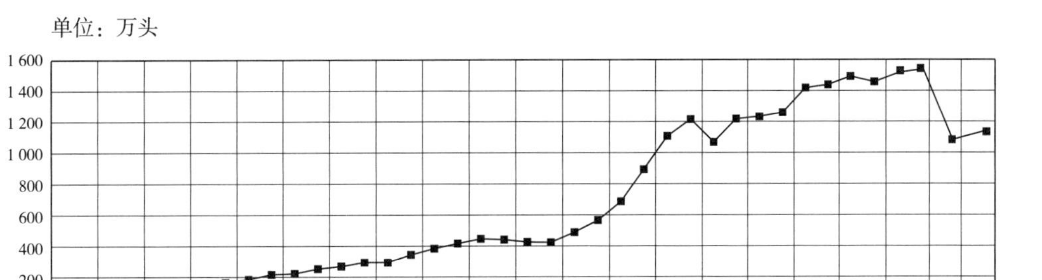


图9-1 1978—2017年我国奶牛存栏走势图*

数据来源：国家统计局

*本图2016-2017年数据为根据第三次全国农业普查情况做相应修正

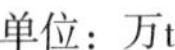
单位：万t

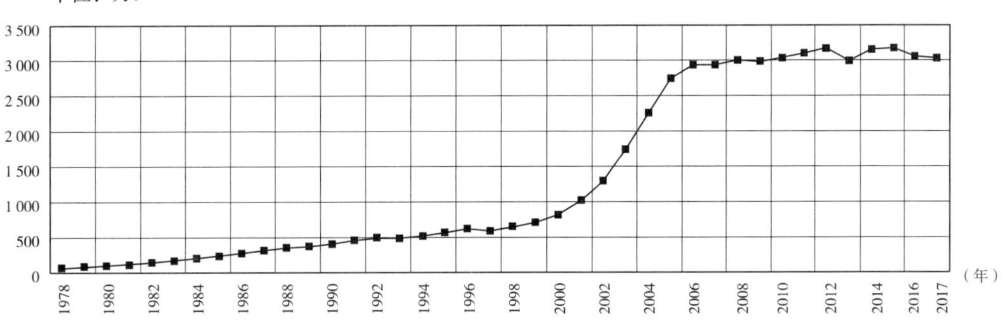


图9-2 1978—2017年我国牛奶产量走势图

数据来源：国家统计局

单位：万t

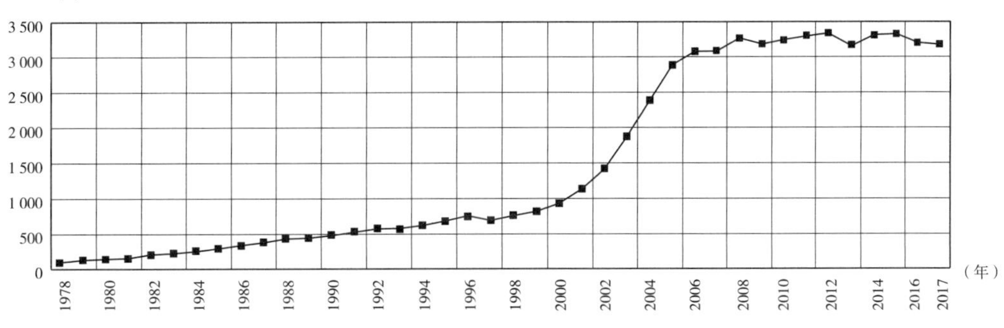


图9-3 1978—2017年我国奶类产量走势图

数据来源：国家统计局

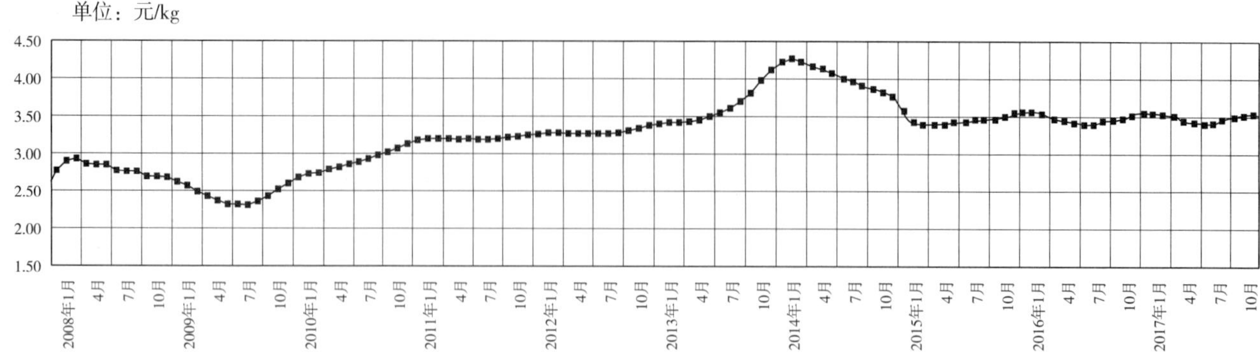


图9-4　2008—2017年全国主产省（区）生鲜乳价格情况

数据来源：农业部（区）

注：生鲜乳主产省（市、自治区）统计范围是：河北、山西、内蒙古、辽宁、黑龙江、山东、河南、陕西、宁夏、新疆。

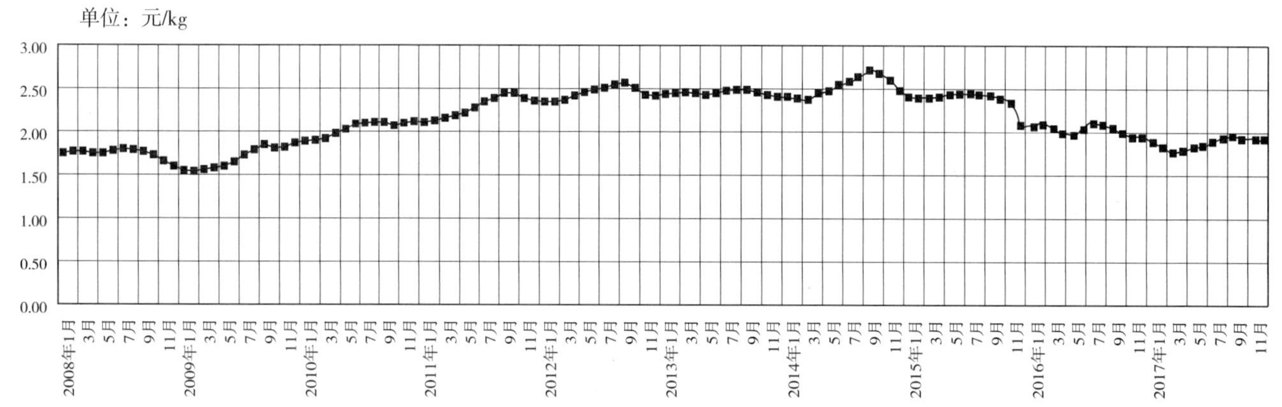


图9-5　2008—2017年全国玉米价格变动情况

数据来源：农业部

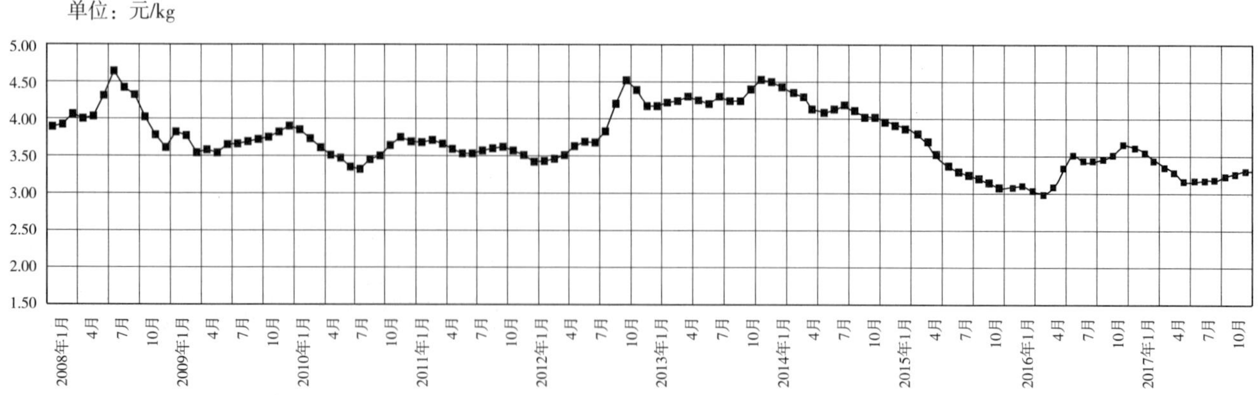


图9-6　2008—2017 年全国豆粕价格变动情况

数据来源：农业部

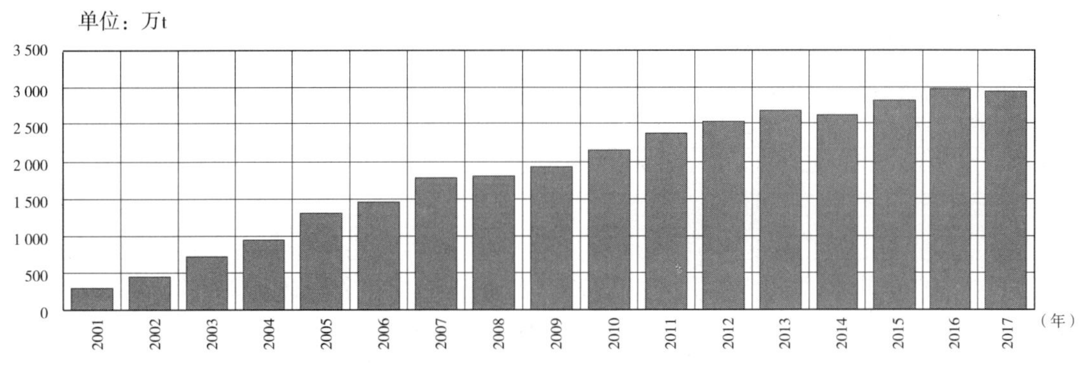


图9-7 2001—2017年我国乳制品产量

数据来源：国家统计局

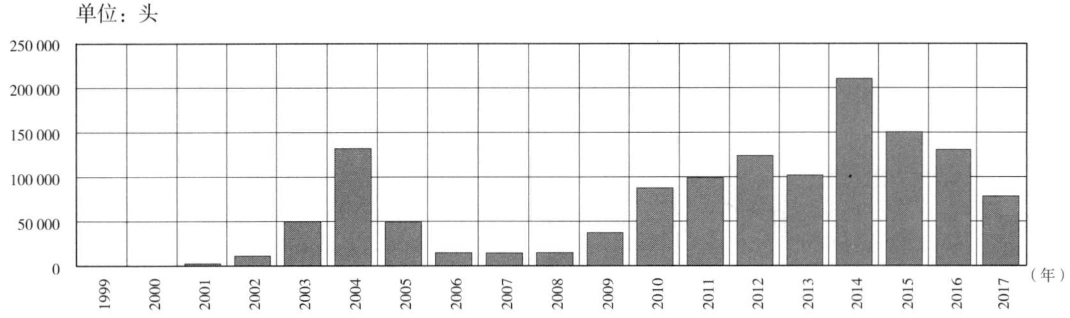


图9-8 1999—2017年我国改良种用牛进口数量

数据来源：海关总署

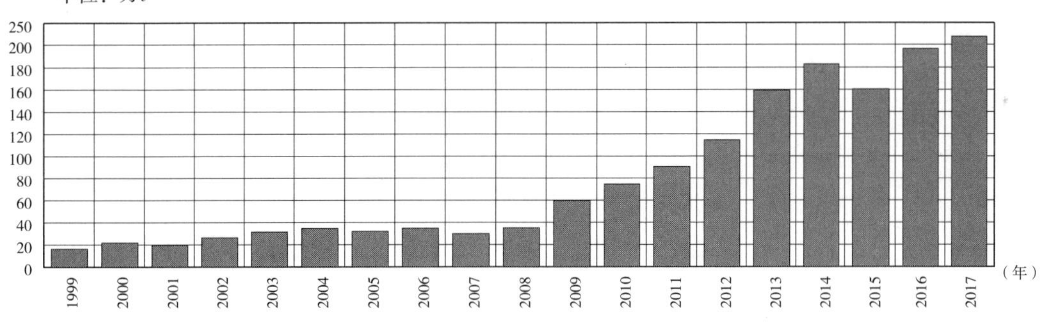


图9-9 1999—2017年我国乳制品进口数量

数据来源：海关总署

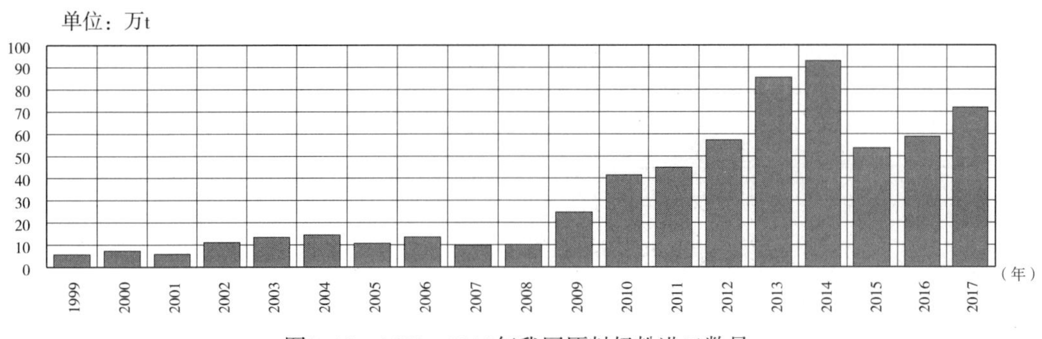


图9-10 1999—2017年我国原料奶粉进口数量

数据来源：海关总署

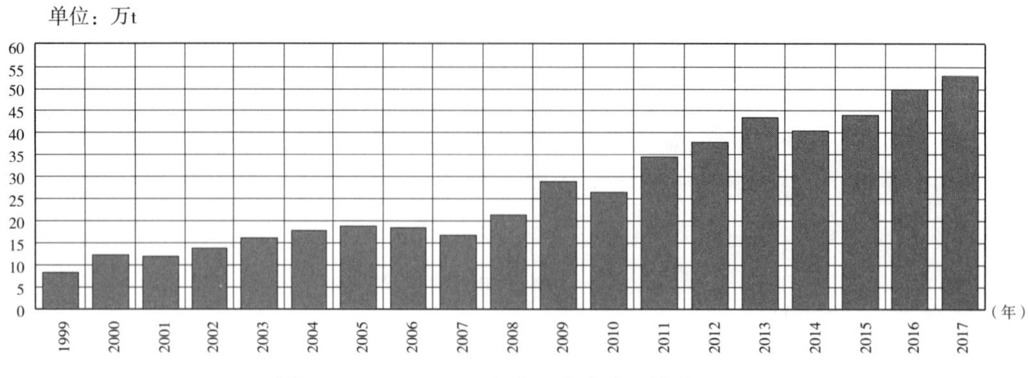


图9-11　1999—2017年我国乳清进口数量

数据来源：海关总署

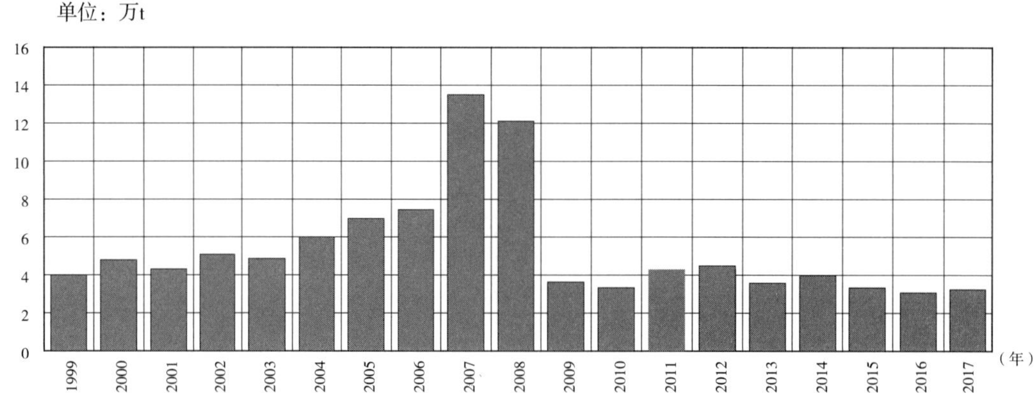


图9-12　1999—2017 年我国乳制品出口数量

数据来源：海关总署

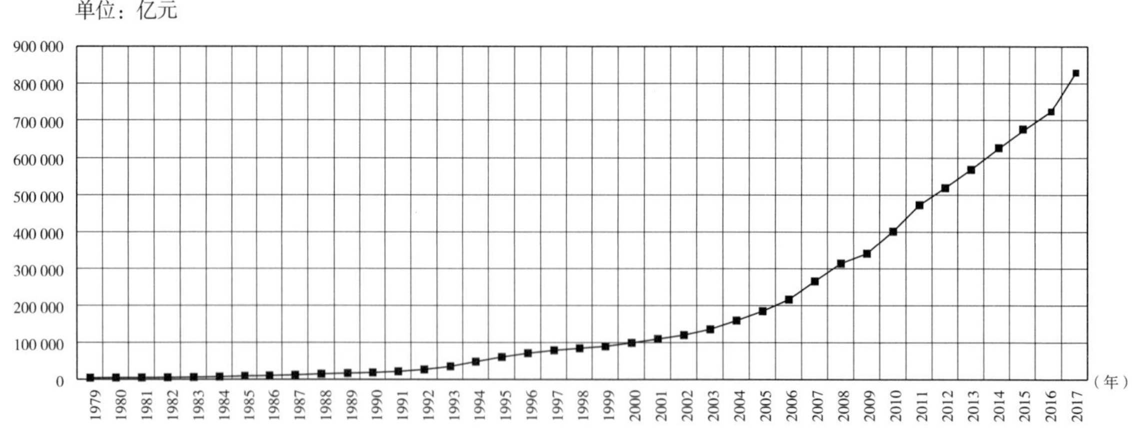


图9-13　1979—2017年国内生产总值

数据来源：国家统计局

# 【综合情况】

## 中国奶业基本情况 *

| 项 目 | 单位 | 2013 年 | 2014 年 | 2015 年 | 2016 年 | 2017 年 |
|---|---|---|---|---|---|---|
| **奶畜资源** | | | | | | |
| 奶牛存栏数 | 万头 | 1 441.0 | 1 499.1 | 1 507.2 | 1 425.3 | 1 079.8 |
| **原料奶产量** | | | | | | |
| 奶类产量 | 万 t | 3 118.9 | 3 276.5 | 3 295.5 | 3 173.9 | 3 148.6 |
| 牛奶产量 | 万 t | 3 000.8 | 3 159.9 | 3 179.8 | 3 064.0 | 3 038.6 |
| **乳制品加工** | | | | | | |
| 乳制品产量 | 万 t | 2 698 | 2 652 | 2 783 | 2 993 | 2 935 |
| 其中：液态奶产量 | 万 t | 2 336 | 2 400 | 2 521 | 2 737 | 2 692 |
| **乳制品进出口** | | | | | | |
| **其中进口** | | | | | | |
| 液奶 | t | 184 567 | 320 206 | 460 084 | 634 096 | 667 557 |
| 酸奶 | t | 10 241 | 8 691 | 10 316 | 20 940 | 34 156 |
| 奶粉 | t | 854 416 | 923 357 | 547 243 | 604 209 | 717 399 |
| 炼乳 | t | 9 265 | 9 176 | 10 908 | 20 013 | 25 648 |
| 乳清 | t | 434 070 | 404 706 | 435 752 | 497 340 | 529 629 |
| 黄油 | t | 52 301 | 80 405 | 71 259 | 81 865 | 91 566 |
| 干酪 | t | 47 316 | 65 973 | 75 581 | 97 177 | 108 035 |
| **其中出口** | | | | | | |
| 液奶 | t | 25 960 | 25 731 | 24 582 | 22 825 | 23 162 |
| 酸奶 | t | 515 | 588 | 516 | 844 | 2 161 |
| 奶粉 | t | 3 318 | 8 125 | 4 869 | 3 530 | 2 843 |
| 炼乳 | t | 4 477 | 2 410 | 1 805 | 2 342 | 2 341 |
| 乳清 | t | 839 | 57 | 27 | 90 | 184 |
| 黄油 | t | 825 | 2 842 | 1 379 | 1 052 | 1 721 |
| 干酪 | t | 119 | 140 | 146 | 133 | 156 |
| **奶畜进口** | | | | | | |
| 改良种用牛 | 头 | 102 243 | 215 405 | 153 309 | 133 177 | 79 410 |

数据来源：海关总署；国家统计局。

* 本栏表格为根据第三次全国农业普查情况作相应修正。

## 2013—2017年全国各地区奶业概况——北京*

| 项 目 | 单位 | 2013年 | 2014年 | 2015年 | 2016年 | 2017年 |
|---|---|---|---|---|---|---|
| **地区概况** | | | | | | |
| 人口总数 | 万人 | 2 114.8 | 2 151.6 | 2 170.5 | 2 173.0 | 2 170.7 |
| 其中：城镇常住人口数 | 万人 | 1 825.1 | 1 857.9 | 0.0 | 1 879.6 | 1 877.7 |
| 农村常住人口数 | 万人 | 289.7 | 293.7 | 2 170.5 | 293.4 | 293.0 |
| 社会消费品零售总额 | 亿元 | 8 375.1 | 9 638.0 | 10 338.0 | 11 005.1 | 11 575.4 |
| 地区生产总值 | 亿元 | 19 500.6 | 21 330.8 | 23 014.6 | 25 669.1 | 28 014.9 |
| **奶畜资源** | | | | | | |
| 奶牛存栏数 | 万头 | 14.4 | 13.8 | 12.4 | 11.3 | 8.4 |
| **原料奶产量** | | | | | | |
| 奶类产量 | 万t | 61.5 | 59.5 | 57.2 | 45.7 | 37.4 |
| 牛奶产量 | 万t | 61.5 | 59.5 | 57.2 | 45.7 | 37.4 |
| **乳制品加工** | | | | | | |
| 乳制品产量 | 万t | 58.8 | 60.6 | 62.1 | 62.2 | 59.7 |
| 其中：液态奶产量 | 万t | 55.6 | 57.2 | 58.7 | 59.0 | 56.8 |
| **乳制品进口** | | | | | | |
| 液态奶 | t | 33 297.3 | 53 522.3 | 75 487.3 | 86 467.2 | 93 363.4 |
| 干乳制品 | t | 112 323.9 | 105 883.4 | 124 338.2 | 147 682.1 | 167 015.2 |
| 其中：奶粉 | t | 33 049.9 | 24 465.2 | 21 018.6 | 30 548.3 | 50 505.4 |
| 乳清 | t | 60 587.9 | 61 481.5 | 80 657.1 | 92 829.5 | 94 098.3 |
| **奶畜进口** | | | | | | |
| 改良种用牛 | 头 | 13 818 | 7 595 | 6 454 | 800 | 3 088 |

数据来源：海关总署；国家统计局。

*本栏表格为根据第三次全国农业普查情况作相应修正。

## 2013—2017 年全国各地区奶业概况——天津 *

| 项 目 | 单位 | 2013 年 | 2014 年 | 2015 年 | 2016 年 | 2017 年 |
|---|---|---|---|---|---|---|
| **地区概况** | | | | | | |
| 人口总数 | 万人 | 1 472.2 | 1 516.8 | 1 547.0 | 1 562.0 | 1 557.0 |
| 其中：城镇常住人口数 | 万人 | 1 207.4 | 1 247.9 | 1 278.4 | 1 295.4 | 1 291.2 |
| 农村常住人口数 | 万人 | 264.9 | 268.9 | 268.6 | 266.6 | 265.8 |
| 社会消费品零售总额 | 亿元 | 4 470.4 | 4 738.7 | 5 257.3 | 5 635.8 | 5 729.7 |
| 地区生产总值 | 亿元 | 14 370.2 | 15 726.9 | 16 538.2 | 17 885.4 | 18 549.2 |
| **奶畜资源** | | | | | | |
| 奶牛存栏数 | 万头 | 15.1 | 15.7 | 14.9 | 14.9 | 11.9 |
| **原料奶产量** | | | | | | |
| 奶类产量 | 万 t | 68.5 | 68.9 | 68.0 | 68.0 | 52.1 |
| 牛奶产量 | 万 t | 68.2 | 68.9 | 68.0 | 68.0 | 52.1 |
| **乳制品加工** | | | | | | |
| 乳制品产量 | 万 t | 62.6 | 76.8 | 81.3 | 62.8 | 60.1 |
| 其中：液态奶产量 | 万 t | 29.5 | 31.6 | 32.8 | 30.9 | 30.6 |
| **乳制品进口** | | | | | | |
| 液态奶 | t | 3 849.8 | 12 088.6 | 24 909.1 | 32 058.0 | 34 418.1 |
| 干乳制品 | t | 394 921.9 | 428 413.8 | 210 701.5 | 177 831.0 | 209 865.3 |
| 其中：奶粉 | t | 273 066.1 | 309 186.9 | 113 308.0 | 87 075.3 | 116 542.8 |
| 乳清 | t | 109 441.0 | 90 403.1 | 75 418.3 | 68 368.1 | 72 194.6 |
| **奶畜进口** | | | | | | |
| 改良种用牛 | 头 | 0 | 824 | 0 | 3 702 | 3 702 |

数据来源：海关总署；国家统计局。

* 本栏表格为根据第三次全国农业普查情况作相应修正。

## 2013—2017年全国各地区奶业概况——河北 *

| 项 目 | 单位 | 2013年 | 2014年 | 2015年 | 2016年 | 2017年 |
|---|---|---|---|---|---|---|
| **地区概况** | | | | | | |
| 人口总数 | 万人 | 7 332.6 | 7 383.8 | 7 424.9 | 7 470.0 | 7 519.5 |
| 其中：城镇常住人口数 | 万人 | 3 528.5 | 3 642.4 | 3 811.2 | 3 983.0 | 4 136.5 |
| 农村常住人口数 | 万人 | 3 804.2 | 3 741.3 | 3 613.7 | 3 487.0 | 3 383.0 |
| 社会消费品零售总额 | 亿元 | 10 516.7 | 11 820.5 | 12 990.7 | 14 364.7 | 15 907.6 |
| 地区生产总值 | 亿元 | 28 301.4 | 29 421.2 | 29 806.1 | 32 070.5 | 34 016.3 |
| **奶畜资源** | | | | | | |
| 奶牛存栏数 | 万头 | 191.2 | 198.1 | 196.3 | 180.6 | 124.6 |
| **原料奶产量** | | | | | | |
| 奶类产量 | 万t | 465.7 | 496.1 | 480.9 | 448.0 | 388.3 |
| 牛奶产量 | 万t | 458.0 | 487.8 | 473.1 | 440.5 | 381.0 |
| **乳制品加工** | | | | | | |
| 乳制品产量 | 万t | 298.1 | 328.9 | 346.0 | 371.3 | 372.9 |
| 其中：液态奶产量 | 万t | 274.4 | 323.1 | 335.4 | 361.2 | 362.0 |
| **乳制品进口** | | | | | | |
| 液态奶 | t | 70.4 | 181.4 | 40.0 | 51.4 | 147.8 |
| 干乳制品 | t | 6 685.2 | 9 016.9 | 4 703.5 | 6 939.1 | 7 595.1 |
| 其中：奶粉 | t | 5 919.4 | 8 427.5 | 3 814.3 | 6 611.9 | 5 036.2 |
| 乳清 | t | 677.8 | 500.4 | 735.6 | 151.5 | 2 376.5 |
| **奶畜进口** | | | | | | |
| 改良种用牛 | 头 | 8 690 | 36 645 | 27 908 | 28 960 | 6 912 |

数据来源：海关总署；国家统计局。

* 本栏表格为根据第三次全国农业普查情况作相应修正。

## 2013—2017 年全国各地区奶业概况——山西 *

| 项 目 | 单位 | 2013 年 | 2014 年 | 2015 年 | 2016 年 | 2017 年 |
|---|---|---|---|---|---|---|
| **地区概况** | | | | | | |
| 人口总数 | 万人 | 3 629.8 | 3 648.0 | 3 664.1 | 3 682.0 | 3 702.0 |
| 其中：城镇常住人口数 | 万人 | 1 907.8 | 1 962.2 | 2 016.4 | 2 069.7 | 2 122.7 |
| 农村常住人口数 | 万人 | 1 722.0 | 1 685.7 | 1 647.8 | 1 612.3 | 1 579.3 |
| 社会消费品零售总额 | 亿元 | 5 139.3 | 5 717.9 | 6 033.7 | 6 480.5 | 6 918.1 |
| 地区生产总值 | 亿元 | 12 602.2 | 12 761.5 | 12 766.5 | 13 050.4 | 15 528.4 |
| **奶畜资源** | | | | | | |
| 奶牛存栏数 | 万头 | 32.1 | 34.7 | 34.6 | 40.7 | 32.9 |
| **原料奶产量** | | | | | | |
| 奶类产量 | 万 t | 87.2 | 97.2 | 92.7 | 95.9 | 78.1 |
| 牛奶产量 | 万 t | 86.2 | 96.2 | 91.9 | 95.1 | 77.4 |
| **乳制品加工** | | | | | | |
| 乳制品产量 | 万 t | 53.4 | 48.1 | 47.9 | 57.4 | 47.2 |
| 其中：液态奶产量 | 万 t | 48.7 | 45.2 | 45.0 | 56.0 | 46.9 |
| **乳制品进口** | | | | | | |
| 液态奶 | t | 0.0 | 0.0 | 0.0 | 0.1 | 0.0 |
| 干乳制品 | t | 0.0 | 0.0 | 0.0 | 0.0 | 0.0 |
| 其中：奶粉 | t | 0.0 | 0.0 | 0.0 | 0.0 | 0.0 |
| 乳清 | t | 0.0 | 0.0 | 0.0 | 0.0 | 0.0 |
| **奶畜进口** | | | | | | |
| 改良种用牛 | 头 | 0 | 16 561 | 10 802 | 2 958 | 2 503 |

数据来源：海关总署；国家统计局。

* 本栏表格为根据第三次全国农业普查情况作相应修正。

## 2013—2017年全国各地区奶业概况——内蒙古*

| 项 目 | 单位 | 2013年 | 2014年 | 2015年 | 2016年 | 2017年 |
|---|---|---|---|---|---|---|
| **地区概况** | | | | | | |
| 人口总数 | 万人 | 2 497.6 | 2 504.8 | 2 511.0 | 2 520.0 | 2 529.0 |
| 其中：城镇常住人口数 | 万人 | 1 466.3 | 1 490.6 | 1 514.2 | 1 542.0 | 1 568.5 |
| 农村常住人口数 | 万人 | 1 031.3 | 1 014.2 | 996.9 | 978.0 | 960.5 |
| 社会消费品零售总额 | 亿元 | 5 114.2 | 5 657.6 | 6 107.7 | 6 700.8 | 7 160.2 |
| 地区生产总值 | 亿元 | 16 832.4 | 17 770.2 | 17 831.5 | 18 128.1 | 16 096.2 |
| **奶畜资源** | | | | | | |
| 奶牛存栏数 | 万头 | 229.2 | 231.2 | 237.2 | 202.3 | 123.4 |
| **原料奶产量** | | | | | | |
| 奶类产量 | 万t | 778.6 | 797.1 | 812.2 | 592.9 | 559.6 |
| 牛奶产量 | 万t | 767.3 | 788.0 | 803.2 | 585.7 | 552.9 |
| **乳制品加工** | | | | | | |
| 乳制品产量 | 万t | 300.9 | 269.8 | 293.6 | 336.5 | 263.4 |
| 其中：液态奶产量 | 万t | 273.0 | 246.5 | 276.4 | 313.8 | 246.8 |
| **乳制品进口** | | | | | | |
| 液态奶 | t | 0.0 | 0.0 | 21.0 | 0.0 | 187.2 |
| 干乳制品 | t | 73 334.5 | 68 440.1 | 50 013.2 | 56 707.6 | 46 187.1 |
| 其中：奶粉 | t | 60 888.3 | 58 536.0 | 42 956.0 | 50 603.5 | 41 896.6 |
| 乳清 | t | 2 730.9 | 6 647.5 | 7 057.2 | 6 002.8 | 4 056.3 |
| **奶畜进口** | | | | | | |
| 改良种用牛 | 头 | 9 495 | 8 151 | 18 086 | 35 869 | 13 600 |

数据来源：海关总署；国家统计局。

*本栏表格为根据第三次全国农业普查情况作相应修正。

## 2013—2017 年全国各地区奶业概况——辽宁 *

| 项 目 | 单位 | 2013 年 | 2014 年 | 2015 年 | 2016 年 | 2017 年 |
|---|---|---|---|---|---|---|
| **地区概况** | | | | | | |
| 人口总数 | 万人 | 4 390.0 | 4 391.0 | 4 382.4 | 4 378.0 | 4 369.0 |
| 其中：城镇常住人口数 | 万人 | 2 917.2 | 2 944.2 | 2 951.5 | 2 949.5 | 2 948.6 |
| 农村常住人口数 | 万人 | 1 472.8 | 1 446.8 | 1 430.9 | 1 428.5 | 1 420.4 |
| 社会消费品零售总额 | 亿元 | 10 581.4 | 11 857.0 | 12 787.2 | 13 414.1 | 13 807.2 |
| 地区生产总值 | 亿元 | 27 077.7 | 28 626.6 | 28 669.0 | 22 246.9 | 23 409.2 |
| **奶畜资源** | | | | | | |
| 奶牛存栏数 | 万头 | 30.5 | 31.6 | 33.6 | 34.8 | 27.5 |
| **原料奶产量** | | | | | | |
| 奶类产量 | 万吨 | 125.7 | 134.5 | 142.6 | 144.2 | 120.7 |
| 牛奶产量 | 万吨 | 120.9 | 131.2 | 140.3 | 143.1 | 119.7 |
| **乳制品加工** | | | | | | |
| 乳制品产量 | 万 t | 96.7 | 87.5 | 92.8 | 85.0 | 75.2 |
| 其中：液态奶产量 | 万 t | 96.6 | 87.4 | 90.7 | 84.0 | 72.3 |
| **乳制品进口** | | | | | | |
| 液态奶 | t | 2 909.1 | 3 586.5 | 6 298.6 | 6 088.1 | 3 743.5 |
| 干乳制品 | t | 54 355.7 | 66 414.5 | 64 866.1 | 69 285.2 | 62 158.4 |
| 其中：奶粉 | t | 5 885.1 | 16 116.4 | 12 685.0 | 8 688.1 | 10 295.0 |
| 乳清 | t | 46 348.9 | 47 786.0 | 49 003.9 | 56 788.3 | 49 565.0 |
| **奶畜进口** | | | | | | |
| 改良种用牛 | 头 | 10 312 | 20 330 | 13 829 | 2 960 | 0 |

数据来源：海关总署；国家统计局。

* 本栏表格为根据第三次全国农业普查情况作相应修正。

## 2013—2017 年全国各地区奶业概况——吉林 *

| 项 目 | 单位 | 2013 年 | 2014 年 | 2015 年 | 2016 年 | 2017 年 |
|---|---|---|---|---|---|---|
| **地区概况** | | | | | | |
| 人口总数 | 万人 | 2 751.3 | 27 52.4 | 2 753.3 | 2 733.0 | 2 717.0 |
| 其中：城镇常住人口数 | 万人 | 1 491.2 | 1 508.6 | 1 522.9 | 1 529.7 | 1 539.2 |
| 农村常住人口数 | 万人 | 1 260.1 | 1 243.8 | 1 230.5 | 1 203.3 | 1 177.8 |
| 社会消费品零售总额 | 亿元 | 5 426.4 | 6 080.9 | 6 651.9 | 7 310.4 | 7 855.8 |
| 地区生产总值 | 亿元 | 12 981.5 | 13 803.1 | 14 063.1 | 14 776.8 | 14 944.5 |
| **奶畜资源** | | | | | | |
| 奶牛存栏数 | 万头 | 23.2 | 24.5 | 26.2 | 25.0 | 14.0 |
| **原料奶产量** | | | | | | |
| 奶类产量 | 万 t | 48.3 | 49.8 | 52.8 | 53.4 | 34.4 |
| 牛奶产量 | 万 t | 47.6 | 49.3 | 52.3 | 52.9 | 34.0 |
| **乳制品加工** | | | | | | |
| 乳制品产量 | 万 t | 16.6 | 15.7 | 17.6 | 16.7 | 16.2 |
| 其中：液态奶产量 | 万 t | 14.1 | 12.9 | 14.4 | 12.4 | 11.5 |
| **乳制品进口** | | | | | | |
| 液态奶 | t | 0.0 | 23.0 | 0.0 | 12.4 | 2.9 |
| 干乳制品 | t | 227.6 | 405.9 | 69.7 | 69.8 | 0.0 |
| 其中：奶粉 | t | 227.6 | 405.6 | 50.4 | 12.5 | 0.0 |
| 乳清 | t | 0.0 | 0.0 | 19.1 | 57.4 | 0.0 |
| **奶畜进口** | | | | | | |
| 改良种用牛 | 头 | 0 | 0 | 0 | 145 | 2 593 |

数据来源：海关总署；国家统计局。

* 本栏表格为根据第三次全国农业普查情况作相应修正。

## 2013—2017 年全国各地区奶业概况——黑龙江 *

| 项 目 | 单位 | 2013 年 | 2014 年 | 2015 年 | 2016 年 | 2017 年 |
|---|---|---|---|---|---|---|
| **地区概况** | | | | | | |
| 人口总数 | 万人 | 3 835.0 | 3 833.0 | 3 811.7 | 3 799.0 | 3 788.7 |
| 其中：城镇常住人口数 | 万人 | 2 201.3 | 2 223.5 | 2 241.3 | 2 249.0 | 2 250.5 |
| 农村常住人口数 | 万人 | 1 633.7 | 1 609.5 | 1 570.4 | 1 550.0 | 1 538.2 |
| 社会消费品零售总额 | 亿元 | 6 251.2 | 7 015.3 | 7 640.2 | 8 402.5 | 9 099.2 |
| 地区生产总值 | 亿元 | 14 382.9 | 15 039.4 | 15 083.7 | 15 386.1 | 15 902.7 |
| **奶畜资源** | | | | | | |
| 奶牛存栏数 | 万头 | 191.7 | 197.2 | 193.4 | 176.8 | 124.1 |
| **原料奶产量** | | | | | | |
| 奶类产量 | 万 t | 522.52 | 560.14 | 574.4 | 548.6 | 468.4 |
| 牛奶产量 | 万 t | 518.23 | 556.58 | 570.5 | 545.9 | 465.2 |
| **乳制品加工** | | | | | | |
| 乳制品产量 | 万 t | 213.74 | 195.38 | 191.4 | 196.1 | 158.6 |
| 其中：液态奶产量 | 万 t | 150.31 | 141.09 | 140.7 | 140.3 | 114.1 |
| **乳制品进口** | | | | | | |
| 液态奶 | t | 6.58 | 0.0 | 13.6 | 48.1 | 0.0 |
| 干乳制品 | t | 13 833.21 | 15 700.77 | 11 010.1 | 13 588.9 | 30 524.1 |
| 其中：奶粉 | t | 3 418.13 | 5 779.55 | 6 164.8 | 9 214.3 | 12 796.0 |
| 乳清 | t | 10 415.08 | 9 921.22 | 4 845.3 | 4 369.8 | 17 726.4 |
| **奶畜进口** | | | | | | |
| 改良种用牛 | 头 | 10 074 | 0 | 21 040 | 10 273 | 13 568 |

数据来源：海关总署；国家统计局。

* 本栏表格为根据第三次全国农业普查情况作相应修正。

## 2013—2017 年全国各地区奶业概况——上海 *

| 项 目 | 单位 | 2013 年 | 2014 年 | 2015 年 | 2016 年 | 2017 年 |
|---|---|---|---|---|---|---|
| **地区概况** | | | | | | |
| 人口总数 | 万人 | 2 415.2 | 2 425.7 | 2 415.3 | 2 420.0 | 2 418.0 |
| 其中：城镇常住人口数 | 万人 | 2 164.0 | 2 173.4 | 2 115.8 | 2 127.2 | 2 120.6 |
| 农村常住人口数 | 万人 | 251.2 | 252.3 | 299.5 | 292.8 | 297.4 |
| 社会消费品零售总额 | 亿元 | 8 052.0 | 9 303.5 | 10 131.5 | 10 946.6 | 11 830.3 |
| 地区生产总值 | 亿元 | 21 602.1 | 23 567.7 | 25 123.5 | 28 178.7 | 30 633.0 |
| **奶畜资源** | | | | | | |
| 奶牛存栏数 | 万头 | 5.8 | 5.8 | 5.8 | 5.1 | 6.5 |
| **原料奶产量** | | | | | | |
| 奶类产量 | 万 t | 26.5 | 27.1 | 27.7 | 26.0 | 36.4 |
| 牛奶产量 | 万 t | 26.5 | 27.1 | 27.7 | 26.0 | 36.4 |
| **乳制品加工** | | | | | | |
| 乳制品产量 | 万 t | 48.9 | 53.7 | 50.0 | 46.5 | 44.6 |
| 其中：液态奶产量 | 万 t | 45.2 | 51.5 | 48.5 | 45.5 | 43.7 |
| **乳制品进口** | | | | | | |
| 液态奶 | t | 122 891.4 | 187 473.1 | 247 525.3 | 289 295.9 | 295 774.5 |
| 干乳制品 | t | 242 290.6 | 242 898.0 | 210 217.1 | 241 686.2 | 285 128.3 |
| 其中：奶粉 | t | 140 803.0 | 136 792.7 | 91 208.0 | 107 549.9 | 143 003.6 |
| 乳清 | t | 65 478.2 | 58 197.6 | 65 964.7 | 73 054.2 | 89 765.6 |
| **奶畜进口** | | | | | | |
| 改良种用牛 | 头 | 0 | 0 | 0 | 0 | 0 |

数据来源：海关总署；国家统计局。

* 本栏表格为根据第三次全国农业普查情况作相应修正。

## 2013—2017年全国各地区奶业概况——江苏*

| 项目 | 单位 | 2013年 | 2014年 | 2015年 | 2016年 | 2017年 |
|---|---|---|---|---|---|---|
| **地区概况** | | | | | | |
| 人口总数 | 万人 | 7 939.5 | 7 960.1 | 7 976.3 | 7 999.0 | 8 029.3 |
| 其中：城镇常住人口数 | 万人 | 5 090.0 | 5 190.8 | 5 305.8 | 5 416.9 | 5 520.9 |
| 农村常住人口数 | 万人 | 2 849.5 | 2 769.3 | 2 670.5 | 2 582.1 | 2 508.4 |
| 社会消费品零售总额 | 亿元 | 20 796.5 | 23 458.1 | 25 876.8 | 28 707.1 | 31 737.4 |
| 地区生产总值 | 亿元 | 59 161.8 | 65 088.3 | 70 116.4 | 77 388.3 | 85 869.8 |
| **奶畜资源** | | | | | | |
| 奶牛存栏数 | 万头 | 20.4 | 20.5 | 20.0 | 19.9 | 13.9 |
| **原料奶产量** | | | | | | |
| 奶类产量 | 万t | 59.9 | 60.7 | 59.6 | 59.0 | 49.0 |
| 牛奶产量 | 万t | 59.9 | 60.7 | 59.6 | 59.0 | 49.0 |
| **乳制品加工** | | | | | | |
| 乳制品产量 | 万t | 141.6 | 141.9 | 154.4 | 160.2 | 161.2 |
| 其中：液态奶产量 | 万t | 122.4 | 128.3 | 141.3 | 148.5 | 145.4 |
| **乳制品进口** | | | | | | |
| 液态奶 | t | 958.7 | 4 568.6 | 10 759.9 | 29 880.5 | 13 366.7 |
| 干乳制品 | t | 32 767.7 | 35 248.4 | 29 834.9 | 37 276.7 | 45 241.6 |
| 其中：奶粉 | t | 23 373.5 | 28 373.5 | 23 400.4 | 27 845.9 | 34 976.3 |
| 乳清 | t | 8 143.8 | 5 366.3 | 5 455.5 | 8 053.6 | 8 882.1 |
| **奶畜进口** | | | | | | |
| 改良种用牛 | 头 | 13 720 | 15 205 | 9 899 | 600 | 4 000 |

数据来源：海关总署；国家统计局。

*本栏表格为根据第三次全国农业普查情况作相应修正。

## 2013—2017年全国各地区奶业概况——浙江*

| 项 目 | 单位 | 2013年 | 2014年 | 2015年 | 2016年 | 2017年 |
|---|---|---|---|---|---|---|
| **地区概况** | | | | | | |
| 人口总数 | 万人 | 5 498.00 | 5 508.00 | 5 539.0 | 5 590.0 | 5 657.0 |
| 其中：城镇常住人口数 | 万人 | 3 518.72 | 3 573.04 | 3 644.7 | 3 745.3 | 3 846.8 |
| 农村常住人口数 | 万人 | 1 979.28 | 1 934.96 | 1 894.3 | 1 844.7 | 1 810.2 |
| 社会消费品零售总额 | 亿元 | 15 225.54 | 17 835.34 | 19 784.7 | 21 970.8 | 24 308.5 |
| 地区生产总值 | 亿元 | 37 568.49 | 40 173.03 | 42 886.5 | 47 251.4 | 51 768.3 |
| **奶畜资源** | | | | | | |
| 奶牛存栏数 | 万头 | 5.2 | 4.6 | 4.4 | 3.9 | 3.3 |
| **原料奶产量** | | | | | | |
| 奶类产量 | 万t | 18.21 | 15.90 | 16.5 | 15.3 | 14.3 |
| 牛奶产量 | 万t | 18.21 | 15.90 | 16.5 | 15.3 | 14.3 |
| **乳制品加工** | | | | | | |
| 乳制品产量 | 万t | 50.03 | 49.74 | 49.8 | 62.5 | 69.6 |
| 其中：液态奶产量 | 万t | 37.56 | 41.44 | 43.1 | 56.7 | 63.9 |
| **乳制品进口** | | | | | | |
| 液态奶 | t | 4 102.74 | 12 457.32 | 18 240.2 | 33 528.4 | 29 222.9 |
| 干乳制品 | t | 136 324.98 | 138 961.62 | 80 934.8 | 119 220.8 | 117 463.3 |
| 其中：奶粉 | t | 114 328.61 | 119 794.14 | 63 071.6 | 100 647.8 | 101 148.9 |
| 乳清 | t | 18 216.68 | 15 168.50 | 13 100.3 | 11 655.3 | 12 367.2 |
| **奶畜进口** | | | | | | |
| 改良种用牛 | 头 | 0 | 400 | 0 | 0 | 295 |

数据来源：海关总署；国家统计局。

*本栏表格为根据第三次全国农业普查情况作相应修正。

## 2013—2017年全国各地区奶业概况——安徽*

| 项 目 | 单位 | 2013年 | 2014年 | 2015年 | 2016年 | 2017年 |
|---|---|---|---|---|---|---|
| **地区概况** | | | | | | |
| 人口总数 | 万人 | 6 029.8 | 6 082.9 | 6 143.6 | 6 196.0 | 6 255.0 |
| 其中：城镇常住人口数 | 万人 | 2 885.9 | 2 989.7 | 3 102.5 | 3 221.3 | 3 345.8 |
| 农村常住人口数 | 万人 | 3 143.9 | 3 093.2 | 3 041.1 | 2 974.7 | 2 909.2 |
| 社会消费品零售总额 | 亿元 | 6 542.4 | 7 957.0 | 8 908.0 | 10 000.2 | 11 192.6 |
| 地区生产总值 | 亿元 | 19 038.9 | 20 848.7 | 22 005.6 | 24 407.6 | 27 018.0 |
| **奶畜资源** | | | | | | |
| 奶牛存栏数 | 万头 | 11.1 | 11.7 | 13.0 | 13.2 | 12.9 |
| **原料奶产量** | | | | | | |
| 奶类产量 | 万t | 25.3 | 27.9 | 30.6 | 32.7 | 29.8 |
| 牛奶产量 | 万t | 25.3 | 27.9 | 30.6 | 32.7 | 29.8 |
| **乳制品加工** | | | | | | |
| 乳制品产量 | 万t | 94.1 | 108.2 | 94.4 | 106.2 | 105.1 |
| 其中：液态奶产量 | 万t | 90.0 | 103.3 | 88.1 | 101.2 | 98.3 |
| **乳制品进口** | | | | | | |
| 液态奶 | t | 47.0 | 1 733.1 | 6 510.1 | 3 242.7 | 65.1 |
| 干乳制品 | t | 8 862.5 | 11 935.2 | 17 759.0 | 20 543.6 | 32 019.2 |
| 其中：奶粉 | t | 3 940.4 | 5 544.4 | 10 323.0 | 9 177.0 | 12 265.4 |
| 乳清 | t | 4 812.1 | 5 981.8 | 7 370.0 | 11 228.9 | 19 382.0 |
| **奶畜进口** | | | | | | |
| 改良种用牛 | 头 | 0 | 6 252 | 0 | 917 | 0 |

数据来源：海关总署；国家统计局。

*本栏表格为根据第三次全国农业普查情况作相应修正。

## 2013—2017 年全国各地区奶业概况——福建 *

| 项 目 | 单位 | 2013 年 | 2014 年 | 2015 年 | 2016 年 | 2017 年 |
|---|---|---|---|---|---|---|
| **地区概况** | | | | | | |
| 人口总数 | 万人 | 3 774.0 | 3 806.0 | 3 839.0 | 3 874.0 | 3 911.0 |
| 其中：城镇常住人口数 | 万人 | 2 293.5 | 2 352.1 | 2 403.2 | 2 463.9 | 2 534.3 |
| 农村常住人口数 | 万人 | 1 480.5 | 1 453.9 | 1 435.8 | 1 410.1 | 1 376.7 |
| 社会消费品零售总额 | 亿元 | 8 275.3 | 9 346.7 | 10 505.9 | 11 674.5 | 13 013.0 |
| 地区生产总值 | 亿元 | 21 759.6 | 24 055.8 | 25 979.8 | 28 810.6 | 32 182.1 |
| **奶畜资源** | | | | | | |
| 奶牛存栏数 | 万头 | 5.0 | 5.1 | 5.0 | 5.0 | 3.9 |
| **原料奶产量** | | | | | | |
| 奶类产量 | 万 t | 15.3 | 15.4 | 15.4 | 15.9 | 13.5 |
| 牛奶产量 | 万 t | 14.9 | 15.0 | 15.0 | 15.4 | 13.1 |
| **乳制品加工** | | | | | | |
| 乳制品产量 | 万 t | 26.4 | 20.4 | 16.3 | 19.1 | 17.6 |
| 其中：液态奶产量 | 万 t | 21.8 | 15.9 | 10.1 | 12.4 | 12.7 |
| **乳制品进口** | | | | | | |
| 液态奶 | t | 1 025.5 | 2 092.0 | 4 332.9 | 8 426.0 | 47 337.6 |
| 干乳制品 | t | 44 371.2 | 40 543.6 | 49 661.9 | 65 115.9 | 93 378.8 |
| 其中：奶粉 | t | 10 538.3 | 11 183.4 | 13 414.1 | 14 771.5 | 14 134.6 |
| 乳清 | t | 31 076.2 | 25 227.1 | 31 674.2 | 38 671.8 | 39 527.5 |
| **奶畜进口** | | | | | | |
| 改良种用牛 | 头 | 2 931 | 0 | 0 | 0 | 2 743 |

数据来源：海关总署；国家统计局。

* 本栏表格为根据第三次全国农业普查情况作相应修正。

## 2013—2017年全国各地区奶业概况——江西*

| 项 目 | 单位 | 2013年 | 2014年 | 2015年 | 2016年 | 2017年 |
|---|---|---|---|---|---|---|
| **地区概况** | | | | | | |
| 人口总数 | 万人 | 4 522.2 | 4 542.2 | 4 565.6 | 4 592.0 | 4 622.0 |
| 其中：城镇常住人口数 | 万人 | 2 210.0 | 2 281.1 | 2 356.8 | 2 438.4 | 2 523.6 |
| 农村常住人口数 | 万人 | 2 312.2 | 2 261.1 | 2 208.9 | 2 153.6 | 2 098.4 |
| 社会消费品零售总额 | 亿元 | 4 576.1 | 5 292.6 | 5 925.5 | 6 634.6 | 7 448.1 |
| 地区生产总值 | 亿元 | 14 338.5 | 15 714.6 | 16 723.8 | 18 499.0 | 20 006.3 |
| **奶畜资源** | | | | | | |
| 奶牛存栏数 | 万头 | 7.5 | 7.1 | 7.2 | 6.9 | 3.2 |
| **原料奶产量** | | | | | | |
| 奶类产量 | 万t | 12.2 | 12.9 | 13.0 | 13.5 | 9.5 |
| 牛奶产量 | 万t | 12.2 | 12.9 | 13.0 | 13.5 | 9.5 |
| **乳制品加工** | | | | | | |
| 乳制品产量 | 万t | 32.1 | 33.2 | 33.2 | 20.7 | 23.6 |
| 其中：液态奶产量 | 万t | 27.4 | 29.2 | 29.7 | 16.6 | 18.8 |
| **乳制品进口** | | | | | | |
| 液态奶 | t | 0.0 | 0.0 | 0.0 | 24.4 | 0.0 |
| 干乳制品 | t | 1 325.7 | 889.8 | 1 414.1 | 1 714.5 | 1 820.6 |
| 其中：奶粉 | t | 1 025.9 | 889.8 | 1 414.1 | 1 454.8 | 1 352.6 |
| 乳清 | t | 299.8 | 0.0 | 0.0 | 259.8 | 468.0 |
| **奶畜进口** | | | | | | |
| 改良种用牛 | 头 | 0 | 0 | 0 | 0 | 0 |

数据来源：海关总署；国家统计局。

*本栏表格为根据第三次全国农业普查情况作相应修正。

## 2013—2017年全国各地区奶业概况——山东*

| 项 目 | 单位 | 2013年 | 2014年 | 2015年 | 2016年 | 2017年 |
|---|---|---|---|---|---|---|
| **地区概况** | | | | | | |
| 人口总数 | 万人 | 9 733.4 | 9 789.4 | 9 847.2 | 9 947.0 | 10 005.8 |
| 其中：城镇常住人口数 | 万人 | 5 231.7 | 5 385.2 | 5 613.9 | 5 870.7 | 6 061.5 |
| 农村常住人口数 | 万人 | 4 501.7 | 4 404.3 | 4 233.3 | 4 076.3 | 3 944.3 |
| 社会消费品零售总额 | 亿元 | 22 294.8 | 25 111.5 | 27 761.4 | 30 645.8 | 33 649.0 |
| 地区生产总值 | 亿元 | 54 684.3 | 59 426.6 | 63 002.3 | 68 024.5 | 72 634.1 |
| **奶畜资源** | | | | | | |
| 奶牛存栏数 | 万头 | 125.0 | 139.7 | 133.4 | 129.3 | 93.1 |
| **原料奶产量** | | | | | | |
| 奶类产量 | 万t | 281.2 | 289.6 | 284.9 | 276.8 | 231.3 |
| 牛奶产量 | 万t | 271.4 | 279.6 | 275.4 | 268.4 | 223.5 |
| **乳制品加工** | | | | | | |
| 乳制品产量 | 万t | 274.7 | 212.8 | 250.9 | 259.9 | 251.1 |
| 其中：液态奶产量 | 万t | 231.6 | 203.0 | 242.2 | 243.6 | 243.3 |
| **乳制品进口** | | | | | | |
| 液态奶 | t | 6 916.9 | 11 000.1 | 11 706.3 | 50 709.3 | 37 771.5 |
| 干乳制品 | t | 46 771.4 | 60 327.1 | 61 123.5 | 50 592.8 | 70 257.3 |
| 其中：奶粉 | t | 21 974.6 | 27 798.2 | 32 675.6 | 20 557.3 | 32 006.2 |
| 乳清 | t | 19 746.5 | 24 724.1 | 20 780.8 | 20 184.4 | 24 133.9 |
| **奶畜进口** | | | | | | |
| 改良种用牛 | 头 | 12 105 | 19 114 | 14 981 | 11 200 | 6 696 |

数据来源：海关总署；国家统计局。

*本栏表格为根据第三次全国农业普查情况作相应修正。

## 2013—2017 年全国各地区奶业概况——河南 *

| 项　目 | 单位 | 2013 年 | 2014 年 | 2015 年 | 2016 年 | 2017 年 |
|---|---|---|---|---|---|---|
| **地区概况** | | | | | | |
| 人口总数 | 万人 | 9 413.4 | 9 436.0 | 9 480.0 | 9 532.0 | 9 559.1 |
| 其中：城镇常住人口数 | 万人 | 4 123.0 | 4 265.1 | 4 441.4 | 4 623.0 | 4 794.9 |
| 农村常住人口数 | 万人 | 5 290.3 | 5 170.9 | 5 038.6 | 4 909.0 | 4 764.3 |
| 社会消费品零售总额 | 亿元 | 12 426.6 | 14 005.0 | 15 740.4 | 17 618.4 | 19 666.8 |
| 地区生产总值 | 亿元 | 32 155.9 | 34 938.2 | 37 002.2 | 40 471.8 | 44 552.8 |
| **奶畜资源** | | | | | | |
| 奶牛存栏数 | 万头 | 100.7 | 103.2 | 107.8 | 99.0 | 33.7 |
| **原料奶产量** | | | | | | |
| 奶类产量 | 万 t | 328.8 | 342.4 | 352.3 | 336.6 | 212.9 |
| 牛奶产量 | 万 t | 316.4 | 332.0 | 342.2 | 326.8 | 202.9 |
| **乳制品加工** | | | | | | |
| 乳制品产量 | 万 t | 193.1 | 220.8 | 236.9 | 306.5 | 351.4 |
| 其中：液态奶产量 | 万 t | 188.6 | 220.2 | 236.3 | 305.9 | 350.7 |
| **乳制品进口** | | | | | | |
| 液态奶 | t | 181.4 | 331.2 | 1 337.2 | 984.9 | 1 671.0 |
| 干乳制品 | t | 274.4 | 90.2 | 827.7 | 2 720.4 | 1 245.1 |
| 其中：奶粉 | t | 250.0 | 4.5 | 501.6 | 553.7 | 1 177.1 |
| 乳清 | t | 0.0 | 5.1 | 186.2 | 2 093.4 | 3.1 |
| **奶畜进口** | | | | | | |
| 改良种用牛 | 头 | 871 | 511 | 6 933 | 335 | 1 299 |

数据来源：海关总署；国家统计局。

* 本栏表格为根据第三次全国农业普查情况作相应修正。

## 2013—2017年全国各地区奶业概况——湖北*

| 项 目 | 单位 | 2013年 | 2014年 | 2015年 | 2016年 | 2017年 |
|---|---|---|---|---|---|---|
| **地区概况** | | | | | | |
| 人口总数 | 万人 | 5 799.0 | 5 816.0 | 5 851.5 | 5 885.0 | 5 902.0 |
| 其中：城镇常住人口数 | 万人 | 3 161.0 | 3 237.8 | 3 326.6 | 3 419.2 | 3 499.9 |
| 农村常住人口数 | 万人 | 2 638.0 | 2 578.2 | 2 524.9 | 2 465.8 | 2 402.1 |
| 社会消费品零售总额 | 亿元 | 10 885.9 | 12 449.3 | 14 003.2 | 15 649.2 | 17 394.1 |
| 地区生产总值 | 亿元 | 24 668.5 | 27 379.2 | 29 550.2 | 32 665.4 | 35 478.1 |
| **奶畜资源** | | | | | | |
| 奶牛存栏数 | 万头 | 6.3 | 6.5 | 6.9 | 6.8 | 4.5 |
| **原料奶产量** | | | | | | |
| 奶类产量 | 万t | 15.8 | 16.4 | 16.9 | 16.9 | 12.8 |
| 牛奶产量 | 万t | 15.4 | 16.1 | 16.9 | 16.9 | 12.8 |
| **乳制品加工** | | | | | | |
| 乳制品产量 | 万t | 77.8 | 87.1 | 102.6 | 114.0 | 109.4 |
| 其中：液态奶产量 | 万t | 75.4 | 86.0 | 99.6 | 112.5 | 108.2 |
| **乳制品进口** | | | | | | |
| 液态奶 | t | 392.2 | 816.9 | 46.0 | 1 172.6 | 3 108.1 |
| 干乳制品 | t | 2 794.7 | 4 623.8 | 972.2 | 295.0 | 619.5 |
| 其中：奶粉 | t | 2 385.8 | 3 151.9 | 308.1 | 0.0 | 0.0 |
| 乳清 | t | 375.0 | 1 080.0 | 495.0 | 0.0 | 0.0 |
| **奶畜进口** | | | | | | |
| 改良种用牛 | 头 | 1 200 | 20 | 1 551 | 755 | 0 |

数据来源：海关总署；国家统计局。

*本栏表格为根据第三次全国农业普查情况作相应修正。

## 2013—2017 年全国各地区奶业概况——湖南 *

| 项 目 | 单位 | 2013 年 | 2014 年 | 2015 年 | 2016 年 | 2017 年 |
|---|---|---|---|---|---|---|
| **地区概况** | | | | | | |
| 人口总数 | 万人 | 6 690.6 | 6 737.2 | 6 783.0 | 6 822.0 | 6 860.2 |
| 其中：城镇常住人口数 | 万人 | 3 208.8 | 3 320.1 | 3 451.9 | 3 598.6 | 3 747.0 |
| 农村常住人口数 | 万人 | 3 481.8 | 3 417.1 | 3 331.1 | 3 223.4 | 3 113.1 |
| 社会消费品零售总额 | 亿元 | 9 018.6 | 10 723.5 | 12 024.0 | 13 436.5 | 14 854.9 |
| 地区生产总值 | 亿元 | 24 501.7 | 27 037.3 | 28 902.2 | 31 551.4 | 33 903.0 |
| **奶畜资源** | | | | | | |
| 奶牛存栏数 | 万头 | 14.4 | 14.8 | 15.5 | 14.3 | 5.7 |
| **原料奶产量** | | | | | | |
| 奶类产量 | 万 t | 8.9 | 9.3 | 9.7 | 10.1 | 6.1 |
| 牛奶产量 | 万 t | 8.9 | 9.3 | 9.7 | 10.1 | 6.1 |
| **乳制品加工** | | | | | | |
| 乳制品产量 | 万 t | 38.4 | 36.4 | 29.5 | 28.1 | 28.2 |
| 其中：液态奶产量 | 万 t | 20.9 | 31.8 | 24.4 | 22.1 | 22.7 |
| **乳制品进口** | | | | | | |
| 液态奶 | t | 0.0 | 162.0 | 354.4 | 672.6 | 324.9 |
| 干乳制品 | t | 4 482.8 | 3 243.7 | 9 862.6 | 17 843.7 | 15 716.8 |
| 其中：奶粉 | t | 3 282.9 | 908.3 | 5 959.0 | 5 615.6 | 7 169.9 |
| 乳清 | t | 1 199.9 | 2 302.0 | 3 607.9 | 11 645.5 | 8 531.4 |
| **奶畜进口** | | | | | | |
| 改良种用牛 | 头 | 0 | 0 | 0 | 4 | 0 |

数据来源：海关总署；国家统计局。

* 本栏表格为根据第三次全国农业普查情况作相应修正。

## 2013—2017 年全国各地区奶业概况——广东 *

| 项 目 | 单位 | 2013 年 | 2014 年 | 2015 年 | 2016 年 | 2017 年 |
|---|---|---|---|---|---|---|
| **地区概况** | | | | | | |
| 人口总数 | 万人 | 10 644.0 | 10 724.0 | 10 849.0 | 10 999.0 | 11 169.0 |
| 其中：城镇常住人口数 | 万人 | 7 212.4 | 7 292.3 | 7 454.3 | 7 611.3 | 7 801.5 |
| 农村常住人口数 | 万人 | 3 431.6 | 3 431.7 | 3 394.7 | 3 387.7 | 3 367.5 |
| 社会消费品零售总额 | 亿元 | 25 | 28 471.1 | 31 517.6 | 34 739.1 | 38 200.1 |
| 地区生产总值 | 亿元 | 62 164.0 | 67 809.9 | 72 812.6 | 80 854.9 | 89 705.2 |
| **奶畜资源** | | | | | | |
| 奶牛存栏数 | 万头 | 5.8 | 5.4 | 5.3 | 5.4 | 6.0 |
| **原料奶产量** | | | | | | |
| 奶类产量 | 万 t | 14.1 | 13.8 | 12.9 | 13.0 | 13.9 |
| 牛奶产量 | 万 t | 13.8 | 13.5 | 12.9 | 12.9 | 13.9 |
| **乳制品加工** | | | | | | |
| 乳制品产量 | 万 t | 88.8 | 57.0 | 66.4 | 69.1 | 77.3 |
| 其中：液态奶产量 | 万 t | 56.5 | 39.4 | 45.7 | 49.2 | 59.4 |
| **乳制品进口** | | | | | | |
| 液态奶 | t | 18 051.7 | 38 595.3 | 59 423.2 | 109 724.9 | 138 620.4 |
| 干乳制品 | t | 218 337.5 | 244 755.0 | 205 501.8 | 249 535.3 | 265 390.3 |
| 其中：奶粉 | t | 147 824.0 | 165 869.8 | 102 231.4 | 108 433.3 | 117 013.3 |
| 乳清 | t | 45 081.1 | 44 280.5 | 65 259.7 | 87 995.8 | 83 213.1 |
| **奶畜进口** | | | | | | |
| 改良种用牛 | 头 | 500 | 1 972 | 3 016 | 765 | 465 |

数据来源：海关总署；国家统计局。

* 本栏表格为根据第三次全国农业普查情况作相应修正。

## 2013—2017 年全国各地区奶业概况——广西 *

| 项 目 | 单位 | 2013 年 | 2014 年 | 2015 年 | 2016 年 | 2017 年 |
|---|---|---|---|---|---|---|
| **地区概况** | | | | | | |
| 人口总数 | 万人 | 4 719.0 | 4 754.0 | 4 796.0 | 4 838.0 | 4 885.0 |
| 其中：城镇常住人口数 | 万人 | 2 114.6 | 2 187.3 | 2 257.0 | 2 326.1 | 2 403.9 |
| 农村常住人口数 | 万人 | 2 604.4 | 2 566.7 | 2 539.0 | 2 511.9 | 2 481.1 |
| 社会消费品零售总额 | 亿元 | 5 133.1 | 5 772.8 | 6 348.1 | 7 027.3 | 7 813.0 |
| 地区生产总值 | 亿元 | 14 378.0 | 15 672.9 | 16 803.1 | 18 317.6 | 18 523.3 |
| **奶畜资源** | | | | | | |
| 奶牛存栏数 | 万头 | 4.7 | 4.8 | 5.2 | 5.0 | 5.0 |
| **原料奶产量** | | | | | | |
| 奶类产量 | 万 t | 9.6 | 9.7 | 10.1 | 9.7 | 8.1 |
| 牛奶产量 | 万 t | 9.6 | 9.7 | 10.1 | 9.7 | 8.1 |
| **乳制品加工** | | | | | | |
| 乳制品产量 | 万 t | 27.1 | 37.6 | 37.7 | 43.4 | 45.9 |
| 其中：液态奶产量 | 万 t | 20.8 | 37.3 | 37.6 | 43.3 | 45.5 |
| **乳制品进口** | | | | | | |
| 液态奶 | t | 0.0 | 0.0 | 2.6 | 0.0 | 43.4 |
| 干乳制品 | t | 0.0 | 0.0 | 200.0 | 103.6 | 0.0 |
| 其中：奶粉 | t | 0.0 | 0.0 | 200.0 | 8.6 | 0.0 |
| 乳清 | t | 0.0 | 0.0 | 0.0 | 95.0 | 0.0 |
| **奶畜进口** | | | | | | |
| 改良种用牛 | 头 | 96 | 0 | 1 585 | 69 | 0 |

数据来源：海关总署；国家统计局。

* 本栏表格为根据第三次全国农业普查情况作相应修正。

## 2013—2017 年全国各地区奶业概况——海南 *

| 项 目 | 单位 | 2013 年 | 2014 年 | 2015 年 | 2016 年 | 2017 年 |
|---|---|---|---|---|---|---|
| **地区概况** | | | | | | |
| 人口总数 | 万人 | 895.3 | 903.5 | 910.8 | 917.0 | 926.0 |
| 其中：城镇常住人口数 | 万人 | 472.2 | 485.7 | 502.0 | 520.7 | 537.5 |
| 农村常住人口数 | 万人 | 423.1 | 417.8 | 408.8 | 396.3 | 388.5 |
| 社会消费品零售总额 | 亿元 | 992.9 | 1 224.5 | 1 325.1 | 1 453.7 | 1 618.8 |
| 地区生产总值 | 亿元 | 3 146.5 | 3 500.7 | 3 702.8 | 4 053.2 | 4 462.5 |
| **奶畜资源** | | | | | | |
| 奶牛存栏数 | 万头 | 0.1 | 0.1 | 0.1 | 0.1 | 0.1 |
| **原料奶产量** | | | | | | |
| 奶类产量 | 万 t | 0.2 | 0.2 | 0.2 | 0.2 | 0.5 |
| 牛奶产量 | 万 t | 0.2 | 0.2 | 0.2 | 0.2 | 0.5 |
| **乳制品加工** | | | | | | |
| 乳制品产量 | 万 t | 0.5 | 0.5 | 0.5 | 0.4 | 0.3 |
| 其中：液态奶产量 | 万 t | 0.5 | 0.5 | 0.4 | 0.3 | 0.3 |
| **乳制品进口** | | | | | | |
| 液态奶 | t | 0.0 | 0.0 | 0.0 | 0.0 | 0.0 |
| 干乳制品 | t | 21.2 | 25.8 | 76.0 | 241.2 | 278.2 |
| 其中：奶粉 | t | 21.2 | 25.8 | 76.0 | 204.0 | 132.5 |
| 乳清 | t | 0.0 | 0.0 | 0.0 | 0.0 | 0.0 |
| **奶畜进口** | | | | | | |
| 改良种用牛 | 头 | 0 | 0 | 0 | 0 | 0 |

数据来源：海关总署；国家统计局。

* 本栏表格为根据第三次全国农业普查情况作相应修正。

## 2013—2017 年全国各地区奶业概况——重庆 *

| 项 目 | 单位 | 2013 年 | 2014 年 | 2015 年 | 2016 年 | 2017 年 |
|---|---|---|---|---|---|---|
| **地区概况** | | | | | | |
| 人口总数 | 万人 | 2 970.0 | 2 991.4 | 3 016.6 | 3 048.0 | 3 075.2 |
| 其中：城镇常住人口数 | 万人 | 1 732.7 | 1 782.9 | 1 838.3 | 1 908.0 | 1 970.6 |
| 农村常住人口数 | 万人 | 1 237.3 | 1 208.5 | 1 178.3 | 1 140.0 | 1 104.6 |
| 社会消费品零售总额 | 亿元 | 4 599.8 | 5 710.7 | 6 424.0 | 7 271.4 | 8 067.7 |
| 地区生产总值 | 亿元 | 12 656.7 | 14 262.6 | 15 717.3 | 17 740.6 | 19 424.7 |
| **奶畜资源** | | | | | | |
| 奶牛存栏数 | 万头 | 2.0 | 1.9 | 1.8 | 1.7 | 1.5 |
| **原料奶产量** | | | | | | |
| 奶类产量 | 万 t | 6.8 | 5.7 | 5.4 | 5.5 | 5.1 |
| 牛奶产量 | 万 t | 6.8 | 5.7 | 5.4 | 5.5 | 5.1 |
| **乳制品加工** | | | | | | |
| 乳制品产量 | 万 t | 13.7 | 14.8 | 20.5 | 24.7 | 22.9 |
| 其中：液态奶产量 | 万 t | 13.7 | 14.8 | 19.5 | 24.7 | 22.9 |
| **乳制品进口** | | | | | | |
| 液态奶 | t | 68.3 | 1.5 | 812.9 | 934.1 | 1 323.3 |
| 干乳制品 | t | 0.0 | 261.5 | 2 493.5 | 999.4 | 335.2 |
| 其中：奶粉 | t | 0.0 | 1.4 | 1 251.6 | 37.2 | 332.7 |
| 乳清 | t | 0.0 | 260.1 | 1 241.7 | 962.1 | 0.4 |
| **奶畜进口** | | | | | | |
| 改良种用牛 | 头 | 0 | 0 | 0 | 0 | 0 |

数据来源：海关总署；国家统计局。

* 本栏表格为根据第三次全国农业普查情况作相应修正。

## 2013—2017 年全国各地区奶业概况——四川 *

| 项 目 | 单位 | 2013 年 | 2014 年 | 2015 年 | 2016 年 | 2017 年 |
|---|---|---|---|---|---|---|
| **地区概况** | | | | | | |
| 人口总数 | 万人 | 8 107.0 | 8 140.2 | 8 204.0 | 8 262.0 | 8 302.0 |
| 其中：城镇常住人口数 | 万人 | 3 640.0 | 3 768.9 | 3 912.5 | 4 065.7 | 4 216.6 |
| 农村常住人口数 | 万人 | 4 467.0 | 4 371.3 | 4 291.5 | 4 196.3 | 4 085.4 |
| 社会消费品零售总额 | 亿元 | 10 561.4 | 12 393.0 | 13 877.7 | 15 601.9 | 17 480.5 |
| 地区生产总值 | 亿元 | 26 260.8 | 28 536.7 | 30 053.1 | 32 934.5 | 36 980.2 |
| **奶畜资源** | | | | | | |
| 奶牛存栏数 | 万头 | 19.4 | 19.3 | 17.8 | 17.6 | 79.0 |
| **原料奶产量** | | | | | | |
| 奶类产量 | 万 t | 71.1 | 71.3 | 67.5 | 62.8 | 63.8 |
| 牛奶产量 | 万 t | 70.6 | 70.8 | 67.5 | 62.8 | 63.7 |
| **乳制品加工** | | | | | | |
| 乳制品产量 | 万 t | 94.9 | 102.7 | 104.9 | 123.4 | 146.2 |
| 其中：液态奶产量 | 万 t | 81.9 | 95.1 | 95.5 | 109.7 | 128.0 |
| **乳制品进口** | | | | | | |
| 液态奶 | t | 0.0 | 213.8 | 1 848.4 | 749.1 | 281.7 |
| 干乳制品 | t | 3 700.6 | 1 255.4 | 4 058.1 | 18 919.4 | 17 808.5 |
| 其中：奶粉 | t | 615.7 | 55.5 | 1 378.7 | 13 691.4 | 14 534.7 |
| 乳清 | t | 3 084.9 | 1 199.9 | 2 679.4 | 2 759.9 | 2 953.4 |
| **奶畜进口** | | | | | | |
| 改良种用牛 | 头 | 0 | 1 900 | 0 | 808 | 0 |

数据来源：海关总署；国家统计局。

* 本栏表格为根据第三次全国农业普查情况作相应修正。

## 2013—2017 年全国各地区奶业概况——贵州 *

| 项 目 | 单位 | 2013 年 | 2014 年 | 2015 年 | 2016 年 | 2017 年 |
|---|---|---|---|---|---|---|
| 地区概况 | | | | | | |
| 人口总数 | 万人 | 3 502.2 | 3 508.0 | 3 529.5 | 3 555.0 | 3 580.0 |
| 其中：城镇常住人口数 | 万人 | 1 324.9 | 1 403.6 | 1 482.7 | 1 569.5 | 1 647.5 |
| 农村常住人口数 | 万人 | 2 177.3 | 2 104.5 | 2 046.8 | 1 985.5 | 1 932.5 |
| 社会消费品零售总额 | 亿元 | 2 366.2 | 2 936.9 | 3 283.0 | 3 709.0 | 4 154.0 |
| 地区生产总值 | 亿元 | 8 006.8 | 9 266.4 | 10 502.6 | 11 776.7 | 13 540.8 |
| 奶畜资源 | | | | | | |
| 奶牛存栏数 | 万头 | 4.0 | 5.6 | 6.1 | 5.7 | 5.9 |
| 原料奶产量 | | | | | | |
| 奶类产量 | 万 t | 5.5 | 5.7 | 6.2 | 6.4 | 4.4 |
| 牛奶产量 | 万 t | 5.5 | 5.7 | 6.2 | 6.4 | 4.4 |
| 乳制品加工 | | | | | | |
| 乳制品产量 | 万 t | 6.7 | 7.9 | 8.2 | 10.6 | 11.1 |
| 其中：液态奶产量 | 万 t | 6.7 | 7.9 | 8.2 | 10.6 | 11.1 |
| 乳制品进口 | | | | | | |
| 液态奶 | t | 0.0 | 0.0 | 0.0 | 102.3 | 76.8 |
| 干乳制品 | t | 0.0 | 0.0 | 0.0 | 1 275.4 | 2 056.0 |
| 其中：奶粉 | t | 0.0 | 0.0 | 0.0 | 700.3 | 1 345.5 |
| 乳清 | t | 0.0 | 0.0 | 0.0 | 88.3 | 113.5 |
| 奶畜进口 | | | | | | |
| 改良种用牛 | 头 | 0 | 0 | 712 | 4 000 | 0 |

数据来源：海关总署；国家统计局。

* 本栏表格为根据第三次全国农业普查情况作相应修正。

## 2013—2017 年全国各地区奶业概况——云南 *

| 项 目 | 单位 | 2013 年 | 2014 年 | 2015 年 | 2016 年 | 2017 年 |
|---|---|---|---|---|---|---|
| **地区概况** | | | | | | |
| 人口总数 | 万人 | 4 686.6 | 4 713.9 | 4 741.8 | 4 771.0 | 4 800.5 |
| 其中：城镇常住人口数 | 万人 | 1 897.1 | 1 967.1 | 2 054.6 | 2 148.4 | 2 241.4 |
| 农村常住人口数 | 万人 | 2 789.5 | 2 746.8 | 2 687.2 | 2 622.6 | 2 559.1 |
| 社会消费品零售总额 | 亿元 | 4 004.6 | 4 632.9 | 5 103.2 | 5 722.9 | 6 423.1 |
| 地区生产总值 | 亿元 | 11 720.9 | 12 814.6 | 13 619.2 | 14 788.4 | 16 376.3 |
| **奶畜资源** | | | | | | |
| 奶牛存栏数 | 万头 | 15.1 | 17.3 | 17.1 | 17.7 | 16.1 |
| **原料奶产量** | | | | | | |
| 奶类产量 | 万 t | 59.3 | 64.6 | 62.5 | 64.1 | 64.5 |
| 牛奶产量 | 万 t | 54.5 | 58.2 | 55.0 | 56.9 | 56.8 |
| **乳制品加工** | | | | | | |
| 乳制品产量 | 万 t | 50.5 | 52.7 | 57.5 | 66.4 | 63.2 |
| 其中：液态奶产量 | 万 t | 49.5 | 52.1 | 56.8 | 65.8 | 62.8 |
| **乳制品进口** | | | | | | |
| 液态奶 | t | 0.0 | 0.0 | 0.0 | 0.0 | 0.0 |
| 干乳制品 | t | 6 410.5 | 3 977.4 | 0.0 | 0.0 | 0.0 |
| 其中：奶粉 | t | 0.0 | 0.0 | 0.0 | 0.0 | 0.0 |
| 乳清 | t | 6 410.5 | 3 977.4 | 0.0 | 0.0 | 0.0 |
| **奶畜进口** | | | | | | |
| 改良种用牛 | 头 | 0 | 2 791 | 900 | 600 | 106 |

数据来源：海关总署；国家统计局。

* 本栏表格为根据第三次全国农业普查情况作相应修正。

## 2013—2017 年全国各地区奶业概况——西藏 *

| 项 目 | 单位 | 2013 年 | 2014 年 | 2015 年 | 2016 年 | 2017 年 |
|---|---|---|---|---|---|---|
| 地区概况 | | | | | | |
| 人口总数 | 万人 | 312.0 | 317.6 | 324.0 | 331.0 | 337.0 |
| 其中：城镇常住人口数 | 万人 | 74.0 | 81.8 | 89.9 | 97.8 | 104.1 |
| 农村常住人口数 | 万人 | 238.1 | 235.8 | 234.1 | 233.2 | 232.9 |
| 社会消费品零售总额 | 亿元 | 293.2 | 364.5 | 408.5 | 459.4 | 523.3 |
| 地区生产总值 | 亿元 | 807.7 | 920.8 | 1 026.4 | 1 151.4 | 1 310.9 |
| 奶畜资源 | | | | | | |
| 奶牛存栏数 | 万头 | 37.2 | 37.2 | 37.6 | 37.2 | 38.0 |
| 原料奶产量 | | | | | | |
| 奶类产量 | 万 t | 33.0 | 34.3 | 35.0 | 34.7 | 42.0 |
| 牛奶产量 | 万 t | 27.0 | 29.0 | 30.0 | 29.7 | 37.1 |
| 乳制品加工 | | | | | | |
| 乳制品产量 | 万 t | 0.5 | 0.6 | 0.9 | 1.0 | 1.0 |
| 其中：液态奶产量 | 万 t | 0.3 | 0.5 | 0.8 | 0.9 | 0.9 |
| 乳制品进口 | | | | | | |
| 液态奶 | t | 0.0 | 0.0 | 0.0 | 0.0 | 0.0 |
| 干乳制品 | t | 0.0 | 0.0 | 0.0 | 0.0 | 0.0 |
| 其中：奶粉 | t | 0.0 | 0.0 | 0.0 | 0.0 | 0.0 |
| 乳清 | t | 0.0 | 0.0 | 0.0 | 0.0 | 0.0 |
| 奶畜进口 | | | | | | |
| 改良种用牛 | 头 | 0 | 0 | 190 | 42 | 955 |

数据来源：海关总署；国家统计局。

* 本栏表格为根据第三次全国农业普查情况作相应修正。

## 2013—2017年全国各地区奶业概况——陕西*

| 项 目 | 单位 | 2013年 | 2014年 | 2015年 | 2016年 | 2017年 |
|---|---|---|---|---|---|---|
| **地区概况** | | | | | | |
| 人口总数 | 万人 | 3 764.0 | 3 775.1 | 3 793.0 | 3 813.0 | 3 835.0 |
| 其中：城镇常住人口数 | 万人 | 1 931.3 | 1 984.6 | 2 045.2 | 2110.1 | 2 177.9 |
| 农村常住人口数 | 万人 | 1 832.7 | 1 790.5 | 1 747.8 | 1 702.9 | 1 657.1 |
| 社会消费品零售总额 | 亿元 | 4 999.5 | 5 918.7 | 6 578.1 | 7 367.6 | 8 236.4 |
| 地区生产总值 | 亿元 | 16 045.2 | 17 689.9 | 18 021.9 | 19 399.6 | 21 898.8 |
| **奶畜资源** | | | | | | |
| 奶牛存栏数 | 万头 | 46.5 | 45.5 | 43.5 | 43.7 | 28.4 |
| **原料奶产量** | | | | | | |
| 奶类产量 | 万t | 188.5 | 192.3 | 189.9 | 189.1 | 156.9 |
| 牛奶产量 | 万t | 141.1 | 144.7 | 141.2 | 140.2 | 107.3 |
| **乳制品加工** | | | | | | |
| 乳制品产量 | 万t | 184.0 | 161.3 | 161.7 | 143.7 | 143.4 |
| 其中：液态奶产量 | 万t | 161.8 | 137.3 | 134.7 | 120.7 | 113.5 |
| **乳制品进口** | | | | | | |
| 液态奶 | t | 0.0 | 50.5 | 754.1 | 855.8 | 853.5 |
| 干乳制品 | t | 53.8 | 304.9 | 103.6 | 416.9 | 527.0 |
| 其中：奶粉 | t | 0.0 | 46.4 | 33.1 | 206.6 | 437.0 |
| 乳清 | t | 0.0 | 196.0 | 0.0 | 25.0 | 0.0 |
| **奶畜进口** | | | | | | |
| 改良种用牛 | 头 | 1 936 | 9 508 | 1 400 | 367 | 0 |

数据来源：海关总署；国家统计局。

*本栏表格为根据第三次全国农业普查情况作相应修正。

## 2013—2017 年全国各地区奶业概况——甘肃 *

| 项 目 | 单位 | 2013 年 | 2014 年 | 2015 年 | 2016 年 | 2017 年 |
| --- | --- | --- | --- | --- | --- | --- |
| **地区概况** | | | | | | |
| 人口总数 | 万人 | 2 582.2 | 2 590.8 | 2 599.6 | 2 610.0 | 2 626.0 |
| 其中：城镇常住人口数 | 万人 | 1 036.2 | 1 079.8 | 1 122.7 | 1 166.4 | 1 218.2 |
| 农村常住人口数 | 万人 | 1 546.0 | 1 510.9 | 1 476.8 | 1 443.6 | 1 407.8 |
| 社会消费品零售总额 | 亿元 | 2 173.8 | 2 668.3 | 2 907.2 | 3 184.4 | 3 426.6 |
| 地区生产总值 | 亿元 | 6 268.0 | 6 836.8 | 6 790.3 | 7 200.4 | 7 459.9 |
| **奶畜资源** | | | | | | |
| 奶牛存栏数 | 万头 | 29.4 | 30.2 | 30.0 | 29.7 | 29.8 |
| **原料奶产量** | | | | | | |
| 奶类产量 | 万 t | 39.1 | 40.3 | 39.9 | 40.7 | 41.0 |
| 牛奶产量 | 万 t | 38.5 | 39.6 | 39.3 | 40.0 | 40.4 |
| **乳制品加工** | | | | | | |
| 乳制品产量 | 万 t | 29.0 | 33.5 | 33.3 | 34.2 | 36.0 |
| 其中：液态奶产量 | 万 t | 26.6 | 31.5 | 31.4 | 32.1 | 33.3 |
| **乳制品进口** | | | | | | |
| 液态奶 | t | 0.0 | 0.0 | 0.0 | 0.0 | 0.0 |
| 干乳制品 | t | 0.0 | 0.0 | 0.0 | 0.0 | 0.0 |
| 其中：奶粉 | t | 0.0 | 0.0 | 0.0 | 0.0 | 0.0 |
| 乳清 | t | 0.0 | 0.0 | 0.0 | 0.0 | 0.0 |
| **奶畜进口** | | | | | | |
| 改良种用牛 | 头 | 4 361 | 13 203 | 2 659 | 4 527 | 1 000 |

数据来源：海关总署；国家统计局。

* 本栏表格为根据第三次全国农业普查情况作相应修正。

## 2013—2017年全国各地区奶业概况——青海*

| 项目 | 单位 | 2013年 | 2014年 | 2015年 | 2016年 | 2017年 |
|---|---|---|---|---|---|---|
| **地区概况** | | | | | | |
| 人口总数 | 万人 | 577.8 | 583.4 | 588.4 | 593.0 | 598.0 |
| 其中：城镇常住人口数 | 万人 | 280.3 | 290.4 | 296.0 | 306.2 | 317.4 |
| 农村常住人口数 | 万人 | 297.5 | 293.0 | 292.4 | 286.8 | 280.6 |
| 社会消费品零售总额 | 亿元 | 544.1 | 620.8 | 691.0 | 767.3 | 839.0 |
| 地区生产总值 | 亿元 | 2 101.1 | 2 303.3 | 2 417.1 | 2 572.5 | 2 624.8 |
| **奶畜资源** | | | | | | |
| 奶牛存栏数 | 万头 | 28.6 | 25.8 | 25.6 | 25.8 | 24.7 |
| **原料奶产量** | | | | | | |
| 奶类产量 | 万t | 28.7 | 31.3 | 32.7 | 34.2 | 33.2 |
| 牛奶产量 | 万t | 27.6 | 30.5 | 31.5 | 33.0 | 32.4 |
| **乳制品加工** | | | | | | |
| 乳制品产量 | 万t | 16.6 | 19.0 | 19.8 | 19.4 | 16.0 |
| 其中：液态奶产量 | 万t | 16.4 | 19.0 | 19.8 | 19.4 | 16.0 |
| **乳制品进口** | | | | | | |
| 液态奶 | t | 0.0 | 0.0 | 0.0 | 0.0 | 0.0 |
| 干乳制品 | t | 0.0 | 0.0 | 0.0 | 0.0 | 0.0 |
| 其中：奶粉 | t | 0.0 | 0.0 | 0.0 | 0.0 | 0.0 |
| 乳清 | t | 0.0 | 0.0 | 0.0 | 0.0 | 0.0 |
| **奶畜进口** | | | | | | |
| 改良种用牛 | 头 | 0 | 0 | 3 193 | 0 | 5 069 |

数据来源：海关总署；国家统计局。

*本栏表格为根据第三次全国农业普查情况作相应修正。

## 2013—2017 年全国各地区奶业概况——宁夏 *

| 项 目 | 单位 | 2013 年 | 2014 年 | 2015 年 | 2016 年 | 2017 年 |
|---|---|---|---|---|---|---|
| **地区概况** | | | | | | |
| 人口总数 | 万人 | 654.2 | 661.5 | 667.9 | 675.0 | 682.0 |
| 其中：城镇常住人口数 | 万人 | 340.2 | 354.7 | 368.9 | 380.0 | 395.4 |
| 农村常住人口数 | 万人 | 313.9 | 306.9 | 299.0 | 295.0 | 286.6 |
| 社会消费品零售总额 | 亿元 | 610.5 | 737.2 | 789.6 | 850.1 | 930.4 |
| 地区生产总值 | 亿元 | 2 565.1 | 2 752.1 | 2 911.8 | 3 168.6 | 3 443.6 |
| **奶畜资源** | | | | | | |
| 奶牛存栏数 | 万头 | 34.1 | 37.4 | 35.4 | 36.5 | 40.8 |
| **原料奶产量** | | | | | | |
| 奶类产量 | 万 t | 104.2 | 135.7 | 136.5 | 139.5 | 160.1 |
| 牛奶产量 | 万 t | 104.2 | 135.7 | 136.5 | 139.5 | 160.1 |
| **乳制品加工** | | | | | | |
| 乳制品产量 | 万 t | 65.7 | 75.2 | 77.3 | 92.5 | 95.9 |
| 其中：液态奶产量 | 万 t | 63.0 | 71.1 | 72.7 | 87.8 | 90.4 |
| **乳制品进口** | | | | | | |
| 液态奶 | t | 0.0 | 0.0 | 0.0 | 0.0 | 0.0 |
| 干乳制品 | t | 0.0 | 0.0 | 0.0 | 0.0 | 0.0 |
| 其中：奶粉 | t | 0.0 | 0.0 | 0.0 | 0.0 | 0.0 |
| 乳清 | t | 0.0 | 0.0 | 0.0 | 0.0 | 0.0 |
| **奶畜进口** | | | | | | |
| 改良种用牛 | 头 | 9 137 | 16 817 | 987 | 14 959 | 4 020 |

数据来源：海关总署；国家统计局。

* 本栏表格为根据第三次全国农业普查情况作相应修正。

## 2013—2017 年全国各地区奶业概况——新疆 *

| 项 目 | 单位 | 2013 年 | 2014 年 | 2015 年 | 2016 年 | 2017 年 |
|---|---|---|---|---|---|---|
| **地区概况** | | | | | | |
| 人口总数 | 万人 | 2 264.3 | 2 298.5 | 2 359.7 | 2 398.0 | 2 445.0 |
| 其中：城镇常住人口数 | 万人 | 1 006.9 | 1 058.9 | 1 114.5 | 1 159.4 | 1 207.3 |
| 农村常住人口数 | 万人 | 1 257.4 | 1 239.6 | 1 245.2 | 1 238.6 | 1 237.7 |
| 社会消费品零售总额 | 亿元 | 2 108.2 | 2 436.5 | 2 606.0 | 2 825.9 | 3 044.6 |
| 地区生产总值 | 亿元 | 8 360.2 | 9 273.5 | 9 324.8 | 9 649.7 | 10 882.0 |
| **奶畜资源** | | | | | | |
| 奶牛存栏数 | 万头 | 185.3 | 203.0 | 214.0 | 209.5 | 157.1 |
| **原料奶产量** | | | | | | |
| 奶类产量 | 万 t | 139.2 | 155.6 | 163.8 | 164.4 | 200.3 |
| 牛奶产量 | 万 t | 135.0 | 147.5 | 155.8 | 156.1 | 191.9 |
| **乳制品加工** | | | | | | |
| 乳制品产量 | 万 t | 41.9 | 42.0 | 43.2 | 52.7 | 60.8 |
| 其中：液态奶产量 | 万 t | 35.4 | 38.2 | 40.6 | 50.1 | 58.8 |
| **乳制品进口** | | | | | | |
| 液态奶 | t | 0.0 | 0.0 | 0.0 | 6.6 | 0.0 |
| 干乳制品 | t | 0.0 | 0.0 | 0.0 | 0.0 | 264.0 |
| 其中：奶粉 | t | 0.0 | 0.0 | 0.0 | 0.0 | 0.0 |
| 乳清 | t | 0.0 | 0.0 | 0.0 | 0.0 | 264.0 |
| **奶畜进口** | | | | | | |
| 改良种用牛 | 头 | 2 997 | 13 008 | 7 184 | 7 562 | 6 796 |

数据来源：海关总署；国家统计局。

* 本栏表格为根据第三次全国农业普查情况作相应修正。

# 【奶牛养殖】

## 奶 牛 存 栏

### 1978—2017年我国奶牛存栏、奶类产量、牛奶产量*

| 年 份 | 奶牛存栏（万头） | 奶类产量（万t） | 牛奶产量（万t） |
|---|---|---|---|
| 1978 | 47.5 | 97.1 | 88.3 |
| 1979 | 55.7 | 130.2 | 106.5 |
| 1980 | 64.1 | 136.7 | 114.1 |
| 1981 | 69.8 | 154.9 | 129.1 |
| 1982 | 81.7 | 195.9 | 161.8 |
| 1983 | 95.1 | 221.9 | 184.5 |
| 1984 | 133.6 | 259.6 | 218.6 |
| 1985 | 162.7 | 289.4 | 249.9 |
| 1986 | 184.6 | 332.9 | 289.9 |
| 1987 | 216.4 | 378.8 | 330.1 |
| 1988 | 222.2 | 418.9 | 366 |
| 1989 | 252.6 | 435.8 | 381.3 |
| 1990 | 269.1 | 475.1 | 415.7 |
| 1991 | 294.6 | 524.3 | 464.6 |
| 1992 | 294.2 | 563.9 | 503.1 |
| 1993 | 345.1 | 563.7 | 498.6 |
| 1994 | 384.3 | 608.9 | 528.8 |
| 1995 | 417.3 | 672.8 | 576.4 |
| 1996 | 447 | 735.9 | 629.4 |
| 1997 | 442 | 681.1 | 601.1 |
| 1998 | 426.5 | 745.4 | 662.9 |
| 1999 | 424.1 | 806.7 | 717.6 |
| 2000 | 489 | 918.9 | 827.4 |
| 2001 | 566.2 | 1 122.6 | 1 025.5 |
| 2002 | 687.5 | 1 400.4 | 1 299.8 |
| 2003 | 893.2 | 1 848.6 | 1 746.3 |
| 2004 | 1 108 | 2 368.4 | 2 260.6 |
| 2005 | 1 216.1 | 2 864.8 | 2 753.4 |
| 2006 | 1 068.9 | 3 051.6 | 2 944.6 |
| 2007 | 1 218.9 | 3 055.2 | 2 947.1 |
| 2008 | 1 233.5 | 3 236.2 | 3 010.6 |
| 2009 | 1 260.3 | 3 153.9 | 2 995.1 |
| 2010 | 1 420.1 | 3 211.3 | 3 038.9 |
| 2011 | 1 440.2 | 3 262.8 | 3 109.9 |
| 2012 | 1 493.9 | 3 306.7 | 3 174.9 |
| 2013 | 1 441.0 | 3 118.9 | 3 000.8 |
| 2014 | 1 499.1 | 3 276.5 | 3 159.9 |
| 2015 | 1 507.2 | 3 295.5 | 3 179.8 |
| 2016 | 1 425.3 | 3 173.9 | 3 064.0 |
| 2017 | 1 079.8 | 3 148.6 | 3 038.6 |

数据来源：国家统计局。

*本栏表格为根据第三次全国农业普查情况作相应修正。

## 2013—2017年全国各地区奶牛存栏数*

单位：万头

| 地 区 | 2013年 | 2014年 | 2015年 | 2016年 | 2017年 |
|---|---|---|---|---|---|
| 全 国 | 1 441.0 | 1 499.1 | 1 507.2 | 1 425.3 | 1 079.8 |
| 北 京 | 14.4 | 13.8 | 12.4 | 11.3 | 8.4 |
| 天 津 | 15.1 | 15.7 | 14.9 | 14.9 | 11.9 |
| 河 北 | 191.2 | 198.1 | 196.3 | 180.6 | 124.6 |
| 山 西 | 32.1 | 34.7 | 34.6 | 40.7 | 32.9 |
| 内蒙古 | 229.2 | 231.2 | 237.2 | 202.3 | 123.4 |
| 辽 宁 | 30.5 | 31.6 | 33.6 | 34.8 | 27.5 |
| 吉 林 | 23.2 | 24.5 | 26.2 | 25.0 | 14.0 |
| 黑龙江 | 191.7 | 197.2 | 193.4 | 176.8 | 124.1 |
| 上 海 | 5.8 | 5.8 | 5.8 | 5.1 | 6.5 |
| 江 苏 | 20.4 | 20.5 | 20.0 | 19.9 | 13.9 |
| 浙 江 | 5.2 | 4.6 | 4.4 | 3.9 | 3.3 |
| 安 徽 | 11.1 | 11.7 | 13.0 | 13.2 | 12.9 |
| 福 建 | 5.0 | 5.1 | 5.0 | 5.0 | 3.9 |
| 江 西 | 7.5 | 7.1 | 7.2 | 6.9 | 3.2 |
| 山 东 | 125.0 | 139.7 | 133.4 | 129.3 | 93.1 |
| 河 南 | 100.7 | 103.2 | 107.8 | 99.0 | 33.7 |
| 湖 北 | 6.3 | 6.5 | 6.9 | 6.8 | 4.5 |
| 湖 南 | 14.4 | 14.8 | 15.5 | 14.3 | 5.7 |
| 广 东 | 5.8 | 5.4 | 5.3 | 5.4 | 6.0 |
| 广 西 | 4.7 | 4.8 | 5.2 | 5.0 | 5.0 |
| 海 南 | 0.1 | 0.1 | 0.1 | 0.1 | 0.1 |
| 重 庆 | 2.0 | 1.9 | 1.8 | 1.7 | 1.5 |
| 四 川 | 19.4 | 19.3 | 17.8 | 17.6 | 79.0 |
| 贵 州 | 4.0 | 5.6 | 6.1 | 5.7 | 5.9 |
| 云 南 | 15.1 | 17.3 | 17.1 | 17.7 | 16.1 |
| 西 藏 | 37.2 | 37.2 | 37.6 | 37.2 | 38.0 |
| 陕 西 | 46.5 | 45.5 | 43.5 | 43.7 | 28.4 |
| 甘 肃 | 29.4 | 30.2 | 30.0 | 29.7 | 29.8 |
| 青 海 | 28.6 | 25.8 | 25.6 | 25.8 | 24.7 |
| 宁 夏 | 34.1 | 37.4 | 35.4 | 36.5 | 40.8 |
| 新 疆 | 185.3 | 203.0 | 214.0 | 209.5 | 157.1 |

数据来源：国家统计局。

*本栏表格为根据第三次全国农业普查情况作相应修正。

## 2013—2017 年全国各地区奶类产量

单位：t

| 地区 | 2013 年 | 2014 年 | 2015 年 | 2016 年 | 2017 年 |
|---|---|---|---|---|---|
| 全 国 (万 t) | 3 118.9 | 3 276.5 | 3 295.5 | 3 173.9 | 3 148.6 |
| 北 京 | 614 600.0 | 594 800.0 | 572 155.0 | 456 952.8 | 374 212.9 |
| 天 津 | 685 300.0 | 689 050.0 | 680 000.0 | 680 167.0 | 520 500.0 |
| 河 北 | 4 656 562.0 | 49 61 234.0 | 4 809 345.0 | 4 480 417.5 | 3 883 258.3 |
| 山 西 | 872 119.5 | 971 905.1 | 927 396.6 | 958 782.0 | 780 863.8 |
| 内蒙古 | 7 785 547.0 | 7 970 836.6 | 8 122 382.0 | 7 413 449.5 | 5 596 303.9 |
| 辽 宁 | 1 257 430.9 | 1 344 701.0 | 1 425 627.7 | 1 442 350.0 | 1 207 139.4 |
| 吉 林 | 483 414.8 | 498 339.4 | 528 446.3 | 533 754.0 | 344 096.1 |
| 黑龙江 | 5 225 199.7 | 5 601 367.3 | 5 743 920.4 | 5 485 890.7 | 4 684 072.0 |
| 上 海 | 265 286.3 | 270 500.0 | 276 900.0 | 260 400.0 | 363 700.0 |
| 江 苏 | 598 912.0 | 607 220.0 | 595 910.0 | 590 110.0 | 490 453.2 |
| 浙 江 | 182 133.0 | 159 035.0 | 165 036.0 | 153 327.0 | 143 433.1 |
| 安 徽 | 253 392.8 | 278 706.7 | 306 298.7 | 326 820.7 | 298 411.8 |
| 福 建 | 153 030.0 | 153 614.0 | 153 727.0 | 158 641.0 | 135 355.6 |
| 江 西 | 122 472.0 | 128 500.0 | 130 000.0 | 134 500.0 | 94 942.2 |
| 山 东 | 2 812 219.9 | 2 895 899.3 | 2 849 016.2 | 2 68 018.3 | 2 313 160.8 |
| 河 南 | 3 287 655.0 | 3 423 722.0 | 3 522 965.0 | 3 365 916.0 | 2 128 664.8 |
| 湖 北 | 157 847.5 | 164 100.0 | 168 500.0 | 168 600.0 | 127 576.9 |
| 湖 南 | 89 000.0 | 93 000.0 | 97 000.0 | 101 000.0 | 60 510.3 |
| 广 东 | 140 608.0 | 138 107.8 | 129 492.7 | 129 770.7 | 139 225.8 |
| 广 西 | 95 565.6 | 96 543.5 | 100 566.2 | 96 644.1 | 81 419.0 |
| 海 南 | 2 260.0 | 2 300.0 | 2 300.0 | 2 231.0 | 4 993.4 |
| 重 庆 | 68 003.0 | 56 900.0 | 54 453.3 | 54 534.0 | 50 589.6 |
| 四 川 | 711 207.9 | 713 000.0 | 674 930.5 | 627 683.9 | 637 851.9 |
| 贵 州 | 54 519.0 | 57 100.0 | 62 105.0 | 63 945.0 | 44 065.5 |
| 云 南 | 593 017.0 | 646 011.0 | 625 323.0 | 641 144.0 | 645 232.0 |
| 西 藏 | 329 730.9 | 343 226.9 | 350 052.8 | 347 049.3 | 420 302.1 |
| 陕 西 | 1 885 482.0 | 1 923 128.0 | 1 899 231.0 | 1 891 397.7 | 1 569 344.9 |
| 甘 肃 | 391 458.7 | 402 774.0 | 399 340.0 | 406 793.0 | 410 446.3 |
| 青 海 | 287 436.0 | 312 584.0 | 327 111.0 | 342 230.0 | 331 908.4 |
| 宁 夏 | 1 041 900.0 | 1 357 400.0 | 1 365 312.0 | 1 394 654.1 | 1 600 659.0 |
| 新 疆 | 1 391 864.1 | 1 556 454.5 | 1 638 264.1 | 1 643 902.2 | 2 003 063.4 |

数据来源：国家统计局。

## 2013—2017 年全国各地区牛奶产量

单位：t

| 地区 | 2013 年 | 2014 年 | 2015 年 | 2016 年 | 2017 年 |
|---|---|---|---|---|---|
| 全 国(万 t) | 3 000.8 | 3 159.9 | 3 179.8 | 3 064.0 | 3 038.6 |
| 北 京 | 614 600.0 | 594 800.0 | 572 155.0 | 456 952.8 | 374 212.9 |
| 天 津 | 682 400.0 | 689 000.0 | 680 000.0 | 680 167.0 | 520 500.0 |
| 河 北 | 4 580 000.0 | 4 877 700.0 | 4 731 369.0 | 4 404 904.5 | 3 810 057.3 |
| 山 西 | 862 089.5 | 962 000.0 | 918 727.5 | 950 882.9 | 773 916.1 |
| 内蒙古 | 7 672 986.0 | 7 880 156.6 | 8 032 000.0 | 7 341 248.0 | 5 528 578.4 |
| 辽 宁 | 1 208 817.8 | 1 312 000.0 | 1 402 500.0 | 1 430 550.0 | 1 197 080.6 |
| 吉 林 | 475 803.8 | 493 056.4 | 523 267.3 | 528 500.0 | 339 808.1 |
| 黑龙江 | 5 182 265.7 | 5 565 753.3 | 5 704 783.4 | 5 459 477.7 | 4 652 148.0 |
| 上 海 | 265 286.3 | 270 500.0 | 276 900.0 | 260 400.0 | 363 700.0 |
| 江 苏 | 598 912.0 | 607 200.0 | 595 900.0 | 590 100.0 | 490 443.2 |
| 浙 江 | 182 100.0 | 159 000.0 | 165 000.0 | 153 000.0 | 143 082.1 |
| 安 徽 | 253 392.8 | 278 706.7 | 306 298.7 | 326 820.7 | 298 411.8 |
| 福 建 | 149 348.0 | 149 654.0 | 149 543.0 | 154 470.0 | 131 130.4 |
| 江 西 | 122 472.0 | 128 500.0 | 130 000.0 | 134 500.0 | 94 942.2 |
| 山 东 | 2 714 307.9 | 2 796 000.0 | 2 753 800.0 | 2 683 956.6 | 2 235 438.8 |
| 河 南 | 3 164 161.0 | 3 320 000.0 | 3 422 000.0 | 3 268 010.0 | 2 028 575.8 |
| 湖 北 | 154 047.5 | 161 000.0 | 168 500.0 | 168 600.0 | 127 576.9 |
| 湖 南 | 89 000.0 | 93 000.0 | 97 000.0 | 101 000.0 | 60 510.3 |
| 广 东 | 137 600.0 | 135 122.8 | 129 454.7 | 129 463.7 | 138 834.0 |
| 广 西 | 95 565.6 | 96 543.5 | 100 566.2 | 96 644.1 | 81 419.0 |
| 海 南 | 2 260.0 | 2 300.0 | 2 300.0 | 2 231.0 | 4 993.4 |
| 重 庆 | 68 000.0 | 56 900.0 | 54 453.3 | 54 534.0 | 50 589.6 |
| 四 川 | 706 324.9 | 708 118.0 | 674 836.5 | 627 597.9 | 637 011.9 |
| 贵 州 | 54 519.0 | 57 100.0 | 62 000.0 | 63 900.0 | 44 042.5 |
| 云 南 | 545 100.0 | 582 000.0 | 549 990.0 | 569 300.0 | 568 317.0 |
| 西 藏 | 269 670.7 | 289 913.8 | 300 350.7 | 297 347.2 | 370 600.0 |
| 陕 西 | 1 410 910.0 | 1 446 700.0 | 1 411 900.0 | 1 402 016.7 | 1 072 750.9 |
| 甘 肃 | 385 038.7 | 396 000.0 | 393 100.0 | 399 980.0 | 404 000.0 |
| 青 海 | 275 500.0 | 305 000.0 | 315 000.0 | 330 000.0 | 324 279.4 |
| 宁 夏 | 1 041 900.0 | 1 357 400.0 | 1 365 312.0 | 1 394 654.1 | 1 600 659.0 |
| 新 疆 | 1 349 864.1 | 1 475 254.5 | 1 557 700.0 | 1 560 815.4 | 1 918 600.0 |

数据来源：国家统计局。

## 1980—2017 年我国人均牛奶产量

| 年 份 | 牛 奶 | 年 份 | 牛 奶 |
|---|---|---|---|
| 1980 | 1.2 | 2009 | 22.5 |
| 1985 | 2.4 | 2010 | 22.7 |
| 1990 | 3.7 | 2011 | 23.1 |
| 1995 | 4.8 | 2012 | 23.5 |
| 2000 | 6.6 | 2013 | 22.2 |
| 2005 | 21.1 | 2014 | 23.2 |
| 2006 | 22.5 | 2015 | 23.2 |
| 2007 | 22.4 | 2016 | 22.2 |
| 2008 | 22.7 | 2017 | 21.9 |

数据来源：国家统计局

## 2017 年全国各地区人均牛奶产量

单位：kg

| 地 区 | 牛 奶 | 地 区 | 牛 奶 |
|---|---|---|---|
| 北 京 | 17.2 | 湖 北 | 2.2 |
| 天 津 | 33.4 | 湖 南 | 0.9 |
| 河 北 | 50.8 | 广 东 | 1.3 |
| 山 西 | 21.0 | 广 西 | 1.7 |
| 内蒙古 | 219.0 | 海 南 | 0.5 |
| 辽 宁 | 27.4 | 重 庆 | 1.7 |
| 吉 林 | 12.5 | 四 川 | 7.7 |
| 黑龙江 | 122.6 | 贵 州 | 1.2 |
| 上 海 | 15.0 | 云 南 | 11.9 |
| 江 苏 | 6.1 | 西 藏 | 111.0 |
| 浙 江 | 2.5 | 陕 西 | 28.1 |
| 安 徽 | 4.8 | 甘 肃 | 15.4 |
| 福 建 | 3.4 | 青 海 | 54.4 |
| 江 西 | 2.1 | 宁 夏 | 235.9 |
| 山 东 | 22.4 | 新 疆 | 79.2 |
| 河 南 | 21.3 | | |

## 2002—2016 年奶牛规模养殖情况表

| 养殖规模 | 2003 年 | 2004 年 | 2005 年 | 2006 年 | 2007 年 | 2008 年 | 2009 年 | 2010 年 | 2011 年 | 2012 年 | 2013 年 | 2014 年 | 2015 年 | 2016 年 | 2017 年 * |
|---|---|---|---|---|---|---|---|---|---|---|---|---|---|---|---|
| 年存栏 1~4 头 | 46.7% | 47.0% | 45.6% | 42.8% | 39.7% | 32.4% | 28.1% | 26.4% | 24.0% | 22.5% | 21.8% | 20.8% | 20.3% | 19.0% | / |
| 年存栏 5 头以上 | 53.3% | 53.0% | 54.4% | 57.2% | 60.3% | 67.6% | 71.9% | 73.6% | 76.0% | 77.5% | 78.2% | 79.2% | 79.7% | 80.8% | / |
| 年存栏 20 头以上 | 27.4% | 25.2% | 27.7% | 28.8% | 26.1% | 36.1% | 42.6% | 46.5% | 51.1% | 55.7% | 57.0% | 59.9% | 62.5% | 65.6% | / |
| 年存栏 100 头以上 | 12.5% | 11.2% | 11.2% | 13.1% | 16.4% | 19.5% | 26.8% | 30.6% | 32.9% | 37.3% | 41.1% | 45.2% | 48.3% | 52.3% | 58.3% |
| 年存栏 200 头以上 | 8.8% | 7.7% | 7.9% | 9.3% | 12.1% | 15.5% | 22.9% | 26.5% | 28.4% | 32.3% | 35.3% | 38.8% | 42.3% | 46.6% | 53.8% |
| 年存栏 500 头以上 | 5.5% | 4.9% | 4.8% | 5.6% | 7.5% | 10.1% | 16.0% | 19.4% | 20.8% | 25.0% | 27.7% | 30.7% | 34.0% | 38.5% | 45.2% |
| 年存栏 1 000 头以上 | 2.7% | 2.7% | 2.3% | 3.0% | 3.9% | 5.5% | 8.3% | 10.4% | 12.1% | 15.4% | 17.8% | 20.2% | 23.6% | 28.1% | 34.0% |

数据来源：农业部。

*2017 年不再统计百头以下规模数据。

# 奶 牛 育 种

## 2013 年全国各地区生产性能测定奶牛场性能概况

| 地 区 | 牛场数（个） | 奶牛头数（头） | 测定日平均产奶量（kg） | 测定日平均乳脂肪率（%） | 测定日平均蛋白率（%） | 测定日平均体细胞数（万个/mL） |
|---|---|---|---|---|---|---|
| 总计/平均 | 1 036 | 542 408 | 24.4 | 3.77 | 3.29 | 41.3 |
| 北 京 | 60 | 38 150 | 30.4 | 3.74 | 3.22 | 31.1 |
| 天 津 | 30 | 21 967 | 29.9 | 3.86 | 3.31 | 28.5 |
| 河 北 | 125 | 74 927 | 22.9 | 3.93 | 3.31 | 47.0 |
| 山 西 | 46 | 16 751 | 22.6 | 3.52 | 3.26 | 49.9 |
| 内蒙古 | 32 | 30 602 | 29.0 | 3.97 | 3.41 | 47.8 |
| 辽 宁 | 73 | 45 762 | 22.6 | 3.86 | 3.30 | 27.8 |
| 吉 林 | 3 | 247 | 30.8 | 4.08 | 3.42 | 16.9 |
| 黑龙江 | 94 | 70 684 | 19.9 | 3.71 | 3.36 | 42.4 |
| 上 海 | 105 | 48 942 | 27.5 | 3.65 | 3.27 | 42.9 |
| 江 苏 | 13 | 5 613 | 26.8 | 3.59 | 3.28 | 51.6 |
| 浙 江 | 3 | 2 189 | 22.1 | 4.06 | 3.46 | 54.2 |
| 安 徽 | 2 | 505 | 21.4 | 3.28 | 3.16 | 72.3 |
| 福 建 | 6 | 5 177 | 24.3 | 3.76 | 3.28 | 57.2 |
| 山 东 | 117 | 40 315 | 21.9 | 3.72 | 3.29 | 44.4 |
| 河 南 | 115 | 31 823 | 22.1 | 3.61 | 3.19 | 42.9 |
| 湖 北 | 18 | 16 078 | 23.8 | 3.58 | 3.27 | 36.9 |
| 湖 南 | 6 | 2 174 | 19.8 | 3.65 | 3.21 | 22.4 |
| 广 东 | 4 | 5 050 | 23.2 | 3.97 | 3.29 | 27.7 |
| 广 西 | 3 | 1 683 | 19.8 | 3.91 | 3.23 | 48.9 |
| 云 南 | 33 | 6 850 | 18.4 | 3.41 | 3.26 | 66.2 |
| 重 庆 | 5 | 1 882 | 22.9 | 3.51 | 3.33 | 37.8 |
| 陕 西 | 52 | 27 388 | 23.6 | 3.83 | 3.28 | 30.9 |
| 宁 夏 | 49 | 26 073 | 28.2 | 3.82 | 3.24 | 42.3 |
| 新 疆 | 42 | 21 576 | 25.1 | 3.82 | 3.19 | 41.6 |

数据来源：中国奶业协会。

## 2014年全国各地区生产性能测定奶牛场性能概况

| 地 区 | 牛场数（个） | 奶牛头数（头） | 测定日平均产奶量（kg） | 测定日平均乳脂肪率（%） | 测定日平均蛋白率（%） | 测定日平均体细胞数（万个/mL） |
|---|---|---|---|---|---|---|
| 总计/平均 | 1 178 | 723 636 | 25.8 | 3.78 | 3.28 | 38.7 |
| 北 京 | 62 | 44 881 | 31.2 | 3.69 | 3.16 | 26.9 |
| 天 津 | 32 | 22 956 | 31.2 | 3.91 | 3.31 | 22.1 |
| 河 北 | 165 | 82 886 | 24.7 | 3.94 | 3.31 | 31.6 |
| 山 西 | 74 | 25 576 | 23.8 | 3.58 | 3.27 | 50.9 |
| 内蒙古 | 39 | 48 588 | 28.1 | 4.03 | 3.38 | 44.4 |
| 辽 宁 | 38 | 40 294 | 23.3 | 3.97 | 3.38 | 23.9 |
| 吉 林 | 5 | 749 | 35.6 | 4.35 | 3.74 | 11.6 |
| 黑龙江 | 97 | 114 379 | 23.4 | 3.73 | 3.34 | 58.1 |
| 上 海 | 99 | 50 829 | 28.3 | 3.71 | 3.22 | 40.2 |
| 江 苏 | 13 | 6 286 | 26.6 | 3.72 | 3.29 | 45.4 |
| 浙 江 | 4 | 2 892 | 24.6 | 3.97 | 3.29 | 44.8 |
| 安 徽 | 3 | 1 231 | 24.2 | 3.73 | 3.23 | 48.3 |
| 福 建 | 6 | 5 118 | 25.6 | 3.81 | 3.3 | 64.4 |
| 山 东 | 137 | 57 660 | 26.3 | 3.74 | 3.32 | 37.9 |
| 河 南 | 167 | 74 483 | 23.0 | 3.57 | 3.18 | 35.1 |
| 湖 北 | 20 | 17 603 | 26.7 | 3.44 | 3.31 | 29.0 |
| 湖 南 | 16 | 6 358 | 18.1 | 3.54 | 3.18 | 17.1 |
| 广 东 | 5 | 6 389 | 25.4 | 3.91 | 3.31 | 27.3 |
| 广 西 | 3 | 1 615 | 21.0 | 3.91 | 3.26 | 49.4 |
| 云 南 | 39 | 12 188 | 19.6 | 3.57 | 3.20 | 49.9 |
| 重 庆 | 3 | 1 154 | 23.4 | 3.78 | 3.31 | 36.7 |
| 陕 西 | 51 | 29 529 | 25.5 | 3.94 | 3.36 | 29.9 |
| 宁 夏 | 50 | 33 994 | 29.1 | 3.88 | 3.21 | 33.7 |
| 新 疆 | 50 | 35 998 | 25.4 | 3.80 | 3.19 | 37.8 |

数据来源：中国奶业协会。

## 2015 年全国各地区生产性能测定奶牛场性能概况

| 地 区 | 牛场数（个） | 奶牛头数（头） | 测定日平均产奶量（kg） | 测定日平均乳脂肪率（%） | 测定日平均蛋白率（%） | 测定日平均体细胞数（万个 /mL） |
|---|---|---|---|---|---|---|
| 总计 / 平均 | 1 302 | 794 969 | 27.1 | 3.76 | 3.23 | 34.3 |
| 北 京 | 72 | 49 434 | 31.5 | 3.77 | 3.12 | 26.7 |
| 天 津 | 34 | 24 631 | 31.9 | 3.78 | 3.21 | 23.1 |
| 河 北 | 171 | 89 601 | 26.8 | 3.89 | 3.25 | 24.4 |
| 山 西 | 66 | 25 135 | 25.1 | 3.62 | 3.24 | 37.0 |
| 内蒙古 | 33 | 58 656 | 28.8 | 3.99 | 3.29 | 37.0 |
| 辽 宁 | 31 | 36 447 | 23.3 | 3.79 | 3.27 | 21.4 |
| 吉 林 | 5 | 3 900 | 34.1 | 4.44 | 3.79 | 27.1 |
| 黑龙江 | 108 | 110 120 | 27.6 | 3.73 | 3.34 | 52.9 |
| 上 海 | 110 | 52 639 | 30.0 | 3.67 | 3.14 | 34.8 |
| 江 苏 | 20 | 9 911 | 28.6 | 3.62 | 3.25 | 42.9 |
| 浙 江 | 8 | 4 120 | 25.2 | 4.01 | 3.19 | 41.5 |
| 安 徽 | 3 | 1 369 | 27.0 | 3.73 | 3.17 | 41.3 |
| 福 建 | 11 | 8 196 | 27.0 | 3.84 | 3.29 | 57.4 |
| 山 东 | 194 | 79 342 | 27.2 | 3.68 | 3.27 | 33.5 |
| 河 南 | 203 | 91 508 | 23.6 | 3.68 | 3.13 | 32.5 |
| 湖 北 | 19 | 13 854 | 27.2 | 3.47 | 3.21 | 27.7 |
| 湖 南 | 18 | 7 650 | 18.6 | 3.54 | 3.19 | 27.5 |
| 广 东 | 5 | 6 197 | 23.6 | 4.08 | 3.36 | 28.9 |
| 广 西 | 2 | 890 | 20.9 | 3.84 | 3.27 | 46.8 |
| 云 南 | 36 | 11 607 | 20.0 | 3.44 | 3.13 | 52.5 |
| 重 庆 | 1 | 369 | 21.1 | 3.54 | 3.37 | 58.5 |
| 四 川 | 4 | 2 968 | 26.6 | 3.76 | 3.22 | 24.5 |
| 陕 西 | 50 | 31 810 | 25.7 | 4.00 | 3.20 | 27.1 |
| 宁 夏 | 45 | 40 147 | 31.1 | 3.69 | 3.15 | 24.5 |
| 新 疆 | 53 | 34 468 | 25.1 | 3.75 | 3.19 | 38.5 |

数据来源：中国奶业协会。

## 2016年全国各地区生产性能测定奶牛场性能概况

| 地 区 | 牛场数（个） | 奶牛头数（头） | 测定日平均产奶量（kg） | 测定日平均乳脂肪率（%） | 测定日平均蛋白率（%） | 测定日平均体细胞数（万个/mL） |
|---|---|---|---|---|---|---|
| 总计/平均 | 1 543 | 1 005 496 | 28.1 | 3.83 | 3.30 | 29.6 |
| 北 京 | 63 | 43 205 | 32.3 | 3.88 | 3.22 | 29.3 |
| 天 津 | 39 | 28 514 | 31.8 | 3.61 | 3.27 | 20.5 |
| 河 北 | 313 | 139 869 | 27.3 | 3.88 | 3.31 | 25.8 |
| 山 西 | 66 | 29 083 | 27.5 | 3.64 | 3.33 | 29.1 |
| 内蒙古 | 61 | 110 968 | 29.8 | 3.98 | 3.40 | 41.4 |
| 辽 宁 | 33 | 31 506 | 24.2 | 4.03 | 3.25 | 22.8 |
| 吉 林 | 6 | 6 223 | 37.7 | 4.66 | 4.12 | 6.4 |
| 黑龙江 | 115 | 157 035 | 28.3 | 3.80 | 3.35 | 33.8 |
| 上 海 | 98 | 42 444 | 31.2 | 3.56 | 3.18 | 27.4 |
| 江 苏 | 29 | 27 011 | 31.4 | 3.70 | 3.21 | 29.3 |
| 浙 江 | 10 | 4 923 | 29.2 | 3.84 | 3.24 | 36.6 |
| 安 徽 | 10 | 4 949 | 29.3 | 3.08 | 3.30 | 33.2 |
| 福 建 | 13 | 11 585 | 30.1 | 3.73 | 3.27 | 34.5 |
| 山 东 | 202 | 83 476 | 27.1 | 3.74 | 3.33 | 25.3 |
| 河 南 | 249 | 114 916 | 25.9 | 4.02 | 3.28 | 29.1 |
| 湖 北 | 24 | 16 253 | 28.2 | 3.66 | 3.33 | 23.2 |
| 湖 南 | 19 | 7 588 | 19.4 | 3.54 | 3.26 | 50.5 |
| 广 东 | 5 | 6 298 | 24.7 | 3.78 | 3.25 | 24.6 |
| 广 西 | 3 | 3 425 | 25.1 | 3.75 | 3.23 | 39.3 |
| 四 川 | 4 | 3 805 | 27.7 | 3.78 | 3.20 | 20.3 |
| 贵 州 | 1 | 768 | 22.4 | 3.77 | 3.24 | 35.6 |
| 云 南 | 28 | 13 791 | 24.4 | 3.74 | 3.22 | 24.0 |
| 陕 西 | 46 | 22 673 | 27.3 | 3.97 | 3.33 | 22.4 |
| 宁 夏 | 43 | 40 720 | 31.9 | 3.73 | 3.29 | 22.7 |
| 新 疆 | 63 | 54 468 | 25.4 | 3.68 | 3.23 | 36.8 |

数据来源：中国奶业协会。

## 2017 年全国各地区生产性能测定奶牛场性能概况

| 地 区 | 牛场数（个） | 奶牛头数（头） | 测定日平均产奶量（kg） | 测定日平均乳脂肪率（%） | 测定日平均蛋白率（%） | 测定日平均体细胞数（万个 /mL） |
|---|---|---|---|---|---|---|
| 总计 / 平均 | 1 611 | 1 220 498 | 29 | 3.89 | 3.35 | 28.7 |
| 北 京 | 62 | 45 072 | 32.5 | 3.91 | 3.3 | 32.3 |
| 天 津 | 42 | 31 347 | 31.8 | 3.69 | 3.29 | 23.4 |
| 河 北 | 368 | 194 914 | 28.3 | 3.92 | 3.35 | 34.2 |
| 山 西 | 76 | 45 518 | 29.1 | 4.08 | 3.47 | 32.6 |
| 内蒙古 | 68 | 144 074 | 31.3 | 3.75 | 3.44 | 22 |
| 辽 宁 | 43 | 40 800 | 25.4 | 4.02 | 3.27 | 25.6 |
| 吉 林 | 7 | 5 756 | 31.7 | 3.66 | 3.4 | 63.2 |
| 黑龙江 | 119 | 160 671 | 28.4 | 3.88 | 3.33 | 33.5 |
| 上 海 | 73 | 38 231 | 31.5 | 3.63 | 3.23 | 25.8 |
| 江 苏 | 36 | 37 068 | 32 | 3.84 | 3.26 | 29.5 |
| 浙 江 | 11 | 5 550 | 29.3 | 3.74 | 3.3 | 35.7 |
| 安 徽 | 10 | 7 210 | 28.8 | 3.43 | 3.43 | 51.8 |
| 福 建 | 14 | 12 897 | 30.9 | 3.86 | 3.32 | 37 |
| 山 东 | 177 | 106 203 | 29.8 | 3.84 | 3.38 | 25.2 |
| 河 南 | 249 | 124 199 | 26.9 | 4.22 | 3.34 | 30.8 |
| 湖 北 | 22 | 15 692 | 28.5 | 3.86 | 3.32 | 22.9 |
| 湖 南 | 20 | 8 021 | 20 | 3.53 | 3.24 | 46.5 |
| 广 东 | 8 | 10 631 | 25.1 | 3.79 | 3.32 | 31.2 |
| 广 西 | 4 | 4 410 | 25.7 | 3.82 | 3.24 | 34.5 |
| 四 川 | 7 | 5 483 | 29 | 4.03 | 3.29 | 20 |
| 贵 州 | 1 | 1 853 | 23.9 | 3.98 | 3.26 | 33.9 |
| 云 南 | 28 | 15 798 | 25 | 3.73 | 3.26 | 32.8 |
| 重 庆 | 3 | 1 365 | 29.2 | 4.04 | 3.27 | 21.8 |
| 陕 西 | 52 | 30 701 | 29.5 | 4.11 | 3.43 | 26.6 |
| 甘 肃 | 1 | 233 | 33.3 | 4.16 | 3.64 | 11.7 |
| 宁 夏 | 46 | 61 889 | 31.9 | 3.89 | 3.37 | 20.2 |
| 新 疆 | 64 | 64 912 | 25.9 | 3.74 | 3.28 | 21.3 |

数据来源：中国奶业协会。

## 2012 年全国各地区不同规模生产性能测定奶牛场性能概况

| 规 模（奶牛存栏） | 牛场数（个） | 测定日平均产奶量（kg） | 测定日平均乳脂肪率（%） | 测定日平均蛋白率（%） | 测定日平均体细胞数（万个 /mL） |
|---|---|---|---|---|---|
| ＜ 50 | 30 | 19.0 | 3.46 | 3.38 | 46.8 |
| 50~100 | 79 | 19.7 | 3.54 | 3.23 | 52.5 |
| 100~200 | 206 | 21.3 | 3.61 | 3.24 | 46.4 |
| 200~500 | 415 | 22.9 | 3.66 | 3.23 | 46.5 |
| 500~1 000 | 197 | 25.0 | 3.68 | 3.23 | 40.2 |
| ≥ 1 000 | 116 | 25.7 | 3.77 | 3.30 | 34.5 |

数据来源：中国奶业协会。

## 2013 年全国各地区不同规模生产性能测定奶牛场性能概况

| 规 模（奶牛存栏） | 牛场数（个） | 测定日平均产奶量（kg） | 测定日平均乳脂肪率（%） | 测定日平均蛋白率（%） | 测定日平均体细胞数（万个 /mL） |
|---|---|---|---|---|---|
| ＜ 50 | 24 | 13.6 | 3.70 | 3.65 | 57.3 |
| 50~100 | 59 | 20.7 | 3.50 | 3.29 | 55.1 |
| 100~200 | 217 | 21.2 | 3.65 | 3.27 | 49.7 |
| 200~500 | 429 | 22.9 | 3.69 | 3.26 | 46.2 |
| 500~1 000 | 176 | 25.2 | 3.72 | 3.27 | 41.5 |
| ≥ 1 000 | 131 | 25.2 | 3.86 | 3.32 | 37.3 |

数据来源：中国奶业协会。

## 2014 年全国各地区不同规模生产性能测定奶牛场性能概况

| 规 模（奶牛存栏） | 牛场数（个） | 测定日平均产奶量（kg） | 测定日平均乳脂肪率（%） | 测定日平均蛋白率（%） | 测定日平均体细胞数（万个 /mL） |
|---|---|---|---|---|---|
| ＜ 50 | 34 | 16.4 | 3.86 | 3.38 | 49.2 |
| 50~100 | 76 | 21.4 | 3.54 | 3.24 | 49.0 |
| 100~200 | 214 | 22.1 | 3.63 | 3.29 | 48.0 |
| 200~500 | 411 | 24.0 | 3.71 | 3.26 | 41.3 |
| 500~1 000 | 264 | 25.6 | 3.72 | 3.23 | 36.2 |
| ≥ 1 000 | 179 | 26.9 | 3.85 | 3.32 | 38.2 |

数据来源：中国奶业协会。

## 2015 年全国各地区不同规模生产性能测定奶牛场性能概况

| 规 模（奶牛存栏） | 牛场数（个） | 测定日平均产奶量（kg） | 测定日平均乳脂肪率（%） | 测定日平均蛋白率（%） | 测定日平均体细胞数（万个 /mL） |
|---|---|---|---|---|---|
| < 50 | 23 | 16.3 | 3.57 | 3.24 | 54.3 |
| 50~100 | 63 | 21.1 | 3.42 | 3.14 | 40.4 |
| 100~200 | 232 | 23.5 | 3.58 | 3.22 | 39.4 |
| 200~500 | 486 | 25.0 | 3.65 | 3.20 | 34.0 |
| 500~1 000 | 320 | 27.0 | 3.76 | 3.19 | 33.8 |
| ≥ 1 000 | 178 | 28.5 | 3.82 | 3.26 | 34.3 |

数据来源：中国奶业协会。

## 2016 年全国各地区不同规模生产性能测定奶牛场性能概况

| 规 模（奶牛存栏） | 牛场数（个） | 测定日平均产奶量（kg） | 测定日平均乳脂肪率（%） | 测定日平均蛋白率（%） | 测定日平均体细胞数（万个 /mL） |
|---|---|---|---|---|---|
| < 50 | 14 | 20.7 | 3.26 | 3.32 | 30.9 |
| 50~100 | 62 | 22.3 | 3.37 | 3.31 | 35.9 |
| 100~200 | 277 | 24.8 | 3.55 | 3.32 | 31.3 |
| 200~500 | 593 | 26.2 | 3.70 | 3.29 | 29.8 |
| 500~1 000 | 360 | 28.1 | 3.88 | 3.27 | 28.1 |
| ≥ 1 000 | 237 | 29.0 | 3.87 | 3.33 | 30.1 |

数据来源：中国奶业协会。

## 2017 年全国各地区不同规模生产性能测定奶牛场性能概况

| 规 模（奶牛存栏） | 牛场数（个） | 测定日平均产奶量（kg） | 测定日平均乳脂肪率（%） | 测定日平均蛋白率（%） | 测定日平均体细胞数（万个 /mL） |
|---|---|---|---|---|---|
| < 50 | 19 | 20.2 | 3.79 | 3.31 | 35.6 |
| 50~100 | 36 | 22.6 | 3.69 | 3.33 | 42.9 |
| 100~200 | 234 | 24.9 | 3.7 | 3.38 | 40 |
| 200~500 | 609 | 27.1 | 3.81 | 3.34 | 35.1 |
| 500~1 000 | 417 | 28.4 | 4.01 | 3.33 | 31.5 |
| ≥ 1 000 | 296 | 29.9 | 3.87 | 3.36 | 25.4 |

数据来源：中国奶业协会。

# 成 本

## 2017年各地区散养

| 项　　目 | 单 位 | 平 均 | 山 西 | 吉 林 | 山 东 |
|---|---|---|---|---|---|
| 每头 | | | | | |
| 主产品产量 | kg | 5 221.09 | 5 660.96 | 5 190.00 | 5 057.00 |
| 产值合计 | 元 | 21 582.52 | 29 077.34 | 17 628.67 | 23 823.33 |
| 主产品产值 | 元 | 19 557.92 | 27 033.16 | 16 081.67 | 22 266.00 |
| 副产品产值 | 元 | 2 024.60 | 2 044.18 | 1 547.00 | 1 557.33 |
| 总成本 | 元 | 16 486.80 | 18 481.80 | 14 316.97 | 14 106.61 |
| 生产成本 | 元 | 16 449.39 | 18 481.80 | 14 316.97 | 14 075.61 |
| 物质与服务费用 | 元 | 12 508.93 | 14 435.13 | 9 386.40 | 10 635.27 |
| 人工成本 | 元 | 3 940.46 | 4 046.67 | 4 930.57 | 3 440.34 |
| 家庭用工折价 | 元 | 3 896.73 | 3 910.60 | 4 930.57 | 3 440.34 |
| 雇工费用 | 元 | 43.73 | 136.07 | | |
| 土地成本 | 元 | 37.41 | | | 31.00 |
| 净利润 | 元 | 5 095.72 | 10 595.54 | 3 311.70 | 9 716.72 |
| 成本利润率 | % | 30.91 | 57.33 | 23.13 | 68.88 |
| 每 50kg 主产品 | | | | | |
| 平均出售价格 | 元 | 187.30 | 238.77 | 154.93 | 220.15 |
| 总成本 | 元 | 143.08 | 151.76 | 125.83 | 130.36 |
| 生产成本 | 元 | 142.75 | 151.76 | 125.83 | 130.07 |
| 净利润 | 元 | 44.22 | 87.01 | 29.10 | 89.79 |
| 附： | | | | | |
| 每头用工数量 | 日 | 47.30 | 48.43 | 59.33 | 41.40 |
| 平均饲养天数 | 日 | 365.00 | 365.00 | 365.00 | 365.00 |

数据来源：国家发展和改革委员会价格司。

# 收 益

## 奶牛成本收益情况

| 河 南 | 湖 南 | 广 西 | 贵 州 | 陕 西 | 新 疆 |
|---|---|---|---|---|---|
| | | | | | |
| 4 453.08 | 4 278.00 | 5 406.56 | 4 570.67 | 6 428.00 | 5 945.50 |
| 15 296.86 | 16 798.00 | 29 434.36 | 17 737.87 | 25 001.53 | 19 444.76 |
| 13 322.93 | 14 973.00 | 26 465.35 | 16 225.87 | 23 080.31 | 16 572.99 |
| 1 973.93 | 1 825.00 | 2 969.01 | 1 512.00 | 1 921.22 | 2 871.77 |
| 16 064.51 | 14 560.07 | 20 599.85 | 20 317.63 | 17 338.08 | 12 595.13 |
| 16 064.51 | 14 527.57 | 20 359.30 | 20 317.63 | 17 338.08 | 12 562.46 |
| 11 082.66 | 11 743.72 | 16 122.61 | 17 104.40 | 12 336.37 | 9 733.62 |
| 4 981.85 | 2 783.85 | 4 236.69 | 3 213.23 | 5 001.71 | 2 828.84 |
| 4 981.85 | 2 783.85 | 4 236.69 | 3 213.23 | 5 001.71 | 2 571.36 |
| | | | | | 257.48 |
| | 32.50 | 240.55 | | | 32.67 |
| –767.65 | 2 237.93 | 8 834.51 | –2 579.76 | 7 663.45 | 6 849.63 |
| –4.78 | 15.37 | 42.89 | –12.70 | 44.20 | 54.38 |
| | | | | | |
| 149.59 | 175.00 | 244.75 | 177.50 | 179.53 | 139.37 |
| 157.10 | 151.69 | 171.29 | 203.32 | 124.50 | 90.28 |
| 157.10 | 151.35 | 169.29 | 203.32 | 124.50 | 90.04 |
| –7.51 | 23.31 | 73.46 | –25.82 | 55.03 | 49.09 |
| | | | | | |
| 59.95 | 33.50 | 50.98 | 38.67 | 60.19 | 33.26 |
| 365.00 | 365.00 | 365.00 | 365.00 | 365.00 | 365.00 |

## 2017年各地区散养奶牛

| 项　　目 | 单 位 | 平 均 | 山 西 | 吉 林 | 山 东 |
|---|---|---|---|---|---|
| 一、每头物质与服务费用 | 元 | 12 508.93 | 14 435.13 | 9 386.40 | 10 635.27 |
| （一）直接费用 | 元 | 10 526.31 | 12 104.54 | 8 168.40 | 8 902.60 |
| 1. 仔畜费 | 元 | | | | |
| 2. 精饲料费 | 元 | 7 596.20 | 9 345.26 | 6 836.33 | 6 222.67 |
| 3. 青粗饲料费 | 元 | 2 339.17 | 2 133.78 | 1 077.00 | 2 045.33 |
| 4. 饲料加工费 | 元 | 48.50 | 86.93 | 21.43 | 93.27 |
| 5. 水费 | 元 | 33.53 | 34.75 | 15.63 | 47.13 |
| 6. 燃料动力费 | 元 | 106.21 | 95.43 | 22.81 | 75.23 |
| 电费 | 元 | 72.75 | 63.87 | 10.72 | 55.83 |
| 煤费 | 元 | 32.71 | 31.56 | 12.09 | 19.40 |
| 其他燃料动力费 | 元 | 0.75 | | | |
| 7. 医疗防疫费 | 元 | 144.50 | 127.00 | 21.54 | 211.67 |
| 8. 死亡损失费 | 元 | 88.15 | 89.67 | 10.68 | 63.00 |
| 9. 技术服务费 | 元 | 11.00 | | 10.87 | |
| 10. 工具材料费 | 元 | 35.81 | 49.68 | 9.87 | 26.97 |
| 11. 修理维护费 | 元 | 26.60 | 34.04 | 8.24 | 17.33 |
| 12. 其他直接费用 | 元 | 96.64 | 108.00 | 134.00 | 100.00 |
| （二）间接费用 | 元 | 1 982.62 | 2 330.59 | 1 218.00 | 1 732.67 |
| 1. 固定资产折旧 | 元 | 1 858.59 | 2 212.85 | 1 218.00 | 1 435.00 |
| 2. 保险费 | 元 | 22.22 | | | |
| 3. 管理费 | 元 | 7.28 | | | |
| 4. 财务费 | 元 | | | | |
| 5. 销售费 | 元 | 94.53 | 117.74 | | 297.67 |
| 二、每头人工成本 | 元 | 3 940.46 | 4 046.67 | 4 930.57 | 3 440.34 |
| 1. 家庭用工折价 | 元 | 3 896.73 | 3 910.60 | 4 930.57 | 3 440.34 |
| 家庭用工天数 | d | 46.89 | 47.06 | 59.33 | 41.40 |
| 劳动日工价 | 元 | 83.10 | 83.10 | 83.10 | 83.10 |
| 2. 雇工费用 | 元 | 43.73 | 136.07 | | |
| 雇工天数 | d | 0.41 | 1.37 | | |
| 雇工工价 | 元 | 106.66 | 99.32 | 100.00 | 85.00 |
| 三、附 | | | | | |
| 1. 仔畜重量 | kg | | | | |
| 2. 精饲料数量 | kg | 2 802.20 | 3 340.18 | 2 580.00 | 2 653.33 |
| 3. 耗粮数量 | kg | 2 020.00 | 2 388.72 | 1 806.00 | 1 936.93 |

数据来源：国家发展和改革委员会价格司。

## 费用和用工情况

| 河 南 | 湖 南 | 广 西 | 贵 州 | 陕 西 | 新 疆 |
|---|---|---|---|---|---|
| 11 082.66 | 11 743.72 | 16 122.61 | 17 104.40 | 12 336.37 | 9 733.62 |
| 9 162.11 | 10 079.44 | 13 057.73 | 14 860.07 | 9 574.15 | 8 827.60 |
| | | | | | |
| 5 877.00 | 7 873.20 | 9 072.54 | 10 362.08 | 7 046.89 | 5 729.79 |
| 2 676.27 | 1 873.00 | 2 999.00 | 3 645.33 | 1 883.89 | 2 718.90 |
| 51.18 | | | | 61.22 | 122.47 |
| 41.21 | 37.50 | 50.61 | 21.33 | 33.22 | 20.40 |
| 141.96 | 45.30 | 103.13 | 278.00 | 165.00 | 28.99 |
| 82.34 | 35.00 | 79.10 | 278.00 | 38.33 | 11.54 |
| 59.62 | 10.30 | 24.03 | | 126.67 | 10.72 |
| | | | | | 6.73 |
| 163.18 | 27.50 | 378.73 | 180.00 | 170.00 | 20.86 |
| 21.50 | 100.00 | 186.73 | 200.00 | 45.00 | 76.75 |
| | 36.66 | 28.07 | | 18.02 | 5.40 |
| 28.00 | 30.00 | 100.77 | 31.33 | 21.39 | 24.28 |
| 28.08 | 16.28 | 44.25 | 35.33 | 26.08 | 29.77 |
| 133.73 | 40.00 | 93.90 | 106.67 | 103.44 | 49.99 |
| 1 920.55 | 1 664.28 | 3 064.88 | 2 244.33 | 2 762.22 | 906.02 |
| 1 874.20 | 1 233.00 | 2 843.95 | 2 244.33 | 2 762.22 | 903.73 |
| | 200.00 | | | | |
| | | 65.50 | | | |
| | | | | | |
| 46.35 | 231.28 | 155.43 | | | 2.29 |
| 4 981.85 | 2 783.85 | 4 236.69 | 3 213.23 | 5 001.71 | 2 828.84 |
| 4 981.85 | 2 783.85 | 4 236.69 | 3 213.23 | 5 001.71 | 2 571.36 |
| 59.95 | 33.50 | 50.98 | 38.67 | 60.19 | 30.94 |
| 83.10 | 83.10 | 83.10 | 83.10 | 83.10 | 83.10 |
| | | | | | 257.48 |
| | | | | | 2.32 |
| 81.05 | 120.00 | 90.00 | 120.00 | 89.44 | 110.98 |
| | | | | | |
| | | | | | |
| 2 331.48 | 2 430.00 | 3 203.20 | 3 188.33 | 2 941.69 | 2 551.56 |
| 1 626.59 | 2 126.25 | 2 130.11 | 2 231.83 | 2 147.43 | 1 786.10 |

## 2017年各地区小规模

| 项目 | 单位 | 平均 | 河北 | 山西 | 内蒙古 | 辽宁 | 吉林 |
|---|---|---|---|---|---|---|---|
| 每头 | | | | | | | |
| 主产品产量 | kg | 5 506.91 | 6 332.34 | 5 362.50 | 7 582.50 | 5 660.76 | 5 132.42 |
| 产值合计 | 元 | 22 561.86 | 23 892.75 | 21 675.00 | 20 837.50 | 23 505.08 | 20 706.36 |
| 主产品产值 | 元 | 20 323.16 | 20 967.58 | 19 855.00 | 17 820.00 | 21 254.26 | 19 034.69 |
| 副产品产值 | 元 | 2 238.70 | 2 925.17 | 1 820.00 | 3 017.50 | 2 250.82 | 1 671.67 |
| 总成本 | 元 | 16 716.78 | 17 020.91 | 16 001.91 | 19 212.85 | 17 708.73 | 14 392.39 |
| 生产成本 | 元 | 16 660.40 | 16 989.79 | 15 985.48 | 19 169.85 | 17 704.56 | 14 378.90 |
| 物质与服务费用 | 元 | 13 444.13 | 14 811.00 | 12 396.50 | 16 386.00 | 13 527.01 | 10 644.96 |
| 人工成本 | 元 | 3 216.27 | 2 178.79 | 3 588.98 | 2 783.85 | 4 177.55 | 3 733.94 |
| 家庭用工折价 | 元 | 2 692.77 | 1 730.56 | 2 264.48 | 2 783.85 | 3 299.90 | 3 433.94 |
| 雇工费用 | 元 | 523.50 | 448.23 | 1 324.50 | | 877.65 | 300.00 |
| 土地成本 | 元 | 56.38 | 31.12 | 16.43 | 43.00 | 4.17 | 13.49 |
| 净利润 | 元 | 5 845.08 | 6 871.84 | 5 673.10 | 1 624.65 | 5 796.35 | 6 313.97 |
| 成本利润率 | % | 34.97 | 40.37 | 35.45 | 8.46 | 32.73 | 43.87 |
| 每50kg主产品 | | | | | | | |
| 平均出售价格 | 元 | 184.52 | 165.56 | 185.13 | 117.51 | 187.73 | 185.44 |
| 总成本 | 元 | 136.72 | 117.94 | 136.68 | 108.35 | 141.44 | 128.89 |
| 生产成本 | 元 | 136.26 | 117.73 | 136.53 | 108.11 | 141.40 | 128.77 |
| 净利润 | 元 | 47.80 | 47.62 | 48.45 | 9.16 | 46.29 | 56.55 |
| 附： | | | | | | | |
| 每头用工数量 | d | 37.02 | 24.87 | 38.75 | 33.50 | 48.36 | 44.32 |
| 平均饲养天数 | d | 365.00 | 365.00 | 365.00 | 365.00 | 365.00 | 365.00 |

数据来源：国家发展和改革委员会价格司。

**奶牛成本收益情况**

| 黑龙江 | 福 建 | 河 南 | 湖 南 | 广 西 | 贵 州 | 云 南 | 宁 夏 |
|---|---|---|---|---|---|---|---|
| | | | | | | | |
| 5 619.89 | 5 028.25 | 5 109.12 | 4 312.92 | 5 735.37 | 5 520.00 | 4 703.97 | 5 489.78 |
| 19 543.28 | 38 309.05 | 17 190.42 | 17 879.24 | 31 592.44 | 22 476.00 | 15 823.90 | 19 873.15 |
| 17 690.61 | 35 964.05 | 15 168.88 | 15 723.20 | 28 388.14 | 20 976.00 | 13 611.94 | 17 746.73 |
| 1 852.67 | 2 345.00 | 2 021.54 | 2 156.04 | 3 204.30 | 1 500.00 | 2 211.96 | 2 126.42 |
| 13 921.60 | 19 349.13 | 15 434.55 | 14 389.67 | 21 175.76 | 20 975.52 | 12 863.36 | 14 872.06 |
| 13 906.31 | 19 311.53 | 15 395.06 | 14 327.36 | 20 946.23 | 20 954.09 | 12 671.65 | 14 844.69 |
| 11 418.37 | 14 172.20 | 12 115.93 | 12 152.38 | 16 787.91 | 18 249.18 | 10 096.98 | 12 015.02 |
| 2 487.94 | 5 139.33 | 3 279.13 | 2 174.98 | 4 158.32 | 2 704.91 | 2 574.67 | 2 829.67 |
| 2 229.16 | 2 019.33 | 3 279.13 | 2 174.98 | 4 158.32 | 2 704.91 | 2 435.00 | 2 493.00 |
| 258.78 | 3 120.00 | | | | | 139.67 | 336.67 |
| 15.29 | 37.60 | 39.49 | 62.31 | 229.53 | 21.43 | 191.71 | 27.37 |
| 5 621.68 | 18 959.92 | 1 755.87 | 3 489.57 | 10 416.68 | 1 500.49 | 2 960.54 | 5 001.09 |
| 40.38 | 97.99 | 11.38 | 24.25 | 49.19 | 7.15 | 23.02 | 33.63 |
| | | | | | | | |
| 157.39 | 357.62 | 148.45 | 182.28 | 247.48 | 190.00 | 144.69 | 161.63 |
| 112.12 | 180.63 | 133.29 | 146.70 | 165.88 | 177.32 | 117.62 | 120.96 |
| 111.99 | 180.28 | 132.95 | 146.07 | 164.08 | 177.13 | 115.87 | 120.73 |
| 45.27 | 176.99 | 15.16 | 35.58 | 81.60 | 12.68 | 27.07 | 40.67 |
| | | | | | | | |
| 29.77 | 48.30 | 39.46 | 26.17 | 50.04 | 32.55 | 31.09 | 34.11 |
| 365.00 | 365.00 | 365.00 | 365.00 | 365.00 | 365.00 | 365.00 | 365.00 |

## 2017年各地区小规模

| 项　　目 | 单 位 | 平 均 | 河 北 | 山 西 | 内蒙古 | 辽 宁 | 吉 林 |
|---|---|---|---|---|---|---|---|
| 一、每头物质与服务费用 | 元 | 13 444.13 | 14 811.00 | 12 396.50 | 16 386.00 | 13 527.01 | 10 644.96 |
| （一）直接费用 | 元 | 11 331.66 | 12 349.67 | 10 517.50 | 14 651.00 | 11 325.80 | 8 784.65 |
| 1. 仔畜费 | 元 | | | | | | |
| 2. 精饲料费 | 元 | 8 095.04 | 10 016.70 | 8 105.00 | 9 863.50 | 8 623.72 | 6 947.42 |
| 3. 青粗饲料费 | 元 | 2 678.16 | 1 976.58 | 1 861.25 | 4 236.75 | 1 982.19 | 1 413.88 |
| 4. 饲料加工费 | 元 | 29.62 | | 62.50 | 54.25 | 93.65 | 15.84 |
| 5. 水费 | 元 | 37.34 | 25.62 | 53.75 | 37.75 | 22.44 | 31.42 |
| 6. 燃料动力费 | 元 | 106.64 | 56.12 | 92.50 | 121.75 | 178.90 | 82.86 |
| 电费 | 元 | 81.25 | 56.12 | 47.75 | 39.75 | 120.60 | 54.36 |
| 煤费 | 元 | 23.33 | | 44.75 | 55.25 | 58.30 | 28.50 |
| 其他燃料动力费 | 元 | 2.06 | | | 26.75 | | |
| 7. 医疗防疫费 | 元 | 145.97 | 151.29 | 63.25 | 80.00 | 79.10 | 57.13 |
| 8. 死亡损失费 | 元 | 55.09 | | 64.75 | | 140.67 | 29.59 |
| 9. 技术服务费 | 元 | 8.99 | | 22.75 | 13.00 | 2.06 | |
| 10. 工具材料费 | 元 | 33.66 | 21.86 | 58.00 | 35.50 | 35.67 | 20.67 |
| 11. 修理维护费 | 元 | 27.51 | 13.76 | 36.75 | 39.75 | 24.31 | 39.92 |
| 12. 其他直接费用 | 元 | 113.64 | 87.74 | 97.00 | 168.75 | 143.09 | 145.92 |
| （二）间接费用 | 元 | 2 112.47 | 2 461.33 | 1 879.00 | 1 735.00 | 2 201.21 | 1 860.31 |
| 1. 固定资产折旧 | 元 | 1 967.24 | 2 429.12 | 1 835.00 | 1 735.00 | 2 067.88 | 1 393.67 |
| 2. 保险费 | 元 | 20.73 | 11.90 | | | | |
| 3. 管理费 | 元 | 14.10 | 20.31 | 44.00 | | | |
| 4. 财务费 | 元 | 0.23 | | | | | 1.05 |
| 5. 销售费 | 元 | 110.17 | | | | 133.33 | 465.59 |
| 二、每头人工成本 | 元 | 3 216.27 | 2 178.79 | 3 588.98 | 2 783.85 | 4 177.55 | 3 733.94 |
| 1. 家庭用工折价 | 元 | 2 692.77 | 1 730.56 | 2 264.48 | 2 783.85 | 3 299.90 | 3 433.94 |
| 家庭用工天数 | d | 32.40 | 20.83 | 27.25 | 33.50 | 39.71 | 41.32 |
| 劳动日工价 | 元 | 83.10 | 83.10 | 83.10 | 83.10 | 83.10 | 83.10 |
| 2. 雇工费用 | 元 | 523.50 | 448.23 | 1 324.50 | | 877.65 | 300.00 |
| 雇工天数 | d | 4.62 | 4.04 | 11.50 | | 8.65 | 3.00 |
| 雇工工价 | 元 | 113.31 | 110.95 | 115.17 | 100.00 | 101.46 | 100.00 |
| 三、附 | | | | | | | |
| 1. 仔畜重量 | kg | | | | | | |
| 2. 精饲料数量 | kg | 2 901.87 | 3 487.24 | 2 805.00 | 3 872.50 | 3 047.03 | 2 653.59 |
| 3. 耗粮数量 | kg | 2 096.90 | 2 441.07 | 2 012.65 | 2 852.24 | 2 132.92 | 1 857.51 |

数据来源：国家发展和改革委员会价格司。

## 奶牛费用和用工情况

| 黑龙江 | 福 建 | 河 南 | 湖 南 | 广 西 | 贵 州 | 云 南 | 宁 夏 |
|---|---|---|---|---|---|---|---|
| 11 418.37 | 14 172.20 | 12 115.93 | 12 152.38 | 16 787.91 | 18 249.18 | 10 096.98 | 12 015.02 |
| 9 628.92 | 11 262.05 | 10 343.42 | 10 595.98 | 13 554.98 | 15 826.18 | 8 276.87 | 10 194.39 |
| | | | | | | | |
| 6 330.57 | 7 818.25 | 7 104.88 | 8 411.17 | 9 469.05 | 10 528.00 | 4 694.52 | 7 322.74 |
| 2 782.00 | 2 745.00 | 2 556.94 | 1 959.54 | 3 111.52 | 4 650.50 | 3 060.33 | 2 479.56 |
| 54.89 | | 36.83 | | | | 40.00 | 27.12 |
| 21.54 | 92.50 | 34.71 | 27.13 | 58.39 | 25.18 | 34.24 | 20.80 |
| 48.11 | 120.00 | 148.70 | 47.21 | 123.98 | 292.00 | 48.42 | 25.72 |
| 34.83 | 120.00 | 89.50 | 37.37 | 93.61 | 292.00 | 48.42 | 21.96 |
| 13.28 | | 59.20 | 9.84 | 30.37 | | | 3.76 |
| | | | | | | | |
| 136.99 | 203.00 | 212.83 | 48.78 | 351.99 | 152.00 | 189.72 | 171.58 |
| 87.11 | 76.30 | 50.20 | | 199.43 | | 68.09 | |
| 7.20 | | 6.48 | 29.58 | 30.75 | | 5.00 | |
| 13.56 | 32.50 | 34.32 | 16.86 | 86.62 | 24.50 | 32.65 | 24.81 |
| 13.89 | 4.50 | 28.29 | 25.71 | 40.42 | 34.00 | 35.90 | 20.39 |
| 133.06 | 170.00 | 129.24 | 30.00 | 82.83 | 120.00 | 68.00 | 101.67 |
| 1 789.45 | 2 910.15 | 1 772.51 | 1 556.40 | 3 232.93 | 2 423.00 | 1 820.11 | 1 820.63 |
| 1 754.89 | 2 397.50 | 1 712.80 | 1 266.25 | 2 992.80 | 2 423.00 | 1 800.57 | 1 765.60 |
| 8.89 | | | 200.00 | | | 12.67 | 36.00 |
| 11.95 | 12.65 | 33.15 | | 58.53 | | 2.67 | |
| | | | | | | 2.00 | |
| 13.72 | 500.00 | 26.56 | 90.15 | 181.60 | | 2.20 | 19.03 |
| 2 487.94 | 5 139.33 | 3 279.13 | 2 174.98 | 4 158.32 | 2 704.91 | 2 574.67 | 2 829.67 |
| 2 229.16 | 2 019.33 | 3 279.13 | 2 174.98 | 4 158.32 | 2 704.91 | 2 435.00 | 2 493.00 |
| 26.83 | 24.30 | 39.46 | 26.17 | 50.04 | 32.55 | 29.30 | 30.00 |
| 83.10 | 83.10 | 83.10 | 83.10 | 83.10 | 83.10 | 83.10 | 83.10 |
| 258.78 | 3 120.00 | | | | | 139.67 | 336.67 |
| 2.94 | 24.00 | | | | | 1.79 | 4.11 |
| 88.02 | 130.00 | 80.36 | 120.00 | 90.00 | 110.00 | 78.03 | 81.92 |
| | | | | | | | |
| 2 358.54 | 2 901.50 | 2 689.76 | 2 679.45 | 3 250.42 | 3 200.00 | 1 909.07 | 2 870.22 |
| 1 810.66 | 2 031.05 | 1 901.38 | 2 344.52 | 2 221.41 | 2 240.00 | 1 405.13 | 2 009.15 |

## 2017 年各地区中规模

| 项目 | 单位 | 平均 | 北京 | 天津 | 山西 | 内蒙古 | 辽宁 | 吉林 | 黑龙江 | 上海 | 江苏 | 浙江 |
|---|---|---|---|---|---|---|---|---|---|---|---|---|
| 每头 | | | | | | | | | | | | |
| 主产品产量 | kg | 5 950.49 | 4 930.00 | 7 529.83 | 5 942.50 | 5 867.09 | 6 209.53 | 6 033.32 | 5 909.22 | 8 633.31 | 5 865.43 | 6 611.00 |
| 产值合计 | 元 | 24 731.05 | 16 450.00 | 28 291.11 | 24 158.75 | 23 461.00 | 23 002.86 | 26 579.00 | 21 097.05 | 38 937.11 | 25 248.24 | 30 974.53 |
| 主产品产值 | 元 | 22 341.90 | 14 800.00 | 25 949.44 | 22 213.75 | 19 997.59 | 20 869.36 | 24 336.75 | 19 219.94 | 36 465.37 | 23 461.72 | 27 964.53 |
| 副产品产值 | 元 | 2 389.15 | 1 650.00 | 2 341.67 | 1 945.00 | 3 463.41 | 2 133.50 | 2 242.25 | 1 877.11 | 2 471.74 | 1 786.52 | 3 010.00 |
| 总成本 | 元 | 20 210.80 | 14 893.00 | 19 751.80 | 14 886.22 | 20 786.89 | 19 350.46 | 15 268.14 | 15 723.83 | 34 308.84 | 17 711.17 | 27 130.80 |
| 生产成本 | 元 | 20 128.77 | 14 893.00 | 19 717.01 | 14 870.58 | 20 755.88 | 19 322.96 | 15 225.64 | 15 708.37 | 34 076.14 | 17 619.10 | 27 065.80 |
| 物质与服务费用 | 元 | 17 037.47 | 14 013.00 | 17 639.52 | 12 581.05 | 17 993.96 | 15 665.90 | 12 750.64 | 12 751.55 | 29 870.30 | 15 054.85 | 22 255.80 |
| 人工成本 | 元 | 3 091.30 | 880.00 | 2 077.49 | 2 289.53 | 2 761.92 | 3 657.06 | 2 475.00 | 2 956.82 | 4 205.84 | 2 564.25 | 4 810.00 |
| 家庭用工折价 | 元 | 275.81 | | 689.07 | 228.53 | 348.44 | | | 350.43 | | | |
| 雇工费用 | 元 | 2 815.49 | 880.00 | 1 388.42 | 2 061.00 | 2 413.48 | 3 657.06 | 2 475.00 | 2 606.39 | 4 205.84 | 2 564.25 | 4 810.00 |
| 土地成本 | 元 | 82.03 | | 34.79 | 15.64 | 31.01 | 27.50 | 42.50 | 15.46 | 232.70 | 92.07 | 65.00 |
| 净利润 | 元 | 4 520.25 | 1 557.00 | 8 539.31 | 9 272.54 | 2 674.11 | 3 652.40 | 11 310.86 | 5 373.22 | 4 628.27 | 7 537.07 | 3 843.73 |
| 成本利润率 | % | 22.37 | 10.45 | 43.23 | 62.29 | 12.86 | 18.88 | 74.08 | 34.17 | 13.49 | 42.56 | 14.17 |
| 每 50kg 主产品 | | | | | | | | | | | | |
| 平均出售价格 | 元 | 187.73 | 150.10 | 172.31 | 186.91 | 170.42 | 168.04 | 201.69 | 162.63 | 211.19 | 200.00 | 211.50 |
| 总成本 | 元 | 153.42 | 135.89 | 120.30 | 115.17 | 151.00 | 141.36 | 115.86 | 121.21 | 186.09 | 140.30 | 185.25 |
| 生产成本 | 元 | 152.79 | 135.89 | 120.09 | 115.05 | 150.77 | 141.16 | 115.54 | 121.09 | 184.82 | 139.57 | 184.81 |
| 净利润 | 元 | 34.31 | 14.21 | 52.01 | 71.74 | 19.42 | 26.68 | 85.83 | 41.42 | 25.10 | 59.70 | 26.25 |
| 附: | | | | | | | | | | | | |
| 每头用工数量 | d | 30.56 | 11.00 | 19.36 | 22.18 | 30.99 | 41.16 | 24.75 | 30.65 | 34.17 | 38.64 | 37.00 |
| 平均饲养天数 | d | 365.00 | 365.00 | 365.00 | 365.00 | 365.00 | 365.00 | 365.00 | 365.00 | 365.00 | 365.00 | 365.00 |

数据来源：国家发展和改革委员会价格司。

## 奶牛成本收益情况

| 安徽 | 福建 | 山东 | 河南 | 湖南 | 广西 | 重庆 | 四川 | 贵州 | 云南 | 陕西 | 甘肃 | 宁夏 | 新疆 |
|---|---|---|---|---|---|---|---|---|---|---|---|---|---|
| 6 000.00 | 5 572.30 | 5 703.78 | 5 591.03 | 4 417.32 | 2 615.00 | 5 008.18 | 6 235.00 | 5 600.00 | 5 100.00 | 6 239.00 | 6 887.41 | 5 861.39 | 8 450.00 |
| 26 850.00 | 24 384.10 | 19 641.45 | 19 929.49 | 19 119.15 | 26 791.32 | 24 647.34 | 27 285.60 | 24 054.00 | 22 650.00 | 22 399.50 | 24 145.95 | 22 003.68 | 31 444.00 |
| 24 000.00 | 21 453.40 | 17 397.72 | 17 828.79 | 16 785.82 | 22 476.32 | 22 675.83 | 25 560.60 | 22 400.00 | 20 400.00 | 20 433.50 | 21 419.85 | 19 365.35 | 28 730.00 |
| 2 850.00 | 2 930.70 | 2 243.73 | 2 100.70 | 2 333.33 | 4 315.00 | 1 971.51 | 1 725.00 | 1 654.00 | 2 250.00 | 1 966.00 | 2 726.10 | 2 638.33 | 2 714.00 |
| 20 135.00 | 21 628.20 | 18 567.71 | 16 231.42 | 14 240.26 | 16 962.06 | 22 715.25 | 24 107.76 | 22 284.73 | 19 830.00 | 20 167.90 | 23 247.91 | 17 477.36 | 27 653.10 |
| 19 935.00 | 21 585.00 | 18 558.06 | 16 186.84 | 14 117.82 | 16 700.06 | 22 592.31 | 23 959.16 | 22 222.09 | 19 680.00 | 20 134.90 | 23 081.24 | 17 431.03 | 27 653.10 |
| 18 015.00 | 15 272.60 | 16 528.68 | 13 104.25 | 11 819.50 | 13 691.96 | 19 207.69 | 19 146.66 | 18 595.52 | 16 440.00 | 15 624.90 | 21 051.80 | 14 419.81 | 25 404.50 |
| 1 920.00 | 6 312.40 | 2 029.38 | 3 082.59 | 2 298.32 | 3 008.10 | 3 384.62 | 4 812.50 | 3 626.57 | 3 240.00 | 4 510.00 | 2 029.44 | 3 011.22 | 2 248.60 |
|  | 332.40 | 1 199.38 | 268.00 | 598.32 |  |  |  | 172.02 |  |  |  | 1 934.82 | 498.60 |
| 1 920.00 | 5 980.00 | 830.00 | 2 814.59 | 1 700.00 | 3 008.10 | 3 384.62 | 4 812.50 | 3 454.55 | 3 240.00 | 4 510.00 | 2 029.44 | 1 076.40 | 1 750.00 |
| 200.00 | 43.20 | 9.65 | 44.58 | 122.44 | 262.00 | 122.94 | 148.60 | 62.64 | 150.00 | 33.00 | 166.67 | 46.33 |  |
| 6 715.00 | 2 755.90 | 1 073.74 | 3 698.07 | 4 878.89 | 9 829.26 | 1 932.09 | 3 177.84 | 1 769.27 | 2 820.00 | 2 231.60 | 898.04 | 4 526.32 | 3 790.90 |
| 33.35 | 12.74 | 5.78 | 22.78 | 34.26 | 57.95 | 8.51 | 13.18 | 7.94 | 14.22 | 11.07 | 3.86 | 25.90 | 13.71 |
| 200.00 | 192.50 | 152.51 | 159.44 | 190.00 | 429.76 | 226.39 | 204.98 | 200.00 | 200.00 | 163.76 | 155.50 | 165.19 | 170.00 |
| 149.98 | 170.74 | 144.17 | 129.85 | 141.52 | 272.09 | 208.64 | 181.11 | 185.29 | 175.10 | 147.45 | 149.72 | 131.21 | 149.50 |
| 148.49 | 170.40 | 144.10 | 129.50 | 140.30 | 267.89 | 207.51 | 179.99 | 184.77 | 173.77 | 147.20 | 148.64 | 130.86 | 149.50 |
| 50.02 | 21.76 | 8.34 | 29.59 | 48.48 | 157.67 | 17.75 | 23.87 | 14.71 | 24.90 | 16.31 | 5.78 | 33.98 | 20.50 |
| 24.00 | 50.00 | 21.33 | 37.84 | 21.37 | 35.86 | 31.42 | 38.50 | 29.72 | 36.00 | 44.95 | 16.80 | 35.62 | 20.00 |
| 365.00 | 365.00 | 365.00 | 365.00 | 365.00 | 365.00 | 365.00 | 365.00 | 365.00 | 365.00 | 365.00 | 365.00 | 365.00 | 365.00 |

## 2017年各地区中规模

| 项　　目 | 单位 | 平均 | 北京 | 天津 | 山西 | 内蒙古 | 辽宁 | 吉林 | 黑龙江 | 上海 | 江苏 | 浙江 |
|---|---|---|---|---|---|---|---|---|---|---|---|---|
| 一、每头物质与服务费用 | 元 | 17 037.47 | 14 013.00 | 17 639.52 | 12 581.05 | 17 993.96 | 15 665.90 | 12 750.64 | 12 751.55 | 29 870.30 | 15 054.85 | 22 255.80 |
| （一）直接费用 | 元 | 13 965.22 | 12 008.00 | 15 487.70 | 10 690.30 | 14 827.77 | 12 793.15 | 10 538.57 | 10 759.00 | 26 416.98 | 12 867.19 | 16 130.80 |
| 1. 仔畜费 | 元 | | | | | | | | | | | |
| 2. 精饲料费 | 元 | 8 616.86 | 7 500.00 | 11 366.42 | 8 221.05 | 9 202.29 | 8 695.23 | 7 973.21 | 6 538.42 | 11 732.60 | 7 252.44 | 8 140.50 |
| 3. 青粗饲料费 | 元 | 4 420.22 | 3 800.00 | 3 543.58 | 1 893.50 | 4 706.02 | 3 084.92 | 1 802.50 | 3 652.21 | 12 224.06 | 4 824.34 | 5 600.00 |
| 4. 饲料加工费 | 元 | 17.59 | 16.00 | 1.32 | 23.75 | 15.82 | 115.75 | | 29.00 | | 8.86 | 60.30 |
| 5. 水费 | 元 | 70.80 | 20.00 | 52.75 | 42.50 | 40.96 | 59.50 | 51.25 | 22.51 | 336.37 | 35.04 | 300.00 |
| 6. 燃料动力费 | 元 | 247.63 | 170.00 | 164.50 | 130.50 | 204.08 | 215.75 | 226.06 | 70.99 | 734.06 | 179.20 | 370.00 |
| 电费 | 元 | 170.24 | 90.00 | 145.83 | 73.75 | 106.56 | 136.00 | 133.56 | 52.92 | 734.06 | 146.57 | 370.00 |
| 煤费 | 元 | 39.94 | 60.00 | 18.67 | 56.75 | 48.74 | 79.75 | 92.50 | 18.07 | | 32.63 | |
| 其他燃料动力费 | 元 | 37.45 | 20.00 | | | 48.78 | | | | | | |
| 7. 医疗防疫费 | 元 | 196.73 | 168.00 | 133.78 | 81.75 | 180.15 | 109.00 | 117.19 | 130.18 | 489.05 | 257.55 | 570.00 |
| 8. 死亡损失费 | 元 | 86.01 | 40.00 | 46.60 | 81.50 | 63.16 | 210.75 | 68.75 | 94.39 | 179.16 | 47.12 | 180.00 |
| 9. 技术服务费 | 元 | 37.08 | 100.00 | | 23.25 | 5.07 | 51.25 | | 8.33 | 33.88 | 126.51 | |
| 10. 工具材料费 | 元 | 60.14 | 16.00 | 29.25 | 50.75 | 64.04 | 65.50 | 66.50 | 33.25 | 157.63 | 41.25 | 240.00 |
| 11. 修理维护费 | 元 | 68.51 | 72.00 | 23.67 | 55.75 | 121.59 | 36.25 | 58.11 | 31.96 | 282.86 | 48.63 | 160.00 |
| 12. 其他直接费用 | 元 | 143.65 | 106.00 | 125.83 | 86.00 | 224.59 | 149.25 | 175.00 | 147.76 | 247.31 | 46.25 | 510.00 |
| （二）间接费用 | 元 | 3 072.25 | 2 005.00 | 2 151.82 | 1 890.75 | 3 166.19 | 2 872.75 | 2 212.07 | 1 992.55 | 3 453.32 | 2 187.66 | 6 125.00 |
| 1. 固定资产折旧 | 元 | 2 594.30 | 1 500.00 | 2 005.66 | 1 808.50 | 2 627.68 | 2 685.00 | 1 794.48 | 1 885.06 | 2 687.97 | 1 965.53 | 5 200.00 |
| 2. 保险费 | 元 | 118.90 | 60.00 | | | 302.22 | 40.00 | | 25.56 | 133.29 | 53.13 | 225.00 |
| 3. 管理费 | 元 | 183.63 | 265.00 | 40.83 | 42.75 | 18.09 | 109.00 | 73.50 | 19.81 | 564.12 | 62.50 | 500.00 |
| 4. 财务费 | 元 | 82.74 | | 19.50 | | 79.56 | | 10.00 | 1.56 | 67.94 | 25.25 | 200.00 |
| 5. 销售费 | 元 | 92.68 | 180.00 | 85.83 | 39.50 | 138.64 | 38.75 | 334.09 | 60.56 | | 81.25 | |
| 二、每头人工成本 | 元 | 3 091.30 | 880.00 | 2 077.49 | 2 289.53 | 2 761.92 | 3 657.06 | 2 475.00 | 2 956.82 | 4 205.84 | 2 564.25 | 4 810.00 |
| 1. 家庭用工折价 | 元 | 275.81 | | 689.07 | 228.53 | 348.44 | | | 350.43 | | | |
| 家庭用工天数 | d | 3.32 | | 8.29 | 2.75 | 4.19 | | | 4.22 | | | |
| 劳动日工价 | 元 | 83.10 | 83.10 | 83.10 | 83.10 | 83.10 | 83.10 | 83.10 | 83.10 | 83.10 | 83.10 | 83.10 |
| 2. 雇工费用 | 元 | 2 815.49 | 880.00 | 1 388.42 | 2 061.00 | 2 413.48 | 3 657.06 | 2 475.00 | 2 606.39 | 4 205.84 | 2 564.25 | 4 810.00 |
| 雇工天数 | d | 27.24 | 11.00 | 11.07 | 19.43 | 26.80 | 41.16 | 24.75 | 26.43 | 34.17 | 38.64 | 37.00 |
| 雇工工价 | 元 | 103.36 | 80.00 | 125.42 | 106.07 | 90.06 | 88.85 | 100.00 | 98.62 | 123.09 | 66.36 | 130.00 |
| 三、附 | | | | | | | | | | | | |
| 1. 仔畜重量 | kg | | | | | | | | | | | |
| 2. 精饲料数量 | kg | 3 179.25 | 2 700.00 | 4 007.91 | 2 922.50 | 3 569.99 | 3 200.22 | 3 229.25 | 2 458.09 | 4 117.84 | 2 998.65 | 3 015.00 |
| 3. 耗粮数量 | kg | 2 287.25 | 1 890.00 | 2 825.49 | 2 133.18 | 2 446.24 | 2 240.15 | 2 260.48 | 1 878.16 | 2 882.49 | 2 099.65 | 2 110.50 |

数据来源：国家发展和改革委员会价格司。

## 奶牛费用和用工情况

| 安徽 | 福建 | 山东 | 河南 | 湖南 | 广西 | 重庆 | 四川 | 贵州 | 云南 | 陕西 | 甘肃 | 宁夏 | 新疆 |
|---|---|---|---|---|---|---|---|---|---|---|---|---|---|
| 18 015.00 | 15 272.60 | 16 528.68 | 13 104.25 | 11 819.50 | 13 691.96 | 19 207.69 | 19 146.66 | 18 595.52 | 16 440.00 | 15 624.90 | 21 051.80 | 14 419.81 | 25 404.50 |
| 13 149.00 | 11 911.80 | 13 894.35 | 11 199.76 | 10 288.12 | 10 420.86 | 13 778.68 | 17 022.00 | 14 879.61 | 13 890.00 | 12 538.90 | 16 707.90 | 12 019.08 | 20 946.00 |
| | | | | | | | | | | | | | |
| 8 212.00 | 7 971.60 | 8 901.45 | 7 714.22 | 7 996.79 | 1 755.00 | 7 436.01 | 11 473.70 | 9 504.36 | 9 250.00 | 9 217.50 | 10 620.72 | 8 721.69 | 11 407.50 |
| 3 812.00 | 3 200.00 | 4 285.20 | 2 736.48 | 2 100.00 | 7 835.00 | 5 651.00 | 4 832.00 | 4 525.00 | 3 850.00 | 2 486.50 | 5 313.00 | 2 723.02 | 7 605.00 |
| | | | 47.73 | | | | | | | 57.15 | | 46.41 | |
| | 150.70 | 23.23 | 56.49 | 34.45 | | 39.11 | 46.00 | 33.75 | 155.00 | 61.30 | 73.08 | 45.32 | 20.00 |
| 610.00 | 140.60 | 186.00 | 153.46 | 35.45 | 199.52 | 96.28 | 108.70 | 228.50 | 100.00 | 259.00 | 132.00 | 106.30 | 1 122.00 |
| 480.00 | 140.60 | 186.00 | 87.88 | 26.67 | 199.52 | 72.31 | 76.20 | 228.50 | 100.00 | 180.00 | 102.86 | 54.95 | 161.00 |
| | | | 65.58 | 8.78 | | | 32.50 | | | 79.00 | 29.14 | 51.35 | 285.00 |
| 130.00 | | | | | | 23.97 | | | | | | | 676.00 |
| 170.00 | 175.00 | 332.60 | 191.98 | 16.67 | 69.33 | 53.60 | 178.00 | 122.73 | 250.00 | 192.50 | 248.40 | 199.03 | 285.00 |
| | 70.40 | | 57.39 | | 164.71 | 37.85 | 101.00 | 211.36 | 120.00 | 61.00 | 109.20 | | 120.00 |
| 20.00 | | | 19.19 | 29.52 | 21.00 | 221.74 | 55.00 | 32.70 | | | | | 142.50 |
| 100.00 | 33.50 | 10.70 | 28.38 | 13.33 | 92.40 | 73.65 | 83.00 | 45.45 | 25.00 | 55.45 | 17.20 | 41.14 | 60.00 |
| 50.00 | | 5.17 | 31.58 | 26.91 | 235.80 | 36.69 | 44.60 | 75.76 | 60.00 | 64.50 | 6.30 | 36.17 | 80.00 |
| 175.00 | 170.00 | 150.00 | 162.86 | 35.00 | 48.10 | 132.75 | 100.00 | 100.00 | 80.00 | 84.00 | 188.00 | 100.00 | 104.00 |
| 4 866.00 | 3 360.80 | 2 634.33 | 1 904.49 | 1 531.38 | 3 271.10 | 5 429.01 | 2 124.66 | 3 715.91 | 2 550.00 | 3 086.00 | 4 343.90 | 2 400.73 | 4 458.50 |
| 4 266.00 | 2 870.60 | 2 634.33 | 1 832.22 | 1 290.88 | 2 860.50 | 4 161.60 | 1 852.00 | 2 530.30 | 2 250.00 | 2 613.00 | 2 957.70 | 2 184.07 | 3 800.00 |
| 360.00 | | | | 200.00 | | 500.00 | 60.00 | | 300.00 | 80.00 | 150.00 | 36.00 | 328.50 |
| 240.00 | 30.20 | | 43.47 | | 404.00 | 425.56 | 84.30 | 651.52 | | 352.00 | 439.66 | 40.83 | |
| | | | | | | 341.85 | 54.12 | 409.09 | | 41.00 | 330.25 | 105.64 | 300.00 |
| | 460.00 | | 28.80 | 40.50 | 6.60 | | 74.24 | 125.00 | | | 466.29 | 34.19 | 30.00 |
| 1 920.00 | 6 312.40 | 2 029.38 | 3 082.59 | 2 298.32 | 3 008.10 | 3 384.62 | 4 812.50 | 3 626.57 | 3 240.00 | 4 510.00 | 2 029.44 | 3 011.22 | 2 248.60 |
| | 332.40 | 1 199.38 | 268.00 | 598.32 | | | | 172.02 | | | | 1 934.82 | 498.60 |
| | 4.00 | 14.43 | 3.23 | 7.20 | | | | 2.07 | | | | 23.28 | 6.00 |
| 83.10 | 83.10 | 83.10 | 83.10 | 83.10 | 83.10 | 83.10 | 83.10 | 83.10 | 83.10 | 83.10 | 83.10 | 83.10 | 83.10 |
| 1 920.00 | 5 980.00 | 830.00 | 2 814.59 | 1 700.00 | 3 008.10 | 3 384.62 | 4 812.50 | 3 454.55 | 3 240.00 | 4 510.00 | 2 029.44 | 1 076.40 | 1 750.00 |
| 24.00 | 46.00 | 6.90 | 34.61 | 14.17 | 35.86 | 31.42 | 38.50 | 27.65 | 36.00 | 44.95 | 16.80 | 12.34 | 14.00 |
| 80.00 | 130.00 | 120.29 | 81.32 | 119.97 | 83.89 | 107.72 | 125.00 | 124.94 | 90.00 | 100.33 | 120.80 | 87.23 | 125.00 |
| | | | | | | | | | | | | | |
| 3 285.00 | 3 008.00 | 3 296.04 | 2 906.79 | 2 613.33 | 620.00 | 3 372.92 | 3 326.00 | 3 106.00 | 3 550.00 | 3 801.00 | 3 564.00 | 3 008.50 | 4 625.00 |
| 2 299.50 | 2 105.60 | 2 514.97 | 2 051.24 | 2 286.66 | 434.00 | 2 586.55 | 2 328.20 | 2 174.20 | 2 662.50 | 2 774.73 | 2 566.08 | 2 105.95 | 3 237.50 |

## 2017年各地区大规模

| 项　目 | 单位 | 平均 | 北京 | 天津 | 山西 | 内蒙古 | 辽宁 | 黑龙江 | 上海 |
|---|---|---|---|---|---|---|---|---|---|
| 每头 | | | | | | | | | |
| 主产品产量 | kg | 7 533.73 | 9 608.18 | 6 710.00 | 5 962.78 | 6 772.09 | 5 596.00 | 6 666.67 | 9 387.11 |
| 产值合计 | 元 | 32 183.30 | 39 505.87 | 24 492.95 | 22 497.79 | 27 143.70 | 22 775.00 | 24 386.00 | 43 661.38 |
| 主产品产值 | 元 | 29 436.87 | 36 396.20 | 21 472.00 | 20 554.46 | 23 655.52 | 20 591.50 | 22 350.67 | 40 544.13 |
| 副产品产值 | 元 | 2 746.43 | 3 109.67 | 3 020.95 | 1 943.33 | 3 488.18 | 2 183.50 | 2 035.33 | 3 117.25 |
| 总成本 | 元 | 25 513.52 | 28 311.82 | 19 795.67 | 15 554.42 | 23 978.86 | 19 228.51 | 19 182.23 | 37 198.19 |
| 生产成本 | 元 | 25 430.00 | 28 276.82 | 19 763.67 | 15 538.82 | 23 953.66 | 19 168.51 | 19 154.66 | 37 004.63 |
| 物质与服务费用 | 元 | 22 289.69 | 24 960.16 | 18 214.00 | 12 994.12 | 21 241.54 | 16 913.51 | 16 072.25 | 32 564.04 |
| 人工成本 | 元 | 3 140.31 | 3 316.66 | 1 549.67 | 2 544.70 | 2 712.12 | 2 255.00 | 3 082.41 | 4 440.59 |
| 家庭用工折价 | 元 | 17.20 | | | | 30.50 | | 63.74 | |
| 雇工费用 | 元 | 3 123.11 | 3 316.66 | 1 549.67 | 2 544.70 | 2 681.62 | 2 255.00 | 3 018.67 | 4 440.59 |
| 土地成本 | 元 | 83.52 | 35.00 | 32.00 | 15.60 | 25.20 | 60.00 | 27.57 | 193.56 |
| 净利润 | 元 | 6 669.78 | 11 194.05 | 4 697.28 | 6 943.37 | 3 164.84 | 3 546.49 | 5 203.77 | 6 463.19 |
| 成本利润率 | % | 26.14 | 39.54 | 23.73 | 44.64 | 13.20 | 18.44 | 27.13 | 17.38 |
| 每50kg主产品 | | | | | | | | | |
| 平均出售价格 | 元 | 195.37 | 189.40 | 160.00 | 172.36 | 174.65 | 183.98 | 167.63 | 215.96 |
| 总成本 | 元 | 154.88 | 135.73 | 129.32 | 119.17 | 154.29 | 155.33 | 131.86 | 183.99 |
| 生产成本 | 元 | 154.37 | 135.57 | 129.11 | 119.05 | 154.12 | 154.85 | 131.67 | 183.03 |
| 净利润 | 元 | 40.49 | 53.67 | 30.68 | 53.19 | 20.36 | 28.65 | 35.77 | 31.97 |
| 附： | | | | | | | | | |
| 每头用工数量 | d | 27.28 | 15.52 | 12.55 | 19.86 | 29.72 | 21.50 | 29.01 | 32.15 |
| 平均饲养天数 | d | 365.00 | 365.00 | 365.00 | 365.00 | 365.00 | 365.00 | 365.00 | 365.00 |

数据来源：国家发展和改革委员会价格司。

## 奶牛成本收益情况

| 江苏 | 浙江 | 安徽 | 福建 | 山东 | 河南 | 湖北 | 广东 | 四川 | 贵州 | 甘肃 | 青海 | 新疆 |
|---|---|---|---|---|---|---|---|---|---|---|---|---|
| | | | | | | | | | | | | |
| 8 275.41 | 8 375.00 | 8 764.90 | 9 330.00 | 8 949.80 | 6 077.38 | 9 100.00 | 5 102.00 | 6 020.00 | 6 034.29 | 9 762.31 | 5 772.93 | 8 407.81 |
| 38 901.39 | 38 919.00 | 39 823.22 | 45 878.50 | 32 634.17 | 23 946.08 | 38 300.00 | 30 066.80 | 27 486.83 | 24 325.72 | 35 894.68 | 28 215.97 | 34 810.86 |
| 37 429.96 | 34 572.00 | 36 816.47 | 43 897.50 | 29 039.33 | 21 653.51 | 36 400.00 | 27 550.80 | 24 600.73 | 22 679.89 | 33 369.60 | 21 937.14 | 33 225.94 |
| 1 471.43 | 4 347.00 | 3 006.75 | 1 981.00 | 3 594.84 | 2 292.57 | 1 900.00 | 2 516.00 | 2 886.10 | 1 645.83 | 2 525.08 | 6 278.83 | 1 584.92 |
| 32 244.17 | 37 174.43 | 32 083.10 | 35 129.70 | 28 484.06 | 17 588.00 | 21 751.00 | 23 794.89 | 22 504.29 | 21 471.37 | 27 201.36 | 24 649.38 | 22 944.35 |
| 31 895.96 | 37 124.43 | 31 768.00 | 35 109.70 | 28 429.82 | 17 533.51 | 21 571.00 | 23 758.71 | 22 334.29 | 21 438.04 | 27 201.36 | 24 629.47 | 22 944.35 |
| 28 310.16 | 31 804.43 | 28 135.03 | 32 562.82 | 26 343.18 | 14 380.25 | 18 271.00 | 19 435.71 | 17 574.29 | 18 765.08 | 24 681.55 | 22 301.87 | 20 268.77 |
| 3 585.80 | 5 320.00 | 3 632.97 | 2 546.88 | 2 086.64 | 3 153.26 | 3 300.00 | 4 323.00 | 4 760.00 | 2 672.96 | 2 519.81 | 2 327.60 | 2 675.58 |
| | | | | | | | | | | | | 249.30 |
| 3 585.80 | 5 320.00 | 3 632.97 | 2 546.88 | 2 086.64 | 3 153.26 | 3 300.00 | 4 323.00 | 4 760.00 | 2 672.96 | 2 519.81 | 2 327.60 | 2 426.28 |
| 348.21 | 50.00 | 315.10 | 20.00 | 54.24 | 54.49 | 180.00 | 36.18 | 170.00 | 33.33 | | 19.91 | |
| 6 657.22 | 1 744.57 | 7 740.12 | 10 748.80 | 4 150.11 | 6 358.08 | 16 549.00 | 6 271.91 | 4 982.54 | 2 854.35 | 8 693.32 | 3 566.59 | 11 866.51 |
| 20.65 | 4.69 | 24.13 | 30.60 | 14.57 | 36.15 | 76.08 | 26.36 | 22.14 | 13.29 | 31.96 | 14.47 | 51.72 |
| | | | | | | | | | | | | |
| 226.15 | 206.40 | 210.02 | 235.25 | 162.23 | 178.15 | 200.00 | 270.00 | 204.33 | 187.93 | 170.91 | 190.00 | 197.59 |
| 187.45 | 197.15 | 169.20 | 180.13 | 141.60 | 130.85 | 113.58 | 213.68 | 167.29 | 165.88 | 129.52 | 165.98 | 130.23 |
| 185.42 | 196.88 | 167.54 | 180.03 | 141.33 | 130.44 | 112.64 | 213.35 | 166.03 | 165.62 | 129.52 | 165.85 | 130.23 |
| 38.70 | 9.25 | 40.82 | 55.12 | 20.63 | 47.30 | 86.42 | 56.32 | 37.04 | 22.05 | 41.39 | 24.02 | 67.36 |
| | | | | | | | | | | | | |
| 48.98 | 38.00 | 25.81 | 25.00 | 27.05 | 39.25 | 30.00 | 33.40 | 37.00 | 20.50 | 15.82 | 21.16 | 23.31 |
| 365.00 | 365.00 | 365.00 | 365.00 | 365.00 | 365.00 | 365.00 | 365.00 | 365.00 | 365.00 | 365.00 | 365.00 | 365.00 |

## 2017年各地区大规模

| 项　　目 | 单位 | 平均 | 北京 | 天津 | 山西 | 内蒙古 | 辽宁 | 黑龙江 | 上海 |
|---|---|---|---|---|---|---|---|---|---|
| 一、每头物质与服务费用 | 元 | 22 289.69 | 24 960.16 | 18 214.00 | 12 994.12 | 21 241.54 | 16 913.51 | 16 072.25 | 32 564.04 |
| （一）直接费用 | 元 | 18 654.31 | 21 049.55 | 15 922.07 | 10 898.26 | 17 786.72 | 13 308.01 | 13 467.36 | 28 549.19 |
| 1.仔畜费 | 元 | | | | | | | | |
| 2.精饲料费 | 元 | 10 234.39 | 10 103.59 | 9 367.00 | 8 428.56 | 10 080.16 | 7 626.25 | 8 048.33 | 13 368.19 |
| 3.青粗饲料费 | 元 | 6 626.85 | 7 487.56 | 5 932.50 | 1 871.81 | 6 622.24 | 4 887.76 | 4 615.17 | 12 277.01 |
| 4.饲料加工费 | 元 | 24.17 | | 15.63 | 13.33 | 13.19 | 71.50 | | |
| 5.水费 | 元 | 92.04 | 17.57 | 46.88 | 59.03 | 51.19 | 94.00 | 22.06 | 204.23 |
| 6.燃料动力费 | 元 | 448.64 | 658.29 | 218.75 | 139.61 | 296.10 | 168.60 | 186.70 | 879.97 |
| 电费 | 元 | 363.84 | 485.77 | 218.75 | 84.89 | 152.20 | 131.50 | 126.37 | 879.97 |
| 煤费 | 元 | 32.91 | 21.35 | | 54.72 | 63.52 | 37.10 | 57.83 | |
| 其他燃料动力费 | 元 | 51.89 | 151.17 | | | 80.38 | | 2.50 | |
| 7.医疗防疫费 | 元 | 432.01 | 592.32 | 106.47 | 82.06 | 200.24 | 121.50 | 172.63 | 640.85 |
| 8.死亡损失费 | 元 | 175.35 | 330.54 | 32.00 | 78.61 | 32.00 | 133.00 | 111.00 | 327.59 |
| 9.技术服务费 | 元 | 16.80 | 40.00 | | 36.67 | 7.17 | | 28.27 | 27.79 |
| 10.工具材料费 | 元 | 193.04 | 87.65 | 29.41 | 49.08 | 67.06 | 55.85 | 55.12 | 423.64 |
| 11.修理维护费 | 元 | 134.63 | 377.62 | 23.43 | 44.50 | 168.37 | 33.55 | 44.75 | 166.90 |
| 12.其他直接费用 | 元 | 276.39 | 1 354.41 | 150.00 | 95.00 | 249.00 | 116.00 | 183.33 | 233.02 |
| （二）间接费用 | 元 | 3 635.38 | 3 910.61 | 2 291.93 | 2 095.86 | 3 454.82 | 3 605.50 | 2 604.89 | 4 014.85 |
| 1.固定资产折旧 | 元 | 2 926.46 | 3 600.11 | 2 088.80 | 1 983.22 | 2 571.06 | 3 285.50 | 2 310.50 | 2 469.31 |
| 2.保险费 | 元 | 86.50 | 25.00 | | | 490.00 | | 25.00 | 135.69 |
| 3.管理费 | 元 | 404.06 | 132.50 | 15.63 | 56.39 | 46.19 | 197.00 | 173.06 | 1 272.37 |
| 4.财务费 | 元 | 144.94 | 56.00 | 187.50 | 15.42 | 85.27 | 51.00 | 3.17 | 137.48 |
| 5.销售费 | 元 | 73.42 | 97.00 | | 40.83 | 262.30 | 72.00 | 93.16 | |
| 二、每头人工成本 | 元 | 3 140.31 | 3 316.66 | 1 549.67 | 2 544.70 | 2 712.12 | 2 255.00 | 3 082.41 | 4 440.59 |
| 1.家庭用工折价 | 元 | 17.20 | | | | 30.50 | | 63.74 | |
| 家庭用工天数 | d | 0.21 | | | | 0.37 | | 0.77 | |
| 劳动日工价 | 元 | 83.10 | 83.10 | 83.10 | 83.10 | 83.10 | 83.10 | 83.10 | 83.10 |
| 2.雇工费用 | 元 | 3 123.11 | 3 316.66 | 1 549.67 | 2 544.70 | 2 681.62 | 2 255.00 | 3 018.67 | 4 440.59 |
| 雇工天数 | d | 27.07 | 15.52 | 12.55 | 19.86 | 29.35 | 21.50 | 28.24 | 32.15 |
| 雇工工价 | 元 | 115.37 | 213.70 | 123.48 | 128.13 | 91.37 | 104.88 | 106.89 | 138.12 |
| 三、附 | | | | | | | | | |
| 1.仔畜重量 | kg | | | | | | | | |
| 2.精饲料数量 | kg | 3 551.32 | 3 505.92 | 3 591.00 | 3 103.75 | 3 238.13 | 3 020.50 | 2 836.67 | 4 411.94 |
| 3.耗粮数量 | kg | 2 531.67 | 2 454.15 | 2 513.70 | 2 254.77 | 2 470.62 | 2 114.35 | 2 146.20 | 3 088.36 |

数据来源：国家发展和改革委员会价格司。

## 奶牛费用和用工情况

| 江苏 | 浙江 | 安徽 | 福建 | 山东 | 河南 | 湖北 | 广东 | 四川 | 贵州 | 甘肃 | 青海 | 新疆 |
|---|---|---|---|---|---|---|---|---|---|---|---|---|
| 28 310.16 | 31 804.43 | 28 135.03 | 32 562.82 | 26 343.18 | 14 380.25 | 18 271.00 | 19 435.71 | 17 574.29 | 18 765.08 | 24 681.55 | 22 301.87 | 20 268.77 |
| 24 260.96 | 25 041.43 | 22 369.02 | 28 374.90 | 21 828.58 | 12 104.95 | 14 905.00 | 17 650.26 | 14 981.98 | 15 181.50 | 20 349.41 | 18 394.09 | 16 662.97 |
| | | | | | | | | | | | | |
| 10 690.91 | 11 588.85 | 13 792.41 | 12 834.25 | 10 193.24 | 8 186.50 | 10 500.00 | 10 680.00 | 9 982.06 | 9 736.71 | 11 203.02 | 6 996.72 | 11 281.08 |
| 10 164.97 | 10 854.00 | 6 795.82 | 11 532.08 | 8 298.99 | 3 073.33 | 2 625.00 | 5 120.00 | 4 380.00 | 4 478.91 | 8 067.51 | 9 450.93 | 4 001.45 |
| 54.30 | 73.58 | | 39.50 | | 50.38 | 152.00 | | | | | | |
| 280.73 | 510.00 | 35.64 | 9.50 | 42.16 | 52.48 | 60.00 | 102.50 | 30.00 | 32.12 | 91.47 | 3.08 | 96.07 |
| 768.62 | 395.00 | 533.09 | 1 004.24 | 885.93 | 193.71 | 528.00 | 714.00 | 207.36 | 230.96 | 230.98 | 387.72 | 345.16 |
| 666.78 | 395.00 | 480.23 | 1 004.24 | 676.32 | 110.03 | 355.00 | 674.00 | 207.36 | 230.96 | 200.78 | 96.51 | 100.16 |
| 77.20 | | 17.73 | | | 83.68 | | | | | | | 245.00 |
| 24.64 | | 35.13 | | 209.61 | | 173.00 | 40.00 | | | 30.20 | 291.21 | |
| 1 106.73 | 680.00 | 443.66 | 1 683.10 | 630.44 | 237.96 | 300.00 | 470.00 | 120.00 | 204.39 | 210.20 | 249.74 | 387.94 |
| 26.93 | 10.00 | 244.68 | 159.45 | 352.96 | 69.45 | 200.00 | 208.00 | 31.77 | 178.33 | 112.38 | 791.25 | 77.07 |
| | | | 28.40 | | 17.90 | 55.00 | 12.56 | 60.00 | 22.22 | | | |
| 739.55 | 310.00 | 183.26 | 464.60 | 498.60 | 35.01 | 250.00 | 143.20 | 24.56 | 51.11 | 106.11 | 187.91 | 99.05 |
| 109.31 | 200.00 | 165.50 | 275.78 | 419.86 | 36.57 | 135.00 | 105.00 | 46.23 | 170.67 | 47.60 | 28.73 | 93.20 |
| 318.91 | 420.00 | 174.96 | 344.00 | 506.40 | 151.66 | 100.00 | 95.00 | 100.00 | 76.08 | 280.14 | 298.01 | 281.95 |
| 4 049.20 | 6 763.00 | 5 766.01 | 4 187.92 | 4 514.60 | 2 275.30 | 3 366.00 | 1 785.45 | 2 592.31 | 3 583.58 | 4 332.14 | 3 907.78 | 3 605.80 |
| 3 610.42 | 6 174.00 | 4 774.12 | 2 037.42 | 4 135.28 | 2 124.31 | 2 250.00 | 1 436.00 | 2 308.65 | 2 385.53 | 3 231.11 | 3 057.29 | 2 696.53 |
| | 225.00 | 280.00 | | | | 36.00 | 43.00 | 100.00 | 186.95 | | 183.29 | |
| 438.78 | 334.00 | 552.30 | 1 029.60 | 362.89 | 59.04 | 980.00 | 276.38 | 62.78 | 416.93 | 770.12 | 388.49 | 516.78 |
| | 30.00 | 127.44 | 1 109.50 | | 52.94 | 100.00 | 15.07 | 45.22 | 460.84 | | 278.71 | 143.21 |
| | | 32.15 | 11.40 | 16.43 | 39.01 | | 15.00 | 75.66 | 133.33 | 330.91 | | 249.28 |
| 3 585.80 | 5 320.00 | 3 632.97 | 2 546.88 | 2 086.64 | 3 153.26 | 3 300.00 | 4 323.00 | 4 760.00 | 2 672.96 | 2 519.81 | 2 327.60 | 2 675.58 |
| | | | | | | | | | | | | 249.30 |
| | | | | | | | | | | | | 3.00 |
| 83.10 | 83.10 | 83.10 | 83.10 | 83.10 | 83.10 | 83.10 | 83.10 | 83.10 | 83.10 | 83.10 | 83.10 | 83.10 |
| 3 585.80 | 5 320.00 | 3 632.97 | 2 546.88 | 2 086.64 | 3 153.26 | 3 300.00 | 4 323.00 | 4 760.00 | 2 672.96 | 2 519.81 | 2 327.60 | 2 426.28 |
| 48.98 | 38.00 | 25.81 | 25.00 | 27.05 | 39.25 | 30.00 | 33.40 | 37.00 | 20.50 | 15.82 | 21.16 | 20.31 |
| 73.21 | 140.00 | 140.76 | 101.88 | 77.14 | 80.34 | 110.00 | 129.43 | 128.65 | 130.39 | 159.28 | 110.00 | 119.46 |
| | | | | | | | | | | | | |
| 4 032.01 | 3 679.00 | 4 357.54 | 4 867.25 | 3 680.00 | 3 074.12 | 3 620.00 | 3 019.00 | 2 920.00 | 3 227.83 | 4 280.98 | 2 692.05 | 3 868.67 |
| 2 822.40 | 2 575.30 | 3 486.03 | 3 407.08 | 2 502.40 | 2 167.49 | 2 534.00 | 2 203.87 | 2 044.00 | 2 259.48 | 2 996.69 | 1 884.44 | 2 708.07 |

# 生产价格

## 2011—2017 年我国奶类生产价格指数

上年 =100

| 季度 | 2011 年 | 2012 年 | 2013 年 | 2014 年 | 2015 年 | 2016 年 | 2017 年 |
|---|---|---|---|---|---|---|---|
| 第一季度 | 112.50 | 103.69 | 107.70 | 118.40 | 90.30 | 95.40 | 102.30 |
| 第二季度 | 108.64 | 102.90 | 108.10 | 122.10 | 91.80 | 95.30 | 99.20 |
| 第三季度 | 106.90 | 103.66 | 111.20 | 103.70 | 92.60 | 95.60 | 101.60 |
| 第四季度 | 105.10 | 105.30 | 114.30 | 96.80 | 94.40 | 98.90 | 100.00 |

## 2008—2017 年全国生鲜乳收购价格

单位：元 /kg

| 年份 | 1 月 | 2 月 | 3 月 | 4 月 | 5 月 | 6 月 | 7 月 | 8 月 | 9 月 | 10 月 | 11 月 | 12 月 |
|---|---|---|---|---|---|---|---|---|---|---|---|---|
| 2008 | 2.77 | 2.90 | 2.93 | 2.86 | 2.85 | 2.85 | 2.77 | 2.76 | 2.76 | 2.69 | 2.69 | 2.68 |
| 2009 | 2.62 | 2.57 | 2.49 | 2.43 | 2.37 | 2.32 | 2.32 | 2.31 | 2.36 | 2.43 | 2.52 | 2.60 |
| 2010 | 2.68 | 2.73 | 2.74 | 2.79 | 2.82 | 2.86 | 2.89 | 2.93 | 2.98 | 3.02 | 3.07 | 3.13 |
| 2011 | 3.18 | 3.20 | 3.20 | 3.20 | 3.19 | 3.20 | 3.19 | 3.19 | 3.20 | 3.22 | 3.23 | 3.25 |
| 2012 | 3.26 | 3.28 | 3.28 | 3.27 | 3.27 | 3.27 | 3.27 | 3.27 | 3.28 | 3.31 | 3.34 | 3.38 |
| 2013 | 3.40 | 3.42 | 3.42 | 3.43 | 3.45 | 3.50 | 3.55 | 3.61 | 3.70 | 3.81 | 3.98 | 4.12 |
| 2014 | 4.23 | 4.26 | 4.23 | 4.21 | 4.16 | 4.08 | 4.00 | 3.95 | 3.92 | 3.90 | 3.84 | 3.79 |
| 2015 | 3.56 | 3.44 | 3.42 | 3.40 | 3.40 | 3.41 | 3.41 | 3.41 | 3.44 | 3.47 | 3.50 | 3.54 |
| 2016 | 3.56 | 3.56 | 3.54 | 3.47 | 3.46 | 3.42 | 3.40 | 3.39 | 3.44 | 3.45 | 3.47 | 3.52 |
| 2017 | 3.54 | 3.54 | 3.53 | 3.50 | 3.45 | 3.42 | 3.41 | 3.41 | 3.46 | 3.48 | 3.50 | 3.52 |

# 【饲料工业】

## 行 业 情 况

### 2013—2017 年全国饲料加工业基本经营情况

| 分 项 | 单位 | 2013 年 | 2014 年 | 2015 年 | 2016 年 | 2017 年 |
|---|---|---|---|---|---|---|
| 企业数量 | 个 | 3 664 | 3 842 | 4 117 | 4 232 | 4 296 |
| 亏损企业数 | 个 | 304 | 330 | 411 | 524 | 561 |
| 主营业务收入 | 亿元 | 9 742.8 | 10 813.9 | 11 052.8 | 11 533.6 | 11 244.2 |
| 利润总额 | 亿元 | 481.4 | 508.0 | 536.2 | 560.3 | 555.3 |
| 资产总额 | 亿元 | 3 197.2 | 3 846.5 | 4 250.5 | 4 679.0 | 5 317.5 |
| 负债总额 | 亿元 | 1 534.4 | 1 845.1 | 1 929.3 | 2 159.3 | 2 618.8 |

数据来源：国家统计局、农业部。

## 2011—2015年全国各地区配合、混合饲料合计产量

单位：万t

| 地区 | 2011年 | 2012年 | 2013年 | 2014年 | 2015年 |
|---|---|---|---|---|---|
| 全国 | 15 304.19 | 17 957.69 | 19 813.05 | 21 791.64 | 22 120.64 |
| 北京 | 169.80 | 165.68 | 162.61 | 166.69 | 142.77 |
| 天津 | 171.56 | 117.33 | 157.96 | 181.21 | 140.54 |
| 河北 | 946.43 | 926.33 | 1 013.12 | 1 119.37 | 1 183.17 |
| 山西 | 180.64 | 203.30 | 213.00 | 258.56 | 244.45 |
| 内蒙古 | 463.39 | 419.15 | 389.28 | 441.10 | 427.45 |
| 辽宁 | 1 387.10 | 1 573.35 | 1 663.14 | 1 648.13 | 1 453.12 |
| 吉林 | 622.51 | 637.28 | 644.20 | 707.84 | 708.66 |
| 黑龙江 | 118.37 | 196.91 | 263.18 | 259.50 | 298.13 |
| 上海 | 92.14 | 98.74 | 92.57 | 103.44 | 104.35 |
| 江苏 | 317.83 | 872.95 | 478.66 | 614.56 | 653.34 |
| 浙江 | 362.24 | 423.70 | 439.09 | 412.37 | 345.97 |
| 安徽 | 350.03 | 395.62 | 429.31 | 459.34 | 482.96 |
| 福建 | 549.23 | 602.96 | 748.85 | 826.31 | 910.72 |
| 江西 | 865.40 | 1 053.95 | 1 272.87 | 1 340.52 | 1 401.27 |
| 山东 | 1 689.11 | 2 488.62 | 2 678.47 | 2 915.02 | 2 757.29 |
| 河南 | 1 168.72 | 1 186.94 | 1 409.40 | 1 551.02 | 1 611.62 |
| 湖北 | 438.39 | 730.23 | 950.29 | 1 215.79 | 1 327.57 |
| 湖南 | 1 179.03 | 1 202.29 | 1 302.40 | 1 329.51 | 1 333.57 |
| 广东 | 1 425.10 | 1 457.80 | 1 694.63 | 1 969.20 | 2 087.87 |
| 广西 | 943.25 | 1 143.54 | 1 330.69 | 1 445.60 | 1 558.49 |
| 海南 | 139.45 | 158.98 | 179.95 | 167.58 | 172.65 |
| 重庆 | 157.22 | 196.33 | 235.19 | 258.13 | 270.51 |
| 四川 | 937.28 | 921.54 | 1 091.22 | 1 247.84 | 1 201.35 |
| 贵州 | 82.76 | 69.56 | 91.42 | 115.81 | 118.67 |
| 云南 | 146.28 | 201.43 | 238.86 | 267.62 | 326.03 |
| 西藏 |  |  | 0.74 | 2.80 | 0.87 |
| 陕西 | 162.95 | 210.83 | 258.75 | 348.65 | 374.90 |
| 甘肃 | 86.92 | 115.38 | 141.54 | 135.51 | 150.11 |
| 青海 | 0.40 | 3.11 | 3.36 | 4.16 | 4.00 |
| 宁夏 | 29.35 | 31.60 | 32.38 | 37.52 | 34.55 |
| 新疆 | 121.30 | 152.25 | 205.90 | 240.95 | 293.69 |

数据来源：国家统计局。

## 2016年全国及各地区饲料、配合饲料、混合饲料产量

单位：万t

| 地　区 | 饲料 | 配合饲料 | 混合饲料 |
|---|---|---|---|
| 全　国 | 29 051.57 | 16 350.21 | 6 397.33 |
| 北　京 | 166.02 | 86.03 | 58.19 |
| 天　津 | 374.91 | 132.53 | 10.12 |
| 河　北 | 1 345.91 | 664.80 | 519.58 |
| 山　西 | 284.36 | 136.54 | 118.31 |
| 内蒙古 | 527.09 | 157.95 | 309.41 |
| 辽　宁 | 1 082.41 | 441.41 | 374.84 |
| 吉　林 | 765.95 | 340.48 | 314.85 |
| 黑龙江 | 513.83 | 220.51 | 123.11 |
| 上　海 | 175.08 | 83.79 | 15.69 |
| 江　苏 | 976.78 | 518.41 | 187.35 |
| 浙　江 | 399.23 | 320.49 | 22.55 |
| 安　徽 | 1 021.45 | 417.01 | 118.53 |
| 福　建 | 1 416.13 | 1 001.04 | 68.38 |
| 江　西 | 1 809.42 | 1 059.34 | 395.15 |
| 山　东 | 3 275.14 | 2 160.62 | 633.86 |
| 河　南 | 2 268.09 | 1 083.91 | 499.46 |
| 湖　北 | 2 000.41 | 1 174.66 | 332.83 |
| 湖　南 | 1 819.69 | 965.04 | 467.59 |
| 广　东 | 2 929.18 | 1 928.71 | 457.02 |
| 广　西 | 1 931.67 | 1 377.88 | 336.13 |
| 海　南 | 226.83 | 162.07 | 34.98 |
| 重　庆 | 488.37 | 244.80 | 58.86 |
| 四　川 | 1 568.45 | 859.51 | 351.30 |
| 贵　州 | 164.55 | 98.56 | 45.22 |
| 云　南 | 394.08 | 269.74 | 88.61 |
| 西　藏 | 2.76 | 1.99 | 0.77 |
| 陕　西 | 469.00 | 183.43 | 153.83 |
| 甘　肃 | 185.59 | 103.92 | 59.24 |
| 青　海 | 18.71 | 7.77 | |
| 宁　夏 | 41.54 | 22.72 | 13.51 |
| 新　疆 | 408.94 | 124.57 | 228.06 |

数据来源：国家统计局。

## 2017年全国及各地区饲料、配合饲料、混合饲料产量

单位：万t

| 地　区 | 饲料 | 配合饲料 | 混合饲料 |
| --- | --- | --- | --- |
| 全　国 | 28 465.46 | 15 879.88 | 5 977.54 |
| 北　京 | 168.93 | 81.06 | 62.43 |
| 天　津 | 323.86 | 108.86 | 8.96 |
| 河　北 | 1 386.21 | 656.81 | 533.14 |
| 山　西 | 278.20 | 109.29 | 127.61 |
| 内蒙古 | 269.66 | 68.81 | 97.16 |
| 辽　宁 | 1 163.55 | 452.04 | 398.24 |
| 吉　林 | 821.10 | 371.96 | 320.01 |
| 黑龙江 | 420.71 | 167.23 | 115.14 |
| 上　海 | 146.59 | 71.19 | 10.96 |
| 江　苏 | 1 083.50 | 599.61 | 187.95 |
| 浙　江 | 360.74 | 278.35 | 22.79 |
| 安　徽 | 846.26 | 357.18 | 92.88 |
| 福　建 | 1 515.75 | 1 038.16 | 57.77 |
| 江　西 | 2 016.64 | 1 200.84 | 424.88 |
| 山　东 | 2 923.05 | 1 786.50 | 607.30 |
| 河　南 | 2 486.75 | 1 164.62 | 452.41 |
| 湖　北 | 1 716.17 | 922.93 | 275.70 |
| 湖　南 | 1 717.12 | 985.99 | 375.81 |
| 广　东 | 2 826.22 | 1 895.55 | 466.66 |
| 广　西 | 2 076.02 | 1 421.82 | 356.58 |
| 海　南 | 253.54 | 186.47 | 33.54 |
| 重　庆 | 482.56 | 280.02 | 61.64 |
| 四　川 | 1 582.36 | 875.85 | 346.52 |
| 贵　州 | 182.70 | 116.47 | 50.12 |
| 云　南 | 398.59 | 272.23 | 78.88 |
| 西　藏 | 2.72 | 1.98 | 0.74 |
| 陕　西 | 452.82 | 191.28 | 139.56 |
| 甘　肃 | 126.88 | 55.73 | 49.31 |
| 青　海 | 11.04 | 4.78 | |
| 宁　夏 | 42.91 | 21.42 | 15.01 |
| 新　疆 | 382.35 | 134.81 | 207.83 |

数据来源：国家统计局。

## 2013—2017 年全国饲料生产量（月度）

单位：万 t

| 月 份 | 2013 年 | | 2014 年 | | 2015 年 | | 2016 年 | | 2017 年 | |
|---|---|---|---|---|---|---|---|---|---|---|
| | 配合饲料 | 混合饲料 | 配合饲料 | 混合饲料 | 配合饲料 | 混合饲料 | 配合饲料 | 混合饲料 | 配合饲料 | 混合饲料 |
| 01~02 | 1 690.50 | 795.50 | 1 994.72 | 835.45 | 2 070.72 | 873.61 | 2 169.17 | 867.20 | 2 341.94 | 905.38 |
| 03 | 1 114.21 | 498.82 | 1 164.63 | 487.42 | 1 204.02 | 494.85 | 1 262.66 | 506.89 | 1 372.88 | 521.72 |
| 04 | 1 026.10 | 447.92 | 1 092.61 | 468.50 | 1 144.62 | 488.43 | 1 235.29 | 499.80 | 1 291.31 | 512.12 |
| 05 | 1 070.82 | 484.42 | 1181.85 | 518.83 | 1 209.66 | 512.20 | 1 340.75 | 533.21 | 1 399.63 | 536.82 |
| 06 | 1 166.46 | 535.39 | 1 312.54 | 586.55 | 1 356.25 | 574.22 | 1 436.15 | 571.15 | 1 492.23 | 564.82 |
| 07 | 1 136.55 | 481.01 | 1 273.57 | 541.85 | 1 327.19 | 552.01 | 1 378.33 | 521.83 | 1 406.16 | 534.57 |
| 08 | 1 177.69 | 486.14 | 1 323.17 | 537.15 | 1 366.05 | 566.97 | 1 454.95 | 538.34 | 1 469.80 | 546.79 |
| 09 | 1 284.83 | 535.47 | 1 407.43 | 590.70 | 1 433.89 | 615.91 | 1 547.48 | 582.07 | 1 567.05 | 585.68 |
| 10 | 1 271.77 | 552.66 | 1 407.90 | 622.78 | 1 449.64 | 597.27 | 1 475.65 | 587.99 | 1 526.43 | 603.11 |
| 11 | 1 294.70 | 542.73 | 1 375.08 | 608.47 | 1 403.03 | 609.87 | 1 499.79 | 597.19 | 1 424.92 | 572.25 |
| 12 | 1 313.92 | 539.15 | 1 379.70 | 606.98 | 1 511.04 | 591.57 | 1 490.51 | 604.88 | 1 364.00 | 578.95 |

数据来源：国家统计局。

# 饲 料 价 格

## 2013—2017年全国玉米、豆粕收购价格（月度）

单位：元/kg

| 月 份 | 2013年 | | 2014年 | | 2015年 | | 2016年 | | 2017年 | |
|---|---|---|---|---|---|---|---|---|---|---|
| | 玉米 | 豆粕 | 玉米 | 豆粕 | 玉米 | 豆粕 | 玉米 | 豆粕 | 玉米 | 豆粕 |
| 01 | 2.44 | 4.22 | 2.40 | 4.30 | 2.43 | 3.73 | 2.10 | 3.08 | 1.90 | 3.64 |
| 02 | 2.45 | 4.24 | 2.38 | 4.25 | 2.41 | 3.60 | 2.09 | 3.10 | 1.86 | 3.56 |
| 03 | 2.46 | 4.30 | 2.37 | 4.12 | 2.42 | 3.59 | 2.04 | 3.03 | 1.83 | 3.47 |
| 04 | 2.45 | 4.25 | 2.36 | 4.05 | 2.44 | 3.54 | 1.98 | 2.98 | 1.85 | 3.39 |
| 05 | 2.43 | 4.20 | 2.41 | 4.13 | 2.46 | 3.47 | 1.97 | 3.08 | 1.88 | 3.33 |
| 06 | 2.45 | 4.30 | 2.47 | 4.17 | 2.47 | 3.33 | 2.03 | 3.35 | 1.90 | 3.21 |
| 07 | 2.48 | 4.24 | 2.56 | 4.11 | 2.47 | 3.31 | 2.11 | 3.54 | 1.94 | 3.22 |
| 08 | 2.49 | 4.24 | 2.65 | 4.05 | 2.46 | 3.30 | 2.08 | 3.45 | 1.96 | 3.23 |
| 09 | 2.49 | 4.40 | 2.70 | 4.01 | 2.37 | 3.25 | 2.04 | 3.44 | 1.97 | 3.23 |
| 10 | 2.46 | 4.53 | 2.61 | 3.94 | 2.23 | 3.24 | 1.95 | 3.47 | 1.95 | 3.27 |
| 11 | 2.43 | 4.50 | 2.51 | 3.93 | 2.13 | 3.18 | 1.94 | 3.53 | 1.94 | 3.30 |
| 12 | 2.41 | 4.43 | 2.47 | 3.86 | 2.14 | 3.10 | 1.95 | 3.68 | 1.95 | 3.34 |

数据来源：农业部。

# 【乳品加工】

## 行 业 情 况

### 2013—2017 年全国液体乳及乳制品制造业基本经营情况

| 分 项 | 单位 | 2013 年 | 2014 年 | 2015 年 | 2016 年 | 2017 年 |
|---|---|---|---|---|---|---|
| 企业数量* | 个 | 658 | 631 | 638 | 627 | 611 |
| 亏损企业数 | 个 | 91 | 100 | 103 | 104 | 110 |
| 资产总额 | 亿元 | 2 056.9 | 2 321.2 | 2 565.0 | 2 792.0 | 2 972.5 |
| 负债总额 | 亿元 | 1 116.5 | 1 241.3 | 1 314.2 | 1 388.7 | 1 540.0 |
| 主营业务收入 | 亿元 | 2 831.6 | 3 297.7 | 3 328.5 | 3 503.9 | 3 590.4 |
| 利润总额 | 亿元 | 180.1 | 225.3 | 241.7 | 259.9 | 244.9 |

* 指规模以上企业数量

数据来源：国家统计局。

# 乳 制 品 产 量

## 2009—2017年度全国乳制品产量

单位：万t

| 年 份 | 乳制品 | | 其中 | | |
| --- | --- | --- | --- | --- | --- |
| | | | 液态奶 | | 干乳制品 |
| | 产量 | 同比 | 产量 | 同比 | 产量 |
| 2009 | 1 935.1 | 12.88 | 1 641.7 | 13.49 | 293.5 |
| 2010 | 2 159.4 | 11.18 | 1 845.6 | 11.10 | 313.8 |
| 2011 | 2 387.5 | 13.99 | 2 060.8 | 13.47 | 326.7 |
| 2012 | 2 545.2 | 8.10 | 2 146.6 | 8.10 | 398.6 |
| 2013 | 2 698.0 | 5.15 | 2 336.0 | 7.01 | 362.1 |
| 2014 | 2 651.8 | −1.23 | 2 400.1 | −0.91 | 251.7 |
| 2015 | 2 782.5 | 4.60 | 2 521.0 | 4.72 | 261.5 |
| 2016 | 2 993.2 | 7.68 | 2 737.2 | 8.53 | 256.1 |
| 2017 | 2 935.0 | 4.17 | 2691.7 | 4.53 | 243.4 |

数据来源：国家统计局。

## 2013—2017 年全国各地区乳制品产量

单位：万 t

| 地 区 | 2013 年 | 2014 年 | 2015 年 | 2016 年 | 2017 年 |
|---|---|---|---|---|---|
| 全 国 | 2 698.03 | 2 651.81 | 2 782.53 | 2 993.23 | 2 935.04 |
| 北 京 | 58.76 | 60.62 | 62.13 | 62.19 | 59.67 |
| 天 津 | 62.55 | 76.80 | 81.26 | 62.76 | 60.13 |
| 河 北 | 298.12 | 328.95 | 346.00 | 371.27 | 372.85 |
| 山 西 | 53.43 | 48.08 | 47.91 | 57.40 | 47.24 |
| 内蒙古 | 300.92 | 269.83 | 293.55 | 336.52 | 263.41 |
| 辽 宁 | 96.69 | 87.48 | 92.85 | 85.01 | 75.22 |
| 吉 林 | 16.58 | 15.71 | 17.58 | 16.72 | 16.15 |
| 黑龙江 | 213.74 | 195.38 | 191.40 | 196.08 | 158.57 |
| 上 海 | 48.92 | 53.72 | 49.97 | 46.50 | 44.65 |
| 江 苏 | 141.63 | 141.95 | 154.39 | 160.21 | 161.16 |
| 浙 江 | 50.03 | 49.74 | 49.82 | 62.54 | 69.61 |
| 安 徽 | 94.05 | 108.17 | 94.37 | 106.17 | 105.14 |
| 福 建 | 26.44 | 20.37 | 16.32 | 19.06 | 17.58 |
| 江 西 | 32.09 | 33.16 | 33.24 | 20.71 | 23.59 |
| 山 东 | 274.73 | 212.75 | 250.90 | 259.87 | 251.11 |
| 河 南 | 193.06 | 220.79 | 236.87 | 306.54 | 351.37 |
| 湖 北 | 77.83 | 87.10 | 102.60 | 113.99 | 109.43 |
| 湖 南 | 38.45 | 36.42 | 29.52 | 28.13 | 28.21 |
| 广 东 | 88.84 | 57.00 | 66.43 | 69.13 | 77.29 |
| 广 西 | 27.11 | 37.58 | 37.72 | 43.35 | 45.95 |
| 海 南 | 0.45 | 0.48 | 0.49 | 0.42 | 0.28 |
| 重 庆 | 13.74 | 14.78 | 20.45 | 24.74 | 22.91 |
| 四 川 | 94.92 | 102.71 | 104.90 | 123.42 | 146.24 |
| 贵 州 | 6.74 | 7.87 | 8.18 | 10.57 | 11.07 |
| 云 南 | 50.46 | 52.70 | 57.47 | 66.41 | 63.22 |
| 西 藏 | 0.48 | 0.63 | 0.94 | 1.02 | 0.99 |
| 陕 西 | 183.98 | 161.34 | 161.66 | 143.73 | 143.42 |
| 甘 肃 | 29.02 | 33.55 | 33.28 | 34.22 | 35.96 |
| 青 海 | 16.64 | 19.00 | 19.80 | 19.38 | 15.95 |
| 宁 夏 | 65.74 | 75.21 | 77.28 | 92.51 | 95.88 |
| 新 疆 | 41.87 | 41.96 | 43.23 | 52.67 | 60.78 |

数据来源：国家统计局。

## 2013—2017年全国各地区液体乳产量

单位：万t

| 地区 | 2013年 | 2014年 | 2015年 | 2016年 | 2017年 |
|---|---|---|---|---|---|
| 全国 | 2 335.97 | 2 400.12 | 2 521.00 | 2 737.17 | 2 691.66 |
| 北京 | 55.56 | 57.16 | 58.71 | 58.98 | 56.76 |
| 天津 | 29.51 | 31.59 | 32.81 | 30.87 | 30.62 |
| 河北 | 274.38 | 323.06 | 335.44 | 361.18 | 362.03 |
| 山西 | 48.67 | 45.15 | 45.01 | 56.01 | 46.88 |
| 内蒙古 | 272.97 | 246.47 | 276.37 | 313.84 | 246.79 |
| 辽宁 | 96.57 | 87.35 | 90.70 | 84.00 | 72.25 |
| 吉林 | 14.10 | 12.90 | 14.37 | 12.39 | 11.47 |
| 黑龙江 | 150.31 | 141.09 | 140.73 | 140.30 | 114.05 |
| 上海 | 45.18 | 51.54 | 48.49 | 45.48 | 43.70 |
| 江苏 | 122.44 | 128.33 | 141.26 | 148.52 | 145.40 |
| 浙江 | 37.56 | 41.44 | 43.14 | 56.69 | 63.95 |
| 安徽 | 89.98 | 103.32 | 88.06 | 101.15 | 98.35 |
| 福建 | 21.83 | 15.94 | 10.06 | 12.41 | 12.72 |
| 江西 | 27.40 | 29.15 | 29.68 | 16.55 | 18.84 |
| 山东 | 231.57 | 202.99 | 242.17 | 243.60 | 243.30 |
| 河南 | 188.61 | 220.23 | 236.29 | 305.89 | 350.71 |
| 湖北 | 75.40 | 85.96 | 99.57 | 112.54 | 108.25 |
| 湖南 | 20.93 | 31.84 | 24.36 | 22.13 | 22.74 |
| 广东 | 56.47 | 39.44 | 45.72 | 49.25 | 59.39 |
| 广西 | 20.83 | 37.29 | 37.55 | 43.34 | 45.53 |
| 海南 | 0.45 | 0.48 | 0.42 | 0.34 | 0.28 |
| 重庆 | 13.74 | 14.78 | 19.48 | 24.74 | 22.91 |
| 四川 | 81.86 | 95.08 | 95.54 | 109.69 | 128.03 |
| 贵州 | 6.74 | 7.87 | 8.18 | 10.57 | 11.07 |
| 云南 | 49.54 | 52.09 | 56.78 | 65.77 | 62.77 |
| 西藏 | 0.26 | 0.52 | 0.85 | 0.90 | 0.88 |
| 陕西 | 161.78 | 137.26 | 134.72 | 120.71 | 113.50 |
| 甘肃 | 26.57 | 31.46 | 31.44 | 32.08 | 33.30 |
| 青海 | 16.38 | 19.00 | 19.80 | 19.38 | 15.95 |
| 宁夏 | 62.99 | 71.09 | 72.67 | 87.78 | 90.44 |
| 新疆 | 35.38 | 38.25 | 40.63 | 50.11 | 58.78 |

数据来源：国家统计局。

## 2011—2017 年全国乳制品生产量（月度）

单位：万 t

| 月 份 | 2011 年 | 2012 年 | 2013 年 | 2014 年 | 2015 年 | 2016 年 | 2017 年 |
|---|---|---|---|---|---|---|---|
| 01~02 | 319.20 | 347.38 | 403.70 | 402.82 | 409.41 | 423.50 | 591.66 |
| 03 | 178.40 | 196.40 | 214.70 | 204.55 | 213.33 | 236.38 | 246.95 |
| 04 | 183.90 | 190.82 | 213.78 | 208.80 | 213.74 | 233.45 | 233.77 |
| 05 | 185.40 | 199.15 | 224.79 | 222.04 | 228.53 | 242.89 | 253.03 |
| 06 | 209.50 | 215.16 | 247.60 | 242.00 | 248.81 | 299.79 | 290.09 |
| 07 | 223.10 | 209.33 | 217.60 | 222.95 | 228.03 | 255.60 | 258.68 |
| 08 | 211.60 | 213.04 | 219.40 | 217.58 | 236.91 | 255.07 | 265.40 |
| 09 | 214.30 | 247.39 | 233.60 | 226.02 | 254.28 | 270.66 | 287.42 |
| 10 | 208.60 | 225.86 | 229.70 | 233.13 | 246.46 | 265.42 | 266.44 |
| 11 | 214.80 | 245.81 | 232.50 | 234.10 | 241.55 | 269.81 | 251.98 |
| 12 | 234.10 | 260.81 | 246.06 | 232.44 | 251.07 | 279.77 | 254.47 |

数据来源：国家统计局。

## 2011—2017 年全国液态奶生产量（月度）

单位：万 t

| 月 份 | 2011 年 | 2012 年 | 2013 年 | 2014 年 | 2015 年 | 2016 年 | 2017 年 |
|---|---|---|---|---|---|---|---|
| 01~02 | 269.60 | 290.74 | 332.70 | 354.37 | 366.59 | 383.96 | 553.48 |
| 03 | 149.50 | 163.87 | 180.88 | 179.69 | 188.20 | 213.89 | 223.22 |
| 04 | 152.40 | 158.95 | 186.20 | 185.38 | 190.74 | 212.25 | 211.92 |
| 05 | 155.30 | 167.50 | 194.28 | 198.70 | 205.04 | 219.30 | 230.68 |
| 06 | 178.40 | 180.91 | 206.65 | 216.76 | 224.27 | 275.30 | 263.67 |
| 07 | 199.10 | 178.93 | 185.22 | 199.74 | 206.48 | 234.17 | 237.96 |
| 08 | 184.10 | 182.05 | 188.63 | 197.24 | 215.27 | 235.95 | 243.80 |
| 09 | 186.80 | 212.53 | 198.27 | 203.19 | 231.00 | 249.68 | 265.41 |
| 10 | 180.10 | 193.38 | 196.72 | 211.33 | 224.29 | 241.98 | 245.11 |
| 11 | 183.00 | 200.98 | 200.42 | 211.31 | 218.01 | 245.77 | 230.74 |
| 12 | 200.10 | 220.69 | 212.02 | 208.98 | 224.77 | 254.03 | 232.08 |

数据来源：国家统计局。

## 2011—2017 年全国奶粉生产量（月度）

单位：万 t

| 月 份 | 2011 年 | 2012 年 | 2013 年 | 2014 年 | 2015 年 | 2016 年 | 2017 年 |
|---|---|---|---|---|---|---|---|
| 01~02 | 18.40 | 20.40 | 19.53 | 20.28 | 19.68 | 20.38 | 17.72 |
| 03 | 10.40 | 12.20 | 14.40 | 11.33 | 10.28 | 10.93 | 10.85 |
| 04 | 10.50 | 10.40 | 12.00 | 10.41 | 10.12 | 10.51 | 9.95 |
| 05 | 10.10 | 11.50 | 12.98 | 12.00 | 11.12 | 11.30 | 10.50 |
| 06 | 12.80 | 13.40 | 17.89 | 13.78 | 12.18 | 12.99 | 12.27 |
| 07 | 10.20 | 10.90 | 14.53 | 12.77 | 11.47 | 12.29 | 10.35 |
| 08 | 11.10 | 10.50 | 12.33 | 12.76 | 11.44 | 10.58 | 11.37 |
| 09 | 13.00 | 11.10 | 14.68 | 13.21 | 13.07 | 12.12 | 11.96 |
| 10 | 12.40 | 12.60 | 14.32 | 13.66 | 12.89 | 12.61 | 12.15 |
| 11 | 13.30 | 13.30 | 13.77 | 14.81 | 14.07 | 13.94 | 11.92 |
| 12 | 14.30 | 14.00 | 13.32 | 15.70 | 15.84 | 16.13 | 12.69 |

数据来源：国家统计局。

# 奶 业 贸 易

## 2012—2017 年全国改良种用牛进口量值（来源地）

单位：头、万美元

| 来源地 | 2012 年 | | 2013 年 | | 2014 年 | | 2015 年 | | 2016 年 | | 2017 年 | |
|---|---|---|---|---|---|---|---|---|---|---|---|---|
| | 进口量 | 进口额 | 进口量 | 进口额 | 进口量 | 进口额 | 进口量 | 进口额 | 进口量 | 进口额 | 进口量 | 进口额 |
| **国家合计** | 124 291 | 36 440.3 | 102 243 | 26 666.7 | 215 405 | 61 780.9 | 153 309 | 38 265.5 | 133 177 | 24 155.3 | 79 410 | 16 099.5 |
| 澳大利亚 | 61 145 | 18 153.6 | 66 950 | 17 089.8 | 101 821 | 27 406.5 | 102 876 | 24 835.3 | 95 516 | 16 712.3 | 42 316 | 7 992.0 |
| 新 西 兰 | 35 643 | 10 508.1 | 31 271 | 8 390.4 | 79 775 | 24 524.2 | 23 819 | 6 787.0 | 37 661 | 7 443.0 | 27 166 | 6 375.3 |
| 智　利 | — | — | — | — | — | — | 22 817 | 5 699.7 | — | — | 9 628 | 1 678.2 |
| 乌 拉 圭 | 27 503 | 7 778.6 | 4 022 | 1 186.5 | 33 809 | 9 850.1 | 3 797 | 943.6 | — | — | 300 | 54.0 |

数据来源：海关总署。

## 2013—2017 年全国改良种用牛进口量（进口地区）

单位：头

| 进口地区 | 2013 年 | 2014 年 | 2015 年 | 2016 年 | 2017 年 |
|---|---|---|---|---|---|
| 全国合计 | 102 243 | 215 405 | 153 309 | 133 177 | 79 410 |
| 北 京 | 13 818 | 7 595 | 6 454 | 800 | 3 088 |
| 江 苏 | 13 720 | 15 205 | 9 899 | 600 | 4 000 |
| 山 东 | 12 105 | 19 114 | 14 981 | 11 200 | 6 696 |
| 辽 宁 | 10 312 | 20 330 | 13 829 | 2 960 | |
| 黑龙江 | 10 074 | 24 598 | 21 040 | 10 273 | 13 568 |
| 内蒙古 | 9 495 | 8 151 | 18 086 | 35 869 | 13 600 |
| 宁 夏 | 9 137 | 16 817 | 987 | 14 959 | 4 020 |
| 河 北 | 8 690 | 36 645 | 27 908 | 28 960 | 6 912 |
| 甘 肃 | 4 361 | 13 203 | 2 659 | 4 527 | 1 000 |
| 新 疆 | 2 997 | 13 008 | 7 184 | 7 562 | 6 796 |
| 福 建 | 2 931 | | | | 2 743 |
| 陕 西 | 1 936 | 9 508 | 1 400 | 367 | |
| 湖 北 | 1 200 | 20 | 1 551 | 755 | |
| 河 南 | 871 | 511 | 6 933 | 335 | 1 299 |
| 广 东 | 500 | 1 972 | 3 016 | 765 | 465 |
| 广 西 | 96 | | 1 585 | 69 | |
| 安 徽 | | 6 252 | | 917 | |
| 四 川 | | 1 900 | | 808 | |
| 山 西 | | 16 561 | 10 802 | 2 958 | 2 503 |
| 浙 江 | | 400 | | | 295 |
| 上 海 | | | | | |
| 重 庆 | | | | | |
| 云 南 | | 2 791 | 900 | 600 | 106 |
| 贵 州 | | | 712 | 4 000 | |
| 吉 林 | | | | 145 | 2 593 |
| 天 津 | | 824 | | 3 702 | 3 702 |
| 湖 南 | | | | 4 | |
| 西 藏 | | | 190 | 42 | 955 |
| 青 海 | | | 3 193 | | 5 069 |

数据来源：海关总署。

## 2013—2017 年全国改良种用牛进口量值（月度）

单位：头、万美元

| 月份 | 2013 年 | | 2014 年 | | 2015 年 | | 2016 年 | | 2017 年 | |
|---|---|---|---|---|---|---|---|---|---|---|
| | 进口量 | 进口额 | 进口量 | 进口额 | 进口量 | 进口额 | 进口量 | 进口额 | 进口量 | 进口额 |
| 合 计 | 102 243 | 26 666.7 | 215 405 | 61 780.9 | 153 309 | 38 265.5 | 133 177 | 24 155.3 | 79 410 | 16 099 |
| 01 | 5 958 | 1 753.7 | 8 511 | 1 901.2 | 32 633 | 10 081.0 | 2 566 | 486.0 | 8 294 | 1 491 |
| 02 | 11 102 | 3 111.5 | 3 000 | 740.0 | 8 058 | 2 291.2 | 3 290 | 536.5 | 12 812 | 2 214 |
| 03 | 9 736 | 2 677.9 | 9 576 | 2 743.9 | 6 474 | 2 132.7 | 12 791 | 2 131.9 | 1 020 | 183 |
| 04 | 3 926 | 1 092.6 | 9 824 | 2 791.0 | 11 082 | 3 101.0 | 26 459 | 4 939.9 | 12 012 | 2 468 |
| 05 | 2 698 | 648.0 | 25 165 | 6 553.9 | 5 900 | 1 683.0 | 628 | 126.9 | 3 156 | 539 |
| 06 | 0 | 0.0 | 11 270 | 2 889.0 | 171 | 82.1 | 12 553 | 2 163.7 | — | — |
| 07 | 15 384 | 3 705.3 | 28 834 | 7 076.4 | 9 281 | 2 304.4 | 9 486 | 1 602.8 | 11 002 | 2 154 |
| 08 | 6 870 | 1 611.9 | 27 729 | 8 481.2 | 20 938 | 4 364.0 | 15 143 | 3 559.5 | 12 699 | 3 650 |
| 09 | 3 842 | 1 035.5 | 33 392 | 10 640.7 | 22 092 | 5 296.2 | 14 269 | 2 259.5 | 4 200 | 739 |
| 10 | 15 550 | 4 635.7 | 20 256 | 5 939.4 | 7 485 | 1 335.9 | 3 000 | 1 038.6 | 6 345 | 1 055 |
| 11 | 17 295 | 4 028.4 | 22 797 | 7 397.6 | 7 588 | 1 407.2 | 8 163 | 1 345.2 | 6 290 | 1 258 |
| 12 | 9 882 | 2 366.1 | 15 051 | 4 626.6 | 21 607 | 4 186.9 | 24 829 | 3 964.8 | 1 580 | 348 |

数据来源：海关总署。

# 牧草国际贸易

## 2008—2017年我国苜蓿干草进口量值

单位：t、万美元、美元/t

| 年 份 | 进口量 | 进口额 | 进口单价 |
| --- | --- | --- | --- |
| 2008 | 17 613 | 513 | 291 |
| 2009 | 74 185 | 2 003 | 270 |
| 2010 | 218 058 | 5 906 | 271 |
| 2011 | 275 564 | 9 960 | 361 |
| 2012 | 442 696 | 17 416 | 393 |
| 2013 | 755 598 | 28 060 | 371 |
| 2014 | 884 513 | 34 249 | 387 |
| 2015 | 1 210 030 | 46 859 | 387 |
| 2016 | 1 387 775 | 44 613 | 321 |
| 2017 | 1 399 125 | 42 363 | 303 |

数据来源：海关总署。

## 2010—2017 年我国苜蓿干草进口量值（分月）

单位：t、万美元

| 月份 | 2010 年 | | 2011 年 | | 2012 年 | | 2013 年 | | 2014 年 | | 2015 年 | | 2016 年 | | 2017 年 | |
|---|---|---|---|---|---|---|---|---|---|---|---|---|---|---|---|---|
| | 进口量 | 进口额 | 进口量 | 进口额 | 进口量 | 进口额 | 进口量 | 进口额 | 进口量 | 进口额 | 进口量 | 进口额 | 进口量 | 进口额 | 进口量 | 进口额 |
| 01 | 11 099 | 285.6 | 18 463 | 525.2 | 24 570 | 1 009.6 | 58 026 | 2 223.3 | 66 126 | 2 409.0 | 78 796 | 3 179.1 | 102 548 | 3 489.9 | 108 608 | 3 250.4 |
| 02 | 8 657 | 227.5 | 7 467 | 215.5 | 32 542 | 1 343.3 | 26 779 | 1 027.9 | 33 235 | 1 213.2 | 60 758 | 2 442.1 | 52 775 | 1 852.5 | 94 524 | 2 798.8 |
| 03 | 20 635 | 544.0 | 21 148 | 623.9 | 33 687 | 1 419.7 | 61 514 | 2 362.5 | 72 150 | 2 626.2 | 71 213 | 2 929.3 | 125 908 | 4 378.7 | 138 138 | 4 077.0 |
| 04 | 20 129 | 529.2 | 14 597 | 436.8 | 33 630 | 1 402.1 | 58 634 | 2 233.4 | 89 345 | 3 276.4 | 112 501 | 4 572.4 | 103 980 | 3 525.7 | 127 783 | 3 800.6 |
| 05 | 20 197 | 528.4 | 18 679 | 577.2 | 38 668 | 1 614.3 | 65 380 | 2 482.4 | 82 499 | 3 075.8 | 112 892 | 4 635.8 | 12 1581 | 3 923.3 | 154 414 | 4 547.1 |
| 06 | 9 980 | 272.3 | 14 024 | 459.2 | 3 3611 | 1 371.1 | 49 176 | 1 830.6 | 62 218 | 2 362.7 | 131 343 | 5 287.7 | 11 5040 | 3 625.2 | 144 831 | 4 384.3 |
| 07 | 12 125 | 340.1 | 9 696 | 335.5 | 37 815 | 1 490.6 | 52 898 | 1 937.6 | 73 543 | 2 903.1 | 124 568 | 4 863.0 | 136 280 | 4 299.3 | 119 819 | 3 665.5 |
| 08 | 16 618 | 460.0 | 19 911 | 761.5 | 38 508 | 1 449.5 | 63 422 | 2 297.9 | 70 676 | 2 831.4 | 115 793 | 4 369.3 | 156 947 | 4 972.8 | 110 739 | 3 381.4 |
| 09 | 28 683 | 781.4 | 38 321 | 1 501.4 | 52 052 | 1 922.8 | 83 531 | 3 029.5 | 89 653 | 3 606.1 | 126 558 | 4 744.0 | 134 744 | 4 265.8 | 103 741 | 3 230.8 |
| 10 | 26 428 | 730.7 | 31 194 | 1 228.4 | 44 827 | 1 662.4 | 87 043 | 3 170.6 | 79 122 | 3 253.7 | 83 366 | 3 031.1 | 105 619 | 3 295.6 | 86 126 | 2 656.2 |
| 11 | 26 456 | 732.7 | 45 681 | 1 826.1 | 39 733 | 1 482.4 | 71 847 | 2 626.3 | 72 176 | 2 929.5 | 100 098 | 3 541.0 | 107 472 | 3 270.4 | 110 994 | 3 468.1 |
| 12 | 17 052 | 474.1 | 36 381 | 1 469.3 | 33 053 | 1 248.8 | 77 349 | 2 838.0 | 93 771 | 3 762.1 | 92 145 | 3 264.6 | 124 882 | 3 713.4 | 99 410 | 3 103.1 |

数据来源：海关总署。

## 2008—2017年我国燕麦干草进口量值

单位：t、万美元、美元/t

| 年 份 | 进口量 | 进口额 | 进口单价 |
|---|---|---|---|
| 2008 | 1 546 | 48 | 314 |
| 2009 | 1 448 | 37 | 257 |
| 2010 | 8 991 | 240 | 267 |
| 2011 | 12 726 | 395 | 310 |
| 2012 | 17 525 | 620 | 354 |
| 2013 | 42 812 | 1 581 | 369 |
| 2014 | 120 953 | 4 064 | 336 |
| 2015 | 151 490 | 5 280 | 349 |
| 2016 | 222 688 | 7 307 | 328 |
| 2017 | 308 146 | 8 623 | 280 |

数据来源：海关总署。

## 2010—2017 年我国燕麦干草进口量值（分月）

单位：t、万美元

| 月 份 | 2010 年 | | 2011 年 | | 2012 年 | | 2013 年 | | 2014 年 | | 2015 年 | | 2016 年 | | 2017 年 | |
|---|---|---|---|---|---|---|---|---|---|---|---|---|---|---|---|---|
| | 进口量 | 进口额 | 进口量 | 进口额 | 进口量 | 进口额 | 进口量 | 进口额 | 进口量 | 进口额 | 进口量 | 进口额 | 进口量 | 进口额 | 进口量 | 进口额 |
| 01 | 78 | 2.0 | 391 | 11.7 | 679 | 23.6 | 951 | 33.9 | 4 337 | 148.2 | 10 187 | 341.2 | 20 064 | 663.6 | 18 103 | 528.9 |
| 02 | 52 | 1.6 | 0 | 0.0 | 1 109 | 37.8 | 74 | 2.4 | 3 639 | 123.5 | 8 749 | 309.7 | 12 421 | 409.2 | 21 219 | 607.5 |
| 03 | 780 | 22.1 | 1 278 | 38.0 | 1 577 | 55.5 | 1 156 | 43.7 | 8 588 | 292.1 | 15 042 | 529.6 | 20 924 | 692.8 | 26 048 | 733.0 |
| 04 | 540 | 14.0 | 1 297 | 39.6 | 1 459 | 52.8 | 2 411 | 95.0 | 8 321 | 281.4 | 11 470 | 404.1 | 19 291 | 640.7 | 22 040 | 642.9 |
| 05 | 654 | 17.1 | 1 167 | 35.1 | 2 083 | 73.0 | 3 737 | 146.6 | 10 186 | 349.1 | 14 432 | 503.1 | 17 916 | 599.1 | 24 361 | 678.7 |
| 06 | 649 | 16.9 | 1 168 | 36.2 | 2 301 | 81.8 | 3 249 | 125.5 | 10 394 | 355.9 | 14 521 | 505.9 | 18 051 | 598.7 | 30 983 | 865.9 |
| 07 | 1 347 | 35.8 | 1 014 | 34.8 | 1 794 | 65.2 | 3 962 | 157.3 | 11 299 | 384.4 | 16 271 | 576.9 | 17 362 | 576.7 | 27 918 | 784.2 |
| 08 | 1 546 | 41.0 | 2 428 | 71.4 | 1 985 | 71.1 | 3 475 | 132.4 | 13 648 | 462.6 | 11 666 | 414.1 | 22 435 | 742.5 | 27 817 | 784.5 |
| 09 | 1 142 | 30.2 | 1 191 | 38.8 | 2 117 | 75.4 | 8 026 | 289.2 | 13 955 | 460.1 | 12 836 | 452.6 | 19 757 | 650.5 | 28 890 | 810.6 |
| 10 | 1 290 | 34.5 | 1 645 | 53.0 | 437 | 14.8 | 4 609 | 162.5 | 12 597 | 408.0 | 9 818 | 344.2 | 15 196 | 499.3 | 26 230 | 707.5 |
| 11 | 259 | 7.0 | 1 018 | 32.2 | 694 | 24.8 | 4 676 | 167.4 | 14 265 | 474.5 | 9 048 | 314.3 | 15 234 | 493.4 | 31 464 | 852.2 |
| 12 | 654 | 18.0 | 129 | 4.3 | 1 290 | 44.7 | 6 486 | 224.9 | 9 723 | 323.8 | 17 451 | 584.4 | 24 038 | 741.0 | 22 849 | 627.0 |

数据来源：海关总署。

# 乳制品贸易

## 2013—2017 年全国乳制品进口情况

单位：t、万美元、美元/t

| 品种 | 2013 年 | | | 2014 年 | | | 2015 年 | | | 2016 年 | | | 2017 年 | | |
|---|---|---|---|---|---|---|---|---|---|---|---|---|---|---|---|
| | 进口量 | 进口额 | 平均单价 | 进口量 | 进口额 | 平均单价 | 进口量 | 进口额 | 平均单价 | 进口量 | 进口额 | 平均单价 | 进口量 | 进口额 | 平均单价 |
| 乳制品 | 1 592 175 | 518 780 | 3 258 | 1 812 514 | 641 292 | 3 538 | 1 611 166 | 318 145 | 1 975 | 1 955 640 | 337 125 | 1 724 | 2 173 991 | 481 857 | 2 216 |
| 液态奶 | 194 807 | 27 455 | 1 409 | 328 897 | 44 475 | 1 352 | 470 423 | 51 336 | 1 091 | 655 036 | 68 180 | 1 041 | 701 713 | 94 623 | 1 348 |
| 液奶 | 184 567 | 23 440 | 1 270 | 320 206 | 40 824 | 1 275 | 460 107 | 48 560 | 1 055 | 634 096 | 63 971 | 1 009 | 667 557 | 87 935 | 1 317 |
| 酸奶 | 10 241 | 4 015 | 3 921 | 8 691 | 3 651 | 4 200 | 10 316 | 2 776 | 2 691 | 20 940 | 4 208 | 2 010 | 34 156 | 6 688 | 1 958 |
| 干乳制品 | 1 397 368 | 491 325 | 3 516 | 1 483 617 | 596 817 | 4 023 | 1 140 743 | 266 809 | 2 339 | 1 300 605 | 268 945 | 2 068 | 1 472 278 | 387 234 | 2 630 |
| 奶粉 | 854 416 | 358 473 | 4 196 | 923 357 | 443 761 | 4 806 | 547 243 | 150 690 | 2 754 | 604 209 | 147 843 | 2 447 | 717 399 | 216 175 | 3 013 |
| 炼乳 | 9 265 | 2 088 | 2 254 | 9 176 | 2 146 | 2 338 | 10 908 | 2 240 | 2 053 | 20 013 | 3 645 | 1 821 | 25 648 | 4 635 | 1 807 |
| 乳清 | 434 070 | 85 045 | 1 959 | 404 706 | 78 866 | 1 949 | 435 752 | 52 534 | 1 206 | 497 340 | 45 206 | 909 | 529 629 | 66 635 | 1 258 |
| 黄油 | 52 301 | 22 612 | 4 323 | 80 405 | 37 801 | 4 701 | 71 259 | 26 548 | 3 726 | 81 865 | 30 315 | 3 703 | 91 566 | 50 016 | 5 462 |
| 奶酪 | 47 316 | 23 106 | 4 883 | 65 973 | 34 243 | 5 190 | 75 581 | 34 796 | 4 604 | 97 177 | 41 936 | 4 315 | 108 035 | 49 772 | 4 607 |
| 婴幼儿配方奶粉 | 122 793 | 147 795 | 12 036 | 121 366 | 154 870 | 12 761 | 175 976 | 247 120 | 14 043 | 221 326 | 301 014 | 13 600 | 296 014 | 398 008 | 13 446 |
| 其他相关制品 | | | | | | | | | | | | | | | |
| 乳糖 | 83 539 | 14 480 | 1 733 | 84 855 | 12 565 | 1 481 | 89 527 | 8 357 | 933 | 87 080 | 7 026 | 807 | 87 870 | 9 348 | 1 064 |
| 酪蛋白 | 12 535 | 13 864 | 11 060 | 15 449 | 18 313 | 11 854 | 21 152 | 17 216 | 8 139 | 21 071 | 13 534 | 6 423 | 18 651 | 14 542 | 7 797 |
| 白蛋白 | 16 093 | 19 745 | 12 269 | 15 858 | 19 991 | 12 606 | 17 229 | 15 740 | 9 135 | 19 585 | 12 872 | 6 572 | 23 084 | 20 255 | 8 774 |

数据来源：海关总署。

## 2011—2017 年全国乳制品出口情况

单位：t、万美元、美元/t

| 品种 | 2011 年 | | | 2012 年 | | | 2013 年 | | | 2014 年 | | | 2015 年 | | | 2016 年 | | | 2017 年 | | |
|---|---|---|---|---|---|---|---|---|---|---|---|---|---|---|---|---|---|---|---|---|---|
| | 出口量 | 出口额 | 平均单价 | 出口量 | 出口额 | 平均单价 | 出口量 | 出口额 | 平均单价 | 出口量 | 出口额 | 平均单价 | 出口量 | 出口额 | 平均单价 | 出口量 | 出口额 | 平均单价 | 出口量 | 出口额 | 平均单价 |
| **乳制品** | 43 325 | 7 966 | 1 839 | 44 896 | 8 236 | 1 834 | 36 052 | 5 702 | 1 582 | 39 865 | 7 511 | 1 884 | 33 324 | 4 508 | 1 353 | 30 815 | 4 735 | 1 537 | 32 569 | 4 784 | 1 469 |
| **液态奶** | 26 020 | 2 140 | 823 | 27 801 | 2 362 | 850 | 26 475 | 2 415 | 912 | 26 319 | 2 650 | 1 007 | 25 099 | 2 463 | 981 | 23 669 | 2 155 | 910 | 25 323 | 2 436 | 962 |
| 液奶 | 25 169 | 2 061 | 819 | 27 275 | 2 312 | 848 | 25 960 | 2 365 | 911 | 25 731 | 2 589 | 1 006 | 24 582 | 2 406 | 979 | 22 825 | 2 020 | 885 | 23 162 | 2 065 | 892 |
| 酸奶 | 851 | 79 | 931 | 526 | 50 | 945 | 515 | 50 | 974 | 588 | 61 | 1 035 | 516 | 57 | 1 102 | 844 | 135 | 1 597 | 2 161 | 371 | 1 716 |
| **干乳制品** | 17 305 | 5 826 | 3 367 | 17 095 | 5 874 | 3 436 | 9 576 | 3 286 | 3 432 | 13 546 | 4 861 | 3 589 | 8 225 | 2 045 | 2 486 | 7 146 | 2 580 | 3 611 | 7 246 | 2 348 | 3 241 |
| 奶粉 | 9 327 | 3 711 | 3 979 | 9 703 | 3 984 | 4 106 | 3 318 | 1 622 | 4 889 | 8 124 | 3 224 | 3 968 | 4 869 | 1 098 | 2 255 | 3 530 | 1 605 | 4 547 | 2 843 | 948 | 3 333 |
| 炼乳 | 3 130 | 599 | 1 915 | 3 723 | 720 | 1 934 | 4 477 | 947 | 2 116 | 2 384 | 622 | 2 608 | 1 805 | 443 | 2 453 | 2 342 | 512 | 2 188 | 2 341 | 478 | 2 042 |
| 乳清 | 1 150 | 146 | 1 269 | 702 | 143 | 2 039 | 839 | 355 | 4 230 | 57 | 6 | 1 129 | 27 | 6 | 2 086 | 90 | 19 | 2 099 | 184 | 38 | 2 063 |
| 黄油 | 3 359 | 1 193 | 3 551 | 2 567 | 801 | 3 120 | 825 | 277 | 3 354 | 2 842 | 900 | 3 168 | 1 379 | 400 | 2 899 | 1 052 | 358 | 3 408 | 1 721 | 761 | 4 423 |
| 奶酪 | 339 | 177 | 5 224 | 400 | 226 | 5 643 | 119 | 85 | 7 211 | 140 | 109 | 7 791 | 146 | 99 | 6 788 | 133 | 86 | 6480 | 156 | 123 | 7 894 |

数据来源：海关总署。

## 2011—2017 年全国液奶进口量值（来源地）

单位：t、万美元

| | 2011 年 | | 2012 年 | | 2013 年 | | 2014 年 | | 2015 年 | | 2016 年 | | 2017 年 | |
|---|---|---|---|---|---|---|---|---|---|---|---|---|---|---|
| | 进口量 | 进口额 | 进口量 | 进口额 | 进口量 | 进口额 | 进口量 | 进口额 | 进口量 | 进口额 | 进口量 | 进口额 | 进口量 | 进口额 |
| 合计 | 40 540 | 6 049.0 | 93 781 | 11 874.9 | 184 507 | 23 445.6 | 320 206 | 40 824.5 | 460 084 | 48 558.4 | 634 096 | 63 971.5 | 667 555 | 87 935.4 |
| 日本 | 0 | 0.0 | 0 | 0.0 | 0 | 0.0 | 0 | 0.0 | 0 | 0.0 | 0 | 0.0 | 0 | 0.0 |
| 马来西亚 | 0 | 0.0 | 0 | 0.0 | 0 | 0.0 | 0 | 0.0 | 0 | 0.0 | 0 | 0.0 | 2 | 0.3 |
| 韩国 | 137 | 15.6 | 1 924 | 353.3 | 4 639 | 885.3 | 7 728 | 1 565.8 | 8 870 | 1 737.0 | 8 693 | 1 623.7 | 7 793 | 1 415.2 |
| 泰国 | 3 | 0.2 | 120 | 12.9 | 279 | 30.5 | 43 | 6.0 | 521 | 87.9 | 0 | 0.0 | 117 | 20.8 |
| 中国台湾 | 76 | 6.0 | 57 | 9.9 | 219 | 33.9 | 179 | 25.7 | 111 | 15.5 | 170 | 17.9 | 127 | 15.3 |
| 埃及 | 0 | 0.0 | 0 | 0.0 | 0 | 0.0 | 2 | 0.2 | 0 | 0.0 | 0 | 0.0 | 0 | 0.0 |
| 比利时 | 39 | 3.8 | 262 | 21.8 | 1 806 | 219.9 | 8 100 | 869.8 | 5 072 | 468.3 | 9 215 | 832.4 | 9 164 | 846.0 |
| 丹麦 | 0 | 0.1 | 0 | 0.0 | 295 | 48.1 | 1 279 | 199.1 | 4 533 | 544.7 | 2 770 | 329.1 | 2 584 | 432.9 |
| 英国 | 282 | 79.3 | 594 | 117.7 | 1 874 | 363.6 | 9 097 | 1 202.1 | 12 263 | 1 424.5 | 16 440 | 2 234.4 | 16 091 | 3 315.3 |
| 德国 | 13 360 | 1 134.2 | 37 700 | 3 022.6 | 77 392 | 7 225.5 | 125 655 | 12 542.2 | 204 613 | 15 202.4 | 221 310 | 15 818.7 | 195 458 | 15 406.8 |
| 法国 | 4 266 | 914.5 | 10 257 | 1 725.5 | 26 677 | 4 587.2 | 38 519 | 7 079.1 | 36 221 | 6 798.3 | 107 154 | 12 997.5 | 91 873 | 16 436.8 |
| 爱尔兰 | 0 | 0.0 | 11 | 2.8 | 95 | 25.1 | 197 | 27.1 | 1 494 | 169.4 | 6 413 | 560.5 | 6 661 | 685.1 |
| 意大利 | 38 | 3.6 | 319 | 31.7 | 921 | 119.8 | 4 852 | 533.9 | 12 669 | 1 335.1 | 6 338 | 739.5 | 3 384 | 453.7 |
| 卢森堡 | 0 | 0.0 | 0 | 0.0 | 0 | 0.0 | 77 | 9.4 | 596 | 59.4 | 314 | 26.8 | 41 | 3.2 |
| 荷兰 | 19 | 1.2 | 201 | 16.6 | 924 | 65.1 | 3 216 | 338.0 | 3 878 | 314.4 | 4 757 | 396.5 | 7 573 | 757.1 |
| 希腊 | 0 | 0.0 | 0 | 0.0 | 0 | 0.0 | 0 | 0.0 | 0 | 0.0 | 0 | 0.0 | 1 | 0.8 |
| 葡萄牙 | 0 | 0.0 | 0 | 0.0 | 0 | 0.0 | 0 | 0.0 | 384 | 31.1 | 381 | 40.1 | 195 | 15.8 |
| 西班牙 | 57 | 9.8 | 36 | 3.7 | 177 | 12.5 | 3 240 | 229.4 | 5 414 | 345.0 | 10 948 | 664.8 | 9 260 | 1 330.1 |
| 奥地利 | 54 | 15.4 | 142 | 33.1 | 416 | 68.3 | 1 308 | 153.0 | 3 138 | 253.3 | 6 086 | 430.7 | 5 869 | 368.4 |
| 波兰 | 0 | 0.0 | 279 | 29.5 | 2 912 | 235.0 | 7 461 | 602.1 | 11 713 | 747.1 | 19 417 | 1 078.7 | 18 273 | 1 214.9 |
| 瑞士 | 36 | 3.9 | 434 | 48.4 | 3 088 | 403.1 | 2 116 | 299.7 | 2 685 | 301.0 | 1 770 | 198.2 | 1 283 | 147.6 |
| 白俄罗斯 | 0 | 0.0 | 0 | 0.0 | 0 | 0.0 | 0 | 0.0 | 93 | 5.7 | 427 | 26.9 | 1 386 | 99.8 |
| 俄罗斯联邦 | 0 | 0.0 | 0 | 0.0 | 0 | 0.0 | 0 | 0.0 | 0 | 0.0 | 0 | 0.0 | 0 | 0.0 |
| 乌克兰 | 0 | 0.0 | 0 | 0.0 | 0 | 0.0 | 0 | 0.0 | 0 | 0.0 | 0 | 0.0 | 0 | 0.0 |
| 捷克 | 0 | 0.0 | 0 | 0.0 | 0 | 0.0 | 39 | 3.2 | 29 | 2.4 | 252 | 18.4 | 246 | 15.9 |
| 阿根廷 | 0 | 0.0 | 0 | 0.0 | 41 | 2.9 | 35 | 2.7 | 45 | 3.3 | 0 | 0.0 | 0 | 0.0 |
| 智利 | 65 | 6.9 | 200 | 20.2 | 356 | 34.2 | 861 | 90.8 | 684 | 77.5 | 1 137 | 127.2 | 923 | 64.0 |
| 哥斯达黎加 | 0 | 0.0 | 0 | 0.0 | 21 | 2.1 | 562 | 49.0 | 0 | 0.0 | 0 | 0.0 | 0 | 0.0 |
| 乌拉圭 | 0 | 0.0 | 818 | 57.5 | 3 392 | 232.8 | 11 052 | 820.7 | 6 193 | 420.2 | 3 211 | 161.3 | 1 017 | 56.7 |
| 加拿大 | 0 | 0.0 | 50 | 5.1 | 135 | 11.8 | 718 | 56.4 | 619 | 42.3 | 1 237 | 84.0 | 979 | 70.6 |
| 美国 | 322 | 37.2 | 2 747 | 358.2 | 3 900 | 536.2 | 6 108 | 879.0 | 1 108 | 179.2 | 359 | 71.5 | 144 | 27.6 |
| 澳大利亚 | 4 549 | 496.5 | 12 981 | 1 462.0 | 21 736 | 2 498.5 | 42 546 | 4 942.5 | 62 402 | 6 479.5 | 73 163 | 6 618.0 | 76 185 | 6 909.1 |
| 新西兰 | 17 236 | 3 320.8 | 24 650 | 4 542.3 | 33 214 | 5 804.1 | 45 217 | 8 297.7 | 74 735 | 11 514.1 | 131 792 | 18 845.5 | 209 962 | 37 762.2 |

数据来源：海关总署。

## 2011—2017年全国液奶进口量值（进口地区）

单位：t、万美元

| | 2011年 | | 2012年 | | 2013年 | | 2014年 | | 2015年 | | 2016年 | | 2017年 | |
|---|---|---|---|---|---|---|---|---|---|---|---|---|---|---|
| | 进口量 | 进口额 | 进口量 | 进口额 | 进口量 | 进口额 | 进口量 | 进口额 | 进口量 | 进口额 | 进口量 | 进口额 | 进口量 | 进口额 |
| 全国合计 | 40 540 | 6 049.0 | 93 781 | 11 874.9 | 184 507 | 23 445.6 | 320 206 | 40 824.5 | 460 084 | 48 558.4 | 634 096 | 63 971.5 | 667 555 | 87 935.4 |
| 北京 | 3 071 | 862.9 | 7 965 | 1 369.1 | 29 571 | 3 940.7 | 55 587 | 6 748.1 | 90 289 | 8 588.9 | 82 964 | 8 452.7 | 87 406 | 9 876.2 |
| 天津 | 73 | 9.3 | 468 | 92.5 | 1 124 | 195.8 | 1 743 | 306.4 | 11 108 | 835.0 | 31 638 | 3 779.1 | 32 833 | 3 192.4 |
| 河北 | 458 | 69.1 | 80 | 10.7 | 76 | 8.9 | 190 | 20.1 | 40 | 4.1 | 51 | 3.4 | 148 | 9.1 |
| 内蒙古 | 0 | 0.0 | 0 | 0.0 | 0 | 0.0 | 33 | 5.4 | 0 | 0.0 | 0 | 0.0 | 0 | 0.0 |
| 辽宁 | 0 | 0.0 | 1 107 | 79.2 | 2 986 | 298.2 | 6 041 | 655.1 | 11 909 | 1 060.3 | 6 039 | 751.3 | 3 448 | 311.6 |
| 黑龙江 | 0 | 0.0 | 0 | 0.0 | 0 | 0.0 | 27 | 2.2 | 14 | 1.0 | 39 | 1.8 | 0 | 0.0 |
| 上海 | 29 128 | 3 915.2 | 72 161 | 8 319.1 | 128 751 | 15 562.0 | 192 474 | 24 458.2 | 242 513 | 26 286.6 | 277 862 | 27 546.8 | 276 296 | 30 032.3 |
| 江苏 | 591 | 79.0 | 739 | 99.3 | 890 | 88.0 | 11 617 | 1 184.9 | 17 352 | 1 449.0 | 29 800 | 2 386.5 | 12 630 | 1 785.8 |
| 浙江 | 475 | 142.0 | 918 | 199.2 | 3 745 | 487.8 | 12 773 | 1 306.8 | 17 754 | 1 705.8 | 33 142 | 2 925.3 | 27 797 | 2 497.6 |
| 安徽 | 0 | 0.0 | 0 | 0.0 | 63 | 17.2 | 1 871 | 273.5 | 6 534 | 727.9 | 3 243 | 388.6 | 65 | 8.3 |
| 福建 | 3 957 | 519.2 | 2 016 | 399.5 | 2 412 | 567.1 | 2 049 | 363.2 | 10 174 | 1 066.8 | 8 418 | 2 304.4 | 47 288 | 16 524.8 |
| 山东 | 198 | 20.6 | 2 164 | 371.7 | 6 105 | 993.5 | 10 756 | 1 878.7 | 12 070 | 1 978.8 | 50 341 | 3 925.5 | 37 340 | 3 610.5 |
| 河南 | 0 | 0.0 | 0 | 0.0 | 181 | 15.1 | 331 | 31.7 | 1 333 | 124.0 | 934 | 64.6 | 1 575 | 118.6 |
| 湖北 | 0 | 0.0 | 0 | 0.0 | 126 | 11.5 | 82 | 10.3 | 47 | 4.5 | 1 173 | 185.8 | 3 108 | 598.5 |
| 湖南 | 0 | 0.0 | 0 | 0.0 | 0 | 0.0 | 384 | 28.4 | 121 | 9.3 | 673 | 175.5 | 325 | 25.7 |
| 广东 | 2 589 | 431.7 | 6 052 | 925.3 | 8 398 | 1 253.0 | 23 878 | 3 520.7 | 35 216 | 4 427.2 | 105 204 | 10 843.8 | 134 617 | 19 131.2 |
| 广西 | 0 | 0.0 | 43 | 2.8 | 19 | 1.8 | 0 | 0.0 | 1 | 0.1 | 0 | 0.0 | 43 | 4.6 |
| 重庆 | 0 | 0.0 | 68 | 6.5 | 60 | 5.0 | 1 | 0.6 | 786 | 82.2 | 934 | 70.9 | 1 312 | 91.3 |
| 四川 | 0 | 0.0 | 1 | 0.1 | 0 | 0.0 | 214 | 17.8 | 2 071 | 140.3 | 749 | 79.4 | 282 | 32.9 |
| 陕西 | 0 | 0.0 | 0 | 0.0 | 0 | 0.0 | 155 | 12.3 | 754 | 66.4 | 856 | 81.5 | 854 | 60.0 |

数据来源：海关总署。

## 2011—2017 年全国酸奶进口量值（来源地）

单位：t、万美元

| | 2011 年 | | 2012 年 | | 2013 年 | | 2014 年 | | 2015 年 | | 2016 年 | | 2017 年 | |
|---|---|---|---|---|---|---|---|---|---|---|---|---|---|---|
| | 进口量 | 进口额 | 进口量 | 进口额 | 进口量 | 进口额 | 进口量 | 进口额 | 进口量 | 进口额 | 进口量 | 进口额 | 进口量 | 进口额 |
| **合计** | 2 546 | 892.5 | 7 897 | 2 488.3 | 10 241 | 4 014.4 | 8 691 | 3 650.5 | 10 316 | 2 784.7 | 20 940 | 4 208.4 | 34 149 | 6 683.0 |
| 塞浦路斯 | 0 | 0.1 | 0 | 0.0 | 0 | 0.0 | 0 | 0.0 | 0 | 0.0 | 0 | 0.0 | 0 | 0.0 |
| 中国香港 | 0 | 0.0 | 0 | 0.0 | 0 | 0.0 | 0 | 0.0 | 0 | 0.0 | 0 | 0.0 | 0 | 0.0 |
| 日本 | 0 | 0.0 | 0 | 0.0 | 0 | 0.0 | 0 | 0.0 | 0 | 0.0 | 0 | 0.0 | 0 | 0.3 |
| 马来西亚 | 0 | 0.0 | 0 | 0.1 | 0 | 0.0 | 0 | 0.0 | 0 | 0.0 | 0 | 0.0 | 9 | 1.2 |
| 韩国 | 0 | 0.0 | 60 | 17.1 | 89 | 28.5 | 53 | 16.7 | 171 | 60.2 | 453 | 149.6 | 167 | 51.1 |
| 泰国 | 27 | 3.6 | 205 | 28.4 | 261 | 33.6 | 0 | 0.0 | 14 | 1.1 | 268 | 16.1 | 21 | 1.9 |
| 越南 | 0 | 0.0 | 0 | 0.0 | 16 | 1.4 | 0 | 0.0 | 0 | 0.0 | 0 | 0.0 | 0 | 0.0 |
| 中国台湾 | 305 | 69.6 | 439 | 105.5 | 281 | 64.7 | 562 | 128.1 | 772 | 160.2 | 934 | 109.4 | 93 | 10.5 |
| 比利时 | 0 | 0.0 | 2 | 1.4 | 3 | 2.2 | 2 | 1.5 | 25 | 5.3 | 50 | 10.3 | 813 | 111.0 |
| 丹麦 | 0 | 0.1 | 0 | 0.0 | 0 | 0.0 | 0 | 0.0 | 0 | 0.0 | 0 | 0.0 | 0 | 0.0 |
| 英国 | 0 | 0.0 | 0 | 0.1 | 0 | 0.0 | 0 | 0.0 | 24 | 6.0 | 2 | 3.2 | 1 | 1.1 |
| 德国 | 357 | 69.4 | 1 213 | 273.0 | 711 | 178.6 | 918 | 226.8 | 2 507 | 455.0 | 10 632 | 1 765.6 | 23 114 | 4 130.9 |
| 法国 | 461 | 159.9 | 485 | 159.5 | 226 | 91.5 | 195 | 67.2 | 192 | 74.9 | 164 | 69.4 | 699 | 178.2 |
| 爱尔兰 | 0 | 0.0 | 0 | 0.0 | 2 | 1.0 | 1 | 0.8 | 0 | 0.2 | 8 | 4.8 | 23 | 14.0 |
| 意大利 | 7 | 7.2 | 2 | 1.5 | 4 | 4.4 | 1 | 0.6 | 4 | 4.1 | 10 | 6.5 | 20 | 8.8 |
| 荷兰 | 40 | 22.8 | 52 | 25.3 | 101 | 43.5 | 0 | 0.0 | 122 | 14.9 | 40 | 4.9 | 4 | 1.0 |
| 希腊 | 18 | 16.3 | 30 | 29.0 | 34 | 35.2 | 16 | 16.1 | 10 | 6.5 | 32 | 24.2 | 28 | 24.4 |
| 西班牙 | 135 | 31.4 | 462 | 97.3 | 1 063 | 236.5 | 1 429 | 332.1 | 1 908 | 397.8 | 1 596 | 344.2 | 1 397 | 297.2 |
| 奥地利 | 0 | 0.0 | 0 | 0.0 | 19 | 8.6 | 16 | 7.5 | 16 | 7.8 | 210 | 25.6 | 778 | 97.4 |
| 芬兰 | 50 | 15.0 | 0 | 0.0 | 0 | 0.0 | 0 | 0.0 | 0 | 0.0 | 0 | 0.0 | 0 | 0.0 |
| 波兰 | 0 | 0.0 | 0 | 0.0 | 69 | 13.4 | 69 | 26.5 | 140 | 41.5 | 258 | 45.2 | 1 052 | 121.3 |
| 瑞典 | 0 | 0.0 | 0 | 0.0 | 0 | 0.0 | 0 | 0.0 | 0 | 0.0 | 0 | 0.0 | 0 | 0.0 |
| 瑞士 | 230 | 106.5 | 316 | 130.8 | 372 | 156.5 | 373 | 173.5 | 740 | 338.9 | 667 | 302.4 | 580 | 248.6 |
| 智利 | 0 | 0.0 | 0 | 0.0 | 0 | 0.0 | 0 | 0.0 | 0 | 0.0 | 0 | 0.0 | 0 | 0.0 |
| 圣文森特和格林纳丁斯 | 0 | 0.0 | 0 | 0.0 | 0 | 0.0 | 0 | 0.0 | 0 | 0.0 | 0 | 0.0 | 0 | 0.0 |
| 乌拉圭 | 0 | 0.0 | 0 | 0.0 | 50 | 15.9 | 0 | 0.0 | 0 | 0.0 | 0 | 0.0 | 0 | 0.0 |
| 加拿大 | 0 | 0.4 | 0 | 0.0 | 0 | 0.0 | 0 | 0.0 | 3 | 1.8 | 0 | 0.0 | 0 | 0.0 |
| 美国 | 53 | 29.5 | 74 | 18.6 | 55 | 16.2 | 334 | 125.1 | 269 | 68.1 | 623 | 136.3 | 599 | 123.2 |
| 澳大利亚 | 259 | 142.3 | 253 | 146.0 | 326 | 202.4 | 456 | 227.5 | 453 | 185.0 | 415 | 174.0 | 428 | 182.2 |
| 新西兰 | 603 | 218.3 | 4 304 | 1 454.9 | 6 558 | 2 880.0 | 4 266 | 2 300.5 | 2 947 | 955.6 | 4 571 | 1 016.4 | 4 324 | 1 078.6 |

数据来源：海关总署。

## 2011—2017 年全国酸奶进口量值（进口地区）

单位：t、万美元

| | 2011 年 | | 2012 年 | | 2013 年 | | 2014 年 | | 2015 年 | | 2016 年 | | 2017 年 | |
|---|---|---|---|---|---|---|---|---|---|---|---|---|---|---|
| | 进口量 | 进口额 | 进口量 | 进口额 | 进口量 | 进口额 | 进口量 | 进口额 | 进口量 | 进口额 | 进口量 | 进口额 | 进口量 | 进口额 |
| **全国合计** | 2 546 | 892.5 | 7 897 | 2 488.3 | 10 241 | 4 014.4 | 8 691 | 3 650.5 | 10 316 | 2 784.7 | 20 940 | 4 208.4 | 34 149 | 6 683.0 |
| 北京 | 141 | 67.1 | 896 | 305.0 | 259 | 143.5 | 340 | 154.4 | 751 | 175.7 | 3 503 | 666.5 | 5 958 | 1 142.6 |
| 天津 | 116 | 40.7 | 241 | 82.1 | 197 | 81.3 | 367 | 183.7 | 124 | 38.8 | 420 | 98.9 | 1 585 | 292.7 |
| 河北 | 1 | 1.3 | 0 | 0.0 | 39 | 38.1 | 5 | 5.9 | 0 | 0.0 | 0 | 0.0 | 0 | 0.0 |
| 内蒙古 | 175 | 53.5 | 0 | 0.0 | 0 | 0.0 | 0 | 0.0 | 0 | 0.0 | 0 | 0.0 | 0 | 0.0 |
| 辽宁 | 2 | 0.8 | 2 | 2.2 | 16 | 2.9 | 1 | 0.2 | 17 | 2.8 | 49 | 7.5 | 295 | 51.7 |
| 吉林 | 0 | 0.0 | 0 | 0.0 | 0 | 0.0 | 0 | 0.0 | 0 | 0.1 | 1 | 0.3 | 0 | 0.0 |
| 黑龙江 | 0 | 0.0 | 0 | 0.0 | 7 | 7.0 | 0 | 0.0 | 0 | 0.0 | 10 | 1.6 | 0 | 0.0 |
| 上海 | 1 695 | 551.8 | 2 258 | 673.9 | 1 851 | 727.0 | 2 393 | 830.2 | 4 227 | 1 301.1 | 11 434 | 2 356.5 | 19 479 | 3 730.6 |
| 江苏 | 0 | 0.0 | 481 | 102.1 | 1 075 | 239.9 | 1 470 | 345.4 | 1 876 | 386.5 | 80 | 17.1 | 737 | 139.9 |
| 浙江 | 66 | 47.8 | 165 | 133.6 | 210 | 126.6 | 340 | 290.0 | 606 | 223.5 | 387 | 70.5 | 1 426 | 273.8 |
| 安徽 | 0 | 0.0 | 0 | 0.0 | 0 | 0.0 | 32 | 16.3 | 0 | 0.0 | 0 | 0.0 | — | — |
| 福建 | 45 | 13.3 | — | — | 59 | 25.1 | 0 | 0.0 | 7 | 1.1 | 8 | 7.6 | 49 | 10.4 |
| 山东 | 65 | 23.5 | 132 | 34.6 | 188 | 109.0 | 162 | 59.2 | 246 | 78.4 | 368 | 118.4 | 432 | 100.3 |
| 河南 | 0 | 0.0 | 0 | 0.0 | 0 | 0.0 | 0 | 0.0 | 2 | 5.2 | 51 | 23.7 | 96 | 40.0 |
| 广东 | 240 | 92.8 | 3 722 | 1 154.8 | 6 332 | 2 506.3 | 3 581 | 1 765.1 | 2 456 | 564.3 | 4 521 | 822.5 | 4 004 | 876.4 |
| 广西 | 0 | 0.0 | 0 | 0.0 | 0 | 0.0 | 0 | 0.0 | 1 | 0.4 | 0 | 0.0 | 0 | 0.0 |
| 重庆 | 0 | 0.0 | 0 | 0.0 | 8 | 7.5 | 0 | 0.0 | 6 | 6.8 | 0 | 0.1 | 11 | 10.0 |

数据来源：海关总署。

## 2011—2017 年全国奶粉进口量值（来源地）

单位：t、万美元

| | 2011 年 | | 2012 年 | | 2013 年 | | 2014 年 | | 2015 年 | | 2016 年 | | 2017 年 | |
|---|---|---|---|---|---|---|---|---|---|---|---|---|---|---|
| | 进口量 | 进口额 | 进口量 | 进口额 | 进口量 | 进口额 | 进口量 | 进口额 | 进口量 | 进口额 | 进口量 | 进口额 | 进口量 | 进口额 |
| 合计 | 449 542 | 164 544.5 | 572 875 | 192 738.6 | 854 416 | 358 472.8 | 923 307 | 443 711.4 | 547 243 | 150 690.2 | 604 209 | 147 843.2 | 718 102 | 216 834.8 |
| 缅甸 | 0 | 0.0 | 0 | 0.0 | 0 | 0.0 | 0 | 0.0 | 0 | 0.0 | 0 | 0.0 | 0 | 0.0 |
| 中国香港 | 0 | 1.8 | 0 | 0.0 | 0 | 0.0 | 0 | 0.0 | 0 | 0.0 | 0 | 0.0 | 9 | 4.2 |
| 印度 | 0 | 0.0 | 0 | 0.0 | 0 | 0.0 | 0 | 0.0 | 0 | 0.0 | 0 | 0.0 | 0 | 0.0 |
| 日本 | 0 | 0.0 | 0 | 0.0 | 0 | 0.0 | 0 | 0.0 | 0 | 0.0 | 1 | 1.1 | 3 | 5.6 |
| 老挝 | 0 | 0.0 | 0 | 0.0 | 0 | 0.0 | 0 | 0.0 | 0 | 0.0 | 0 | 0.0 | 0 | 0.0 |
| 马来西亚 | 507 | 269.9 | 954 | 522.9 | 1 100 | 356.6 | 25 | 9.7 | 2 | 2.7 | 0 | 0.0 | 1 | 0.8 |
| 菲律宾 | 123 | 72.3 | 224 | 116.8 | 122 | 67.5 | 0 | 0.0 | 0 | 0.0 | 0 | 0.0 | 0 | 0.0 |
| 新加坡 | 2 771 | 947.6 | 2 706 | 845.5 | 5 521 | 2 156.4 | 2 293 | 1 046.4 | 635 | 170.6 | 774 | 206.0 | 684 | 266.3 |
| 韩国 | 5 | 15.9 | 0 | 0.0 | 0 | 0.0 | 0 | 0.0 | 13 | 4.2 | 12 | 5.9 | 11 | 7.7 |
| 泰国 | 19 | 2.5 | 27 | 2.9 | 0 | 0.0 | 0 | 0.0 | 0 | 0.0 | 0 | 0.0 | 1 | 0.4 |
| 土耳其 | 0 | 0.0 | 0 | 0.0 | 0 | 0.0 | 0 | 0.0 | 0 | 0.0 | 0 | 0.0 | 0 | 0.0 |
| 中国（内地） | 56 | 19.9 | 78 | 26.6 | 23 | 8.0 | 0 | 0.0 | 1 | 0.3 | 28 | 19.4 | 0 | 0.0 |
| 中国台湾 | 5 | 3.9 | 321 | 210.0 | 488 | 312.8 | 334 | 217.2 | 135 | 99.1 | 485 | 264.8 | 51 | 42.0 |
| 埃及 | 1 | 0.2 | 0 | 0.2 | 0 | 0.4 | 0 | 0.4 | 0 | 0.4 | 0 | 0.3 | 0 | 0.3 |
| 肯尼亚 | 0 | 0.0 | 0 | 0.0 | 0 | 0.0 | 0 | 0.1 | 0 | 0.0 | 0 | 0.0 | 0 | 0.0 |
| 比利时 | 600 | 184.8 | 923 | 305.4 | 3 470 | 1 690.0 | 2 964 | 1 327.9 | 337 | 88.3 | 24 | 10.2 | 550 | 163.4 |
| 丹麦 | 6 626 | 2 351.5 | 4 285 | 1 456.4 | 5 141 | 2 191.9 | 7 652 | 3 162.3 | 2 011 | 492.5 | 1 810 | 403.2 | 3 780 | 1 016.3 |
| 英国 | 1 746 | 577.8 | 0 | 0.0 | 1 775 | 895.8 | 1 746 | 834.5 | 697 | 170.8 | 4 | 4.2 | 332 | 107.3 |
| 德国 | 8 116 | 2 899.9 | 11 910 | 3 977.2 | 16 142 | 6 563.8 | 17 397 | 7 812.2 | 14 129 | 3 553.5 | 11 735 | 2 699.6 | 24 239 | 5 677.8 |
| 法国 | 7 342 | 2 687.6 | 11 139 | 3 773.7 | 9 173 | 3 831.0 | 17 972 | 8 245.3 | 11 953 | 3 179.8 | 13 441 | 3 531.2 | 22 186 | 7 027.0 |
| 爱尔兰 | 2 634 | 920.0 | 1 559 | 531.4 | 5 117 | 2 148.8 | 7 212 | 3 253.6 | 4 802 | 1 372.1 | 4 167 | 959.2 | 4 854 | 1 274.7 |
| 意大利 | 0 | 0.0 | 0 | 0.0 | 0 | 0.0 | 118 | 110.4 | 231 | 194.6 | 326 | 281.3 | 96 | 49.7 |
| 荷兰 | 622 | 214.9 | 328 | 115.7 | 2 609 | 1 277.1 | 2 577 | 1 420.1 | 3 054 | 1 655.4 | 4 865 | 2 232.7 | 7 670 | 3 473.2 |
| 西班牙 | 3 | 1.4 | 20 | 14.8 | 24 | 17.9 | 0 | 0.0 | 100 | 88.9 | 1 272 | 1 000.3 | 753 | 552.9 |
| 奥地利 | 0 | 0.0 | 0 | 0.0 | 0 | 0.0 | 0 | 0.0 | 51 | 24.8 | 159 | 55.7 | 667 | 394.4 |

数据来源：海关总署。

（续）

| | 2011年 | | 2012年 | | 2013年 | | 2014年 | | 2015年 | | 2016年 | | 2017年 | |
|---|---|---|---|---|---|---|---|---|---|---|---|---|---|---|
| | 进口量 | 进口额 | 进口量 | 进口额 | 进口量 | 进口额 | 进口量 | 进口额 | 进口量 | 进口额 | 进口量 | 进口额 | 进口量 | 进口额 |
| 芬兰 | 388 | 139.5 | 1 215 | 390.3 | 2 601 | 1 074.7 | 5 737 | 2 383.9 | 4 657 | 1 073.1 | 7 695 | 1 512.0 | 9 763 | 2 241.1 |
| 波兰 | 1 101 | 367.5 | 384 | 111.6 | 1 500 | 621.4 | 8 307 | 3 615.1 | 2 252 | 508.6 | 2 412 | 525.0 | 3 692 | 932.4 |
| 瑞典 | 173 | 59.8 | 2 396 | 688.2 | 6 495 | 2 731.3 | 5 439 | 2 618.2 | 3 297 | 797.1 | 4 601 | 922.0 | 7 516 | 1 774.1 |
| 瑞士 | 1 548 | 526.2 | 850 | 264.0 | 55 | 30.4 | 299 | 146.1 | 655 | 159.9 | 110 | 31.4 | 9 | 9.4 |
| 白俄罗斯 | 0 | 0.0 | 0 | 0.0 | 0 | 0.0 | 0 | 0.0 | 0 | 0.0 | 0 | 0.0 | 695 | 194.1 |
| 乌克兰 | 0 | 0.0 | 0 | 0.0 | 425 | 162.1 | 0 | 0.0 | 0 | 0.0 | 0 | 0.0 | 100 | 19.2 |
| 捷克 | 200 | 67.4 | 550 | 182.4 | 0 | 0.0 | 16 | 7.6 | 0 | 0.0 | 0 | 0.0 | 0 | 0.0 |
| 阿根廷 | 2 109 | 698.3 | 600 | 219.2 | 8 965 | 4 100.0 | 12 589 | 6 110.1 | 653 | 179.1 | 302 | 69.6 | 554 | 140.4 |
| 智利 | 2 500 | 902.7 | 1 504 | 539.2 | 3 403 | 1 604.8 | 6 825 | 3 473.0 | 600 | 151.6 | 241 | 62.2 | 0 | 0.0 |
| 哥斯达黎加 | 0 | 0.0 | 0 | 0.0 | 0 | 0.0 | 41 | 20.3 | 480 | 210.2 | 0 | 0.0 | 0 | 0.0 |
| 墨西哥 | 0 | 0.0 | 0 | 0.0 | 0 | 0.0 | 0 | 0.0 | 0 | 0.0 | 1 | 0.6 | 0 | 0.0 |
| 乌拉圭 | 510 | 178.2 | 521 | 200.4 | 10 300 | 4 852.5 | 12 800 | 6 286.7 | 602 | 150.4 | 3 300 | 777.4 | 200 | 62.1 |
| 加拿大 | 0 | 0.0 | 0 | 0.0 | 0 | 0.0 | 0 | 0.0 | 1 | 3.8 | 2 | 1.9 | 2 | 2.6 |
| 美国 | 21 428 | 7 199.9 | 18 602 | 5 778.2 | 55 412 | 22 317.3 | 49 847 | 21 683.8 | 21 528 | 5 938.7 | 16 195 | 3 772.9 | 33 801 | 8 303.2 |
| 澳大利亚 | 21 369 | 7 544.6 | 16 497 | 5 659.9 | 28 030 | 12 493.2 | 32 994 | 16 180.6 | 26 610 | 10 671.2 | 26 687 | 12 095.5 | 45 961 | 17 927.1 |
| 新西兰 | 367 041 | 135 688.4 | 495 281 | 166 805.4 | 686 523 | 286 967.2 | 728 123 | 353 745.9 | 447 758 | 119 748.4 | 503 562 | 116 397.5 | 549 822 | 165 143.3 |

数据来源：海关总署。

## 2012—2017 年全国奶粉进口量值（进口地区）

单位：t、万美元

| | 2012 年 | | 2013 年 | | 2014 年 | | 2015 年 | | 2016 年 | | 2017 年 | |
|---|---|---|---|---|---|---|---|---|---|---|---|---|
| | 进口量 | 进口额 | 进口量 | 进口额 | 进口量 | 进口额 | 进口量 | 进口额 | 进口量 | 进口额 | 进口量 | 进口额 |
| **全国合计** | 572 875 | 192 738.6 | 854 416 | 358 472.8 | 923 307 | 443 711.4 | 547 243 | 150 690.2 | 604 209 | 147 843.2 | 718 102 | 216 834.8 |
| 北京 | 26 199 | 8 826.7 | 42 975 | 17 298.0 | 37 384 | 17 560.2 | 26 545 | 7 222.0 | 30 548 | 7 071.6 | 50 505 | 14 436.3 |
| 天津 | 115 498 | 39 170.0 | 220 152 | 91 525.5 | 256 893 | 120 763.6 | 90 299 | 22 851.1 | 87 075 | 19 319.2 | 116 543 | 32 158.6 |
| 河北 | 7 276 | 2 636.5 | 5 919 | 2 516.5 | 8 428 | 4 616.5 | 3 979 | 1 291.5 | 6 612 | 1 699.6 | 5 036 | 1 742.1 |
| 内蒙古 | 35 452 | 11 587.3 | 61 632 | 26 826.8 | 57 209 | 27 420.8 | 53 830 | 14 196.2 | 50 603 | 11 869.2 | 41 897 | 12 028.7 |
| 辽宁 | 989 | 337.9 | 2 286 | 1 155.0 | 8 944 | 2 758.2 | 7 336 | 2 060.2 | 8 688 | 1 779.1 | 10 295 | 2 410.4 |
| 黑龙江 | 1 727 | 553.5 | 4 357 | 1 870.2 | 7 161 | 3 387.8 | 6 265 | 1 720.7 | 9 214 | 1 892.2 | 12 796 | 3 086.6 |
| 上海 | 73 729 | 24 256.7 | 136 881 | 57 888.8 | 137 713 | 66 326.7 | 91 087 | 24 353.3 | 107 550 | 25 827.1 | 143 004 | 42 160.2 |
| 江苏 | 20 964 | 7 292.5 | 23 433 | 10 137.8 | 28 454 | 13 773.2 | 23 899 | 6 877.1 | 27 846 | 6 699.4 | 34 976 | 11 289.4 |
| 浙江 | 110 911 | 37 028.7 | 116 591 | 48 854.2 | 126 830 | 62 633.6 | 66 795 | 19 003.1 | 100 648 | 27 087.5 | 101 149 | 32 435.9 |
| 安徽 | 7 378 | 2 379.0 | 20 766 | 8 412.7 | 17 600 | 7 957.0 | 20 630 | 5 144.0 | 9 177 | 2 273.9 | 12 265 | 3 569.0 |
| 福建 | 10 559 | 3 210.7 | 19 896 | 8 173.9 | 15 259 | 7 516.7 | 16 654 | 4 591.2 | 14 772 | 3 546.3 | 14 135 | 4 031.0 |
| 江西 | 141 | 45.0 | 1 026 | 438.2 | 890 | 430.9 | 1 362 | 397.7 | 1 455 | 361.8 | 1 353 | 468.3 |
| 山东 | 25 510 | 9 042.0 | 21 844 | 8 828.5 | 27 748 | 13 635.2 | 32 676 | 9 020.2 | 20 557 | 6 666.9 | 32 006 | 12 026.3 |
| 河南 | 194 | 59.8 | 250 | 122.4 | 5 | 5.0 | 502 | 453.2 | 554 | 519.6 | 1 177 | 989.7 |
| 湖北 | 216 | 75.1 | 2 | 1.7 | 0 | 0.0 | 1 | 0.4 | 0 | 0.0 | 0 | 0.0 |
| 湖南 | 4 214 | 1 511.1 | 3 283 | 1 158.4 | 907 | 418.6 | 5 959 | 1 697.5 | 5 616 | 1 453.6 | 7 170 | 2 417.2 |
| 广东 | 116 925 | 40 060.1 | 142 303 | 60 851.7 | 164 356 | 80 533.5 | 88 187 | 26 831.8 | 108 433 | 26 496.1 | 117 013 | 36 291.7 |
| 广西 | — | — | — | — | — | — | — | — | 9 | 4.4 | 0 | 0.0 |
| 海南 | 25 | 29.5 | 21 | 11.3 | 26 | 14.9 | 76 | 19.6 | 204 | 45.3 | 133 | 113.1 |
| 重庆 | — | — | 0 | 0.0 | 1 | 2.3 | 1 252 | 445.3 | 37 | 24.1 | 333 | 261.2 |
| 四川 | 14 967 | 4 636.6 | 30 799 | 12 401.2 | 27 454 | 13 915.0 | 9 900 | 2 508.0 | 13 691 | 2 905.3 | 14 535 | 4 219.0 |
| 贵州 | — | — | — | — | — | — | — | — | 700 | 153.4 | 1 346 | 359.6 |
| 陕西 | — | — | — | — | 46 | 41.7 | 12 | 6.3 | 207 | 143.3 | 437 | 340.5 |

数据来源：海关总署。

## 2012—2017 年全国炼乳进口量值（来源地）

单位：t、万美元

| | 2012 年 | | 2013 年 | | 2014 年 | | 2015 年 | | 2016 年 | | 2017 年 | |
|---|---|---|---|---|---|---|---|---|---|---|---|---|
| | 进口量 | 进口额 | 进口量 | 进口额 | 进口量 | 进口额 | 进口量 | 进口额 | 进口量 | 进口额 | 进口量 | 进口额 |
| 合计 | 5 515 | 1 259.6 | 9 254 | 2 086.9 | 9 176 | 2 145.5 | 10 908 | 2 240.0 | 20 013 | 3 644.9 | 25 565 | 4 624.4 |
| 日本 | 0 | 0.0 | 0 | 0.0 | 0 | 0.0 | 0 | 0.1 | 0 | 0.4 | 0 | 0.0 |
| 科威特 | 0 | 0.0 | 0 | 0.0 | 0 | 0.0 | 0 | 0.0 | 0 | 0.0 | 0 | 0.0 |
| 马来西亚 | 0 | 0.0 | 0 | 0.0 | 0 | 0.0 | 0 | 0.0 | 71 | 8.7 | 343 | 39.8 |
| 沙特阿拉伯 | 0 | 0.0 | 0 | 0.0 | 0 | 0.0 | 0 | 0.0 | 0 | 0.0 | 0 | 0.0 |
| 新加坡 | 8 | 1.4 | 0 | 0.0 | 0 | 0.0 | 0 | 0.0 | 16 | 4.1 | 16 | 4.0 |
| 韩国 | 2 | 0.3 | 73 | 12.1 | 147 | 26.7 | 26 | 7.6 | 0 | 0.2 | 2 | 0.2 |
| 泰国 | 213 | 28.9 | 416 | 60.5 | 42 | 8.9 | 20 | 2.8 | 98 | 8.3 | 2 | 0.3 |
| 中国（内地） | 117 | 21.5 | 1 355 | 274.6 | 255 | 59.9 | 36 | 8.5 | 243 | 57.1 | 0 | 0.0 |
| 中国台湾 | 4 | 0.7 | 36 | 21.8 | 34 | 8.7 | 90 | 22.0 | 134 | 21.2 | 91 | 19.5 |
| 比利时 | 5 | 2.0 | 0 | 0.0 | 5 | 0.4 | 0 | 0.1 | 239 | 26.9 | 121 | 25.7 |
| 丹麦 | 15 | 8.2 | 27 | 13.3 | 70 | 26.2 | 622 | 141.5 | 741 | 162.2 | 267 | 77.8 |
| 英国 | 0 | 0.1 | 0 | 0.4 | 0 | 0.4 | 0 | 0.2 | 0 | 0.3 | 5 | 5.9 |
| 德国 | 1 325 | 389.6 | 1 836 | 558.7 | 2 004 | 616.5 | 1 019 | 167.5 | 1 226 | 190.1 | 2 503 | 450.6 |
| 法国 | 435 | 133.3 | 576 | 172.6 | 497 | 158.3 | 289 | 81.9 | 9 | 6.5 | 10 | 7.6 |
| 爱尔兰 | 0 | 0.0 | 0 | 0.0 | 0 | 0.1 | 0 | 0.0 | 0 | 0.0 | 0 | 0.0 |
| 意大利 | 0 | 0.0 | 13 | 1.8 | 6 | 0.9 | 0 | 0.2 | 2 | 0.1 | 0 | 0.1 |
| 卢森堡 | 0 | 0.0 | 0 | 0.0 | 0 | 0.0 | 57 | 13.0 | 185 | 41.4 | 644 | 170.5 |
| 荷兰 | 2 917 | 524.6 | 4 379 | 800.7 | 5 432 | 1 062.0 | 8 050 | 1 613.1 | 12 019 | 2 322.6 | 12 921 | 2 474.6 |
| 希腊 | 0 | 0.0 | 0 | 0.0 | 0 | 0.0 | 0 | 0.0 | 0 | 0.0 | 2 | 0.8 |
| 西班牙 | 0 | 0.0 | 20 | 6.1 | 2 | 0.6 | 0 | 0.0 | 45 | 9.6 | 23 | 6.3 |
| 奥地利 | 0 | 0.0 | 0 | 0.1 | 0 | 0.0 | 74 | 9.4 | 42 | 5.6 | 0 | 0.0 |
| 挪威 | 0 | 0.0 | 0 | 0.0 | 0 | 0.0 | 0 | 0.1 | 0 | 0.3 | 0 | 0.0 |
| 波兰 | 0 | 0.0 | 146 | 33.2 | 59 | 22.5 | 16 | 4.7 | 1 | 0.1 | 53 | 13.2 |
| 瑞典 | 0 | 0.0 | 0 | 0.0 | 0 | 0.0 | 0 | 0.0 | 0 | 0.1 | 0 | 0.0 |
| 瑞士 | 0 | 0.0 | 11 | 4.6 | 0 | 0.0 | 0 | 0.0 | 0 | 0.0 | 0 | 0.0 |
| 捷克 | 0 | 0.0 | 0 | 0.0 | 0 | 0.0 | 3 | 0.5 | 187 | 29.5 | 290 | 45.3 |
| 智利 | 49 | 12.6 | 8 | 1.9 | 0 | 0.0 | 0 | 0.0 | 0 | 0.0 | 0 | 0.0 |
| 加拿大 | 0 | 0.0 | 0 | 0.0 | 0 | 0.0 | 0 | 0.0 | 0 | 0.0 | — | — |
| 美国 | 135 | 33.6 | 175 | 42.1 | 16 | 5.1 | 69 | 22.6 | 44 | 18.3 | 32 | 9.4 |
| 澳大利亚 | 235 | 83.1 | 178 | 78.3 | 294 | 79.5 | 538 | 144.3 | 4 711 | 731.1 | 7 820 | 1 202.3 |
| 新西兰 | 53 | 19.4 | 4 | 4.2 | 312 | 68.9 | 0 | 0.0 | 0 | 0.0 | 3 | 4.1 |

数据来源：海关总署。

## 2011—2017 年全国炼乳进口量值（进口地区）

单位：t、万美元

| | 2011 年 | | 2012 年 | | 2013 年 | | 2014 年 | | 2015 年 | | 2016 年 | | 2017 年 | |
|---|---|---|---|---|---|---|---|---|---|---|---|---|---|---|
| | 进口量 | 进口额 | 进口量 | 进口额 | 进口量 | 进口额 | 进口量 | 进口额 | 进口量 | 进口额 | 进口量 | 进口额 | 进口量 | 进口额 |
| 全国合计 | 4 913 | 1 155.4 | 5 515 | 1 259.6 | 9 254 | 2 086.9 | 9 176 | 2 145.5 | 10 908 | 2 240.0 | 20 013 | 3 644.9 | 25 565 | 4 624.4 |
| 北京 | 956 | 271.1 | 1 028 | 304.4 | 1 790 | 548.7 | 2 005 | 594.3 | 1 133 | 236.5 | 1 008 | 214.4 | 445 | 133.9 |
| 天津 | 4 | 1.9 | 0 | 0.0 | 1 | 0.2 | 31 | 6.4 | 4 | 2.3 | 19 | 4.6 | 90 | 22.0 |
| 辽宁 | 0 | 0.0 | 0 | 0.0 | 0 | 0.0 | 12 | 2.2 | 57 | 13.0 | 209 | 43.4 | 863 | 195.1 |
| 吉林 | 0 | 0.0 | 0 | 0.0 | 0 | 0.0 | 0 | 0.0 | 0 | 0.0 | 0 | 0.0 | 0 | 0.0 |
| 上海 | 1 313 | 376.8 | 1 719 | 428.6 | 2 290 | 510.2 | 2 865 | 645.9 | 4 620 | 968.3 | 6 953 | 1 359.4 | 6 215 | 1 297.4 |
| 江苏 | 52 | 23.3 | 38 | 14.7 | 0 | 0.0 | 0 | 0.0 | 0 | 0.0 | 0 | 0.0 | 23 | 20.1 |
| 浙江 | 0 | 0.0 | 0 | 0.0 | 158 | 39.9 | 59 | 22.6 | 93 | 21.3 | 281 | 55.6 | 93 | 19.1 |
| 安徽 | 0 | 0.0 | 0 | 0.0 | 43 | 10.3 | 80 | 19.9 | 40 | 8.3 | 0 | 0.0 | 90 | 14.5 |
| 福建 | 285 | 49.8 | 9 | 2.7 | 6 | 1.5 | 54 | 11.1 | 43 | 6.9 | 75 | 7.1 | 153 | 25.9 |
| 山东 | 0 | 0.0 | 2 | 0.2 | 73 | 12.1 | 116 | 20.3 | 33 | 4.9 | 220 | 22.3 | 39 | 4.3 |
| 河南 | 0 | 0.0 | 0 | 0.0 | 0 | 0.0 | 3 | 0.6 | 9 | 11.2 | 0 | 0.6 | 1 | 1.6 |
| 湖北 | 0 | 0.0 | 0 | 0.0 | 0 | 0.0 | 0 | 0.0 | 0 | 0.0 | 0 | 0.0 | 0 | 0.0 |
| 广东 | 2 304 | 432.6 | 2 719 | 509.0 | 4 892 | 964.0 | 3 951 | 822.3 | 4 877 | 966.8 | 11 209 | 1 930.8 | 17 405 | 2 861.5 |
| 广西 | 0 | 0.0 | 0 | 0.0 | 0 | 0.0 | 0 | 0.0 | 0 | 0.0 | 0 | 0.0 | 0 | 0.0 |
| 海南 | 0 | 0.0 | 0 | 0.0 | 0 | 0.0 | 0 | 0.0 | 0 | 0.0 | 37 | 6.1 | 146 | 25.2 |
| 重庆 | 0 | 0.0 | 0 | 0.0 | 0 | 0.0 | 0 | 0.1 | 0 | 0.4 | 0 | 0.4 | 2 | 3.8 |
| 四川 | 0 | 0.0 | 0 | 0.0 | 0 | 0.0 | 0 | 0.0 | 0 | 0.0 | 0 | 0.0 | 0 | 0.0 |

数据来源：海关总署。

## 2011—2017 年全国乳清进口量值（来源地）

单位：t、万美元

| | 2011 年 | | 2012 年 | | 2013 年 | | 2014 年 | | 2015 年 | | 2016 年 | | 2017 年 | |
|---|---|---|---|---|---|---|---|---|---|---|---|---|---|---|
| | 进口量 | 进口额 | 进口量 | 进口额 | 进口量 | 进口额 | 进口量 | 进口额 | 进口量 | 进口额 | 进口量 | 进口额 | 进口量 | 进口额 |
| 合计 | 344 244 | 57 102.2 | 378 279 | 74 700.7 | 434 026 | 85 063.6 | 404 406 | 78 817.2 | 435 752 | 52 533.7 | 497 340 | 45 206.2 | 529 622 | 66 621.4 |
| 印度 | 228 | 63.1 | 0 | 0.0 | 0 | 0.0 | 0 | 0.0 | 0 | 0.0 | 0 | 0.0 | 0 | 0.0 |
| 日本 | 0 | 0.0 | 0 | 0.0 | 0 | 0.0 | 0 | 0.0 | 0 | 0.0 | 0 | 0.0 | 0 | 0.1 |
| 马来西亚 | 0 | 0.0 | 0 | 0.0 | 0 | 0.0 | 0 | 0.0 | 1 | 0.4 | 0 | 0.0 | 2 | 0.4 |
| 蒙古 | 0 | 0.0 | 0 | 0.0 | 0 | 0.0 | 0 | 0.0 | 0 | 0.0 | 0 | 0.0 | 0 | 0.0 |
| 新加坡 | 0 | 0.0 | 0 | 0.0 | 285 | 52.9 | 50 | 15.9 | 0 | 0.0 | 48 | 13.4 | 14 | 2.0 |
| 韩国 | 0 | 0.0 | 0 | 0.0 | 0 | 0.0 | 0 | 0.1 | 0 | 0.0 | 1 | 0.8 | 0 | 0.0 |
| 泰国 | 0 | 0.0 | 0 | 0.0 | 0 | 0.0 | 2 | 0.3 | 0 | 0.0 | 0 | 0.0 | 0 | 0.0 |
| 中国台湾 | 10 | 2.7 | 61 | 10.4 | 27 | 7.1 | 29 | 4.9 | 13 | 2.4 | 102 | 13.3 | 95 | 10.1 |
| 埃及 | 0 | 0.0 | 0 | 0.0 | 0 | 0.0 | 2 | 0.2 | 0 | 0.0 | 0 | 0.0 | 0 | 0.0 |
| 南非 | 0 | 0.0 | 0 | 0.0 | 0 | 0.0 | 0 | 0.0 | 0 | 0.0 | 0 | 0.0 | 0 | 0.0 |
| 比利时 | 2 125 | 462.8 | 3 748 | 963.0 | 0 | 0.0 | 82 | 14.5 | 25 | 5.5 | 0 | 0.0 | 275 | 36.6 |
| 丹麦 | 612 | 450.7 | 435 | 334.9 | 416 | 409.9 | 727 | 725.4 | 1 272 | 1 060.5 | 1 143 | 918.6 | 1 603 | 1 295.4 |
| 英国 | 1 449 | 379.2 | 2 286 | 646.5 | 462 | 160.3 | 2 314 | 887.3 | 631 | 193.6 | 164 | 22.8 | 222 | 44.2 |
| 德国 | 20 635 | 4 460.3 | 23 049 | 6 308.5 | 20 629 | 5 429.9 | 22 454 | 5 778.3 | 23 894 | 4 030.1 | 20 094 | 2 592.9 | 16 151 | 3 409.0 |
| 法国 | 47 656 | 9 043.4 | 54 873 | 13 186.0 | 60 574 | 15 601.1 | 64 426 | 15 927.2 | 49 602 | 8 808.1 | 53 607 | 7 773.0 | 61 547 | 11 313.7 |
| 爱尔兰 | 18 011 | 3 533.7 | 14 851 | 3 939.3 | 13 930 | 4 119.7 | 11 609 | 3 265.3 | 16 828 | 3 076.2 | 16 149 | 2 412.9 | 18 066 | 2 815.5 |
| 意大利 | 400 | 81.0 | 505 | 66.9 | 1 898 | 260.1 | 0 | 0.0 | 591 | 70.7 | 2 191 | 275.7 | 3 354 | 742.0 |
| 卢森堡 | 0 | 0.0 | 0 | 0.0 | 0 | 0.0 | 7 | 2.7 | 88 | 13.7 | 0 | 0.0 | 0 | 0.0 |
| 荷兰 | 23 593 | 5 743.6 | 25 225 | 6 422.3 | 27 964 | 8 692.7 | 22 158 | 7 132.9 | 23 572 | 4 149.5 | 32 251 | 3 697.3 | 40 805 | 6 433.9 |
| 希腊 | 0 | 0.0 | 40 | 19.0 | 0 | 0.0 | 0 | 0.0 | 0 | 0.0 | 0 | 0.0 | 0 | 0.0 |
| 葡萄牙 | 0 | 0.0 | 0 | 0.0 | 0 | 0.0 | 0 | 0.0 | 100 | 10.7 | 0 | 0.0 | 0 | 0.0 |
| 西班牙 | 31 | 20.5 | 3 172 | 468.1 | 3 422 | 506.8 | 2 602 | 404.0 | 2 714 | 322.9 | 1 600 | 121.0 | 1 132 | 107.6 |
| 奥地利 | 100 | 12.5 | 2 698 | 859.8 | 3 526 | 1 035.4 | 2 994 | 790.8 | 1 625 | 418.2 | 757 | 301.2 | 1 374 | 1 057.0 |

（续）

| | 2011年 | | 2012年 | | 2013年 | | 2014年 | | 2015年 | | 2016年 | | 2017年 | |
|---|---|---|---|---|---|---|---|---|---|---|---|---|---|---|
| | 进口量 | 进口额 | 进口量 | 进口额 | 进口量 | 进口额 | 进口量 | 进口额 | 进口量 | 进口额 | 进口量 | 进口额 | 进口量 | 进口额 |
| 芬兰 | 14 363 | 3 138.2 | 15 320 | 4 768.8 | 14 900 | 4 772.6 | 15 825 | 4 287.3 | 11 725 | 2 128.9 | 10 048 | 1 415.5 | 10 934 | 1 597.6 |
| 挪威 | 0 | 0.0 | 0 | 0.0 | 0 | 0.0 | 0 | 0.0 | 0 | 0.0 | 0 | 0.0 | 0 | 0.0 |
| 波兰 | 13 516 | 1 795.8 | 11 124 | 1 564.5 | 16 779 | 2 367.4 | 16 534 | 2 287.8 | 29 404 | 3 073.7 | 27 648 | 1 950.2 | 30 740 | 3 070.5 |
| 瑞士 | 1 | 2.1 | 0 | 0.0 | 0 | 0.0 | 0 | 0.0 | 0 | 0.0 | 0 | 0.0 | 52 | 41.6 |
| 拉脱维亚 | 0 | 0.0 | 0 | 0.0 | 0 | 0.0 | 0 | 0.0 | 25 | 3.7 | 89 | 11.3 | 67 | 7.7 |
| 立陶宛 | 0 | 0.0 | 0 | 0.0 | 25 | 7.0 | 0 | 0.0 | 0 | 0.0 | 0 | 0.0 | 218 | 23.8 |
| 白俄罗斯 | 100 | 14.5 | 1 120 | 167.6 | 4 331 | 598.2 | 2 125 | 279.3 | 450 | 42.3 | 800 | 57.5 | 5 250 | 425.1 |
| 俄罗斯联邦 | 0 | 0.0 | 0 | 0.0 | 0 | 0.0 | 75 | 10.4 | 0 | 0.0 | 0 | 0.0 | 0 | 0.0 |
| 乌克兰 | 3 050 | 355.4 | 550 | 71.6 | 1 625 | 231.1 | 0 | 0.0 | 925 | 51.6 | 3 700 | 229.6 | 13 600 | 1 253.4 |
| 斯洛文尼亚 | 0 | 0.0 | 0 | 0.0 | 48 | 14.6 | 0 | 0.0 | 145 | 26.6 | 0 | 0.0 | 0 | 0.0 |
| 捷克 | 2 550 | 423.9 | 4 800 | 1 029.3 | 2 825 | 689.9 | 500 | 125.8 | 45 | 3.8 | 234 | 23.0 | 238 | 31.5 |
| 阿根廷 | 16 803 | 2 907.5 | 23 556 | 5 696.1 | 37 259 | 7 431.9 | 22 058 | 4 583.0 | 28 107 | 3 400.0 | 24 838 | 2 060.9 | 15 092 | 1 629.5 |
| 智利 | 50 | 6.9 | 575 | 79.1 | 275 | 38.8 | 1 250 | 168.6 | 1 436 | 106.5 | 3 675 | 241.3 | 3 900 | 380.1 |
| 乌拉圭 | 4 725 | 590.5 | 4 275 | 629.1 | 6 350 | 932.6 | 2 500 | 387.5 | 4 725 | 637.0 | 3 850 | 330.1 | 3 475 | 410.9 |
| 加拿大 | 877 | 142.1 | 468 | 104.7 | 83 | 25.8 | 687 | 132.0 | 53 | 19.4 | 4 | 26.5 | 325 | 29.3 |
| 美国 | 162 924 | 18 929.6 | 173 615 | 21 132.8 | 207 006 | 26 826.2 | 208 353 | 29 389.3 | 229 373 | 18 149.6 | 283 885 | 18 619.5 | 290 499 | 28 072.7 |
| 澳大利亚 | 5 536 | 1 367.4 | 6 192 | 1 704.7 | 4 820 | 1 387.2 | 3 617 | 1 187.3 | 5 243 | 1 293.7 | 7 406 | 731.8 | 7 162 | 950.7 |
| 新西兰 | 4 901 | 3 174.8 | 5 741 | 4 527.8 | 4 568 | 3 464.6 | 1 427 | 1 029.4 | 3 141 | 1 434.5 | 3 056 | 1 366.2 | 3 297 | 1 416.4 |

数据来源：海关总署。

## 2011—2017 年全国乳清进口量值（进口地区）

单位：t、万美元

| | 2011 年 | | 2012 年 | | 2013 年 | | 2014 年 | | 2015 年 | | 2016 年 | | 2017 年 | |
|---|---|---|---|---|---|---|---|---|---|---|---|---|---|---|
| | 进口量 | 进口额 | 进口量 | 进口额 | 进口量 | 进口额 | 进口量 | 进口额 | 进口量 | 进口额 | 进口量 | 进口额 | 进口量 | 进口额 |
| 全国合计 | 344 244 | 57 102.2 | 378 279 | 74 700.7 | 434 026 | 85 063.6 | 404 406 | 78 817.2 | 435 752 | 52 533.7 | 497 340 | 45 206.2 | 529 622 | 66 621.4 |
| 北京 | 62 542 | 7 426.9 | 67 504 | 8 387.9 | 102 651 | 14 380.4 | 106 601 | 15 380.3 | 131 258 | 12 722.5 | 92 829 | 7 573.1 | 94 098 | 10 206.3 |
| 天津 | 37 479 | 8 317.5 | 41 704 | 10 940.1 | 50 558 | 13 706.0 | 50 393 | 13 276.8 | 40 873 | 7 497.3 | 68 368 | 7 494.5 | 72 195 | 10 651.0 |
| 河北 | 350 | 60.0 | 268 | 62.7 | 0 | 0.0 | 29 | 6.0 | 25 | 5.3 | 152 | 12.4 | 2 377 | 256.6 |
| 内蒙古 | 2 866 | 654.7 | 5 906 | 1 619.2 | 2 731 | 874.6 | 6 648 | 1 886.3 | 6 953 | 1 394.3 | 6 003 | 895.9 | 4 056 | 1 154.7 |
| 辽宁 | 12 361 | 2 092.0 | 11 634 | 2 486.8 | 17 761 | 4 009.1 | 18 685 | 3 895.5 | 12 159 | 1 861.3 | 56 788 | 6 462.0 | 49 565 | 6 086.9 |
| 吉林 | 0 | 0.0 | 0 | 0.0 | 38 | 5.7 | 38 | 5.7 | 115 | 15.2 | 57 | 6.4 | 0 | 0.0 |
| 黑龙江 | 5 097 | 1 287.6 | 8 200 | 2 343.5 | 13 309 | 3 967.1 | 12 364 | 3 191.9 | 13 249 | 2 471.0 | 4 370 | 604.4 | 17 726 | 2 934.2 |
| 上海 | 70 218 | 12 515.7 | 68 534 | 15 112.4 | 80 573 | 18 020.6 | 72 550 | 16 227.0 | 68 024 | 9 509.4 | 73 054 | 6 883.7 | 89 766 | 11 150.6 |
| 江苏 | 10 412 | 1 471.7 | 9 110 | 1 799.4 | 9 244 | 1 465.1 | 6 418 | 1 399.4 | 7 864 | 1 311.0 | 8 054 | 1 213.7 | 8 882 | 2 099.0 |
| 浙江 | 45 707 | 9 699.0 | 39 110 | 10 471.5 | 33 720 | 8 787.0 | 24 040 | 7 064.2 | 24 938 | 3 243.5 | 11 655 | 1 817.1 | 12 367 | 3 530.9 |
| 安徽 | 12 424 | 2 233.0 | 19 304 | 2 944.8 | 19 978 | 3 289.5 | 23 872 | 3 135.7 | 31 843 | 2 313.3 | 11 229 | 647.3 | 19 382 | 1 603.9 |
| 福建 | 33 956 | 3 390.4 | 44 750 | 5 729.6 | 44 891 | 5 192.8 | 32 253 | 3 856.5 | 38 621 | 3 215.0 | 38 672 | 2 308.8 | 39 528 | 3 481.7 |
| 江西 | 0 | 0.0 | 0 | 0.0 | 900 | 88.2 | 1 056 | 97.1 | 0 | 0.0 | 260 | 15.8 | 468 | 48.1 |
| 山东 | 11 906 | 2 256.2 | 22 769 | 5 423.9 | 17 362 | 4 352.5 | 22 009 | 5 050.9 | 18 253 | 2 905.5 | 20 184 | 2 461.2 | 24 134 | 4 939.0 |
| 河南 | 0 | 0.0 | 0 | 0.0 | 0 | 0.1 | 5 | 2.5 | 186 | 18.9 | 2 093 | 137.4 | 3 | 2.4 |
| 湖北 | 200 | 14.3 | 0 | 0.0 | 0 | 0.0 | 0 | 0.0 | 0 | 0.0 | 0 | 0.0 | 0 | 0.0 |
| 湖南 | 120 | 12.0 | 0 | 0.0 | 0 | 0.0 | 737 | 61.5 | 3 224 | 174.9 | 11 646 | 672.1 | 8 531 | 655.8 |
| 广东 | 25 556 | 4 447.4 | 28 153 | 6 095.5 | 30 261 | 5 951.5 | 20 630 | 3 693.1 | 32 380 | 3 433.5 | 87 996 | 5 708.1 | 83 213 | 7 526.0 |
| 广西 | 0 | 0.0 | 0 | 0.0 | 0 | 0.0 | 0 | 0.0 | 200 | 10.6 | 95 | 4.6 | 0 | 0.0 |
| 重庆 | 0 | 0.0 | 0 | 0.0 | 0 | 0.0 | 260 | 26.3 | 1 043 | 98.0 | 962 | 77.3 | 0 | 2.0 |
| 四川 | 2 668 | 308.7 | 3 540 | 454.3 | 3 515 | 407.0 | 2 641 | 276.9 | 4 543 | 333.3 | 2 760 | 183.0 | 2 953 | 253.9 |
| 云南 | 10 077 | 882.8 | 7 792 | 829.2 | 6 534 | 566.5 | 3 177 | 283.7 | 0 | 0.0 | 0 | 0.0 | 0 | 0.0 |
| 陕西 | 306 | 32.4 | 0 | 0.0 | 0 | 0.0 | 0 | 0.0 | 0 | 0.0 | 25 | 20.9 | 0 | 0.0 |

数据来源：海关总署。

## 2011—2017年全国黄油进口量值（来源地）

单位：t、万美元

| | 2011年 | | 2012年 | | 2013年 | | 2014年 | | 2015年 | | 2016年 | | 2017年 | |
|---|---|---|---|---|---|---|---|---|---|---|---|---|---|---|
| | 进口量 | 进口额 | 进口量 | 进口额 | 进口量 | 进口额 | 进口量 | 进口额 | 进口量 | 进口额 | 进口量 | 进口额 | 进口量 | 进口额 |
| 合计 | 35 676 | 18 368.4 | 48 326 | 19 566.2 | 52 238 | 22 583.8 | 80 385 | 37 791.7 | 71 259 | 26 548.3 | 81 865 | 30 315.2 | 91 603 | 50 015.8 |
| 柬埔寨 | 0 | 0.0 | 0 | 0.0 | 0 | 0.0 | 0 | 0.0 | 0 | 0.0 | 0 | 0.0 | 0 | 0.0 |
| 日本 | 0 | 0.0 | 0 | 0.0 | 0 | 0.0 | 0 | 0.0 | 0 | 0.1 | 0 | 0.0 | 0 | 0.0 |
| 马来西亚 | 0 | 0.0 | 0 | 0.0 | 0 | 0.0 | 0 | 0.0 | 0 | 0.0 | 0 | 0.0 | 0 | 0.0 |
| 菲律宾 | 0 | 0.0 | 0 | 0.0 | 0 | 0.0 | 0 | 0.0 | 0 | 0.0 | 0 | 0.0 | 0 | 0.0 |
| 新加坡 | 8 | 3.9 | 25 | 11.3 | 151 | 92.8 | 0 | 0.0 | 34 | 17.1 | 97 | 47.9 | 45 | 22.0 |
| 韩国 | 0 | 0.0 | 0 | 0.1 | 0 | 0.0 | 44 | 25.2 | 4 | 2.9 | 2 | 5.2 | 3 | 8.0 |
| 泰国 | 0 | 0.0 | 0 | 0.1 | 0 | 0.0 | 0 | 0.0 | 0 | 0.0 | 0 | 0.0 | 0 | 0.0 |
| 中国台湾 | 0 | 0.0 | 3 | 1.6 | 14 | 7.6 | 25 | 11.8 | 20 | 9.8 | 0 | 0.0 | 0 | 0.0 |
| 比利时 | 499 | 352.2 | 653 | 395.5 | 1 227 | 752.4 | 1 147 | 788.4 | 1 811 | 948.8 | 2 153 | 1 072.4 | 2 305 | 1 595.1 |
| 丹麦 | 227 | 171.2 | 294 | 238.1 | 237 | 180.9 | 226 | 153.6 | 678 | 337.8 | 332 | 151.5 | 199 | 124.9 |
| 英国 | 0 | 0.0 | 0 | 0.0 | 1 | 2.0 | 2 | 2.8 | 4 | 6.4 | 3 | 4.2 | 141 | 70.2 |
| 德国 | 43 | 27.9 | 150 | 75.6 | 86 | 49.0 | 0 | 0.0 | 0 | 0.0 | 338 | 159.3 | 374 | 267.8 |
| 法国 | 913 | 592.3 | 882 | 562.0 | 1 369 | 937.0 | 1 672 | 1 299.1 | 3 250 | 1 987.8 | 4 336 | 2 431.2 | 5 625 | 3 898.9 |
| 爱尔兰 | 73 | 42.8 | 78 | 48.4 | 91 | 66.4 | 107 | 66.3 | 138 | 72.3 | 163 | 66.5 | 222 | 108.6 |
| 意大利 | 0 | 0.1 | 1 | 0.2 | 9 | 5.7 | 38 | 23.6 | 212 | 99.1 | 238 | 100.7 | 129 | 81.7 |
| 荷兰 | 132 | 68.3 | 155 | 70.3 | 155 | 83.6 | 633 | 349.6 | 568 | 251.4 | 896 | 373.8 | 1 323 | 791.1 |
| 西班牙 | 0 | 0.0 | 0 | 0.0 | 11 | 8.4 | 40 | 22.6 | 92 | 47.1 | 6 | 3.1 | 6 | 4.6 |
| 奥地利 | 0 | 0.0 | 0 | 0.0 | 0 | 0.0 | 2 | 1.8 | 0 | 0.0 | 0 | 0.0 | 0 | 0.0 |
| 芬兰 | 0 | 0.0 | 0 | 0.0 | 0 | 0.0 | 0 | 0.0 | 0 | 0.0 | 0 | 0.0 | 0 | 0.0 |
| 波兰 | 0 | 0.0 | 0 | 0.0 | 0 | 0.0 | 0 | 0.0 | 16 | 5.9 | 0 | 0.0 | 0 | 0.0 |
| 阿根廷 | 369 | 161.3 | 438 | 171.6 | 308 | 123.3 | 331 | 182.2 | 872 | 382.2 | 475 | 196.1 | 197 | 116.9 |
| 智利 | 25 | 12.1 | 0 | 0.0 | 0 | 0.0 | 0 | 0.0 | 0 | 0.3 | 0 | 0.0 | 100 | 47.0 |
| 哥斯达黎加 | 0 | 0.0 | 0 | 0.0 | 120 | 42.8 | 118 | 43.5 | 0 | 0.0 | 0 | 0.0 | 0 | 0.0 |
| 乌拉圭 | 65 | 30.2 | 75 | 25.9 | 226 | 68.4 | 0 | 0.0 | 0 | 0.0 | 12 | 3.6 | 65 | 34.6 |
| 加拿大 | 0 | 0.0 | 0 | 0.0 | 18 | 10.9 | 0 | 0.0 | 0 | 0.0 | 0 | 0.0 | 0 | 0.0 |
| 美国 | 212 | 113.3 | 152 | 80.8 | 719 | 371.2 | 1 556 | 875.7 | 18 | 8.2 | 10 | 4.9 | 57 | 47.8 |
| 澳大利亚 | 1 827 | 822.8 | 2 265 | 901.9 | 1 827 | 823.6 | 1 492 | 772.0 | 2 613 | 1 108.8 | 1 996 | 830.7 | 1 956 | 1 069.7 |
| 新西兰 | 31 282 | 15 970.0 | 43 155 | 16 982.7 | 45 670 | 18 957.6 | 72 951 | 33 173.6 | 60 929 | 21 262.6 | 70 807 | 24 864.2 | 78 837 | 41 715.4 |

数据来源：海关总署。

## 2011—2017 年全国黄油进口量值（进口地区）

单位：t、万美元

| | 2011 年 | | 2012 年 | | 2013 年 | | 2014 年 | | 2015 年 | | 2016 年 | | 2017 年 | |
|---|---|---|---|---|---|---|---|---|---|---|---|---|---|---|
| | 进口量 | 进口额 | 进口量 | 进口额 | 进口量 | 进口额 | 进口量 | 进口额 | 进口量 | 进口额 | 进口量 | 进口额 | 进口量 | 进口额 |
| 全国合计 | 35 676 | 18 368.4 | 48 326 | 19 566.2 | 52 238 | 22 583.8 | 80 385 | 37 791.7 | 71 259 | 26 548.3 | 81 865 | 30 315.2 | 91 603 | 50 015.8 |
| 北京 | 3 844 | 2 015.6 | 5 775 | 2 430.4 | 7 437 | 3 404.4 | 7 745 | 3 810.3 | 7 374 | 3 083.5 | 6 491 | 2 853.9 | 4 436 | 2 742.6 |
| 天津 | 4 354 | 2 411.3 | 6 852 | 2 820.7 | 6 670 | 2 727.5 | 16 434 | 7 939.3 | 3 736 | 1 275.9 | 8 951 | 3 082.5 | 8 078 | 3 823.1 |
| 河北 | 108 | 61.1 | 43 | 23.8 | 88 | 46.7 | 89 | 53.3 | 176 | 77.3 | 176 | 71.0 | 182 | 95.3 |
| 内蒙古 | 1 898 | 1 039.5 | 23 | 14.2 | 903 | 356.8 | 3 305 | 1 373.2 | 195 | 99.5 | 101 | 29.2 | 226 | 107.7 |
| 辽宁 | 0 | 0.0 | 60 | 21.2 | 60 | 23.0 | 20 | 9.4 | 398 | 141.0 | 861 | 311.8 | 126 | 105.7 |
| 吉林 | 0 | 0.0 | 0 | 0.0 | 0 | 0.0 | 0 | 0.0 | 0 | 0.0 | 0 | 0.0 | 0 | 0.0 |
| 黑龙江 | 50 | 26.4 | 0 | 0.0 | 0 | 0.0 | 0 | 0.0 | 0 | 0.0 | 0 | 0.0 | 0 | 0.0 |
| 上海 | 13 881 | 6 888.9 | 20 093 | 8 354.8 | 19 240 | 8 605.4 | 26 892 | 12 594.4 | 27 430 | 10 242.6 | 23 645 | 8 792.9 | 18 947 | 10 564.5 |
| 江苏 | 770 | 273.4 | 509 | 189.7 | 615 | 257.6 | 941 | 442.9 | 701 | 264.4 | 1 314 | 527.2 | 1 257 | 672.6 |
| 浙江 | 2 025 | 1 096.6 | 2 284 | 847.3 | 2 986 | 1 173.8 | 3 071 | 1 466.5 | 3 533 | 1 265.6 | 5 702 | 1 968.6 | 3 650 | 2 173.3 |
| 安徽 | 17 | 9.7 | 199 | 64.2 | 274 | 107.0 | 512 | 252.8 | 69 | 27.7 | 11 | 6.5 | 0 | 0.0 |
| 福建 | 410 | 195.3 | 740 | 271.0 | 563 | 245.0 | 1 279 | 557.6 | 1 497 | 529.3 | 3 903 | 1 614.1 | 19 958 | 10 597.3 |
| 山东 | 2 331 | 1 312.2 | 3 995 | 1 463.2 | 4 537 | 1 977.9 | 5 640 | 2 754.1 | 5 353 | 2 023.3 | 7 651 | 2 913.7 | 13 163 | 7 844.1 |
| 河南 | 0 | 0.0 | 0 | 0.0 | 0 | 0.0 | 0 | 0.0 | 0 | 0.0 | 0 | 0.0 | 0 | 0.0 |
| 湖北 | 168 | 93.7 | 0 | 0.0 | 34 | 14.8 | 50 | 23.9 | 118 | 42.5 | 210 | 80.8 | 505 | 267.8 |
| 广东 | 5 798 | 2 935.3 | 7 752 | 3 065.4 | 8 831 | 3 643.9 | 14 405 | 6 513.9 | 16 405 | 5 876.7 | 19 687 | 7 181.1 | 20 225 | 10 590.9 |
| 广西 | 0 | 0.0 | 0 | 0.1 | 0 | 0.0 | 0 | 0.0 | 0 | 0.0 | 0 | 0.0 | 0 | 0.0 |
| 海南 | 20 | 9.3 | 0 | 0.0 | 0 | 0.0 | 0 | 0.0 | 0 | 0.0 | 0 | 0.0 | 0 | 0.0 |
| 四川 | 0 | 0.0 | 0 | 0.0 | 0 | 0.0 | 0 | 0.0 | 4 276 | 1 599.2 | 2 443 | 639.3 | 310 | 183.8 |

数据来源：海关总署。

## 2011—2017 年全国奶酪进口量值（来源地）

单位：t、万美元

| | 2011 年 | | 2012 年 | | 2013 年 | | 2014 年 | | 2015 年 | | 2016 年 | | 2017 年 | |
|---|---|---|---|---|---|---|---|---|---|---|---|---|---|---|
| | 进口量 | 进口额 | 进口量 | 进口额 | 进口量 | 进口额 | 进口量 | 进口额 | 进口量 | 进口额 | 进口量 | 进口额 | 进口量 | 进口额 |
| 合计 | 28 603 | 13 907.4 | 38 806 | 18 655.1 | 47 331 | 23 109.0 | 65 973 | 34 242.8 | 75 581 | 34 796.3 | 97 177 | 41 935.9 | 108 002 | 49 749.6 |
| 文莱 | 0 | 0.0 | 0 | 0.0 | 0 | 0.0 | 0 | 0.0 | 0 | 0.0 | 0 | 0.0 | 0 | 0.0 |
| 塞浦路斯 | 1 | 0.2 | 0 | 0.0 | 0 | 0.0 | 0 | 0.0 | 0 | 0.0 | 0 | 0.0 | 0 | 0.0 |
| 中国香港 | 0 | 0.0 | 0 | 0.0 | 0 | 0.0 | 0 | 0.0 | 0 | 0.0 | 0 | 0.0 | 0 | 0.0 |
| 印度尼西亚 | 0 | 0.0 | 0 | 0.0 | 0 | 0.0 | 0 | 0.0 | 0 | 0.0 | 0 | 0.0 | 0 | 0.0 |
| 日本 | 1 | 0.4 | 0 | 0.0 | 0 | 0.0 | 0 | 0.0 | 1 | 6.1 | 0 | 0.0 | 0 | 0.0 |
| 马来西亚 | 0 | 0.0 | 0 | 0.0 | 0 | 0.0 | 0 | 0.0 | 0 | 0.0 | 0 | 0.0 | 0 | 0.0 |
| 卡塔尔 | 0 | 0.0 | 0 | 0.0 | 0 | 0.0 | 0 | 0.0 | 0 | 0.0 | 0 | 0.0 | 0 | 0.0 |
| 新加坡 | 78 | 56.2 | 99 | 75.9 | 63 | 50.3 | 126 | 100.2 | 172 | 137.1 | 88 | 68.9 | 176 | 139.8 |
| 韩国 | 12 | 4.7 | 0 | 0.5 | 1 | 0.7 | 12 | 8.0 | 10 | 8.2 | 49 | 55.1 | 57 | 87.4 |
| 泰国 | 0 | 0.0 | 0 | 0.0 | 0 | 0.0 | 0 | 0.0 | 0 | 0.0 | 0 | 0.0 | 11 | 7.9 |
| 土耳其 | 0 | 0.0 | 0 | 0.0 | 0 | 0.0 | 0 | 0.0 | 0 | 0.0 | 0 | 0.0 | 0 | 0.0 |
| 中国台湾 | 3 | 2.9 | 38 | 22.6 | 99 | 62.0 | 122 | 80.7 | 166 | 124.5 | 147 | 109.5 | 196 | 146.6 |
| 比利时 | 1 | 0.6 | 1 | 1.2 | 1 | 0.9 | 1 | 0.9 | 19 | 6.2 | 33 | 8.7 | 123 | 45.0 |
| 丹麦 | 340 | 330.9 | 497 | 456.6 | 678 | 563.0 | 1 084 | 895.4 | 2 427 | 1 264.9 | 3 103 | 1 471.1 | 4 095 | 2 097.9 |
| 英国 | 31 | 17.8 | 4 | 4.8 | 15 | 16.7 | 48 | 50.5 | 49 | 44.0 | 575 | 234.4 | 786 | 359.0 |
| 德国 | 259 | 158.7 | 562 | 253.9 | 586 | 286.5 | 855 | 470.3 | 1 486 | 645.6 | 2 460 | 881.2 | 2 032 | 905.9 |
| 法国 | 566 | 605.1 | 877 | 774.2 | 1 354 | 1 083.6 | 1 915 | 1 577.3 | 1 889 | 1 392.7 | 3 493 | 2 103.1 | 3 150 | 2 233.4 |
| 爱尔兰 | 42 | 28.8 | 90 | 66.0 | 90 | 61.9 | 196 | 132.4 | 211 | 126.2 | 245 | 114.1 | 346 | 162.4 |
| 意大利 | 535 | 479.4 | 722 | 598.7 | 1 122 | 958.0 | 1 458 | 1 166.6 | 1 899 | 1 282.0 | 2 585 | 1 564.0 | 3 281 | 2 032.1 |
| 卢森堡 | 0 | 0.0 | 0 | 0.0 | 0 | 0.0 | 0 | 0.0 | 0 | 0.0 | 0 | 0.0 | 0 | 0.0 |
| 荷兰 | 405 | 239.9 | 603 | 351.8 | 412 | 288.4 | 491 | 337.5 | 881 | 468.7 | 611 | 341.6 | 865 | 545.9 |
| 希腊 | 11 | 16.0 | 17 | 18.3 | 29 | 29.2 | 9 | 9.8 | 23 | 21.2 | 29 | 26.2 | 27 | 27.3 |
| 葡萄牙 | 0 | 0.0 | 0 | 0.0 | 0 | 0.0 | 0 | 0.1 | 0 | 0.8 | 10 | 8.7 | 0 | 0.2 |
| 西班牙 | 5 | 8.4 | 9 | 14.3 | 39 | 37.6 | 55 | 56.7 | 69 | 59.4 | 160 | 106.5 | 282 | 174.9 |

（续）

| | 2011 年 | | 2012 年 | | 2013 年 | | 2014 年 | | 2015 年 | | 2016 年 | | 2017 年 | |
|---|---|---|---|---|---|---|---|---|---|---|---|---|---|---|
| | 进口量 | 进口额 | 进口量 | 进口额 | 进口量 | 进口额 | 进口量 | 进口额 | 进口量 | 进口额 | 进口量 | 进口额 | 进口量 | 进口额 |
| 奥地利 | 149 | 69.3 | 224 | 102.1 | 222 | 102.8 | 383 | 195.9 | 542 | 232.9 | 529 | 230.5 | 732 | 317.7 |
| 芬兰 | 0 | 0.0 | 0 | 0.0 | 0 | 0.0 | 0 | 0.0 | 0 | 0.0 | 0 | 0.0 | 0 | 0.0 |
| 波兰 | 73 | 39.3 | 32 | 33.1 | 54 | 59.8 | 95 | 93.6 | 194 | 120.4 | 200 | 118.1 | 153 | 98.7 |
| 瑞典 | 14 | 14.6 | 0 | 0.0 | 0 | 0.0 | 3 | 1.7 | 0 | 0.0 | 1 | 0.8 | 0 | 0.0 |
| 瑞士 | 57 | 73.6 | 60 | 74.1 | 77 | 100.9 | 69 | 98.4 | 88 | 116.0 | 71 | 99.9 | 279 | 204.5 |
| 爱沙尼亚 | 0 | 0.0 | 0 | 0.0 | 0 | 0.0 | 0 | 0.0 | 0 | 0.0 | 0 | 0.0 | 0 | 0.0 |
| 拉脱维亚 | 0 | 0.0 | 8 | 4.3 | 8 | 7.2 | 0 | 0.0 | 0 | 0.0 | 0 | 0.1 | 0 | 0.0 |
| 立陶宛 | 0 | 0.0 | 10 | 5.2 | 0 | 0.0 | 0 | 0.0 | 0 | 0.0 | 0 | 0.0 | 25 | 10.8 |
| 俄罗斯联邦 | 0 | 0.0 | 0 | 0.0 | 0 | 0.0 | 0 | 0.0 | 0 | 0.2 | 0 | 0.0 | 0 | 0.0 |
| 斯洛文尼亚 | 0 | 0.0 | 0 | 0.0 | 0 | 0.0 | 0 | 0.0 | 0 | 0.0 | 0 | 0.0 | 0 | 0.0 |
| 捷克 | 0 | 0.0 | 0 | 0.0 | 0 | 0.0 | 48 | 23.2 | 45 | 15.6 | 45 | 12.1 | 46 | 18.6 |
| 斯洛伐克 | 4 | 3.9 | 0 | 0.0 | 0 | 0.0 | 0 | 0.0 | 0 | 0.0 | 0 | 0.0 | 0 | 0.0 |
| 阿根廷 | 233 | 103.0 | 594 | 248.5 | 368 | 157.8 | 717 | 351.3 | 724 | 297.1 | 763 | 259.1 | 842 | 333.8 |
| 智利 | 0 | 0.0 | 0 | 0.0 | 0 | 0.0 | 0 | 0.0 | 46 | 23.9 | 338 | 133.2 | 746 | 314.1 |
| 格林纳达 | 0 | 0.0 | 0 | 0.0 | 0 | 0.0 | 0 | 0.0 | 0 | 0.0 | 0 | 0.0 | 0 | 0.0 |
| 乌拉圭 | 324 | 141.9 | 340 | 143.5 | 906 | 386.0 | 491 | 223.7 | 925 | 412.5 | 1 600 | 558.5 | 875 | 336.0 |
| 美国 | 6 287 | 2 843.2 | 8 954 | 3 880.8 | 10 010 | 4 300.5 | 11 635 | 5 564.4 | 11 658 | 5 341.3 | 8 956 | 4 097.6 | 12 905 | 6 023.5 |
| 澳大利亚 | 6 030 | 2 852.7 | 8 059 | 3 907.1 | 11 167 | 5 267.6 | 17 336 | 8 142.5 | 15 277 | 6 477.3 | 19 968 | 7 692.9 | 21 074 | 8 699.7 |
| 新西兰 | 13 142 | 5 816.0 | 17 005 | 7 617.6 | 20 030 | 9 287.6 | 28 825 | 14 661.7 | 36 779 | 16 171.5 | 51 116 | 21 639.2 | 54 887 | 24 424.1 |

数据来源：海关总署。

## 2011—2017年全国奶酪进口量值（进口地区）

单位：t、万美元

| | 2011年 | | 2012年 | | 2013年 | | 2014年 | | 2015年 | | 2016年 | | 2017年 | |
|---|---|---|---|---|---|---|---|---|---|---|---|---|---|---|
| | 进口量 | 进口额 | 进口量 | 进口额 | 进口量 | 进口额 | 进口量 | 进口额 | 进口量 | 进口额 | 进口量 | 进口额 | 进口量 | 进口额 |
| **全国合计** | 28 603 | 13 907.4 | 38 806 | 18 655.1 | 47 331 | 23 109.0 | 65 973 | 34 242.8 | 75 581 | 34 796.3 | 97 177 | 41 935.9 | 108 002 | 49 749.6 |
| 北京 | 3 715 | 1 894.2 | 6 391 | 3 129.0 | 9 317 | 4 826.9 | 13 087 | 7 327.1 | 15 524 | 7 269.5 | 16 804 | 7 304.4 | 17 530 | 7 981.3 |
| 天津 | 2 433 | 1 065.5 | 2 374 | 1 027.3 | 1 673 | 732.9 | 3 634 | 1 707.8 | 3 821 | 1 497.1 | 13 417 | 5 313.8 | 12 959 | 5 238.1 |
| 内蒙古 | 170 | 78.4 | 324 | 135.2 | 206 | 89.5 | 0 | 0.0 | 0 | 0.0 | 1 | 0.8 | 8 | 2.1 |
| 辽宁 | 410 | 160.4 | 547 | 259.8 | 482 | 231.7 | 319 | 166.4 | 1 852 | 863.8 | 2 739 | 1 200.1 | 1 310 | 575.1 |
| 吉林 | 0 | 0.0 | 0 | 0.0 | 0 | 0.0 | 0 | 0.0 | 0 | 0.2 | 0 | 0.0 | 0 | 0.0 |
| 黑龙江 | 0 | 0.0 | 39 | 14.3 | 0 | 0.0 | 0 | 0.0 | 0 | 0.0 | 5 | 2.9 | 1 | 1.7 |
| 上海 | 14 063 | 7 135.9 | 19 212 | 9 409.4 | 23 374 | 11 267.5 | 30 551 | 15 574.0 | 33 506 | 15 489.0 | 30 484 | 13 434.7 | 27 197 | 13 399.4 |
| 江苏 | 266 | 199.0 | 541 | 332.8 | 636 | 425.3 | 568 | 508.7 | 278 | 257.8 | 64 | 22.1 | 103 | 75.1 |
| 浙江 | 296 | 141.7 | 488 | 231.0 | 658 | 328.0 | 868 | 458.1 | 1 137 | 531.6 | 935 | 406.4 | 204 | 89.0 |
| 安徽 | 0 | 0.0 | 18 | 6.3 | 169 | 76.3 | 526 | 251.2 | 236 | 124.6 | 127 | 54.3 | 282 | 115.9 |
| 福建 | 3 817 | 1 597.4 | 3 762 | 1 614.0 | 4 666 | 2 072.5 | 5 734 | 2 836.1 | 7 811 | 3 483.0 | 7 694 | 3 470.4 | 19 605 | 9 064.6 |
| 山东 | 541 | 241.1 | 440 | 190.6 | 338 | 159.5 | 215 | 106.0 | 136 | 79.6 | 1 980 | 818.9 | 915 | 472.7 |
| 河南 | 39 | 27.2 | 27 | 19.7 | 24 | 18.0 | 77 | 59.3 | 131 | 104.3 | 73 | 53.8 | 64 | 45.3 |
| 湖北 | 0 | 0.0 | 0 | 0.0 | 0 | 0.7 | 1 | 1.2 | 1 | 2.0 | 85 | 26.4 | 114 | 33.7 |
| 广东 | 2 807 | 1 327.3 | 4 582 | 2 235.7 | 5 734 | 2 831.6 | 10 332 | 5 195.6 | 10 429 | 4 811.6 | 22 209 | 9 566.7 | 27 534 | 12 568.8 |
| 广西 | 0 | 0.0 | 0 | 0.0 | 0 | 0.0 | 0 | 0.0 | 0 | 0.0 | 0 | 0.0 | 0 | 0.0 |
| 重庆 | 0 | 0.0 | 0 | 0.0 | 0 | 0.0 | 0 | 0.0 | 0 | 0.0 | 0 | 0.0 | 0 | 0.0 |
| 四川 | 0 | 0.0 | 0 | 0.0 | 0 | 0.0 | 0 | 0.0 | 648 | 235.3 | 25 | 8.0 | 11 | 5.0 |
| 陕西 | 45 | 39.4 | 59 | 50.1 | 54 | 48.7 | 62 | 51.4 | 71 | 47.0 | 129 | 70.4 | 90 | 53.8 |

数据来源：海关总署。

## 2017 年全国乳制品进口量（月度）

单位：t

| 月 份 | 乳制品 | 液态奶 | | | 干乳制品 | | | | | | 婴幼儿配方乳粉 |
|---|---|---|---|---|---|---|---|---|---|---|---|
| | | 合计 | 液奶 | 酸奶 | 合计 | 奶粉 | 炼乳 | 乳清 | 黄油 | 奶酪 | |
| 合 计 | 2 173 991 | 701 713 | 667 557 | 34 156 | 1 472 278 | 717 399 | 25 648 | 529 629 | 91 566 | 108 035 | 296 014 |
| 01 | 233 985 | 36 257 | 35 050 | 1 206 | 197 728 | 141 161 | 1 232 | 34 586 | 11 087 | 9 663 | 15 091 |
| 02 | 173 157 | 40 279 | 38 358 | 1 921 | 132 878 | 74 514 | 1 582 | 40 589 | 6 638 | 9 555 | 15 250 |
| 03 | 170 681 | 50 793 | 47 902 | 2 890 | 119 889 | 54 775 | 2 370 | 47 544 | 6 286 | 8 914 | 22 511 |
| 04 | 155 051 | 48 556 | 46 906 | 1 650 | 106 496 | 48 673 | 1 868 | 41 393 | 6 494 | 8 067 | 20 744 |
| 05 | 162 629 | 54 180 | 51 499 | 2 681 | 108 449 | 45 382 | 2 109 | 42 957 | 7 817 | 10 184 | 22 803 |
| 06 | 204 360 | 60 997 | 58 487 | 2 509 | 143 364 | 64 434 | 2 642 | 55 157 | 8 870 | 12 261 | 25 485 |
| 07 | 190 771 | 57 120 | 53 740 | 3 380 | 133 651 | 67 112 | 2 345 | 46 854 | 8 589 | 8 750 | 23 956 |
| 08 | 204 950 | 68 941 | 65 429 | 3 512 | 136 009 | 62 078 | 2 158 | 45 143 | 15 018 | 11 613 | 27 785 |
| 09 | 170 582 | 74 311 | 70 802 | 3 509 | 96 271 | 41 008 | 2 464 | 43 172 | 3 847 | 5 779 | 28 195 |
| 10 | 156 766 | 67 557 | 64 033 | 3 524 | 89 208 | 36 246 | 1 927 | 38 197 | 4 433 | 8 405 | 27 297 |
| 11 | 187 496 | 74 428 | 70 279 | 4 148 | 113 069 | 49 671 | 2 418 | 46 870 | 5 586 | 8 524 | 34 362 |
| 12 | 163 563 | 68 295 | 65 070 | 3 225 | 95 268 | 32 348 | 2 533 | 47 167 | 6 901 | 6 319 | 32 533 |

数据来源：海关总署。

## 2017年全国乳制品进口额（月度）

单位：万美元

| 月份 | 乳制品 | 液态奶 | | | 干乳制品 | | | | | | 婴幼儿配方乳粉 |
|---|---|---|---|---|---|---|---|---|---|---|---|
| | | 合计 | 液奶 | 酸奶 | 合计 | 奶粉 | 炼乳 | 乳清 | 黄油 | 奶酪 | |
| 合计 | 502 870 | 94 623 | 87 935 | 6 688 | 408 247 | 216 175 | 25 648 | 66 635 | 50 016 | 49 772 | 398 117 |
| 01 | 56 883 | 4 214 | 3 998 | 216 | 52 669 | 38 271 | 1 232 | 4 361 | 4 655 | 4 150 | 21 569 |
| 02 | 40 317 | 4 870 | 4 511 | 360 | 35 447 | 21 947 | 1 582 | 4 832 | 2 988 | 4 099 | 20 647 |
| 03 | 38 085 | 5 812 | 5 217 | 595 | 32 273 | 17 118 | 2 370 | 5 631 | 3 127 | 4 027 | 29 518 |
| 04 | 35 445 | 6 253 | 5 934 | 319 | 29 192 | 15 573 | 1 868 | 4 895 | 3 309 | 3 546 | 27 764 |
| 05 | 38 407 | 7 062 | 6 529 | 533 | 31 345 | 14 447 | 2 109 | 6 185 | 4 013 | 4 591 | 30 050 |
| 06 | 48 028 | 8 623 | 8 088 | 535 | 39 405 | 19 399 | 2 642 | 7 048 | 4 775 | 5 542 | 35 178 |
| 07 | 45 133 | 7 988 | 7 332 | 655 | 37 145 | 19 644 | 2 345 | 6 289 | 4 765 | 4 101 | 31 670 |
| 08 | 51 452 | 9 230 | 8 560 | 670 | 42 222 | 19 179 | 2 158 | 6 496 | 8 776 | 5 613 | 38 415 |
| 09 | 37 177 | 10 565 | 9 843 | 722 | 26 612 | 13 138 | 2 464 | 5 668 | 2 594 | 2 748 | 40 040 |
| 10 | 34 064 | 9 318 | 8 647 | 671 | 24 747 | 11 340 | 1 927 | 4 510 | 2 856 | 4 113 | 38 238 |
| 11 | 41 903 | 10 572 | 9 789 | 783 | 31 331 | 15 616 | 2 418 | 5 385 | 3 759 | 4 152 | 43 458 |
| 12 | 35 976 | 10 116 | 9 488 | 628 | 25 860 | 10 503 | 2 533 | 5 336 | 4 399 | 3 090 | 41 569 |

数据来源：海关总署。

## 2017 年全国乳制品出口量（月度）

单位：t

| 月 份 | 乳制品 | 液态奶 | | | 干乳制品 | | | | | | 婴幼儿配方乳粉 |
|---|---|---|---|---|---|---|---|---|---|---|---|
| | | 合计 | 液奶 | 酸奶 | 合计 | 奶粉 | 炼乳 | 乳清 | 奶油 | 奶酪 | |
| 合 计 | 32 569 | 25 323 | 23 162 | 2 161 | 7 246 | 2 843 | 2 341 | 185 | 1 721 | 156 | 4 574 |
| 01 | 1 917 | 1 362 | 1 297 | 65 | 554 | 196 | 251 | 0 | 98 | 8 | 181 |
| 02 | 2 268 | 1 737 | 1 638 | 100 | 531 | 136 | 303 | 0 | 91 | 0 | 235 |
| 03 | 2 538 | 1 820 | 1 752 | 68 | 718 | 329 | 239 | 27 | 121 | 3 | 335 |
| 04 | 2 692 | 1 803 | 1 648 | 155 | 889 | 570 | 157 | 1 | 151 | 10 | 149 |
| 05 | 2 883 | 2 172 | 1 872 | 300 | 711 | 345 | 201 | 55 | 108 | 2 | 213 |
| 06 | 2 566 | 2 159 | 1 899 | 260 | 407 | 181 | 117 | 15 | 53 | 41 | 315 |
| 07 | 2 428 | 2 057 | 1 810 | 247 | 371 | 138 | 92 | 34 | 91 | 17 | 368 |
| 08 | 2 954 | 2 340 | 2 072 | 269 | 613 | 154 | 307 | 23 | 110 | 19 | 470 |
| 09 | 3 206 | 2 569 | 2 375 | 194 | 637 | 223 | 166 | 9 | 220 | 18 | 579 |
| 10 | 2 868 | 2 365 | 2 164 | 201 | 502 | 111 | 208 | 0 | 169 | 14 | 640 |
| 11 | 3 091 | 2 304 | 2 139 | 165 | 787 | 342 | 155 | 2 | 273 | 15 | 630 |
| 12 | 3 159 | 2 633 | 2 495 | 139 | 526 | 117 | 147 | 18 | 235 | 9 | 460 |

数据来源：海关总署。

## 2017 年全国乳制品出口额（月度）

单位：万美元

| 月份 | 乳制品 | 液态奶 | | | 干乳制品 | | | | | | 婴幼儿配方乳粉 |
|---|---|---|---|---|---|---|---|---|---|---|---|
| | | 合计 | 液奶 | 酸奶 | 合计 | 奶粉 | 炼乳 | 乳清 | 奶油 | 干酪 | |
| 合 计 | 4 785 | 2 436 | 2 065 | 371 | 2 349 | 948 | 478 | 38 | 761 | 123 | 7 362 |
| 01 | 298 | 119 | 108 | 10 | 179 | 76 | 56 | 0 | 43 | 4 | 337 |
| 02 | 299 | 154 | 139 | 15 | 145 | 38 | 63 | 0 | 44 | 0 | 362 |
| 03 | 341 | 160 | 146 | 14 | 181 | 61 | 52 | 8 | 56 | 4 | 629 |
| 04 | 415 | 168 | 140 | 28 | 247 | 139 | 35 | 1 | 65 | 7 | 252 |
| 05 | 430 | 212 | 160 | 52 | 218 | 116 | 40 | 9 | 50 | 3 | 393 |
| 06 | 337 | 204 | 160 | 44 | 133 | 60 | 24 | 3 | 26 | 21 | 325 |
| 07 | 352 | 194 | 156 | 38 | 157 | 77 | 18 | 4 | 42 | 16 | 549 |
| 08 | 416 | 232 | 190 | 43 | 183 | 60 | 56 | 4 | 52 | 11 | 753 |
| 09 | 519 | 286 | 250 | 36 | 233 | 93 | 30 | 3 | 93 | 15 | 931 |
| 10 | 421 | 232 | 195 | 37 | 190 | 32 | 43 | 0 | 96 | 18 | 971 |
| 11 | 501 | 226 | 197 | 28 | 276 | 133 | 24 | 1 | 103 | 14 | 1 034 |
| 12 | 456 | 249 | 224 | 25 | 206 | 65 | 36 | 5 | 91 | 10 | 827 |

数据来源：海关总署。

## 2010—2017 年全国原料奶粉进口量值表

单位：t、万美元、美元/t

| 年 份 | 奶粉 | | | 其中：脱脂奶粉 | | | 其中：全脂淡奶粉 | | | 其中：全脂甜奶粉 | | |
|---|---|---|---|---|---|---|---|---|---|---|---|---|
| | 数量 | 金额 | 单价 | 数量 | 金额 | 单价 | 数量 | 金额 | 单价 | 数量 | 金额 | 单价 |
| 2010 | 414 040 | 138 810 | 3 353 | 88 544 | 27 403 | 3 095 | 324 708 | 110 431 | 3 401 | 788 | 976 | 12 389 |
| 2011 | 449 542 | 164 544 | 3 660 | 129 805 | 45 564 | 3 510 | 318 049 | 117 848 | 3 705 | 1 687 | 1 132 | 6 710 |
| 2012 | 572 875 | 192 739 | 3 364 | 167 593 | 55 397 | 3 305 | 402 387 | 135 490 | 3 367 | 2 896 | 1 852 | 6 396 |
| 2013 | 854 416 | 358 473 | 4 196 | 235 019 | 95 850 | 4 078 | 617 798 | 261 485 | 4 233 | 1 599 | 1 137 | 7 111 |
| 2014 | 923 697 | 443 686 | 4 803 | 252 840 | 112 520 | 4 450 | 670 043 | 330 630 | 4 934 | 814 | 535 | 6 574 |
| 2015 | 547 243 | 150 690 | 2 754 | 200 220 | 51 717 | 2 583 | 342 620 | 95 238 | 2 780 | 4 403 | 3 735 | 8 483 |
| 2016 | 604 217 | 147 817 | 2 446 | 184 469 | 39 619 | 2 148 | 415 724 | 105 354 | 2 534 | 4 024 | 2 844 | 7 067 |
| 2017 | 717 399 | 216 175 | 3 013 | 247 304 | 60 043 | 2 428 | 463 408 | 149 407 | 3 224 | 6 688 | 4 871 | 7 284 |

数据来源：海关总署。

## 2010—2017 年全国原料奶粉出口量值表

单位：t、万美元、美元/t

| 年 份 | 奶粉 | | | 其中：脱脂奶粉 | | | 其中：全脂淡奶粉 | | | 其中：全脂甜奶粉 | | |
|---|---|---|---|---|---|---|---|---|---|---|---|---|
| | 数量 | 金额 | 单价 | 数量 | 金额 | 单价 | 数量 | 金额 | 单价 | 数量 | 金额 | 单价 |
| 2010 | 2 970 | 943 | 3 175 | 189 | 69 | 3 649 | 606 | 198 | 3 274 | 2 175 | 675 | 3 106 |
| 2011 | 9 327 | 3 711 | 398 | 199 | 91 | 4 569 | 6 562 | 2 360 | 360 | 2 566 | 1 260 | 4 909 |
| 2012 | 9 703 | 3 984 | 4 106 | 345 | 166 | 4 816 | 5 999 | 2 076 | 4 106 | 3 359 | 1 742 | 5 185 |
| 2013 | 3 318 | 1 622 | 4 889 | 359 | 149 | 4 148 | 1 000 | 347 | 3 473 | 1 958 | 1 126 | 5 749 |
| 2014 | 8 125 | 3 228 | 3 973 | 2 356 | 826 | 3 507 | 4 931 | 1 868 | 3 788 | 838 | 534 | 6 372 |
| 2015 | 4 869 | 1 098 | 2 255 | 1 178 | 246 | 2 086 | 3 030 | 455 | 1 502 | 661 | 397 | 6 008 |
| 2016 | 3 530 | 1 605 | 4 547 | 655 | 196 | 2 986 | 1 383 | 563 | 4 073 | 1 491 | 846 | 5 672 |
| 2017 | 2 843 | 948 | 3 333 | 1 047 | 233 | 2 222 | 1 271 | 392 | 3 086 | 524 | 323 | 6 151 |

数据来源：海关总署。

# 【乳品消费】

## 2013—2017年居民人均奶类消费量

单位：kg

| | 2013年 | 2014年 | 2015年 | 2016年 | 2017年 |
|---|---|---|---|---|---|
| 全国居民 | 11.7 | 12.6 | 12.1 | 12.0 | 12.1 |
| 城镇居民 | 17.1 | 18.1 | 17.1 | 16.5 | 16.5 |
| 农村居民 | 5.7 | 6.4 | 6.3 | 6.6 | 6.9 |

## 1990—2012年城镇居民人均鲜奶消费量

单位：kg

| | 1990年 | 1995年 | 2000年 | 2005年 | 2010年 | 2011年 | 2012年 |
|---|---|---|---|---|---|---|---|
| 鲜 奶 | 4.6 | 4.6 | 9.9 | 17.9 | 14.0 | 13.7 | 14.0 |

## 1990—2012年农村居民人均奶及奶制品消费量

单位：kg

| 指 标 | 1990年 | 1995年 | 2000年 | 2005年 | 2010年 | 2011年 | 2012年 |
|---|---|---|---|---|---|---|---|
| 奶及奶制品 | 1.1 | 0.6 | 1.1 | 2.9 | 3.6 | 5.2 | 5.3 |

注：2012年及以前数据来源于国家统计局农村住户调查。

## 2014—2017年分地区居民人均可支配收入

单位：元

| 地区 | 2014年 | 2015年 | 2016年 | 2017年 |
|---|---|---|---|---|
| 全国 | 20 167.1 | 21 966.2 | 23 821.0 | 25 973.8 |
| 北京 | 44 488.6 | 48 458.0 | 52 530.4 | 57 229.8 |
| 天津 | 28 832.3 | 31 291.4 | 34 074.5 | 37 022.3 |
| 河北 | 16 647.4 | 18 118.1 | 19 725.4 | 21 484.1 |
| 山西 | 16 538.3 | 17 853.7 | 19 048.9 | 20 420.0 |
| 内蒙古 | 20 559.3 | 22 310.1 | 24 126.6 | 26 212.2 |
| 辽宁 | 22 820.2 | 24 575.6 | 26 039.7 | 27 835.4 |
| 吉林 | 17 520.4 | 18 683.7 | 19 967.0 | 21 368.3 |
| 黑龙江 | 17 404.4 | 18 592.7 | 19 838.5 | 21 205.8 |
| 上海 | 45 965.8 | 49 867.2 | 54 305.3 | 58 988.0 |
| 江苏 | 27 172.8 | 29 538.9 | 32 070.1 | 35 024.1 |
| 浙江 | 32 657.6 | 35 537.1 | 38 529.0 | 42 045.7 |
| 安徽 | 16 795.5 | 18 362.6 | 19 998.1 | 21 863.3 |
| 福建 | 23 330.9 | 25 404.4 | 27 607.9 | 30 047.7 |
| 江西 | 16 734.2 | 18 437.1 | 20 109.6 | 22 031.4 |
| 山东 | 20 864.2 | 22 703.2 | 24 685.3 | 26 929.9 |
| 河南 | 15 695.2 | 17 124.8 | 18 443.1 | 20 170.0 |
| 湖北 | 18 283.2 | 20 025.6 | 21 786.6 | 23 757.2 |
| 湖南 | 17 621.7 | 19 317.5 | 21 114.8 | 23 102.7 |
| 广东 | 25 685.0 | 27 858.9 | 30 295.8 | 33 003.3 |
| 广西 | 15 557.1 | 16 873.4 | 18 305.1 | 19 904.8 |
| 海南 | 17 476.5 | 18 979.0 | 20 653.4 | 22 553.2 |
| 重庆 | 18 351.9 | 20 110.1 | 22 034.1 | 24 153.0 |
| 四川 | 15 749.0 | 17 221.0 | 18 808.3 | 20 579.8 |
| 贵州 | 12 371.1 | 13 696.6 | 15 121.1 | 16 703.6 |
| 云南 | 13 772.2 | 15 222.6 | 16 719.9 | 18 348.3 |
| 西藏 | 10 730.2 | 12 254.3 | 13 639.2 | 15 457.3 |
| 陕西 | 15 836.7 | 17 395.0 | 18 873.7 | 20 635.2 |
| 甘肃 | 12 184.7 | 13 466.6 | 14 670.3 | 16 011.0 |
| 青海 | 14 374.0 | 15 812.7 | 17 301.8 | 19 001.0 |
| 宁夏 | 15 906.8 | 17 329.1 | 18 832.3 | 20 561.7 |
| 新疆 | 15 096.6 | 16 859.1 | 18 354.7 | 19 975.1 |

注：数据来源于国家统计局开展的城乡一体化住户收支与生活状况调查。

## 2014—2017年分地区居民人均消费支出

单位：元

| 地区 | 2014年 | 2015年 | 2016年 | 2017年 |
|---|---|---|---|---|
| 全国 | 14 491.4 | 15 712.4 | 17 110.7 | 18 322.1 |
| 北京 | 31 102.9 | 33 802.8 | 35 415.7 | 37 425.3 |
| 天津 | 22 343.0 | 24 162.5 | 26 129.3 | 27 841.4 |
| 河北 | 11 931.5 | 13 030.7 | 14 247.5 | 15 437.0 |
| 山西 | 10 863.8 | 11 729.1 | 12 682.9 | 13 664.4 |
| 内蒙古 | 16 258.1 | 17 178.5 | 18 072.3 | 18 945.5 |
| 辽宁 | 16 068.0 | 17 199.8 | 19 852.8 | 20 463.4 |
| 吉林 | 13 026.0 | 13 763.9 | 14 772.6 | 15 631.9 |
| 黑龙江 | 12 768.8 | 13 402.5 | 14 445.8 | 15 577.5 |
| 上海 | 33 064.8 | 34 783.6 | 37 458.3 | 39 791.9 |
| 江苏 | 19 163.6 | 20 555.6 | 22 129.9 | 23 468.6 |
| 浙江 | 22 552.0 | 24 116.9 | 25 526.6 | 27 079.1 |
| 安徽 | 11 727.0 | 12 840.1 | 14 711.5 | 15 751.7 |
| 福建 | 17 644.5 | 18 850.2 | 20 167.5 | 21 249.3 |
| 江西 | 11 088.9 | 12 403.4 | 13 258.6 | 14 459.0 |
| 山东 | 13 328.9 | 14 578.4 | 15 926.4 | 17 280.7 |
| 河南 | 11 000.4 | 11 835.1 | 12 712.3 | 13 729.6 |
| 湖北 | 12 928.3 | 14 316.5 | 15 888.7 | 16 937.6 |
| 湖南 | 13 288.7 | 14 267.3 | 15 750.5 | 17 160.4 |
| 广东 | 19 205.5 | 20 975.7 | 23 448.4 | 24 819.6 |
| 广西 | 10 274.3 | 11 401.0 | 12 295.2 | 13 423.7 |
| 海南 | 12 470.6 | 13 575.0 | 14 275.4 | 15 402.7 |
| 重庆 | 13 810.6 | 15 139.5 | 16 384.8 | 17 898.1 |
| 四川 | 12 368.4 | 13 632.1 | 14 838.5 | 16 179.9 |
| 贵州 | 9 303.4 | 10 413.8 | 11 931.6 | 12 969.6 |
| 云南 | 9 869.5 | 11 005.4 | 11 768.8 | 12 658.1 |
| 西藏 | 7 317.0 | 8 245.8 | 9 318.7 | 10 320.1 |
| 陕西 | 12 203.6 | 13 087.2 | 13 943.0 | 14 899.7 |
| 甘肃 | 9 874.6 | 10 950.8 | 12 254.2 | 13 120.1 |
| 青海 | 12 604.8 | 13 611.3 | 14 774.7 | 15 503.1 |
| 宁夏 | 12 484.5 | 13 815.6 | 14 965.4 | 15 350.3 |
| 新疆 | 11 903.7 | 12 867.4 | 14 066.5 | 15 087.3 |

## 2014—2017 年分地区城镇居民人均可支配收入

单位：元

| 地 区 | 2014 年 | 2015 年 | 2016 年 | 2017 年 |
|---|---|---|---|---|
| 全 国 | 28 843.9 | 31 194.8 | 33 616.2 | 36 396.2 |
| 北 京 | 48 531.8 | 52 859.2 | 57 275.3 | 62 406.3 |
| 天 津 | 31 506.0 | 34 101.3 | 37 109.6 | 40 277.5 |
| 河 北 | 24 141.3 | 26 152.2 | 28 249.4 | 30 547.8 |
| 山 西 | 24 069.4 | 25 827.7 | 27 352.3 | 29 131.8 |
| 内蒙古 | 28 349.6 | 30 594.1 | 32 974.9 | 35 670.0 |
| 辽 宁 | 29 081.7 | 31 125.7 | 32 876.1 | 34 993.4 |
| 吉 林 | 23 217.8 | 24 900.9 | 26 530.4 | 28 318.7 |
| 黑龙江 | 22 609.0 | 24 202.6 | 25 736.4 | 27 446.0 |
| 上 海 | 48 841.4 | 52 961.9 | 57 691.7 | 62 595.7 |
| 江 苏 | 34 346.3 | 37 173.5 | 40 151.6 | 43 621.8 |
| 浙 江 | 40 392.7 | 43 714.5 | 47 237.2 | 51 260.7 |
| 安 徽 | 24 838.5 | 26 935.8 | 29 156.0 | 31 640.3 |
| 福 建 | 30 722.4 | 33 275.3 | 36 014.3 | 39 001.4 |
| 江 西 | 24 309.2 | 26 500.1 | 28 673.3 | 31 198.1 |
| 山 东 | 29 221.9 | 31 545.3 | 34 012.1 | 36 789.4 |
| 河 南 | 23 672.1 | 25 575.6 | 27 232.9 | 29 557.9 |
| 湖 北 | 24 852.3 | 27 051.5 | 29 385.8 | 31 889.4 |
| 湖 南 | 26 570.2 | 28 838.1 | 31 283.9 | 33 947.9 |
| 广 东 | 32 148.1 | 34 757.2 | 37 684.3 | 40 975.1 |
| 广 西 | 24 669.0 | 26 415.9 | 28 324.4 | 30 502.1 |
| 海 南 | 24 486.5 | 26 356.4 | 28 453.5 | 30 817.4 |
| 重 庆 | 25 147.2 | 27 238.8 | 29 610.0 | 32 193.2 |
| 四 川 | 24 234.4 | 26 205.3 | 28 335.3 | 30 726.9 |
| 贵 州 | 22 548.2 | 24 579.6 | 26 742.6 | 29 079.8 |
| 云 南 | 24 299.0 | 26 373.2 | 28 610.6 | 30 995.9 |
| 西 藏 | 22 015.8 | 25 456.6 | 27 802.4 | 30 671.1 |
| 陕 西 | 24 365.8 | 26 420.2 | 28 440.1 | 30 810.3 |
| 甘 肃 | 21 803.9 | 23 767.1 | 25 693.5 | 27 763.4 |
| 青 海 | 22 306.6 | 24 542.3 | 26 757.4 | 29 168.9 |
| 宁 夏 | 23 284.6 | 25 186.0 | 27 153.0 | 29 472.3 |
| 新 疆 | 23 214.0 | 26 274.7 | 28 463.4 | 30 774.8 |

## 2014—2017年分地区城镇居民人均消费支出

单位：元

| 地 区 | 2014年 | 2015年 | 2016年 | 2017年 |
|---|---|---|---|---|
| 全 国 | 19 968.1 | 21 392.4 | 23 078.9 | 24 445.0 |
| 北 京 | 33 717.5 | 36 642.0 | 38 255.5 | 40 346.3 |
| 天 津 | 24 289.6 | 26 229.5 | 28 344.6 | 30 283.6 |
| 河 北 | 16 203.8 | 17 586.6 | 19 105.9 | 20 600.3 |
| 山 西 | 14 636.9 | 15 818.6 | 16 992.8 | 18 404.0 |
| 内蒙古 | 20 885.2 | 21 876.5 | 22 744.5 | 23 637.8 |
| 辽 宁 | 20 519.6 | 21 556.7 | 24 995.9 | 25 379.4 |
| 吉 林 | 17 156.1 | 17 972.6 | 19 166.4 | 20 051.2 |
| 黑龙江 | 16 466.6 | 17 152.1 | 18 145.2 | 19 269.8 |
| 上 海 | 35 182.4 | 36 946.1 | 39 856.8 | 42 304.3 |
| 江 苏 | 23 476.3 | 24 966.0 | 26 432.9 | 27 726.3 |
| 浙 江 | 27 241.7 | 28 661.3 | 30 067.7 | 31 924.2 |
| 安 徽 | 16 107.1 | 17 233.5 | 19 606.2 | 20 740.2 |
| 福 建 | 22 204.1 | 23 520.2 | 25 005.5 | 25 980.5 |
| 江 西 | 15 141.8 | 16 731.8 | 17 695.6 | 19 244.5 |
| 山 东 | 18 322.6 | 19 853.8 | 21 495.3 | 23 072.1 |
| 河 南 | 16 184.5 | 17 154.3 | 18 087.8 | 19 422.3 |
| 湖 北 | 16 681.4 | 18 192.3 | 20 040.0 | 21 275.6 |
| 湖 南 | 18 334.7 | 19 501.4 | 21 420.0 | 23 162.6 |
| 广 东 | 23 611.7 | 25 673.1 | 28 613.3 | 30 197.9 |
| 广 西 | 15 045.4 | 16 321.2 | 17 268.5 | 18 348.6 |
| 海 南 | 17 513.8 | 18 448.4 | 19 015.5 | 20 371.9 |
| 重 庆 | 18 279.5 | 19 742.3 | 21 030.9 | 22 759.2 |
| 四 川 | 17 759.9 | 19 276.8 | 20 659.8 | 21 990.6 |
| 贵 州 | 15 254.6 | 16 914.2 | 19 201.7 | 20 347.8 |
| 云 南 | 16 268.3 | 17 675.0 | 18 622.4 | 19 559.7 |
| 西 藏 | 15 669.4 | 17 022.0 | 19 440.5 | 21 087.5 |
| 陕 西 | 17 546.0 | 18 463.9 | 19 368.9 | 20 388.2 |
| 甘 肃 | 15 942.3 | 17 450.9 | 19 539.2 | 20 659.4 |
| 青 海 | 17 492.9 | 19 200.6 | 20 853.2 | 21 473.0 |
| 宁 夏 | 17 216.2 | 18 983.9 | 20 364.2 | 20 219.5 |
| 新 疆 | 17 684.5 | 19 414.7 | 21 228.5 | 22 796.9 |

## 2014—2017 年分地区农村居民人均可支配收入

单位：元

| 地 区 | 2014 年 | 2015 年 | 2016 年 | 2017 年 |
|---|---|---|---|---|
| **全 国** | 10 488.9 | 11 421.7 | 12 363.4 | 13 432.4 |
| 北 京 | 18 867.3 | 20 568.7 | 22 309.5 | 24 240.5 |
| 天 津 | 17 014.2 | 18 481.6 | 20 075.6 | 21 753.7 |
| 河 北 | 10 186.1 | 11 050.5 | 11 919.4 | 12 880.9 |
| 山 西 | 8 809.4 | 9 453.9 | 10 082.5 | 10 787.5 |
| 内蒙古 | 9 976.3 | 10 775.9 | 11 609.0 | 12 584.3 |
| 辽 宁 | 11 191.5 | 12 056.9 | 12 880.7 | 13 746.8 |
| 吉 林 | 10 780.1 | 11 326.2 | 12 122.9 | 12 950.4 |
| 黑龙江 | 10 453.2 | 11 095.2 | 11 831.9 | 12 664.8 |
| 上 海 | 21 191.6 | 23 205.2 | 25 520.4 | 27 825.0 |
| 江 苏 | 14 958.4 | 16 256.7 | 17 605.6 | 19 158.0 |
| 浙 江 | 19 373.3 | 21 125.0 | 22 866.1 | 24 955.8 |
| 安 徽 | 9 916.4 | 10 820.7 | 11 720.5 | 12 758.2 |
| 福 建 | 12 650.2 | 13 792.7 | 14 999.2 | 16 334.8 |
| 江 西 | 10 116.6 | 11 139.1 | 12 137.7 | 13 241.8 |
| 山 东 | 11 882.3 | 12 930.4 | 13 954.1 | 15 117.5 |
| 河 南 | 9 966.1 | 10 852.9 | 11 696.7 | 12 719.2 |
| 湖 北 | 10 849.1 | 11 843.9 | 12 725.0 | 13 812.1 |
| 湖 南 | 10 060.2 | 10 992.5 | 11 930.4 | 12 935.8 |
| 广 东 | 12 245.6 | 13 360.4 | 14 512.2 | 15 779.7 |
| 广 西 | 8 683.2 | 9 466.6 | 10 359.5 | 11 325.5 |
| 海 南 | 9 912.6 | 10 857.6 | 11 842.9 | 12 901.8 |
| 重 庆 | 9 489.8 | 10 504.7 | 11 548.8 | 12 637.9 |
| 四 川 | 9 347.7 | 10 247.4 | 11 203.1 | 12 226.9 |
| 贵 州 | 6 671.2 | 7 386.9 | 8 090.3 | 8 869.1 |
| 云 南 | 7 456.1 | 8 242.1 | 9 019.8 | 9 862.2 |
| 西 藏 | 7 359.2 | 8 243.7 | 9 093.8 | 10 330.2 |
| 陕 西 | 7 932.2 | 8 688.9 | 9 396.4 | 10 264.5 |
| 甘 肃 | 6 276.6 | 6 936.2 | 7 456.9 | 8 076.1 |
| 青 海 | 7 282.7 | 7 933.4 | 8 664.4 | 9 462.3 |
| 宁 夏 | 8 410.0 | 9 118.7 | 9 851.6 | 10 737.9 |
| 新 疆 | 8 723.8 | 9 425.1 | 10 183.2 | 11 045.3 |

## 2014—2017年分地区农村居民人均消费支出

单位：元

| 地 区 | 2014年 | 2015年 | 2016年 | 2017年 |
|---|---|---|---|---|
| **全 国** | 8 382.6 | 9 222.6 | 10 129.8 | 10 954.5 |
| 北 京 | 14 535.1 | 15 811.2 | 17 329.0 | 18 810.5 |
| 天 津 | 13 738.6 | 14 739.4 | 15 912.1 | 16 385.9 |
| 河 北 | 8 248.0 | 9 022.8 | 9 798.3 | 10 535.9 |
| 山 西 | 6 991.7 | 7 421.2 | 8 028.8 | 8 424.0 |
| 内蒙古 | 9 972.2 | 10 637.4 | 11 462.6 | 12 184.4 |
| 辽 宁 | 7 800.7 | 8 872.8 | 9 953.1 | 10 787.3 |
| 吉 林 | 8 139.8 | 8 783.3 | 9 521.4 | 10 279.4 |
| 黑龙江 | 7 830.0 | 8 391.5 | 9 423.8 | 10 523.9 |
| 上 海 | 14 820.1 | 16 152.3 | 17 070.8 | 18 089.8 |
| 江 苏 | 11 820.3 | 12 882.5 | 14 428.2 | 15 611.5 |
| 浙 江 | 14 497.8 | 16 107.7 | 17 358.9 | 18 093.4 |
| 安 徽 | 7 980.8 | 8 975.2 | 10 287.3 | 11 106.1 |
| 福 建 | 11 055.9 | 11 960.8 | 12 910.8 | 14 003.4 |
| 江 西 | 7 548.3 | 8 485.6 | 9 128.3 | 9 870.4 |
| 山 东 | 7 962.2 | 8 747.6 | 9 518.9 | 10 342.1 |
| 河 南 | 7 277.2 | 7 887.4 | 8 586.6 | 9 211.5 |
| 湖 北 | 8 680.9 | 9 803.1 | 10 938.3 | 11 632.5 |
| 湖 南 | 9 024.8 | 9 690.6 | 10 629.9 | 11 533.6 |
| 广 东 | 10 043.2 | 11 103.0 | 12 414.8 | 13 199.6 |
| 广 西 | 6 675.1 | 7 582.0 | 8 351.2 | 9 436.6 |
| 海 南 | 7 029.0 | 8 210.3 | 8 921.2 | 9 599.4 |
| 重 庆 | 7 982.6 | 8 937.7 | 9 954.4 | 10 936.1 |
| 四 川 | 8 301.1 | 9 250.6 | 10 191.6 | 11 396.7 |
| 贵 州 | 5 970.3 | 6 644.9 | 7 533.3 | 8 299.0 |
| 云 南 | 6 030.3 | 6 830.1 | 7 330.5 | 8 027.3 |
| 西 藏 | 4 822.1 | 5 579.7 | 6 070.3 | 6 691.5 |
| 陕 西 | 7 252.4 | 7 900.7 | 8 567.7 | 9 305.6 |
| 甘 肃 | 6 147.8 | 6 829.8 | 7 487.0 | 8 029.7 |
| 青 海 | 8 235.1 | 8 566.5 | 9 222.2 | 9 902.7 |
| 宁 夏 | 7 676.5 | 8 414.9 | 9 138.4 | 9 982.1 |
| 新 疆 | 7 365.3 | 7 697.9 | 8 277.0 | 8 712.6 |

## 1978—2017 年居民消费水平

| 年 份 | 绝对数（元） | | | 城乡消费水平对比（农村居民 =1） | 指数（上年 =100） | | | 指数 (1978=100) | | |
|---|---|---|---|---|---|---|---|---|---|---|
| | 全体居民 | 城镇居民 | 农村居民 | | 全体居民 | 城镇居民 | 农村居民 | 全体居民 | 城镇居民 | 农村居民 |
| 1978 | 184 | 405 | 138 | 2.9 | 104.1 | 103.3 | 104.3 | 100.0 | 100.0 | 100.0 |
| 1980 | 238 | 490 | 178 | 2.7 | 109.1 | 107.3 | 108.6 | 116.8 | 110.4 | 115.7 |
| 1985 | 440 | 750 | 346 | 2.2 | 112.7 | 107.4 | 114.4 | 181.3 | 137.4 | 192.5 |
| 1990 | 831 | 1 404 | 627 | 2.2 | 102.8 | 101.4 | 103.4 | 227.5 | 163.6 | 240.4 |
| 1995 | 2 330 | 4 769 | 1 344 | 3.5 | 108.3 | 109.5 | 105.0 | 339.8 | 285.6 | 288.8 |
| 2000 | 3 721 | 6 999 | 1 917 | 3.7 | 110.6 | 109.7 | 106.6 | 493.1 | 382.9 | 377.6 |
| 2001 | 3 987 | 7 324 | 2 032 | 3.6 | 106.1 | 103.8 | 104.6 | 523.2 | 397.4 | 395.2 |
| 2002 | 4 301 | 7 745 | 2 157 | 3.6 | 108.4 | 106.3 | 106.6 | 567.3 | 422.5 | 421.1 |
| 2003 | 4 606 | 8 104 | 2 292 | 3.5 | 105.8 | 103.5 | 104.6 | 600.0 | 437.2 | 440.5 |
| 2004 | 5 138 | 8 880 | 2 521 | 3.5 | 107.2 | 106.0 | 103.9 | 643.0 | 463.3 | 457.8 |
| 2005 | 5 771 | 9 832 | 2 784 | 3.5 | 109.7 | 108.5 | 106.8 | 705.4 | 502.6 | 488.9 |
| 2006 | 6 416 | 10 739 | 3 066 | 3.5 | 108.4 | 106.6 | 107.3 | 765.0 | 535.6 | 524.7 |
| 2007 | 7 572 | 12 480 | 3 538 | 3.5 | 112.8 | 111.6 | 108.7 | 862.6 | 597.6 | 570.4 |
| 2008 | 8 707 | 14 061 | 4 065 | 3.5 | 108.3 | 106.5 | 107.0 | 934.3 | 636.4 | 610.3 |
| 2009 | 9 514 | 15 127 | 4 402 | 3.4 | 109.8 | 108.0 | 109.3 | 1 026.1 | 687.1 | 666.9 |
| 2010 | 10 919 | 17 104 | 4 941 | 3.5 | 109.6 | 107.9 | 107.4 | 1 124.5 | 741.2 | 716.0 |
| 2011 | 13 134 | 19 912 | 6 187 | 3.2 | 111.0 | 108.2 | 112.9 | 1 248.6 | 802.1 | 808.6 |
| 2012 | 14 699 | 21 861 | 6 964 | 3.1 | 109.1 | 107.2 | 108.9 | 1 362.0 | 859.9 | 880.4 |
| 2013 | 16 190 | 23 609 | 7 773 | 3.0 | 107.3 | 105.3 | 108.6 | 1 462.0 | 905.4 | 955.8 |
| 2014 | 17 778 | 25 424 | 8 711 | 2.9 | 107.7 | 105.6 | 109.9 | 1 574.6 | 956.3 | 1 050.4 |
| 2015 | 19 397 | 27 210 | 9 679 | 2.8 | 107.5 | 105.4 | 109.5 | 1 692.6 | 1 008.1 | 1 150.6 |
| 2016 | 21 228 | 29 219 | 10 752 | 2.7 | 107.3 | 105.2 | 109.1 | 1 816.1 | 1 060.9 | 1 254.9 |
| 2017 | 22 902 | 31 032 | 11 704 | 2.7 | 105.9 | 104.2 | 107.2 | 1 928.6 | 1 108.3 | 1 348.2 |

注：1. 城乡消费水平对比没有剔除城乡价格不可比的因素（相关表同）。
2. 居民消费水平指按常住人口计算的人均居民消费支出（相关表同）。
3. 本表绝对数按当年价格计算，指数按不变价格计算。

## 分地区居民消费水平 (2017 年)

| 地 区 | 绝对数(元) | | | 城乡消费水平对比(农村居民=1) | 指数(上年=100) | | |
|---|---|---|---|---|---|---|---|
| | 全体居民 | 城镇居民 | 农村居民 | | 全体居民 | 城镇居民 | 农村居民 |
| 北 京 | 52 912 | 57 100 | 26 132 | 2.2 | 105.7 | 105.8 | 105.5 |
| 天 津 | 38 975 | 42 067 | 23 952 | 1.8 | 106.4 | 106.3 | 106.5 |
| 河 北 | 15 893 | 20 753 | 10 149 | 2.0 | 109.5 | 106.6 | 112.0 |
| 山 西 | 18 132 | 23 345 | 11 284 | 2.1 | 118.8 | 116.5 | 121.4 |
| 内蒙古 | 23 909 | 29 971 | 14 184 | 2.1 | 104.3 | 102.7 | 106.9 |
| 辽 宁 | 24 866 | 30 342 | 13 528 | 2.2 | 103.4 | 102.6 | 106.9 |
| 吉 林 | 15 083 | 19 552 | 9 244 | 2.1 | 106.2 | 105.6 | 105.9 |
| 黑龙江 | 18 859 | 24 012 | 11 352 | 2.1 | 107.3 | 106.6 | 108.8 |
| 上 海 | 53 617 | 57 507 | 25 622 | 2.2 | 107.3 | 107.2 | 107.6 |
| 江 苏 | 39 796 | 45 865 | 26 755 | 1.7 | 109.3 | 107.7 | 112.2 |
| 浙 江 | 33 851 | 38 730 | 23 717 | 1.6 | 107.2 | 107.3 | 104.8 |
| 安 徽 | 17 141 | 23 888 | 9 610 | 2.5 | 108.1 | 105.6 | 109.7 |
| 福 建 | 25 969 | 30 474 | 17 885 | 1.7 | 109.4 | 107.3 | 113.5 |
| 江 西 | 17 290 | 21 815 | 12 009 | 1.8 | 108.2 | 105.2 | 111.8 |
| 山 东 | 28 353 | 34 955 | 18 530 | 1.9 | 108.6 | 105.2 | 113.9 |
| 河 南 | 17 842 | 25 593 | 10 294 | 2.5 | 109.0 | 106.8 | 109.1 |
| 湖 北 | 21 642 | 28 121 | 12 432 | 2.3 | 109.4 | 107.0 | 113.2 |
| 湖 南 | 19 418 | 26 244 | 11 504 | 2.3 | 108.0 | 106.2 | 107.0 |
| 广 东 | 30 762 | 37 257 | 15 943 | 2.3 | 105.2 | 104.3 | 107.6 |
| 广 西 | 16 064 | 22 970 | 9 371 | 2.5 | 106.5 | 102.4 | 113.4 |
| 海 南 | 20 939 | 27 683 | 11 848 | 2.3 | 109.5 | 107.7 | 110.2 |
| 重 庆 | 22 927 | 30 101 | 10 527 | 2.9 | 108.6 | 106.4 | 110.9 |
| 四 川 | 17 920 | 22 983 | 12 856 | 1.8 | 108.6 | 105.8 | 110.9 |
| 贵 州 | 16 349 | 24 230 | 9 879 | 2.5 | 112.2 | 109.4 | 111.9 |
| 云 南 | 15 831 | 23 490 | 9 123 | 2.6 | 106.8 | 102.5 | 108.3 |
| 西 藏 | 10 990 | 20 643 | 6 676 | 3.1 | 110.6 | 108.0 | 109.7 |
| 陕 西 | 18 485 | 25 276 | 9 819 | 2.6 | 108.1 | 105.9 | 109.8 |
| 甘 肃 | 14 203 | 22 344 | 7 395 | 3.0 | 107.8 | 104.7 | 109.2 |
| 青 海 | 18 020 | 23 621 | 11 868 | 2.0 | 106.6 | 102.9 | 111.6 |
| 宁 夏 | 21 058 | 27 887 | 11 956 | 2.3 | 108.0 | 103.3 | 118.5 |
| 新 疆 | 16 736 | 24 230 | 9 573 | 2.5 | 107.7 | 106.7 | 106.6 |

说明：本表绝对数按当年价格计算，指数按不变价格计算。

## 分地区居民消费价格分类指数 (2017 年 )

( 上年 =100)

| 地 区 | 总指数 | 食品烟酒 | 食品 | 奶类 |
|---|---|---|---|---|
| 全 国 | 101.6 | 99.6 | 98.6 | 100.1 |
| 北 京 | 101.9 | 100.5 | 99.4 | 98.9 |
| 天 津 | 102.1 | 100.3 | 99.9 | 99.5 |
| 河 北 | 101.7 | 99.3 | 98.7 | 98.8 |
| 山 西 | 101.1 | 98.9 | 98.0 | 100.1 |
| 内蒙古 | 101.7 | 99.8 | 99.3 | 100.6 |
| 辽 宁 | 101.4 | 99.4 | 98.7 | 100.3 |
| 吉 林 | 101.6 | 98.9 | 97.9 | 101.6 |
| 黑龙江 | 101.3 | 98.6 | 97.3 | 99.8 |
| 上 海 | 101.7 | 101.2 | 100.7 | 99.7 |
| 江 苏 | 101.7 | 100.4 | 99.2 | 102.3 |
| 浙 江 | 102.1 | 100.3 | 99.1 | 100.7 |
| 安 徽 | 101.2 | 98.9 | 97.4 | 100.5 |
| 福 建 | 101.2 | 99.0 | 97.9 | 100.4 |
| 江 西 | 102.0 | 99.3 | 98.5 | 99.9 |
| 山 东 | 101.5 | 99.6 | 98.3 | 99.7 |
| 河 南 | 101.4 | 98.4 | 96.8 | 99.2 |
| 湖 北 | 101.5 | 99.4 | 98.3 | 100.8 |
| 湖 南 | 101.4 | 99.3 | 98.7 | 101.0 |
| 广 东 | 101.5 | 100.0 | 98.9 | 99.6 |
| 广 西 | 101.6 | 99.7 | 98.5 | 101.6 |
| 海 南 | 102.8 | 100.1 | 99.3 | 99.1 |
| 重 庆 | 101.0 | 98.2 | 97.0 | 98.2 |
| 四 川 | 101.4 | 98.6 | 97.2 | 99.8 |
| 贵 州 | 100.9 | 100.0 | 99.2 | 99.5 |
| 云 南 | 100.9 | 100.4 | 99.8 | 100.4 |
| 西 藏 | 101.6 | 102.0 | 101.1 | 102.0 |
| 陕 西 | 101.6 | 99.4 | 98.2 | 100.8 |
| 甘 肃 | 101.4 | 100.1 | 99.4 | 100.7 |
| 青 海 | 101.5 | 99.9 | 99.5 | 99.3 |
| 宁 夏 | 101.6 | 99.5 | 99.0 | 100.4 |
| 新 疆 | 102.2 | 102.1 | 100.8 | 99.4 |

## 分地区居民家庭人均主要食品消费量 (2017 年 )——奶类

单位：kg

| 地 区 | 居 民 | 城镇居民 | 农村居民 |
|---|---|---|---|
| 全 国 | 12.1 | 16.5 | 6.9 |
| 北 京 | 22.5 | 24.0 | 12.9 |
| 天 津 | 17.2 | 18.4 | 12.0 |
| 河 北 | 14.4 | 20.8 | 8.3 |
| 山 西 | 15.0 | 19.9 | 9.6 |
| 内蒙古 | 22.7 | 28.4 | 14.6 |
| 辽 宁 | 15.0 | 20.1 | 4.9 |
| 吉 林 | 9.7 | 14.0 | 4.3 |
| 黑龙江 | 10.4 | 14.6 | 4.8 |
| 上 海 | 20.8 | 21.8 | 12.0 |
| 江 苏 | 15.6 | 18.1 | 11.1 |
| 浙 江 | 12.0 | 13.4 | 9.4 |
| 安 徽 | 11.0 | 14.1 | 8.1 |
| 福 建 | 10.8 | 13.2 | 7.1 |
| 江 西 | 11.1 | 15.7 | 6.6 |
| 山 东 | 17.3 | 21.9 | 11.7 |
| 河 南 | 11.5 | 18.3 | 6.1 |
| 湖 北 | 6.9 | 9.5 | 3.7 |
| 湖 南 | 5.7 | 8.9 | 2.8 |
| 广 东 | 7.7 | 9.7 | 3.3 |
| 广 西 | 5.6 | 9.6 | 2.4 |
| 海 南 | 4.2 | 6.6 | 1.3 |
| 重 庆 | 17.2 | 22.6 | 9.5 |
| 四 川 | 12.3 | 16.9 | 8.5 |
| 贵 州 | 5.4 | 11.1 | 1.8 |
| 云 南 | 5.3 | 10.4 | 1.9 |
| 西 藏 | 22.5 | 21.2 | 22.9 |
| 陕 西 | 14.6 | 21.5 | 7.6 |
| 甘 肃 | 13.9 | 24.5 | 6.6 |
| 青 海 | 17.9 | 24.8 | 11.4 |
| 宁 夏 | 13.4 | 18.7 | 7.5 |
| 新 疆 | 21.0 | 30.4 | 13.2 |

## 2016年全国各地区零售鲜奶平均价格（纯牛奶 利乐枕240mL 月度）

单位：元

| 地 区 | 01月 | 02月 | 03月 | 04月 | 05月 | 06月 | 07月 | 08月 | 09月 | 10月 | 11月 | 12月 |
|---|---|---|---|---|---|---|---|---|---|---|---|---|
| 北 京 | 2.53 | 2.40 | 2.39 | 2.40 | 2.40 | 2.41 | 2.49 | 2.52 | 2.59 | 2.59 | 2.56 | 2.54 |
| 天 津 | 1.80 | 1.97 | 2.30 | 2.30 | 2.30 | 2.30 | 2.30 | 2.05 | 1.96 | 1.96 | 1.96 | 1.96 |
| 河 北 | 2.05 | 2.04 | 2.08 | 2.07 | 2.06 | 2.07 | 2.04 | 2.04 | 2.09 | 2.12 | 2.09 | 2.10 |
| 山 西 | 2.45 | 2.45 | 2.45 | 2.45 | 2.45 | 2.48 | 2.48 | 2.49 | 2.48 | 2.48 | 2.49 | 2.49 |
| 内蒙古 | 2.58 | 2.58 | 2.58 | 2.62 | 2.62 | 2.63 | 2.60 | 2.57 | 2.57 | 2.55 | 2.54 | 2.56 |
| 辽 宁 | 2.24 | 2.24 | 2.24 | 2.27 | 2.24 | 2.27 | 2.24 | 2.27 | 2.25 | 2.25 | 2.25 | 2.33 |
| 吉 林 | 2.55 | 2.56 | 2.56 | 2.56 | 2.56 | 2.56 | 2.56 | 2.56 | 2.56 | 2.56 | 2.56 | 2.56 |
| 黑龙江 | 2.21 | 2.20 | 2.19 | 2.20 | 2.18 | 2.17 | 2.15 | 2.16 | 2.18 | 2.16 | 2.18 | 2.17 |
| 上 海 | 3.07 | 3.08 | 3.08 | 3.08 | 3.07 | 3.07 | 2.88 | 2.88 | 2.88 | 2.89 | 2.83 | 2.83 |
| 江 苏 | 2.34 | 2.33 | 2.34 | 2.33 | 2.44 | 2.46 | 2.43 | 2.40 | 2.41 | 2.41 | 2.41 | 2.42 |
| 浙 江 | 2.23 | 2.24 | 2.23 | 2.18 | 2.20 | 2.17 | 2.18 | 2.18 | 2.19 | 2.18 | 2.20 | 2.17 |
| 安 徽 | 2.42 | 2.42 | 2.42 | 2.42 | 2.42 | 2.43 | 2.46 | 2.46 | 2.46 | 2.46 | 2.46 | 2.46 |
| 福 建 | | | | | | | | | | | | |
| 江 西 | 2.33 | 2.33 | 2.33 | 2.33 | 2.33 | 2.33 | 2.33 | 2.33 | 2.33 | 2.33 | 2.33 | 2.33 |
| 山 东 | 2.55 | 2.55 | 2.55 | 2.56 | 2.56 | 2.56 | 2.56 | 2.55 | 2.55 | 2.55 | 2.55 | 2.55 |
| 河 南 | 2.40 | 2.40 | 2.40 | 2.40 | 2.40 | 2.40 | 2.40 | 2.40 | 2.40 | 2.40 | 2.40 | 2.40 |
| 湖 北 | 2.36 | 2.37 | 2.38 | 2.38 | 2.38 | 2.38 | 2.38 | 2.40 | 2.40 | 2.41 | 2.41 | 2.41 |
| 湖 南 | 2.44 | 2.44 | 2.44 | 2.44 | 2.44 | 2.44 | 2.44 | 2.44 | 2.44 | 2.44 | 2.44 | 2.44 |
| 广 东 | 3.30 | 3.28 | 3.33 | 3.30 | 3.33 | 3.17 | 3.30 | 3.20 | 3.25 | 3.28 | 2.55 | 2.55 |
| 广 西 | 2.70 | 2.69 | 2.71 | 2.70 | 2.66 | 2.71 | 2.71 | 2.73 | 2.73 | 2.68 | 2.68 | 2.68 |
| 海 南 | 2.87 | 2.87 | 2.87 | 2.88 | 2.92 | 2.94 | 2.87 | 2.86 | 2.85 | 2.89 | 2.86 | 2.86 |
| 重 庆 | 2.43 | 2.43 | 2.43 | 2.43 | | 2.32 | 2.32 | 2.32 | 2.32 | 2.32 | 2.32 | 2.32 |
| 四 川 | 2.52 | 2.52 | 2.52 | 2.52 | 2.50 | 2.47 | 2.47 | 2.47 | 2.47 | 2.47 | 2.47 | 2.47 |
| 贵 州 | 2.44 | 2.41 | 2.34 | 2.40 | 2.43 | 2.45 | 2.45 | 2.39 | 2.43 | 2.43 | 2.41 | 2.35 |
| 云 南 | 2.66 | 2.65 | 2.66 | 2.65 | 2.65 | 2.65 | 2.66 | 2.68 | 2.70 | 2.70 | 2.70 | 2.70 |
| 西 藏 | | | | | | | | | | | | |
| 陕 西 | 2.09 | 2.09 | 2.09 | 2.09 | 2.08 | 2.05 | 2.01 | 1.89 | 1.99 | 1.99 | 1.99 | 1.99 |
| 甘 肃 | 2.43 | 2.47 | 2.50 | 2.50 | 2.47 | 2.45 | 2.47 | 2.35 | 2.36 | 2.44 | 2.44 | 2.46 |
| 青 海 | 2.30 | 2.30 | 2.31 | 2.24 | 2.24 | 2.22 | 2.24 | 2.22 | 2.23 | 2.20 | 2.20 | 2.23 |
| 宁 夏 | 2.20 | 2.22 | 2.20 | 2.20 | 2.20 | 2.21 | 2.22 | 2.22 | 2.22 | 2.22 | 2.23 | 2.23 |
| 新 疆 | 2.15 | 2.07 | 2.12 | 2.12 | 2.13 | 2.13 | 2.15 | 2.18 | 2.17 | 2.18 | 2.17 | 2.16 |

数据来源：国家发改委。

## 2016年全国各地区零售鲜奶平均价格（纯牛奶 盒装250mL 月度）

单位：元

| 地 区 | 01月 | 02月 | 03月 | 04月 | 05月 | 06月 | 07月 | 08月 | 09月 | 10月 | 11月 | 12月 |
|---|---|---|---|---|---|---|---|---|---|---|---|---|
| 北 京 | 3.35 | 3.35 | 3.35 | 3.35 | 3.35 | 3.29 | 3.35 | 3.35 | 3.35 | 3.35 | 3.20 | 3.13 |
| 天 津 | 2.80 | 2.80 | 2.80 | 2.80 | 2.80 | 2.80 | 2.80 | 2.39 | 2.26 | 2.15 | 2.37 | 2.39 |
| 河 北 | 2.95 | 2.91 | 2.81 | 2.83 | 2.91 | 2.94 | 2.99 | 2.91 | 2.97 | 2.92 | 2.88 | 2.89 |
| 山 西 | 2.68 | 2.66 | 2.66 | 2.62 | 2.64 | 2.65 | 2.65 | 2.65 | 2.65 | 2.65 | 2.67 | 2.67 |
| 内蒙古 | 3.74 | 3.74 | 3.76 | 3.76 | 3.74 | 3.76 | 3.85 | 3.75 | 3.61 | 3.62 | 3.64 | 3.62 |
| 辽 宁 | 2.72 | 2.72 | 2.72 | 2.72 | 2.72 | 2.74 | 2.72 | 2.72 | 2.72 | 2.72 | 2.72 | 2.77 |
| 吉 林 | 2.87 | 2.88 | 2.88 | 2.88 | 2.98 | 3.18 | 3.18 | 3.18 | 3.18 | 3.18 | 3.18 | 3.18 |
| 黑龙江 | 2.82 | 2.82 | 2.81 | 2.82 | 2.78 | 2.78 | 2.78 | 2.73 | 2.73 | 2.73 | 2.70 | 2.70 |
| 上 海 | 3.47 | 3.45 | 3.43 | 3.43 | 3.43 | 3.43 | 3.48 | 3.49 | 3.49 | 3.49 | 3.49 | 3.48 |
| 江 苏 | 3.41 | 3.35 | 3.35 | 3.35 | 3.31 | 3.30 | 3.30 | 3.30 | 3.31 | 3.33 | 3.33 | 3.34 |
| 浙 江 | 2.90 | 2.92 | 2.87 | 2.84 | 2.79 | 2.71 | 2.72 | 2.76 | 2.77 | 2.76 | 2.77 | 2.79 |
| 安 徽 | 2.91 | 2.87 | 2.85 | 2.85 | 2.85 | 2.82 | 2.76 | 2.76 | 2.76 | 2.76 | 2.76 | 2.76 |
| 福 建 | 2.70 | 2.69 | 2.67 | 2.72 | 2.75 | 2.72 | 2.70 | 2.74 | 2.72 | 2.71 | 2.71 | 2.74 |
| 江 西 | 3.00 | 3.00 | 3.00 | 3.00 | 3.00 | 3.00 | 3.00 | 3.00 | 3.00 | 3.00 | 3.00 | 3.00 |
| 山 东 | 2.95 | 2.95 | 2.95 | 2.95 | 2.95 | 2.95 | 2.95 | 2.94 | 2.94 | 2.94 | 2.93 | 2.93 |
| 河 南 | 2.77 | 2.79 | 2.79 | 2.79 | 2.79 | 2.79 | 2.79 | 2.79 | 2.79 | 2.79 | 2.79 | 2.79 |
| 湖 北 | 2.82 | 2.81 | 2.80 | 2.82 | 2.84 | 2.83 | 2.83 | 2.86 | 2.84 | 2.84 | 2.85 | 2.85 |
| 湖 南 | 2.54 | 2.55 | 2.54 | 2.54 | 2.55 | 2.54 | 2.54 | 2.54 | 2.54 | 2.55 | 2.56 | 2.56 |
| 广 东 | 2.76 | 2.70 | 2.63 | 2.63 | 2.68 | 2.69 | 2.76 | 2.73 | 2.71 | 2.67 | 2.65 | 2.63 |
| 广 西 | 2.78 | 2.76 | 2.79 | 2.78 | 2.74 | 2.73 | 2.73 | 2.74 | 2.72 | 2.69 | 2.71 | 2.71 |
| 海 南 | 2.62 | 2.79 | 2.79 | 2.82 | 2.88 | 2.79 | 2.74 | 2.74 | 2.77 | 2.80 | 2.82 | 2.80 |
| 重 庆 | 3.10 | 3.10 | 3.10 | 3.10 |  | 3.10 | 3.10 | 3.10 | 3.10 | 3.10 | 3.10 | 3.09 |
| 四 川 | 2.82 | 2.78 | 2.78 | 2.75 | 2.73 | 2.73 | 2.77 | 2.77 | 2.79 | 2.80 | 2.80 | 2.70 |
| 贵 州 | 2.66 | 2.60 | 2.48 | 2.56 | 2.63 | 2.63 | 2.68 | 2.70 | 2.70 | 2.70 | 2.70 | 2.70 |
| 云 南 | 3.05 | 3.05 | 3.05 | 3.05 | 3.05 | 3.05 | 3.05 | 3.05 | 3.05 | 3.05 | 3.03 | 3.00 |
| 西 藏 | 3.50 | 3.50 | 3.50 | 3.50 | 3.50 | 3.50 | 3.50 | 3.50 | 3.50 | 3.50 | 3.50 | 3.50 |
| 陕 西 | 2.64 | 2.64 | 2.64 | 2.64 | 2.64 | 2.61 | 2.55 | 2.55 | 2.63 | 2.63 | 2.63 | 2.63 |
| 甘 肃 | 3.44 | 3.44 | 3.56 | 3.44 | 3.45 | 3.52 | 3.52 | 3.52 | 3.52 | 3.48 | 3.35 | 3.34 |
| 青 海 | 3.03 | 2.99 | 3.18 | 3.12 | 3.15 | 3.15 | 3.12 | 3.08 | 3.00 | 2.98 | 2.98 | 3.08 |
| 宁 夏 | 2.89 | 2.93 | 2.94 | 2.94 | 2.94 | 2.94 | 2.92 | 2.92 | 2.89 | 2.89 | 2.85 | 2.85 |
| 新 疆 | 3.07 | 2.84 | 2.86 | 2.85 | 2.88 | 2.88 | 2.88 | 2.86 | 2.81 | 2.81 | 2.79 | 2.78 |

数据来源：国家发改委。

## 2016年全国各地区零售盒装婴幼儿配方乳粉平均价格(国产三段 400g 月度)

单位：元

| 地 区 | 01月 | 02月 | 03月 | 04月 | 05月 | 06月 | 07月 | 08月 | 09月 | 10月 | 11月 | 12月 |
|---|---|---|---|---|---|---|---|---|---|---|---|---|
| 北 京 | 52.50 | 52.50 | 52.50 | 52.50 | 52.50 | 52.50 | 52.50 | 52.50 | 52.50 | 52.50 | 52.50 | 52.50 |
| 天 津 | 66.00 | 66.00 | 66.00 | 66.00 | 66.00 | 66.00 | 66.00 | 60.64 | 61.59 | 61.59 | 61.59 | 61.59 |
| 河 北 | 62.45 | 62.35 | 62.35 | 61.77 | 60.15 | 59.15 | 65.52 | 67.10 | 69.60 | 69.60 | 69.60 | 69.65 |
| 山 西 | 68.77 | 68.77 | 68.77 | 68.77 | 68.77 | 68.77 | 68.77 | 68.77 | 68.77 | 68.77 | 68.77 | 68.77 |
| 内蒙古 | 54.46 | 54.46 | 54.46 | 54.46 | 54.46 | 54.46 | 54.46 | 54.46 | 54.46 | 54.46 | 54.46 | 54.46 |
| 辽 宁 | 61.45 | 61.35 | 61.35 | 61.35 | 61.35 | 61.35 | 61.05 | 60.85 | 61.14 | 61.70 | 61.70 | 62.73 |
| 吉 林 | 66.83 | 66.83 | 66.83 | 66.83 | 66.06 | 64.50 | 64.50 | 64.50 | 64.50 | 64.50 | 64.50 | 64.50 |
| 黑龙江 | 66.77 | 66.73 | 66.82 | 67.12 | 67.77 | 69.23 | 69.85 | 69.85 | 69.85 | 69.85 | 70.27 | 70.85 |
| 上 海 | 45.50 | 45.50 | 45.50 | 50.17 | 52.50 | 52.50 | 52.50 | 52.50 | 52.50 | 52.50 | 52.50 | 52.50 |
| 江 苏 | 57.06 | 57.06 | 57.06 | 57.06 | 57.06 | 56.99 | 57.61 | 58.10 | 58.72 | 58.72 | 58.72 | 58.72 |
| 浙 江 | 62.11 | 62.16 | 62.66 | 65.14 | 65.95 | 66.06 | 66.03 | 65.85 | 65.88 | 65.64 | 65.61 | 65.90 |
| 安 徽 | 55.57 | 55.57 | 56.13 | 56.42 | 56.42 | 56.43 | 56.51 | 56.51 | 56.51 | 56.51 | 56.51 | 56.51 |
| 福 建 | 49.99 | 49.99 | 49.99 | 49.76 | 49.99 | 49.99 | 49.87 | 49.99 | 53.87 | 55.80 | 55.84 | 55.83 |
| 江 西 | 61.47 | 61.47 | 61.09 | 61.09 | 61.09 | 61.09 | 61.09 | 61.09 | 61.09 | 61.09 | 61.09 | 61.09 |
| 山 东 | 59.24 | 59.24 | 59.24 | 59.24 | 59.24 | 59.24 | 59.24 | 59.24 | 59.24 | 59.24 | 59.24 | 59.24 |
| 河 南 | 64.92 | 64.92 | 64.92 | 64.92 | 64.92 | 64.92 | 64.92 | 64.98 | 65.01 | 65.01 | 65.01 | 65.01 |
| 湖 北 | 62.36 | 62.24 | 62.11 | 63.14 | 63.26 | 63.16 | 63.11 | 63.31 | 63.31 | 63.31 | 63.31 | 63.30 |
| 湖 南 | 54.51 | 54.53 | 54.57 | 54.57 | 54.57 | 54.57 | 54.57 | 54.57 | 54.57 | 54.57 | 54.57 | 54.57 |
| 广 东 | 59.92 | 58.67 | 58.49 | 58.65 | 60.02 | 59.38 | 59.55 | 59.17 | 58.89 | 59.30 | 57.25 | 56.86 |
| 广 西 | 68.66 | 68.55 | 68.32 | 67.31 | 67.49 | 68.27 | 68.30 | 68.36 | 68.30 | 68.19 | 68.30 | 68.25 |
| 海 南 | 72.85 | 72.85 | 72.85 | 72.85 | 72.85 | 73.10 | 73.10 | 73.10 | 72.93 | 73.10 | 73.10 | 73.01 |
| 重 庆 | 65.25 | 65.25 | 65.25 | 65.25 |  | 65.25 | 65.25 | 65.25 | 65.25 | 65.25 | 65.25 | 65.25 |
| 四 川 | 59.37 | 59.37 | 59.37 | 59.37 | 59.37 | 59.37 | 59.37 | 59.37 | 59.37 | 59.37 | 59.37 | 60.15 |
| 贵 州 | 71.26 | 71.38 | 71.13 | 70.44 | 70.44 | 70.44 | 70.44 | 70.44 | 70.44 | 70.44 | 70.44 | 70.44 |
| 云 南 | 90.43 | 90.65 | 90.65 | 90.80 | 90.80 | 90.80 | 90.80 | 90.80 | 90.80 | 90.80 | 90.84 | 90.30 |
| 西 藏 | 76.65 | 76.65 | 76.65 | 76.65 | 76.65 | 76.65 | 76.65 | 76.65 | 76.65 | 76.65 | 76.65 | 76.65 |
| 陕 西 | 71.35 | 71.35 | 71.35 | 71.35 | 71.31 | 71.31 | 71.54 | 71.31 | 72.00 | 72.00 | 72.00 | 72.00 |
| 甘 肃 | 68.53 | 68.53 | 69.68 | 69.68 | 69.68 | 69.68 | 69.68 | 69.68 | 69.68 | 77.71 | 93.77 | 93.77 |
| 青 海 | 42.50 | 42.50 | 42.50 | 42.50 | 42.50 | 42.50 | 42.50 | 42.50 | 42.50 | 42.50 | 42.50 | 42.50 |
| 宁 夏 | 85.37 | 85.37 | 85.37 | 85.37 | 85.37 | 85.37 | 83.70 | 80.37 | 80.37 | 80.37 | 82.45 | 82.45 |
| 新 疆 | 67.80 | 69.60 | 69.92 | 70.15 | 68.89 | 69.63 | 69.99 | 68.73 | 67.96 | 68.06 | 68.06 | 68.04 |

数据来源：国家发改委。

## 2016年全国各地区零售盒装婴幼儿配方乳粉平均价格（进口三段 400g 月度）

单位：元

| 地 区 | 01月 | 02月 | 03月 | 04月 | 05月 | 06月 | 07月 | 08月 | 09月 | 10月 | 11月 | 12月 |
|---|---|---|---|---|---|---|---|---|---|---|---|---|
| 北 京 | 74.56 | 74.56 | 74.56 | 74.56 | 74.56 | 74.56 | 74.56 | 74.56 | 74.45 | 74.45 | 74.56 | 74.56 |
| 天 津 | 74.50 | 74.50 | 74.50 | 74.50 | 74.50 | 74.50 | 74.50 | 87.28 | 90.17 | 90.17 | 90.59 | 89.92 |
| 河 北 | 76.00 | 76.00 | 76.00 | 78.59 | 79.89 | 79.47 | 79.89 | 79.89 | 79.89 | 79.81 | 79.56 | 79.89 |
| 山 西 | 81.04 | 80.96 | 80.96 | 80.96 | 80.96 | 80.96 | 80.96 | 80.96 | 80.96 | 80.96 | 80.96 | 80.96 |
| 内蒙古 | 100.37 | 100.37 | 100.37 | 100.37 | 100.37 | 99.20 | 99.20 | 99.20 | 99.20 | 99.59 | 100.37 | 100.37 |
| 辽 宁 | 76.01 | 76.01 | 76.01 | 76.01 | 76.01 | 76.01 | 76.47 | 76.62 | 76.73 | 77.02 | 77.02 | 77.16 |
| 吉 林 | 73.26 | 73.26 | 73.26 | 73.26 | 72.92 | 72.25 | 72.25 | 72.25 | 72.25 | 72.25 | 72.25 | 72.25 |
| 黑龙江 | 88.90 | 88.90 | 89.07 | 89.67 | 89.67 | 89.67 | 89.67 | 89.67 | 89.67 | 89.67 | 89.67 | 89.72 |
| 上 海 | 76.20 | 76.20 | 76.20 | 76.20 | 76.20 | 76.20 | 76.20 | 76.20 | 76.20 | 76.20 | 76.20 | 75.68 |
| 江 苏 | 72.33 | 72.33 | 72.02 | 71.29 | 70.75 | 71.52 | 72.01 | 72.64 | 72.68 | 71.87 | 72.86 | 72.76 |
| 浙 江 | 86.51 | 86.65 | 87.40 | 90.67 | 92.46 | 92.40 | 92.23 | 92.15 | 91.69 | 91.54 | 91.72 | 91.71 |
| 安 徽 | 76.48 | 76.48 | 77.18 | 77.18 | 77.18 | 77.18 | 77.18 | 77.18 | 77.18 | 77.18 | 77.18 | 77.18 |
| 福 建 | 71.85 | 71.85 | 72.00 | 72.04 | 72.04 | 72.04 | 72.06 | 72.01 | 73.13 | 73.49 | 73.63 | 73.66 |
| 江 西 | 73.17 | 73.17 | 72.90 | 72.90 | 72.90 | 72.90 | 72.90 | 72.90 | 72.90 | 72.90 | 72.90 | 72.90 |
| 山 东 | 74.06 | 74.06 | 74.06 | 74.06 | 74.06 | 74.06 | 74.06 | 74.06 | 74.06 | 74.06 | 74.06 | 74.06 |
| 河 南 | 80.20 | 80.18 | 81.14 | 81.14 | 81.14 | 81.14 | 81.14 | 81.18 | 81.20 | 81.20 | 81.20 | 81.20 |
| 湖 北 | 80.37 | 80.37 | 80.37 | 80.51 | 80.83 | 80.40 | 80.40 | 80.57 | 80.57 | 80.62 | 80.62 | 80.14 |
| 湖 南 | 71.04 | 71.04 | 71.04 | 71.04 | 71.04 | 71.04 | 70.11 | 70.11 | 70.11 | 70.11 | 70.11 | 70.11 |
| 广 东 | 75.66 | 75.66 | 75.72 | 74.35 | 75.97 | 75.30 | 75.43 | 74.97 | 74.52 | 74.97 | 75.29 | 74.10 |
| 广 西 | 96.52 | 96.10 | 95.28 | 94.83 | 94.61 | 94.78 | 95.13 | 94.89 | 95.03 | 95.21 | 95.13 | 96.40 |
| 海 南 | 72.90 | 72.90 | 72.90 | 72.90 | 72.90 | 73.28 | 73.48 | 73.48 | 73.48 | 73.48 | 73.31 | 72.98 |
| 重 庆 | 80.50 | 80.50 | 80.50 | 80.50 |  | 80.50 | 80.50 | 80.50 | 80.50 | 80.50 | 80.50 | 80.50 |
| 四 川 | 71.86 | 71.86 | 71.86 | 71.86 | 71.86 | 71.86 | 71.86 | 71.86 | 71.86 | 71.86 | 71.86 | 72.03 |
| 贵 州 | 108.86 | 106.83 | 106.58 | 106.55 | 106.53 | 106.53 | 106.53 | 106.53 | 106.53 | 106.53 | 106.53 | 106.53 |
| 云 南 | 149.30 | 152.74 | 154.13 | 154.34 | 154.34 | 154.34 | 154.34 | 154.34 | 154.34 | 154.34 | 154.42 | 155.49 |
| 西 藏 | 141.20 | 141.20 | 141.20 | 141.20 | 141.20 | 141.20 | 141.20 | 141.20 | 141.20 | 141.20 | 141.20 | 141.20 |
| 陕 西 | 94.31 | 94.31 | 94.31 | 94.31 | 94.31 | 94.49 | 95.11 | 94.86 | 95.61 | 95.61 | 95.61 | 95.61 |
| 甘 肃 | 113.83 | 113.83 | 113.83 | 113.83 | 113.83 | 113.97 | 113.97 | 113.89 | 113.97 | 119.21 | 129.83 | 129.83 |
| 青 海 | 55.75 | 55.75 | 56.57 | 56.98 | 56.98 | 56.98 | 56.98 | 56.98 | 56.98 | 56.98 | 56.98 | 57.71 |
| 宁 夏 | 130.97 | 130.97 | 130.97 | 130.97 | 130.97 | 130.97 | 126.95 | 118.89 | 118.89 | 118.89 | 130.39 | 130.39 |
| 新 疆 | 100.10 | 94.54 | 106.61 | 106.61 | 106.92 | 106.58 | 106.41 | 106.41 | 106.41 | 106.41 | 106.41 | 106.41 |

数据来源：国家发改委。

## 2017年全国各地区零售鲜奶平均价格（纯牛奶 利乐枕240mL 月度）

单位：元

| 地 区 | 01月 | 02月 | 03月 | 04月 | 05月 | 06月 | 07月 | 08月 | 09月 | 10月 | 11月 | 12月 |
|---|---|---|---|---|---|---|---|---|---|---|---|---|
| 北 京 | 2.54 | 2.54 | 2.54 | 2.54 | 2.54 | 2.54 | 2.54 | 2.46 | 2.36 | 2.49 | 2.49 | 2.49 |
| 天 津 | 1.98 | 1.97 | 1.96 | 2.04 | 2.06 | 1.99 | 1.84 | 2.03 | 1.97 | 2.09 | 1.80 | 2.05 |
| 河 北 | 2.11 | 2.08 | 2.07 | 2.03 | 2.05 | 2.04 | 2.03 | 2.04 | 2.08 | 2.13 | 2.06 | 2.06 |
| 山 西 | 2.49 | 2.49 | 2.49 | 2.50 | 2.52 | 2.52 | 2.52 | 2.52 | 2.52 | 2.52 | 2.52 | 2.56 |
| 内蒙古 | 2.54 | 2.53 | 2.53 | 2.53 | 2.54 | 2.53 | 2.53 | 2.53 | 2.54 | 2.53 | 2.53 | 2.52 |
| 辽 宁 | 2.30 | 2.32 | 2.32 | 2.32 | 2.32 | 2.30 | 2.30 | 2.30 | 2.30 | 2.29 | 2.29 | 2.30 |
| 吉 林 | 2.56 | 2.56 | 2.56 | 2.56 | 2.56 | 2.56 | 2.56 | 2.56 | 2.56 | 2.56 | 2.56 | 2.56 |
| 黑龙江 | 2.17 | 2.17 | 2.15 | 2.15 | 2.15 | 2.15 | 2.15 | 2.15 | 2.15 | 2.14 | 2.15 | 2.19 |
| 上 海 | 2.75 | 2.83 | 2.89 | 2.89 | 2.69 | 2.69 | 2.69 | 2.69 | 2.69 | 2.79 | 2.72 | 2.72 |
| 江 苏 | 2.43 | 2.43 | 2.42 | 2.42 | 2.42 | 2.38 | 2.39 | 2.40 | 2.48 | 2.40 | 2.40 | 2.40 |
| 浙 江 | 2.17 | 2.16 | 2.15 | 2.17 | 2.14 | 2.14 | 2.13 | 2.14 | 2.15 | 2.15 | 2.15 | 2.16 |
| 安 徽 | 2.46 | 2.46 | 2.46 | 2.45 | 2.45 | 2.45 | 2.45 | 2.45 | 2.45 | 2.48 | 2.50 | 2.48 |
| 福 建 | | | | | | | | | | | | |
| 江 西 | 2.33 | 2.33 | 2.33 | 2.33 | 2.33 | 2.33 | 2.33 | 2.33 | 2.37 | 2.47 | 2.50 | 2.55 |
| 山 东 | 2.55 | 2.55 | 2.55 | 2.55 | 2.55 | 2.55 | 2.55 | 2.55 | 2.55 | 2.55 | 2.55 | 2.55 |
| 河 南 | 2.40 | 2.40 | 2.40 | 2.41 | 2.41 | 2.41 | 2.41 | 2.41 | 2.41 | 2.41 | 2.41 | 2.41 |
| 湖 北 | 2.41 | 2.41 | 2.41 | 2.41 | 2.41 | 2.41 | 2.41 | 2.41 | 2.41 | 2.40 | 2.41 | 2.45 |
| 湖 南 | 2.44 | 2.44 | 2.44 | 2.44 | 2.44 | 2.44 | 2.44 | 2.44 | 2.44 | 2.44 | 2.44 | 2.44 |
| 广 东 | 2.65 | 2.53 | 2.53 | 2.58 | 2.62 | 2.68 | 2.70 | 2.65 | 2.78 | 2.77 | 2.68 | 2.65 |
| 广 西 | 2.71 | 2.74 | 2.82 | 2.76 | 2.76 | 2.73 | 2.71 | 2.64 | 2.63 | 2.66 | 2.67 | 2.65 |
| 海 南 | 2.86 | 2.84 | 2.82 | 2.83 | 2.87 | 2.87 | 2.87 | 2.96 | 2.96 | 2.91 | 2.86 | 2.86 |
| 重 庆 | 2.32 | 2.32 | 2.32 | 2.32 | 2.32 | 2.32 | 2.32 | 2.32 | 2.32 | 2.32 | 2.32 | 2.32 |
| 四 川 | 2.48 | 2.48 | 2.49 | 2.48 | 2.48 | 2.49 | 2.49 | 2.50 | 2.50 | 2.50 | 2.50 | 2.50 |
| 贵 州 | 2.36 | 2.36 | 2.33 | 2.39 | 2.43 | 2.45 | 2.52 | 2.53 | 2.52 | 2.58 | 2.45 | 2.48 |
| 云 南 | 2.70 | 2.70 | 2.74 | 2.78 | 2.75 | 2.69 | 2.70 | 2.70 | 2.70 | 2.70 | 2.70 | 2.70 |
| 西 藏 | | | | | | | | | | | | |
| 陕 西 | 1.99 | 1.99 | 1.99 | 2.03 | 2.06 | 2.01 | 2.05 | 2.11 | 2.14 | 2.11 | 2.12 | 2.02 |
| 甘 肃 | 2.45 | 2.46 | 2.46 | 2.46 | 2.50 | 2.50 | 2.50 | 2.50 | 2.48 | 2.40 | 2.40 | 2.39 |
| 青 海 | 2.22 | 2.17 | 2.20 | 2.20 | 2.20 | 2.20 | 2.20 | 2.25 | 2.25 | 2.25 | 2.25 | 2.25 |
| 宁 夏 | 2.23 | 2.23 | 2.23 | 2.23 | 2.23 | 2.24 | 2.24 | 2.24 | 2.24 | 2.24 | 2.24 | 2.24 |
| 新 疆 | 2.14 | 2.15 | 2.14 | 2.12 | 2.12 | 2.12 | 2.12 | 2.12 | 2.12 | 2.13 | 2.14 | 2.13 |

数据来源：国家发改委。

## 2017年全国各地区零售鲜奶平均价格（纯牛奶 盒装250mL 月度）

单位：元

| 地区 | 01月 | 02月 | 03月 | 04月 | 05月 | 06月 | 07月 | 08月 | 09月 | 10月 | 11月 | 12月 |
|---|---|---|---|---|---|---|---|---|---|---|---|---|
| 北京 | 2.95 | 2.82 | 2.74 | 2.74 | 2.73 | 2.73 | 2.73 | 2.86 | 2.92 | 2.98 | 3.01 | 3.01 |
| 天津 | 2.56 | 2.72 | 2.67 | 2.92 | 2.56 | 2.47 | 2.25 | 2.25 | 2.50 | 2.63 | 2.39 | 2.40 |
| 河北 | 2.89 | 2.88 | 2.90 | 2.90 | 2.88 | 2.78 | 2.77 | 2.76 | 2.76 | 2.79 | 2.78 | 2.78 |
| 山西 | 2.67 | 2.67 | 2.67 | 2.74 | 2.78 | 2.78 | 2.78 | 2.78 | 2.78 | 2.78 | 2.78 | 2.80 |
| 内蒙古 | 3.62 | 3.69 | 3.75 | 3.73 | 3.75 | 3.71 | 3.70 | 3.70 | 3.72 | 3.70 | 3.75 | 3.72 |
| 辽宁 | 2.78 | 2.79 | 2.79 | 2.78 | 2.76 | 2.74 | 2.74 | 2.74 | 2.72 | 2.77 | 2.77 | 2.77 |
| 吉林 | 3.18 | 3.18 | 3.18 | 3.18 | 3.18 | 3.18 | 3.18 | 3.18 | 3.18 | 3.18 | 3.18 | 3.18 |
| 黑龙江 | 2.70 | 2.70 | 2.70 | 2.70 | 2.70 | 2.70 | 2.70 | 2.70 | 2.69 | 2.64 | 2.67 | 2.70 |
| 上海 | 3.46 | 3.45 | 3.44 | 3.48 | 3.48 | 3.43 | 3.43 | 3.45 | 3.45 | 3.46 | 3.45 | 3.46 |
| 江苏 | 3.35 | 3.35 | 3.34 | 3.37 | 3.37 | 3.30 | 3.30 | 3.29 | 3.27 | 3.30 | 3.28 | 3.30 |
| 浙江 | 2.78 | 2.77 | 2.77 | 2.74 | 2.76 | 2.76 | 2.74 | 2.73 | 2.73 | 2.73 | 2.73 | 2.74 |
| 安徽 | 2.76 | 2.76 | 2.76 | 2.73 | 2.71 | 2.71 | 2.71 | 2.71 | 2.71 | 2.70 | 2.69 | 2.66 |
| 福建 | 2.74 | 2.78 | 2.79 | 2.76 | 2.78 | 2.77 | 2.76 | 2.74 | 2.78 | 2.87 | 2.90 | 2.90 |
| 江西 | 3.00 | 3.00 | 3.00 | 3.00 | 3.00 | 3.00 | 3.00 | 3.00 | 3.04 | 3.16 | 3.21 | 3.27 |
| 山东 | 2.93 | 2.93 | 2.93 | 2.93 | 2.93 | 2.93 | 2.93 | 2.93 | 2.93 | 2.93 | 2.93 | 2.93 |
| 河南 | 2.79 | 2.79 | 2.79 | 2.79 | 2.79 | 2.79 | 2.79 | 2.79 | 2.79 | 2.79 | 2.79 | 2.79 |
| 湖北 | 2.83 | 2.83 | 2.83 | 2.83 | 2.84 | 2.83 | 2.83 | 2.82 | 2.83 | 2.83 | 2.83 | 2.82 |
| 湖南 | 2.55 | 2.55 | 2.55 | 2.55 | 2.55 | 2.55 | 2.55 | 2.55 | 2.55 | 2.55 | 2.55 | 2.55 |
| 广东 | 2.66 | 2.62 | 2.64 | 2.69 | 2.71 | 2.72 | 2.77 | 2.77 | 2.80 | 2.78 | 2.77 | 2.79 |
| 广西 | 2.71 | 2.76 | 2.82 | 2.76 | 2.75 | 2.73 | 2.77 | 2.81 | 2.81 | 2.81 | 2.78 | 2.77 |
| 海南 | 2.77 | 2.82 | 2.85 | 2.84 | 2.86 | 2.86 | 2.86 | 2.82 | 2.79 | 2.86 | 2.79 | 2.76 |
| 重庆 | 3.18 | 3.18 | 3.18 | 3.18 | 3.18 | 3.18 | 3.18 | 3.18 | 3.18 | 3.18 | 3.18 | 3.18 |
| 四川 | 2.70 | 2.70 | 2.74 | 2.76 | 2.76 | 2.75 | 2.73 | 2.72 | 2.71 | 2.69 | 2.69 | 2.69 |
| 贵州 | 2.65 | 2.61 | 2.66 | 2.61 | 2.59 | 2.69 | 2.69 | 2.68 | 2.69 | 2.69 | 2.67 | 2.72 |
| 云南 | 3.03 | 3.03 | 3.03 | 3.03 | 3.02 | 3.02 | 3.02 | 3.02 | 3.00 | 3.01 | 3.01 | 3.01 |
| 西藏 | 3.50 | 3.50 | 3.50 | 3.50 | 3.50 | 3.50 | 3.50 | 3.50 | 3.50 | 3.50 | 3.50 | 3.50 |
| 陕西 | 2.63 | 2.63 | 2.63 | 2.64 | 2.62 | 2.66 | 2.62 | 2.62 | 2.58 | 2.63 | 2.62 | 2.61 |
| 甘肃 | 3.34 | 3.34 | 3.34 | 3.34 | 3.20 | 3.13 | 3.13 | 3.13 | 3.12 | 3.09 | 3.16 | 3.28 |
| 青海 | 3.10 | 3.18 | 3.06 | 2.84 | 3.05 | 3.23 | 3.25 | 3.25 | 3.25 | 3.25 | 3.25 | 3.25 |
| 宁夏 | 2.85 | 2.85 | 2.85 | 2.85 | 2.85 | 2.86 | 2.86 | 2.86 | 2.86 | 2.86 | 2.86 | 2.86 |
| 新疆 | 2.79 | 2.79 | 2.79 | 2.63 | 2.54 | 2.54 | 2.54 | 2.54 | 2.54 | 2.53 | 2.53 | 2.53 |

数据来源：国家发改委。

## 2017年全国各地区零售盒装婴幼儿配方乳粉平均价格（国产三段 400g 月度）

单位：元

| 地 区 | 01月 | 02月 | 03月 | 04月 | 05月 | 06月 | 07月 | 08月 | 09月 | 10月 | 11月 | 12月 |
|---|---|---|---|---|---|---|---|---|---|---|---|---|
| 北 京 | 52.50 | 52.50 | 52.50 | 52.50 | 52.17 | 52.11 | 52.00 | 51.78 | 51.67 | 51.56 | 51.53 | 51.70 |
| 天 津 | 61.59 | 60.67 | 60.84 | 56.75 | 61.84 | 61.84 | 61.84 | 59.16 | 61.84 | 61.62 | 61.84 | 61.84 |
| 河 北 | 69.67 | 69.75 | 69.65 | 69.60 | 69.60 | 69.60 | 69.60 | 69.60 | 69.60 | 69.60 | 69.60 | 69.70 |
| 山 西 | 68.77 | 68.77 | 68.77 | 68.77 | 68.77 | 68.77 | 68.77 | 68.77 | 68.77 | 68.77 | 68.77 | 68.75 |
| 内蒙古 | 54.46 | 54.46 | 54.46 | 54.46 | 54.46 | 54.46 | 54.46 | 54.46 | 54.46 | 54.46 | 54.46 | 54.46 |
| 辽 宁 | 62.79 | 62.58 | 62.58 | 62.58 | 62.58 | 62.58 | 62.58 | 62.58 | 62.58 | 62.88 | 62.88 | 62.88 |
| 吉 林 | 64.50 | 64.50 | 64.50 | 64.50 | 64.50 | 64.50 | 64.50 | 64.50 | 64.50 | 64.50 | 64.50 | 64.50 |
| 黑龙江 | 70.90 | 70.90 | 70.90 | 70.90 | 70.90 | 70.90 | 70.90 | 70.90 | 70.90 | 70.90 | 70.90 | 70.90 |
| 上 海 | 52.50 | 52.50 | 52.50 | 52.50 | 52.50 | 52.50 | 52.50 | 50.30 | 52.50 | 52.50 | 52.50 | 52.50 |
| 江 苏 | 59.02 | 59.02 | 59.00 | 61.29 | 62.19 | 63.09 | 63.22 | 62.94 | 62.12 | 62.62 | 63.15 | 63.44 |
| 浙 江 | 65.97 | 65.97 | 65.96 | 65.93 | 65.93 | 65.93 | 86.46 | 97.35 | 97.88 | 97.88 | 97.95 | 98.09 |
| 安 徽 | 56.51 | 56.51 | 56.51 | 58.77 | 60.36 | 59.50 | 59.50 | 59.50 | 59.50 | 59.39 | 59.34 | 59.01 |
| 福 建 | 55.78 | 55.78 | 55.80 | 56.53 | 56.53 | 56.35 | 55.97 | 55.97 | 55.97 | 55.97 | 56.53 | 56.53 |
| 江 西 | 61.09 | 61.09 | 61.09 | 61.09 | 61.09 | 61.09 | 61.09 | 61.09 | 60.97 | 60.56 | 60.23 | 59.64 |
| 山 东 | 59.24 | 59.24 | 59.24 | 59.24 | 59.24 | 59.24 | 59.24 | 59.24 | 59.24 | 59.24 | 59.24 | 59.24 |
| 河 南 | 65.01 | 65.01 | 65.01 | 74.41 | 93.29 | 93.29 | 64.91 | 64.91 | 64.91 | 65.10 | 66.03 | 66.99 |
| 湖 北 | 63.24 | 63.38 | 63.42 | 62.85 | 62.69 | 62.74 | 62.77 | 62.85 | 62.93 | 62.93 | 62.91 | 62.91 |
| 湖 南 | 54.57 | 54.57 | 54.57 | 54.57 | 54.57 | 54.57 | 54.57 | 54.57 | 54.57 | 54.57 | 54.57 | 54.57 |
| 广 东 | 58.43 | 59.36 | 59.03 | 60.14 | 63.19 | 63.44 | 63.16 | 63.01 | 62.99 | 63.14 | 63.45 | 63.17 |
| 广 西 | 68.36 | 68.36 | 68.33 | 68.25 | 68.11 | 67.99 | 67.71 | 67.69 | 67.72 | 67.72 | 67.72 | 67.81 |
| 海 南 | 72.79 | 72.79 | 72.62 | 72.62 | 72.54 | 72.54 | 72.74 | 72.74 | 72.79 | 72.79 | 72.79 | 72.93 |
| 重 庆 | 64.84 | 64.84 | 64.84 | 64.84 | 64.84 | 64.84 | 64.84 | 64.84 | 64.84 | 64.84 | 64.84 | 64.84 |
| 四 川 | 61.63 | 62.41 | 62.41 | 62.41 | 62.41 | 62.41 | 62.41 | 62.41 | 62.41 | 62.41 | 62.41 | 62.41 |
| 贵 州 | 70.44 | 72.62 | 72.62 | 72.62 | 72.62 | 72.94 | 75.78 | 75.78 | 75.78 | 75.78 | 72.75 | 72.75 |
| 云 南 | 88.64 | 88.55 | 88.62 | 88.62 | 88.62 | 88.62 | 88.62 | 88.70 | 88.87 | 88.87 | 88.74 | 88.57 |
| 西 藏 | 76.65 | 76.65 | 76.65 | 76.65 | 76.65 | 76.65 | 76.65 | 76.65 | 76.65 | 76.65 | 76.65 | 76.65 |
| 陕 西 | 72.00 | 72.00 | 72.00 | 72.94 | 72.94 | 72.34 | 72.71 | 72.38 | 72.99 | 73.02 | 73.07 | 73.59 |
| 甘 肃 | 100.56 | 100.56 | 100.56 | 100.56 | 100.56 | 102.97 | 102.97 | 102.97 | 102.97 | 102.97 | 102.97 | 102.97 |
| 青 海 | 42.50 | 42.50 | 42.50 | 42.50 | 42.50 | 42.50 | 42.50 | 42.50 | 42.50 | 42.50 | 42.50 | 42.50 |
| 宁 夏 | 82.45 | 82.45 | 83.20 | 83.20 | 83.20 | 83.20 | 83.20 | 83.20 | 83.14 | 83.03 | 83.03 | 83.03 |
| 新 疆 | 76.07 | 76.49 | 77.07 | 76.95 | 77.10 | 77.10 | 77.10 | 77.10 | 77.10 | 77.17 | 77.83 | 77.83 |

数据来源：国家发改委。

## 2017年全国各地区零售盒装婴幼儿配方乳粉平均价格（进口三段 400g 月度）

单位：元

| 地区 | 01月 | 02月 | 03月 | 04月 | 05月 | 06月 | 07月 | 08月 | 09月 | 10月 | 11月 | 12月 |
|---|---|---|---|---|---|---|---|---|---|---|---|---|
| 北京 | 74.56 | 74.56 | 74.56 | 74.56 | 74.39 | 74.28 | 74.06 | 74.23 | 74.12 | 74.34 | 74.00 | 73.84 |
| 天津 | 90.59 | 91.70 | 92.25 | 92.25 | 92.25 | 91.29 | 91.29 | 91.29 | 91.28 | 91.25 | 91.25 | 91.89 |
| 河北 | 79.89 | 79.89 | 79.89 | 79.89 | 79.89 | 79.89 | 79.89 | 79.89 | 79.89 | 79.89 | 79.89 | 80.72 |
| 山西 | 80.96 | 80.96 | 80.96 | 80.96 | 80.96 | 80.96 | 80.96 | 80.96 | 80.96 | 80.96 | 80.96 | 80.96 |
| 内蒙古 | 100.37 | 100.37 | 100.37 | 100.37 | 100.37 | 100.37 | 100.37 | 100.37 | 100.37 | 100.37 | 100.37 | 100.37 |
| 辽宁 | 76.99 | 76.74 | 76.74 | 76.74 | 77.02 | 77.59 | 77.59 | 77.59 | 77.59 | 77.70 | 77.70 | 77.70 |
| 吉林 | 72.25 | 72.25 | 72.25 | 72.25 | 72.25 | 72.25 | 72.25 | 72.25 | 72.25 | 72.25 | 72.25 | 72.25 |
| 黑龙江 | 89.67 | 89.67 | 89.67 | 89.67 | 89.67 | 89.67 | 89.67 | 89.67 | 89.67 | 89.67 | 89.39 | 89.39 |
| 上海 | 75.68 | 76.20 | 76.20 | 76.20 | 76.20 | 76.20 | 76.20 | 76.20 | 76.20 | 76.20 | 76.20 | 76.20 |
| 江苏 | 72.36 | 72.36 | 71.99 | 70.08 | 69.44 | 69.81 | 70.43 | 69.74 | 69.57 | 69.31 | 70.17 | 70.57 |
| 浙江 | 92.15 | 92.15 | 92.14 | 92.25 | 93.09 | 93.09 | 118.27 | 129.36 | 130.92 | 130.92 | 131.05 | 131.33 |
| 安徽 | 77.18 | 77.18 | 77.18 | 82.70 | 86.62 | 82.99 | 82.99 | 82.99 | 82.99 | 82.99 | 82.99 | 83.24 |
| 福建 | 73.46 | 73.33 | 73.33 | 73.31 | 73.08 | 72.44 | 73.37 | 73.42 | 73.05 | 72.87 | 72.15 | 72.07 |
| 江西 | 72.90 | 72.90 | 72.90 | 72.90 | 72.90 | 72.90 | 72.90 | 72.90 | 72.81 | 72.38 | 72.17 | 71.58 |
| 山东 | 73.15 | 73.15 | 73.15 | 73.15 | 73.15 | 73.15 | 73.15 | 73.15 | 73.15 | 73.15 | 73.15 | 73.15 |
| 河南 | 81.20 | 81.20 | 81.20 | 83.85 | 85.56 | 85.56 | 85.56 | 85.56 | 85.56 | 85.73 | 86.62 | 86.89 |
| 湖北 | 81.14 | 81.14 | 81.14 | 81.14 | 81.79 | 81.79 | 81.65 | 81.58 | 81.79 | 81.79 | 81.79 | 81.79 |
| 湖南 | 70.11 | 70.11 | 70.11 | 70.11 | 70.11 | 70.11 | 70.11 | 70.11 | 70.11 | 70.11 | 70.11 | 70.11 |
| 广东 | 74.58 | 74.79 | 74.90 | 74.90 | 75.77 | 75.77 | 75.67 | 75.77 | 75.69 | 75.77 | 76.26 | 75.84 |
| 广西 | 96.23 | 94.98 | 94.98 | 95.53 | 96.75 | 96.74 | 96.74 | 96.83 | 96.80 | 96.80 | 96.72 | 96.90 |
| 海南 | 74.94 | 75.34 | 75.93 | 75.34 | 74.68 | 74.68 | 75.25 | 75.25 | 75.25 | 75.25 | 75.30 | 75.20 |
| 重庆 | 87.96 | 87.96 | 87.96 | 87.96 | 87.96 | 87.96 | 87.96 | 87.96 | 87.96 | 87.96 | 87.96 | 87.96 |
| 四川 | 72.09 | 72.20 | 72.20 | 72.20 | 72.20 | 73.20 | 73.20 | 73.20 | 73.20 | 73.20 | 73.20 | 73.20 |
| 贵州 | 106.58 | 111.50 | 111.67 | 114.50 | 114.50 | 114.50 | 114.50 | 114.50 | 114.50 | 114.50 | 114.50 | 113.50 |
| 云南 | 156.79 | 156.79 | 156.79 | 156.79 | 156.54 | 156.54 | 156.54 | 156.54 | 156.54 | 156.54 | 156.54 | 156.54 |
| 西藏 | 141.20 | 141.20 | 141.20 | 141.20 | 141.20 | 141.20 | 141.20 | 141.20 | 141.20 | 141.20 | 141.20 | 141.20 |
| 陕西 | 95.61 | 95.61 | 95.61 | 94.77 | 95.03 | 95.40 | 95.40 | 95.41 | 95.42 | 95.42 | 94.91 | 94.28 |
| 甘肃 | 137.67 | 137.67 | 137.67 | 137.67 | 137.67 | 137.67 | 137.67 | 137.67 | 137.67 | 137.67 | 137.67 | 137.67 |
| 青海 | 57.71 | 59.18 | 59.18 | 59.18 | 59.18 | 59.18 | 59.18 | 59.18 | 59.18 | 59.18 | 59.18 | 59.18 |
| 宁夏 | 130.39 | 130.39 | 131.39 | 131.39 | 131.39 | 131.39 | 131.39 | 131.39 | 131.83 | 132.72 | 132.72 | 132.72 |
| 新疆 | 101.70 | 99.35 | 105.71 | 105.71 | 105.71 | 104.75 | 104.96 | 106.02 | 105.04 | 105.79 | 105.67 | 105.67 |

数据来源：国家发改委。

# 【含乳饮料和植物蛋白饮料制造业】

**2010—2017 年全国含乳饮料和植物蛋白饮料制造业基本经营情况**

| 分 项 | 单位 | 2010 年 | 2011 年 | 2012 年 | 2013 年 | 2014 年 | 2015 年 | 2016 年 | 2017 年 |
|---|---|---|---|---|---|---|---|---|---|
| 企业数量 | 个 | 236 | 184 | 202 | 211 | 246 | 265 | 286 | 297 |
| 亏损企业数 | 个 | 12 | 10 | 15 | 11 | 13 | 15 | 14 | 20 |
| 资产总额 | 亿元 | 331.1 | 335.6 | 439.4 | 570.8 | 658.2 | 741.6 | 817.4 | 798.2 |
| 负债总额 | 亿元 | 150.8 | 154.7 | 177.2 | 242.5 | 261.6 | 306.8 | 370.5 | 335.4 |
| 主营业务收入 | 亿元 | 430.9 | 620.9 | 748.9 | 895.2 | 1 039.2 | 1 132.9 | 1 147.9 | 1 164.7 |
| 利润总额 | 亿元 | 68.0 | 66.8 | 100.7 | 125.4 | 126.3 | 149.6 | 159.3 | 133.6 |

资料来源：国家统计局。

# 【社会经济综合指标】

## 1978—2017 年国内生产总值

单位：亿元

| 年 份 | 国民总收入 | 国内生产总值 | 按产业分 | | | | 人均国内生产总值（元） |
|---|---|---|---|---|---|---|---|
| | | | 第一产业 | 第二产业 | 第三产业 | 农林牧渔业 | |
| 1978 | 3 678.7 | 3 678.7 | 1 018.5 | 1 755.2 | 905.1 | 1 027.5 | 385 |
| 1979 | 4 100.5 | 4 100.5 | 1 259.0 | 1 925.4 | 916.1 | 1 270.2 | 423 |
| 1980 | 4 587.6 | 4 587.6 | 1 359.5 | 2 204.7 | 1 023.4 | 1 371.6 | 468 |
| 1981 | 4 933.7 | 4 935.8 | 1 545.7 | 2 269.1 | 1 121.1 | 1 559.4 | 497 |
| 1982 | 5 380.5 | 5 373.4 | 1 761.7 | 2 397.7 | 1 214.0 | 1 777.3 | 533 |
| 1983 | 6 043.8 | 6 020.9 | 1 960.9 | 2 663.0 | 1 397.0 | 1 978.3 | 588 |
| 1984 | 7 314.2 | 7 278.5 | 2 295.6 | 3 124.8 | 1 858.1 | 2 316.0 | 702 |
| 1985 | 9 123.6 | 9 098.9 | 2 541.7 | 3 886.5 | 2 670.7 | 2 564.3 | 866 |
| 1986 | 10 375.4 | 10 376.2 | 2 764.1 | 4 515.2 | 3 096.9 | 2 788.6 | 973 |
| 1987 | 12 166.6 | 12 174.6 | 3 204.5 | 5 274.0 | 3 696.2 | 3 232.9 | 1 123 |
| 1988 | 15 174.4 | 15 180.4 | 3 831.2 | 6 607.4 | 4 741.8 | 3 865.2 | 1 378 |
| 1989 | 17 188.4 | 17 179.7 | 4 228.2 | 7 300.9 | 5 650.6 | 4 265.8 | 1 536 |
| 1990 | 18 923.3 | 18 872.9 | 5 017.2 | 7 744.3 | 6 111.4 | 5 061.8 | 1 663 |
| 1991 | 22 050.3 | 22 005.6 | 5 288.8 | 9 129.8 | 7 587.0 | 5 341.9 | 1 912 |
| 1992 | 27 208.2 | 27 194.5 | 5 800.3 | 11 725.3 | 9 668.9 | 5 866.2 | 2 334 |
| 1993 | 35 599.2 | 35 673.2 | 6 887.6 | 16 473.1 | 12 312.6 | 6 963.3 | 3 027 |
| 1994 | 48 548.2 | 48 637.5 | 9 471.8 | 22 453.1 | 16 712.5 | 9 572.1 | 4 081 |
| 1995 | 60 356.6 | 61 339.9 | 12 020.5 | 28 677.5 | 20 641.9 | 12 135.1 | 5 091 |
| 1996 | 70 779.6 | 71 813.6 | 13 878.3 | 33 828.1 | 24 107.2 | 14 014.7 | 5 898 |
| 1997 | 78 802.9 | 79 715.0 | 14 265.2 | 37 546.0 | 27 903.8 | 14 440.8 | 6 481 |
| 1998 | 83 817.6 | 85 195.5 | 14 618.7 | 39 018.5 | 31 558.3 | 14 816.4 | 6 860 |
| 1999 | 89 366.5 | 90 564.4 | 14 549.0 | 41 080.9 | 34 934.5 | 14 768.7 | 7 229 |
| 2000 | 99 066.1 | 100 280.1 | 14 717.4 | 45 664.8 | 39 897.9 | 14 943.6 | 7 942 |
| 2001 | 109 276.2 | 110 863.1 | 15 502.5 | 49 660.7 | 45 700.0 | 15 780.0 | 8 717 |
| 2002 | 120 480.4 | 121 717.4 | 16 190.2 | 54 105.5 | 51 421.7 | 16 535.7 | 9 506 |
| 2003 | 136 576.3 | 137 422.0 | 16 970.2 | 62 697.4 | 57 754.4 | 17 380.6 | 10 666 |
| 2004 | 161 415.4 | 161 840.2 | 20 904.3 | 74 286.9 | 66 648.9 | 21 410.7 | 12 487 |
| 2005 | 185 998.9 | 187 318.9 | 21 806.7 | 88 084.4 | 77 427.8 | 22 416.2 | 14 368 |
| 2006 | 219 028.5 | 219 438.5 | 23 317.0 | 104 361.8 | 91 759.7 | 24 036.4 | 16 738 |
| 2007 | 270 844.0 | 270 232.3 | 27 788.0 | 126 633.6 | 115 810.7 | 28 623.7 | 20 505 |
| 2008 | 321 500.5 | 319 515.5 | 32 753.2 | 149 956.6 | 136 805.8 | 33 699.1 | 24 121 |
| 2009 | 348 498.5 | 349 081.4 | 34 161.8 | 160 171.7 | 154 747.9 | 35 223.3 | 26 222 |
| 2010 | 411 265.2 | 413 030.3 | 39 362.6 | 191 629.8 | 182 038.0 | 40 530.0 | 30 876 |
| 2011 | 484 753.2 | 489 300.6 | 46 163.1 | 227 038.8 | 216 098.6 | 47 483.0 | 36 403 |
| 2012 | 539 116.5 | 540 367.4 | 50 902.3 | 244 643.3 | 244 821.9 | 52 368.7 | 40 007 |
| 2013 | 590 422.4 | 595 244.4 | 55 329.1 | 261 956.1 | 277 959.3 | 56 973.6 | 43 852 |
| 2014 | 644 791.1 | 643 974.0 | 58 343.5 | 277 571.8 | 308 058.6 | 60 165.7 | 47 203 |
| 2015 | 686 449.6 | 689 052.1 | 60 862.1 | 282 040.3 | 346 149.7 | 62 911.8 | 50 251 |
| 2016 | 740 598.7 | 743 585.5 | 63 672.8 | 296 547.7 | 383 365.0 | 65 975.7 | 53 935 |
| 2017 | 824 828.4 | 827 121.7 | 65 467.6 | 334 622.6 | 427 031.5 | 68 008.7 | 59 660 |

注：1980 年以后国民总收入（原称国民生产总值）与国内生产总值的差额为国外净要素收入。

## 1978—2017年我国农林牧渔业总产值及指数

单位：亿元

| 年份 | 绝对数（亿元） | | | | | 指 数（上年=100） | | | | |
|---|---|---|---|---|---|---|---|---|---|---|
| | 农林牧渔业总产值 | 农业 | 林业 | 牧业 | 渔业 | 农林牧渔业总产值 | 农业 | 林业 | 牧业 | 渔业 |
| 1978 | 1 397.0 | 1 117.5 | 48.1 | 209.3 | 22.1 | | | | | |
| 1980 | 1 922.6 | 1 454.1 | 81.4 | 354.2 | 32.9 | 101.4 | 99.7 | 112.2 | 107.0 | 107.7 |
| 1985 | 3 619.5 | 2 506.4 | 188.7 | 798.3 | 126.1 | 103.4 | 99.8 | 104.5 | 117.2 | 118.9 |
| 1990 | 7 662.1 | 4 954.3 | 330.3 | 1 967.0 | 410.6 | 107.6 | 108.0 | 103.1 | 107.0 | 110.0 |
| 1995 | 20 340.9 | 11 884.6 | 709.9 | 6 045.0 | 1 701.3 | 110.9 | 107.9 | 105.0 | 114.8 | 119.4 |
| 2000 | 24 915.8 | 13 873.6 | 936.5 | 7 393.1 | 2 712.6 | 103.6 | 101.4 | 105.4 | 106.3 | 106.5 |
| 2005 | 39 450.9 | 19 613.4 | 1 425.5 | 13 310.8 | 4 016.1 | 105.7 | 104.1 | 103.2 | 107.8 | 106.5 |
| 2006 | 40 810.8 | 21 522.3 | 1 610.8 | 12 083.9 | 3 970.5 | 105.4 | 105.4 | 105.6 | 105.0 | 106.0 |
| 2007 | 48 651.8 | 24 444.7 | 1 889.9 | 16 068.6 | 4 427.9 | 103.9 | 103.7 | 109.8 | 103.2 | 104.0 |
| 2008 | 57 420.8 | 27 679.9 | 2 180.3 | 20 354.2 | 5 137.5 | 105.6 | 104.6 | 108.0 | 106.7 | 105.8 |
| 2009 | 59 311.3 | 29 983.8 | 2 324.4 | 19 184.6 | 5 514.7 | 104.6 | 103.4 | 106.7 | 105.5 | 105.6 |
| 2010 | 67 763.1 | 35 909.1 | 2 575.0 | 20 461.1 | 6 263.4 | 104.4 | 104.3 | 103.5 | 104.2 | 105.4 |
| 2011 | 78 837.0 | 40 339.6 | 3 092.4 | 25 194.2 | 7 337.4 | 104.4 | 105.6 | 107.6 | 101.7 | 104.1 |
| 2012 | 86 342.2 | 44 845.7 | 3 407.0 | 26 491.2 | 8 403.9 | 104.9 | 104.3 | 106.7 | 105.2 | 105.0 |
| 2013 | 93 173.7 | 48 943.9 | 3 847.4 | 27 572.4 | 9 254.5 | 104.0 | 104.4 | 107.4 | 102.0 | 105.1 |
| 2014 | 97 822.5 | 51 851.1 | 4 190.0 | 27 963.4 | 9 877.5 | 104.3 | 104.9 | 106.4 | 102.6 | 104.0 |
| 2015 | 101 893.5 | 54 205.3 | 4 358.4 | 28 649.3 | 10 339.1 | 104.0 | 105.4 | 106.1 | 100.5 | 104.3 |
| 2016 | 106 478.7 | 55 659.9 | 4 635.9 | 30 461.2 | 10 892.9 | 103.5 | 104.2 | 108.2 | 101.1 | 102.9 |
| 2017 | 109 331.7 | 58 059.8 | 4 980.6 | 29 361.2 | 11 577.1 | 104.0 | 104.7 | 106.9 | 102.1 | 102.8 |

注：本表绝对数按当年价格计算，指数按可比价格计算。2003年起总产值包括农林牧渔服务业产值。

## 2017年全国各地区农林牧渔业总产值及指数

单位：亿元

| 年份 | 绝对数（亿元） | | | | | 指 数 （上年=100) | | | | |
|---|---|---|---|---|---|---|---|---|---|---|
| | 农林牧渔业总产值 | 农业 | 林业 | 牧业 | 渔业 | 农林牧渔业总产值 | 农业 | 林业 | 牧业 | 渔业 |
| 北 京 | 308.3 | 129.8 | 58.8 | 101.4 | 9.6 | 93.1 | 88.1 | 112.7 | 89.6 | 100.8 |
| 天 津 | 382.1 | 183.2 | 9.0 | 108.0 | 69.8 | 102.1 | 103.2 | 107.5 | 102.6 | 97.9 |
| 河 北 | 5 373.4 | 2 890.6 | 175.5 | 1 735.8 | 195.9 | 104.0 | 104.9 | 107.9 | 102.1 | 98.2 |
| 山 西 | 1 418.7 | 861.9 | 97.7 | 358.8 | 7.7 | 103.0 | 104.2 | 108.2 | 99.4 | 103.6 |
| 内蒙古 | 2 813.5 | 1 434.7 | 99.9 | 1 200.6 | 31.3 | 103.2 | 103.5 | 102.4 | 103.1 | 99.0 |
| 辽 宁 | 3 851.6 | 1 620.5 | 140.3 | 1 289.2 | 592.2 | 103.0 | 103.5 | 102.2 | 104.0 | 103.7 |
| 吉 林 | 2 064.3 | 895.8 | 69.4 | 982.4 | 41.7 | 102.4 | 107.0 | 94.6 | 100.5 | 103.3 |
| 黑龙江 | 5 586.6 | 3 471.3 | 175.2 | 1 701.7 | 98.0 | 104.8 | 104.1 | 105.7 | 105.3 | 107.2 |
| 上 海 | 292.6 | 146.4 | 15.3 | 61.2 | 58.4 | 95.7 | 99.8 | 114.3 | 76.0 | 108.5 |
| 江 苏 | 7 161.2 | 3 764.7 | 136.7 | 1 158.0 | 1 623.4 | 102.4 | 103.5 | 106.1 | 99.4 | 100.6 |
| 浙 江 | 3 093.4 | 1 494.5 | 170.2 | 371.3 | 979.3 | 102.3 | 104.6 | 106.6 | 89.9 | 103.6 |
| 安 徽 | 4 597.9 | 2 241.4 | 319.1 | 1 321.7 | 476.2 | 103.5 | 104.4 | 109.6 | 101.9 | 103.2 |
| 福 建 | 3 947.2 | 1 527.0 | 327.7 | 750.5 | 1 202.1 | 103.5 | 103.9 | 104.1 | 102.1 | 104.4 |
| 江 西 | 3 069.0 | 1 489.3 | 296.5 | 709.7 | 453.1 | 104.4 | 105.7 | 106.9 | 101.1 | 103.8 |
| 山 东 | 9 140.4 | 4 403.2 | 165.1 | 2 501.4 | 1 476.0 | 104.0 | 104.4 | 109.9 | 103.7 | 99.5 |
| 河 南 | 7 562.5 | 4 552.7 | 128.9 | 2 368.9 | 107.8 | 104.5 | 105.0 | 106.3 | 102.5 | 106.4 |
| 湖 北 | 6 129.7 | 2 962.5 | 213.3 | 1 478.1 | 1 089.1 | 103.2 | 104.6 | 110.1 | 102.6 | 102.7 |
| 湖 南 | 5 213.5 | 2 597.6 | 325.0 | 1 505.8 | 393.1 | 104.0 | 103.0 | 109.1 | 103.0 | 106.4 |
| 广 东 | 5 969.9 | 2 890.0 | 356.1 | 1 202.3 | 1 276.1 | 103.6 | 104.6 | 104.9 | 99.2 | 103.7 |
| 广 西 | 4 698.7 | 2 538.9 | 346.4 | 1 128.6 | 471.0 | 104.4 | 105.3 | 105.1 | 101.4 | 104.5 |
| 海 南 | 1 488.9 | 707.4 | 107.7 | 245.1 | 372.8 | 103.5 | 105.7 | 102.5 | 99.4 | 103.0 |
| 重 庆 | 1 902.5 | 1 165.7 | 85.2 | 522.5 | 94.8 | 103.9 | 104.0 | 111.5 | 101.6 | 107.5 |
| 四 川 | 6 955.5 | 4 004.2 | 346.8 | 2 199.7 | 234.9 | 104.5 | 105.2 | 105.4 | 101.2 | 105.2 |
| 贵 州 | 3 413.9 | 2 077.0 | 228.8 | 885.8 | 60.1 | 106.6 | 107.6 | 107.9 | 104.8 | 103.6 |
| 云 南 | 3 872.9 | 1 982.5 | 381.5 | 1 289.5 | 87.7 | 106.0 | 106.2 | 110.7 | 104.4 | 109.4 |
| 西 藏 | 178.2 | 78.4 | 2.9 | 92.2 | 0.3 | 104.4 | 104.3 | 119.4 | 104.1 | 109.0 |
| 陕 西 | 3 077.6 | 2 095.3 | 96.9 | 695.2 | 27.5 | 104.5 | 105.4 | 114.0 | 100.7 | 103.4 |
| 甘 肃 | 1 559.6 | 1 068.6 | 31.6 | 309.0 | 2.1 | 103.8 | 105.4 | 103.1 | 109.0 | 102.7 |
| 青 海 | 364.1 | 162.4 | 9.0 | 183.0 | 3.4 | 104.8 | 104.1 | 109.2 | 105.4 | 105.8 |
| 宁 夏 | 517.4 | 309.0 | 9.7 | 155.7 | 18.6 | 104.5 | 103.6 | 93.1 | 107.2 | 105.8 |
| 新 疆 | 3 326.6 | 2 313.2 | 54.3 | 748.5 | 23.2 | 108.2 | 105.0 | 107.5 | 104.2 | 108.6 |

## 1978—2017年全国社会消费品零售总额

单位：亿元

| 年 份 | 社会消费品零售总额 | 市 | 县 | 县以下 |
|---|---|---|---|---|
| 1978 | 1 558.6 | 505.2 | 380.4 | 673.0 |
| 1979 | 1 800.0 | 584.7 | 347.5 | 867.8 |
| 1980 | 2 140.0 | 733.6 | 399.4 | 1 007.0 |
| 1981 | 2 350.0 | 843.3 | 431.9 | 1 074.8 |
| 1982 | 2 570.0 | 920.5 | 471.3 | 1 178.2 |
| 1983 | 2 849.4 | 1 057.3 | 520.8 | 1 271.2 |
| 1984 | 3 376.4 | 1 348.7 | 586.4 | 1 441.3 |
| 1985 | 4 305.0 | 1 874.5 | 737.2 | 1 693.3 |
| 1986 | 4 950.0 | 2 018.0 | 902.0 | 2 030.0 |
| 1987 | 5 820.0 | 2 427.0 | 1 030.0 | 2 363.0 |
| 1988 | 7 440.0 | 3 260.8 | 1 264.3 | 2 914.9 |
| 1989 | 8 101.4 | 3 666.8 | 1 329.5 | 3 105.1 |
| 1990 | 8 300.1 | 3 888.6 | 1 337.4 | 3 074.1 |
| 1991 | 9 415.6 | 4 529.8 | 1 491.2 | 3 394.6 |
| 1992 | 10 993.7 | 5 470.3 | 1 689.8 | 3 833.6 |
| 1993 | 14 270.4 | 7 138.1 | 2 090.1 | 5 042.2 |
| 1994 | 18 622.9 | 9 387.8 | 2 558.7 | 6 676.4 |
| 1995 | 23 613.8 | 12 979.4 | 3 366.3 | 7 268.1 |
| 1996 | 28 360.2 | 16 199.2 | 3 759.7 | 8 401.3 |
| 1997 | 31 252.9 | 18 499.5 | 4 011.6 | 8 741.8 |
| 1998 | 33 378.1 | 20 294.1 | 4 220.2 | 8 863.8 |
| 1999 | 35 647.9 | 22 201.8 | 4 460.8 | 8 985.3 |
| 2000 | 39 105.7 | 24 555.2 | 4 831.1 | 9 719.4 |
| 2001 | 43 055.4 | 27 379.1 | 5 251.4 | 10 424.9 |
| 2002 | 48 135.9 | 31 376.5 | 5 566.5 | 11 192.9 |
| 2003 | 52 516.3 | 34 608.3 | 6 011.8 | 11 896.2 |
| 2004 | 59 501.0 | 39 695.7 | 6 636.0 | 13 169.3 |
| 2005 | 67 176.6 | 45 094.3 | 7 485.4 | 14 596.9 |
| 2006 | 76 410.0 | 51 542.6 | 8 477.9 | 16 389.5 |
| 2007 | 89 210.0 | 60 410.7 | 9 943.8 | 18 855.5 |
| 2008 | 114 830.1 | 73 734.9 | 12 212.8 | 22 540.0 |
| 2009 | 132 678.4 | 85 133.0 | / | / |
| 2010 | 156 998.4 | / | / | / |
| 2011 | 183 918.6 | / | / | / |
| 2012 | 210 307.0 | / | / | / |
| 2013 | 242 842.8 | / | / | / |
| 2014 | 271 896.1 | / | / | / |
| 2015 | 300 930.8 | / | / | / |
| 2016 | 332 316.3 | / | / | / |
| 2017 | 366 261.6 | / | / | / |

数据来源：国家统计局。

## 2013—2017 年全国各地区社会消费品零售总额

单位：亿元

| 地 区 | 2013 年 | 2014 年 | 2015 年 | 2016 年 | 2017 年 | 增长 % |
|---|---|---|---|---|---|---|
| 全 国 | 242 842.8 | 271 896.1 | 300 930.8 | 332 316.3 | 366 261.6 | 10.2 |
| 北 京 | 8 375.1 | 9 638.0 | 10 338.0 | 11 005.1 | 11 575.4 | 5.2 |
| 天 津 | 4 470.4 | 4 738.7 | 5 257.3 | 5 635.8 | 5 729.7 | 1.7 |
| 河 北 | 10 516.7 | 11 820.5 | 12 990.7 | 14 364.7 | 15 907.6 | 10.7 |
| 山 西 | 5 139.3 | 5 717.9 | 6 033.7 | 6 480.5 | 6 918.1 | 6.8 |
| 内蒙古 | 5 114.2 | 5 657.6 | 6 107.7 | 6 700.8 | 7 160.2 | 6.9 |
| 辽 宁 | 10 581.4 | 11 857.0 | 12 787.2 | 13 414.1 | 13 807.2 | 2.9 |
| 吉 林 | 5 426.4 | 6 080.9 | 6 651.9 | 7 310.4 | 7 855.8 | 7.5 |
| 黑龙江 | 6 251.2 | 7 015.3 | 7 640.2 | 8 402.5 | 9 099.2 | 8.3 |
| 上 海 | 8 052.0 | 9 303.5 | 10 131.5 | 10 946.6 | 11 830.3 | 8.1 |
| 江 苏 | 20 796.5 | 23 458.1 | 25 876.8 | 28 707.1 | 31 737.4 | 10.6 |
| 浙 江 | 15 225.5 | 17 835.3 | 19 784.7 | 21 970.8 | 24 308.5 | 10.6 |
| 安 徽 | 6 542.4 | 7 957.0 | 8 908.0 | 10 000.2 | 11 192.6 | 11.9 |
| 福 建 | 8 275.3 | 9 346.7 | 10 505.9 | 11 674.5 | 13 013.0 | 11.5 |
| 江 西 | 4 576.1 | 5 292.6 | 5 925.5 | 6 634.6 | 7 448.1 | 12.3 |
| 山 东 | 22 294.8 | 25 111.5 | 27 761.4 | 30 645.8 | 33 649.0 | 9.8 |
| 河 南 | 12 426.6 | 14 005.0 | 15 740.4 | 17 618.4 | 19 666.8 | 11.6 |
| 湖 北 | 10 885.9 | 12 449.3 | 14 003.2 | 15 649.2 | 17 394.1 | 11.1 |
| 湖 南 | 9 018.6 | 10 723.5 | 12 024.0 | 13 436.5 | 14 854.9 | 10.6 |
| 广 东 | 25 453.9 | 28 471.1 | 31 517.6 | 34 739.1 | 38 200.1 | 10.0 |
| 广 西 | 5 133.1 | 5 772.8 | 6 348.1 | 7 027.3 | 7 813.0 | 11.2 |
| 海 南 | 992.9 | 1 224.5 | 1 325.1 | 1 453.7 | 1 618.8 | 11.4 |
| 重 庆 | 4 599.8 | 5 710.7 | 6 424.0 | 7 271.4 | 8 067.7 | 11.0 |
| 四 川 | 10 561.4 | 12 393.0 | 13 877.7 | 15 601.9 | 17 480.5 | 12.0 |
| 贵 州 | 2 366.2 | 2 936.9 | 3 283.0 | 3 709.0 | 4 154.0 | 12.0 |
| 云 南 | 4 004.6 | 4 632.9 | 5 103.2 | 5 722.9 | 6 423.1 | 12.2 |
| 西 藏 | 293.2 | 364.5 | 408.5 | 459.4 | 523.3 | 13.9 |
| 陕 西 | 4 999.5 | 5 918.7 | 6 578.1 | 7 367.6 | 8 236.4 | 11.8 |
| 甘 肃 | 2 173.8 | 2 668.3 | 2 907.2 | 3 184.4 | 3 426.6 | 7.6 |
| 青 海 | 544.1 | 620.8 | 691.0 | 767.3 | 839.0 | 9.3 |
| 宁 夏 | 610.5 | 737.2 | 789.6 | 850.1 | 930.4 | 9.5 |
| 新 疆 | 2 108.2 | 2 436.5 | 2 606.0 | 2 825.9 | 3 044.6 | 7.7 |

数据来源：国家统计局。

## 1978—2017年全国城乡人口数

单位：万人 %

| 年份 | 年末人口数 | 城镇人口数 | 比重 | 乡村人口数 | 比重 |
|---|---|---|---|---|---|
| 1978 | 96 259 | 17 245 | 17.92 | 79 014 | 82.08 |
| 1979 | 97 542 | 18 495 | 18.96 | 79 047 | 81.04 |
| 1980 | 98 705 | 19 140 | 19.39 | 79 565 | 80.61 |
| 1981 | 100 072 | 20 171 | 20.16 | 79 901 | 79.84 |
| 1982 | 101 654 | 21 480 | 21.13 | 80 174 | 78.87 |
| 1983 | 103 008 | 22 274 | 21.62 | 80 734 | 78.38 |
| 1984 | 104 357 | 24 017 | 23.01 | 80 340 | 76.99 |
| 1985 | 105 851 | 25 094 | 23.71 | 80 757 | 76.29 |
| 1986 | 107 507 | 26 366 | 24.52 | 81 141 | 75.48 |
| 1987 | 109 300 | 27 674 | 25.32 | 81 626 | 74.68 |
| 1988 | 111 026 | 28 661 | 25.81 | 82 365 | 74.19 |
| 1989 | 112 704 | 29 540 | 26.21 | 83 164 | 73.79 |
| 1990 | 114 333 | 30 195 | 26.41 | 84 138 | 73.59 |
| 1991 | 115 823 | 31 203 | 26.94 | 84 620 | 73.06 |
| 1992 | 117 171 | 32 175 | 27.46 | 84 996 | 72.54 |
| 1993 | 118 517 | 33 173 | 27.99 | 85 344 | 72.01 |
| 1994 | 119 850 | 34 169 | 28.51 | 85 681 | 71.49 |
| 1995 | 121 121 | 35 174 | 29.04 | 85 947 | 70.96 |
| 1996 | 122 389 | 37 304 | 30.48 | 85 085 | 69.52 |
| 1997 | 123 626 | 39 449 | 31.91 | 84 177 | 68.09 |
| 1998 | 124 761 | 41 608 | 33.35 | 83 153 | 66.65 |
| 1999 | 125 786 | 43 748 | 34.78 | 82 038 | 65.22 |
| 2000 | 126 743 | 45 906 | 36.22 | 80 837 | 63.78 |
| 2001 | 127 627 | 48 064 | 37.66 | 79 563 | 62.34 |
| 2002 | 128 453 | 50 212 | 39.09 | 78 241 | 60.91 |
| 2003 | 129 227 | 52 376 | 40.53 | 76 851 | 59.47 |
| 2004 | 129 988 | 54 283 | 41.76 | 75 705 | 58.24 |
| 2005 | 130 756 | 56 212 | 42.99 | 74 544 | 57.01 |
| 2006 | 131 448 | 58 288 | 44.34 | 73 160 | 55.66 |
| 2007 | 132 129 | 60 633 | 45.89 | 71 496 | 54.11 |
| 2008 | 132 802 | 62 403 | 46.99 | 70 399 | 53.01 |
| 2009 | 133 450 | 64 512 | 48.34 | 68 938 | 51.66 |
| 2010 | 134 091 | 66 978 | 49.95 | 67 113 | 50.05 |
| 2011 | 134 735 | 69 079 | 51.27 | 65 656 | 48.73 |
| 2012 | 135 404 | 71 182 | 52.57 | 64 222 | 47.43 |
| 2013 | 136 072 | 73 111 | 53.73 | 62 961 | 46.27 |
| 2014 | 136 782 | 74 916 | 54.77 | 61 866 | 45.23 |
| 2015 | 137 462 | 77 116 | 56.10 | 60 346 | 43.90 |
| 2016 | 138 271 | 79 298 | 57.35 | 58 973 | 42.65 |
| 2017 | 139 008 | 81 347 | 58.52 | 57 661 | 41.48 |

数据来源：国家统计局。

## 2009—2017年分地区年末城镇人口比重

单位：%

| 地区 | 2009 | 2010 | 2011 | 2012 | 2013 | 2014 | 2015 | 2016 | 2017 |
|---|---|---|---|---|---|---|---|---|---|
| 全国 | 48.34 | 49.95 | 51.27 | 52.57 | 53.73 | 54.77 | 56.10 | 57.35 | 58.52 |
| 北京 | 85.00 | 85.96 | 86.20 | 86.20 | 86.30 | 86.35 | 086.50 | 86.50 | 86.50 |
| 天津 | 78.01 | 79.55 | 80.50 | 81.55 | 82.01 | 82.27 | 82.64 | 82.93 | 82.93 |
| 河北 | 43.74 | 44.50 | 45.60 | 46.80 | 48.12 | 49.33 | 51.33 | 53.32 | 55.01 |
| 山西 | 45.99 | 48.05 | 49.68 | 51.26 | 52.56 | 53.79 | 55.03 | 56.21 | 57.34 |
| 内蒙古 | 53.40 | 55.50 | 56.62 | 57.74 | 58.71 | 59.51 | 60.30 | 61.19 | 62.02 |
| 辽宁 | 60.35 | 62.10 | 64.05 | 65.65 | 66.45 | 67.05 | 67.35 | 67.37 | 67.49 |
| 吉林 | 53.32 | 53.35 | 53.40 | 53.70 | 54.20 | 54.81 | 55.31 | 55.97 | 56.65 |
| 黑龙江 | 55.50 | 55.66 | 56.50 | 56.90 | 57.40 | 58.01 | 58.80 | 59.20 | 59.40 |
| 上海 | 88.60 | 89.30 | 89.30 | 89.30 | 89.60 | 89.60 | 87.60 | 87.90 | 87.70 |
| 江苏 | 55.60 | 60.58 | 61.90 | 63.00 | 64.11 | 65.21 | 66.52 | 67.72 | 68.76 |
| 浙江 | 57.90 | 61.62 | 62.30 | 63.20 | 64.00 | 64.87 | 65.80 | 67.00 | 68.00 |
| 安徽 | 42.10 | 43.01 | 44.80 | 46.50 | 47.86 | 49.15 | 50.50 | 51.99 | 53.49 |
| 福建 | 55.10 | 57.10 | 58.10 | 59.60 | 60.77 | 61.80 | 62.60 | 63.60 | 64.80 |
| 江西 | 43.18 | 44.06 | 45.70 | 47.51 | 48.87 | 50.22 | 51.62 | 53.10 | 54.60 |
| 山东 | 48.32 | 49.70 | 50.95 | 52.43 | 53.75 | 55.01 | 57.01 | 59.02 | 60.58 |
| 河南 | 37.70 | 38.50 | 40.57 | 42.43 | 43.80 | 45.20 | 46.85 | 48.50 | 50.16 |
| 湖北 | 46.00 | 49.70 | 51.83 | 53.50 | 54.51 | 55.67 | 56.85 | 58.10 | 59.30 |
| 湖南 | 43.20 | 43.30 | 45.10 | 46.65 | 47.96 | 49.28 | 50.89 | 52.75 | 54.62 |
| 广东 | 63.40 | 66.18 | 66.50 | 67.40 | 67.76 | 68.00 | 68.71 | 69.20 | 69.85 |
| 广西 | 39.20 | 40.00 | 41.80 | 43.53 | 44.81 | 46.01 | 47.06 | 48.08 | 49.21 |
| 海南 | 49.13 | 49.80 | 50.50 | 51.60 | 52.74 | 53.76 | 55.12 | 56.78 | 58.04 |
| 重庆 | 51.59 | 53.02 | 55.02 | 56.98 | 58.34 | 59.60 | 60.94 | 62.60 | 64.08 |
| 四川 | 38.70 | 40.18 | 41.83 | 43.53 | 44.90 | 46.30 | 47.69 | 49.21 | 50.79 |
| 贵州 | 29.89 | 33.81 | 34.96 | 36.41 | 37.83 | 40.01 | 42.01 | 44.15 | 46.02 |
| 云南 | 34.00 | 34.70 | 36.80 | 39.31 | 40.48 | 41.73 | 43.33 | 45.03 | 46.69 |
| 西藏 | 22.30 | 22.67 | 22.71 | 22.75 | 23.71 | 25.75 | 27.74 | 29.56 | 30.89 |
| 陕西 | 43.50 | 45.76 | 47.30 | 50.02 | 51.31 | 52.57 | 53.92 | 55.34 | 56.79 |
| 甘肃 | 34.89 | 36.12 | 37.15 | 38.75 | 40.13 | 41.68 | 43.19 | 44.69 | 46.39 |
| 青海 | 41.90 | 44.72 | 46.22 | 47.44 | 48.51 | 49.78 | 50.30 | 51.63 | 53.07 |
| 宁夏 | 46.10 | 47.90 | 49.82 | 50.67 | 52.01 | 53.61 | 55.23 | 56.29 | 57.98 |
| 新疆 | 39.85 | 43.01 | 43.54 | 43.98 | 44.47 | 46.07 | 47.23 | 48.35 | 49.38 |

注：2010年数据为当年人口普查数据推算数；其余年份数据为年度人口抽样调查推算数据，部分省份2006—2009年数据根据2010年普查数据进行了修订。

# 【国际奶业】

## 2005—2017年全球原料奶产量

单位：万t

| 原料奶种类 | 2005年 | 2010年 | 2015年 | 2016年 | 2017年 | 2017年增长率 | 2005—2017年复合年均增长率 |
|---|---|---|---|---|---|---|---|
| 牛奶 | 54 956.1 | 60 643.9 | 67 691.7 | 68 091.1 | 69 607.1 | 2.20% | 2.00% |
| 水牛奶 | 7 950.1 | 9 310.5 | 10 924.6 | 11 501.3 | 11 962.2 | 4.00% | 3.50% |
| 山羊奶 | 1 630.5 | 1 658.8 | 1 770.4 | 1 830.9 | 1 887.9 | 3.10% | 1.20% |
| 绵羊奶 | 904.3 | 972.2 | 1 058.2 | 1 063.1 | 1 075.3 | 1.20% | 1.50% |
| 其他 | 290.3 | 379.9 | 370.2 | 367.3 | 400.9 | 9.10% | 2.70% |
| 全球总产量 | 65 731.2 | 72 965.3 | 81 815.1 | 82 853.7 | 84 933.4 | 2.50% | 2.20% |

数据来源：IDF.

## 2005—2017年全球各地区牛奶产量

单位：万t

| | 2005年 | 2010年 | 2015年 | 2016年 | 2017年 | 2017年增长率 | 2005—2017年复合年均增长率 |
|---|---|---|---|---|---|---|---|
| 亚洲 | 13 104.8 | 16 370.1 | 19 852.8 | 20 363.7 | 21 178.0 | 4.00% | 4.10% |
| 欧盟28国 | 14 979.2 | 14 932.9 | 16 325.7 | 16 343.4 | 16 545.5 | 1.20% | 0.80% |
| 北美和中美(1) | 10 301.2 | 11 207.7 | 12 065.8 | 12 316.1 | 12 532.7 | 1.80% | 1.60% |
| 南美洲 | 5 045.9 | 6 052.1 | 6 704.5 | 6 344.1 | 6 508.1 | 2.60% | 2.10% |
| 其他欧洲国家 | 5 983.0 | 5 914.0 | 5 794.7 | 5 777.1 | 5 847.7 | 1.20% | −0.20% |
| 非洲 | 2 979.7 | 3 497.8 | 3 785.1 | 3 888.5 | 3 877.2 | −0.30% | 2.20% |
| 大洋洲 | 2 562.2 | 2 669.2 | 3 163.2 | 3 058.3 | 3 117.9 | 1.90% | 1.60% |
| 全 球 | 54 956.1 | 60 643.9 | 67 691.7 | 68 091.1 | 69 607.1 | 2.20% | 2.00% |

数据来源：IDF.

## 2005—2017年世界主要国家奶牛存栏数

单位：万头

| 国家 | 2005年 | 2010年 | 2015年 | 2016年 | 2017年 | 2017年增长率 | 2005—2017年复合年均增长率 |
|---|---|---|---|---|---|---|---|
| 印度 | 3 658.6 | 4 275.5 | 4 716.5 | 4 912.8 | 5 035.5 | 2.5% | 2.7% |
| 中国 | 1 216.1 | 1 420.1 | 1 507.2 | 1 425.3 | 1 425.3 | 0.0% | 1.3% |
| 日本 | 105.5 | 96.4 | 87.0 | 87.1 | 85.2 | –2.2% | –1.8% |
| 韩国 | 27.4 | 24.5 | 25.0 | 24.4 | 24.2 | –1.1% | –1.0% |
| 巴西 | 2 062.6 | 2 292.5 | 2 111.1 | 1 967.9 | 1 917.2 | –2.6% | –0.6% |
| 阿根廷 | 188.5 | 174.9 | 177.0 | 177.3 | 172.0 | –3.0% | –0.8% |
| 欧盟（28国） | 2 528.6 | 2 325.2 | 2 327.0 | 2 331.2 | 2 318.3 | –0.6% | –0.7% |
| 德国 | 416.4 | 418.2 | 428.5 | 421.8 | 419.9 | –0.4% | 0.1% |
| 法国 | 395.8 | 371.2 | 365.8 | 363.7 | 359.4 | –1.2% | –0.8% |
| 波兰 | 279.5 | 252.9 | 213.4 | 213.0 | 215.3 | 1.1% | –2.2% |
| 英国 | 200.7 | 184.7 | 190.1 | 190.1 | 189.7 | –0.2% | –0.5% |
| 意大利 | 184.2 | 174.6 | 182.7 | 185.0 | 185.0 | 0.0% | 0.0% |
| 荷兰 | 143.3 | 147.9 | 162.2 | 174.5 | 169.4 | –2.9% | 1.4% |
| 爱尔兰 | 112.2 | 100.7 | 124.0 | 129.5 | 134.3 | 3.7% | 1.5% |
| 西班牙 | 111.3 | 84.5 | 85.3 | 85.2 | 85.8 | 0.7% | –2.1% |
| 丹麦 | 55.8 | 57.3 | 57.0 | 56.5 | 57.5 | 1.8% | 0.3% |
| 美国 | 904.3 | 911.9 | 931.4 | 932.5 | 939.2 | 0.7% | 0.3% |
| 墨西哥 | 219.7 | 237.5 | 245.8 | 248.3 | 250.6 | 0.9% | 1.1% |
| 加拿大 | 102.5 | 96.6 | 94.8 | 94.2 | 95.7 | 1.5% | –0.6% |
| 俄罗斯 | 964.7 | 884.4 | 837.9 | 825.0 | 822.5 | –0.3% | –1.3% |
| 乌克兰 | 378.1 | 255.7 | 216.7 | 210.9 | 201.8 | –4.3% | –5.1% |
| 新西兰 | 410.0 | 440.0 | 501.8 | 499.8 | 486.1 | –2.7% | 1.4% |
| 澳大利亚 | 188.0 | 158.9 | 166.3 | 151.2 | 158.1 | 4.6% | –1.4% |
| **全球** | **23 586.6** | **25 891.8** | **27 303.1** | **27 256.2** | **27 367.9** | **0.4%** | **1.2%** |

数据来源：IDF.

## 2005—2017 年世界主要国家牛奶产量

单位：万 t

| 国 家 | 2005 年 | 2010 年 | 2015 年 | 2016 年 | 2017 年 | 2017 年增长率 | 2005—2017 年复合年均增长率 |
|---|---|---|---|---|---|---|---|
| 印度 1 | 3 975.9 | 5 490.3 | 7 364.5 | 7 819.9 | 8 348.7 | 6.8% | 6.4% |
| 中国 | 2 753.4 | 3 575.6 | 3 754.7 | 3 602.0 | 3 545.0 | –1.6% | 2.1% |
| 日本 | 828.5 | 772.1 | 737.9 | 739.4 | 727.7 | –1.6% | –1.1% |
| 韩国 | 223.0 | 207.3 | 216.8 | 207.0 | 205.8 | –0.6% | –0.7% |
| 欧盟（28 国） | 14 979.2 | 14 932.9 | 16 325.7 | 16 343.4 | 16 545.5 | 1.2% | 0.8% |
| 德国 | 2 845.3 | 2 962.9 | 3 268.5 | 3 267.6 | 3 266.1 | 0.0% | 1.2% |
| 法国 | 2 488.5 | 2 401.0 | 2 580.0 | 2 511.7 | 2 498.7 | –0.5% | 0.0% |
| 英国 | 1 447.0 | 1 385.2 | 1 545.7 | 1 479.9 | 1 539.8 | 4.0% | 0.5% |
| 荷兰 | 1 083.6 | 1 182.9 | 1 352.2 | 1 453.1 | 1 450.1 | –0.2% | 2.5% |
| 波兰 | 1 190.1 | 1 227.9 | 1 323.6 | 1 324.4 | 1 372.1 | 3.6% | 1.2% |
| 意大利 | 1 089.7 | 1 100.5 | 1 154.9 | 1 191.4 | 1 228.0 | 0.1% | 1.0% |
| 西班牙 | 655.3 | 635.7 | 702.9 | 709.7 | 724.8 | 2.1% | 0.8% |
| 爱尔兰 | 516.3 | 543.5 | 671.7 | 698.8 | 762.8 | 9.1% | 3.3% |
| 丹麦 | 458.4 | 490.9 | 535.6 | 545.5 | 556.9 | 2.1% | 1.6% |
| 美国 | 8 025.4 | 8 747.4 | 9 461.8 | 9 634.5 | 9 773.4 | 1.4% | 1.7% |
| 墨西哥 | 1 016.4 | 1 099.7 | 1 173.7 | 1 195.7 | 1 216.2 | 1.7% | 1.5% |
| 加拿大 | 824.1 | 843.4 | 901.2 | 933.6 | 990.2 | 6.1% | 1.5% |
| 巴西 | 2 535.9 | 3 163.7 | 3 564.8 | 3 463.3 | 3 567.2 | 3.0% | 2.9% |
| 阿根廷 | 977.8 | 1 061.7 | 1 242.3 | 1 060.1 | 1 040.0 | –1.9% | 0.5% |
| 俄罗斯 | 3 089.3 | 3 158.5 | 3 052.2 | 3 049.6 | 3 091.5 | 1.4% | 0.0% |
| 乌克兰 2 | 1 342.4 | 1 097.7 | 1 035.9 | 1 013.7 | 1 028.1 | 1.4% | –2.2% |
| 新西兰 3 | 1 516.3 | 1 716.9 | 2 159.3 | 2 122.9 | 2 151.5 | 1.3% | 3.0% |
| 澳大利亚 4 | 1 039.2 | 945.5 | 997.0 | 928.6 | 959.6 | 3.3% | –0.7% |
| 全球 | 54 956.1 | 60 643.9 | 67 691.7 | 68 091.1 | 69 607.1 | 2.2% | 2.0% |

注：（1）奶业年度为 4 月 1 日至次年 3 月 31 日。

（2）2015 年、2016 年、2017 年不包括属地数据。

（3）2005 年数据为 2005/06 奶业年度（6 月 1 日至次年 5 月 31 日）数据。

（4）奶业年度为 7 月 1 日至次年 6 月 30 日。

# 附 录

FULU

## 2018 年优秀乳品加工企业名单

**领军企业**

内蒙古伊利实业集团股份有限公司
内蒙古蒙牛乳业（集团）股份有限公司

**杰出企业**

北京三元食品股份有限公司
天津海河乳业有限公司
石家庄君乐宝乳业有限公司
内蒙古圣牧高科牧业有限公司
铁岭市大牛乳品有限公司
黑龙江省完达山乳业股份有限公司
黑龙江飞鹤乳业有限公司
光明乳业股份有限公司
南京卫岗乳业有限公司
贝因美婴童食品股份有限公司
现代牧业（集团）有限公司
明一国际营养品集团有限公司
济南佳宝乳业有限公司
河南花花牛乳业集团股份有限公司
中垦乳业股份有限公司
四川新希望乳业有限公司
西安银桥乳业（集团）有限公司
新疆西域春乳业有限责任公司

**最具影响力品牌企业**

北京三元食品股份有限公司
天津海河乳业有限公司
石家庄君乐宝乳业有限公司
山西九牛牧业股份有限公司
内蒙古伊利实业集团股份有限公司
内蒙古蒙牛乳业（集团）股份有限公司
辽宁辉山乳业集团有限公司
黑龙江省完达山乳业股份有限公司
黑龙江飞鹤乳业有限公司
上海晨冠乳业有限公司
徐州绿健乳品饮料有限公司
浙江一鸣食品股份有限公司
安徽新希望白帝乳业有限公司
福建长富乳品有限公司
江西阳光乳业集团有限公司
山东得益乳业股份有限公司
山东亚奥特乳业有限公司
河南花花牛乳业集团股份有限公司
广东燕塘乳业股份有限公司
皇氏集团股份有限公司
重庆市天友乳业股份有限公司
四川菊乐食品股份有限公司
西安东方乳业有限公司
兰州庄园牧场股份有限公司
青海青海湖乳业有限责任公司
宁夏夏进乳业集团股份有限公司
新疆天润乳业股份有限公司
贵阳三联乳业有限公司
云南皇氏来思尔乳业有限公司
西藏高原之宝牦牛乳业股份有限公司

**奶业脊梁企业**

北京首农畜牧发展有限公司
中鼎联合牧业股份有限公司
天津嘉立荷牧业集团有限公司
旗帜婴儿乳品股份有限公司
丰宁缘天然乳业有限公司
大同市牧同乳业有限公司
内蒙古富源国际实业有限公司
内蒙古赛科星繁育生物技术（集团）股份有限公司
内蒙古优然牧业有限责任公司（大阳牧场）
本溪木兰花乳业有限责任公司
哈尔滨完达山奶牛养殖有限公司
原生态牧业有限公司
光明牧业有限公司
上海荷斯坦奶牛科技有限公司
常州红梅乳业有限公司
杭州新希望双峰乳业有限公司
蚌埠市和平乳业有限责任公司
安徽曦强乳业集团有限公司
现代牧业（集团）有限公司
南平市南山生态园有限公司
东君乳业（禹城）有限公司

山东银香伟业集团有限公司
山东祥和乳业有限责任公司
洛阳生生乳业有限公司
深圳市晨光乳业有限公司
广西百强水牛奶业股份有限公司
重庆市天友纵横牧业发展有限公司
四川雪宝乳业集团有限公司
宝鸡得力康乳业有限公司
宁夏金河科技股份有限公司
中地乳业集团有限公司
新疆西域春乳业有限责任公司
南达新农业股份有限公司
贵州好一多乳业股份有限公司

**科技创新企业**

北京首农畜牧发展有限公司奶牛中心
天津梦得集团有限公司
河北新希望天香乳业有限公司
山西古城乳业集团有限公司
乌兰察布市集宁雪原乳业有限公司
黑龙江贝因美乳业有限公司
扬州市扬大康源乳业有限公司
青岛新希望琴牌乳业有限公司
河南三剑客农业股份有限公司
湖南新希望南山液态乳业有限公司
广州风行乳业股份有限公司
广西百强水牛奶业股份有限公司
四川杨森乳业股份有限公司
新希望乳业股份有限公司
陕西优利士乳业集团有限责任公司
昆明雪兰牛奶有限责任公司

## 2018 年优秀奶业工作者名单

**功勋人物**

常　毅　北京三元食品股份有限公司
于　静　天津梦得集团有限公司
魏立华　石家庄君乐宝乳业有限公司
赵生富　山西省山阴县畜牧兽医局
张剑秋　内蒙古伊利实业集团股份有限公司
卢敏放　内蒙古蒙牛乳业（集团）股份有限公司
崔继平　乌兰察布市集宁雪原乳业有限公司
徐广义　辽宁辉山乳业集团有限公司
孙武文　长春博瑞农牧集团股份有限公司
王景海　黑龙江省完达山乳业股份有限公司
冷友斌　黑龙江飞鹤乳业有限公司
王惠铭　光明乳业股份有限公司
涂醉桃　上海晨冠乳业有限公司
白元龙　南京卫岗乳业有限公司
朱立科　浙江一鸣食品股份有限公司
高丽娜　现代牧业（集团）有限公司
林　强　明一国际营养品集团有限公司
王培亮　山东得益乳业股份有限公司
李　军　济南佳宝乳业有限公司
关晓彦　河南花花牛乳业股份有限公司
高腾云　河南农业大学牧医工程学院
黄　宣　广东燕塘乳业股份有限公司
黄嘉棣　皇氏集团股份有限公司
邱太明　中垦乳业股份有限公司
吴一奕　重庆光大集团乳业股份有限公司
席　刚　新希望乳业股份有限公司
刘华国　西安银桥乳业（集团）有限公司
马红富　兰州庄园牧场股份有限公司
韩　强　青海天露乳业有限责任公司
宁晓波　宁夏农垦贺兰山奶业有限公司
张建设　中地乳业集团有限公司
马光辉　新疆呼图壁种牛场有限公司
刘　让　新疆天润乳业股份有限公
王黔生　贵阳三联乳业有限公司
彭金国　云南欧亚乳业有限公司
王世全　西藏高原之宝牦牛乳业股份有限公司

**突出贡献人才**

蒋林树　北京农学院
张开展　中地牧业科技集团有限公司
高继伟　北京京鹏环宇畜牧科技股份有限公司
张恒涛　北京三元种业科技股份有限公司
关　鸣　北京东方联鸣科技发展有限公司
胡玉会　四方力欧畜牧科技股份有限公司
乔　绿　北京首农畜牧发展有限公司
朱晓静　恒天然商贸（上海）有限公司
李　蔚　北京国科诚泰农牧设备有限公司
徐广峰　北京市北务广峰养殖场
张振新　北京三元种业科技股份有限公司
张修刚　北京修刚畜牧科技有限公司
耿贵胜　盛元康能（北京）科技发展有限公司
杨国超　荷兰皇家菲仕兰公司
曹双瑶　安捷伦科技（北京）有限公司
麻　柱　北京首农畜牧发展有限公司奶牛中心
陈华林　北京三元集团畜牧兽医总站

梁慧君　北京环球种畜有限责任公司
张定宏　中博农畜牧科技股份有限公司
马　毅　天津市畜牧兽医研究所
魏　武　天津市东旭奶牛养殖专业合作社
刘连超　天津嘉立荷牧业集团有限公司
付卫田　天津市武清区畜牧水产业发展服务中心
买光照　利拉伐（天津）有限公司
袁运生　河北省奶业协会
马宝强　定州市赛科星伊人牧业有限公司
曹险峰　保定双丰牧业有限公司
李树静　石家庄天泉良种奶牛有限公司
杨陆明　河北保定农垦总公司
欧阳春　英滦县佳和畜牧有限公司
陶　嵘　唐山市农牧局
程广平　现代牧业（察北）有限公司
范春刚　河北新希望天香乳业有限公司
李　东　张家口长城乳业有限公司左位奶牛养殖基地
孙庆余　中粮饲料（唐山）有限公司
邬纯鸿　三河市中鼎牧业有限公司
何丙仁　辛集市仁强奶牛养殖专业合作社
张　学　富源牧业衡水有限责任公司
倪俊卿　河北省畜牧良种工作站
乔　栋　山西省朔州市畜牧兽医服务中心
武志军　山西省大同市畜牧兽医科学研究所
陈林顺　山西省太原市乳品监察管理站
魏向云　内蒙古伊利实业集团股份有限公司
刘　彪　内蒙古伊利实业集团股份有限公司
李晔秋　内蒙古伊利实业集团股份有限公司
张　冲　内蒙古伊利实业集团股份有限公司
王彩云　内蒙古伊利实业集团股份有限公司
韩建军　内蒙古蒙牛乳业（集团）股份有限公司
刘占桃　内蒙古蒙牛乳业（集团）股份有限公司
刘高飞　内蒙古蒙牛乳业（集团）股份有限公司
李　杰　内蒙古富源国际实业有限公司
柴彤涛　利乐包装（呼和浩特）有限公司
徐　强　内蒙古伊利实业集团股份有限公司
敖日格　乐内蒙古农业大学
陈巴特尔　内蒙古自治区畜牧工作站
刘　瑞　内蒙古田牧实业（集团）股份有限公司
姚元哲　华夏畜牧兴化有限公司
李建国　鄂尔多斯市赛科星养殖有限责任公司
代迎春　内蒙古赛科星牧业有限公司
朱　海　大连金弘基种畜有限公司
王　云　辽宁澳珍乳业有限公司
曲　江　吉林市春光乳业有限责任公司
崔民河　广泽农牧科技有限公司
严　利　黑龙江省完达山乳业股份有限公司
孙安增　黑龙江省完达山乳业股份有限公司
韩光毅　黑龙江省完达山乳业股份有限公司
张永久　黑龙江飞鹤乳业有限公司
肖光辉　黑龙江飞鹤乳业有限公司
王永信　黑龙江克东瑞信达原生态牧业股份有限公司
刘术明　黑龙江贝因美乳业有限公司
李忠民　黑龙江贝因美乳业有限公司
张永根　东北农业大学
卫喜明　黑龙江省农垦科学院畜牧兽医研究所
王光文　上海奶业行业协会
王　赞　光明牧业有限公司
金德华　上海希迪乳业有限公司
陈　锋　上海荷斯坦奶牛科技有限公司
龚晓明　上海花冠营养乳品有限公司
吾文捷　基伊埃（上海）牧业科技有限公司
刘光磊　上海奶牛育种中心有限公司
夏连忠　上海忆南奶牛养殖有限公司
余世安　上海纽贝滋营养乳品有限公司
王根林　南京农业大学
顾瑞霞　扬州大学乳品研究所
姚学森　江苏斯凯威畜牧科技有限公司
尚克新　美丽健乳业集团浙江凤山奶牛养殖有限公司
刘　涛　安徽永牧机械集团有限公司
吴明楼　安徽益益乳业有限公司
陆大好　安徽华好生态养殖有限公司
蔡永康　福建长富乳品有限公司
赵　刚　山东沃达斯科智能科技有限公司
胡智胜　山东省畜牧兽医信息中心
张思聪　山东省畜牧总站
柴士名　山东省畜牧总站
李建斌　山东省农业科学院奶牛研究中心
孔凡荣　山东亚奥特乳业有限公司
王昌亮　青岛新希望琴牌乳业有限公司
魏　强　山东银香伟业集团有限公司
郭　顺　青岛迎春乐食品有限公司
厉善红　山东碧海包装材料有限公司
焦尚华　山东宜生生物科技集团有限公司
安保森　山东朝日绿源乳业有限公司
茹宝瑞　河南省奶业协会
戴士伟　多尔克司食品集团股份有限公司
张　震　河南省奶牛性能测定中心
陈华杰　河南省奶业协会
田全召　河南鼎元种牛育种有限公司
唐洪峰　河南省郑州种畜场
宋经磊　洛阳生生乳业有限公司
王　成　河南省中源农牧有限责任公司
许文平　河南省郑州种畜场
王相根　河南省郑州种畜场
付　彤　河南农业大学牧医工程学院
张殿双　湖北俏牛儿牧业有限公司
王贵强　湖北省畜禽育种中心
刘海林　湖南省畜牧兽医研究所
赵伟师　广州风行乳业股份有限公司

梁郁全　深圳市晨光乳业有限公司
陈六生　广东燕塘乳业股份有限公司
杨盛兴　四川省奶业协会
任奎元　四川雪宝乳业集团有限公司
童恩文　四川菊乐食品股份有限公司
杨　林　四川杨森乳业股份有限公司
罗　军　西北农林科技大学动物科技学院
逄国梁　陕西省畜牧技术推广总站
马国际　陕西省家畜改良站
张　涛　西安市奶牛育种中心
高亚凤　宝鸡得力康乳业有限公司
沈启云　甘肃省畜牧业产业管理局
陈世堂　青海省动物疫病预防控制中心
颜寿东　青海省畜牧总站
史　俭　宁夏上陵牧业股份有限公司
温　万　宁夏回族自治区畜牧工作站
吴心华　宁夏大学
胡　刚　新疆天润乳业股份有限公司
热合木塔依·吾布力卡斯木　新疆伊犁州畜牧总站
郭前亮　新疆蒙牛乳业有限公司
李景芳　新疆奶业办公室
张　浩　伊犁职业技术学院
张　峰　昌吉市新峰奶牛养殖专业合作社
张　琴　贵州好一多乳业股份有限公司
王　震　云南新希望邓川蝶泉乳业有限公司

**杰出科技人才**

陈历俊　北京三元食品股份有限公司
关金森　北京国科诚泰农牧设备有限公司
金红伟　农业部农业机械试验鉴定总站
李胜利　中国农业大学动物科学技术学院
李秀波　中国农业科学院饲料研究所
刘婷婷　全国畜牧总站
刘长全　中国社会科学院农村发展研究所
路永强　北京市畜牧总站
彭　云　西藏高原之宝牦牛乳业股份有限公司
任发政　中国农业大学食品科学与营养工程学院
王加启　中国农业科学院北京畜牧兽医研究所
王建民　山东农业大学
杨利国　华中农业大学动物科学技术学院
杨敦启　中国农业大学动物科学技术学院
杨子彪　云南皇氏来思尔乳业有限公司
余　雄　新疆农业大学
俞　英　中国农业大学动物科学技术学院
张胜利　中国农业大学动物科学技术学院
曾庆坤　广西壮族自治区水牛研究所
郑　楠　中国农业科学院北京畜牧兽医研究所

注：2018 年 6 月 28 日，一带一路世界奶业新动能·奶业颁奖盛典在第九届中国奶业大会暨 2018 中国奶业展览会的开幕式上隆重举行。按照中国奶业协会中奶协发 [2018]23 号“中国奶业协会关于表彰 2018 年优秀乳品加工企业和奶业工作者的决定”，100 家企业被授予“2018 年优秀乳品加工企业”荣誉称号；198 位同志被授予“2018 年优秀奶业工作者”荣誉称号。

# 索 引

SUOYIN

## 说 明

一、本索引采用分析索引方法，按英文字母顺序的汉语拼音排列，汉语拼音同音字按声调排列。

二、“奶业大事记”“行业统计”未作索引，可结合目录检索。

三、索引采用数字和字母表示，数字表示该内容所在的页码，字母（a、b）表示该页自左至右的栏别。单独数字（没有字母组合的），表示为该内容在本页的通栏中或左右栏中都有。

## G



## H



## J

## O



## P

## Q



## R



## S

## T



## X



## Y



## Z

**图书在版编目（CIP）数据**

中国奶业年鉴．2018 / 中国奶业年鉴编辑委员会编．-- 北京：中国农业出版社，2019. 10
ISBN 978-7-109-25732-0

Ⅰ．①中… Ⅱ．①中… Ⅲ．①乳品工业 - 中国 - 2018 - 年鉴 Ⅳ．①F426. 82-54

中国版本图书馆 CIP 数据核字（2019）第 153974 号

**中国奶业年鉴2018**
**ZHONGGUO NAIYE NIANJIAN 2018**

---

中国农业出版社出版
地址：北京市朝阳区麦子店街 18 号楼
邮编：100125
责任编辑：程燕　张丽四　黄曦　张丽　丁瑞华
责任校对：巴红菊
印刷：中农印务有限公司
版次：2019 年 10月第 1 版
印次：2019 年 10月北京第 1 次印刷
发行：新华书店北京发行所
开本：889mm×1194mm　1/16
印张：30. 25　　插页：18
字数：1210 千字
定价：580. 00 元

---

2018 2018